内 容 提 要

本书分为轨道、常规设备、装饰装修、系统设备、项目管理、新技术应用等6篇共34章，介绍了地铁站后工程各专业的系统构成及功能、工程特点、工艺流程及质量控制、核心设备功能等技术要点，阐述建设单位和施工单位的设计管理，招投标与合同管理，工程策划，工程计划管理，工程质量管理，安全文明施工管理，地盘管理，工程接口及协调管理，工程调试等内容。对建筑信息模型（BIM）、地铁全自动运行、预埋槽、预埋螺栓套管、抗震支吊架等新技术的研究和应用情况进行了介绍，从技术和管理两个方面对站后工程施工与项目管理进行归纳和总结，力求通过同行之间的经验交流，实现对站后工程技术与管理的全面认识，顺应城市地铁建设快速发展的要求，促进我国城市轨道交通建设技术与管理水平不断提升和完善。

本书可供地铁建设、设计、监理、施工、设备材料供应等单位的技术与管理人员参考，也可以作为大专院校相关专业的辅导用书。

图书在版编目（CIP）数据

地铁站后工程技术与管理实务 / 黄力平，胡鹰主编．
—北京：人民交通出版社股份有限公司，2017.10
ISBN 978-7-114-13951-2

Ⅰ．①地…　Ⅱ．①黄…　②胡…　Ⅲ．①地下铁道车站
－工程施工－安全管理　Ⅳ．①U231

中国版本图书馆 CIP 数据核字（2017）第 150576 号

书　　名：地铁站后工程技术与管理实务
著 作 者：黄力平　胡　鹰
责任编辑：刘彩云
出版发行：人民交通出版社股份有限公司
地　　址：（100011）北京市朝阳区安定门外外馆斜街 3 号
网　　址：http://www.ccpress.com.cn
销售电话：（010）59757973
总 经 销：人民交通出版社股份有限公司发行部
经　　销：各地新华书店
印　　刷：北京盛通印刷股份有限公司
开　　本：880×1230　1/16
印　　张：39
字　　数：1096 千
版　　次：2017 年 10 月　第 1 版
印　　次：2017 年 10 月　第 1 次印刷
书　　号：ISBN 978-7-114-13951-2
定　　价：218.00 元
（有印刷、装订质量问题的图书由本公司负责调换）

PRACTICAL TECHNOLOGY AND MANAGEMENT
ON CONTROLING METRO'S VARIOUS INSTALLATION PROJECTS

地铁站后工程
技术与管理实务

黄力平　胡　鹰／主　编
徐世达　蔡　翔　李　龙／副主编
赵　勇　罗　曼　刘仕亲　程静蕾／主　审

人民交通出版社股份有限公司
China Communications Press Co.,Ltd.

内 容 提 要

本书分为轨道、常规设备、装饰装修、系统设备、项目管理、新技术应用等6篇共34章，介绍了地铁站后工程各专业的系统构成及功能、工程特点、工艺流程及质量控制、核心设备功能等技术要点，阐述建设单位和施工单位的设计管理，招投标与合同管理，工程策划，工程计划管理，工程质量管理，安全文明施工管理，地盘管理，工程接口及协调管理，工程调试等内容。对建筑信息模型（BIM）、地铁全自动运行、预埋槽、预埋螺栓套管、抗震支吊架等新技术的研究和应用情况进行了介绍，从技术和管理两个方面对站后工程施工与项目管理进行归纳和总结，力求通过同行之间的经验交流，实现对站后工程技术与管理的全面认识，顺应城市地铁建设快速发展的要求，促进我国城市轨道交通建设技术与管理水平不断提升和完善。

本书可供地铁建设、设计、监理、施工、设备材料供应等单位的技术与管理人员参考，也可以作为大专院校相关专业的辅导用书。

图书在版编目(CIP)数据

地铁站后工程技术与管理实务 / 黄力平，胡鹰主编．
—北京：人民交通出版社股份有限公司，2017.10
ISBN 978-7-114-13951-2

Ⅰ．①地… Ⅱ．①黄… ②胡… Ⅲ．①地下铁道车站－工程施工－安全管理 Ⅳ．①U231

中国版本图书馆CIP数据核字(2017)第150576号

书　　名：地铁站后工程技术与管理实务
著 作 者：黄力平　胡　鹰
责任编辑：刘彩云
出版发行：人民交通出版社股份有限公司
地　　址：（100011）北京市朝阳区安定门外外馆斜街3号
网　　址：http://www.ccpress.com.cn
销售电话：(010) 59757973
总 经 销：人民交通出版社股份有限公司发行部
经　　销：各地新华书店
印　　刷：北京盛通印刷股份有限公司
开　　本：880×1230　1/16
印　　张：39
字　　数：1096千
版　　次：2017年10月　第1版
印　　次：2017年10月　第1次印刷
书　　号：ISBN 978-7-114-13951-2
定　　价：218.00元

《地铁站后工程技术与管理实务》编委会

前／言

随着我国城市发展步伐加快，城市规模不断扩大，人口不断增多，道路拥堵、交通事故频发等城市交通问题不断涌现，城市道路交通资源不足与人们日常出行需求的矛盾日益凸显。地铁作为解决城市交通问题、建设可持续发展城市的有效手段，已在我国进入一个空前发展的时期。2011—2020年，城市轨道交通新增运营里程将达到6560公里，预计到2020年，我国城市轨道交通累计运营里程将达到7395公里。在可预见的未来十年甚至二十年内，城市轨道交通将始终处于高速发展时期，而地铁载客量大的特点，使其在高速发展的城市轨道交通建设中成为解决城市交通问题的首选方案。

一般而言，我们可以按照实施的顺序将地铁建设分为前期工程、土建工程和站后工程三个阶段。前期工程包括管线改迁、交通疏解工程和绿化迁移（含恢复）工程等。土建工程包括车站（含附属）、区间及场段土建结构工程。站后工程主要是指从土建结构完成并移交，轨道、常规设备及装饰装修单位进场施工（系统设备单位通常在设备房移交之后进场）至设备系统综合联调完成，包括轨道工程，常规、系统设备安装工程以及装饰装修工程。土建阶段和站后阶段的标志性界面在车站土建结构完成后向常规设备施工单位进行场地移交，区间土建结构完成后向轨道施工单位进行场地移交。上述两家场地接收单位一般作为车站和区间的地盘管理单位。包括装饰装修、系统设备工程在内的其他施工单位，虽然可以就接收场地所存在的问题，通过监理单位与土建结构施工单位进行交涉，但一般不作为场地接收和管理主体。场地的移交标志着常规设备、轨道工程施工单位进行地盘管理，并与装饰装修、系统设备施工单位共同进行站后工程的施工。

站后工程分为轨道工程、常规设备安装工程、系统设备安装工程和装饰装修工程四大部分内容，主要完成地铁项目功能性的建设。其中，轨道工程包括正线、车辆段及停车场轨道工程，主要有道床、轨道、道岔及附属设施安装；常规设备安装工程包括车站、区间及车场的综合管线、通风空调、给排水及水消防、动力照明等设备安装；系统设备安装工程涵盖专业较多，主要有35kV供电、接触网、通信、信号、自动售检票、站台门、电梯和自动扶梯、综合监控、综合安防、车场智能化等系统设备安装；装饰装修工程包括设备房砌筑、天地墙装修、门窗、广告灯箱、导向标识等工程。在土建工程实现“洞通”和车站结构封顶后，后续控制性工期节点就集中在站后工程了，主要包括“轨通”“电通”“网通”以及冷热滑、单系统调试和联调完成等节点。只有实现各项控制性节点目标，方能确保“三权”移交、试运行、竣工验收及政府专项验收顺利完成，最终实现开通试运营的目标。

本书分为轨道、常规设备、装饰装修、系统设备、项目管理、新技术应用等6篇共34章，不仅介绍了站后工程各专业的系统构成及功能、工程特点、工艺流程及质量控制、核心设备功能等技术要点，还阐述了基于建设单位和施工单位的设计管理、招投标与合同管理、工程策划、工程计划管理、工程质量管理、安全文明施工管理、地盘管理、工程接口及协调管理、工程调试等内容。另外，对建筑信息模型（BIM）、地铁全自动运行、预埋槽、预埋螺栓套管、抗震支吊架等新技术的研究和应用情况进行了介绍，从技术和管理两个方面对站后工程施工与项目管理进行归纳和总结，力求通过同行之间的经验交流，实现对站后工程技术与管理的全面认识，顺应城市地铁建设快速发展的要求，促进我国城市轨道交通建设技术与管理水平不断提升和完善。

本书的编写人员包括建设、设计、施工单位的工程技术和管理人员，他们长期参与深圳地铁的建设，具有较高的理论水平和较丰富的实践经验。作为地铁站后工程技术与管理方面的参考书，本书主要面向地铁建设、设计、监理、施工、设备材料供应等单位的技术与管理人员，也可以作为大专院校相关专业的辅导教材，目的是使参加或有志于从事地铁建设的人员对地铁站后工程有系统的了解，并熟悉、掌握地铁站后工程的相关技术要点和管理思路。希望本书的出版能够对地铁建设和同类大型工程建设起到一定的借鉴作用，特别为各城市正在实施和将要实施的地铁站后工程建设提供帮助，为实现地铁建设项目高效管理、促进地铁站后工程建设技术和管理方法的创新及发展提供理论和实践经验。

由于作者水平有限，书中纰漏与不足在所难免，敬请广大读者批评指正。

作者

2017 年 3 月

目／录

第1篇 轨道工程

第2篇 常规设备工程

第3篇　装饰装修工程

第4篇　系统设备工程

第5篇 地铁站后工程项目管理

第6篇 地铁站后工程新技术应用

第1篇

轨道工程

第1章 轨道工程简介

1.1 轨道工程概述

轨道是地铁线路组成的重要部分，一般所说的轨道包括钢轨、道床、道岔、轨枕、扣件以及轨道附属设施等。

轨道作为一个整体性的工程结构铺设于地铁隧道下部基础之上，在列车运行中起着导向作用，同时直接承受列车运行过程中产生的荷载。在列车荷载的作用下，轨道的各组成部分必须有足够的强度、刚度和稳定性，保证列车在设计时速内安全、平稳地运行。

地铁轨道工程施工内容主要包括铺轨基地建设、铺轨施工、无缝线路施工、附属设施施工等。

1.2 轨道工程特点

1.2.1 设计特点

(1)为保护环境，减小地铁噪声对居民的影响，轨道应采用相应的减振轨道结构。

(2)地铁行车密度大，运营时间长，留给轨道维修作业的时间很短，因而正线一般采用维修量小的整体道床结构形式。

(3)地铁车辆一般采用电力牵引，以走行轨作为供电回路。为减小因漏泄电流而造成周围金属设施的腐蚀，要求钢轨与轨下基础之间有较高的绝缘性能。

(4)受原有街道和建筑物限制，地铁工程中曲线区段占很大比重，曲线半径一般比常规铁路小得多。在正线半径小于400m的曲线地段，应采用全长淬火钢轨或耐磨钢轨。钢轨铺设前应进行预弯，运营时钢轨应进行涂油以减少磨耗。

1.2.2 施工特点

(1)线路长，施工空间狭小，工作面多。

地铁轨道工程长度一般能达到十几千米甚至几十千米；施工空间狭小，因此铺轨基地一般不止一个；前期基地建设、整体道床铺设、道岔铺设、焊轨工程量都很大；在工期目标很紧的情况下，需尽量增加工作面，组织同步施工。

（2）新型道床结构类型施工复杂。

除普通整体道床外，线路根据减振要求的不同往往设计有不同的道床结构类型，常见的新型道床类型有橡胶道床垫整体道床、梯形轨枕道床、钢弹簧浮置板道床等。这些新型道床施工工艺新，施工技术相对复杂，不同类型道床间的施工转换程序也多，对正线轨道铺设进度制约较大。

（3）道岔施工限制轨道工程整体施工进度。

道岔施工工艺复杂，进度较慢，如不提前进行预铺，会限制轨道工程整体施工进度。一般道岔要提前铺设，在正线道床铺设到达前完成。

（4）运输组织工作繁重、安全工作责任重大。

轨道工程线路长，轨行区运输工作量多，由于运输线路和工作区域均较为狭窄，安全管理工作责任重大。

（5）材料采购量大，原材料出厂（进场）质量控制任务重。

轨道工程材料费一般占总费用的70%以上，因此轨道工程材料数量大，名称、规格多样，特别是道岔及交叉渡线的配件、零部件多。做好材料采购及半成品的保护，是轨道工程的一大特点。

（6）轨道工程承前启后，前受土建工程轨行区移交限制，后有强电、弱电、通信信号等系统安装工程跟进施工。线路长、工期紧，后续系统工程安装与各土建单位的收尾工作必然会同步进行，轨行区施工的组织和协调任务相当繁重。除此之外，轨道专业与其他专业接口众多，施工协调工作琐碎而繁重。

（7）轨行区管理是地铁项目管理的重中之重，具有时效性、综合管理、统一指挥等特点。

1.3 系统构成及功能介绍

1.3.1 钢轨

钢轨是轨道结构重要组成部分之一，其主要功能是引导车辆行驶，并将所承受的荷载传递给道床。钢轨受力包括轮载作用下的弯曲应力、轮轨接触应力以及温度变化作用下的温度应力和列车启动制动力等。钢轨的型号、材质不同，其受力状态不同，产生的压缩、伸长、弯曲、扭转、压溃、磨耗等变形程度也不同，因此钢轨应该有足够的强度、韧性、耐磨性、耐腐蚀性和必要的弹性。

地铁工程中小半径曲线较多，钢轨磨耗大，养护维修时间有限，要求钢轨具有较高的耐磨性；钢轨也是产生振动和噪声的源头之一，要求钢轨具有良好的平顺性和稳定性，以减小轮轨冲击，降低轮轨噪声，延长其使用寿命。钢轨的选型显得尤为重要，一般来讲，我国地铁工程中钢轨选型主要从两个方面考虑，一是钢轨型号的选择，二是钢轨材质的选择。

1）钢轨型号的选择

钢轨型号的选择主要依据列车运行速度、年通过总重以及近期、远期客流量，并通过技术、经济综合比较来确定。不同钢轨截面特性对比见表1.3.1，不同钢轨性能对比见表1.3.2。

不同钢轨截面特性对比表　　表1.3.1

钢轨型号	截面面积（cm^2）	惯性力矩（cm^4）		断面系数（cm^3）		
		对水平轴	对垂直轴	上部	下部	底侧边
60kg/m	77.45	3217	524	339.4	396	69.9
50kg/m	65.8	2037	377	251.3	287.2	57.1

第一篇　轨道工程

不同钢轨性能对比表　　表 1.3.2

钢轨型号	使用周期(Mt)	可靠性	供电能耗（电阻值）	杂散电流防护（杂散电量）	初期投资	养护维修费用
60kg/m	700	强度高，安全储备大	78%	80%	120%	66%
50kg/m	450	强度低，安全储备小	1	1	1	1

综合上述两种类型钢轨特点的对比，以及从提高轨道结构稳定性和延长钢轨使用寿命等诸多方面权衡，近年来，国内地铁工程正线、出入线、试车线上普遍采用 60kg/m 钢轨，车辆段和停车场采用 50kg/m 钢轨。50kg/m 钢轨与 60kg/m 钢轨之间采用 50 ～ 60kg/m 异型钢轨进行连接。

60kg/m 钢轨截面尺寸如图 1.3.1 所示。

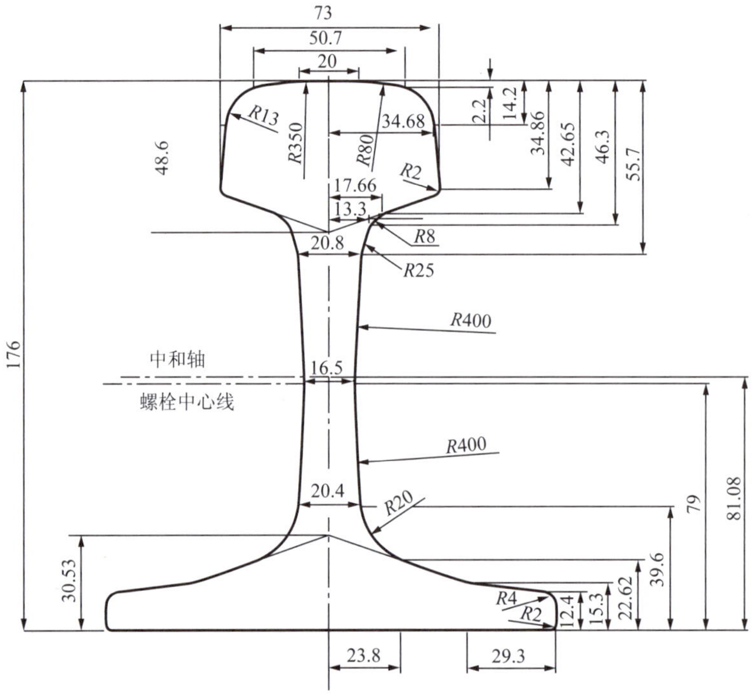

图 1.3.1　60kg/m 钢轨截面尺寸图（尺寸单位：mm）

2）钢轨材质的选择

钢轨材质选择需综合考虑地铁线路条件、运营荷载状况、与车轮硬度的匹配、钢轨受力及磨耗特性、养护维修等诸多因素。目前，我国地铁工程中大量使用的钢轨，主要有中锰钢轨（U71Mn）和含钒微合金钢轨（U75V）两个品种。其他材质钢轨，如 U74 轨由于强度较低，已逐渐淘汰，稀土轨尚未批量使用，而有些新型钢轨尚处于试验阶段（如 WD1 轨）。

不同钢轨主要化学成分对比见表 1.3.3，不同钢轨机械性能对比见表 1.3.4。

不同钢轨主要化学成分对比表　　表 1.3.3

牌号	化学成分（质量分数）(%)						
	C	Si	Mn	S	P	V	Nb
U71Mn	0.65 ～ 0.76	0.15 ～ 0.35	1.10 ～ 1.40	≤ 0.030	≤ 0.030	≤ 0.030	≤ 0.010
U75V	0.71 ～ 0.80	0.50 ～ 0.80	0.70 ～ 1.05	≤ 0.030	≤ 0.030	0.04 ～ 0.12	≤ 0.010

不同钢轨机械性能对比表　　表 1.3.4

牌号	抗拉强度 R_m（MPa）（≥）	断后伸长率 A（%）（≥）
U71Mn	880	9
U75V	980	9

通常含钒微合金钢轨（U75V）较中锰钢轨售价高 6% ～ 10%，但使用寿命长、耐磨性好，可以减少现场的养护维修工作量，降低运营成本。本着“功能合理、经济实用”的原则，正线及辅助线、出入线、试车线采用 U75V 钢轨，场段内列车空载运行且车速较低，可采用 U71Mn 钢轨。

1.3.2 扣件

扣件是联结钢轨与轨枕或其他轨下基础的重要部件，其主要作用是保持钢轨与轨下基础的可靠联结，阻止钢轨的纵横向移动，防止钢轨倾翻，并为轨道结构提供一定的弹性。因此，扣件应满足以下要求：足够的强度、扣压力和耐久性；良好的弹性；充足的调整能力；一定的减振降噪能力；良好的绝缘性能，以减少杂散电流；标准化，通用性和经济性能好。

根据不同的联结方式，扣件可分为分开式扣件和不分开式扣件；根据不同的扣压方式，扣件可分为有螺栓扣件和无螺栓扣件。

扣件的类型应根据地铁工程的特点和不同的轨道类型来选择，以充分发挥扣件的性能。目前，地铁工程正线普遍采用弹条分开式扣件，只有车辆段或停车场碎石道床采用不分开式扣件。

地铁工程常用扣件类型见表 1.3.5。

地铁工程常用扣件类型统计表　　表 1.3.5

分类标准	扣件类型	结构特点	引　例
联结方式	分开式扣件	结构较为复杂，易于满足施工误差和轨道几何尺寸的调整，绝缘性较好	单趾弹簧扣件、弹条Ⅰ型分开式扣件、弹条Ⅲ型分开式扣件等
	不分开式扣件	结构简单，零部件少，造价低，扣件绝缘性能略差	弹条Ⅰ型扣件、弹条Ⅱ型扣件等
扣压方式	有螺栓扣件	优点： （1）能通过拧紧螺栓调节扣压力； （2）可轨下调高，便于调整轨道高低； （3）采用简单器具即可拧紧，便于组装、拆卸与更换。 缺点： （1）螺栓易松弛生锈； （2）需复拧和涂油作业	DTⅢ2 型扣件、ZX-2 型扣件等
	无螺栓扣件	优点： （1）扣压稳固，无须复拧螺栓作业； （2）锚固装置本身兼承受横向力。 缺点： （1）配件存在制造误差、磨耗、变形及施工误差时，无法调整其扣压力； （2）组装时必须用专用工具	单趾弹簧扣件、弹条Ⅲ型分开式扣件、DTⅥ2 型扣件等

弹条Ⅰ型分开式扣件如图 1.3.2 所示，弹条Ⅲ型分开式扣件如图 1.3.3 所示。

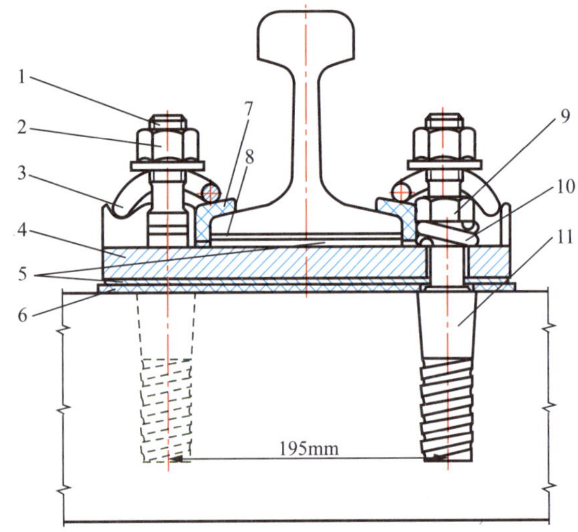

扣件零件数量表(每个扣件节点)

序号	名 称	数量	材 料	体积或质量
1	T型螺栓	2	Q235-A	0.712kg
2	防松螺母	2	Q235-A	0.473kg
3	B型弹条	2	60Si2Mn	0.904kg
4	整体道床铁垫板	1	QT450-10	9.05kg
5	调高垫板		高密度聚乙烯	根据需要使用
6	铁垫板下橡胶垫板	1	氯丁橡胶	$435cm^3$
7	绝缘轨距块	2	玻纤增强聚酰胺66	$114cm^3$
8	轨下橡胶垫板		氯丁橡胶	$246cm^3$
9	螺钉	2	45号钢	1.5kg
10	双层弹簧垫圈	2	60Si2Mn	0.242kg
11	塑料套管	2	玻纤增强聚酰胺66	$153cm^3$

图 1.3.2 弹条 I 型分开式扣件装配图

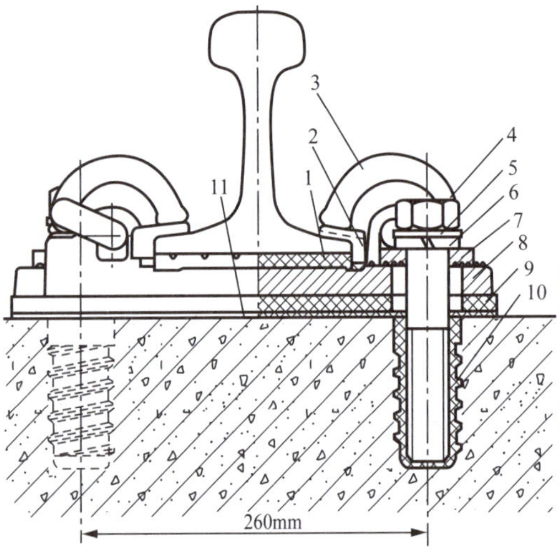

扣件零件数量表(每个扣件节点)

序号	名 称	数量	材 料	体积或质量
1	轨下垫板	1	热塑性聚酯弹性体	$289.88cm^3$
2	绝缘轨距块	2	玻纤增强聚酰胺66	$108.5cm^3$
3	III型弹条	2	60Si2Mn	1.65kg
4	螺栓	2	45号钢	2.44kg
5	平垫圈30	2	Q235-A	0.10kg
6	重型弹簧垫圈30	2	65Mn	0.18kg
7	调距扣板	2	QT450-10	0.74kg
8	铁垫板	1	QT450-10	11.61kg
9	铁垫板下垫板	1	热塑性聚酯弹性体	$732.72cm^3$
10	塑料套管	2	玻纤增强聚酰胺66	$294cm^3$
11	铁垫板下调高垫板		高密度聚乙烯	根据需要使用

图 1.3.3 弹条III分开式扣件装配图

1.3.3 轨枕

轨枕是轨道结构的重要组成部分之一，一般横向铺设在钢轨下的道床上，承受来自扣件的荷载，并将荷载均匀地传布于道床，同时有效地保持轨道的几何尺寸，特别是轨距和方向。轨枕应具有必要的强度、弹性和耐久性，便于固定钢轨，有抵抗纵向和横向位移的能力。

轨枕按其构造及铺设方法分为横向轨枕、纵向轨枕及短枕等。横向轨枕与钢轨垂直间隔铺设，是一种最常用的轨枕。纵向轨枕一般用于特殊道床地段。短枕是在左右两股钢轨下分开铺设的轨枕，常用于整体道床。轨枕按其材质分主要有木枕、混凝土枕和钢枕。

在地铁工程施工中，主要采用混凝土轨枕，特殊线路采用合成枕。

1)常见轨枕类型

(1)木枕

木枕又称枕木，是轨道工程最早采用而且仍被继续使用的一种轨枕。主要优点是弹性好，易加工、运输、铺设、养护维修方便，与钢轨连接比较简单，有较好的绝缘性能等。但木枕要消耗大量优质木材，由于资源有限，其价格较贵。木枕的主要缺点是易腐朽、磨损，使用寿命短；其次是由于木材种类和部位不同，其强度、弹性不完全一致，在列车荷载作用下会造成轨道不平顺。

（2）混凝土枕

随着技术的发展，木枕逐步被混凝土枕所代替。混凝土枕材料来源广，并能保证尺寸精度，使轨道弹性均匀，提高了轨道的稳定性。混凝土枕不受气候、腐朽、虫蛀及火灾的影响，使用寿命长。此外，混凝土枕还具有较高的道床阻力，对提高无缝线路的横向稳定性十分有利。

目前，地铁工程施工中常用的混凝土枕有混凝土短枕、混凝土长枕、双块式轨枕、新 II 型枕、预应力混凝土岔枕等。

混凝土短枕如图 1.3.4 所示，新 II 型混凝土枕如图 1.3.5 所示。

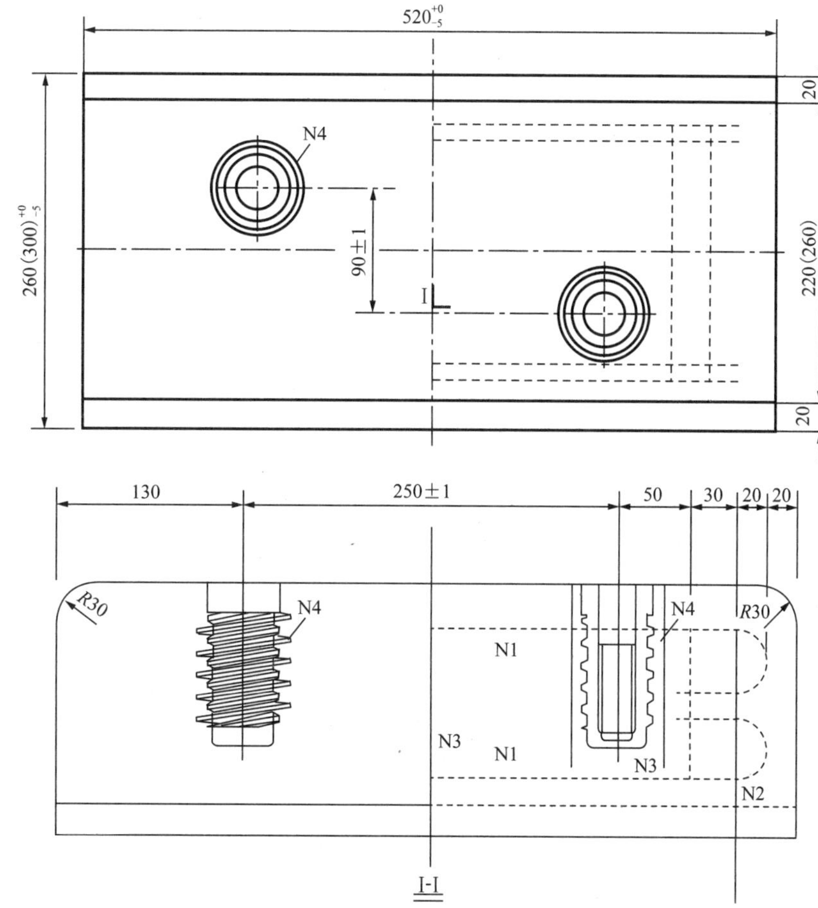

图 1.3.4　混凝土短枕（尺寸单位：mm）

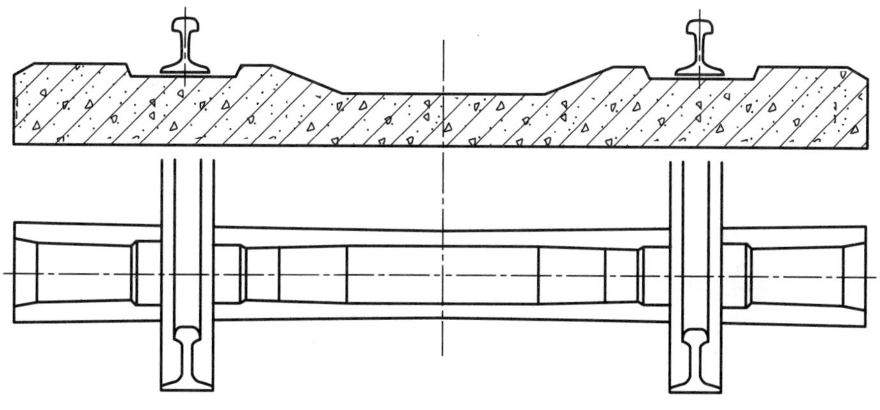

图 1.3.5　新 II 型混凝土枕

2）常见轨枕铺设数量

常见轨枕铺设数量见表 1.3.6。

常见轨枕铺设数量表　　表 1.3.6

序号	道床形式	轨枕铺设数量			
		正线 50kg/m、60kg/m 钢轨		辅助线	车场线
		直线及 R>400m 曲线或坡度 i<20‰	$R \leqslant$ 400m 曲线或坡度 $i \geqslant$ 20‰		
1	枕式整体道床(根 < 对 >/km)	1600 ~ 1680	1680	1600	1440
2	减振轨道枕式整体道床(根 < 对 >/km)	1600 ~ 1680	1680	1600	1440
3	混凝土枕碎石道床(根 /km)	1600 ~ 1680	1680	1600	1440
4	无缝线路混凝土枕碎石道床(根 /km)	1680 ~ 1760	1760 ~ 1840	1680 ~ 1760	
5	木枕碎石道床(根 /km)	1680 ~ 1760	1760 ~ 1840	1680	1440

1.3.4 道岔

道岔是用于列车从一股轨道转入或越过另一股轨道时必不可少的线路设备，是轨道的一个重要组成部分。由于道岔具有零件数量多、构造复杂、使用寿命短、限制列车速度、养护维修投入大等特点，与曲线、接头并称为轨道的三大薄弱环节。

常用的道岔有单开道岔和交渡道岔，交叉方式有垂直交叉和菱形交叉，连接方式与交叉方式的组合有交分道岔和交叉渡线等。

单开道岔如图 1.3.6 所示，交渡道岔如图 1.3.7 所示。

单开道岔按钢轨类型分类，有 60kg/m、50kg/m、43kg/m 钢轨单开道岔。单开道岔按道岔号码分类，有 6、7、9、12、18、24、30、38 号等，在地铁工程中以 9 号和 12 号最为常用，在侧线通过高速列车的地段，则需铺设 18、24 号等大号码道岔。道岔号码 N 按其所用辙叉角 α 的余切计，即 $\cot\alpha$。按道岔平面形式分类，主要有直线尖轨直线辙叉单开道岔、曲线尖轨直线辙叉单开道岔、曲线尖轨曲线辙叉单开道岔等。按转辙器结构形式分类，有普通钢轨断面和特种钢轨断面的单开道岔、间隔铁式和可弯式单开道岔。按辙叉结构形式，单开道岔的分类，有固定型和可动心轨型。单开道岔按岔枕类型分类，有木岔枕道岔、合成树脂枕道岔和混凝土岔枕道岔。目前，广泛使用的是混凝土岔枕道岔和合成树脂枕道岔。

道岔一般设计原则：

（1）正线上道岔的钢轨类型应与正线的钢轨类型一致。

（2）相邻道岔间插入短钢轨的最小长度应符合表 1.3.7 的规定。

（3）正线、辅助线和试车线应采用不小于 9 号的各类道岔，车场线咽喉区应采用不大于 7 号的各类道岔，并宜采用 AT 尖轨、高锰钢辙叉和可调式护轨。

（4）隧道内和高架桥上的道岔区宜采用整体道床，车场线道岔宜采用碎石道床。

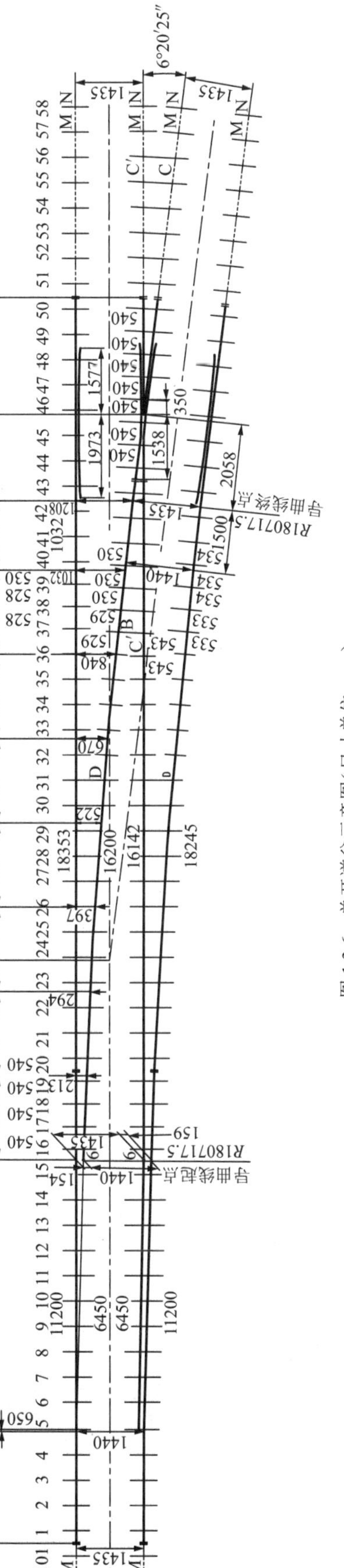

图 1.3.6 单开道岔示意图(尺寸单位:mm)

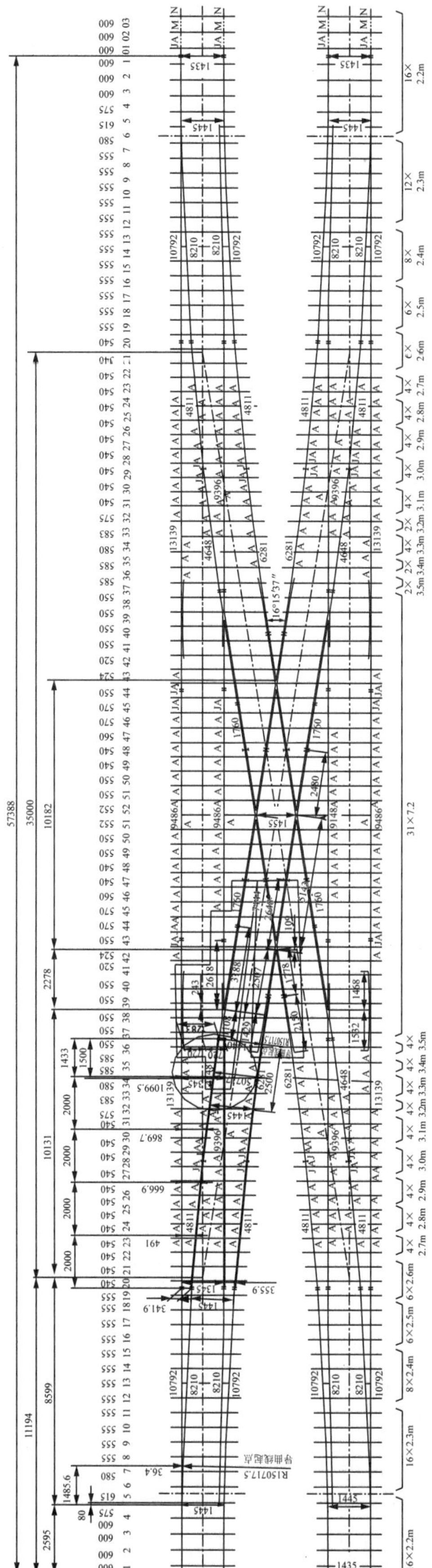

图 1.3.7 交渡道岔示意图(尺寸单位:mm)

相邻道岔间插入短钢轨最小长度要求表

表 1.3.7

道岔位置		线别	插入短钢轨长度 L	
			一般地段（m）	困难地段（m）
对向单开道岔	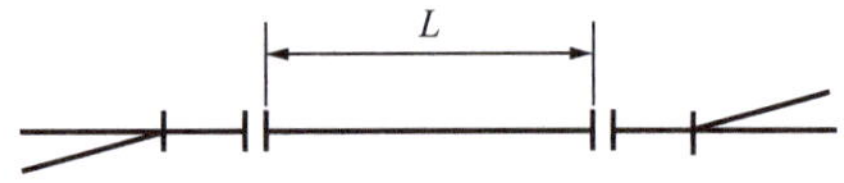	正线及辅助线	12.5	6.25
		车场线	4.5	0
顺向单开道岔	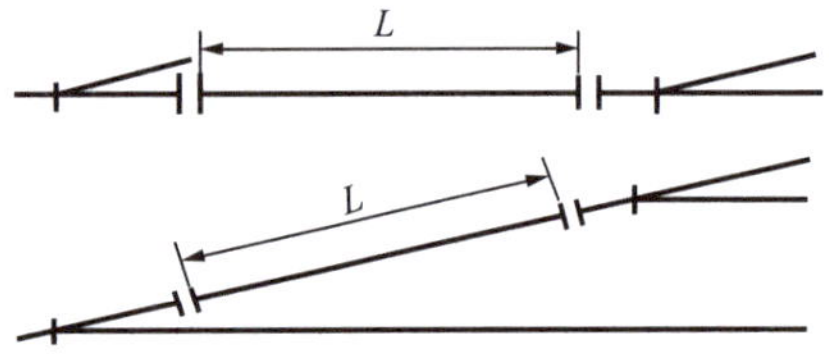	正线及辅助线	6.25	4.5
		车场线	4.5	3.0
反向单开道岔	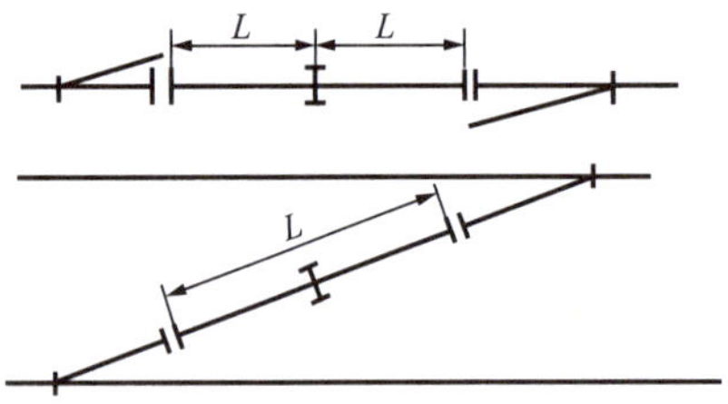	正线	6.25	4.5
		辅助线	6.25	0
		车场线	4.5	0

1.3.5 道床

1）整体道床

根据地铁工程特点以及运营维护需求，在地铁工程多采用以混凝土代替散体道砟的轨道结构，即整体道床。相比碎石道床，整体道床具有高平顺、高稳定和少维修的优点。其作用主要是承受来自轨枕的压力并均匀地传递到基础上；可提供轨道的纵横向阻力，保持轨道的稳定；可减缓和吸收轮轨的冲击和振动；可提供良好的排水性能，以提高基础的承载能力及减少道床病害，便于轨道养护维修作业。

（1）混凝土枕整体道床

鉴于整体道床具有维修量少、轨道高度低且结构整体性能强、稳定性好等特点，整体道床作为地下线轨道结构首选道床形式，在国内外已基本达成共识。其中，整体道床形式主要有混凝土长枕整体道床、混凝土短枕整体道床和双块式轨枕整体道床。不同整体道床类型如下：

①混凝土长枕整体道床，是将预应力混凝土长轨枕埋在整体道床内，道床纵向钢筋贯穿轨枕，现场灌注混凝土形成整体道床。长轨枕为预应力混凝土轨枕，在工厂预制，长度 2.1m，轨枕混凝土强度等级为 C60，道床混凝土强度等级为 C30，纵向排水沟设在两侧。

②混凝土短轨枕整体道床，实际上是在原无枕整体灌注式道床基础上的一种改良后的整体道床结构，为方便施工及保证施工精度，它是将预制好的短轨枕埋入混凝土整体道床内，形成一个整体结构。短轨枕采用工厂或基地预制，轨枕不设轨底坡，混凝土强度等级为 C50，底部外露钢筋钩，以加强与现浇道床混凝土的连接，道床表面设有 1% ～ 3% 的横向排水坡度。

③双块式轨枕整体道床，由钢轨、扣件、双块式轨枕、道床板及支承层 / 底座组成。该结构用桁架式钢筋连接两根短轨枕，在现场与道床板结构钢筋直接绑扎或直接嵌入混凝土底座，既简化了轨枕结构，又提高了结构的整体性。双块式轨枕较短轨枕可以更好地控制轨底坡，同时由于轨枕中部是桁架式钢筋，避免了混凝土长枕道床易出现的道床空洞等问题。

组成整体道床的长轨枕、短轨枕及双块式轨枕实例如图 1.3.8 ～图 1.3.10 所示。

图 1.3.8　混凝土长枕整体道床实例

图 1.3.9　混凝土短枕整体道床实例

图 1.3.10　双块式轨枕整体道床实例

（2）减振道床

在地铁建设过程中，由于需要穿越人口密集的区域，而列车行驶时产生的振动和噪声会不同程度影响人们的正常生活及工作。如何做好降低地铁产生的噪声一直是困扰地铁工程建设的难题，越来越多的减振措施也因此得到了发展。根据不同的减振等级，地铁工程减振降噪措施大概可分为中等减振、高等减振、特殊减振，不同减振道床的施工方式各不相同，中等减振以减振扣件道床为代表，高等减振以减振垫浮置板为代表，特殊减振又以浮置板道床为代表。各类减振道床示意如图 1.3.11 ～图 1.3.13 所示。

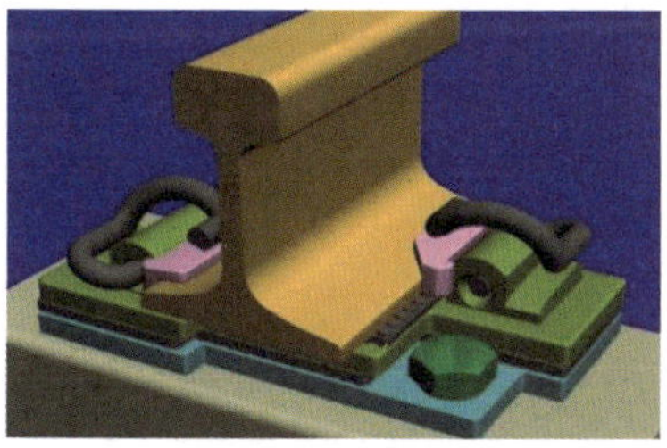
图 1.3.11　中等减振道床示意图

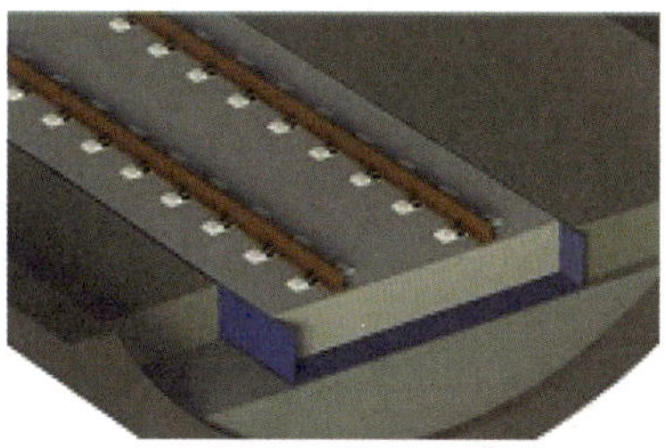
图 1.3.12　高等减振道床示意图

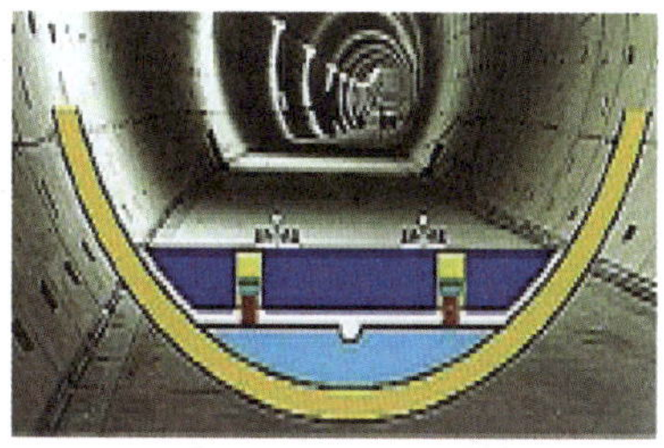
图 1.3.13　特殊减振道床示意图

（3）场段线常用道床

①立柱式检查坑整体道床为无枕式轨道结构，是直接在钢筋混凝土立柱里预埋螺纹套管进行锚固于立柱道床中，横、纵向锚固间距按立柱间距同步布置。

立柱式检查坑整体道床成品实例如图 1.3.14 所示。

②库内一般地段整体道床为短轨枕式整体道床，该段轨道结构高度为 500mm，道床混凝土强度等级为 C30。整体道床每隔 6m 应设道床伸缩缝，伸缩缝宽 20mm，以沥青木板形成，上部以沥青麻筋封顶，在基础的结构伸缩缝和沉降缝处均应设置道床伸缩缝。

库内一般地段整体道床成品实例如图 1.3.15 所示。

图 1.3.14　立柱式检查坑整体道床成品实例

图 1.3.15　库内一般地段整体道床成品实例

③壁式检查坑整体道床为短轨枕式整体道床，是将预制好的短轨枕埋入混凝土整体道床内，形成一个整体结构，主要设置于停车场或车辆段内，用于车辆、设备检修、列车调试等。

2）碎石道床

碎石道床通常指的是轨枕下面，路基面上铺设的道砟垫层。主要作用是支撑轨枕，把轨枕上部的巨大压力均匀地传递给路基面，并固定轨枕的位置，阻止轨枕纵向或横向移动，可缓和机车车辆轮对对钢轨的冲击；同时便于排水，减小路基变形。

碎石道床具有铺设简便、综合造价低廉的特点，但容易变形，维修频繁，维修费用较大。对现阶段的地铁工程来说，碎石道床在站场线应用的比较多。

碎石道床截面如图1.3.16所示，碎石道床成品实例如图1.3.17所示。

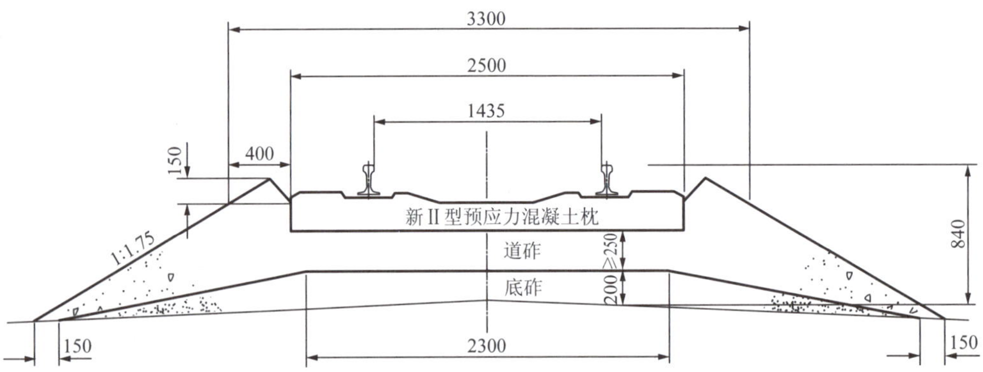

图1.3.16　碎石道床截面图（尺寸单位：mm）

图1.3.17　碎石道床成品实例图

1.3.6　附属设施

1）车挡

（1）车挡是设置于线路末端，防止列车冲出轨道的一种线路附属设备。

目前，国内地铁采用的车挡主要有固定式和缓冲滑动式，新型车挡还有液压缓冲滑动式。

缓冲滑动式车挡技术先进，结构合理，能有效地消耗列车动能，不损坏车辆和车挡，确保人身安全。国内早期已运营地铁工程大部分采用了这种车挡，该车挡具有结构简单等优点。当列车以规定速度撞击后，车挡能滑动一段距离，能有效地消耗列车的能量，一般情况下能保障地铁车辆及人身安全。为了减小车挡占用线路长度，国内有关机构研制开发了新型的长行程液压车挡，这种车挡的制动力曲线变化平缓，并具有自动复位及事故报警、记录等功能，可大大缩短事故处理、恢复运营通车的时间，但由于液压油缸等关键设备需进口，故造价较高，一般仅在线路长度受到严格限制的地段采用。

新型液压缓冲滑动式车挡示意如图 1.3.18 所示。

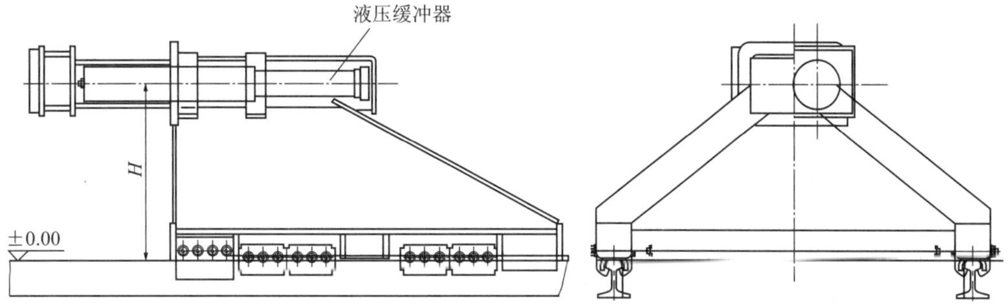

图 1.3.18　新型液压缓冲滑动式车挡示意图

（2）车辆段和停车场线路末端一般采用框架式固定车挡和月牙式车挡。车辆在库内失控撞击车挡的概率非常低，设置车挡主要是为了防止意外溜车，在库内低速情况下即使发生意外撞击，对车辆的损坏程度也很轻。

框架固定车挡示意如图 1.3.19 所示，月牙式车挡示意如图 1.3.20 所示。

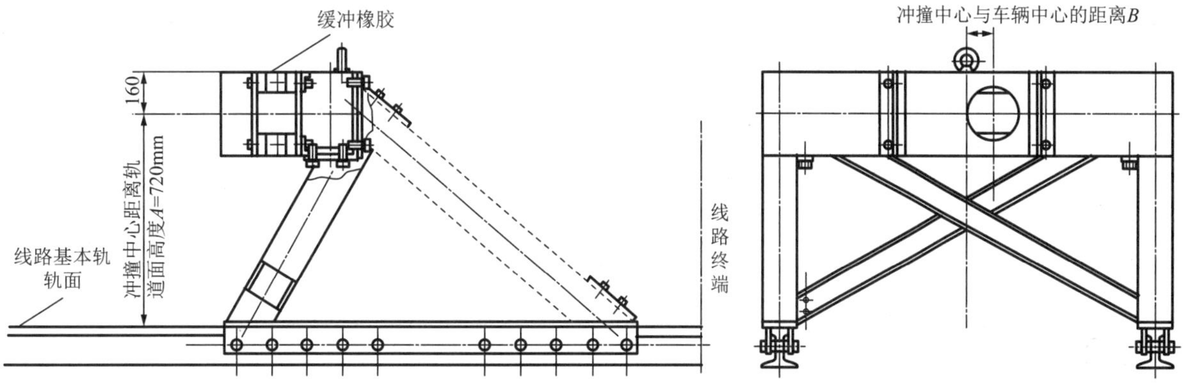

图 1.3.19　框式固定车挡示意图

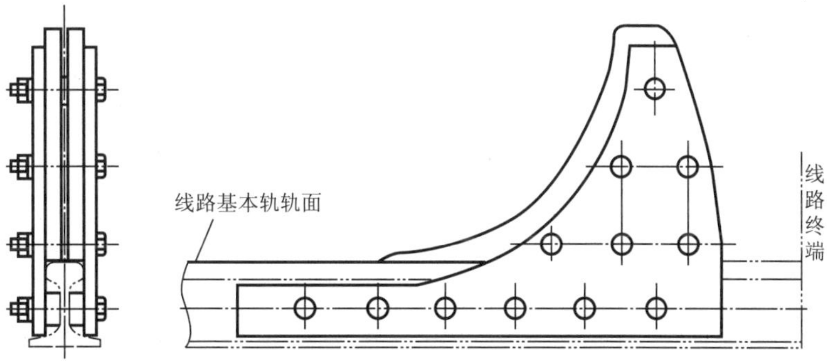

图 1.3.20　月牙式车挡示意图

2）标识牌

标识牌是为了行车安全和工务人员维修方便而设置的一种线路附属设施。

（1）地铁轨道工程宜应设下列标识：

①线路标识：百米标、坡度标、曲线要素标、曲线始终点标、道岔编号标、水准基点标等。

②信号标识：限速标、停车位置标、警冲标。

(2)百米标、坡度标、限速标、停车位置标、警冲标等标识，宜采用反光材料制作。警冲标设在两设备限界相交处，其余标识安装在行车方向右侧司机易见的位置上。

3)橡胶道口板

橡胶道口板一般用于场段线碎石道床道口处，主要作用是场段内道路横跨轨道时，安装橡胶道口板可满足汽车通行。橡胶道口板在铺轨完成后进行安装。

4)防脱护轨

一般在高架桥地段需安装防脱护轨。防脱护轨的工作原理是当一侧车轮轮缘将要爬上轨顶面时，同一轮对的另一侧车轮的轮背与护轨接触，促使要爬轨的车轮恢复到正常位置，防止列车脱轨。防脱护轨一般安装在行车方向的右侧。

5)吸声板

地铁的噪声主要来自于轮轨噪声，整体道床轨道的道床表面光滑，轮轨噪声在道床面上直接反射，可在道床表面铺设多孔混凝土或轻质材料吸声板来吸收轮轨噪声。轨道吸声板以高强硬质陶粒、水泥等无机材料为主制成，利用多孔无机材料对声波能量进行吸收的原理进行降噪，分别在道床的中间和两边进行铺设。

6)钢轨吸振器

使用钢轨吸振器抑制钢轨的振动速度，对降低轮轨噪声有显著作用。钢轨吸振器主要由减振楔块、弹性夹、橡胶垫条及黏结材料组成，减振楔块安装于钢轨轨腰两侧，并用弹性夹固定。减振楔块主要为橡胶元件，并且内部设有金属棒；弹性夹为固定和夹紧橡胶元件使其固定在轨道上的辅助结构。

第2章 轨道工程施工工艺及质量控制要点

2.1 轨道工程总体施工流程

轨道工程在地铁工程施工中起着承上启下的作用，轨道工程的施工为站后其他专业施工创造了条件。它的启动标志着地铁工程施工管理的重点由主体结构工程向站后工程转换。

轨道工程一般施工流程为：首先按照招标文件、合同文件、相关规范及设计图纸进行前期策划；再进行各类施工准备工作，如技术准备、人员进场、材料招标及生产、施工机械设备调转、铺轨基地移交及建设、轨行区移交、施工测量等；以上工作完成后具备了开工条件，再开展道床施工、道岔施工、水沟施工、无缝线路施工、附属工程施工、线路精调。

2.2 施 工 测 量

施工测量是轨道施工的关键步骤，施工测量工作内容包括控制点交接及复测、CPIII控制点测设、线路和道岔边桩测设、成果报验等。

CPIII测量控制技术是目前地铁轨道工程施工中应用广泛的施工测量技术，也是未来发展的趋势。在地铁轨道工程施工中，为了提高轨道平顺性，保证轨道几何尺寸的准确性，一般采用基标测设与CPIII控制点测设同时应用，相互复核测验数据成果。

2.2.1 工艺流程

施工测量工艺流程如图2.2.1所示。

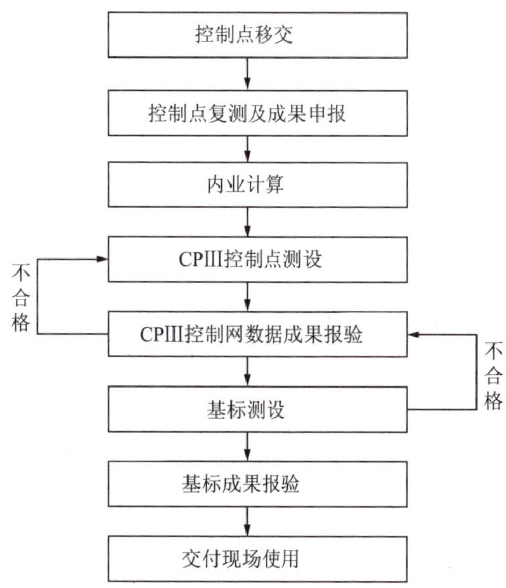

图2.2.1 施工测量工艺流程图

2.2.2 技术要点

1）控制点移交

施工前，监理工程师负责协调土建单位向铺轨施工单位提供轨行区控制桩点的测量资料，并做好交接手续，然后进行现场确认桩点的位置及完整性。

2）控制点复测

（1）高程测量按照精密水准等级施测，各项限差满足规范要求，闭合至水准点时必须为偶数站，由往测变为返测时，两把标尺必须互换位置。

（2）复测成果报监理审查，合格后才能使用。

3）CPⅢ控制点测设

（1）埋点牢固，位置合适，避免大面积遮挡。控制点埋设位置要求见表2.2.1，控制点成品实例如图2.2.2所示。

CPⅢ控制点埋设位置要求　　表2.2.1

名　称	纵向间距	高　度	备　　注
CPⅢ控制点	30～60m	高于轨面0.7～1.2m	控制点成对布设在隧道侧墙、中隔墙或站台廊檐上；布设过程中需注意避免支架、管线、设备等的遮挡

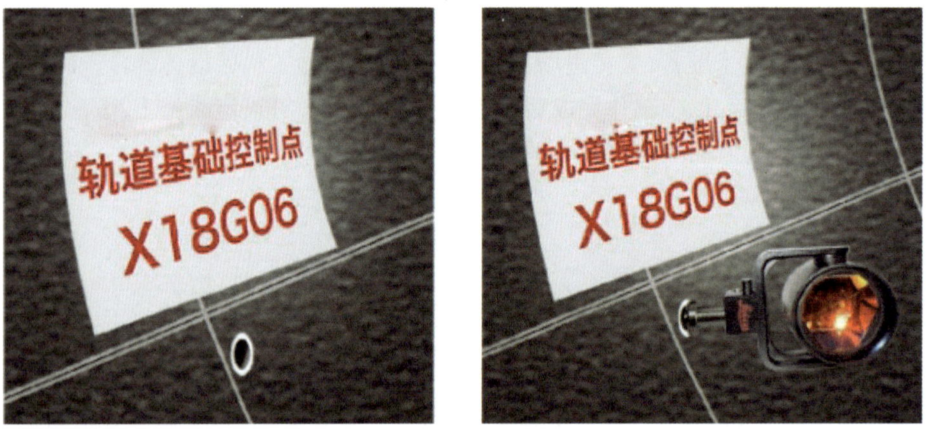

图2.2.2　CPⅢ控制点成品实例图

（2）注意外部观测条件对测量精度的影响，每站测量前对温度气压等参数进行修改。

（3）棱镜重复性和互换性满足要求。

（4）每600m左右（400～800m）联测1个导线点，每1000m左右联测1个水准点。

（5）分段测量的区段长度不宜小于2km，区段间平面重复观测不应少于6对控制点，高程重复观测不应少于2对控制点。

（6）轨道控制点复测与原测成果的X、Y坐标较差绝对值不大于3mm，较差超限时应分析判断超限原因，确认复测成果无误后，应对超限的轨道控制点采用同精度内插方式更新成果。

4）基标测设

（1）基标直线6m布置1个，曲线5m布置1个，根据不同道床形式设置中桩或边桩，边桩距离线路中线距离以不影响模板安装和L尺使用为准，一般距离线路中线距离为1.3m；车站和小曲线半径的基标偏距避免走行轨遮挡，可以使道尺量测；基标一般采用专业测钉制作。

（2）曲线五大要素点、岔心、岔前、岔尾、曲股岔前、曲股岔尾、辙叉理论交点、尖轨的尖端、交叉渡线菱形中心及锐角、钝角辙叉理论交点等处均应设置基标。

（3）特殊道床基标偏距设置应注意避开钢筋。

(4)里程标记清楚,高度应高于轨面,方便保存至后期查看。

(5)注意基标的保护,松动的基标不能交付使用。

2.3 道床施工

2.3.1 普通整体道床施工

普通整体道床施工一般采用机铺施工工艺,特殊情况下才采取散铺方式进行施工。

整体道床施工采用一次成型的施工工艺,总体施工顺序为:在铺轨基地组装轨排,当铺轨小车走行轨、基底处理及底层钢筋绑扎完毕后,由轨道车及铺轨小车将轨排运至施工现场,再进行轨排铺设,铺设完成后进行上层钢筋绑扎及模板安装,再用轨检小车进行精调,精调完成后浇筑道床混凝土,混凝土强度达到要求后拆除支撑架及模板,进行道床养护,进入下一施工循环。

1)施工流程

普通整体道床施工流程如图 2.3.1 所示。

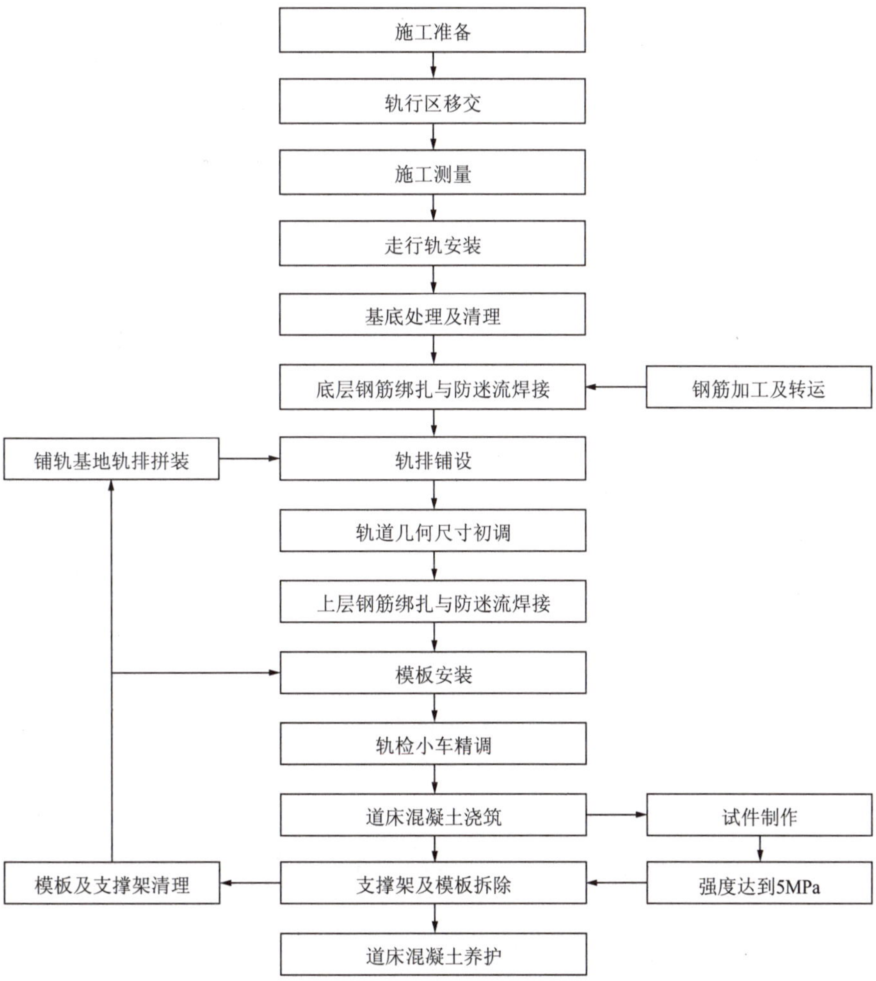

图 2.3.1　普通道床施工流程图

2）技术要点

（1）施工准备

施工准备主要为铺轨基地建设，建设过程中需要对基地进行硬化，要求场地平整，坡度不大于5‰，混凝土厚度不少于15cm，采用的混凝土强度等级不低于C20。场地内需设轨排拼装区、轨排存放区、钢轨存放区、钢筋存放及加工区、扣配件存放区及轨枕存放区等区域。

（2）走行轨安装

①铺轨通常采用12t铺轨小车，走行线一般采用长12.5m的22kg/m或24kg/m的钢轨。

②洞内铺轨小车根据不同施工环境采用不同跨度，圆形隧道浮置板地段需进行铺轨小车加宽，采用3.8m跨度，其余地段采用标准跨度。

③走行轨中心线必须与线路中心线一致，其轨顶高程应高于道床面高程，以确保铺轨小车走行时不会冲撞基标和影响模板安装。

④走行轨支腿安装高度视不同隧道类型需进行高度调整，车站以铺轨小车卡槽和站台板吻合为准，区间隧道以铺轨小车轮廓不与隧道断面冲突为准。

⑤走行轨采用走行轨支腿与隧道固定，走行轨通过螺栓和扣板与走行轨支腿固定。

⑥走行轨支腿用膨胀螺栓固定在隧道底板上，其间距不大于1.2m。

⑦走行轨接头处采用接头夹板和螺栓进行连接，且接头两端轨底板处分别安装1个走行轨支腿进行加密。

（3）基底处理及清理

①矩形、马蹄形隧道，若设计轨面至底板顶面大于轨道结构高度，差值超过100mm的，应先由土建单位进行回填再进行轨道工程施工。

②除圆形隧道外，结构底板顶面须凿毛（需浇筑混凝土的底板范围内必须全部凿毛）、冲洗，疏干积水并除去混凝土碎屑，结构底板出现渗漏水处要由土建施工单位先进行堵漏处理，再进行基底凿毛处理。

③凿毛可采用风镐或其他凿毛设备，凿毛要求：凹凸面深度5～10mm，凿毛间距不大于150mm，呈梅花状布置，凿毛完成后彻底清除基底面上的浮浆、杂物和脏水后才能浇筑混凝土。

④凿出的垃圾及时清扫干净并装袋，用轨道车和铺轨小车搬运出洞口，统一运走。

⑤局部轨道结构高度不能满足要求时，应采取以下道床加强措施：矩形隧道局部轨道结构高度不足地段（大于450mm），采用薄型短轨枕，除结构底板凿毛之外，还需在结构底板植入膨胀螺栓，膨胀螺栓采用YG2型M16×245，锚固深度110mm，螺栓横向设置6根，间距400mm，纵向间距按625mm考虑，膨胀螺栓的订货、施工及验收按《YG型胀锚螺栓施工技术暂行规定》（YBJ 204—1991），也可采取其他方式进行补强。

（4）轨排拼装（以弹条III型分开式扣件和钢桁架双块式轨枕为例）

①拼装台位搭设：为使安装钢轨时轨枕不移位，按设计要求进行拼装台位搭设处理，轨排在铺轨基地拼装时拼装场地必须进行硬化。

②扣件安装：扣件安装过程中螺栓必须涂抹黄油。

③组装轨排：组装过程中需按设计要求严格控制轨枕间距，遇人防门、道床分界点等特殊位置时，轨枕间距大小可适当调整，相邻轨枕间距变化较大时应进行轨枕间距过渡，前后轨枕间距变化值最大不超过50mm。曲线地段曲线外股为：标准轨枕间距＋（轨枕间距范围内缩短量/2）；曲线内股为：标准轨枕间距－（轨枕间距范围内缩短量/2）。

在作业场无法将曲线地段内外股轨枕间距都一次性调整到位，所以需要在现场轨排粗铺后进行方枕，保证轨枕间距符合设计要求，轨枕与钢轨切线垂直。

轨排组装后组织验收，特别注意检查轨距、轨枕位置及间距、扣件与轨枕是否密贴、轨距块位置、铁垫板方向等。验收合格后用龙门吊吊运至指定地点堆放或装车，并按铺设顺序注明轨节编号。轨排装车时，不得超过 2 层，先铺的装在上面，后铺的装在下面。

④当地铁工程为接触轨供电方式时，如果采用在加长轨枕上预埋接触轨基础的形式，在轨排拼装时不同轨枕的排布则需满足接触轨基础的布置要求。

施工现场轨排组装如图 2.3.2 所示。

图 2.3.2　施工现场轨排组装图

（5）钢筋工程

①钢筋加工

钢筋加工前需测量对应区段内轨道结构高度，钢筋几何尺寸需根据轨道结构高度做适当调整，防止所加工钢筋的尺寸与现场不符。钢筋加工尺寸必须符合《混凝土结构工程施工质量验收规范》（GB 50204—2015）的要求。

钢筋堆放必须与地面隔离，以防雨水侵蚀生锈。加工好的成品钢筋和进场的原材料要分开堆放，并做好标识，以防混拿混用。

②钢筋绑扎

钢筋采用轨道运输车运输至施工现场，布设时由铺轨龙门吊吊运至铺设地段；散布前，根据设计钢筋网格间距在隧道底板上确定位置并弹出墨线；然后人工抬运钢筋按照底板上墨线进行布设、绑扎固定，按规定要求在钢筋网下设置混凝土保护层混凝土垫块（混凝土垫块强度与道床混凝土强度等级相同），混凝土保护层厚度一般为 40mm。整体道床内布设上、下两层钢筋。钢筋绑扎时，绑扎必须牢固，不漏绑，且钢筋的间距和外形必须符合设计要求。

道床钢筋成品实例如图 2.3.3 所示。

图 2.3.3　道床钢筋成品实例图

③钢筋焊接

a. 整体道床内钢筋网焊接除满足《混凝土结构工程施工质量验收规范》（GB 50204—2015）的要求外，还必须满足防杂散电流的要求。

b. 电焊条应选用符合《非合金钢及细晶粒钢焊条》（GB/T 5117—2012）或《热强钢焊条》（GB/T 5118—2012）规范的要求。凡施焊的焊条，应分类存放和妥善保管，并应采取防止生锈、变质的措施。焊条生产厂家应提供产品的合格证、厂家资质等级等证明，铜端子与钢筋焊接时需使用铜焊条。

c. 纵向钢筋搭接处必须进行焊接，焊接长度不小于钢筋直径 d 的 6 倍，在搭接处对钢筋进行双面焊，焊缝高度不小于 6mm。纵向钢筋焊接接头应该相互错开，同一根钢筋的两个相邻焊接接头，距离不得小于 $35d$，且不小于 500mm，在该区段内有接头的钢筋截面积占所有钢筋截面积的百分比不得超过 50%。

d. 横向钢筋与纵向钢筋的交叉点应按照要求进行双面焊，焊缝高度不得小于 6mm。

e. 在每个整体道床伸缩缝的两侧，分别用扁铜或埋入式端子和所有纵向钢筋焊接，并在道床的两侧引出连接端子。

（6）轨排铺设及轨道几何尺寸初调

轨排运输过程中轨排存放不得大于两层，且运输时轨排与轨排间、轨排与平板车间须垫放木枕缓冲，避免运输过程中损伤轨排；运输轨排时，轨道车、平板车上需设置转向架；禁止在运输轨排时同时运输钢筋、钢模、周转料等重型材料。

轨排架设时严禁使用已变形的钢轨支撑架，采用短枕或双块式轨枕时，必须采用带轨底坡的钢轨支撑架。

①铺轨小车将轨排吊装至铺设处距地面高度为 5 ～ 10cm 时，依据线路加密基标控制其中线和方向，并用鱼尾板和螺栓将其与已铺设定位的轨排连接，利用人工、起道机及侧向支撑初步调整轨道几何尺寸，当确认轨排高程、水平、方向不超过设计位置 ±20mm 时，将轨排初步就位。

②施工和检查用的直角道尺、万能道尺、钢卷尺等检测量具必须按规定送检。每次使用之前直角道尺、万能道尺必须在校尺平台上检测后才能带入施工现场使用，在使用过程中，如发现异常，必须停止使用，立即送检。

（7）模板安装

①轨排粗铺完成后，即可进行道床模板的安装，模板安装完成后才能进行轨排精调。

②道床模板采用组合式钢模板（其长度均为 1.5m），可根据道床的厚度选择不同高度的模板，如果土建单位施工误差过大，道床结构高度过大地段只能采用木模。所使用的钢模板必须具有足够的强度、刚度，相关要求符合国家现行技术规范的规定，保证在进行混凝土浇筑时不发生弯曲变形，影响混凝土的外观尺寸。

③钢模板在安装前，需检查模板的平整度、清洁度，将有变形的模板进行剔除，对表面有污染的模板进行清理、打磨，涂刷脱模剂，拆模完成后需用钢丝网对模板进行打磨。

④模板组装时，必须按设计图纸进行安装，模板底部按弹出的模板边线定位。

⑤模板安装时按设计要求设置道床伸缩缝，整体道床遇结构变形缝、人防门等特殊地段时，可根据现场情况调整道床块长度，道床伸缩缝应与结构变形缝的位置一致并以沥青麻筋封顶。

⑥为确保模板的稳定性和安装精度，在顺线路方向每隔 0.5m，采用 A12mm 的钻头在隧道基底钻孔，插入 A10mm 的光圆钢筋以固定模板的位置，模板间采用特制夹具结合在一起。为防止跑模，用 A10mm 钢筋制作成“S”形拉钩将模板固定在钢轨上，模板与轨枕间用木条支撑，以保证模板的稳定性。

⑦安装完以后对安装好的模板进行检查，对不牢固的位置进行加固，严防跑模、爆模。对不顺直的模板进行挂线调节，保证浇筑成型的混凝土的线性良好，曲直、棱角分明。对有缝隙的位置采用双面胶或者玻璃胶进行堵漏，严防漏浆。

施工现场模板安装如图 2.3.4 所示。

（8）轨检小车精调

模板安装完成后需进行精调，精调采用传统人工配合轨检小车的方式进行。虽然采用了 CPIII精调技术，但在用轨检小车检测前，仍需将轨道状态调整在误差范围之内，即采用传统方式利用直角道尺、万能道尺和弦线反复调整轨道状态，直至合格，避免后续轨检小车检测时调整幅度过大影响轨道状态质量和施工进度。严禁轨道状态未调整到位或已调整到位但未进行相关验收手续，就开始浇筑混凝土。

（9）道床混凝土浇筑

①混凝土浇筑前准备

a. 检查凿毛是否符合要求，基底是否清理，积水是否排净。

图 2.3.4　施工现场模板安装

b. 检查轨道几何尺寸是否已满足规范要求，并通过轨检小车检测。

c. 检查模板是否安装完毕，安装要求及精度是否达标。

d. 检查扣件是否按要求进行组装，并得到覆盖保护。

e. 检查各种预埋件及预留孔道是否已经安装到位。

f. 下料管的安装：下料管必须安装在有利于混凝土罐车下料的位置，并且要绑扎牢固带有一定坡度的倾斜，不能直上直下，浇筑前要先用水润湿。

g. 轨道车就位：轨道车就位前要做好行车调度工作，并检查好线路的行车状况，以保证混凝土输送的顺利进行。料斗在装料前也必须用水将料斗润湿。

h. 混凝土浇筑之前必须通过监理工程师报验，报验合格后方能进行混凝土浇筑。

②混凝土浇筑

a. 道床混凝土浇筑采用铺轨小车配合混凝土输送料斗进行，或用地泵进行混凝土输送，有条件时使用道床和水沟一次性成型的施工工艺。

b. 混凝土浇筑施工中，不得碰撞钢轨支撑架，不得敲打钢轨及混凝土轨枕，混凝土浇筑时需配置人员进行现场防护，防护人员应随时检查钢轨与轨枕的位置、轨距、水平，发现超过验收标准的应立即停止混凝土浇筑，并及时调整轨道几何状态。

c. 整体道床浇筑时，应对承轨台表面的坡度和高程严格控制，保证轨底坡精度要求。

d. 混凝土浇筑时应至少配置 4 根振动棒，两根 A50mm 振动棒进场第一循环振捣，再用 A30mm 振动棒进行二次循环振捣。振动棒振动应为“之”字形振捣，并应特别加强轨枕周围的振捣，以免轨枕下出现空洞，在后期的运营过程中出现轨枕与道床剥离、翻浆冒泥等病害。混凝土振捣以混凝土表面达到不再冒出气泡为止，混凝土振捣时振动棒严禁碰撞钢轨和模板。

e. 道床面高度以轨枕承轨面高出道床顶面 30 ～ 40mm 为准，直线地段道床面以道床中心为最高点向道床两侧（中心水沟时由道床两侧向线路中心）设置 3% 的人字形排水坡，以利于道床排水；曲线地段曲线外股向曲线内股区段道床坡度与曲线超高引起的超高坡度值一致，曲线外股以外部分道床坡为 3%。道床浇筑时以混凝土面控制工装进行混凝土高度控制。

f. 混凝土浇筑时应加强对混凝土的抹面施工，抹面次数不低于 3 次，抹面效果必须达到表面光洁、不出现裂纹。

（10）支撑架及模板拆除

道床混凝土强度达到规范要求后方可拆除模板及钢轨支撑架。先松开接缝处螺栓，轻敲模板侧边，混凝土与模板面分离后再拆除模板，注意对混凝土成品的保护，拆模后的混凝土不应有缺棱掉角的现象。拆下来的模板应堆放整齐、稳定。支撑架及模板拆除后拔出固定用的钢筋头，同时将拆下的支撑架及模板进行清理打磨、校直，投入下一施工循环。

（11）道床混凝土养护

混凝土浇筑完毕后应在 12h 以内对混凝土加以覆盖并保湿养护。可用土工布覆盖混凝土表面，同时洒水润湿。养护过程中应随时保持土工布的润湿，养护时间不得少于 14d。

3）高架线普通整体道床施工

高架段普通整体道床施工工艺与地下线普通整体道床施工工艺一致，但由于所处施工环境有所差异，还需注意以下问题：

（1）夏季温差较大时，高架段道床浇筑后，混凝土强度达到可拆除支撑架时，需同时将弹条拆除，保证钢轨能自由伸缩，防止拉裂道床。

（2）因高架线昼夜温差较大，钢轨会出现明显热胀冷缩，施工前需计算预留轨缝宽度。

（3）高架段梁缝较多且距离分布不均匀，轨排拼装时应实时掌握已铺设现有轨排与梁缝的位置关系，及时进行轨枕间距调整，使得轨排铺设完成后轨枕边缘和梁缝之间的距离满足设计及规范要求。

2.3.2 减振道床施工

本节选择浮置板道床进行减振道床施工的介绍，浮置板道床主要有减振垫浮置板道床和钢弹簧浮置板道床两种类型。

1）浮置板道床施工流程

减振垫浮置板道床施工流程如图 2.3.5 所示，钢弹簧浮置板道床施工流程如图 2.3.6 所示。

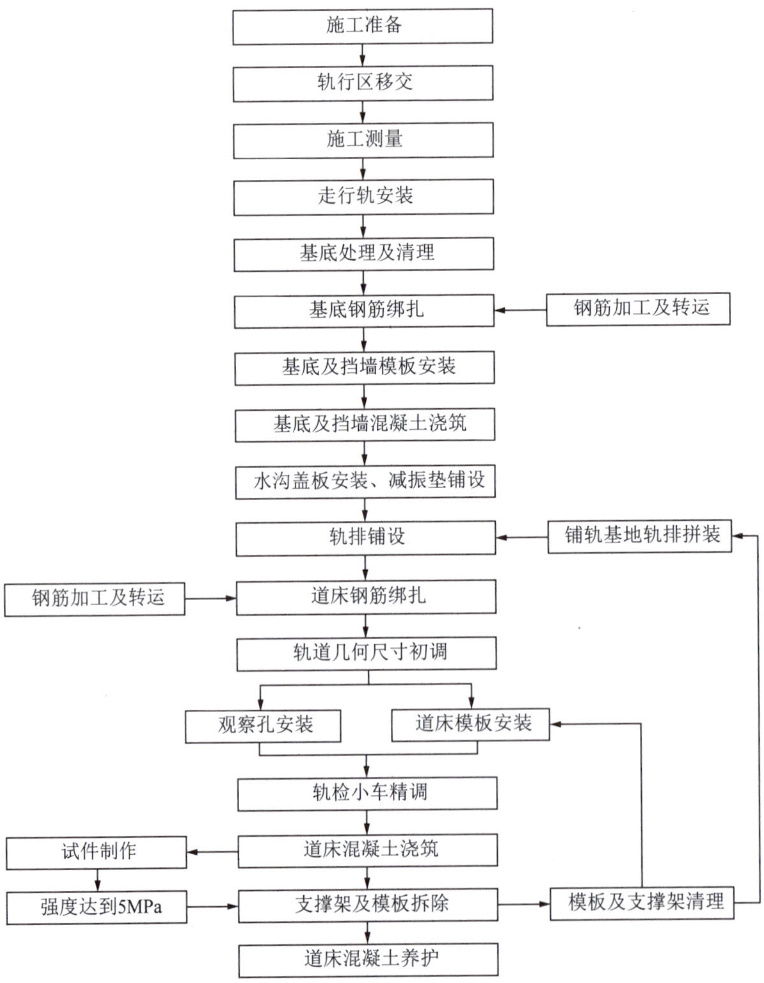

图 2.3.5　减振垫浮置板道床施工流程图

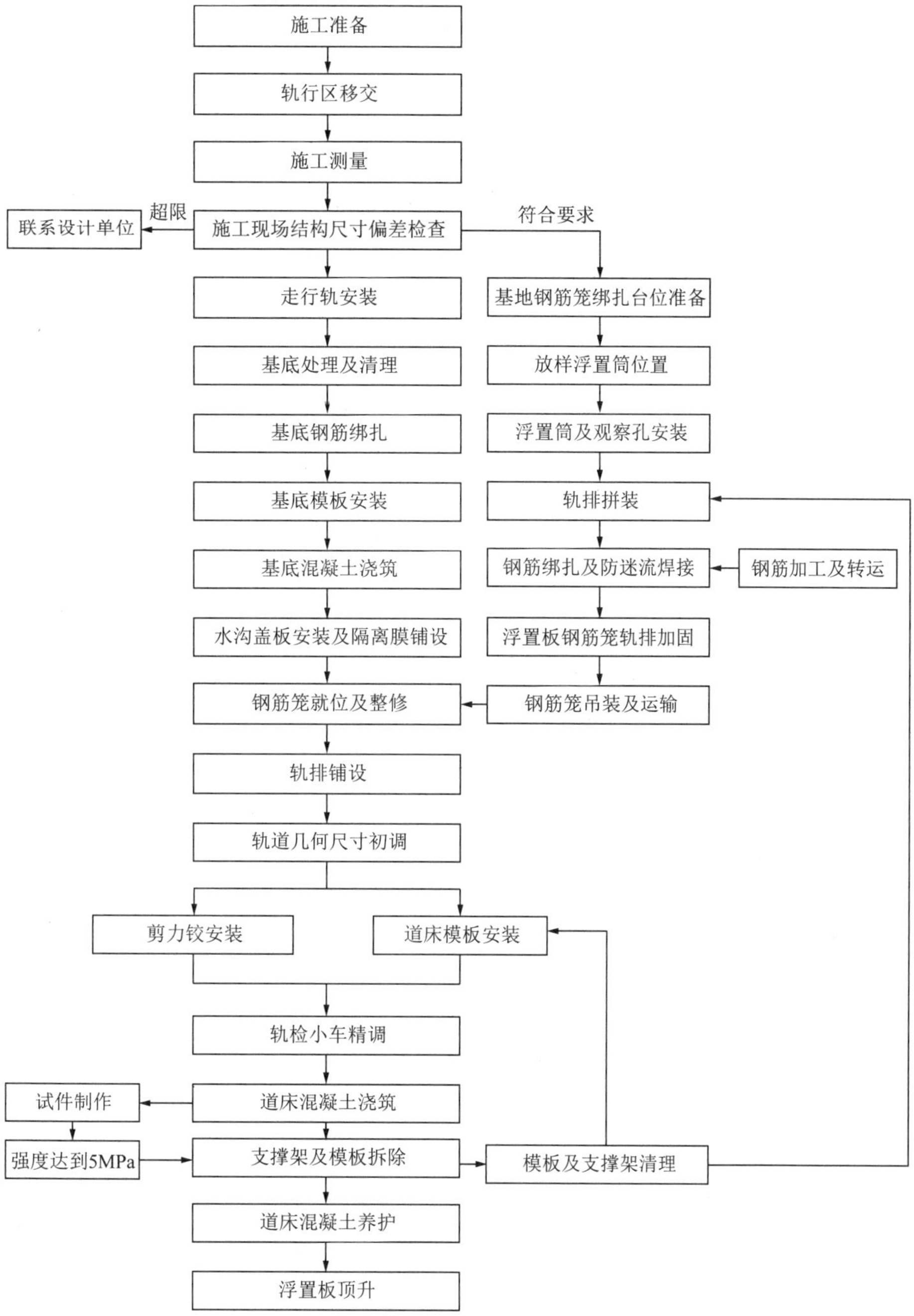

图 2.3.6　钢弹簧浮置板道床施工流程图

2）减振垫浮置板道床施工技术要点

减振垫浮置板道床施工大概可分为三个步骤：第一步，基底及两侧挡墙施工；第二步，减振垫铺设；第三步，上层整体道床施工。

减振垫浮置板道床施工技术要点如下：

（1）基底钢筋绑扎

基底钢筋在铺轨基地加工，轨道车运输至作业面，现场对钢筋笼进行绑扎。由于曲线地段基底中心线与线路中心线产生偏心，需注意绑扎钢筋网的中心位置。

（2）基底及挡墙模板安装

基底设置中心矩形水沟，中心水沟模板采用组合式钢模板，具有可重复使用、不易变形、设计合理、施工便捷等优点。模板安装必须平顺，位置正确，并牢固不松动，顺接合理，排水顺畅。支立中心水沟模板需注意曲线地段水沟中心线同线路中心线的偏差。混凝土浇筑前进行检查，以防浇筑混凝土时跑模、胀模。

（3）基底及挡墙混凝土浇筑

按照设计要求，施工时严格控制道床基础的表面平整度，道床基础混凝土表面高度只能出现负误差，不允许出现正误差。混凝土施工采用轨道车运输、铺轨龙门吊吊运混凝土料斗，进行混凝土运输作业。混凝土施工完毕后，对散落于隧道管壁的混凝土及时进行清理。

减振垫浮置板基底水沟为中心水沟，基底设有向中心水沟的坡度，水沟施工过程中需加强控制，以保证排水顺畅。

（4）减振垫铺设

①铺设减振垫前检查基底的平整性，严禁有尖角。

②施工中应注意道床与基底的隔离，即保证隔振垫的完整性和密封性，每一块隔振垫间的缝隙应使用胶带或土工布密封完好，以防影响减振性能。

③钢筋现场焊接时必须做好防护，防止烧坏隔离层。

④临时割除的隔振垫应在混凝土浇筑前恢复，如铺轨基标处，并用胶带等密封。

（5）轨排铺设

轨排铺设时需在支撑架丝杆底部的减振垫上垫一块约200mm×200mm×10mm的小块钢板，防止出现局部受力及穿透减振垫现象，使隔离式减振垫受力不均匀。

（6）观察孔安装及道床模板安装

观察孔安装时必须保证底部与减振垫密贴并进行密封处理，防止混凝土浇筑过程中混凝土进入观察孔和基底水沟。

圆形隧道两侧一般为半圆形水沟，必须使用组合钢模板，以保证水沟线型。

（7）混凝土浇筑

由于减振垫钢筋较多，混凝土浇筑过程中需加强振捣。两侧半圆形水沟容易出现上浮现象，水沟施工过程需加强控制。

3）钢弹簧浮置板道床施工技术要点

钢弹簧浮置板道床施工主要分为基底施工 、道床施工、浮置板顶升三部分。基底施工在现场进行钢筋绑扎、混凝土浇筑，基底施工完成后进行复测，如有超限需进行处理，再进行水沟盖板安装、隔离层铺设等工作。道床部分在铺轨基地绑扎钢筋笼形成轨排，然后通过轨道车运往施工现场进行铺设，再进行剪力铰及观察孔安装定位、轨道精调、混凝土浇筑等施工工序。浮置板道床施工时轨面一般低于设计轨面30mm，在浮置板和普通道床交界处，用调高垫板在浮置板端进行顺坡处理，顺坡长度一般为10m。当混凝土达到28d强度后便可进行浮置板顶升工作，顶升工作完成后轨面升至设计轨面高程。

钢弹簧浮置板道床施工技术要点如下：

（1）基底钢筋绑扎

在有超高的圆曲线地段，钢筋需按照设计偏移量往外股偏移；直线地段无偏移；缓和曲线地段由*YH*点或*HY*点开始向*ZH*点或*HZ*点递减，递减率和超高递减率相同，计算方法是将圆曲线偏移值按缓和曲线长度平均分配到缓和曲线。

（2）基底混凝土浇筑

基底混凝土浇筑是钢弹簧浮置板整体道床施工的重点，混凝土施工前必须将基底顶面高程放样至隧道壁，同时采用在浮置筒位置打钢筋，标识出混凝土顶面高程的方式来加强高程控制。

基底施工完成后需对顶面高程进行复测，如有超限需进行打磨或修补处理。高程符合设计要求后才能进行隔离膜铺设及水沟盖板安装。

（3）水沟盖板安装及隔离膜铺设

基底表面、基底水沟中杂物应全部清理干净，然后再铺设隔离层及水沟盖板。

隔离膜铺设时应先从基础面两边套筒位置上拉线到盾构壁上，确定出隔离膜铺设到盾构壁上的位置，然后由内股依次向外股铺设。其他类型的隧道内施工时，两侧隔离膜铺设高度不小于模板高度。正常情况下隔离膜接茬处搭接 50mm，并用胶带封口，封口前要用抹布将隔离膜擦干净。隔离膜接茬不许落在水沟盖板上，远离盖板 100mm 以上。

水沟盖板从板缝中心预留 15mm 开始铺设，盖板盖在水沟上，盖板中心线与水沟中心线要重合，两块盖板之间紧密相接，有向下弯曲趋势的盖板应该在上面。盖板铺设到下一个板缝时应该距离板缝中心 15mm，若不满足时，要调整盖板位置或按现场实际情况加工一块特殊盖板，保证盖板在伸缩缝处断开。

盖板上有锚筋，不管锚筋是何种形式，都应在对应位置将隔离膜用刀片割开，使锚筋露出来，割口以满足锚筋露出来为准，不宜过大；锚筋从隔离膜露出来后将隔离膜压平，用胶带封口，封口之前仍然要用抹布擦干净。

（4）基地钢筋笼绑扎台位准备

拼装浮置板钢筋笼的台位按 25m×3m 设置，台位为混凝土硬化的水平面，表面平整。在台位上设置浮置板端头线、浮置板钢筋笼中心线、套筒位置中心线等关键线，作为拼装钢筋笼轨排的基准线。

曲线地段浮置板钢筋笼轨排按曲线进行拼装，同时必须考虑不同曲线半径地段因曲线外股、内股不等长，造成的扣件、隔振器位置调整及钢筋笼轨排长度的差异。

（5）浮置筒及观察孔安装

根据台位上标识的外套筒位置，按设计图纸布置隔振器外套筒，注意套筒摆放的内外方向。

布置隔振器外套筒时，需考虑因曲线内外股长度差异造成的隔振器位置的差异，曲线外侧套筒间距大于理论值，曲线内侧套筒小于理论值。

（6）浮置板钢筋加工及绑扎

浮置板钢筋数量大、规格多，纵横钢筋嵌套、交叉，钢筋绑扎复杂、烦琐，施工进度慢。为了加快浮置板钢筋笼的绑扎进度，将钢筋绑扎分为若干工序，平行流水进行浮置板钢筋笼的绑扎安装作业，提高了浮置板钢筋笼的绑扎质量和速度。

①加工钢筋：根据设计图纸，对不同规格的钢筋进行切断、弯曲，因浮置板加工成的钢筋规格、尺寸较多，要求加工完的钢筋按规格、型号分类堆码，方便后道工序施工。

浮置板道床钢筋几何尺寸因现场不同轨道结构高度而异，钢筋加工前需进行下料长度计算。

②浮置板钢筋笼绑扎：根据设计图纸中浮置板板块钢筋的布置方式，预铺底部横向钢筋，穿纵向钢筋，并在穿筋过程中考虑搭接量为 $50d$（d 为钢筋直径），在钢筋绑扎过程中预留检查孔位置（个别板块预留信号槽）。

为了固定外套筒的位置，防止外套筒在吊运过程中移动，需将外套筒的吊耳固定于浮置板结构钢筋上，用钢丝绑扎。

③钢筋笼的防迷流焊接：从浮置板纵向钢筋中按设计要求选出部分钢筋作为排杂散电流纵向钢筋，钢筋焊接要求及板端连接端子的做法同普通整体道床。

浮置板钢筋笼在铺轨基地绑扎完成后，要对钢筋笼进行检查。检查项目主要包括钢轨型号、扣件类型、隔振器位置、钢筋种类、各编号钢筋尺寸及位置、钢筋搭接与焊接、排流钢筋焊接、排流端子焊接等项目。检查合格后安装钢轨支撑架。

绑扎完成后的钢筋笼轨排存放时，最多叠加不能超过 2 层。

(7)钢筋笼吊装及运输

浮置板钢筋笼轨排加固完毕后，用吊轨钳将浮置板钢筋笼轨排吊装至平板车上，轨道车运输至前方作业面。轨排吊点位置需通过计算及现场试验，确定轨排合理吊点位置，将浮置板钢筋笼轨排在起吊悬空状态的挠度控制在最小值。

(8)钢筋笼整修

因吊装运输过程中，浮置板轨排内部结构部件间可能产生一定的变形、移位，就位后需对钢筋笼轨排进行检查，对轨排结构部件存在的变形、移位进行整修。

(9)轨排铺设

轨道车推进轨排至铺轨龙门吊下，铺轨小车吊运轨排至施工作业面，根据测量点位，调整轨排中心线及前后位置，确保钢筋笼中心线同设计轨道中心线的重合(曲线段为斜向垂直)、浮置板的前后位置同测量的板端线重合。

(10)剪力铰及道床模板安装

①剪力铰安装

剪力铰在轨排架设时预先将两个部件穿在相邻轨排端部对应位置，在轨排吊装到位时进行剪力铰对位，当轨排落到位后，剪力铰也应基本到位。再根据板缝基标及轨道中心线进行剪力铰精确调整，直至剪力铰位置调整到设计位置。

②伸缩缝模板安装

剪力铰安装完成后，方可进行板缝伸缩缝板安装，伸缩缝板采用沥青木板，伸缩缝板要重点加固，保证在混凝土浇筑过程中不变形、不跑模。

(11)浮置板顶升

①当道床达到 28d 强度以后，用厂家提供的专用液压千斤顶从浮置板基底上抬起浮置板。浮置板顶升达到设计顶升高度。

②为了测量浮置板水平和静变形，在每块浮置板上布置 8 个测量点，测量浮置板的水平。

③为了均衡浮置板和剪力铰的受力，浮置板至少要分 3 ~ 4 步顶升，最后达到设计的顶升高度。每一步的顶升高度，要通过调平钢板来控制。为减小调平钢板和下支架之间的缝隙，把力传递到外套筒上，调平钢板和上支承板之间的接触面必须水平。

④安装完隔振器，并达到设计要求后，要把安全板放置于调平钢板上，并通过螺栓与内筒连接在一起，防止调平钢板移动。利用螺栓固定安全板，保证传力可靠。

2.3.3 道岔施工

道岔施工一般采用人工散铺的方式进行，从铺轨基地通过汽车运输到道岔施工现场或就近车站下料口和竖井等处，再将材料吊运至施工现场(高架桥一般可直接吊至施工现场)或洞内并倒运至施工作业面进行铺设。道岔采用架轨法施工，高架道岔道床混凝土用天泵进行施工，地下线通过混凝土泵从下料口或车站进出口、竖井、风道等在地面上直接泵送到作业面进行混凝土施工。

1)施工流程

道岔施工流程如图 2.3.7 所示。

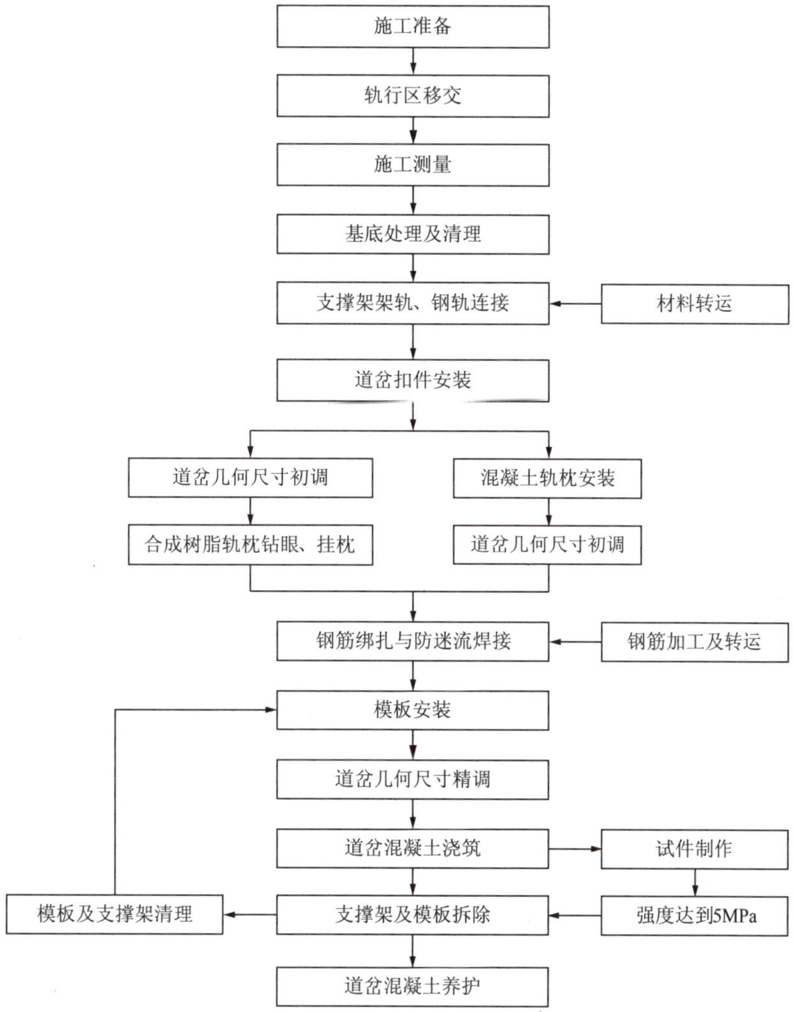

图 2.3.7　道岔施工流程图

2）单开道岔施工技术要点

（1）材料转运：将基地存放的道岔料进行盘点核实，确认与材料清单无误后，高架段道岔料可采用吊车将道岔料吊至施工现场，洞内道岔料和道岔用支撑架通过下料口吊入洞内，然后采用叉车等小型运输车将道岔料运至铺设现场。

（2）支撑架架轨、钢轨连接：组装顺序一般可按“1、4”“2、3”“5、6”“7”“8”“9、10、11”“12、13”的顺序进行，具体编号如图 2.3.8 所示。

要求 4 根枕木设置 1 根支撑架，支距拉杆每个支距点设置 1 根支撑架。

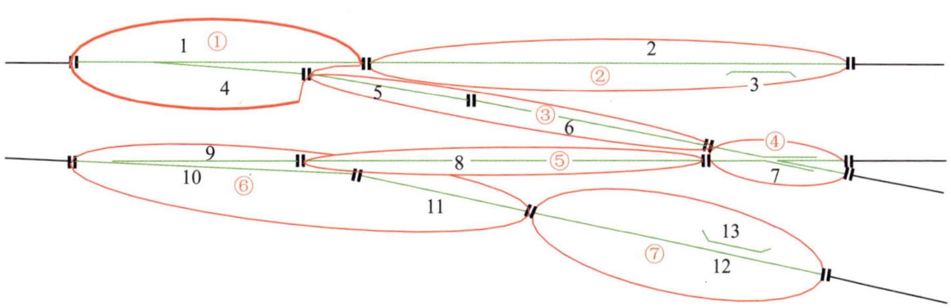

图 2.3.8　道岔组装编号图

（3）道岔扣件安装：根据图纸尺寸在钢轨上画出轨枕中心位置线，根据划的线组装轨下橡胶垫板和铁垫板，并拧紧弹条，组装后悬挂在钢轨上。

由于部分道岔设计有轨底坡，所以注意垫板安装方向不得错误。道岔扣件中对向的弹条都是逆时针方向拉紧，用力不当会使铁垫板歪斜，如有发生铁垫板歪斜现象时，可以采用垫木板敲击或拆除重装的方法及时纠正，不允许直接用铁锤敲击。

（4）道岔几何尺寸初调：采用合成树脂长枕时，先进行道岔几何尺寸初调，根据扣件与轨枕的尺寸关系在轨枕上打眼，位置要求准确；采用混凝土岔枕时，则直接在扣件位置挂上轨枕，再进行道岔几何尺寸初调；采用短岔枕时，按顺序人工分部安装短岔枕，吊挂后再根据标桩进行检查和调整，分部安装，分部调整，轨枕安装完成后再进行道岔几何尺寸初调。

①挂枕过程中注意加入调高垫片，所有整体道床道岔均应按设计加入统一调高垫片，防止道岔浇筑时上浮造成高程过大，调整时不能降低高程。

②挂轨枕与螺旋道钉安装，检查铁垫板位置后方可钻孔安装，道钉采用电动扳手安装，采取对角方式紧固，紧固完成后检查弹垫间隙，如果间隙过大会造成吊枕现象（铁垫板、轨下胶垫与钢轨底板不密贴）。

③挂枕过程中必须注意辙叉部位及叉趾前、叉跟后各3根岔枕垂直于辙叉角平分线，其余部分均垂直于钢轨；转辙器处的短岔枕是偏心吊挂在基本轨上的，尖轨下部分会扎头，使尖轨与滑床板不密贴，可在尖轨部分基本轨轨顶用型钢吊装架，将扎头吊起，确保尖轨与基本轨密贴及尖轨与滑床板密贴，直到道床浇筑的混凝土终凝，方可拆除。

④道岔起道时，应先固定道岔前后位置，用起道机逐段撑起钢轨，安装支撑架，支撑架要求4根枕木设置1根。

（5）道岔几何尺寸精调。

①道岔尖轨是道岔的薄弱环节，精调过程中必须保证道岔左右侧尖轨在同一平面内（尖轨平头），否则尖轨更容易损坏，危及行车安全。

②滑床板与尖轨底板密贴不良是道岔病害之一，第一滑床板与尖轨间隙应不大于0.5mm，其余滑床板与尖轨间隙应不大于1mm，不得出现连续性间隙。在施工过程中应严密控制高程，增加支撑架密度、挂枕后检查道钉紧固状态，防止出现吊枕现象。

③尖轨尖端轨距控制，9号岔与7号岔不同，尖轨尖端刨削点处轨距加宽处为突变，7号岔尖轨尖端刨削点处轨距加宽为渐变，此处轨距允许误差为±1mm，超过误差范围会引起尖轨尖端不密贴、加快尖轨损耗。

④转辙器部分直基本轨方向控制，施工时10m弦误差应在1mm以内，测量时弦线端部要超过尖轨跟端2m。

⑤支距控制，第一支距点与最后一个支距点允许误差为±1mm，其余支距允许误差为±2mm；支距是控制导曲线半径的主要参数。增加支距拉杆的使用密度，紧固鱼尾板螺栓，加强直股钢轨与曲股钢轨整体性可以有效控制支距。

3）交渡道岔施工技术要点

交渡道岔施工是轨道工程施工的难点，其长度较长、组装部件较多，要求部件安装精确无误，纵向、横向的误差可能导致菱形部分拼装失败。除以上单开道岔质量控制要点外，交渡道岔施工质量控制要点如下：

（1）测量点位精确，不得有纵横向偏移，全站仪测量时尽量一站测量，如需搬站时应按规定搭接测量。

（2）拼装转辙器部分精确，不得出现钢轨错牙、不平头现象。

（3）菱形部分拼装时必须以弦线拉十字线对位。

(4)菱形部分轨距误差拼装时控制在 ±1mm。

(5)菱形部分整体控制，支撑工装安装后辙叉间加顶筒将辙叉相互连接支撑。

(6)绝缘位置无误。

2.3.4 碎石道床施工

碎石道床一般采用散铺的施工方法，总体施工方法为：先铺底砟，以基标为控制基准点进行轨道及道岔铺设，然后铺面砟、起道、串砟及捣固，直到轨道达到设计高程，再拨道，拨道完成后进行整道。

1)施工流程

碎石道床施工流程如图 2.3.9 所示。

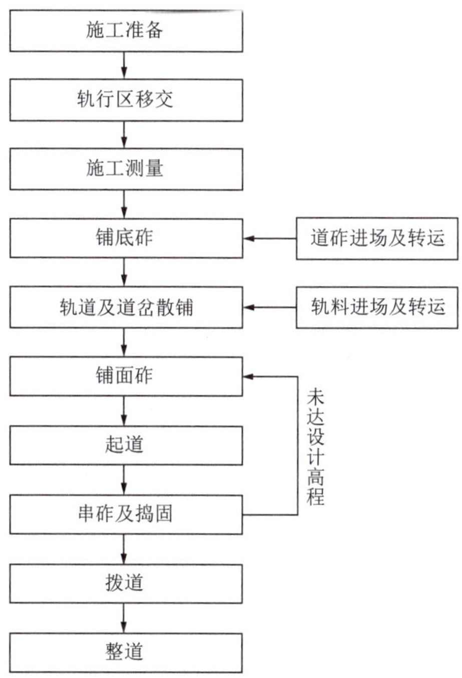

图 2.3.9 碎石道床施工流程图

2)技术要点

(1)施工测量

测量人员根据施工平面图采用全站仪后方交会放样，测设道岔岔前、道岔中心、岔后中心轨道中线基标桩。

基标桩使用直径 10cm、长度 30cm 的 PVC 管包裹混凝土，中心点埋设基标成桩。

(2)铺底砟

通过测设出的基标放样道砟边线，用石灰标示；自卸汽车延道岔中线均匀倾卸道砟，使用小型挖机进行摊铺平整，底砟摊铺厚度一般为 25cm 左右。底砟摊铺完成后将面砟存放于道岔两侧，待轨道及道岔散铺完成后，再进行铺面砟。

(3)轨道及道岔散铺

①轨枕及轨料运至施工现场后，根据已测设完成的基标，用麻线或细铁丝标注轨枕边线，再摆放轨枕，轨枕摆放到位后进行钢轨及扣配件的安装。

②普通线路按照轨节表中所注明的轨枕间距，用石笔在轨面上标注好轨枕间位置，并用白油漆引到轨腰，再依次安装扣件，连接钢轨。

③在轨枕摆放到位后，摆放道岔钢轨，按先直后曲、先外后内、由前向后的步骤进行。连接钢轨接头，一般情况下轨缝按 8mm 控制。钢轨连接过程中需重点控制岔前、岔后、尖轨的平头。钢轨连接完成后，对照道岔图纸，在道岔钢轨轨面上画出岔枕枕木线，重新精确摆放轨枕。轨枕摆放到位后，安装扣件，再安装道岔轨距拉杆、间隔铁、护轨等配件。

(4)铺面砟

碎石道床采用的碎石必须级配良好，禁止使用风化岩石，道砟不能完全把钢轨覆盖。道砟摊平时，要随摊铺随测量，保证道砟面平整，并及时调整高程。

(5)起道

起道分两次进行，每次起道高度必须控制在 10cm 范围内。起道采用液压式起道机，全起全捣，在钢轨接头及每隔 6 根各捣 1 次，顺次向前。起道时要注意前后、左右两股钢轨均衡进行，避免轨面发生急剧的差异。

(6)串砟及捣固

起道后应立即向轨枕下面串砟，要求串满串实，没有空吊板。

（7）拨道

①拨道工作采用液压拨道器进行，曲线段需提前计算曲线拨道量。

②拨道时用 3 台拨道器同时进行，两台间相距为 3 个轨枕空。

（8）整道

①拨道完毕后，要在轨面高程、中线及线间距、轨距、水平方向、捣固、正矢偏差，钢轨接头等方面进一步整修。

②整道后进行压实，压道完毕再进行一遍整道。

③最后整修道床时，应以夯实混凝土枕盒内道砟，并平整边坡及边线，使之与设计道床断面相符合。

2.4 无缝线路施工

无缝线路施工通常采用移动式钢轨接触焊施工技术和铝热焊施工技术。前者为机械化施工，施工进度快、质量好，应用广泛；后者主要运用于运营线路。本节就接触焊施工技术做简要介绍。

两根待焊钢轨的接触面从微观上看是凹凸不平的，焊接端面密合后首先接触的是一些凸出点，当通过足够大电流时，凸出点处因电流热效应产生较高的热能，使得钢轨端面迅速得到加热。同时这些接触点在通电的瞬间被加热到熔化状态，从而在两钢轨的接触面上形成多个液态金属过梁，这些金属过梁在进一步加热的过程中“爆炸”而破坏，熔化金属飞溅而形成闪光。在此过程中焊机通过反馈系统维护通过钢轨的电流值。经过不断连续闪光，端面的温度逐渐均匀一致，加速闪光又在钢轨周围形成保护层，防止周围气体侵入氧化。最后，迅速施加顶锻力迫使焊面互相挤压，使闪光端面得到充分闭合，并挤出全部液态金属将两根钢轨联结，形成焊头。

钢轨焊接施工一般是从道岔开始，道岔前后一般设有缓冲轨，缓冲轨为有缝线路，无缝线路从缓冲轨下一对钢轨开始形成。焊接前先调整缓冲轨轨缝，拆掉待焊钢轨扣件，打磨清理待焊钢轨，移动并精确对位钢轨端面，然后焊机夹紧两待焊钢轨，启动自动焊接程序。钢轨焊接、推瘤完成后进行正火、打磨、探伤、应力放散等工序施工。

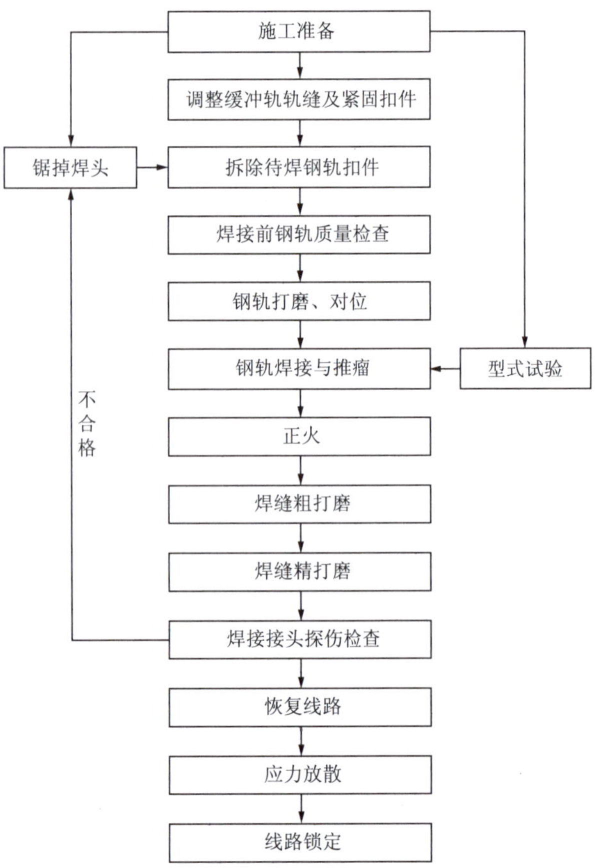

图 2.4.1　无缝线路施工流程图

2.4.1 施工流程

无缝线路施工流程如图 2.4.1 所示。

2.4.2 技术要点

1）施工准备

焊机在正式焊接前，首先调整焊机的焊接工艺参数，在适合工艺参数下焊出焊头进行型式检验。

2）型式试验

型式试验按《钢轨焊接　第1部分：通用技术》（TB/T 1632.1—2005）的规定进行，其检查项目包括10项指标，即落锤、静弯、疲劳、金相、硬度、外观、断口、探伤、抗拉及冲击韧性，其中任何一项不合格即不能通过。型式试验通过后才能进行大规模焊接施工。

3）焊接前钢轨质量检查

（1）焊接前对钢轨全部进行探伤检查，剔除损伤轨，钢轨表面或内部有裂痕、重皮、夹渣、缩孔、严重偏析等缺陷不得焊接。

（2）焊接前钢轨进行调直处理，使钢轨全长范围内，轨头和侧面平面直顺，没硬弯、弯曲和扭曲。钢轨两端1m内直面及平面不直度不大于0.5mm。

4）钢轨打磨

钢轨焊接前，对待焊轨两端进行除锈处理，确保焊接前钢轨表面光洁，没有锈斑。打磨量不超过0.2mm，打磨长度600mm左右。打磨完成后待焊时间超过24h或油水沾污，必须重新打磨处理。

施工现场钢轨打磨如图2.4.2所示。

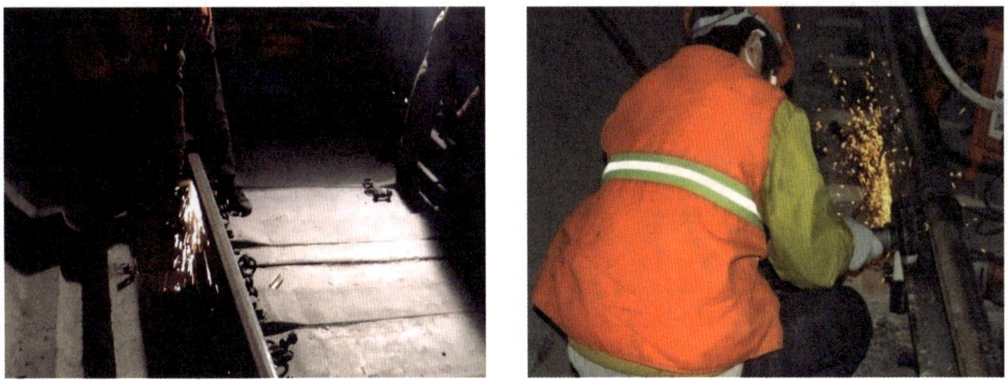

图2.4.2　施工现场钢轨打磨

5）钢轨对位

（1）焊缝位于左右两钳口中心，与钳口中主线偏差小于或等于5mm。

（2）两轨端间有0.5～2mm的间隙。

（3）两轨轨端垂直方向的错位，以轨顶面平齐为准。

（4）两轨轨端侧面方向的错位，以钢轨作用面平齐为准。

6）钢轨焊接和推瘤

（1）通过型式试验确定正式施工的工艺参数，在焊接过程中不得随意更改。

（2）钢轨对位合格后，接通电源，两钳口通以400V电压焊接，激活自动焊接程序，分别进入预闪阶段、稳定高压闪光阶段、低压闪光、加速闪光以及顶锻阶段，顶锻完成以后整个焊接过程结束。闪光焊接完成后，钢轨夹紧装置快速松开两钳口，焊机头内的推瘤刀立即进行推瘤，完成一个钢轨接头的焊接。

（3）待钢轨冷却到400℃时，方可拆除支撑和吊架，在拆除支撑之前，将焊头处的杂物清除，并把钢轨胶垫垫好，将钢轨正确地放回原位。

施工现场钢轨焊接如图2.4.3所示。

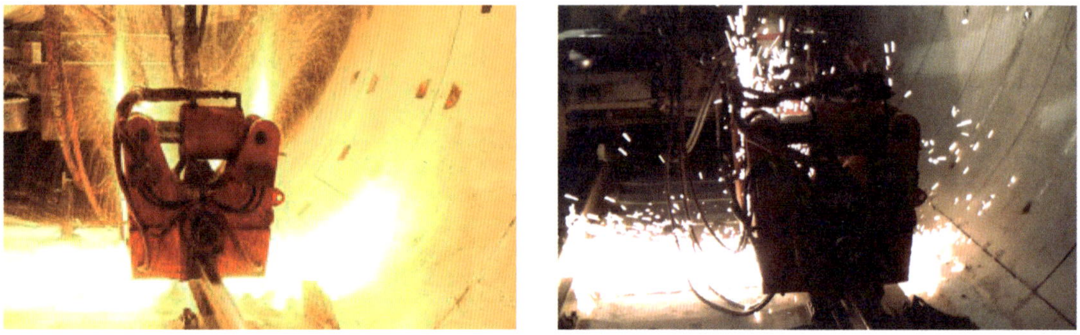

图2.4.3　施工现场钢轨焊接

7）正火

钢轨焊接完成后进行正火处理。热处理一般采用（氧＋乙炔）火焰正火，电子正火也是发展趋势，但目前尚未普及。当钢轨焊接头温度降至500℃以下时开始火焰正火。加热器沿焊接头纵向摆动量7～10cm，轨头加热的表面温度一般不超过950℃，轨底角加热的表面温度不低于830℃，钢轨表面正火加热温度采用光电测温仪，做好正火记录。施工现场正火如图2.4.4所示。

图2.4.4　施工现场正火施工

8）焊缝打磨

（1）利用钢轨打磨机具打磨钢轨焊接拉头的轨顶面、侧面，打磨时不宜横向打磨焊缝，且不使钢轨表面“发蓝”。打磨时若温度高，要适当暂停打磨，待温度适宜时再进行打磨。打磨应平顺，消除棱角，禁止过度打磨而伤及母材，打磨后禁止出现低接头。

（2）钢轨焊接接头的打磨标准：钢轨母材的打磨深度不得超过0.5mm；钢轨焊头应纵向打磨平顺，不允许横向打磨；轨顶外侧面也应打磨平顺，其误差为±0.7mm；钢轨底面误差为+1mm（即不允许有负误差）；轨顶面圆角、轨底上下圆角应打磨圆顺；在轨底上表面焊缝两侧各150mm范围内和两侧轨底角距离边缘各为35mm的范围内应打磨平顺，表面粗糙度最大允许值为12.5μm；钢轨两侧各100mm范围内不得有明显的压痕、碰伤、划伤、电击伤等缺陷。焊接接头允许几何偏差见表2.4.1。

焊接接头允许几何偏差表　　表 2.4.1

序号	焊头部位	钢轨不直度允许误差(mm)
1	轨顶面	+0.3，0
2	轨头内侧工作面	0.3
3	轨底	+1.0，0

9)焊接接头探伤检查

接头按照 100% 的要求进行无损探伤，接头探伤采用超声波探伤仪进行，由专职探伤人员对各个接头进行检测。探伤记录必须完整、齐全、准确，发现质量缺陷应将情况详细说明，并填写处理结果，不合格接头应重新换轨焊接后再进行验收，直至合格为止。探伤时以轨底两角为重点，对焊缝进行全面探伤检测。

10)线路锁定

(1)线路锁定时按轨温条件一般采用以下两种施工方法：

一是在设计锁定轨温范围以内时，采用“滚筒法”进行应力自然放散锁定。

二是实际锁定轨温低于设计锁定轨温时，采用“钢轨拉伸器、滚筒放散法”进行应力放散后拉伸锁定，利用钢轨拉伸器和撞轨器配合作用，通过均匀拉伸长轨条，以提高它的零应力轨温，使锁定轨温一步到位。

(2)形成零应力轨温：在放散段自然温度的条件下，轨下垫滚筒，松开全部扣件，使钢轨能自由伸缩。以 50m 或 100m 为单位进行观测，并用撞轨器沿钢轨走行方向撞轨，当钢轨发生反弹现象时，即视为零应力。

(3)计算拉伸量：钢轨放散至零应力状态后，根据设计锁定轨温和实际锁定轨温之差计算出钢轨拉伸量，用拉伸器和撞轨器联合作用拉出该伸长量后即锁定钢轨。

(4)锁定过程中应特别注意：各单元轨节锁定轨温应在设计锁定轨温范围内，相邻单元轨节锁定轨温差不应大于 5℃，整个长轨条内的最低锁定轨温与最高锁定轨温不应大于 10℃，左右股长轨条锁定轨温差不超过 3℃，在曲线上外股轨条锁定温度不得高于内股。

(5)锁定钢轨的同时，应按照要求做好钢轨位移观测桩，位移观测桩为永久性标记，一经设定不得任意改动。

2.5 附属工程施工

2.5.1 水沟施工

部分道床水沟可和道床一次性成型，部分道床水沟受截面尺寸、施工工艺的影响无法一次性成型，需在道床施工完成后再进行水沟施工，如盾构井、车站等截面较大的施工区段。

在道床施工完成后，可合理安排时间进行水沟施工。水沟施工前需根据设计图纸对施工现场进行踏勘，主要观察泵房位置是否预留有排水孔洞及排水孔洞结构高度，区间人防门处排水洞的情况，车站内排水方向是否合理等，根据图纸及现场实际情况制订不同的应对措施。

水沟浇筑可用安装吊模一次性成型的施工工艺；也可采用先摊底，再安装边模，再浇筑上层混凝土分两次成型的施工工艺。

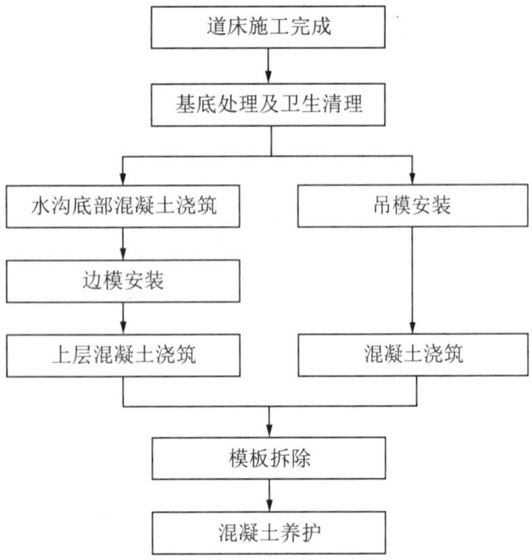

图 2.5.1　水沟施工流程图

1）施工流程

水沟施工流程如图 2.5.1 所示。

2）技术要点

（1）泵房位置核对

道床施工前需核对设计图纸，以明确泵房是否位于线路最低点。若泵房不在线路最低点，则需对水沟进行顺坡，以确保泵房位于水沟最低点。如果水沟经顺坡也不能满足泵房位于水沟最低点的要求，需及时联系设计单位进行方案调整。

（2）基底处理及卫生清理

除圆形隧道外，结构底板顶面须凿毛（需浇筑混凝土的底板范围内必须全部凿毛），当结构底板出现漏水时，渗水处要由土建施工单位先进行封堵处理，再进行基底凿毛处理。基底处理完成后进行冲洗、清理。

（3）水沟底部混凝土浇筑

①先检查预埋件及预留孔洞是否齐全，再进行水沟底部混凝土浇筑，注意控制水沟排水方向，除水沟范围外混凝土表面均要做拉毛处理。

②水沟底部高程控制是水沟施工的质量要点，可以用轨面高程控制水沟高程，在曲线超高地段超高一侧水沟底部高程适当降低，以保证排水坡度。

③平坡地段及车站，需对沟底找坡，坡度在 2‰左右，按轨面高程控制，按排水方向、泵房位置为起点找坡。

④车站内道岔较多的地方，排水方向复杂，找坡工作要提前进行。

（4）边模及吊模安装

①使用钢制模板进行水沟模板安装，根据轨道线型控制水沟线型，模板安装要牢固，以免浇筑时发生漏浆、跑模现象。

②部分地段结构高度较高，单块模板高度不足，需增加模板高度，增加高度后模板需加强固定。

③模板安装的线型由轨道控制，根据钢轨位置拉出模板安装位置距离。

（5）上层混凝土浇筑

①混凝土浇筑前检查有无遗漏预埋件及预留孔洞，检查无误后进行混凝土浇筑。

②注意预埋件及预留孔洞的位置，尤其在车站内，道岔、横沟、管线较多，排水方向复杂，易遗漏横沟、错误连接水沟等，需要施工人员熟悉图纸、现场实际情况，结合相关情况合理施工。

③泵房处的横沟位置预留要规范，宽度要统一，方便制作水沟篦子。

（6）模板拆除、混凝土养护

①在混凝土强度达到 5MPa 后可拆除模板，拆模过程中注意对混凝土成品的保护，拆模后的混凝土不应有缺棱掉角的现象，如出现缺棱掉角，应及时进行修补。

②拆模后及时对混凝土进行养护，混凝土养护要覆盖土工布保湿，每天专人洒水养护，在现场没有水源的情况下由轨道车、汽车等运输工具运输养护用水到现场进行养护。

2.5.2 车挡安装

1）安装流程

车挡安装流程如图 2.5.2 所示。

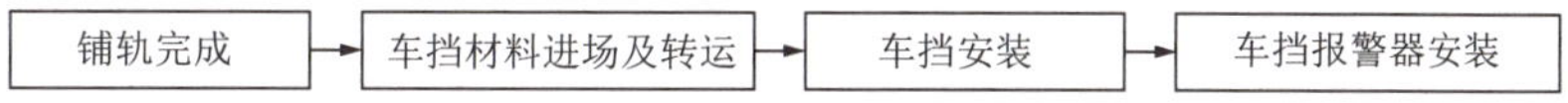

图 2.5.2　车挡安装流程图

2）技术要点

（1）车挡安装范围内不得有钢轨接头。

（2）车挡报警器安装后要调试，由车挡生产厂家工程师操作，施工单位配合。

2.5.3 标识牌安装

1）安装流程

标识牌安装流程如图 2.5.3 所示。

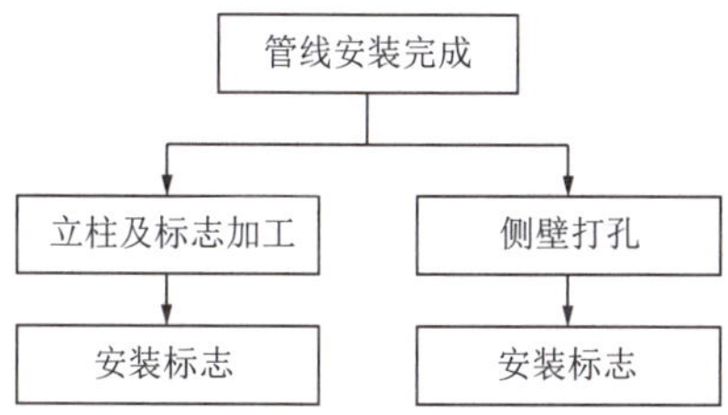

图 2.5.3　标识牌安装流程图

2）技术要点

（1）标识牌需选用耐腐蚀的铝合金材料，标识牌、立柱表面需贴反光膜。

（2）标识牌安装位置不得侵限，所有标识按上下行方向区分左右侧（一般情况下标识牌安装在行车方向右侧，以设计图纸为准）。

（3）安装有立柱的标识牌时，先安装立柱，以内膨胀螺栓固定在混凝土表面，螺栓不得松动无力，然后再将标识牌安装在立杆上，以抱箍固定。

（4）安装普通标识牌时，直接用膨胀螺栓固定于隧道壁上；安装前需根据标识牌的里程位置定位，如有遮挡，可在前后适当调整，不得上下挪动，以防止侵限。

（5）标识牌安装前需运营单位现场确认，确认合格后才能大批量进行安装。

标识牌安装成品实例如图 2.5.4 所示。

图 2.5.4　标识牌安装成品实例图

2.5.4 橡胶道口板安装

1）安装流程

橡胶道口板安装流程如图 2.5.5 所示。

图 2.5.5 橡胶道口板安装流程图

2）技术要点

（1）清理道砟

施工时个别轨枕间距有可能不满足橡胶道口板的安装要求，需要先方正轨枕，方正轨枕前需先清理轨枕间道砟。在清理道砟时，只允许清理深度到枕底，做到清理彻底，严禁清理过深。

（2）方正轨枕

对于需要方枕的地方应首先按照设计图纸要求画好轨枕中心线，定位轨枕位置，轨枕间距一般为 0.55m（1820 对 /km）。在方正轨枕时，从道口中心向两侧方正，轨枕方正逐根进行，严禁同时松动两根及两根以上轨枕扣件，方正后及时上紧扣件，并回填道砟捣实。

（3）线路精调

橡胶道口板安装后再调整轨道几何尺寸难度很大，所以道口板安装前轨道几何尺寸必须调整到位。

（4）橡胶道口板安装

道床板安装前需用道砟对安装面进行找平，以防止道口板出现空吊现象，一般采用瓜米石找平。安装完成后的橡胶道口板顶面应与轨面平齐。

2.5.5 防脱护轨安装

1）安装流程

防脱护轨安装流程如图 2.5.6 所示。

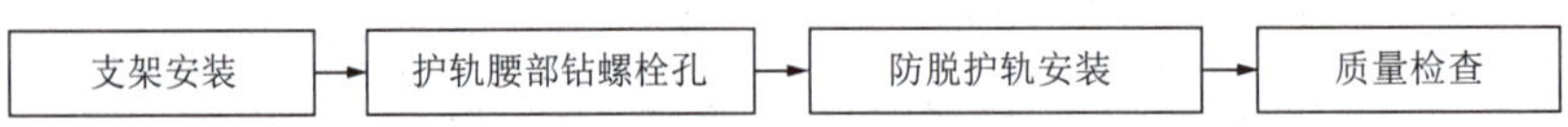

图 2.5.6 防脱护轨安装流程图

2）技术要点

（1）支架安装时，每隔 2 根轨枕位置安装 1 个支架，遇护轨接头夹板时可调整间距至 3 根轨枕 1 个支架。

（2）对护轨进行钻孔时，要注意缓冲段的孔距。

（3）安装地段钢轨设置有绝缘接头时，在其相应部位的护轨接头（与钢轨绝缘接头在线路纵向距离应不大于 2m），也应安装护轨绝缘接头夹板，使轨道信号电路起到双重绝缘保护作用。

（4）安装完成后应对每个支架的绝缘缓冲垫片和横向缓冲调距垫块逐一进行检查。绝缘位置要进行绝缘电阻测试，对绝缘效果不良的绝缘接头应进行更换。

DPII-60 型防脱护轨成品实例如图 2.5.7 所示。

图 2.5.7　DPII-60 型防脱护轨成品实例图

2.5.6　道床吸声板安装

1）安装流程

道床吸声板安装流程如图 2.5.8 所示。

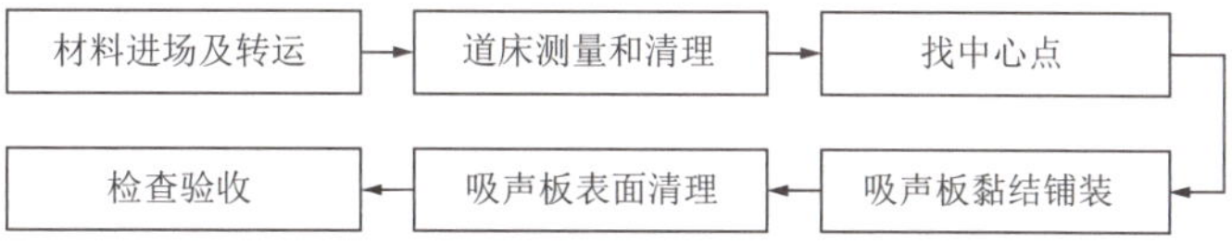

图 2.5.8　道床吸声板安装流程图

2）技术要点

（1）吸声板安装前应先进行线路精调，线路几何状态合格后方可施工。

（2）在道床上测量标记出中线位置，方便吸声板安装定位，保证吸声板安装线型。

（3）先将道床表面灰尘及杂物清理干净，再用水将道床冲洗干净，表面的灰尘、浮渣会严重影响吸声板黏结效果，易造成吸声板脱落。

（4）黏结吸声板时注意避让、保护电缆槽等设备。黏结前对吸声板洒水湿润，采用专业黏合剂黏结，将黏合剂均匀涂抹至吸声板支撑点上，支撑点黏合剂覆盖要完全。由吸声砖作为垫层的需先黏结吸声砖。吸声板与钢轨距离按图纸要求控制，与钢轨距离误差不得大于 ±5mm，可以通过砂浆调整距离。

道床吸声板安装及成品实例如图 2.5.9 所示。

图 2.5.9　道床吸声板安装及成品实例图

2.5.7 钢轨吸振器安装

1）安装流程

钢轨吸振器安装流程如图 2.5.10 所示，钢轨吸振器安装成品实例如图 2.5.11 所示。

图 2.5.10 钢轨吸振器安装流程图

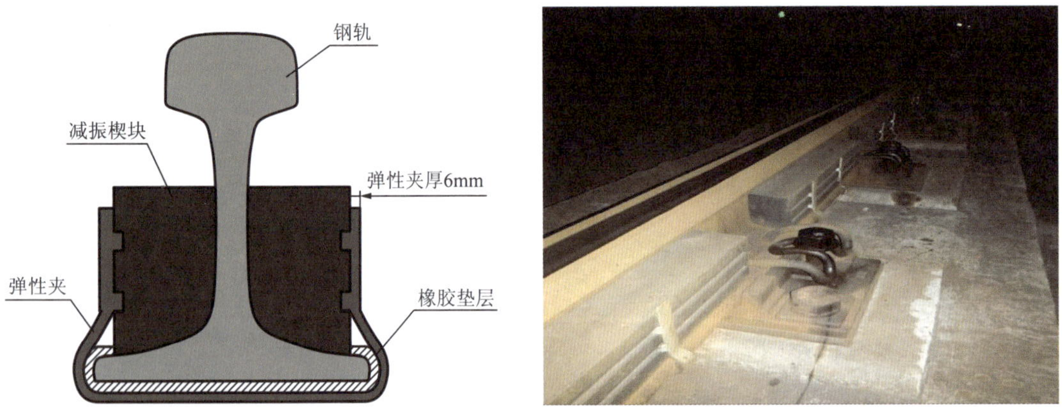

图 2.5.11 钢轨吸振器安装成品实例图

2）技术要点

（1）钢轨吸振器安装时应避开钢轨焊缝、钢轨接头夹板、轨腰曲线标识、线缆接头、护轨支架等位置。安装过程严格按设计间距控制，以免影响减振效果。

（2）钢轨清理要到位，将附着在钢轨上的锈斑、混凝土块清理干净，然后打磨除锈，并采用棉布擦干净。

（3）弹性夹应在黏结材料完全凝固后进行安装，并采用专用工具，安装过程中应避免过度将弹性夹开口扩大，以免损伤弹性夹刚度。弹性夹安装前应提前进行弹性夹下部橡胶垫条粘贴，橡胶垫条应粘贴在弹性夹下部凹槽内，左右凸起高度均匀，并于弹性夹粘贴牢固、密贴。安装时应用专用工具安装，注意弹性夹安装时手法，以免弹性夹弹出伤人。安装完毕后的弹性夹应保持垂直、不歪斜，卡爪完全进入吸振器凹槽内。

第3章 轨道工程新技术和发展方向

3.1 电子正火

3.1.1 线上钢轨焊后正火热处理工艺

当前国内普遍采用的线上钢轨焊后正火热处理工艺，是一种人工操作的火焰正火。这种热处理工艺一般以氧气乙炔焰为热源，过程由人工操控，存在以下缺点：

（1）氧气瓶和乙炔瓶的运输和存储不便，使用过程中必须严格遵守安全事项，否则可能酿成爆炸事故。

（2）人工操作和控制的方式使正火质量不稳定，容易受人员、环境因素的影响。

既有线钢轨焊接接头感应正火热处理作业车（以下简称热处理正火车）采用高效、优质、低成本的电感应加热方法，对焊接接头进行正火处理，可以大大提高钢轨焊缝质量，保障行车安全。

热处理正火车对 U71MnK（60kg/m）钢轨闪光焊接接头感应正火质量已通过国家相关产品质量监督检验中心检验，各检验项目均符合《钢轨焊接　第 2 部分：闪光焊接》（TB/T 1632.2—2014）标准要求。

该中频感应正火技术参数波动小，抗人为及外界影响的能力强，保证接头质量的一致性和稳定性，能够提高接头对车轮的承载性能及使用安全性。经过感应正火后，接头的硬度大于母材，软点硬度值也较高，能长期确保接头外观及平直度，避免“低接头”现象的产生。

3.1.2 电子正火优点

相对目前的既有线钢轨焊后火焰正火热处理设备，感应正火设备具有以下优点：

（1）加热速度快（≤ 240s）。

（2）正火处理后的钢轨工件不易氧化脱碳。

（3）热处理工艺采用计算机自动控制，正火热处理质量非常稳定。

（4）正火设备的安全性能较现有火焰正火设备有本质性提高。

（5）正火装置中设计了一套风冷装置，正火后快速风冷，提高了焊头轨面的硬度，避免了“低接头”的出现。

（6）根据在线钢轨焊缝感应正火热处理工艺施工方法设计了计算机控制软件，使设备能自动完成整个热处理工艺过程。计算机控制技术具有：

①工艺参数设定、保存、调用功能。

②实时显示温度时间曲线、温度等相关数据。

③正火热处理设备为伺服控制技术、中频感应加热技术、视频技术、红外测温技术、计算机控制技术等先进技术的综合集成，技术先进。其加热模块使用精度较高的伺服电机控制，通过工控机实现人机界面控制，可直接通过屏幕进行操作、控制和监视整个正火热处理过程，操作简单、过程直观、应用方便。

目前电子正火工艺已在深圳地铁施工中得到了应用，并且取得了较好的效果，鉴于它比传统的氧气乙炔正火施工工艺有安全、质量、环保上的诸多优势，在不久的将来，电子正火将会得到更广泛的应用。

电子正火设备如图 3.1.1 所示。

图 3.1.1　电子正火设备

3.2 装配式轨道板及基底机械化施工工艺

目前国外已有一些预制轨道板结构的应用，国内一些城市也在地铁工程上进行了预制轨道板的尝试和实践，如深圳、上海的预制钢弹簧浮置板、预制减振垫浮置板等。目前我国也在鼓励大力发展预制构件，即减少工程施工过程中现场混凝土的浇筑工作量，采用在厂内进行混凝土结构物预制，现场进行安装的方式代替现场的工作。这样既能减少现场工作量，也能加快施工进度，利于抢工，且预制构件较现场浇筑的混凝土板更具耐久性，施工质量更能得到保证，后期运营过程中维修方便。

现阶段减振道床的基底施工都是依靠传统的施工工艺，通过人工来进行基底施工和施工精度控制的，很难达到基底施工完成后直接铺设预制板的施工精度。为解决传统施工工艺进度慢、精度低、质量难以保证等问题，部分施工单位已启动装配式轨道板基底机械化施工工艺的研究，目前已取得阶段性的进展，在不久的将来该工艺将得以实现和推广。

装配式轨道板的使用和其基底机械化施工工艺的实现是地铁工程铺轨的一次变革，它们用先进高科技和先进施工设备代替了落后的传统施工方法和工艺，施工质量和进度有了保证，同时节约了大量人力成本，提高了劳动生产率，对地铁工程施工具有深远的意义。

随着装配式轨道板及其基底机械化施工工艺技术的不断应用和完善，它必将会得到广泛的应用。

装配式轨道板如图 3.2.1 所示。

图 3.2.1　装配式轨道板

3.3 橡胶弹簧点支撑道床

根据弹性元件材质的不同，点支撑式浮置板轨道结构可分为橡胶弹簧点支撑和钢弹簧支撑两类。国外的使用经验表明：与钢弹簧支撑相比，橡胶弹簧点支撑浮置板的优点是承载力大、具有多向刚度特征、结构高度低，同时由于其阻尼较大，在共振区附近轨道振幅相对较小，且具有造价较低、养护维修和更换较方便等优点，其缺点是其固有频率较钢弹簧略高，减振效果略差。钢弹簧支撑的优点是隔振频率低、可维修性能好，缺点是造价较高、构件尺寸大、结构适应性差，在共振区附近轨道振幅相对较大。

相较于其他特殊减振产品，该产品不仅具有成本低的优势，而且其使用寿命可长达 60 年，远远高于目前特殊减振产品 25 年的设计寿命。其自带在线监测系统，可对橡胶弹簧浮置板系统在受力后的刚度变化情况实施在线跟踪监测，当系统监测到橡胶弹簧力学变化值超出规定的允许值时，监测系统可自动报警，从而及时更换，避免出现严重的安全事故。

综上所述，橡胶弹簧点支撑道床的研发与应用，不仅打破国外企业在特殊减振领域的技术垄断，也突破了我国特殊领域减振产品单一的局面。随着该产品的不断推广应用，必将为我国地铁工程减振领域做出更多的贡献，发挥更大的社会效益。

橡胶弹簧点支撑道床如图 3.3.1 所示。

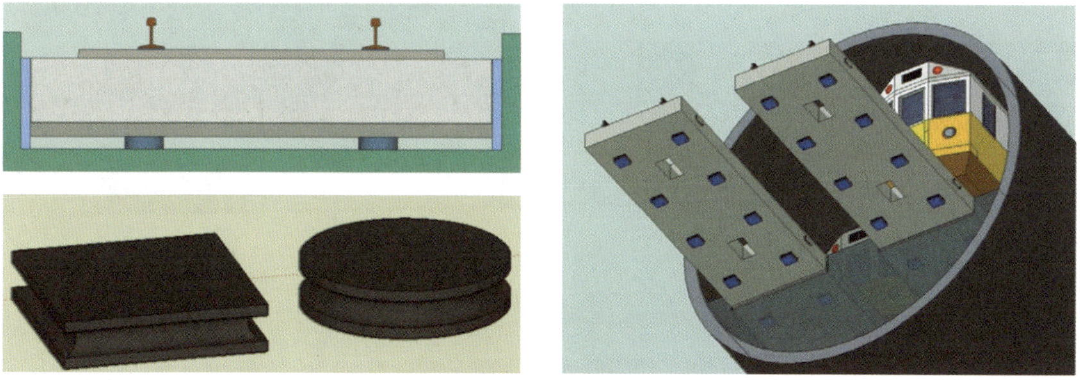

图 3.3.1　橡胶弹簧点支撑道床示意图

3.4 静音钢轨

高架线是地铁噪声的重灾区，车辆在轨道上行驶时，由于车轮踏面擦伤和不圆顺、轨道几何形位不平顺、钢轨顶面波形磨耗等，轮轨间相互撞击将使车辆和轨道结构（钢轨）产生振动，轮轨振动产生轮轨噪声，通过空气传播对周围环境造成污染；同时，轮轨振动由轨道结构（钢轨）传递到桥梁结构，并由该结构传向周围的地层进行传播，同时又引起桥梁结构以及建筑物的二次结构噪声。此外，轮轨振动由车辆（车轮）传递到车厢内部，会引起车内噪声，特别是在小半径曲线地段，过量的车内噪声会影响司乘人员的身心健康。

对轨道噪声源的测试表明，轮轨噪声的频率峰值集中在 63 ～ 4000Hz 之间，这个频率范围基本覆盖了地铁噪声的主要能量分布范围，减少列车运行带来的钢轨和车轮振动是降低高架线噪声的有效途径。

车轮和钢轨都是低阻尼结构，极易产生振动和噪声。“静音钢轨”技术是一种新型轨道降噪技术，通过采取阻尼结构增大钢轨振动的衰减率，减小钢轨的振动及振幅，从而达到降噪的目的，是一种从源头上解决轮轨噪声的有效途径。钢轨采用上述阻尼结构后，列车运行时轨道的振动强迫阻尼体产生以剪切为主的变形，阻尼层由于其阻尼特性产生与变形方向相反的阻力，将轨道振动能量转化为热能，有效降低了轨道产生的振动。振动为噪声之源，噪声也大幅降低，尤其一般方法很难消除的一次噪声，减轻了列车运行过程中对周围建筑物及居民的影响。这种阻尼减振对于各种频率都有较好的减振效果。另外，由于列车振动能量被高阻尼材料有效吸收，也提高了车轮和轨道的使用寿命。

1）结构组成

静音钢轨通常由基层、阻尼层和约束层组成。其降噪性能和阻尼作用面积成正比，受轨腰尺寸的限制，传统“静音钢轨”阻尼的有效工作面积有限，其降噪效果也相对有限。带槽扩展层“静音钢轨”在基层与阻尼层之间增设带槽扩展层，大幅增加了阻尼的有效工作面积，从而提高降噪能力。如图3.4.1所示，结构由内向外依次分为四层：基层（钢轨）、带槽扩展层、阻尼层和约束层。

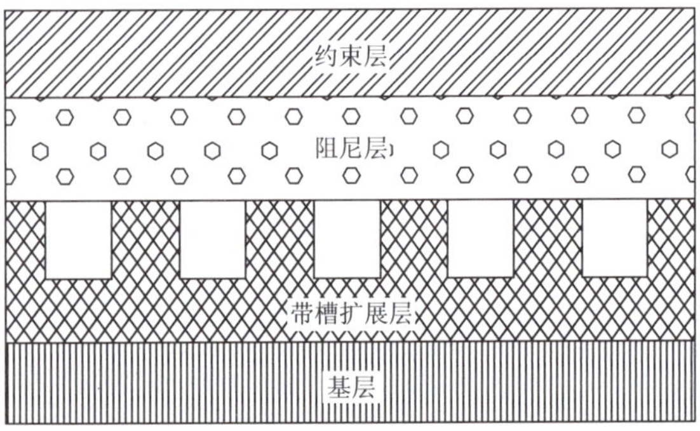

图3.4.1　静音钢轨

2）主要技术特点

（1）突破传统设计思路，在结构上创新

突破传统约束阻尼处理方式，从约束阻尼降噪原理出发，在基层钢轨和阻尼层之间添加了一层带槽扩展层，通过扩大阻尼层到钢轨的距离，大大增加阻尼层的剪切变形。最大化地放大阻尼层的剪切变形耗能，抑制钢轨的振动和声辐射。损耗因子是同等条件下不安装带槽扩展层“静音钢轨”的4倍以上。

（2）从源头上解决轮轨噪声问题，具有较好的降噪效果

“静音钢轨”通过在源头上衰减钢轨振动达到降噪的目的。谐响应分析及边界元声辐射分析结果表明，在0～4000Hz范围内可有效地消耗钢轨振动能量，其降噪效果较现有技术提高20%以上。

（3）制作简单，使用寿命长

带槽扩展层“静音钢轨”制作简单，不需对钢轨进行改造，安装和拆卸方便，设计寿命可达20年以上。约束层、扩展层和阻尼层复合均在厂内制作，精度高、耐腐蚀、刚度大，现场只需采用专用黏结剂与基层钢轨黏结，施工速度快，施工周期短。

（4）应用领域广泛，不改变既有轨道结构

各种类型的轨道结构都可以采用此种静音钢轨，不仅可应用于有砟轨道，也可在无砟轨道上采用；既可以在新线上采用，也可以在既有线改造上应用。

3.5 钢轨吸振器

目前的轨道结构通常都会采用减振扣件及垫层（基础与轨道板之间放置一层弹性构件）进行减振，它们通常能较好地将钢轨的振动与下部基础隔离，下部基础得到较好的保护，但振动的能量却仍集中在钢轨上，并没有耗散，从而加剧钢轨的伤损、缩短钢轨的使用寿命。添加约束阻尼和钢轨动力吸振器可以增加钢轨的阻尼，提高其振动衰减率，从而更好地耗散列车运行引起的钢轨振动的能量。钢轨吸振器是在钢轨轨腰两侧附贴阻尼材料和约束层质量块，当钢轨发生弯曲振动时，带动阻尼材料内部摩擦和相互错动，以及约束层质量块的拉压和剪切变形来耗散振动能量。

钢轨吸振器具有使用范围广；安装、拆卸便捷；可重复使用；根据不同的边界条件和减振要求，可设置不同规格的钢轨吸振消声器，沿钢轨纵向离散分布，可设置于两轨枕间，也可沿纵向连续布设；运营期间免维护、寿命长；不影响正常的工务养护维修等特点。可以较好地改善应用隔振原理方案减振措施引起的车厢内噪声现象，可作为地铁噪声、振动综合治理方案的组成部分；另外，也可以作为既有线噪声治理方案及解决钢轨病害的措施（钢轨波磨、扣件断裂等现象）。

钢轨吸振器如图 3.5.1 所示。

图 3.5.1　钢轨吸振器

第2篇

常规设备工程

第4章 环控工程

4.1 环控工程概述

地铁环控系统亦称通风空调系统，是地铁车站常规设备系统工程的重要组成部分。其主要作用是：通过地铁环控系统的综合调节，使地铁车站及隧道内环境中空气的温度、湿度、气流速度、空气的品质、噪声等均达到要求，从而为地铁车站和隧道创造舒适、良好的环境。

对于地铁车站环控系统的要求要高于一般的民用系统。环控系统需满足两个方面的要求，一是日常运营给乘客和设备提供舒适及适宜的环境；二是事故及灾害情况下进行通风、排烟、排热，起到生命保障及辅助灭火的作用；环控系统应确保上述两个方面的整体安全，不宜片面强调某一方面；但环控系统不是灭火系统。

地铁车站环控系统一般分为环控大系统和环控小系统及隧道通风系统，并按A、B两端分别独立设置。环控大系统用于站厅和站台公共区通风、空调及防排烟；环控小系统用于设备区设备房通风、空调及防排烟，A、B两端环控小系统工艺流程有较为明显的区别，但原理基本一样；隧道通风系统用于区间隧道和屏蔽门外站台板下的通风、降温及防排烟。

4.2 环控工程特点

4.2.1 设计特点

环控系统不仅要从设计和工程两个方面考虑完善，而且还要从运营管理方面考虑完善。运营管理要考虑便于维修、方便操作、利于节能运作，系统设计时就要为节能运作考虑。地铁车站环控系统从设计角度考虑，具有以下几个特点：

(1)设计应综合考虑环控系统日常运营给乘客和设备提供舒适及适宜的环境。

(2)事故及灾害情况下进行通风、排烟、排毒、排热，起到生命保障及辅助灭火的作用。

(3)提高系统的实用性、可控性及可靠性。

(4)减少环控系统的数量，降低系统复杂程度，减少环控系统控制模式，从而减少火灾等紧急情况下的反应时间，确保乘客的安全。

(5)降低人员操作难度和培训难度，提高系统设备的可维护性，降低运营管理成本。

(6)系统设计、设备选型和实际安装结果应达到设计的总体要求，并具有对是否达到设计的总体要求进行考核的能力及系统必需的基本参数调试检测能力。

4.2.2 设备特点

环控系统是地铁站后工程设备数量、种类最多的一个系统，涉及的专业、技术及管理面广，设备体积、质量大，设备接口复杂。

(1)设备数量、种类多

环控系统设备包括冷水机组、空调机组、冷冻冷却水泵、冷却塔、空气处理机组、各类风机、风阀、消声器等多达10多种设备，各类设备的数量也相对较多。如风机、风阀设备，通常一个普通地铁车站，风机、风阀设备就有数百台，规格、型号、功能也不尽相同。

(2)设备体积、质量大

环控设备中，如冷水机组、隧道风机、射流风机等设备，出厂时均为成套设备运输至地铁车站，设备的体积和质量相当大，而地铁站一般位于地下空间，因此设备的运输及吊装是环控系统在前期安装阶段的重点。

(3)设备接口复杂

环控系统中，设备与设备之间，设备与土建结构之间，设备与BAS、FAS等监控系统之间，设备工程与安装工程、装修工程之间，存在诸多技术方面的接口，如各类设备的安装方式、基础、预留安装孔洞的要求及尺寸、用电负荷、启动方式、连锁关系、控制模式功能和内容等。

4.2.3 专业工程特点

地铁施工现场场地狭窄、空间有限，环控系统的各类设备、通风管道等均要在有限的空间内安装、敷设，交叉碰撞经常发生，工程协调存在客观难度。

环控系统受外界影响比较大，包括地区环境、季节气候、人员流动等。要设置一个健康舒适的空调系统，适用于不同的环境、气候要求和空调负荷变化，不仅系统的组成要合理，系统相应控制、转换功能均需要合理配置。

环控系统设备用电量大，必须采取一定的节能措施，而较为有效的办法是采用变频调速技术。系统设置受环保规范强制约束，降噪手段必须严格、有效。

4.3 环控系统构成及功能介绍

4.3.1 环控系统构成

环控系统由车站通风空调系统和隧道通风系统组成。按其各自的功能和负责的区域划分，车站通风空调系统分为公共区通风空调系统、设备管理用房通风空调系统和空调制冷循环系统三部分；隧道通风系统分为区间隧道通风系统和屏蔽门外站台板下排热及轨顶排热通风系统两部分。

环控系统构成如图4.3.1所示。

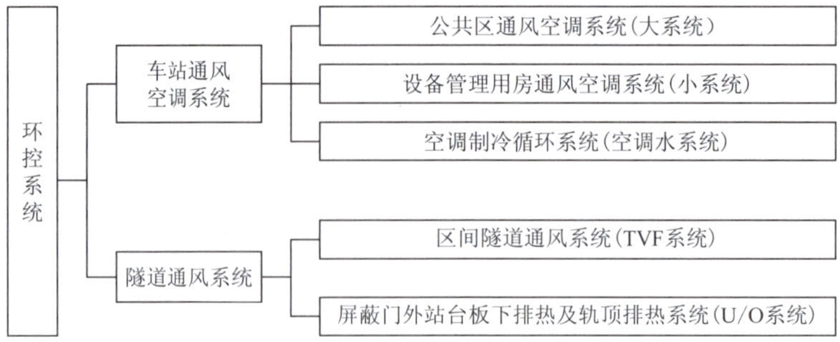

图 4.3.1　环控系统构成图

（1）公共区通风空调系统（兼排烟系统，简称大系统），主要是由组合式空调机组、回 / 排风机、排烟风机、新风机、风阀、消声器、风管及附件组成。

（2）设备管理用房通风空调系统（兼排烟系统，简称小系统），主要是由柜式空调机组、送风机、排风机、排烟风机、各类风阀、消声器、风管及附件组成。

（3）空调制冷循环系统（简称空调水系统），主要是由冷水机组、冷冻 / 冷却水泵、冷却塔、反冲洗过滤器、各类水阀、水管及附件组成。

（4）区间隧道通风系统（兼排烟系统，简称 TVF 系统），主要由隧道风机、组合式风阀、结构式消声器、活塞风道组成。

（5）屏蔽门外站台板下排热及轨顶排热通风系统（简称 UPE/OTE 系统或 U/O 系统），主要由 U/O 风机、组合式风阀、土建排风道、站台板下排热风道、列车上方排热风道等组成。

4.3.2　环控系统功能介绍

总体来说，环控系统的主要功能有以下几个方面：

（1）在地铁正常运营条件下，排除余湿余热，为乘客和工作人员创造一个舒适的乘车及工作环境，同时满足车站各种设备和管理用房的功能要求，提供正常所需的温、湿度条件。

（2）车站发生火灾的紧急情况下，提供迅速有效的排烟手段，向乘客输送必要的新风，引导乘客疏散。

（3）在区间火灾或列车阻塞停留在隧道时，向隧道提供一定的新风量，以维持乘客短时间内接受的环境条件。

1）车站公共区通风空调系统（大系统）功能

（1）送 / 排风功能

正常情况下，大系统组合式空调器、回 / 排风机开启，通过中央控制系统开启相关风管系统上的阀门，经公共区送、排风管和管道上的百叶调节风口，向站厅层、站台层进行送风、回风，实现车站通风换气功能。组合式空调器、回 / 排风机采用变频控制技术，根据负荷变化，调节风机的电机频率，改变送、回风量大小和风机功率，节省能耗。

（2）防排烟功能

当车站站厅层公共区发生火灾时，空调水系统停止运行，关闭车站组合式空调箱、回 / 排风机、车站送风系统和站台层回 / 排风的管路系统，启动车站排烟风机，由站厅层排风系统排出烟气经风井至地面，使站厅层造成负压，新风经车站出入口从室外进入站厅，便于人员从车站出入口疏散至地面。

当车站站台层公共区发生火灾时，空调水系统停止运行，关闭回 / 排风机，关闭站台层送风系统和站厅层回 / 排风系统，启动排烟风机进行排烟，启动组合式空调机组向站厅送风，同时打开车站两侧屏蔽门最远端的一组活动门，启动隧道风机进行排烟，以保证站厅到站台的楼梯口、扶梯口处有不小于 1.5m/s 的向下气流。

2）设备管理用房通风空调系统（小系统）功能

（1）送 / 排风功能

正常情况下，小系统柜式空调机组、回 / 排风机开启，通过中央控制系统开启相关风管系统上的阀门，经设备区小系统送、排风管和管道上的百叶调节风口，向各设备管理用房进行送风、回风，实现车站通风换气功能。

（2）防排烟功能

常规设备区发生火灾时，空调水系统停止运行，回 / 排风机兼作火灾时的排烟风机，中央控制系统通过控制小系统相应的风阀来实现通风排烟模式。

车站通风空调系统的工作原理如图 4.3.2 所示。

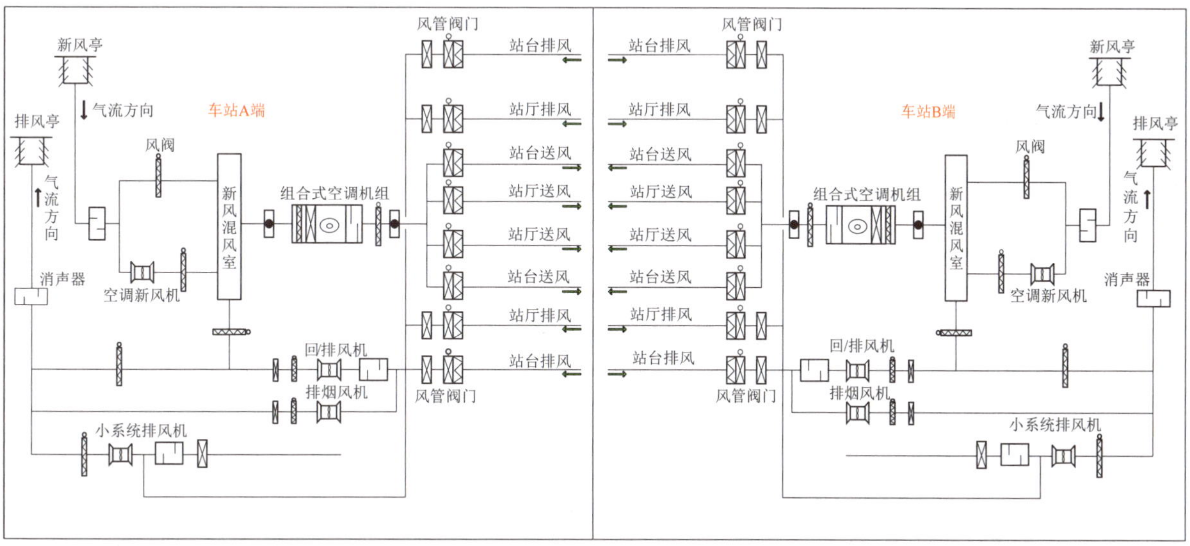

图 4.3.2　典型车站通风空调系统工作原理图

3）空调制冷循环系统（空调水系统）功能

地铁空调水系统是环控系统的一个子系统，也是一个较为复杂的系统，对在空调季运行环控系统的效果至关重要。典型的中央空调制冷系统主要由冷冻水循环系统、冷却水循环系统及主机三部分组成。

（1）冷冻水循环系统

该部分主要由冷冻水泵、组合式空调器、柜式空调器、冷冻水管及阀件组成。从冷冻机组流出的低温冷冻水由冷冻泵加压送入冷冻水管道（出水），进入空调机组进行热交换，通过空调机组向各区域送出冷风，带走房间内的热量，降低房间空气温度，加速室内热交换。

（2）冷却水循环系统

该部分由冷却泵、冷却水管道、冷却塔及冷凝器等组成。冷冻水循环系统进行室内热交换的同时，带走室内大量的热能。该热能通过主机内的冷媒传递给冷却水，使冷却水温度升高。冷却泵将升温后的冷却水压入冷却水塔，使之与大气进行热交换，降低温度后再送回主机冷凝器（回水）。

（3）主机

主机部分由压缩机、蒸发器、冷凝器及冷媒（制冷剂）等部分组成，产生冷却室内温度的冷冻水。

空调制冷循环可采用一次泵变流量技术，当冷负荷变化时，通过调节水泵电机频率，改变冷冻水流量及水泵功率，节省能耗。

空调水系统的工作原理如图 4.3.3 所示。

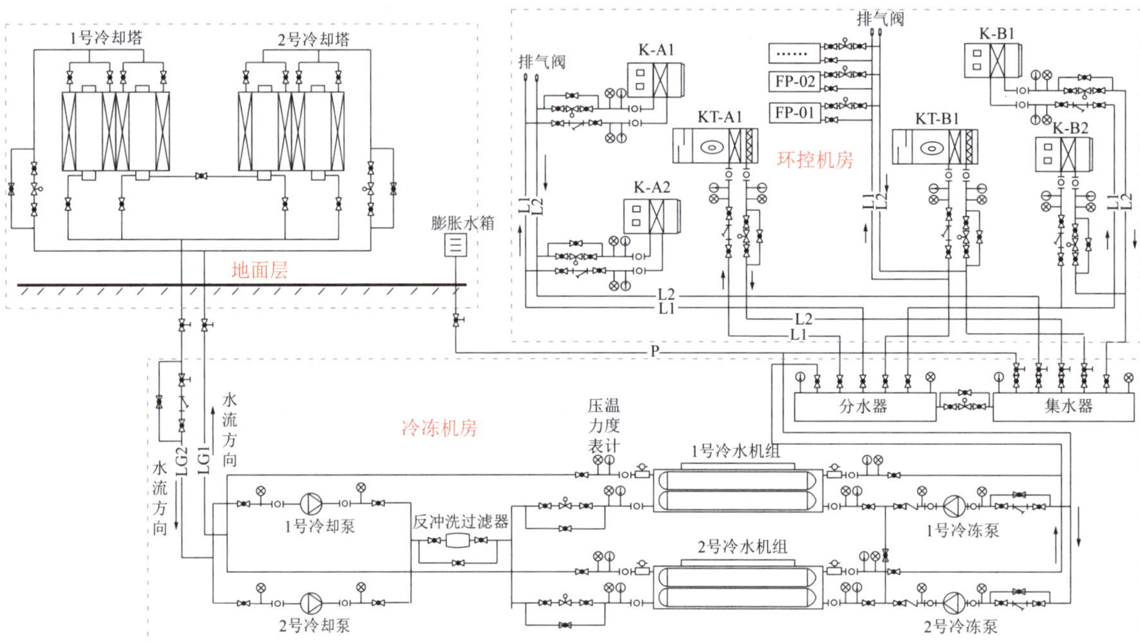

图 4.3.3　典型车站空调水系统工作原理图

4）区间隧道通风系统功能

区间隧道通风系统主要承担隧道排烟、阻塞工况通风和早晚换气、排除空气异味、改善隧道空气质量的功能。主要设备为设置在车站两端的隧道风机（Fan for Tunnel Ventilation，简称 TVF 风机），以及部分设置在区间隧道射流风机。

当列车正常运行时，利用列车产生的活塞风与室外空气进行置换，排除区间隧道内余热、余湿。

当列车阻塞于区间时，用 TVF 风机对阻塞区间进行机械通风。

当发生火灾，列车停在区间隧道内时，则开启火灾区两端的 TVF 风机、射流风机，提供新风，诱导乘客撤离火灾现场。

5）车站隧道排热系统功能

车站隧道排热系统主要承担车站范围内、屏蔽门外站台下排热和隧道顶部排热，以及该区间隧道排烟的功能。主要设备为设置在站厅层两端的排热风道附近的轨底轨顶排热风机（Under Platform Exhaust Over Trail Exhaust 风机，简称 U/O 风机），轨顶风道和站台板下排热风道通过站台层两端的排热小室汇集，再通过 U/O 风机排到排热风道流向室外。

当列车正常运行时，通过列车顶部的轨顶风道和列车底部的站台板下排热风道，排除列车停站时车顶空调器和车厢底部发热设备产生的热量。

当列车火灾停靠在车站时，关闭站台板下排热风道，车站 U/O 风机开启并高频运行，通过轨顶风道进行排烟。

隧道通风系统、站台排热系统的工作原理如图 4.3.4 所示。

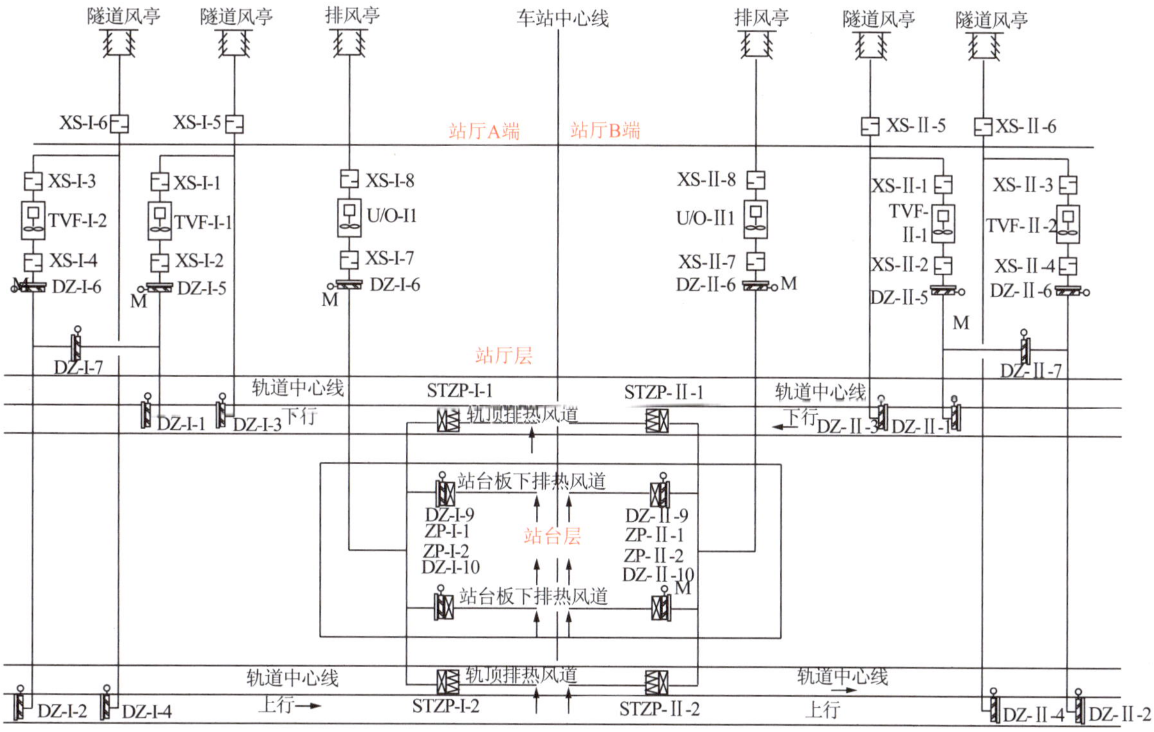

图 4.3.4　典型车站隧道通风系统工作原理图

4.4 环控工程核心设备功能简介

环控工程核心设备功能见表 4.4.1。

环控工程核心设备功能表　　　　表 4.4.1

序号	设备名称	设备图片	设备功能
1	隧道风机		“TVF 风机”为双向（正反转）的轴流风机，设于车站两端设备房、区间通风机房、长区间中间隧道风机房内等。隧道风机正转则是风机由隧道向外界大气排风，反转则是风机向隧道内送风。 隧道风机主要由叶片、电机、风机机壳三部分组成。其中大功率电机作为其主要组成部分，特点是：普遍功率较大，甚至达到 200kW，启动电流大。一般情况下除了要用到软启动器做保护外，为了节能的要求，个别隧道风机采用了变频技术，即在运营时间段内隧道风机处于低频工作状态，充当轨道排热的功能。在非运营时间段，或根据需要，如凌晨发车前半个小时以及运营结束后半个小时进入工频运作，给区间隧道进行排风送风。在火灾模式时，综合监控系统可执行相应的模式进行排烟等。 “U/O 风机”为变频轴流风机，设于车站两端设备房，在列车运行期间，根据区间隧道温度变频运行，将车站区间轨底轨顶热量排出。在火灾模式下，综合监控系统可执行相应的模式进行排烟
2	射流风机		射流风机为双向（正反转）轴流风机，设于区间隧道顶部或侧壁，用于调节区间内某一段压力、通风量及辅助排烟。 射流风机主要由叶片、电机、风机机壳、轮毂、轴、轴承、电机支撑板、前后消声器、减振器组成

续上表

序号	设备名称	设备图片	设　备　功　能
3	送风、 排风机		车站大系统风机指车站大系统的回排风机和排烟风机，为轴流风机，设于车站两端机房内，用于车站公共区通风空调和排烟。 车站小系统风机包括车站小系统的送风机、回/排风机和排烟风机，采用轴流风机，设于车站两端机房或设备层内，用于车站设备管理用房的通风空调和排烟
4	组合式风阀		组合式风阀主要用于区间隧道通风系统、车站大系统截面较大的风道上。主要由槽钢底框架、模块化的多个单体多叶风阀、联杆传动机构、角行程电动执行机构等部件，采用标准紧固件连接组装而成。 电动组合式风阀控制由中央控制（中控级）、车站控制、就地控制组成，就地控制具有优先权。 在正常工况下，中央控制室显示车站送排风机、区间风机及其相应风阀的工作状态；在事故工况下区间隧道风机及其相应风阀接收中央控制室控制信号，进行正/逆转运行，以保证列车正常运行及乘客疏散和满足事故通风及排烟要求
5	防火阀		防火阀主要由阀体、叶片、温度感元件、传动机构、执行器等若干部分组成，安装在车站通风空调大、小系统送回风管路、设备管理用房隔墙等处，在一定的时间内能满足耐火稳定性和耐火完整性要求，起隔烟阻火作用。地铁车站防火阀主要有以下五种： 自动防烟防火阀：ZF（70℃熔断，手动复位，常开）； 电动防烟防火阀：DF（70℃熔断，电动关闭，手动复位，常开）； 自动排烟防火阀：ZP（280℃熔断，手动复位，常开）； 电动排烟防火阀：DP（280℃熔断，电动关闭，手动复位，常开）； 电动排烟防火阀（常闭）：DP（常闭）（280℃熔断，电动开启，电动关闭，手动复位）
6	组合式 空调机组	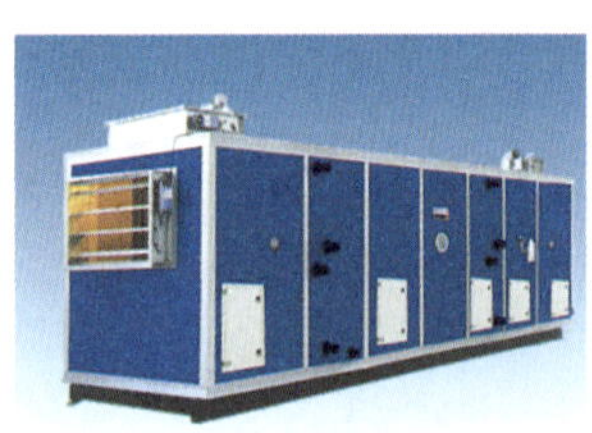	组合式空调机组是指由不同空气处理功能段组装而成的不带冷、热源的空气处理设备，用于风管阻力≥100Pa的空调系统；表冷器部分采用5℃温差（7/12℃）供冷。 组合式空调机组设置在车站通风空调机房内，机房设置机械送、排风系统进行通风，换气次数6次/h，环境温度≤45℃，相对湿度≤95%。组合式空调机组运输采用分段或散件进场，现场拼装
7	冷水机组		冷水机组主要由制冷压缩机、电动机、制冷剂—水换热式冷凝器、制冷剂—水换热式蒸发器、冷媒、调节及控制设备、电气装置、安全保护装置、相关仪表、减震垫等组成。冷冻水供回水温度为7～12℃。 地铁站内冷水机组一般采用水冷螺杆式冷水机组。机组均设于地下一层或地下二层空间的冷冻机房内。水冷螺杆式冷水机组负担车站公共区空调负荷和车站设备管理用房空调负荷，鉴于车站客流量不断变化，室外新风参数不断变化，因此螺杆式冷水机组需调整台数运作或卸载运作，以提供不同的冷量

续上表

序号	设备名称	设备图片	设 备 功 能
8	空调水泵		中央空调的水泵，区别于一般水泵，它又名空调泵，可以说是对应空调系统以及其他特殊系统的特殊水泵。空调水泵既可以作为空调系统的冷水、冷却水、热水的循环水泵，亦可用作其他工程的给、排水系统，其输送介质为清水或理化性质似于清水的其他液体，适用介质温度不高于80℃。 冷冻机房内空调水泵分冷却水泵和冷冻水泵。 （1）冷却水泵 冷却水泵在系统中连接了冷却塔和制冷机冷凝器，里面正常的水温一般都是32/37℃，它负责驱动冷却水在机组与冷却塔这个闭合环路中进行循环。 （2）冷冻水泵 冷冻水泵用来循环冷冻水，冷冻水进入风机盘管，与室内进行热交换，降低室内空气温度，达到制冷目的。在冷冻水循环系统中，PLC通过温度传感器及温度模块将冷冻水泵的出水温度和回水温度读入内存，根据回水和出水的温差来控制变频器的转速，从而调节冷冻水泵的流量，控制热交换的速度
9	冷却塔		冷却塔是指可将水冷却的一种装置。水在其与流过的空气进行热交换、质交换，致使水温下降。 冷却塔的主要功能是对冷水机组的冷却水进行降温处理，即使冷却水在塔内与空气进行热湿交换而得到降温，从而将冷水机组通过冷冻水循环、机组内部制冷剂循环、冷却水循环而吸收的热量转移至室外空气中。从冷水机组冷凝器出来的冷却水，送至冷却塔进水口，经过布水器，流过冷却塔内部的填料层，与室外空气进行热湿交换，然后在集水盘中汇集，通过水管及冷却水泵的增压，进入冷水机组冷凝器，与冷水机组压缩机出的制冷剂进行热交换，然后重复上述循环。 地铁车站冷却塔一般安装于车站的风亭附近的地面上，地铁冷却塔一般采用低噪声方形横流式冷却塔，冷却塔风机采用双速风机。每站2~3台，与车站内冷水机组一一对应
10	电动蝶阀		电动蝶阀属于电动阀门和电动调节阀中的一个品种。电动蝶阀连接方式主要有法兰式和对夹式，电动蝶阀密封形式主要有橡胶密封和金属密封。电动蝶阀通过电源信号来控制蝶阀的开关。 电动蝶阀主要用作管道系统的切断阀、控制阀和止回阀。附带手动控制装置，一旦出现电源故障，可以临时用手动操作，不至于影响使用
11	消声器	 结构式消声器  管道式消声器	消声器主要是允许气流通过，在此同时又能阻止或减少声音传播的一种器件。 地铁专用消声器是消除空气动力性噪声的重要措施，消声器能够阻挡声波的传播，允许气流通过，是控制噪声的有效工具，存在多种功效。地铁站内消声器一般有结构式消声器和管道式消声器两种。 （1）结构式消声器 结构式消声器一般安装在地铁车站两端风亭、风道结构内。该类型消声器为单元体式结构，各单元消声体通过连接件采用螺栓连接，形成整体式结构。结构式消声器因为体积庞大，通常采用成品消声片现场进行组装。立式安装时，在风井墙面打膨胀螺栓并固定槽钢，消声器放置在槽钢上。水平安装时，消声器基础底部做高出地面10cm基础并找平，防止消声片长时间浸水，影响消声效果。 （2）管道式消声器 管道式消声器设置在设备管理用房送、排风管道上，为整体安装。消声器与风管连接采用法兰连接的方式。对于吊装的管道式消声器，为减小风机传递的振动对消声器的影响，消声器安装时吊架应采用弹性减振吊架或者吊架与消声器外壳接触处贴橡胶减震条。支架是承受消声器重量的主要部件，安装时注意要让支架承重

续上表

序号	设备名称	设备图片	设备功能
12	多联机中央空调（VRV）	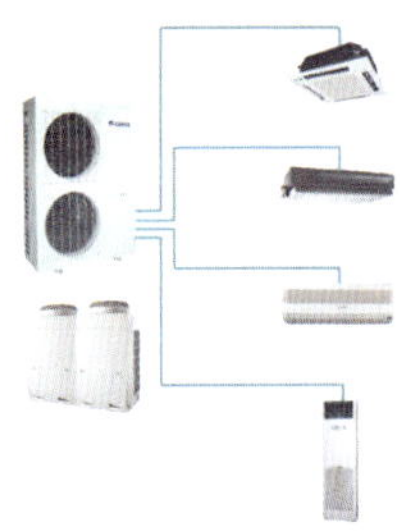 多联机组示意图	多联机中央空调俗称“一拖多”，指的是一台室外机通过配管连接两台或两台以上室内机，室外侧采用风冷换热形式、室内侧采用直接蒸发换热形式的一次制冷剂空调系统。 多联机空调系统的工作原理与普通蒸汽压缩式制冷系统相同，由压缩机、冷凝器、风机、节流部件、蒸发器和控制系统组成。与普通蒸汽压缩式制冷装置不同的是，热泵型空调系统室内、室外侧换热器都具有冷凝器和蒸发器的双重功能。多联机空调系统的系统原理上与分体式空调相同，只是一台室外机可带多台室内机

4.5 环控工程施工工艺及技术要点

地铁环控系统施工工序的总体安排是先设备区后公共区，先站台层后站厅层。各种设备安装顺序应尽量按先大后小、先设备后管线的原则进行；顶部管道是先上后下，侧墙管道是先里后外。

环控系统工程开始后，在进行风管制作的前提下，首先安排公共区域的风管、水管的安装，其次集中力量完成设备管理用房以及其他通风空调设备的安装，最后完成通风空调设备的支管和水系统的支管连接及附属件的安装及单机调试和系统调试工作。

环控系统总体施工流程如图 4.5.1 所示。

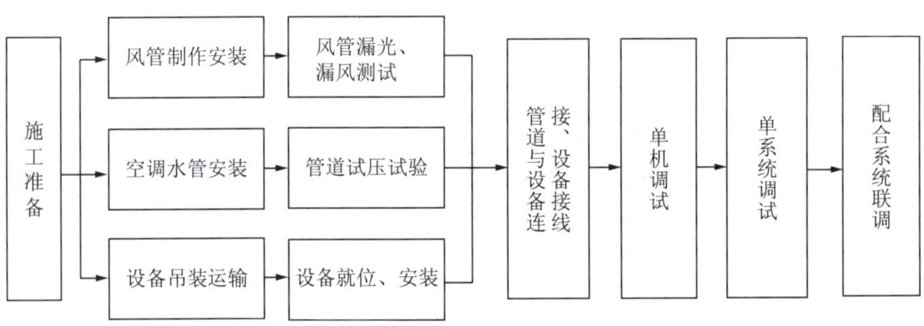

图 4.5.1 环控系统总体施工流程图

4.5.1 风管制作安装

1）风管制作

地铁环控系统风管主要采用镀锌钢板及冷轧钢板制作。

（1）冷轧钢板风管制作流程如图 4.5.2 所示。

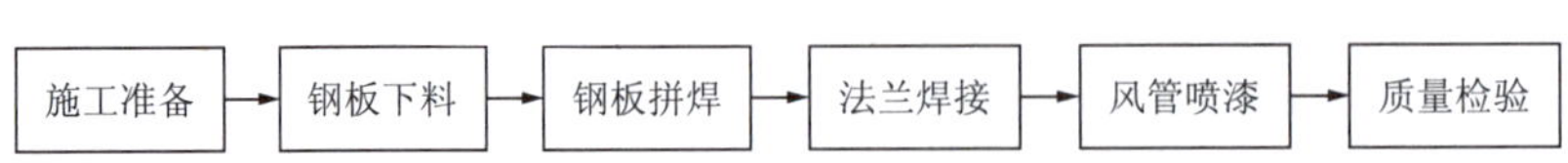

图 4.5.2 冷轧钢板风管制作流程图

（2）镀锌钢板风管制作流程如图 4.5.3 所示。

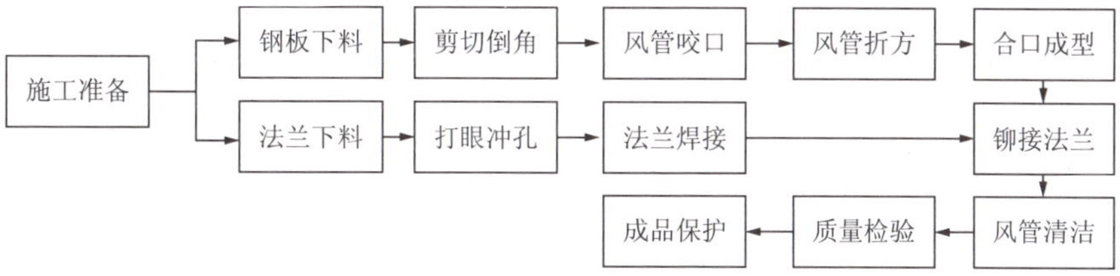

图 4.5.3　镀锌钢板风管制作流程图

（3）钢板风管制作技术要点：

① 风管制作的规格、尺寸需严格按设计施工图要求制作，镀锌钢板材的厚度及镀锌层必须满足设计和合同的规定要求。

② 风管的咬缝必须紧密、宽度均匀、无孔洞半咬口和胀裂等缺陷。

③ 风管外观质量应达到折角平直，圆弧均匀，两端面平行，无翘角。风管与法兰连接牢固，翻边平整，宽度不大于 6mm，紧贴法兰。

④ 风管法兰孔距不应大于 150mm，焊接应牢固，焊缝处不设置螺孔，螺孔具备互换性。

⑤ 风管加固应牢固可靠、整齐、间距适宜、均匀对称。

⑥ 风管表面应无刻痕、划痕、凹穴等缺陷。

镀锌钢板风管制作示意如图 4.5.4 所示。

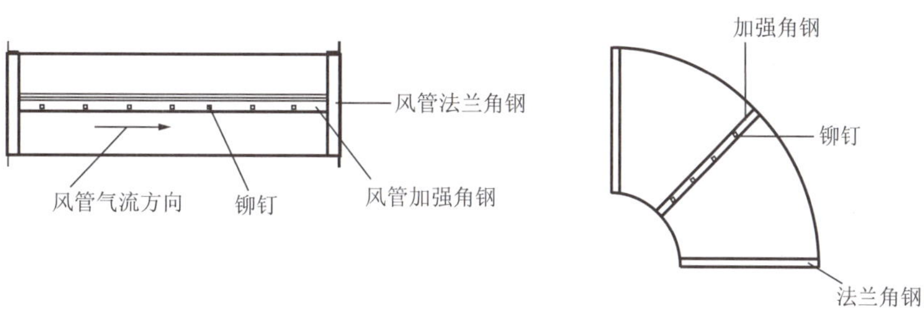

图 4.5.4　镀锌钢板风管制作示意图

风管制作现场实物如图 4.5.5 所示。

图 4.5.5　风管制作现场实物图

2）风管安装

（1）风管安装流程如图 4.5.6 所示。

（2）风管安装技术要点：

①在常规设备安装过程中，风管所占的空间位置最大且安装工作最复杂，因此风管的安装在同时施工的各专业中优先考虑，这一点在车站两端管理及设备用房、夹层、过道等空间较小的区域里施工

时显得尤为重要，须待风管安装完成后，再开始其他工程的施工。

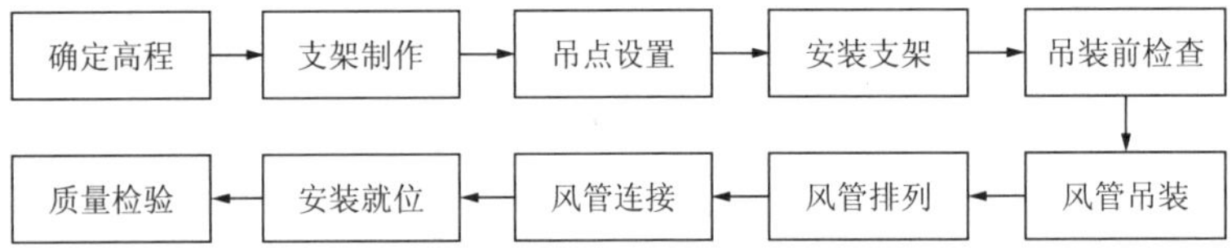

图 4.5.6　风管安装流程图

②风管安装时先里后外，先上后下，安装方向从大到小，从主风管到支风管。

③依据作业场地、空间的大小，风管或单节（≤ 2m）安装，或在地面组装成段（每段≤ 12m）后整体吊装。风管成段整体吊装时，采用特制的吊架控制风管变形。防火阀、调节阀与风管在地面组装好后一起吊装。风管吊装示意图如图 4.5.7 所示。

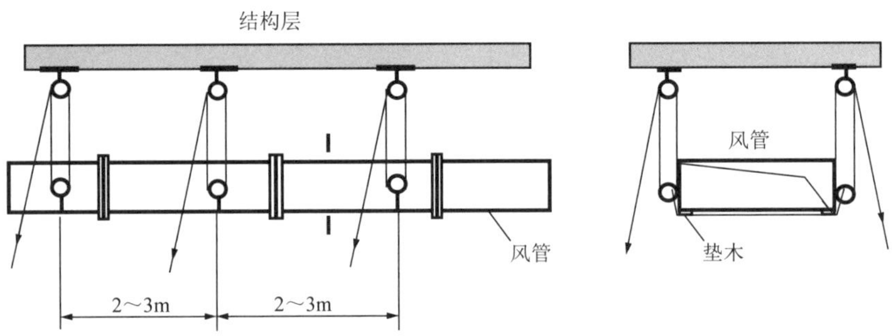

图 4.5.7　风管吊装示意图

④如风管顶部与车站顶板间隙小，法兰螺栓不易连接时，可将风管吊架适当加长，风管安装时先不一次安装至规定高度，待在空中成段全部连接好后再整体移至规定高程，再去除风管吊架多余部分。

⑤风管安装时，支吊架间距必须符合要求，安装牢固，风管走向、高程、水平度准确。

⑥风管法兰接口严密，垫料不得挤入或凸入管内。当输送空气温度低于 70℃时，法兰垫片采用橡胶板；输送空气温度高于 70℃时，采用耐高温法兰垫片，防排烟系统应采用不燃法兰垫片。

⑦风口安装在装修工程吊顶内部时，需与装修专业配合完成，避免风管与装修天花冲突。风口安装位置与装修吊顶相协调统一，做到位置正确，排列整齐，平整美观。

⑧与管道相连的电动风阀、调节阀、防火阀、排烟阀安装时，应单独设置支吊架。电动风阀、调节阀的执行机构应设在便于操作的位置；防火阀、排烟阀安装时，应严格按防火有关规程和厂家的产品安装指南进行，易熔片迎气流方向安装；气流方向必须与阀体上标志方向一致，严禁反向；防火阀必须单独设置吊架，防火排烟风管的支吊架也必须单独设置。

⑨风管吊装时，应正确选定吊杆位置，确保不与风口、阀门、法兰位置冲突，部件方向正确，操作方便，防火阀检查孔的位置必须设在便于操作的部位。

所有水平或垂直风管必须设置风管吊、支托架，且不得设于风口、风阀、检查门及自动机构处，吊杆不得直接固定在法兰上。风管水平安装时，当边长 $<$ 400mm 时，间距小于 3m；当边长 $>$ 400mm，间距小于 4m。风管垂直安装时，吊支托架间距 $<$ 4m，且每根立管固定件不少于 2 个。

⑩管道减振与防火处理：风管与风管法兰之间采用耐热橡胶片密封连接。风管与风机采用软接，排烟管与排烟风机连接的软管应耐温 280℃，连续工作 1h 以上不变形、不老化。风机软接头，消声器及黏结剂采用非燃烧材料或难燃烧材料。

⑪送风管不得安装在供电设备上方，风口不得安装在电气设备上方。

风管安装现场实物如图 4.5.8 所示。

图 4.5.8　风管安装现场实物图

4.5.2　风管保温施工工艺及技术要点

镀锌钢板风管安装完成，在漏光、漏风检测合格后，需对风管进行保温施工。风管保温材料采用离心玻璃棉，采用保温钉固定。

1）施工流程

风管保温施工流程如图 4.5.9 所示。

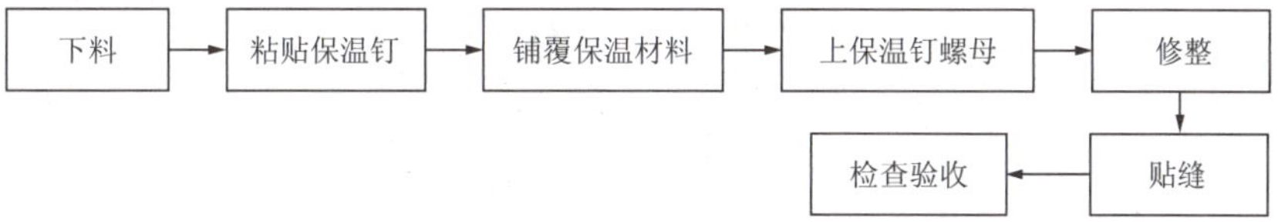

图 4.5.9　风管保温施工流程图

2）技术要点

（1）保温钉黏固胶水应检验合格并在保质期内，粘贴保温钉前，擦净风管表面上的尘土和油污，将黏结剂分别涂在管壁和保温钉的黏结面上，稍后再将其粘上。矩形风管及设备保温钉密度应均匀，底面不少于每平方米 16 个，侧面每平方米不少于 10 个，顶面每平方米不少于 8 个，首行保温钉至保温材料边沿的距离应小于 120mm。保温钉粘贴 12 ～ 24h 后再铺覆保温材料。

（2）保温材料的下料应正确，切割面要平齐，在裁料时要使水平与垂直面搭接处以短面两头顶在大面上。保温材料的铺覆应使纵向缝错开，小保温材料应尽量铺覆在水平面上。严禁使用已经变形或湿水的保温棉，表面铝箔保护层所有接缝必须全部用铝箔胶带粘贴牢固，不得漏贴。

（3）保温板与保温板之间，拼缝均匀整齐、平整一致，纵向缝错开，确保接缝严密，其缝隙用铝箔胶带封严。风管上的所有法兰或部件严禁外露，并做特殊保温处理。

（4）风管穿墙体或者和结构风道连接时套管内用保温棉塞填满，不留空腔，以防冷凝水产生。穿过防火墙的保温风管，先用保温棉填实套管内部，然后用防火胶泥将套管表面抹平，保证防火效果，同时防止冷凝水产生。

（5）管道上的阀门、三通、接头、弯头、支座、仪表管座、支架、吊架等附件处是最容易出现冷桥的地方，上述位置的保温必须做到位，且不能有冷桥产生，管道穿越楼板和墙体处保温层不得间断。

（6）已经施工完成的保温层要及时做好成品保护工作。风管吊装后与天棚结构面间隙无法满足保温层施工要求的，要提前考虑，妥善安排工序及成品保护。

风管保温施工示意如图 4.5.10 所示。

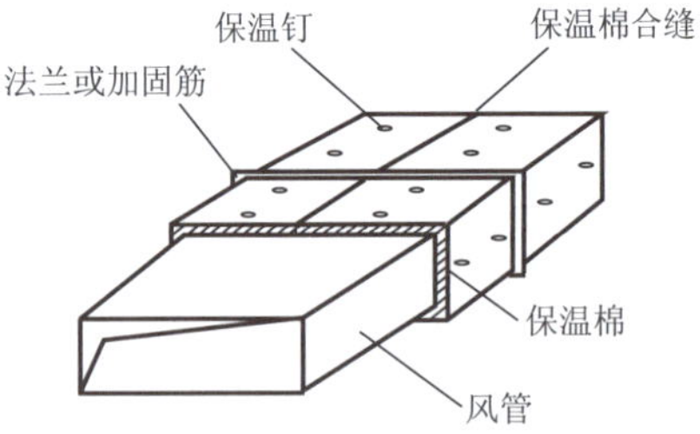

图 4.5.10　风管保温施工示意图

3）质量控制标准

（1）保温材料材质、规格及防火性能必须符合设计和防火要求；保温材料进场后，对其导热系数、密度、吸水率、燃烧性能进行抽样送检，合格后方可使用。

（2）接头及产生凝结水部位必须保温良好、严密、无缝隙；粘贴牢固，填嵌密实，拼缝整齐、平整；搭接顺水流方向，宽度均匀，接口平整。

（3）保温后的阀门启闭标记明确、清晰、美观，且操作方便。

（4）表面平整度板材允许偏差 5mm，保温层厚度 δ 允许偏差 $+0.10\delta \sim -0.05\delta$。

风管保温现场实物如图 4.5.11 所示。

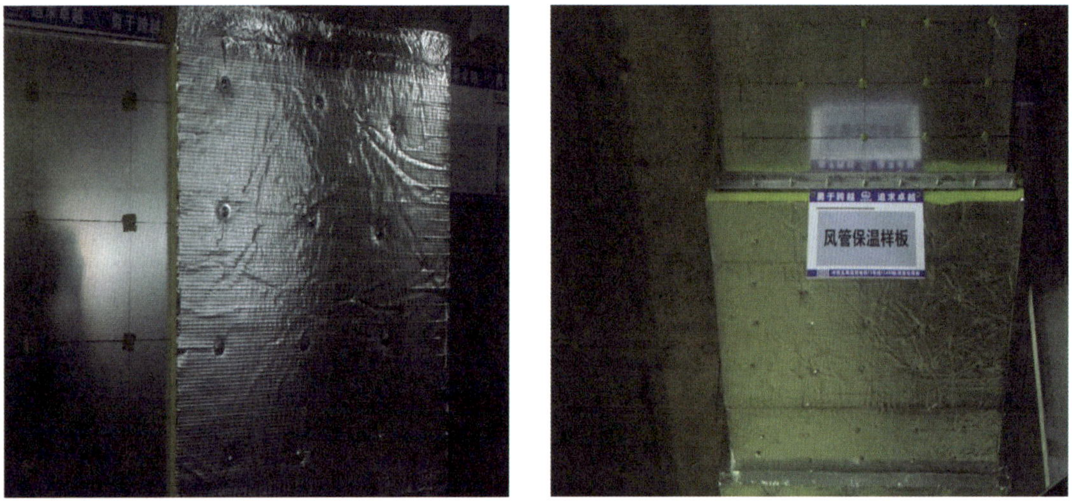

图 4.5.11　风管保温现场实物图

4.5.3　空调水管安装工艺及技术要点

地铁空调水管道主要采用热镀锌管及无缝钢管，具体管材按设计要求执行。

1）空调水管道的施工流程

空调水管道施工流程如图 4.5.12 所示。

2）空调水管安装技术要点

（1）空调水管支吊架位置要排列合理、正确，支架间距要符合设计及规范的要求。支吊架焊接、安装必须牢固可靠。

（2）空调冷冻水管与支架间需采用防火管托进行绝热处理，管托厚度不应小于绝热层厚度，宽度不大于支吊架支撑面的宽度，防止产生冷桥。

（3）当管道穿越墙、楼板时均需上管套，管套为无缝钢管（加防锈油）或镀锌钢管。当管套装在楼板时，管套需引出完成面并符合装饰面的配合。当管道穿过防火墙或楼板时，应采用防火材料密封。套管安装示意如图 4.5.13 所示。

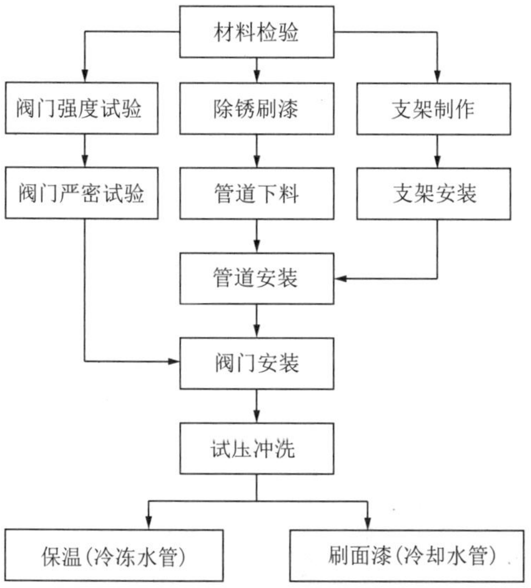

图 4.5.12 空调水管道施工流程图

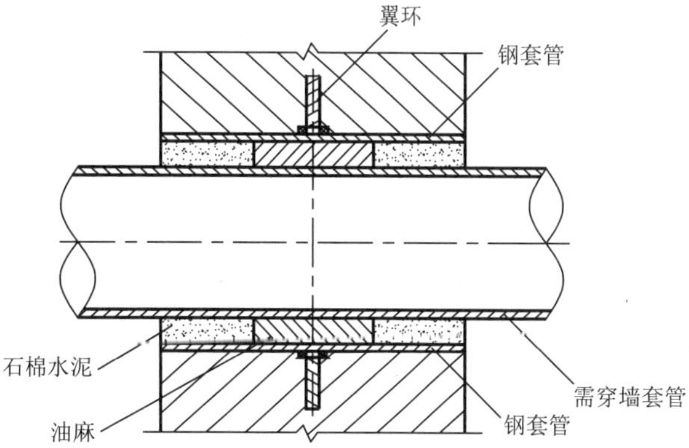

图 4.5.13 套管安装示意图

(4)管道采用焊接连接时,若管壁厚度≤ 4mm,可进行对焊,但中间必须留有 1 ～ 2mm 的间隙;若管壁厚度 >4mm 时,管道焊接必须进行开坡口焊接。管道进行坡口处理时,常用“V”形坡口,坡口的角度、宽度应符合规范要求,以确保焊接质量。

(5)冷冻水管最高点安装排气阀,冷冻、冷却水最低点安装排水阀。冷凝水管坡度不少于 3‰。组合空调机组、柜式空调机冷凝水管末端要安装存水弯。

(6)管道系统组件安装。

系统组件主要是阀,如蝶阀、截止阀、电磁阀等。

①阀门的安装位置、方向与高度应符合设计要求,不得反装。安装带手柄截止阀,手柄不得向下。

②阀门与法兰连接要定位、同心,其填料采用橡胶垫片,厚度 $\delta = 5$mm。

③阀门安装在便于操作的位置,如有天花要做标记。阀门安装后要开启灵活。

(7)管道试压、冲洗。

水压试验时,先进行强度试验。先把系统注满水,并排净系统内的空气,用手动或电动压泵对系统进行加压至试验压力(为工作压力的 1.5 倍),以 10min 内压降不大于 0.05MPa 为合格。

强度试验合格后,再进行严密性试验。把系统压力降至工作压力,并作外观检查,以接口处不渗不漏为合格。

系统水压试验合格后,对管道系统进行冲洗,冲洗应用自来水连续进行,并保证有足够的压力和流量,以管道末端的出水口处水质与入口处水质一致为合格,冲洗洁净后办理验收手续。

(8)管道保温。

①空调水系统的冷冻、冷凝水管均需进行保温。

②在支架处应采用具有防腐、防火性能的管托,其厚度与保温层厚度相同,管托与水管间的空隙应填实。

③所有室外部分保温管道必须做好防水措施。

④阀门、过滤器及法兰处保温应能单独拆卸(管道阀门保温如图 4.5.14 所示)。

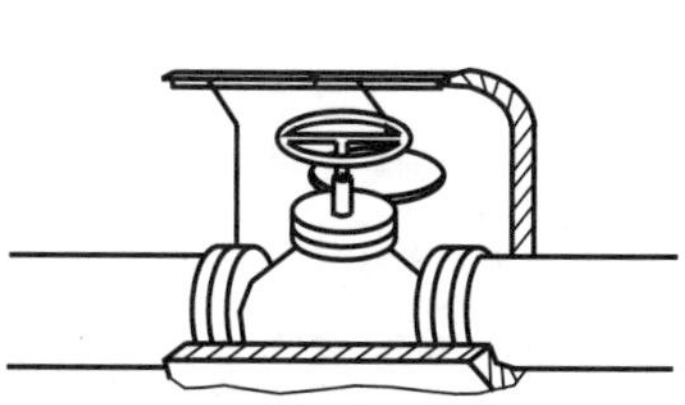

图 4.5.14 管道阀门保温示意图

⑤水管与空调设备的接头处以及产生凝结水的部位必须保温良好,严密无缝隙。

⑥保温搭接顺水流方向,宽度适宜且均匀、接口平整、固定牢

靠、外形美观、纵向缝应错开。

⑦保温后的阀门启闭标记明确，清晰、美观且操作方便。

(9)管道的标识。

所有管道和设备(不管是否有保温层)应有标识。

在设备出入口、直线段管道和三通处，颜色箭头用模板印刷到保温层外皮或管道上以指示流向，并用油漆模板印刷出回路和系统。

空调水管安装实物如图 4.5.15 所示。

图 4.5.15　空调水管安装实物图

(10)空调水系统管道安装需重点强调的注意事项。

①水管安装一般遵循低进高出原则。

②水管与水管、水管与法兰盘之间焊接时要牢固可靠，避免虚焊和沙眼现象，管路系统应能承受100N 压力。

③横向水管须向上以 1/250 倾斜度施工，避免系统中滞留空气。

④水管与主机接口处应装防震软管，以免主机振动传给管路系统。

⑤水管的重力不能由冷水机组、水泵等设备承担。

⑥水系统中的所有有可能积聚空气的“气囊”顶点均应设置自动放气阀，自动放气阀可分区域设置，管道均坡向放气点。在连接放气阀时，应将局部管径加大。

⑦在水系统中的孔板、水泵、换热器等设备的入口管道上均应安装过滤器，以防止杂质进入、污染或堵塞这些设备。

⑧管网中所有需要保证设计流量的管路都应安装平衡阀。一般装在回水管路，当系统工作压力较高且供水管的压头余量大时宜装在供水管。为使阀门前后的水流稳定，保证测量精度，尽可能安装在直管段处。

⑨压力表应当安装于管路靠近水室的直管段上，其安装点应当距离上下游可能产生紊流的部件(如弯头、水阀等)至少一个管径的距离。机组蒸发器和冷凝器的进出水管路上都应当安装压力表，压力表通过缓冲弯与管路连接，这样有助于对水路系统的状态进行判断。

⑩在水管路上可能需要更换的零部件(如过滤器、水泵等)前后安装关断阀，这样可以在更换这些部件时节省时间和工作量。

⑪在管路上安装软接头，防止机组振动传递到管网，也可避免水泵与机组的振动相互叠加影响管路寿命。

⑫机组进出水管阀门应保温得当，避免冷量损失以及凝露现象的产生。

⑬在水系统管路的最高点必须安装放气阀，以便排走管道内的空气，保证水系统没有空气，最大可能发挥机组的能力。放气阀和疏水管接头处不需保温，以方便维修。

⑭水流开关必须安装在冷水机组的出水口，且一定不要将水流开关安装在压差旁通管前面，否则不能准确反应进入蒸发器的水流量(不会按要求报警)。

⑮Y 形过滤器不得安装在冷水机组出水段，造成杂质集中在机组水换热器中，后果严重。

⑯水系统在安装好后由于焊接管路中有焊渣和工程安装过程中有灰尘、泥砂进入，对系统必须进行清洗，但严禁管路未清洗前将壳管换热器接入水系统管路，应采用临时管将机组供回水支管连通，防止杂物进入设备，禁止使用机组壳管换热器清洗水系统管路。

4.5.4 环控设备安装工艺及技术要点

地铁环控系统设备众多，设备体积大、质量大，安装工程量及难度大，设备安装是环控系统施工中的重、难点项目。

1)风机安装

地铁风机主要包括隧道风机(TVF 风机、 U/O 风机、射流风机)、排风机、送风机和排烟风机等，安装方式分为落地式安装和吊装安装两种。

(1)安装流程

风机安装流程如图 4.5.16 所示。

基础验收 → 开箱检查 → 吊装搬运 → 安装就位 → 调平找正 → 质量检验 → 运转调试

图 4.5.16 风机安装流程图

(2)技术要点

①隧道风机的安装通常是固定在一定的基础上，基础质量对风机的安装具有很大影响。所以，安装风机时对基础有一定的要求：

a. 满足风机在安装、使用和维修方面的方便，基础上半部分的外形和尺寸，如沟、洞、与螺栓等应按厂家所提供的安装图设计施工；风机安装的预埋件必须达到风机静荷载的 20 倍以上。

b. 基础应有足够的强度、稳定性和耐久性。

c. 在静力作用下，沉降和倾斜应在允许范围之内，以保证风机的正常使用。

d. 基础振动应在允许范围内，以保证风机正常工作和操作人员的正常工作条件。对附近的机器和仪表的不利影响，应采取合适的隔振措施，如使用减振器等。

e. 基础高度在图纸上有所说明，一般不小于 250mm。

②在安装风机前，应检查叶轮重量是否对称，叶片的根部是否损伤，紧固螺母是否松动，叶轮与机壳间隙是否符合要求，安装时安装方向和叶轮旋转方向必须正确。风机的运转方向由外壳上的风机转向箭头指明。

③安装的水平度、高程、联轴器同心度符合规范要求，风机减振器受力均匀，运转时不得出现整体振动现象，轴承部位温升不得过高。

④对于安装在管道中间的风机需设置专用支吊架，与风机相连的异径风管在风机就位找平后安装。

⑤通风机底座采用减振装置时，基础顶面宜附设底座水平方向的限位装置，但不得妨碍底座垂直方向的运动。

⑥风机安装时，电机转轴必须保持水平。

⑦安装就位后，但不立即使用的大型轴流风机，应采取适当的保护措施，以避免风机受潮、遭到撞

击等情况。可将风机内外表面清理干净，先包裹一层防火帆布，再用胶带封捆，以保护风机。在未进行调试运转前，应临时卸下风机振动传感器，以避免丢失或损坏。

（3）风机落地安装注意事项

①使风机悬空呈水平状，使防振架的支撑板均不触及混凝土表面预埋钢板，调整填隙板，使四块支撑板与基础表面预埋钢板之间距离保持相等。

②将带有防振架的风机放至混凝土基础表面预埋钢板上，旋松防振架与支撑板之间四只底脚螺栓，将每块支撑板与凝土基础表面预埋钢板点焊两处。

③借助于普通千斤顶，将风机抬起，使其不与已点焊的支撑板接触，沿支撑板周长每 50mm 长度做点焊，待冷却至环境温度，把风机就位，底脚螺栓全部拧紧。

④所有铁件均去毛刺、倒钝后刷两度防锈底漆、两度面漆。

⑤送、排风机、射流风机的两端配有消声器，风机房两端均设隔墙封堵，所有检修门均为防火密闭门。隧道风机两端软接头应采用防火材料。

落地式风机安装实物如图 4.5.17 所示。

（4）风机吊装安装注意事项

①风机吊装前，在地面上将风机落在风机吊架上，并将风机与风机吊架连接固定。

②设备房顶板选择四个合适的吊点，将手拉葫芦挂在吊点吊钩上，通过手拉葫芦利用人力将风机逐渐缓慢起吊。

③起吊时为确保风机平稳，风机吊架四个角必须同时同步起吊。

④当风机起吊到风机吊架与顶板预埋钢板接触时，停止起吊。

⑤在四个角将风机吊架与预埋钢板同时焊接，焊接完毕，再将手拉葫芦去除。安装风机两端消声器及风机软接。

⑥射流风机安装在区间隧道内，关系到行车安全，吊装要点：

a. 吊架是根据隧道顶形式不同设计的，厂家根据需要配套制造，但制作的吊索必须与隧道顶部的预埋件安装孔一致。

b. 固定螺栓应大于承受装配好的风机静荷载 15 倍。因考虑最大风机轴向推力以及因过往车辆产生的额外冲击力，固定螺栓负载确定严格按设计标准。

c. 整套风机吊装到隧道顶部位置，使用适宜的具有足够强度的吊架使风机正确定位，再用螺栓将风机固定在预埋螺孔位置，使风机的固定支架上不产生不必要的应力。如果采用减振装置，应该用相同的力压紧加载。

d. 风机安装时，电机转轴必须保持水平，风机的运转方向由外壳上的风机转向箭头指明。

吊装式风机安装实物如图 4.5.18 所示。

图 4.5.17　落地式风机安装实物图

图 4.5.18　吊装式风机安装实物图

2）消声器安装

地铁站内消声器有管式消声器、金属外壳式消声器和结构式消声器三种类型。

（1）安装流程

消声器安装流程如图 4.5.19 所示。

基础验收 → 到货检验 → 吊装搬运 → 安装固定 → 检查验收

图 4.5.19　消声器安装流程图

（2）技术要点

①管式消声器安装

a. 消声器运输，安装时不得损坏，允填吸声材料要均匀，下沉面层要完整牢固。

b. 消声器安装的方向应正确。

c. 消声器与风管的连接应严密。

d. 消声器应单独设支架，不得由风管承受其重量。

e. 保证消声器法兰与连接风管法兰的一致性。

②金属外壳式消声器

a. 保证消声器法兰与连接风管法兰的一致性。

b. 受现场安装条件制约，金属外壳消声器需要穿墙设置时，墙面预留孔洞尺寸应在消声器接口尺寸的基础上再加上消声器法兰尺寸及必要的安装间隙（宽高向均应增加 100mm）。

c. 基础高度根据风机中心高度适当调整，基础宽度应为消声器宽度 +200mm。

③结构式消声器

a. 消声器可移吸声体两面为镀锌穿孔板，受压性较差，搬运时要注意避免撞碰而造成损坏，拆包装后尽量用人工搬运。未安装的消声器吸声体放置在干燥地方，用衬垫垫妥及彩条布包扎。

b. 基础高度：基础高度推荐尺寸为 200mm，也可根据风道内积水量做适当调整，但最低不应低于 100mm。

c. 安装前先检查支承座的平整度及支承座附近的排水是否畅顺。安装与土建风道内的结构片式消声器，在风道壁面两侧留 100mm 宽排水沟。

d. 将橡胶放在支承座上，逐排由下至上安装固定吸声体。固定吸声体安装好后，安装可移吸声体。可移吸声体下部安装了四个万向轮，并以四连杆方式与其左侧的吸声体连接。吸声体安装好后，每个纵向段的吸声体，其组件竖直方向必须对齐，吸声体两侧外缘垂直允许偏差为 3%。吸声体各纵向段应相互平行，前端外缘应处于与气流方向垂直的同一平面内，且与中间连接结合牢固。

e. 消声器生产下料前，将到现场与土建施工承包方认真核对安装消声器的土建尺寸，并确定消声器与土建之间无用空隙分封堵方案。上部有空隙及侧面或有水管通过部位都必须封堵。

消声器安装实物如图 4.5.20 所示。

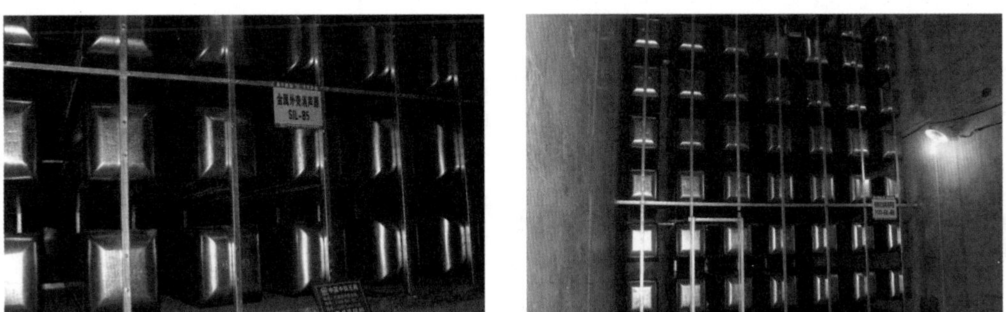

图 4.5.20　消声器安装实物图

3)风阀安装

地铁环控系统中,风阀有组合式风阀和风管风阀。几何尺寸较大的风井、风道,系统运行时,不同的运行工况,需要不同的风量甚至关闭相应的风道。为了达到不同的运行条件,在这些风道中需安装不同规格的组合式风阀,以用来进行控制系统的新风调节、混风调节以及排风调节等。组合风阀的结构特点是由镀锌槽钢底框架、单体式风阀、执行器和传动机构四部分组成,其安装方式分立式、卧式安装两种形式。风管风阀包括风量调节阀、防火阀、余压阀、止回阀等。

(1)安装流程

组合式风阀安装流程如图4.5.21所示。

图4.5.21　组合式风阀安装流程图

(2)组合式风阀安装技术要点

①组合式风阀的尺寸必须根据现场土建预留孔洞的尺寸现场测量确定,并预留出风阀执行机构的安装空间。

②组合式风阀在进行底框安装前,需对风阀基础的尺寸进行复核,对基础的牢固性进行检查。基础必须采用钢筋混凝土浇筑而成,强度需满足风阀联动动作时的拉力要求。

③底框安装。底框部分是由若干小框架连接而成的,组装场地应选在靠近安装位置的附近地面上,场地应打扫干净,将各个小框架逐块连接成一个整体,并拉线检查框架的对角线、工作面的平面度,其偏差值应符合设备技术文件的规定。

④单体风阀组装。风阀组装应按设备技术文件提供的传动支撑位置打孔图进行。单个风阀全部安装紧固后,便可安装电动执行器,执行器有两种安装方式,一种是风阀水平安装形式,另一种是风阀垂直安装形式。

⑤执行器安装。执行机构安装位置需预留检修操作空间。

⑥调试运行。运行准备:运行前应仔细检查各部件和部件之间否牢固可靠,仔细检查组合风阀周围有无影响运动的障碍物。运行:启动、关闭风阀,检查阀片的动作与开启指示灯是否一致;阀片与阀体有无变形。如果一切正常,再进行连续几次的启闭动作,并在阀片全开和关闭位置时调整好设置在电动执行器上的限位开关即调试完成。

(3)风管风阀安装控制要点

①风阀设备到货后,需做好防雨、防碰、防撞、防偷等安装前的保护和管理工作,应尽量避免露天堆放。

②安装前必须检查防火阀外观质量、控制性能和阀门动作,确认正常后配钻法兰连接孔。

③风阀安装过程中应保证阀体不变形,安装后阀门开启、关闭灵活。

④安装时,防火阀的方向位置应正确,熔断器(易熔片)应先于叶片轴接触热气流(即位于叶片的迎风侧)。自重式防火阀要注意叶片的上下方向气流方向标志,不得倒置。

⑤防火阀应牢靠地固定在设定的位置上,距离墙体≤200mm,确保当发生火灾时不致因管道变形下塌而影响工作性能,周长≥630mm的防火阀必须设置单独支吊架。穿楼板风管处的防火风阀,必须设置单独的支架。

⑥当防火阀为吊顶安装或靠近墙体安装时,要保证防火阀周围留有足够空间。在阀门的执行机构一侧须留有不小于300mm的净空间,以便于操作及检修。

⑦安装防火阀后的施工过程中,要注意不得使阀体、操作装置等受到损伤、变形,以免影响其工作

性能。

⑧安装后应对防火阀清扫检查，阀体内不得有杂物，并进行操作试验，确保阀体正常工作。

组合式风阀安装实物如图 4.5.22 所示。

图 4.5.22　组合式风阀安装实物图

4）空调机组安装

空气处理设备根据使用的要求及安装方式不同，分为组合式空气处理机组、柜式风机盘管机组和风机盘管机组。

（1）安装流程

空调机组安装流程如图 4.5.23 所示。

图 4.5.23　空调机组安装流程图

（2）组合式空调机组安装技术要点

①组合式空调机组一般由厂家负责组装。

②安装施工单位负责接管，控制要点同柜式风机盘管机组安装。

③检修门及接管位置应至少留有 700~800mm 的维修空间。

（3）柜式风机盘管机组安装技术要点

①与设备基础施工队伍配合做好空调机组的基础，并经复核正确后方可进行机组就位。

②机组安装时，外框上的箭头应与气流方向一致，安装位置应正确，机组外观应保持横平竖直，确保美观。

③空调机组的四周，尤其是检修门及外接水管一侧应至少留有 700~800mm 的维修空间，过滤器的取出方向为 600mm 以上，同样对于配管的安装等均应留有足够的空间。

④机组接管前应注意清洁水管，进水口需安装过滤器。根据设备进出水标志正确安装连接进出水管。支吊架安装牢固可靠。

⑤连接空调机组的进出水管时，应用双管钳同时反方向均匀用力，以防止将换热器拧裂而漏水。机组外部的供回水管必须设有阀门（冷凝水排水管除外），用于调节流量和机组检修时切断水源。机组外部水管要做好保温。

⑥用冷、热水作为介质的换热器，下部为进水管，上部为出水管。

⑦所有水管连接处必须做密封处理，不得有渗水现象。

⑧机组不得承受所有进出水管和排水管的额外重量。

⑨机组冷凝水管位于机组最下部，应根据机组余压值安装冷凝水排放弯头，以保证冷凝水的顺利排放及防止外界异味进入箱体。

⑩新风机组须在新风口加新风阀，以便调节新风量。在冬季运行时，应避免新风温度低时因新风量过大而导致盘管冻裂。

⑪机组的进、出风管应做好密封，不要漏风。

⑫机组的进、出风口与风管间用软接头连接，机组不得承受风管及其他额外的负荷。

⑬组装好的空调箱要求不得让人随意进入箱体内，箱体上不能踩踏。箱体内、上不能摆放任何物品。

⑭送风口软接需做保温。

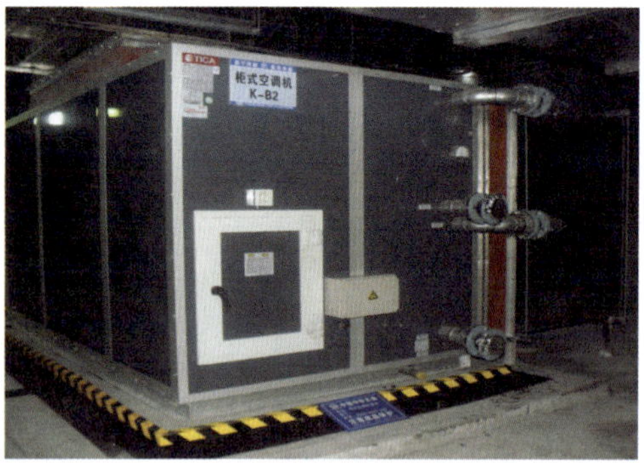

图 4.5.24　空调机组安装实物图

⑮现场组装的组合式空调机组应做漏风量检测，其漏风量应符合相关国家规范。

空调机组安装实物如图 4.5.24 所示。

5）冷水机组安装

冷水机组是环控系统中最为重要的设备，设备安装需冷水机组供应商安排技术人员在现场指导进行安装。

（1）安装流程

冷水机组安装流程如图 4.5.25 所示。

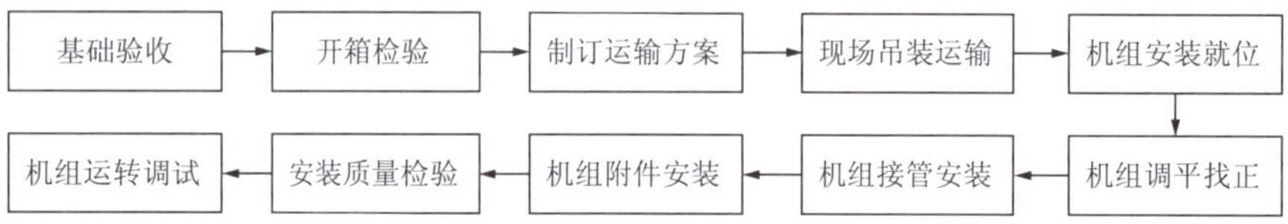

图 4.5.25　冷水机组安装流程图

（2）技术要点

①冷水机组安装前，需首先对机组基础进行检查验收，确保基础外形尺寸、基础平面的水平度、中心线、高程、基础预埋件等符合标准要求。

②冷水机组货到工地后，按规定核对其机型、厂家，有无损坏，说明书和合格证等。

③冷水机组就位前，需根据机组重量、尺寸，选择吊装位置，编制冷水机组专项吊装方案。

④设备应捆扎稳固，主要承力点应高于设备重心，以防倾侧。受力点不得使机组底座产生扭曲和变形。

⑤吊装机组的钢绳注意不要使仪表盘、油管、气管、液管、各类仪表引压管受力，钢丝绳与设备接触处应垫以软木或其他软质材料，以防止钢丝绳擦伤设备表面油漆。

⑥为方便排水，机组基础周围必须设置排水沟并且保证排水畅通。

⑦为了避免机组运行时的振动和噪声的传递，机组底座与基础之间应用减振垫（或橡胶垫）隔离，必要时可考虑加装防振底座。

⑧机组安装基础台的建造应保证水平，机组安装后应使机组在长度及宽度方向上的水平误差不超过 5mm。

⑨机组的两端中至少一端应预留维修空间，以清洗冷凝器和蒸发器的管簇或换管，墙体距离机组的长度应大于等于冷凝器或蒸发器长度较长者的长度；非维修空间一端，机房内墙壁距离机组应不少于 2m。

⑩机组前方（电控箱面对一方）应留有 0.7m 的空间以利操作，机组后方及上方都应留有不少于 0.6m 的空间。

冷水机组安装实物如图 4.5.26 所示。

图 4.5.26　冷水机组安装实物图

6）空调水泵安装

（1）安装流程

空调水泵安装流程如图 4.5.27 所示。

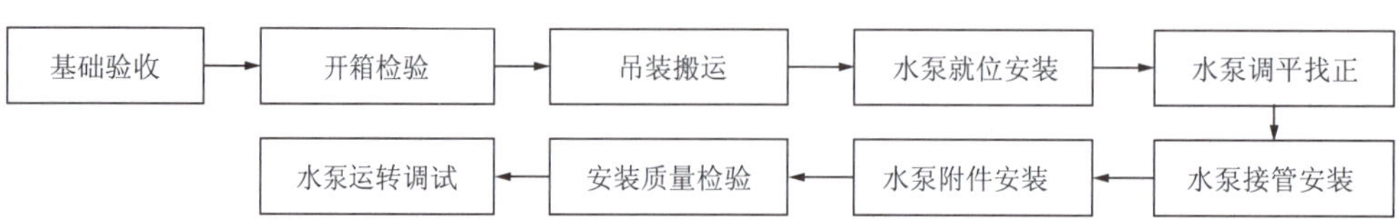

图 4.5.27　空调水泵安装流程图

(2)技术要点

①安装前必须对水泵基础的高度、尺寸、表面平整度进行复核，基础表面要用水泥砂浆抹面压光，保证基础美观。

②水泵安装就位时，首先在基础上均匀对称放置 6 个减振器，然后将减振平台放置在减振器上，泵的地脚螺栓放入减振平台的孔内，再将水泵吊装置于减振平台上，调整泵位置，中心误差≤±5mm，紧固泵地脚螺栓。最后调整减振器的位置，使泵的水平误差 0.2/1000，一般泵头端不低于电机端。

③水泵进出口软接头为可曲挠橡胶接头，橡胶接头应在自然状态下安装，不应使其挠曲和产生位移，严禁承受管道重量。水泵进出口处严禁安装刚性支撑，刚性支撑应安装在橡胶接头后，避免水泵运行时产生振动拉裂管道接口。

④水泵安装所使用的橡胶减振器(垫)、弹簧减振器的特性必须性能良好，符合要求。

⑤管道连接后，不得在水泵连接的立管上进行焊接或气割，防止焊渣溅入泵内。

⑥水泵的管道在泵附近必须设置独立支撑且对中。

⑦距水泵入口法兰至少 5 倍的管径处安装弯头。

⑧水泵进水管使用变径管时，偏心侧应朝下，预防气陷产生。

⑨空调泵一般带有独立风扇的电机，风扇要有独立的供电回路，不与电机共用。

⑩接管时，封堵泵的出入口，防止异物进入泵内。

⑪管道系统未冲洗前，不得使用空调水泵冲洗管道系统，待管道清洁后方可接入系统（水中的杂质会造成机封漏水、叶轮磨损等)。

⑫试运转前，管道系统需充满水，同时检查泵联轴器最终的对中误差要小于 0.15mm。

⑬严禁水泵无水运行，严禁水泵反转运行。

空调水泵安装实物如图 4.5.28 所示。

图 4.5.28　空调水泵安装实物图

7)冷却塔安装

冷却塔是一种广泛应用的热力设备，其作用是通过热、质交换将高温冷却水的热量散入大气，从而降低冷却水的温度。

(1)安装流程。

冷却塔安装流程如图 4.5.29 所示。

开箱检验 → 吊装搬运 → 组装就位 → 调平找正 → 机组接管 → 质量检验 → 运转调试

图 4.5.29　冷却塔安装流程图

(2)技术要点

①冷却塔安装一般由厂家负责组装,冷却塔组装前,需核对冷却塔基础是否满足要求。

②安装施工单位负责配管,控制要点如下:

a. 配管大小的选择应按照冷却塔之接管尺寸,过大浪费材料,过小增加能耗。

b. 水泵 p 以及水管安装最大高程 H 应低于正常运行中水盆水位高度,方便排气,防止逆流冷却塔中的满水。水管安装最大高程 H 如图 4.5.30 所示。

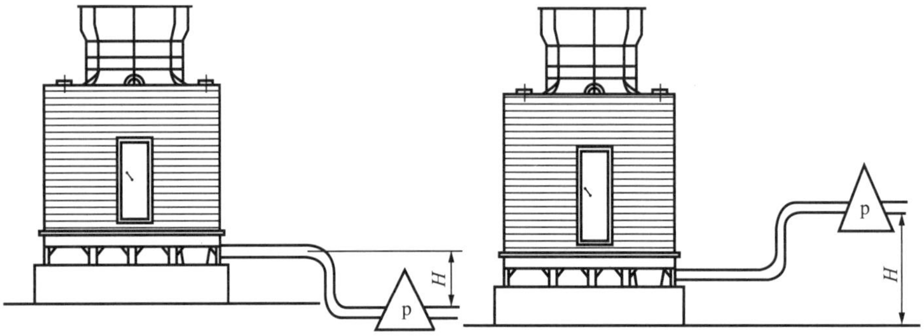

a)高程合适　　b)高程不合适

图 4.5.30　冷却塔配管高度示意图

③安装底盆时要打水平(否则整塔安装完毕会倾斜)。

8)多联机空调系统安装

地铁高架车站空调系统一般采用多联机空调系统。多联机空调系统的安装主要包括室外机安装、室内机安装及管道安装三部分。多联机系统安装的主要控制要点如下。

(1)室外机安装控制要点

①机组安装在强度可承受机组运行重量的基础或平台上,基础材料可采用混凝土或钢铁支架,基础高度大于 200mm;用地脚螺栓把机组固定在机座上,地脚螺栓凸出部分应该为 20mm;室外机基础周围配置有排水沟,采取防水处理措施。

②室外机安装固定要牢固、可靠。

③室外机搬运时应注意保持垂直,需倾斜时,倾斜角应小于 45°,并注意在搬运、吊装过程中的安全。

④室外机组的安装场所应满足下述要求:进风通畅不干扰,排风顺畅不回流。只有做好这些才能保证室外机的产冷量(热量)。

⑤室外机与基础之间应加厚度不少于 10mm 的条形减振垫。

⑥室外机就位后要测量机组的水平度,确保水平度控制在 ±1mm 之内。

⑦室外机安装位置的运转噪声对邻居的影响应小于国家规定噪声标准,排出热量对周围无影响。

⑧应尽量缩短室内机和室外机连接的长度,选择便于维护、检修方便和通风的地方进行安装。

(2)室内机安装控制要点

①室内机安装前必须检查型号、名称与施工图纸是否一致。

②使用随机附带的安装纸板进行室内机吊装孔定位,保证吊杆竖直,设备平稳。

③室内机安装位置应正确,并保持水平度在 ±1° 之内(使用水平尺测量),安装时,室内机吊杆螺栓必须有防松措施(螺栓下端采用双螺母锁紧),保证安装安全牢固。在室内机电控盒及铜管接头下方必须预留检修口,室内机安装位置必须便于安装和维修。

④室内机安装位置必须符合以下要求:

安装位置要确保气流通畅无障碍,气流分布均匀,保证室内机送风、回风在同一空间内。

对于供电、通信信号等设备管理用房，室内机的出风口位置不得安装在电气设备的正上方。

4.5.5 防火封堵施工工艺及技术要点

地铁施工过程中，大量的风管、水管、桥架、线槽等需要穿越墙体、楼板，由于消防防火分区的要求，为了防止和减少建筑火灾的危害，满足施工质量验收规范的要求，这些穿越部位需要进行密实性的防火封堵。为保证工程质量，确保消防要求，防火封堵的施工也是常规设备安装专业的一项非常重要的工作。地铁常规设备工程施工过程中，防火封堵主要包括管道防火封堵、风管防火封堵、桥架防火封堵、母线槽防火封堵四种类型。

1）施工流程

管道防火封堵施工流程如图4.5.31所示。

图4.5.31 管道防火封堵施工流程图

风管防火封堵施工流程如图4.5.32所示。

图4.5.32 风管防火封堵施工流程图

桥架防火封堵施工流程如图4.5.33所示。

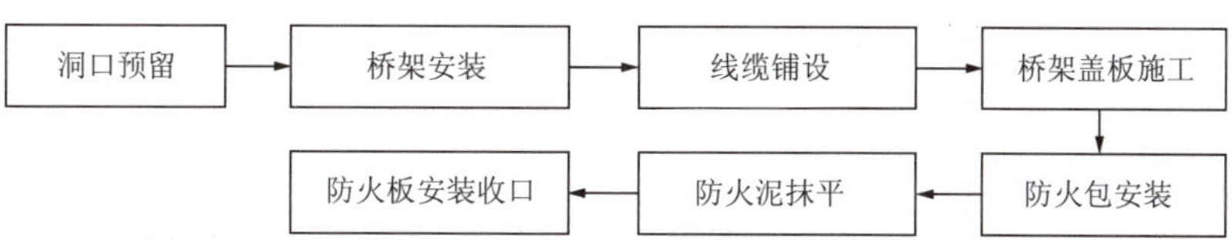

图4.5.33 桥架防火封堵施工流程图

母线槽防火封堵施工流程如图4.5.34所示。

图4.5.34 母线槽防火封堵施工流程图

2）管道防火封堵工艺控制要点

（1）水平方向套管封堵要点

水平方向水管在安装的同时套装套管，套管的规格大于管道两个规格。管道安装完毕后将套管固定完善，水平度、长度、位置要求满足规范要求，水平方向与管道同心，长度须满足安装完毕后两侧端部与墙面完成面齐平。套管固定完毕后首先进行套管与墙面之间的孔洞的修补，将套管与墙面间空隙密实填塞并抹平。套管内侧使用防火岩棉密实填塞至端部与套管边沿平齐。套管内外侧封堵完毕后待墙面粉刷完毕后使用阻火圈在套管两侧封堵。

（2）竖向管道封堵要点

管道安装完毕，将套管进行固定，首先进行套管外侧的封堵，使用混凝土将套管外侧的孔洞填实抹平，确保管道与套管同轴。套管内侧使用岩棉或保温棉填塞密实，套管外侧围绕套管使用砂浆浇筑一圈承台，承台高度与套管高度一致，厚度20mm。承台表面与套管内侧表面使用防火泥收光抹平。

3）风管防火封堵工艺控制要点

（1）风管穿越普通墙体封堵

风管穿越普通墙体（包括轻钢龙骨墙体），做好孔洞预留，套管使用 1.2mm 镀锌钢板制作，套管与墙体之间使用墙体材料填充固定。套管与管道之间，保温风管则使用保温棉填充密实；非保温风管则使用岩棉填充密实。

（2）风管穿防火墙体封堵

风管穿越防火墙体，预留洞口大小应按照 W+100mm 和 H+100mm（W、H 分别为风管的宽和高）留置。制作套管的钢板厚度不应小于 1.6mm，套管周长同洞口周长相等，宽度与墙体厚度相等，套管制作完毕后内外除锈，刷两遍防腐漆，外露部分刷一遍面漆。套管安装做到牢固、准确、美观，套管与防火墙体之间要采用 M15 的砂浆填补饱满，不得出现空鼓现象。套管两侧要与防火墙两侧平齐或者嵌入≤ 5mm。风管与套管之间使用防火岩棉或离心玻璃棉塞填密实，两侧使用水泥砂浆填实。保温风管穿越防火墙时，要注意防火封堵不得破坏保温风管保温层的连续性，避免造成结露现象。

（3）风管穿越楼板封堵

风管穿越楼板的封堵，预留楼板后浇带洞口。制作套管的钢板厚度不应小于 1.6mm，套管大小应按照 W+100mm 和 H+100mm（W、H 分别为风管的宽和高）制作，底部与楼板底平齐，上部高出完成面 30mm。套管与楼板钢筋间焊接固定，确保避雷接地连接可靠，并清理焊渣、刷防锈漆，套管制作完毕后内外除锈，刷两遍防腐漆，外露部分刷一遍面漆。预留楼板后浇带洞口使用与楼板同强度混凝土浇筑。楼板底部使用 3mm 厚、200mm 宽防火钢板封堵，周边使用 ϕ12 膨胀螺栓固定，间距≤ 300mm。套管与风管之间使用防火岩棉或保温棉填塞密实，上表面使用 50mm 厚水泥砂浆填实抹平，风管周边使用防火密封胶打胶密封。

图 4.5.35　风管防火封堵实例图

风管防火封堵实例如图 4.5.35 所示。

4.6　环控工程新技术和发展方向

4.6.1　高能效设备的采用

随着社会对节能减排要求的不断提高，环控系统作为用电大户，全面采用一级能效设备。一级能效电机、磁悬浮离心机、变频离心机等高能效设备将得到更为广泛的应用。

4.6.2　采用集成冷站系统提高制冷系统综合能效

集成冷站系统将空调水系统的设备、管路和控制进行集成，运用 BIM 对冷冻机房空调水系统进行深化设计、优化管路和设备布置，整套制冷水系统工厂预制，现场拼装。标准化、模块化，同时将节能控制系统纳入系统集成，通过节能控制系统把各耗能设备关联起来，形成一个整体、协同工作，进行全面节能优化；通过对系统数据的建模仿真计算，提前预测下一时间段负荷需求，进行主动前馈控制，实现节能运行，将加大幅度提高系统综合能效。

4.6.3 蒸发冷凝直膨技术的应用

用蒸发冷凝器模块（采用蒸发冷凝技术）替代传统冷却塔对空调水系统进行散热，解决在地面设置冷却塔带来的不良影响。直膨蒸发空气处理设备（利用直膨技术）代替传统空气处理设备，冷媒直接进入空调末端进行热交换，节能效果良好，有效提高制冷系统综合能效。

4.6.4 鼓风冷却塔的应用

在地面设置冷却塔困难的地铁车站，采用鼓风式冷却塔，将冷却塔放置在地下车站风道内，利用离心风机，通过引出地面的风道进行散热。解决了地面设置冷却塔对景观、周边环境的影响。

第5章 给排水工程

5.1 给排水工程概述

地铁给排水系统是一个关乎地铁运营环境、保证运营安全、提供乘客方便的关键系统，它有别于其他民用建筑地下室排水，对排水的可靠性和及时性要求更高。地铁给排水系统的功能是满足车站的生产、生活用水、消防用水，及时排除生产、生活污废水，结构渗漏水，事故消防水及敞开部分雨水，同时设置使用简便、安全有效的灭火设备，能迅速可靠地扑灭各类火灾，以保证地铁线路可靠运行的要求。

5.2 给排水工程特点

（1）地铁车站开通运营后，内部空间人员密集，地铁火灾发生时，人员疏散压力大，扑救困难，易造成群死群伤的重大事故。因此，地铁在建设及运营阶段，消防给水系统显得格外重要，是地铁给水排水系统的重点。

（2）车站及区间隧道排水是地铁排水系统的主要内容，及时排放车站及区间内的积水，对车辆的正常运行及各类电器设备的保护有着重要意义。

（3）地铁车站所在地一般为城区，周围有较完善的市政给、排水管网。车站内的生活、消防给水以市政自来水为供水水源。

（4）随着城市地铁交通网络的快速发展，城市规划及市政配套工程通常滞后于地铁建设的情况普遍存在。由于市政管线的敷设为市政独立项目，地铁项目无法大范围进行代建，导致地铁线路开通时，市政水源无法实施到位，地铁车站消火栓系统不具备使用条件，地铁线路无法开通。因此，地铁给水排水系统与市政管线的接驳是地铁建设运营的一项非常重要的工作。

（5）地铁站内给水排水设备众多，设备后期的运转维护至关重要，保证系统正常安全运行是地铁运营部门重点关注的问题。

（6）由于地铁车辆多采用接触网供电，对于这种直流牵引供电系统，还需防止杂散电流对给排水管道的腐蚀，对给排水系统管道、设备的防腐要求高。

（7）地铁建设阶段，区间给水、排水、消防水系统的施工任务较重，管道线路长、区间运输量大。

5.3 给排水系统构成及功能介绍

5.3.1 系统构成

地铁给排水系统主要由给水及水消防、排水系统组成，其中给水系统包括生产、生活给水系统和消防给水系统，排水系统包括废水排水、雨水排水和污水排水系统。车辆段设有废水、雨水处理及回收系统。

给水排水系统构成如图 5.3.1 所示。

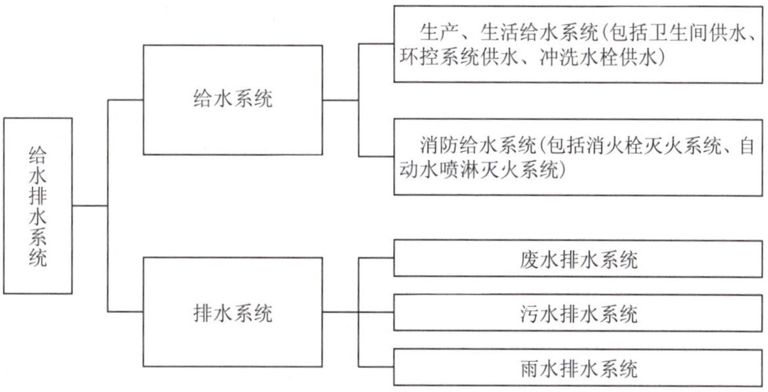

图 5.3.1　给水排水系统构成图

(1)生产、生活给水系统

地铁站内生产、生活给水系统相对简单，主要由车站卫生间各类卫生器具、车站冲洗用冲洗栓箱、部分设备机房洗手池、拖布池、乘务人员用电热水器、空调水系统补水装置等组成生产生活给水系统。

(2)消防给水系统

消防给水系统分为车站消防给水系统和区间消防给水系统两部分。车站消防给水系统主要由消防水泵、消防控制电动蝶阀、手动蝶阀、消火栓箱、室外消火栓、水泵接合器及消防管道组成。区间消防水系统由车站消防水系统供水，主要由区间消防管道、消火栓口、消防蝶阀等附件组成。自动水喷淋灭火系统一般设置在车站商铺及物业开发区域。

(3)废水排水系统

废水排水系统主要由潜污泵、压力废水管道、各类阀门附件、室外压力排水井组成的排水系统。

(4)污水排水系统

污水排水系统由车站密闭提升装置、污水收纳水箱、压力污水管道、阀门及各类附件及室外污水井、化粪池组成。

(5)雨水排水系统

雨水排水系统主要由各出入口、风亭集水井内潜污泵、压力雨水管道、管道阀门及室外雨水井组成。

5.3.2 功能介绍

(1)生活给水系统

生活给水系统主要是为了满足地铁工作人员及乘客生活清洁卫生用水和为车站空调水系统提供补水等要求而设置，其主要供水点为卫生间、冷却塔、环控机房、冷水机房、污水和废水泵房冲洗、冲洗栓等部位。地铁车站生产、生活给水系统一般采用一路进水，车站生活给水总管经车站风亭引出与市政给水管网接驳。

生活给水系统的工作原理如图 5.3.2 所示。

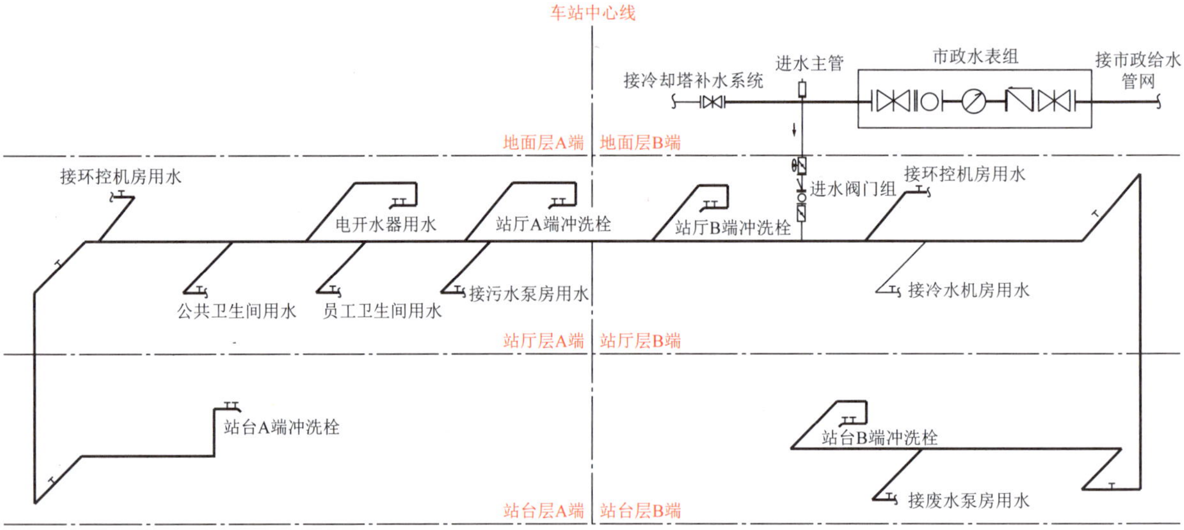

图 5.3.2　典型车站生活给水系统工作原理图

（2）消防给水系统

消防给水系统的目的主要是用于车站发生火灾时确保灭火的需要，主要用于可以用水进行灭火的区域。典型的消防水系统一般采用消火栓给水系统，即按照消防布置要求，在车站站厅、站台各个区域设置室内消火栓箱，通过消防管道连接各消火栓箱。当车站某个区域出现火灾时，工作人员迅速到位，打开最近的消火栓箱门，按动火灾报警按钮，由其向车站控制室消防控制中心（FAS 控制箱及 IBP 盘）发送火灾报警信号继而远程启动车站消防水泵，为消防管网增压，然后迅速拉出消火栓箱内配备的消防水带、消防水枪（或消防水喉），将水带与水枪接好，展（甩）开水带，开启消火栓手轮，将水柱向着火点实施灭火。

消防给水系统工作原理如图 5.3.3 所示。

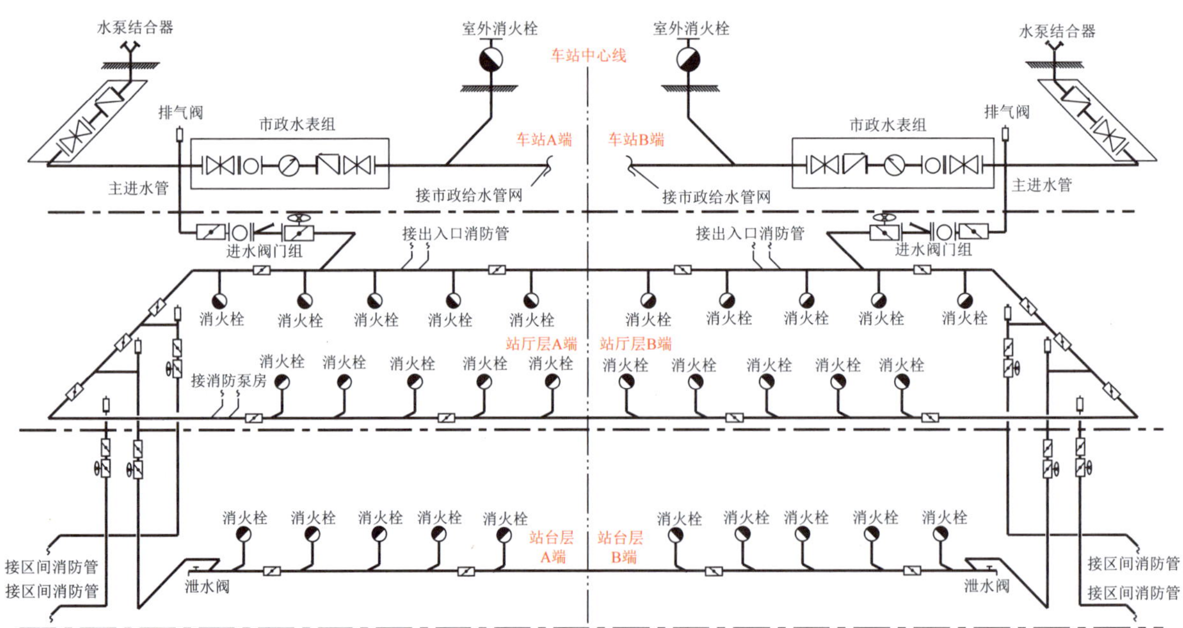

图 5.3.3　典型车站消防给水系统工作原理图

(3)废水排水系统

废水排水系统主要是将消防废水、结构渗漏水、环控机房排水、车站冲洗水等由地漏汇集，经排水立管引入站台层轨形区道床排水沟，由排水沟流入车站主废水泵房内的废水集水池，经排水泵提升后，排入室外城市雨水排水系统。

局部废水排水系统是将自动扶梯下基坑、站台板下及车站其余地方的低洼处的集水，通过排水泵提升后，排入车站主废水泵房或室外雨水排水系统。

典型车站废水排水系统工作原理如图 5.3.4 所示。

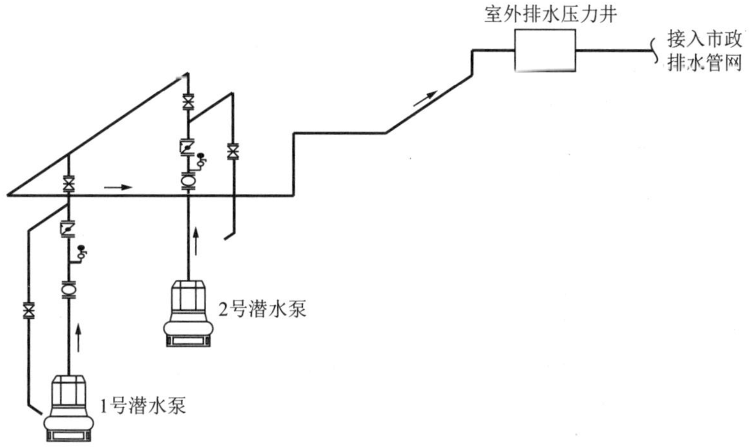

图 5.3.4 典型车站废水排水系统工作原理图

(4)污水排水系统

车站设有公共卫生间和工作人员用卫生间，卫生间附近设置污水泵房。主要排除卫生间粪便污水和车站的生活污水，各类生活污水均通过污水管道集中到污水泵房，在污水泵房内设置密闭污水提升装置，污水经密闭污水提升装置提升后排入室外化粪池经过沉淀处理，最后排入市政污水管网。

典型车站污水排水系统工作原理如图 5.3.5 所示。

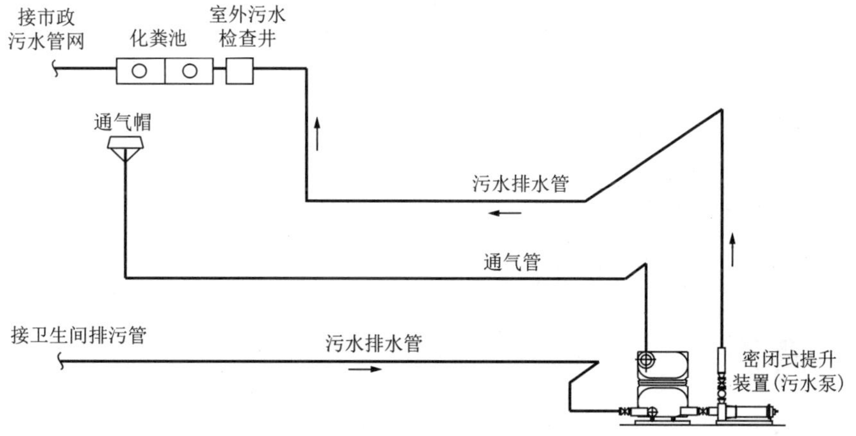

图 5.3.5 典型车站污水排水系统工作原理图

(5)雨水排水系统

雨水排水系统是将来自露天出入口和敞口式风亭的雨水，通过排水泵提升后，排入城市雨水排水系统。

5.4 给排水工程核心设备功能简介

给排水工程核心设备功能见表 5.4.1。

给排水工程核心设备功能表　　　　表 5.4.1

序号	设备名称	设备图片	设　备　功　能
1	消防泵		消防泵组一般由消防加压泵、消防稳压泵组成。 消防加压泵是通过叶轮的旋转将能量传递给水，从而增加水的动能、压力能，并将其输送到灭火设备处，以满足各种灭火设备的水量、水压要求，它是消防给水系统的心脏。 消防稳压泵是消防泵的一种，用于自动喷水灭火系统和消火栓给水系统的压力稳定，使系统水压始终处于要求压力状态。当消防管网的（喷淋、消火栓）压力高于设定（设计值）时，消防稳压泵自动停止运行。当消防管网（喷淋、消火栓）压力低于设定时消防稳压泵自动启动
2	稳压泵 气压罐		消防气压罐的消防水总容积分为三个部分，即消防储水容积（调节容积）、缓冲水容积和稳压水容积。 系统平时的压力由稳压泵提供，当压力升高，达到稳压水容积的高水位时，稳压泵自动停止运行；当压力降低，达到稳压水容积的低水位时，稳压泵自动开启，将稳压水容积提升到最高水位。如此循环以保持系统的高压状态。 当发生火灾时，随着消火栓的投入使用，系统压力开始下降，当降至消防储水容积的最低水位时，停止稳压泵，自动开启消防泵灭火
3	消火栓箱		消防水枪：与消防水带配合，形成水柱，实施灭火； 快速连接扣件：与消火栓栓头连接，方便消防员操作； 消防水带：消火栓内水的传输管道，便于到达火灾发生区域； 消火栓栓头：自带阀门，控制消防管道内的水源通断，与水带连接，提供消防用水； 消防自救水喉及水管、卷盘装置：用于初期火灾的自救，常见于人员密集场所，有些消火栓内不配置。 消火栓按钮：消防水泵控制装置，按下后，远程启动消火栓水泵； 灭火器：消火栓箱体具有灭火器箱功能，存放灭火器
4	地上式 消火栓		地上式消火栓主要供消防车从市政给水管网或室外消防给水管网取水实施灭火，也可以直接连接水带、水枪出水灭火
5	水泵 接合器		水泵接合器是消防车往室内管网供水的接口。其主要作用有：一是当室内消防水泵因检修、停电或其他故障时，利用消防车从室外水源抽水，向室内消防给水管网提供灭火用水；二是当遇大火室内消防用水量不足时，必须利用消防车从室外水源抽水，向室内消防给水管网补充消防用水

续上表

序号	设备名称	设备图片	设 备 功 能
6	潜水泵		车站主废水泵房及区间雨水泵房提升设备采用排水立式泵。水泵由轴承、电机、底座、泵体、自耦装置组成。其作用是将地铁车站及区间隧道内废水及雨水通过管道提升至室外排水管网
7	污水密闭提升装置	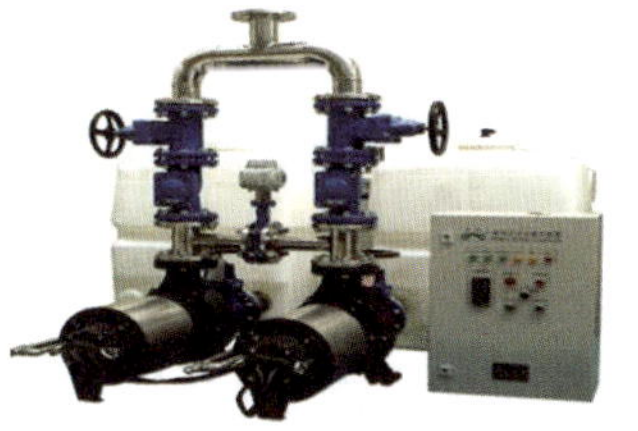	污水密闭提升装置是将排污泵和集水箱、控制装置，以及相关的管件阀门组成一套系统，用于提升和输送低于下水道或者远离市政管网的废污水。可以有效解决或者避免传统集水坑存在的问题。地铁车站内污水提升装置主要用于提升车站卫生间所产生的污水，安装于车站污水泵房内，将车站产生的污水提升至室外化粪池
8	倒流防止器		地铁车站的倒流防止器一般安装在给水及消防水系统上，它的功能是在任何工况下防止管道中的介质倒流，以达到避免倒流的目的。 倒流防止器与止回阀有本质的不同，它是根据我国目前的供水管网，尤其是生活饮用水管道回流污染严重，又无有效防止回流污染装置的情况下，研制的一种严格限制管道中的水只能单向流动的新型水力控制装置，由两个止回阀和一个排水阀及过滤器、软接头组成，而止回阀仅单独起到防止水倒流的作用

5.5 给排水工程施工工艺及技术要点

考虑到建筑装修专业的施工，地铁车站给排水及消防工程一般首先进入站厅层公共区预制安装给水及消防管道，站厅层公共区管道安装完成后转入站台板下施工。在公共区施工的同时配合装修专业做好两端设备房消防箱孔洞的预留以及穿墙套管预埋工作，待两端设备房具备安装条件后，进行设备区的主管道预制及安装，同时进行排水管道的安装。主管道安装完成后，分别再进行消防箱等消防设施安装、水泵房安装以及区间安装等施工。

5.5.1 给水系统施工

1）施工流程

给水系统施工流程如图 5.5.1 所示。

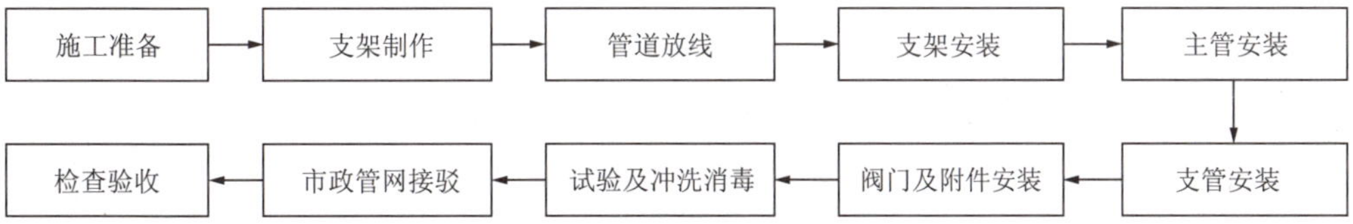

图 5.5.1　给水系统施工流程图

2）技术要点

（1）施工准备

①参照给排水专业图和建筑结构图，以及综合管线图纸，核对管道的坐标、高程是否交叉，管道排列所用的空间是否合理，并组织协调各专业人员及时进行处理。对施工用材料和工机具进行清点、核对。

②根据给排水管线设计施工图纸及车站综合管线图，对施工现场的管线实际安装位置进行结构尺寸的测量工作。对给排水管线的线路走向在纵、横向，以及高程等方面进行详细的测量，并在实际安装的结构位置做上标记。按标记分段量出实际安装的标准尺寸，记录在施工草图上，然后按草图测量的尺寸预制、加工、校对且编号。

（2）管道支架制作及防腐

①管道支架的材料一般采用 A3F 钢，管道支、吊架在制作下料、钻孔时均不得采用火焰切割方法，型钢的下料采用切割机，孔位的加工采用台式钻床。

②支架在制作完毕后均需做热镀锌防腐处理，热镀锌层厚度不小于设计及规范规定。支架在镀锌前应进行外观检查，表面应整洁无毛刺，相对尺寸应符合要求，对热镀锌处理后的支架不得再进行任何切割修改工作，否则必须重新进行热镀锌处理。

（3）管道支架安装

①管道支架安装如图 5.5.2 所示。采用膨胀螺栓将支架底板与结构墙体进行固定，在进行固定工作时，必须要注意结构的安全性，不得有任何对结构有破坏性的固定。不得将支架固定于填充墙（泡沫砖砌体）上，支架底座必须牢固、可靠的固定于混凝土结构或其他刚性结构上。

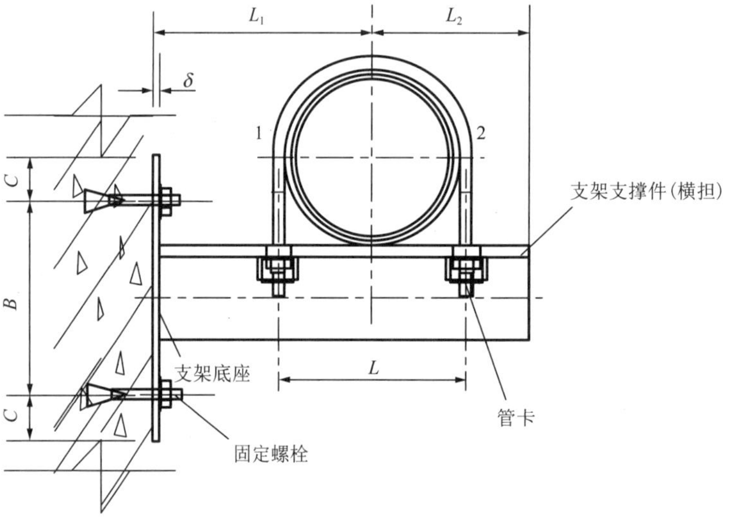

图 5.5.2　管道支架安装示意图

②支架的安装固定应平整牢固，相对支架间应有一定的坡度值（管线坡度），安装位置应正确，符合相关要求。在安装支架时，还应考虑到管线上阀件、金属软管以及固定支架的位置，尽量避开。管道支架的布置既要符合间距的要求，又要做到间距均匀、外观美观。立管在每层离地面 1.5 ～ 1.8m 处安装至少 1 副支架。

③管道固定支架的安装：应根据施工图纸以及相关规定，在管线的一定位置安装固定支架在金属软管的两端、金属伸缩节的一端以及管线终端和变线处均需设置固定支架。

（4）管道安装

给水管道安装包括生活给水管道安装、消防给水管道安装。地铁给水管道通常采用钢管进行安装，管道连接一般采用螺纹连接、沟槽（卡箍）连接、卡环连接、法兰连接等几种方式。

①管道安装总体要遵循先安装主干管，后安装支管的原则。

②所有管道、管件必须能够满足建设单位提出的相关技术要求，同时必须有出厂合格证、材质证明等资料，各项指标应符合国家标准要求。

③所有钢管、管件在使用前均应按相关要求进行检查，各类钢管和管件应壁厚均匀，无锈蚀，不得有砂眼、裂纹等缺陷。

④管道安装的坡度，坡向应符合设计要求。其他没有要求的应考虑方便排放管内的积水要求，同时在高位设置自动放气阀，低位点设泄水阀。

⑤管道安装时要及时进行管道的固定和调整工作，管道支架与管道的接头、阀件等应错开一定的距离。

⑥管道与设备在连接前必须清理干净管内的杂物、焊渣，防止杂物流入设备内，堵塞设备内循环通道。

⑦管道穿过结构墙体和楼板时，必须设置套管，管道接头不能设在套管内。管道穿越围护结构外墙（风亭、出入口等）时，必须设置防水型套管；管道穿越区间及车站人防门时，必须设置人防闸阀；管道穿过建筑物的变形缝时，必须设置柔性接头。

⑧管道穿越楼板的孔洞，土建补洞时应严密捣实并满足防火防烟要求。立管的套管顶部应高出装饰面 20mm，安装在卫生间的穿楼板的套管，其顶部应高出装饰面 50mm，严禁接合部位发生渗水、漏水现象。管道封堵实例如图 5.5.3 所示。

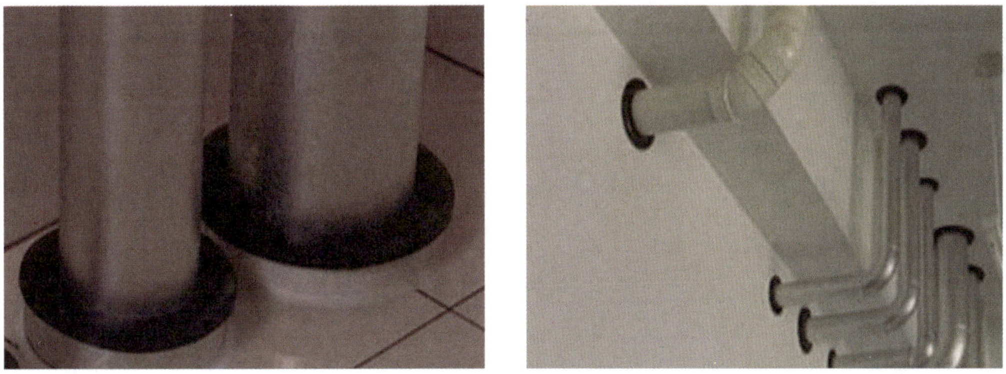

图 5.5.3　管道封堵实例图

⑨管道的螺纹连接保证螺纹无断丝，镀锌钢管和配件的镀锌层无破损，螺纹露出部分腐蚀良好，接口处无外露油麻等缺陷。球墨铸铁管安装之前，检查管子及管件表面应无裂纹。

⑩沿区间敷设的消防管道，利用素混凝土支墩或金属支、托架等支撑时，应在管道与支墩或支、托架之间设置绝缘垫片进行绝缘处理。

⑪区间消防水管的固定锚栓禁止打在隧道管片的接缝处，防止破坏防水。

⑫区间消防水管如采用球墨铸铁承插连接时，需按设计要求增设固定防脱支架。

给水管道安装实例如图 5.5.4 所示。

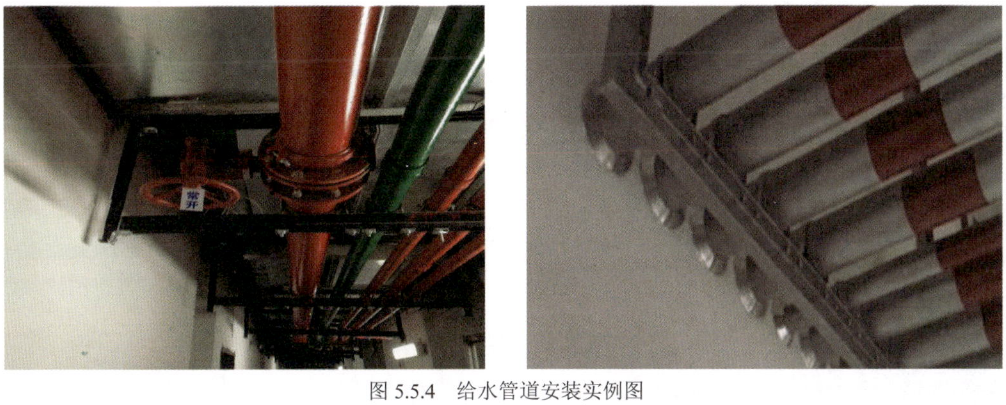

图 5.5.4　给水管道安装实例图

（5）阀门及附件安装

①给水系统的附属设备及材料包括阀门、阀件、金属软管等材料，在安装时应与管道的施工同步进行。安装前，应按照相关规定进行各项技术要求的检查，合格后方可进行安装。

②波纹伸缩节安装。在车站内的直线管道上，根据规范要求需设置波纹伸缩节，波纹伸缩节采用拉杆式（四杆）轴向型波纹管伸缩节，工作介质为自来水，两端连接方式为法兰。波纹伸缩节的固定杆件在安装未完成之前不得松开，管道安装、调整完毕后，方能将固定杆件松开。波纹伸缩节安装示意如图 5.5.5 所示。

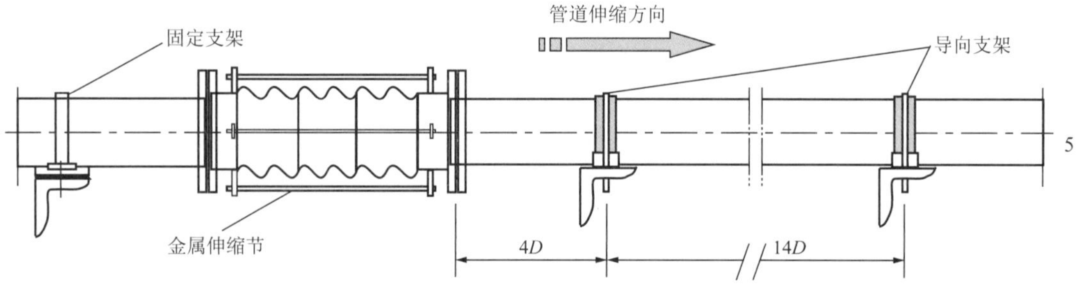

图 5.5.5　金属波纹伸缩节安装示意图

③管道穿越变形缝时应设金属软管，并在两端设固定支架。金属软管应为带金属编织网的金属软管，法兰接口。

④橡胶软接头安装。为了防止杂散电流的危害，在进出车站的给排水引入管上应设置橡胶软接头，在所有水泵进出水管上根据需要设置橡胶软接头。橡胶软接头两端可任意偏转、便于调节轴向或横向位移。橡胶接头在水泵管道上使用，能有效地减小水泵工作时对排水管道产生的振动。

⑤阀门、阀件的安装。阀门、阀件在安装前，应做耐压强度试验。试验应在每批（同牌号、同规格、同型号）中抽查 10%，且不少于 1 个。对于安装在主干管上起切断作用的闭路阀门，应逐个做强度和严密性试验。阀门安装位置、方向应符合设计要求，阀门、阀件的连接应牢固、紧密，不得有渗漏现象。安装后，阀门与管道中心线应垂直，操作机构灵活、准确。阀门安装应保证其型号、规格符合设计要求，表面洁净，朝向正确，启闭灵活。

（6）给水系统试压

①正式管路系统未接通时，在对管道内进行注水前，关闭所有附属设备的进水阀及分段处蝶阀，并打开管路系统最高点的排气阀，将管路系统内的空气排尽。待水灌满后，关闭排气阀和进水阀，利用试压泵对系统进行加压，压力逐渐升高到一定数值时，停下来对管路系统进行检查，无问题时再继续加压。

②当压力达到试验压力时，停止加压，对管路系统进行检查，观察压降情况，在 10min 内，压降不超过 0.05MPa 时，即为合格。

③水压试验合格后，需进行严密性试验，将管路系统内压力下降至工作压力，保压 1h，进行外观检查，不漏为合格。

④系统试压时，应在系统管线的高低点各加一块压力表，试压泵出口处设一块压力表，站厅层与站台层位差较大的管线系统，考虑到静压的影响，试验压力应以系统内最高点的压力为准，但最低点的压力不得超过管道附件及阀门的承受能力。

⑤压力试验时，如发现有泄漏，不得带压修理。缺陷消除后，应对该管路系统按照水压试验流程重新进行试验。试验用压力表需经校验，精度不低于 1.5 级，压力表的满刻度值为 2.0MPa。

（7）给水系统冲洗

①给水系统在压力试验合格后，需进行通水冲洗，冲洗水用清洁水（城市供水）。冲洗前先检查管路系统内连接的所有附属设备，站厅层电热水器、卫生间给水管应与主干管隔断，以免有体积较大的

留存脏污、杂物等进入管道而引起堵塞。待主干管冲洗干净后，再冲洗各支管。

②冲洗流量不小于 1.5m/s 流速，根据自来水进口处水表流量来判断冲洗流量是否满足要求。水冲洗的排放管接在区间泵房处，冲洗水排入区间隧道排水沟内，再利用废水泵房潜水泵抽至地面城市排水系统。

③水冲洗应连续进行，冲洗时间应根据出口处的水色与入口处的水色是否一致来确定，当出口水色和透明度与入口处目测基本一致时为合格。

(8)给水系统消毒

①给水管线部分在系统冲洗完毕后，需进行管道消毒，用每升含 20 ～ 30mg 游离氯的水在管道中留置 24h 以上进行消毒。

②采用自制水箱（$1m^3$）配制消毒液，向管路系统内加灌，按每升水加 20 ～ 30mg 纯游离氯（即 20 ～ $30g/m^3$）进行配制。配制时先将水箱内加水，将游离氯缓慢倒入水中，并搅拌至均匀。配制好消毒液后，打开进水阀门，向管路内加灌至满位置，停留 24h 进行消毒。

③消毒工作完成后，将管路内消毒液采用泄水阀排放至隧道排水沟内，同时打开清洁水源阀门对消毒液进行稀释，利用区间废水泵房内废水泵将稀释后的消毒液排放至城市排水系统内。

④给水管线在消毒工作完成之后，需再用城市生活用水冲洗，并经当地卫生防疫部门取样检验合格后，才能正式投入使用。

5.5.2 排水系统施工

1）施工流程

排水系统施工流程如图 5.5.6 所示。

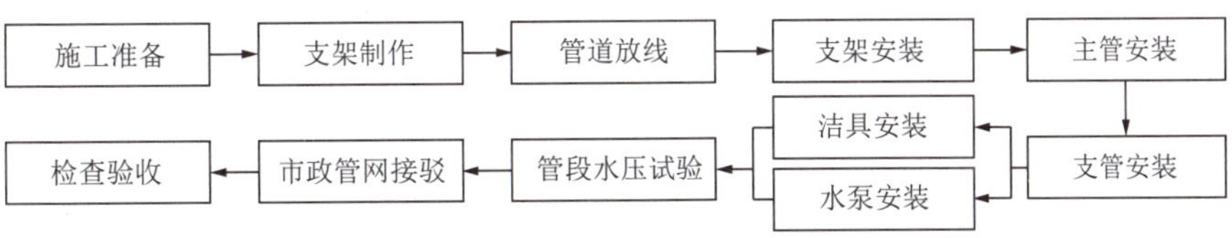

图 5.5.6　排水系统施工流程图

2）技术要点

(1)压力排水管道安装

①地铁站内压力排水系统管道采用镀锌钢管，管径 DN ＜ 100mm 时采用丝扣连接；管径 DN ≥ 100mm 时采用刚性法兰连接或卡箍连接，对埋墙钢管应补刷环氧树脂两道。室外压力排水采用球墨铸铁管道，采用沥青对外表进行防腐处理。站台板下、区间隧道排水管采用镀锌钢管或球墨铸铁管。

②排水管部分与设备接口，采用法兰连接时，法兰应垂直于管道中心线焊接，其表面应相互平行。法兰的焊接应按照规定的要求进行，焊接完毕后，焊缝表面的焊渣、飞溅等应清除干净。少数在现场焊接处应刷红丹防锈漆两道、银粉漆两道防腐。法兰衬垫采用橡胶垫，材质符合设计要求和施工规范规定，且无双层。法兰的衬垫不得凸入管内，其外圆到法兰螺孔为宜。

③球墨铸铁管采用橡胶圈密封进行密封连接，这要求在施工和运输的过程中，必须保护好承插接口的接触面，接触面不得有缺陷。橡胶密封圈在使用前进行严格的检查，如橡胶密封圈是否有损伤，是否有弹性，在橡胶圈安装前，管道密封接触面必须清理干净。球墨铸铁管搬运及安装时，应注意防止碰撞、冲击。

（2）无压排水管道安装

①车站内无压排水系统（重力排水系统）主要是车站内的地漏排水及卫生间的排水、排污系统，管道材料选用 UPVC 管，采用黏结方式连接。

② UPVC 管的连接采用专用黏结剂进行黏结连接，在黏结前，应在黏结区域内用细砂纸将其表面打毛，便于增加管道间的黏结力。

③排水管在垂直方向上必须转弯时，应用带清扫口的 90° 弯头进行连接。

④排出管与立管连接采用 2 个 45° 弯头。

⑤排水管道的横管与横管，横管与立管连接，应用 90° 三通、45° 三通、Y 形四通等管件，卫生器具排水管与排水横管连接时，用 45° 三通。

⑥排水横管上加设清扫口，应将清扫口设置在楼板或地坪上与地面相平，排水管起点设置的清扫口与横管相垂直的墙面距离不得少于 1.15m，若排水管起点设置堵头代替清扫口时，与墙面应有不少于 0.40m 的距离。

⑦无压力排水管道需对系统进行闭水试验。闭水试验前将排水出户管或将下一层的立管检查口打开，把球胆放入检查口上部，充气，使球胆膨胀将立管堵死，然后向系统灌水，灌满水观察 5min，水位不降为合格。

（3）潜污泵安装

①潜污泵到货开箱时，要检查水泵型号、规格是否符合设计要求，附件及产品资料是否齐全，质量是否合格。

②潜污泵正式安装前，必须用临时泵抽干泵坑内积水，清除泥浆等杂物，检查基坑深度是否符合设计要求，基坑内水泵基础是否符合安装要求。

③潜污泵在泵坑内潜入水中的深度应符合设备技术规定及设计要求。自动耦合装置中的两根导轨应垂直安装并保持互相平行。自动耦合装置中的螺栓、螺母等所有连接件安装时应紧固。水泵自动耦合装置就位前应检查基础的地脚（或膨胀螺栓）的大小、材质，其垂直度必须满足安装要求，螺栓应拧紧，扭矩均匀，螺母、垫圈及底座间接触紧密。

④潜污泵吊装后，其导向挂件上的两只挂耳，应以导管为中心均匀放置，防止偏向一边而致使水泵倾斜或卡住挂耳破坏密封性能。安装时可以反复提起再吊下，直到使水泵获得正确安装位置。

⑤潜污泵浮球安装，严格按设备技术要求或设计的控制水位安装，浮球安装应有序排列，周边不能有线缆、钢丝绳等缠绕物，防止浮球缠绕，影响水泵正常启、停功能。

潜污泵安装示意如图 5.5.7 所示。

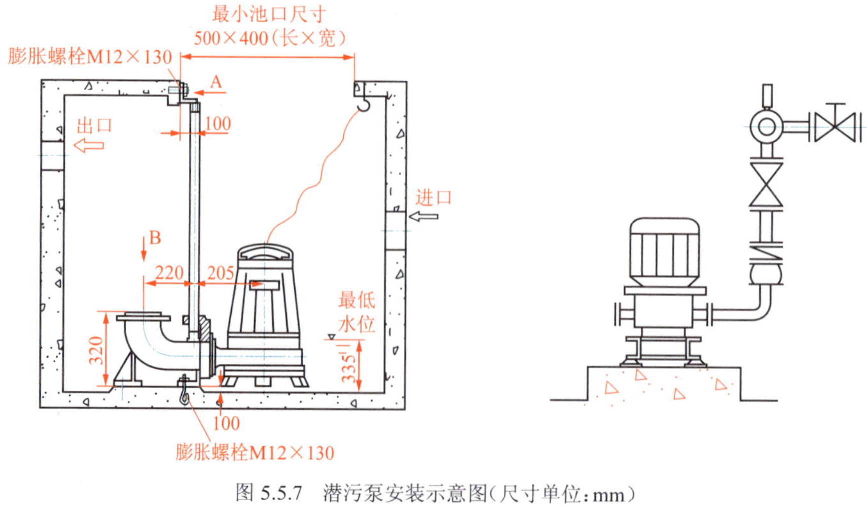

图 5.5.7　潜污泵安装示意图（尺寸单位：mm）

(4)密闭式提升装置安装

位于地下空间内的地铁车站，车站产生的污水无法正常排至室外化粪池，因此，在车站设置污水泵房，泵房一般安装成套式密闭提升装置，通过提升装置将车站污水排至室外化粪池或污水井内。

密闭式提升装置主要安装要点如下：

①所有的外部管道不得有应力作用在集水箱上。

②水箱上的排气孔必须用独立的管道接至外部大气，不得封闭。.

③如果系统中水箱的数目不止一个，所有水箱的排气孔都必须接至外部大气中，液位传感器必须安装在连接主进水口的那个水箱上，所有的水箱必须上下都连通，两台泵必须接至相邻的两个不同水箱上。

④手动隔膜泵必须安装在立管上，且手柄必须向上。

⑤控制器 LC221 是不防水的，安装位置要做到防潮防尘。

⑥提升站的主排出管和手动隔膜泵的排出管连接至外部下水道前，必须设置一个高于下水道顶部的鹅颈弯。

⑦系统的排出管应保持持续向上，不得有倒"几"字弯。

⑧为了避免在管道中产生沉淀，出口管路直径的选择必须保证水平管内的流速不低于 0.7m/s，垂直管内的流速不低于 1.0m/s。

⑨必须确保集水箱不会被淹没。

⑩电控箱的安装位置必须确保其不会被雨淋和日晒。

⑪需保证废水进入集水箱的流畅性。

密闭式提升装置安装实例如图 5.5.8 所示。

图 5.5.8　密闭式提升装置安装实例图

(5)卫生器具安装

①大便器安装

安装蹲便器时，根据给排水施工图纸，结合装修施工图所示尺寸，确定大便器安装位置，确定位置后用水泥砂浆砌筑蹲式大便器砖座，其余部位可用砂浆抹平。延时自闭式冲洗阀直接安装在冲洗管上即可。蹲便器安装应用水平尺找平找正，冲洗管应呈铅垂安装，不得歪斜。

卫生间大便器埋地存水弯处容易堵塞，施工时应注意。卫生间 UPVC 塑料排水管隐蔽前严格进行通球及灌水试验，管道隐蔽前用塑料膜纸密封管口，并在卫生间装修工程进行时督促施工人员做好管道保护工作，避免大块混凝土块掉落至管内，引起管道内部堵塞。

蹲式大便器现场安装实物如图 5.5.9 所示。

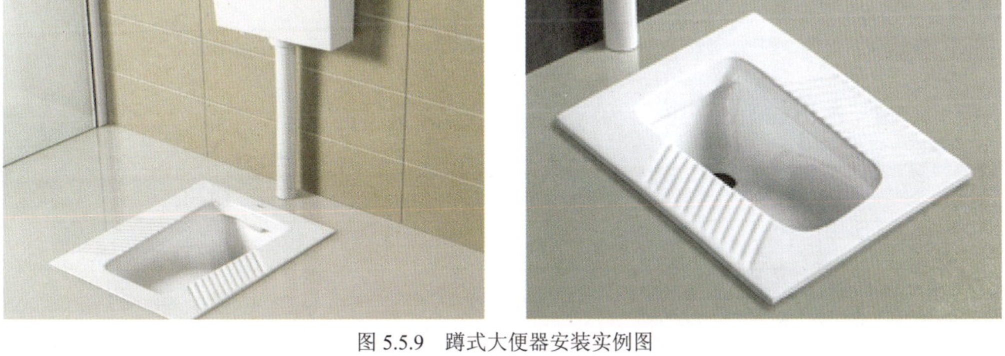

图 5.5.9　蹲式大便器安装实例图

②小便器安装

地铁站内小便器一般为壁挂式小便器，自动冲洗。安装时，按设计要求距离和高度，先在墙面上画好十字中心线，将小便斗固定，并保证横平竖直，既美观又便于连接管子。固定小便斗时，螺钉与耳孔间应垫铅皮。小便斗的冲洗水管应暗装，与便斗进、出水管中心线重合。

小便器现场安装实物如图 5.5.10 所示。

图 5.5.10　小便器安装实例图

图 5.5.11　洗手盆安装实例图

③洗手盆为台式安装，配普通水龙头。安装时，按设计要求距离和高度，先在墙上画出安装中心线，根据盆托板架的宽度画出固定孔眼的十字线，在十字线的位置用膨胀螺栓固定。固定时，要同时用水准尺找平，然后将洗脸盆固定在托板上。

洗手盆现场安装实例如图 5.5.11 所示。

（6）排水系统试压试验

地铁车站排水系统分为无压、有压排水系统；区间隧道泵房、车站废水泵房及污水泵房的排水（污）系统为有压排水（污）系统，应按照要求进行压力试验，其他排水系统为无压（重力）排水系统，只做灌水试验。

①无压排水系统灌水试验：无压排水系统管材为 UPVC 管，安装完毕后只做灌水试验，向系统内灌水 15min 后，再灌满延续 5min，液面不下降为合格，排水系统管路内灌水高度不低于最高排水位。站厅地漏落水管灌水高度不低于站厅地面地漏。

②有压排水系统试压：有压排水系统管材为镀锌钢管，安装完毕后应做压力试验，试验压力 0.4MPa。保压 30min，无压降为合格。污水有压排水系统试验压力 0.4MPa。保压 24h，保压期内，进行系统管路外观检查，不漏无压降即为合格。

5.5.3 消火栓系统施工

1）施工流程

消火栓系统施工流程如图 5.5.12 所示。

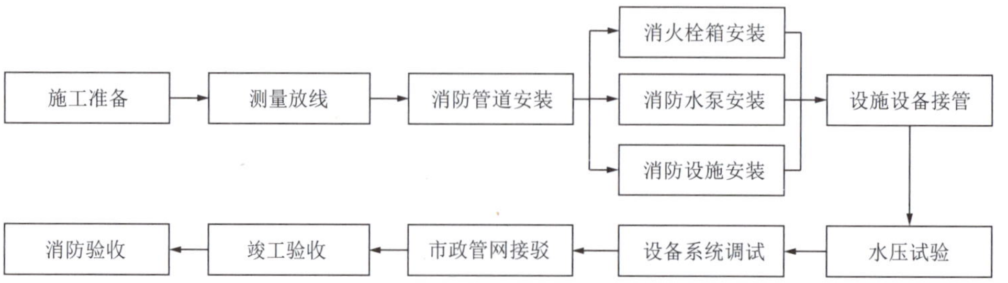

图 5.5.12　消火栓系统施工流程图

2）技术要点

（1）消火栓箱安装

①公共区消火栓箱采用暗装，安装时需与装修专业密切配合。消火栓箱安装前，根据装修专业墙面施工排版图所示位置准确定位箱体的安装位置，并在结构墙上弹线标注。箱体安装时严格按此位置进行安装，避免箱体安装后与装修墙面龙骨及面板冲突。公共区消火栓箱门由装修专业根据公共区墙面的装修风格统一进行设计及施工。

②设备区消火栓箱分暗装和明装两种方式，设备区走道、屏蔽门外走道等空间狭小区域采用暗装方式，环控机房、冷冻机房、风亭风道等部位采用明装方式。设备区消火栓暗装时，需提前与砌体专业配合，在进行二次结构填充墙体砌筑时，在相应的箱体安装位置处预留孔洞。消火栓箱安装时，将箱体置于预留洞内，箱体外表面距墙面应保留装饰面层厚度，箱体与洞口之间间隙填塞密实，抹压平整。明装消火栓箱安装应确定箱体在墙面上的安装位置，找平、找正，下底面宜与踢脚线上口平齐，用膨胀螺栓将箱体固定在墙上，固定点不少于四处。消火栓箱安装实例如图 5.5.13 所示。

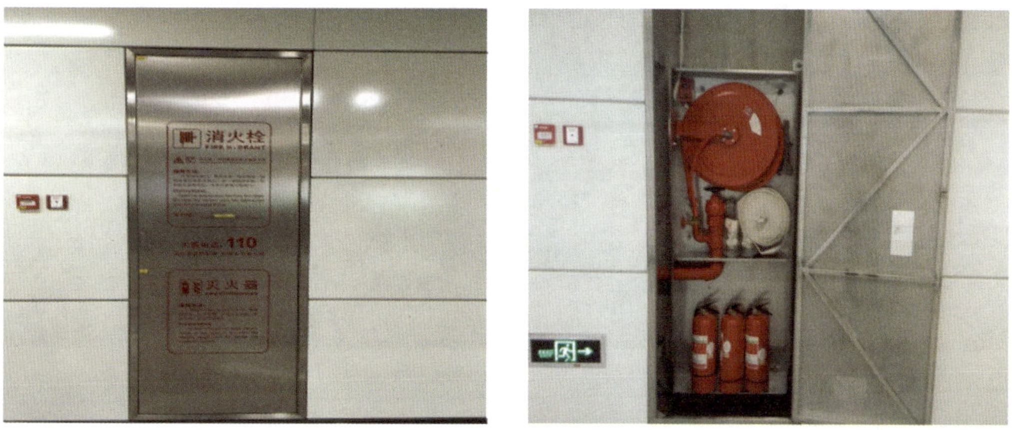

图 5.5.13　消火栓箱安装实例图

③消火栓出水方向与设置消火栓的墙面相垂直，栓口朝外，并且不能安装在门轴侧，栓口中心距地面高度 1.1m，允许偏差 ±20mm。箱内阀门中心距箱侧面为 140mm，距箱后内表面为 100mm，允许偏差为 ±5mm。消火栓箱体安装的垂直度允许偏差为 3mm。

④将折叠好的消防水龙带置于消防箱内挂架上（或盘紧放于箱内），自救式软管整齐盘绕在卷盘上，消防水枪悬挂在箱体内侧专用挂件上。消防控制按钮安装在箱门开启处、箱内侧的最上部，并注意与电气专业配合。

⑤消火栓安装完成后，需达到开门见栓、见钮，箱门开启角度不小于 160°，标识醒目的总体要求。

（2）消防泵房安装

①消防水泵安装前，需检查消防泵基础坐标、高程、尺寸及基础混凝土强度是否符合要求，符合要求后方能进行设备安装。

②水泵进场前应检查设备的名称、型号、性能参数和规格是否符合设计要求，泵体是否完好无损，管道接口的保护和堵盖是否完好。水泵开箱后，要清点水泵随机附件及资料是否完整。

③水泵就位前，需在水泵基础上弹好安装基准线，水泵就位安装后，需调平、调正，保证水泵底座中心点与基础中心线重合，平整度满足规范要求。

④水泵就位安装完成后，开始消防泵房内管道安装，安装前应对整个消防泵房内的管道空间位置进行优化，尽量避免交叉太多，确定好各管线走向和高程，以及固定支撑点的位置，使管道布局合理、

美观。吸水管采用偏心异径管与水泵吸水口对接，配管法兰应与水泵、阀门的法兰相符，避免造成安装不配套影响使用。阀门安装手轮方向应便于操作，高程一致，配管排列整齐。

⑤水泵进、出水管上的可曲挠橡胶软接头，必须安装在阀门和止回阀的内侧靠近水泵，防止出水管上的接头因停泵水锤而被破坏，同时便于吸水管上接头的检修和更换。可曲挠橡胶软接头宜安装在水平管上，并在不受力的状态下安装，与橡胶接头连接的管道均要采用固定支架支撑，以免管道、设备的重量由橡胶接头承担。

⑥水泵出水管上应安装压力表、止回阀、闸阀和泄水阀、试水管，消防泵组的总出水管上还应安装压力表和安全泄压阀。

⑦水泵与管道连接前，将管内与管端的杂物清理干净，管路与水泵连接后，不得在上部进行焊接和切割作业。水泵安装完成后，要及时覆盖做好成品保护工作。

消防水泵安装实例如图 5.5.14 所示。

图 5.5.14　消防水泵安装实例图

5.6 给排水工程新技术和发展方向

本着节约用水、节约能源的原则，对地铁工程车辆段及基地的生产废水，汇合集中后经气浮、隔油、生化、消毒处理后作为中水水源回用，回用于对水质要求不高的道路冲洗及绿化浇洒用水等。设置中水回用既可以有效地利用和节约有限的淡水资源，又可以减少污、废水排放量，减少水环境的污染，还可以缓解城市下水道的超负荷现象。具有明显的社会效益、环境效益和经济效益。

第6章 动力照明配电工程

6.1 动力照明配电工程概述

动力照明配电系统是地铁车站的重要组成部分，车站动力照明的系统安全、稳定运行对车站的正常运行有着重要的影响。车站低压配电系统一般采用 380V 三相五线制、220V 单相三线制方式供电。其工作的范围大致包括站台层、站厅层和设备管理用房的环控、排水、消防、电梯、自动扶梯、自动售检票及通信、信号、车控室等系统动力设备的供配电和车站环控室所供配电设备的电控控制。

6.2 动力照明配电工程特点

（1）地铁站由于人流密集且乘客逗留时间短，所以地铁照明系统要考虑灯光的导向性功能和必要的照明质量要求，并且要与车站整体装修效果协调。同时照明器具的选择要具有美观、耐用、节能且便于后期运营维护的特点。

（2）地铁工程中，配电箱（柜）数量和种类都相对较多，是电气系统乃至车站整个系统的关键设备之一，配电箱（柜）产品质量及安装质量将直接影响地铁工程的功能和安全。

（3）为减少对后期运营成本的影响，动力照明配电系统的节能、环保要求高。

（4）动力照明配电系统设计、施工接口多，接口复杂，与其他专业之间的协调配合工作量大。

6.3 动力照明配电系统构成及功能介绍

6.3.1 动力照明配电系统构成

动力照明配电系统由动力配电、照明及照明配电（包括导向照明）、动力与照明设备的控制及保护、接地以及防雷等多个部分组成。动力照明配电系统为车站和区间及其两端各半个区间内的所有用电设备提供低压电源，并负责动力与照明设备的控制及保护。动力照明配电系统的构成部分如图 6.3.1 所示。

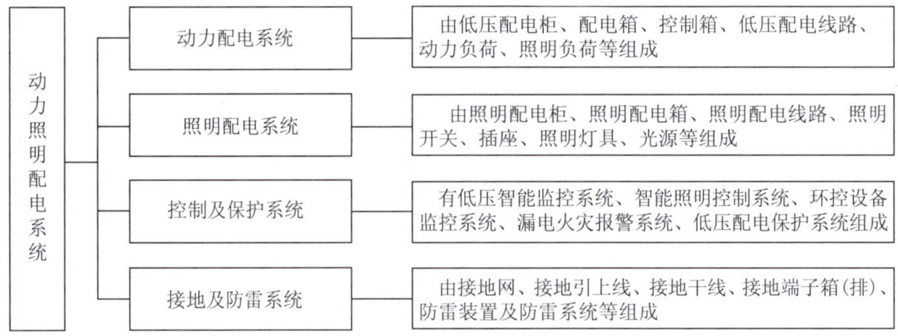

图 6.3.1　动力照明配电系统构成图

1）动力配电系统

该系统主要由低压配电柜、配电箱、控制箱、低压配电线路、动力负荷等组成。

低压配电箱柜主要指车站和区间的动力配电箱（柜）、照明配电箱（柜），其作用是为低压电控设备、末端负荷提供低压供配电。

控制箱（柜）主要指为车站照明、风机、水泵、通风空调、人防设备、自动扶梯等设备配套使用的控制箱。

低压配电线路是指从 400V 低压开关柜向下至动力照明设备的低压缆线。

动力负荷主要指各类风机、水泵、空调、人防门、电扶梯等设备。

2）照明配电系统

该系统由照明配电柜、照明配电箱、照明配电线路、照明开关、插座、照明灯具、光源等组成。

照明按区域划分为站厅及站台公共区照明、出入口通道照明、设备及管理区照明、站台板下及电缆夹层照明、区间照明及户外照明等；按功能分为工作照明、节电照明、应急照明、超低压安全照明、广告及商业照明，应急照明包括疏散照明、安全照明和备用照明，疏散照明由出口标志灯、指向标志灯和疏散照明灯组成。

3）控制及保护系统

该系统主要由低压智能监控系统、环控设备监控系统、智能照明控制系统、漏电火灾报警系统、继电保护系统等组成。

4）接地及防雷系统

该系统主要包括接地网、接地引上线、接地干线、接地端子箱(排)、防雷装置及防雷系统等组成部分。

6.3.2　动力照明配电系统功能介绍

1）动力配电系统

地铁车站根据负荷分布的特点，以车站建筑中心线为界将车站划分为 A、B 两端两个供电分区，分别由车站两端的降压所和环控电控室负责供电。区间所内的动力设备用电由区间所集中负责。区间隧道内的动力设备用电由就近的区间所或车站降压所负责。

典型车站动力配电系统原理如图 6.3.2 所示。

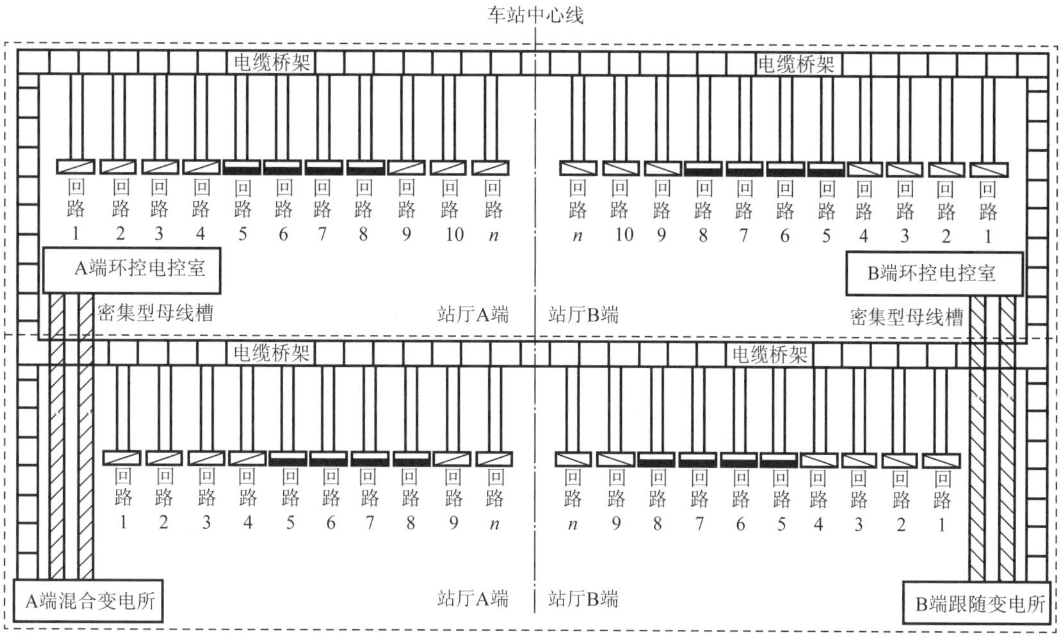

图 6.3.2　典型车站动力配电系统原理图

地铁低压动力配电负荷按用途和重要性分为一、二、三级。

(1)一级负荷

一级负荷主要包括通信系统、信号系统、自动售检票、综合监控系统、防灾报警系统、环境与设备监控系统、安防系统、变电所操作电源、电力监控系统、屏蔽门系统、防淹门系统、气体灭火系统、消防泵、废水泵、雨水泵、银行、所用电、站内自动扶梯、公共区照明、应急照明、应急导向照明、事故风机及其风阀、排烟风机及其风阀等。

一级负荷从低压柜两段母线上分别馈出一路电源至现场双电源切换箱,两路电源在切换箱内自动切换后为设备供电。环控电控室内两段一、二级母线的电源分别来自低压开关柜的两段母线,主接线采用单母线断路器分段方案。两进线断路器和母线分段断路器设有自投自复装置,当一路进线电源失电时,该进线断路器失压脱扣,母线分段断路器闭合。环控一级负荷电源由环控电控柜以单回路方式提供。

(2)二级负荷

二级负荷主要包括设备区和管理区照明、区间工作照明、垂直电梯、密闭提升装置、维修电源、非事故风机及风阀等。

二级负荷平时从低压开关柜或环控电控柜馈出单回供电线路至设备。当一台变压器退出运行时,低压开关柜的母线分段断路器自动闭合,退出运行变压器所带的二级负荷由另一台变压器供电。

(3)三级负荷

三级负荷包括公共区及管理用房空调系统(包括冷水机组、冷冻水泵、冷却水泵、冷却塔风机、补水泵、空气幕、分体空调器等)、广告照明、清扫机械、商铺及生活用电等。

三级负荷平时由三级负荷母线以一路电源供电,当一台变压器退出运行时将其切除。三级负荷总开关设置手动 / 自动转换开关,实现就地 / 远程控制功能的转换。

2)照明配电系统

地铁公共区工作照明配电一般采用双电源配电方式;车站应急照明采用正常供电和后备蓄电池配电方式,正常时由市电电网供电,当市电停电或正常供电设备出现故障时,由应急电源柜(EPS)设备自身带的蓄电池供电,蓄电池持续供电时间应不低于 60min。

车站公共区照明主要由工作照明、节电照明、应急照明组成。工作照明、节电照明为运营工作服务的照明，各约占整个照明的 45%。地铁地下车站在运营高峰后可以停掉节电照明或工作照明；运营结束后，工作照明、节电照明均关闭，只保留应急照明，应急照明占整个照明的约 10%。地铁地上车站在白天关闭一切照明，通过自然光采光；夜间点亮车站照明。

地铁区间照明由应急照明和普通照明组成，应急照明灯具和工作照明灯具交叉布置。地铁正常运营时，区间只开应急照明，供运营时车辆行驶时使用；运营结束后，应急照明与工作照明均开启，供地铁人员检查区间隧道设备设施时使用。

典型车站照明配电系统原理如图 6.3.3 所示。

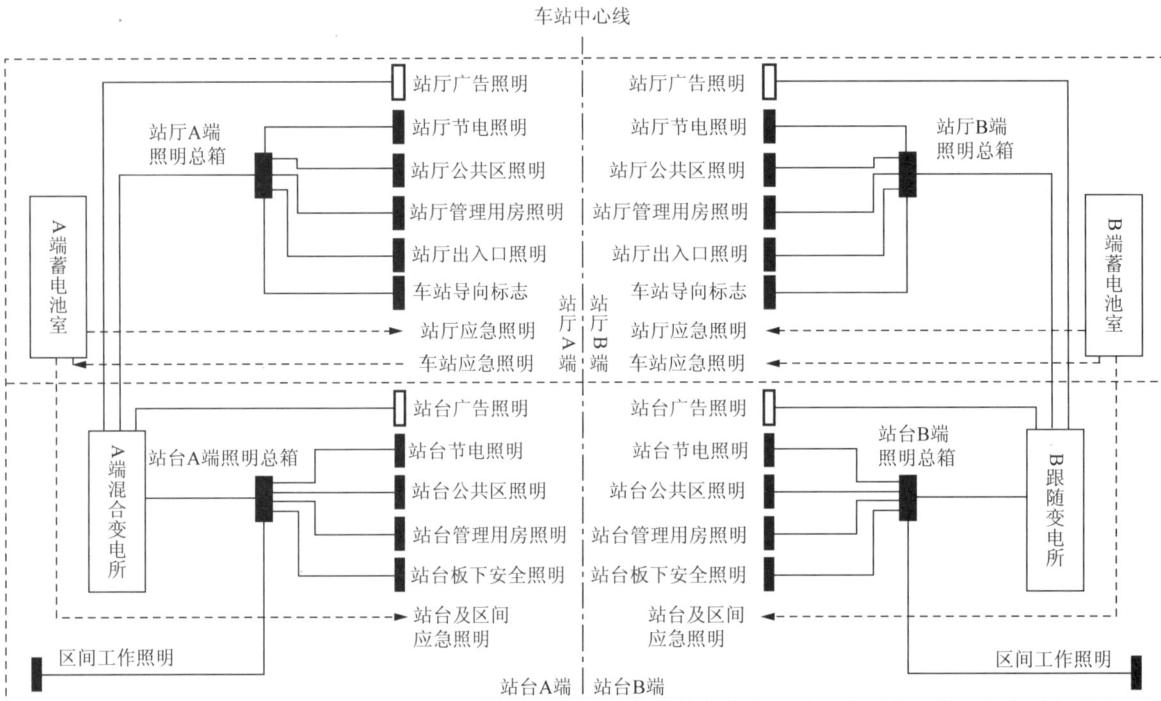

图 6.3.3 典型车站照明配电系统原理图

3）控制及保护系统

（1）低压智能监控系统

车站降压所采用智能监控系统，监控单元设置于 SCADA 柜内，通过现场总线与各智能仪表、智能断路器及小 PLC 连接，构成现场网络后与 SCADA 系统连接。智能监控系统实现对进线、母线分段、三级负荷总开关等回路的监控，实现进线、母线分段、三级负荷总开关间的联锁关系。

（2）环控设备监控系统

环控设备监控系统主要是在车站环控电控室（区间所）低压开关柜中，通过总线将各智能单元（通信管理器、PLC、智能 I/O、多功能仪表、电动机保护模块等）连接成网络，实现对环控设备的集中配电和控制、参数设置、故障诊断、数据存储、报表打印等功能。通风空调设备采用控制中心、车控室和就地三级监控方式，就地优先级最高；监视信号包括设备状态信号和故障信号。

（3）智能照明控制系统

为节约能源、提高照明的灵活性与生动性、降低运营维护工作量，在车站范围及区间风井（所）内设置智能照明控制系统。

智能照明控制系统是全数字、模块化、分布式、总线型控制系统，它将控制功能分散给各功能模块，中央处理器和各功能模块之间通过网络总线连接成一个整体，自成一完整体系，同时可通过网关连接至车站综合监控系统实现系统集成。

控制系统硬件主要包括计算机、网络连接控制器、调光模块、开关模块、智能面板开关、触摸屏及各类传感器等。通过智能照明控制系统可以实现公共区照明的开关及调光控制、设备区照明的开关控制、区间照明的开关控制、广告照明的开关控制及各区域照明的模式控制等。

（4）漏电火灾报警系统

为全面监控和预防电气火灾的发生，在车站范围内设置漏电火灾报警系统。

漏电火灾报警系统能准确监控电气线路的故障和异常状态，发现火灾隐患，并及时提醒人员前去消除。系统主要由底层的电流和温度探测器、数据传输设备、火灾报警控制器及终端控制台等组成。终端控制台设于车控室，预留与 FAS 系统的接口。

（5）低压配电保护系统

为了保证低压配电线路、电气元件、末端设备稳定可靠的运行，在低压配电回路中设有低压配电保护元件，用以切断供电电源或发出报警。如断路器、熔断器、热继电器等。电路在正常工作和用电设备正常启动条件下保护电器不动作。配电线路故障时，保护电器能适时、可靠地断开故障回路。低压配电的主要保护功能如下：

配电线路应装设短路保护、过负载保护和接地故障保护，作用于切断供电电源或发出报警信号。

①短路保护

配电线路的短路保护，应在短路电流对导体和连接件产生的热作用和机械作用造成危害之前切断短路电流。

②过负载保护

配电线路的过负载保护，应在过负载电流引起的导体温升对导体的绝缘、接头、端子或导体周围的物质造成损害前切断负载电流。

③接地故障保护

接地故障保护的设置应能防止人身间接电击以及电气火灾、线路损坏等事故。

4）接地及防雷系统

（1）接地网

车站（区间所）设置强弱电共用的综合接地网，接地网设于土建结构板下，由水平接地体、垂直接地体及接地引上线等组成；同时预留利用主体结构钢筋接地的条件。

（2）接地引上线

综合接地网设置多组接地引上线，车站两端变电所各 1 组为强电设备接地引上线，1 组为弱电设备接地引上线，1 组备用。每组引上线数目为 3 根，两用一备。强电、弱电接地引上线间的距离不小于 20m。

（3）接地端子箱（排）

在车站两端的变电所内各设一个强电接地母排 PCE，供强电设备接地使用；在站台板下两端分别设有一个车站设备接地母排 PSCE，在车站公共区及设备区适当位置设置一定数量的等电位联结端子排，供各车站金属管线接地使用。

在站台板下设一个弱电设备接地母排 WCE，在公众通信设备室、警用通信设备室、信号设备室、监控设备室、弱电综合电源室、车控室、屏蔽门控制室、防淹门控制室、环控电控室、AFC 机房、气瓶室及银行等房间内各设一个接地端子箱（排），各箱（排）与 WCE 共同连接成环状。有防静电地板的房间采用接地端子排，安装在防静电地板以下；无防静电地板的房间采用接地端子箱，嵌墙安装。

6.4 动力照明配电工程核心设备功能简介

动力照明配电工程核心设备功能见表 6.4.1。

动力照明配电工程核心设备功能表　　表 6.4.1

序号	设备名称	设备图片	设　备　功　能
1	三箱（配电箱）		地铁动力照明配电系统中的三箱设备一般统指照明箱、动力箱和控制箱等。 （1）照明配电箱：为地铁车站照明灯具提供电源。 （2）动力配电箱：为地铁车站各类机电设备提供动力，是配电系统的末级设备。 （3）双电源切换箱：是进行电源自动切换的配电箱，针对重要用电设备在常用电源故障或停电时自备用电源自动投入，保证设备不断电。地铁工程中双电源切换箱一般明装，安装位置在各设备机房内。 （4）插座箱：为检修设备或其他用电设备提供方便的电源接口。 （5）控制箱（或手操箱）：为地铁车站各类机电设备的动力或电动机控制用的配电设备。 （6）接地端子箱：是供接地干线和支线引出分线互联用的接地端子铜排。一般由箱体及箱内接地铜母排构成
2	低压开关柜		低压开关柜为地铁机电设备的输电、配电及电能转换设备，用于电能集中控制与分配，与程序控制器和微处理器组成配电自动控制系统。 （1）功能及构成：低压开关柜一般是全组合装置，它由柜体和功能单元组成，包括母线区、电缆区、电器区。柜体下方设有接地铜排和端子。 （2）供电方式：正常工作时由两路交流电源互为备用供电，交流电源失电自动切换至直流电源逆变后供电。 （3）接线方式：地铁常见形式为下进上出。进线端与高压室变压器连接，出线端与用电设备箱(柜)连接。 （4）接地保护：有贯穿于整个柜体排列长度的保护（PE）线，金属柜体的各部分与 PE 线有良好的导电性能，PE 线放在柜底部，也可接至柜的上部，接地保护形式为 TN-S 系统
3	环控电控柜		环控电控柜主要为实现环控系统设备的集中供电和智能控制，是给地铁车站和区间的通风空调设备提供电源的低压配电柜。环控电控柜一般设在环控电控室中，方便控制和维护。 （1）功能及构成：环控电控柜构成同低压开关柜。柜结构和抽屉单元采用标准模块设计，为可抽出式抽屉开关柜，确保相同功能的抽屉具有互换性。 （2）供电方式：正常工作时由双电源切换供电。 （3）接线方式：地铁常见形式为上进上出。进线端采用母线桥或电缆桥架与低压开关柜连接，出线端与环控用电设备相连接。 （4）接地保护：有贯穿于整个柜体排列长度的保护（PE）线，金属柜体的各部分与 PE 线有良好的导电性能，PE 线放在柜底部，也可接至柜的上部，接地保护形式为 TN-S 系统
4	EPS 应急电源柜		EPS 是根据消防设施、应急照明、事故照明等一级负荷供电设备需要而组成的电源设备。在地铁中 EPS 主要作为事故照明及疏散指示的供电设备。 EPS 主要由逆变器、充电机、互投装置、控制器及蓄电池组组成。其作用是在车站正常照明失电时，将蓄电池组储存的直流电能变换成交流电输出，供给负载用电设备持续的电力

6.5 动力照明配电工程施工工艺及技术要点

6.5.1 线管安装

1）钢管暗敷流程

钢管暗敷流程如图 6.5.1 所示。

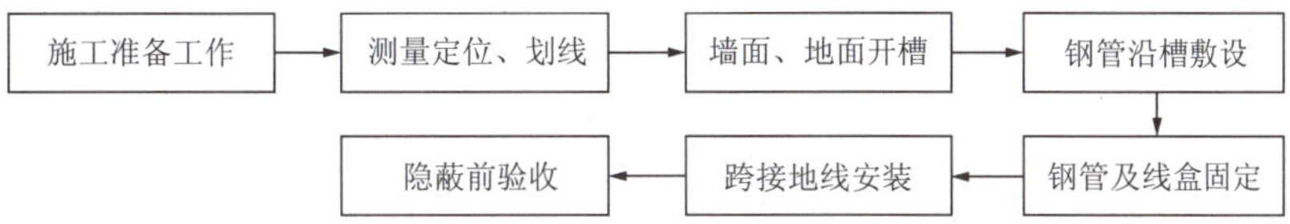

图 6.5.1　钢管暗敷流程图

2）钢管暗敷技术要点

钢管暗敷应尽量配合土建工程同步完成，避免后期在抹灰墙体上开槽。管路沿最近的路线敷设并尽量减少弯曲，埋入墙或混凝土内的管子，离墙表面的净距离不应小于 15mm；钢管连接应使用管箍或紧定式接头，严禁采用熔焊连接；钢管进入箱、盒应采用锁紧螺母固定，露出丝扣应为 2 ～ 4 扣。管路遇有建筑物伸缩缝和超过下列长度时应加装接线盒：无弯时 45m，有一个弯时 30m，有二个弯时 20m，有三个弯时 12m。为便于穿线，钢管内应预先穿入钢丝，管口需加护口。

钢管暗敷实例如图 6.5.2 所示。

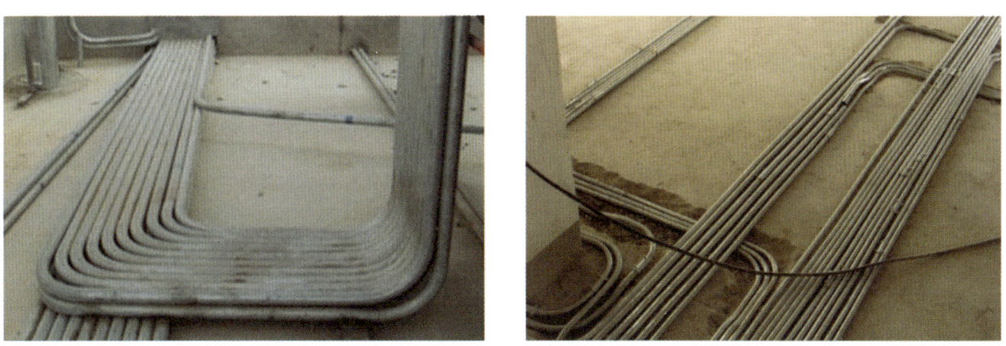

图 6.5.2　钢管暗敷实例图

3）钢管明敷流程

钢管明敷流程如图 6.5.3 所示。

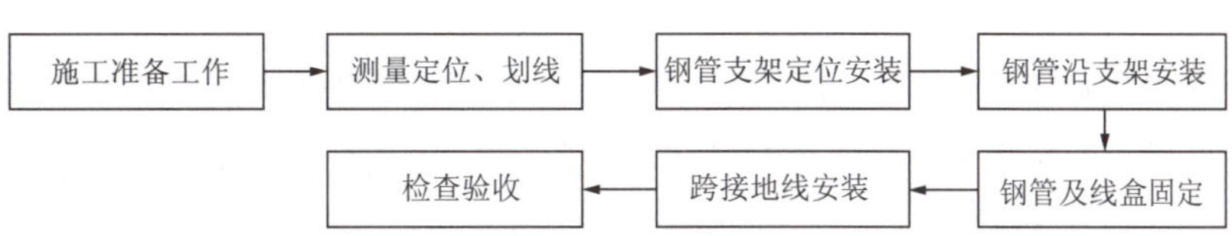

图 6.5.3　钢管明敷流程图

4）钢管明敷技术要点

使用钢卷尺、水平尺、红外线水平仪等工具进行弹线定位；管路应沿最近的路线敷设并尽量减少弯曲，但同时应兼顾美观。根据钢管管径大小及现场具体情况，可选择管卡或支架、吊架对钢管进行固定。支吊架一般使用角钢制作，角钢不得小于 25mm×25mm×3mm。管卡和支吊架的固定主要采用膨胀螺栓或抱箍固定。固定点间距应均匀，与管路终端、转弯中点、电气器具或接线盒边缘的距离为 150 ～ 500mm，管路遇有建筑物伸缩缝时采用金属软管做补偿处理。明敷钢管采用专用接地卡固定 $4mm^2$ 的黄绿双色铜芯绝缘软线作跨接地线，端头做烫锡处理。钢管敷设完毕对管口进行保护，严防混凝土、水及其他杂物进入管内。

钢管明敷实例如图 6.5.4 所示。

图 6.5.4　钢管明敷实例图

6.5.2 桥架安装

1）安装流程

桥架安装流程如图 6.5.5 所示。

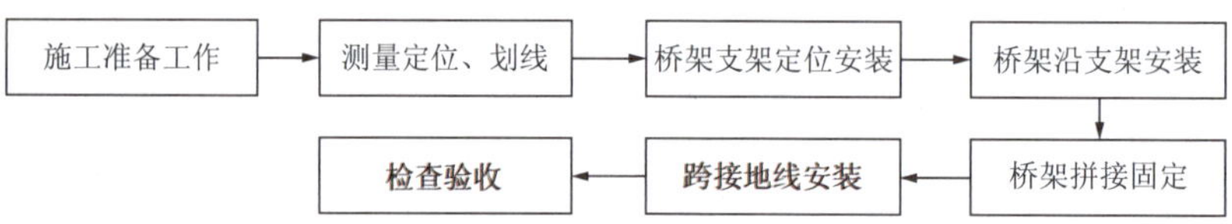

图 6.5.5　桥架安装流程图

2）技术要点

（1）根据车站综合管线布置图，确定桥架的安装位置，使用钢卷尺、水平尺、红外线水平仪等工具进行弹线定位。

（2）桥架安装时应先安装弯通、三通，再安装直线段部分。桥架与桥架之间用连接板连接，连接螺栓采用半圆头螺栓，半圆头在桥架内侧。多层桥架应先安装上层，后安装下层，水平相邻桥架净距不宜小于 50mm，与弱电电缆桥架距离不小于 0.5m。桥架跨越建筑物变形缝时应做好伸缩缝处理，桥架直线段超过 30m 时，应设热胀冷缩补偿装置。

（3）桥架安装应横平竖直、连接牢固、整齐美观，宜与建筑物坡度一致，同一水平面内水平度偏差不超过 5mm/m，直线度偏差不超过 5mm/m。桥架接地采用在桥架上敷设 50mm×5mm 镀锌扁钢作为接地干线，并通过单芯电缆与变电所接地母排可靠连接，桥架与桥架间采用不小于 $4mm^2$ 铜编织连接，桥架与接地干线间通过不小于 $16mm^2$ 编织铜线相互连接，形成电气通路。

电缆桥架安装实例如图 6.5.6 所示。

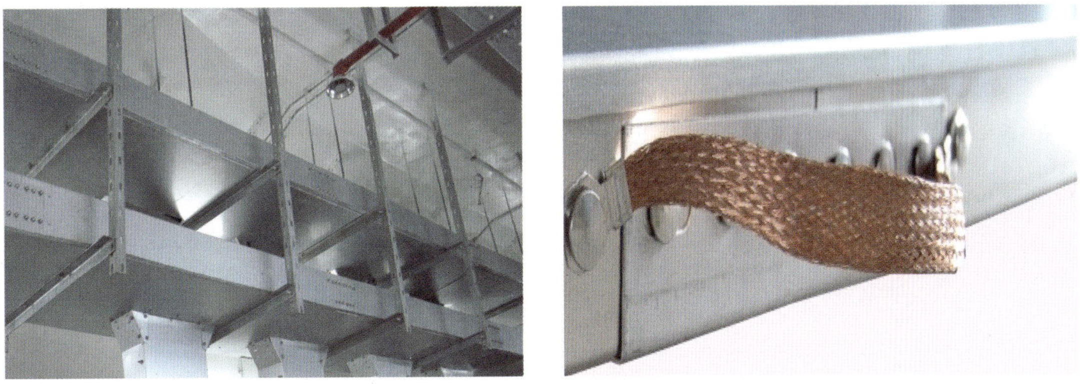

图 6.5.6　电缆桥架安装实例图

6.5.3　配电箱安装

1）安装流程

配电箱安装流程如图 6.5.7 所示。

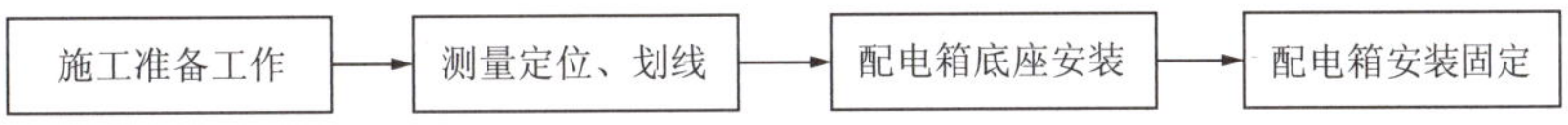

图 6.5.7　配电箱安装流程图

2）技术要点

（1）根据设计图确定配电箱的安装位置，使用钢卷尺、水平尺、红外线水平仪等工具进行弹线定位。箱体开孔与导管管径适配，暗装配电箱箱盖紧贴墙面。箱内接线整齐，标识正确；配电箱金属外壳的接地线与箱内接地端子可靠连接，另一端应与变电所低压柜的接地线相接；等电位联结干线应从与接地装置有不少于 2 处直接连接的接地干线或总等电位箱引出，并应形成环行网路，环形网路就近与等电位联结干线或局部等电位箱连接，支线间不允许串联连接。

（2）配电箱的安装高度符合设计要求，垂直度允许偏差为 1.5%；配电箱外壳需接地或接零的，连接应可靠；装有电器的可开启门，门和框架的接地端子间应用裸铜编织线连接。

（3）配电箱面板安装前，必须清理干净箱内的杂物，并检查箱内的元器件是否齐全牢固，配电箱门内应粘贴配电系统图（接线图）。

配电箱安装实例如图 6.5.8 所示。

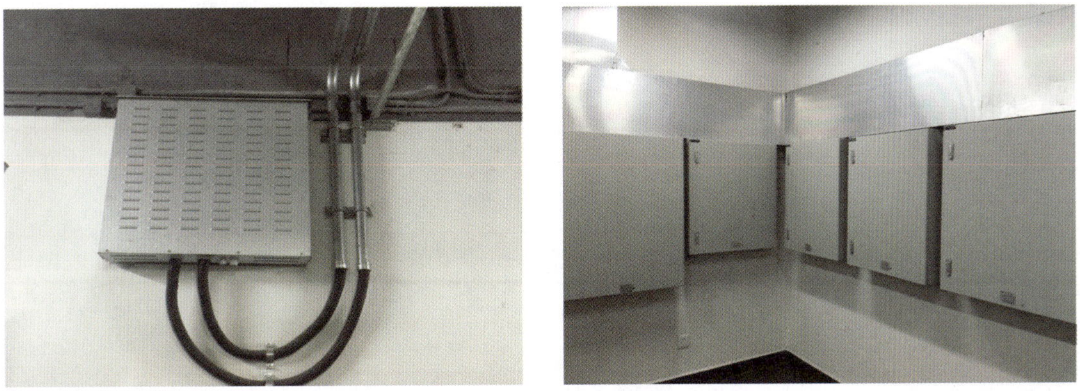

图 6.5.8　配电箱安装实例图

6.5.4 配电柜安装

1）安装流程

配电柜安装流程如图 6.5.9 所示。

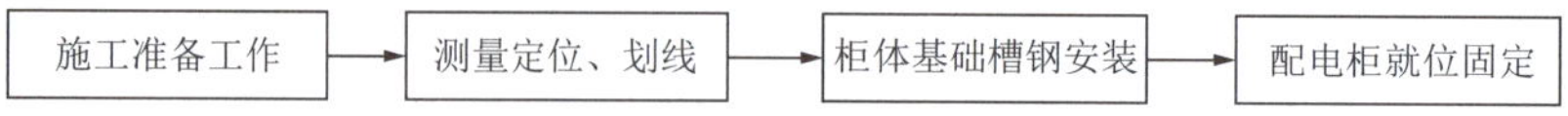

图 6.5.9　配电柜安装流程图

2）技术要点

（1）按照设计要求制作槽钢基础，在槽钢基础的下面四角适当的位置钻孔，在地面相应位置用膨胀螺栓固定基础槽钢，调整水平度。

（2）将配电柜与槽钢基础对正，然后用螺栓固定，成排配电柜两两之间侧面用螺栓连接；按系统图或接线图要求将电缆、电线与相应的电器端子连接；将电源的接地线（PE 线）、各回路的接地线（PE 线）、金属导管的接地线接在配电柜的接地端子上。

（3）配电柜安装牢固，正面侧面的垂直度不大于 3mm/2m，成排配电柜前面平整度不大于 2mm，顶高高差不大于 2mm，相临配电柜连接缝隙不大于 2mm；配电柜门内应粘贴配电系统图（接线图），配电室房门应加设防水防火挡鼠板，高度不低于 0.7m。

配电柜安装实例如图 6.5.10 所示。

图 6.5.10　配电柜安装实例图

6.5.5 电缆敷设

1）敷设流程

电缆敷设流程如图 6.5.11 所示。

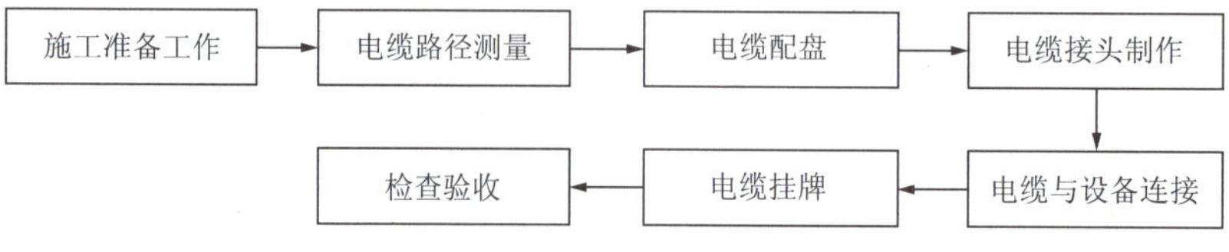

图 6.5.11　电缆敷设流程图

2）技术要点

（1）根据设计图及电缆清册，在桥架上敷设多根电缆时，事先将电缆的排列用图表的方式画出来，按图敷设，以防交叉和混乱。

（2）敷设前应检查电缆外观无损伤、扭曲现象，绝缘测试良好，敷设时在桥架上均匀安放滚轮或滑车，将电缆置于其上以人力牵引敷设。对于部分穿管敷设的电缆，敷设前应首先检查钢管两端口是否光滑，护口是否齐全，钢管内部无积水且无异物堵塞；当管路较长或转弯较多时，应往管内吹入适量的滑石粉。

（3）敷设电缆时应用力均匀，配合协调，牵引力不得大于缆线允许张力的80%。站内长路径、隔层或隔房间敷设电缆时应配备对讲机。电缆遇建筑物伸缩缝应留有余量，电缆最小弯曲半径要符合施工规范要求。电缆敷设完毕应及时在两端挂牌，下电缆井处也需挂牌，标牌字迹清晰、不易褪色，注明起止点、电缆编号及规格型号。桥架上的电缆应整理顺直并用尼龙扎带绑扎固定。

电缆敷设实例如图6.5.12所示。

图6.5.12　电缆敷设实例图

6.5.6 照明器具安装

1）安装流程

照明器具安装流程如图6.5.13所示。

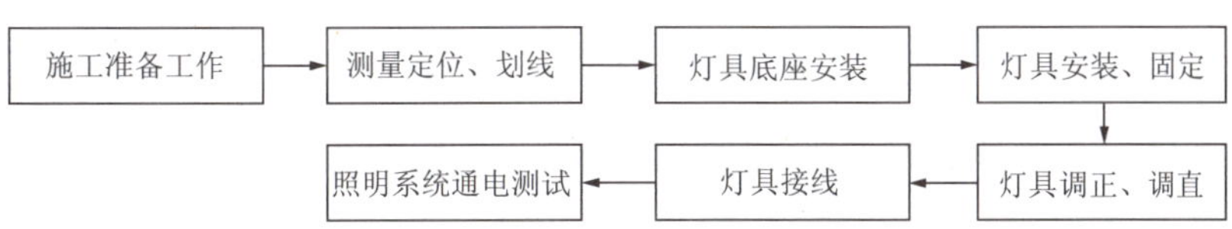

图6.5.13　照明器具安装流程图

2）技术要点

（1）安装前检查并确认灯具的型号、规格符合设计要求，产品合格证及配件齐全，无机械损伤、变形、油漆剥落、灯罩破裂等现象。

（2）安装时采用红外线水平仪根据高程确定灯具的具体安装位置，并采用膨胀螺栓膨胀入墙后进行灯具的固定。灯具应安装平正牢固、间距均匀、排列整齐，成排安装的灯具，其中心偏差不大于5mm。

（3）灯具与照明干线在接线盒内连接，为 T 接方式，连接导线应穿入金属波纹管。导线连接应满足以下要求：导线接头不能增加电阻值，不能降低原机械强度，不能降低原绝缘强度。导线连接应缠绕紧密并焊锡；恢复绝缘时首先用绝缘自粘胶带从导线接头处始端的完好绝缘层开始，缠绕 1 ～ 2 个绝缘带宽度，再以半幅宽度重叠进行缠绕。在包扎过程中应尽可能地收紧自粘胶带（一般拉长 2 倍后再进行缠绕）。而后在绝缘层上用黑胶布包扎，包扎时要搭接好，以半幅宽度边压边进行缠绕。进入灯具处的导线绝缘保护良好并留有适当余量，压板连接时压紧无松动，螺栓连接时在同一端子上导线不超过 2 根，灯具的外壳接地良好。

照明器具安装实例如图 6.5.14 所示。

图 6.5.14　照明灯具安装实例图

6.6　动力照明配电工程新技术和发展方向

矿物绝缘电缆是一种无机材料电缆。电缆外层为无缝铜护套，护套与金属线芯之间是一层经紧密压实的氧化镁绝缘层。其耐火性、耐久性、安全性、可靠性、施工便捷是传统的电力电缆所无法取代的，在现代的配电系统中矿物绝缘电缆有着广泛的使用空间。具有以下优点：

（1）安全性

矿物绝缘电缆是由铜和氧化镁制成。铜的熔点为 1083℃，氧化镁的熔点是 2800℃。所以在其温度不超过 1000℃时，电缆结构不会出现问题。因此在绝大部分场所是不会因熔化或燃烧而解体的，更不会传播火种。

矿物绝缘电缆是由无机材料制成，它不会放出任何烟雾和有害气体，在耐高电压方面，传统电缆在超过其极限耐压值发生意外时被击穿，绝缘层被损坏，电缆必须更换，而矿物绝缘电缆击穿的是击穿处的空气电离作用，氧化镁熔化后成分不会改变。

在防水、防爆方面，由于其护套是无缝铜管，水、油和气体不会渗透到电缆内部，使其有极高的安全性。

（2）耐火性

矿物绝缘电缆内部结构紧密，铜外套在高温下不会脱落，即使有重物冲击，一般情况下只会变形而不会断裂。

（3）耐久性

矿物绝缘电缆的寿命取决于铜护套的氧化速度，其氧化速度与其工作温度有关，即使在 250℃下长期使用，需要 2.57 年才使铜护套氧化 0.025mm。

（4）易于施工

相同截面下，矿物绝缘电缆的外径、体积、重量比传统电缆小得多。另外，矿物绝缘电缆允许的弯曲半径比其他电缆小得多，其弯曲半径根据规格不同在电缆外径的 2 ～ 6 倍之间，远比传统电缆的 10 ～ 30 倍要小，所以安装的要求比传统电缆宽松，所需的空间也小，劳动强度也低，尤其是在改造工程中，其优势更为明显。

第3篇

装饰装修工程

第7章　装饰装修工程

7.1　装饰装修工程概述

地铁车站是城市空间的有机组成部分，是展示城市形象和传承地域文脉的窗口，除了满足各种使用功能要求外，还要满足乘客在精神生活方面的需要。地铁车站最直观呈现的就是车站的装饰装修，人们从车站的装饰装修中获得感官印象并进行评价。

车站的装饰装修由于地域文化的不同也渐趋形成两种风格，一是以北方城市为主的，在满足功能要求的基础上，强调城市地域文化元素的体现，天花以封闭式造型为主，重视文化艺术氛围的呈现，如北京、沈阳、西安等城市；一是以南方城市为主，强调标准化设计理念，天花以开放式造型为主，重视后期运营维护检修的便利性，如广州、深圳、香港等城市。

随着轨道建设的深入推进，投资额的增大与建设规模的加速，各建设方对投资额的控制及运营检修的重视度提升，设计理念也逐渐南北融合，功能与文化并举。强调在标准化、功能化设计理念下，展示城市文化特色。

图 7.1.1 ～图 7.1.4 为各城市地铁装修效果现场图。

图 7.1.1　沈阳地铁

图 7.1.2　西安地铁

图 7.1.3　广州地铁

图 7.1.4　深圳地铁

7.2 装饰装修工程特点

与一般酒店和写字楼等建筑装饰装修工程相比，除了装修工程的共性外，另外有着本身的特殊性，这也是地铁工程本身的使用功能所决定的，地铁车站投资大、施工周期长、运行时间长，人流量大，使用频繁，是重要的公共活动场所，故需要加强对装修工程安全性、牢固性和耐久性的重视。由于地铁的所处地理位置、专业系统交叉、结构等原因，各种对装饰装修设计、施工的影响因素也相对一般装饰装修工程复杂。

1）建设规模大

地铁车站一般按线路建设，站点多，面积大。每条线路车站少则十几个站点，多至三十几个站点，装修投资规模每个站点上千万，全线投资过亿。

2）接口专业多

地铁工程中不仅包括一般民用建筑的通风空调、给排水消防、电气，而且涵盖人防、通信、信号、综合监控、屏蔽门、电扶梯、乘客资讯、防灾报警、楼宇自动化、AFC 等专业系统，大多专业系统终端设备都需要与装饰装修界面衔接配合。

3）工程协调量大、管理复杂

地铁工程是一个环环相扣的系统工程，某一个系统未完成，地铁就无法如期开通。地铁参建单位包括建设、勘察设计、施工、监理、监测、检测和材料设备供应等单位，专业多、项目多、环节多、接口多，其中任何一个专业系统的设计与施工，都既要考虑本专业的设计施工，还要协调兼顾其他专业系统的设计施工。设计、施工、管理相互交叉，组织协调量大，管理复杂。

4）材料设备运输困难、施工环境差

由于地铁车站多处于闹市区，且施工位置多位于地下二三十米深，材料、设备机具等进出受时间、环境限制较多，同时地下空间工作场地狭窄，通风差、环境湿度大，亮度差，相对于地面空间施工和安全管理难度更大、更复杂。

7.3 装饰装修工程构成及其功能特点

地铁车站由站台层、站厅层、设备层以及出入口通道等附属建筑组成，按其所处位置不同分为地面站、地下站、高架站。地铁车站装饰装修工程范围主要涉及车站公共区（含物业预留区）、设备区及地面附属建筑，装饰装修内容主要包括：

（1）公共区（含物业预留区）和设备区：墙面、地面、顶面、柱面等，灯光照明、不锈钢护栏和扶手，门窗、客服中心、监控亭、座椅、垃圾桶等服务设施，卫生间吊顶、墙面、地面、洁具安装等。

（2）地面附属建筑：出入口、高低风亭、无障碍电梯、紧急疏散口和冷却塔等外立面装饰。

（3）其他：导向标识、广告商业设施、艺术品等。

7.3.1 公共区装饰装修各界面功能要求

地铁车站装饰装修公共区设计包括墙面、地面、顶面、柱面等空间界面，是实现一定设计理念和美化功能的城市公共空间。车站设计应符合功能性、安全性、可行性、经济性原则，力求达到安全、实用、经济、美观，满足使用功能，方便乘客集散，确保安全，有利于运营管理。

1）墙面功能要求及特点

（1）地铁公共区墙面由于结构的特殊性，需要设计为离壁墙。墙面设计应全线统一规格、标准化、易于拆装、结合墙面设备设施（广告灯箱、导向标识、消火栓箱、冲洗栓箱、动照控制箱、人防门等）预留设备检修门，方便设备检修。充分考虑材料模数与设备设施、其他界面（天花、柱子、地面）相呼应。

（2）墙面材料选择应抗冲击、经济适用、结构性能好、强度高、致密坚实、耐磨、耐污染、耐腐蚀、质感平滑、细腻，如搪瓷钢板、烤瓷铝板、玻璃、人造石、花岗岩、水泥纤维板等。

2）顶面功能要求及特点

（1）地铁公共区顶面是各专业设备、管线主要集中区域，应严格控制各专业管线（环控风管、强弱电桥架、消防水管等）及设备安装空间，在满足相关规范前提下，尽量提升天花高程，合理有序布置顶面设备（风口、灯具、导向、摄像头等），便于吊顶内部设备的维护、检修等要求。

（2）天花材料应标准化、模块化，便于施工、维护，应选用自重轻、防锈、防潮、耐久性好、无毒、无污染的材料，例如铝合金方通、铝合金平板、弧形板、冲孔板及金属网板等。

（3）照明灯具应采用节能、耐久灯具，并宜采用有罩明露式；敞开式风雨棚的地面、高架站的灯具应能防风、防水、防尘。照明照度标准应符合现行国家标准《城市轨道交通照明》（GB/T 16275—2008）和《建筑照明设计标准》（GB 50034—2013）的有关规定。

（4）车站顶面根据排烟要求设置挡烟垂壁，挡烟垂壁材料应满足《挡烟垂壁》（GA 533—2012）的有关规定，低于吊顶装饰装修面以下时，应采用防火玻璃，其性能应符合《建筑用安全玻璃　第 1 部分：防火玻璃》（GB 15763.1—2009）的规定；挡烟垂壁从吊顶面下凸出不应小于 0.5m，且应升到结构顶板底部，挡烟垂壁的耐火极限不应小于 0.5h。吊顶镂空率满足防烟要求时，挡烟垂壁可设置于吊顶面以上，最低点应低于环控回风口。

（5）车站各部位最小高度要求见表 7.3.1。

车站各部位最小高度要求表　　表 7.3.1

名　　称	最小高度（m）
地下站厅公共区（地面装饰装修面层至吊顶面）	3
高架车站站厅公共区（地面装饰装修面层至梁底面）	2.6
地下车站站台公共区（地面装饰装修面层至吊顶面）	3
地面、高架车站站台公共区（地面装饰装修面层至风雨棚底面）	2.6
站台、站厅管理用房（地面装饰装修面层至吊顶面）	2.4
通道或天桥（地面装饰装修面层至吊顶面）	2.4
公共区楼梯和自动扶梯（踏步面沿口至吊顶面）	2.3

3）地面功能要求及特点

（1）地铁公共区地面作为与乘客接触基面，其材料的耐久性、安全性是基本要求，地面要和顶面、墙面装饰装修相协调配合，同时要起到相互衬托的作用。其地面材料应标准化设计，合理设计材料伸缩缝、材料起铺方向，降低材料损耗，人性化设置盲道及疏散指示方便乘客通行和疏散。

（2）地面材料宜选择与建筑模数相匹配的标准化材质，防滑、耐磨、性价比较高并选择物理性能较为稳定的天然石材，光泽度尽量哑光处理减少灯光的二次反射污染，做好石材六面（正面、底面、侧面）防护处理。

（3）当站台设置站台门时，自站台边缘起向内 1m 范围的站台地面装饰层下应进行绝缘处理。

（4）付费区与非付费区的分隔宜采用不低于 1.1m 的可透视栅栏，并应设置向疏散方向开启的平开栅栏门。

（5）疏散通道宽度符合消防要求，装修后各疏散通道、楼扶梯的净宽一般不小于 1.2m，公共区单向楼梯一般不小于 1.8m，双向不小于 2.4m。

（6）车站公共区应按《无障碍设计规范》（GB 50763—2012）的要求设置盲道和相关无障碍设施。

7.3.2 设备区装饰装修各界面功能要求

车站设备区分为管理用房、设备用房及疏散通道。设备区空间相对狭小，集中了多个专业的设备系统。在设计过程中，应充分了解各功能房间装饰装修要求（天花材料及高程、地面材料、设备检修等方面），因此设备区装饰装修设计的技术管理显得非常重要。

（1）管理用房是日后运营方接管后的主要工作场所，由于地铁大部分位于地下，除满足方便清洁外，室内色彩和空间高度是需重点考虑的因素。个别房间应重点考虑设备维护检修要求，如车站控制室地面、屏蔽门控制室地面应满足防静电要求，卫生间及有水房间应做防滑、防水处理。

（2）设备用房主要设置地铁各类设备，对于一些弱电设备房间地面应采用防静电材料，如防静电地板、防静电地砖，根据管线桥架的走线位置采用不同的材质，如管线桥架采用下走线方式，需采用防静电地板；如采用上走线方式，可采用防静电地砖；墙面及顶面可做简单喷涂即可，方便对设备进行检修，部分房间门口设 500mm 高挡鼠板，防止设备管线的损坏。通信设备机房的内装修应满足通信设备的要求，并应做到能够防尘、防潮及防止静电，室内最小净高（不含架空地板和吊顶的高度）不低于 2.8m。

（3）疏散通道顶面管线多而复杂，检修难度大，不建议天花吊顶。

7.3.3 地面附属建筑装饰装修功能要求

地铁的地面附属建筑包括出入口、高低风亭、无障碍电梯、紧急疏散口和冷却塔等，基本设置在城市密集区域，具有体量大、数量多、设置分散、功能要求复杂等特点。

（1）地面附属建筑应与周边建筑景观协调，满足所在城市的规划和景观要求，体现周边的环境特色，丰富城市景观。

（2）尽量与周边建筑整合，组合设计，降低对周边建筑环境的影响。

（3）外饰面材质应选用防水、防腐蚀、抗老化等满足室外环境的材料，例如外墙瓷砖、大理石、花岗岩、玻璃、外墙涂料等。

7.3.4 车站装修材料基本规定

（1）车站装修材料均要求防火、防潮、防腐蚀、耐酸碱、耐久、无毒、环保、无异味、防静电吸尘，放射性指标满足国家有关规定，同时应便于施工、维修和清洁。地面材料应防滑、耐磨。

(2)地下车站公共区和设备与管理用房的顶棚、墙面、地面装修材料及垃圾箱，应采用燃烧性能等级为 A 级不燃材料。

(3)地上车站公共区的墙面、顶棚的装修材料及垃圾箱，应采用 A 级不燃材料，地面应采用不低于 B1 级难燃材料。设备与管理用房区内的装修材料，应符合现行国家标准《建筑内部装修设计防火规范》(GB 50222—2015)的有关规定。

(4)地上、地下车站公共区的广告灯箱、导向标志、休息椅、电话亭、售检票机等固定服务设施的材料，应采用不低于 B1 级难燃材料。装修材料不得采用石棉、玻璃纤维、塑料类等制品。

7.4 装饰装修工程施工工艺及技术要点

7.4.1 金属吊顶安装

1)安装流程

金属吊顶安装流程如图 7.4.1 所示。

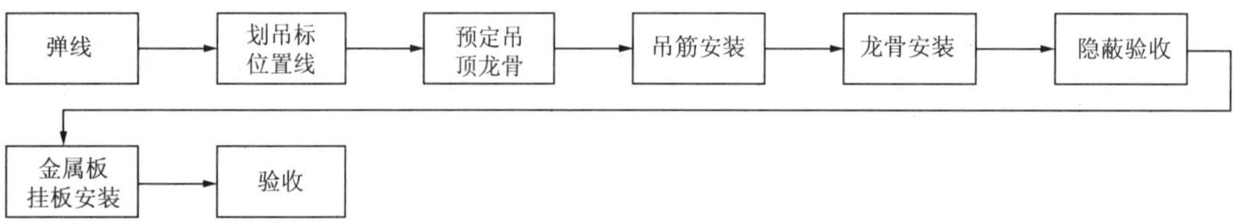

图 7.4.1　金属吊顶安装流程图

2)技术要点

(1)检查材料是否符合要求，有无出厂合格证明或质量鉴定文件。板材表面应平整，厚度均匀，不平度及表面质量须符合规范要求。

(2)穿孔板的孔距应排列整齐，暗装的吸声材料应有防散落措施。

(3)罩面板与龙骨应连接紧密，表面应平整，不得有污染、折裂、缺棱少角、锤伤等缺陷，接缝应均匀一致，粘贴的罩面板不得有脱层，胶合板不得有刨透之处。

(4)搁置的罩面板不得有漏、透、翘角现象。

(5)吊顶工程应对人造木板的甲醛含量进行复验。

(6)吊顶工程应对吊顶内管道、设备的安装及水管试压、木龙骨防火防腐处理、预埋件或拉结筋、吊杆安装、龙骨安装、填充材料的设置等项目进行隐蔽验收。

(7)安装龙骨前，应按设计要求对房间净高、洞口高程和吊顶内管道、设备及其支架的高程进行交接检验。

(8)采用木龙骨吊顶基体和木饰面板必须做防火处理，并应符合有关设计防火规范的规定。

(9)吊顶工程中的预埋件、钢筋吊杆和型钢吊杆应进行防锈处理。

(10)安装饰面板前应完成吊顶内管道和设备的调试及验收。

(11)吊杆距主龙骨端部距离不得超过 300mm，否则应增设吊杆，以免主龙骨下坠。当吊杆长度大于 1.5m 时，应设置反支撑。当吊杆与设备相遇时，应调整吊点构造或增设吊杆，以保证吊顶质量。

（12）次龙骨（中或小龙骨，下同）应紧贴主龙骨安装。当用自攻螺钉安装板材时，板材的接缝部位必须安装在宽度不小于 40mm 的次龙骨上。

（13）重型灯具、电扇及其他重型设备严禁安装在吊顶工程的龙骨上。

（14）吊顶工程的吊顶和龙骨安装应牢固可靠。

（15）饰面板与明龙骨的搭接应平整、吻合，压条应平直，宽窄一致。

3）注意事项

（1）按设计要求控制吊杆间距，间距超标时需增加吊杆，避免出现吊杆不竖直或一杆多用。

（2）严格按照深化设计精确放线，确保吊杆位置准确。

（3）采用适宜的施工技术，避免龙骨局部承受过大荷载，如龙骨变形，应及时进行校正。

（4）要组织各设备与装修专业进行图纸会审，宜通过“天花综合吊顶图”协调解决各设备与装修专业的施工矛盾。

（5）饰面板之间要求留缝（5 ～ 7mm 宽）或错缝，饰面板一般应整边对接。

（6）按规范要求，使主龙骨与主吊杆、次龙骨连接紧密，间隙控制在 1mm 以内。

（7）主次龙骨的安装，应逐条拉通线检查、调整直顺度，局部放样应和整体吻合。

现场吊顶安装实例如图 7.4.2 所示。

图 7.4.2　现场吊顶安装实例图

7.4.2　地面石材铺贴

1）铺贴流程

地面石材铺贴流程如图 7.4.3 所示。

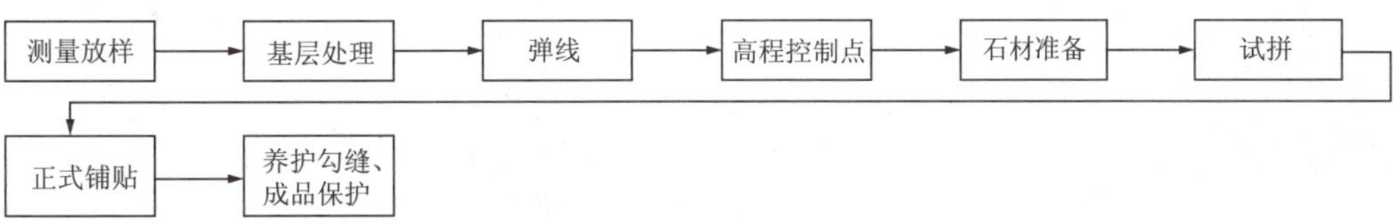

图 7.4.3　地面石材铺贴流程图

2）技术要点

（1）按国家标准进行采购，一律选用国内生产的优质产品。并与材料厂商签订保证材料的技术、质量及供货周期的协议书。

（2）为避免色差，应优先考虑同一面的为一批，石材批次的划分重点考虑的是施工部位。在给材料商交底时，应要求材料在编号图上分好装箱号后将其返回项目部。

（3）工厂以下单计划安排生产加工、送货，制订有关搬运量、搬运日期、运货至楼层以及协助计划。

（4）水泥采用 P.O 42.5 级普通硅酸盐水泥。选用中砂，含泥量不大于 3%。

（5）面层与下一层应结合牢固，无空鼓。

（6）石材表面应洁净、平整、无磨痕，且应图案清晰、色泽一致、接缝均匀、周边顺直、镶嵌正确、板块无裂纹、掉角、缺棱等缺陷。

（7）面层表面的坡度应符合设计要求，不倒泛水、无积水；与地漏、管道结合处严密牢固，无渗漏。

（8）板面空鼓：由于混凝土垫层清理不净或浇水湿润不够，刷素水泥浆不均匀或刷的面积过大、时间过长已风干，干硬性水泥砂浆任意加水，石板面有浮土未浸水湿润等因素，都易引起空鼓。因此，必须严格遵守操作工艺要求，基层必须清理干净，结合层砂浆不得加水，随铺随刷一层水泥浆。

（9）接缝高低不平、缝子宽窄不均。主要原因是板块本身有厚薄及宽窄不匀、窜角、翘曲等缺陷，铺砌时未严格拉通线进行控制等，均易产生接缝高低不平、缝子不匀等缺陷。所以，应预先严格挑选板块，凡是翘曲、拱背、宽窄不方正等块材剔除不予使用。铺设标准块后，应向两侧和后退方向顺序铺设，并随时用水平尺和直尺找准，缝子必须拉通线不能有偏差。

3）注意事项

（1）石材进场后详细核对石材品种、规格、数量、质量等是否符合项目部技术交底要求。有裂纹、缺棱掉角、色胎、色斑、色线的单独堆放，标识清楚及时退场。石材抛光面相向存放，下垫方木，避免石材硬接触，造成缺边掉角等质量缺陷。

（2）石材防水性能检查合格后方可投入使用。

（3）地面垫层强度不得小于 1.2MPa，且 AFC 等其他专业隐蔽工程已完成。

（4）测量现场实际尺寸，根据图纸要求进行排版，以车站中心里程最近的柱轴线为基准线放线铺贴。

（5）石材外观不合格、板面破损或缺棱掉角的不得使用。

（6）石材铺贴前，做好预铺工作，剔除色差较大的石材。

（7）铺贴前应根据石材的色泽、图案试拼编号，将颜色基本一致而数量较大的石材，铺贴在较大的使用面积上，少量颜色有差异者铺在小面积上或楼梯间及边角等处，以保证整体观感效果。

地面石材铺贴实例如图 7.4.4 所示。

图 7.4.4　地面石材铺贴实例图

7.4.3　墙柱面搪瓷钢板安装

1）安装流程

墙柱面搪瓷钢板安装流程如图 7.4.5 所示。

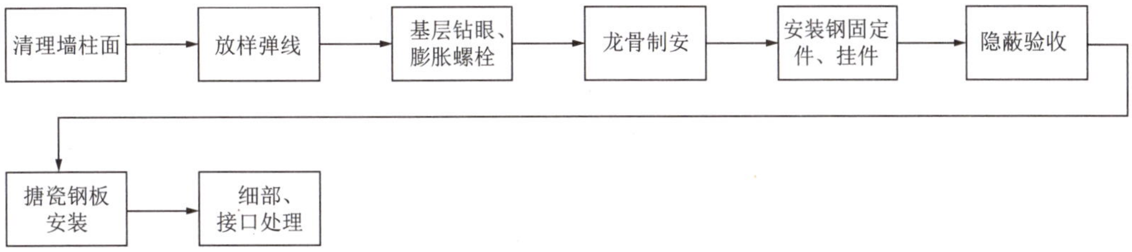

图 7.4.5　墙柱面搪瓷钢板安装工艺流程图

2）安装技术要点

（1）检查材料是否符合要求，有无出厂合格证明或质量鉴定文件。板材表面应平整，厚度均匀，不平度及表面质量需符合规范要求。

（2）对所要施工柱面进行清理，应避免脏物、粉尘、油渍、漆面斑或其他污垢。柱体钻眼钉楔：用 16 ～ 20mm 的冲击钻头，在柱体上钻眼。钻眼深度不得小于 60mm。眼钉好后，打入膨胀螺栓。

（3）龙骨制作、固定：按要求制作金属龙骨，满涂氟化钠防腐剂一道，防火涂料一道。金属龙骨架立起，靠于柱面，用吊线及仪器等检查本龙骨的平整度及垂直度，并予以校正。凡本龙骨与柱面有缝隙之处，均须以金属垫片整平垫实。

（4）搪瓷钢板拆包与处理：拆包处理时要小心谨慎，避免碰掉或挤压雕刻表面，移动时应将搪瓷钢板撑在夹板上，不能举起，使之弯曲。施工时应戴上手套，避免手被划伤。

（5）搪瓷钢板安装前要仔细核查尺寸，并在安装表面做好起点及建立一个垂直线，然后根据安装图纸试拼，为搪瓷钢板安装做好充分准备。

（6）清理嵌缝：用一块干净的擦布和乙醚等挥发性液体立即清除边缘和接头处多余的黏合剂，待干后用软尼龙或坦皮科麻刷进行清洁，最后进行嵌缝，板缝嵌硅胶。

3）注意事项

（1）若主龙悬挑长度超标，须合理增加角码。

（2）控制安装顺序，分别复核调整其位置、垂直度、平整度，达标后焊接并做防腐处理，焊缝质量应满足规范要求。

（3）安装前应挑选饰面板，按规格、尺寸、颜色要求选用。

（4）不得提前撕掉饰面板的保护膜，做好成品保护工作。

（5）安装前认真按照图纸核对结构尺寸，做到分段分块弹线。

（6）饰面板挂件（背栓）与龙骨连接件位置偏差过大，须重新安装连接件。

（7）非标板宜排在不明显处。

墙柱面搪瓷钢板安装实例如图 7.4.6 所示。

图 7.4.6　墙柱面搪瓷钢板安装实例图

7.4.4 防静电地板安装

1）安装流程

防静电地板安装流程如图 7.4.7 所示。

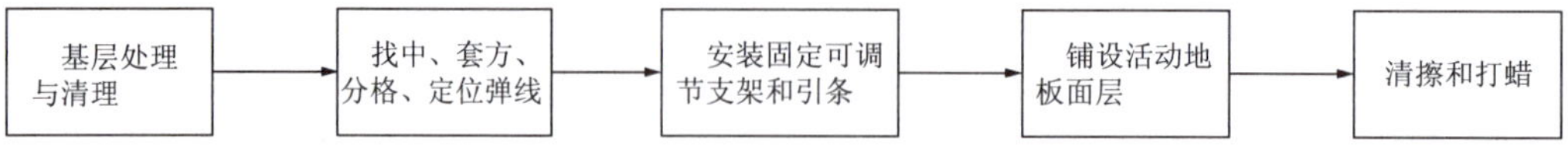

图 7.4.7　防静电地板安装流程图

2）技术要点

（1）检查材料是否符合要求，有无出厂合格证明或质量鉴定文件。板材表面应平整，厚度均匀，不平度及表面质量需符合规范要求。

（2）结合层砂浆宜采用体积比为 1:3 的干硬性水泥砂浆，厚度宜取 25 ～ 35mm，表面应刷一道水泥浆。

（3）在水泥砂浆结合层中应按配比加入降阻剂。水泥砂浆和导电粉的质量比为 1:0.003。

（4）在水泥砂浆结合层上铺设导电铜带，纵向间距应采用 600mm，横向间距应在 3000 ～ 4800mm 之间。铺设完成后，应采用万用表检测导电铜带使其全部形成通路，并做好隐蔽工程验收记录。

（5）铺贴时应保持水平就位，用橡皮锤轻击使其与砂浆黏结紧密，并调整其表面平整度和缝宽（1 ～ 3mm）。

（6）在水泥砂浆结合层上铺贴陶瓷防静电地板时，地板底面应洁净。在板块与板块之间应按设计要求设缝。板块靠墙处应紧密贴合，不得采用砂浆填缝。

（7）板块勾缝应采用同品种、同强度等级、同颜色的水泥或其他高品质的勾缝材料，并做好养护和保护。在洁净厂房中勾缝，应采用不发尘的勾缝材料。

（8）用瓷砖铺设的地面应平整，线路顺直，镶嵌正确。地板与结合层间应粘贴紧密，无空鼓。

（9）板块的拼缝宽度应符合设计要求。当设计未规定时，拼缝宽度不宜大于 3mm。

（10）陶瓷防静电地板铺设后，表面应覆盖织物并保持湿润，养护时间不应少于 5d。待结合层的水泥砂浆抗压强度达到要求后，可用清水或 3% ～ 15% 的草酸或中性洗涤剂溶液进行清洗，使表面洁净。

（11）待地板表面干燥后，应按要求进行接地连接。

（12）静电接地系统的室外接地部分宜做成独立接地；对不具备条件的场地，可接在接地母线上。接地极的数量视土壤地质条件而定，室外接地电阻不应大于 30Ω。

（13）当静电接地和防雷接地、直流工作接地、交流工作接地、安全保护接地共用一个接地时，系统接地电阻应小于 1Ω，且在防雷接地支路以外，静电和其他接地支路应安装防雷击敏感电阻器，以保证安全。

3）注意事项

（1）各专业管线应在安装地板前施工完毕。

（2）设备基础应安装完毕，确保基座高度应同地板上表面完成高度一致。

（3）地板的铺设应在室内土建及装修施工完毕后进行。

7.4.5 钢门、防火门安装

1）安装流程

钢门、防火门安装流程如图 7.4.8 所示。

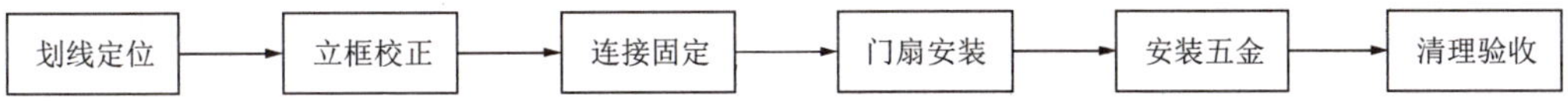

图 7.4.8 钢门、防火门安装流程图

2）技术要点

（1）防火门的规格、型号应符合设计要求，并经消防部门鉴定和批准，具有生产许可证、产品合格证和性能检测报告。

（2）按设计要求尺寸、高程和方向，画出门框框口位置线。

（3）门框一般装饰面层以下 20mm，须保证框口上下尺寸相同。

（4）防火门的开启方向要求符合设计要求。

（5）门框周边缝隙，用 1:2 水泥砂浆或强度不低于 10MPa 的细石混凝土嵌缝牢固，应保证与墙体黏结成整体。

（6）门扇关闭后，门缝应均匀平整，开启自由轻便，不得有过紧、过松和反弹现象。

3）注意事项

（1）安装门框、门扇时应注意门的开启方向，必须向疏散方向开启。

（2）安装门扇时要保证门扇贴合紧密。

（3）避免门框离地面距离过大，如形成门槛不利于人员疏散。

（4）门框距四周的墙体不宜过大，并应填充水泥砂浆或岩棉进行封堵，确保其密封效果。

（5）闭门器安装前应提前与门禁专业沟通，避免出现碰撞。

7.4.6 挡烟垂壁安装

1）安装流程

挡烟垂壁安装流程如图 7.4.9 所示。

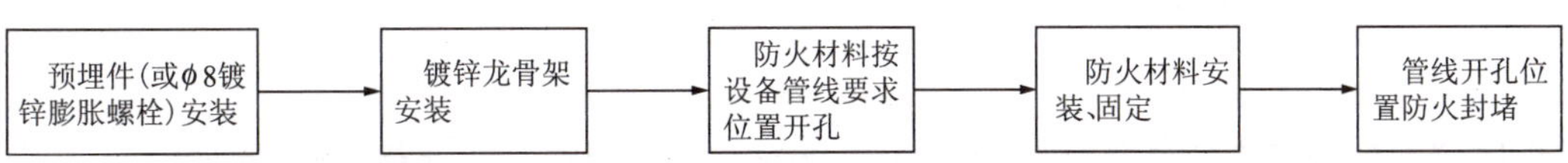

图 7.4.9 挡烟垂壁安装流程图

2）技术要点

（1）检查材料是否符合要求，有无出厂合格证明或质量鉴定文件。板材表面应平整，厚度均匀，不平度及表面质量须符合规范要求。

（2）玻璃必须是防火玻璃。

(3)从顶棚下垂不小于 500mm。

(4)挡烟部件与框架的接触部分应密封。

(5)挡烟垂壁的挡烟部件必须安装牢固,不可出现留缝、松动现象。

3)注意事项

(1)挡烟垂壁定位轴线的测量放线必须与主体结构的主轴线平行或垂直,以免挡烟垂壁施工和室内装饰施工发生矛盾,造成阴阳角不方正和装饰面不平行等缺陷。

(2)注意检查丝杆和金属膨胀管的牢固,选用的丝杆和金属膨胀管质量要可靠,打孔位置不宜靠近钢筋混凝土构件的边缘,钻孔孔径和深度要符合金属膨胀管厂家的技术规定,孔内灰渣要清吹干净。

(3)所有注胶部位的玻璃和金属表面都要用丙酮或专用清洁剂擦拭干净,不能用湿布和清水擦洗,注胶部位表面必须干燥。

(4)将玻璃内外表面清洗干净。

7.4.7 屏蔽门绝缘层施工

1)施工流程

屏蔽门绝缘层施工流程如图 7.4.10 所示。

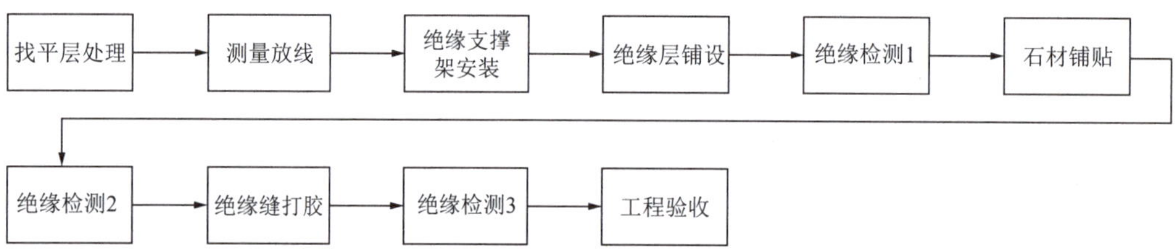

图 7.4.10 屏蔽门绝缘层施工流程图

2)技术要点

(1)保证工程所使用的材料质量符合国家标准,不符合材料坚决不得入场。进场材料严格管理,防止材料出现后天性的不合格,任何材料进场时都要检验,搁置一段时间后再使用也要重新检验。

(2)按平行及垂直轨道中心线方向分别放线,按绝缘区的设计宽度及分段长度分别弹线标记,在绝缘区四周拉好水平线;按轨顶高程基准线测量,或以门槛及非绝缘区地面石材完成面为高程基准面,确定高程控制线。

(3)基层混凝土强度等级不低于 C20,平整度达到 5mm/2m,基层的黏结强度应大于 1.5N/mm^2,混凝土地面基层处理需要至少 14d 时间养护。混凝土表面要干净、干燥、平整、无尖锐凸起或孔隙。

(4)有变形缝的车站安装变形缝填充条。

(5)绝缘支撑架的位置应准确,且绝缘支撑架应选用圆弧设计,防止绝缘层材料在阴角处被撑破。

(6)绝缘检测:

①第一次绝缘检测。三方(建设、监理、施工单位)初验收,向单元块绝缘层放水,任测两点。兆欧

表负电极点接地，正电极点接带水绝缘层，记录测量结果，检测值≥ 500MΩ 为合格，将绝缘层移交给装修单位进行石材铺贴，铺贴过程绝缘层施工单位进行配合。

②第二次绝缘检测。三方（建设、监理、施工单位）过程控制验收，每个单元段内任测两个有效检测点。兆欧表负电极点接地，正电极点接绝缘层内检测点，记录测量结果，检测值≥ 50MΩ 为合格，对于检测值不合格的单元段，需进行返工处理，合格后方可下一步绝缘层翻边裁切施工作业。

③第三次绝缘检测。三方（建设、监理、施工单位）结果验收，每个单元段内任测两个有效检测点。兆欧表负电极点接地，正电极点接绝缘层内检测点，记录测量结果，检测值≥ 0.5MΩ 为合格，可以进行验收作业。

（7）绝缘检测方法

①在绝缘区装修面石材缝间任意选两点倒水，在非绝缘区内分别选有效接地点，如柱间钢条、导向箭头标金属壳、电梯扶手等。

②待绝缘区水渗透后，用有效兆欧表分别检测绝缘区和非绝缘区的选取点，若阻值为 0，则两个区域内的选取点皆为有效检测点。

③在绝缘区泡水石材缝间任选两点 B、C，在非绝缘区有效检测点上任选一点 A，为增大选取点的接触面积，选用湿抹布覆盖石材缝间 B、C 两点处。

④兆欧表负电极点接 A，正电极点依次接 B、C 两点。

⑤记录测量结果 AB 值、AC 值。

⑥检测标准：AB 值≥ 0.5MΩ、AC 值≥ 0.5MΩ 为合格。

⑦检测工具：500VDC 兆欧表。

（8）地面材料经验收合格后，进行绝缘缝的绝缘密封胶灌填处理；（填胶前应先清理缝中的杂物并把两端绝缘层膜切至装饰面下 10mm 处）使密封胶与两边的绝缘层膜紧密连接，达到绝缘效果。密封胶的填充应与装饰地面平。完成密封胶的施工后，再进行绝缘电阻率的验收。

3）注意事项

（1）基层要平整，无尖锐凸起和颗粒。

（2）卷材四周翻边且高于石材完成面不少于 30mm。

（3）保证绝缘分隔缝的干净干燥，应注意四周的卫生，不可将砂浆砂灰或水灌到绝缘缝中。

（4）卷材切割面应位于石材上下表面之间。

（5）绝缘层石材铺贴过程全程监控，绝缘卷材有被损坏的，该损坏区域的石材铺贴暂停，等绝缘层完成修补后再进行铺贴。

（6）砂子、水泥等材料应过细筛后使用，确保砂中没有砖块、石头、钢筋、碎玻璃或钉子之类的杂物。

（7）运送材料时严禁直接从卷材上行走，严禁手推车上卷材。

（8）不可用铁锹等金属工具直接在绝缘卷材上拌灰、铲灰等。

（9）施工人员手里的抹刀，在添减灰时应注意，不可太用力，避免有切、削的犀利动作。

（10）施工人员应注意单元块四边上翻卷材的高度和风格缝的卫生，不可将上翻卷材压在砂灰下或者将砂浆灌到缝中，应避免上翻卷材被踩破或踩脏。

（11）严禁剪切绝缘层材料，杜绝私自剪切层材料，确保层材料的整体完好。

（12）必须要向所有施工及相关人员明确：不能有任何可能破坏绝缘层的行为，绝缘层有一处被破坏，由于电绝缘的特性，整个单元段的绝缘就会失效。

屏蔽门绝缘层施工如图 7.4.11 所示。

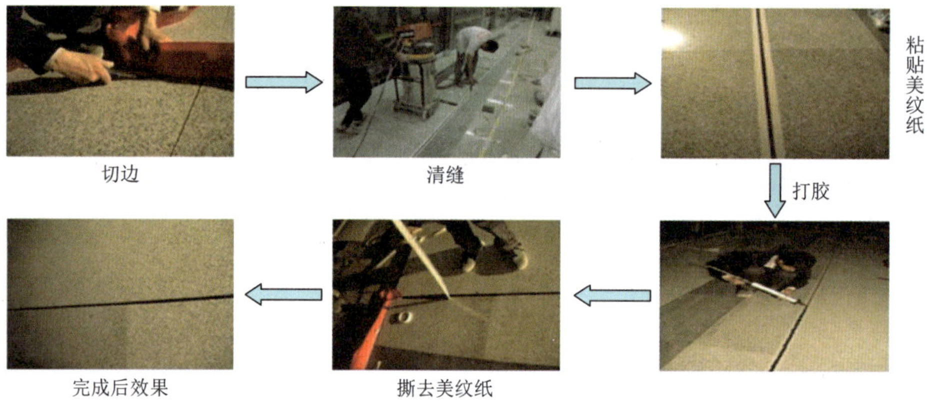

图 7.4.11 屏蔽门绝缘层施工

7.4.8 扶手栏杆安装

1)安装流程

扶手栏杆安装流程如图 7.4.12 所示。

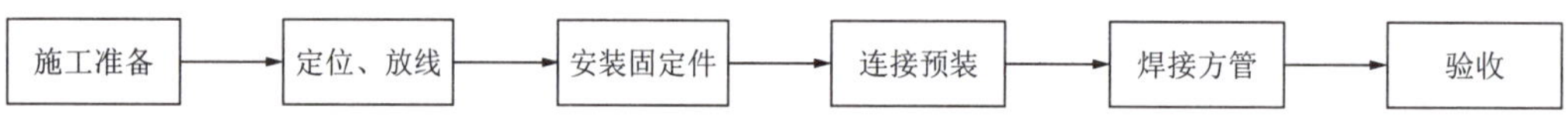

图 7.4.12 扶手栏杆安装流程图

2)技术要点

(1)所有的材料质保资料齐全,规格型号符合设计图纸或建设单位要求,施工过程的报验及相关隐验资料齐全。

(2)预埋件的埋设必须牢固,符合施工验收规范要求。

(3)立杆的断料高度必须符合设计图纸及施工规范要求,按照规范要求高层建筑的楼梯栏杆的高度不小于 900mm,立杆的间距不得大于 110mm。

(4)施工开始时必须按照建筑要求进行定位放线,在楼梯井内上下拉通线,以控制安装时楼梯每侧的间距,同时必须控制好楼梯栏杆的垂直度。

(5)保证焊接质量,要求楼梯栏杆在与预埋件、立杆与连接件(弯头)的焊接必须采取满焊。

(6)楼梯栏杆在焊接结束后必须对焊接接头进行抛光处理,要求做到接头平整,焊缝饱满。

(7)预埋件必须按规范要求刷防锈漆。

(8)栏杆应以坚固、耐久的材料制作,并能承受规范规定的水平荷载。

(9)楼梯平台的宽度是指墙面到转角扶手中心线的距离,宽度应大于或等于楼梯段的宽度,并不小于 1.2m,以确保通过楼梯段的人流和货物能顺利通过楼梯平台,同时确保栏杆到楼梯间墙体的距离不小于 1.2m。

(10)在安装前须对各层楼梯栏杆平台、踏步混凝土高程进行全面检查,看是否在要求范围内。

(11)栏杆在安装过程中必须注意各部位焊接工艺,如有凸出需用打磨机打磨。

3)注意事项

(1)不锈钢扶手应检查确保表面无毛刺,避免造成划伤。

（2）立杆与立杆之间应注意间距，间距一般不得超过 12cm。

（3）焊接导致的表面垃圾及焊缝处应打磨光滑。

7.4.9 设备区装修

1）装修流程

设备区装修流程如图 7.4.13 所示。

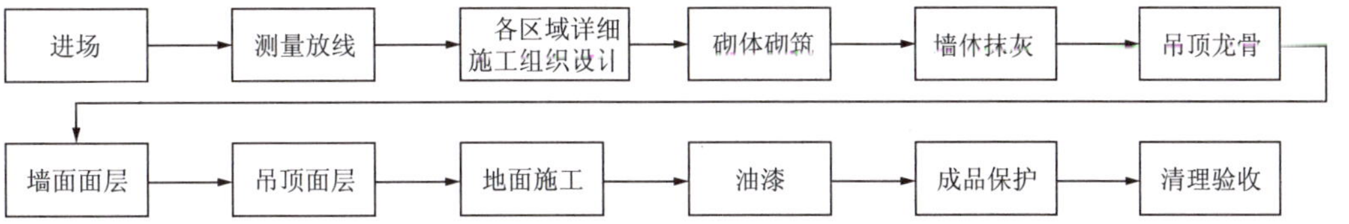

图 7.4.13　设备区装修流程图

2）技术要点

（1）保证工程所使用的材料质量符合国家标准，不合格材料坚决不得入场。进场材料严格管理，防止材料出现后天性的不合格，任何材料进场时都要检验，搁置一段时间后再使用也要重新检验。

（2）施工工序的控制：在进行具体的安装装修施工前，必须做好现场空间、施工工序的规划，使得后期施工能有序进行。空间规划的原则是根据设备设施综合放置图纸，以系统设备为主导，小设备让位大设备，上方为电气，有压让无压的原则来解决空间冲突。规划好施工工序，避免湿、尘作业和设备的安装共同进行。建议工序为：设备房砌筑→设备配合性安装→粗装修→常规设备安装→精装修→系统设备安装。设备安装工序为：设备基础→设备上方先上后下→设备下方设施先下后上→设备安装。

（3）设备区是各专业最集中的地方，也是“打架”最频繁的地方。引进 BIM 技术进行建筑设计，解决了设计冲突和减少后期的设计更改问题，也可用在地铁设备房的安装装修工程的设计中。BIM 技术所设计出的图纸有 3D 功能，让非专业人士也能看懂建筑设计，便于为施工人员提供一张清晰明朗的设计图纸，有利于工程技术交底和管线冲突协调、竣工验收等，并对每一步施工工序都能进行有效的指导。

7.4.10 墙体砌筑

1）砌筑流程

墙体砌筑流程如图 7.4.14 所示。

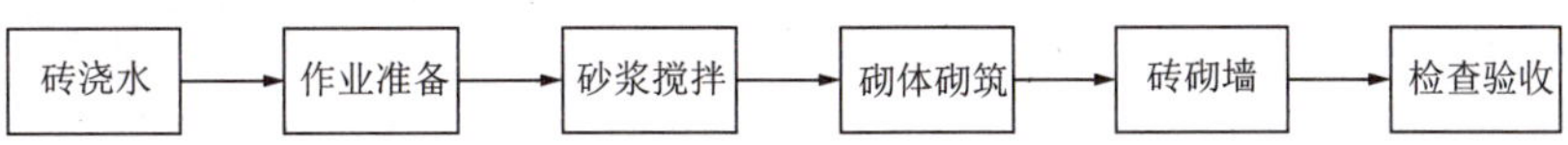

图 7.4.14　墙体砌筑流程图

2）技术要点

（1）排砖撂底（干摆砖）：一般外墙第一层砖撂底时，两山墙排丁砖，前后檐纵墙排条砖。根据弹好的门窗洞口位置线，认真核对尺寸，其长度是否符合排砖模数，如不符合模数，可将门窗口的位置左右移动。若有破活，七分头或丁砖应排在窗口中间，附墙垛或其他不明显的部位。移动门窗口位置时，应注意暖卫立管安装及门窗开启时不受影响。另外，在排砖时还要考虑在门窗口上边的砖墙合拢时也不出现破活。所以排砖时必须做全盘考虑，前后檐墙排第一皮砖时，要考虑甩窗口后砌条砖。

(2)盘角：砌砖前应先盘角，每次盘角不要超过五层，新盘的大角，及时进行吊、靠。如有偏差，要及时修整。盘角时要仔细对照皮数杆的砖层和高程，控制好灰缝大小，使水平灰缝均匀一致。大角盘好后再复查一次，平整和垂直完全符合要求后，再挂线砌墙。

(3)挂线：砌筑一砖半墙必须双面挂线，如果长墙多人均使用一根通线，中间应设几个支线点，小线要拉紧，每层砖都要穿线看平，使水平缝均匀一致，平直通顺；砌一砖厚混水墙时宜采用外手挂线，可照顾砖墙两面平整，为下道工序控制抹灰厚度奠定基础。

(4)砌砖：砌砖宜采用一块砖、一挤揉的砌砖法，即满铺、满挤操作法。砌砖时砖要放平。里手高，墙面就要张；里手低，墙面就要背。砌砖一定要跟线，“上跟线，下跟棱，左右相邻要对平”。水平灰缝厚度和竖向灰缝宽度为 10mm，但不应小于 8mm，也不应大于 12mm。为保证清水墙面主缝垂直，不游丁走缝，当砌完一步架高时，宜每隔 2m 水平间距，在丁砖立楞位置弹两道垂直立线，可以分段控制游丁走缝。在操作过程中，要认真进行自检，如出现有偏差，应随时纠正。严禁事后砸墙。砌筑砂浆应随搅拌随使用，水泥砂浆必须在 3h 内用完。砌清水墙应随砌、随划缝，划缝深度为 8 ～ 10mm，深浅一致，墙面清扫干净。混水墙应随砌随将舌头灰刮尽。表 7.4.1 为砌筑校核放线尺寸允许偏差。

砌筑校核放线尺寸允许偏差 表 7.4.1

长度 L、宽度 B（m）	允许偏差(mm)	长度 L、宽度 B（m）	允许偏差(mm)
L（或 B）$\leqslant 30$	±5	$60<L$（或 B）$\leqslant 90$	±15
$30<L$（或 B）$\leqslant 60$	±10	L（或 B）>90	±20

(5)留槎：外墙转角处应同时砌筑。内外墙交接处必须留斜槎，槎子长度不应小于墙体高度的 2/3，槎子必须平直、通顺。分段位置应在变形缝或门窗口角处，隔墙与墙或柱不同时砌筑时，可留阳槎加预埋拉结筋。沿墙高按设计要求每 50cm 预埋 $\phi 8$ 钢筋 2 根，其埋入长度从墙的留槎处算起，一般每边均不小于 50cm，末端应加 90° 弯钩。施工洞口也应按以上要求留水平拉结筋。隔墙顶应用立砖斜砌挤紧。

(6)安装过梁、梁垫：安装过梁、梁垫时，其高程、位置及型号必须准确，坐浆饱满。如坐浆厚度超过 2cm 时，要用豆石混凝土铺垫，过梁安装时，两端支承点的长度应一致。

(7)构造柱：凡设有构造柱的工程，在砌砖前，先根据设计图纸将构造柱位置进行弹线，并把构造柱插筋处理顺直。砌砖墙时，与构造柱连接处砌成马牙槎。每一个马牙槎沿水平方向的尺寸不小于 60mm，高度方向的尺寸不宜超过 30cm。马牙槎应先退后进，拉结筋按设计要求放置。

7.4.11 墙体抹灰

1)抹灰流程

墙体抹灰流程如图 7.4.15 所示。

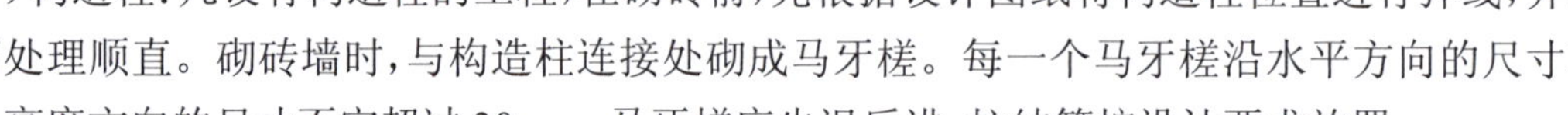

图 7.4.15 墙体抹灰流程图

2）技术要点

（1）基层清理：混凝土墙面上的螺杆、铅丝等用气割切除干净，大模板螺栓孔用砂浆堵密实、平整，墙面的水泥浆铲除干净，用清水冲洗一遍；将露出墙面的舌头灰刮净，墙面的凸出部位剔凿平整，墙面坑洼不平处、砌块缺棱掉角的以及剔凿的设备管线槽、洞，应用胶灰整修密实、平顺。用托线板检查墙体垂直偏差及平整度，将抹灰基层处理完好。

（2）挂网甩浆：加气混凝土砌块墙体，不同材料墙体相交部位，抹灰时应采取防止开裂的加强措施，在砌块墙、混凝土墙表面采取碱性玻璃纤维网格的方式进行加强，玻璃纤维网格与基体的搭接宽度每边不得少于 100mm；将墙面上残存的砂浆、污垢、灰尘等清理干净，用水浇墙，将墙面湿润，用掺建筑胶的素水泥浆一道甩毛。

（3）抹灰饼：用托线板检测一遍墙面不同部位的垂直、平整情况，以墙面的实际高度决定灰饼的数量。一般水平高度距离不大于 2.0m。用 1:1:6 水泥石灰混合砂浆，做成 50mm 见方的灰饼，间距不大于 2m。灰饼厚度以满足墙面抹灰达到的垂直度为宜。上下灰饼用拖线板找垂直，水平方向用靠尺板或拉通线找平，先上后下，保证墙面上下灰饼表面处在同一平面内。

（4）做护角：室内门窗口的阳角和门窗套、柱面阳角，均应抹 1:2 水泥砂浆护角，护角每侧包边的宽度不小于 40mm，阳角、门窗套上下和过梁底面要方正。操作方法是刷一遍掺用量 15% 的 801 胶素水泥浆，用 1:2 水泥砂浆打底，做护角要两面贴好靠尺，待砂浆稍干后再用阳角抹子抹成小圆角，护角厚度应超出墙面底灰一个罩面灰的厚度成活后与墙面灰层齐平。

（5）抹底灰：内墙抹灰采用散装预拌砂浆，分层分遍抹平，抹至梁或板的底部，遇到门窗洞口时，在洞口边缘预留 100mm，待门窗安装后补休。抹灰时先薄薄的刮一层，接着装档、找平，再用大杠垂直、水平刮找一遍，用木抹子搓毛。然后全面检查底子灰是否平整，阴阳角是否方正，管道处灰是否抹齐，墙与顶交接是否光滑平整，并用拖线板检查墙面的垂直与平整情况，抹灰接茬应平顺。抹灰后及时将散落的砂浆清理干净。

（6）抹面灰：面层砂浆采用散装预拌砂浆，当底层砂浆六七成干时，即可开始抹面层砂浆（如底灰过干应浇水湿润），并需留出踢脚高度。罩面灰应两遍成活，厚度 5mm。抹时先薄薄的刮一层素水泥膏，使其与底灰粘牢，紧跟着抹罩灰用大杠横竖刮平，木抹子搓毛，铁抹子溜光、压实。罩面灰必须用原浆压实，决不允许用干水泥散在罩面层上进行压光。门窗洞口的周边在原底灰边缘上预留 50mm，以方便修补洞口时的接茬。待其表面无明水时，用软毛刷蘸水按垂直于地面的同一方向清刷一遍，以保证面层抹灰一致，避免和减少收缩裂缝。

7.5 装饰装修工程新技术和发展方向

7.5.1 地铁车站的“裸装”

在经济和工业化进程日益推进的今天，人们对自然、原生态环境的追求日趋重要，裸装保留其粗糙、破损及没有规律的自然特征融入人们视觉，与大自然构成“我中你有，你中有我”的完美艺术形式，同时裸装风格更贴近节能、环保的应用概念。车站的装修应力求简洁、明快，能充分体现出通畅、易识别的快捷性交通建筑特点，同时，还体现城市快速地铁工程的时代感，于是就引入了裸装的设计理念。

图 7.5.1　地铁车站“裸装”效果

在地铁装饰工程中，将裸装与大自然结合完美地呈现在人们面前，墙壁和立柱都没有粉刷任何涂料，暴露出的是混凝土本色，地面使用耐污染、防滑的大理石，整个站厅没有使用其他装修材料，混凝土成型后具有自然的花纹，不需要再做后期处理。简洁的设计有助于突出车站内部的导向标志、服务设施，避免装修装饰喧宾夺主。乘客一走进这样的地铁空间，可以很快地注意到自己需要的服务信息，给人一种非常亲近大自然的感觉。裸装效果如图 7.5.1 所示。

7.5.2　防静电地砖铺贴

防静电地砖是一种新型防静电材料，克服当前使用的，如环氧和三聚氰胺、PVC 防静电涂料、地板、防静电橡胶板等高分子材料易老化、不耐磨、易污染、耐久性和防火欠佳的问题，兼容了陶瓷墙地瓷砖优点，具有美观耐用、防火、防滑、抗压、耐磨、耐腐蚀、防污、防水防渗透、放辐射性低、环保卫生易于施工，是一种永久性防静电，具有高档艺术装饰效果的功能性瓷砖。防静电地砖铺设简单，与各专业协调接口较少，不会受到弱电等其他设备管线影响，为尽早提供机房移交和总体工期创造了良好的条件。

防静电地砖是在普通瓷砖制作工艺基础上，在烧制过程中掺入防静电功能粉体进行物理改性，故防静电性能稳定且施工方便，在地板下面增加铺设铝箔或铜带能更好地增强导电性。其优点是防静电性能稳定，耐磨，耐老化，使用寿命长（30 年以上），A 级防火，便于清洁。防静电地砖铺贴效果如图 7.5.2 所示。

图 7.5.2　防静电地砖铺贴效果

第8章 导向标识系统

8.1 功能及构成

8.1.1 系统功能

地铁工程导向标识系统指在车站中解决信息传递、识别、辨别和形象传递功能，主动提供信息、指引乘客方便快捷地完成进站乘车、下车出站、换乘等行为，并在紧急情况下辅助乘客疏散的综合信息系统。

8.1.2 系统构成

1）按照空间范围划分

（1）站外部分：包含城市道路、车站出入口、车站出入口建筑墙面、高架站建筑墙面。

（2）站内部分：包含出入口通道、站厅层、站台层。

2）按照系统类别划分

分为进站标识、出站标识、换乘标识、无障碍标识、提示标识和蓄光安全标识。

8.2 专 业 特 点

8.2.1 系统特点

1）对指引的功能性要求高

地铁工程车站大多处于地下，乘客对导向标识的依赖性强。标识需为乘客建立良好的行进秩序，并满足不同乘客的指引需求。

2）专业综合性及系统性强、构成复杂

地铁工程导向标识系统涵盖专业多，各专业交叉。导向标识设计需要规划、信息传达、美术、平面设计、人机工程、心理、材料等多学科知识的综合运用。导向标识系统本身所包含的规划布点、外观造型、牌型尺寸、牌面信息、工艺结构之间存在高度的关联性。牌型与环境、各种牌型之间、各车站之间、各线路之间存在复杂的协调、统一关系，同时客流进站、换乘、出站、疏散等行为模式的动态组合交错复杂。

3）乘客关注度高

导向标识的优劣直接关系到乘客的乘坐体验。地铁运营中标识系统是否醒目、清晰、连贯，设置位置是否科学合理，英文翻译是否规范，往往成为乘客甚至媒体关注的焦点。

8.2.2 工程特点

（1）标识数量及种类多，位置分散，大部分标识的安装需要设计现场指导安装。例如车站路引分布于车站周边城市道路上，安装位置受周边交通信号灯、路灯、行道树、地面盲道、地下管线的影响。施工时需现场逐个确定准确位置，既满足指引的功能，又避免与城市其他标识和设施相互遮挡。

（2）站内标识的安装位置往往受相关专业设备的影响和制约，安装人员需充分了解整个标识体系，在专业技术人员的指导下安装。标识安装位置的调整往往会引起对应版面信息的调整。吊挂类标识一般为双面信息，其位置及信息的调整需要综合考虑各个方向乘客的需求。

（3）安装受接口专业进度影响。

①站内标识安装受装修施工进度及条件制约，安装跨度周期长。

吊挂类标识的吊杆及连接件需在风管等常规设备安装时进行。箱体的安装需在天花收口前进行准确定位，与天花收口同步完成，墙面标识安装需等装修完成，贴附类标识需在车站完成保洁后安装。

②站台门标识、地面嵌入式标识和出入口门楣标识的安装受装修进度制约。

8.3 设计原则

1）功能性

突出指引的功能性，信息醒目、清晰、简明、人性化，标识系统应引导、组织客流的行进，为车站建立良好、高效的秩序。

2）系统性

整体规划，系统设计，形成统一的造型风格体系及色彩体系，形成系统的命名体系，标识信息连续、完善。

3）科学性

标识设置位置合理、符合地铁空间特点要求，设置数量适量，信息设计以乘客需求为导向，强调主动提供信息。信息的呈现按乘客的需求从一般信息到详细信息逐级设置,标识大小、间距符合视距原理。

4)规范性

图形、符号、英文翻译等符合相关规范要求。

5)安全性

标识的设置、产品的制作安装安全可靠。

6)经济性

标识的选材、工艺、技术指标等满足项目投资要求。

7)艺术性

标识造型美观、简洁、大方,符合大众审美要求。

8.4 通用技术

8.4.1 设计技术

1)基本设计元素

基本设计元素包括字体、图形符号、箭头。基本设计元素需清晰、明确、易于理解并符合规范要求。

2)色彩

(1)标识一般采用深灰色底,白色信息,安全类标识的色彩需符合国家规范要求。
(2)线路色宜选择色相明确、清晰、色调明快的颜色。

3)信息命名

(1)线路命名应清晰,通常采用数字命名。
(2)出入口的命名一般采用字母,对于有分叉口的通道可采用字母加数字进行命名。

4)信息设计

(1)信息分为一级信息、二级信息。一级信息主要指出口编号,二级信息主要指出口周边的道路、公共建筑、服务机构等。
(2)信息的采集需要依照乘客行为及流线的分析结合标识设置的位置进行。

5)标识尺寸

(1)标识信息中图形与中英文字体大小的确定应结合阅读习惯、照明条件、视距要求。

（2）标识外观大小应结合标识需承载的信息量、周围空间环境以及人的视觉习惯确定。

6）造型

（1）标识有柱立式、吊挂式、贴附式、悬挑式和嵌入式。外观造型设计应有统一的设计风格，形成统一的视觉识别特征。

（2）造型风格应现代、简洁、美观，满足工业化批量生产，应避免夸张、个性化的造型，同时标识应考虑与车站站内装修环境的协调，外观构造上便于安装和维护。

7）规划设置

（1）站外路引标识

地铁出入口在规划时一般有相对应的目标客流区域，出入口周边路引标识的设置范围原则上与该区域对应，一般为车站出入口周边约500m半径范围，具体应结合客流及道路情况设置，主要在道路交叉口、居民区、工业区出入口、公交站台附近、汽车站等城市交通节点等客流密集处。

（2）站内标识

站内导向类标识设置在便于乘客选择目标方向的位置，一般按通向目标的最佳路线布置，如目标较远，适当间隔重复设置，在分岔口处应重复设置。定位标识设置在紧靠所要说明的设备、设施的上方或足以引起乘客注意的与该设施临近的部位。资讯标识应设在所要说明（禁止、警告、指令）的设备处或场所附近醒目位置。

（3）站内标识设置视距参数

①远视距标识：按25~30m视距设计，按30m连续设置。

②中视距标识：按5~10m设计。

③近视距标识：按1~5m设计。

（4）标识设置高度

①站内吊挂标识的设置高度一般为2.5m，同一视觉区域应保持设置高度统一。

②贴附式标识安装高度应在成人站立时的识别视野范围内，与车站相应设施（广告灯箱，装修面材的分块等）平齐。

8）材料工艺

（1）材料选择

①标识采用安全、环保、耐用、不褪色、防眩光的材料制作，不得使用遇水变形、变质或易燃的材料，有触电危险的场所应使用绝缘材料。

②站外标识材料的选择必须考虑其耐用性、耐候性。同时应考虑材料的经济价值，应选用金属材料和工程塑料，如不锈钢板、铝板、PC板、工程级反光膜等。

③站内标识材料的选择必须防火，应质轻、耐用、安全。宜采用挤压成型的铝合金型材、阻燃PC板材、不锈钢等。

（2）工艺选择

①站外标识：金属件应做防锈、防腐处理，内部照明的标识应防水，标识的外观宜采用氟碳喷涂或烤漆工艺，外露的零构件如螺栓、锁等宜采用非标产品，较稳定的标识信息（如站名、线路名）等宜采用镂刻、丝印等工艺。

②站内标识：金属件应做防锈、防腐处理；内部照明的标识应满足散热防尘要求；标识外部宜采用氟碳喷涂或烤漆工艺；主要零构件应采用标准产品；标识信息部分应采用可更换的工艺，如贴膜。

8.4.2 施工技术

标识的施工主要包括预埋件安装、厂内制造、现场安装三个步骤，各类标识的具体施工技术如下。

1）站外标识

（1）路引标识

路引安装在道路边上，标识主体需在工厂加工完成，现场安装工序为：

定位、放线→拆除（或切割）路砖→坑基开挖→现浇基础→安装标识→回填夯实（地面恢复）→验收。

安装后立杆应无歪斜，版面信息指向精准。

（2）出入口标志柱

标志柱安装在出入口小广场上，标识一般需配电，现场安装工序为：

定位、放线→拆除（或切割）路砖→坑基开挖→敷设电缆保护管→现浇基础→焊接接地网及接地电阻测试→安装标识→电缆敷设→电缆预试→回填夯实→搭接电源→调试→验收。

（3）出入口门楣标识

标识设置在出入口门楣上方，门楣标识的长度与出入口宽度一致，通常采用背面悬挂或顶部吊挂的方式。

（4）运营时间标识和出口编号标识

一般安装在出入口侧墙上，采用结构胶粘贴。

2）站内标识

（1）吊挂式标识

单个吊挂式标识的质量一般不超过30kg，原则上采用独立的吊挂结构，同时满足4个维度可调（上、下、左、右），吊杆尽量从天花空隙中穿出，避免在天花上开孔，常用吊挂结构有以下几种：

①独立直吊龙骨：吊挂标识安装吊杆与独立直接下吊龙骨对应相连。

②独立桥架龙骨：吊挂标识吊杆安装位置遇风管等设备管线时，采用桥架方式避开管线，吊杆与横向桥架相连。

③简易连接件：多用于无装修吊顶的车站，减少裸露的结构件。

④共用龙骨：直接使用吊顶龙骨或与其他设备共同吊挂结构。

⑤加固连接：预防风荷载对吊挂标识结构安全的影响，对吊挂部分进行加固。

（2）贴附式标识

采用卡扣、螺栓或结构胶固定于墙面。

①采用卡扣固定时，对于圆形、三角形标志，不应少于3个固定点；对于正方形和长方形标志，不应少于4个固定点；固定点宜选在边缘部位。

②采用螺栓紧固式工艺时，需保持标识后背附件与固定面紧密接触。

③直接粘贴时，基层必须平整、稳定，标识需背面均匀涂覆结构胶。

（3）地面嵌入式

主要用于地面蓄光安全标识，在地面石材上开槽后将标识嵌入到石材内，标识底部涂覆结构胶，安装完后标识表面与石材面平齐。

①开槽应保证开槽外形尺寸精度。

②基槽镶嵌面基层要处理成粗糙面，基层内部须清理干净。

③安装时结构胶只需涂于标识底部，避免过多结构胶从侧面溢出。

（4）柱立式

常用的固定方式有通过底部配重固定，底部增加固定吸盘，膨胀螺栓固定。

8.4.3 接口关系

1）装修

（1）导向标识系统与装修的布局和布置及装修材料的规格参数需协调，安装形式和方法要尽可能基于装修系统的结构可以满足的条件。

①吊挂式标识在天花上的安装位置参照天花的造型和材料及布局确定。吊杆尽量设置于天花的空隙中。

②贴附式导向标识在墙面上的安装位置结合墙面的材料模数及铺装进行设置，贴附式标识尺寸宜结合装修材料模数进行确定。

③嵌入式标识结合地面材料，安装在地面石材预留槽内。

（2）导向标识系统与装修系统视觉效果需协调。

2）动照

导向标识系统的用电应与动照系统配电的相关参数匹配。

3）站台门

站台门盖板上列车运行方向及线路标识的尺寸须依照站台门盖板的尺寸确定，版面信息应避开盖板上的警示灯。

4）PIS

导向标识系统的规划布局应参照 PIS 设备布设和安装方式，避免位置冲突和相互遮挡。

5）消防疏散指示

（1）导向标识系统与消防疏散指示系统位置冲突时，消防疏散指示系统应优先于导向标识系统。

（2）导向系统中地面蓄光安全疏散系统为消防系统的辅助部分，导向系统中地面蓄光安全疏散系统在疏散指示方向上应与消防系统保持一致。

6）广告系统

（1）导向标识不应与广告混设。

（2）车站广告不应干扰导向标识的使用。

7）闸机、扶梯

闸机、扶梯的状态标识需体现相应设备的运行状态，标识信息宜与设备状态实现联动。

8.5 设计实例

8.5.1 站外部分

站外设置站外路引标识，指引乘客前往地铁车站出入口。设置在道路交叉口、重要建筑出口等人流量较大的地点。

站外路引标识实例如图 8. 5.1 所示。

图 8.5.1　站外路引标识实例图

8.5.2 地面出入口

地面出入口主要设置站名标识、线路名标识、出入口编号标识、车站运营时间以及相应的提示标识以及安全提示类标识。

地面出入口标识实例如图 8.5.2 所示。

图 8.5.2　地面出入口标识实例图

8.5.3 站厅非付费区域

1）进站流线方向

设置乘车及售票指引标识，进站检票处标识（闸机标识），安检标识，站内公告信息，客服中心指引以及卫生间、警务室定位标识，并在售票机附近设置票价图、运营线网图等，提供乘客进站乘车所需的标识信息。

2）出站流线方向

设置出口引导标识，出口地面二级信息，周边街区地图。

8.5.4 站厅付费区

进站流线上设置乘车方向指引标识，出站流线上设置出口指引，各出口信息，周边街区图。

站厅标识实例如图 8.5.3 所示。

图 8.5.3　站厅标识实例图

8.5.5 站台

进站流线方向设置乘车方向指引，线路信息。出站流线方向设置出站的楼扶梯、电梯方向指引。

站台标识实例如图 8.5.4 所示。

图 8.5.4　站台标识实例图

8.5.6 地面标识

地面标识主要设置在站台活动门位置，指引乘客上下车。并在出站及疏散流线地面及楼梯上设置疏散辅助标识。

地面标识实例如图 8.5.5 所示。

图 8.5.5　地面标识实例图

8.6　导向标识系统新技术和发展方向

在规范化、系统化、专业化、模块化基础上，未来导向标识系统逐步向智能化、信息化、人性化方向发展和完善。

电子信息显示屏能动态显示信息，通过后台数据控制平台，能统一及时进行信息发布，信息更新方便快捷，信息清晰醒目，导向标识系统中信息更换频率高的标识将向智能化动态电子显示屏方向发展。

网络信息时代，信息量大、信息更新快，传统静态标识无法满足大量信息的发布需求，部分标识信息将通过终端查询机等设备呈现。如车站的票价图，票价信息量非常大，传统的票价信息图将会被票价查询机所替代。

投影技术可方便地将信息投射于墙面、柱面、地天花上，减少传统静态标识的设置。

大数据能够将地铁车站内部、车站周边地面信息、交通信息等信息全部共享，方便使用，未来可能无须过多实体标识，只通过手机、手环、眼镜或其他装备便可以方便快捷地获取指引信息。

第9章 广告系统

9.1 功能及构成

9.1.1 功能

车站广告系统通过合理有效地利用车站空间资源，固定设置在站内，用于发布广告。车站广告有助于美化地铁内部环境，提升空间质量，同时带动地铁周边消费，实现车站资源经济效益，空间环境效益与城市社会效益的协调发展。

9.1.2 构成

车站广告系统主要包括公共区站厅、站台墙面灯箱，公共区通道墙面灯箱，轨行区灯箱，橱窗广告，LCD 广告，拉布灯箱，广告看板。

9.1.3 专业特点

（1）广告规划设置与广告运营密切相关，设计及建设阶段需结合广告经营需求，判断广告位的价值进行合理设置。

（2）广告位设置受乘客流线、客流量、客流消费水平、车站周边及站内装修环境影响。

（3）与地铁各专业设备间位置冲突时，其他专业往往优先于车站广告。

9.1.4 系统接口

1）动照

（1）动照专业依照广告用电需求及位置布设用电接口。

（2）广告灯箱用电与动照系统配电的相关参数需匹配。

2）装修

（1）广告规划位置与装修系统的布局和布置、装修视觉效果协调。

（2）广告的安装要求与装修系统的结构、材料吻合。

(3)广告系统在规格尺寸、色彩、造型、照明上要尽可能兼顾与车站整体装修风格。

3)建筑

地下站站台轨行区、高架站站台轨行区广告设置需建筑设计预留空间条件。

4)导向

广告灯箱的设置不应干扰导向标识。

5)信号

信号专业需按需预留广告设备通信线路配置相应的播放、控制系统。

9.2 设计原则

1)安全性

根据车站空间结构,充分考虑材料、能耗、规范,考虑经营期间和维修期的安全。

2)统一性

各类广告的结构、规格应保持统一,便于广告的销售、更换与维护。

3)合理性

广告布局合理,方便运营管理和维护。

4)价值性

结合周边业态和销售需求,广告位体现相应的商业价值。

5)协调性

在与车站装修环境协调,同时满足媒体形态的一致性、连贯性与整体感。

9.3 通用技术

9.3.1 广告灯箱的排布原则

(1)公共区一般采用12封灯箱和6封灯箱,设置于车站出入口通道、站厅层墙面、站台公共区墙面。

(2)轨行区一般采用12封灯箱,设置于站台轨行区墙面。

(3)LCD 广告主要用于客流量大、广告位价值高、周边商业繁华的车站。

(4)广告看板、拉布灯箱、立体橱窗主要用于空间宽敞的车站。

9.3.2 工艺技术要求

1)通用要求

(1)灯箱通用要求

①灯箱安装完成后为相对密封的整体结构,防护等级要求大于 IP55;拉布灯箱防护等级大于 IP53。

②外观精致新颖,启闭及换画机制灵活简便、安全可靠。安装构造牢固可靠、保证安全,不影响行车或结构安全。

③制造灯箱使用的材料必须符合国家防火要求。

④灯箱光源明亮均匀,灯箱表面平均照度(白底)为 3000 ~ 3500Lux。

⑤灯箱整体需满足散热要求,灯箱正常工作时温度不应高于 40℃(轨行区 45℃)。

⑥广告灯箱内的主要器件应具备较好的互换性,能够在现场轻易快捷地进行更换。

(2)锁具

所有灯箱箱体应采用安全可靠的启闭机制,轨行区灯箱需增加保险锁。

(3)铰链

①公共区广告灯箱所使用的铰链必须保证灯箱面板启闭顺畅,开启时不能碰撞到灯箱周边的墙面装饰材料。

②轨行区广告灯箱应使用轴式铰链,并保证铰链有足够的拉合力,保证灯箱面板与箱体的连接牢固。

(4)电气要求

①所有电气使用安全接地,散热设计必须为结构性散热,不得使用加装散热扇等被动散热方式。

②工频磁场抗扰度符合国家规范。

③灯箱内安装二级控制的剩余电流动作断路器,确保用电安全。

④内接电线采用低烟无卤阻燃型电缆,并设置专用 PE 端子,满足接线要求。

⑤灯箱内所有不带电的金属部件,包括以铰链相连、可活动或可拆离的部件,均应提供永久的等电位连接。

⑥所有灯箱内(除控制和光源间隔内)的电线均须用阻燃型硬电线管保护。硬电线管应为热浸镀锌无缝焊接钢管。

2)各类形式广告技术要求

(1)公共区 6 封 /12 封广告灯箱

①箱体:箱体材料为镀锌钢板,箱体内画框为铝合金型材,需设置铝合金夹片盖板及不锈钢滑轮导轨,箱体画框背板的透明片材料为 PC 板。

②面板:灯箱面板为隐框玻璃形式,面板材料宜选用钢化夹胶玻璃。

③开启方式:面板启闭方式为上悬挂翻盖式,面板两侧设液压杆和支撑杆。

④散热:灯箱两侧设置散热口,开口向下,避免背墙渗水的侵入。

（2）轨行区 12 封广告灯箱

①箱体：箱体材料为镀锌钢板，箱体画框背板的透明片材料为 PC 板，箱体外框做防腐防锈处理。

②面板：灯箱面板为带有边框的透明 PC 板，边框采用不锈钢。

③开启方式：面板启闭方式为上悬挂翻盖式，面板下方设手动支撑杆。

④散热：为避免风蚀侵入箱体内部，散热口须满足灯箱的散热条件且不能影响灯箱的防护等级要求。

（3）轨行区落地灯箱

轨行区立柱式广告灯箱安装需制作钢架，广告灯箱安装在钢架上。钢立柱横向需做连接。

（4）非标拉布灯箱

①箱体：拉布灯箱结构镀锌角钢，镀锌角钢支撑与墙体结构相连，面框采用铝型材，光源需单独设置组件安装。

②开启方式：灯箱结构面框盖板固定方式采用翻盖式，开启方式采用四周翻盖。绷布要求灯布表面平整，长期使用不产生塌陷、扭曲现象。

③挂画方式：灯箱拉画布方式使用斜拉反扣式，画布固定在灯箱四周的面框盖板中。拉布灯箱节点如图 9.3.1 所示。

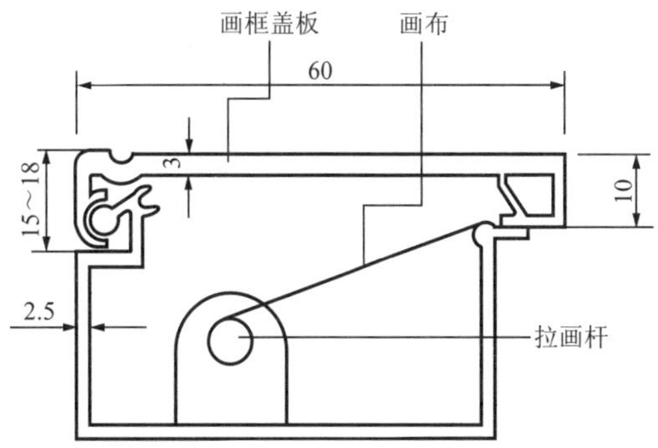

图 9.3.1　拉布灯箱节点图（尺寸单位：mm）

（5）非标广告看板

外观轻便美观，面框采用铝型材，底框采用镀锌方管。面框宽度一般为 60 ～ 90mm，画面背面设置支撑背板结构，开启方式、挂画方式同拉布灯箱。

（6）LCD 广告

LCD 电子屏应设置推动的固定支架，应有满足 LCD 散热要求的措施，LCD 电子屏应具备来电自动启动和失电自动关闭程序，能方便地通过现场接口和网络通信接口集中更换画面。

（7）立体橱窗

立体橱窗箱体内部宜设置光源照明。

3）灯箱的安装要求

（1）通用要求

公共区灯箱箱体通过固定件固定在墙面上，面板表面基本与墙面装修完成面平齐；轨行区墙面灯箱因避免墙面渗漏水对灯箱的侵蚀，采用离墙固定式。

（2）离墙固定式

需在结构墙面安装角码，角码表面需热浸锌处理，焊接处要求表面铬化防锈处理。角码及固定件应便于限位调节。

（3）轨行区立柱式

灯箱立柱与结构地面连接处需做混凝土加固。

（4）看板广告及拉布灯箱

安装形式采用离墙安装，安装完成后画面与离壁墙装修完成面平齐。

（5）LCD 广告

成品设备现场组装，安装完成后外观整体效果美观。安装后需进行显示屏校准、画面同频率调试。

9.4 设计实例

9.4.1 出入口广告平面布置实例

通道侧墙设置灯箱广告，入口门楣竖壁墙面设置电子显示屏广告，楼扶梯的侧墙设置看板广告。通道广告布置实例如图 9.4.1 所示。

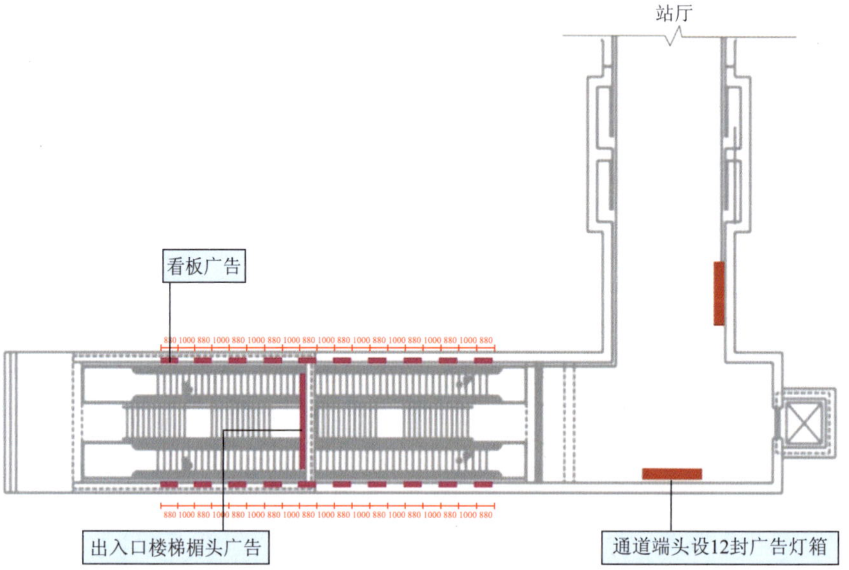

图 9.4.1 通道广告布置实例图

9.4.2 站厅公共区广告平面布置实例

站厅墙面设置灯箱广告，站厅下站台楼扶梯门楣竖壁墙面设置电子显示屏广告。站厅广告布置实例如图 9.4.2 所示。

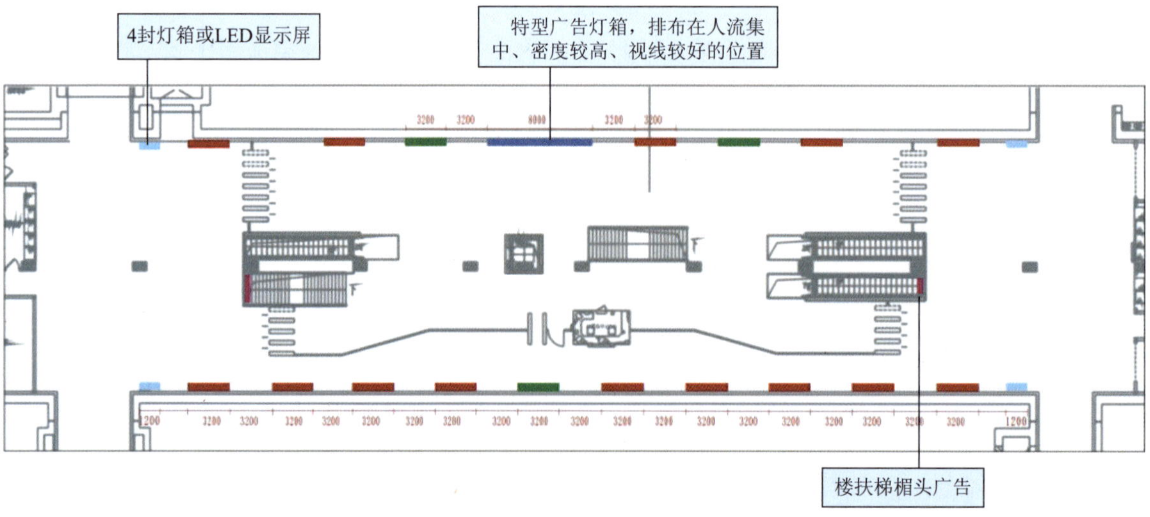

图 9.4.2 站厅广告布置实例图

9.4.3 站台层广告平面布置实例

站台轨行区墙面设置灯箱广告，布置实例如图 9.4.3 所示。

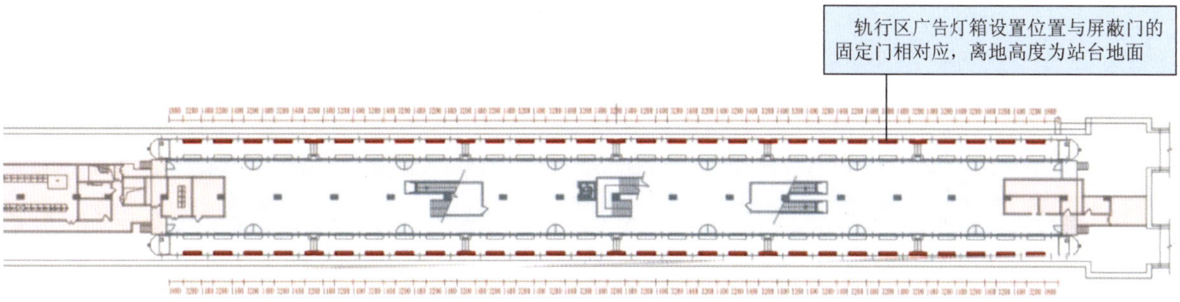

图 9.4.3 站台轨行区广告布置实例图

9.5 广告系统新技术和发展方向

9.5.1 以光、声、电、虚拟技术等作为传播媒介，追求视觉效果和传播效率

随着科技的更新与发展，电子媒介的介入，以传统喷绘、印刷为媒介的平面广告逐步被以光、声、电等为传播媒介所代替。广告系统向动静结合、立体化方向发展。追求醒目、直观的视觉效果以提高广告的收益率。主要包括隧道“动画广告”、全息投影广告、平面投影广告、互动投影广告等。

9.5.2 由单向传播向互动方向发展，突出参与性以及与受众的互动性

移动互联网技术推动地铁广告由单向传播向互动过渡，特别是智能手机的普及，通过二维码等能增加广告的互动性、参与性，同时提供更多的广告信息。地铁广告新媒介如人体感应、互动投影都提供互动式营销体验，增强了广告视觉冲击力。

9.5.3 资源的整合营销、全方位的广告传播

地铁广告包括车站公共空间广告、车载媒体广告和其他信息媒体广告。广告的传播媒体包含平面广告、广播广告、户外广告、在线广告、体验中心等多种，地铁广告从整体着手，放眼全局，使其成为整合营销中线下推广和线上广告的重要媒介，保证在信息碎片化时代广告的传播效率，成为整合营销有效的传播手段之一。

第4篇 系统设备工程

第10章 信号系统工程

10.1 信号系统工程概述

地铁信号系统是保证列车和乘客安全，实现列车运行高效、指挥管理有序的自动化控制系统。其具有行车指挥与列车运行监视、控制和安全防护功能，具有降级运用的能力。信号系统是整个地铁系统的“中枢神经”部分，是地铁工程的安全命脉，信号设备应符合“冗余”和“故障—安全”的原则。

10.2 信号系统工程特点

列车运行的基础是轨道线路，整条线路行车都受信号系统控制。信号系统设备安装工程具备以下特点：

（1）信号系统选用何种制式、哪个公司做集成服务单位往往由建设单位招标确定，再组织相关方召开第一次、第二次、……、第 n 次设计联络会确定相关技术问题。

（2）室外设备沿轨道分布，与轨道专业结合紧密，大部分设备依托轨道安装，轨道专业为信号专业设计提供线路坡道、曲线、坐标、长链及短链等技术参数，以利于信号设备通过牵引计算布点，为信号设备安装提供条件。特别是转辙机、计轴设备安装在轨道上对轨道提供条件要求高，浮置板道床区段预留信标安装基坑、预埋所需线管等。

（3）信号系统正线光、电缆主干径路托臂支架、线槽由通信系统提供，与通信系统缆线同径路，光、电缆敷设受制于托臂支架、线槽的安装进度和质量；支线光、电缆径路与主干径路结合部位如何处理应与通信系统进行充分的协商。

（4）紧急停车按钮、发车指示器、自动折返按钮等站台设备，土建装修专业需根据信号专业要求提供安装位置、数量及安装尺寸在装修面开孔；发车指示器、自动折返按钮安装于站台端门外侧，在此区域也有其他系统设备，易发生冲突。

（5）室内、外设备种类繁多，配线工作量大，安装单位必须配备足够的人力、备齐所需材料及工具集中开展配线工作。

（6）安装精度要求高、可调整余量少，信号设备安装允许偏差是毫米级，特别是钢轨钻孔、安装转辙机、计轴等设备，稍有偏差就会造成伤轨或废轨。

10.3 信号系统构成及其功能

目前，世界各大城市新建或改建的地铁工程大多采用列车基于通信的移动闭塞列车自动控制系统（Communication Based Train Control System，CBTC），由列车自动监控（ATS）、列车自动防护（ATP）、列车自动驾驶（ATO）以及计算机联锁（CI）、数据通信（DCS）子系统和维修监测（MSS）子系统，共六个子系统构成。城市轨道信号系统为三级控制模式：中央级控制、联锁区及场段级控制和车站级控制。设备主要包括控制中心设备、正线设备、试车线设备、车载设备、车辆段设备、维修中心设备等部分组成。信号系统主要设备见表10.3.1，信号系统结构如图10.3.1所示。

信号系统主要设备　　表10.3.1

序号	设备名称	单位	序号	设备名称	单位
一、控制中心					
1	大屏幕投影驱动服务器	套	8	时刻表编辑工作站	台
2	通信服务器	套	9	报告服务器	台
3	系统管理服务器	套	10	打印机	台
4	通信前置机	套	11	维护工作站	台
5	网络通信设备	套	12	UPS电源（配电池）	套
6	调度员（长）工作站	台	13	计算机系统软件	套
7	培训/模拟设备	套			
二、正线与试车线主要设备					
1	三相交流电动转辙机	台	11	UPS电源（配电池）	套
2	无线接入点	台	12	电源屏	套
3	室外计轴设备	套	13	ATS分机	套
4	应答器	个	14	车站辅助接口设备	套
5	光端机	个	15	通信接口设备	套
6	现地控制盘	台	16	ATP/ATO计算机	套
7	试车线控制台	台	17	室内无线通信设备	套
8	本地工作站	台	18	联锁机	套
9	维护工作站	台	19	电子接口设备	套
10	打印机	台	20	室内计轴设备	套
三、车载设备					
1	车载ATP/ATO计算机	台	4	多普勒雷达	套
2	车载操作显示单元	套	5	发送和接收天线	套
3	测速发电机	套	6	应答器天线	套
四、车辆段设备					
1	直流电动转辙机	台	9	网络通信设备	套
2	单元控制台	台	10	联锁机	套
3	后备控制台工作站	台	11	监测机	套
4	ATS终端	台	12	50周微电子相敏轨道电路测试盘（48）	台
5	维修终端	台	13	UPS电源（配电池）	套
6	派班室终端	台	14	电源屏	套
7	光网转换器	个	15	打印机	台
8	ATS分机	套			

续上表

序号	设备名称	单位	序号	设备名称	单位
五、维修中心设备					
1	维修中心服务器	台	9	继电器测试台	台
2	网络通信设备	套	10	转辙机测试台	台
3	维护工作站	台	11	密贴检查器	台
4	ATS 测试设备	套	12	网络电缆测试仪	台
5	ATP/ATO 测试设备	套	13	网络分析仪	台
6	无线通信测试设备	套	14	数字万用表	台
7	CI 测试设备	套	15	便携式计算机	台
8	车载测试设备	套			
六、培训中心设备					
1	无线接入点	台	12	室内无线通信设备	套
2	室外计轴设备	套	13	联锁机	套
3	应答器	个	14	电子接口设备	套
4	操作员工作站	台	15	室内计轴设备	套
5	维修终端	台	16	车载 ATP/ATO 计算机	台
6	打印机	台	17	车载操作显示单	套
7	UPS 电源(配电池)	套	18	测速发电机	套
8	ATS 分机	套	19	多普勒雷达	套
9	车站辅助接口设备	套	20	发送和接收天线	套
10	网络通信设备	套	21	应答器及天线	套
11	ATP/ATO 计算机	套	22	电源屏 15kW	套

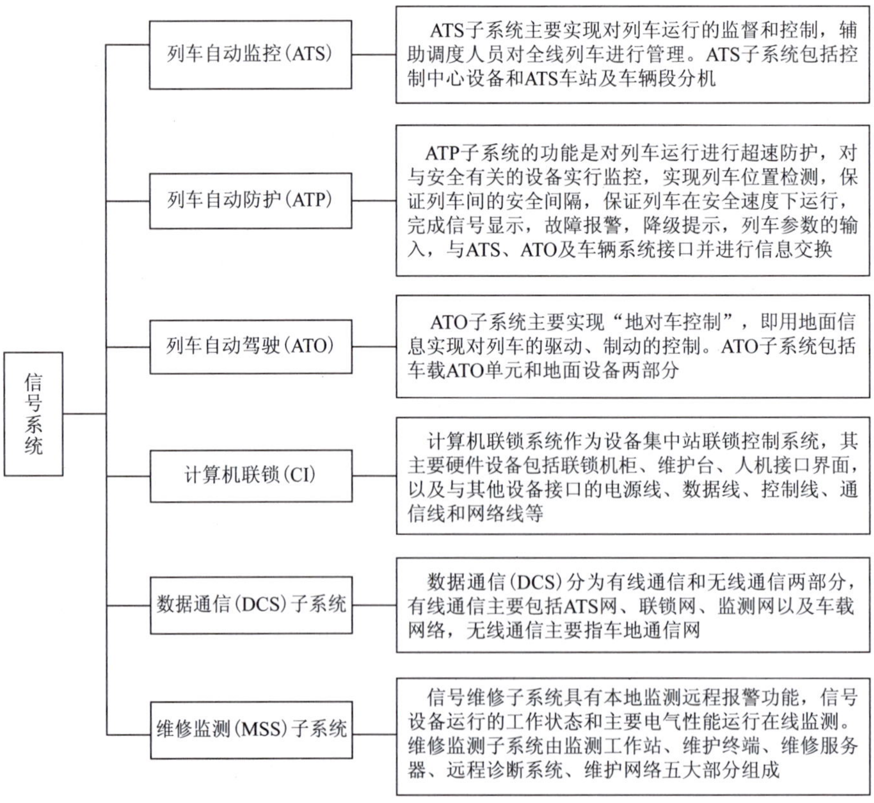

图 10.3.1　信号系统结构图

10.3.1 列车自动监控(ATS)子系统

ATS 子系统是一个分布式的计算机监控系统，主要分布于控制中心、正线设备集中站、正线非设备集中站、车辆段及停车场，通过 ATS 主干网连接构成，为了提高整个系统的可靠性，其关键设备和网络均采用冗余配置。对正线车站，ATS 子系统包括集中控制和车站控制两种级别。正常运营时，ATS 子系统主要采用集中控制，根据列车运行时刻表对全线列车进行集中监控，授权的行调人员也可在控制中心相应的 ATS 调度工作站上人工设置控制命令到相应的子系统，对运营实施控制；在车站控制状态下，车站操作员可通过设备集中站 ATS 工作站发送控制命令到相应的子系统，对运营实施控制。在设备集中站和 ATS 控制中心通信正常的情况下，由车站操作员和中心调度员办理授权手续后完成集中控制和车站控制的转换。紧急情况下，车站操作员可不经授权，立即将控制权转到车站控制，控制联锁区范围内的进路和信号，并可办理引导接车。控制权的转换过程中及转换后，未经人工介入各进路的原自动控制模式不变。对车辆段及停车场因其功能相对独立，控制中心一般只显示不控制。ATS 子系统主要由设备机柜、显示终端、车辆段及停车场 ATS 分机、发车计时器等设备构成。

ATS 系统在 ATP、ATO 系统的支持下完成对列车运行的自动监控，实现以下基本功能：

(1)根据联锁表、计划运行图及列车位置自动生成进路控制命令，传送到车站联锁设备，设置列车进路，控制列车运行等级、停车时分。

(2)列车车次号跟踪、传递和显示功能，系统能自动完成正线区段内列车车次号（服务号、目的地号）跟踪，列车车次号可由中央 ATS 自动生成或调度员人工设定、修改，也可由列车经车—地通信向 ATS 发送车次号等信息。

(3)列车计划运行图与实际运行图的比较功能和计算机辅助调度的功能，能够根据列车实际运行的偏离情况，自动生成调整计划供调度员参考。对于单列车的运行偏离，在系统允许范围内将进行自动调整，而当全线的运行秩序被打乱时，应可按等间隔运行的原则生成调整计划，经调度员确认后对全线列车进行调整。自动或人工调整列车运行需与 ATO 结合进行，主要手段有调整列车区间走行时间；调整列车停站时间，控制列车出发时刻；在车站“扣车”与“放行”；取消或增加列车。

(4)运行图编制和管理功能。

(5)列车运行的自动调整及人工调整，具有较强的人工介入能力。无论是中央控制还是车站控制，人工控制权限均高于自动控制权限。在各种模式转换过程中，新的控制模式转换成功前，原控制模式保持不变。中央自动监控模式为 ATS 的正常模式。

(6)列车运行及信号设备的监视和报警。

(7)系统故障时降级处理及故障复原处理，当 ATS 控制中心发生故障时：①由各站 ATS 车站设备各自进行进路的自动控制；②联锁设备按自动追踪进路方式控制列车；③由各站人工进行进路控制。当 ATS 车站设备发生故障时：①联锁设备按自动追踪进路方式控制列车；②由各站人工进行进路控制。

(8)在控制中心专用的设备上提供培训和演示功能。ATS 子系统通过 OCC 的大屏幕显示系统及调度台操作工作站，能对在线运营列车位置进行监视功能，以及对信号设备状态进行监视，设备故障情况下能在行调工作站及维修工作站上给出报警及故障源提示。

(9)车辆段和停车场列车运用计划管理。通过设在车辆段、停车场的终端，向车场管理及行车人员提供必要信息，以用于编制车辆运用计划和行车计划。

(10)记录、统计和打印功能。所有动态操作和有关行车及设备的数据均用适当的格式统计、记录在磁盘或其他存储器中，自动进行运行统计，包括列车报告、车站报告、车次号报告以及各种运行指标等；具有自行制表功能，工作人员能对运行资料库进行访问，根据需求自行制表。根据要求进行显示和打印。

(11)完成与乘客资讯等其他系统的接口。

(12)与 ATP/ATO、通信时钟、无线系统、综合监控系统及信号维修中心交换信息。

(13)ATS 网络应具有可扩展性，其网络的通信协议应采用国际标准协议。

10.3.2 列车自动防护(ATP)子系统

列车自动防护(ATP)子系统是保证列车运行安全的系统，提供列车间隔保护及超速防护，必须严格遵循故障—安全原则。子系统分为连续式 ATP 和点式 ATP。列车自动防护（ATP）子系统设备按安装位置分，包括室内、室外轨旁设备和车载设备。安装在设备室内的轨旁 ATP 设备主要包括区域控制器(ZC)、线路控制器(LC)、门控单元，安装在轨道上的轨旁 ATP 设备主要包括有源及无源信标，安装在列车上的车载 ATP 设备主要包括车载控制器(CC)、司机显示单元(DMI)、编码里程计、信标天线。其主要功能包括：

(1)列车定位 / 测速功能：ATP 系统需能安全且精确地确定列车的位置和列车的速度，系统具有定位和测速误差的补偿功能。

(2)ATP 需保持列车间的安全间隔，满足正向行车时的设计行车间隔和折返间隔，确保列车之间的安全距离。

(3)根据联锁提供的进路、道岔、前方车辆的状态，地面 ATP 设备向车载 ATP 设备传送列车移动授权信息。

(4)超速防护和制动保证：系统必须确保列车的实际运行速度不超过规定的安全速度。

(5)为列车车门、站台屏蔽门等的开闭提供安全监控信息。

(6)任何地对车连续通信中断、信道的阻塞，列车的非预期移动（包括退行），列车完整性电路断路，列车超速、车载设备重要故障等将产生报警及安全性制动(如紧急制动)。

(7)实现与 ATS、ATO 系统的接口及信息交换。

(8)列车运行状态、设备状态、运行模式等信息的显示及记录。

(9)列车实际运行速度、列车限速、目标速度、目标距离等信息显示，列车超速、设备故障等报警。

(10)车载 ATP 设备应在下列驾驶模式中对列车实施监控：① ATO 自动驾驶模式；②列车有人或无人自动折返模式；③ ATP 防护下的人工驾驶模式；④限制人工驾驶模式。

10.3.3 列车自动驾驶(ATO)子系统

ATO 子系统是列车运行自动化系统中的高层次环节，在 ATP 系统的安全防护下实现列车自动驾驶，ATO 对提高列车运行效率、完成运行自动调整、改善司机劳动条件、实现列车经济运行等方面具有重要作用。ATO 系统主要由车载设备和地面设备组成，其主要功能如下：

(1)能够完成对列车的启动、牵引、巡航、惰行和制动的控制，满足不同行车间隔的运行要求，适应列车运行调整的需要。

(2)根据不同的条件选择最佳的运行方案，确保列车按照运行图运行，达到节能及自动调整列车运行的目的。

(3)根据线路条件、道岔状态、前方列车位置等实现列车速度自动控制；区间停车后，在条件具备的情况下实现列车的自动启动；车站发车时，列车启动由司机控制。

(4)能控制列车实现车站自动通过作业及由司机监督或无司机监督折返作业的自动控制。

（5）系统发出制动命令的同时，切断列车的牵引控制回路；系统发生故障时能转为司机控制。

（6）停车控制过程应满足舒适度、快捷性和停车精度的要求。

（7）能根据停车站台的位置及停车精度对车门及屏蔽门进行监控，自动开启车门及屏蔽门。

（8）与 ATS 和 ATP 结合，实现列车的有人或无人自动折返。

10.3.4 计算机联锁（CI）子系统

1）正线计算机联锁

正线计算机联锁（CI）子系统的主体计算机平台由供货单位提供，同时由其提供必要的底层软件，包括安全性专用实时操作系统 FSOS、通信软件、标准 I/O 驱动程序、标准时钟等；涉及双 CPU 系统之间的总线比较及同步判别等安全保证的软件也由供货单位提供并包含在安全操作系统的内核中；这些软件运行于联锁机和驱采机的各 CPU 中；软件安全性保证的要点在于采用故障安全微型计算机开发的安全实时操作系统，在该操作系统的支持和管理下，应用程序以一定的周期顺序执行一系列模块构成的子程序，各子程序严格定时运行；一旦应用程序出现运行异常，操作系统立即停机，从而导向安全；操作系统本身可定期对随机存储器（Random-Access Memory，RAM）、只读内存镜像（ROM image，ROM）进行诊断；计算机联锁（CI）子系统通过安装在集中站的设备实现对正线信号、道岔、进路等的控制，非集中站的设备只负责对本联锁区进行监控；计算机联锁（CI）子系统主要由室内继电器机柜、信号机、轨道占用检测设备、电动转辙机、紧急关闭按钮等设备组成。

2）车辆段 / 停车场计算机联锁

车辆段 / 停车场单独配置微机联锁系统，在车辆段进行现地控制，不纳入正线 ATC 系统控制，由于该方式投入少，有利于整个系统国产化目标的实现，并且有成熟的管理使用经验及规章制度，是国内地铁普遍采用的方式。车辆段、停车场联锁设备主要负责段、场内列车作业的安全，其主要功能如下：

（1）实现段、场信号机、道岔、轨道电路间正常的联锁；

（2）与正线 ATS 系统接口，实现段、场列车作业的监督；

（3）与正线联锁设备接口，实现列车出入段、场的安全控制；

（4）与正线轨道接口保证列车进出正线轨道的安全；

（5）车辆段、停车场微机监测设备完成对基础信号设备模拟量和开关量监测的功能，并应满足《信号微机监测系统技术条件（暂行）》的要求。

3）试车线设备功能（属于正线设备，一般设于车辆段内）

试车线设备完成列车投入运营前车载设备的静态与动态性能测试，其主要功能是：

（1）测试车载 ATP/ATO 与列车动力设备的电气性能；

（2）测试紧急制动和常用制动是否正常；

（3）测试车载设备对车门及屏蔽门的控制是否正常等。

4）培训设备功能（属于正线设备，一般设于车辆段内）

培训设备完成运营人员的操作培训和信号系统维护人员的维修培训，其主要功能是：

（1）列车运行的仿真模拟；

(2)人机接口模拟；

(3)设备故障模拟测试。

10.3.5 数据通信(DCS)子系统

数据通信(DCS)分为有线通信和无线通信两部分，有线通信主要包括 ATS 网、联锁网、监测网以及车载网络，无线通信主要指车地通信网。数据传输系统用来传输大流量信号数据和其他外部信息，分为地—地通信及车—地无线通信两个层面，为整个信号系统的信息传输提供通道。

10.3.6 信号维修监测(MSS)子系统

信号维修监测子系统具有本地监测远程报警功能，对信号设备运行的工作状态和主要电气性能进行在线监测；当设备的工作状态异常或电气性能偏离预定界限时及时报警；实现方式是通过各种传感器以及外围采集器件对车站的各个部分的性能、电气参数、动作状态、工作情况及操作员操作等过程进行实时不间断的测量、记录、打印，通过网络传送到维修中心服务器和各终端，实现了远程监测的功能。为方便用户使用和管理，子系统组成结构和维护终端设置数量、地点设计应充分征求用户意见；整个系统由监测工作站、维护终端、维修服务器、远程诊断系统、维护网络五大部分组成。

(1)监测工作站：车站级的监测工作站设置于设备集中站、车辆段和停车场内。车站级的监测工作站用于汇总各子系统的维护信息并实时上传到维护网上；在每个集中站、各子系统配备自身的维护终端，包括 CI/ATS 维护终端（根据系统情况，为方便用户使用，将 C I 和 ATS 维护机合并）和 ATP 维护机、灯丝报警仪、电源屏监测机，连接至维护工作站，并将各子系统的工作状态及报警信息实时向维护工作站发送；设置在车辆段和停车场的监测工作站还增加了监测采集机，用于对设备信号模拟量的测试；对于电源系统的监测信息，包括输入 / 输出电压、电流、漏流、集中站及非集中站不间断电源(UPS) 的监测信息等，统一送到集中站电源屏内的监测机中，然后再发送到监测工作站，再通过维护网将电源系统的相关工作信息和报警信息传输到维护支持系统的服务器及各个终端，实现远程监视和报警的功能；对于 ATP、CI、ATS 系统的工作和报警信息，与电源系统的处理方法相同；在各设备集中站、车辆段和停车场均设置有灯丝报警仪，实时监督信号机的工作情况，并通过串口向监测工作站发送报警信息；车辆段和停车场设置有采集机，可以采集道岔电流、轨道工作状态、电缆绝缘等信息。

(2)维护终端：维护终端配置与监测工作站相同。

(3)维护服务器：在维修中心配有系统维护服务器，具体配置信息满足设计要求。

(4)远程诊断系统：整个维护系统配有一个远程诊断系统，通过此系统可以远程调取现场的维护数据，随时对整个系统的运用情况进行监视诊断。

(5)维护网络：维护网络由一个独立的以太网组成，在设备集中站、车辆段和停车场设置的监测工作站与其他系统的维护终端均通过串口连接，以防止维护系统对其他安全系统的影响。

10.4 信号系统工程核心设备功能简介

信号系统工程核心设备功能见表 10.4.1。

信号系统工程核心设备功能表　　表 10.4.1

序号	设备名称	设备图片	设备功能
1	转辙机		在集中联锁设备中，转辙机的作用是接到命令后带动道岔转换，其主要功能为转换道岔、锁闭道岔尖轨、表示道岔所在位置，具体表现为： （1）根据操作要求，将道岔转换至定位或反位。 （2）道岔转换至规定位置而且密贴后，自动实行机械锁闭，防止外力改变道岔位置。 （3）当道岔尖轨与基本轨密贴后，正确反映道岔位置，并给出相应表示。 （4）发生挤岔以及道岔长时间处于“四开”位置（尖轨与基本轨不密贴）时，及时发出报警
2	信号机		LED 信号机是在地铁站场、区间作为进站、出站、进路、防护、预告、调车、复示及引导等地面灯光信号之用，具有结构紧凑、能耗低、寿命长、无须调焦等特点。 地铁正线信号系统中，正常 CBTC 信号模式下信号机是没有用的，司机只依靠车载人机界面上的信号显示来行车，不用观看轨旁信号机指示。只有在 CBTC 故障降级的情况下，正线信号机才发挥指示行车的作用
3	计轴	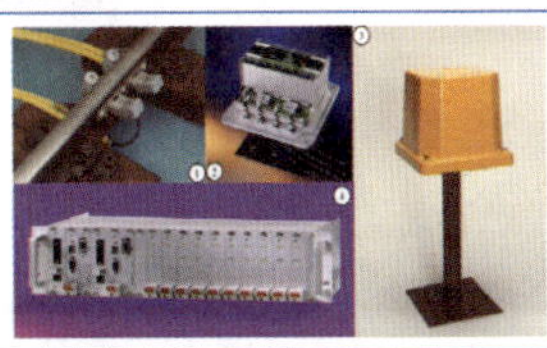	计轴是正线信号系统重要设备之一，具有轨道区段空闲检查、列车完整性检查等功能，是正线信号系统降级后的重要设备。计轴系统的主要设备有磁头、电子盒、安装盒、计轴评估器
4	室内设备		室内设备主要包括电源屏、电池柜、稳压柜、联锁机柜、计轴机柜等各种机柜。 实现了车站、区间、列车控制及行车调度自动化的一体化，打破了功能单一、控制分散、通信信号相对独立的传统技术理念。列车自动控制系统（ATC）各子系统基于先进的通信信息交换网络构成闭环系统，可以充分发挥信号系统作用，保证行车安全、提高运行效率、缩短行车间隔、提高运输能力和服务质量。此外，信号系统还含有维修管理子系统和培训子系统
5	轨道电路		轨道电路是信号联锁的室外重要设备，起着保证行车和调车作业安全的作用。它能监督检查某一固定区段内的线路（包括站线）是否有列车运行、调车作业或车辆占用的情况，并能显示该区段内的钢轨是否完整。它以钢轨为导线，轨缝间用接续线连续起来，一端接电源，另一端接着受电器，通过轨道电流来工作。 监督列车占用：利用轨道电路监督列车在正线或列车和车辆在车辆段等线路的占用状态。 传输行车信息：在正线上，根据列车的位置，有关闭塞分区的轨道电路运输不同的信息，实现对列车的追踪控制
6	应答器	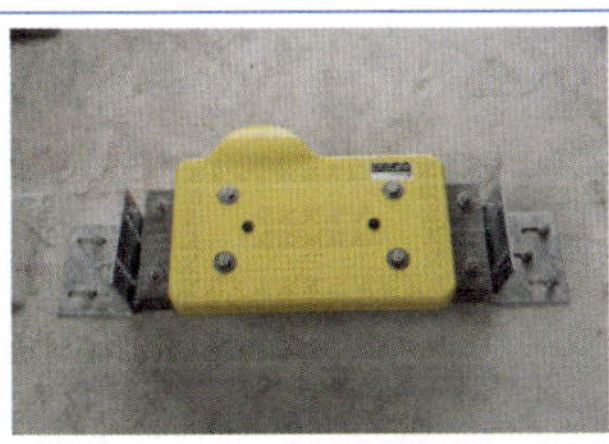	应答器用于地面向列车信息传输的点式设备，分为固定（无源）应答器和可变（有源）应答器。主要用途是向列控车载设备提供可靠的地面固定信息和可变信息。应答器是能向车载子系统发送报文信息的传输设备，既可以传送固定信息，也可连接轨旁单元传送可变信息

10.5 信号系统工程施工工艺及技术要点

由于不同供货单位生产的信号系统部分设备不仅其名称不同，而且其外部形状及内部结构均不相同，导致安装标准也不可能相同，对此类设备的安装、调试、验收等一般仅从符合设计和相关产品技术标准的角度提出要求。信号系统设备安装工程技术要点具体如下。

10.5.1 光、电缆敷设

1)敷设流程

光、电缆敷设敷设流程如图10.5.1所示。

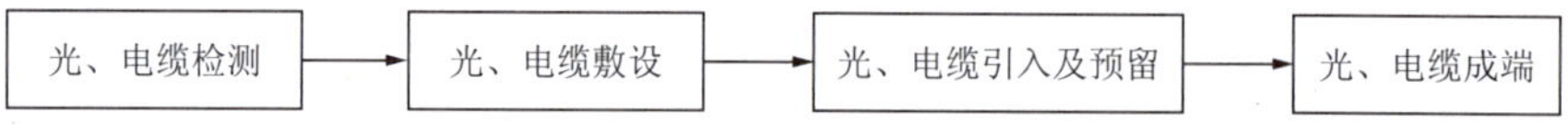

图4.10.5.1　光、电缆敷设敷设流程图

(1)敷设

①地面、高架区间光、电缆敷设需敷设在区间电缆槽道上,地下区间光、电缆敷设敷设在区间侧墙支架上。

②进入光、电缆敷设敷设现场后,根据分工要求进行人员安排,明确指令和责任。

敷设过程中,根据不同的敷设区间正确选择光、电缆敷设盘,4人负责线盘随轨道曲线和坡度变化随时调整线盘的倾斜度和水平度,防止因线盘左右平移造成与支架的摩擦或卡盘,影响线缆敷设或使电缆支架因突然受力而倾倒;光、电缆敷设敷设时不得在地上拖拉,防止损伤外皮;光、电缆敷设敷设时不得出现打背扣和打死弯等现象。

③车上另外安排3人负责从盘上拉动线缆,使其沿平板车后沿布放,防止线缆所受张力过大。在电缆盘的后方有2人根据线路曲线动态调整电缆支架的高度,防止电缆支架倾倒。

④光、电缆敷设敷设时弯曲半径不得小于其外径的15倍。光、电缆敷设敷设不得在地上拖拉损伤外护套,光缆不得出现打绞、扭弯等现象。

⑤光、电缆敷设敷设至车站后,通过区间引入孔引至信号设备室。在不具备将光、电缆敷设引入至信号设备室的条件时,需要对预留光缆临时采用"8"字倒盘方法进行盘留。

(2)引入

①光、电缆敷设由区间敷设到车站轨行区后,从区间支架通过区间引入孔引至通号电缆间,并在通号电缆间的预留架上做预留。

②再次确认引入长度(或接头处预留长度)。

③电缆端头固定在隧道内支架侧的固定物上,防止电缆脱落进入轨道上。

④将电缆上支架后出现的少量累积富余长度向前逐步送展至末端。

⑤将光、电缆敷设通过地槽或预埋管道引入信号设备室的ODF架。

2)技术要点

(1)电缆型号规格、质量符合设计要求。

(2)电缆无绞拧、铠装压扁、护层断裂、表面严重划伤等缺陷。

(3)电缆敷设位置正确,排列整齐、固定牢固、标记位置准确,标牌齐全、信息清晰,出入口有防火防鼠隔离封堵措施。

(4)电缆的转弯处走向整齐一致,标记清晰齐全,挂牌整齐无遗漏。

(5)在终端处除留有备用长度外,还应根据接线处的高度预留制作终端头的长度。

(6)电缆保护管口光滑、无毛刺,固定牢靠,防腐良好,弯曲半径不得小于电缆的最小允许弯曲半径,保护管口处电缆应用胶皮包裹防护并将管口封闭严密;弯曲半径约为布放电缆直径的15倍。

(7)电缆中间接头位置安排要恰当，并列敷设的电缆，其接头应相互错开。

(8)引用技术标准：

《建筑安装工程施工图集——电气工程及弱电工程》(第二版)。

《建筑电气工程施工质量验收规范》(GB 50303—2015)。

《建筑电气安装工程分部、分项施工工艺标准》(第二版)。

电缆上架实例如图 10.5.2 所示。

图 10.5.2　电缆上架实例图

10.5.2　信号机安装

1) 安装流程

信号机安装流程如图 10.5.3 所示。

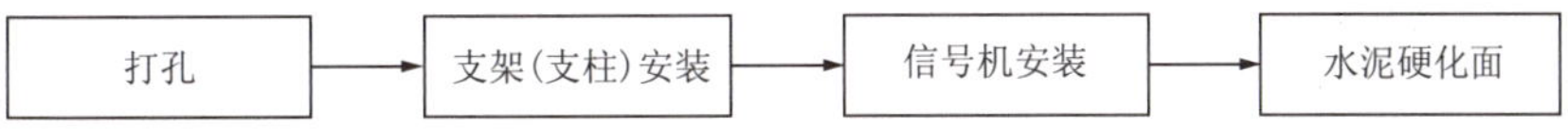

图 10.5.3　信号机安装流程图

(1)安装准备

①核对支架(立柱)、机构灯位、配套螺栓等材料型号和数量。

②做好劳动组织、施工机具、设备、材料的准备工作。

③安全防护已到位(隧道内施工需设置红闪警示灯)。

④确认上、下、左、右无其他专业设备。

(2)打孔

①测量支架安装高度，将支架移至安装位置，并保持支架水平，打孔位置做好标识。

②确定安装位置后，打孔安装膨胀螺栓。

③如使用化学锚栓固定支架(立柱)，应根据支架(立柱)的孔距制作打孔模板。灌胶待化学锚栓固化，移除模板，方可进入下一步安装。

(3)支架(立柱)安装

①安装支架(立柱)，调整支架(立柱)的顶面保持水平，紧固螺栓，螺杆露出螺母 2 ～ 3 个螺距(采用化学锚栓固定的，待锚栓固化后方可安装支架或立柱)。

②碎石道床采用立柱安装时，埋深不得小于 500mm，回填后夯实，且立柱顶面到轨面的垂直距离应符合设计单位及建设单位的要求。

③测量支架(立柱)靠近轨道侧的最外沿距钢轨中心线的距离，是否满足限界要求。

(4)信号机安装

①信号机构及配件的紧固件应平衡拧紧，螺杆露出螺母 2 ～ 3 个螺距。

②信号机安装在隧道弯道时，无法保证最小 200m 显示距离要求，在满足限界的情况下应尽可能将信号机靠近钢轨侧安装。

③安装位置无法安装信号机(无隧道壁、立柱不满足限界要求等)时，则可安装到对应侧(列车行驶方向的左侧)。此方案需经设计单位、建设单位、监理单位同意。

④限界测量。

⑤信号机安装完工需用彩条布或塑料袋将信号机包裹严实，做好成品保护。

（5）维护平台安装

①安装位置在满足设计及现场条件下，尽量做到便于信号机检修及维护要求，且牢固可靠。

②立柱信号机梯子中心应与立柱中心一致，梯子支架应水平，连接牢固。

③安装完成后测量限界。

2）技术要点

（1）信号机安装位置应符合设计规定，严禁侵入设备限界。

（2）信号机支架（立柱）与隧道或桥梁有接地要求时，应保证接地良好；有绝缘要求时，支架（立柱）与隧道体或桥梁体间的绝缘电阻符合设计规定。

（3）信号机构及配件的紧固件应平衡拧紧，螺杆露出螺母 2 ～ 3 个螺距。

（4）立柱埋设深度和信号机机构最下方灯位中心到轨面的距离应符合设计规定，且立柱垂直于轨道。其倾斜量不应大于 36mm。

（5）维修平台中心应与立柱中心一致，维修平台应水平，固定牢固。

（6）引用技术标准：

《地下铁道工程施工及验收规范》（GB 50299—1999）（2003 年版）。

《城市轨道交通信号工程施工质量验收规范》（GB 50578—2010）。

信号机安装实例如图 10.5.4 所示。

图 10.5.4　信号机安装实例图

10.5.3　转辙机安装

1）安装流程

转辙机安装流程如图 10.5.5 所示。

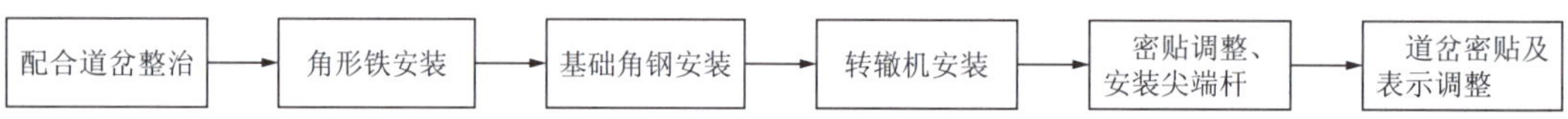

图 10.5.5　转辙机安装流程图

（1）安装准备

①主管工程师对安装人员进行技术交底，并对安装人员进行施工技术、安全技术培训，熟悉安装规范及施工安全注意事项，掌握操作工艺及工序流程，提高施工技能，保证施工质量。

②以设计安装图为依据，核对各牵引点转辙机型号、规格、安装装置零部件是否配套齐全，是否满足技术要求。

③按照实际图纸进行现场调查，逐一核对预留的沟槽位置、基坑大小、安装位置是否满足设计要求。调查、核实道岔型号、钢轨类型、限界空间以及轨距、开程、尖轨密贴等情况是否符合安装要求。

④适时进行跟进调查，随时掌握站前施工单位岔区轨枕安装、坑槽预留的浇筑等情况，要逐一进行测量、孔距定位（轨枕头托盘安装部位），并在安装托板的轨枕预留螺栓孔内注黄油，做好防堵塞防护。

⑤安装前开箱检查各种道岔设备外观质量，核对质量证明文件是否符合设计技术要求，核对设备型号是否正确，零部件是否齐全。对转辙机进行外观检查和测试，备齐安装转辙机所需的各种工具、材料。

⑥根据图纸核对各种型号转辙机的安装位置(主机、辅机及左开右开),提前进行翻边并做好标识。

⑦提前准备好所需的机具、材料及安全防护用品;作业前核对机具的配置情况,应满足施工要求;调查既有道岔的开向与预铺道岔是否一致,确定现场工作量,做好人员的合理组织与配备。

⑧提前申报轨行区作业计划,按照批准的作业计划,按要求进入现场施工,并按计划撤离。

(2)现场调查

调查既有道岔的开向与预铺道岔是否一致,确定现场工作量。根据道岔铺设进度,适时跟进调查即将新铺设的道岔处预留空间、预留基坑、预留沟槽宽度、平行度、垂直度,以及与道岔安装各部位的其他几何尺寸是否能够满足安装要求;随时掌握站前单位岔区轨枕安装、浇筑情况,必要时安排人员在站前单位浇筑岔区轨枕前(模具定位时),用自制定位模具进行孔距定位,保证安装部位孔距符合安装要求。

①待整体道床浇筑成型后,检查道岔部件是否完整并符合安装要求。联系铺轨单位派人核对道岔是否方正,各部位轨距或开程是否符合标准,铺轨单位人员确认达标并满足安装要求。

②调查整体道床预留的道岔安装基坑、安装装置的沟槽是否符合设计文件和安装要求;同时记录好所确定的转辙机安装位置(左侧或者右侧、直股或者弯股),为基础角钢、安装装置的安装以及配线线把出线方式做技术准备。

③检查道岔开程和道岔方正情况。道岔开程在规定的范围内(控制在148~152mm范围内),两尖轨尖端前后位置偏差应小于20mm。

(3)配合道岔整治

①通过调查的记录,不符合要求的部位,请前期线路施工部门调整至符合技术要求的标准。

②道岔开程调整:开程大小可在连接杆"丁"字铁与尖轨间加减"E"字形铁片。道岔尖轨开程应调整在146~152mm。

③尖轨应方正。用不锈钢方尺靠紧直股基本轨,道岔岔尖拨在中间位置,两岔尖前后偏差不能大于20mm。

④尖轨与滑床板出现"吊板"现象时,请线路施工调整枕木,使滑床板的枕木没有落枕现象,滑床板与尖轨密贴。

(4)角形铁安装

①用方尺卡在直股基本轨上,方尺的直臂边线与第一连接杆中心线重叠。用钢划针(或记号笔)在两条基本轨上划出第一连接杆中心线。此线为确定角形铁位置的基准线,对整个安装装置的方正起关键性的作用。

②例如9号单开道岔S1071:以基准线向岔尖方向量630mm划线,向岔后心方向量595mm划线,所划两条线的距离为1225mm,两次划线距离就是同一侧两个角形铁的中心线。同理找出另外两个角形铁的位置。

③例如9号单开道岔S1072:以基准线向岔尖方向量530mm划线,向岔心方向量485mm划线,所划两条线的距离为1015mm,两次划线距离就是同一侧两个角形铁的中心线。同理找出另外两个角形铁的位置。

④将角形铁平直地放入基本轨腰部,固定孔中心与所划角形铁安装位置划线对齐。用外径20mm的冲头放入角形铁固定孔内,用手锤猛击冲头确定出角形铁安装孔的钻孔位置。

⑤用轨道钻孔机佩带21mm钻头钻孔。钻孔后,用M20×70螺栓从钢轨内侧穿出,将角形铁套入螺栓,加弹簧垫,拧紧螺母(尖轨处需采用头部厚度为10mm的螺栓)。

(5)基础角钢安装

①按照测量记录,分别测量记录前后角钢两角形铁相应孔距。对照安装图、安装类型对大角钢划线,打ϕ29mm孔。此项工作关键是确认安装类型,前后角钢两角形铁相应孔距准确,保证安装后岔前角钢电机钢轨侧安装孔距钢轨内侧距离1m,打孔准确。

②再次检查由于空间不够而预设置的大角钢是否满足要求。

③基础角钢按各自标明的道岔号码及前后角钢位置，分别穿入轨底，用 M20×120 螺栓，配齐各种配件，将长基础角钢与角形铁连接。绝缘管、垫安装齐备，并不得损坏。

④两根短角钢横架在长基础角钢上，竖边朝里，固定转辙机的孔位与安装图相符。用 M20×60 的螺栓由下向上穿，加弹簧垫圈拧紧螺母。

（6）转辙机安装

①将转辙机平稳地放到短角钢上，用 M20×70 螺栓由下向上穿，加弹簧垫圈拧紧螺母。

②转辙机内部配线线把集中预配，线环绕制，线把绑扎均匀，配线美观整齐，各螺栓根部紧固，垫片螺母齐全。

③转辙机至电缆盒内部配线线把，自转辙机引线孔、弯头蛇管穿至电缆盒内。

④转辙机线把采用 BVR7×7×0.52 线缆进行连接，具体连接端子定义如下：X1- 粉色、X2- 绿色、X3- 黑色、X4- 紫色、X5- 蓝色、X7- 黄色、X8- 红色；线把采用 2.5mm 的胶管进行标示。

（7）尖端杆、密贴调整杆、标示连接杆安装

①尖端杆安装：先将尖端杆一头连接销抽出，分别用螺栓将 L 型尖端铁固定在尖轨上。拧动尖端杆上螺栓接头，使螺栓接头上的连接销孔比两个尖端铁连接销孔长 1mm 左右，将连接销打入。

②尖轨密贴调整杆安装：穿入杆架前，先拧入一只 20mm 紧固螺母，顺丝扣槽套入一只挡环，挡环背向紧固螺母，再拧入一只轴套，轴套止挡缺口面向挡铁，穿入杆架（预先将杆架安装在第一连接杆上），将另一只轴套止挡缺口朝外拧入密贴调整杆，顺丝扣槽套入另一只挡环，挡铁面向轴套，再拧入一个紧固螺母。

③将标示连接杆与转辙机连接，暂不紧固道岔侧螺栓。

（8）道岔密贴及表示调整

用摇把手动转辙机，将道岔移动到伸出位置，使转辙机处于锁闭状态，检查密贴情况。如尖轨不密贴，松开密贴调整杆螺栓，调整后使尖轨密贴达到要求，并使尖轨与基本轨间在有 4mm 间隙时不能锁闭和不能接通表示。密贴调整满足要求后，紧固密贴调整杆螺栓。

（9）正线转辙机接地

转辙机的接地安装于转辙机盖体与箱体连接轴承处，用开口压接端子 16-10 进行接地线连接，接地线为 $16mm^2$。

2）技术要点

（1）安装装置应经热镀锌、涂漆等防腐处理，或涂刷防锈，并无脱皮、返锈、鼓包现象。

（2）各种连接杆的调整丝扣余量不应小于 10mm。

（3）各零部件安装应正确和齐全；螺栓应紧固、无松动；开口销齐全，其双臂对称劈开角度应为 60°～90°。

图 10.5.6　转辙机安装实例图

（4）电动转辙机的动作杆与密贴调整杆安装在一条直线上，与表示杆、道岔第一连接杆平行。

（5）转辙机的内部配线应符合要求。

（6）引用技术标准：

《城市轨道交通信号工程施工质量验收规范》（GB 50578—2010）。

《铁路通信、信号、电力、电力牵引供电施工安全技术规程》（TB 10306—2009）。

转辙机安装实例如图 10.5.6 所示。

10.5.4 轨道电路安装

1）安装流程

轨道电路安装流程如图 10.5.7 所示。

图 10.5.7 轨道电路安装流程图

2）技术要点

（1）电缆盒基础面与钢轨底平面平行，电缆盒中心距线路中心不得小于 1900mm。

（2）变压器箱盖向所属线路外侧开，基础顶面与钢轨顶面高度一致。变压器箱中心距线路中心距离不小于 2100mm。

（3）电缆中间接续的地上电缆盒，基础中心连线应与轨道平行，电缆盒引线口对信号楼或继电器室。方向盒 1 号端子位置对信号楼或继电器室，基础顶面高出自然地面 150mm。

（4）继电器箱基础顶面应高出地面 250mm，安装应平稳牢固，箱内设备排列整齐合理。继电器基础螺栓中心距线路中心不得小于 2800mm。

（5）相敏轨道电路接收器的工作电源为直流 24V±3.6V，交流分量不大于 1V，由电源屏供给，也可另加独立整流电源供给。每台接收器的耗电小于 100mA。

（6）轨道电路接收器局部电源为 110V/50Hz，由电源屏或另加独立电源供给（当电源屏没有 110V 输出时，每个咽喉采用一个 BG2-300 变压器供电，设置在继电器架上），应与轨道供电隔离。每套接收器局部输入阻抗为 30kΩ，输入电流为 3.7 mA。

（7）轨道电路接收器的轨道输入电压与局部电源理想相位角为 0°。

（8）轨道电路接收器输出给执行继电器的电压（带执行继电器）为 20 ～ 30V。

（9）轨道电路接收器的轨道接收信号与局部电源为理想相位角 0° 时，工作值为 12.5V±0.5V。

（10）轨道电路接收器的应变时间为 0.3 ～ 0.5s。

（11）轨道电路接收器具有可靠的绝缘破损防护性能。

（12）引用技术标准：

《地铁设计规范》（GB 50157—2013）。

《城市轨道交通信号系统通用技术条件》（GB/T 12758—2004）。

《地下铁道工程施工及验收规范》（GB 50299—1999）（2003 年版）。

《建筑工程质量检验统一标准》（GB 50300—2013）。

《城市轨道交通信号系统通用技术条件》（GB/T 12758—2004）。

《铁路信号设计规范》（TB 10007—2017）。

《信号微机监测系统技术条件》（TB/T 2496—2000）。

《铁路信号故障—安全原则》（TB/T 2615—1994）。

《铁路信号施工规范》（TB 10206—1999）。

《铁路信号工程施工质量验收标准》（TB 10419—2003）。

轨旁设备安装实例如图 10.5.8 所示。

图 10.5.8 轨旁设备安装实例图

10.5.5 应答器安装

1）安装流程

应答器安装流程如图 10.5.9 所示。

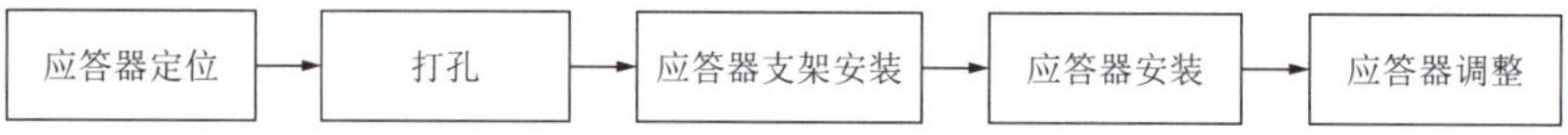

图 10.5.9　应答器安装流程图

（1）安装准备

①安装信标前，根据设计文件对现场进行一次全面的测量和调查，如精确测量各应答器的安装地点，具体安装位置的线路布置、承轨台平面布置各种尺寸、承轨台横断面各种尺寸、支撑块横断面各种尺寸等情况，通过测量调查做好现场标记和记录。

②根据现场调查具体情况确定每处的安装方式。

根据安装计划提前准备好所需的机具、材料及安全防护用品。提前申报、安排施工用车计划。

（2）应答器定位

① 应答器具有使列车在线路上再定位的功能，安装时精确度较高，应精确到厘米级别以内。

②安装应答器时，应根据具体情况选择不同的安装方式。安装于线路曲线段时，应答器固定托架应调整至与道床和钢轨倾斜度一致。

③安装完成后要以基本轨为参照，检查应答器固定托架安装是否方正，调整应答器与轨面距离满足设计要求。

④依据线路的基标确定应答器的安装坐标，采用红外线测距仪进行定位，按照设计施工图的坐标，在线路附近先找到基标，将红外线测距仪放在轨面上，调整好测量方式，再将红外线反光板放到和设计坐标接近的坐标处，打开红外线测距仪，先测出大概距离，再通过调整反光板找出精确位置，在轨腰处做好标记，为应答器安装中心。

（3）应答器安装

应答器安装时，应根据具体情况选择不同的安装方式。安装于线路曲线段时，应答器固定托架应调整至与道床和钢轨倾斜度一致。安装完成后要以基本轨为参照，检查应答器固定托架安装是否方正，调整应答器与轨面距离满足设计要求。

①轨枕安装方式：应答器安装位置确定后，首先确定该坐标点的轨道线路中心线，确定应答器的安装中心。用轨枕卡具将应答器固定支架固定于轨枕上，再安装应答器高度调节器，此时调节器为拖板式，通过增加托板的厚度来调整应答器距轨面的高度，应答器的安装中心确定后，将固定支架底部的固定螺栓紧固好。托板与应答器间的固定螺栓紧固，按照设计标准尺寸固定好。

②整体道床安装方式：应答器在整体道床上安装时，首先确定该坐标点的轨道线路中心线，确定应答器的安装中心。将应答器固定托架放在整体道床，确定固定眼距，用冲击电钻在水泥道床钻孔，埋设胀栓，使用直径 10mm 胀管、长 50mm 胀栓，避免因打孔过深影响道床的防水层。安装托板和应答器，托板与应答器间的固定螺栓紧固，调整应答器的高度调节器，按照设计标准尺寸固定好。

（4）应答器调整

应答器安装完成后，必须进行检查调整。用水平尺和钢尺测量信标固定托板与基本轨两侧的距离，以及信标到轨面的距离，不符合标准时要进行调整，使应答器固定板与运行轨平行并保证两者的左右、前后及距离轨面距离满足设计要求，距离轨面距离应不小于 5mm。

2）技术要点

（1）应答器的安装应严格按设备供货单位提供的安装手册执行。

（2）已安装的应答器位置坐标、ID 编号与设计文件相一致。

（3）应答器安装与轨面及钢轨边缘的距离一定要满足技术要求。

（4）安装前根据安装标准对地面段及隧道段进行调查，根据不同的地段制作不同的安装支架，以保证应答器可靠的工作。

（5）应答器固定调节螺栓较多，安装时所有的固定螺栓一定要紧固牢靠，防止因机车经过时震动而松动，影响机车对地面信息的接收效果。

应答器安装实例如图 10.5.10 所示。

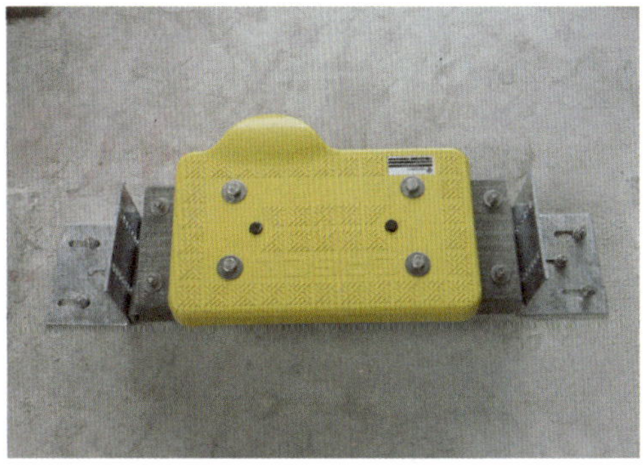

图 10.5.10　应答器安装实例图

10.5.6　站台设备安装

1）安装流程

站台设备安装流程如图 10.5.11 所示。

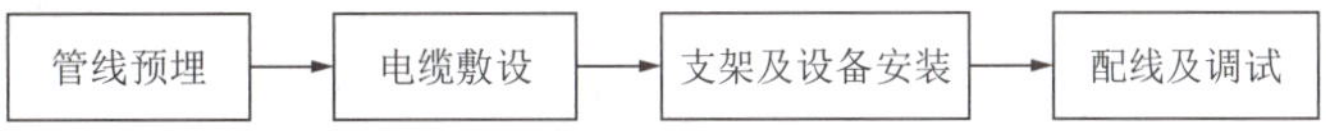

图 10.5.11　站台设备安装流程图

（1）安装准备

①组织施工劳动力，准备所需的工器具及材料。

②按照发车计时器安装要求，准备所需发车计时器及零配件。

③按照设计图纸确定现场发车计时器安装位置。

（2）管线架设

①按照施工图纸确定现场安装位置，在就近站厅层线缆引入的弱电缆槽进行开孔。

②架设管线并在墙面上用 Ω 形卡做好固定，线缆引入进出口做好防护，管内穿入铁丝做引线使用。

③管线与线槽之间应采用屏蔽线可靠连接。

（3）机柱、支架安装

①站台地面安装时，在设计规定位置安装支架，应牢固可靠，并确认支架限界。

②其他方式安装时，将支架固定在设计规定位置，支架应安装牢固。

（4）发车计时器安装固定

①将发车计时器固定在支架上，应水平垂直、固定牢固可靠。

②发车计时器线缆引入口与管线无法连接时，采用橡胶软管进行过渡连接，连接应牢固并固定好橡胶软管。

（5）线缆引入、配线

①通过管线里面预留的钢丝牵引线缆引入发车计时器，引入过程做好线缆防护。

②线缆连接至发车计时器相应端口，线缆应预留一定余量，剥开线缆至少预留 3 倍做头量。

③配线结束后进行线缆的导通及绝缘测试。

2)技术要点

(1)紧急关闭按钮盒、发车计时器安装位置、安装高度应符合设计要求，不能影响旅客，不能阻碍疏散通道。

(2)紧急关闭按钮盒、发车计时器配线的规格、型号应符合相关产品标准的规定。配线引入管进出口处应加防护，防护管路应采用卡箍固定。

(3)站台顶棚下、隧道壁、过高架线路桥梁体上安装时，应采用金属支架安装方式，支架应安装牢固。

(4)金属立柱、支架应经如镀锌、涂漆等防腐处理，并无锈迹和裂纹现象。

(5)引用技术标准：

《城市轨道交通信号工程施工质量验收规范》(GB 50578—2010)。

《铁路通信、信号、电力、电力牵引供电施工安全技术规程》(TB 10306—2009)。

站台设备安装实例如图 10.5.12、图 10.5.13 所示。

图 10.5.12　地下站紧急停车按钮实例图

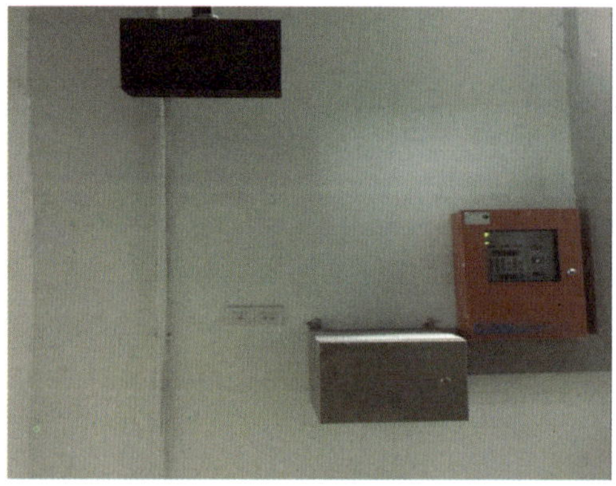

图 10.5.13　发车计时器实例图

10.5.7　室内设备安装

1)安装流程

站台设备安装流程如图 10.5.14 所示。

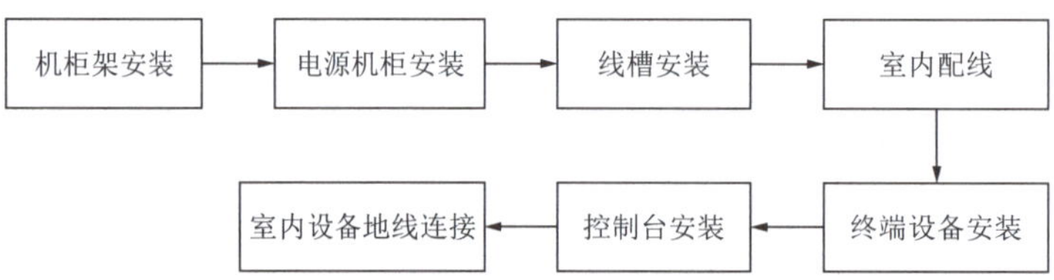

图 10.5.14　站台设备安装流程图

(1)安装准备

①根据施工图纸，现场核对测量机柜安装位置尺寸，将各系统机柜厂商提供的安装手册收集齐全。

②对已铺设好防静电瓷砖的设备房用木板或纸板进行保护，防止安装设备损坏防静电地板。

③所需安装人员到位，分工明确，安装设备用工机具配备齐全。

④对设备房的预留孔洞用木板做好防护。

(2)机柜开箱验收

①在监理主持下，邀请建设单位会同设备供应商共同对到达安装现场的设备和主要材料进行开

箱清点和设备外观检查。

②设备及材料的型号、规格、数量应符合订货清单及设计要求。

③设备附件及技术资料齐全(包括合格证、说明书、操作手册等)。

④根据设备开箱情况如实填写在“设备开箱验货报告”中,由建设单位、监理单位、施工单位及供货方共同签字确认。

⑤在设备开箱过程中发现设备有缺陷及其他异常情况,应在建设单位、监理单位、供货商见证下做好详细记录并签字,由设备供货商限期解决。

⑥对暂时不能安装的附件,应交回物资管理员进行妥善保管,防止丢失、损坏。

(3)测量、定位

①按照施工图纸将机柜移动到相应的安装位置。

②将机柜调正,满足设计图纸要求位置后,对准安装孔用记号笔在地面上做好钻孔标记。

(4)机柜安装

①首先将机柜移开,用直柄电钻在地面标记处钻孔,先用小号钻头引孔后,再选用比固定螺栓大 1 ～ 2mm 钻头进行钻孔。

②用吸尘器清除铁屑,将机柜移动到地面上,对准安装孔穿入固定螺栓并带上垫片、螺母。

③用激光水平仪发射出一条标准、平行的直线或拉尼龙线,用橡皮锤轻敲机柜底部边框,使机柜正面和侧面达到施工图纸设计位置。

④用水平尺和线坠检测机柜的水平度和垂直度偏差,在机柜底部加上金属垫块进行调整,待水平度和垂直度偏差符合设计及验收规范要求后按照对角方式逐一旋紧固定螺栓,并固定牢固。

⑤用同样方法安装其余机柜,在安装其余机柜时用水平尺和水平仪反复检测每个机柜和整列机柜的水平、垂直偏差,并用塞尺检验柜间缝隙尺寸。

⑥安装完成后每个机柜喷漆应完好无损,每个连接螺栓平垫、弹簧垫片和螺母齐全。应尽量使用呆扳手,以免对连接螺栓表面损坏,导致螺栓锈蚀。

⑦用水平仪和水平尺检测单个机柜和整列机柜的水平、垂直偏差,整列机柜前端面在平行直线上偏差应小于 5mm,每个机柜水平偏差小于 2mm,用塞尺检查柜间缝隙应小于 1mm;机柜垂直偏差小于机柜高度的 1‰。

⑧安装完成后需仔细检查机柜内模块、连接线是否松动、脱落。收集机柜内部随机资料和机柜钥匙等。

⑨所有机柜安装完成后锁好机柜门,立即使用防水防尘布对机柜进行保护,防止灰尘进入。

(5)机柜接地线安装

①根据施工图纸要求,将每个机柜用 16mm² 黄绿色地线连接到地线箱的接地铜排。

②接地线两端必须用线鼻子压接,线鼻子固定在机柜接地端子上,加上平垫、弹簧垫片与螺母拧紧,连接可靠牢固。

③机柜的可开启柜门均应用接地线与机柜的金属框架进行连接,并连接到机柜的接地端子上。

2)技术要点

(1)机柜(架)安装应横平竖直、端正稳固;同排应正面处于同一水平面、底部处于同一直线。机柜(架)铭牌和标识应正确、清晰、齐全。

(2)线缆布放时应有 1.5 ～ 2m 的备用量,信息线与电源线应分开布放,线缆线径及不同用途的载频布线应符合设计要求。

(3)配线两端应标识齐全;配线采用接线端子方式连接时,每个端子上的配线不宜超过 3 个

图 10.5.15　室内机柜布置

线头，配线采用插接方式连接时，应“一孔一线”，严禁“一孔多线”。屏蔽线的屏蔽层应按设计规定做好屏蔽接地。

（4）引用施工技术标准：

《城市轨道交通信号工程施工质量验收规范》（GB 50578—2010）。

《地下铁道工程施工及验收规范》（GB 50299—1999）（2003 年版）。

室内设备安装实例如图 10.5.15～图 10.5.17 所示。

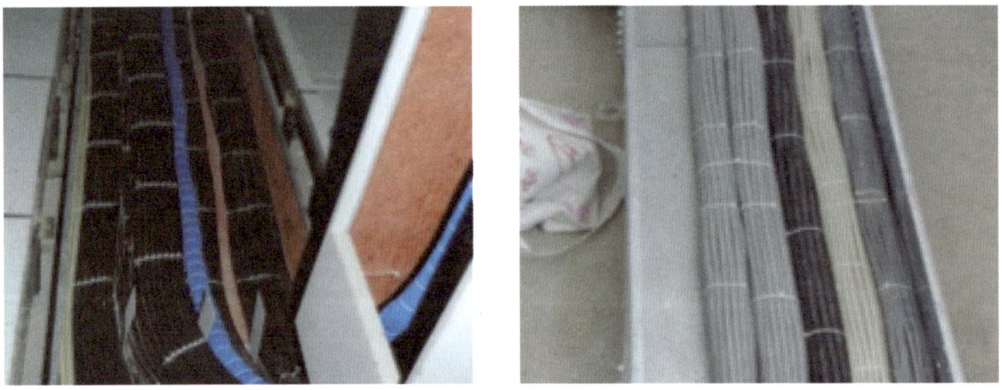

图 10.5.16　室内布线实例图

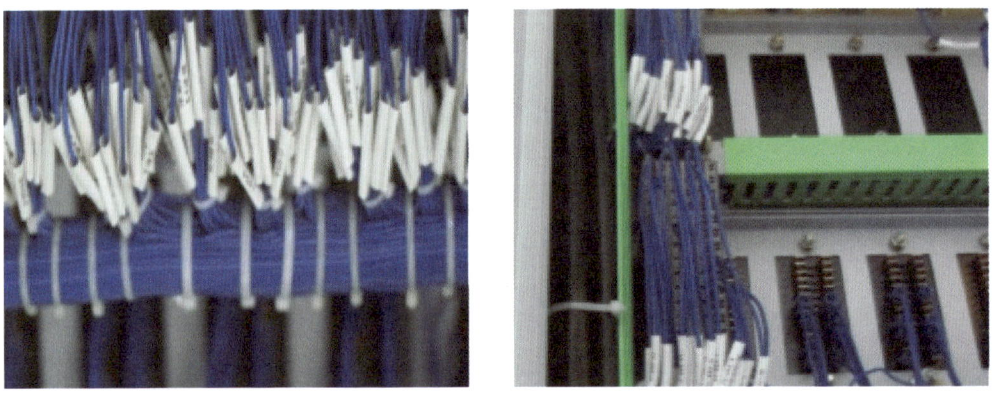

图 10.5.17　室内配线实例图

10.5.8 联锁试验

1）试验流程

联锁试验流程如图 10.5.18 所示。

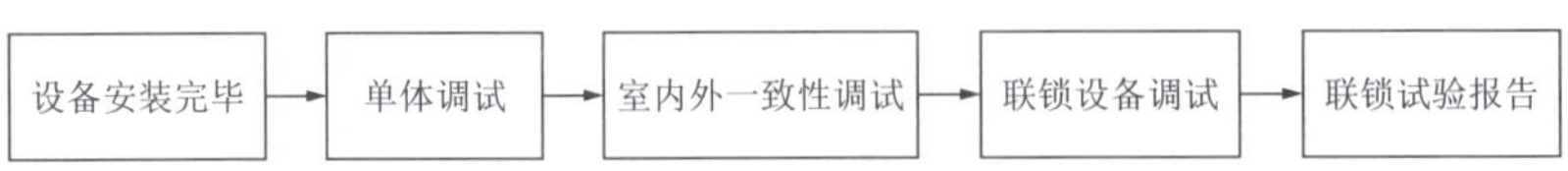

图 10.5.18　联锁试验流程图

2）技术要点

联锁试验是信号系统的关键工序，联锁是信号系统的灵魂，联锁的正确性、功能性实现是保证行车安全的基础；联锁试验应包括室内单项试验、室外单项试验、综合试验；联锁试验由集成服务单位实施、接管，运营单位复核（监督），施工单位配合，监理单位见证、旁站。

（1）联锁试验应根据设计提供的进路联锁表及相关技术要求进行，联锁试验必须全面、彻底。

（2）计算机及外部设备功能性单项试验符合设计和相关技术要求。

（3）电源设备单项试验应符合下列要求：

①各种电源输出电压值测试应符合设计和相关技术要求，并无接地、混电现象。

②主、副电源应切换（包括自动和手动）可靠，切换时间和电压稳定度应符合设计和相关技术要求。

③不间断电源的输出电压、频率、满负荷放电时间及超载性能应符合设计和相关技术要求。

④电源设备对地绝缘电阻值应符合设计要求。

⑤电源故障报警功能应试验正常。

（4）车站联锁单项试验应符合下列要求：

①进路联锁表所列的每条列车 / 调车进路的建立与取消、信号机开放与关闭、进路锁闭与解锁等项目的试验，应保证联锁关系正确并符合设计要求。

②进路不应建立敌对进路，敌对信号不得开放；建立进路时，与该进路无关的设备不得误动作，列车防护进路应正确和完整。

③站内联锁设备与区间、站（场）间的联锁关系应符合设计要求。

④计算机联锁设备的采集单元与采集对象、驱动单元与执行器件的状态应一致。

⑤车站联锁设备故障报警信号应及时、准确、可靠。

（5）信号机单项试验应符合下列要求：

①信号机光源的额定电压应符合相关技术要求；灯光色显应正确，调整显示距离应符合设计要求。

②色灯信号机正常点灯时，应点亮主灯丝。设有灯丝转换装置的信号机，主、副灯丝转换应可靠，并能及时接通报警电路。

③ LED 信号机正常工作时全部灯管应点亮。当 LED 灯管故障数至报警门限值以下时，正常 LED 灯管应继续点亮，并能及时接通报警电路。

（6）道岔转辙设备单项试验应符合下列要求：

①道岔在定位或反位状态时，尖轨与基本轨密贴应良好；道岔在正常转换时，电机不应空转。

②道岔尖轨因故不能转换或转换中途受阻时，电动转辙机应使电机克服摩擦连接力空转；电液转辙机应打开溢流阀排油。

③转辙设备可动部分在转动过程中应动作平稳、灵活、无卡阻现象，杆件连接部位旷量应符合设计要求。

④道岔的转换动程、外锁闭量以及转换时间、动作电流与故障电流等主要性能指标应符合设计和相关技术要求。

⑤当道岔第一牵引点锁闭杆中心处的尖轨与基本轨间有 4mm 及以上间隙时，道岔不得锁闭；其他牵引点处的不锁闭间隙应符合设计要求。

⑥转辙机内表示系统的动接点与定接点在接触状态时，接点相互接触深度不应小于 4mm，动接点前端边缘与定接点座的距离不应小于 2mm。在挤岔状态时，转辙机表示系统的定位、反位接点应可靠断开。

⑦转辙机开启机盖或插入手摇把时，其安全接点应可靠断开，非经人工恢复不得接通启动电路；关闭机盖时安全接点应接触良好。

（7）轨道电路单项试验应符合下列要求：

①调整状态下轨道电路接收端接收到的信号强度（电压和电流）不应小于接收设备要求的最低输

入工作值。

②在轨道电路区段内任何地点用标准分路灵敏电阻分路导线对钢轨进行分路时，轨道电路接收到的信号强度（电压和电流）应低于接收设备要求的最大可靠落下（释放）值。标准分路灵敏度电阻应符合相应的轨道电路的设计固定值。

③轨道电路测试盘所测试区段与室外实际区段应一致，测试盘上的测试数据与相应轨道继电器线圈上的测试数据应相同。

④轨道电路极性交叉检测应符合设计要求。

（8）联锁综合试验应符合下列要求：

①应确保进路上道岔、信号机和区段的联锁，联锁条件不符时，严禁进路开通；敌对进路必须相互照查，不得同时开通。

②装设引导信号的信号机因故不能开放时，应通过引导信号实现列车的引导作业。

③室内、外设备一致性检验符合下列要求：

a. 控制台（显示器）上复示信号显示与室外对应信号机的信号显示含义应一致，灯丝断丝报警功能符合设计要求。

b. 室外轨道电路位置与控制台（显示器）上的轨道区段表示应一致。

c. 室外道岔实际定 / 反位位置与控制台（显示器）上的道岔位置表示相符；操作道岔时，室外道岔转换设备动作状态与室内有关设备动作状态应一致。

d. 室外其他设备状态与控制台（显示器）上的相关表示应一致。

④正线与车辆基地间的接口测试及功能检验应符合设计要求。

10.6 信号系统工程新技术和发展方向

地铁信号系统的发展趋势主要体现在以下三个方面：

（1）通信网络技术继续发展，将在地铁信号系统中应用和提升，进一步完善以通信为基础的 ATC 系统。

（2）随着通信安全性、可靠性的提高和通信手段的多样化，目前普遍采用的站间 ATO 方式将向全自动运行（FAO）方式发展。

采用全自动运行模式（FAO）是地铁领域实现行车高效、运行安全、装备技术先进的标志。可使运营线路具备列车无司乘、自动投入 / 退出运营、按预定的行车计划自动运行；改变了传统有人驾驶行车方式的限制，行车组织灵活高效；大幅度提高了地铁设备系统的技术和可靠性水平；消除了人为操作的安全风险，从根本上提高运营的安全水平。

（3）利用先进的网络技术与计算机技术，单一的 ATS 系统将向集成化的综合地铁控制系统方向发展。

第 11 章　通信系统工程

11.1　通信系统工程概述

通信系统作为地铁运营调度、企业管理、乘客服务、治安反恐、应急指挥的网络平台。它是地铁正常运转的神经系统，能够为地铁工作人员提供内部、外部联络用通信手段；为地铁运营调度指挥列车运行，下达调度命令、列车运营、电力供应、日常维修、防灾救护、票务管理等提供指挥专用通信工具；为旅客及工作人员以及运营所需各系统提供通信网络；能够为公安警务人员提供地铁警务指挥和业务联系的语音、数据、图像等业务；能够为政府相关职能部门调度联络提供重要的无线通信保障。根据设计要求，当地铁出现异常情况，通信系统应能由正常运行方式转为灾害运行方式，并能迅速转变为应急通信，为防灾、救援和事故处理的指挥使用提供方便。

11.2　通信系统工程特点

（1）地铁通信系统是运营指挥、企业管理、服务乘客的网络平台，其中通信系统网通是设备总联调的基础网络，为综合监控系统、自动售检票系统（Automatic Fare Collection，AFC）、乘客信息系统（Passenger Information System，PIS）等其他子系统提供传输通道，是地铁正常运营的神经系统。

（2）专用无线通信子系统是保障行车调度、行车安全的重要手段，在综合联调未完之前，无线子系统为行车及现场管理提供无线调度。

（3）广播子系统和时钟子系统为其他专业提供应急广播和标准时间。

（4）通信系统工程包含子系统多、设备数量大、终端设备安装地点分散，其缆线性能测试工作任务重。

（5）设备房内综合布线复杂，系统与系统之间、系统内部配线工作量大、施工工艺要求高。

11.3　通信系统构成及其功能

11.3.1　系统构成概述

通信系统是为地铁运营管理服务的，为了满足地铁运营管理的需要，通信系统必须保证运营管理中的语音、数据及图像等信息能够迅速、准确、可靠的传输和交换。系统设计立足于整个线网，系统不仅应满足地铁运营和管理的要求，同时还为今后其他线路的接入预留必要的条件。地铁通信系统是一个包含了地铁专用通信系统、地铁公众通信系统、地铁警用信息通信系统、PIS 等综合通信系统。

11.3.2 专用通信系统构成及功能介绍

1）系统构成

专用通信系统由专用传输子系统、公务电话子系统、专用电话子系统、专用无线子系统、广播子系统、时钟子系统、电源及接地子系统、录音子系统、集中告警子系统等构成。

专用通信系统构成如图 11.3.1 所示。

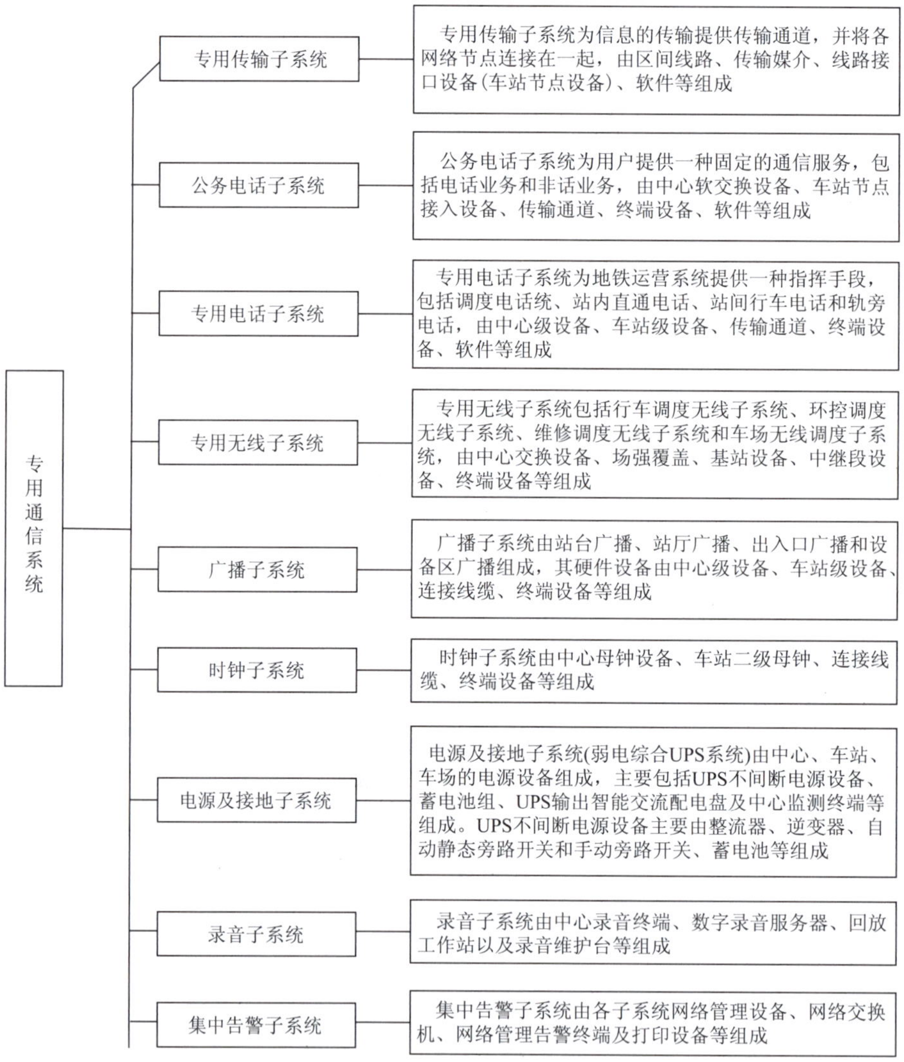

图 11.3.1　专用通信系统构成图

2）系统功能介绍

（1）传输子系统功能

在地铁建设中，传输子系统是重要的通信综合业务传送平台，传输系统提供地铁线路控制中心与车站、车辆段及停车场之间的传输通道，承载通信各子系统以及其他专业的各种业务信息。传输系统与光缆线路一样，都可作为地铁内各种通信、信息传送的基础设施，从传输系统所承载业务的角度来看，其本身是一个资源共享的系统。从技术角度考虑，地铁所需的各种信息和业务都可利用传输系统进行传送。

传输子系统网络拓扑图如图 11.3.2 所示。

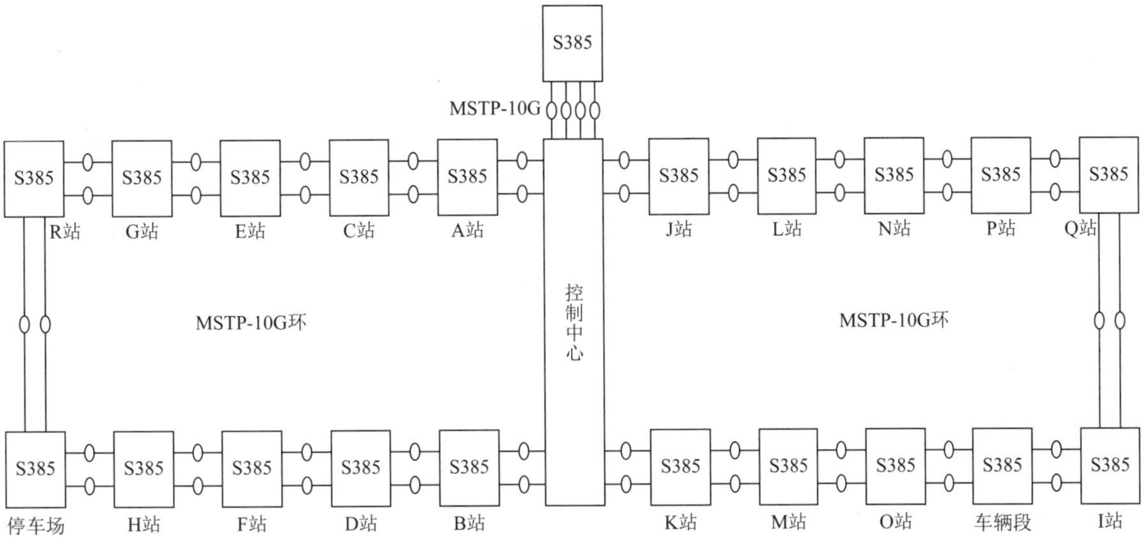

图 11.3.2　传输子系统网络拓扑图

（2）公务电话子系统功能

公务电话系统是为地铁线路车站、车辆段、停车场及控制中心的各管理部门、运营部门、维修部门提供一种固定的通信服务，包括电话业务和部分非话业务。系统具有交换、计费功能，具有识别非话业务、自我诊断、维护管理、新业务等功能。

该系统与本市公用电话网互联，实现与本市用户（包括火警 119、匪警 110、救护 120 等特服用户）通话，还具有国内、国际长途通信。同时，该系统与专用无线通信系统互联，实现公务电话系统与专用无线通信系统的互联互通。

（3）专用电话子系统功能

专用电话系统包括调度电话、站内直通电话（含车辆段 / 停车场）、站间行车电话、轨旁电话。其中，调度电话是为列车运营、电力供应、日常维修、防灾救护提供指挥手段的专用通信系统，站 / 场 / 段及轨旁电话等是供车站、车辆段 / 停车场值班员与站 / 场 / 段内重要部门有关人员进行公务联系的点对点的直通电话。

①调度电话系统功能

a. 中心行车调度员、电力调度员、环控（防灾）调度员、维修调度员能与各站（段）相关值班员之间直接通话。

b. 中心各调度员及调度主任之间可直接通话。

c. 中心调度员能对各站(段)相关值班员进行单呼、分组呼叫、全部呼叫。

d. 各站（段）值班员能对相应调度员进行一般呼叫和紧急呼叫，并能在调度台上显示呼叫分机号码、呼叫类别。

e. 各站(段)值班员之间不能进行直接通话。

f. 调度员与站(段)值班员之间的通话，在控制中心应能自动记录。

②站内、站间及轨旁电话系统功能

a. 站内直通电话。站内直通电话为车站值班员、车辆段 / 停车场值班员与本站其他有关值班人员、乘客提供直接通话的功能。

b. 站间行车电话。站间行车电话为相邻车站值班员之间或车辆段 / 停车场值班员与相邻车站值班员之间提供直接通话的功能。

专用电话子系统网络如图 11.3.3 所示。

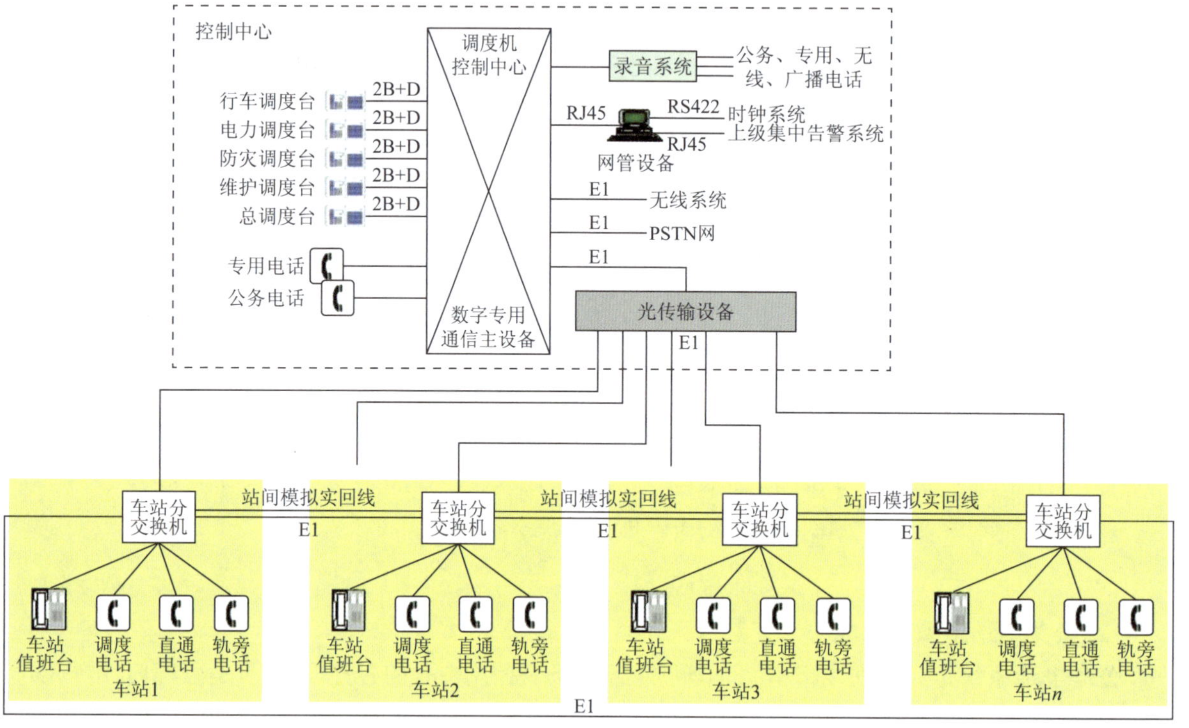

图 11.3.3　专用电话子系统网络图

（4）专用无线子系统功能

专用无线子系统是保证地铁工程行车安全、提高运输效率和管理水平、改善服务质量的重要手段。为满足运营需求，无线通信系统为固定工作人员（调度员、车站及车辆段 / 停车场值班员）与相关流动作业人员（司机、车站及车辆段 / 停车场勤务人员、维修人员、环控人员等）之间提供话音和数据通信服务。具有以下主要功能：

①通话功能

能实现无线用户（含调度员、车站值班员、司机等）之间及无线用户与有线电话之间的通话。

②调度功能

调度员能对相应组中的用户进行选呼、组呼、群呼及紧急呼叫。

③优先级功能

网络管理终端能对所有无线终端设置个人优先级和通话组优先级。

④数传功能

可在控制信道上传送短数据。

⑤广播功能

控制中心调度员可通过调度台直接对全部或部分列车进行广播。

⑥扩展功能

无线通信系统中心站应具有扩展功能，以便升级为线网无线通信系统中心站。

⑦网络管理

支持故障管理、故障显示、配置管理、计时管理、资源分配管理、统计报告及遥毙 / 复活等功能。

专用无线子系统网络如图 11.3.4 所示。

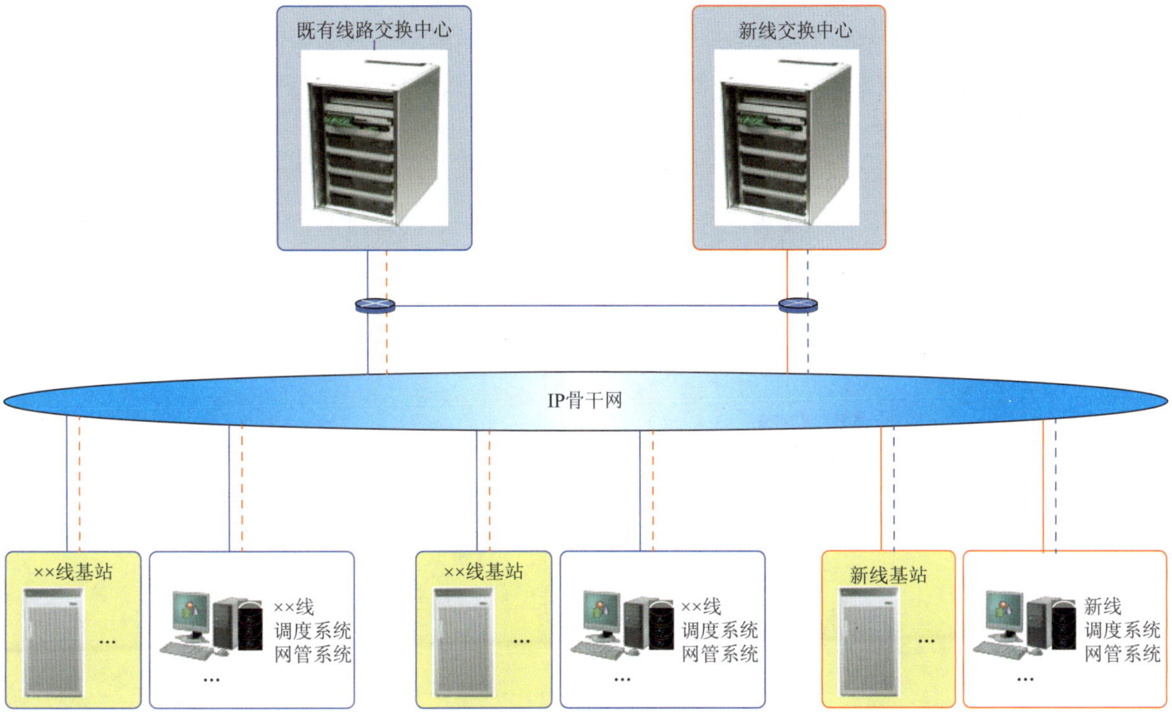

图 11.3.4　专用无线子系统网络图

(5)广播子系统功能

广播子系统主要用于运营时对乘客进行公告信息广播，发生灾害时兼做救灾广播，从而保证了地铁运营的服务管理质量，为运营管理及维护人员提供了更灵活、快捷的管理手段。它具有以下基本功能：

①车站站台监察亭广播功能

在各站台监察亭内设置站台广播台，供站台站务员在必要时插入广播系统对站台播音区进行话筒定向人工广播。

②扬声器故障定位检测功能

对每支扬声器进行定期检测，若有扬声器发生故障，则将故障(状态)信息通过系统检测设备的液晶屏显示出来，从而使声场的维护更加简单方便，提高了用户维护工作效率。

③线路检测功能

能够在线准确地测量出喇叭线路的状况，确保喇叭线路的良好工作性能，使之在任何情况下，信息都能无阻塞的播放。

④平行广播功能

广播系统可实现多信源、多信道、多负载区域平行广播，各信源可经不同的播音通道同时播向不同的负载区域。

⑤优先分级功能

广播系统按用户的需求设置播音优先级，以环控（防灾）广播为最高优先级，排列顺序如下：中心环控（防灾）调度员、中心行车调度员、中心总调、车站控制室值班员。高优先级能自动打断低优先级的广播。

⑥自动录音功能

在中心级可通过实时录音装置自动记录中心级所有广播内容（24h 循环录音），同时应包含日期、时间信息以及用户信息。记录的内容可选听，需要时可将录音的内容刻于光盘保存。

⑦噪声探测功能

在站台层和站厅层的旅客公共区域内设置的环境噪声传感器，通过相应的控制设备，可根据回授的背景噪声大小，自动调整功率放大器的输出功率，使广播的输出保持一定的信噪比，以达到最佳的播音效果。环境噪声传感器中还应有话音识别电路，防止将广播声音当作噪声处理。

⑧系统网络管理功能

中心网管终端应能够实时监测各车站级设备的运行状态，并以图形及菜单方式进行显示。可监测到的信息为电源状态、设备状态、播音区选择指示、信源指示、中心的各项操作等。中心网管终端还具有自动或人工遥控检测、故障定位、故障报警及远端维护功能，当设备出现故障时，能够发出声音报警。

正线有线广播子系统框图如图 11.3.5 所示。

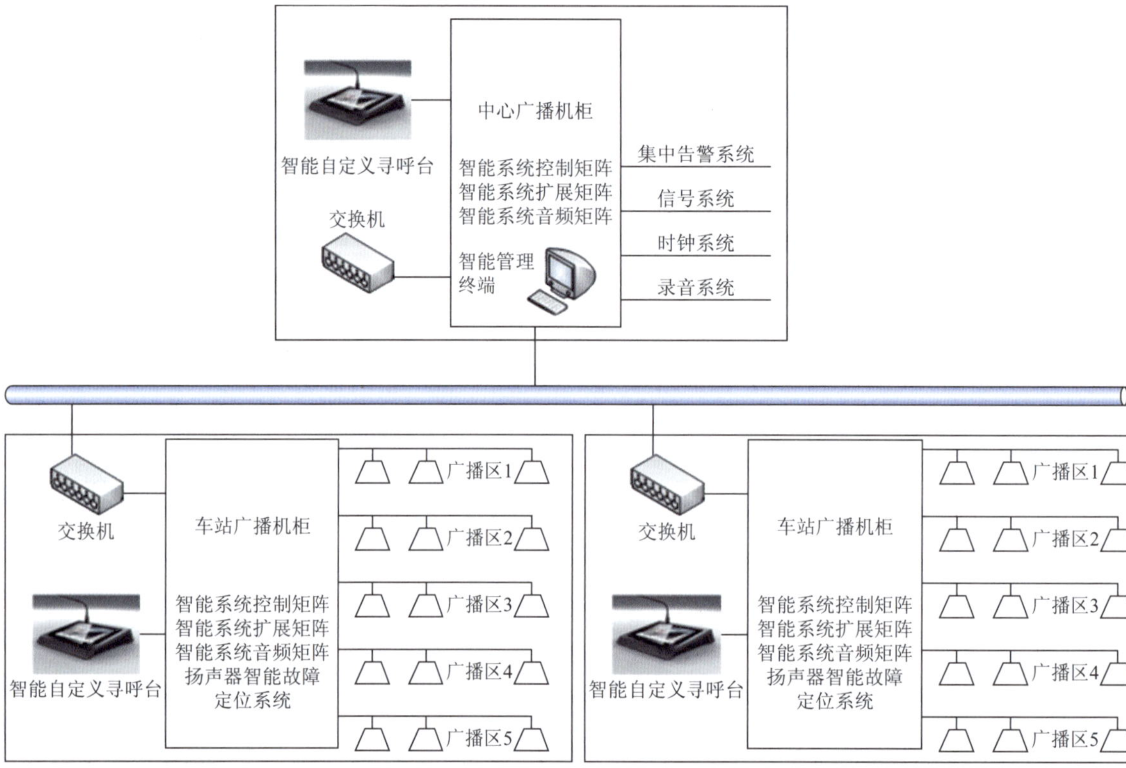

图 11.3.5　正线有线广播子系统框图

典型站广播系统框图如图 11.3.6 所示。

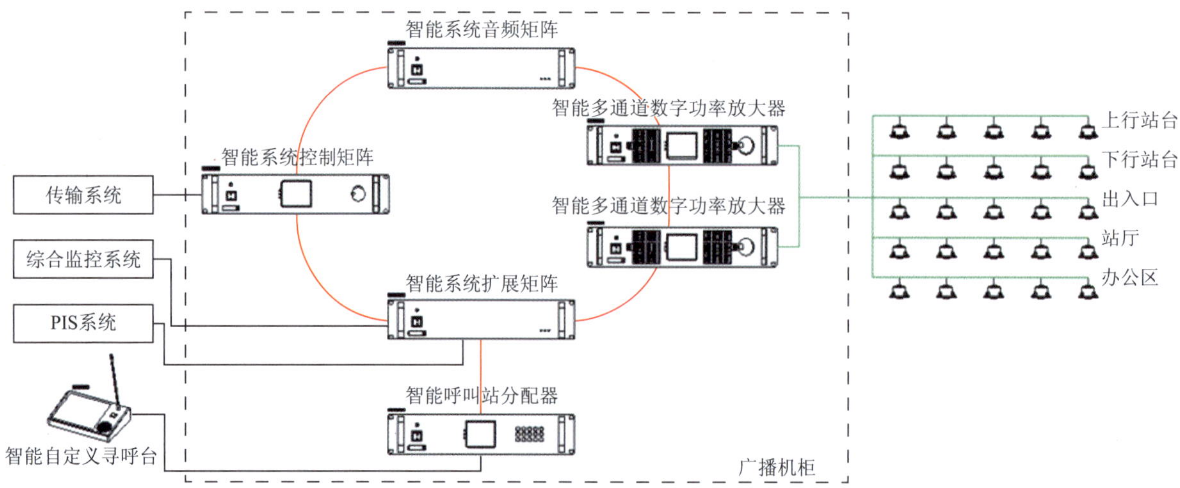

图 11.3.6　典型站广播系统框图

（6）时钟子系统功能

时钟子系统作为地铁通信系统的一个部分，在地铁运营过程中为工作人员、乘客及全线机电系统提供统一的标准时间，使全线各机电系统的定时设备与时钟系统同步，从而实现地铁全线统一的时间标准，以提高运营效率和质量。它具有以下基本功能：

①同步校对

中心一级母钟设备接收外部 GPS 标准时间信号进行自动校时，保持同步。同时产生精确的同步时间码，通过传输网络向二级母钟传送，统一校准二级母钟。

②日期、时间显示

中心一级母钟能产生全时标信息，格式为：年，月，日，星期，时，分，秒，毫秒，并能在设备上显示。

中心一级母钟和二级母钟均按“时：分：秒”格式显示时间，具备 12h 和 24h 两种显示方式的转换功能；数字子钟为“时：分：秒”显示（或可选用带日期显示）。

③为其他系统提供标准时间信号

中心一级母钟设备设有多路标准时间码输出接口，能够在整秒时刻给其他各相关系统提供标准时间信号。

④设备冗余

一级母钟配置有主、备母钟组成，具有热备份功能，主母钟故障出现故障立即自动切换到备母钟，备母钟全面代替主母钟工作。主母钟恢复正常后，备母钟立即切换回主母钟。

⑤系统扩容

系统具备系统扩容功能，系统扩容时无须增加控制模块，只需增加适当的接口板便可实现系统功能。

⑥系统监控功能

在控制中心设置时钟系统监控管理终端，具备自诊断功能，可进行故障管理、性能管理、配置管理及安全管理。

时钟子系统控制中心构成如图 11.3.7 所示。

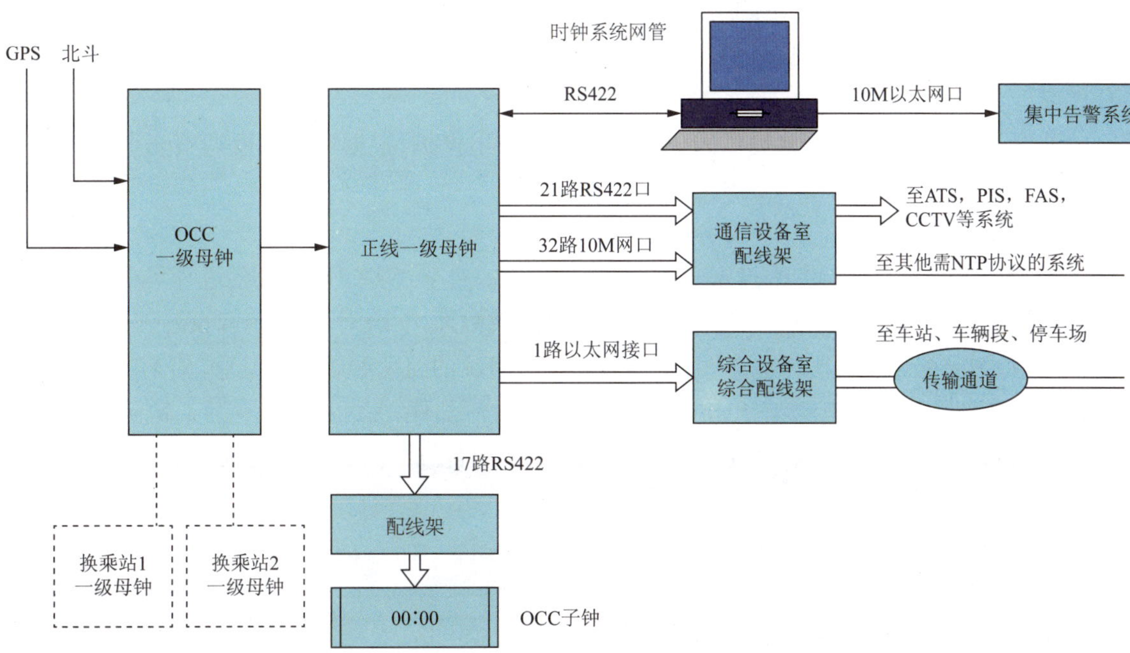

图 11.3.7　时钟子系统控制中心构成图

时钟子系统典型车站构成如图 11.3.8 所示。

第4篇　系统设备工程

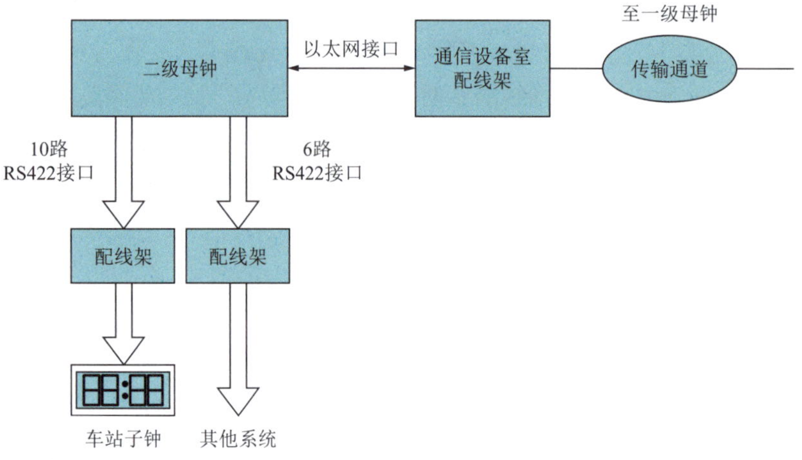

图 11.3.8　时钟子系统典型车站构成图

（7）电源及接地子系统功能

①不间断供电功能

具有连续工作能力，能对相应系统进行不间断的供电。

②输出保护功能

系统输出具有短路保护，能连续供应 380/220V 交流电源。

③后备供电功能

市电故障时，综合 UPS 电源系统能保证连续工作，由免维护电池为负载供电。UPS 输出智能交流配电盘根据各个系统所需供电时间的不同，进行灵活的供电，各输出回路达到设计后备时间时，UPS 智能配电盘自动断开该回路的输出。

④ UPS 设备（含电池组）功能

a. 电源调节功能：UPS 设备能为其下游的负载提供优质安全的电源，10kV·A 及 10kV·A 以上，输出电压三相 380V±1%；10kV·A 以下，输出电压单相 220V±1%。输出频率为 50Hz±1%。

b. 后备供电功能：当市电输入发生严重故障（如输入电压超限、市电中断等）时，UPS 能启动电池组无间断地继续为各路负载供电；在两路电源切换时的瞬间断电过程中，UPS 能保证无间断地为各路负载供电。

c. 电池保护功能：UPS 对电池提供的保护功能有过放电保护、根据环境温度调整充电电压、限制电池电流以及对电池进行自动定期测试。

⑤远程监测系统功能

UPS 综合电源系统在控制中心设置一套电源监测终端，对全线各站电源设备进行集中监测，实时监测系统和设备运行状态，记录和处理相关数据，及时发现故障，实现对 UPS 电源设备、UPS 输出智能交流配电盘、系统配电盘的工作状态，蓄电池组充放电情况的监测和管理。其中，对 UPS 电源设备的监测包括交流部件（输入电源、输出电源）、整流部件、直流部件、免维护电池电压。故障发生时，控制中心监测终端有可闻、可视告警信号，实现声光报警，同时能向上一级告警终端发送故障信息并提供信息格式。

电源子系统构成如图 11.3.9 所示。

（8）录音子系统功能

录音系统是保留地铁内各系统通信过程，包括地铁无线电话、专用电话、公务电话和广播系统等直接为地铁运行服务的重要系统，确保地铁运行的安全与可靠，并便于分析故障原因。

录音系统应具备以下功能：

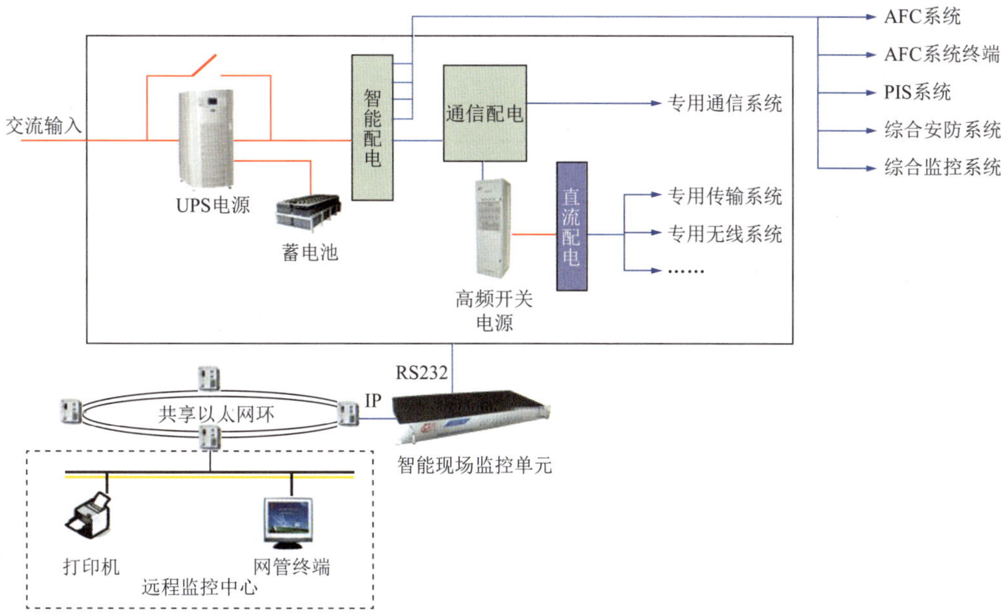

图 11.3.9　电源子系统构成图

①支持网络的通话实时监听、屏幕监看，同步录制回放。

②各种线路录音统一硬件平台，统一管理程序。

③多种录音方式，包括全程录音、选择录音、按需录音。

④多种声音格式，包括 GSM、Microsoft GSM、WAV、ADPCM、G.729A 等。

⑤多种启动方式，包括电压、能量、网络、D 信道启动、桌面控制等。

⑥智能故障检测报警和恢复。

录音子系统构成如图 11.3.10 所示。

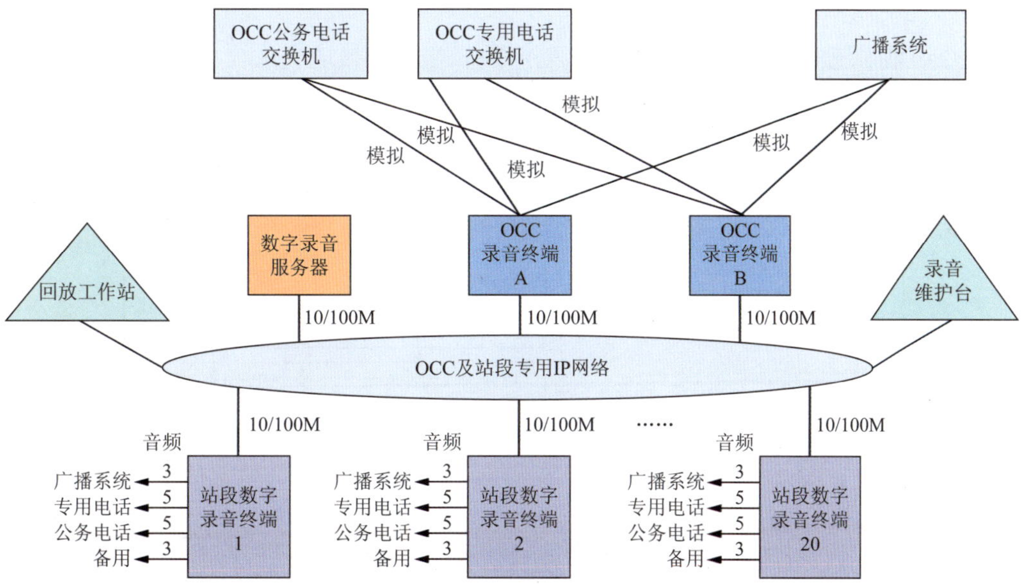

图 11.3.10　录音子系统构成图

（9）集中告警子系统功能

通信集中网络管理系统就是利用计算机网络技术和计算机本身的数据处理能力，对通信系统中的各子系统进行集中管理，将各系统的运行状态集中反映到某一管理终端设备上，使通信维护人员能及时、准确了解整个通信系统设备的运行状况和故障信息，以便于处理。系统能够对各子系统的主要状态信息(包括告警)进行汇总、显示、确认及报告,能进行故障定位,达到集中监视、管理的目的。

集中告警子系统逻辑框图如图 11.3.11 所示。

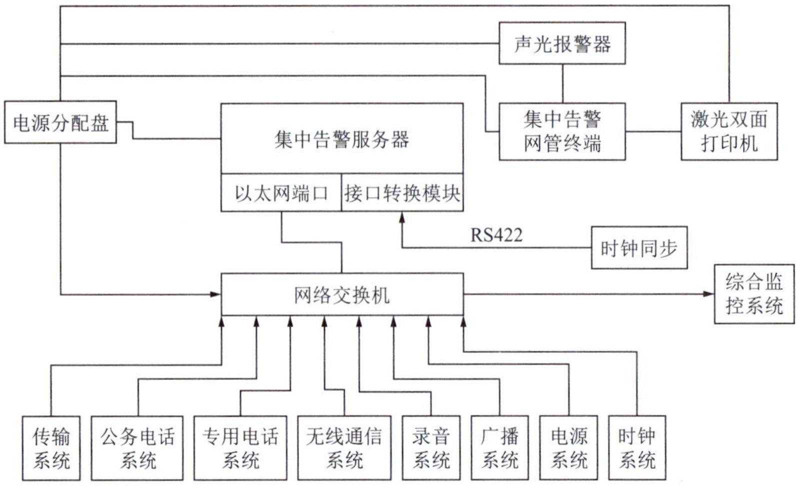

图 11.3.11　集中告警子系统逻辑框图

11.3.3　公众通信系统构成及功能介绍

地铁公众通信系统是地面各移动运营商移动通信系统的一个组成部分,是地面移动通信服务的延伸。地铁公众通信引入移动运营商(中国移动、中国联通、中国电信等)的移动通信服务接入地铁的所有地下车站和隧道区,确保进入地铁地下车站和隧道区的所有人员都能享受到与地面一样的移动通信服务。

1)系统构成

地铁公众通信系统由传输子系统、无线引入子系统、电源及接地子系统、集中告警子系统等构成。公众通信系统构成如图 11.3.12 所示。

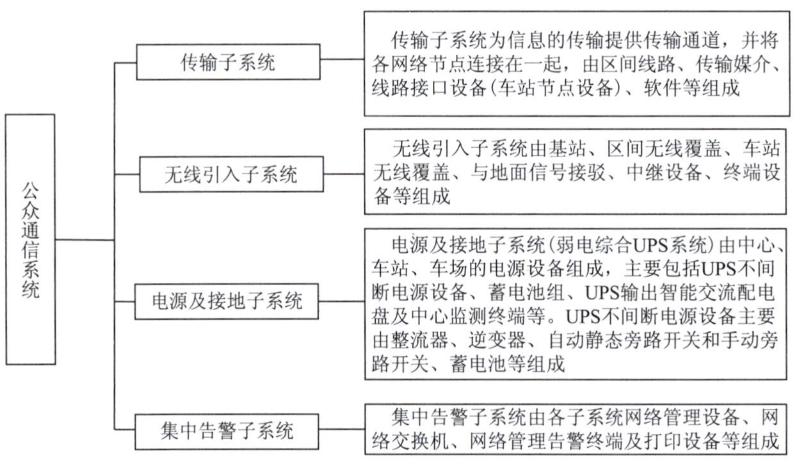

图 11.3.12　公众通信系统构成图

2)系统功能

(1)传输子系统功能

传输子系统为移动运营商承载以下业务的能力:

①中国移动：主要包括 GSM 900M、TD-SCDMA（1880 ~ 1900 M 和 2010 ~ 2025 M）的信息。

②中国联通：主要包括 GSM 900M、WCDMA（1940 ~ 1955M 和 2130 ~ 2145M）的信息。

③中国电信：主要包括 CDMA20001x EV-DO（800M）、CDMA2000（1920 ~ 1935M 和 2110 ~ 2125M）的信息。

④手机数字移动电视运营商：手机移动数字电视 CMMB 的信息。

⑤网络管理信息、其他运营管理及预留承载信息。

传输子系统网络拓扑图如图 11.3.13 所示。

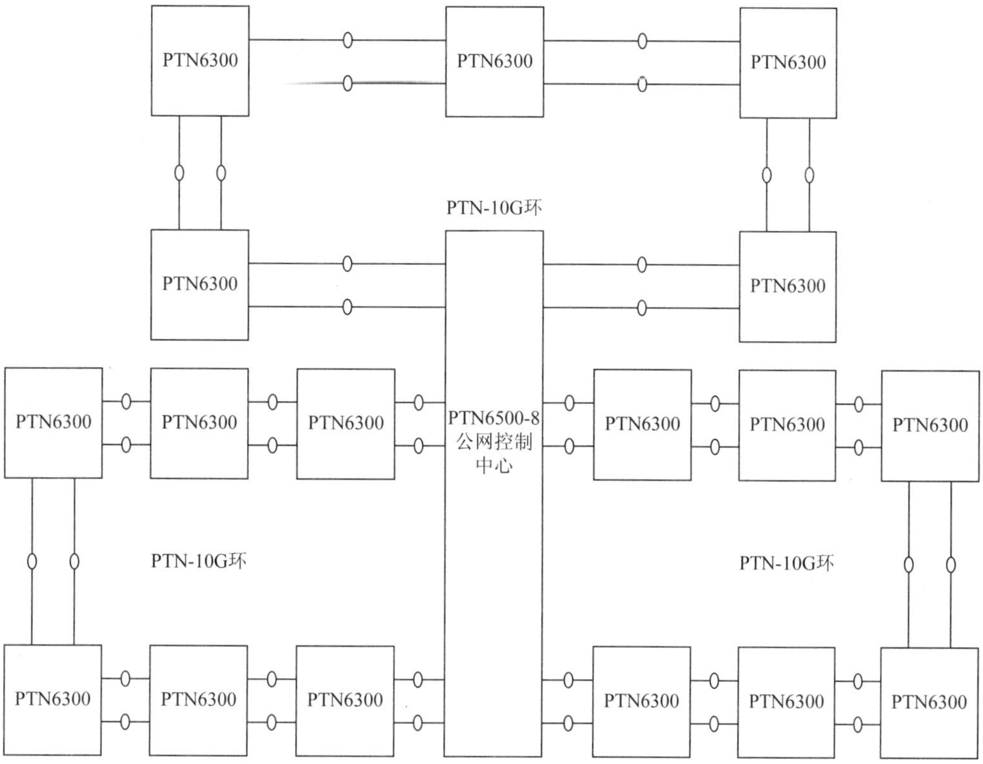

图 11.3.13　传输子系统网络拓扑图

（2）无线引入子系统功能

无线引入子系统只限于提供移动电话引入系统平台（如 POI 宽带合路平台、漏缆及干放等），是许多射频信号的合成与分配网络，将运营商各种移动电话制式的射频信号合路后再由天馈系统均匀地将能量辐射于需要覆盖的场所。

无线子系统典型车站网络系统如图 11.3.14 所示。

（3）电源及接地子系统功能

地铁系统中公众通信系统电源及接地子系统主要为 POI 设备、区间直放站、传输设备以及网管设备进行供电。

（4）集中告警子系统功能

公众通信系统设备分布在各个地铁车站，且为无人值守。为了加强对设备的集中维护，提高通信网络的管理水平，使维护管理人员能及时、准确、迅速地获得设备的运行状态信息，并根据故障发生的地点及时对设备进行维修，为本系统设置集中网络管理系统。

传输系统网管、移动通信引入系统网管及电源设备网管分别对本系统进行网元级管理，并实现故障管理、配置管理、性能管理和安全管理等基本功能，能够实现故障定位、状态显示，能发出可闻、可视告警信息，并打印出有关故障信息。并通过相应接口将各种状态信息传给告警终端实现集中监视和告警。

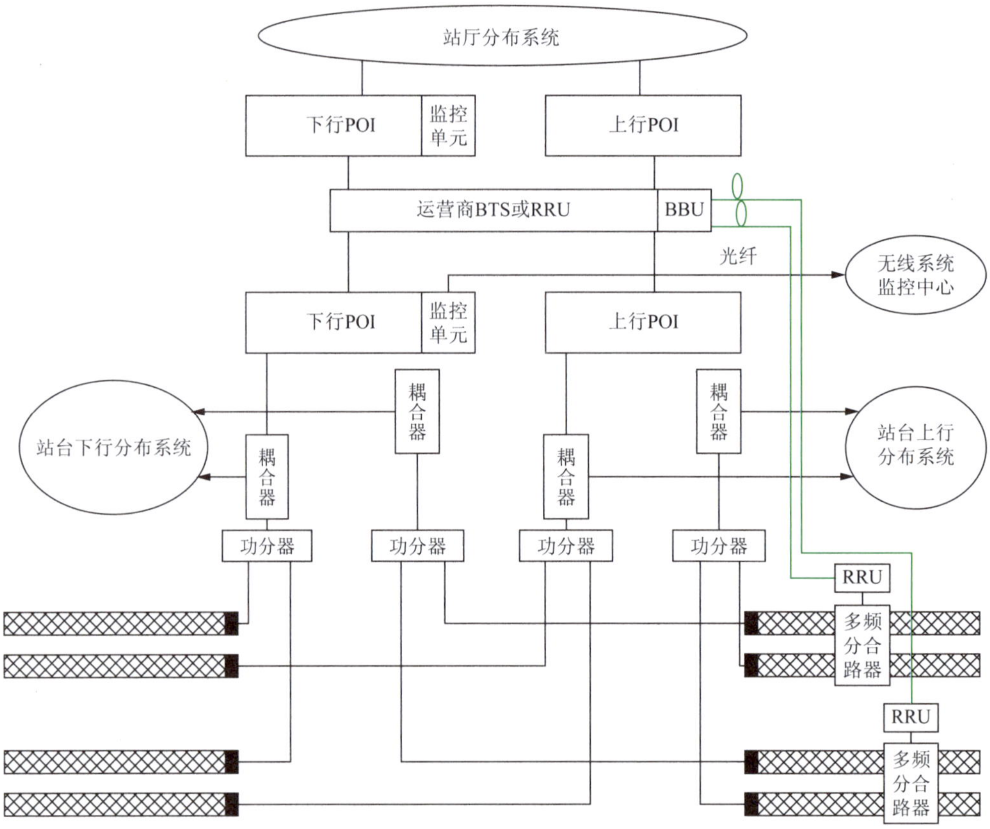

图 11.3.14　无线子系统典型车站网络系统图

11.3.4　警用信息通信系统构成及功能

1）系统构成

为了地铁工程警用各管理部门业务的正常开展，保障地铁安全运营以及打击各种犯罪行为，结合公安局通信网络的构成，地铁警用通信包括闭路电视监控、无线通信、有线电话、计算机网络、传输网络及电源设备等子系统。

警用信息通信系统构成如图 11.3.15 所示。

2）系统功能

（1）闭路电视监控子系统

闭路电视系统可对地铁工程各车站进行实时监控，便于及时发现、震慑和打击违法犯罪行为，同时也可为查缉破案提供录像取证。

（2）无线通信系统

无线通信系统是为地铁工程警用各管理部门之间以及与市警用各管理部门之间提供移动通信的一种手段，当出现重大案情或重大事故时，保证他们在站与站、地下与地面，能够对现场警用各警种人员统一进行指挥调度。

（3）有线电话系统

有线电话系统是为地铁警用各管理部门之间以及与市警用各管理部门之间提供固定通信的一种手段，以便地铁工程警用各管理部门工作的顺利开展。

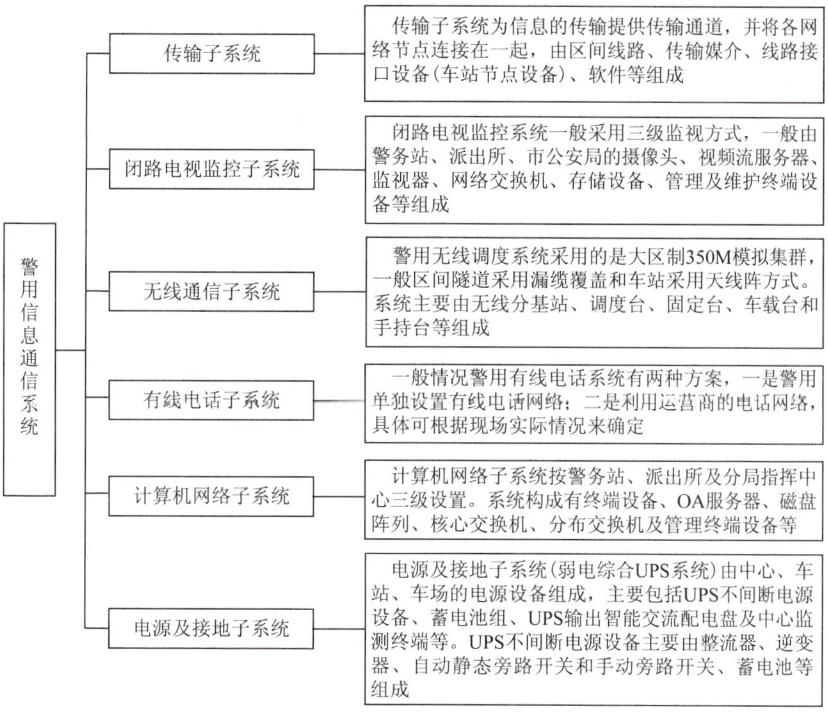

图 11.3.15　警用信息通信系统构成图

(4)计算机网络

计算机网络系统是为了实现地铁警用各管理部门办公自动化，提高地铁工程警用的快速反应能力的一种手段。通过市警用局计算机网络的联网，使一线办公点的警用人员可以通过网络访问警用计算机网，查询有关的“综合信息”，迅速判断、查核犯罪嫌疑人的确切身份及相关资料，实时登录“如实立案系统”“严打报表系统”，浏览“每日警情”“警用简报”等信息。

(5)传输网络

传输网络可为警用信息通信系统各种信息传输，包括语音、视频、数据等提供传送平台。

(6)电源设备及接地

①电源

警用通信电源设备负责为警用通信设备提供稳定、可靠的电源供应。在外供交流故障的情况下，在一定的时间范围内仍能向各系统提供稳定、可靠、不间断的电源供应，使共用移动通信系统设备仍继续工作一段时间，等待主电源恢复正常。

②接地

接地系统能防止警用通信设备受强电系统的危险影响和电磁干扰，保证通信系统正常工作，同时也能保证通信系统设备和工作人员的安全。

11.3.5　乘客资讯(PIS)系统构成及其功能

1)系统构成

PIS 系统为控制中心、车站、终端三级结构，控制中心和车站两级监控。系统主要功能是通过控制中心和车站的控制，在指定的时间，将指定的信息显示给指定的人群。PIS 系统播放、显示的信息内容按照性质划分为紧急灾难信息、列车服务信息、乘客引导信息、一般站务信息及公共信息和商业信息。

PIS 系统构成如图 11.3.16 所示。

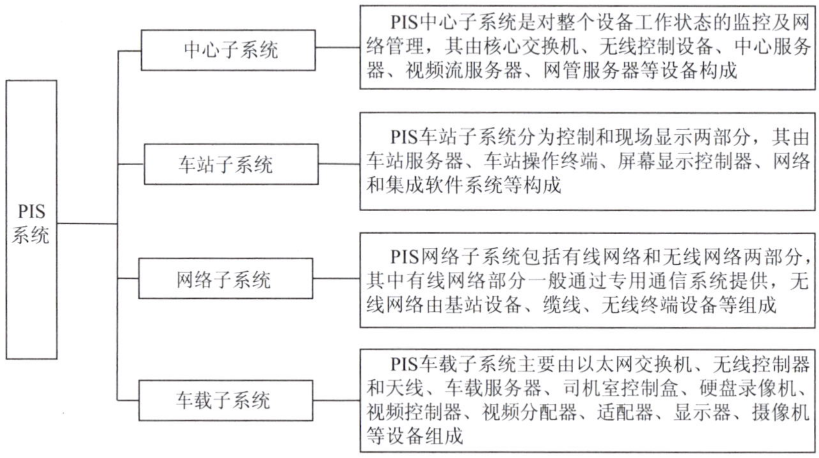

图 11.3.16　PIS 系统构成图

2）系统功能

（1）中心子系统功能

中心子系统集中管理并实时监控 PIS 系统的所有设备，控制显示终端设备的软开关。同时提供与综合监控系统、电视台节目信息的接口，实现信息共享，创建预定义的信息库，并与车站同步这些信息，提供配置管理、性能管理、故障管理、安全管理功能。也可通过中心操作员站创建紧急信息，并可以发布这些信息。

控制中心子系统结构如图 11.3.17 所示。

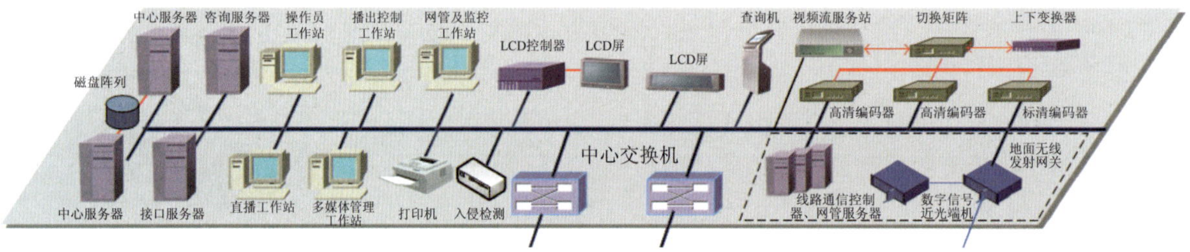

图 11.3.17　控制中心子系统结构图

（2）车站子系统功能

车站子系统主要接收来自中心的命令和信息，初始化和关闭车站 PIS 系统。同时车站操作工作站可以本地创建特殊信息并发布，监视、管理本站的设备状态和故障信息。在车站内播放旅客乘车信息、高清晰数字视频节目、必要的商务信息以及紧急疏散信息等。

（3）网络子系统功能

提供列车与车站、车辆段、停车场、控制中心之间的高速信息通道，实现信息的实时传输。

车站至列车信息下传：具有广播、组播和寻址功能，能够将特定的信息发送至指定的一列或几列列车，在车厢内发布紧急状态信息、旅客乘车信息、高清晰数字视频信息和紧急疏散等，并能够将列车运行前方，车站站台视频监控信息下传至列车司机位监视器。

列车至车站信息上传：将列车视频监控信息上传至邻近车站和控制中心，实现控制中心、车站对列车旅客、司机位视频信息的选择、切换、监视和控制。

为列车与车站、控制中心之间提供音频和数据传输通道，弥补地铁传统车地通信传输功能的不足。

PIS 系统网络拓扑图如图 11.3.18 所示。

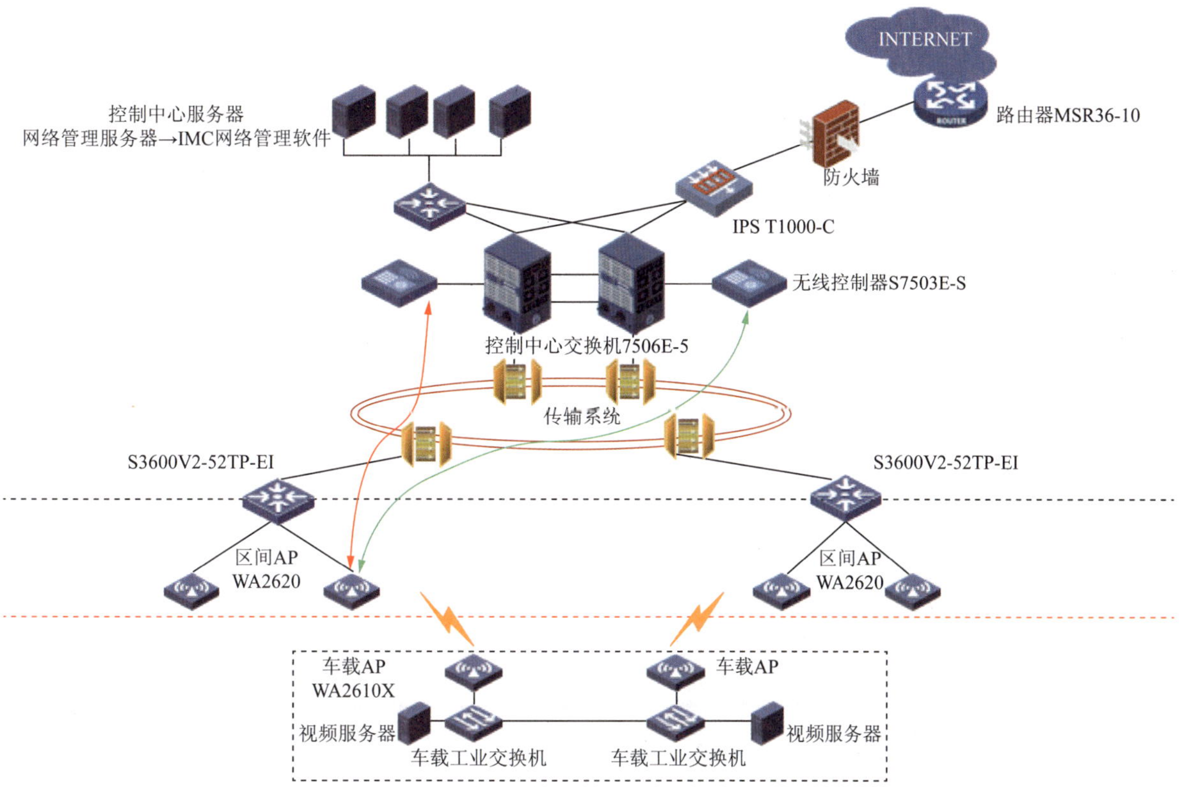

图 11.3.18 PIS 系统网络拓扑图

(4)车载子系统功能

具有广播、组播和寻址功能,能够将特定的信息发送至指定的一列或几列列车,在车厢内发布旅客乘车信息、高清晰数字电视节目和必要的商务信息。

车地无线网络系统结构如图 11.3.19 所示。

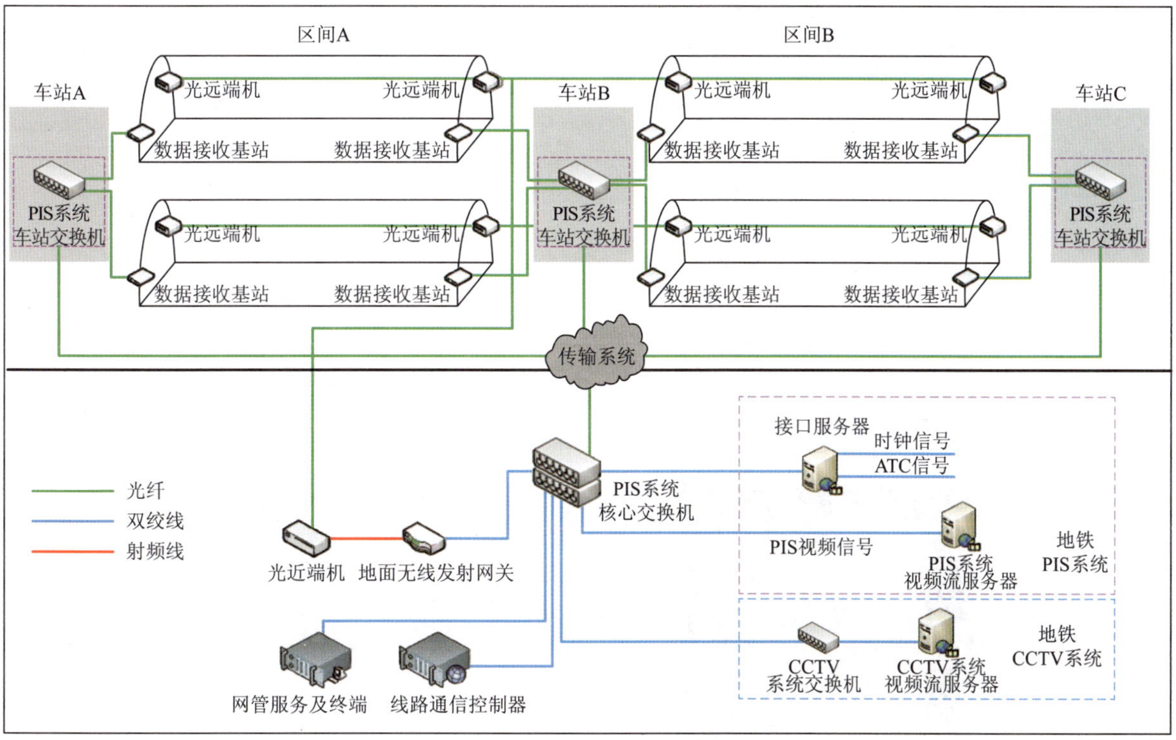

图 11.3.19 车地无线网络系统结构图

（5）节目制作中心子系统功能

界面功能：地铁节目、时间表的创建、修改、删除，商务资讯的导入，播放控制信息、播放时间表定时下载至车站子系统，预览节目、时间表的播放等。可提供第三方信息源的接口，从第三方信息源导入数据生成相应的节目，如天气预告、新闻、财经消息，并具有编辑功能。

11.4 通信系统工程核心设备功能简介

通信系统工程核心设备功能见表 11.4.1。

通信系统工程核心设备功能表　　表 11.4.1

序号	设备名称	设备图片	设 备 功 能
1	传输设备	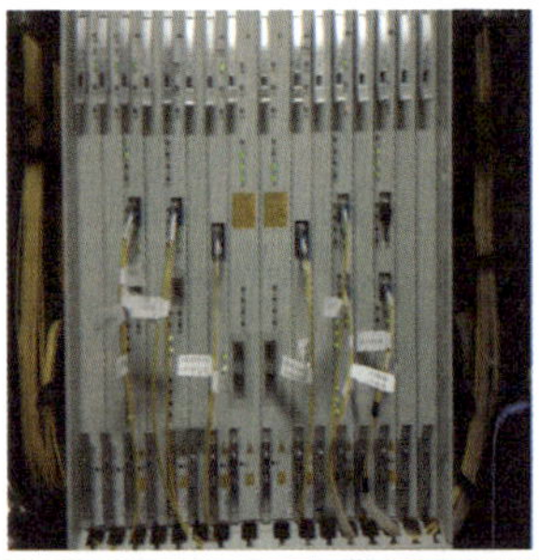	传输系统具备工程所需的各种业务接入功能，为通信其他子系统——公务电话、调度电话、无线电话、视频监控、有线广播、时钟、自动售检票、乘客资讯、信号、综合监控以及其他运营管理等子系统提供可靠、冗余、可重构、灵活的信息传输及交换信道
2	广播设备		广播系统主要功能（如广播组的选择、优先级设置、系统监控等）的实现，均可通过编程进行灵活的编辑、修改。系统操作简单，维护方便。 系统在每次开始广播前应有预示音发出，满足主干支、分支的检测功能，并能报出故障的位置信息。 广播系统能实现与既有线广播系统覆盖和互联
3	时钟设备		时钟系统为控制中心、各车站及停车场、车辆段的子钟提供统一的标准时间信息。 时钟系统具有降级使用的功能，从线路一级母钟到二级母钟到子钟可逐级脱离运行。系统具备扩容和扩网功能，可以满足工程以及后期工程时钟系统设备的接入和管理。 地铁线等工程均采用一级母钟、电源模块冗余热备份。 时钟系统平时接收来自 NOCC 一级母钟的标准时间信号，遇该信号接收故障时，本线路一级母钟利用自身高精度的晶振信号作为基准信号输出并报警；子钟出现故障时，母钟能够存储故障时间和故障内容，同时立即自动报警并上传网管设备
4	专用电话设备		专用电话系统是调度员和车站、车辆段值班员指挥列车运行和下达调度命令的重要通信工具，是为列车运营、电力供应、日常维修、防灾救护提供指挥手段的专用通信系统。该系统可为控制中心指挥人员，如行车调度、电力调度、环控（防灾）、维修调度等提供专用直达通信，并且具有单呼、组呼、全呼、紧急呼叫和录音等功能，同时可为站内各有关部门提供与车站值班员之间以及车站值班员与邻站值班员的直达通话。因此，要求该系统设备高度安全可靠，操作方便快捷。根据运营需要和业务性质，专用电话系统包括调度电话、站内电话、站间电话

续上表

序号	设备名称	设备图片	设 备 功 能
5	公务电话设备		能向用户提供本地用户（本地网中的市话用户、农村用户、县城用户）相互间电话呼叫。 能向用户提供国内和国际长途自动直拨的去话业务和国内及国际的长途全自动来话业务。 能向用户提供人工挂号的迟接制和立接制的国内长途和国际长途去话业务，并通过长途交换设备和话务台座席系统向用户提供各类查询、申告业务
6	无线设备	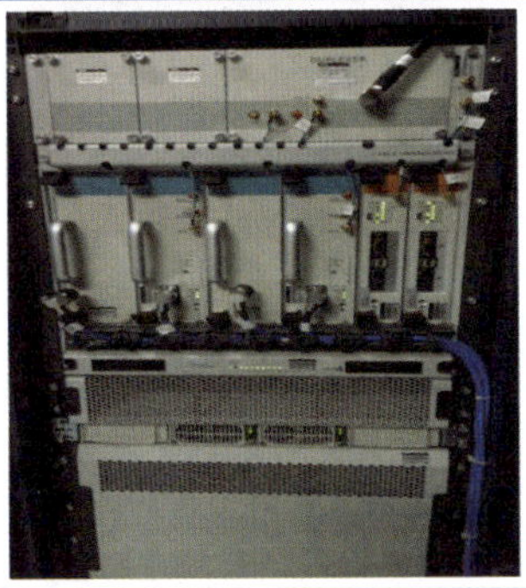	无线通信系统是为了保证地铁能够安全、高密度、高效运营，而建设的一个安全、可靠、有效的通信子系统，为地铁固定用户（控制中心、车辆段/停车场调度员、车站值班员等）和移动用户（列车司机、防灾人员、维修人员）之间的语音和数据信息交换提供可靠的通信手段，它为行车安全、提高运输效率和管理水平、改善服务质量提供了重要保证；同时，在地铁运营出现异常情况和有线通信出现故障时，亦能迅速提供防灾救援和事故处理等指挥所需要的无线通信手段
7	不间断电源设备	 	综合 UPS 子系统承担地铁线范围内所有车站、车辆段、停车场、主变电所、控制中心等弱电设备的供电，采用 UPS 不间断电源和高频开关电源为负载设备提供电源。全线所有电源设备通过通信传输系统的以太网传输信道集中到控制中心进行维护管理。 控制中心、车站、车辆段、停车场设综合 UPS 电源，动照专业提供两路独立交流电源至电源室，并提供两路电源的自动切换。UPS 电源系统为通信系统、综合监控系统、综合安防系统、PIS 系统、AFC 系统提供不间断电源，在专用通信设备室内设高频开关电源设备，为通信系统提供直流电源。 在正常供电时，不间断电源设备能起到稳频稳压作用，向负载供电，同时给蓄电池充电；当停电时，不间断电源设备通过蓄电池经逆变器向负载供电。 （1）不间断供电功能 电源设备对弱电设备系统提供综合不间断电源；在正常条件下，UPS 输出电压的波形为正弦波，与静态旁路开关供电的电压同步，并且输出频率、电压峰值、相序、相差都与供电电源保持同步；当外供电源出现故障时，UPS 电源系统保证连续工作，UPS 的输出频率由内部精密振荡器控制；UPS 对蓄电池具有充电功能。 （2）旁路输出功能 自动旁路功能，当过载超过系统的容量（短路、大冲击电流，或当整流器/充电器供电关机，电池容量耗尽时）或检测到内部故障时，静态旁路开关可瞬时与逆变器输出同步并且把负载转换到旁路，使负载供电不中断。当输出功率稳定地恢复到规范指定允许范围内，系统会自动把负载再转回到 UPS 上，确保负载设备正常运行；内部手动旁路功能内部手动旁路开关用于维护 UPS，通过手动操作把 UPS 负载切换到旁路供电，保证不中断负载供电。由于人为因素或设备故障引起的手动旁路开关的误操作也不会中断负载供电；外部手动旁路功能当 UPS 故障或需要维修时，通过外部手动旁路开关，将整个 UPS 从供电系统中隔离出来，使 UPS 能够脱电维修。该开关配置物理锁具，并明显告警标志，此开关配置到配电柜里面

续上表

序号	设备名称	设备图片	设 备 功 能
7	不间断电源设备	 	(3)保护功能 电源设备具有输出短路保护功能，在输出负载短路时，能立即自动关闭输出，同时发出可闻、可视告警信号；电源设备具有输出过载保护功能，在输出负载超过额定负载时，发出声光告警；超出过载能力时，转为旁路供电；在电源设备处于逆变工作方式时，电池电压降至保护点时发出声光告警，同时停止供电；电源设备的输出电压超过设定的电压（过压、欠压）值时，可发出声光告警，并转为旁路供电；电源设备机内温度过高时，发出声光告警，并转为旁路供电；电源设备应具有抗雷击浪涌能力，能承受模拟雷击电压波形10/700μs、幅值为5kV的冲击5次，模拟雷击电流压波形8/20μs、幅值为20kA的冲击5次，每次冲击间隔为1min，设备仍能正常工作；UPS具备过放电保护、限制电池电流等保护功能。 (4)后备供电功能 当外供电源发生严重故障（如输入电压超限、市电中断等）时，UPS能启动电池组无间断地继续为负载供电，供电时间满足各系统要求。 (5)显示面板功能 UPS显示面板由LCD屏幕、LED和功能按键组成，可以通过操作显示面板上的按钮能够实现开/关机等操作，了解UPS工作状态，以及读取UPS的运行参数和告警信息等功能
8	PIS中心服务器		(1)集中管理整个PIS，包括管理所有工作站的登入、登出，并控制终端显示设备的工作状态，管理用户的登入、登出、权限管理、共享冲突仲裁等。 (2)实时监控整个PIS中所有工作站、所有终端显示设备的工作状态。 (3)中心集中管理、实时监控整个PIS系统、外部视频信息源的导入、外部系统数据的导入和导出、中心公共发布信息的编辑保存、中央集中发放信息等功能，并集中控制终端显示设备的工作模式。 (4)创建并从车站子系统、车载子系统、广告中心子系统导入各种日志数据，包括告警日志、事件日志、用户操作日志、分类信息的播放日志、外部系统导入/导出信息日志等。 (5)中心应能够保存各种系统数据。 (6)磁盘空间自动维护功能
9	PIS接口服务器		接口服务器的主要功能为提供PIS系统与外部系统接口的连接及协议转换。系统在信息编播中心分别与时钟系统、综合监控系统、集中告警、CCTV等系统进行接口，且各系统的接口类型、接口协议均不相同，因此中心接口服务器提供了不同的接口以连接各类外部系统，中心接口服务器可提供TCP/IP接口、RS-232/422/485接口，充分满足不同系统接入的要求
10	PIS视频流服务器		(1)视频流服务器负责整个PIS系统的素材录入，并具备经由100Base-T的以太网面向所有车站发布视频信息。素材录入与图像输出可同时进行，视频流服务器支持车站级无人值守工作方式。 (2)视频流服务器能够导入下列外部视频源信号：DVD机、录像机、有线电视端子、现场直播视频端子、数字电视DVB。 (3)视频流服务器需能导入并保存视频文件
11	PIS音视频切换矩阵		PIS系统需要接收多路电视台信号、DVD放像机或专业放像机的信号，并以组播或广播的方式向车站传输直播信号，为此系统需要配置一台视音频切换矩阵进行信号源及播出信号的调度

续上表

序号	设备名称	设备图片	设备功能
12	PIS 车站服务器	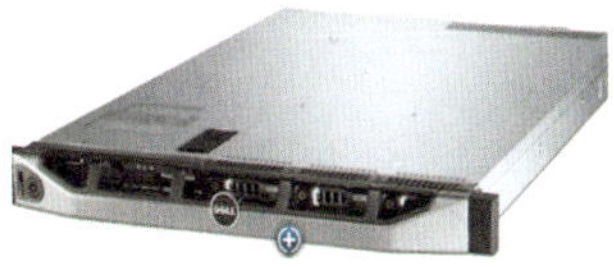	（1）通过车站服务器，具备相应权限的用户可以控制本车站内的某一/某组/全部显示屏的打开和关闭；可以实现对显示屏的手动或者自动打开和关闭，对于自动控制的时间可以预先设定，系统自动按照设定的时间进行开关控制。同时自动记录车站所有设备的登入、登出，并具有管理用户的登入、登出、权限的管理功能。支持操作控制的共享处理及操作控制冲突的仲裁处理。 （2）实时监控车站内所有工作站、显示控制器、终端显示设备的工作状态。能够以地理位置图的方式显示本站内所有显示控制器、显示屏的运行状态监测图，方便对本站设备进行监测，快速进行故障设备的定位。 （3）车站服务器能够跟中心服务器实时地进行各种配置数据的同步，包括本车站内的车站操作员站的配置信息、本车站内的终端显示设备的配置数据及可在本车站内进行操作的用户账号的数据。 （4）车站服务器能够从控制中心服务器、一号线分线中心服务器接收控制命令，集中转发至站内的终端显示设备，进行解释执行。 （5）车站服务器需能够从控制中心服务器接收数据，集中转发至站内的终端显示设备，进行解释播放。 （6）创建并从显示控制器导入各种日志数据，包括告警日志、事件日志、用户操作日志、分类信息的播放日志、外部系统导入/导出信息日志等。并定时向中心服务器上传所有的日志数据。 （7）车站服务器网络流量控制机制。车站服务器应具有网络流量控制机制，当车站服务器向显示控制器发布时间表和播放节目数据时，可以任意设定在一非网络繁忙时间，定时发布数据，以避免产生网络拥堵和影响系统其他功能正常执行。 （8）错误和警告的处理。车站服务器能够自动检测整个系统的工作状态，能够智能地判断故障出现，并自动告警和生成日志记录。 （9）外部系统数据接口。 （10）磁盘空间自动维护功能。 （11）视频下载功能
13	PIS 中心工业以太网交换机		在控制中心部署核心交换机，为 PIS 系统所需的视频服务器、咨询应用服务器、接口服务器等使用千兆电接口连接到核心交换机上。核心交换机使用千兆接口连接到通信专业的传输设备上
14	PIS 车载无线发射网管		车载无线发射网关设备安装在列车第 3 车厢的设备柜中，主要功能是将车载视频信息、车辆状态信息通过与其连接的车载天线发射出去，供地面无线接收基站接收
15	PIS 车站无线接收网管		车载无线接收网关设备安装在列车前后司机室设备柜中，主要功能是通过与其连接的车载天线接收光远端发射机发出的无线信号，并将接收到的数据转化为 IP 数据包通过车载以太网络传输给车载通信控制器设备处理
16	PIS 无线接收基站		无线接收基站设备按照一定的间隔距离安装在区间轨旁地面。主要功能是通过与其相连的地面定向天线完成车载无线发射网关发射的视频图像信息、车辆状态信息的接收，并将视频图像信息、车辆状态信息通过区间光缆传送至车站通信机房的光纤收发器，通过光纤收发器设备连接到车站 PIS 交换机设备，再经 PIS 有线传输系统将数据传送至控制中心的线路通信控制服务器设备进行数据处理

11.5 通信系统工程施工工艺及技术要点

依据施工内容,通信系统工程可分为施工准备、车站施工、区间施工、单系统调试和系统联调五个部分,本系统的施工流程如图 11.5.1 所示。

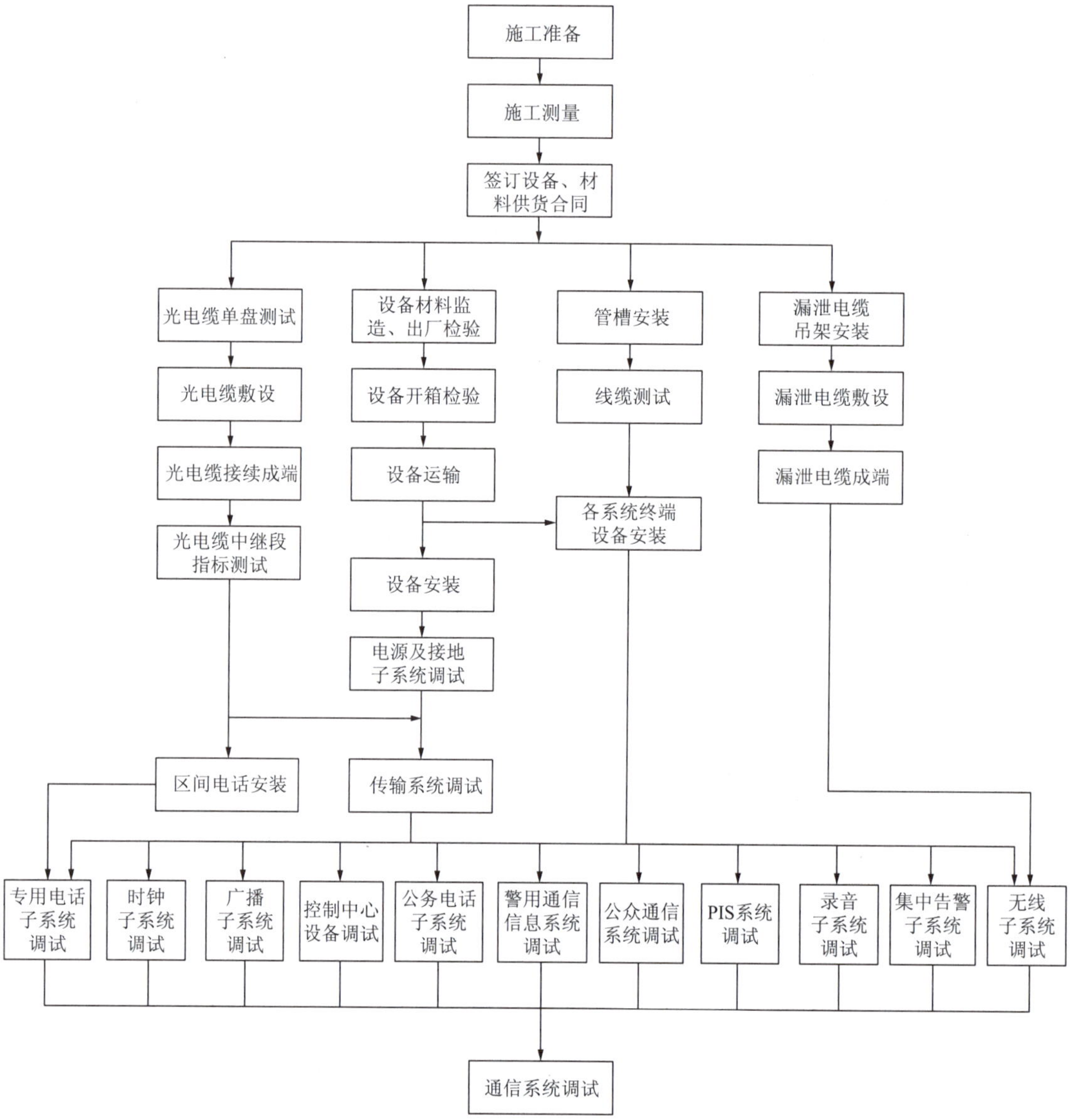

图 11.5.1　通信系统施工流程图

11.5.1　车站管线安装流程及技术要点

1)线槽安装

(1)安装流程

线槽安装流程如图 11.5.2 所示。

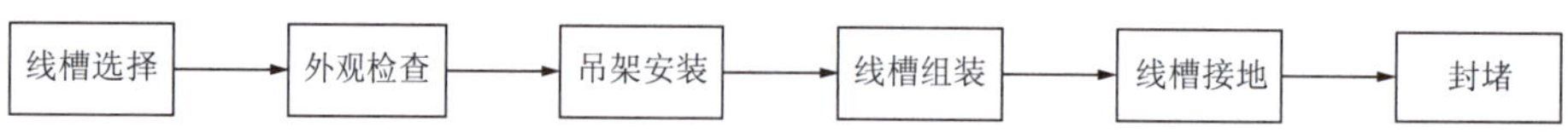

图 11.5.2　线槽安装流程图

（2）技术要点

①检查材料型号、规格、质量应符合设计要求及相关产品标准的规定。

②线槽终端要进行封堵。

③槽与槽之间、槽与设备盘（箱）之间、槽与盖之间、盖与盖之间连接处，对合严密。

④金属线槽应接地，一般采用热浸锌金属线槽外表喷漆，连接板的两端需接接地线，连接板两端不少于 2 个有防松螺母或防松垫圈的连接固定螺栓。

⑤电源电缆与信号线分开敷设，需在同槽敷设时应采用金属隔板分开敷设。

⑥金属线槽宜经过热镀锌处理，在线缆转弯处，槽道开口大小应与线缆线相适应，切口处应光滑，不应有卷边，内、外壁及盖板表面应光洁、无毛刺，尺寸准确。槽底与盖板均应平整，侧壁应与槽底垂直。

⑦线槽的直线长度超过 50m，宜采取热膨胀补偿措施。

⑧两列线槽拼接偏差不应大于 2mm。

⑨直接由线槽内引出电缆时，应采用合适的护圈保护电缆。

⑩线槽的安装应横平竖直，排列整齐。其上部与楼板之间应留有便于操作的空间。垂直排列的线槽拐弯时，其弯曲弧度应一致。线槽拐直角弯时，其弯头的弯曲半径不应小于槽内最粗电缆外径的 10 倍。

⑪支架安装应牢固，横平竖直，整齐美观；安装位置偏差不大于 50mm；同一直线段上支吊架间距均匀。

⑫水平安装时，跨距一般按照 1.5m 设置吊架或支撑，垂直敷设时固定间距不宜大于 2.0m，在首端、终端、分支、转角、接头及进出接线盒处固定点不大于 300 ～ 600mm。

⑬金属线槽与其他桥架的间距符合下列要求：

a. 有屏蔽盖板时，与电力电缆间距≥ 300mm；

b. 弱电桥架之间距离≥ 200mm；

c. 与顶棚之间距离≥ 300mm；

d. 与一般工艺管道平行距离≥ 400mm，交叉距离≥ 300mm。

⑭金属线槽分歧、转角、变径、上下均采用各种专用弯通接头，终端采用封堵接头，与钢管连接采用液压开孔方式，钢管采用盒接头与桥架固定牢固。

⑮金属线槽穿分隔墙和楼板时，应采取防火封堵措施。

线槽安装实例如图 11.5.3 所示。

图 11.5.3　线槽安装实例图

2）镀锌钢管安装

（1）安装流程

暗埋镀锌钢管安装流程如图 11.5.4 所示。

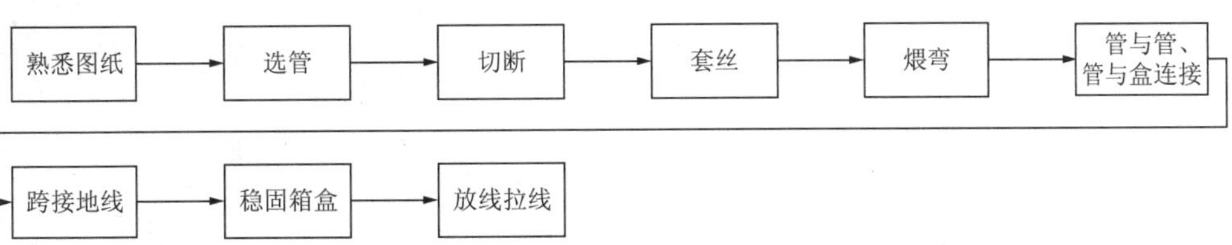

图 11.5.4　暗埋镀锌钢管施工流程图

吊顶镀锌钢管安装流程如图 11.5.5 所示。

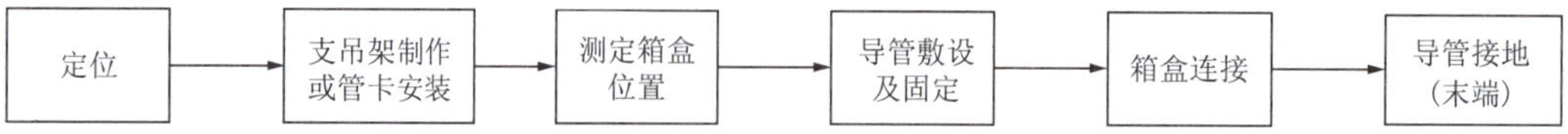

图 11.5.5　吊顶镀锌钢管安装流程图

（2）技术要点

①镀锌的钢导管不得通过熔焊的方式跨接接地线，必须用专业接地卡跨接，且两卡间连接用铜芯软线截面积不小于 $4mm^2$。

②当非镀锌钢导管采用螺纹连接时，连接处的两端通过熔焊跨接接地线；当镀锌钢导管采用螺纹连接时，连接处的两端用专用接地卡固定跨接地线。

③金属导管严禁对口熔焊连接，镀锌和壁厚小于等于 2mm 的钢导管不得套管熔焊连接。

④室外埋的敷设的电缆导管，埋深不应小于 0.7m，壁厚小于等于 2mm 的钢电线导管不应埋设于室外土壤内。

⑤金属导管内外壁应做防腐处理。埋设于混凝土内的导管内壁应做防腐处理，外壁可不做防腐处理。

图 11.5.6　镀锌钢管安装实例图

⑥预埋保护管伸入箱盒的长度不可小于 5mm；引出结构表面时，管口伸出表面 200mm。室内进入落地式柜、台、箱、盘内的导管管口，应高出柜、台、箱、盘的基础面 50 ～ 80mm。

⑦暗配的导管，埋设于建筑区、构建物、构建物内时，管口距其表面的距离不应小于 15mm。

⑧导管在建筑物变形缝处，应设补偿装置。

镀锌钢管安装实例如图 11.5.6 所示。

3）室内走线架安装

（1）安装流程

室内走线架安装流程如图 11.5.7 所示。

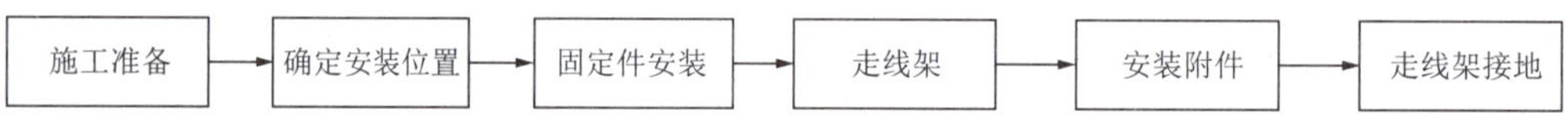

图 11.5.7　室内走线架安装流程图

（2）技术要点

①根据施工图纸，确定走线架安装位置。

②根据走线架安装位置确定吊杆安装位置，并做出孔位标记。

③在孔位标记处，根据螺栓大小选择钻头进行打孔，钻孔深度符合规范要求。

④将膨胀螺栓的螺母逆时针旋至膨胀螺栓顶部，然后将膨胀螺栓垂直放入孔中，用羊角锤敲打膨胀螺栓，直至将膨胀螺栓的套管全部敲入屋顶，然后拧下弹垫和平垫。

⑤根据走线架与机房高度的不同，截取适当长度的吊杆。

⑥在膨胀螺栓上套上绝缘板，然后将弯角连接件的安装孔穿过膨胀螺栓，依次加装绝缘垫、大平垫、弹垫和螺母，紧固螺母以固定吊杆。

室内走线架安装实例如图 11.5.8 所示。

图 11.5.8　室内走线架安装实例图

11.5.2 区间支架安装流程及技术要点

地铁区间支架可分为马蹄形、圆形和矩形三种类型，一般采用角钢制作，防腐采用热浸锌技术。

1）安装流程

区间支架安装流程如图 11.5.9 所示。

图 11.5.9 区间支架安装流程图

2）技术要点

（1）检查材料是否符合要求，有无出厂合格证明或质量鉴定文件。支架宜经过热镀锌处理，切口处不应有卷边，表面应光洁、无毛刺，尺寸应准确，并符合设计要求。支架各臂应连接牢固。

（2）按设计要求用测量仪分别测量出纵向高度，每 10m 打点做标记，再用拉画线分别连接成一条直线。

（3）用划针分别在已连接成直线的纵向线上画出每个 1.2m 的间距线标记点，再分别画 1m 高垂线；以垂线底部与直线交叉为起点，分别画上 50mm 作点、510mm 作点、910mm 作点，记录以便以后使用。

（4）用扫帚扫干净隧道壁上灰土，长度为整条区间，高度以支架安装高度 1m 为准。

（5）用红色记号笔清晰的标明定位点位置。

（6）打孔完成后要用清孔毛刷清理干净孔洞中遗留的灰尘。

（7）在钻好的孔位上，放进 M12×50 敲击式锚栓的胀管（具体使用材料以设计需求为准），用专业敲击工具敲击胀管将其膨胀。

（8）按施工图纸要求的规格型号正确选择支架。

（9）安装支架所用螺栓必须配有一平垫一弹垫。

（10）调整支架使支架与隧道壁密贴，与轨道垂直。

（11）将镀锌扁钢平铺在电缆支架自上而下第二层托臂上，用螺栓通过扁钢将所有支架连通。

（12）扁钢在伸缩缝处安装应考虑一定的预留，预留处扁钢做 U 形弯曲半径为 80mm。

（13）扁钢在转弯直角处安装进行微弯，角度为 90°和墙体平行。

（14）扁钢在竖井处安装扁钢，转弯处稍微弯成麻花状，保证扁钢美观。

区间支架安装实例如图 11.5.10 所示。

图 11.5.10 区间支架安装实例图

11.5.3 区间光电缆敷设流程及技术要点

1）敷设流程

区间光电缆敷设流程如图 11.5.11 所示。

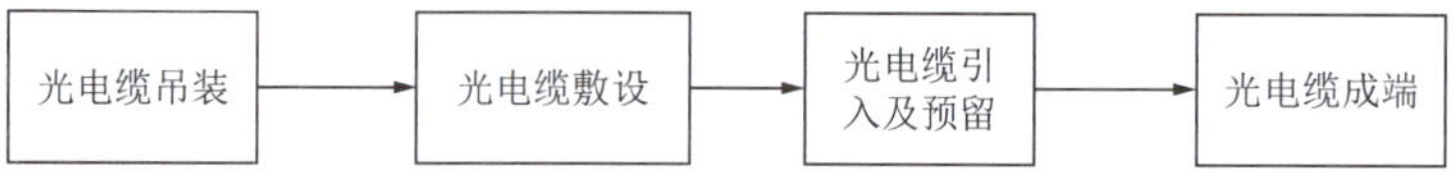

图 11.5.11　区间光电缆敷设流程图

2）技术要点

图 11.5.12　区间光电缆敷设实例图

（1）光电缆的种类、规格、质量必须符合设计要求。

（2）光电缆的敷设路由及线缆的弯曲半径符合设计要求。

（3）光电缆到达现场应进行检查，其型号、规格、质量应符合设计要求及相关产品标准的规定。

（4）光电缆线路的路径、敷设位置应符合设计要求。

（5）光电缆线路的防蚀和防电磁设施的设置地点、区段、数量、方式和防护措施符合设计要求。

区间光电缆敷设实例如图 11.5.12 所示。

11.5.4　机柜安装流程及技术要点

1）安装流程

通信机柜安装流程如图 11.5.13 所示。

图 11.5.13　通信机柜安装流程图

2）技术要点

（1）机柜安装位置、方向符合设计要求。

（2）机柜（架）固定应牢固，并列机柜（架）应紧密靠拢。

（3）机柜及其他设备安装，机柜前后及左右倾斜偏差应小于机柜高度的 1‰。

（4）固定机柜的连接螺栓应为热镀锌螺栓或不锈钢螺栓。

（5）整列机柜前端面在平行直线上偏差小于 5mm，每个机柜水平偏差小于 2mm，各机柜间缝隙小于 1mm。

（6）机柜安装牢固，排列整齐，铭牌、标识清楚正确，符合设计要求。

（7）机柜表面无明显损伤、印痕，漆饰完好。

（8）用水平仪或水平尺检测整列机柜前端面在平行直线上偏差应小于 5mm，每个机柜水平偏差小于 2mm，用塞尺检查机柜间缝隙应小于 1mm；机柜垂直偏差应小于 1‰。

（9）机架及其部件接地线、电源线应安装牢固，机架应分别就近与接地排连接，不得将几个机架接地线复联后在一处接地。

（10）防雷地线与设备保护地线安装及线径应符合施工图设计要求。

（11）所有机柜安装完成后应用防水防尘布进行保护。

机柜安装实例如图 11.5.14 所示。

图 11.5.14　机柜安装实例图

11.5.5 光缆接续施工工艺及技术要点

1）施工流程

光缆接续施工流程如图 11.5.15 所示。

图 11.5.15 光缆接续施工流程图

2）技术要点

（1）接续材料的规格、型号必须符合设计要求。

（2）光缆接续后的光纤收容余长单端引入引出不应小于 800mm，两端引入引出不应小于 1200mm，光纤收容时的弯曲半径不应小于 40mm。

（3）光缆接续应预留 2 ～ 3m，光缆接头处的光缆弯曲半径不应小于护套外径的 15 倍。

（4）接头衰耗≤ 0.03dB，且接头端面无气泡、无明显接痕。

（5）一个区段接续完成后测试 1310nm 波长、1550nm 波长窗口：单模≤ 0.08dB/ 芯，多模≤ 0.2dB/ 芯。

（6）光纤接续时应按光纤排列顺序对应接续，光纤接续部位加强管收缩应均匀、无气泡。

（7）光缆进入光纤配线架处标识应清晰、正确。

（8）接续中使用的熔接机应经计量检定合格。

（9）光纤清洗必须用短纤维的清洁纸蘸纯度为 95% 以上的医用酒精或分析纯进行清洗。

（10）光缆在中间接头预留应保证不小于 2 ～ 3m，成端接续预留应保证不小于 15m。

（11）光缆标牌内容应清晰、正确。

（12）光纤接续时应按光纤色谱、排列顺序，一一对应接续；光纤接续应用热缩加强管保护，加强管收缩应均匀、无气泡；光纤收容时的弯曲半径不应小于 40mm。

（13）余长光纤收容完毕后，检查收容盘内光纤，保证光纤不受挤压、没有静态疲劳，熔接盘内无杂物。

（14）查看光缆测试记录，确保每芯光纤损耗在规定范围内。

11.5.6 区间漏泄电缆敷设流程及技术要点

1）敷设流程

区间漏泄同轴电缆敷设流程如图 11.5.16 所示。

图 11.5.16 漏泄电缆敷设流程图

2）技术要点

（1）漏泄电缆弯曲半径不得小于 2m。

图 11.5.17　区间漏泄同轴电缆敷设实例图

（2）漏泄电缆敷设保证不得侵入限界。

（3）漏泄电缆底座和挂钩间距为 1m±0.05m，漏泄电缆敷设高度不小于 3.6m。

（4）安装底座打孔时，用 $\phi 6$ 冲击钻头，深度要保证 50mm±5mm，孔误差不得超过 ±5mm。

（5）卡挂漏泄电缆时漏泄槽口角度保持一致，并符合设计规定的角度。

区间漏泄同轴电缆敷设实例如图 11.5.17 所示。

11.5.7　终端设备安装流程及技术要点

1）吊挂式时钟安装

（1）安装流程

吊挂式时钟安装流程如图 11.5.18 所示。

图 11.5.18　吊挂式时钟安装流程图

（2）技术要点

①子钟的规格、型号、高度、安装位置应符合设计要求。

②子钟应安装牢固，符合验标要求。

③子钟的线缆连接应符合设计要求，且牢固可靠。

④线缆接续后进行绝缘、防水处理。

吊挂式时钟安装实例如图 11.5.19 所示。

图 11.5.19　吊挂式时钟安装实例图

2）吸顶扬声器安装

（1）安装流程

吸顶式扬声器安装流程如图 11.5.20 所示。

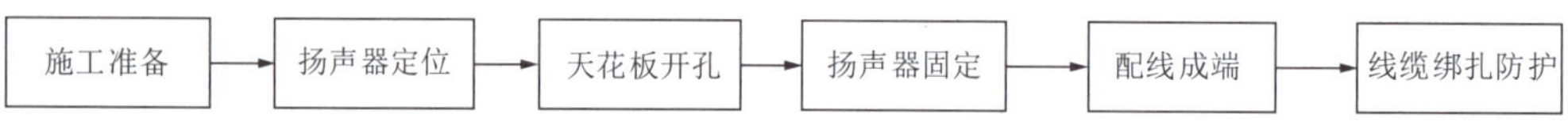

图 11.5.20　吸顶扬声器安装流程图

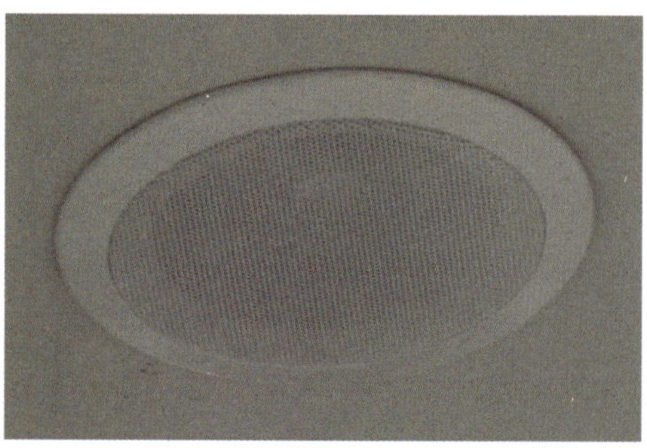
图 11.5.21　车站扬声器安装实例图

（2）技术要点

①扬声器的规格、型号、高度、安装位置应符合设计要求。

②扬声器应安装牢固，符合验标要求。

③扬声器的线缆连接应符合设计要求，且牢固可靠。

④线缆接续后进行绝缘、防水处理。

车站扬声器安装实例如图 11.5.21 所示。

3）无线天线安装

（1）安装流程

无线天线安装流程如图 11.5.22 所示。

图 11.5.22　无线天线安装流程图

（2）技术要点

①天线的规格、型号应符合设计要求。

②天线及射频电缆的接线方式应符合设计要求。

③天线应安装牢固，符合验标要求。

④射频电缆接头制作完成后测试驻波比小于 1.5。

无线天线吊挂式安装实例如图 11.5.23 所示，无线天线嵌入式安装实例如图 11.5.24 所示。

图 11.5.23　无线天线吊挂式安装实例图

图 11.5.24　无线天线嵌入式安装实例图

4）PIS 显示屏安装

PIS 系统外围设备种类比较多，其施工方法具有相近特点，可进行类比施工。下面以 LCD 安装示例进行介绍。

（1）安装流程

PIS 显示屏安装流程如图 11.5.25 所示。

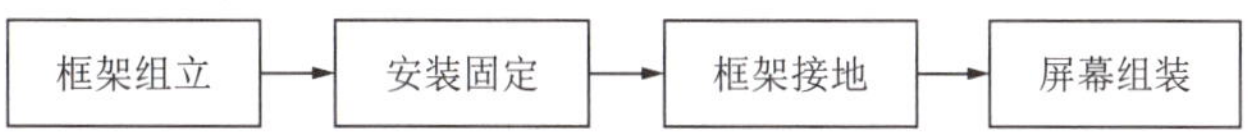

图 11.5.25　PIS 显示屏安装流程图

（2）技术要点

①框架的组立

按照设计文件规定，将组合屏的框架按顺序搬放到安装位置。首先把每组大致调水平，然后从成列的第一面开始调整。调整时，组合屏框架的水平用水平尺测量，垂直度用线坠或水平尺测量。

其余的框架以第一面为标准逐个调整，使其水平、垂直；框架间接缝密贴，然后安装框架间连接螺栓。

②框架的安装固定

每组框架按照设计的要求与构件进行螺栓固定。成列框架固定完毕后，将框架脱落油漆的部位用设备厂家提供的原色油漆补刷。

图 11.5.26　PIS 显示屏安装实例图

③框架接地

在成列设备的两端采用接地电缆与管线连接，最后接到综合接地体可靠连接。

④屏幕的组装

按照供货单位的技术要求组装屏幕，各块屏幕间的接缝、不平度应符合设备本身的技术要求。

PIS 显示屏安装实例如图 11.5.26 所示。

11.6 通信系统工程新技术和发展方向

11.6.1 通信工程新技术

1）多入多出技术

多入多出技术（Multiple-Input Multiple-Output，MIMO）是新一代移动通信系统必须采用的关键技术，该技术能在不增加带宽的情况下，成倍提高通信系统的容量和频谱利用率，MIMO 技术包括空间复用（SM）空分多址（SDMA）、预编码（Precoding）、秩自适应（Rank Adaptation）以及开环发射分集（STTD）。MIMO 技术将多径无线信道与发射接收视为一个整体进行优化，是种近于最优空域时域联合的分集和干扰对消处理。MIMO 技术现阶段最基本的配置是下行采用双发双收的 2×2 天线配置，上行采用单发双收的 1×2 天线配置，考虑的最高要求是下行链路 MIMO 和天线分集支持四发四收的 4×4 的天线配置或者四发双收的 4×2 天线配置。MIMO 技术应用在 IEEE802.11n，LTED 等宽带技术中已日趋成熟，并有将这项技术用于漏泄电缆的应用实例，以 OFDM 和 MIMO 为基础的宽带技术仍在不断寻求突破。在 4G 提案 TD-LTE 中，无线峰值速率指标设定为下行 1Gbit/s，上行 500Mbit/s。

2）语音集群通信技术

地铁下一代无线通信系统必须向下兼容，继承现有数字集群调度系统的所有功能，实现调度员、司机、车站值班员之间的语音通信和短数据传送，具备单呼、组呼、广播、会议、PTT 话权抢占、迟后进入、动态重组、通话组扫描、优先级呼叫、强插、强拆、限时通话、端状态呈现、兼听录音、禁话等功能。为了使语音与数据更好的结合，地铁下一代无线通信系统必须有服务质量（QOS）保证，按照不同业务类型，划分不同 QOS 等级，其中语音数据 QOS 优先级最高，然后是列控数据等高优先级数据，视频监控及电视直播等数据因为时性不高，可划分为最低优先级。通信系统的介质访问控制层调度算法将优先发送语音数据，然后是高优先级数据，最后是低优先级数据。

11.6.2 通信系统发展趋势

随着信息需求迅速猛增长以及国家的大力支持，公众网已经从 2G 时代发展到 3G、4G 时代。无线通信的应用日趋综合化，并向宽带化、移动化、IP 化的方向发展，各种通信制式趋于融合，电信网、计算机网、光电网融合趋势明显，作为功能强大的多渠道，多媒体综合信息平台，信息网络将覆盖各类终端。

目前，随着地铁的快速发展，越来越多的应用对无线系统提出更高的要求，然而，由于技术、历史等原因，我国地铁无线通信系统缺乏统一规划，种类繁多。地铁的无线通信系统分为专用通信系统和公众无线通信系统。专用无线通信系统包括无线调度系统和车地无线系统、移动电视系统、公安无线、消防无线应急系统，乘客信息及视频监控车地无线传输等。地铁专用无线通信系统还停留在第 2 代和无线局域网的技术水平上，其中，只有无线调度通信系统使用的 TETRA 数字集群系统被业界认可，其他各种无线宽带技术在地铁领域还未形成标准，同样的应用在不同城市甚至不同线路都可能采用不同的技术。从目前地铁对于通信实际需求来看，TETRA 系统属于第 2 代移动通信系统的技术，其带宽有限，无法传输大量宽带数据，从而无法实现移动电视、视频监控等带宽数据应用；WLAN（无线局域网）、WiMax（全球微波互联接入）等宽带接入技术由于延迟、VOIP（网络电话）效率不高等原因，无法提供可靠语音业务。这些现有的带宽接入技术都很难单独发展成一个完整、通用的地铁无线通信系统。因此，在稳定快速接入的基础上，能同时提供可靠语音业务和更宽的带宽数据业务，将成为未来地铁无线通信的发展趋势。

第12章 供电系统工程

12.1 供电系统工程概述

地铁的供电系统是为地铁运营提供所需电能的重要系统。地铁列车是电力牵引的电动列车，它的动力是电能；此外，地铁中为地铁运营服务的其他设施如动力照明、环境控制系统、排水系统、防灾系统、通信、信号、自动扶梯等，均都依赖并消耗电能。在运营的过程中，供电一旦发生故障或中断会造成地铁运输的瘫痪，还会危及乘客的生命安全，并造成财产的重大损失。因此安全、可靠、经济合理的电力供给是地铁正常运营的重要前提。

12.2 供电系统工程特点

（1）供电系统工程在完成相关设备安装及调试后使全线具备电力供应条件，实现全线“电通”。“电通”是继“洞通”“轨通”后又一个里程碑式的工程节点，“电通”节点的实现为全线设备单体及单系统调试及时提供可靠电源，是各车站内系统，包括通信信号、动力照明、通风、电扶梯、自动售票机等进行带电调试的前提，更为后续列车“热滑”和全线综合联调提供有力保障。

（2）供电系统实现功能复杂，一、二次电缆种类繁多，而变电所中光、电缆几乎都通过电缆夹层中的桥、支架实现设备之间的联系。如何合理有序地实现所内电缆的敷设是供电系统设备安装工程的一大难点，需从所内支架选型安装、电缆分层架设、电缆敷设路径规划、电缆弯曲半径等方面进行充分考虑。

（3）供电系统设备运输有以下特点：一是部分供电系统设备体积大、质量大、运输难度高，以整流变压器为例，其高度为 2.8m，质量可达 12~15t，采用一般方法很难运输；二是供电设备用房多设置于站台层，与轨行区毗邻。根据以上特点，供电系统工程施工多采用轨道车进行设备运输作业。轨道车运行到设备所在车站后通过预留通道将设备直接移动到设备用房，对转运的机械化水平要求较高。

（4）为保证供电系统的安全稳定，设备安装后使用专业试验仪器对供电系统设备进行试验。试验范围涵盖绝缘电阻试验、交流耐压试验、直流耐压试验、变比、极性与组别试验、直流电阻试验、高压断路器特性试验、互感器特性试验、电力监控系统调试等试验内容。通过一系列试验保证所用设备、材料的电气参数、电气性能、机械性能等满足设计标准，确保系统的功能实现。

12.3 供电系统构成及其功能

12.3.1 系统构成

地铁用电取自城市电网，经过供电系统实现传输和变换，以适当的电压等级供给地铁各类设备。供电系统由主变电所、中压供电网络、牵引供电系统、动力照明配电系统、电力监控系统、杂散电流腐蚀防护系统构成。其中，牵引供电系统包括牵引变电所和牵引网，动力照明供电系统包括降压变电所、动力照明配电系统。

供电系统构成如图 12.3.1 所示。

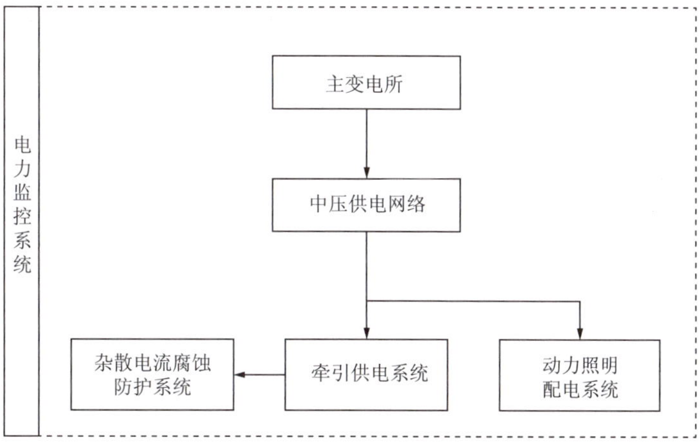

图 12.3.1　供电系统构成图

(1)主变电所由两路独立的电源进线供电，内部设两台相同的主变压器。根据牵引负荷和动力负荷的不同情况，主变压器采用三相三绕组的有载调压变压器或双绕组的变压器。

(2)中压供电网络由主变电所和地铁各车站变电所的高压开关柜、中压电缆等组成，通过两回地铁沿线路平行敷设的电缆线路实现主变电所与正线供电系统间的相互连接。

(3)牵引供电系统包括牵引变电所和牵引网。

牵引变电所可以分为正线牵引变电所、车辆段或停车场牵引变电所，正线牵引变电所又分为车站牵引变电所和区间牵引变电所。牵引变电所一般采用设备安装在建筑内的形式，也有少量的箱式牵引变电所。

牵引网包括接触网和回流网。接触网有架空接触网和接触轨两种悬挂方式。多数工程利用走行轨兼作回流网，少数工程单独设置回流轨。

(4)动力照明配电系统包括降压变电所和动力照明配电系统。根据设置位置的不同，降压变电所可以分为车站降压变电所、车辆段或停车场降压变电所、控制中心降压变电所；根据主接线的形式不同，降压变电所又可以分为一般降压变电所、跟随式降压变电所；当降压变电所与牵引降压变电所合建时，将形成牵引降压混合变电所；另外，有的地面线路采用了箱式降压变电所。

(5)杂散电流腐蚀防护系统由牵引回流系统、杂散电流收集网、杂散电流监测系统等组成。牵引回流系统包括钢轨、负馈线、上下行均流线、绝缘轨缝处设置的单向导通装置。杂散电流收集网利用结构钢筋的可靠电气连接，收集泄漏出来的杂散电流，经钢轨流回牵引变电所。杂散电流监测系统由参考电极、道床收集网测试端子、隧道收集网测试端子杂散电流综合测试装置构成。

（6）电力监控系统由电力调度工作主站、各变电所综合自动化子系统及通信通道三部分组成。各变电所综合自动化子系统在车站接入站级综合监控系统以太网，通过综合监控系统传输通道送至控制中心。

12.3.2 系统功能

地铁的用电负荷按其功能不同可分为两大用电群体，一是电动客车运行所需要的牵引负荷，二是车站、区间、车辆段、控制中心等其他建筑物所需要的动力照明用电。在上述用电群体中，有不同电压等级交直流负荷，上述负荷中又可分为固定负荷与运动负荷，每种用电设备有自己的用电要求和技术标准，供电系统就是要满足这些不同用户对电能的不同需求，以使其发挥各自的功能及作用。

1）主变电所

地铁主变电所承担整条地铁线路的电力负荷的用电，将城市电网的高压 110kV（或 220kV）电能降压后以 35kV（或 10kV）的电压等级分别供给牵引变电所和降压变电所。为保证供电的可靠性，地铁线路通常设置不少于两座主变电所。

典型主变电所工作原理如图 12.3.2 所示。

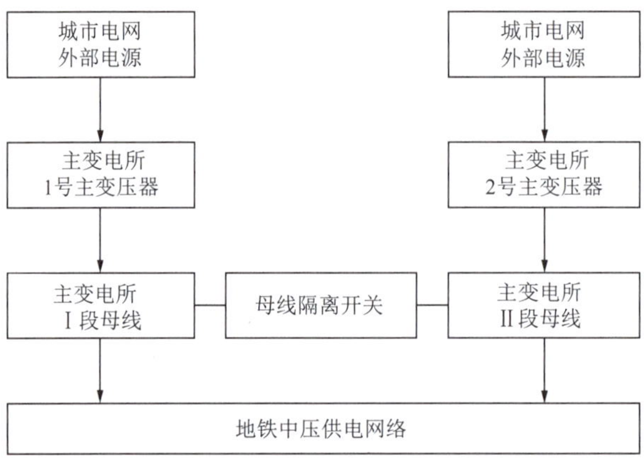

图 12.3.2　典型主变电所工作原理图

2）中压供电网络

中压供电网络是地铁供电系统的重要组成部分，其功能有两方面：一是在纵向上把上级主变电所和下级牵引、降压变电所连接起来，二是在横向上把全线的各个牵引变电所、降压变电所连接起来。从实质上讲，中压供电网络是地铁供电系统中唯一具有电能传输作用的通道。其工作原理如图 12.3.3 所示。

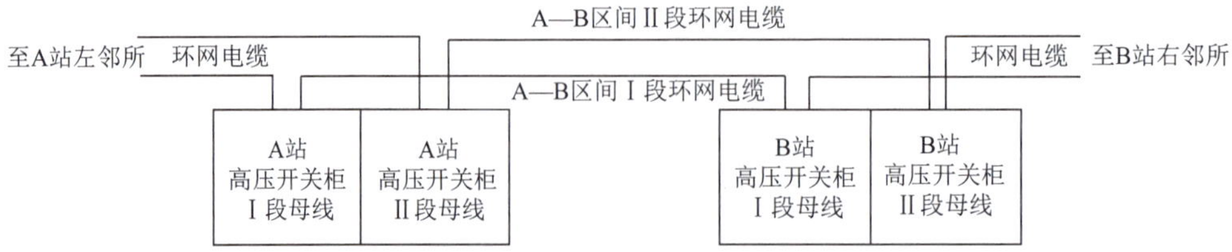

图 12.3.3　中压供电网络工作原理图

3）牵引供电系统

牵引供电系统可将交流中压电压经降压整流变成直流 1500V 或 750V 的电压，为电动列车提供牵引供电。其工作原理如图 12.3.4 所示。

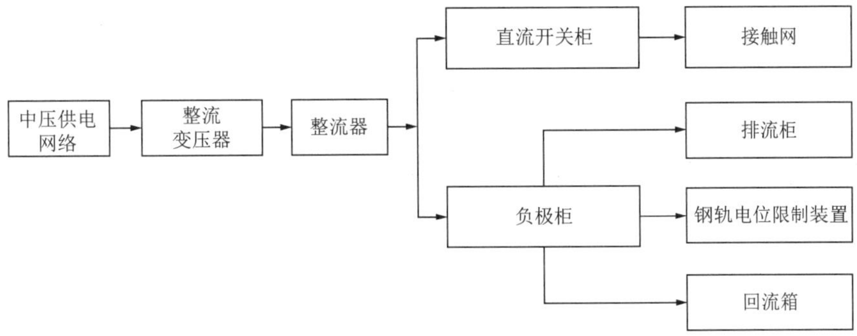

图 12.3.4 牵引供电系统工作原理图

4）动力照明供电系统

动力照明供电系统可将交流中压电压降压至交流 220/380V 电压，为运营需要的各种机电设备提供低压电源。其工作原理如图 12.3.5 所示。

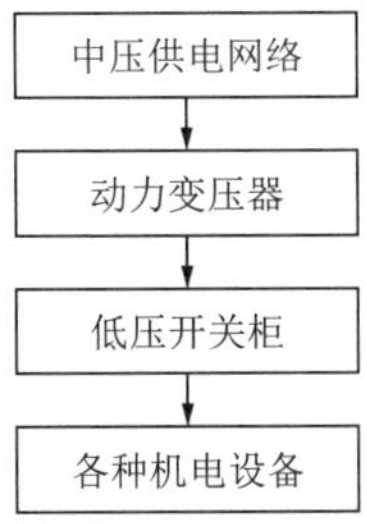

图 12.3.5 动力照明供电系统工作原理图

5）杂散电流腐蚀防护系统

杂散电流腐蚀防护系统可减少因直流牵引供电引起的杂散电流，并防止其对外扩散，尽量避免杂散电流对地铁本身及其附近结构钢筋、金属管线进行电腐蚀，并对杂散电流及其腐蚀防护情况进行监测。其工作原理如图 12.3.6 所示。

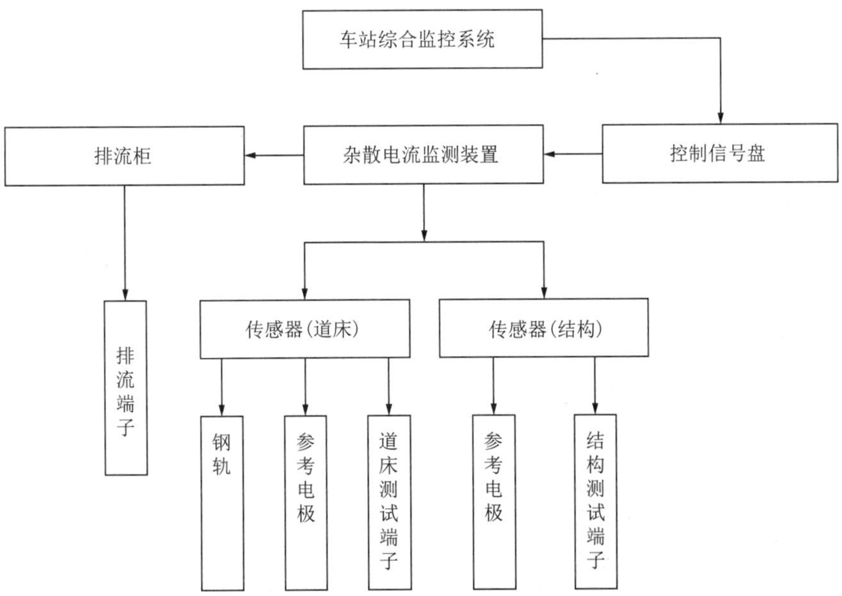

图 12.3.6 杂散电流腐蚀防护系统工作原理图

6）电力监控系统

电力监控系统对全线主变电所、牵引降压混合变电所、降压变电所以及牵引网系统进行实时控制和数据采集，监视供电系统设备的运行情况，及时掌握和处理供电系统中的各种警报事件及事故，准确实施调度指挥、故障处理及事故抢修，保证供电的可靠性和安全性。其工作原理如图 12.3.7 所示。

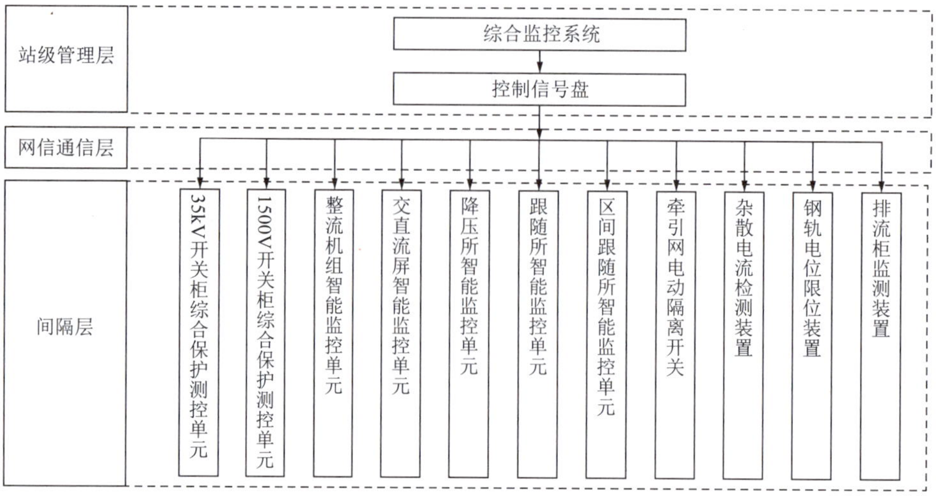

图 12.3.7　电力监控系统工作原理图

12.4 供电系统工程核心设备功能简介

供电系统工程核心设备功能见表 12.4.1。

供电系统工程核心设备功能表　　表 12.4.1

序号	设备名称	设备图片	设 备 功 能
1	110kV 油浸式变压器		油浸式变压器，其主体结构由器身、油箱、冷却装置、保护装置和出线装置组成。器身包括铁芯、绕组（绕圈）、绝缘、引线和分接开关，油箱包括油箱本体和油箱附件（放油阀、接地螺钉、小车、铭牌等），冷却装置包括散热器和冷却器，保护装置包括储油柜、油标、安全气道、吸湿器、测温元件和气体继电器，出线装置包括高、低压套管等。 （1）油箱：即油浸式变压器的外壳，用于散热，保护器身（变压器的器身放在油箱内），箱中有用来绝缘的变压器油。 （2）储油柜（油枕）：装在油箱上，使油箱内部与外界隔绝。 （3）安全气道（防爆管）：装在油箱顶盖上，保护设备，防止出现故障时损坏油箱。当变压器发生故障而产生大量气体时，油箱内的压强增大，气体和油将冲破防爆膜向外喷出，避免油箱爆裂。 （4）气体继电器（瓦斯继电器）：装在变压器的油箱和储油柜间的管道中，主要保护装置。内部有一个带有水银开关的浮筒和一块能带动水银开关的挡板。当变压器发生故障，产生的气体聚集在气体继电器上部，油面下降，浮筒下沉，接通水银开关而发出信号；当变压器发生严重故障，油流冲破挡板，挡板偏转时带动一套机构使另一水银开关接通，发出信号并跳闸。 （5）分接开关：在电力系统，为了使变压器的输出电压控制在允许变化的范围内，变压器的匝数要求在一定范围内调节，因而原边一般备有抽头，称为分接头。利用开关与不同接头连接，可改变原绕组的匝数，达到调节电压的目的。分接开关分为有载调压分接开关和无载调压分接开关。 （6）绝缘套管：装在变压器的油箱盖上，作用是把线圈引线端头从油箱中引出，并使引线与油箱绝缘。电压在 10~35kV 之间时，采用充气或充油套管；电压高于 110kV 时，采用电容式套管。 （7）变压器油：需有高的介质强度和低的黏度，高的发火点和低的凝固点，不含酸、碱、灰尘和水分等杂质，具有加强绝缘和散热的作用。 （8）测温装置：监测变压器的油面温度。小型的油浸式变压器用水银温度计，较大的变压器用压力式温度计

续上表

序号	设备名称	设备图片	设备功能
2	110kV GIS 间隔		GIS（Gas Insulated Substation）是全部或部分采用气体而不采用处于大气压下的空气作为绝缘介质的金属封闭开关设备。 GIS 间隔由短路器、母线、隔离开关、电压互感器、电流互感器、避雷器、套管 7 种高压电器组合而成的高压配电装置，GIS 采用的是绝缘性能和灭弧性能优异的六氟化硫（SF_6）气体作为绝缘和灭弧介质，并将所有的高压电器元件密封在接地金属筒中
3	35kV 开关柜		35kV 开关柜主要有环网进出线柜、馈线柜、母联柜、母联提升柜、PT 柜等组成。 35kV 开关柜一般有断路器室、低压室、电缆室、母线室、柜顶小母线室及线路 PT 室（主要用于环网进出线柜，用于安装测量线路电压的电压互感器）组成。开关柜内各隔离室均采用由开关柜顶部泄压。在柜体的顶部装有可翻转的活门，一侧用合页固定死，另一侧用塑料螺栓固定。当发生内部燃弧故障时，通过排放热气到柜体外部，防止隔室里气压过大，消除对操作人员的危害。环网进出线柜、馈线柜、母联柜内主要由断路器、带电显示器、母线、保护单元等组成。主要是带负荷分断一次回路。当系统存在故障时，由保护单元发出指令，使其断开一次回路，减少故障对设备危害及事故的发生。 成套 35kV 开关柜一般将母线安装在断路器柜内，电缆室内线缆设计为下进上出，母联提升柜主要用于对成排开关柜母线提升用，一般不对其进行操作，柜内没有断路器，不能带负荷分断，因此，它与母联柜之间存在联锁关系
4	整流变压器	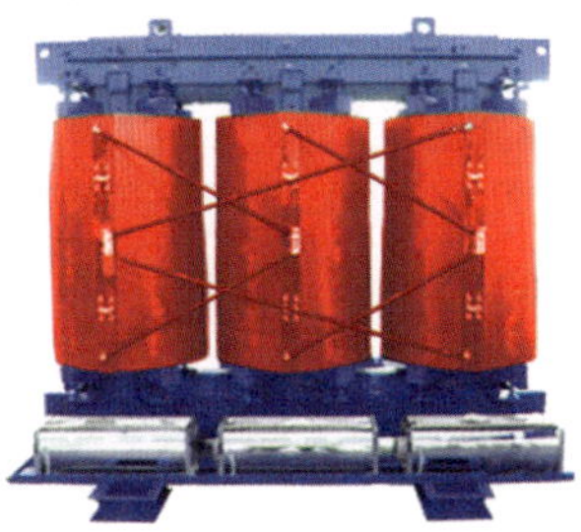	单台变压器为六相 12 脉波整流变压器，两台变压器并联运行构成等效 24 脉波整流变压器。每个牵引变电所内并联运行的两台整流变压器一次侧绕组分别移相 +7.5° 和 -7.5°，并能实现互换，使任何两台同容量整流变压器二次侧电压相角差 15°，通过整流器获得 24 脉波整流。 为了构成 24 脉波整流的两台变压器具有互换性，整流精度更高，每台整流变压器的二次绕组有一个星形绕组和一个三角形绕组，分别向两个三相整流桥供电。因为整流变压器二次侧星形绕组和三角形绕组相对应的线电压相位错开 30°，于是可以得到 12 脉波整流电路。每个牵引变电所内并联运行的两台牵引变压器，当供给两台 12 脉波整流器的整流变压器高压网侧并联的绕组分别采用 ±7.5° 外延三角形联接时，可使两台整流变压器阀侧输出电压的相角差为 15°，通过整流器获得等效 24 脉波直流
5	整流器		整流器为地铁牵引供电系统专用整流电源。它将牵引变电所内整流变压器输出的 1180V 交流电压转换成 DC1500V 向接触网供电。每座牵引变电所内，由整流变压器和整流器组成整流机组。24 脉波整流电路由两组 12 脉波整流电路构成，12 脉波整流由两个 6 脉波三相整流桥并联组成。其中一个三相整流桥接向整流变压器的二次侧星形绕组，另一个三相整流桥接向整流变压器的二次侧三角形绕组。由于每台整流变压器二次侧星形绕组和三角形绕组相对应的线电压相位错开 30°，便可以得到两个三相桥并联组成的 12 脉波整流电路

续上表

序号	设备名称	设备图片	设 备 功 能
6	DC1500V 开关柜		直流开关柜与地之间采取绝缘安装的方式，柜体的固定采用绝缘螺栓，保证安装后绝缘电阻值在500V时不小于2MΩ。直流开关柜包括进线柜、馈线柜（含备用柜）、负极柜，且均为户内安装。 进线柜：进线柜在直流牵引供电系统中也称为正极柜，在整流柜和直流母线之间起隔离作用，是安装于整流器正极与正极母线间的开关设备；柜内主要由分流器、变速器、电动隔离开关、微机保护单元、直流快速断路器等设备构成。 馈线柜：馈线柜安装于正极母线与接触网上网点之间，其内配置正极母线、直流快速断路器手车及相关控制保护单元。 负极柜：负极柜安装于负极母线与钢轨之间，柜内装有两台电动隔离开关，牵引变电所内的低阻抗框架泄漏保护装置装于负极柜内。框架泄漏保护由一个电流元件和一个电压元件组成，当电压元件动作时，只联跳本站35kV机组断路器、1500V进线直流断路器、馈线断路器开关，不联跳邻站；而当电流元件启动时，联跳本站35kV机组断路器、1500V进线直流断路器、馈线断路器，并且联跳邻站对应馈线断路器开关。 边柜：边柜内设有中央控制单元，可采集直流开关柜中保护装置的所有信息并上传
7	动力 变压器	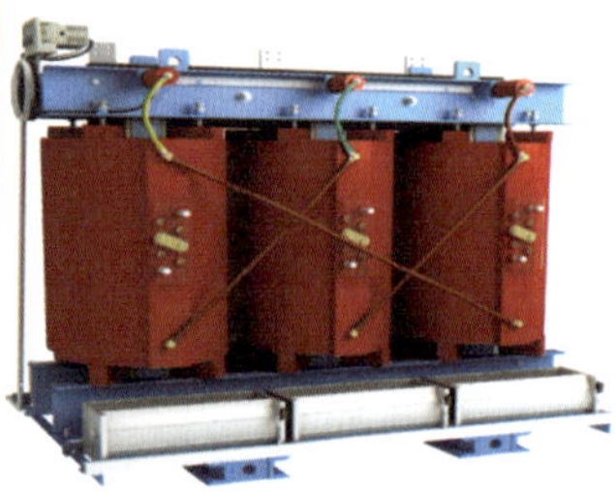	变压器是通过电磁感应关系，把一种等级的交流电压与电流转变为相同频率的另外一种等级的交流电压与电流，从而实现电能转换的静止电器。 变压器正常运行方式：两台配电变压器分列运行，向整个车站及相邻半个区间的一、二、三级低压负荷供电。 其他运行方式：当一台配电变压器因故障退出运行时，切除三级负荷，AC0.4kV母联自投，由另一台配电变压器向全站及相邻半个区间的一、二级低压负荷供电。 联锁：变压器外壳门体设电磁锁与35kV断路器闭锁。保证当35kV断路器分闸后，对应变压器门才可以打开，变压器门打开的情况下，35kV断路器不能合闸
8	交直流 配电屏		变电所内交直流屏由交流输入配电部分、整流部分、降压部分、直流输出馈电部分、监控部分以及绝缘监测部分组成，主要对变电所内设备的控制系统、信号系统、继电保护、自动装置、智能测量装置提供AC 220V或DC 220V操作电源。变电所内交直流屏分为A型屏和B型屏两种。A型交流屏主要用于区间变电所、车辆段变电所、停车场变电所。交流屏本体所需的辅助电源为交流，取自本交流屏。B型电源屏主要用于正线各车站。B型电源屏柜体为1面，由交流配电、直流配电及监控装置组成，直流电源由站内电源整合专业提供，经过B型电源屏直流配电系统给所内设备供电
9	钢轨电位 限制装置		钢轨电位限制装置：在直流牵引系统中，由于操作电流和短路电流的存在，可能会引起回流回路对大地产生超出安全许可的接触电压。这时就需要在回流回路与大地间装配一套钢轨电位限制装置，以限制走行轨的电位，避免超出安全许可的接触电压发生。 当发生超出安全许可的接触电压时，钢轨电位限制器就将钢轨与大地短接，从而保证人员和设施的安全。 钢轨电位限制装置一般与1500V框架保护配合使用，机车启动及运行时，可能引起轨—地之间的电位升高，此时钢轨电位限制装置和框架保护单元的电压检测元件均启动，但由于直流系统的正常运行，框架保护应不动作，故框架保护电压检测元件的动作时间整定值比钢轨电位限制装置的动作整定值长

续上表

序号	设备名称	设备图片	设备功能
10	SCADA控制信号屏		控制信号屏设置于变电所控制室，用于集中放置站级管理层设备和网络层交换机等通信接口设备。 在变电所综控屏配有音响报警设备，当发生所内预告报警、事故报警时，可以通过不同的方式引起值班或巡视人员的注意。报警音响可以通过变电所综控屏手动按钮复归或自动复归（延时 15s ～ 3min 后自动停止报警，时间可调），也可以通过控制中心或变电所综合自动化系统的人机界面远程复归

12.5 供电系统工程施工工艺及技术要点

供电系统设备安装工程涵盖变配电所工程、环网工程、杂散电流监测与防护工程，电力监控工程（其中电力监控的施工工艺及技术要点可参见综合监控一章）关键工序包括电缆支架安装、设备基础预埋件安装、变压器安装、开关柜安装、电缆敷设、电缆头制作、参比电极安装等。将供电系统设备安装工程施工工艺和技术要点细化到工程施工的各个工序环节是控制工程质量的必要手段。供电系统设备安装工程的主要工序如图 12.5.1 所示。

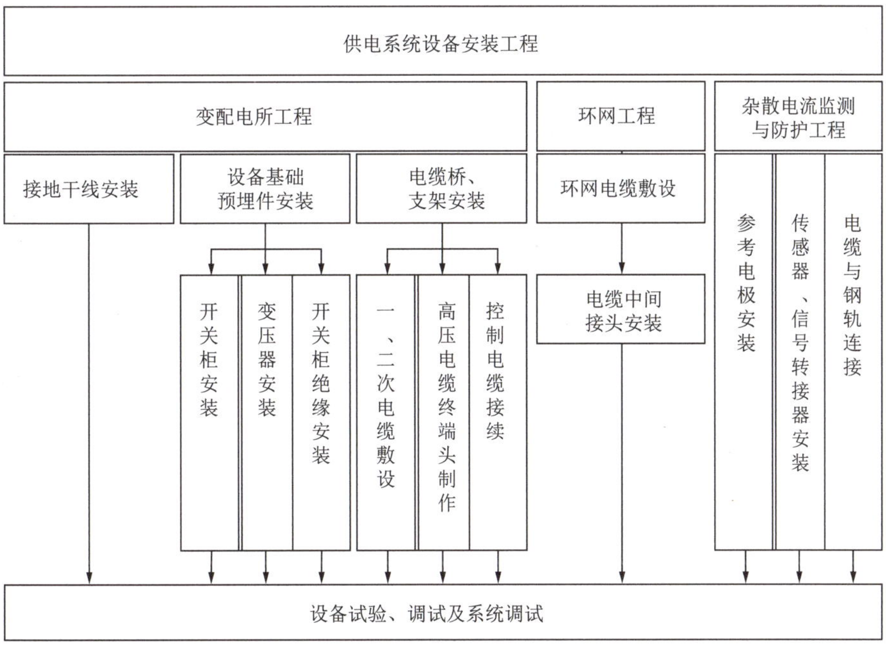

图 12.5.1　供电系统设备安装工程主要工序图

12.5.1　变配电所工程

1）设备基础预埋件安装

（1）安装流程

设备基础预埋件安装流程如图 12.5.2 所示。

施工准备 → 预埋件制作 → 定位、测量 → 预埋件组件固定 → 接地支线安装 → 防腐处理

图 12.5.2　设备基础预埋件安装流程图

(2)引用标准

①《电气装置安装工程盘、柜及回路结线施工及验收规范》(GB 50171—2012)。

②《电气装置安装工程接地装置施工及验收规范》(GB 50169—2016)。

(3)施工技术标准

①基础预埋件安装应符合图纸要求。

②预埋件的安装高程应以装修专业提供的高程为基础标准,当变电所所有房间地面高度不一致时,以房间地面最高点作为安装基础高程。

③预埋件的安装位置在保证设备距墙尺寸满足设计要求的同时,还必须保证电缆能按要求进出开关柜。

④每组预埋件应至少焊接两处接地线与变电所接地干线连接。

⑤预埋件焊接时应三面焊接,不得有虚焊、假焊现象。

⑥基础预埋件安装后,其顶部宜高出最终地面 1 ~ 3mm。手车式成套柜应按产品技术要求执行。

(4)质量控制要点

①基础预埋件的类型、规格、质量符合设计要求。

②基础预埋件基准高程的确定是施工的重点和前提。

③通过水准仪、水平尺等工具保证预埋件平直度以及直线误差符合设计要求。

④基础预埋件位置应综合考虑与墙面和设备预留孔洞的相对位置,既要满足设计或规范要求,又要满足设备安装条件。

⑤对安装后的基础槽钢焊接接地支线并做防腐处理。设备基础预埋件安装实例如图 12.5.3 所示。

图 12.5.3　设备基础预埋件安装实例图

2)电缆桥、支架安装

(1)安装流程

电缆桥、支架安装流程如图 12.5.4 所示。

测量定位 → 钻孔 → 桥架安装 → 接地线安装

图 12.5.4　电缆桥、支架安装流程图

(2)引用技术标准

①《客货共线铁路电力牵引供电工程施工技术指南》(TZ 10208—2008)。

②《铁路电力牵引供电工程施工质量验收标准》(TB 10421—2003)。

③《铁路通信、信号、电力、电力牵引供电施工安全技术规程》(TB 10306—2009)。

(3)施工技术标准

①检查支架开孔,规格型号是否符合图纸要求。

②托臂是否弯曲、变形。

③电缆支架应安装牢固，横平竖直，固定方式应符合设计要求。

④安装时电缆支架托臂应上翘 3°~5°，必要时可用垫片调节，保证其和隧道壁紧密相贴。

⑤安装支架所用螺栓必须配有一平垫、一弹垫。

⑥扁钢接头和支架必须保持 100mm 的距离，扁钢搭接面不小于其宽度的 2 倍。

⑦扁钢接头处和冲孔处要用银粉漆进行防锈处理。

⑧安装好的扁钢横平竖直，无扭曲(除竖井外)、无毛刺。

⑨支架接地扁钢设置在自上而下第二层支架上，接地扁钢与每个支架间采用螺栓可靠连接，接地扁钢全线电气连通。接地扁钢间应可靠搭接，连接螺栓不少于 2 个。

(4)质量控制要点

①根据图纸确定桥、支架安装定位线。

②保证支架间距满足设计要求，锚栓连接稳固。

③桥、支架安装完后，检查安装路径是否与图纸一致。

④桥、支架加工完后，检查是否平直。

⑤电缆桥架每 4m 用软铜绞线(以设计图为准)连接。

⑥支架接地扁钢与每个支架间采用螺栓可靠连接，接地扁钢间应可靠搭接。

电缆桥、支架安装实例如图 12.5.5 所示。

图 12.5.5　电缆桥、支架安装实例图

3)接地干线安装

(1)安装流程

接地干线安装流程如图 12.5.6 所示。

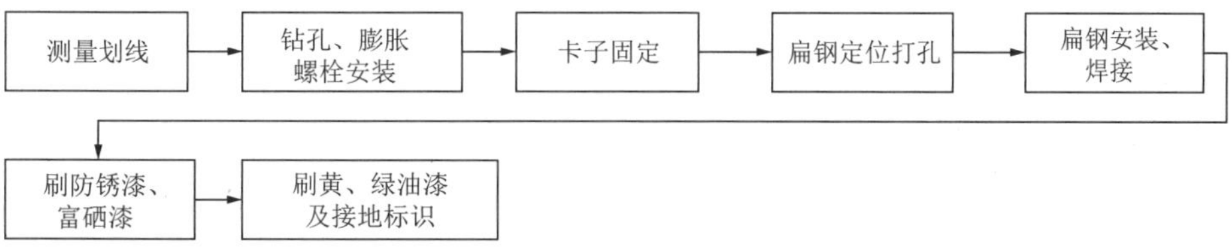

图 12.5.6　接地干线安装流程图

(2)引用技术标准

①《电气装置安装工程接地装置施工及验收规范》(GB 5016—2006)。

②《施工现场临时用电安全技术规范(附条文说明)》(JGJ 46—2005)。

③《施工企业安全生产管理规范》(GB 50656—2011)。

(3)施工技术标准

①接地干线的规格、型号、高度、安装位置应符合设计要求。

②接地干线的安装位置应合理，便于检查，无碍设备检修和运行巡视。

③支持件的距离，在水平直线部分为 1m，垂直部分为 1m，转弯部分为 0.3 ～ 0.5m。

④接地干线应水平或垂直敷设；在直线段上，不应有高低起伏及弯曲等现象。

⑤接地干线沿建筑物墙壁水平敷设时，离地面距离宜为 200mm；接地线与建筑物墙壁间的间隙宜为 30mm。

⑥在接地线跨越建筑物伸缩缝、沉降缝处时，应设置补偿器。补偿器可用接地干线本身弯成弧状代替。

⑦干线接地扁钢表面均匀，间隔刷涂黄绿条纹，条纹宽度约 50mm。

⑧接地干线的焊接应采用搭接焊，其搭接长度不小于扁钢宽度的 2 倍且至少 3 个棱边焊接，焊接部位要进行防腐处理。

⑨接地干线穿墙处需加玻璃钢管，玻璃钢管需伸出墙体 10mm，管口两端需用防火堵料（封堵泥）封堵严实。

（4）技术要点

①接地干线的规格、型号、安装高度、距墙距离应符合设计要求。

②接地线表面沿长度方向涂以黄绿条纹标识，不得覆盖为满足设备维护要求而设置的接地引出端子。

③在卡子安装位置打孔要求与墙壁垂直，卡子固定后必须与地面保持垂直。

图 12.5.7　接地干线安装实例图

④两段接地干线之间采用搭接焊方式进行连接，搭接长度满足要求，煨弯处保持观感美观。

⑤接地干线穿墙时，应加套管保护，其套管管口两端须用防火堵料封堵严密。

⑥接地干线需设置两点接地，接地点与接地母排连接。

⑦敷设位置不得妨碍设备拆卸与维修，且便于检查。

⑧接地线焊接工作全部完成后，对所有焊接部分均进行防腐处理。

接地干线安装实例如图 12.5.7 所示。

4）开关柜安装

（1）安装流程

开关柜安装流程如图 12.5.8 所示。

图 12.5.8　开关柜安装流程图

（2）引用技术标准

①《电气装置安装工作盘、柜及二次回路结线施工及验收标准》（GB 50171—2012）。

②《电气装置安装工程母线装置施工及验收规范》（GB 50149—2010）。

③《地下铁道工程施工及验收规范》（GB 50299—1999）（2003 年版）。

④《城市轨道交通工程质量验收标准　第二部分：设备工程》（DB11/T 311.2—2008）。

（3）施工技术标准

①开关柜的金属框架必须可靠接地。

②开关柜的漆层完整无损伤。

③开关柜相互间及基础预埋件间应用螺栓连接，连接牢固。

④母线连接方式方法符合厂家技术要求。

⑤开关柜贯通接地母排两端，分别与变电所基础预埋件的预留接地端可靠连接。

（4）技术要点

①开关柜定位准确，安装误差符合设计标准。

②开关柜安装在母线连接时不要使母线套筒法兰处受力。

③在连接母线套筒时，要注意套筒连接处受力均匀，以对角线方式紧固螺栓。

④母线搭接与柜体连接同步进行，搭接方式方法符合厂家技术要求。

⑤开关柜贯通接地母排两端分别与变电所接地母排或接地干线可靠连接。

⑥二次回路连线固定后不应妨碍手车开关或抽出式部件的推入拉出。

⑦开关柜相互间及与基础槽钢间应用镀锌螺栓连接，连接牢固。

开关柜安装实例如图 12.5.9 所示。

图 12.5.9　开关柜安装实例图

5）变压器安装

（1）安装流程

变压器安装流程如图 12.5.10 所示。

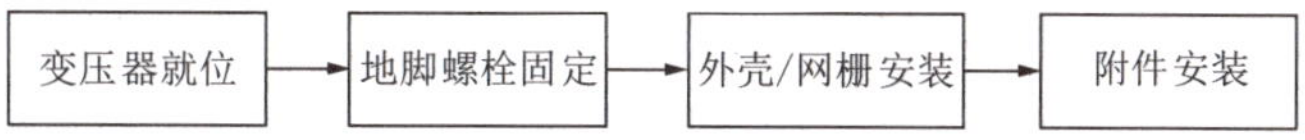

图 12.5.10　变压器安装流程图

（2）引用技术标准

①《电气装置安装工程电力变压器、油侵电抗器、互感器施工及验收规范》（GB 50148—2010）。

②《城市轨道交通工程质量验收标准　第二部分：设备安装工程》（DB11/T 311.2—2008）。

（3）施工技术标准

①变压器的铭牌参数，外形尺寸，外形结构及引线方向等符合合同要求，安装位置正确，附件齐全。

②所有紧固件紧固，绝缘件完好。

③金属部件无锈蚀，无损伤。

④接地部位有明显标志，变压器的相色表示正确，清晰。

⑤绕组完好，无移位，内部无杂质，表面光滑，无裂痕。

⑥引线连接导体间对地的距离符合现行国家标准《配电装置设计规范》（GB 50060—2008）的规定，裸导体表面无损伤、毛刺和尖角，焊接良好。

⑦变压器就位后，应将其滚轮卸下，将变压器底座用螺栓固定在基础预埋件上。

（4）技术要点

①变压器固定前确认安装位置及安装方向与设计图纸相符。

②变压器所有紧固件紧固，绝缘件完好。金属部件无锈蚀、无损伤。

③变压器就位后与预埋件用连接螺栓连接紧固。

④接地位置设明显标识，变压器的相色标志正确、清晰。

⑤网栅门安装时要能灵活转动，开合角度应尽量大，但不能向变压器侧开合。

变压器安装实例如图 12.5.11 所示。

图 12.5.11　变压器安装实例图

6）开关柜绝缘安装

（1）安装流程

开关柜绝缘安装流程如图 12.5.12 所示。

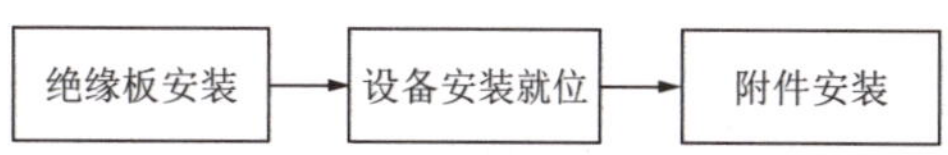

图 12.5.12　开关柜安装流程图

（2）引用技术标准

①《电气装置安装工程盘、柜及二次回路接线施工及验收规范》（GB 50171—2012）。

②《轨道交通 地面装置 直流开关设备　第 1 部分：总则》（GB/T 25890.1—2010）

③《电气装置安装工程母线装置施工及验收规范》(GB 5049—2010)。

④《地下铁道工程施工及验收规范》(GB 50299—1999)(2003 年版)。

⑤《城市轨道交通质量验收标准　第二部分:设备安装工程》(DB11/T 311.2—2008)。

(3)施工技术准备

①柜体安装完毕后,柜体的整体框架对地绝缘电阻不应小于 1MΩ(使用 1000V 兆欧表)。

②所有紧固件紧固,绝缘件完好。

③金属部件无锈蚀,无损伤。

④母线搭接螺栓紧固,搭接方法方式符合厂家技术要求。

(4)技术要点

①开关柜应绝缘安装,绝缘板露出柜体四周每侧的宽度满足要求。

②柜体与绝缘板缝隙错位安装,开关柜对绝缘板缝隙的压力较为分散,绝缘缝易于封堵,可以提高绝缘安装质量。

③对柜体与基础预埋件固定用的连接螺栓采取绝缘措施,穿入绝缘套、绝缘垫等。

④设备之间和设备与地面之间连接稳固,安装位置准确。

⑤保证施工环境的干净卫生,及时除尘以保证绝缘效果。

⑥柜体安装完毕后,复测柜体的整体框架对地绝缘电阻满足设计要求。

开关柜绝缘安装实例如图 12.5.13 所示。

图 12.5.13　开关柜绝缘安装实例图

7)一、二次电缆敷设

(1)敷设流程

一、二次电缆敷设流程如图 12.5.14 所示。

图 12.5.14　一、二次电缆敷设流程图

(2)引用技术标准

①《地下铁道工程施工及验收规范》(GB 50299—1999)(2003 年版)。

②《电气装置安装工程电缆线路施工及验收规范》(GB 50168—2006)。

(3)施工技术标准

①电缆各支撑点的距离应符合设计规定,当设计无规定时,不应大于表 12.5.1 所列数据。

电缆各支撑点距离(尺寸单位:mm)　　表 12.5.1

电缆种类		敷设方式	
		水平	垂直
电力电缆	全塑型	400	1000
	除全塑型外的中低压电缆	800	1500
	35kV 及以上高压电缆	1500	2000
控制电缆		800	1000

②电缆的最小弯曲直径应符合表 12.5.2 所列数据。

电缆最小弯曲直径 表 12.5.2

<table>
<tr><th colspan="3">电 缆 模 式</th><th>多芯</th><th>单芯</th></tr>
<tr><td rowspan="3">控制电缆</td><td colspan="2">非铠装型,屏蔽型软电缆</td><td>6D</td><td rowspan="3">—</td></tr>
<tr><td colspan="2">铠装型,铜屏蔽型</td><td>12D</td></tr>
<tr><td colspan="2">其他</td><td>10D</td></tr>
<tr><td rowspan="3">橡皮绝缘电力电缆</td><td colspan="2">无铅包,钢铠护套</td><td colspan="2">10D</td></tr>
<tr><td colspan="2">裸铅包护套</td><td colspan="2">15D</td></tr>
<tr><td colspan="2">钢铠护套</td><td colspan="2">20D</td></tr>
<tr><td rowspan="2">塑料绝缘电缆</td><td colspan="2">无铠装</td><td>15D</td><td>20D</td></tr>
<tr><td colspan="2">有铠装</td><td>12D</td><td>15D</td></tr>
<tr><td rowspan="3">油沁纸绝缘电力电缆</td><td colspan="2">铝套</td><td colspan="2">30D</td></tr>
<tr><td rowspan="2">铅套</td><td>有铠装</td><td>15D</td><td>20D</td></tr>
<tr><td>无铠装</td><td>20D</td><td>—</td></tr>
<tr><td colspan="3">自容试充油(铅包)电缆</td><td>—</td><td>20D</td></tr>
</table>

注:D 指电缆的最大直径。

③在电缆终端头、电缆接头处安装电缆标志牌。标志牌应注明线路编号,当无编号时,应写明电缆型号、规格及起讫地点,并联使用的电缆应有顺序号,标志牌的字体应清晰、不易脱落。标志牌的规格宜统一,标志牌应能防腐,挂装应牢固。

(4)技术要点

①施工前检查电缆桥、支架是否满足电缆敷设要求,非标支架是否安装完毕,电缆桥架的防锈层是否完整,是否存在刮伤电缆的隐患。

②敷设前规划电缆长度及敷设顺序,敷设时对电缆进行初步标识,在电缆两端标上回路编号标签。

③电缆型号、规格符合设计要求,电缆外观无损伤,敷设时严禁有绞拧,存在铠装压扁、护层断裂和表面严重划伤等情况的电缆不得使用。

④电缆在每层桥、支架的敷设位置符合设计图纸要求。

⑤已敷设电缆两端头在未与设备端子连接时应用绝缘胶带密封,以防电缆受潮,影响电缆接续。

⑥电缆端头长度应满足电缆头的制作及接线要求。

⑦电缆排列整齐、少交叉,引入柜体时电缆弧度一致,电缆敷设后满足最小弯曲半径要求。

⑧电缆与支架固定可靠,绑扎紧固。

⑨电缆敷设到位后应对每根电缆进行挂牌。

一、二次电缆敷设实例如图 12.5.15 所示。

8)高压电缆终端头制作

(1)制作流程

高压电缆终端头制作流程如图 12.5.16 所示。

(2)技术要点

①电缆头的规格、型号应与电缆匹配并符合设计要求。

②敷设完毕的一次电缆弧度、预留长度、绝缘状况,应满足电缆头制作要求。

图 12.5.15　一、二次电缆敷设实例图

③制作电缆头时，从剥切电缆开始应连续操作直至完成，缩短暴露时间。剥切电缆时不应损伤线芯和绝缘层，附加绝缘的包绕、装配、收缩等应在清洁条件下进行作业。

④电缆终端上应有明显的相色标志，且应与系统的相位一致。

⑤电缆头制作完毕后的绝缘电阻应满足设计要求。

⑥ 35kV 冷缩式电缆头不能在阴雨、潮湿等环境下进行电缆头制作。

插拔式高压电缆终端头实例如图 12.5.17 所示。

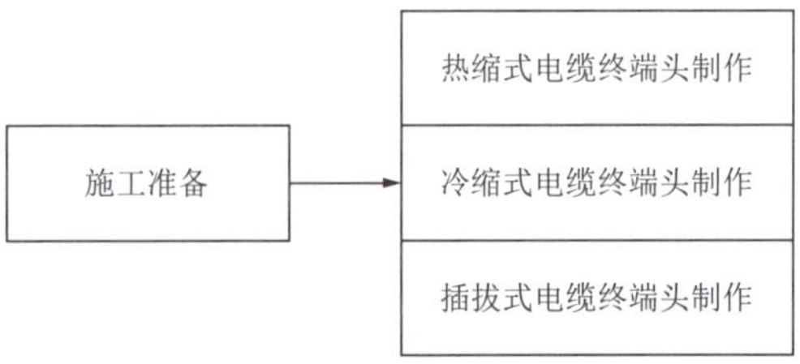

图 12.5.16　高压终端头制作流程图

图 12.5.17　插拔式高压电缆终端头实例图

9）控制电缆接续

（1）接续流程

控制电缆接续流程如图 12.5.18 所示。

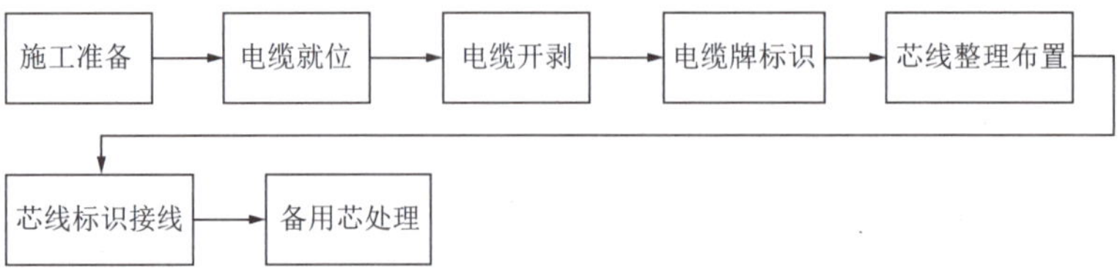

图 12.5.18　控制电缆接续流程图

（2）引用技术标准

①《电气装置安装工程盘、柜及二次回路结线施工及验收规范》（GB 50171—2012）。

②《电气装置安装工程接地装置施工及验收规范》（GB 50169—2006）。

(3)施工技术标准

①满足施工图纸、规范及设备原理接线图要求。

②接线端子连接紧固,配线整齐、清晰、美观。

③引进盘、柜及配电装置内的电缆及其芯线应符合施工规范要求。

④盘、柜内的导线不应有接头,导线线芯应无损伤。

⑤电缆芯线和所配导线的端部均应标明其回路编号,编号正确,字迹清晰。

(4)技术要点

①二次电缆接线应整齐、清晰、美观,尽量避免电缆交叉。

②导线绑扎牢固,不损伤导线绝缘。

③电缆的屏蔽层接地方式应满足设计和规范要求。

④盘、柜内的导线不应有接头,接线准确,接线无松动、脱离情况。

⑤保证电缆标识牌悬挂正确,芯线两端线号管标识核对正确,标识清晰。

⑥每个接线端子不得超过两根导线,不同截面芯线不允许接在同一个接线端子上。

⑦电缆的备用芯应留有适当的余量,端头可用绝缘胶带缠绕包扎,也可用专用芯帽包裹。

控制电缆接续实例如图 12.5.19 所示。

图 12.5.19　控制电缆接续实例图

12.5.2 环网工程

1)环网电缆敷设

(1)敷设流程

环网电缆敷设流程如图 12.5.20 所示。

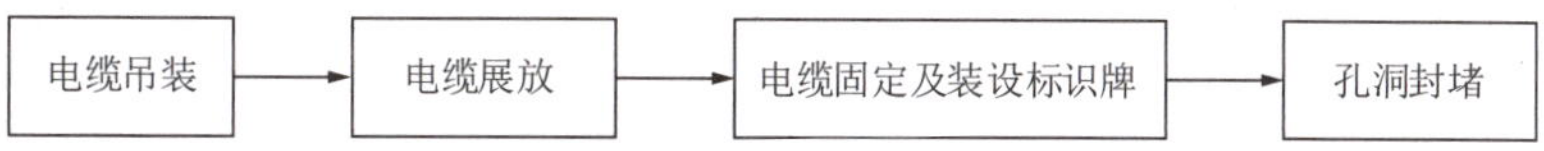

图 12.5.20　环网电缆敷设施工流程图

(2)引用技术标准

①《电气装置安装工程电缆线路施工及验收规范》(GB 50168—2006)。

②《铁路通信、信号、电缆力、电力牵引供电工程施工安全技术规范》(TB 10306—2009)。

③《地下铁道工程施工及验收规范》(GB 50299—1999)(2003 年版)。

(3)施工技术标准

电缆接头的布置应符合下列要求:

①并列敷设的电缆,其接头的位置应相互错开。

②电缆敷设时应排列整齐,固定牢固,不应交叉,并及时装设标识牌。

标识牌的装设应符合下列要求:

①在电缆终端头、中间头、拐弯处等位置应装设标志牌。

②标识牌上应注明编号。当无编号时,应写明电缆型号,规格及起讫地点;并联使用的电缆应有顺序号,标识牌的字迹应清晰不易脱落。

③标识牌规格统一，挂装应牢固。

④电缆的排列及其相互间的净距应符合设计要求及规范要求。

⑤电缆敷设完毕后应立即对两端的电缆头进行检查，并采用电缆封头进行密封处理，防止水汽进入电缆。

(4)技术要点

①电缆吊装时确认电缆盘方向，电缆展开的方向与作业车运行方向相反。

②电缆展放控制行车速度，根据车速来均衡控制线盘转速，发现问题及时停车。

图 12.5.21　环网电缆敷设实例图

③敷设过程中注意保护电缆，严防划伤。中间接头处做好足够的预留长度。

④电缆在支架上敷设，转弯处的最小允许弯曲半径应符合规范要求。

⑤电缆从隧道一侧过渡到另一侧时，应采用刚性固定卡，沿隧道顶部通过，固定间距不大于 1m。

⑥电缆排列整齐，无损伤，每组电缆成品字排列，与支架绑扎紧固，名牌清晰标示，封堵严实可靠。

环网电缆敷设实例如图 12.5.21 所示。

2)电缆中间接头安装

(1)安装流程

电缆中间接头安装流程如图 12.5.22 所示。

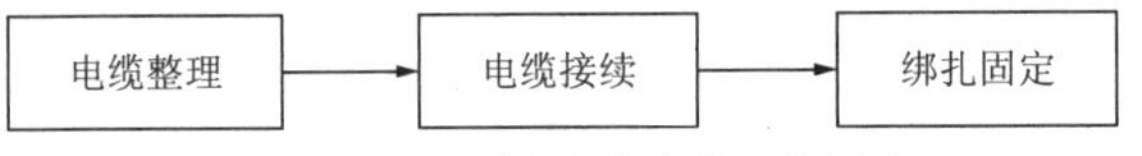

图 12.5.22　电缆中间接头施工流程图

(2)引用技术标准

①《电力工程电缆设计规范》(GB 50217—2007)。

②《电气装置安装工程电缆线路施工及验收规范》(GB 50168—2006)。

(3)施工技术标准

①确保工作时的环境温度高于 5℃。

②制作电缆接头时其空气相对湿度宜为 70% 及以下。

③施工前应做好检查：电缆绝缘状况良好，无受潮；电缆头不应进水。电缆接头材料规格应与电缆一致，零部件齐全且无损伤；绝缘材料不得受潮；密封材料不得失效。

④电缆应有明显的相色标志，且应与系统的相位一致。

(4)技术要点

①中压电缆中间头制作时，应严格遵守制作工艺流程。

②电缆接头对空气相对湿度有要求，当湿度大时可提高环境温度或加热电缆。

③电缆绝缘状况良好，无受潮，电缆头不应进水。

④电缆线芯连接金具，应与电缆线芯匹配，间隙不应过大；压接时压接钳和模具应符合规格要求。

⑤剥切电缆时不应损伤线芯和保留的绝缘层。电缆接头的包绕、装配、收缩等材料应清洁。

⑥电缆线芯连接时，应除去线芯和连接管内壁油污及氧化层。压接时应选用符合的模具进行压接，压接后应将端子或连接管上的凸痕修理光滑，不得残留毛刺。

⑦电缆接头放置稳定后应在电缆接头两端用刚性卡子进行固定，防止电缆头移位。

电缆中间接头安装实例如图 12.5.23 所示。

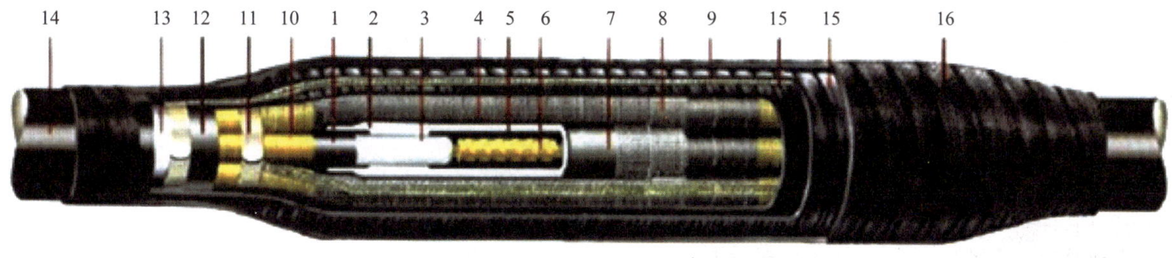

图 12.5.23　电缆中间接头安装实例图

1- 电缆芯绝缘屏蔽层；2- 中间头应力锥（几何法）；3- 电缆芯绝缘；4- 中间接头绝缘层；5- 中间接头内屏蔽层；6- 金属连接管；7- 中间接头外屏蔽层；8- 铜屏蔽网；9- 钢铠过桥地线；10- 电缆铜屏蔽层；11- 恒力弹簧；12- 电缆内护层；13- 电缆铠装层；14- 电缆外护套；15- 防水胶带层；16- 装甲带

12.5.3　杂散电流监测与防护工程

1）参比电极安装

（1）安装流程

参比电极安装流程如图 12.5.24 所示。

图 12.5.24　参比电极安装流程图

（2）技术要点

①参比电极无锈蚀或机械损伤，规格、型号及安装位置应与设计要求相符。

②安装使用前，须将待安装的参比电极在洁净自来水中充分浸泡不小于 24h。

③预埋孔安装位置、距结构钢筋距离、孔径及孔深应满足设计图纸要求，参比电极与孔洞间回填料、水泥砂浆应填充密实、均匀。

④引线及套管布放美观，管卡间距应分布均匀，引线完好无破损。

⑤套管断面无毛刺，套管卡箍分布均匀，卡箍间距符合规范要求，无松脱现象。

⑥参比电极距钢筋（或钢）距离小于 15mm，但不能与钢筋接触。

2）传感器、信号转接器安装

（1）安装流程

传感器、信号转接器安装流程如图 12.5.25 所示。

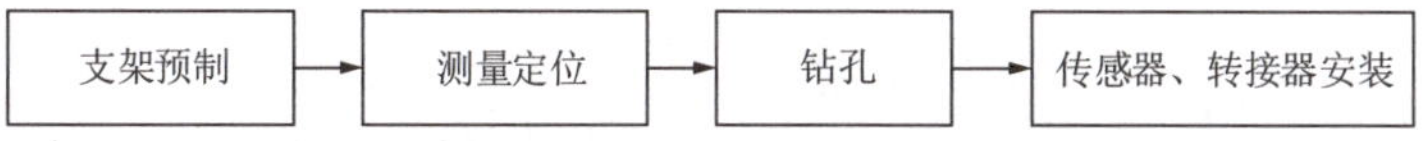

图 12.5.25　传感器、信号转接器安装流程图

（2）引用技术标准

《轨道交通　地面装置　第 2 部分：直流牵引系统杂散电缆防护措施》（GB/T 28026.2—2011）。

（3）施工技术标准

①参比电极形式、规格符合设计要求。

②孔洞直径，孔深符合设计要求。

③参比电极安装前用清水浸泡充分，安装时填料稠度适宜，深度符合设计，全部埋置混凝土介质中。

图 12.5.26　传感器、信号转接器安装实例图

④参比电极应与结构混凝土表面垂直。

⑤参比电极安装位置与临近侧方端子间距小于或等于 1000mm。

（4）技术要点

①支架或固定支架的螺栓不能与道床或隧道壁内部的结构钢筋有任何连接点。

②所有螺栓连接紧固，无松脱现象。

③传感器（转接器）安放端正、工艺美观，安装高程、位置符合设计规定，且不得侵入限界。

传感器、信号转接器安装实例如图 12.5.26 所示。

3）电缆与钢轨连接

（1）连接流程

电缆与钢轨连接流程如图 12.5.27 所示。

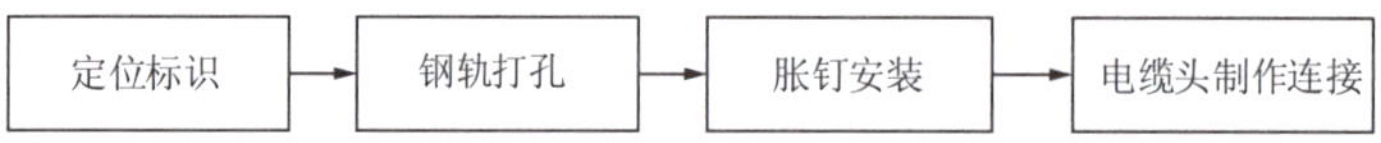

图 12.5.27　电缆与钢轨连接流程图

（2）技术要点

①钢轨钻孔处打磨光滑，无凹凸不平现象。

②塞钉自锁螺母拧紧，帽裙压平即可。

③单边胀钉在打孔完成后立刻安装，避免开孔位置长时间与空气接触产生锈蚀。

④均回流电缆连接完成后，电缆固定可靠，弯曲半径符合要求，布置合理。

电缆与钢轨连接实例如图 12.5.28 所示。

图 12.5.28　电缆与钢轨连接实例图

12.6　供电系统工程新技术和发展方向

12.6.1　供电系统的设备国产化

地铁供电系统，是地铁机电设备中除车辆以外最大的辅助设备系统。供电系统国产化的实施，其意义不仅在于能有效降低设备自身投资，还有助于“确保全部轨道车辆和机电设备的平均国产化率不低于 70%”总体目标的实现，加快地铁设备国产化进程。

12.6.2 装配化

装配式变电所，是变电所建设的一场变革，改变传统的变电所电气布局、土建设计和施工模式，采用全预制装配结构的建设形式，通过工厂生产预制和现场配装两大阶段来建设变电所，大幅缩短了设计及建设周期，减少了变电所的占地面积，节约了土地资源，随着国网公司两行一化的推广，装配式变电站在全国各地均成功试点，成为今后变电所建设的一种新型模式。

第13章 接触网系统工程

13.1 接触网系统工程概述

地铁接触网是由支柱与基础、支持与定位装置、接触网悬挂及其辅助设备组成的，为电客车提供电能的特殊供电线路，是地铁牵引供电系统的重要组成部分。电客车、牵引变电所和接触网称为地铁运营的“三大元件”。接触网是经过电动客车的受电弓向电动客车供给电能的导电网，是地铁系统内核心组成部分，是地铁电客车的主要供电设施，其功能是全天候不间断向电客车供电。

地铁接触网按照广义划分为接触轨和架空接触网，其中，架空接触网包括刚性悬挂和柔（弹）性悬挂。刚性架空接触网具有结构紧凑、占用净空小、维护方便的特点，广泛应用于地铁的地下线路；柔性架空接触网具有较好的弹性，广泛应用于干线中，一般采用双接触线和双承力索。

13.2 接触网系统工程特点

接触网系统没有备用，因此，接触网的安全可靠是保证地铁运营的必要条件，综合来看接触网系统设备安装工程有以下特点。

（1）接触网系统载流截面应满足额定载流量及最大供电运行方式的要求，能在设计的环境条件、线路条件及行车条件下安全可靠的向列车供电。

（2）接触网系统应满足列车在运行过程中受电弓与接触网之间的动态性能，保证列车在高速运行和恶劣的气候条件下电力机车的取流质量。

（3）接触网悬挂方式应力求简单、安全、可靠、稳定性好，便于安装、维修和运行。

（4）除与机车车辆有相互作用的接触网设施外，在任何情况下接触网设备不得侵入设备限界。

（5）接触网系统的绝缘距离应符合《地铁设计规范》（GB 50157—2013）的要求，即接触网带电体部分和结构体、车体之间的最小净距为静态 150mm、动态 100mm，绝对最小动态为 60mm。其中，地下区段常用架空刚性悬挂，地面及高架区段常用架空柔性悬挂。

（6）接触网应采用安全可靠的防护措施，在满足功能要求和维护、检修等工作要求的前提下，保证工作人员的人身安全。

13.3 接触网系统构成及其功能

13.3.1 系统构成

接触网主要结构形式分为三种：一种是架空悬挂式，即输电线路架设在线路的正上方，通过机车顶部的受电弓与接触线的滑动摩擦而获得电能，此种形式应用较为广泛；二是地面第三轨形式，即导电轨设置在走行轨的侧面，通过车辆转向架上的受电靴与导电轨接触而获得电能；三是刚性复线式，即汇流排设置在走行轨梁或者走形轨线路侧壁上。目前，最普遍应用的是架空悬挂接触网，根据悬挂形式的不同，架空式悬挂接触网又可以分为链型悬挂接触网、简单悬挂接触网及刚性悬挂接触网。

1）链型悬挂接触网

链型悬挂接触网是承力索通过吊弦将接触线悬吊的一种悬挂形式，其中链型悬挂接触网又可以分为简单链型悬挂和复链型悬挂。简单链型悬挂是链型悬挂中结构最简单的，接触线的高度基本能保持一致，因此，在电气化铁路中应用较为广泛；复链型悬挂是由承力索、辅助承力索及接触线三条线组成，支持悬挂点与跨中差异更小。另外，接触悬挂的总张力也比较高，电流容量也比较大，受电弓的滑行比较平稳，适用于高速运行区段。

2）简单悬挂接触网

这种悬挂形式是由一根接触线组成的，其结构简单，设备费用较低，但接触线的高度在支持悬挂点与其跨中之间有很大的差异，如果提高列车的运行速度，受电弓就不能时刻追随接触线，离线率较高。所以，一般仅在车速较低的车场内使用。

3）刚性悬挂接触网

这种悬挂形式的结构有很多种，具有代表性的是由绝缘子支承倒T型铝材质汇流排，在汇流排下固定接触线，具有不会因张力过大造成断线，在净空狭窄的隧道内也可以安装使用的优点。但是，由于接触线和型材是一个整体，弹性比较小，因此，对线条的平顺度有更高的要求，维护工作量较大。

13.3.2 系统功能

地铁接触网系统采用直流、双边供电方式。接触网为正极，走行轨为负极。接触网担负着把牵引变电所获得的电能直接输送给电力机车使用的重要任务。接触网可以从变电所通过单边、双边供电和越区供电等方式实现向电力机车供电。

13.4 接触网系统工程核心设备功能简介

接触网系统工程核心设备功能见表13.4.1。

接触网系统工程核心设备功能表

表 13.4.1

序号	设备名称	设备图片	设备功能
1	接触网隔离开关		接触网隔离开关的作用是连通或切断接触网供电分段间的电路，增加供电的灵活性，以满足供电和检修的需求。其一般装设在大型建筑物两端、车站装卸线、专用线、电力机车库线、机车整备线、绝缘锚段关节、分段绝缘器等需要进行电分段的地方。操作隔离开关时必须在无负荷电流条件下进行分合闸
2	分段绝缘器	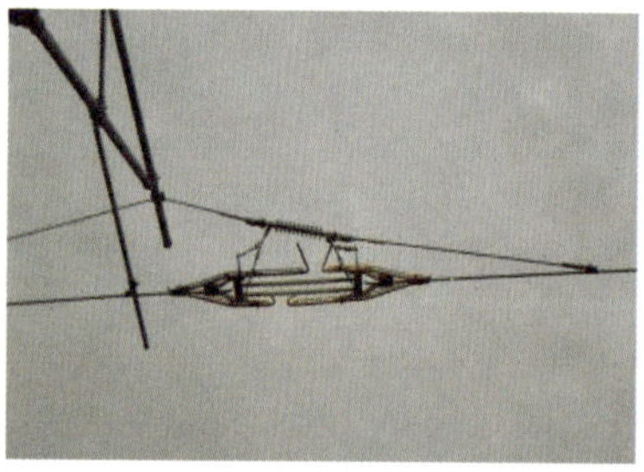	分段绝缘器是接触网进行电分段时采用的一种绝缘设备，一般设置在同一车站不同车场之间的分段、上下行之间分区及采用绝缘锚段关节有困难的车站正线等。分段绝缘器的应用提高了接触网运行的可靠性和灵活性
3	汇流排		汇流排是一根刚度较大的断面呈“n”形的铝材质导电体，通过定位装置架设与轨道上方，汇流排一般制成 10m 和 12m 长一根，锚段架设长度一般不超过 250m
4	接触导线		接触导线一般采用银铜材质或镁铜材质，通过定位装置安装于轨道的正上方，架设于接触网的下方，电力机车通过时与电力机车的受电弓直接接触，为电力机车提供电能

13.5 接触网系统工程施工工艺及技术要点

接触网系统工程由柔性接触网和刚性接触网两个分部组成。将接触网系统工程施工工艺和技术要点细化到工程施工的各个工序环节是控制工程质量的必要手段。

接触网系统主要施工流程如图 13.5.1 所示。

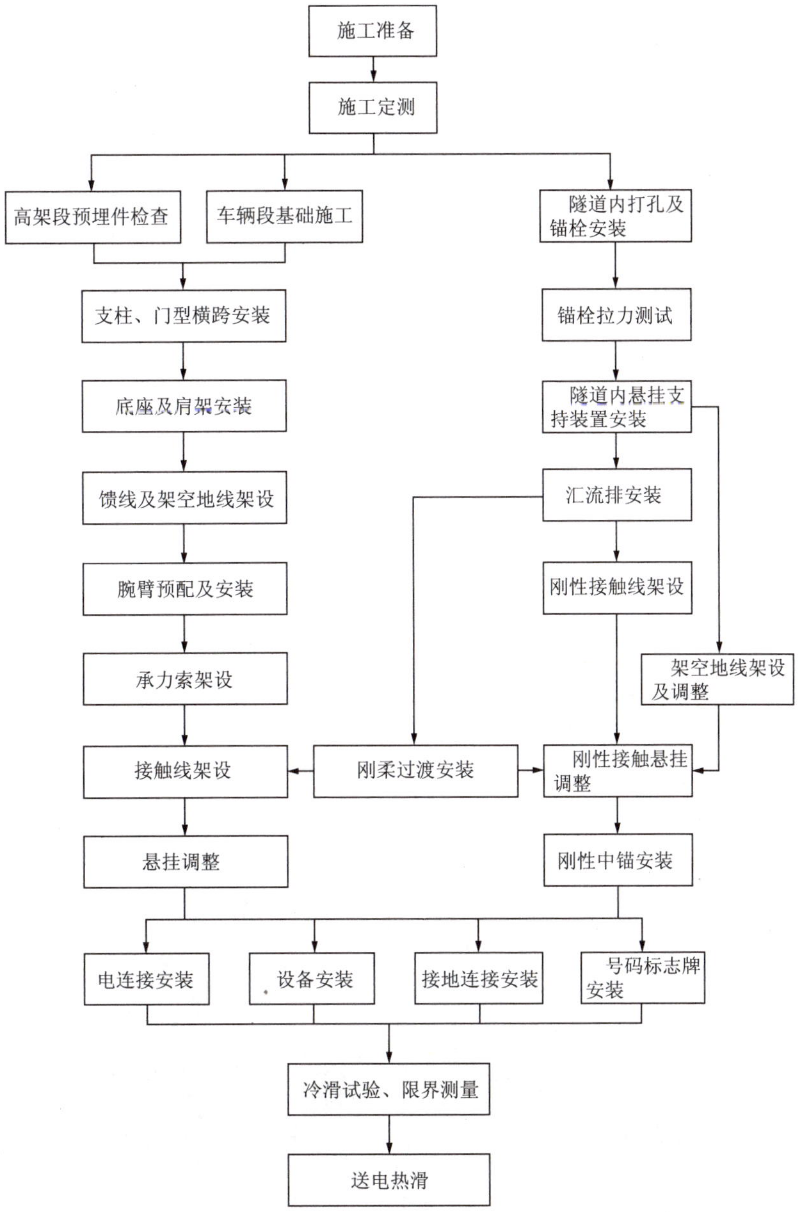

图 13.5.1　接触网施工流程图

13.5.1　柔性接触网

1）基础浇筑

（1）浇筑流程

柔性接触网杆基础浇筑流程如图 13.5.2 所示。

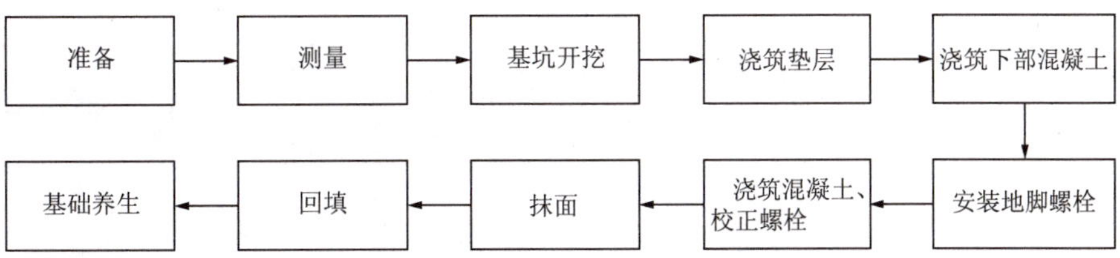

图 13.5.2　柔性接触网杆基础浇筑流程图

(2)技术要点

①混凝土强度等级符合设计要求。

②水泥、沙石和钢筋必须有材质检测合格报告。

③按钢柱的型号分类加工制作地脚螺栓限制架，各孔中心线之间的尺寸与设计尺寸误差不得超过 ±2mm。

④地脚螺栓尺寸符合设计要求，外露部分涂防腐油。

⑤基础模型安装时，保证基础外形尺寸。基础地脚螺栓的方向、位置安装正确，地脚螺栓外露部分长度应符合设计要求，且涂黄油并用布绑扎保护，防止混凝土沾污丝扣。坑内污水需抽干净。基础浇筑时，挖掘时的任何支撑物在浇筑的混凝土开始凝固之前必须全部撤出。

⑥基础内预留排水孔洞时，其预留孔的大小应满足水流量，要求孔壁距基础螺栓不得小于100mm，孔底与水沟底相平，孔顶面与基础顶面距离不得小于 200mm。

⑦ 同批混凝土每浇筑 100m^3 浇制一组“试验块”(一组三块)，试验块养生方法与基础相同，并标出抽样的基础号、浇制的日期。试验块需养生，在第 28d 进行强度试验。

(3)施工技术标准

混凝土搅拌和灌注以及直埋基础回填应符合下列规定：

①严格掌握水灰比和配合比。

②混凝土各种配料的拌和要均匀，灌注混凝土宜连续进行，如必须中断，对不掺外加剂的混凝土间歇时间不宜超过 2h。

柔性接触网杆基础浇筑成品实例如图 13.5.3 所示。

图 13.5.3　柔性接触网杆基础浇筑成品实例图

2)支柱及横梁安装

(1)安装流程

柔性接触网杆支柱及横梁安装流程如图 13.5.4 所示。

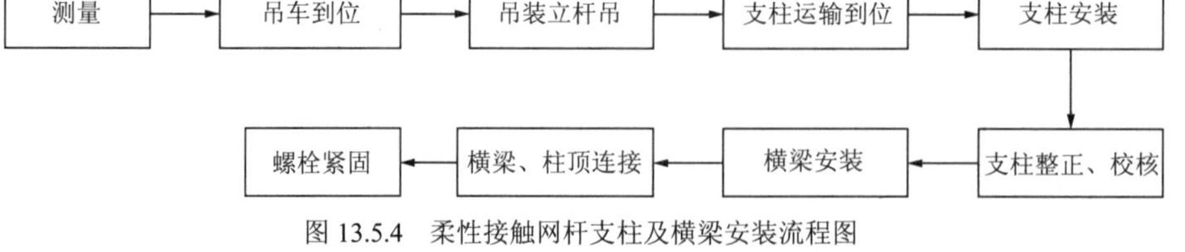

图 13.5.4　柔性接触网杆支柱及横梁安装流程图

(2)技术要点

①支柱卸在地面保证顺放。

图 13.5.5　柔性接触网杆吊装实例图

②根据测量法兰盘四点的相对高程差安放适当数量垫片。

③在吊杆位置附近设置安全防护栏。

④用尼龙绳在支柱顶部 1.5m 处套牢，并用 35mm^2 细钢丝绳将尼龙吊绳活扣与支柱底部法兰孔连好，并用钢线卡子卡死，以防止尼龙吊绳滑脱。注意：钢丝绳连接支柱底部主要是防止尼龙吊绳滑落，因此，需确保钢丝绳在起吊过程中略受力，但不得承受支柱重力，如图 13.5.5 所示。

⑤钢柱底部高于基础螺栓 200 ～ 300mm 时，调节起吊臂角度，使钢柱底部法兰盘在基础螺栓正上方。

⑥缓缓放下钢柱，使钢柱座于基础法兰盘上。

⑦安装、紧固螺母(不要拧紧)。

⑧支柱整正、校核(参照采用轨道吊车安装硬横梁整正、校核步骤及要点)。

(3)施工技术标准

支柱应符合现行行业标准《电气化铁路接触网钢支柱　第 3 部分：环形钢管支柱》(TB/T 25020.3—2017)及其他有关规定。

支柱整正标准：

①所有支柱受力后不应向受力方向倾斜。

②支柱受力后的倾斜标准：顺线路方向应直立，允许偏差不应大于支柱高度的 0.5%，锚柱端部应向拉线侧倾斜 0~1%；横线路方向的直线和曲线外侧支柱应向田野侧倾斜 0~0.5%；曲线内侧的支柱、两侧悬挂的支柱、安装隔离开关支柱、位于直线上并与相邻锚柱同侧的转换柱均应直立，允许偏差不大于支柱高度的 0.5%，但不得向受力方向倾斜。对向下锚的锚柱及其他非下锚支柱顺线路应直立，施工误差 ±50mm。

③回流线等附加悬挂支柱的中间柱应直立，允许偏差不大于支柱高度的 0.5%。

④单支柱垂直线路方向支柱中心应与线路中心垂直，允许偏差不大于 3°。硬横梁支柱应与线路中心垂直，允许偏差不大于 2°。

⑤支柱内缘至邻近线路中心的距离应符合设计要求，允许偏差为 0~+60mm，任何情况下不得侵入基本建筑限界。

⑥同组硬横梁两支柱应等高，允许偏差为 ±30mm。硬横梁支柱横、纵方向均应直立，施工允许偏差 0.3%。

柔性接触网横梁安装成品实例如图 13.5.6 所示。

图 13.5.6　柔性接触网横梁安装成品实例图

3）支柱装配(腕臂预配、安装)

(1)装配流程

柔性接触网支柱装配流程如图 13.5.7 所示。

计算 → 预配 → 安装 → 检查

图 13.5.7　柔性接触网支柱装配流程图

(2)技术要点

①计算

据现场测出的限界、外轨超高等数据，结合设计图纸相关数据，计算出下列数据：

a. 套管双耳距水平腕臂末端的距离（腕臂预配参考图中所示 L_1）。

b. 套管双耳距双线支撑线夹的距离（腕臂预配参考图中所示 L_2）。

c. 定位环距斜腕臂末端的距离（腕臂预配参考图中所示 H_1）。

d. 定位双环距反定位管压接端的距离（腕臂预配参考图中所示 H_2）。

e. 定位双环距反定位管末端的距离（腕臂预配参考图中所示 H_3）。

将上述各尺寸对应支柱号编制"腕臂预配数据表"，如图 13.5.8 所示。

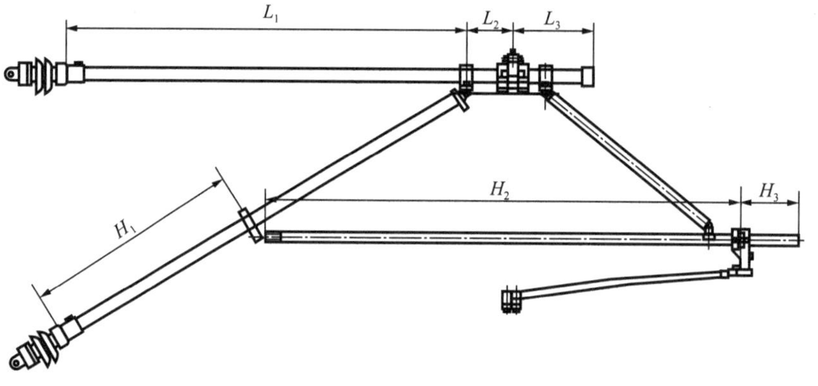

图 13.5.8　柔性接触网支柱装配施工示意图

②预配

a. 根据"腕臂预配数据表"中所提供的参考数据，在待切割的腕臂上做好标记。

b. 将腕臂垂直放置于切割机内进行切割。

c. 在切割面涂上防锈漆，再涂上镀锌漆。

d. 按施工设计图纸，在木质平台上进行绝缘子、定位环及管帽等装配。

e. 按设计的扭矩用扭矩扳手进行紧固。

f. 用排刷在定位环上均匀涂上润滑黄油。

g. 用红色记号笔在管壁上标注锚段号和定位号。

h. 用 $\phi 2.0$ 的铁线将定位器绑扎在腕臂上，麻袋和绝缘子捆好，以免在搬运、安装过程中损伤绝缘子。

③安装

将作业平台转至腕臂支架附近，先安装斜腕臂，再安装平腕臂。

④检查

腕臂安装完后，需对绝缘子进行外观检查，腕臂的高度及绝缘距离进行复查。

(3)施工技术标准

①底座安装高度应严格按照设计要求，以轨面高度为基准点进行测量定位，底座安装完毕后与支柱紧密贴合，不得扭转、倾斜。底座水平，零件活动部分应保证转动灵活。

腕臂预配时应保证斜腕臂与套管双耳中心位于同一垂面上。

②腕臂安装完毕后，平腕臂应呈水平状态，腕臂支撑与平腕臂呈 60°。平腕臂外露在 200 ～ 300mm 之间。腕臂管不得有弯曲、锈蚀，顶端管帽密封应良好。

③所有连接件力矩满足规范要求，螺母、垫片齐全，开口销掰开角度不小于 60°，开口处不得有裂纹、折断现象。

④连接螺栓穿向统一原则：从本体穿向附件，垂直安装的螺栓由上向下穿；水平安装并垂直线路的螺栓由田野穿向线路；水平安装并平行线路的螺栓穿向来车方向。

柔性接触网支柱装配实例如图 13.5.9 所示。

图 13.5.9　柔性接触网支柱装配实例图

4）线材架设及调整

（1）线材架设流程

线材架设流程如图 13.5.10 所示。

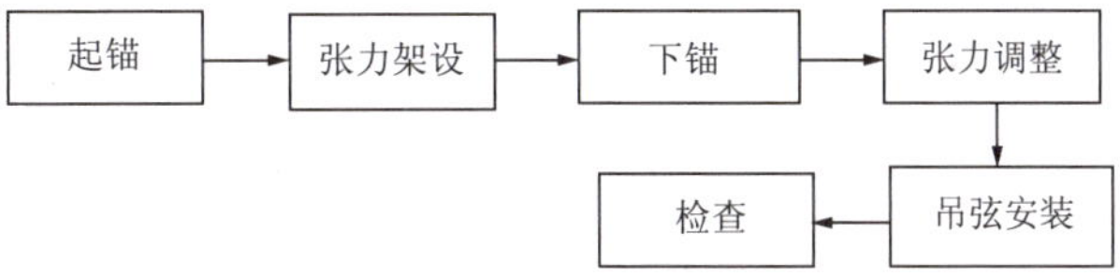

图 13.5.10　线材架设流程

（2）技术要点

①起锚

a. 架线车辆组行至起锚点，使作业平台置于承力索起锚处。从线盘引出承力索铰线。

b. 将临时钢绞线、平行滑轮用钢线卡子临时固定。

c. 用链条葫芦将起锚端补偿装置坠砣挂起（链条葫芦刚受力即可），防止承力索带负荷后冲击力使补偿绳受损。

②带张力架线

a. 控制好放线架张力：随时调整液压压力，该压力值是一个变量，随线盘出口处直径的变化而变化，一般压力表调到 1 ～ 1.5kN 之间，此时，承力索张力 300 ～ 350kg。行车速度为 5km/h。

b. 架设中的承力索要放置在放线架平台的滚轮上，张力控制人员随时观察线盘及承力索的活动范围。先用做好的铁线套一端挂上开口铝滑轮，一端挂在腕臂装置的承力索支撑线夹的内侧，再将承力索放入开口滑轮槽内。

③承力索下锚

a. 架线列车组停在下锚装置附近，将平台转至补偿装置附近。

b. 将下锚材料之间连接好后开始紧线。

c. 待棘轮离开卡舌后停止紧线。

d. 将临时钢绞线、平行滑轮、钢线卡子依次连接。

④张力调整、承力索安装

a. 参照施工设计图纸，根据现场温度和中锚位置的距离进行计算腕臂的偏移距离。

b. 调整腕臂偏移，将放置在放线滑轮内的承力索安装在承力索线夹（钩头鞍子）内。

⑤吊弦预配、吊弦安装

a. 测量出相邻两悬挂点的跨距、定位点处承力索距轨面的高度、外轨超高等数据。

b. 按设计图纸算出吊弦的长度，编制成吊弦预配数据表。

c. 在整体吊弦平台上预配吊弦。预配误差控制在 ±1mm 范围内。

d. 绑扎好吊弦。

e. 将每根吊弦应用阿拉伯数字标明吊弦编号。

f. 根据施工设计图纸测量各吊弦的位置，吊弦安装位置应准确，按编号进行安装。

(3)施工技术标准

图 13.5.11　承力索安装实例图

①接触线工作面及各种线夹必须端正，工作部分不得扭转、弯曲。

②下锚连接可靠牢固，并考虑线索自然蠕变，预留适当的长度。

③坠砣重量符合设计要求，下锚终端棘轮补偿装置受力正常，坠砣能随温度变化自由活动。

④接触线无交叉、硬弯、损伤等现象，锚段内不得有接头。双接触线的双线应受力一致。

承力索安装实例如图 13.5.11 所示。

5)悬挂调整

(1)调整流程

柔性接触网悬挂调整流程如图 13.5.12 所示。

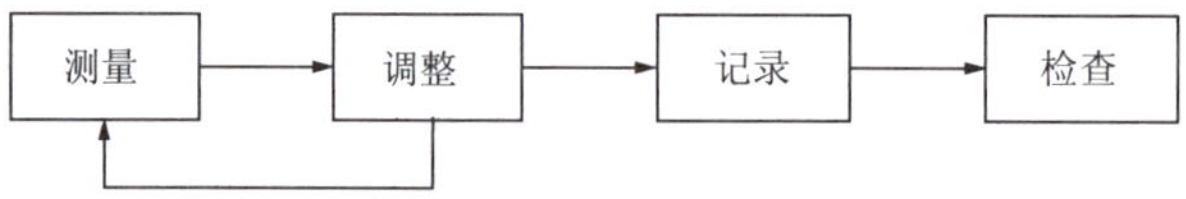

图 13.5.12　柔性接触网悬挂调整流程图

(2)技术要点

①测量

a. 根据设计接触线高度拉出值，对所要调整的悬挂定位点的拉出值、接触线高度进行测量，将接触线高度需要升降的数据，接触线拉出值需要拉、放的数据记录下来。

b. 在进行接触线高度的测量时，以接触线最低面为准；在进行双接触线拉出值测量时，以远离线路中心的接触线中心为准。

②调整

a. 根据测量所得的数据，对拉出值和高度进行调整。

b. 链型悬挂通过升降腕臂调整接触线高度，正定位装置通过移动定位线夹调整拉出值；反定位装置通过移动定位器调整拉出值。

c. 在对高度进行调整时，先用升降器使腕臂卸载，再进行调整。

d. 调整完毕后，再进行复测，在曲线区段，重点复测跨中的拉出值有无大于设计值的现象，并做好记录。

(3)施工技术标准

①接触线工作面必须端正，工作部分不得扭转、弯曲，各种线夹应端正安装。

②接触线导高允许偏差不大于 ±30mm，拉出值允许偏差不超过 ±30mm。

③接触线距轨面高度变化时，其坡度不大于 3‰，特殊困难情况下不大于 5‰。

④接触线拉出值一般不超过 ±250mm。

⑤接触网带电部分与车体、结构体的距离应符合设计要求。

柔性接触网悬挂调整实例如图 13.5.13 所示。

图 13.5.13　柔性接触网悬挂调整实例图

6）设备安装

（1）安装流程

接触网设备安装流程如图 13.5.14 所示。

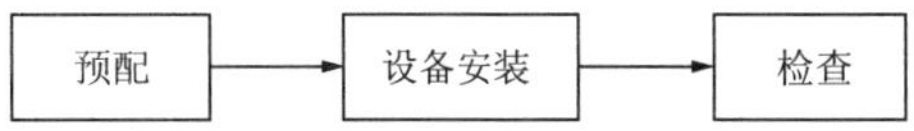

图 13.5.14　接触网设备安装流程图

（2）技术要点

①预配

a. 检查各种设备是否完好，各设备绝缘子应整洁，零件应配备齐全，产品合格证、产品技术文件和安装手册齐全。

b. 按调试手册要求进行初调。

c. 隔离开关预配时，预配班根据装配图纸，先对开关进行预组装。

②分段绝缘器安装

a. 按施工设计图纸在规定的位置进行安装。

b. 将分段绝缘器对准标记，放置在导线上，分段处的拉出值应为“0”，按设计扭矩紧固分段绝缘器的主线夹。

c. 检查主线夹的紧固是否牢固，分段绝缘器位置是否正确，确认无误后开始断线。

d. 用尼龙锤敲击分段绝缘器主线夹末端的接触导线线头使之上弯，避免出现打弓现象。

e. 调整分段绝缘器：分段处的导线高度与两端定位高度相等；保证整个分段绝缘器接触部分等高，中部不下垂，调整导流滑板与导线等高，保证受电弓在分段绝缘器处过渡平滑，不打弓。

③隔离开关安装及引线

a. 隔离开关底座安装时保证两底座安装面水平，且间距符合设计要求；多组隔离开关并列安装时，应保证所有底座安装面都在同一水平面上，且各底座间距符合设计要求。

b. 隧道段隔离开关安装时，应保证隔离开关到建筑物或其他接地体绝缘距离符合设计要求；隔离开关打开时，刀口距接地体、建筑物的绝缘距离符合设计要求。

c. 隔离开关操动机构应安装水平，传动杆安装角度符合技术文件要求，整个隔离开关操动应灵活、开合到位。合闸时两刀闸中心吻合，允许偏差不大于 5mm，刀闸与支柱中心连线呈 90°。开关引线力求自然美观，开关接线端子与接触网引线张力以 0.5kN 为宜。

d. 远动操作系统连线正确，刀闸分合位置应正确，操作时灵活；电动开关当地手动操作应与远动操作系统动作一致；隔离开关机械联锁应正确、可靠。

e. 隔离开关刀口部分涂导电油脂，机构的连接轴、转动部分、传动杆涂润滑黄油。

f. 隔离开关所有底座都与架空地线相连通，可靠接地。有接地装置的开关主刀闸与接地刀闸的机械联锁正确可靠。

g. 安装调试完毕后，所有隔离开关均应处于分闸位置，所有操动机构加锁，严禁随意操作隔离开关。

h. 由隔离开关至接触网的引线按接触导线和承力索（地面段）温度变化伸缩要求，预留位移长度。

（3）施工技术标准

①分段绝缘器中心应与受电弓的中心重合（即拉出值为 0mm），偏离受电弓中心线最大不应超过 50mm。

②分段绝缘器两端接触线高度应符合产品说明书和设计要求，一般情况下，分段处的导线高度应比两端定位高度高 20~50mm；分段绝缘器安装后，两侧接触线应无硬点。

③分段绝缘器距相邻悬挂定位点的距离符合设计要求，允许误差 ±200mm。

④隔离开关的本体外观应无损坏，零件应配套齐全，绝缘子应完好、整洁，主触头接触良好。

⑤隔离开关的安装位置应符合设计和产品技术文件，不得侵入限界，任何情况下隔离开关的带电部分至接地体的绝缘距离不应小于 150mm。

⑥隔离开关本体及操作机构应安装稳固，操作机构安装位置应便于操作、检修，各底座间距符合设计要求。

⑦隔离开关应分、合灵活、准确可靠，角度符合设计和产品技术要求；触头接触良好，无回弹现象。

⑧电动隔离开关的电源和控制回路接线正确，在允许电压波动范围内能正确、可靠动作；有连锁要求的开关，连锁关系准确可靠；现场手动操作应和远方电动操作动作一致；机构的分、合闸指示与开关的实际分、合位置一致。带接地刀闸的手动隔离开关，接地刀闸的分、合与开关主触头间的机械闭锁关系应准确可靠。

图 13.5.15　柔性接触网隔离开关成品实例图

⑨隔离开关的馈线电缆连接正确、规整，不能重叠，电缆上网点应尽量靠近悬挂点，电缆弯曲自然且转弯半径不小于产品要求。与接触网连接的电缆应预留接触网位移长度，电缆应固定牢靠，电连接线夹紧固力矩为 44N·m。

⑩电缆支架及电缆卡箍等应安装牢固，布置均匀合理。

⑪有接地要求的部件应可靠接地。

柔性接触网隔离开关成品实例如图 13.5.15 所示。

13.5.2　刚性接触网工程

1）定测施工

（1）定测流程

刚性接触网定测流程如图 13.5.16 所示。

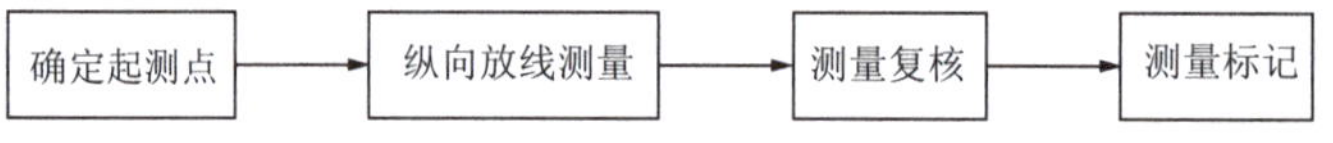

图 13.5.16　刚性接触网定测流程图

（2）技术要点

①以车站中心标、道岔岔心标或设计图纸标明的测量起点开始测量。

②根据起测点里程和施工图纸悬挂点里程，定测出每一个悬挂点的位置。

③按施工图纸上的跨距，曲线上沿曲线外侧钢轨进行测量，根据曲线半径计算跨距增长量，跨距测量长度适当增加。

④一个整锚段测量后，对此锚段全长进行复核，无误后继续进行测量。

2）隧道内悬挂点打孔及锚栓灌注

（1）安装流程

刚性接触网锚栓安装流程如图 13.5.17 所示。

图 13.5.17　刚性接触网锚栓安装流程图

（2）技术要点

①施工班组检查核对现场隧道壁上标明的悬挂类型数据无误后，按悬挂钻孔类型选用冲击钻头和钻孔模板，根据钻孔深度设置好深度尺。

②以施工测量时标记在隧道顶壁的基准点（线），套用钻孔模板，画出钻孔孔位。使用钢筋探测仪探测钻孔范围内是否有钢筋，以便适当调整避开钢筋。

③锚栓钻孔前设置好电钻上的深度尺，达到钻孔深度后无法再向内钻入，该锚栓如在圆形隧道内用作吊栓时，应垂直于水平面钻孔。

④钻孔完成后，测量检查孔深、孔距等尺寸并做好钻孔记录。

（3）施工技术标准

①钻孔位置、孔径、深度和垂直度应符合设计要求，应彻底清除孔内灰尘和积水。

②钻头应根据锚栓的规格型号选用标准钻头。

③锚栓应按施工表中的型号安装，埋设深度、规格型号、外露应符合设计要求，并应按照产品使用说明书的安装要求正确安装。

④化学药剂在完全固化之前严禁触动锚栓。

⑤悬挂点成组锚栓横向布置轴线应与线路中心线垂直，纵向布置轴线应与线路中心线平行。

⑥锚栓螺纹完好，镀锌层完好，化学药剂锚栓孔填充密实；螺纹外露部分应涂油防腐。

⑦锚栓灌注前彻底清除孔屑，然后按照设计规定的安装方法和标准，或产品使用说明书的安装程序和要求，正确注入锚固剂和安装螺栓。

⑧锚栓灌注后达到锚固剂的凝固时间后，按照设计规定的测试负荷和抽检数量进行拉力测试，测试完后做好记录。

接触网锚栓安装打孔实例如图 13.5.18 所示。

图 13.5.18　接触网锚栓安装打孔实例图

3）悬挂支持装置安装

（1）安装流程

刚性接触网悬挂支持装置安装流程如图 13.5.19 所示。

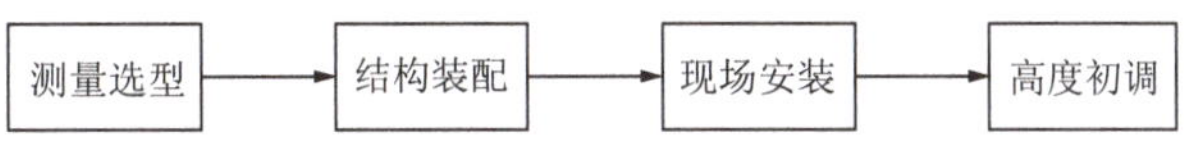

图 13.5.19　刚性接触网悬挂支持装置安装流程图

（2）技术要点

①测量选型：根据测量记录的隧道类型、隧道净空高度、曲线外轨超高等数据，选择相应的悬挂类型，计算悬吊螺栓长度，编制装配表。

②结构装配：按装配数据表、装配图和装配要求进行选型、装配。

③现场安装：将装配好的悬挂定位逐点对号安装。垂直悬吊安装底座安装水平紧固，部件安装正确齐全紧固。

④高度初调：调整悬吊槽钢或绝缘横撑与轨面平行，高度初调至设计值。

（3）施工技术标准

①悬吊安装底座悬吊槽钢、吊柱、T 型头螺栓等零部件运达现场应进行检查，其质量应符合《电气化铁路接触网零部件技术条件》（TB/T 2073—2010）及有关标准的规定。

②绝缘子运达现场应进行检查，其质量应符合设计和产品技术要求，绝缘电阻试验应符合《电气装置安装工程电气设备交接试验标准》（GB 50150—2016）的相关规定。

③对与隧道壁相贴近的底座，在与隧道壁的接触面上应刷防锈漆。

④贴顶垂直悬吊安装底座调至水平，悬挂槽钢、绝缘横撑调至与轨面平行，坡道上的悬吊安装底座顺线路方向水平度偏差，应以汇流排安装在汇流排定位线夹内能自由伸缩为原则。

⑤ T 型头螺栓的头部长边应垂直于安装槽道方向。悬垂吊柱及 T 头螺栓应铅垂安装，倾斜度误差应不大于 1°；坡道上的悬垂吊柱及 T 头螺栓顺线路方向铅垂度偏差，应以汇流排安装在汇流排定位线夹内能自由伸缩为原则。

⑥绝缘子安装端正、牢固可靠。汇流排定位线夹与绝缘子安装稳固，汇流排在汇流排定位线夹内应能自由伸缩、不卡滞。

图 13.5.20　悬挂支持装置安装实例图

⑦连接螺栓紧固力矩应符合设计和产品技术要求，安装牢固可靠，紧固件齐全。

⑧所有调节孔位均宜居中安装，以保证充分的调整余量。接触悬挂调整到位后，螺栓在满足绝缘距离要求的情况下应有不少于 1/4 螺栓直径的调节余量，螺纹部分应涂油防腐。

刚性接触悬挂支持装置安装实例如图 13.5.20 所示。

4）汇流排安装

（1）安装流程

汇流排安装流程如图 13.5.21 所示。

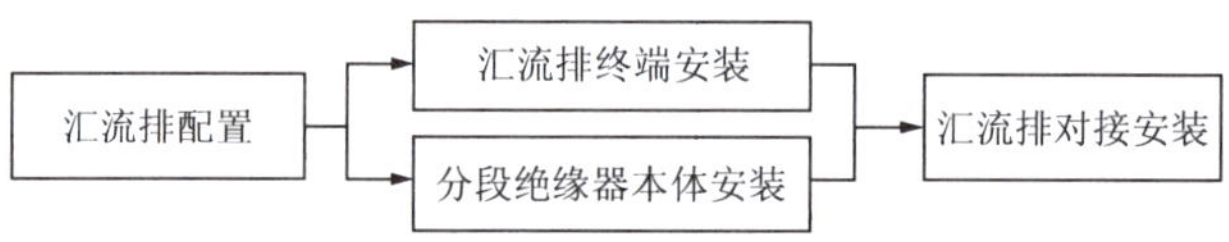

图 13.5.21　汇流排安装流程图

（2）技术要点

①汇流排配置

a. 锚段长度复核：对此刚性悬挂段实际各跨距和总跨距进行测量复核（现场实测，精确至 mm）。

b. 伸缩量计算：根据刚性悬挂段锚段长度和现场实际安装温度，计算汇流排终端温度伸缩量预留量。根据温度变化量预留汇流排终端伸缩量，计算汇流排总长度。

c. 汇流排数量计算：计算整长汇流排根数和预制汇流排长度，并且预制汇流排长度不能太短，不小于设计规定值。

d. 汇流排合理布置：绘制汇流排布置图，将汇流排沿线路布置，分析比较采用合理的汇流排布置方案。预制短汇流排应靠近悬挂定位点，汇流排对接接头尽可能靠近悬挂定位点，但也应使接头位置避免处于悬挂定位线夹位置，并充分考虑汇流排的热胀冷缩。

e. 预制汇流排：由 12m 汇流排加工制作实际需要长度的汇流排。

②汇流排安装

a. 组织汇流排安装作业车组：由牵引轨道车 + 作业平台 + 作业平台组成汇流排安装作业车组，如图 13.5.22 所示。

b. 汇流排搬运和检查：将汇流排按安装顺序编号整齐放入作业平板上。

c. 汇流排终端安装、分段绝缘器本体安装：汇流排安装应从关节或分段绝缘器处开始安装。

汇流排终端安装时注意关节交叉的方向性，以免装反。

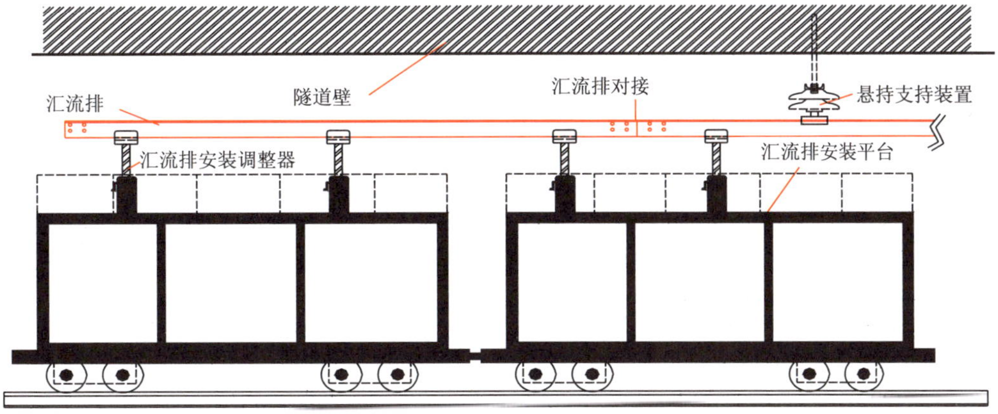

图 13.5.22　汇流排安装示意图

有分段绝缘器的锚段时，汇流排应从分段绝缘器处向两端安装，先对接安装分段绝缘器两边汇流排。

d. 汇流排中间接头装配：中间接头装配时注意方向性，两接头平面侧应处于汇流排中间，两接头平面相对。这时不拧紧螺栓，保持连接接头处于松动状态。

e. 汇流排对接：使用作业平台上的安装调整器将两对接汇流排调至同一直线面，保持对接面密贴，尤其是汇流排开口处过渡平直顺滑，不偏斜错位。

f. 在悬挂支持装置上安装汇流排定位线夹，将汇流排卡入汇流排定位线夹内。两端用临时锚固线夹锚固，以防汇流排发生偏移。

（3）施工技术标准

①汇流排及附件的规格、型号应符合设计要求，其质量应符合设计和产品技术要求。汇流排表面光洁、无变形、无腐蚀、无污迹，螺栓、垫圈等配件齐全，规格相符，螺栓螺纹完好。

②工地装卸汇流排时，不得把汇流排成捆绑扎吊装，如包装符合吊装要求，可整箱吊装；单根汇流排搬运时应 4 人一组均力抬运，汇流排应轻拿轻放，不得扭曲碰撞。汇流排槽口有变形、损伤的，不得使用；汇流排切割面有损伤或不平整有偏斜、钻孔孔位不正确的，不得使用。

③汇流排切割时，切割机垂直于汇流排长度中心线，割切后汇流排切割面与汇流排中心线呈 90°，且整个截面切割平整，符合汇流排截面尺寸偏差要求。

④预制短汇流排应靠近悬挂定位点，汇流排对接接头尽可能靠近悬挂定位点，距悬挂点的距离范围宜为 500 ～ 2500mm，且不应小于 300mm。

⑤汇流排定位线夹安装时，使用内六角专用扳手紧固两螺栓，所有螺栓应保持统一朝向，保持美观且方便维护检查。汇流排定位线夹能够水平灵活转动，线夹包夹固定汇流排，两片线夹安装平整，不得相互错位，允许汇流排在温度变化时顺线路自由滑动。

⑥汇流排间连接的接触面清洁，汇流排连接缝两端夹持接触线的齿槽连接处平顺光滑，不平顺度不应大于 0.3mm；汇流排连接端缝平均宽度不应大于 1mm，紧固件齐全，螺栓紧固力矩应符合产品技术要求。

⑦汇流排接头和汇流排上安装的零部件距邻近悬挂点汇流排线夹边缘的距离不应小于 300mm，应保证汇流排能自由伸缩，不卡滞。

⑧锚段长度符合设计要求，平均温度时汇流排终端至相邻悬挂点的距离为 1800mm，允许偏差为 $^{+200}_{-100}$ mm。

汇流排安装实例如图 13.5.23 所示。

图 13.5.23　汇流排安装实例图

5）接触导线架设

（1）架设流程

刚性接触网接触线架设流程如图 13.5.24 所示，刚性接触网架设示意如图 13.5.25 所示。

图 13.5.24 刚性接触网接触线架设流程图

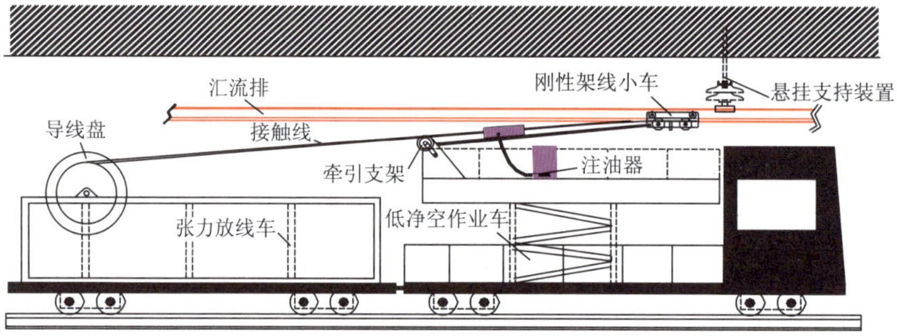

图 13.5.25 刚性接触网架设示意图

（2）技术要点

①在第一、二个悬挂定位点两端，用锚固线夹卡住汇流排，使汇流排在放线时不能滑动。

②将接触导线穿入注油器内，用排刷将导电油脂均匀涂抹在导线两凹槽内，保证导线工作面向下，不得翻转。

③调整架线小车，将接触导线从汇流排终端端头嵌入汇流排，紧固汇流排终端上的紧固螺栓，按设计和产品安装技术要求做好导线端头。

④架线小车用拉线固定于前端牵引支架上，由车辆带动前进，保证接触导线展放顺滑自然。

⑤架线作业车组以 5km/h 匀速架线。

⑥接触线在汇流排末端方向顺直外露 100 ～ 150mm，并稍微上翘约 30°。

⑦拆除第一二定位点处临时锚固装置。

（3）施工技术标准

①接触线的规格、型号应符合设计要求，其质量应符合设计和产品技术要求，不得有损伤、扭曲。

图 13.5.26 刚性接触网接触线架设实例图

②接触导线嵌入汇流排前必须在两凹槽内均匀注入导电油脂，应无遗漏。接触线应可靠嵌入汇流排内，在锚段内应无接头、无硬弯。

③架线小车应调整好工作状态，导线与汇流排贴合，如导线未完全嵌入汇流排时，应倒回架线小车将导线拉出，重新嵌入。

④接触线在锚段末端汇流排外余长为 100 ～ 150mm，宜沿汇流排终端方向向上弯曲，端头处理平整光洁；汇流排终端紧固螺栓应按产品力矩要求紧固。

刚性接触网接触线架设实例如图 13.5.26 所示。

6）接触悬挂调整

（1）调整流程

刚性接触网悬挂调整流程如图 13.5.27 所示。

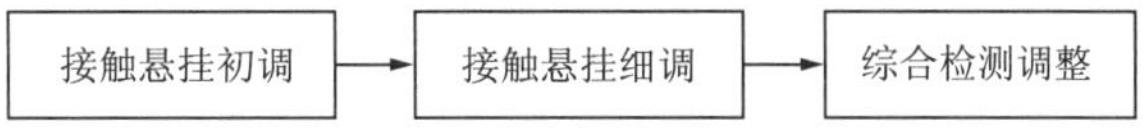

图 13.5.27　刚性接触网悬挂调整流程图

（2）技术要点

①接触悬挂初调

a. 导线高度初调：逐点初步调整各定位点导线至设计导线高度。

b. 拉出值初调：逐点初步调整各定位点导线拉出值至设计拉出值。

c. 导线工作面调整：调整悬吊槽钢或绝缘横撑平行于轨面，使导线工作面平行于两轨面连线，避免接触导线发生偏磨现象。

d. 汇流排定位线夹调整：调整使汇流排定位线夹与汇流排包夹良好。

e. 锚段关节初调：初步调整膨胀元件、锚段关节处导高和拉出值至设计导高和拉出值。

②接触悬挂细调

a. 导线高度及拉出值细调：精细调整各定位点导线高度及拉出值至设计值。

b. 导线工作面调整：调整导线工作面平行于两轨面连线，避免接触导线发生偏磨现象。

c. 锚段关节细调：精细调整锚段关节处导高和拉出值至设计值，绝缘关节处保证两汇流排绝缘距离，任何一点不得小于 150mm。

d. 道岔和交叉渡线处过渡调整：按设计值调整至保证列车在正线高速运行时，不会碰触渡线上的接触导线。

③综合检测调整

a. 导高拉出值综合检测：检查导高及拉出值，对超过允许偏差范围的进行调整，填写导高及拉出值检查记录。

b. 关节、分段绝缘器处检测：在作业车上安装受电弓，对锚段关节、道岔及交叉渡线、分段绝缘器处过渡状态进行往返检查，对可能出现打弓碰弓的地方进行调整。

c. 绝缘距离检查：刚性悬挂所有带电体距接地体的绝缘距离应满足 150mm，对于特殊地点应使用汇流排绝缘保护罩使之满足绝缘要求。

d. 限界检查：检查所有接触网安装设备有无侵限，检查有无其他设备侵入接触网限界。

（3）施工技术标准

①导线高度和拉出值符合设计要求，相邻的悬挂点相对高差一般不得超过所在跨距值的 0.5‰。设计变坡段，接触线距轨面高度的坡度变化不应大于 1‰，且不应出现负弛度。

②汇流排呈圆滑曲线布置，不应出现明显折角。汇流排中轴线应垂直于所处的轨道平面，偏斜度应不大于 1°。

③锚段关节处，两支接触线在关节中间悬挂点处应等高，转换悬挂点处非工作支不得低于工作支，非工作支宜高出 1 ～ 3mm；锚段关节两支悬挂的拉出值应符合设计要求。

④道岔处受电弓同时接触两支接触线范围内接触线应等高，非工作支宜高出 1 ～ 3mm；悬挂点的拉出值应符合设计要求。

⑤受电弓双向通过锚段关节、道岔、分段绝缘器时应平滑过渡、无撞击。

⑥接触网带电体对接地体的距离，静态不应小于 150mm，动态不应小于 100mm。

刚性接触网悬挂实例如图 13.5.28 所示。

图 13.5.28　刚性接触网悬挂实例图

13.6 接触网系统工程新技术和发展方向

经过多年的发展，地铁接触网系统的施工技术已日趋成熟，单接触网系统在运营阶段的检测技术尚有较大的提升空间，目前，各运营线广泛采用检测车进行地铁弓网关系检测，此种方式获取的动态参数具有片面性，不能客观完整地体现弓网关系。

随着科学技术的不断进步，我国地铁接触网检测技术也在不断进步，技术手段也在不断完善，但在当前的地铁接触网检测工作中仍旧存在一些尚待解决的问题，要想完善地铁接触网检测体系，必须明确其发展趋势，实现地铁接触网检测和电客车检测的有效结合。不断创新地铁接触网检测方法，充分利用各种检测信息，建立接触网几何参数与弓网动态相互作用参数的综合指标，为我国日后的地铁接触网检测发展和维护提供重要依据。故建立地铁接触网检测和电客车检测综合平台是接触网检测技术未来发展的主要趋势。

13.6.1 地铁接触网状态检测技术

接触网弓网状态检测，即是通过接触网综合检测平台对接触网几何参数及动态参数的测量。

目前，接触网综合检测平台的构建主要以两个领域为具体突破口，一是研制弓网燃弧检测装置，对地弓、网的燃弧情况进行实时信息收集以对燃弧点采取针对性措施；二是依托线阵相机计算机技术，研制新一代接触网参数检测装置，提高接触网动态导高数据的准确度，使之能进一步客观、全面地反映接触网实际动态。

在接触网检测内容中，几何参数检测计量是十分重要的，参数测量的内容主要包括拉出值测量、接触网高度测量、双支接触线高度差测量、分段绝缘器状态测量、接触悬挂空间位置参数测量等。

在参数测量当中，测量拉出值的相关原理参照物为主要依据，对接触线的具体位置进行正确判断，最终测量出拉出值。在接触网高度测量当中，相关测量原理主要是通过发射板的正常安装和电客车激光传感器的正确测量，最终确定出电客车和受电弓的真实距离，测量出真实距离之后，就可以进行接触网动态导高。但是，这种检测方法存在局限性。由于该方法是在运行过程中进行检测的，受电弓自身处在高频振动中，导高检测会受到很大的噪声干扰，降低测量数据准确性。

近年来，我国已经创新出了新的接触网检测方法，这种方法具有非接触性，以激光雷达技术为基础，已经在我国很多地铁接触网检测中应用。该方法的核心是把激光雷达安装在车顶的中心，激光雷达可以发射激光，且具有连续性。通过对接触线进行平面测量进行接触网拉出值计算和参数计算。这种二维平面测量手段，虽然很好地对锚段关节和线岔等关键区域的几何参数进行了测量，但是，由于激光雷达自身精度测量存在局限性，所以，这种接触网几何参数测量方式还没有在地铁的刚性接触网检测中得到广泛的应用。

13.6.2 地铁接触网检测技术分析

地铁接触网与电客车运行好坏直接反映弓网关系的好坏。地铁接触网弓网系统运行性能的主要体现是弓网动态受流性能，弓网系统的影响因素是比较多的，比如接触网悬挂、接触线材质、弓网动态压力、机动车运行状态、线路条件等。当前，我国主要的动态参数是弓网压力。

在弓网两端安装传感器，对接触压力进行测量，对电弓网的加速运行状态进行测量，通过应用牛顿定律计量出电弓网的压力。目前，很多国家都把电客车当作地铁接触网检测车，通过压力传感器的有效安装保证接触压力的精确性。虽然我国已经利用综合接触网检测车对接触网压力进行了有效检测,但是,由于参数检测的动态性,压力检测受到的影响比较大,不仅受列车类型的影响,还受列车速度的影响。基于这种现状,弓网燃弧已成为主要的动态参数,通过弓网燃弧的检测,可以正确评估弓网受流的性能,有效反映接触网和弓网之间的动态关系。目前,这种技术已经得到了应用,通过弓网燃弧检测,为我国地铁接触网检测提供重要依据。

基于当前地铁接触网检测现状,利用检测车进行地铁接触网测量的方式是无法保证动态参数准确性的,也无法有效反映接触网和弓网之间的关系,所以,必须完善高效率的地铁接触网检测模式,建立地铁接触网检测和电客车检测综合平台。

第14章　综合监控系统工程

14.1　综合监控系统工程概述

综合监控系统通过集成和互联地铁各相关机电系统，实现地铁信息互通、资源共享，达到提升自动化水平，提高地铁安全性、可靠性和响应性要求的目的。

综合监控系统集成火灾自动报警系统（FAS）（FAS系统包括火灾自动报警系统、气体灭火系统的报警/控制部分以及感温光纤系统三部分）、环境与设备监控系统（BAS）及电力监控系统（SCADA），且FAS、BAS、SCADA以子系统的形式纳入综合监控系统。

综合监控系统由中央级综合监控系统（CISCS）、车站级综合监控系统（SISCS）、车辆段综合监控系统（DISCS）以及综合维修中心、培训管理系统（TMS）、软件测试平台（STP）、网络管理子系统（NMS）和全线网络等几部分组成。

除与上述FAS、BAS、SCADA系统集成外，综合监控系统还与安防系统、乘客资讯系统（PIS）、广播系统（PA）、自动售检票系统（AFC）、信号系统（SIG）、时钟系统（CLK）、屏蔽门系统（PSD）、通信网管（综合报警）、不间断电源（UPS）、防淹门、VRV、电气火灾预警等系统互联。

综合监控系统为控制中心、车站两级管理，控制中心、车站、就地三级监控结构。

14.2　综合监控系统工程特点

综合监控系统实现的目标是：实现原分立系统（集成系统）的所有功能并保障其性能；通过资源共享和信息互通，提供一些新的功能和自动化手段，实现系统间的联动和快速反应；通过集中统一的软硬件平台及操作和维护界面，给运营管理和维护提供方便。因此，综合监控系统设备安装工程具有以下特点：

（1）综合监控主要对各相关机电设备的集中监控和各子系统之间的信息互通、共享和协调联动，形成统一的软硬件平台及操作和维护界面，因此，综合监控系统涉及专业面广，重点功能凸出，集中程度高。

（2）综合监控系统接口多，形式复杂，协调工作量大，因此，接口管理是本系统的一大特点和难点。

技术接口：综合监控系统集成多个子系统，同时与PSD、AFC、PA等系统互联，集成和互联系统多，而采用何种设备由建设单位招标确定，接口形式需根据设备进行确定。因此，以上接口问题需建设单位招标完成后，组织相关单位召开设计联络会确定相关技术问题。

施工接口：施工中，与土建、建筑装修、低压配电、通信、信号等专业都存在交叉施工的问题，而如何协调好交叉施工问题，保证施工进度，是综合监控系统施工中的难点。

（3）调试任务量大，协调组织要求高。

调式包括相关设备的单体调试、接口功能测试、相关设备系统联动测试，工作量相当大。通过具有接口联系的相关设备系统调试，确保各类设备、各个系统环节的有效正常运行，以期达到地铁车站综合功能的最佳体现。

调试涉及常规及系统各个专业，且各专业之间交叉施工作业多，对整体的施工组织要求较高，需建设及施工管理单位协同合作，设置关键节点目标，梳理各专业及专业之间相互交叉的工序，制订高效、合理的指导性进度计划。同时协调组织好系统设备施工单位与土建、装修、常规等其他施工单位之间的工序衔接组织，确保各关键节点目标按期完成，进而实现整条线路开通运行的总目标。

14.3 综合监控系统构成及其功能

目前，国内地铁指挥基本上是采用两级管理，即中央级和车站级两级管理；在控制方式上，多采用三级控制方式，即中央级、车站级和现场级三级控制。综合监控系统同样采用两级管理、三级控制方式。控制中心的主要责任人员是各调度员和相关管理人员，车站、车辆段等站点的主要责任人员是值班站长和相关值班人员，他们通过综合监控系统设备实现对全线环境、设备和乘客的监视，根据实际情况调整控制和服务。

在总体结构上，综合监控系统采用分层分布式控制结构，由三层网络组成：中央级监控网络层、车站级监控网络层及底层设备级分散控制网络层。中央级和车站级之间通过主干网连接，并预留与线网控制中心接口。综合监控系统的总体结构示意如图 14.3.1 所示。

14.3.1 综合监控系统构成

1）硬件构成

综合监控系统从硬件设备配置上分为三层。

（1）中央级综合监控系统（CISCS）

中央级综合监控系统由设置在控制中心的中央设备和终端设备组成，中央级 ISCS 系统主要设备包括冗余的实时服务器、冗余的历史服务器、磁盘阵列、各种调度员工作站（如电调、环调、总调等）、网管工作站、事件打印机、报表打印机、图形打印机、中央核心工业以太网交换机、前置通信机、大屏幕系统（由 NOCC 建设）以及网络管理系统（NMS）及软件仿真测试平台（STP）等。中央级综合监控系统通过全线的综合监控系统骨干网将各站级综合监控系统汇集到控制中心，从而实现综合监控。在控制中心集成 PA、CCTV 系统，互联 ATS、RCS、AFC、PIS、ACS、CLK、TEL/ALARM 等系统，从而实现对多个相关接入系统的集中监控功能。CCTV 接入控制中心综合监控系统网络，实现系统的数字化图像显示。

（2）车站级综合监控系统（SISCS）

车站级综合监控系统（SISCS）由以太网交换机、冗余的实时服务器、综合监控系统双屏工作站、前置通信机、综合后备盘（IBP）和车控室操作台等设备组成。

车站级综合监控系统是冗余的开放、可靠、易扩展的计算机系统。系统采用分布式结构，通信采用基于 TCP/IP 的标准协议。

当 SISCS 系统与 CISCS 通信中断或者 CISCS 故障时，SISCS 可降级工作。

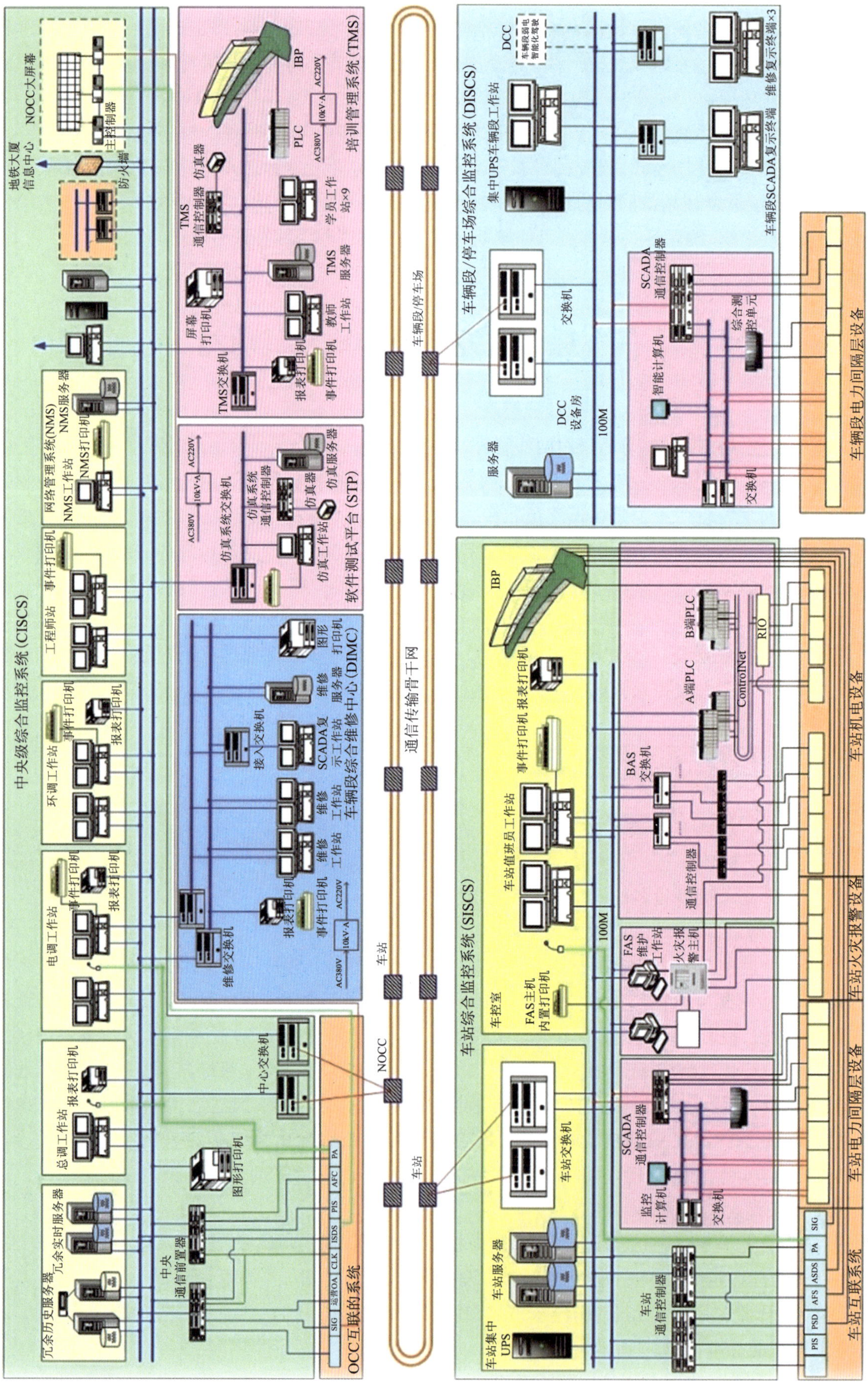

图 14.3.1 综合监控系统总体结构示意图

车站级综合监控系统（SISCS）通过车站以太网交换机连接车站服务器、车站工作站、打印机、前置通信机、牵引降压混合变电所（或降压变电所）综合自动化子系统控制信号盘、车站环境与设备监控子系统 PLC 控制器和前置通信机设备、车站火灾报警系统工作站。车站以太网为冗余的双星型网络。

车站 / 车辆段综合监控系统包括各车站的车站级综合监控系统，车辆段可作为一个特殊站点进行处理。

车站综合监控系统通过分布在车站范围内的车站局域网络，集成车站的 PSCADA、BAS、FAS、PSD、FG、PA、CCTV 等系统进行，同时将通过接口设备 FEP 互联 AFC、ACS 系统。CCTV 接入车站综合监控系统网络，实现系统的数字化图像显示。

车站综合监控系统结构如图 14.3.2 所示。

（3）现场级控制设备（集成子系统部分）。

2）软件构成

综合监控系统的软件从逻辑上也分为三层。

（1）数据接口层：专门用于数据采集和协议转换。

（2）数据处理层：对收集的数据进行判断和处理。

（3）人机界面层：用在工作站上显示人机界面，完成各种监控和操作。

3）综合监控系统功能

（1）中央综合监控系统

中央级综合监控系统对全线重要监控对象的状态、性能等数据进行实时的收集及处理，通过各种调度员工作站和大屏幕，以图形、图像、表格和文本的形式显示出来，供调度人员参考和使用，并且根据一定的逻辑关系，自动向分布在各站点的被监控对象或系统发送模式、程控等控制命令，或由调度员人工发布控制命令（含点控制命令等），从而完成对全线环境、机电设备的集中监控。

中央级综合监控系统需要预留接入地铁 NCC 平台的接口。

（2）车站级综合监控系统

车站级综合监控系统通过值班站长工作站、打印机等设备实时地反映监控对象的状态信息并形成报表，同时记录相关信息，更新相关数据。车站级综合监控系统对本站范围内监控对象的状态、性能等数据进行实时的收集，通过车站操作员工作站以图形、表格和文本的形式显示出来，供车站值班人员参考和使用。

综合监控系统在车站集成了 PSCADA、BAS、FAS 等系统，这些系统都直接接入车站局域网。综合监控系统在车站设置了数据库，集成系统在车站设置了维护工作站，这些维护工作站可以直接访问车站数据库，通过统一的共享数据库进行数据交换，实现了平台数据与各子系统数据之间的动态同步更新；各子系统系统间则相对独立、松散耦合，这既适应了各子系统项目不断调整变化建设情况，也保障了单个子系统面临运行资源压力时不会影响其他系统的正常运行。共享数据库提供的综合数据查询功能可为各子系级用户提供灵活、个性化的自定义查询、统计分析和决策支持功能。

现场级是由车站各集成和互联系统组成。

（3）骨干网络

根据目前各地铁综合监控系统实施情况来看，综合监控系统的骨干网络方案主要有两种：单独组网方案和合用通信骨干网方案。上述两种方式都是可行的，也都有在其他地铁线中成功应用的案例，各条线路根据不同情况进行选择。

（4）网络管理系统

网络管理系统（NMS）可对综合监控系统的所有网络设备进行配置、监视和控制。网管系统的硬

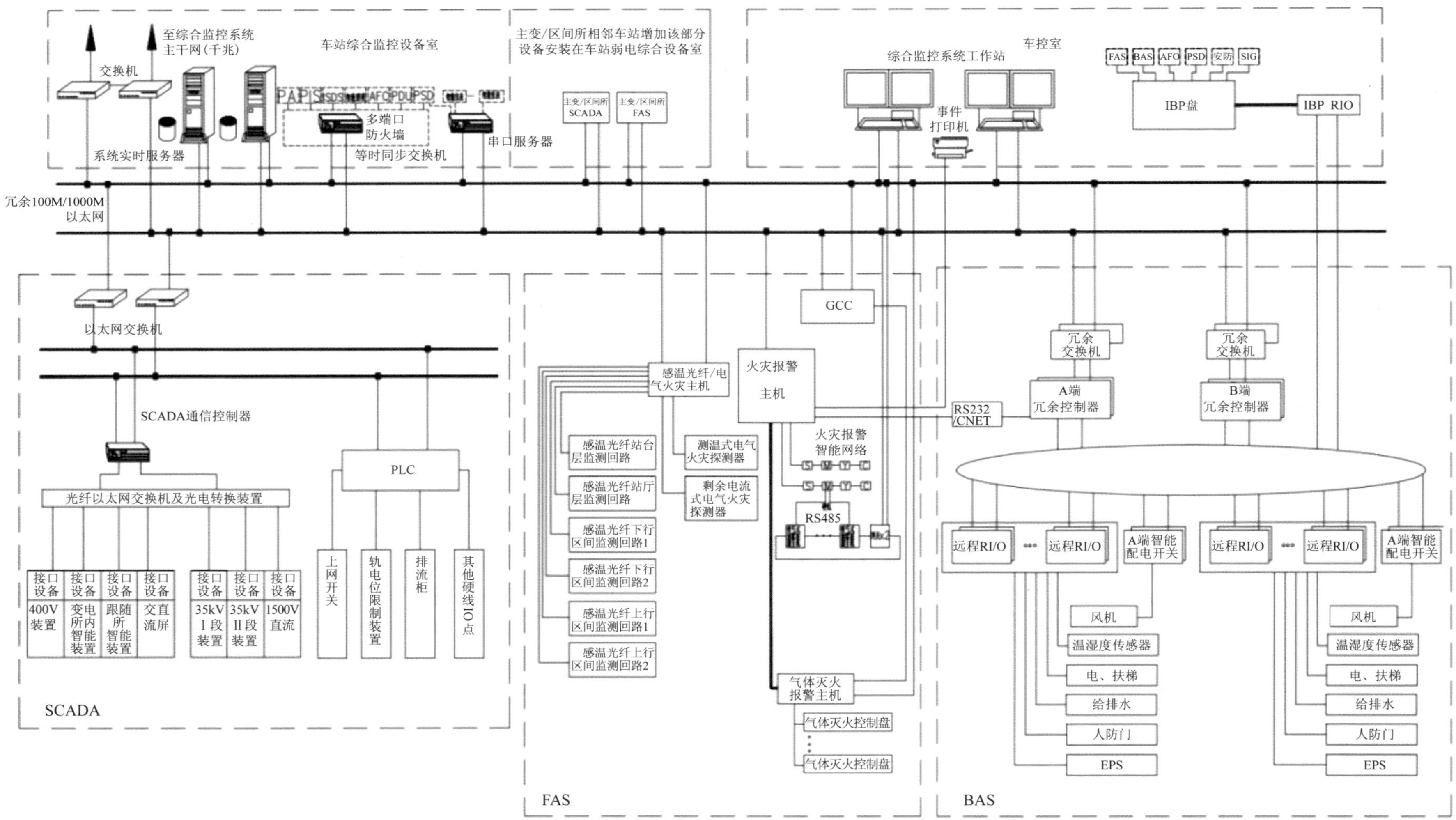

图 14.3.2　车站综合监控系统结构图

件设备通过以太网接口连接到中央局域网上。

网络管理系统包括管理服务器、工作站、打印机、便携式计算机。

14.3.2 环境与设备监控(BAS)系统构成及其功能

BAS 按两级(中心、车站)管理,三级(中心、车站、就地)控制功能设置。全线 BAS 系统集成入综合监控系统,其中央、车站以及全线维修维护系统功能统一由综合监控实现。现场底层 BAS 系统主要通过过程控制技术,对地铁机电设施按设置功能、系统运行工况和地铁环境标准等要求进行监测、控制和科学管理,并能配合火灾报警子系统、SCADA 子系统等为地铁线路创造舒适、安全可靠的乘车环境,并达到节能的目的。

1)全线网络构成

利用 ISCS 交换机的虚拟网络功能,从其骨干传输网中划分出逻辑上独立的虚拟通道、共享部分 ISCS 网络设备构成 BAS 全线系统网络。综合监控系统采用集成模式,车站 BAS 主控制器直接接入车站综合监控系统局域网。

2)车站网络构成

BAS 网络采用分层分布式结构,由 PLC 控制设备、现场变送器及 UPS 电源等组成。监控的对象包括车站隧道兼公共区通风系统、车站小系统、暖通空调系统、冷水系统、车站给排水系统、电扶梯系统、照明系统等设备。其构成如图 14.3.3 所示。

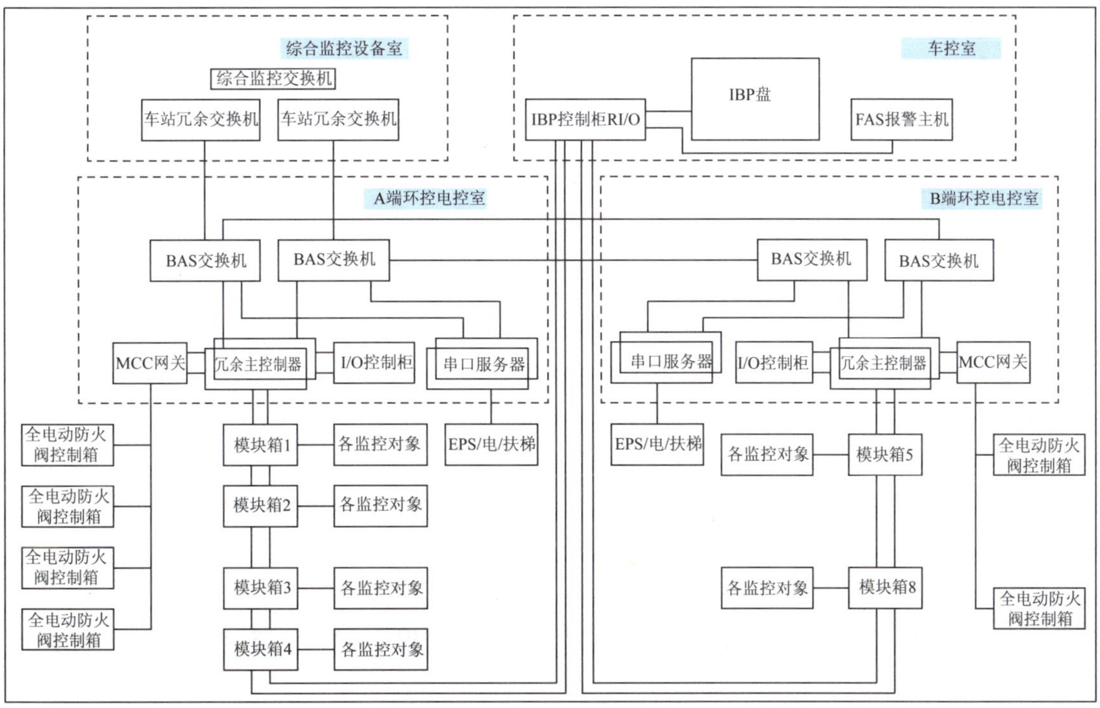

图 14.3.3 BAS 系统结构图

3)现场级系统构成

BAS 子系统负责对所辖区间隧道的通风空调系统、给排水、车站通风空调系统、照明、乘客导向设备、电扶梯、车站蓄电池和各类环境参数进行数据采集、集中监控和故障报警。

4）系统功能

（1）中央级功能

中央级功能由综合监控系统负责实现。

①监控全线各车站的通风、空调、给排水、照明、自动扶梯等设备的运行状态，及时显示各设备的故障并告警。

②根据通风与空调系统提供的环控工艺要求，能对区间隧道通风系统设备进行正常模式控制及事故灾害模式控制，必要时也可授权车站监控系统对区间隧道通风设备进行自动化监控。

③制订合理的系统运行计划，确定全线系统的运行模式，必要时能对车站级的设备运行进行工况调整及参数修改。

④实时记录车站典型测试点的温度、湿度等环境参数。

⑤具有彩色动态显示和多级显示功能，车站综合显示、车站系统的显示、分类画面的显示、环控模式等显示。

⑥记录全线各车站主要设备的运行状态，统计设备累计运行时间，实现设备运行时间的均衡，根据运营人员的要求，实现维修及检修的预告警，同时在维修工作站上生成维修、检修报告。

⑦对各种信息进行实时记录、历史记录；进行查询和分析，自行编辑报表，生成日、周、月的报表；进行档案资料的记录和存储。所有报表的格式和内容可以根据运营的需要自由修改及配置。

⑧具有信息打印功能，能打印各类根据运营需要而自由配置的数据统计报表、操作和报警信息。

⑨利用不同的操作密码，实现不同级别的操作权限。

⑩对于所有的报警信息具有各种类型的报警功能和方式。

⑪在既定的周期内或必要时，能授权设维护工作站，并通过维护工作站负责全线环境与设备监控子系统软件的维护、组态、运行参数的定义、系统数据库的维护及用户操作画面的修改、增加，故障的检查和资料查询等，实现系统程序及各监控站流程图、数据库等远程上载、下装、监视及修改功能，满足远程系统维护的要求。维护工作站具有较高的操作级别，同时具有操作记录功能。

⑫发生火灾时，能按火灾自动报警子系统的指令控制有关车站设备转入相应的火灾模式下运行。

（2）车站级功能

车站级功能由综合监控系统负责实现。

①监视和控制本站及所辖区间隧道的通风空调系统、照明系统设备，控制站台门、安全门开启（仅在站台火灾情况下控制，通过 IBP 按钮盘），监视车站蓄电池充电柜、自动扶梯、给排水等设备的运行状态，并进行故障报警。

②监测本车站公共区和重要设备房测试点的温度、湿度等环境参数，同时根据环控要求实现对通风与空调设备的控制，达到节能和舒适的要求。

③将被控设备的运行状态、报警信号及测试点数据及时上传至中央级，并接受中央级下达的模式控制指令。

④接受车站级 FAS 系统的指令，控制车站通风与空调等设备转入灾害模式下运行。

⑤根据车站设备的运行情况，实现导向设备的监控；同时根据 FAS 系统的指令，使导向系统的设备转入灾害模式下运行。

⑥具有系统自诊断功能。监视环境与设备监控子系统中各模块、UPS、网络运行、网络负荷情况，并进行故障报警。

⑦记录主要设备的运行状态，统计设备累计运行时间并将操作信息、报警信息进行历史记录，进行故障查询和分析，可以自行编辑报表，也可自动生成日、周、月的报表，档案资料的记录和存储。打印各类数据统计报表，操作、报警信息。

⑧根据运营要求，利用密码划分不同的操作权限，实现不同级别的操作，并实现所有操作的登录，以备检查。

⑨在工作站上，所有报警信息都应能具有声光报警，重要报警界面自动弹出，并要求确认。有数据、时间、确认和处理等记录。

⑩具有彩色动态显示、多级显示和报警时声光显示功能，车站综合显示、某一系统的显示、分类画面的显示、环控模式的显示、报警界面的弹出显示。

⑪当系统与FAS之间通信出现故障时，在紧急情况下也能通过操作IBP盘的手动按钮，控制通风排烟设备按火灾模式运行。IBP盘作为车站防救灾联动系统的冗余后备措施。

（3）就地级功能

①就地级PLC控制器能对现场机电设备进行自动化控制，满足设备的现场检修调试要求。

②就地级控制箱RI/O，与相关PLC控制器相连，完成对现场设备运行状态、故障信息的采集，并且执行PLC下达的控制指令。

③各类变送器能及时将检测到的现场情况报告车站控制器，通过车站控制器的运算，调用合理的工况模式调节现场机电设备的运行。在保证防救灾的安全性同时，又能实现设备的高效节能运作。

④现场通信接口，主要实现不同通信要求的转换，保证通信数据的采集。

14.4 综合监控系统工程核心设备功能简介

综合监控系统工程核心设备功能见表14.4.1。

综合监控系统工程核心设备功能表　　表14.4.1

序号	设备名称	设备图片	设备功能
1	IBP盘		IBP盘主要是由工作台、IBP盘操作盘面组成。 工作台上摆放工作站供值班人员操作，IBP盘汇聚了综合监控、BAS、防火阀、水系统等系统的远程操控功能。 IBP盘操作台面由马赛格组成，上面汇聚了信号、屏蔽门、安防、FAS等一系列报警装置按钮和指示灯，可以使值班人员在发现火灾或其他报警时能快速反应处理
2	综合监控机柜		综合监控机柜分别是配电柜、网络柜、服务器柜和接口柜。综合监控系统设备由车站实时服务器、车站操作员工作站、事件打印机、报表打印机、以太网交换机、前端处理器(FEP)和IBP后备盘组成。 配电柜主要负责向网络柜、服务器柜、接口柜等设备传输电源；车站实时服务器、以太网交换机、前端处理器（FEP）等设备安装与网络柜、服务器柜及接口柜，组成局域网；综合监控系统在车站集成了PSCADA、BAS、FAS等系统，这些系统都直接接入车站局域网。综合监控系统在车站设置了数据库，集成系统在车站设置了维护工作站，这些维护工作站可以直接访问车站数据库，通过统一的共享数据库进行数据交换，实现平台数据与各子系统数据之间的动态同步更新；各子系统系统间则相对独立，松散耦合，这既适应了各子系统项目不断调整变化建设情况，也保障了单个子系统面临运行资源压力时不会影响其他系统的正常运行。共享数据库提供的综合数据查询功能可为各子系统级用户提供灵活、个性化的自定义查询、统计分析和决策支持功能

续上表

序号	设备名称	设备图片	设备功能
3	控制柜		BAS控制柜由空气开关、PLC控制器、继电器、接线端子等组成，由PLC控制设备、现场变送器及UPS电源等组成BAS网络，用于监控车站隧道兼公共区通风系统、车站小系统、暖通空调系统、冷水系统、车站给排水系统、电扶梯系统、照明系统等设备
4	控制箱		根据具体情况，在环控机房、照明配电室、水泵房、出入口等靠近被控设备和环境条件相对好的房间内，设置就地控制箱。在风机房的就地控制箱内设置远程I/O（RI/O），用来采集空调管路上的温湿度参数，监控水系统二通阀。在照明配电室的就地控制箱内设置RI/O，用来监测重要设备房、公共区环境参数，监控车站公共区照明、广告照明、导向标志等回路状态。在水泵房的就地控制箱内设置RI/O，用来监测水泵的状态和报警水位
5	温湿度传感器	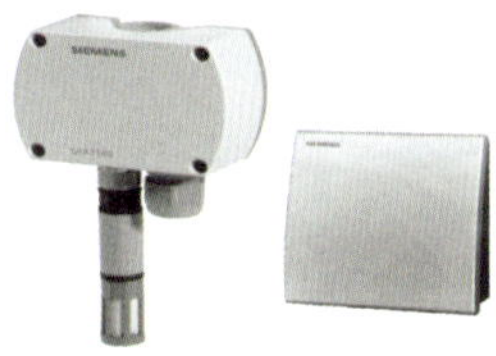	温湿度传感器安装在各个重要的设备机房，监控各个点位的温湿度变化，在监测变化值过大时可以及时向主机反馈信息
6	服务器		此服务器安装在服务器柜内，共两套，分A网和B网使用；在A网出现故障时可自动切换为B网使用，以确保车站系统的正常使用
7	交换机	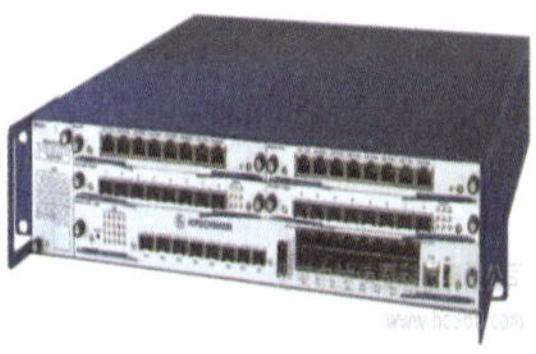	交换机安装在综合监控柜网络柜内，共两台，A网交换机是在正常情况下使用，在A网交换机端口出现故障时自动切换至B网交换机
8	工作站		综合监控系统共两套工作站，安装在车站控制室，每台工作站都是一机双屏；在车站控制室可以通过这两套工作站进行综合监控系统的远程控制

14.5 综合监控系统工程施工工艺及技术要点

综合监控系统工程施工内容划分为施工准备、管槽安装、光电缆、线缆敷设、机房设备安装、外围设备安装、线缆成端、系统调试。其中，管槽安装、线缆敷设施工流程及技术要点见通信专业相关章节。本系统的主要工艺流程如图14.5.1所示，引用的技术标准与规范见表14.5.1。

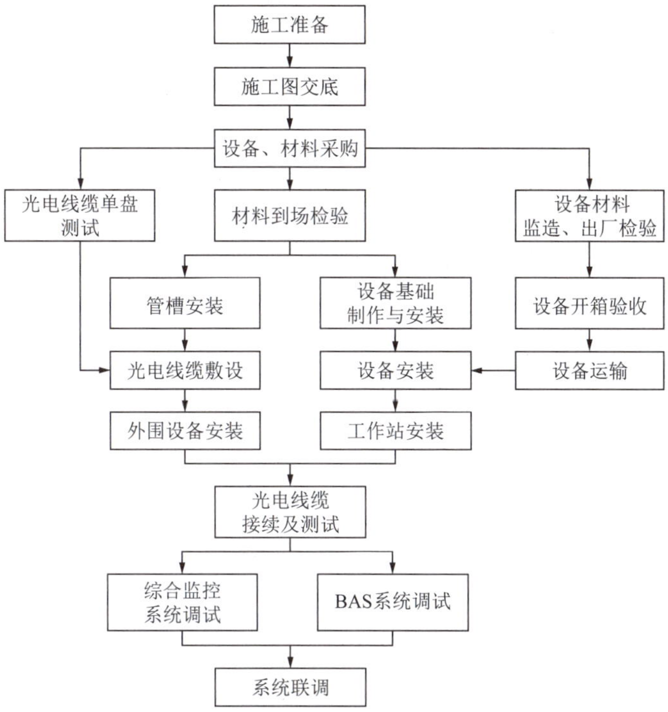

图 14.5.1　综合监控系统主要工艺流程

引用技术标准与规范　　表 14.5.1

序号	规范名称	规范号
1	《地铁设计规范》	GB 50157—2013
2	《民用建筑电气设计规范》	JGJ 16—2008
3	《电子计算机机房设计规范》	GB 50174—2008
4	《消防联动控制系统》	GB 16806—2006
5	《电磁兼容试验和测量技术　抗扰度试验总论》	GB/T 17626.1—2006
6	《信息技术设备的无线电干扰极限值和测量方法》	GB 9254—2008
7	《电气设备用图形符号》	GB/T 5465
8	《过程检测和控制流程图用图形符号和文字代号》	GB/T 2625—1981
9	《工业自动化仪表盘、柜、台、箱》	GB/T 7353—1999
10	《计算机软件测试文档编制规范》	GB 9386—2008
11	《计算机软件单元测试》	GB/T 15532—2008
12	《综合布线系统工程设计规范》	GB 50311—2016
13	《综合布线系统工程验收规范》	GB 50312—2016
14	《电气装置安装工程 盘、柜及二次回路接线施工及验收规范》	GB 50171—2012
15	《电气装置安装工程接地装置施工及验收规范》	GB 50169—2016
16	《火灾自动报警系统设计规范》	GB 50116—2013
17	《火灾自动报警系统施工及验收规范》	GB 50166—2007
18	《可编程序控制器》	GB/T 15969
19	《工业建筑供暖通风与空气调节设计规范》	GB 50019—2015
20	《设备可靠性试验》	GB/T 5080
21	《以太网协议标准》	IEEE 802.3

续上表

序号	规范名称	规范号
22	《地区电网数据采集与监控系统通用技术条件》	GB/T 13730—2002
23	《远动终端通用技术条件》	GB/T 13729—2002
24	《计算机场地通用规范》	GB/T 2887—2011
25	《地区电网调度自动化设计技术规程》	DL 5002—2005
26	质量安全体系应符合国际 ISO 9000 标准	

14.5.1 机柜底座安装

1）安装流程

机柜底座安装流程如图 14.5.2 所示。

图 14.5.2 机柜底座安装流程图

2）技术要点

（1）机柜底座的规格、型号、材质应符合设计要求。

（2）底座安装位置符合图纸要求，固定牢靠，排列整齐，底座垂直、水平度符合设计及验收规范要求，同时底座可靠接地。

（3）底座焊接处焊缝应平整，不应有裂缝、夹渣、气孔等缺陷，焊接处打磨平滑，并做防锈处理。

（4）底座表面无明显损伤、漆饰完好、无氧化情况。

机柜底座安装成品实例如图 14.5.3 所示。

图 14.5.3 机柜底座安装成品实例图

14.5.2 机柜安装

1）安装流程

机柜安装流程如图 14.5.4 所示。

图 14.5.4　机柜安装施工工艺流程图

2）技术要点

（1）机柜安装前确认机柜的规格型号、机柜数量、外形尺寸与施工图纸一致。

（2）机柜安装位置、机柜和底座的固定方式应符合设计要求。

（3）机柜安装牢靠，排列整齐，表面无明显损伤、印痕，漆饰完好；铭牌、标识清楚正确。

（4）使用的各种安装固定件必须采用不锈钢或镀锌材料且满足设计要求。

（5）整列机柜前端面在平行直线上偏差小于 5mm，每个机柜水平偏差小于 2mm，柜间缝隙小于 1mm。

（6）设备保护地线安装及线径应符合施工图设计要求。

机柜安装成品实例如图 14.5.5 所示。

图 14.5.5　机柜安装成品实例图

14.5.3　模块箱控制箱安装

1）安装流程

模块箱安装流程如图 14.5.6 所示。

图 14.5.6　模块箱安装流程图

图 14.5.7　模块箱安装成品实例图

2）技术要点

（1）模块箱控制箱安装牢固端正，模块箱的垂直度偏差不应大于 2mm，控制箱底部与地面距离符合设计要求。

（2）模块箱一般安装在房间墙壁上，避开其他设备安装。

（3）模块箱安装应避开房间内其他系统的管线，保证控制箱门打开角度不小于 90°。

（4）进入模块箱的线缆保护管入箱时，箱外侧应套锁母，内侧应装护口；线槽进线处采用防护套防护，防止线缆被划伤。

（5）控制箱门与箱体之间应有不小于 4mm^2 跨接地线连接。

模块箱安装成品实例如图 14.5.7 所示。

14.5.4　IBP 盘安装

1）安装流程

IBP 盘安装流程如图 14.5.8 所示。

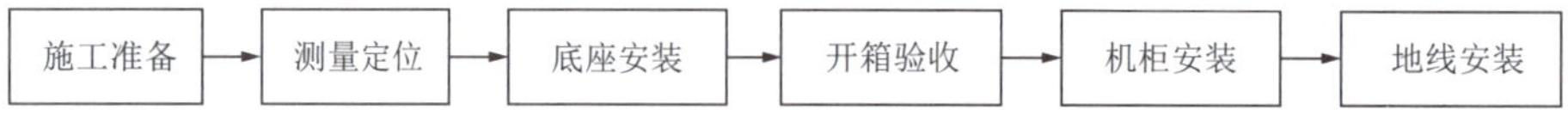

图 14.5.8　IBP 盘安装流程图

2）技术要点

（1）底座安装方式、方法、标准及要求参见“机柜底座安装”。

（2）整体安装：模拟盘盘体进行整体设计，支承结构采用刚性组合结构，易于组合和安装，盘面可以从盘体前面卸下，盘体后面具有供安装及维修的、易于拆卸的盖板。

（3）盘面防护：盘面上印刷的线条、图案和文字等内容，要保持长久并保证不褪色。安装时要注意对盘面进行防护，预防刮花。

图 14.5.9　IBP 盘及工作站安装成品实例图

（4）开关和输出状态指示灯的安装：盘上的开关根据用途可选用钥匙开关、即时按钮开关、锁定按钮开关。输出状态指示采用单色、双色 LED 或一体化按钮指示灯等。

（5）固定：对盘面元件与盘面，盘面与盘体的安装进行牢固性固定，任何对元件的正常操作不会使其位置发生变化。盘体的固定采用不锈钢膨胀螺栓固定在墙面上。

（6）设置自测试按钮，测试按钮及指示灯是否工作正常而不影响操作。

IBP 盘及工作站安装成品实例如图 14.5.9 所示。

14.5.5　传感器安装

1）安装流程

传感器安装流程如图 14.5.10 所示。

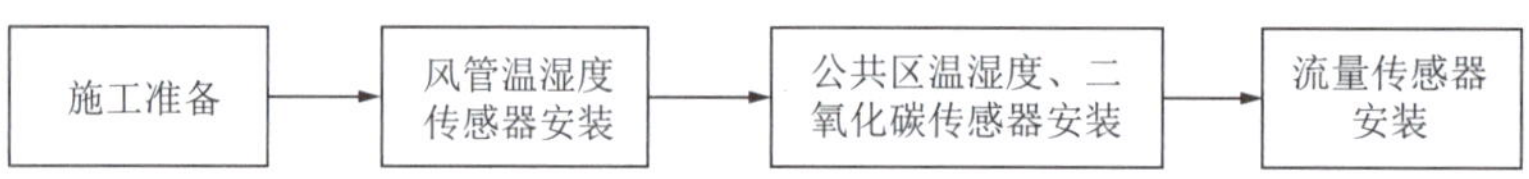

图 14.5.10　传感器安装流程图

2）技术要点

（1）并列安装的传感器，距地高度应一致，高度差不应大于 1mm，同一区域内高度差不应大于 5mm。

（2）风管式温湿度传感器应安装在风速平稳，能反映风湿的位置。传感器的安装应在风管保温层完成后，安装在风管直管段或应避开风管死角的位置。

（3）安装在风道上的传感器前端探头与风道壁之间不能有空隙。

（4）流量传感器应安装在避免有较强的交直流磁场或有剧烈振动的场所。

（5）电磁流量计应设置在流量调节阀的上游，流量计的上游应有一定的直管段，长度为 $L=10D$（D 为管段直径）。

（6）涡轮式流量传感器安装时要水平，液体流动方向必须与传感器壳体上所示的流向标志一致。

（7）各种传感器应安装在便于调试、维修的地方。

14.6 综合监控系统工程新技术和发展方向

综合监控系统将随着网络、信息、移动智能、云计算等技术的发展应用而不断更新。在后期，综合监控系统中集成纵向深度及横向广度不断扩展，其必然向运营的管理系统、乘客服务、行车调度等系统扩展，为运营提供更加方便快捷的服务，实现节能 / 降效、科学维护保养；同时综合监控信息平台着眼于多种交通模式的环城与衔接，组建异构交通信息平台实现智能交通。

云计算是一种能够将动态伸缩的虚拟化资源通过网络以服务的方式提供给用户的计算模式。云计算的资源是动态扩展且虚拟化的，可通过网络提供服务，终端用户不需要了解云中基础设备的细节，不必具有专业的云技术知识，也无须直接进行控制，只需关注自身真正需要什么样的资源，以及如何通过网络来获得相应的服务。

云计算的出现和逐步成熟，为信息化建设、监控系统设计提供了新的思路和方法。综合监控系统建设中遇到的数据智能分析、搜索以及资源共享等问题都可以通过云计算得到很好的解决。但目前相关方面的研究还不够深入，实际应用案例也非常少，为了真正将云计算的思路和方法应用到综合监控系统的建设中，还需要持续进行大量的研究和尝试。

第15章 综合安防系统工程

15.1 综合安防系统工程概述

综合安防系统由安防网络子系统、安防集成管理子系统、电视监控子系统、门禁子系统、车站乘客求助及告警系统、培训测试系统、入侵探测系统等构成，实现对车站、主变电所、区间风井、过渡段等的设备和管理用房、出入口、票务室、银行等重点区域的出入管理、登记、实时视频监控等功能，有效保障地铁运营安全。

15.2 综合安防系统工程特点

安防系统综合运用入侵探测、入侵阻止、入侵报警等多种技术防范手段，对敏感区域实施监控，可以及时发现、阻止非法闯入者，并记录监控区域的访问记录，为地铁运营提供安全的设备和管理环境，提高管理效率。综合安防系统设备安装工程具有以下特点：

（1）摄像机安装分布范围广，其安装位置及安装方式多样化。

由于摄像机设置包含车站公共区、设备用房、管理区等重点区域，监控范围覆盖整个车站及绝大多数管理用房，因此，摄像机分布范围广，数量多；根据监控对象的不同及监控区域不同，设置不同类型的摄像机；由于监控区域结构及装修方式的不同，摄像机安装位置及方式也不同，主要有吸顶安装、壁装、吊杆安装、立杆安装等方式。

（2）门禁系统设备安装受建筑装修影响大，由于门禁系统管线大都需要暗埋，因此，土建装修专业需根据门禁设计提前预留预埋所需孔洞，并且磁力锁安装的门框及门扇加厚处理，且预留好相应的管线孔洞。此外，装修单位在装修面板上预留好安防系统设备安装所需的孔洞。

（3）由于安防系统设备数量多，分布范围广，调试工作量大，精度高，尤其是摄像机角度及清晰度、门禁是否完全吸合及与其他系统的配合调试。

（4）成品保护量大，安防系统管线和外围设备等分布较广，工程环境复杂，安防系统的成品需要加大保护力度。

15.3 综合安防系统构成及其功能

15.3.1 综合安防系统构成

综合安防系统由中央级安防集成系统、车站级安防系统、列车安防系统构成。

在控制中心设中央级计算机系统和中央级设备，用于管理和监控全线安防系统，以满足安防系统中央级控制功能及使用需求。控制中心与各车站之间通过通信系统提供的传输通道进行连接。

车站安防系统由闭路电视监控子系统、门禁子系统和乘客求助及告警子系统构成。各个系统，既各自具备专有功能，又能有机结合，互联互通，为运营值班员、公安值班员提供直观、方便、完善的管理工具，为遇到困难的乘客提供快捷服务。

列车安防系统由车载闭路电视监控系统和车地无线通信系统组成，其中列车与车站之间的车地无线通信系统由乘客资讯系统提供。

综合安防系统构成如图 15.3.1 所示。

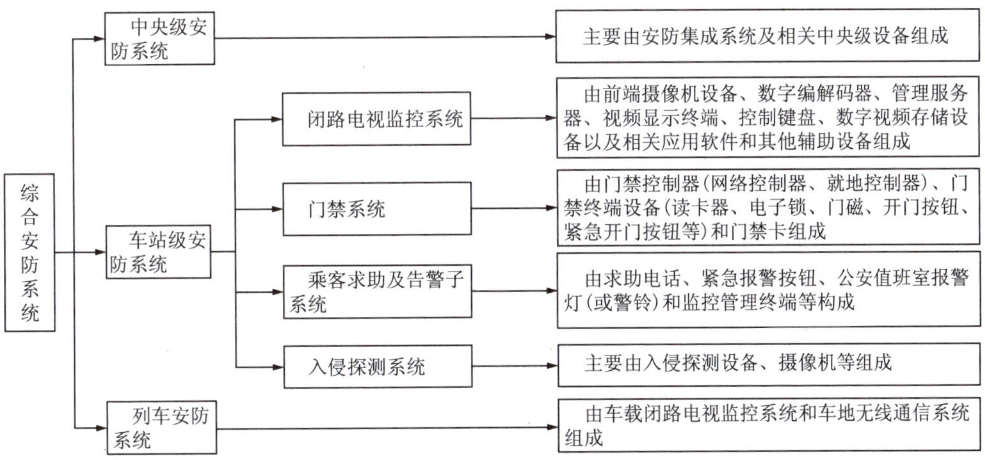

图 15.3.1 综合安防系统构成图

15.3.2 综合安防系统功能

1）中央级安防系统功能

中央级安防系统作为安防系统运行管理核心和集成管理平台，能够对各个集成的子系统进行数据采集、联动处理和综合监视管理。系统能够完成安防系统内各子系统（如视频监控系统、门禁系统、求助告警系统等）之间的信息交换和联动控制。安防集成系统采用通用的通信标准协议，通过网络层进行系统软件的集成，而非简单的硬件驱动。系统能与地铁内其他系统如综合监控系统、乘客资讯系统、通信系统等互联，实现与这些系统的信息交换和联动控制。

2）车站级安防系统功能

（1）闭路电视监控系统

闭路电视监控系统是地铁运营现代化的配套设备，是供运营管理人员实时监视列车、车站客流、列车出入站及乘客上下车等情况，以及加强运营组织管理、提高效率、确保安全正点地运送乘客的重要手段。在发生灾害等情况时可为中心和车站值班人员及时提供防灾、救灾及乘客疏导等方面的视频图像并录像，为现场指挥救援和事后分析原因、查明责任提供依据。

每个车站、区间所设闭路电视监控系统，实现车站值班员、控制中心调度员、公安值班室值班员对车站公共区、设备用房、管理区等重点区域的实时视频监控以及出入口的入侵探测、报警功能。

闭路电视监控系统中心级和车站级的操作控制功能由安防系统的中心和车站工作站来实现。

（2）门禁系统功能

门禁系统（ACS）实现对车站、区间所等设备和管理用房、出入口、票务室等重点区域的自动化出入管理、登记功能，以及车站考勤管理功能。

（3）乘客求助及告警系统功能

车站内乘客在需要援助时可通过乘客求助电话与车控室的车站值班员进行通话。当乘客摘机通话时，车站值班员可与通过求助电话旁的摄像机实现可视对讲功能。

报警按钮主要是工作人员在紧急情况下的操作，以实现紧急情况下报警功能。

（4）入侵探测系统功能

入侵探测系统在过渡段安装入侵探测设备，并与现场摄像机实现联动，其功能是监测防止外界人员非法攀爬进入轨行区域，确保地铁运营安全。当发现异常情况时相邻车站车控室安防系统监控管理终端发出声、光报警信号，并在监控管理终端上以电子地图方式显示入侵位置，同时电视监控系统自动弹出相应的监控画面进行摄像、存储和确认。

3）列车安防子系统功能

（1）车载安防信息的传送

车载安防信息主要是列车图像监控信息，利用乘客资讯系统提供的车地无线系统传送。

（2）列车图像监控

车载闭路电视监控系统在控制中心、市公交分局、派出所、车站控制室、警务站的用户，可利用安防工作站等设备，接收、切换车载上传视频图像。

正常运营情况下，每列车同时上传车厢监视图像至前方邻近车站（车控室、警务站）和控制中心。紧急情况下，可将列车全部视频监控图像上传至车站和控制中心。

车厢监控图像上传到控制中心后，可通过安防系统及警用图像监控系统继续上传至市公交分局和市应急指挥中心；发生突发事件时，可方便各级领导调用列车监控图像。

15.4 综合安防系统工程核心设备功能简介

综合安防系统工程核心设备功能见表 15.4.1。

综合安防系统工程核心设备功能表　　表 15.4.1

序号	设备名称	设备图片	设备功能
1	安防机柜		安防机柜主要由车站级服务器、工作站、接入交换机、打印机、不间断电源等组成，用于车站的安防系统的监控、管理。系统具有对本站设备进行监控管理、配置管理、数据存储、操作显示以及图像监控等功能

续上表

序号	设备名称	设备图片	设　备　功　能
2	显示器	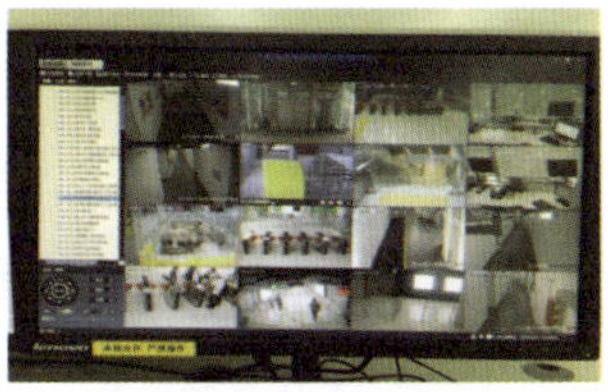	摄像机摄取的模拟图像通过数字视频编码器压缩编码后接入交换机完成视频交换、传输功能，在车站值班员处显示监控图像，并能够接受控制中心调度员的监视和控制
3	摄像机	 	实现车站值班员、控制中心调度员、公安值班室值班员对车站公共区、设备用房、管理区等重点区域的实时视频监控以及出入口的入侵探测、报警功能
4	门禁控制器		门禁控制器可分为网络控制器和就地控制器，就地控制器安装在门禁控制现场，用于控制现场的门禁终端设备。网络控制器用于管理整个车站门禁网络，主要用于实现通信接口转换和协议转换等功能
5	磁力锁	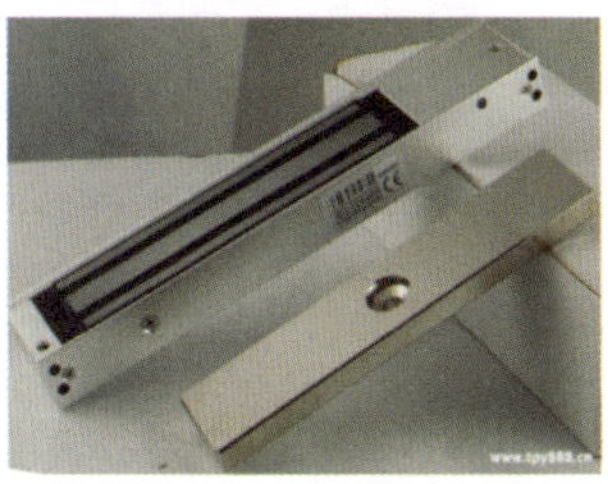 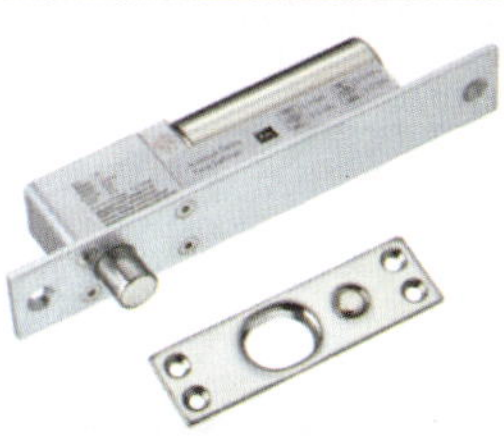	常用的电子锁有电插锁、电锁扣、磁力锁和电子机械一体化锁，主要功能： ①向门禁控制器上传门状态信息； ②接收门控制器指令，执行开关操作
6	读卡器		读取合法门禁卡的门禁信息，并上传到门禁控制器

续上表

序号	设备名称	设备图片	设 备 功 能
7	求助电话	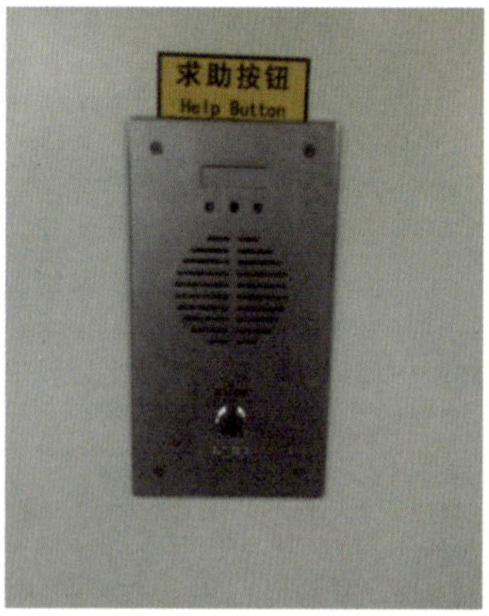	求助电话主要是为乘客在遇到困难时提供语音求助服务。求助电话机安装在车站站台层、站厅层公共区
8	电子围栏	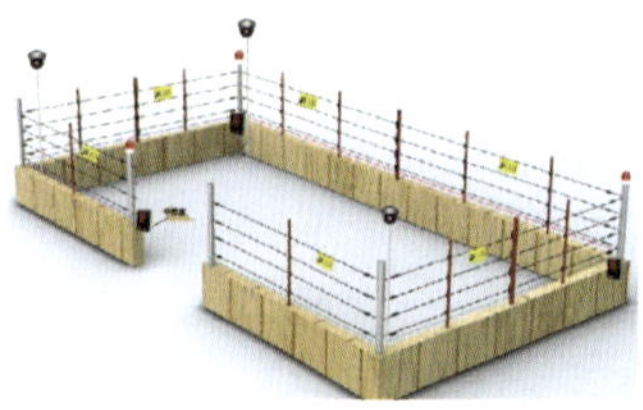	电子围栏由电子围栏主机和前端探测围栏组成。电子围栏主机可产生和接收高压脉冲信号，在前端探测围栏处于触网、短路、断路状态时能产生报警信号，并把入侵信号发送到安全报警中心；前端探测围栏为由杆及金属导线等构件组成的有形周界。通过控制键盘或控制软件，可实现多级联网。电子围栏是一种主动入侵防越围栏，对入侵企图做出反击，击退入侵者，延迟入侵时间，并且不威胁人的性命，并把入侵信号发送到安全部门监控设备上，以保证管理人员及时了解情况。 电子围栏的阻挡作用，首先体现在威慑功能上，金属线上悬挂警示牌，一看到便产生心理压力，且触碰围栏时会有触电的感觉，足以令入侵者望而却步；其次电子围栏本身又是有形的屏障，安装适当的高度和角度，很难攀越，如果强行突破，主机会发出报警信号
9	激光对射	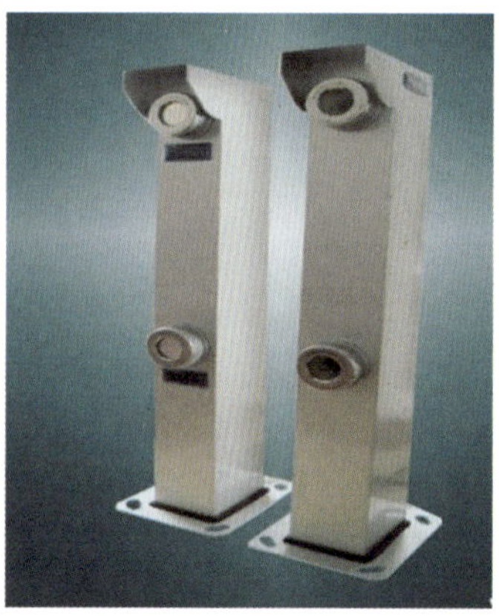	激光对射由报警主机、激光发射器和激光接收器组成。在警戒区域内安装激光发射器和接收器，组成一个环形光回路，当有入侵者翻越时，会隔断激光射线回路，从而产生报警

15.5 综合安防系统工程施工工艺及技术要点

综合安防系统工程施工内容划分为施工准备、管槽管线安装、光电缆、线缆敷设、机房设备安装、外围设备安装、线缆成端、系统调试。其中，管槽安装、线缆敷设施工流程及技术要点同通信系统，本系统的主要施工流程如图 15.5.1 所示。

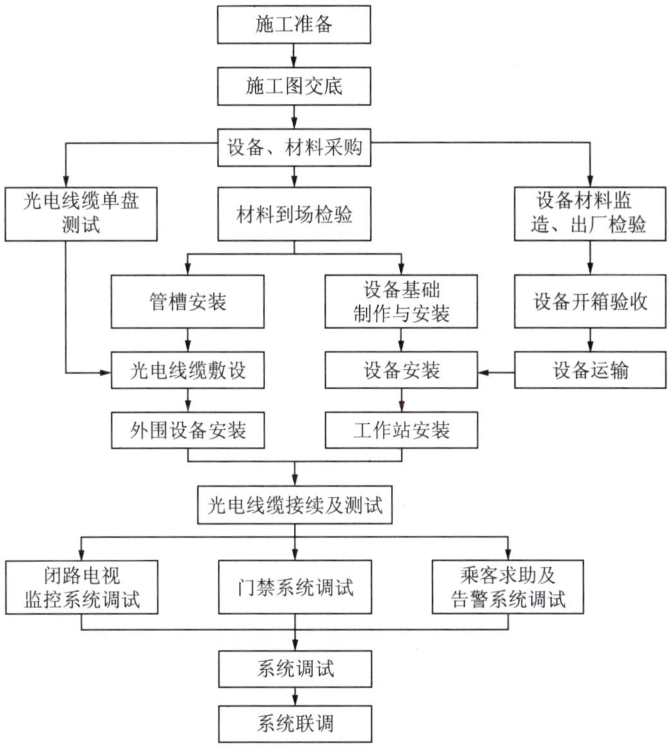

图 15.5.1　综合安防施工流程图

15.5.1　机柜底座、机柜、控制器、防护箱安装

安装方式、方法、标准及要求参见“综合监控设备安装”。

15.5.2　磁力锁安装

1）安装流程

磁力锁安装流程如图 15.5.2 所示。

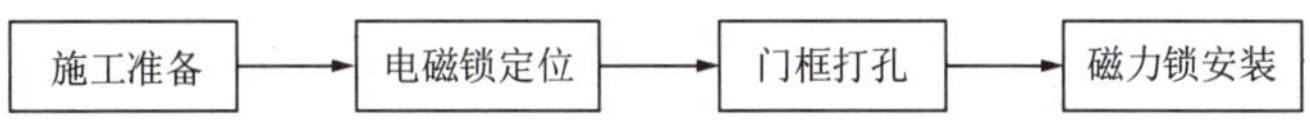

图 15.5.2　磁力锁安装流程图

2）技术要点

（1）电磁锁和衔铁安装牢固端正，电磁锁和衔铁的垂直度偏差不应大于 2mm。

（2）电磁锁和衔铁固定位置的偏差不应大于 2mm。

15.5.3　摄像机安装

1）安装流程

摄像机安装流程如图 15.5.3 所示。

图 15.5.3　摄像机安装流程图

图 15.5.4　摄像机安装成品实例图

2）技术要点

（1）摄像机的规格、型号、安装位置应符合设计要求。

（2）摄像机吊杆安装应横平竖直，且不晃动。

（3）摄像机安装稳定、牢固、云台转动灵活，摄录范围符合设计要求。

（4）安装完成后防止灰尘、油污、手印等沾染摄像机表面，影响美观。

摄像机安装成品实例如图 15.5.4 所示。

15.5.4　周界入侵防范系统设备安装

1）安装流程

周界入侵防范系统设备安装流程如图 15.5.5 所示。

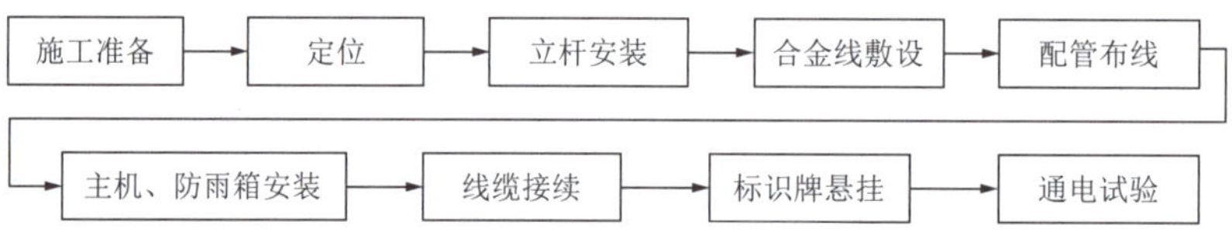

图 15.5.5　周界入侵防范系统设备安装流程图

2）电子脉冲围栏前端设备安装技术要点

（1）电子围栏设备的规格、型号、安装方式应符合设计要求。

安装方式符合施工图及设计要求。线杆的安装可以有焊接、卡箍或预埋三种方式，视围墙结构状况及图纸要求选择较合适的方式；

围栏安装角度围栏角度（0°、22.5°、45°、67.5°、90°、112.5°、135°、157.5°、180°）和倾斜方向（内倾式、外倾式、垂直式或水平式安装）符合图纸及设计要求。

（2）立杆安装要牢固、水平，前后之间保持一条直线；立杆间距符合设计要求。

（3）合金线之间需保持平行等距。

（4）导线与导线、导线与金属导体之间，必须有足够的空间间隙。

（5）避雷器安装符合设计规范，接地要可靠牢固。

（6）警示牌每隔 10m 安装一块，有夜光与非夜光两种供选择。一般固定在最上面的一根合金导线上。

（7）箱柜安装固定牢固，位置及高度符合设计要求。

（8）通电试验前，重新对设备线路电气特性进行检查测试，特别是对电源线绝缘特性进行测试，区分火线和零线，确保供电安全。进行通电时，随时监测供电电压情况和设备状态，做好应急处理。

电子脉冲围栏安装示意如图 15.5.6 所示。

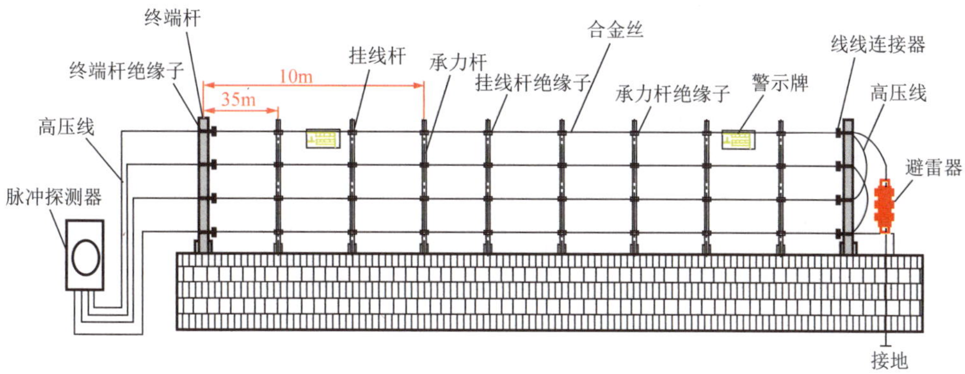

图 15.5.6　电子脉冲围栏安装示意图

3）红外对射设备安装技术要点

（1）安装前应仔细阅读产品说明书。

（2）红外对射设备的安装符合说明书的要求。

（3）充分了解紧急按钮开关、被动红外 / 微波探测器等设备的基本工作原理。确保所有探测器的布线、接线正确无误。

（4）被动红外 / 微波探测器必须具有防拆功能，警号必须有防剪功能。

（5）将不锈钢支架固定于墙上，将预留在盒内的导线从管内穿出，用剥线钳剥去绝缘外皮，露出线芯 10 ～ 15mm（注意不要碰掉线号套管），将盒内的线缆引出，压接在探测器的接线端子上，将剩余线缆盘回盒内，将探测器底座用螺钉固定在盒上。固定要牢固可靠。

（6）主动红外探测器在安装时，收、发装置应相互正对，且中间不得有遮挡物。

（7）系统中每个边界接口应有唯一的编码与之对应，按照产品说明书进行编码；在系统正常使用前必须对接入系统中的边界接口进行注册。

（8）通电试验前，重新对设备线路电气特性进行检查测试，特别是对电源线绝缘特性进行测试，区分火线和零线，确保供电安全。进行通电时，随时监测供电电压情况和设备状态，做好应急处理。

15.6　综合安防系统工程新技术和发展方向

随着科学技术突飞猛进发展，各专业学科之间相互促进与渗透，综合安防产品将更加高清化、完全数字化，其布线方式采用总线或无线化；随着计算机技术日新月异的发展、多媒体等技术发展，综合安防结构将实现开放化、联网化、集成化、联动化、智能化。

第16章 防灾报警系统工程

16.1 防灾报警系统工程概述

火灾自动报警系统实行两级管理，在OCC设防灾调度指挥中心（以下称控制中心，为主控级），车站综合控行传输，车站现场级监控报警网络仍为独立配置。FAS系统与综合监控系统设有上层通信接口，与BAS系统设有底层通信接口。车站防排烟与送排风共用的环控设备，正常时由BAS系统按正常工况进行控制，火灾时FAS系统向BAS系统发出火灾模式指令，BAS系统按预先编制好的火灾运行模式对相关设备进行控制。同时，FAS系制室为分控级。主控级与分控级之间的防灾报警信息，利用综合监控系统网络平台向综合监控系统上传火灾报警信息，发出火灾工况指令，由综合监控系统完成对互联系统的消防联动功能。消防水泵、垂直电梯及防火卷帘门等由FAS直接完成火灾联动功能，从而实现人员疏散、组织救火的目的。

FAS系统由火灾自动报警系统（含气体灭火控制部分）、隧道感温探测系统、电气火灾预警系统及吸气式烟雾探测系统四大部分组成。

16.2 防灾报警系统工程特点

（1）主要以预防火灾为主，地铁设置火灾自动报警系统主要是为了能在火灾初期及时确认并报警，结合其他相关专业将灾害降至最低点，因此，火灾报警是用于火灾初期探测。

（2）接口多而复杂，既有施工接口，也有调试接口。施工中，与土建、建筑装修、低压配电、通信、综合监控等专业都存在着交叉施工的问题，而如何协调好交叉施工问题，保证施工进度，是系统施工中的难点。车站管槽施工干扰大，车站各类管线较多，吊顶内空间有限，现场管线径路复杂容易发生变更，对弱电管槽影响较大。

（3）外围设备施工区域广，外围设备安装在车站公共区和设备区房间，范围遍布车站各个角落；受装修专业影响大，如安装在车站公共区的空气采样管，需根据装修进展情况合理施工，务必注意顶部喷涂时做好成品保护，以防涂料堵住采样孔；安装公共区搪瓷钢板或大理石上的手报及电话插孔，需根据搪瓷钢板开孔位置及安装进度同步施工。设备区的气体灭火控制盘、模块箱、电话插孔、手报等设备，需装修同步或装修完成后安装。

（4）区间管线工程量较大，需设计确定好管线安装位置（一般设置在弱电支架最底层），引下位置设置在消火栓栓头位置附近1m范围内；感温光纤敷设区间线缆敷设完成后（根据施工进展情况可先固定支架）敷设，避免光纤被损坏。

16.3 防灾报警系统构成及其功能

火灾自动报警系统通过火灾探测向线路运营控制中心（OCC）发出火灾警报，报告火灾区域，与综合监控系统（ISCS）及环境与设备监控系统（BAS）配合或独立实现对消防设备的联动控制，从而实现人员疏散、组织救火目的。

16.3.1 防灾报警系统构成

1）车站网络构成

车站级 FAS 系统由火灾自动报警系统（含气体灭火控制部分）、隧道感温探测系统、电气火灾预警系统及吸气式烟雾探测系统四大部分组成。

FAS 系统设备由设在监控设备室的维护工作站、车站控制室火灾报警控制器、气体灭火报警控制器、电气火灾主机和感温光纤主机以及设在现场的气体灭火控制盘、各类智能火灾报警探测器、手动报警按钮、电话插孔、声光报警器、警铃、放气指示灯、消防对讲电话、电气火灾探测器、感温光纤、吸气式探测管和现场回路总线及其他相应现场设备等组成。

FAS 主机与气体灭火主机分别接入综合监控系统冗余网络，FAS 网络构成如图 16.3.1 所示。

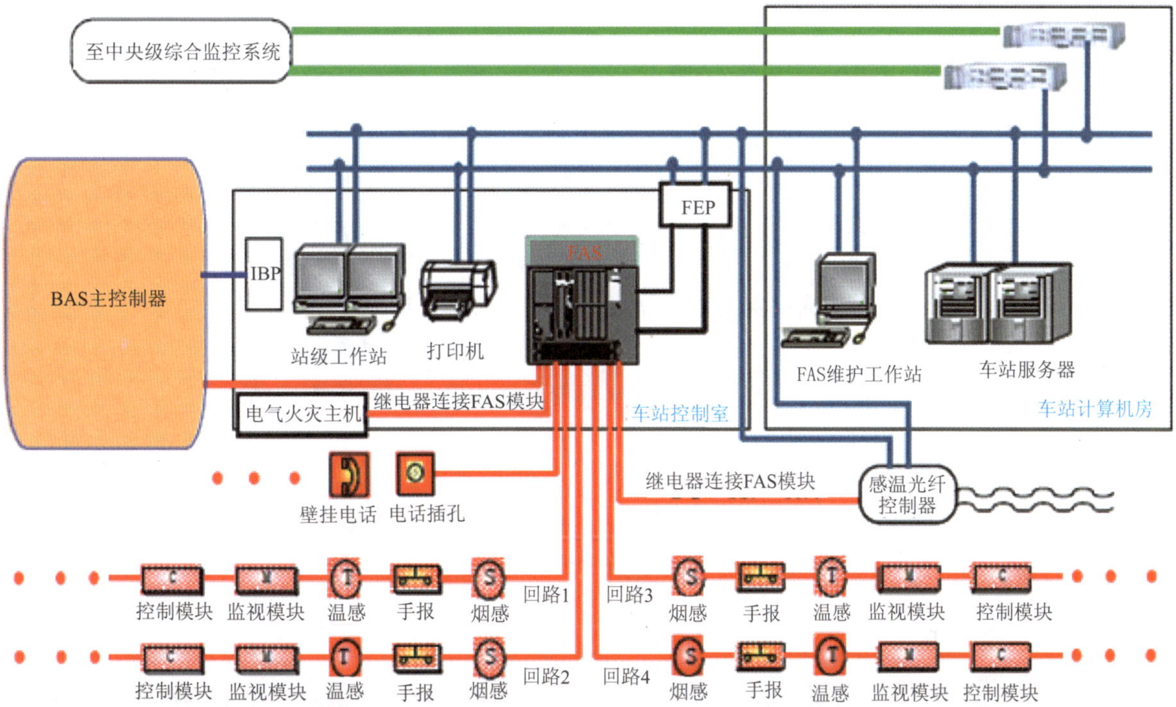

图 16.3.1 FAS 网络构成图

2）隧道感温探测系统构成

工程地下区间隧道设隧道感温探测系统，由感温光纤、感温光纤报警控制器组成，实现地下区间隧道火灾探测及报警。

车站感温光纤主机接入综合监控系统冗余网络。

3）吸气式烟雾探测系统

吸气式烟雾探测系统设置于车站站厅站台公共区、站厅两端设备区走道内，由吸气式烟雾探测控制器、现场空气采样管、通信总线、网关等设备组成。车站各台吸气式烟雾探测控制器之间通过线网组成独立的报警网络，并通过网关接入 FAS 维护工作站及综合监控系统网络。

4）电气火灾预警系统

电气火灾预警系统基本由电气火灾监控设备、剩余电流式电气火灾监控探测器以及测温式电气火灾监控探测器组成，当电气设备中的电流、温度等参数发生异常或突变时，终端探测头（如剩余电流互感器、温度传感器等）利用电磁场感应原理、温度效应的变化对该信息进行采集，并输送到监控探测器里，经放大、A/D 转换、CPU 对变化的幅值进行分析、判断，并与报警设定值进行比较，一旦超出设定值则发出报警信号，同时也输送到监控设备中，再经监控设备进一步识别、判定，当确认可能会发生火灾时，电气火灾预警主机设置以太网接口分别接入车站冗余局域网，向综合监控系统发送电气火灾报警、设备运行状态、故障报警及运营维护统计信息，同时通过硬线接口将重要的设备火灾报警信号传送给 FAS 系统监视模块。

16.3.2 防灾报警系统功能

FAS 具有中央级集中监控、车站级集中监控和就地监控三级监控功能。FAS 在车站集成于综合监控系统，中央级、车站级设备及功能由综合监控系统（ISCS）负责设置及实现。FAS 的主要功能为：

1）中央级设备功能

（1）控制中心是全线的消防控制中心，监视和控制整个地铁线路火灾自动报警系统。

（2）接收并储存全线火灾自动报警设备运行状态，接收全线车站的火灾报警并显示报警部位，存储操作人员的各项记录，并能进行历史档案管理。

（3）通过闭路电视系统的显示确认火灾灾情；或者通过有线或无线调度电话，由车站级控制室值班人员现场确认火灾灾情。根据火灾发生的实际情况，可自动或手动选择预定的解决方案，向车站级控制室发出消防救灾指令和安全疏散命令，指挥救灾工作的开展。

（4）设置火灾报警外线电话，并与消防局 119 报警台通报有关车站火灾灾情。

（5）设置向有关部门报告灾情的专用电话。

（6）能接收主时钟的信息，使 FAS 系统时钟与主时钟同步。

（7）火灾报警具有最高优先级，当同时存在火灾及其他报警时，优先报火警。火灾报警时，中央图形控制中心应自动弹出相应报警区域的平面图，并发出声光报警。

2）车站级设备功能

（1）监视车站火灾自动报警设备的运行状态，接收车站火灾报警及重要系统的火灾、故障报警，并显示报警部位。

（2）优先接收消防指挥中心发出的消防救灾指令和安全疏散命令。

（3）通过车站级的数据接口向环境与设备监控系统发出救灾模式指令，使环境与设备监控系统启动相应的消防联动设备，并报告控制中心。

（4）在火灾时，能在车站控制室将广播系统强制转入火灾事故广播状态，通过事故广播系统和闭路电视监视系统，对旅客进行安全疏散引导。

3）现场级设备功能

根据需要，在现场分别设置各类报警探测器、手动报警装置、输入输出模块、消防专用电话系统等。现场设备应能够可靠运行，监视系统管辖范围内的设备状态，做好火灾探测，及时确认，及时报警，并且能够按照既定的方式控制相关消防专用设备，实施救灾工作。

16.4 防灾报警系统工程核心设备功能简介

防灾报警系统工程核心设备功能见表 16.4.1。

防灾报警系统工程核心设备功能表　　表 16.4.1

序号	设备名称	设备图片	设备功能
1	火灾报警主机		FAS 主机用于监视车站及所辖区间消防设备的运行状态，并接收车站及所辖区间火灾报警或重要系统的报警，并显示报警部位；通过站级综合监控系统向 OCC 报告灾情，接收 OCC 发出的消防救灾指令和安全疏散命令；主要功能如下：①状态显示功能；②报警消声功能；③系统复位功能；④事件存储功能；⑤系统故障提醒功能；⑥访问级别设置功能；⑦设备监视与联动控制功能；⑧远程维护功能，可以通过综合监控以太网，在中心对全线火灾报警主机进行远程维护
2	气体灭火主机		气体灭火控制器专用于气体自动灭火系统中，融自动探测、自动报警、自动灭火为一体。气体灭火控制器可以连接感烟、感温探测器，紧急启停按钮，手自动转换开关，气体喷洒指示灯，声光警报器等设备，并且提供驱动电磁阀的接口，用于启动气体灭火设备
3	感烟探测器		感烟探测器用于探测烟雾浓度，将烟雾浓度的变化转换为电信号，实现报警目的。它主要设置在车站内各设备与管理用房、站厅及站台和通道等区域，进行火灾探测
4	感温探测器		感温探测器是对警戒范围中某一点或某一线路周围温度变化时响应的火灾探测器。它是将温度的变化转换为电信号以达到报警目的，主要设置在气体灭火区和防火卷帘两侧
5	吸气式主机	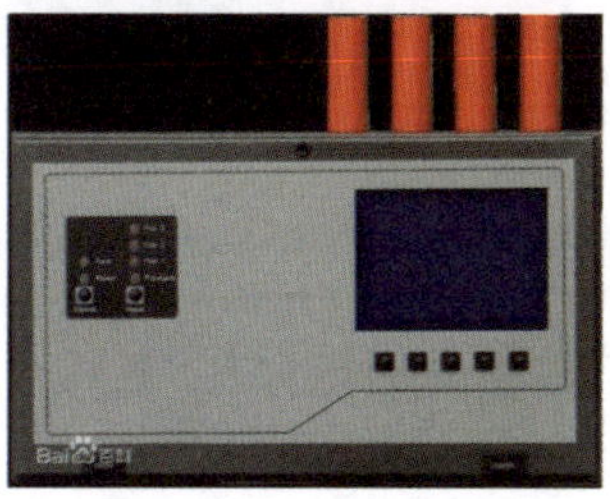	吸气式感烟探测由吸气泵、过滤器、激光探测腔、控制电路、显示电路等组成。吸气泵通过 PVC 管或钢管所组成的采样管网，从被保护区内连续采集空气样品放入探测器。空气样品经过过滤器组件滤去灰尘颗粒后进入探测腔，探测腔有一个稳定的激光光源。烟雾粒子使激光发生散射，散射光使高灵敏的光接收器产生信号。经过系统分析，完成光电转换。烟雾浓度值及其报警等级由显示器显示出来。主机通过模块或通信接口将电信号传送给火灾报警主机和接入综合监控系统冗余网络

续上表

序号	设备名称	设备图片	设 备 功 能
6	模块箱		各类监控模块按照相对集中的原则安装在模块箱中,保护设备和便于日后维护
7	消防手动报警器		当人员发现火灾时,在火灾探测器没有探测到火灾时,人员手动按下手动报警按钮,报告火灾信号。 在站厅层、站台层、出入口通道、地下线路区间隧道和设备区等区域设置带地址码的手动报警按钮。一般情况下,在设置消火栓的地方均设置手动报警按钮
8	气体灭火控制器	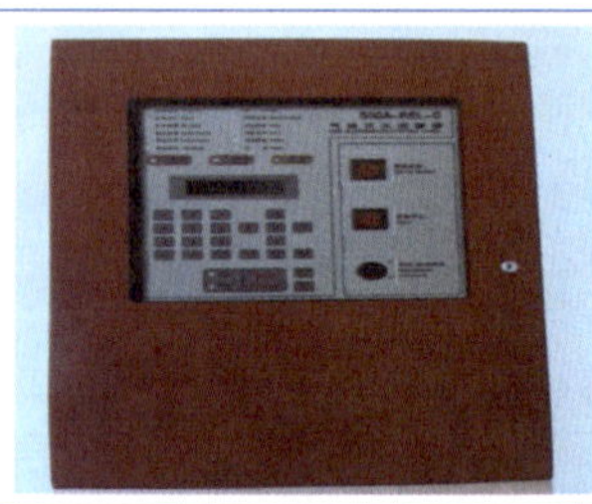	气体灭火控制器专用于气体自动灭火系统中,融自动探测、自动报警、自动灭火为一体。气体灭火控制器可以连接感烟、感温探测器,紧急启停按钮,手自动转换开关,气体喷洒指示灯,声光警报器等设备,并且提供驱动电磁阀的接口,用于启动气体灭火设备
9	电气火灾主机	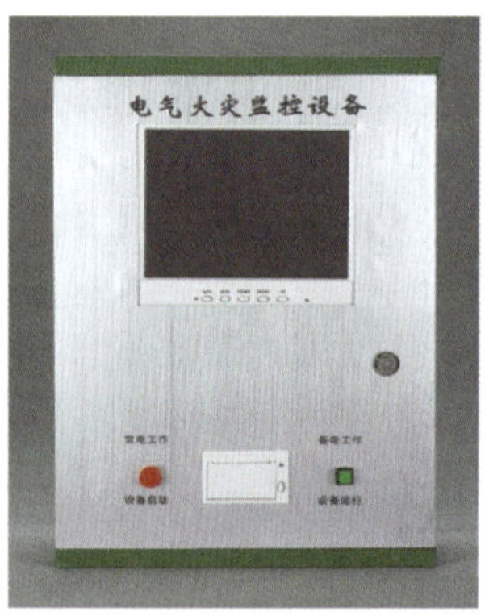	当电气设备中的电流、温度等参数发生异常或突变时,终端探测头(如剩余电流互感器、温度传感器等)利用电磁场感应原理、温度效应的变化对该信息进行采集,并输送到监控探测器里,经放大、A/D转换、CPU对变化的幅值进行分析、判断,并与报警设定值进行比较,一旦超出设定值则发出报警信号,同时也输送到监控设备中,再经监控设备进一步识别、判定,当确认可能会发生火灾时,监控主机发出火灾报警信号,点亮报警指示灯,发出报警音响,同时在液晶显示屏上显示火灾报警等信息。值班人员则根据以上显示的信息,迅速到事故现场进行检查处理,并将报警信息发送到综合监控系统冗余网络
10	消防电话	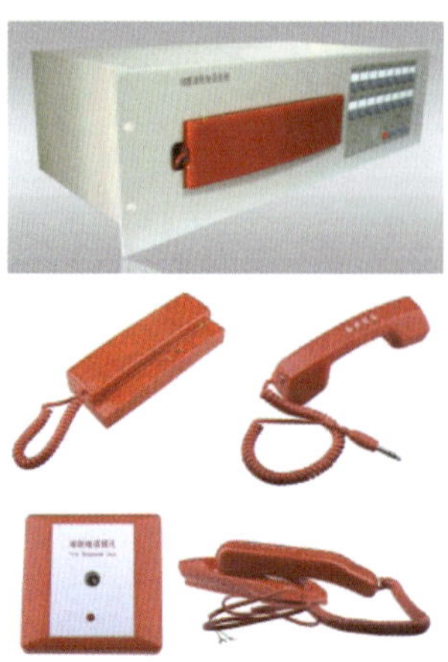	(1)消防对讲电话 控制中心中央控制室设专用外线电话用于报警。 每个车站级均设置一套独立消防专用电话网络,在消防控制室、车站控制室、消防水泵房和通风机房等重要的房间门外设置壁挂电话;在气体保护房间门外设壁挂电话。 (2)消防电话插孔 在公共区、设备管理区走道、隧道区间设置消防电话插孔,消防电话插孔的设置与手动报警按钮并排布置,安装位置与手动报警按钮相同。同时也要根据具体情况具体布置,不造成浪费

续上表

序号	设备名称	设备图片	设备功能
11	感温光纤报警控制器	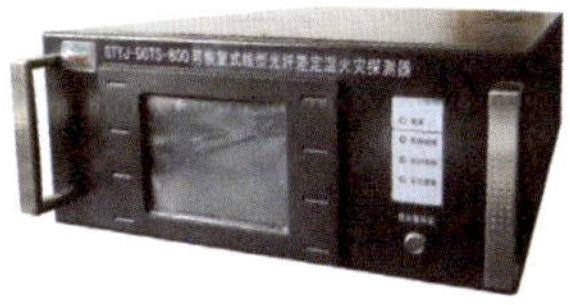	感温光纤探测系统作为地铁线路地下区间隧道、变电所电缆夹层、站台板下电缆夹层、电缆廊道的火灾自动探测保护装置，其主要功能包括： （1）实时温度分布曲线监测 通过监控计算机（可以集成在车站级自动化集成系统工作站上）实时从控制单元获取测量数据，并且以温度分布曲线的形式显示所获取的测量数据（对应光纤长度上各点温度）。 （2）防火分区报警监测 沿光纤可设置多达几百个探测保护的防火分区（可以设置为温度最大值报警和升温速率报警方式）。一旦某个防火分区内任意一点的最大温度或升温速率，达到或者超过设定的报警值，系统将触发报警，同时输出报警信号。 （3）光纤断路探测和恢复 如果光纤发生断路或信号衰减增加明显，光纤感温探测系统将能发出断路报警信号。在双端连接模式下，系统将自动切换到单端测量（从两端），以确保测量数据不会丢失。 此外，该系统应具有很好的兼容性，能够通过标准接口及继电器输出与其他系统互联，从而把温度数据及报警信号上传

16.5 防灾报警系统工程施工工艺及技术要点

火灾报警系统工程施工内容划分为施工准备、管槽管线安装、电线电缆敷设、光纤敷设、空气采样管安装、系统各类设备安装、单系统调试、系统联调。其中，管槽安装、线缆敷设流程及技术要点同通信系统，本节主要介绍 FAS 系统设备安装控制要点。本系统的主要安装流程如图 16.5.1 所示。

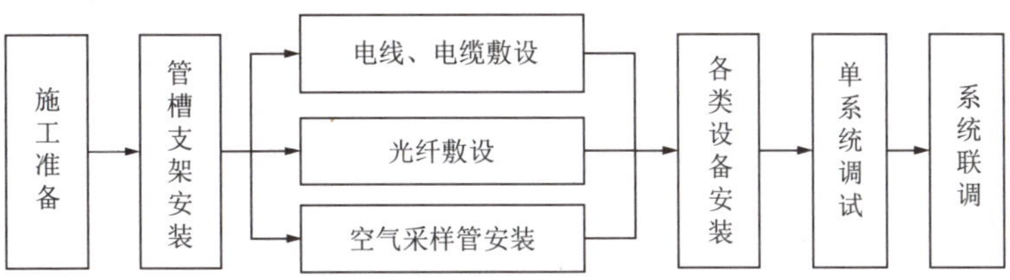

图 16.5.1　防灾报警系统安装流程图

16.5.1　控制类设备安装工艺流程及技术要点

1）安装流程

控制类设备安装流程如图 16.5.2 所示。

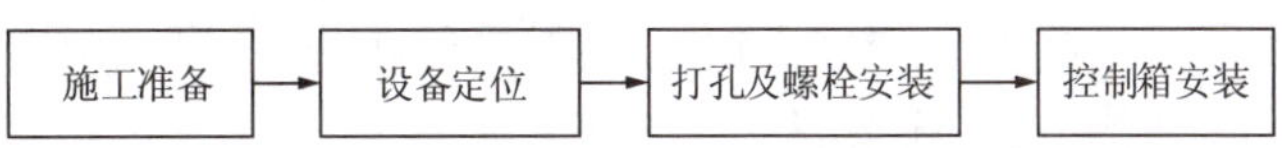

图 16.5.2　控制类设备安装流程图

2)技术要点

(1)火灾报警控制器安装技术要求:

①控制箱安装牢固端正,箱体的垂直度偏差不应大于 2mm,控制箱底部高度根据设计要求确定。

②控制器的显示操作面板应避开阳光直射,房间内无高温、高湿、尘土、腐蚀性气体;不受振动、冲击等影响。

③控制设备前操作距离,单列布置时不应小于 1.5m,双列布置时不应小于 2m,在有人值班经常工作的一面,控制盘到墙的距离不应小于 3m,盘后维修距离不应小于 1m,控制盘排列长度大于 4m 时,控制盘两端应设置宽度不小于 1m 的通道。

图 16.5.3　防灾报警系统成品实例图

④对引入的电缆或导线,检测合格后按不同电压等级、用途、电流类别分别绑扎整齐,避免交叉,固定牢固。

⑤进入控制箱的线缆保护管入箱时,箱外侧应套锁母,内侧应装护口。

(2)消防联动控制器、区域显示器、气体灭火控制器、模块箱等设备安装的方式、方法、标准及要求皆适用于本节。

防灾报警系统成品实例如图 16.5.3 所示。

16.5.2　探测类设备安装

1)安装流程

探测器安装流程如图 16.5.4 所示。

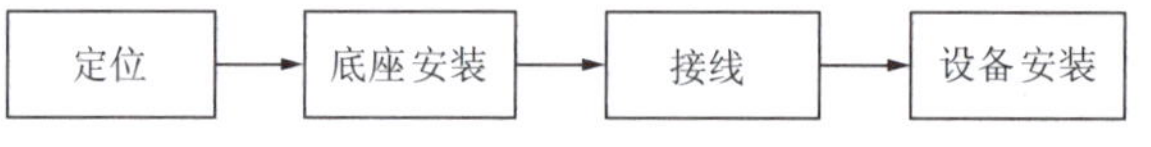

图 16.5.4　探测器安装流程图

2)技术要点

(1)点型火灾探测器安装

①探测器的位置及安装应按照施工设计平面图进行。

②探测器宜水平安装,如必须倾斜安装时,倾斜角不应大于 45°。

③房间被设备或隔断等分隔,其顶部至顶棚或梁的距离小于房间净高的 5% 时,则每个被隔开的部分应设置探测器。

④探测器周围 0.5m 内,不应有遮挡物,探测器至墙壁、梁边的水平距离,不应小于 0.5m。

⑤探测器至空调送风口边的水平距离不应小于 1.5m,至多孔送风顶棚孔口的水平距离不应小于 0.5m。(是指在距离探测器中心半径为 0.5m 范围内的孔洞用非燃材料填实,或采取类似的挡风措施)。

⑥在宽度小于 3m 的走道顶棚上设置探测器时,宜从中布置。感温探测器的安装间距不应超过 10m,感烟探测器安装间距不应超过 15m,探测器至端墙的距离,不应大于探测器安装间距的一半。

⑦探测器的底座应固定可靠,在吊顶上安装时应先把盒子固定在主龙骨上或顶板上生根作支架,其连接导线必须可靠压接或焊接,当采用焊接时不得使用带腐蚀性的助焊剂,外接导线应有 0.15m 的余量。

⑧探测器确认灯应面向便于人员观察的主要入口方向。

⑨探测器底座的穿线孔宜封堵,安装时应采取保护措施,装上防护罩。

⑩探测器的接线应按设计和厂家要求接线，但"+"线应为红色，"-"线应为蓝色，其余线根据不同用途采用其他颜色区分，但同一工程中相同的导线颜色应一致。

⑪探测器的头在即将调试时方可安装，安装前应妥善保管，并应采取防尘、防潮、防腐蚀等措施。

（2）线性感温火灾探测器安装

①模拟量式或可复位式线型感温探测器安装要求：

a. 感温电缆应避免与监视区域内会吸热且延迟温度升高感应的材料接触，直接接触的夹具部分应为非金属材料。

b. 所有的中间接线盒均应采用最合适尺寸和型号的电缆套管或接头。

c. 由于系统为高组态，所有线型感温探测器的连接部位现场微机调制器、终端盒和中间接线盒已采用硅胶保护。

d. 感温电缆应安装在不受严重挤压且护套不易被外界尖利物损坏的部位。

e. 感温电缆的最小弯曲半径是 10mm。

f. 在使用电缆绑带进行感温电缆的敷设时，宜采用橡胶套管进行保护。

g. 感温电缆在两个支点间悬挂时，不应过分张紧，尤其是在方向变化时。

h. 感温电缆在两个支点间距宜在 0.6 ～ 1.2m 范围内。

i. 线型感温探测器施工时，应将中间连接接点尽量减少，并应采用专用中间接线盒。

j. 当防爆场所线型感温探测器采用中间连接信号电缆进行连接时，要求信号电缆必须具有屏蔽、金属编织或铠装层，并将其接于大地以提高电磁干扰能力。

k. 对于电缆类区域的保护，应使感温电缆保护到每一层的托架。

l. 在空间中使用感温电缆时，要求其距屋顶的间距在 25 ～ 150mm 范围内。

②开关量式线型感温探测器安装要求：

a. 感温电缆应避免与监视区域内会吸热且延迟温度升高感应的材料接触，直接接触的夹具部分应为非金属材料。

b. 感温电缆应安装在不受严重挤压且护套不易被外界尖利物损坏的部位。

c. 不要将紧固件上的过紧，以致可能压裂外护套或内部热敏绝缘层而引起误报。所有的紧固件都应能使感温电缆在随温度变化时，能膨胀或收缩。

d. 不要将感温电缆拉得过直，在两个紧固件之间有一些下垂余量是必要的。

e. 感温电缆弯曲半径 120mm，严禁将感温电缆弯成直角。

f. 探测器的所有连接用微机调制器，均应配接设备制造商的专用设备。

g. 探测器在受热发出火警信号后，其受热部分应切除，更换一段同样长度的热敏电缆，并用端子和原有的热敏电缆连接，探测器可继续工作，其中要求探测器连接过程中必须避免破坏导体的绝缘层。

（3）红外光束感烟火灾探测器安装

①红外光束感烟火灾探测器为线型感烟火灾探测器，适于安装在保护空间的两端，对一定浓度的烟雾报警。凡是在火灾形成前烟雾出现的场所均可使用本产品，特别适用于大空间、高举架、长距离的场所。对于黑烟响应更灵敏。

②探测器由发射器和接收器成对组成。发射器发射的红外光束经过保护空间，达到接收器，物质燃烧产生的烟雾扩散到光束区域，使接收器收到的辐射通量减弱，当辐射通量减弱到预定的感烟动作阈值，接收器输出火灾报警信息传输到火灾报警控制器。

③注意事项：接收器应与配置的激光接口就近安装，且共用一个 24V 电源。应安装在无振动、无变形的墙壁或固定支架上，安装一定要牢固，并使中心轴线尽量对正。安装时沿光束中心轴向半径

0.5m 范围内应无遮挡物。探测器使用环境不应有灰尘滞留。

16.5.3 空气采样安装

1）安装流程

空气采样管安装流程如图 16.5.5 所示。

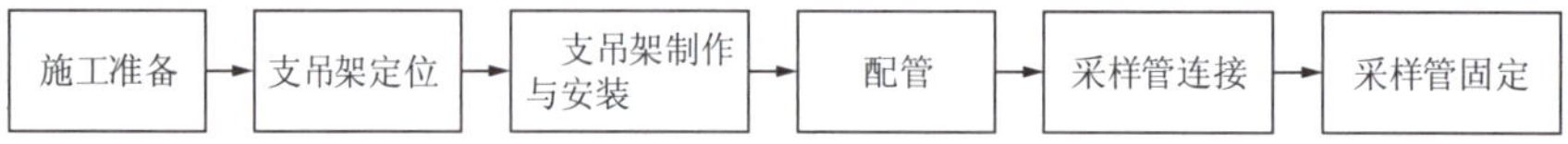

图 16.5.5 空气采样管安装流程图

2）技术要点

（1）严格按照设计图纸选用合适的采样管，标准采样管是在被保护区内安装外径为 25mm 的阻燃 PVC 管。

（2）取样管上取样孔孔径为采用 ϕ2.5~4.0mm，取样孔间距 1~4m。一般将每根取样管分成三段。如单管长 70m，前 20m 中取样孔为 ϕ2.5mm，中间 30m 取样孔为 ϕ3.0mm，后 20m 取样孔为 ϕ3.5mm。依次将取样孔变大，最末端塞为 4 个 ϕ4.0mm 孔，每个取样孔上贴上指示标签。

（3）取样管上直角弯应尽量避免小弧度，可采用半径大于或等于 200mm 手工弯制。每根管直角弯应小于 10 个。

（4）若环境要求取样管承受很大的承载力或长时间暴露于强光、极热、极冷的环境中，或是遇到可溶解 PVC 管气体时，也可以使用 ABS 管或其他金属管材。

每个取样孔的间距（即保护半径）最大不应超过 8m，管和管之间不大于 8m，最小不应少于 1m。

（5）管网的排列方法可以有多种变化，从而覆盖整个被保护区，然后将采样管与探测器接口连接，采样管壁有一定数量的小孔，这是采样点。系统通过这些采样点将空气样本传递到探测器上，采样管的另一端是末端帽，以平衡不同采样点烟雾灵敏度。

（6）丈量现场确定取样管弯头数量，所用根数，配接直通数。每根管长 3m，配一个直通，每 1.0~1.2m 配一个托卡。低层辅管可以先铺设后打取样孔，高空铺设必须先打取样孔，取样孔径 ϕ2.5mm，末端塞用 ϕ4mm 钻头均匀打 4 个孔，然后粘好取样孔标签。

空气采样管成品实例如图 16.5.6 所示。

图 16.5.6 空气采样管成品实例图

16.5.4 感温光纤敷设

1）敷设流程

感温光纤敷设流程如图 16.5.7 所示。

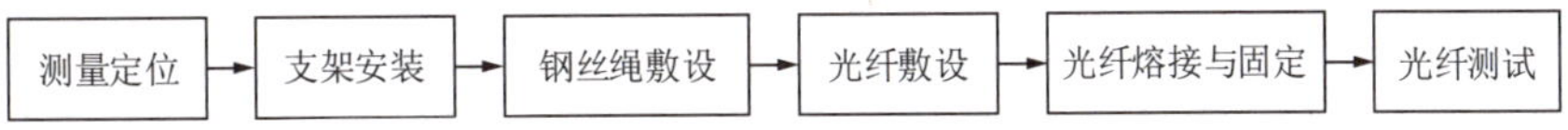

图 16.5.7　感温光纤敷设流程图

2）技术要点

（1）隧道内感温光纤沿电缆自然平行敷设，距地高度 2.65m 安装，距离隧道动照线管距离不小于 200mm。应优先利用隧道电缆桥架预留的感温光纤安装支架进行安装。

（2）感温光纤安装主辅支架、拉紧器以及膨胀螺栓要求采用不锈钢材质。主变电站和车站电缆夹层中感温光纤每隔 30m 做一个标注，标注距离要求与报警主机显示距离一致。

（3）探测光纤弯曲半径需大于 30mm，穿墙、穿管时不可严重磨损或压坏探测光纤。

（4）多条光纤穿过同一条金属或 PVC 管时，要保证光纤一次穿过，不可以分次穿光纤。

（5）需用光纤连接盒对光纤进行连接、保护，在连接盒中光纤的弯曲半径应符合安装工艺要求。光纤熔接处应加以保护和固定，光纤连接盒面板应有标志。

（6）光纤布线过程中，每隔 60m 盘留 1m 光纤，以防光纤意外损坏。

（7）光纤布线过程中，在适当位置盘留 8~10m 光纤作为测试段，每路光纤于前、中、末端预留 3 段测试段；首通段部分测试段放置位置不理想，不便于测试维护甚至有安全隐患，需将测试段下移至距地 1~1.5m 高度进行固定安置，必要时可增加带孔的保护盒。

（8）隧道直线段区，每隔 30m 安装一个支撑主支架，两个主支架中每 10m 、20m 处安装一个辅助支撑支架；隧道转弯段区，每隔 15m 安装一个支撑主支架，两支撑主支架中间点安装一个辅助支撑支架，具体情况视现场情况可适当增减。隧道主体部分安装的钢丝、主支架和辅助支架的重心应处于同一水平面上，以免受力不匀使得主支架变形。另外，辅助支架的螺栓重心应高出主支架 15mm。

（9）钢丝、光纤与隧道壁之间的垂直距离为 120mm。钢丝拉紧程度小于规定的弧垂指标即可，探测光纤固定位置应在钢丝的正下方；钢丝、光纤间距之间弧垂不得大于 2cm；隧道转弯区钢丝须与隧道壁距离保持不少于 10cm，钢丝与光纤安装可靠、整齐、美观；安装钢丝和探测光纤的位置应避免与其他带电体的直接接触，最好能保持一定的安全距离。

（10）在固定安装支架、辅助支架时，采用 $\phi 8\times 60$ 膨胀螺栓，安装深度为 60mm；膨胀螺栓进入墙体的部分应与墙面垂直。隧道内有电缆或通信缆，光纤沿电缆或通信缆自然平行敷设，每米一个固定夹，特殊隧道地段可适当增加。

（11）在停车线和折返线敷设光纤时，如需过轨，应按“过轨线管安装要求”施工，不得采用穿过接触网上方的安装方式。

过轨线管安装要求：区间隧道 FAS 线管过轨位置应避开人防门积水处，可选在离隧道人防门 20m 左右的干燥地点，安装方式采用 PVC 1700mm×25mm×2mm（长度 × 外径 × 厚度）导水管内穿 DN20 钢管穿过钢轨下方，过轨部分的管线固定间距不大于 300mm，过轨部分的钢管应可拆分进行更换。

（12）施工过程中，应与在隧道进行布线的其他专业进行沟通，以免出现其他专业人员损坏光纤甚至误将光纤截断包扎线路的极端情况，尽量减少人为光纤断点。

16.6 防灾报警系统工程新技术和发展方向

火灾自动报警吸引作为早期发现火灾的重要设备，在火灾防控中发挥越来越重要的作用。在火灾早期阶段，准确地探测到火情并迅速报警，对于及时组织有序快速疏散，积极有效地控制火灾的蔓延、快速灭火和减少灾害损失都具有重要的意义。

随着我国经济建设的持续快速增长，建筑业蓬勃发展，建筑结构日趋复杂，形式新颖多样，规模越来越大，建筑的消防安全也引起广泛关注，对火灾自动报警系统提出了更高的要求。同时，电子信息技术的快速发展，为火灾自动报警系统的发展提供了技术支持。火灾自动报警技术在探测报警信息传输方式、系统联动控制与显示功能、系统规模与构成形式、火灾探测机理与信息处理技术等方面逐步成熟与完善起来。火灾自动报警系统的研究与应用正朝着智能化、网络化、多样化、集成化、人性化、无线火灾报警系统等方向发展。当前，国外火灾自动报警应用技术的发展趋势主要表现为六个方面。

16.6.1 智能化

火灾自动报警系统智能化是使探测系统能模仿人的思维，主动采集环境温度、湿度、灰尘、光波等数据模拟量，并充分采用模糊逻辑和人工神经网络技术等进行计算处理，对各项环境数据进行对比判断，从而准确地预报和探测火灾，避免误报和漏报现象。发生火灾时，能依据探测到的各种信息对火场的范围、火势的大小、烟的浓度以及火的蔓延方向等给出详细的描述，甚至可配合电子地图进行形象提示、对出动力量和扑救方法等给出合理化建议，以实现各方面快速准确反应联动，最大限度地降低人员伤亡和财产损失，而且火灾中探测到的各种数据可作为准确判定起火原因、调查火灾事故责任的科学依据。此外，规模庞大的建筑使用全智能型火灾自动报警系统，即探测器和控制器均为智能型，分别承担不同的职能，可提高系统巡检速度、稳定性和可靠性。

16.6.2 网络化

火灾自动报警系统网络化是用计算机技术将控制器之间、探测器之间、系统内部、各个系统之间以及城市“119”报警中心等通过一定的网络协议进行互联，实现远程数据的调用，对火灾自动报警系统实行网络监控管理，使各个独立的系统组成一个大的网络，实现网络内部各系统之间的资源和信息共享，使城市“119”报警中心的人员能及时、准确掌握各单位的有关信息，对各系统进行宏观管理，对各系统出现的问题能及时发现并及时责成有关单位进行处理，从而弥补现在部分火灾自动报警系统擅自停用，值班管理人员责任心不强、业务素质低、对出现的问题处置不及时、不果断等方面的不足。

16.6.3 多样化

（1）火灾探测技术的多样化。我国目前应用的火灾探测器按其响应和工作原理基本可分为感烟、感温、火焰、可燃气体探测器以及两种或几种探测器的组合等，其中，感烟探测器一枝独秀，但光纤线性感温探测技术、火焰自动探测技术、气体探测技术、静电探测技术、燃烧声波探测技术、复合式探测技术代表了火灾探测技术发展和开发应用研究的方向。此外，利用纳米粒子化学活性强、化学反应选择性好的特性，将纳米材料制成气体探测器或离子感烟探测器，用来探测有毒气体、易燃易爆气体、蒸气及烟雾的浓度并进行预警，具有反应快、准确性高的特点，目前已列为我国消防科研工作者的重点研究开发课题。

（2）设备连接方式的多样化。随着无线通信技术的成熟、完善和新型有线通信材料的研制，设备间、系统间可根据具体的环境、场所的不同而选择方便可靠的通信方式和技术，设备间可以用无线技术进行连接，形成有线、无线互补，同时新型通信材料的研制开发可弥补铜线连接存在的缺陷。而且各探测器之间也可进行数据信息传递和交流，使探测器的设置从枝状变成网状，探测器不再是各自独立的，而使系统间、设备间的信息传递更方便、更可靠。

16.6.4 集成化

集成化体现在两个方面，在火灾自动报警内部，联动控制设备的动作逻辑依据探测报警部件感知到火灾发生和发展的趋势和动态，正确地联动各类设备开展自动灭火和救援等工作。这一发展趋势也带动了相关联动设备研究的深入开展，如智能疏散指示设备，将根据火灾烟气态势信息正确指示人员逃生的方向等。在火灾自动报警外部，多系统集成一直是重要的发展方向，除了组成报警监控网络外，与安防系统以及智能大厦等系统的集成是一直研讨的话题。某些设备本身也兼具多种功能，例如采用双波段视频探测技术来识别火焰，其本身也具备安防的功能。

16.6.5 人性化

“以人为本”将更好地贯彻到产品的设计和应用中。系统的人性化设计及安装的简单化，系统人机界面与接口设计的先进性和功能多样化，对降低系统工程调试和维护人员的技术水平要求，提高工程应变能力具有良好的实际意义。同时，系统将更全面地考虑不同的需求，例如为听力障碍人士提供的震动报警装置等。此外，人性化还包括环境保护方面的考虑，降低对环境的危害要求。

16.6.6 无线火灾报警系统

目前，绝大部分火灾探测器与控制器之间都采用有线方式连接，控制通过电缆提供电源以及传输信号。这种方式有不少局限性，例如在一些改造项目中，建筑装修已经完成，或者正在营业，无法进行大规模的布线，无线火灾报警系统能够解决这些问题。 现有的无线火灾报警系统一般采取通信中继节点有线，探测器通信无线的方式，这种方式是有线和无线的结合。一般探测器主动发送数据到中继节点，而中继节点无法对探测器控制。

现代火灾探测技术出现无线、激光、光纤等新技术，这些新技术有许多优点，但同时也有一定的局限性，与传统火灾报警系统之间是相互补充的关系，目前是两者并存的局面。

在火灾探测技术的基础上，结合现代先进的通信技术，产生了城市火灾联网监控系统以及无线火灾报警系统，这些技术在今后会有更大的发展。

第17章 气体灭火系统工程

17.1 气体灭火系统工程概述

气体自动灭火系统，适用于扑救不适合于水消防的电子、电气设备等场所火灾。气体自动灭火系统设计采用单元独立系统或是组合分配式系统，实行全淹没灭火方式。通常用的有IG541混合气体灭火系统、七氟丙烷灭火系统、热气溶胶灭火系统和CO_2灭火系统。目前，地铁应用较广的是七氟丙烷灭火系统。

17.2 气体灭火系统工程特点

气体自动灭火系统具有灭火浓度低、灭火效率高、对大气无污染的特点。气体灭火系统安装可分为管网安装和气瓶间设备安装两大部分，气体灭火系统安装工程具有以下特点：

(1)气体灭火管道用于输送高压灭火介质，对管道的材质及气密性要求高，因此，管道施工务必做好材料检验及气密性试验。

(2)由于存储气瓶为高压气体，气瓶运输务必保证安全可靠，因此，设备运输及成品保护是施工中一大难点。设备入场后做好保护，避免引起误喷，施工过程中严格把控气瓶运输及成品保护。

17.3 气体灭火系统构成及其功能

图17.3.1　悬挂式灭火系统结构图

气体灭火系统通常分为管网式、柜式和悬挂式灭火系统。管网式灭火系统适用于设备房集中，存储气瓶集中存放的场所；柜式灭火系统适用于单个房间，且不需要专门的瓶组间，占地面积小的场所；悬挂式主要是用于体积相对较小的房间里。因柜式和悬挂式灭火系统相对管网式灭火系统只是缺少管网的安装部分，本节主要介绍管网灭火系统。

悬挂式灭火系统结构如图17.3.1所示。

柜式灭火系统结构如图17.3.2所示。

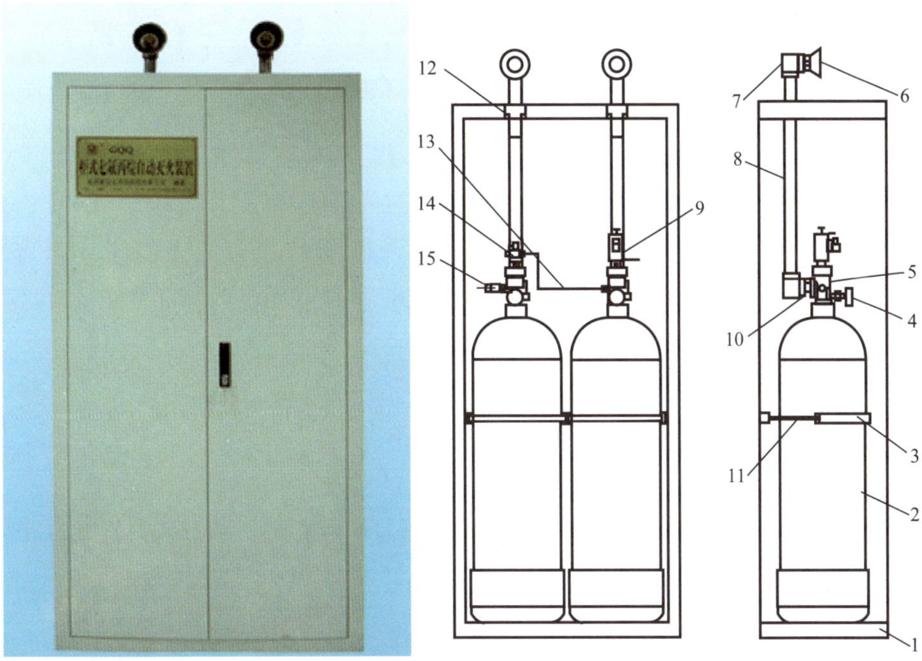

图 17.3.2　柜式灭火系统结构图

1- 柜体；2- 灭火剂储瓶；3- 固定抱卡；4- 压力表；5- 容器阀；6- 喷嘴及喷嘴罩；7- 弯头；8- 高压无缝钢管；9- 电磁启动装置；10- 活接头；11- 钩形螺栓；12- 管道抱卡、螺母；13- 启动管路及管件；14- 先导阀；15- 压力信号器

管网式灭火系统结构如图 17.3.3 所示。

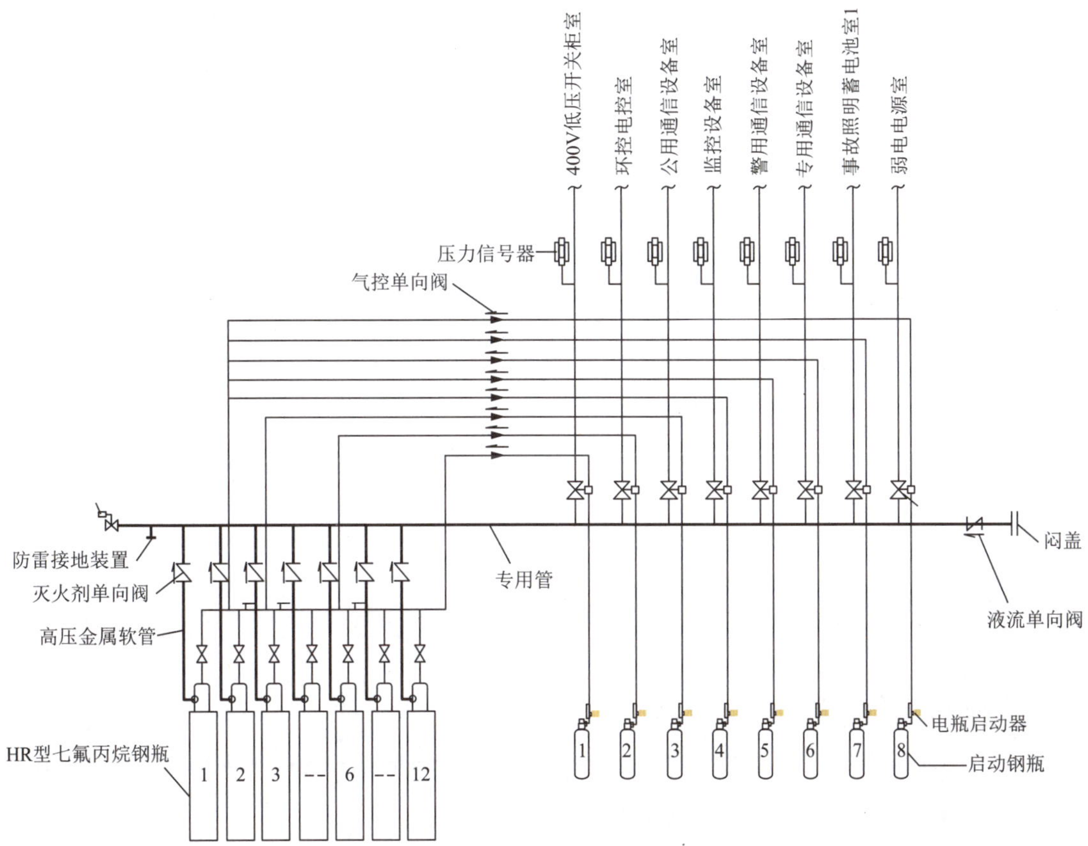

图 17.3.3　管网式灭火系统结构图

17.3.1 系统功能

气体灭火系统由管网子系统和控制子系统两部分组成。

管网子系统由钢瓶及其相应组件、机械启动装置、自动启动装置、高压软管、集流管、安全阀、单向阀、减压装置、选择阀、压力开关、喷头和气体输送管道等部分组成。

控制子系统由灭火控制盘、光电感烟探测器、感温探测器、警铃、蜂鸣器及闪灯、气体释放指示灯、手动启动器、紧急停止按钮、手动 / 自动转换开关、24V DC 辅助联动电源等部分组成，包含在 FAS 子系统中实施。

17.3.2 系统控制

气体灭火系统同时具有自动控制、手动控制和机械应急操作三种启动方式。操作程序如下：

1）自动控制

第一步：防护区内的单一探测回路烟感或温感探测到火灾信号后，灭火控制盘启动设在该防护区域内的警铃，同时向 FAS 系统提供火灾预报警信号。

第二步：同一防护区内的自动灭火系统的控制主机，在收到防护区内两个不同性质探测器的火灾报警信号后，向该防护区的灭火控制盘发出指令，启动设在该防护区域内外的声光报警器，停止警铃动作，同时向 FAS 系统输出火灾确认信号，以及输出有源信号关闭防护区防火阀，并进入 30s 的延时状态。

在延时过程中，如在延时阶段发现是系统误动作，或防护区确有火灾发生但仅使用手提式灭火器和其他移动式灭火设备即可扑灭的情况下，工作人员可按住设在防护区门外的紧急止喷按钮暂时停止释放气体（直至系统复位），如需继续开启自动灭火系统，需紧急启动按钮，系统无延时，立即释放。

第三步：30s 延时结束时，灭火控制盘输出有源信号开启氮气启动瓶电磁阀，通过氮气启动瓶启动瓶组以释放气体，气体通过管道输送到防护区。此时，压力开关上的触点开关动作并将气体释放信号传送至灭火控制盘，并由灭火控制盘将气体释放信号传至 FAS 系统，同时灭火控制盘启动防护区外的释放指示灯。防护区域门内外的声光报警器，在灭火期间将一直工作，警告所有人员不能进入防护区域，直至确认火灾已经扑灭。

2）手动控制

无论自动灭火系统主机和灭火控制盘处于何种状态，手动控制总是拥有最高权限，即使在紧急止喷按钮长期按下的情况下，只要接到手拉启动器指令后，无须延时，灭火控制盘将输出有源信号开启系统的启动装置以释放气体。

3）机械应急操作

机械应急操作是指自动控制和手动控制均失效的情况下或有必要时采用的一种应急操作。该功能的实现是通过在瓶头阀和选择阀上各加装一个机械启动器，用人为的拉力开启系统释放灭火气体。选择阀须先开启，灭火剂储瓶瓶头阀后开启。

17.4 气体灭火系统工程核心设备功能简介

气体灭火系统工程核心设备功能见表 17.4.1。

气体灭火系统工程核心设备表　　表 17.4.1

序号	设备名称	设备图片	设备功能
1	灭火剂瓶组		用于存储灭火剂，当防护区着火后，通过气体灭火控制器启动电磁阀，启动瓶启动，通过启动管路启动灭火剂瓶组，经集流管和选择阀，通过灭火剂输送管道输送到防护区，从而达到灭火目的
2	启动瓶组		当防护区接收到火灾报警信号后，通过气体灭火控制器启动电磁阀，启动瓶启动
3	集流管和选择阀		当发生火灾时，根据不同的区域灭火所需药剂量不同，开启不同的灭火气瓶，各气瓶的灭火剂集中汇总通过集流管流向对应的管道，通过选择阀的控制实现对应的灭火区域进行灭火
4	泄压阀		泄压装置安装在建筑外墙上，平时关闭，当发生火情灭火系统释放灭火剂时，灭火区域气压升高，泄压装置窗叶内外形成气压差，当达到一定值时即推动窗叶开启，从而既维持灭火区域一定的灭火浓度又保护维护结构免遭破坏

17.5 气体灭火系统工程施工工艺及技术要点

气体灭火系统工程施工任务分为施工准备、管网及支架的安装、气瓶间设备安装、中间试验、喷嘴及泄压口安装、标志牌安装、系统调试等。气体灭火系统总体施工流程如图 17.5.1 所示。

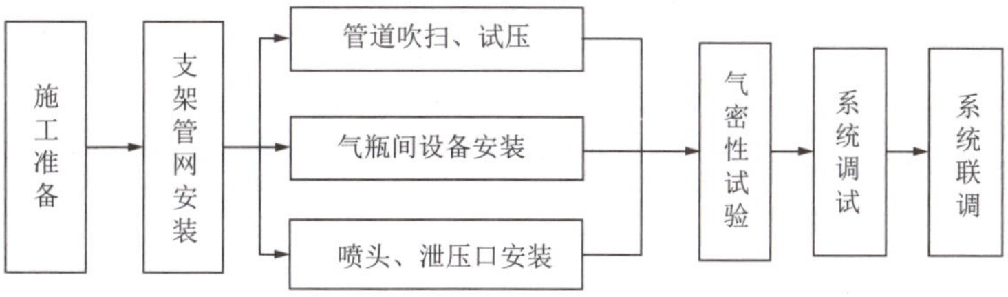

图 17.5.1　气体灭火系统施工流程图

17.5.1 管网支架制作与安装

1）制作与安装流程

管网支架制作与安装流程如图 17.5.2 所示。

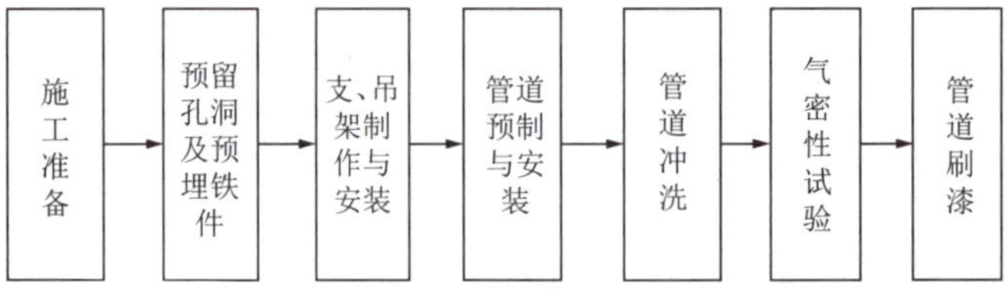

图 17.5.2　管网支架制作与安装流程图

2）技术要点

（1）无缝钢管、接头等材料的规格、型号、安装条件及安装位置应符合设计要求及国家规范要求。进场管材、型钢及其附件应有材质证明及合格证，并应检查质量、数量、规格型号是否与要求相符合，填写检查记录。钢管要求壁厚均匀，焊缝均匀，无劈裂、无凹扁现象。

（2）管材切割螺纹不得有缺纹、断纹等现象。

（3）螺纹连接的密封材料应均匀附着在管道的螺纹部分，拧紧螺纹时，不得将填料挤入管道内；安装后的螺纹根部应有 2~3 条外露螺纹。

（4）螺纹连接处外部清理干净并做防腐处理，已防腐处理的无缝钢管不宜采用焊接连接，对被焊接损坏的防腐层进行二次防腐处理。

（5）分配管和支管应分布在同一个水平面上，并应尽可能符合均衡管网的要求。有吊顶防护区管网的末端，竖管出口应与吊顶下端面齐平。

（6）管网整体应按照相关技术标准的规定，采用支吊架进行固定，以确保管网能够承受气体喷放时的振动，支、吊架最大间距符合表 17.5.1 的要求。

支、吊架最大间距　　表 17.5.1

管道公称直径（mm）	15	20	25	32	40	50	65	80	100	150
最大间距（m）	1.5	1.8	2.1	2.4	2.7	3.0	3.4	3.7	4.3	5.2

（7）管道应从预留孔洞之处穿越楼板和墙壁，穿孔之处应按要求加装套管。墙体开孔时，应注意防止损坏墙体内可能存在的预埋管线。

（8）套管与管道之间应采用防火泥进行封堵；穿越楼板之处，还应进行防水处理。

（9）管网全部安装完毕后，应按照规范的要求进行强度试验、气密性试验和吹扫。试验前，除试验设备接口以外的全部管口都应采用专门加工的高压堵头进行封堵。

（10）管网的强度试验可以采用水压试验，也可以采用气压试验的方式。采用水压试验后，应确保排清管内的积水，尤其是有对存在积水弯的管段。

（11）气密性试验应采用压缩空气或氮气作为介质。在采用水压进行强度试验时，气密性试验应在强度试验后进行。如采用气压强度试验的方式，气密性试验可以同时进行。管道试验时应采取防止误喷射的措施。

（12）管网安装和试验等工作全部完成并合格后，所有管道外表面应涂敷标志性红色油漆。对于管道各接口镀锌层受到损坏的部位，在涂敷外层油漆前，应局部刷防锈漆。对管网安装过程中造成的管道表面金属毛刺和油污，在油漆前应予以清除。

气体灭火系统管网安装成品实例如图 17.5.3 所示。

图 17.5.3　气体灭火系统管网安装成品实例图

17.5.2　气瓶间设备安装

1）安装流程

气瓶间设备安装流程如图 17.5.4 所示。

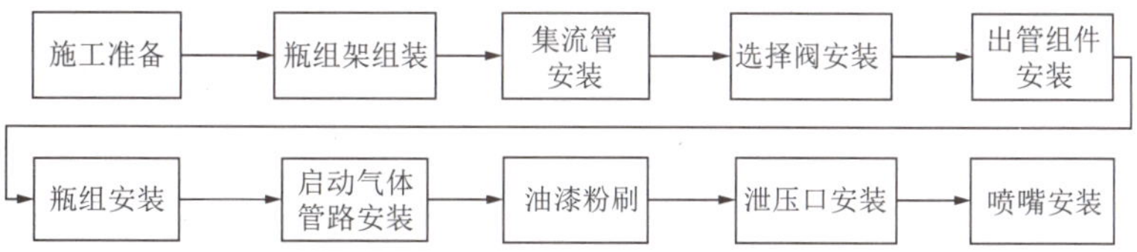

图 17.5.4　气瓶间设备安装工艺流程图

2）技术要点

（1）瓶组架、瓶组、选择阀、集流管、法兰、泄压口、喷嘴等材料的规格、型号、安装条件及安装位置应符合设计要求及国家规范要求。进场管材、型钢及其附件应有材质证明及合格证，并应检查质量、数量、规格型号是否与要求相符合，填写检查记录。钢管要求壁厚均匀，焊缝均匀，无劈裂、无凹扁现象。

（2）管材切割螺纹不得有缺纹、断纹等现象。

（3）螺纹连接的密封材料应均匀附着在管道的螺纹部分，拧紧螺纹时，不得将填料挤入管道内；安装后的螺纹根部应有 2~3 条外露螺纹。

（4）螺纹连接处外部清理干净并做防腐处理，已防腐处理的无缝钢管不宜采用焊接连接，对被焊接损坏的防腐层进行二次防腐处理。

（5）管道应从预留孔洞之处穿越楼板和墙壁，穿孔之处应按要求加装套管。

（6）套管与管道之间应采用防火泥进行封堵；穿越楼板之处，还应进行防水处理。

（7）采用法兰连接时，衬垫不得凸入管内，其外边缘宜接近螺栓，不得放双垫或偏垫。连接法兰的螺栓，直径和长度应符合标准，拧紧后，凸出螺母的长度不应大于螺杆直径的 1/2 且保有不少于 2 条外露螺纹。

（8）启动瓶组应急机械操作手柄下的保险卡环能够防止手柄被误压下，造成灭火剂误喷，在任何情况下，都应保证卡环在位和铅封完好。

(9)管网安装和试验等工作全部完成并合格后，所有管道外表面应涂敷标志性红色油漆。对于管道各接口镀锌层受到损坏的部位，在涂敷外层油漆前，应局部刷防锈漆。对管网安装过程中造成的管道表面金属毛刺和油污，在油漆前应予以清除。

气瓶间设备安装实例如图 17.5.5 所示。

图 17.5.5 气瓶间设备安装实例图

17.6 气体灭火系统工程新技术和发展方向

随着国民对生活环境的重视，国家对气体灭火系统的标准逐步提高，业内渐渐加快了气体灭火系统的发展。

(1)气体灭火系统的控制系统将更加智能化，监测火情将更加准确，误报频率逐渐下降；管网系统中的各类控制阀随着工业水平的发展，精度提高，设计更加合理，对采用的材质进行更新，使整套系统的各部件减少因为时间问题造成的卡死、锈蚀、失灵等问题。同时，系统具备定期对各个部位进行智能检测的能力，减少后期的维护成本；对储存装置等危险设施，随着新材料的应用与工业设计的合理性更加完善，未来将大大降低此类设备对人身安全的威胁，对气体灭火系统的前期安装、后期储存都存在重要意义。

(2)随着我国科学发展水平的不断提高，尤其是在近些年国家加大对科学研究方面的资金、政策双投入的大环境下，必将在不远的未来为气体灭火系统研发出更加清洁、无毒、功能更加齐备的灭火介质，继而替代当前使用的七氟丙烷、IG541、二氧化碳等灭火气体。此举，首先，将减少现今气灭系统运行后对环境、国民的健康影响；其次，新型灭火介质的应用，必将带动气体灭火系统往简单化、便利化、轻型化的方向发展。

第18章 自动售检票系统工程

18.1 自动售检票系统工程概述

地铁工程“自动售检票系统”（Automatic Fare Collection，AFC）是集计算机网络、数据库、自动控制、光机电一体化、传感、识别、智能卡、安全认证等多项高新技术于一体，通过系统集成，实现地铁工程自动售票、多因素复杂计费、自动检票、自动数据采集、自动票务管理、自动收益管理、自动清算结算与审计、远程监控管理、自动客流统计的综合自动化、智能化的信息管理系统。

AFC 系统是地铁工程机电设备系统的重要组成部分，设备种类和数量众多、构成复杂、技术综合、智能化程度高。它集信息管理、自动控制、物流管理、现金收支与结算管理于一体，同时要与其他地铁工程机电设备系统和业务信息系统接口，整套系统的技术含量高，运营管理复杂。

AFC 系统要在无人值守的情况下直接与乘客打交道，对系统的安全性、可靠性和可用性要求极高；作为地铁工程获取运营收益的支撑系统，必须做到不间断稳定运行，确保数据处理准确无误，支付交易过程无差错，保证乘客的利益不受损、地铁工程运营的收益准确，同时还要具备事后审计的功能，以防止作弊行为的发生。

18.2 自动售检票系统工程特点

18.2.1 AFC 系统的起源与发展

AFC 系统起源于 20 世纪 70 年代的欧、美、日等发达国家，最初只是希望用机器替代人工来完成售票与检票这种简单重复而又容易出现差错和作弊的工作，并进行客流统计、电子收益结算。当时的车票采用磁性介质，设备功能简单、性能低下（售票、检票速度较慢），而且设备复杂、故障率高、系统建设成本和维护成本高、电子交易的安全性低、乘客使用的便捷性差、设备系统监控功能局限、不支持复杂票务政策和多票种、系统的辅助功能（如客流统计、分析，收益审计）缺乏等。

到了 20 世纪 90 年代初，随着非接触集成电路（IC）卡技术、芯片封装技术的快速发展，基于非接触 IC 卡作为车票介质的 AFC 系统其突出的优势（车票以非接触的方式与终端进行数据交换），被需要进行小额电子现金快速支付的城市公共交通行业的有识之士关注，时逢政府提出地铁工程装备国产化的要求，国内有实力的 IT 企业抓住机遇，进行了卓有成效的研发、试验、验证，并将成果投入工程应用。从此，以 IC 卡作为车票介质，以当代计算机网络技术作为支撑的全新一代 AFC 系统在国内首先诞生，彻底规避了以磁介质作为车票的AFC系统的诸多弊端，而且新一代的地铁工程AFC系统较以往西方发达国家的系统在功能和性能上得到了大幅提升，同时大大降低了系统的建设成本和维护成本。如今，以IC卡作为车票介质的AFC系统已经成为全球主流的AFC系统标准。

20世纪90年代末开始研发的以IC卡作为车票介质的AFC系统，在过去的十多年中，其车票也发生了巨大的变化，从安全性的角度来说，从最初的无安全保障机制的存储型IC卡到具有简单安全保障机制的逻辑加密IC卡，从逻辑加密IC卡再到具有双向认证功能的安全等级较高的IC卡(即CPU卡)；从复杂性的角度来说，从小存储容量的单一应用向大存储容量的多应用方面发展；从标准的角度来说，从最初的无国际标准，到目前普遍采用的国际标准ISO/IEC14443 Type A和ISO/IEC14443 Type B。IC卡标准的出现，为后来城市实现一卡通和各种IC卡应用系统之间的互联互通奠定了基础。

18.2.2 AFC系统的核心技术

自动售检票系统中涉及的核心技术包括软件技术、集成技术、数据库技术、数据容错及备份技术、通信(中间件)技术、大数据处理技术、光机电一体化技术(车票处理、钱币处理)、钱币识别技术、物联网技术、通行识别技术、电子现金交易安全技术、非接触移动支付技术、计时/计程/分类(票种)/联乘/多路径计费及清分技术等。

1)软件技术

软件技术主要涉及软件开发方法、软件开发平台与工具、系统分析与建模、软件架构技术、软件设计模式、IT规划与咨询、软件开发项目管理、软件测试、软件维护、软件的生命周期管理等。

2)集成技术

AFC系统集成包含设备系统集成和软件系统集成，其中设备系统集成是通过结构化的综合布线系统和计算机网络技术，将各个分离的设备(如各种服务器、工作站、终端设备等)互联，实现集中管控；软件系统集成是将各种操作系统、数据库、业务应用软件、通信中间件等有机结合，实现用户的业务和功能需求。系统集成的核心在于解决各同构和异构系统之间的互联和互操作性问题，要面对和解决多厂商、多协议和各种应用的协同问题。

3)数据库技术

各种关系型数据库的应用开发和正确的操作与使用，服务于AFC系统。

4)数据容错及备份技术

鉴于AFC系统的参数数据和交易数据的重要性，要保证这些数据在生成、传输、存储和处理时的完整性、正确性和准确性，需要采取特别的数据容错技术和数据备份机制，使得在发生设备存储介质异常和通信异常时能够恢复出正确、完整的数据。

5)通信(中间件)技术

第三方数据通信软件产品(中间件)的应用开发和正确使用。

6)大数据处理技术

在地铁运营时段，AFC系统每时每刻都在产生交易数据和各种状态的日志数据，各个层级的系统每班、每日都要进行结算和清算，涉及数据的查找及分类匹配，大量的数据要在极短的时间内进行处理。因此，要设计和采用一些特别的数据处理方法和算法以确保在较短的时间内完成相应的业务处理，如在地铁清分结算中心（Account Clearing Center，ACC）采用内存数据库技术来完成交易清分等。

AFC 系统中终端设备为数众多，在多台设备同时工作时，常常要面临并发数据的通信、接收和处理，尤其在网络中断恢复后，有大量的数据传输到上一级系统。

AFC 系统的数据源众多，上级系统接收不完整的数据和残缺错误数据的情况在所难免，因此，需要系统具备数据分析、审计、纠错和数据恢复的功能。

此外，因为运营决策需要，还要进行数据挖掘。

7）光机电一体化技术

AFC 设备要自动处理钱币和车票，包括对钱币和车票进行识别、读取、检测、储存、提取、传输、分拣、回收等操作，因此，售检票设备中存在大量光、机、电一体化的装置和部件。

8）钱币识别技术

AFC 售票和储值卡充值终端设备要自动接收和找赎现金，因此，需要进行钱币的自动识别。

9）物联网技术

AFC 系统采用计程的方式进行行程计价，系统通过设备所在位置来确定乘客的乘车路径及路程，因此，每一台终端设备都有自己的识别代码（电子 ID）及其所属的线路和站点位置等信息，而且这些设备都联网进行管理，可以远程进行访问和监控，每台设备都与其上级系统进行数据交互，售检票终端设备对电子车票介质进行识别及读写操作，并将操作结果（电子交易）发送至上级系统。

10）通行识别技术

地铁检票是在无人值守的情况下由设备自动完成，当人员（成人与儿童）及行李通过检票通道式，需要检票终端设备自动、准确地识别通过的是成人还是儿童，是行人还是行李，是大件行李是小件行李等，尤其是在拥挤情况下行人和行李通过的准确检测。

11）电子现金交易安全技术

AFC 系统采取电子的方式完成自动收费，为保证电子交易的安全（防止电子支付工具被伪造、电子交易被篡改、终端设备被盗用等），采用了密钥管理系统、交易认证机制、交易电子签名、数据加密、网络安全等技术手段。

12）非接触移动支付技术

为保证地铁快速、方便地完成计费及扣费，AFC 系统采用了非接触方式进行交易扣费的电子支付工具，包括非接触 IC 卡、手机等移动介质和终端。但移动支付的交易过程易受到人员操作不规范的影响而导致交易的中断或不完整，而且是在无人值守的情况下，因此，需要采取特殊的电子支付控制流程、非接触电子交易防撕裂等技术。

13）计时、计程、分类（票种）、联乘、多路径计费及清分技术

地铁交通采取计程、计时的收费模式，因此，需要解决乘客通行里程和在地铁付费区滞留时间的

自动识别和计算。

城市地铁形成路网后，乘客出行的路径有多个选择，如何准确计算乘客实际行走路径，及通过路径上提供服务的运营商收入分成，需要采用多路径计费及清分的技术。

乘坐地铁的乘客有各种类型（包括成人、学生、老人、儿童、残疾人、工作人员等），对应不同的人员，其收费的费率不同，需要协调根据其车票自动识别及自动计费和扣费。

在地铁交通与地面公交进行联乘时，还需要采取特殊的技术来解决联合收费或联乘优惠。

18.2.3 面对不同用户需求的 AFC 系统

早期的地铁交通线路少，覆盖面小，为了简化收费系统，许多城市选择采用半封闭式的 AFC 系统和一票制收费，只进站检票而出站不检票。这样的系统无论是对功能还是对性能的要求都较低，系统也较为简单。在半封闭式 AFC 系统的发展历史中，单程车票介质有过纸质磁票、纸质条码票、纸质 IC（RF-ID）票等，这类车票使用一次后丢弃，系统最为简单，近年来也有使用 PVC（卡式）、PET（卡式）或 PC（Token 式）封装的 IC 单程票，在出站检票自动检票机上将单程票回收，循环使用。

当城市的地铁交通形成路网后（多条相互交叉的线路建成后），实现了城市内长距离、全覆盖地运送和通达，因此，实现运距与资费挂钩就成为必然。为了实现计程收费，就必须要建立封闭式的 AFC 系统，来实现计程、计时收费，这时，无论是系统的复杂性还是对功能、性能的要求均大幅提升。

对于一个需要计程、计时，实现一票通达的 AFC 系统而言，与地铁工程的其他机电设备系统不同，AFC 系统需要成网运营，即后期建设开通的线路系统必须要与先期开通建设的系统兼容，并联网运营，以实现乘客乘坐地铁时能够一票通达，同时要实现地铁在线网运营情况下能够按线路进行收益清算及分账。

与此同时，地铁交通作为城市公共交通的组成部分，其收费系统还需要兼容地铁交通以外的城市一卡通，还要与地面公交的收费系统互联，实现联乘收费，地铁工程 AFC 系统需要不断外延拓展并互联互通。

采取封闭式检票，计程、计时，线网化运营是目前地铁工程主流的 AFC 系统。

18.2.4 收费支付手段和计费规则的变化

当今社会的公共服务已经进入到以消费者利益为主导的时代，就地铁工程行业而言，运营单位要以满足和迎合大众服务需求和提供便利的服务为出发点，来提供相应的服务。因此，地铁工程 AFC 系统不仅要支持地铁工程运营单位自己发行的车票（包括储值票和单程票），同时还要允许城市通卡作为乘坐地铁交通的支付工具在地铁内使用。

随着移动通信技术和终端技术的发展，智能手机已经在城市中普及，手机移动支付逐渐被广大市民和商户所认可和接受，为了提升地铁交通服务，就需要对地铁工程 AFC 系统进行升级改造，来支持全新的移动支付工具。由此可以看出，地铁工程 AFC 系统会随着技术的进步、城市信息化的发展而进行技术升级和更新。

另外，随着市民出行方式的多样化和游客的到来，地铁工程运营商为了实现差异化的服务和贴近用户需求的服务，会根据不同群体乘客出行方式的不同而推出不同计费规则的车票（如计次票、日票、周票、月票和计次计时票，以及各类优惠票、免费票等），以满足不同市民出行乘坐地铁交通的需求。这也意味着地铁工程 AFC 系统的业务会随着时间的推移不断推陈出新，系统也要不断地升级变化来满足这种新的需求。

18.2.5 两种不同制式的 AFC 系统

如今，IC 车票已经成为地铁交通的车票标准，但单程车票的封装却存在两种形式，即较早出现的 Token 封装形式和稍后出现的卡式封装形式，为适应两种不同车票封装形式，出现了两种终端设备规格和对应的技术条件，因此，在目前的国内地铁交通中，存在因设备规格不同的两种规格标准的 AFC 系统，而这两种规格标准的系统在业务功能上基本不存在差异，主要是车票外形和终端设备车票处理部件的不同。

Token 封装车票外形类似硬币，坚固耐用，但携带起来不如卡式车票方便，不能在车票表面印刷太多的信息或广告，而处理这种车票的设备较为简单，采购成本和维护成本低，故障率低，使用寿命较长，因此，基于此标准的 AFC 系统较早被研制出来并广泛地投入应用。

卡式封装车票的优点是可以印刷各种色彩、文字和图案，也可以印制广告，但缺点是容易磨损和折损，处理这种车票的设备则较为复杂，采购成本和维护成本高，故障率也高，有些零件的寿命较短。

目前，国内地铁交通采用两种车票标准的城市几乎各占一半，应当说两种车票标准的 AFC 系统各有利弊，但都是成功应用的系统。

18.2.6 AFC 系统的地方标准规范

现代地铁工程 AFC 系统特点如下：

（1）地域性：与所在城市的历史和背景有关，要适应属地特殊的收费政策，兼容属地先期建设的公共交通收费系统。

（2）整体性：线网化建设与运营，实现一票通达。

（3）外延性：与地铁工程以外的其他系统互联，如城市一卡通、地面公交等系统。

（4）时代性：支付方式和计费模式与时俱进，如手机支付等。

（5）人文化：与所在地市民的习惯有关，如偏好使用纸币，或硬币，或电子支付；市民素质差异等。

上述特征一方面导致了各城市之间 AFC 系统技术上的差异，同时也使得 AFC 系统需要不断变化。

目前，世界上没有一套通用的 AFC 系统可以不经修改就适用于其他城市。因此，要建设好一个城市的 AFC 线网系统，就必须首先建立基于该城市需要和未来发展的地铁工程 AFC 标准和规范，并在地铁交通线网的建设过程中始终贯彻、执行该标准，根据需要适时修改和完善标准，以降低新线 AFC 建设和新线 AFC 系统接入既有 AFC 系统的风险。

此外，因为地铁工程 AFC 系统的时代性，AFC 系统的发展与变化不可避免，这其中既涉及新建系统所采用的技术在不断进步，同时也涉及既有线网系统要与时俱进，这些都将会导致 AFC 地方标准的不断修编，因此，既有 AFC 的升级和改造就不可避免。

18.2.7 AFC 系统建设

一个城市的地铁工程 AFC 系统通常是由多条线路的 AFC 系统和线路清分系统、外延的城市一卡通系统、虚拟连接（通过车票介质实现信息交互）的公交系统（实现公交与地铁换乘优惠）等构成。

城市每新开通一条地铁线，都同时要将新建的 AFC 系统接入既有的 AFC 系统网络之中。因此，除了新线 AFC 系统建设外，还要包括许多其他方面的工作。因此，一条地铁新线的建设，对 AFC 系统而言通常有以下工作：

(1)新线 AFC 系统建设,包括需求确定、系统设计、样机试制、设备制造、软件开发、系统测试、设备系统安装、线路系统调试。

(2)接入既有线网 AFC 系统的设计、开发、测试与调试。

(3)既有 AFC 系统的升级改造和实施工作(因具有新功能的线路入网给既有线带来的变化所导致)。

(4)换乘站既有线系统与新线系统的接口设计、开发、测试和调试(因前后建设的两条地铁线共用车站 AFC 控制系统所导致)。

(5)新线与既有线网就新的全局票价进行线网大联调。

(6)地铁清分结算中心制定新的线路清分规则、升级系统、增加新的清分对账接口等。

18.3 自动售检票系统构成及其功能

18.3.1 AFC 系统网络结构

1)AFC 系统五层基础网络结构

AFC 网络结构具有"多节点、多层次"的特点,全国 AFC 系统均采用的是五层网络结构,具体划分如下:

第五层:地铁清分结算中心(Account Clearing Center, ACC)。

第四层:线路中心系统(Line Center, LC)。

第三层:车站计算机系统(Station Computer, SC)。

第二层:终端设备及系统(Station Level Equipment, SLE)。

第一层:票卡。

地铁工程 AFC 系统五层基础网络结构实例如图 18.3.1 所示。

2)创新的自动售检票系统网络结构

传统的 AFC 五层网络结构,每条线路需建设各自线路的 LC 系统、SC 系统、终端设备(即第四层到第二层),建设成本较高;并且由于每条线路 AFC 承建商的能力不同,对 AFC 标准的理解也存在差异,所以也导致了最终各线路交付的系统和设备存在一定的差异,无法真正地实现线网标准化建设的目标,最终也增加了运营的难度和成本。

某些城市的 AFC 系统,在传统五层架构的基础上,创新性地提出了新的网络结构,解决了全国普遍存在的重复建设、标准化建设、运营难度高、运营成本高等一系列的难题,具体创新点如下:

(1)在第四层:采用了多线路中心系统(Cluster Line Center, CLC)代替了传统的 LC 系统,后续新线路建设不再需要重新开发 LC 系统。

(2)在第三层:采用了统一版本的标准 SC 系统代替了传统的 SC 系统,后续新线路建设不再需要重新开发 SC 系统。

(3)在第二层:采用了标准化大读写器模块代替了传统的读写器模块。

创新的 AFC 网络结构实例如图 18.3.2 所示。

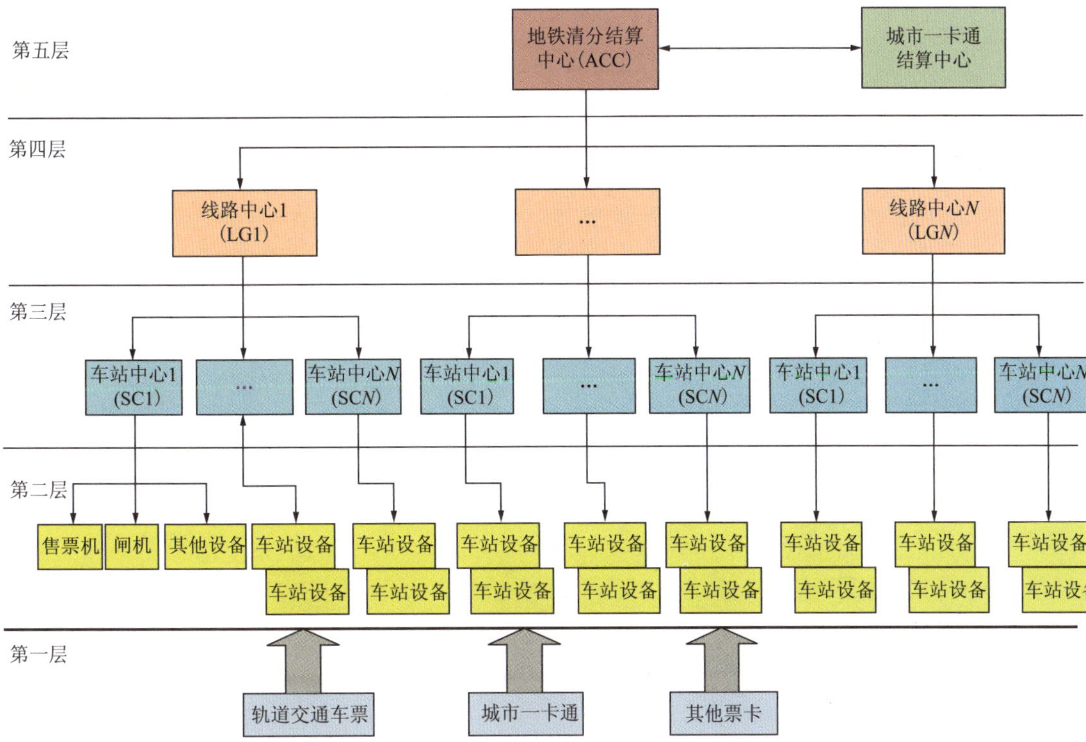

图 18.3.1　AFC 系统五层基础网络结构

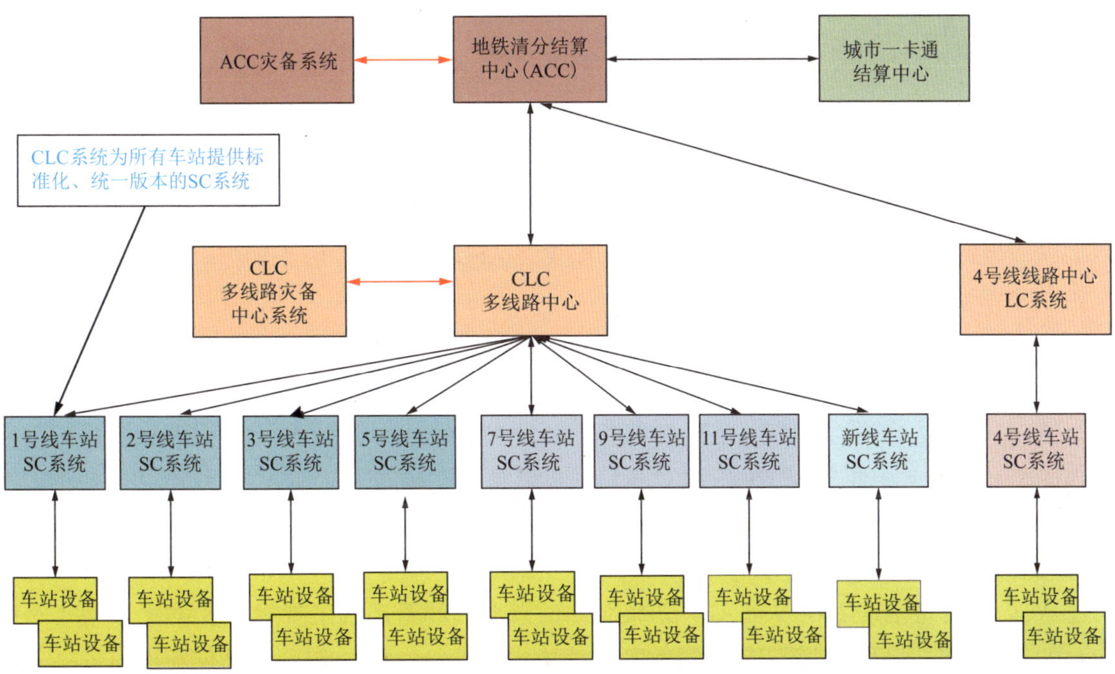

图 18.3.2　创新的 AFC 网络结构实例图

18.3.2　地铁工程自动售检票系统基本业务流程

地铁工程 AFC 系统的基本业务流程如图 18.3.3 所示。

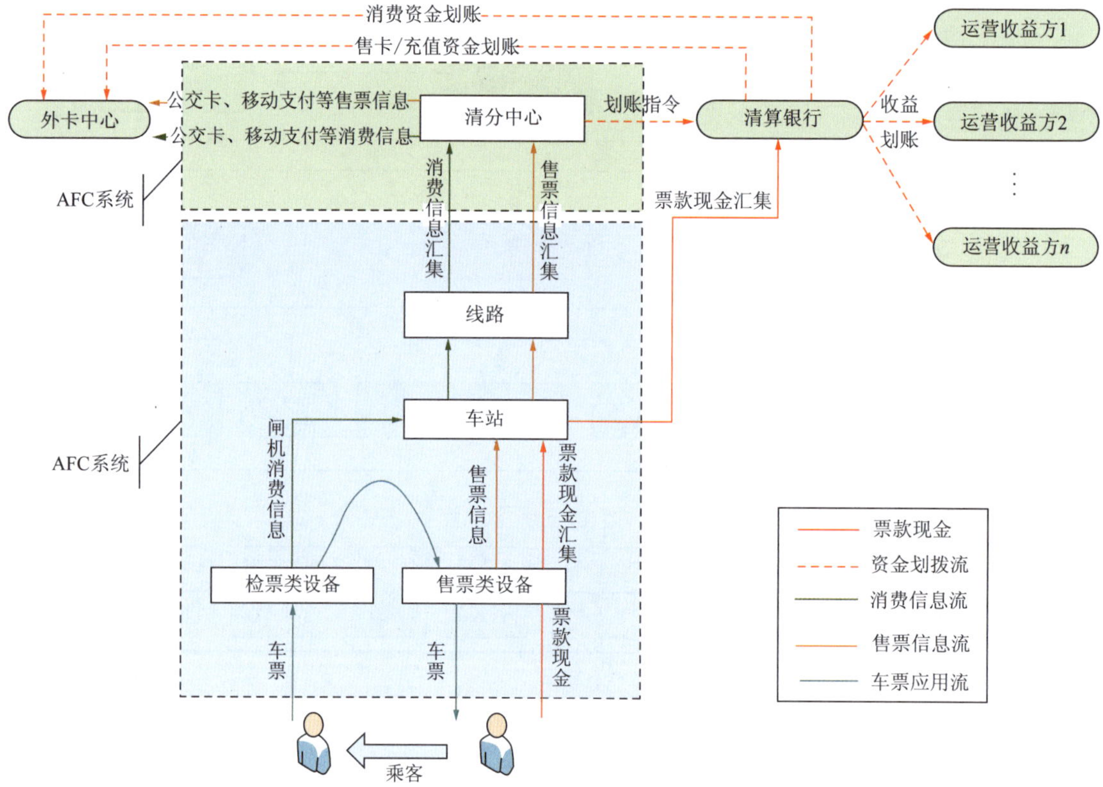

图 18.3.3　地铁工程 AFC 系统基本业务流程图

18.3.3　自动售检票系统业务及其功能

1）地铁清分结算中心系统

（1）概述

地铁清分结算中心（ACC）系统是地铁工程线网 AFC 系统的最上层管理中心，在地铁工程线网 AFC 系统中扮演着非常重要的角色。

① ACC 系统是地铁工程线网 AFC 系统各线路各类数据汇总、处理唯一中心——地铁工程 AFC 系统的数据中心。

② ACC 系统是地铁工程线网 AFC 系统各种运营参数统一协调管理和全路网 AFC 系统运行状态监控的唯一中心——地铁工程网络 AFC 系统的运营管理中心。

③ ACC 系统是地铁工程线网 AFC 系统车票发行、车票调配、车票安全和使用管理的中心——地铁工程网络 AFC 系统的票务管理中心。

④ ACC 系统是地铁工程线网 AFC 系统对外信息服务和管理的主要窗口及第三方系统的接入点——地铁工程网络 AFC 系统的技术服务中心。

（2）架构图

ACC 系统的逻辑架构如图 18.3.4 所示，ACC 系统的物理架构如图 18.3.5 所示。

（3）业务功能

①清分管理子系统

a. 业务系统概述

清分管理子系统为 ACC 的业务处理核心系统，主要完成数据的处理（数据校验、清分处理、数据备份、清理）、清分规则管理、票款清分、客流统计、对账结算等功能，采用可疑账的管理和人工调账处理数据异常。

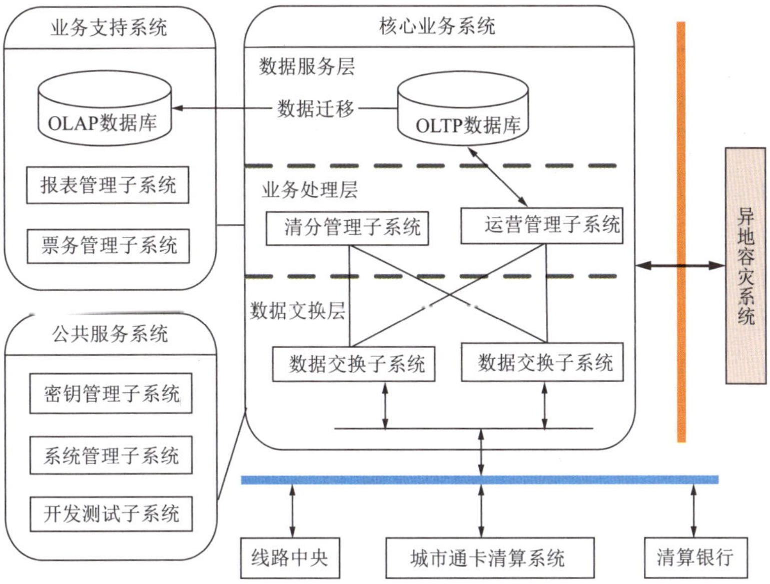

图 18.3.4　ACC 系统逻辑架构图

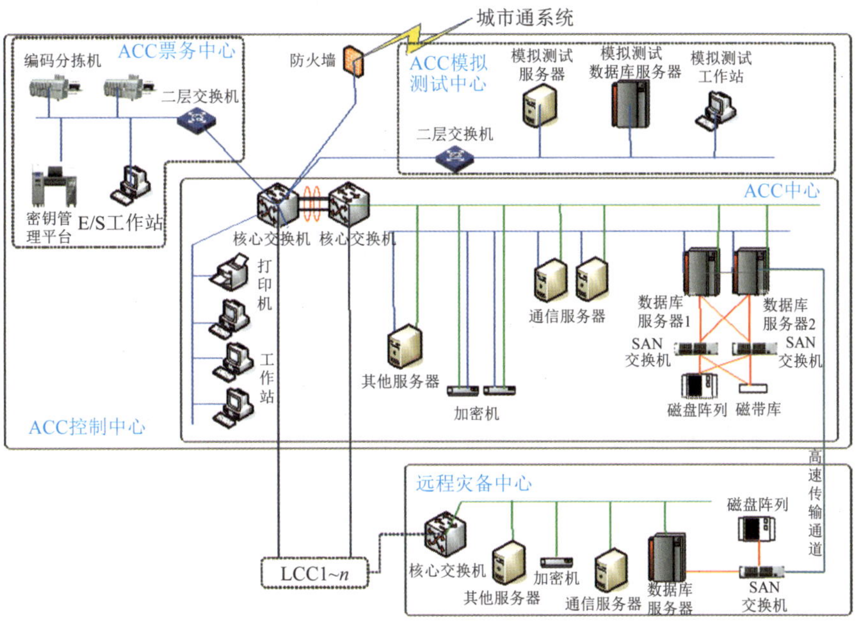

图 18.3.5　ACC 系统物理架构图

清分管理子系统的核心是快速、公平、公正、合理的收益清分处理。

b. 业务功能描述

▲ 系统初始化：清分管理子系统系统初始化，加载系统运行参数，包括系统基本配置、数据预处理配置信息、清分分摊配置信息、客流清分比例配置信息等。

▲ 数据处理：根据标准定义解析线路上传交易，并对解析后的交易做合法性校验，对单程票进行交易匹配；匹配成功的交易输出清分文件，日切后刷新当日未匹配数据；根据交易信息更新卡账户表储值卡状态数据。

▲ 清分分摊：正常清分、延迟清分根据数据预处理生成的清分文件清分结算，特殊清分根据未匹配表中数据和补全规则进行特殊清分，特殊票清分包括日期票、计次票清分，协议清分指无法

清分的数据按协商比例清分。

▲ 客流统计：分为实时客流、OD 客流、清分 OD 客流、断面客流。

▲ 城市一卡通交易转发：按照城市一卡通的接入标准，将地铁交易转换为城市一卡通交易格式；转换后交易发送至城市一卡通系统；

▲ 城市一卡通对账：包括对账范围、交易对账、调账、备份交易处理、拒付交易处理、可疑交易处理等。

▲ 线路对账：包括对账范围、交易对账、可疑交易、错误交易、调整交易、拒付交易、备份交易、未清分交易、延迟清分交易、清分结果。

②密钥管理子系统

a. 业务系统概述

密钥管理子系统是 ACC 系统的重要组成部分，主要完成密钥系统的建立、安全存取模块（Secure Access Module，SAM）卡的发行和管理。

密钥管理子系统的核心是建立整个 AFC 系统票卡安全体系。

b. 业务功能描述

▲ 密钥管理：密钥安全保障措施，密钥生成采用多人生成和硬件加密的方式；关键密钥的导入导出采用线路加密的方式导入导出；密钥生成环境的安全管理，应可视为相对安全；参加密钥生成的特殊人员应遵循安全管理规定；密钥生成过程按照严格的操作规程进行。

▲ SAM 卡状态：已发行、已领用、已启用、已退回和已销毁，系统对 SAM 卡的状态进行跟踪管理。

▲ SAM 卡和设备绑定：系统提供 SAM 卡与设备的绑定关系管理功能（可选功能）。

▲ SAM 卡跟踪：提供对 SAM 卡跟踪信息的录入和查询功能。

▲ 设备上报状态查询：SAM 卡信息更改后，LCC 必须将 SAM 卡的状态信息上报给 ACC，ACC 提供对设备上报 SAM 卡状态的查询功能。

③票务管理子系统

a. 业务系统概述

票务管理子系统主要是对整个票卡生命周期的各个过程进行管理，包括卡片的采购、库存、编码、分拣、清洁、领用、调拨、回收等。同时提供对整个 AFC 系统票卡的使用情况进行跟踪和管理。

b. 业务功能描述

▲ 库存管理：建立仓库用于车票的分类存储，分类要求符合使用者的管理概念，对于车票的入库、出库和实时库存情况都进行详尽记录，便于车票管理人员日常对车票进行管理。

▲ 库存监控：对各级库存情况进行详细监控，包括对历史库存情况以及当前库存的保有量情况进行详尽的分析和记录，便于车票管理人员智能化调整各级库存。

▲ 车票生产：用于给车票编码机发送车票的编码任务，管理人员可通过此功能驱动车票编码机完成车票的编码工作。

▲ 车票调配：在智能检测到下属各级库存低于最低保有量或者高于最大保有量时，管理人员可通过此功能给下属各级库存发送车票调配指令，实时调控属各级库存的车票库存情况。

④运营管理子系统

a. 业务系统概述

运营管理子系统包含参数管理、版本管理、模式转发等业务功能，主要用于日常的运营管理。

b. 业务功能描述

▲ 参数管理：用户可根据最新的运营策略更改相应的参数，并将修改后的参数进行定版，最后将

参数下发至设备和系统，以满足设备和系统对运营策略动态适应的需要。

▲ 版本管理：用于管理设备软件，协助设备软件实现自动更新。

▲ 模式转发：车站降级运行时上传模式信息，ACC 接收车站发生模式记录模式并将发生的模式生成模式履历广播到现网。

⑤数据交换子系统

a. 业务系统概述

数据交换子系统是 ACC 对内和对外进行数据交互的通道，主要完成 AFC 系统的数据采集、参数下发、与外卡中心的数据交换以及实现内部各系统之间的数据交换。

数据交换子系统的核心是保证数据交换的稳定性、高效性和完整性。

b. 业务功能描述

▲ 文件交互：与外部接口文件通过 FTP 文件交互方式和 MQ/TONGLQ 方式交互。

▲ 报文交互：与外部报文接口通过 MQ/TONGLQ 方式和 SOCKET 方式通信。

⑥报表子系统

a. 业务系统概述

每日运营结束，报表子系统根据业务需要，提供各类统计类型、分析类型的报表，全面反映地铁交通的票务系统营收情况以及客流分布状况。

b. 业务功能描述

▲ 收益类报表：统计线网运营上收入情况，根据清分结果展示各运营商、线路清分后收入情况和划账现金流。

▲ 对账类报表：与城市一卡通、各运营商、线路核对交易范围和交易对账结果。

▲ 客流类报表：各类客流统计分析、统计指标展示。

▲ 统计分析报表：各类票卡、客流分布、各项指标数据分类展示。

▲ 票库类报表：票卡库存分类展示。

⑦系统管理子系统

a. 业务系统概述

系统管理子系统的主要功能是对整个 ACC 系统的基础运营维护，包括系统的运作管理（日志、数据库管理、故障、审计等），系统的权限管理，数据的维护管理（包括数据的导入、基础数据的维护管理等），设备的管理（包括设备注册、SAM 绑定等）。

b. 业务功能描述

▲ 权限管理：用于限制操作员对系统或设备部分功能的访问，完成系统监察。

▲ 设备管理：往系统中录入设备基本信息、设备种类基本信息、部件信息等基础数据，为设备管理提供基础数据。

▲ 密码同步：用于自动同步在下级系统进行重新设置或更改的密码，满足线路内部密码一致性的需要。

⑧在线查询子系统

a. 业务系统概述

信息管理子系统可以提供公共信息管理、实时信息展示、信息发布等功能，可以通过 BS 系统提供各类运营信息的发布。

b. 业务功能描述

▲ 数据分析：对外提供客流数据、收益数据、其他统计分析数据的查询功能。

▲ 信息发布：实时客流大屏展示，向 NCC、TCC 部门发布实时和结算数据。

▲ 系统查询：向运营上提供实时交易数据查询功能。

2）线路中心系统

（1）业务系统

①运营管理子系统

a. 业务系统概述

运营管理子系统，包含参数管理、权限管理、设备管理、数据管理、版本管理、密码同步等业务功能，主要用于协助线路中心运营管理人员对整个 AFC 系统及设备进行日常运营管理。

b. 业务功能描述

▲ 权限管理：用于限制操作员对系统或设备部分功能的访问，完成系统监察。

▲ 参数管理：用户可根据最新的运营策略更改相应的参数，并将修改后的参数进行定版，最后将参数下发至设备和系统，以满足设备和系统对运营策略动态适应的需要。

▲ 设备管理：往系统中录入设备基本信息、设备种类基本信息、部件信息等基础数据，为设备管理提供基础数据。

▲ 数据管理：用于管理系统中的交易、审计、结算、日志及系统的基本数据等，为用户进行资金收益的结算提供基础数据。

▲ 版本管理：用于管理设备软件，协助设备软件实现自动更新。

▲ 密码同步：用于自动同步在下级系统进行重新设置或更改的密码，满足线路内部密码一致性的需要。

②票务管理子系统

a. 业务系统概述

票务管理子系统，包含参数配置、库存管理、库存监控、车票生产、车票调配、任务跟踪和特殊票管理等业务功能，主要用于协助线路中心车票管理人员对整条线路的车票进行日常管理。

b. 业务功能描述

▲ 库存管理：建立仓库用于车票的分类存储，分类要求符合使用者的管理概念，对于车票的入库、出库和实时库存情况都进行详尽记录，便于车票管理人员日常对车票进行管理。

▲ 库存监控：对各级库存情况进行详细监控，包括对历史库存情况以及当前库存的保有量情况进行详尽的分析和记录，便于车票管理人员智能化调整各级库存。

▲ 车票生产：用于给车票编码机发送车票的编码任务，管理人员可通过此功能驱动车票编码机完成车票的编码工作。

▲ 车票调配：在智能检测到下属各级库存低于最低保有量或者高于最大保有量时，管理人员可通过此功能给下属各级库存发送车票调配指令，实时调控属各级库存的车票库存情况。

▲ 特殊票管理：特殊票指的是记名储值票，该功能可对记名储值票进行制作、挂失、年审等操作，满足记名储值票的日常管理需要。

③设备监控子系统

a. 业务系统概述

设备监控子系统，包含客流监控、设备监控、设备控制和时钟管理等业务功能，主要用于协助中心调度人员对整条线路的终端设备，进行日常管理和展开维修维护调度工作。

b. 业务功能描述

▲ 客流监控：对线路内各车站的进出站客流进行实时监控，协助线路中心为保障乘客安全通知车站进行客流管控。

▲ 设备监控:对线路内各车站的各类终端设备进行实时状态监控,协助线路中心工作人员通知车站展开设备维护工作。

▲ 设备控制:包含下发控制命令和降级模式两大部分,用户可根据实际运营情况随时更改设备服务模式,满足运营的需要。

▲ 时钟管理:可远程查询设备的实时时钟,并可对发生时钟异常的设备发送时钟同步命令,使设备时钟恢复正常。

④收益管理子系统

a. 业务系统概述

收益管理子系统,包含收益核对、短款补款通知、收益营收日报和差错台账查询等业务功能,主要用于协助收益管理人员对整条线路的收益情况进行日常核对和管理。

b. 业务功能描述

▲ 收益核对:对下级送上来的涉及现金收益的终端设备和人员的收益单据进行收益审核,核对收益是否平账,对于不平账的单据系统提供明细账目查询,协助管理人员进行差异分析。

▲ 短款补款通知:收益审核过程中发现有账目不平的情况,如果为收益短缺,可通过此功能发送补款通知给下级单位进行款项补交的操作,协助收益人员整理收益账目。

▲ 收益营收日报:对收益情况进行每日汇总并形成报告,协助管理人员了解每日的线路整体收益情况。

▲ 差错台账查询:对异常的收益单据进行汇总,便于管理人员日常调查异常单据。

⑤报表管理子系统

a. 业务系统概述

报表管理子系统,包含统计类报表、票务收益报表和对账类报表等业务功能,每日定时生成各类报表,便于各管理部门查看。

b. 业务功能描述

▲ 统计类报表:对车站中心上传到线路中心的各种交易数据及台账数据进行分类汇总,协助管理人员了解整条线路的收入分布情况。

▲ 票务收益报表:对车站中心上传到线路中心且经中心审核后的各种收益单据进行分类汇总,协助管理人员了解整条线路真实的账目情况。

▲ 对账类报表:与上级清分中心进行交易对账,协助管理人员了解线路中心和清分中心的对账结果,并能根据对账结果对有差异的部分进行校正处理。

⑥维修维护管理子系统

a. 业务系统概述

维修维护管理子系统,包含权限管理、工单管理和库存管理等业务功能,主要用于对设备的维修维护进行电子和智能化管理,减轻使用人员的工作负担。

b. 业务功能描述

▲ 权限管理:对系统的各个功能点进行划分,并根据使用人员的岗位对使用人员设置各个功能点的访问权限,达到灵活化管理的效果。

▲ 工单管理:对工单的生命周期进行完整分割,并详尽记录每个阶段的操作和执行结果,实现终端设备维修维护的协作需要。

▲ 库存管理:设立备件仓库,对设备的备品备件进行科学的分类管理,让使用人员更轻松地管理备品备件。

(2)接口服务

①供电专业接口服务

a. 接口服务概述

供电专业接口服务，包含不间断电源（Uninterrupted Power Source，UPS）监控业务功能，主要用于监控 UPS 的实时状态，中心管理人员可实时监测到市电是否断开及估算服务器可支撑时间，以便采取相应的下一步应对措施。

b. 服务内容描述

UPS 监控业务，可实时监测 UPS 的当前状态和电量，在市电断开的情况下，第一时间给予管理人员告警信息和 UPS 的续航情况，协助管理人员及时解决供电问题或对服务器提前进行关闭服务处理。

② ACC 接口服务

a. 接口服务概述

ACC 接口服务，包含数据上报和数据下发两大业务功能，主要用于与 ACC 进行数据交换。

b. 服务内容描述

▲ 数据上报业务：线路中心上报给清分中心交易文件、对账文件等，便于清分中心进行交易查询和对账等。

▲ 数据下发业务：线路中心通过清分中心下载数据和下发数据到车站中心，满足各层需要数据的同步。

3）车站系统

(1)业务系统

①运营管理子系统

a. 业务系统概述

运营管理子系统，包含权限管理、设备管理和数据管理等业务功能，主要用于协助车站运营管理人员在账目不平的情况下，进行交易查询和对站内人员的工作权限进行动态调整。

b. 业务功能描述

▲ 权限管理：用于限制操作员对系统或设备部分功能的访问，完成系统监察。

▲ 设备管理：往系统中录入设备基本信息、设备种类基本信息、部件信息等基础数据，为设备管理提供基础数据。

▲ 数据管理：用于管理系统中的交易、审计、结算、日志及系统的基本数据等，为用户进行资金收益的结算提供基础数据。

②票务管理子系统

a. 业务系统概述

票务管理子系统，包含车票配发调度管理、票款管理、票卡管理和报表统计等业务功能，主要用于协助客运值班员对车站的设备和售票员进行票款管理。

b. 业务功能描述

▲ 车票配发调度管理：车站管理人员可根据此功能对本站的车票根据上级的指示或实际运营的需要进行调度管理。

▲ 票款管理：对车站的现金流进行管理，满足车站日常运营和车站现金收益结算的需要。

▲ 票卡管理：对车站的车票流进行管理，满足车站日常运营和车站车票库存管理的需要。

▲ 报表统计：根据每天的结算结果自动统计出相应的报表数据，协助车站人员和上级管理人员了解车站的现金收益及车票库存情况。

③设备监控子系统

a. 业务系统概述

设备监控子系统，包含客流监控、设备监控、设备控制和时钟管理等业务功能，主要协助车站管理人员对整个车站的终端设备根据运营情况进行动态管理和根据设备情况展开维修维护的申报工作。

b. 业务功能描述

▲ 客流监控：对车站的进出站客流进行实时监控，协助车站为保障乘客安全进行客流管控。

▲ 设备监控：对车站的各类终端设备进行实时状态监控，协助车站工作人员展开设备维护工作。

▲ 设备控制：包含下发控制命令和降级模式两大部分，用户可根据实际运营情况随时更改设备服务模式，满足运营的需要。

▲ 时钟管理：可远程查询设备的实时时钟，并可对发生时钟异常的设备发送时钟同步命令，使设备时钟恢复正常。

（2）接口服务

①供电专业接口服务

a. 接口服务概述

供电专业接口服务，包含 UPS 监控业务功能，主要用于监控不间断电源（UPS）的实时状态，中心管理人员可实时监测到市电是否断开及估算服务器可支撑时间，以便采取相应的下一步应对措施。

b. 服务内容描述

UPS 监控业务，可实时监测 UPS 的当前状态和电量，在市电断开的情况下，第一时间给予管理人员告警信息和 UPS 的续航情况，协助管理人员及时解决供电问题或对终端设备提前进行关闭服务处理。

②综合监控接口服务

a. 接口服务概述

综合监控接口服务，包含客流上传和状态上传两大业务功能，主要用于协助非 AFC 专业人员对 AFC 设备及客流进行实时监测及根据监测结果进行必要调整。

b. 服务内容描述

▲ 客流上传：定时上传车站的当前客流到综合监控系统，便于管理人员在综合监控系统中实时监测车站客流情况。

▲ 状态上传：为综合监控系统提供关于售检票设备的整机和部件等状态信息，便于管理人员跨专业监测设备运作情况。

▲ 命令接收：为综合监控系统提供控制售检票设备运作模式的功能，便于管理人员跨专业调控设备运作情况。

18.4 自动售检票系统工程核心设备功能简介

18.4.1 线路中心专用终端设备

在线路中心使用的专用终端设备是车票编码机。

（1）设备概述

车票编码机，包含编码业务和维护业务等业务功能，主要用于对从车站回收上来的车票进行重新初始化，对新采购的车票进行初始化或者预赋值，对过期预制票进行抵消等操作，满足车票的日常发行和周期性管理需要。

(2)设备功能描述

①编码业务：操作员可通过此功能对车票进行初始化、预赋值和注销等编码操作，每个操作都需要先有上级系统下发编码任务，随后设备将按任务内容对车票进行编码，编码前先补充车票到待编码区域，待编码完毕后对已编码区域的车票进行回收，满足管理人员对车票的管理需要。

②维护业务：可对设备进行部件的诊断和测试，让使用者能详细地了解部件的运作情况，协助车站维修人员对设备进行日常维护维修。

18.4.2 车站专用终端设备

车站专用终端设备是AFC系统的重要组成部分，直接面对乘客服务，主要的终端设备包括自动检票机、自动售票机、自动充值机、半自动售票机等。

1)自动检票机

(1)设备概述

自动检票机又称闸机，设置在车站的付费区和非付费区之间，为乘客提供自助检票通行服务，包含乘客业务、站务业务和维护业务等业务功能，通过自动对乘客购买的车票进行检票，并在检票完成后利用顶棚导向提示、通行指示灯提示及声音提示等方式引导乘客通行或拒绝乘客通行，实现在无人值守的情况下，让乘客完成自助检票过闸操作。

自动检票机根据构成模块不同，可以分成多种类型的检票边机，两片边机之间所形成的一个可供乘客通行的通道成为检票机通道，根据车站客流的通行需要，可以用不同检票边机来组成进站通道、出站通道和双向通道。

根据电气连接以及形成的通道功能，将自动检票机分为双向检票机、进站检票机、出站检票机；根据通道宽度的不同，将自动检票机分为标准型检票机和宽通道检票机；根据阻挡装置的不同，将自动检票机分为剪式门检票机、转杆式检票机、拍打门检票机。

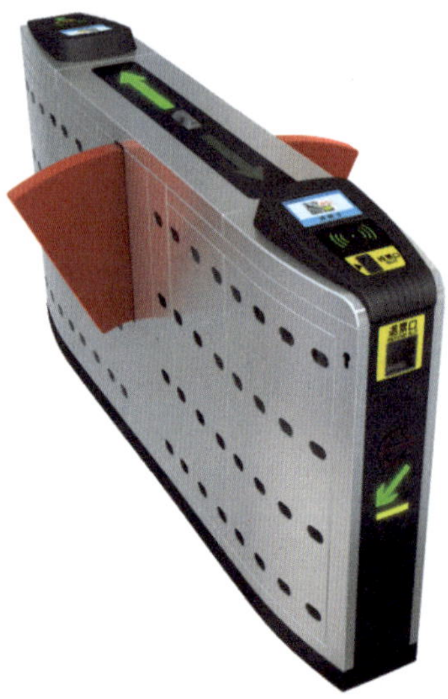

图 18.4.1 剪式门自动检票机外观

(2)设备外观

剪式门自动检票机外观如图18.4.1所示。

(3)设备功能描述

①乘客业务：乘客可通过手中的储值票或单程票在起始站检票设备上进行进站检票操作进入月台乘车，到达目标站点后通过检票设备进行出站检票操作，在扣取相应费用后准予离开车站，满足乘客在城市中通过地铁交通工具的日常出行需要。

②站务业务：车站管理人员可通过此功能回收有效车票并重置计数，便于下一次重新补充到自动售票设备上进行二次售卖，满足单程票循环使用的需求。

③维护业务：可对设备进行部件的诊断和测试，让使用者能详细地了解部件的运作情况，协助车站维修人员对设备进行日常维护维修。

④后台业务：设备在运行过程中对设备自身状态及交易信息进行记录并及时汇报给上级系统，同时对上级下发的指令实时响应，满足车站管理人员对终端的管理需要。

2）自动售票机

（1）设备概述

自动售票机设立于车站非付费区，便于乘客以自助的形式购买单程票，接受硬币和纸币的支付方式，并以硬币或硬币 / 纸币形式找零。

包含乘客业务、站务业务、维护业务及后台业务等业务功能，能根据乘客的需要自动为乘客发售能用于乘坐地铁的车票，乘客可在设备操作指引、模块指示灯提示及声音提示的协助下来完成整个购票流程，以此来减少车站售票人员的工作压力和降低出错概率。

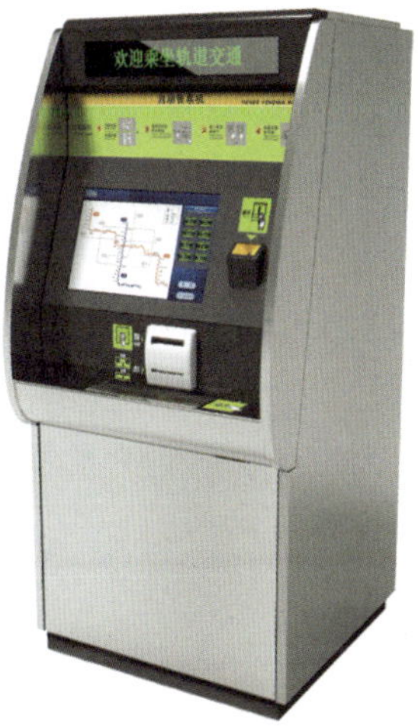

图 18.4.2　自动售票机外观

（2）设备外观

自动售票机外观如图 18.4.2 所示。

（3）设备功能描述

①乘客业务：乘客可通过选择目的地或者选择车票单价来购买单程票，售票机可支持现金和储值卡等支付方式，在接收到乘客支付的足额票款后，售票机会自动给乘客发售单程票，如入币超额还能自动找赎。整个过程无须车站管理人员参与，大大减轻了管理人员的运营压力。

②站务业务：车站管理人员可通过此功能补充售票机日常发售所需的车票、找零所需的钱币，并能在每天运营结束时将剩余的车票和钱币以及收到乘客的钱币进行回收和点算，满足日常运营的需要。

③维护业务：可对设备进行部件的诊断和测试，让使用者能详细地了解部件的运作情况，协助车站维修人员对设备进行日常维护维修。

④后台业务：设备在运行过程中对设备自身状态及交易信息进行记录，并及时汇报给上级系统，同时对上级下发的指令实时响应，满足车站管理人员对终端的管理需要。

3）自动充值(验票）机

（1）设备概述

自动充值（验票）机设立于车站非付费区，便于乘客以自助的形式对储值卡进行充值，以纸币支付方式进行充值，不找零，并同时具备对各种票卡的验票功能。

包含乘客业务、站务业务及维护业务等业务功能，乘客可在设备提供的操作指引、模块指示灯提示及声音提示的协助下，自助完成对储值票进行余额充值的操作以及验票操作，满足日常地铁出行的消费需要。

（2）设备外观

自动充值（验票）机外观如图 18.4.3 所示。

（3）设备功能描述

①乘客业务：乘客可通过将携带的储值票放置指定的读写区域，再投入现金，在接收到乘客支付的足额票款后，售票机会自动给储值票进行等额充值操作并打印充值凭证。整个过程无须车站管理人员参与，大大减轻了管理人员的运营压力。

②站务业务：车站管理人员可通过此功能，在每天运营结束时，将收到乘客的钱币进行回收和点算，满足日常运营的需要。

③维护业务：可对设备进行部件的诊断和测试，让使用者能详细地了解部件的运作情况，协助车站维修人员对设备进行日常维护维修。

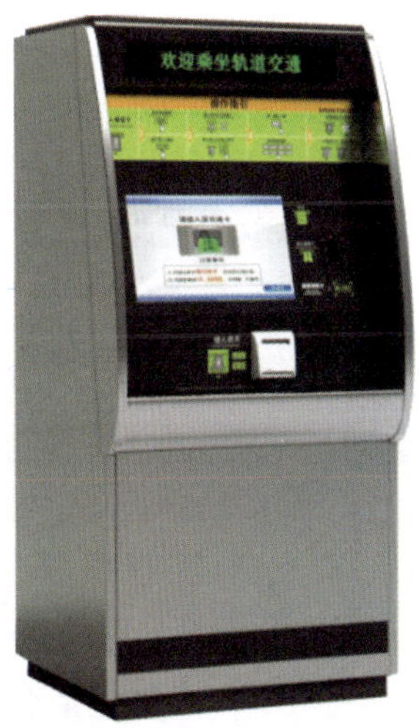

图 18.4.3　自动充值（验票）机外观

④后台业务：设备在运行过程中对设备自身状态及交易信息进行记录，并及时汇报给上级系统，同时对上级下发的指令实时响应，满足车站管理人员对终端的管理需要。

4）半自动售票机

（1）设备概述

半自动售票机，也称票务处理机，设于售票问讯处，由车站工作人员操作，对各种票卡进行汇总人工业务处理，如售票、补票、充值和更新车票等。

包含乘客业务、维护业务及后台业务等业务功能，可在遇到对车票非正常使用或车票损坏的情况下为乘客提供乘车费用结算的服务。

（2）设备功能描述

①乘客业务：操作员协助乘客通过将乘客的车票放置指定的读写区域，半自动售票机将根据票卡的当前信息为乘客处理票卡，协助乘客正确使用售检票设备。

②维护业务：可对设备进行部件的诊断和测试，让使用者能详细地了解部件的运作情况，协助车站维修人员对设备进行日常维护维修。

③后台业务：设备在运行过程中对设备自身状态及交易信息进行记录，并及时汇报给上级系统，同时对上级下发的指令实时响应，满足车站管理人员对终端的管理需要。

5）自动验票机

（1）设备概述

自动验票机，包含乘客业务、维护业务及后台业务等业务功能，在乘客使用自助验票功能时，可在极短时间内为乘客展示车票的当前信息，并能为乘客提供乘车指南和票务政策，协助乘客正确使用售检票设备进行地铁出行。

（2）设备功能描述

①乘客业务：乘客可通过将携带的车票放置指定的读写区域，验票机将自动为乘客展示车票的信息，以便协助乘客及时了解车票的余额、状态等信息。整个过程无须车站管理人员参与，大大减轻了管理人员的运营压力。

②维护业务：可对设备进行部件的诊断和测试，让使用者能详细地了解部件的运作情况，协助车站维修人员对设备进行日常维护维修。

③后台业务：设备在运行过程中对设备自身状态进行记录，并及时汇报给上级系统，同时对上级下发的指令实时响应，满足车站管理人员对终端的管理需要。

6）车票清分机

（1）设备概述

车票清分机，包含清分业务和维护业务等功能，主要用于在车站内部对自动检票机和自动售票机回收回来的杂乱车票进行清点和分类，并根据分拣结果重新分配车票用途。

（2）设备功能描述

①清分业务：操作员在清分前可补充车票到待清分区域，对车票进行清点和分拣，其中分拣时需要操作员先设定分拣条件，随后车票将按预设的分拣条件对车票进行分类，分拣到不同的指定票箱中，待清分完毕后对已清分区域的车票进行回收，满足管理人员对车票的管理需要。

②维护业务：可对设备进行部件的诊断和测试，让使用者能详细地了解部件的运作情况，协助车站维修人员对设备进行日常维护维修。

18.5 自动售检票系统工程施工工艺及技术要点

18.5.1 AFC 系统设备安装工程

地铁 AFC 系统安装工程涉及范围广、领域多、技术要求高，主要包含网络布线、计算机及服务器安装、机电设备安装、电源设备及配电设施安装、操作系统安装、数据库安装配置、应用软件安装等。每项工作都需要专业人员来完成，同时现场施工还有大量的协调、督导和管理工作需要项目管理人员和施工督导人员来完成。

地铁 AFC 系统安装工程属于站后的收尾工程，前期工程实施的管线预埋工作与土建同步进行，待车站装修基本完成后进行设备进场和安装，期间与车站的土建、装修、供电、通信、综合监控等系统需要紧密协同。

AFC 系统安装工程施工时受限专业较多、困难大：①需要与诸多专业做好协同；②车站 AFC 终端设备数量多、体积较大较重，进场时受车站出入口条件限制，需要进行人力搬运，存在一定的安全风险；③工期紧张，一旦前面的土建、装修工程滞后，就会给 AFC 系统安装留下很短的时间，必须靠加班加点来完成相应的工作，对人员组织、计划安排等方面的要求会进一步提高。

本节通过对 AFC 系统安装工程的范围、内容、接口、安全、材料、安装工艺等方面进行简单阐述，力求使读者对 AFC 安装工程有个基本的了解，掌握到 AFC 安装工程中的重点和要点。

1）安装工程范围

地铁 AFC 系统安装工程包括管槽预埋、线缆敷设、线路中心计算机系统安装、车站计算机系统安装和车站终端设备安装等。工点为线路中心、各车站、车辆段维修车间、培训基地等单位工程。

（1）预埋工程

①根据土建工程和装修工程的具体情况，AFC 预埋工程需与装修工程密切配合，装修工程要能满足 AFC 设备安装的各方面要求。

②车站站厅层地面预埋金属线槽、金属线盒、出线栓、钢管。

③供电、通信及设备监控线缆的布设。

（2）与线槽、线管敷设、设备安装相关联的装修工程

①大理石的拆除及恢复；

②自动售检票设备安装位置处的大理石开孔；

③分线盒等处的大理石开孔；

④墙面、墙体的开槽开孔；

⑤搪瓷钢板的拆除及恢复；

⑥吊顶天花板的拆除及安装。

（3）AFC 系统相应线缆的敷设、端接、线路检测调试

①网络电缆；

②控制电缆；

③电源电缆；

④光纤；

⑤通道线缆及其他线缆；

⑥与综合监控系统接口网络线缆、控制线缆;

⑦与通信系统接口的通信网络线缆。

(4)AFC 系统终端设备的安装

①设备搬运:设备从厂商至车站现场的上货、设备运输到达现场后,从车上下货到搬运至车站内,后续的站内搬运和站间搬运,AFC 设备搬运主要涉及上述过程。

②设备开箱:设备开箱属于安装工程一项重要的节点,是项目到货收款的重要凭证,需要监理单位、建设单位、集成单位三方到位检查确认。

③材料仓储:材料到车站后,因车站现场条件无法具备安装条件,承包单位应提供存放金属线槽、桥架、钢管、线缆、部分设备等施工材料的场所,并做好成品保护管理工作。

④设备安装:包括车站专用设备和通用设备、线路中心设备、维修中心全套设备、培训中心全套设备、维修工区全套设备、必要的设备基础 / 预埋件及附属运营设备、设施等。

⑤换乘站施工:换乘站施工是一项复杂的工程,涉及换乘车站的设备搬迁、装修改造、线缆敷设、管槽敷设、地面大理石改造、车站栏杆搬迁改造、导向迁移、票亭迁移、装修配套改造等工程内容,并要求不影响既有线的车站运营工程。

(5)文档处理

①施工组织方案报审资料;

②施工材料进场报审资料;

③施工进度计划报审资料;

④隐蔽工程验收资料;

⑤分部工程验收资料;

⑥分项工程验收资料;

⑦施工过程记录资料;

⑧施工管线图纸资料;

⑨竣工验收资料。

2)安装重点和难点

地铁工程 AFC 系统的设备安装工程涉及的站点多、距离远、施工作业面分散,有效控制整个 AFC 系统设备安装的进度是本工程的重点,在工程实施中应加强以下管理:

(1)完善进场施工前的准备工作

AFC 系统设备安装施工主要包括管槽预留预埋施工、线缆敷设及设备安装调试三部分,在整个设备安装施工过程中与土建、装修、供电、通信、火灾自动报警系统、综合监控系统等专业有接口关系。

在 AFC 设备安装施工准备阶段,需要熟悉施工图纸,组织设计单位对施工图设计交底,安排专人到每个车站的施工现场进行巡检,检查土建、装修等相关单位为本专业预留的接口界面,在发现问题后及时与相关单位核图、沟通,并及时解决,减少后期施工过程中的返工。

(2)合理安排施工作业面,有效控制进度

AFC 专业的施工范围主要在车站站厅层的公共区,与多个专业共用一个作业面,存在着大量的交叉作业,如果不能合理的安排施工工序,各专业盲目地抢施工作业面、抢施工进度,势必会造成施工人员的窝工和大量的返工。因此,应根据各车站土建和装修的进度,灵活、机动、科学、合理地安排施工作业面,有效地控制 AFC 系统设备安装工程进度。

(3)加大协调工作力度,保障工程顺利进行

AFC 系统设备安装工程与土建、装修、供电、通信、火灾自动报警系统、综合监控系统等专业有接

口，施工作业面、施工进度会受其他专业的制约或相互制约，造成协调难度增大。不仅如此，还会在施工过程中出现各种各样的问题，在这种情况下，需主动、积极地与总包单位、监理单位、设计单位、建设单位、其他专业建设单位、主管公司领导或其他合作单位进行协调，并抓落实。只有加大协调工作力度，才能保障工程顺利进行。

（4）常见的难点

地铁 AFC 设备安装系统车站多、设备精密性高，AFC 专业的线槽、线管均安装在站厅层公共区和设备房内地面，施工环境复杂，集成单位应采取以下措施保证工程质量。

①安装地面金属线槽期间，加强测量放线、线槽预埋、防水等关键工序、关键部位的质量检查。在测量放线过程中加强检查工作，按照图纸、施工规范的要求，对施工测量放线结果进行确认。线槽的连接处、线槽与出线盒的接合处等都是容易出现渗水的部位，因此在线槽敷设前，一定要通过试验来检验防水措施是否满足设计的要求，只有在证明防水措施能够满足相关要求后，才能开始线槽敷设工作。

②设备安装接线期间，加强对设备内部电缆标识的检查工作，尤其是因为工程变更增加的电缆，更要做好标识。严格按照规范和施工文件的要求对动力和信号线缆的标识进行检查。

③设备安装期间，自动售票机、自动检票机的接线盒出口高度一定要高于设计装饰地面高程，只有这样才能保证 AFC 系统的整体防水性能。自动售票机、自动检票机与地面的接合处做防水处理。

④在现场施工过程中，及时对安装完毕的 AFC 终端设备与盲道、广告灯箱、导向指示牌、栏杆等的相对位置进行检查，发现问题及时上报。

⑤采取行之有效的措施做好成品的保护。AFC 设备多由电子元器件、精密仪器等部件构成，对环境的要求比较高，但在通常情况下，AFC 设备安装到位时间在装修收尾阶段，现场环境较差，粉尘较大。施工单位应在施工过程中同集成服务单位共同讨论确定一套有效的、切实可行的成品保护方案。具体保护方法包括：

- ▲ 在原有地砖上铺一层木夹板加以保护。
- ▲ 进入现场的机具必须用垫脚保护。
- ▲ 施工现场的脚手架、操作平台、梯子、板凳等所有脚跟必须用布绑好加以保护。
- ▲ 进入施工现场的设备、机具、活动脚手架、操作平台、材料等不允许在地面上拽拉、拖、推，必须用人工抬、扛。
- ▲ 进入现场的材料、机具必须轻放，避免与地面的撞击。

3）主要方法和技术措施

（1）设备搬运

①通用设备搬运

a. 计算机、打印机、票务工作站、票箱、钱箱等设备在出厂前应包装完好，保护措施到位，由汽车运输到相应的指定地点后，人工搬运至库房或车站。设备应用相应的木箱或纸箱进行保护，人员做好相应的保护措施。

b. 网络设备、服务器的搬运，该类设备属于精密设备，设备出厂前厂家应采用木箱保护，由汽车运输到工地指定的机房位置。应采用带有尾板的汽车进行运输，由液压搬运设备进行下货，并拉货至相应的电梯，再由电梯拉货至机房。在无电梯的情况下，应采用绳索固定木箱，人工搬运的方式沿楼梯搬运设备至机房。

c. 其他通用设备的搬运，首先应对产品进行包装保护，采取与上述一致的办法进行搬运。在无电梯的情况下，采用人工方式搬运至相应地点。

②专用设备搬运

根据现场的实际情况，在AFC系统专用设备进场前，车站装修的出入口已基本完成，现场设备无吊装口；同时车站电梯未完成安装，或者部分完成安装却没有通过验收不能提供其他专业进行搬货使用，因此专用设备的搬运采用以下方案。

a. 自动检票机设备：每台自动检票机设备重约250kg，出厂前应用木箱进行包装防护。采用带有尾板的车辆运输到现场，由叉车将设备从汽车的尾板搬运到车站地面。由于车站不具备吊装的条件，需要用人力搬运的方式。搬运前，应清理车站进出口的路径，将装修或者其他专业的材料进行搬离，保证搬运的路径安全顺畅；由专业的搬运工人，采用结实的绳索，对自动检票机设备进行捆扎，前后各2名工人用棍子抬设备；同时前后各1人对2名抬设备的人员进行保护，并协助搬运设备。注意在设备落地或休息时，采用废纸箱或木板对地面进行保护，暂放设备；设备搬运至车站后，选择跟装修单位无冲突、无施工面的地方暂存，并贴好警示保护标识。

b. 自动售票机/自动充值验票机：自动售票机设备重约450kg，出厂前用木箱进行了包装防护。采用带有尾板的车辆运输到现场，由叉车将设备从汽车的尾板搬运到车站地面。车站不具备吊装的条件，需要用人力进行搬运。在搬运之前，清理车站进出口的路径，将装修或者其他专业的材料进行搬离，保证搬运的路径安全顺畅；由专业的搬运工种进行搬运。出厂前，在设备的包装箱上标明设备的前面和后面，到达现场后，采用人工和机器结合的方式，对设备进行倾倒，保证设备的后侧触地，这样就方便工人用人工的方式进行搬运；然后工人采用结实的绳索，对售票机设备进行捆扎，前后各4名工人用棍子抬设备，前后各2人对4人进行保护，并协助搬运设备。设备落地或休息时，采用废纸箱或木板对地面进行保护，暂放设备；设备搬运至车站后，选择跟装修单位无冲突、无施工面的地方暂存，并贴好警示保护标语。

（2）管槽预埋与安装

管槽预埋与安装的进度、质量是确保设备安装、调试的关键，同时需要注意以下几个方面问题。

a. 确保施工材料规格、型号准确无误。材料计划的编制必须符合施工现场的实际情况，特别是各种规格型号的水平、垂直弯通，各种三通的数量必须保证准确无误，避免材料、人工的浪费。

b. 组织图纸会审。线槽、桥架、线管有无交叉打架无法施工的部位，及时沟通，提出可施工的改进方案。

c. 施工现场各层的大面积施工，采用流水作业的施工方式，在保证施工计划的前提下，保证劳动力和机具的合理安排。

d. 做好施工记录及隐蔽工程资料。

e. 建设单位验收线槽、线管安装工程。

①明配管安装要求

a. 薄壁管、厚壁管规格必须符合设计要求，产品应具有合格证，并符合国家或行业的技术标准。

b. 管材外观无严重锈蚀、折扁、裂缝；管内无铁屑及毛刺等缺点；管壁厚薄均匀，镀锌管镀层均匀、光滑，无严重脱落现象。

c. 明配管路不得在锅炉、烟道和发热表面上敷设，管路要沿最近线路敷设，尽量减少弯曲，水平或垂直敷设的管路允许偏差值2m以内均为3mm，全长配管偏差不超过管子内径的1/2。

d. 在多尘和潮湿场所的管口管子连接处及不进入盒的垂直敷设的上口穿线后都应密封处理；进入盒的管子应顺直并用锁紧螺母或护口帽固定，露出锁紧螺母的丝扣为2～4扣；与设备连接时，应将管子接到设备内，管口距地面高度一般不低于200mm，如不能接入时，应在管口处加接保护设备引入设备内，并需采用软管接头连接，但不得利用金属软管作接地导体；在室外或潮湿房屋内，管口处还应加防水弯头。

e. 无论明配、暗配管，都严禁用气、电焊切割。管内应无铁屑，管口应光滑。薄壁管严禁对口焊接连接，也不宜采用套筒连接，必须采用丝扣连接，套丝长度一般为束接长度的 1/2。

f. 为便于穿线，对管路长度每超过 20m，无弯曲时；管路长度每超过 15m，有一个弯曲时；管路长度每超过 10m，有两个弯曲时；管路长度每超过 6m，有三个弯曲时，均应在中间安装过线盒、箱或加大一级管径以便穿线。在盒、箱上开孔，应采用机械方法，不准用气焊、电焊开孔，暗敷箱、盒一般先用水泥固定，并应采取有效防堵措施，防止水泥浆侵入。箱、盒内应清洁无杂物。箱、盒并列安装时，盒箱间拼装尺寸应一致，盒、箱间用短管、锁紧螺母连接。

g. 明配管弯曲半径一般不小于管外径的 6 倍；如只有一个弯时，则不小于管外径的 4 倍；暗配管弯曲半径一般不小于管外径的 6 倍；埋设十地下或混凝土楼板内时，则不应小于管外径的 10 倍。

h. 管路弯曲处不应有折皱、凹穴等缺陷，弯扁程度不应大于管外径的 10%，配管接头不宜设在弯曲处，埋地管不宜把弯曲部分表露地面，镀锌钢管不准用热煨弯使锌层脱落。

i. 套丝连接的薄、厚壁管在管接头两端应跨接地线。成排管路之间的跨接线截面应按大的管径规格选择，跨接线应弯曲成于管路形状相近的圆弧形进行跨接，管与箱、盒间跨接线应按接入箱、盒中大的管径规格选择，由电源箱引出的末端支管应构成环形接地。明配管应排列整齐，固定点距均匀。管卡与管终端、转弯处中点、电气设备或接线盒边缘的距离应为 150mm。管路中管卡距离应为 1500mm。

②暗配管安装要求

a. 敷设管道的两端应有标志，标示出房号、序号和长度。

b. 管道内应无阻挡，管道口应无毛刺，并安置牵引线或拉线。

c. 暗管采用镀锌钢管，布放护套缆线和主干缆线时，直线管道的管径利用率应为 50%~60%，弯管道为 40%~50%。布放 4 对双绞电缆时，管道的截面利用率应为 25%~30%。预埋线槽宜采用金属线槽，线槽的截面利用率不应超过 40%。

③支架制作

a. 制作支架时应将材料矫正、平直。切口处不应有卷边和毛刺。制作好的支架应牢固、平正，尺寸准确。

b. 安装支架时，应按以下规定操作：

▲ 在金属结构上和混凝土构筑物的预埋件上，应采用焊接固定。

▲ 在混凝土上，宜采用膨胀螺栓固定。

▲ 在不允许焊接支架的工艺管道上，应采用 U 型螺栓或卡子固定。

▲ 在允许焊接支架的金属设备、管道上，可采用焊接固定。

▲ 支架应固定牢固、横平竖直、整齐美观。在同一直线线段上的支架间距应均匀。

c. 支架安装在有坡度的电缆沟内或建筑物构架上时，其安装坡度应与电缆沟或建筑物构架的坡度相同；安装在有弧度的设备或构架上时，其安装弧度应与设备或构架的弧度相同。

d. 支架不应安装在具有较大振热源、腐蚀性液滴及排污沟道的位置，也不宜安装在具有高温、高压、腐蚀性及易燃易爆等介质的工艺设备、管道以及能移动的构筑物上。

e. 水平安装的线槽及保护管用的金属支架间距宜为 2m，在拐弯处、终端处及其他需要的位子可适当减少间距；垂直安装时可适当增大间距。

f. 电缆支架间距，电缆水平敷设时宜为 0.8m，垂直敷设时宜为 1.0m。

④吊顶线槽敷设

a. 制作好的线槽应平整，内部光洁、无毛刺，加工尺寸准确。

b. 线槽采用焊接连接时应牢固，不应有显著变形。

c. 线槽采用螺栓连接或固定时，宜用平滑的半圆头螺栓，螺母应在线槽的外侧，固定应牢固。

d. 线槽的安装应横平竖直，排列整齐，其上部与顶棚（或楼板）之间应留有便于操作的空间。垂直排列的线槽拐弯时，其弯曲弧度应一致。

e. 槽与槽之间、槽与仪表盘（箱）之间、槽与盖之间、盖与盖之间的连接外，应对合严密。

f. 线槽安装在工艺管架上时，宜在工艺管道的侧面或上方。

g. 线槽拐角弯时，其最小的弯曲半径不应小于槽内最粗电缆外径的 10 倍；当直接由线槽内引出电缆时，应用机械加工方法开孔，并采用合适的护圈保护电缆。

h. 线槽应有排水孔。

i. 线槽的直线长度超过 50m 时，宜采取热膨胀补偿措施。

⑤预埋地下金属线槽敷设

a. 施工准备

为达到高防护的预期效果，地面布线槽盒安装十分重要，需要认真负责地按程序施工。

▲ 根据集成服务单位设计的施工深化图，施工深化图内标有各种部件的编号，把相同编号的配件正确摆在规定的位置。

▲ 根据 ±0 基准，拉线确定分线盒上平面高度（盒体上口平面应低于大理石上平面 5 ～ 15mm）打入膨胀螺栓，调节分线盒高度，调节螺栓达到所需的标准高度。固定分线盒。

▲ 确定地面线槽长度（采用切割机进行线槽的切割），修理切割后线槽内外毛刺（如果采用普通钢板热镀锌材料的，切口部分刷防锈漆）。

▲ 线槽出厂时，在线槽两端印刷有安装标记线，在安装时，要仔细观察标记线与防水连接器边缘吻合且平行，这样才能保证线槽接口紧密、牢固。如果线槽进行了切割，线槽端头 68mm 处用色笔重新做一条标记线。

▲ 在分线盒线槽接头处放置连接器，然后放置线槽，与盒体相接（注意相接两线槽缝隙不大于 2mm），盖上连接器盖板并用电动螺批紧固螺栓（电动螺批力矩拨至 15），并确认螺栓紧固度。

▲ 检查线槽两端 68mm 的那根记号线是否与连接器外边相吻合，如果相吻合，相接的两根线槽缝隙合格，反之则重新连接。

▲ 当确认连接器封闭件连接好后，继续紧固螺栓，使连接器与线槽夹紧。

▲ 安装线槽固定支架，调节至水平的统一高度，然后用内膨胀螺栓在地面上定位紧固。

▲ 防水连接器自带接地装置，当线槽、盒体连接好后，采用内六角扳手拧紧连接器的接地螺栓，做好每根线槽与盒体接地的连续性。

▲ 土建单位在敷设大理石时，不得损坏凸出地面的出线盒，各类出线盒出口处应留孔（开孔一定要准确），开孔尺寸应与各类分线盒口外径尺寸相吻合。

▲ 当工程需要作敷设施工时，打开盒体防护盖，保护好防护盖的所有配件，而后敷设导线。当各类导线敷设好后，装入屏蔽隔板。

▲ 盖上防护盖，紧固盖板承载螺栓高度调至防护盖底平面，做好密封。然后盖上不锈钢盖板，做好密封即可，全套工序完成。

b. 现场安装质量及注意事项

为达到高防护的预期效果，AFC 防水地面线槽、盒安装十分重要。

在产品的生产和安装前针对施工原图进行深化设计，由于地铁站台的设置形式多样，AFC 地面槽的走向千变万化，每个站台的槽、盒规格各异，设计人员必须将每个地铁站台名称，在线槽、分线盒上进行标识、编号，同时提供深化图纸，施工人员只要将产品对号入座，安装将会方便进行。只要认真仔细安装，产品就能达到预期的防水效果。新型 AFC 地面布线系统在现场安装，只需采用简单的通用工具就可进行，不需现场焊接，简化安装方法，使安装更加容易。

▲ 检查 AFC 防水地面线槽走向的各终端处，不得有开口。有开口的地方应用堵头堵住，防止水进入。

▲ 检查各出线口及操作口、密封盖板是否齐全，螺丝是否松动。

▲ 检查防水线槽与地面是否固定牢靠，各接点是否有脱落现象。

▲ 检测地面线槽全回路接地电阻≤ 1Ω。

▲ 施工单位应确保无重物撞压 AFC 防水地面线槽。

▲ 当 AFC 防水地面线槽管道系统安装好后就可以进行混凝土的浇筑。在浇筑混凝土时，应当避免对 AFC 防水地面线槽系统的冲撞，以免破坏线槽的密封。严格做好地面线槽系统的全面防护。在过道处的防水线槽要采用混凝土保护，线槽边缘处用混凝土做成斜坡面，方便拖车通过，防止拖车对线槽产生冲击。

▲ 不得在敷设有 AFC 防水地面线槽的地面上钻孔。

▲ 不得在安装好的 AFC 防水地面线槽上进行任何焊接。

c. 操作工艺

工艺流程：弹线定位→预留孔洞→预埋吊杆吊架→金属膨胀螺栓安装→预埋铁、钢结构→地面线槽安装。

弹线定位：根据设计图确定出进户线、盒、箱、柜等电气器具的安装位置，从始端至终端（先干线后支线）找好水平或垂直线，用粉线袋沿墙壁、顶棚和地面等处，在线路的中心线进行弹线，按照设计图要求及施工验收规范规定，分匀档距并用笔标出具体位置。

预留孔洞：根据设计图标注的轴线部位，将预制加工好的木质或铁制框架，固定在标出的位置上，并进行调直找正，待现浇混凝土凝固模板拆除后，拆下框架，并抹平孔洞口（收好孔洞口）。

金属膨胀螺栓安装要求：

▲ 适用于 C5 以上混凝土构件及实心砖墙上，不适用于空心砖墙。

▲ 钻孔直径的误差不得超过 -0.3~+0.5mm；深度误差不得超过 +3mm；钻孔后应将孔内残存的碎屑清除干净。

▲ 螺栓固定后，其头部偏斜值不应大于 2mm。

▲ 螺栓及套管的质量应符合产品的技术条件。

金属膨胀螺栓安装方法：

▲ 沿着墙壁或顶板根据设计图进行弹线定位，标出固定点的位置。

▲ 根据支架式吊架承受的荷载，选择相应的金属膨胀螺栓及钻头，所选钻头长度应大于套管长度。

▲ 打孔的深度应以将套管全部埋入墙内或顶板内后，表现平齐为宜。

▲ 应先清除干净打好的孔洞内的碎屑，然后再用木槌或垫上木块后，用铁锤将膨胀螺栓敲进洞内，应保证套管与建筑物表面平齐，螺栓端都外露，敲击时不得损伤螺栓的丝扣。

▲ 埋好螺栓后，可用螺母配上相应的垫圈将支架或吊架直接固定在金属膨胀螺栓上。

线槽安装要求：

▲ 线槽应平整，无扭曲变形，内壁无毛刺，各种附件齐全。

▲ 线槽的接口应平整，接缝处应紧密平直。槽盖装上后应平整，无翘角，出线口的位置准确。

▲ 在吊顶内敷设时，如果吊顶无法上人则应留有检修孔。

▲ 不允许将穿过墙壁的线槽与墙上的孔洞一起抹死。

▲ 线槽的所有非导电部分的铁件均应相互连接和跨接，使之成为一连续导体，并做好整体接地。

▲ 当线槽的底板对地距离低于 2.4m 时，线槽本身和线槽盖板均必须加装保护地线，2.4m 以上的线槽盖板可不加保护地线。

▲ 线槽经过建筑物的变形缝（伸缩缝、沉降缝）时，线槽本身应断开，槽内用内连接板搭接，不需固定。保护地线和槽内导线均应留有补偿余量。

▲ 敷设在竖井、吊顶、通道、夹层及设备层等处的线槽应符合《建筑设计防火规范》（GB 50016—2014）的有关防火要求。

线槽敷设安装要求：

▲ 线槽直线段连接应采用连接板，用垫圈、弹簧垫圈、螺母紧固，接茬处应缝隙严密平齐。

▲ 线槽进行交叉、转弯、丁字连接时，应采用单通、二通、三通、四通或平面二通、平面三通等进行变通连接，导线接头处应设置接线盒或将导线接头放在电气器具内。

▲ 线槽与盒、箱、柜等接茬时，进线和出线口等处应采用抱脚连接，并用螺栓紧固，末端应加装封堵。

▲ 建筑物的表面如有坡度时，线槽应随其坡度变化。

▲ 待线槽全部敷设完毕后，应在配线之前进行调整检查，确认合格后，再进行槽内配线。

地面线槽安装要求：

▲ 地面线槽安装时，应及时配合土建地面工程施工。

▲ 根据地面的形式不同，先找平地面，然后测定固定点位置，将安装好卧脚螺栓和压板的线槽水平放置在垫层上，然后进行线槽连接。

▲ 线槽与管连接、线槽与分线盒连接、分线盒与管连接、线槽出线口连接、线槽末端处理等，都应安装到位，螺栓紧固牢靠。

▲ 地面线槽及附件全部安装好后，再进行一次系统调整，主要根据地面厚度，仔细调整线槽干线、分支线、分线盒接头以及转弯、转角、出口等处，水平高度要求与地面平齐；将各种盒盖盖好、成堵严实，以防止水泥砂浆进入，直至配合土建地面施工结束为止。

（3）线缆敷设

①电缆敷设要求

a. 电缆的弯曲半径应大于电缆直径的 15 倍。

b. 电源线宜与信号线、控制线分开敷设。

c. 室外设备连接电缆时，宜从设备的下部进线。

d. 电缆长度应逐盘核对，并根据设计图上各段线路的长度来选配电缆。宜避免电缆的接续，当电缆接续时应采用专用接插件。

e. 架设架空电缆时，宜将电缆吊线固定在电杆上，再用电缆挂钩把电缆卡挂在吊线上；挂钩的间距宜为 0.5 ～ 0.6m。根据气候条件，每一杆档应留出余兜。

f. 墙壁电缆的敷设，沿室外墙面宜采用吊挂方式，室内墙面宜采用卡子方式。

g. 墙壁电缆当沿墙角转弯时，应在墙角处设转角墙担。电缆卡子的间距在水平路径上宜为 0.6m，在垂直路径上宜为 lmm。

h. 直埋电缆的埋深不得小于 0.8m，并应埋在冻土层以下；紧靠电缆处应用砂或细土覆盖，其厚度应大于 0.1m，且上压一层砖石保护。电缆应采用具有销装的直埋电缆，不得用非直埋式电缆作直接埋地敷设。转弯地段的电缆，地面上应有电缆标志。

②电缆敷设管道要求

a. 敷设管道线之前应先清刷管孔。

b. 管孔内预设一根镀锌铁线。

c. 穿放电缆时宜涂抹黄油或滑石粉。

d. 管口与电缆间应衬垫铅皮，铅皮应包在管口上。

e. 进入管孔的电缆应保持平直，并应采取防潮、防腐蚀、防鼠等处理措施。

f. 管道电缆或直埋电缆在引出地面时，均应采用钢管保护，钢管伸出地面不宜小于 2.5m，埋入地下宜为 0.3 ～ 0.5m。

③光缆敷设要求

a. 敷设光缆前，应对光纤进行检查；光纤应无断点，其衰耗值应符合设计要求。

b. 核对光缆的长度，并应根据施工图的敷设长度来选配光缆。

c. 敷设光缆时，其弯曲半径不应小于光缆外径的 20 倍。光缆的牵引端头应做好技术处理，可采用牵引力自动控制性能的牵引机进行牵引。牵引力应加于加强芯上，其牵引力不应超过 150N，牵引速度宜为 10m/min，一次牵引的直线长度不宜超过 1km。光缆接头的预留长度不应小于 8m。

d. 光缆敷设完毕，应检查光纤有无损伤，并对光缆敷设损耗进行抽测。确认没有损伤时，再进行接续。

e. 架空光缆应在杆下设置伸缩余兜，其数量应根据所在冰凌负荷区级别确定，对重负荷区宜每杆设一个；中负荷区 2 ～ 3 根杆宜设一个；轻负荷区可不设，但中间不得绷紧。

f. 光缆余兜的宽度宜为 1.52 ～ 2m，深度宜为 0.2 ～ 0.25m。光缆架设完毕，应将余缆端头用塑料胶带包扎，盘成圈置于光缆预留盒中；预留盒应固定在杆上。地下光缆引上电杆，必须采用钢管保护。

g. 在桥上敷设光缆时，宜采用牵引机终点牵引和中间人工辅助牵引。光缆在电缆槽内敷设不应过紧；当遇桥身伸缩接口处时应做 3 ～ 5 个“S”弯，并每处宜预留 0.5m。当穿越铁路桥面时，应外加金属管保护。光缆经垂直走道时，应固定在支持物上。

h. 管道光缆敷设时，无接头的光缆在直道上敷设应由人工逐个入孔同步牵引。预先做好接头的光缆，其接头部分不得在管道内穿行；光缆端头应用塑料胶带包好，并盘成圈放置在托架高处。

i. 光缆的接续应由受过专门训练的人员操作，接续时应采用光功率计或其他仪器进行监视，使接续损耗达到最小；接续后应做好接续保护，并安装好光缆接头护套。

j. 光缆敷设后，宜测量通道的总损耗，并用光时域反射计观察光纤通道全程波导衰减特性曲线。

在光缆的接续点和终端应做永久性标志。

（4）网络设备安装

①机架安装

a. 机架安装完毕后，水平、垂直度应符合厂家规定。如无厂家规定的，垂直偏差度不应大于 3mm。

b. 机架上的各种零件不得脱落或碰坏。漆面如有脱落应予以补漆，各种标志完整清晰。

c. 机架的安装应牢固，并按施工图的防震要求进行加固。

d. 安装机架面板，架前应留有 1.5m 空间，机架背面离墙距离应大于 0.8m，以便于安装和施工。

e. 壁挂式机框底距地面为 1m。

②配线设备机架安装

a. 采用下走线方式时，架底位置应与电缆上线孔相对应。

b. 各直列垂直体面斜误差不应大于 3mm，底座水平误差每平方米不应大于 2mm。

c. 接线端子各种标志应齐全。

d. 交接箱或暗设在墙体内。预留墙洞安装，箱底高出地面宜为 1000mm。

e. 各种设备箱体必须接地，接地电阻 <1Ω。

③各类接线模块安装

a. 模块设备应完整，安装就位，标志齐全。

b. 安装螺丝必须拧紧，面板应保持在一个水平面上，距地面高度宜为 300mm。

④信息插座安装

a. 安装在活动地板或地面上，应固定在接线盒内，插座面板有直立和水平等形式。接线盒盖可开启，并应严密防水、防尘。接线盒盖面应与地面齐平。

b. 安装在墙体上，宜高出地面 300mm，如地面采用活动地板时，应加上活动地板内净高尺寸。

c. 信息插座底座的固定方法依施工现场条件而定，宜采用扩张螺钉、射钉等方式。

d. 固定螺栓需拧紧，不应产生松动现象。

e. 信息插座应有标签，以颜色、图形、文字表示所接终端设备类型。

f. 安装位置应符合设计要求。

⑤网络设备安装

a. 网络设备应安装整齐、固定牢靠，便于维护和管理。

b. 高端设备的信息模块和相关部件应正确安装，空余槽位应安装空板。

c. 设备上的标签应标明设备的名称和网络地址。

d. 跳线连接应稳固，走向清楚明确，线缆上应正确标签。

（5）AFC 设备安装

①车站终端设备安装

车站终端设备安装的质量应符合下列要求：

a. 设备安装位置应符合设计要求。

b. 设备安装的通道宽度应符合设计要求。

c. 各类终端设备周围应留出足够的操作和维护空间。

d. 设备、底座应安装牢固，底座与地面间应做防水处理；设备安装应垂直、水平，垂直允许偏差不应大于 2mm。

e. 安装于检票机上方的出入导向显示装置应安装牢固。

f. 自动检票机组设备需保持在一条直线上，安装时需要在现场进行拉线处理，保证安装完成后成一条直线。

g. 自动检票机组设备安装期间需要核对自动检票机的通道宽度，保证通道宽度在设计范围内，误差不大于 ±2mm。

h. 自动售票机设备的安装需要保证设备后维护的距离，以方便进行后门开启后的维护操作。一般要求 1000mm 以上的距离；核查设备距离左右装修柱子的距离，保证设备相互不影响，能进行维护操作。

i. 半自动售票设备安装需要紧密与操作台进行配合，需注意各种售票厅内的插座与设备安装的位置配合。

②紧急按钮安装

紧急按钮安装的质量应符合下列规定：

a. 紧急按钮的安装位置应符合设计要求。

b. 与低压电力线最近距离不应小于 300mm，与水管、暖气管等的最近距离不应小于 600mm，距建筑物转角不应小于 250mm。

c. 紧急按钮盒的安装应考虑操作方便并有明显醒目的标志，引入电缆或引出线应采用钢管保护。

（6）机房设备安装

①服务器、工作站、交换机、打印机、编码分拣机和机柜的型号、规格、质量和数量应符合设计要求。

②各种机柜插接件应插接准确、牢固。

③服务器、工作站、交换机、打印机和编码分拣机的安装质量应符合下列规定。

a. 安装应稳定、牢固，位置准确，符合设计要求。

b. 通风散热应符合设计要求。

④机柜的安装质量应符合下列规定：

a. 机柜固定应牢固、垂直、水平，垂直允许偏差应为 2mm。

b. 同列机柜正面应位于同一平面，允许偏差应为 5mm。

c. 非标准件，漆色与设备漆色应一致。

⑤设备的附备件齐全完整。

⑥设备的机箱漆饰良好，无严重脱漆和锈蚀；

⑦监控室机架安装应符合下列规定：

a. 机架安装位置应符合设计要求，当有困难时可根据电缆地槽和接线盒位置做适当调整。

b. 机架的底座应与地面固定。

c. 机架安装应竖直平稳，垂直偏差不得超过 1%。

d. 几个机架并排在一起，面板应在同一平面上并与基准线平行，前后偏差不得大于 3mm；两个机架中间缝隙不得大于 3mm。对于相互有一定间隔而排成一列的设备，其面板前后偏差不得大于 5mm。

e. 机架内的设备、部件的安装，应在机架定位完毕并加固后进行，安装在机架内的设备应牢固、端正。

f. 机架上的固定螺栓、垫片和弹簧垫圈均应按要求紧固不得遗漏。

⑧控制台安装应符合下列规定：

a. 控制台位置应符合设计要求。

b. 控制台应安放竖直，台面水平。

c. 附件完整，无损伤，螺丝紧固，台面整洁无划痕。

d. 台内接插件和设备接触应可靠，安装应牢固；内部接线应符合设计要求，无扭曲脱落现象。

⑨机房内线缆敷设应符合下列规定：

a. 采用地槽或墙槽时，电缆应从机架、控制台底部引入，将电缆顺着所盘方向理直，按电缆的排列次序放入槽内；拐弯处应符合电缆曲率半径要求。

b. 电缆离开机架和控制台时，应在距起弯点 10mm 处成捆空绑，根据电缆的数量应每隔 100 ～ 200mm 空绑一次。

c. 采用架槽时，架槽宜每隔一定距离留出线口。电缆由出线口从机架上方引入，在引入机架时，应成捆绑扎。

d. 采用电缆走道时，电缆应从机架上方引入，并应在每个梯铁上进行绑扎。

e. 采用活动地板时，电缆在地板下可灵活布放，并应顺直无扭绞；在引入机架和控制台处还应成捆绑扎。

f. 在敷设的电缆两端应留适度余量，并标示明显的永久性标记。

g. 各种电缆和控制线插头的装设应符合产品生产厂的要求。

h. 引入、引出房屋的电（光）缆，在出入口处应加装防水罩。向上引入、引出的电（光）缆，在出入口处还应做滴水弯，其弯度不得小于电（光）缆的最小弯曲半径。电（光）缆沿墙上下引入、引出时应设支持物。电（光）缆应固定（绑扎）在支持物上，支持物的间隔距离不宜大于 1m。

i. 监控室内光缆的敷设，在电缆走道上时，光端机上的光缆宜预留 10m；余缆盘成圈后应妥善放置。光缆至光端机的光纤连接器的耦合工艺，应严格按有关要求进行。

j. 等电位接地端子板：

▲ 电子信息设备机房宜采用截面积不小于 50mm^2 的铜带安装局部等电位连接带，并采用截面积不小于 35mm^2 的绝缘铜芯导线穿钢管，与总等电位连接带相连。

▲ 等电位连接网络的连接宜采用焊接、熔接或压接。连接导体与等电位接地端子板之间应采用螺栓连接，连接处应进行热搪锡处理。

▲ 等电位连接导线应使用具有黄绿相间色标的铜质绝缘导线。

▲ 对于暗敷的等电位连接导线及其连接处，应做隐蔽记录，并在竣工图上注明其实际部位走向。

▲ 等电位连接带表面应无毛刺、明显伤痕、残余焊渣，安装应平整端正、连接牢固，绝缘导线的绝缘层无老化龟裂现象。

（7）电源设备安装

①线缆敷设

敷设流程：准备工作→电缆沿桥架敷设→水平、垂直敷设→挂标记。

a. 电缆敷设前要仔细进行外观检查，核对型号、规格。

b. 水平敷设采用人工进行，将几条线缆用胶布缠成一股，防止在穿线过程中脱落，电缆在桥架内排列整齐、不得重叠，拐弯处以最大截面电缆允许弯曲半径预留为准。水平线缆通过线槽、线管布放至端点，线头用胶布分组缠好。

c. 在竖向桥架内的电缆敷设采用人工进行，自上而下安装。为了防止电缆因自重过大而断裂，每层设置人员接应。预留足够长度后，按排列次序敷设一根固定一根，每层用 3 ～ 4 个电缆卡固定，并做好半成品保护措施。

d. 在电缆两端设置标志牌，标清规格、回路、走向，字迹要清晰，应用透明胶布保护。

e. 多根电缆敷设时，应事先画出电缆的排列图，以防交叉和混乱。

f. 施工过程中，施工管理员应严格按照有关规范进行施工检查。

②配电箱（柜）内接线

a. 箱（柜）内配线排列整齐，绑扎成束，无绞接现象。

b. 在活动部位应用固定卡固定，箱内引出及引进导线应留有适当余度，以利于检修。

c. 回路编号齐全，标识正确。

d. 导线连接紧密，不伤芯线，不断股。

e. 垫圈下螺丝两侧压的导线截面积应相同，同一端子上导线连接不多于 2 根，防松垫圈等零件齐全。

f. 照明箱内，分别设置零线（N）和保护地线（PE）汇流排，零线和保护地线经汇流排配出。

③配电箱（柜）测试

a. 测试前，应将配电箱（柜）内所有接线端子螺栓检查紧固。

b. 采用 1000V 兆欧表在端子板处测试每条回路的绝缘电阻，绝缘电阻值应大于 0.5MΩ。

c. 二次线回路有集成电路、电子元件时，该部位用万用表进行检测，检查回路是否接通。

d. 接通电源分别模拟试验控制、连锁、操作、机电保护和信号动作，试验动作须正确无误、灵敏可靠。

e. 测试完毕后，拆除电源复位。

④配电箱（柜）进出口处封堵

进出配电箱（柜）的电线电缆敷设完毕，且绝缘检测合格后，对配电箱（柜）进出线处进行封堵处理。

18.5.2 现场调试测试

自动售检票系统现场设备进站安装完毕后，需要对安装到位的设备和系统进行整体功能和性能进行调试，并进行外部接口以及大客流等模拟测试，确保各设备和系统能满足正常运营要求，为投入试运营提供各项参考依据。

1）设备级调试

（1）单机调试

①调试目的

单机调试的目的是检查安装到现场的设备 IP、ID、型号、规格、组成等是否符合要求，主要进行设备硬件、外观、连接、电气等的调试，并对设备的主要业务功能进行调试，以确认安装到现场的设备可以正常工作。

②调试条件

a. 车站现场供电正常，不出现断电情况，环境洁净。

b. 车站各设备均已安装到位，且设备外部供电正常。

c. 车站各设备的 SAM 卡、票箱、钱箱等均装配到位。

d. 调试用票卡、硬币、纸币、打印纸等准备到位。

③调试内容

a. 检查安装到现场的设备和计算机系统 IP、ID、型号、规格、组成等是否符合要求。

b. 检查各底层及业务程序版本与调试方案所列版本是否一致。

c. 检查各设备的运营配置是否正确。

d. 进行设备外观检查，硬件联结、电气等的调试。

e. 对设备的主要业务功能进行调试，确认安装到现场的设备可以正常工作。

（2）压力测试

①测试目的

压力调试是在单机调试完成后对车站的设备做批量压力调试，以验证各种设备的处理性能和持续稳定运营能力。

②测试条件

a. 车站现场供电正常。

b. 车站设备单机调试完成，发现的故障均已修复。

c. 压力调试用票卡、硬币、纸币、打印纸等准备到位。

③测试内容

a. 按照压力调试方案，用纸币、硬币在每台自动售票机上购买一定数量单程票。

b. 按照压力调试方案，使用一定数量的储值票、单程票在自动检票机进、出闸。

c. 按照压力调试方案，用 50 元、100 元纸币在自动充值机上充值若干次。

2）车站级联调

（1）单站调试

①联调目的

单站调试的目的是在站内对设备和设备以及设备和系统之间进行内部调试测试。具体内容包括验证各种票卡在单站设备间处理后可以正确使用和流通；单站设备与车站系统能正常上传交易、状态、审计数据；检查车站系统配置，单站设备能正确接受车站系统下发的票价、操作员参数、控制命令。

②调试条件

a. 车站供电正常。

b. 车站网络设备已安装到位，按规划配置且调试成功。

c. 车站设备已完成单机和压力调试，车站 SC 和半自动售票机已安装到位，并完成调试。

③调试内容

a. 检查各业务程序版本是否与调试方案所列版本一致。

b. 对车站系统与设备间进行通讯调试。

c. 车站计算机系统对设备下发参数、控制命令、时钟同步等。

d. 进行车站内设备票卡的业务处理及流通测试。

e. 核查设备产生的交易、状态、操作日志、事务、审计等数据可以正确上传。

（2）换乘站调试

①调试目的

换乘站的调试涉及同一个系统下不同终端设备软件间的兼容性。主要测试系统接口和功能兼容两个方面，具体内容包括验证各种票卡在不同厂家设备间处理后可以正确使用和流通，不同厂家设备与车站计算机系统能正常上传交易、状态、审计数据，检查车站计算机系统配置，不同厂家设备能正确接受车站系统下发的票价、操作员参数、控制命令。

②调试条件

a. 车站供电正常。

b. 车站网络设备已安装到位，按规划配置且调试成功。

c. 车站设备已完成单机和压力调试，车站计算机系统和半自动售票机已安装到位，并完成调试。

d. 换乘站不同厂家设备 ID、IP 本地个性参数和系统参数、注册信息已完成。

③调试内容

a. 验证不同厂家设备至车站服务器的通信链路的互通性。

b. 验证不同厂家设备间车站系统参数下发、接收和生效情况。

c. 验证不同厂家设备至车站系统监控状态消息反馈、命令响应情况。

d. 验证不同厂家设备至车站系统获取用户权限功能情况。

e. 验证不同厂家设备间票卡交互、流通情况。

f. 验证不同厂家设备交易数据通过车站计算机系统上传入库、票务结算情况。

（3）综合监控调试

①调试目的

综合监控调试是测试 AFC 系统与外部系统的接口，以保证 AFC 系统与外部系统按照接口规范可正常通信且满足相关指标要求。

②调试条件

a. AFC 系统软件已经通过内部测试，具备与外部系统进行接口调试的条件。

b. AFC 系统与外部系统物理连接已经完成。

c. AFC 系统单站测试已完成，软件功能已实现并部署更新。

③调试内容

a. AFC 系统和综合监控之间的物理接口测试。

b. AFC 系统和综合监控之间的接口功能测试。

c. 车站综合后备盘（IBP）的紧急按钮测试。

（4）票务流程测试

①测试目的

票务流程测试选择样板站的部分设备进行，模拟车站日常运营的票务流程操作，检验车站系统及终端设备的交互功能，检验车站计算机系统的各类服务程序、应用子系统运行的稳定性和可靠性，同时检验各种票卡在设备间处理后能否正确流通和处理，各设备与车站计算机系统之间能否正常上传交易、状态、审计数据，能否正确接受下发的票价、参数、控制命令等；检验各类票务报表、结算数据能否按要求准确生成。

②测试条件

a. 网络调试已完成，主干网络工作正常。

b. 参测样板车站已完成单站调试，车站内部网络工作正常，车站系统设备调试故障已经排除。

c. AFC 系统中的系统及设备软件上线版本已经完成内部测试定版，并更新到现场。

d. 票务流程测试需要的票卡、钱币、打印纸、记录表等到位。

e. 票务流程测试需要的人员到位，并已经进行适当的培训。

③测试内容

a. 选择一个车站的部分设备进行票务流程测试。

b. 由票务中心和车站从事票务工作的人员一起，模拟票务中心及车站各岗位工作，按照票务流程为车站配发车票，为半自动售票机、自动售票机补充车票、硬币并填写各种手工报表。

c. 模仿乘客在自动售票机上用现金购买单程票的各种行为，通过大量的购票交易，检验自动售票机持续工作的能力和可能发生的错误，并核对票卡数据以及上传交易数据的正确性。

d. 模仿乘客在半自动售票机上购买单程票、发售和充值储值票以及进行常规业务异常处理的各种情况，检验半自动售票机持续工作的能力和可能发生的错误，并核对票卡数据以及上传交易数据的正确性。

e. 模拟乘客行为，进行各种票卡的大量进站、出站的压力测试，检验自动检票机在压力情况下连续工作的能力，核对票卡数据以及上传交易、审计数据的正确性。

f. 模仿乘客行为，在自动充值机上对储值票充值，通过大量的储值票充值交易，检验自动充值机持续工作的能力和可能发生的错误，并核对票卡数据以及上传交易数据的正确性。

g. 运营结束后票务人员回收清点自动检票机、自动充值机、自动售票机内所有票箱、钱箱。

h. 票务人员携带所有的现金、车票及各类手工报表回票务室进行清点，核对自动生成的报表是否与手工报表一致。

（5）144h 测试

①测试目的

144h 系统测试在单站系统调试通过后进行，验证 AFC 系统及终端设备在持续供电运行情况下 AFC 系统及设备的运行情况，具体包括车站 AFC 系统和终端设备连续功能的测试试验。

②测试条件

a. 车站持续供电系统正常。

b. 单站调试已完成，主干网络工作正常。

c. 系统服务器、数据库、服务程序、工作站软件运行正常。

d. 车站系统和终端设备软件版本完成测试定版，并统一更新、调试业务功能正常。

e. 测试需要的票卡、钱币、打印纸、记录表等到位。

f. 测试需要的人员到位，并已经进行适当的培训。

③测试内容

a. 售票和充值功能：自动售票机、自动充值机和半自动售票机进行单程票发售、储值卡充值的业务。

b. 检票功能：自动进行进站检票和出站检票及回收。

c. 验票功能：自动充值（验票）机 / 自动验票机对各种票卡进行验票。

d. 处理功能：半自动售票机对不能正常进、出站的异常车票进行处理更新。

e. 系统功能：测试系统参数下发及交易数据上传功能，监控状态上传及控制命令下发响应等。

3）线路级联调

（1）密钥测试

①测试目的

密钥系统调试是对安装好的加密机进行调试，使其可以完成对注册设备的管理；验证加密机已经调试完成，可以对注册设备进行额度下载、密钥认证等任务的处理。

②测试条件

a. 加密机已经到位并安装好，机房供电正常。

b. 主干网络设备已安装到位，且调试成功。

c. 配合调试车站已经完成单站调试，故障已经排除。

③测试内容

a. 检查各业务程序版本是否与调试方案所列版本一致。

b. 加密机与注册的车站设备进行额度申请、认证等处理。

c. 注册车站设备完成额度申请后，能正确进行后续业务处理。

（2）站间联调

①联调目的

站间联调选择线路三个车站的部分设备进行联调测试，验证各种票卡在车站间可以正确使用和流通、票价以及各种常规异常处理正确，各种交易、状态、事务、审计数据能实时上传车站系统和线路中心系统。

②联调条件

a. 全部车站均已通过单站调试。

b. 线路中心及加密机部署完成，并且调试通过。

c. AFC 系统软件（包括线路中心、车站系统、设备等）上线版本均已定版，并全部更新到现场。

d. AFC 系统参数已经定版，并已经完成下发。

③联调内容

a. 任意选择三个车站，进行站间联调测试。

b. 每个车站选择一套设备（一组自动检票机、一台自动售票机、一台半自动售票机、一台自动充值机）参与站间联调测试。

c. 按照站间联调测试方案进行车票发售、站间走票，测试车站间、设备间票卡流通是否正常，以及各种常规票卡的异常处理（如无进站标志、滞留超时）是否正确。

d. 查验线路中心上传的交易、事务、审计等数据是否正确。

（3）上线准备

①调试目的

上线联调工作是在完成站间联调后，对新线路和线路中心系统进行最后的准备工作，准备下一步的线网大联调，保证上线联调的正常进行。

②调试条件

a. 新线路、既有线 AFC 系统及设备已经完成站间测试，准备工作就绪。

b. 新线路已经完成既有中心系统的接入方案编写。

c. 新线路、既有线 AFC 系统接入中心系统参数已经定版。

③调试内容

a. 清空新线路全部系统和设备的调试数据。

b. 新线路待启用的所有设备的 SAM 卡都更换为正式密钥的 SAM 卡。

c. 新线路所有系统、设备软件版本的检查。

d. 新线路、既有线路上线参数版本的检查。

4）线网级联调

（1）线网参数联调

①联调目的

线网参数联调工作需要在测试环境下，每条线路选择至少两个车站进行联调测试。通过下发线网参数并在设备端检查参数，以验证线网参数的正确性及线网参数能够正常生效。

②联调条件

a. 新线路、既有线 AFC 系统及设备已完成功能测试及联调测试，所有软件功能均已正常实现。

b. 测试系统及设备之间网络是正常联通的，能够支持参数下发工作。

c. 测试系统及设备之间的通信中间件能够正常进行数据传输。

d. 线网参数能够正确生成，参数内容符合标准文档要求。

③联调内容

a. 每条线路至少选择两个车站，进行线网参数联调测试。

b. 每个参测车站选择一套设备（一组自动检票机、一台自动售票机、一台半自动售票机、一台自动充值机）参与线网参数联调测试。

c. 按照线网参数联调测试方案进行参数制定、参数生成、参数下发等工作，将线网参数通过系统下发到每台参测设备，验证线网参数是否能够正常下发和接收处理。

d. 按照线网参数联调测试方案进行设备端参数的检查工作，通过售卡、充值、异常处理（如无进站标志、滞留超时）及进出站检票等操作，验证线网参数在设备上是否能够正常生效，并验证线网参数的正确性。

（2）线网交易清分对账联调

①联调目的

线网交易清分对账联调工作需要在测试环境下，每条线路选择至少两个车站进行联调测试。通过在设备端进行各种交易操作，并将交易数据逐级上传到地铁清分结算中心，由地铁清分结算中心进行解析处理、交易清分、对账等操作，验证线网交易数据的准确性、清分结果的准确性以及地铁清分结算中心与线路之间对账数据的正确性。同时还能通过报表数据的展示，验证交易汇总、清分结果汇总、客流汇总等数据的正确性。

②联调条件

a. 新线路、既有线 AFC 系统及设备已完成功能测试及联调测试，所有软件功能均已正常实现。

b. 地铁清分结算中心系统软件已完成功能测试，交易数据的解析、交易清分、对账等功能均已正常实现。

c. 测试系统及设备之间网络是正常联通的，能够支持交易数据的上传工作。

d. 测试系统及设备之间的通信中间件能够正常进行数据传输。

e. 各线路能够正确生成交易文件并上传，交易文件内容符合标准文档要求。

f. 各线路能够正确生成对账文件并上传，对账文件内容符合标准文档要求。

③联调内容

a. 每条线路至少选择两个车站，进行线网交易清分对账联调测试。

b. 每个参测车站选择一套设备（一组自动检票机、一台自动售票机、一台半自动售票机、一台自动充值机）参与联调测试。

c. 在设备端按照线网交易清分对账联调测试方案进行售卡、充值、异常处理及进出站等交易操作，将交易数据逐级上传，验证交易数据的传输是否正常。

d. 在线路及地铁清分结算中心系统中，按照线网交易清分对账联调测试方案进行交易数据的检查工作，通过核查交易数据，验证交易数据的正确性。

e. 在地铁清分结算中心系统中，按照线网交易清分对账联调测试方案进行清分结果的检查工作，通过核查清分结果，验证清分结果的正确性。

f. 在线路及地铁清分结算中心系统中，按照线网交易清分对账联调测试方案进行对账数据和报表数据的检查工作，通过核查对账数据和报表数据，验证对账数据的正确性。

（3）线网票务接口联调

①联调目的

线网票务接口联调工作需要在测试环境下，每条线路选择至少一个车站进行联调测试。通过票务系统进行车票配发、车票调拨、车票回收等操作，验证线网票务接口功能符合标准文档要求。

②联调条件

a. 新线路、既有线 AFC 系统及设备已完成功能测试及联调测试，所有软件功能均已正常实现。

b. 地铁清分结算中心系统的票务系统已完成功能测试，所有票务接口功能均已正常实现。

c. 测试系统及设备之间网络是正常联通的，能够支持票务接口联调工作。

③联调内容

a. 每条线路至少选择一个车站，进行线网票务接口联调测试。

b. 每个参测车站选择一台半自动售票机参与线网票务接口联调测试。

c. 按照线网票务接口联调测试方案进行车票配发、车票配发、车票回收等工作，验证票务接口是否能够正常接收及处理线路的票务请求。

d. 在测试半自动售票机上，按照线网票务接口联调测试方案进行记名卡申请、车票信息查询等工作，验证票务接口是否能够正常接收及处理设备的票务请求。

（4）线网运营数据报文联调

①联调目的

线网运营数据报文联调工作需要在测试环境下，每条线路选择至少两个车站进行联调测试。通过设备注册报文、设备 SAM 卡信息报文、时钟同步报文、降级模式报文等联机数据报文，验证线网运营数据报文处理的正确性。

②联调条件

a. 新线路、既有线 AFC 系统及设备已完成功能测试及联调测试，所有软件功能均已正常实现。

b. 测试系统及设备之间网络是正常联通的，能够支持运营数据报文联调工作。

c. 测试系统及设备之间的通信中间件能够正常进行数据传输。

③联调内容

a. 每条线路至少选择两个车站，进行线网运营数据报文联调测试。

b. 每个参测车站选择一套设备（一组自动检票机、一台自动售票机、一台半自动售票机、一台自动充值机）参与线网运营数据报文联调测试。

c. 按照线网运营数据报文联调测试方案进行设备注册报文、设备 SAM 卡信息报文、时钟同步报文等报文的上传，将运营数据报文上传给地铁清分结算中心，验证线网运营数据报文是否能够正常上传和接收处理。

d. 按照线网运营数据报文联调测试方案进行降级模式的联调测试，通过各种降级模式下，各车站设备的响应及对票卡的处理等操作，验证线网对降级模式处理的正确性。

(5)线网化大联调

①联调目的

线网化大联调工作需要在正式环境下，每条线路选择任意的四个车站进行联调测试。通过站间走票的方式，验证线网参数正常生效、线网票价的正确性、线网设备和票卡等兼容性，以及既有线路与新开线路之间的业务能够互通；同时还验证交易数据能够实时上传以及数据的准确性。

②联调条件

a. 新线、既有线 AFC 系统及设备已完成现场安装及联调测试，所有软件已定版。

b. 新线参测车站的测试设备已经更换为正式密钥的 SAM 卡。

c. 新线、既有线上线参数已定版完成，并将参测设备的参数更新为新版参数。

③联调内容

a. 每条线路任意选择四个车站，进行线网化大联调测试。

b. 每个参测车站选择一套设备（一组自动检票机、一台自动售票机、一台半自动售票机、一台自动充值机）参与线网化大联调测试。

c. 按照线网化大联调测试方案进行车票发售、站间走票等，测试线网参数是否正常生效、线网票价是否正确、线网设备和票卡等的兼容性，以及既有线路与新开线路之间的业务是否能够互通。

d. 查验各线路上传的交易数据的准确性。

(6)线网票价导切

①调试目的

线网票价导切工作是在完成线网化大联调后，在新线路正式开通前一天的晚上，对线网正式环境中所有设备进行票价、站点等参数的切换工作，保证第二天新线路的顺利开通。

②调试条件

a. 新线路、既有线 AFC 系统及设备已经完成软件版本的升级，准备工作就绪。

b. 新线路、既有线已经完成票价导切方案的编写。

c. 新线路、既有线上线参数已经定版。

③调试内容

a. 清空新线路全部系统和设备的测试数据。

b. 新线路待启用所有设备的 SAM 卡都更换为正式密钥 SAM 卡。

c. 新线路、既有线路所有设备参数更新为上线参数版本，并检查是否正常生效。

18.5.3 与其他专业接口管理

1)与综合监控系统的接口

AFC 系统与综合监控系统（Integrated Supervision and Control System，ISCS）在每个车站分别实现接口互联，ISCS 分别提供 1 路 100M 以太网口与 AFC 系统连接，AFC 向综合 ISCS 提供系统运行信息、故障信息、报警信息、客流信息等，并接受 ISCS 的模式控制和管理，实现两个系统之间的信息交互和联动控制。

AFC 系统与 ISCS 系统之间的系统接口总述如下：

设在车控室的 ISCS 操作员工作站，应能够以图形化界面实时监控车站 AFC 系统终端设备的通信状态、运行状态、故障情况，当出现状态变化或故障时，能够准确、实时地显示。当一台设备具有多个状态或故障时，应能全部显示，在状态变化后，应能及时更新状态信息。通过100M标准以太网接口互联，接口界面在AFC系统车站计算机系统设备房交换机。

紧急情况下，车站ISCS系统工作站能够通过软件和紧急放行按钮通过硬线向AFC系统发送控制命令，释放车站全部自动检票机，保持扇门常开状态。通过硬线互联，接口界面在AFC车站计算机机柜。

（1）工作范围划分

AFC系统集成服务单位的工作范围：

①负责向ISCS提供接口要求。

②负责实施自动售检票系统至ISCS间连接电缆的连接正确性测试。

③负责接口的功能测试及联合调试。

④双网卡配置与ISCS的通信接口。

ISCS系统集成服务单位的工作范围：

①按照AFC所提供要求进行设置。

②提供AFC系统至ISCS间的连接电缆（带标识）及其安装连接附件。

③负责实施AFC系统至ISCS间的连接电缆的敷设与连接。

④提供配线架。

⑤提供端子排，双回路、常开无源触点。

⑥统一设计综合后备盘（Integrated Backup Panel，IBP），提供IBP盘的按钮和指示灯。

⑦配合AFC系统接口的安装与施工。

⑧配合接口的连接测试。

⑨配合接口功能测试及联合调试。

（2）物理接口

AFC系统与ISCS系统的物理接口实例见表18.5.1。

AFC系统与ISCS系统的物理接口　表18.5.1

编号	接口位置	数量	用　途	类型	连接路径
AFC.ISCS.1	AFC设备室交换机	1	实现车站AFC系统与ISCS之间的数据传输	10/100以太网，RJ-45	网络电缆从车站AFC设备室AFC交换机连接至车站综合监控设备室配线架端子排外侧
AFC.ISCS.2	AFC设备室主机	1	实现综合后备盘AFC紧急按钮对自动检票机的紧急释放	硬线	硬线电缆从车站AFC设备室AFC紧急按钮控制盘连接至车站车控室综合后备盘端子排外侧

注：传输距离超过80m时，应采用光纤接口进行数据传输，光缆、光电接口转换设备、光缆终端盒、电源等均由ISCS提供。

（3）功能接口

AFC系统与ISCS系统的功能接口实例见表18.5.2。

AFC系统与ISCS系统的功能接口　表18.5.2

功能要求编号	功能要求	有关物理接口	AFC系统集成服务单位提供	ISCS集成服务单位提供
AFC.ISCS.F01	监视AFC设备状态及提供故障报警	AFC.ISCS. 1 AFC.ISCS. 2	提供AFC设备状态及故障报警信息给ISCS。包括设备之间通信状态，自动售票机钱箱、票箱的空、将空、满、将满、移位、锁闭等状态，出站检票机回收单程票的票盒快满或装满状态	ISCS监视车站内各AFC设备状态及提供故障报警

续上表

功能要求编号	功能要求	有关物理接口	AFC 系统集成服务单位提供	ISCS 集成服务单位提供
AFC.ISCS.F02	采集 AFC 设备及客流数据	AFC.ISCS. 1	按规定时间间隔（待定）传送车站客流数据给 ISCS	采集客流统计数据并显示在 ISCS 工作站上
AFC.ISCS.F04	监控 AFC 模式控制	AFC.ISCS. 1	传送模式的状态给 ISCS 执行 ISCS 的模式控制指令	从 ISCS 工作站监控 AFC“站厅关闭”/“车站疏散”模式
AFC.ISCS.F05	AFC 自动检票机紧急释放	AFC.ISCS.2	执行自动检票机紧急释放功能	紧急情况下自动检票机通过人工按下综合后备盘的紧急按钮发出释放命令
AFC.ISCS.F06	火灾情况下实现自动检票机的联动	AFC.ISCS.1 AFC.ISCS.2	执行火灾联动情况下的自动检票机释放	监视火灾情况下自动发出联动指令
AFC.ISCS.F07	控制指令及状态变更	AFC.ISCS.1 AFC.ISCS.2	设备状态变化信息需传送到与 ISCS 的接口	在接口收到状态信息后，显示在 ISCS 工作站 / 综合后备盘上

（4）电气规格

AFC.ISCS.1 采用基于 TCP/IP 协议的 100M 以太网络接口，传输介质为 6 类 4 对屏蔽双绞电缆，最大传输距离不能超过 80m。

为了尽量保持线缆接头之布局的对称性，使接头内线缆互相的干扰相互抵消而降到最低，要求采用的网线接法是 EIA/TIA 568B 标准。

接口设备、连接线及连接电缆发送的电磁辐射应符合相关标准（如 EN 50121—4:2006，TB/T 3073—2003，GB 6833，GB 9254—2008，GB/T 14598.13—1998 等）的规定，并需参照有关施工合同规格书内电磁兼容部分。

（5）性能要求

AFC 系统与 ISCS 系统接口的性能要求实例见表 18.5.3。

AFC 系统与 ISCS 系统接口的性能要求　　表 18.5.3

编号	要　求
AFC.ISCS.1	① AFC 系统根据 ISCS 的要求，在车站向综合监控系统提供有关客流、设备状态及设备故障信息。 ② ISCS 监视 AFC 系统提供的客流信息和 AFC 主要设备故障信息
AFC.ISCS.2	紧急情况下，通过综合后备盘上 AFC 紧急按钮的控制，使自动检票机的扇门打开

（6）接口协议

AFC 系统与 ISCS 系统的接口协议实例见表 18.5.4。

AFC 系统与 ISCS 系统的接口协议　　表 18.5.4

编号	要　求
AFC.ISCS.1	①软件协议为开放的、通用的协议。 ②软件协议以 ISCS 为主，AFC 系统配合。 ③软件协议及具体内容（包括数据定义、数据格式等）由 AFC 系统集成服务单位和 ISCS 系统集成服务单位共同确定

2）与通信传输系统的接口

通信专业为 AFC 系统提供各车站上传下载数据的通信链路。

通信专业提供两个符合 802.3 标准的 100M 以太网接口，保证 AFC 系统站级系统与上级系统之间上传和下载数据，实现信息互通。

接口界面在各车站及车辆段专用通信设备室配线架外侧。

(1)工作范围划分

AFC 系统集成服务单位的工作范围：

①提供 AFC 系统至通信专业间的连接电缆(带标识)及其安装连接附件。

②负责实施 AFC 系统至通信专业间的连接电缆的敷设与连接。

③负责实施 AFC 系统至通信专业间连接电缆的连接正确性测试。

④负责接口的功能测试及联合调试。

通信专业集成服务单位的工作范围：

①提供配线架外侧接口。

②配合 AFC 系统接口的安装与施工。

③配合接口的连接测试。

④配合接口功能测试及联合调试。

(2)物理接口

AFC 系统与通信传输系统的物理接口实例见表 18.5.5。

AFC 系统与通信传输系统的物理接口　　表 18.5.5

接口编号	AFC 系统集成服务单位提供	接口功能说明	接口类型	数量	接口位置
AFC.TX.1	SC 交换机至车站通信系统环网数据电缆	提供 SC 与通信线路环网数据链路	100M 以太网，RJ45	2	车站专用通信设备室
AFC.TX.2	线路通信环网配线架至车辆段 AFC 维修中心数据光缆	提供线网通信环网至车辆段 AFC 维修中心数据链路	光纤端口	2	车辆段专用通信设备房
AFC.TX.3	线路通信环网配线架至线路中心专用通信配线架数据电缆	提供线路通信环网配线架至线路中心专用通信配线架数据链路	光纤端口	2	线路专业通信配线架； 线路中心专用通信配线架

(3)功能接口

AFC 系统与通信传输系统的功能接口实例见表 18.5.6。

AFC 系统与通信传输系统的功能接口　　表 18.5.6

功能要求编号	功 能 要 求	有关物理接口	AFC 集成服务单位提供	通信专业集成单位提供
AFC.TX.F1	提供线路中心与各车站 SC 间的数据传输通道	AFC.TX.1	利用通信专业提供的通道进行数据传输	两路共享式以太网数据传输通道
AFC.TX.F2	提供线网通信环网至车辆段 AFC 维修中心数据链路	AFC.TX.2	利用通信专业提供的通道进行数据传输	两路共享式以太网数据传输通道
AFC.TX.F3	提供线路通信环网配线架至线路中心专用通信配线架数据链路	AFC.TX.3	利用通信专业提供的通道进行数据传输	线路中心专用通信端口分配，线路中心专用通信端口分配

3)与综合不间断电源的接口

AFC 系统各车站、车辆段维修车间和车辆段培训车间，通过综合 UPS 向 AFC 系统设备供电，在各车站为 AFC 系统提供 2 路三相五线电源。

接口位置：弱电电源室综合 UPS 设备输出配电柜，接口形式为三相五线制。

(1)工作范围划分

AFC 系统集成服务单位的工作范围：

①提供 AFC 系统至综合 UPS 间的连接电缆(带标识)及其安装连接附件。

②负责实施 AFC 系统至综合 UPS 间的连接电缆的敷设与连接。

③负责实施 AFC 系统至综合 UPS 间连接电缆的连接正确性测试。

④负责接口的功能测试及联合调试。

综合 UPS 集成服务单位的工作范围:

①提供综合 UPS 输出接口。

②配合 AFC 系统接口的安装与施工。

③配合接口的连接测试。

④配合接口功能测试及联合调试。

(2)物理接口

各个车站采用弱电综合 UPS 供电方式,接口分界位于综合 UPS 输出交流配电盘输出回路断路器下出线端口,供电回路数量一般为车站 2 个回路、车辆段维修车间和培训中心均为 1 个回路,三相五线制。集中 UPS 系统进线失电后,综合 UPS 系统通过此接口告知车控室值班人员,综合 UPS 系统将按照后备时间严格控制进线失电后各输出回路的供电时间。UPS 配电盘断路器出线端至 AFC 系统配电箱进线端的电源电缆,由建设单位指定的相应安装集成服务单位负责,综合 UPS 和 AFC 分别负责配合本系统侧接线和安装。

(3)性能要求

在各车站采用弱电综合 UPS 供电方式,其中 AFC 系统的 UPS 后备时间见表 18.5.7。

UPS 后备时间表　　表 18.5.7

系统名称	备用时间(min)	
	车站 SC	车站终端设备
AFC 系统	30	15

4)与车站建筑接口

本接口描述 AFC 系统与建筑专业之间接口要求及其所需实现的功能。

(1)工作范围划分

AFC 系统集成服务单位负责的范围包括:

①负责与建筑专业的设计单位、集成服务单位进行协调和配合。

②落实所有建筑物内的 AFC 系统预留条件。

③负责提供 AFC 设备安装对建筑的要求。

④其他建筑专业要求的技术资料。

⑤提供线槽敷设对建筑的要求。

AFC 系统集成服务商负责提供设备类型和尺寸,并检查建筑专业预留的条件能否满足使用要求。

建筑预留条件包括:

① AFC 系统设备及管理用房的面积、布置位置。

②所有建筑物内的 AFC 系统预留孔洞。

③满足 AFC 专业提出的对线槽敷设的相关要求。

(2)物理接口

AFC 系统与建筑专业集成服务单位需按照接口要求一览表提供有关的接口设备,接口实例见表 18.5.8。

AFC 系统与建筑专业的物理接口　　表 18.5.8

接口编号	AFC 系统提供	建筑专业提供	接口功能说明	接口位置
AFC.建筑 .P1	提供 AFC 终端设备数量	提供 AFC 系统设备初步布置	向建筑专业提供完成建筑设计所需的与 AFC 相关的资料	各车站站厅公共区
AFC.建筑 .P2	确认 AFC 系统设备安装数量、设备布局是否符合要求	提供布置有 AFC 系统设备及设备管理用房的建筑平面图，并完成相关栏杆、围挡的布置	完成符合 AFC 系统设备数量、布置要求的建筑方案	各车站站厅公共区
AFC.建筑 .P3	提供 AFC 系统设备房要求和在集散厅装修层内预埋电缆沟槽和管线要求	提供孔洞预留方案，并实施	完成预留方案，并在 AFC 管、槽敷设后进行符合要求的封堵	各车站站厅及 AFC 系统设备、管理用房
AFC.建筑 .P4	提供 AFC 系统设备管理用房的面积及工艺、装修要求	根据 AFC 系统的用房面积及工艺要求提供建筑布置	按照 AFC 系统要求完成 AFC 系统设备管理用房的装修	各车站、控制中心、车辆段 AFC 系统设备、管理用房
AFC.建筑 .P5	电缆和保护包装，在敷设管线后负责孔洞的封堵	提供预留孔洞	电缆布线防烟、防火	墙或地板孔洞

5）与车站装修的接口

（1）适用范围

① AFC 系统向装修专业提供车站站厅层 AFC 设备平面布置要求、终端设备数量及 AFC 设备用房、客服中心的布置、面积及工艺要求。

②装修专业按 AFC 系统的要求进行设备的设置和客服中心的布置以及盲道的布置。

③装修专业根据进度要求提供已完成装修的 AFC 设备用房。

（2）工作范围划分

AFC 系统集成服务商责任范围：

①提供 AFC 系统车站、维修中心用房等的预留孔洞。

②车站客服中心防静电地板高度要求≥ 150mm。

③负责提供 AFC 系统地面线槽、接（分）线盒、管线预埋要求。

④负责提供客服中心类型和尺寸，并检查装修专业设计的客服中心能否满足使用需求。

装修专业责任范围：

①装修专业按照 AFC 设备装修要求，向 AFC 系统提供安装条件。

②装修专业根据 AFC 专业终端设备安装位置配合栏杆及盲道设置。

③装修专业按 AFC 系统的要求在地面、墙面等处的大理石装修面进行开孔，并根据 AFC 专业防水等要求对盖板进行工艺设计。

④装修专业对客服中心按照管理用房工艺要求进行设置，施工图需经过 AFC 专业会签确认。

⑤装修专业配合 AFC 系统完成车站终端设备的安装及成品维护。

（3）配合要求

装修专业必须考虑到 AFC 专业需要的电力电缆和通讯线缆通过预埋在地面、墙壁（或立柱）的管线进行铺设。AFC 专业的管线是定制材料，管线要求防水、防火和防腐蚀，因此，装修施工要与 AFC 专业相互配合。

AFC 专业与装修专业在以下环节需要配合：

①车站地面管线铺设。

②管线的出线口、分线口位置确定及保护。

③车站客服中心的设计。

④出入站自动检票机群和自动售票机群的乘客导向标识。

6）与动照专业的接口

车站 AFC 系统接地由动力照明专业提供，动力照明专业在车站 AFC 机房设弱电接地排，接口界面在弱电接地排出线端子。

7）与建造—移交单位的接口

AFC 系统集成服务单位与建造—移交单位（Build-Transfer，BT）的接口包括但不限于以下内容：

① AFC 系统设备安装前的临时存放场地。

② AFC 系统设备安装、线槽敷设、管线预埋、设备调试等所需的条件及场地。

③ AFC 系统设备管理用房面积、位置、装修工艺、空间环境应满足 AFC 系统要求。

④ BT 方应负责车站客服中心、收费区与非收费区分隔围栏的实施，并按 AFC 专业要求完成对检修口装修面开孔及装修盖板制作等。

⑤根据相关接口文件配合 AFC 系统集成服务单位施工安装及调试等。

⑥ BT 方应与 AFC 系统集成服务单位共同完成对 AFC 系统设备的成品保护。

18.6 自动售检票系统工程新技术和发展方向

18.6.1 线网化、多运营商、区域一体化发展

我国的地铁工程 AFC 系统投入运营至今已超过 15 年时间，越来越多的城市地铁逐步由单线路运营进入到了线网化运营，越来越多的企业也参与到地铁的建设和运营中来，因此，地铁线网化和一座城市多家运营商参与地铁运营将成为未来发展的趋势。

随着城际铁路的快速发展，会将相邻城市的地铁进行一定程度的联通，为了实现乘客无障碍通行，区域乘客一卡通行的需求会呈现出来，因此，实现多个城市联网的区域 AFC 系统也将成为一种趋势。

线网化、多运营商、区域一体化发展，将直接影响到 AFC 系统一系列业务功能的变化和系统之间的整合。

18.6.2 支付和检票通行方式多样化发展

AFC 系统是一套收费系统，其支付工具、支付方式和检票通行方式一直在发展和变化，为乘客提供了更为便捷的支付及通行方式。

（1）购票支付方式

①纸币购票：采用人民币购买地铁票车卡。

②硬币购票：采用硬币购买地铁票车卡。

③一卡通卡购单程票：采用一卡通购买地铁票车卡。

④储值票购单程票：采用储值票购买地铁票车卡。

⑤银行卡购票：采用银行卡购买地铁票车卡。

⑥互联网购票：采用微信、支付宝等第三方互联网方式购买地铁票车卡。

(2)支付检票通行方式

①单程票检票通行：采用地铁单程票进出自动检票机。

②储值票(卡)检票通行：采用地铁储值类票卡进出自动检票机。

③银行卡检票通行：采用各类银行联名卡进出自动检票机。

④手机检票通行：采用 2.4G、近场通信（Near Field Communication，NFC)、蓝牙等手机通信技术实现进出自动检票机。

⑤手机二维码检票通行：采用二维码技术实现进出自动检票机。

⑥智能设备通行：采用智能手环、智能指环、智能手表等智能设备实现进出自动检票机。

⑦生物识别通行：采用指纹、掌纹、声波、身份证等身份识别技术实现进出自动检票机。

18.6.3 云平台化发展

AFC 系统是地铁各线联网运营的信息系统，而且随着时间的推移线网会不断扩展和变化，当出现以下情况时，就需要对原有系统进行必要的升级或扩容：

(1)随着时间的推移，客流量上升系统资源无法满足要求时。

(2)当有新的线路接入线网时。

(3)当有新的票卡、新型设备、新的支付方式、新的通行技术等需要引入地铁使用时。

(4)用户需求变化，系统功能需要扩展时。

因此，AFC 系统平台的未来必定是往高吞吐量、高性能、易扩展的方向发展，而要想实现这个目标，需要从以下两方面着手：

(1)软件云平台化：应用软件是 AFC 系统的大脑，负责调用硬件资源用于实现所需的各类业务功能，将应用软件云平台化，需要对现有业务及接口进行重新设计，以满足分布式、分时、NOSQL 等云技术的要求，最终提供高扩展性的软件服务接口，实现软件资源的云平台化。

(2)硬件云平台化：硬件平台是 AFC 系统的基础，为应用软件提供运行环境，将硬件云平台化，实现对 CPU、内存、硬盘等硬件资源的合理分配，可以有效降低后续硬件扩容的硬件成本。

18.6.4 读写器的智能化发展

(1)读写器目前状况

①目前 AFC 系统中使用的读写器基本都采用串口通信，许多联机业务都是通过上位机间接与上级系统进行交互。

②每个城市的 AFC 系统集成服务单位为数众多，读写器对车票的处理如果不能做到完全一致，将导致新线开通时出现各种各样的车票异常或交易异常的情况，其中交易报文错误的情况尤甚，会给地铁交通的运营带来很大的压力和引致乘客投诉。

③为了提升终端设备对车票处理的速度，进而提升 AFC 系统的检票速度，目前可行的解决方案是将终端设备的部分处理业务下移至读写器内，由读写器独立处理以减少读写器与终端设备主控系统之间的交互，这就对读写器的处理能力和对外通信能力提出了更高的要求。终端设备业务下移至读写器后，终端设备需要将较大的参数文件下发给读写器并由读写器解析执行，同时，读写器需要独立完成交易及进行交易存储和上传，这些都要求读写器要具有较强的处理能力、较大的存储空间和较强的对外通信传输能力，鉴于串口通信速率最高只能达到 115200bit/s，将成为提升终端设备处理能力

的瓶颈。

(2)读写器未来发展方向

为了解决上述问题,未来的AFC系统读写器应当具备以下条件:

①业务接口只交互票卡信息和读写器结果,涉及交易信息部分,读写器可在交易完成后自行通过网络上传到上级车站计算机系统。

②涉及联机业务,由读写器自行联机完成。

③参数包及软件升级包通过网络下载。

④读写器与设备之间的通信协议实现以太网等高速网络通信。

⑤内部软件模块化,遵循职责单一原则,每个模块只处理相应的单一业务,并建立软件模块之间的接口。

(3)读写器升级改造建议

要实现以上提及的功能,读写器及配套环境需要进行以下升级:

①提高读写器的硬件配置,提升读写器性能。

②读写器使用操作系统,发挥读写器的硬件性能。

③单独规划读写器的IP,让读写器能通过网络协议独立与上级系统进行交互。

④读写器与设备上位软件之间设立交换机,两者通过交换机进行交互。

(4)读写器实现高速上网的好处

①通信速率较以往传统的串口通信有大幅提高,能有效减少交互上的延缓,交互信息量大时效果尤为明显。

②读写业务内部高度聚合,减少与上位机的交互内容,减少交易出错概率。

③可通过网络直接获取读写器的日志和查看读写器内部交易文件及参数文件等。

④网络协议支持高速通信,改变以前低速串行通信的局面,提高并发业务处理效率。

⑤网络协议支持接口结构化交互,使用接口结构化能大大提高扩展性高,便于后期因业务发展需要修改接口协议。

⑥软件内部对业务处理职责分明,提高处理效率,减少问题分析难度,控制升级风险。

第19章 屏蔽门系统工程

19.1 屏蔽门系统工程概述

安装于地铁、轻轨等轨道交通车站站台边缘，将轨道与站台候车区隔离，设有与列车门相对应，可多级控制开启与关闭滑动门的连续屏障，称为城市轨道交通站台屏蔽门，简称屏蔽门。包括全高闭式屏蔽门（通常简称屏蔽门）、全高开式屏蔽门（通常简称全高安全门）、半高屏蔽门（通常简称半高安全门或安全门）。屏蔽门系统具有安全、节能、环保等作用。

地铁屏蔽门按其功能可分为两大类：闭式和开式。闭式屏蔽门也就是通常所说的地铁屏蔽门；开式屏蔽门即通常所说的安全门，开式屏蔽门又有全高开式屏蔽门和半高屏蔽门两种。

全高开式屏蔽门，高度一般为 2700 ～ 3200mm，除具有保证乘客安全的功能外还能阻挡列车进站的气流对乘客的影响，这种结构多用于没有空调系统的地下站台，或用在敞开式地面站台或高架站台。

半高屏蔽门主要的作用是保证乘客的安全，高度一般为 1200 ～ 1500mm，由于它不能完全隔绝列车运行的空气流动风和噪声对乘客的影响，因此，这种结构多用在敞开式地面站台或高架站台。

闭式屏蔽门，除具有保证乘客安全的作用外，还具有隔断区间隧道内气流与车站内空调环境之间冷热气流交换的功能，所以，要求屏蔽门的气密性良好，这样才能使车站与区间的热交换减小到最低程度，达到节能的目的，这种结构多用于设有空调系统的站台。

19.2 屏蔽门系统工程特点

目前，国内常规做法是由建设单位对屏蔽门系统进行单独招标，项目实施一般采用交钥匙工程方式，即由厂家负责设计、供货、安装、调试、验收及维护保养。

屏蔽门工程管理时间跨度长，涉及内容多，本节主要从组织架构的建立、项目资源配置、项目过程管理等方面说明屏蔽门系统工程的特点。

1）组织架构的建立

屏蔽门系统工程对项目经理和现场施工管理人员的协调能力和技术要求水平高，需要选派拥有丰富项目管理经验、协调能力强、熟练掌握屏蔽门技术的管理人员建立项目管理架构。

2）项目资源配置

屏蔽门项目实施时间跨度长、项目内容多，应在项目前期规划阶段做好详细规划，根据项目执行不同阶段，组织不同的人力资源、设备资源投入到项目工作中。

3）项目过程管理

项目实施主要包括样机开发和设计阶段、产品批量生产阶段、项目施工阶段、项目维修保养阶段四个阶段。

（1）样机开发和设计阶段

本阶段的工作任务是完成样机的设计、制造、试验与验收。本阶段需完成的主要工作包括：

①双方互提相关信息资料。

②讨论并确认总体项目进度计划。

③讨论并确认样机的设计方案。

④完成样机的细化设计及生产。

⑤讨论并确认样机的测试大纲。

⑥讨论并确认屏蔽门与其他系统之间的接口文件。

（2）产品批量生产阶段

本阶段的工作任务是完成工程设备的制造，确保提交符合要求的产品。本阶段需完成的主要工作包括：

①编制合理的供货计划，确保按时提交合同设备。

②按照需求配备合理的人力资源、设备资源，按计划组织设备生产。

③加强制造过程中的质量控制，确保提交合格的合同设备。

（3）项目施工阶段

本阶段的工作任务是完成工程设备的安装、测试与验收。本阶段需完成的主要工作包括：

①建立现场项目部：在现场组建以项目经理为首的现场施工项目部，并配置施工员、材料员、安全员等各类人员，做好项目施工管理工作。

②制定详细的施工工艺：严格按照施工组织设计的要求开展项目管理工作。

③合理配置资源：合理配置施工所需的人力与机具资源，按计划完成现场安装及调试验收工作。其中，调试验收工作包括单体调试、系统调试、接口调试、连续运行测试、综合联调、交付验收。

（4）项目维护保养阶段

本阶段的工作任务是完成设备维护保养，确保系统正常运营。本阶段需完成的主要工作包括：

①建立维护保养项目部 。

②按照《维护手册》的要求开展工作。

③对现场突发事件进行处理。

④不定期的对运营人员进行培训。

19.3 屏蔽门系统构成及其功能

19.3.1 屏蔽门系统构成

屏蔽门系统由机械部分和电气部分组成，机械部分包括门体结构和门机，电气部分包括控制系统和电源系统。

1）门体结构

屏蔽门门体结构由承重结构、门槛、顶箱（屏蔽门及全高开式屏蔽门）、固定侧盒（半高屏蔽门）、滑动门、固定门、应急门和端门等组成，如图 19.3.1 和图 19.3.2 所示。

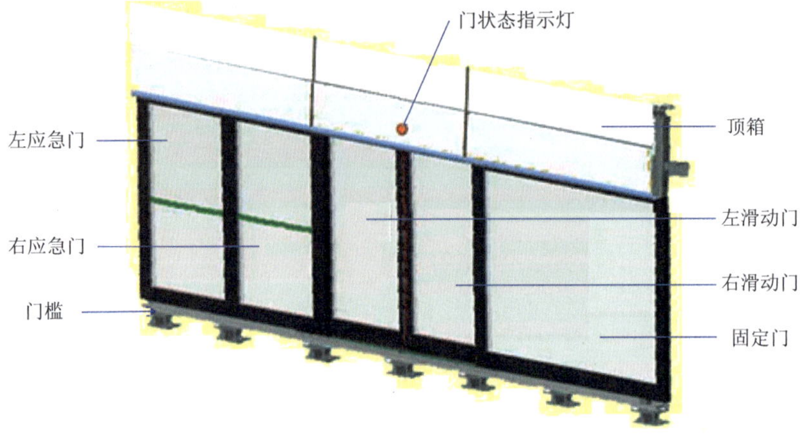

图 19.3.1　屏蔽门标准单元门体结构示意图

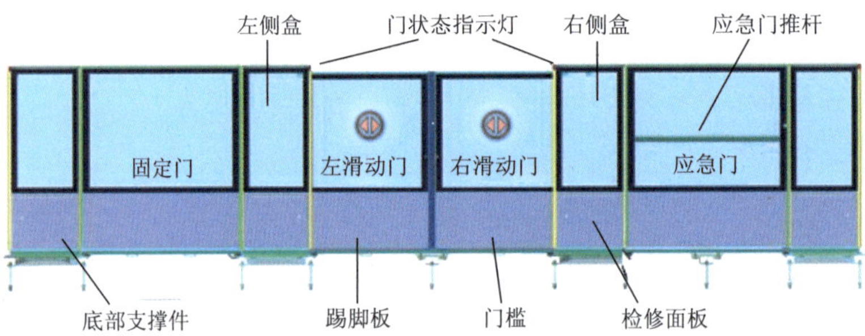

图 19.3.2　半高屏蔽门门体结构示意图

（1）承重结构

屏蔽门、全高开式屏蔽门承重结构主要由上部连接部件、下部支承组件、立柱、门楣梁、门机梁、紧固件和绝缘件等组成，如图 19.3.3 所示。

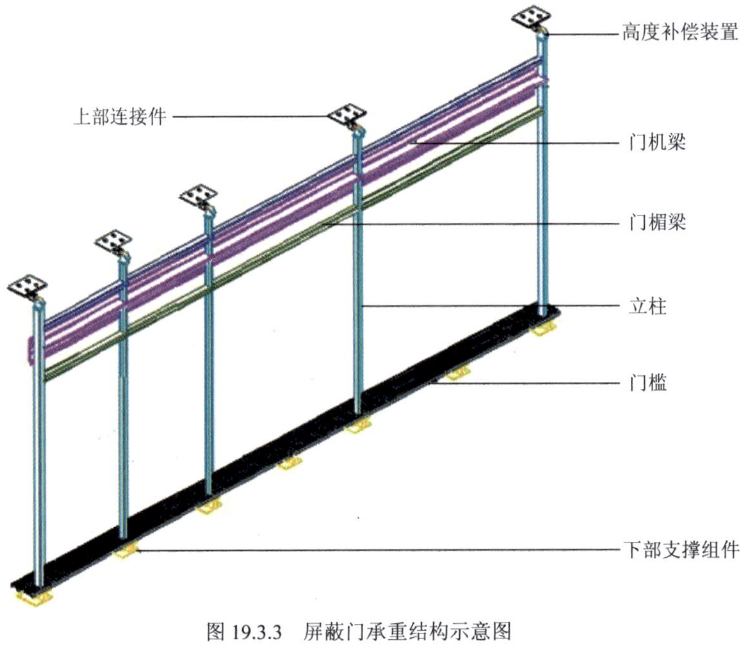

图 19.3.3　屏蔽门承重结构示意图

半高屏蔽门承重结构主要由下部支承结构、高度调节装置、固定侧盒、紧固件、密封件和绝缘件等组成。

承重结构可以承受屏蔽门的垂直荷载及最不利荷载组合的共同作用，应该满足安装简单、三维调节方便的要求。

上部连接部件：应该满足可三维调节，可吸收土建沉降的要求。

下部支撑组件：应该满足可三维调节，更换方便，绝缘材料性能可靠的要求。

立柱：闭式屏蔽门 / 全高开式屏蔽门的主要承力构件，应该满足三维调节方便，保证结构安全的要求。

门楣梁、横梁组件：连接相邻立柱，形成屏蔽门系统受力体系；同时作为固定面板锁、应急门闭门器的安装支架。

门机梁：是滑动门驱动装置、传动装置、门锁机构等的安装基体，可以承受闭式屏蔽门 / 全高开式屏蔽门荷载，一般采用铝合金型材，表面阳极氧化处理。

（2）门槛

门槛包括底部支承座、与站台板连接的紧固螺栓、绝缘件以及门槛踏步板等，如图 19.3.4 所示。

门槛有滑动门门槛、应急门门槛、固定门门槛和端门门槛。

门槛强度需满足受力要求，导靴与门槛间的摩擦力不应对滑动门的顺滑运行产生影响，滑动门及应急门处门槛需做防滑设计。

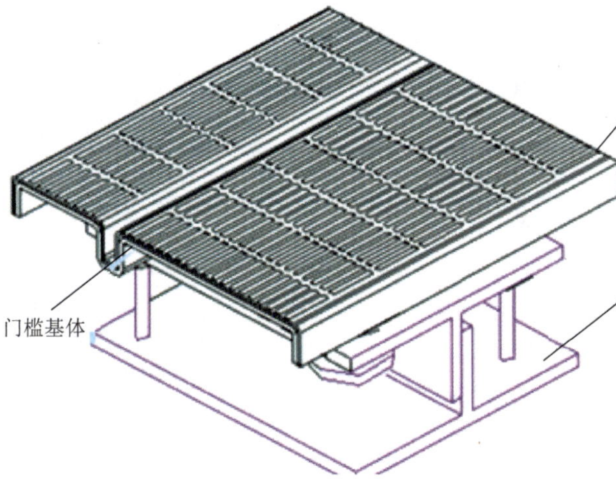

图 19.3.4　门槛结构示意图

（3）顶箱（应用于闭式屏蔽门及全高开式屏蔽门）

顶箱位于闭式屏蔽门及全高开式屏蔽门滑动门、固定门、应急门上方，包括顶箱前、后盖板、门机梁、上部与站台顶梁固定的组件、伸缩装置等，主要功能是为门机提供一个良好的工作状态及环境。顶箱四周需进行密封设计，对内部结构起密封保护作用。顶箱前盖板一般兼作车站导向指示牌，前盖板应该设计成可以开启一定角度，方便安装调试及维修，如图 19.3.5 所示。

图 19.3.5　顶箱示意图

（4）固定侧盒（应用于半高屏蔽门）

固定侧盒是半高屏蔽门主要承力构件，同时为驱动电机、门机锁、DCU、接线端子排、电气元器件等部件提供安装空间，如图 19.3.6 所示。

（5）滑动门

关闭时，作为车站站台公共区与隧道区域的屏障；打开时，作为乘客提供上、下列车的通道，也可作为在车站隧道区域发生火灾或故障时乘客疏散的通道。滑动门由门框、面板、解锁装置、防夹胶条等组成，如图 19.3.7 和图 19.3.8 所示。

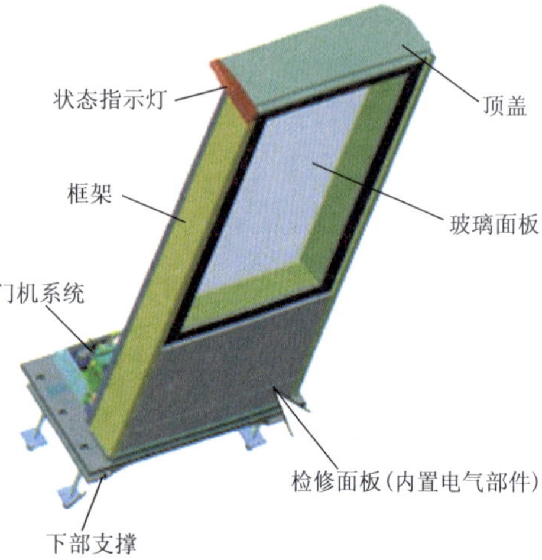

图 19.3.6　半高屏蔽门固定侧盒示意图

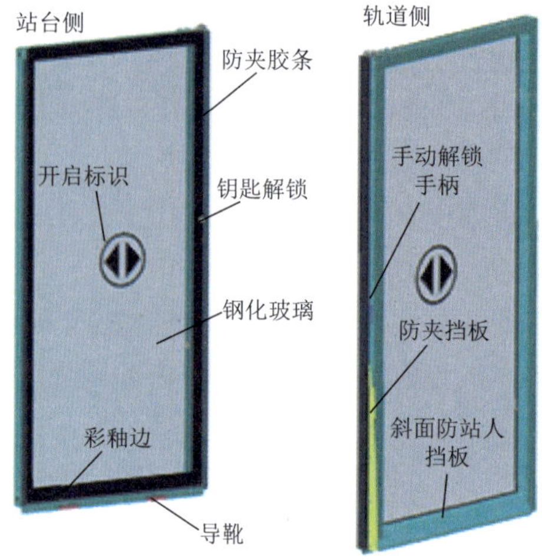

图 19.3.7　屏蔽门滑动门示意图

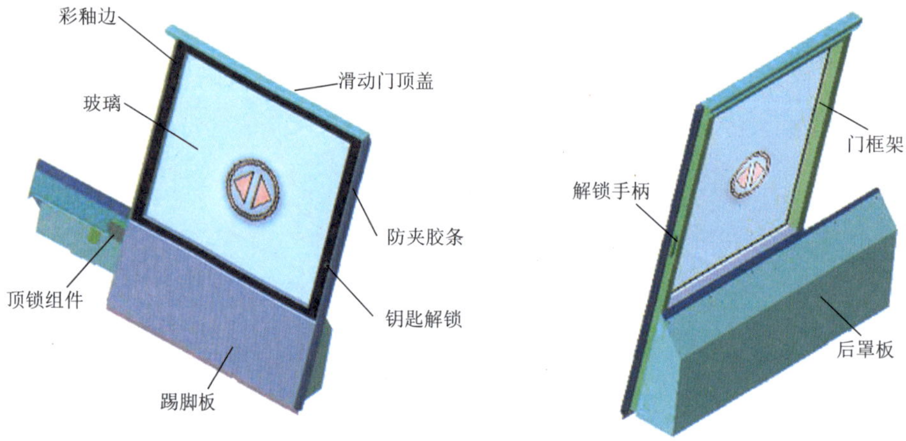

图 19.3.8　半高屏蔽门滑动门示意图

（6）固定门

固定门位于滑动门与滑动门之间或滑动门与端门之间，与横梁、门槛或立柱固定连接，安装完成后固定不开启的门，固定门由门框、面板、踢脚板等组成，如图 19.3.9 和图 19.3.10 所示。

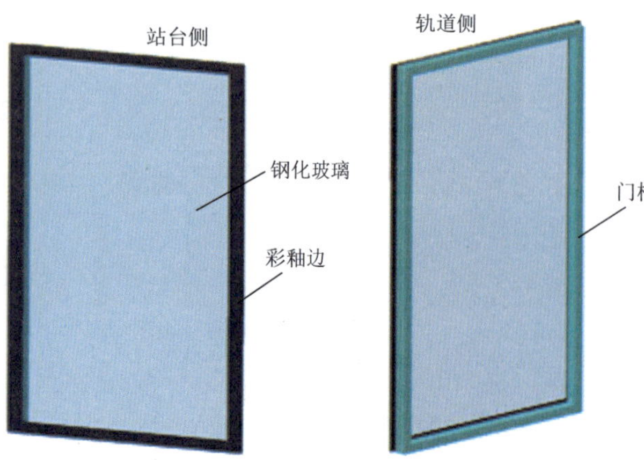

图 19.3.9　屏蔽门固定门示意图

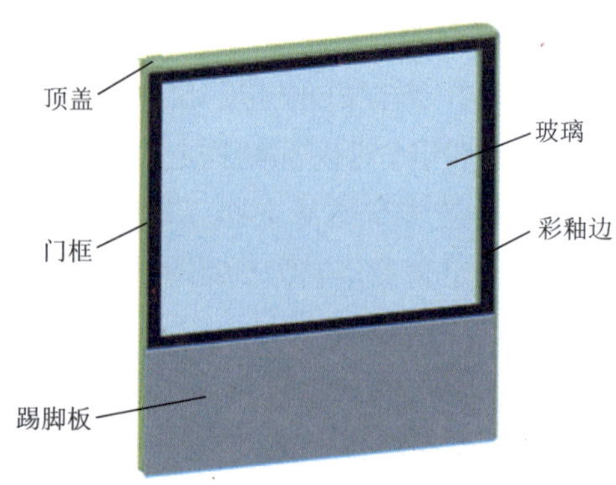

图 19.3.10　半高屏蔽门固定门结构示意图

(7)应急门

应急门是列车门与滑动门不能对齐时，供疏散的门。

应急门设置在安装固定门位置（即位于滑动门与滑动门之间或滑动门与端门之间），具体位置根据车站实际情况和车辆资料确定。正常运营时，应急门保持关闭且锁紧，在公共区与隧道区间起隔离作用；当列车进站无法对准滑动门时可作为乘客应急疏散通道，应急门由门框、面板、解锁装置、踢脚板等组成，如图 19.3.11 和图 19.3.12 所示。

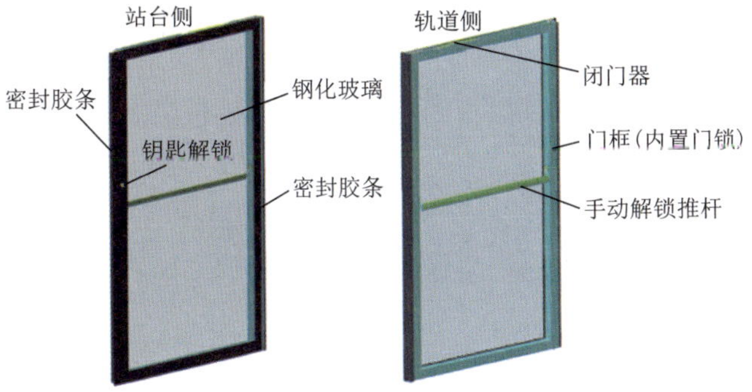

图 19.3.11　屏蔽门应急门示意图

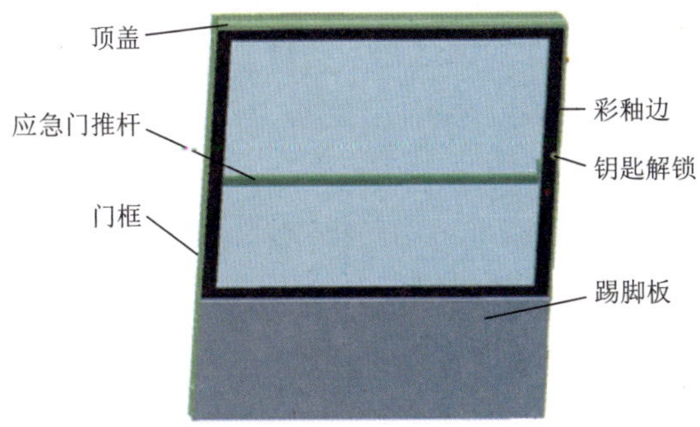

图 19.3.12　半高屏蔽门应急门结构示意图

(8)端门

设置于屏蔽门两端进出轨行区的门。

端门是列车在区间隧道发生火灾或故障时乘客疏散的通道以及工作人员进出站台公共区的通道。正常运营状态，端门应保证关闭且锁紧。

端门一般不进入安全回路，但如果端门没有处于关闭锁紧状态，监视系统应提供开门报警功能。

端门的结构基本与应急门相同，不同之处在于，一般情况下，应急门不要求开启后自动复位，而端门要求开启后自动复位。

(9)门体制作

门体结构需进行有限元结构计算，满足设计强度和刚度要求。

门框及门体外装饰材料一般选用发纹不锈钢、铝合金或碳钢等材料，当采用铝合金或碳钢时，表面宜采用氟碳喷涂或粉末喷涂处理等防腐效果较好的表面处理方式。

面板材料一般选用安全玻璃。

2)门机系统

(1)屏蔽门及全高开式屏蔽门门机系统

屏蔽门及全高开式屏蔽门门机系统由驱动装置(电机、减速器等）和传动装置、锁紧及解锁装置、位置检测开关等组成，如图 19.3.13 所示。

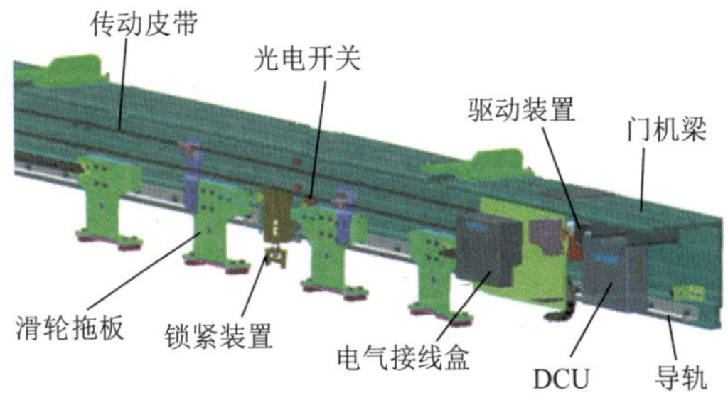

图 19.3.13　屏蔽门门机系统示意图

①驱动装置及传动装置

驱动装置由电机、蜗轮蜗杆减速器、同步带轮、同步齿形带防脱装置（皮带传动）、联轴器（螺杆传动）及电机支架等组成。

由于直流电动机具有调速性能好、起动容易、能够载重起动等优点，所以，目前一般选用直流电动机作为屏蔽门的动力源。

传动装置一般采用螺杆传动或皮带传动，需保证两门扇运动同步、稳定。

②锁紧装置

滑动门应设置锁紧装置。滑动门自动开启时锁紧装置能自动释放，故障情况时可采用开门把手或钥匙手动释放锁紧装置。滑动门关闭后，该锁紧装置能有效防止由于外力作用将门打开。

滑动门的锁紧装置在正常运行时可自动解锁，本节以电子锁为例说明滑动门的锁紧装置操作原理。

在屏蔽门开门过程中的解锁功能：当门控模块接收到中央控制盘（Platform Screen Doors Central Interface Panel，PSC）发出的开门命令，门控模块向电子锁中的电磁铁通电，然后锁芯在滑动门打开之前被吸起。

在屏蔽门关门过程中的锁闭功能：当滑动门关闭到位后，关门位置感应器触发，门控模块停止向电子锁内的电磁铁通电，然后锁芯落下，达到锁紧滑动门的目的。

在手动解锁过程中的解锁功能：当乘客或者站台工作人员手动打开屏蔽门时，锁芯、解锁和闭锁装置被机械力顶出，门控器（Door Control Unit，DCU）就可以探测到手动操作，锁芯被吸起，滑动门实现解锁功能。

（2）半高屏蔽门门机系统。

半高屏蔽门门机系统包括驱动装置（电机、减速器等）和传动装置、锁紧装置及解锁装置、位置检测开关等，如图 19.3.14 所示。

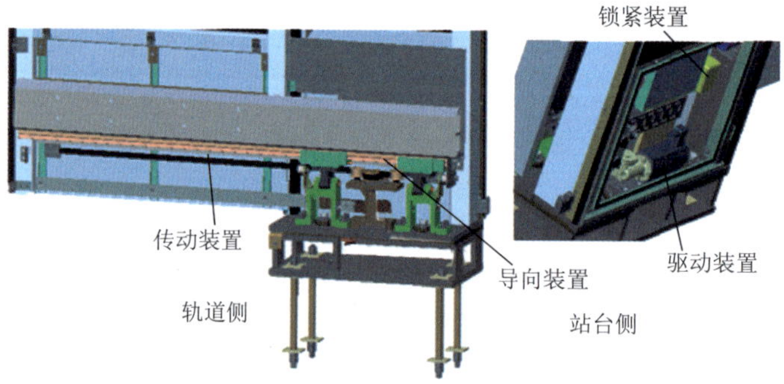

图 19.3.14　安全门门机系统示意图

门机系统一般安装在滑动门两侧的固定侧盒内，门机系统应运行平顺、易于调换，无窜动等现象，能够保证两扇滑动门同步、稳定工作。电机、传动装置、DCU 等部件应能方便在站台侧进行维修。门在关闭状态下能够自锁，防止由于外力作用打开滑动门。电机、驱动装置、门锁机构和 DCU 等设备的接线端子和接头均应设计保护功能，防止现场不良环境（灰尘、渗水和雨雪等）的影响。

①驱动装置及传动装置

驱动装置由电机、减速器组成，一般安装在滑动门两侧的固定侧盒内，一般一扇滑动门配一套驱动装置。

传动装置一般选用皮带传动或齿轮齿条传动，当选用皮带传动方式时，传动皮带应该采用重载齿型皮带。皮带传动装置应设有皮带张紧调节装置，以便调节皮带张紧力和防止皮带打滑。

②锁紧装置

半高屏蔽门锁紧装置一般安装于固定侧盒下方，确保滑动门在关闭状态下自锁，并且可防止外力作用下打开滑动门。

半高屏蔽门锁紧装置工作原理与闭式屏蔽门、全高开式屏蔽门锁紧装置工作原理基本一致。

3）监控系统

（1）组成

屏蔽门监控系统主要由中央控制盘（PSC）、就地控制盘（Platform Screen Doors Local Control Panel，PSL）、门控单元（DCU）、通信介质及通信接口等设备组成。屏蔽门控制及监视系统构成框图如图 19.3.15 所示。

(2)监控系统功能

监控系统具有控制和监视两项基本功能，详见 19.4.2 控制系统功能简介。

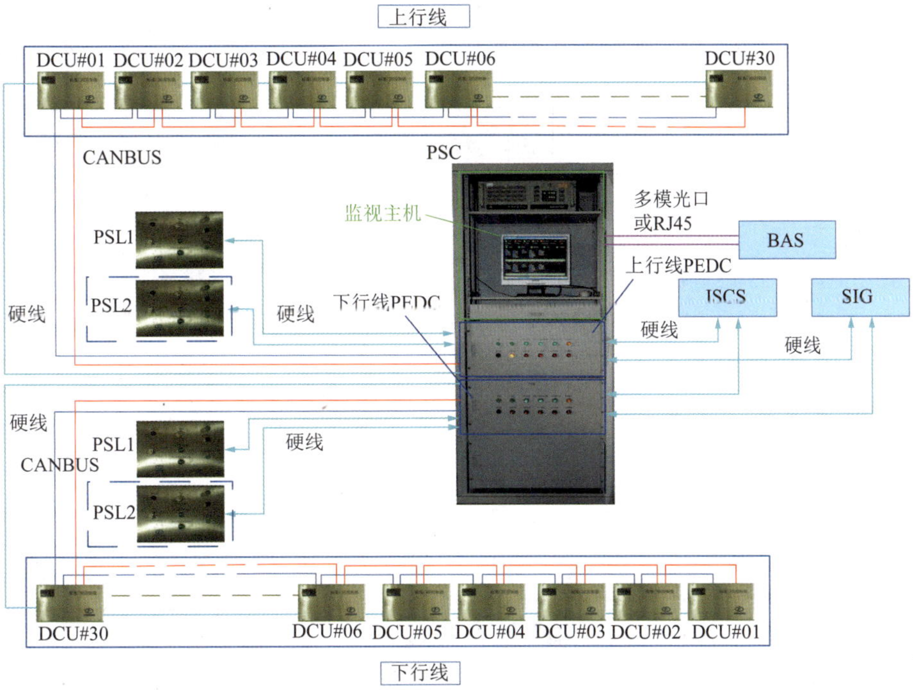

图 19.3.15　屏蔽门控制及监视系统构成框图

(3)中央控制盘(PSC)的组成与性能

中央控制盘(PSC)包括柜体、单元控制器、监控主机及显示终端、与信号系统、综合监控系统的接口装置、接线端子排、布电缆的线槽、排热风扇、测量表计及 PSC 面板的相关状态指示灯等。

每个站台都至少有一个(多侧站台可能不止一个)中央控制盘(PSC)，PSC 内的逻辑控制器(PEDC)负责监控门的各状态信息;PSC 和信号系统、PSL、综合后备盘(IBP)、综合监控系统(ISCS)等连接。

PSC 内的 PEDC 分别接收来自信号系统(Signal System，SIG)、PSL、综合后备盘(IBP)上的控制信号并向 DCU 发送命令，控制滑动门的开 / 关。

(4)门控单元(DCU)的组成及性能

DCU 是滑动门电机的监控装置，一般每对滑动门单元均配置一套 DCU，闭式屏蔽门 / 全高开式屏蔽门安装在门体上部的顶箱内，半高屏蔽门安装在固定侧盒内。DCU 由 CPU 组、存储单元、接口单元及相关软件等组成。

DCU 接受 PSC 内 PEDC，以及 PSL、IBP 发送过来的命令，并按照指令实现对滑动门的开 / 关门操作，同时将屏蔽门的状态反馈给 PEDC。

(5)就地控制盘(PSL)

监控整侧屏蔽门关闭且锁紧的状态;并可通过就地控制盘进行开 / 关门操作;在单档门体出现故障时实现与列车的互锁解除功能。

(6)就地控制盒(LCB)

当站台上的个别滑动门发生故障无法自动打开或需要检修时，站台工作人员可以用就地控制盒对该樘滑动门进行开 / 关门操作，此时信号系统对该樘门不起控制作用。

(7)IBP 盘

①在 IBP 盘上以每侧屏蔽门为单位设置开门钥匙开关、开门状态指示灯、关门状态指示灯，并设置一个测试按钮，以测试 IBP 盘上屏蔽门系统指示灯的工作状态。

②开门、关门状态指示灯能实时反映门的状态，显示功能与 PSL 的状态指示灯一致。

③综合后备盘(IBP)与屏蔽门系统接口的“开门”命令宜使用双切回路，以增强控制命令的可靠性。

(8)门状态指示灯

每一樘滑动门应设置门状态指示灯，门状态指示灯的设置方式一般为：滑动门处于关闭锁紧状态时，门状态指示灯熄灭；滑动门处于开启状态时，门状态指示灯点亮；在滑动门开启、关闭过程中及故障状态时，门状态指示灯闪烁；一般采用不同的闪烁频率表示故障或正常开启、关闭过程。

4)电源系统

屏蔽门系统电源分为驱动电源和控制电源两部分。驱动电源负责对门机系统供电，应具备充电、馈电、故障保护（过压、并联、过流、过载等）、电源参数和报警信息监测和记录功能。控制电源负责对 DCU、PSC、PSL、IBP 等供电。

驱动电源和控制电源一般应采用相互独立的配电回路，避免相互干扰。

19.3.2 屏蔽门系统的功能

屏蔽门系统具有安全、节能、环保等作用。

(1)保障乘客的安全：屏蔽门将轨道与站台候车区隔离，有效地改善了站台上的安全，防止乘客掉落轨道。

(2)增加基础设施的有效使用率：安装屏蔽门后，可节省站台边缘设置的 1m 警戒线空间，使站台有效使用面积增加。

(3)保障运营的安全：屏蔽门将轨道与站台候车区隔离，可避免未经许可的人进入隧道。

(4)减少能量消耗：使用全高封闭式屏蔽门，可减少站台空调流失，避免电能浪费。

(5)改善站台环境：使用屏蔽门可减少由隧道进入站台的灰尘，减少来自地铁列车的噪声，减少列车的活塞效应所引发的气流。

19.3.3 主要设计原则及技术参数

1)主要设计原则

(1)屏蔽门系统的设计应遵循可靠性、可用性、可维护性、安全性的原则。

(2)在正确使用和正常维护的条件下，门体结构设计寿命应不小于 30 年。

(3)屏蔽门应设置与列车门位置及数量相对应的滑动门。

(4)每侧站台应设置不少于两樘应急门，一般每节列车设置一樘应急门。

(5)每侧屏蔽门的两端应各设置至少一樘端头活动门。

(6)滑动门、应急门、端头活动门应能可靠锁闭，在站台侧可用专用钥匙开启，在轨道侧应能手动方便开启。

(7)屏蔽门的整体结构应满足设计限界要求。

(8)当选用玻璃作为屏蔽门面板材料时，所选用的玻璃应采用安全玻璃。

(9)滑动门的净开度不应小于列车门的净开度，所有可开启门的净高度不宜小于列车门的净高度。

(10)屏蔽门整体结构应满足设计荷载要求，强度、刚度、疲劳强度应满足设计要求。

(11)屏蔽门结构应考虑温差变形及建筑主体的非均匀沉降和伸缩缝的影响。

(12)屏蔽门系统宜设置相对独立的监视及控制系统。

(13)屏蔽门监控系统应以车站为单位独立设置,满足电磁兼容性要求。

(14)当屏蔽门与列车车厢有等电位要求时,门体构件应与土建绝缘。

(15)屏蔽门主要构件及设备应能在站台侧进行维护、修理和更换,并满足运营要求。

(16)屏蔽门应设置就地控制盒,用于单樘滑动门的测试、调试、维修。

2)主要技术参数

(1)完成关门过程时间:3.0s±0.1s ~ 4.0s±0.1s 范围内可调。

(2)完成开门过程时间:2.5s±0.1s ~ 3.5s±0.1s 范围内可调。

(3)手动开启滑动门的力≤ 150N。

(4)阻止滑动门关闭的力≤ 150N(匀速运动区间)。

(5)滑动门手动解锁力≤ 67N。

(6)应急门及端头门手动开门力≤ 150N。

(7)每扇滑动门最大动能不超过 10J。

(8)每扇滑动门关门的最后 100mm 行程最大动能不超过 1J。

(9)屏蔽门噪声峰值不超过 70dB(A)。

19.4 屏蔽门系统工程核心设备功能简介

屏蔽门系统的核心设备是门机系统和控制系统。

19.4.1 门机系统功能简介

屏蔽门及全高开式屏蔽门门机系统由驱动装置(电机、减速器等)和传动装置、锁紧及解锁装置、位置检测开关等组成。

门机系统需满足正常运行模式、非正常运行模式和紧急运行模式的控制要求,滑动门按设定的速度曲线控制滑动门的开 / 关,并且开 / 关门速度曲线可调。

门机系统应运行平顺、易于调换,无窜动等现象,能够保证两扇滑动门同步、稳定开关。电机、传动装置、DCU 等部件应方便在站台侧进行维修。门在关闭状态下能够实现自锁,防止由于外力作用打开滑动门。

19.4.2 控制系统功能简介

屏蔽门控制系统主要包括门机控制器(DCU)、逻辑控制单元(PEDC)和信息传输技术。

监控系统具有控制和监视两项基本功能,其主要功能如图 19.4.1 所示。

1)控制功能

屏蔽门控制系统具有系统控制级、站台控制级(含 PSL 控制和紧急模式 IBP 盘控制)和手动操作(站台侧用钥匙或轨道侧用把手开关门和 LCB 控制)三级控制方式。三种控制方式中以手动操作优先级最高，IBP 盘的控制模式比 PSL 控制模式高，系统级控制优先级别最低。

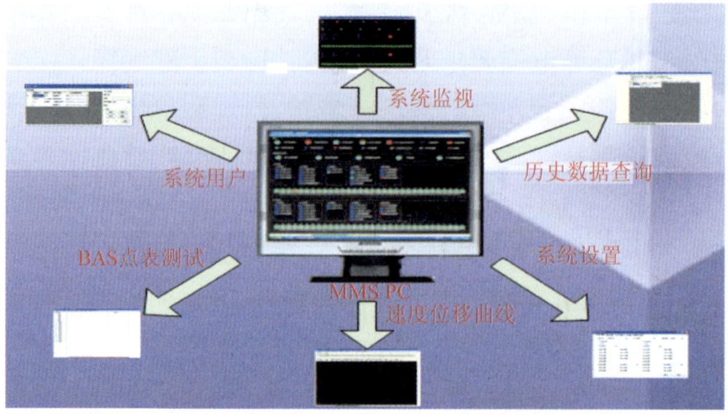

图 19.4.1　屏蔽门监控系统功能

（1）系统级控制

系统级控制是在正常运行模式下，由信号系统直接对屏蔽门进行控制的方式。在系统级控制方式下，列车到站并停在允许的误差范围内时，信号系统向屏蔽门发送开 / 关门命令，控制命令经信号系统（SIG）发送至屏蔽门中央控制盘，中央控制盘通过 DCU 对滑动门开 / 关进行实时控制，实现屏蔽门的系统级控制操作。

（2）站台级控制（含 PSL 控制和紧急模式 IBP 盘控制）

① PSL 控制

PSL 控制是由司机或站务人员在站台 PSL 上对屏蔽门进行开 / 关门的控制方式。当系统级控制不能正常实现时，如 SIG 故障、中央控制盘对 DCU 控制失败等故障状态下，司机或站务人员可在 PSL 上进行开门、关门操作，实现屏蔽门的站台级控制操作。

② IBP 盘控制

IBP 盘的控制模式设计以每侧站台为独立的控制对象。在车站紧急情况下（如火灾），在车站控制室操作 IBP 盘上的钥匙开关打到开门位，打开屏蔽门系统滑动门。

（3）手动操作（站台侧用钥匙或轨道侧用把手开关门和 LCB 控制）

手动操作是由站台人员或乘客对屏蔽门进行的操作。当控制系统电源故障或个别屏蔽门操作机构发生故障时，站台工作人员在站台侧用钥匙或乘客在轨道侧用开门把手打开屏蔽门。

2）监视功能

监视主机是每个监视子系统的主要设备，属于整个网络的总线主设备。其实现系统内部信息的收发、采集、汇总和分析，并实现与车站综合监控系统、PSL、DCU 各单元之间的信息交换，能对与信号系统、PSL 及车控室 IBP 盘接口设备进行状态监视。

19.5 屏蔽门系统工程施工工艺及技术要点

19.5.1 施工前准备

（1）屏蔽门施工单位应充分考虑工程项目的特点，包括工期要求等，提出切实可行的施工方法和施工组织方案。施工前准备工作主要包括：项目部组建→合同中约定的管理人员到岗履职→管理人员岗位职责及工作分工→与建设单位、设计单位、监理单位工作协调机制→确立项目管理目标、安全目标、质量目标、体系→施工、安全组织设计提交、报审→开工令报审。

(2)屏蔽门施工单位应认真组织、落实好各种交底工作。

①设计单位对监理、施工单位进行设计交底。

②建设单位、设计单位、监理单位、屏蔽门施工单位对设计文件进行会审。

③监理单位对屏蔽门施工单位就监理实施细则及施工过程控制进行监理交底。

④屏蔽门集成商项目技术负责人对一线施工人员进行技术、安全施工交底。

(3)屏蔽门施工单位应检查结构预留沟槽设备基础是否符合要求,如发现与设计不符,及时提出,并与相关方协商处理。

①屏蔽门施工单位应与第三方测量单位建立工作联系机制。

②第三方测量单位向施工单位提交测量合格的CPⅢ控制点,交接包含资料交接和现场测量点的实际确认。

③屏蔽门施工单位根据CPⅢ点对屏蔽门安装位置的站台板高程、限界、预留、预埋进行测量,第三方测量单位复测、土建施工单位、屏蔽门监理单位现场见证。

④对高程、限界、预留、预埋误差超出安全门允许误差范围时,屏蔽门施工单位提出整改要求,土建单位限期整改,屏蔽门施工单位对整改完成验收。

(4)屏蔽门施工单位应检查安装机具的种类、数量及功能是否满足施工要求。

①屏蔽门施工单位向监理单位提交全站仪、水准仪、扭力扳手、推拉力计第三方检测报告书。

②与吊装单位签订安全协议并向监理单位报备。

(5)屏蔽门施工单位应检查场地是否满足进场条件。

①站台板、轨顶风道梁浇筑完成,预留、预埋合格、施工误差应控制在屏蔽门安装允许范围。

②屏蔽门安装时所在的车站最少要有一个出入口或吊装口,能确保屏蔽门物料运送。

③第三方测量单位轨行区贯通测量完成,CPⅢ控制点已制作完成。控制点准确、有效。

④轨道铺设完成、屏蔽门安装后铺轨龙门吊不再返回。

(6)屏蔽门施工单位应针对工程项目的特点,对各级施工人员进行有关安装工艺质量及安全等方面的培训。

①屏蔽门项目部组织项目部安全主管、质量主管对一线施工人员宣贯安全、质量管理体系,项目安全管理目标、质量管理目标。

②项目经理代表屏蔽门施工单位与项目部管理人员签订安全责任书。

③项目部安全主管与一线施工人员签订三级安全责任书。

④项目部安全主管对工人宣贯属地管理制度、轨行区施工管理制度、登高作业安全管理、吊装、搬运安全管理,现场风险源辨识、应急预案流程及自救措施。

(7)屏蔽门施工单位应编制施工组织方案的实施计划,并与其他设备与建筑装修工作相协调。

①屏蔽门施工单位向发包方、监理方提交项目整体施工计划、材料供应计划进行报审。

②屏蔽门施工单位与土建单位、装修单位签署接口协议。

19.5.2 安装施工实施方案

1)闭式屏蔽门及全高开式屏蔽门安装

本节以目前比较普遍使用的岛式站台来说明闭式屏蔽门及全高开式屏蔽门的安装施工实施方案。

(1)施工安装工作面

施工安装工作面布置图如图 19.5.1 所示。

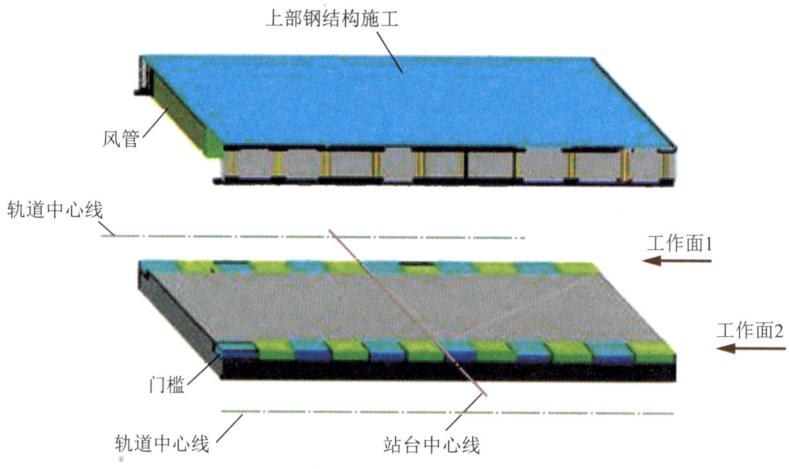

图 19.5.1　施工安装工作面布置图

(2)屏蔽门主要分项工程施工工序

①测量放线;

②踏步板安装;

③上部钢构件及立柱安装;

④门机安装;

⑤顶箱及电气设备安装;

⑥门体安装;

⑦屏蔽门现场性能测试与系统调试;

⑧系统验收。

屏蔽门主要分项工程施工工序框图如图 19.5.2 所示。

(3)测量放线

①测量目的

a. 确定测量基准、建立安装测量三维坐标系;

b. 对轨道中心线、轨道面、站台面、已预留槽、孔、洞的位置、高程进行检查复核;

c. 为屏蔽门的设计和安装提供可靠的依据。

②注意事项

a. 测量所用的主要器具,如全站仪、经纬仪、水准仪、钢卷尺必须经鉴定后确认为合格品方可使用。

b. 现场测量必须保证人员和设备安全,如防止人员防触电、摔伤、被击伤等,防止仪器摔落、被落体击中等。

c. 基准确定:

▲ 设计基准

X 方向:沿站台纵向;

Y 方向:垂直于站台方向;

Z 方向:高度方向(垂直于轨道顶面)。结构设计均以此为基准进行。

▲ 测量基准

以设计基准为基础,根据现场情况和安装要求,为便于操作,确定测量基准并建立三维坐标系设定,站台及轨道测量坐标系示意图如图 19.5.3 所示。

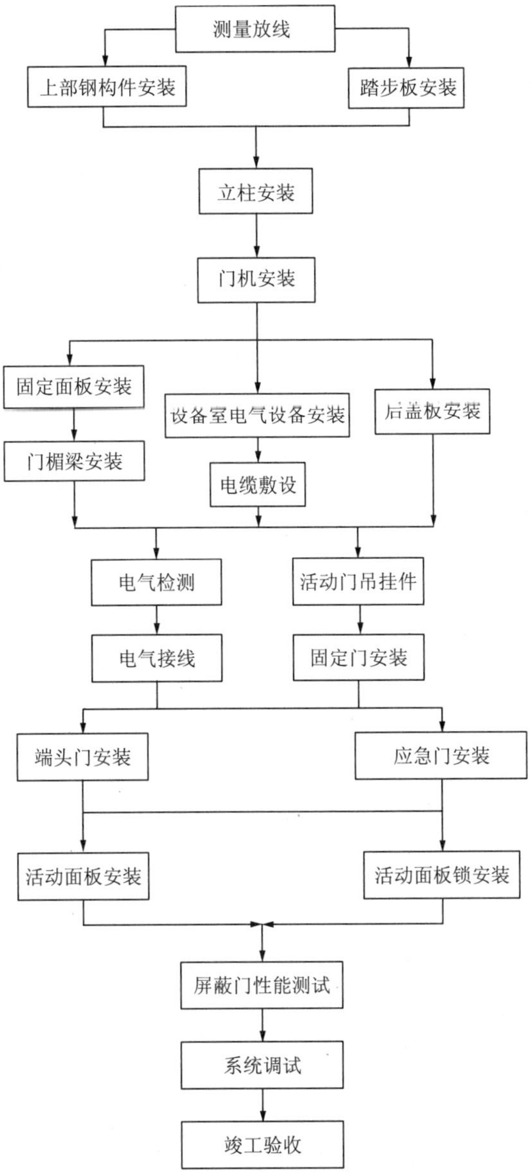

图 19.5.2　屏蔽门主要分项工程施工工序框图

X 轴：与轨道中心线重合，且水平。在站台上面向轨道，右为正，左为负。

Y 轴：垂直于轨道中心线（与有效站台中心线重合），且水平。指向站台方向为正，反之为负。

Z 轴：垂直于水平面，以有效站台中心线与轨顶的交点为准，向为正，向下为负。

原点：轨道中心线、有效站台中心线、轨道顶面三条线的交点作为三维坐标系的原点。

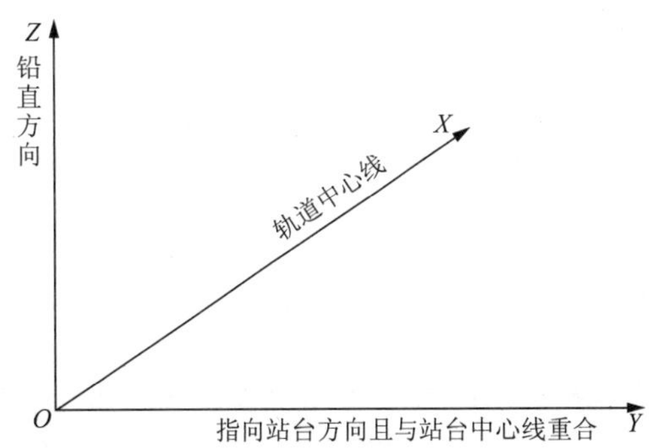

图 19.5.3　站台及轨道侧坐标系示意图

d. 测量仪器、工具的准备：

在测量之前，屏蔽门施工单位应先自行制作专用测量放线器，其主要由底板、靠尺、水平仪、铅锤、限位块等组成。水平仪与铅锤可以调整器具本身的水平、垂直性，限位块定位，靠尺定测量点。同时，准备并将采用的主要测量器具有全站仪、激光经纬仪、水准仪、钢卷尺等。其他必备器材有对讲机、计算器、钢丝绳、油漆、小水泥钉、锤子、红铅笔、油漆笔、线坠、水平尺、卡尺、墨斗器、刻刀等。

e. 坐标系统的确定：

地铁轨道顶面与站台顶面现场测量示意图如图 19.5.4 所示。

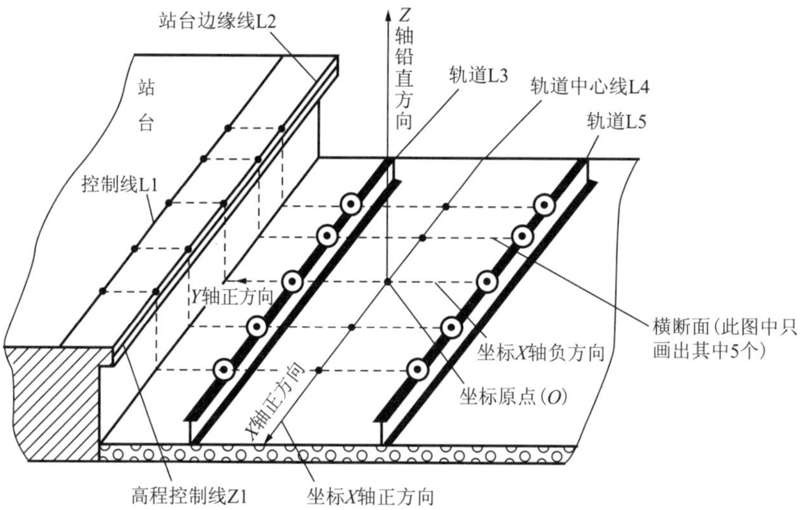

图 19.5.4　地铁轨道顶面与站台顶面现场测量示意图

▲ Y 轴的确定：测定站台的有效中心线并校准，后用墨线标记于现场并延长至轨道上，以此作为坐标系的 Y 轴。

▲ 原点的确定：将轨道中心线测定到轨道基础面上并校准，用墨线标记于现场，找出该线与 Y 轴（站台有效中心线）的交点，以此为坐标系的原点。

▲ X 轴的确定：用全站仪检查轨道中心线是否为一条直线。如果是一条直线，则以此作为坐标 X 轴。否则应在坐标原点架设全站仪，以 Y 轴为后视方向，做一条经过原点且垂直于 Y 轴的直线，以此线为 X 轴，记作 L4（站台面边缘线记作 L2，靠近站台侧轨道面记作 L3，另一条轨道面记作 L5）。

f. 控制线的测定

▲ 平行于 Y 轴控制线的测定：以站台面上的 Y 轴线作为屏蔽门下部安装时该方向的控制线。

▲ 平行于 X 轴控制线的测定：在坐标原点架设全站仪，在站台面放出一条平行于 X 轴的控制线，该控制线延伸于屏蔽门范围之外并用墨线弹出，作为下部安装时平行于 X 轴方向的控制线，记作 L1。

g. 顶部安装平面控制线：

▲ 放出纵向过渡线：以控制线 L1 为基准，先在站台面上放出屏蔽门顶部安装纵向控制线在站台面上的投影线，以此线作为放样上部安装纵向控制线的过渡线。

▲ 放出横向过渡线：以站台面上 Y 轴线为基准，在站台面上放出屏蔽门顶部安装横向控制线在站台面上的投影线（此线应考虑因轨道面及站台面纵坡而产生的顶部相应部件的纵向位移），以此线作为放样上部安装横向控制线的过渡线。

▲ 放出顶部平面控制线：分别在两条过渡线上架设垂准仪，将两条过渡线投影到站厅结构梁底面上并用墨线弹出，作为上部安装平面控制线，分别记作 L6（纵向）和 S1（横向）。

h. 高程控制线的测定：屏蔽门安装顶部控制线测定测量示意图如图 19.5.5 所示。

▲ 为了方便操作，用水准仪在站台边缘侧面（轨道侧）弹出高程控制线，作为安装的高程控制线，记作 Z1。

▲ 用塔尺或钢卷尺（经检验过的，操作过程中保证尺子竖直）把站台高程控制线提高并平移至站厅底部结构梁靠站台侧的侧面上，经检验后作为屏蔽门上部安装的高程控制线，记作 Z2。

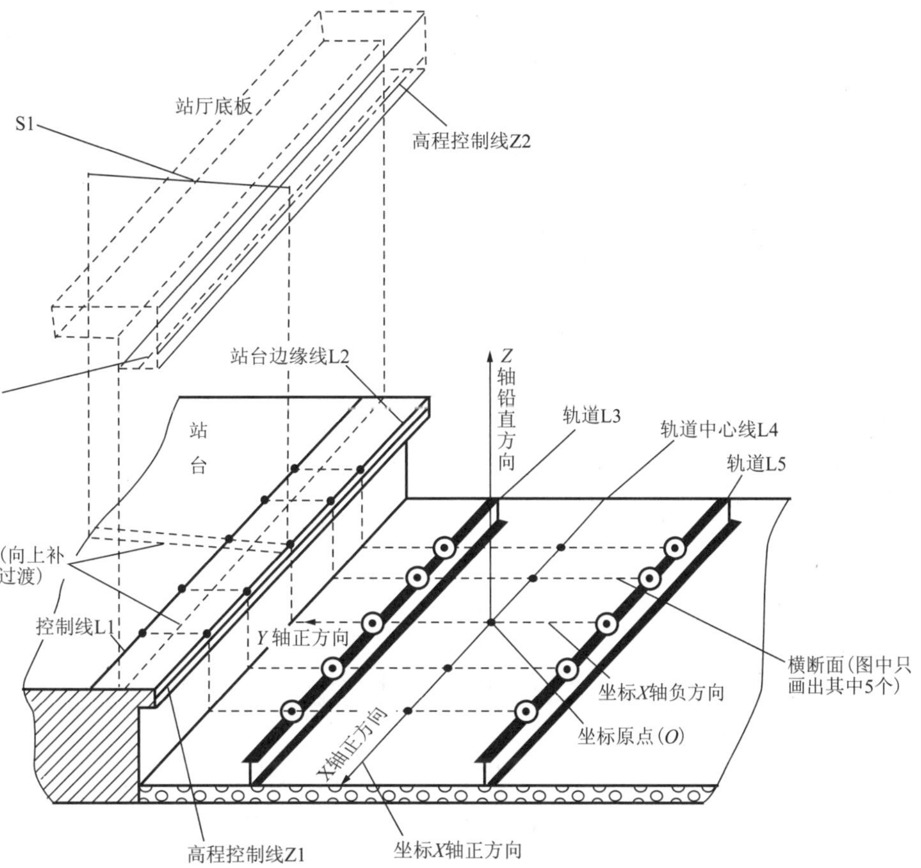

图 19.5.5 屏蔽门安装顶部控制线测定测量示意图

i. 站台面与轨道面的复核：轨道顶面与站台顶面现场测量示意图如图 19.5.6 所示。

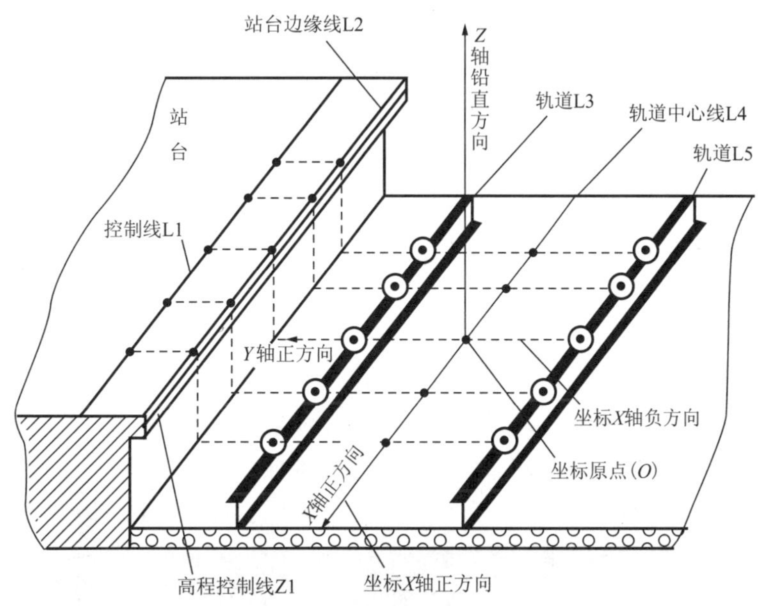

图 19.5.6 轨道顶面与站台顶面现场检测示意图

注：1. 在现场测定轨道中心线 L4；

2. 在站台面上找出一条与轨道中心线平行的控制线 L1；

3. 分别在控制线 L1、站台边缘线 L2、轨道 L3、轨道 L5 及轨道中心线 L4 上各找出 n 个点（如图暂定 5 个），并使图中虚线相互平行且分别 垂直于轨道中心线；

4. 分别测出 L1、L2 上各点的坐标并比较与轨道中心线的距离是否相等，如不等，则对控制线 L1 进行调整；

5. 分别测出图中 L1、L2、L3、L5 上各点的高程，计算出 L1 及轨顶面 L3、L5 坡度并比较坡度是否相等

▲ 垂直于 X 轴的横断面：在站台面与轨道面上截取多个垂直于 X 轴的横断面（断面个数根据现场情况而定，一般每个门体单元测定 2~3 个断面，为便于计算和比较，尽可能使每个横断面间的距离相等），并把各横断面与 L1、L2、L3、L5 的交点在现场标记出来。

▲ 测出各交点的高程或坐标：用全站仪测出 L2 上各交点的坐标，用它们的横坐标（Y）与轨道中心线至站台边缘面的距离进行比较，并分别统计出小于、大于或等于这距离之间点的个数、比率和分布情况。用水准仪测出 L1、L3、L5 上各交点的高程，计算出每条纵线的坡度、每个横断面上 L1 至 L3 及 L5 的高差，并根据实测情况绘出 L1、L3、L5 的纵坡曲线图（三条线绘在同一张图纸上）。

j. 站台面踏步板安装槽的复核：

▲ 用全站仪测量出站台边缘门槛安装预留槽内侧边缘线 L2-1 上各交点的坐标，用它们的横坐标（Y）与基准尺寸比较，并分别统计出小于和大于基准尺寸的点的个数、比率和分布情况。

▲ 用水准仪测量出门槛安装预留槽底，并计算出各点与该点所在的横断面上内侧铁轨顶面高程之间的差值。

k. 现场安装测量：

▲ 踏步板安装细部测量放线

用全站仪在站台面上把控制线 L1 向轨道侧平移到门槛到设计位置，作为踏步板安装的纵向控制线，用墨线在现场弹出，记作 L1-1。

在站台面上用全站仪和 50m 钢卷尺把坐标 Y 轴（站台有效中心线）分别向两侧平移（按每侧单元分格进行），用墨线将它们弹出且与 L1-1、Z1 相交，以此作为踏步板的横向安装控制线。

对上述两项中的测量结果进行检查，确认准确无误后，定为门槛安装的平面控制。将高程控制线 Z1 作为踏步板安装的高程控制线，至此门槛安装现场放线完成。

▲ 屏蔽门上部结构安装的测量放线

用全站仪和钢卷尺在轨道基础面上把轨道中心线向站台侧平移一定距离，用垂准仪将其投影至站厅底面结构梁下表面上，检验后，作为上部结构安装的纵向控制线，记作 L6-1。

在站厅底面上用 50m 钢卷尺把 S1 线分别向两侧平移，按单元分格，用全站仪检验后用墨线将它们弹出且与 L6-1、Z2 相交，以此作为屏蔽门上部结构的横向安装控制。

以 Z2 作为屏蔽门上部安装的高程控制线（在操作过程中 Z2 应与 Z1 联合起来，这样可以保证测量时尺子的铅直度，也便相互检查，避免错误）。

在测量放线时，以每两个结构柱之间距离为一个测量单位，按上述方法每个单位分别进行测量放线，误差控制在柱间。

l. 测量记录及资料的整理与编制：

▲ 现场测量过程的每一步均做详细的记录并画出草图，作为原始数据。

▲ 对现场的测量记录进行整理计算归纳总结并形成书面资料。

▲ 对既成书面资料进行仔细检查，且经各相关部门确认无误后方可上报并归档保存。

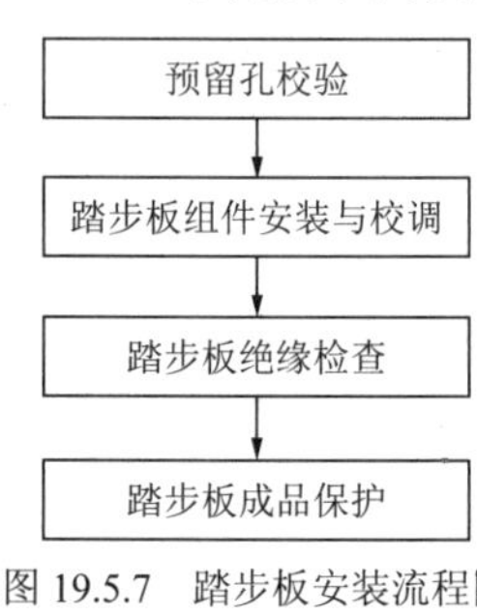

图 19.5.7　踏步板安装流程图

（4）踏步板安装

测量放线完成后，即可进场进行踏步板安装，其安装流程如图 19.5.7 所示。

①站台板预留孔校验

由于站台板预留孔存在施工误差，因此在踏步板安装前必须进行校验。具体方法为：以轨道顶高程为基准，校验站台板的坡度及限界尺寸。若有预埋件的车站则进行预埋件尺寸检查。对不满足门槛支撑座安装的预留孔洞要求土建施工单位限期整改。

②踏步板部件安装与校调

a. 踏步板部件在工厂组装完成后，以一个单元整体进行安装，组装上下绝缘件时必须填涂绝缘胶，以确保绝缘效果。

b. 以有效站台中心线为基准分别向两侧安装各踏步板部件，一侧踏步板安装完成后，其累积误差不得超过 ±10mm，且踏步板沿站台纵向和站台板的坡度一致。

c. 在站台踏步板全部安装完工后，根据站台面上安装基准线检查踏步板的限界是否符合设计要求。

d. 根据站台侧面的安装基准线调整踏步板安装的高程位置，以轨顶面为基准校验其与站台坡度的符合性。

e. 检查踏步板顶面距轨道顶面的距离是否满足设计高度要求，误差控制在 ±2mm 以内。

f. 检查踏步板靠近轨道的端面距轨道中心线的距离是否满足设计高度要求，误差控制在 0~+5mm 以内。

g. 每个单元踏步板直线度应该控制在 1.5mm 之内。

h. 调整合格后，紧固下部支承螺栓及方形垫板，踏步板安装完工。

i. 安装踏步板与踏步板之间的连接板和等电位铜排。

③踏步板绝缘检查

a. 每一个单元安装完后进行绝缘检查，在符合绝缘要求后（一个单元屏蔽门与大地之间的绝缘电阻值≥ 100MΩ），再进行下一个单元的安装。

b. 在踏步板安装完工后，再对整侧踏步板进行一次绝缘检查，用 500V 兆欧表检测整侧屏蔽门与大地之间的绝缘电阻，绝缘值≥ 0.5MΩ。

④踏步板成品保护

为保证安装完成的踏步板面不被破坏，在踏步板安装时，原来的保护不能拆除，需在门体安装时再拆除。

（5）上部钢结构及立柱安装

上部钢构件及立柱安装流程如图 19.5.8 所示。

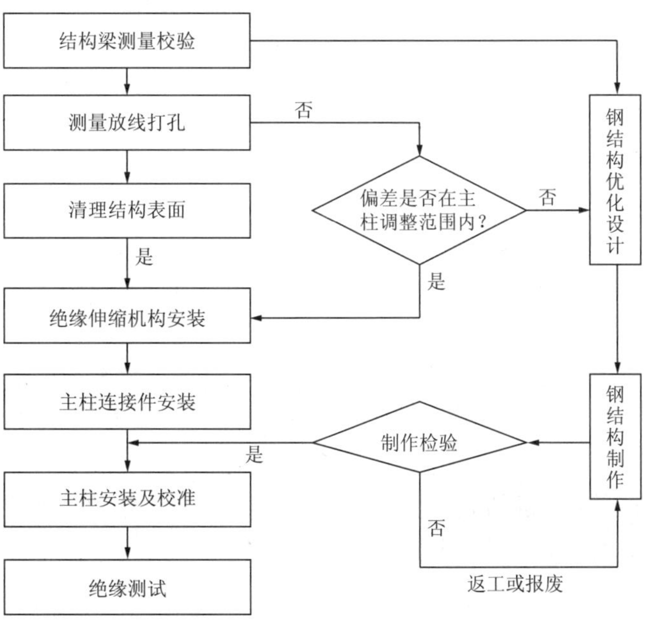

图 19.5.8　上部钢构件及立柱安装流程图

①施工现场准备

a. 按安装图要求复核放线基准、位置，并确定上部钢构件安装方位。

b. 土建结构表面、孔洞清理，凿平上部钢构件安装结构表面。

c. 根据安装的尺寸进行测量放线打孔。

②上部钢构件安装(有预埋的直接进行连接)

以有效站台中心线为基准分别向两侧安装上部钢构件，保证上部钢构件耳板间沿站台纵向尺寸偏差 ±2mm，并保证耳板面与站台横向截面平行。确保安装固定门的间隔为 +1mm，以便于固定门的安装。

③立柱安装

a. 立柱底部插接在踏步板的连接件上。

b. 立柱顶部通过绝缘伸缩机构与上部安装座或预埋件进行连接。

④立柱调整、检验。

a. 立柱通过调整上部安装座以及绝缘伸缩机构来确保立柱的位置尺寸及位置精度要求。

b. 立柱位置度误差需控制在 2mm 内，固定门和应急门立柱间的间距误差 0 ~ +2mm，立柱横向和纵向相对踏步板面垂直度误差小于 1.5mm。

⑤绝缘测试

a. 每一个单元安装完后进行绝缘检查，在符合绝缘要求后(一个单元屏蔽门与大地之间的绝缘电阻值≥ 100MΩ)，再进行下一个单元的安装。

b. 整侧安装完成后，进行整侧测试，用 500V 兆欧表检测整侧屏蔽门与大地之间的绝缘电阻，绝缘值≥ 0.5MΩ。合格后方可进行下一步的工作。

(6)门机安装

门机安装流程如图 19.5.9 所示。

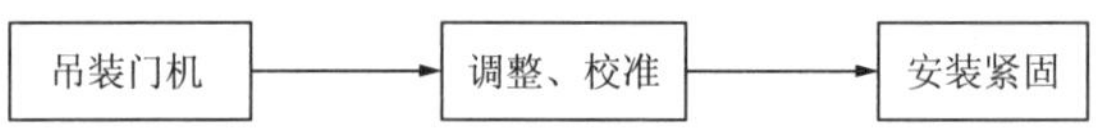

图 19.5.9 门机安装流程图

门机及其附件宜在工厂组装成整体，并经测试合格后整体直接运送到安装现场。将门机整体固定在升降机的吊装平台上，通过升降机将门机顶升至立柱安装件上，如果现场环境不好，也可以直接将已组装好的门机组件用葫芦提升至立柱安装件上，安装紧固并调整、校准至达到设计要求。需保证门机与踏步板之间的相对关系尺寸，纵向与站台坡度一致。具体要求如下：

a. 门机梁到踏步板之间的高度公差控制在 +1.5mm 之内。

b. 门机梁与踏步板导槽之间的平行度误差控制在 2.0mm 之内。

c. 门机梁纵向的直线度≤ 1mm/m，坡度与踏步板一致。

d. 门机与法兰板之间连接螺栓采用扭力扳手安装，扭力满足技术文件要求。

(7)顶箱及电气设备安装

①顶箱安装

a. 顶箱安装主要是指顶箱前后盖板的安装，为了滑动门调试方便，顶箱活动面板将在门体调整完成后进行。

b. 为保证承重结构的整体稳定性，在此阶段应该将门楣梁及钢方通横梁安装好。

c. 轨行区后封板安装时紧固螺栓要紧固到位，螺栓安装无遗漏，与顶梁连接的密封胶条压板与顶梁连接可靠。

d. 相邻活动面板应在同一平面，平面偏差不超过 1.5mm，与固定面板水平缝宽、垂直缝宽均匀美观。

e. 活动面板锁闭灵活、可靠，固定面板、活动面板、后封板等电位连接线安装正确。

f. 顶箱面板安装要控制面板色差，不允许对划伤、掉漆、破角、有明显坑洼的缺陷材料进行安装。

②电气设备安装

a. 施工条件

▲ 为了提高安装效率，如果条件允许，此阶段可进行屏蔽门设备室电气设备的安装。设备室为独立空间，设备房电气施工可与站台侧屏蔽门结构安装互不影响，可同步进行。

▲ 顶箱内的电气布线可在此阶段同步实施。具体的电缆、电线的检验、测试等将按相应的规范执行。

▲ 如果屏蔽门设备室距离屏蔽门安装位置较远，则屏蔽门到设备室的管线预埋工作，将根据土建的安装进度及其他专业的管线布置提前进行。

▲ 设备房施工应具备的条件：墙体砌筑、粉刷完成。

b. 安装流程

电气设备安装流程如图 19.5.10 所示。

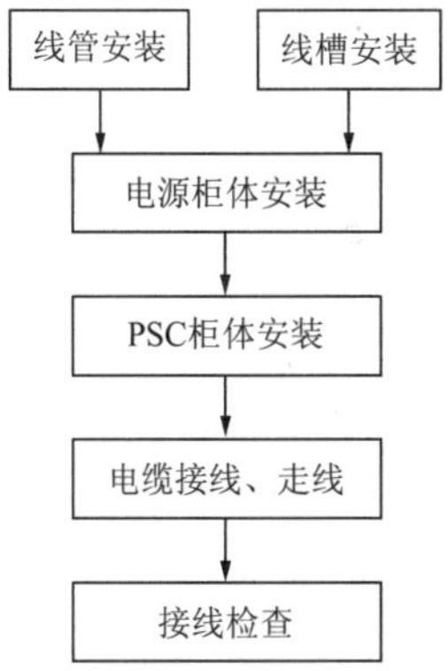

图 19.5.10　电气设备安装流程图

▲ 线管、线槽安装

电缆线槽及其支架应安装牢固、横平竖直、可靠接地。

电缆线槽连接板的两端跨接铜芯接地线。

线槽跨越建筑物伸缩缝处应设置补偿装置；线槽与支架间螺栓、线槽连接板螺栓固定紧固无遗漏，螺母位于线槽外侧。

金属导管必须接地可靠，镀锌的钢导管不得熔焊跨接接地线，以专用接地卡跨接的两卡间连线为铜芯软导线。

当镀锌钢导管采用螺纹连接时，连接处的两端用专用接地卡固定跨接接地线；金属线槽不作设备的接地导体。

电缆导管的弯曲半径不应小于电缆最小允许弯曲半径。

▲ 屏蔽门设备室内 PSC 柜、电源柜等柜体的安装

根据施工图纸确认安装位置正确无误，柜体安装应横平竖直、固定稳固，不能有倾斜、晃动的情况；接线时必须确保输入输出线缆与接线排准确对应，各种电缆标识清楚、接线正确，接地良好。具体操作严格按照相关标准规范执行。

▲ 电缆走线、接线

电缆敷设严禁有绞拧、护层断裂和表面严重划伤等情况。

驱动电缆和控制电缆在同一线槽内敷设时应同槽分室敷设。

电缆在线槽内敷设时应排列整齐，不要交叉，拐弯处应以最大截面电缆允许弯曲半径为准，线槽内的线缆不应有接头。

同一交流回路的电线应穿于同一金属导管内，且管内电线不得有接头。

电线、电缆穿管前，应清除管内杂物和积水，管口应有保护措施。不进入接线箱的垂直管口穿入电线、电缆后，管口应密封。所有走线路径不得和元器件的活动部位有冲突。

接线前要先检查线缆不能有破损，接线端子排安装牢固；接线时确保进出线缆与接线排准确对应，端子压接一定要牢固可靠，不能有接触不良的现象；线缆的绑扎要规范、整齐、美观。

▲ 接线检查

接线完成后必须经过严格检查，线缆的走向应符合技术图纸要求，施工过程中严禁有损坏电缆及其护套的现象，线号标识一定要清楚、正确、线号标识不能褪色，接线一定要正确，不能有错接、漏接的

现象。

▲ 接线盒、DCU 安装

接线盒、DCU 安装完成后需将接线端子与之插接，线缆插头插接正确，牢固。

需对从车头端 DCU 到车尾端的 DCU 按 01、02、03、…的次序编码排序。

将 DCU 上网络插接头开关拨至 OFF，最后一挡门的拨至 ON。

在远离设备房的最后一个滑动门接线盒上用跳线帽将整侧安全回路接通。

▲ 电子锁、LCB 安装

电子锁安装需注意锁叉与滑动门上部锁块之间的间隙。

电子锁信号线、电源线插接正确。

LCB 安装注意钥匙朝向（通常钥匙齿的一面朝向轨道侧）。

LCB 线缆插接正确、牢固，钥匙扭动 4 个挡位功能正常。

▲ PSL 安装

一般分为明装和暗装两种方式，明装分为端门中立柱安装和设备区端墙安装两种，暗装一般在正线转角立柱与端门之间的封板上预留安装位安装，安装方式较为隐蔽、美观，便于司乘人员对 PSL 操作，整体性较好。明装安装方式较为直观，操作人员视野不受站台上下车乘客影响。明装、安装两种方式 PSL 高度距站台完成面一般为 1.2m 左右。

（8）门体安装

①滑动门安装

安装步骤：滑动门门体定位→顶部与门机悬挂件连接→底部通过下滑板及导靴与踏步板相连→调整、校验、测试开 / 关门力。滑动门应整体在工厂组装完成，运送到工地现场。安装前需先清除踏步板导槽内保护泡沫，然后按以下步骤进行安装：

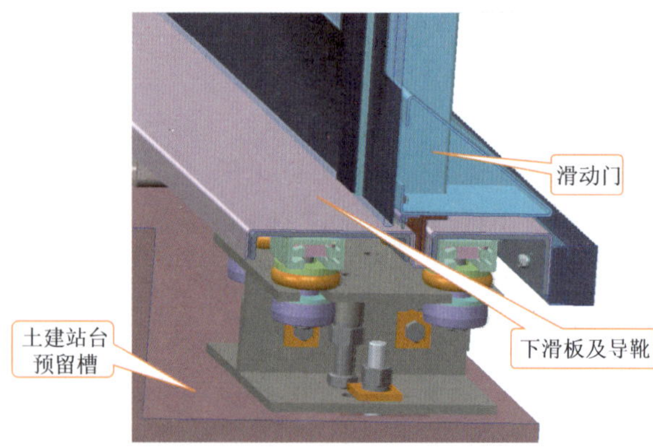

图 19.5.11 滑动门底部及踏步板连接示意图

a. 将滑动门按设计要求放置在安装位。

b. 通过门体顶部吊挂件与导轨吊挂件挂接，拧好定位螺钉，微调导轨吊挂件保证门体位置。

c. 底部通过下滑板及导靴与踏步板相连，如图 19.5.11 所示。

d. 滑动门安装就位后需进行调整、校验、测试等相关内容，具体要求如下：

▲ 左右滑动门玻璃面前后及上下相差＜ 1mm。

▲ 与踏步板间隙左右均匀一致，并满足设计要求。

▲ 与固定门立柱上防夹手胶条间间隙满足设计要求，上下均匀一致。

▲ 检查滑动门限界，满足设计要求。

▲ 滑动门解锁机构功能可靠，开关触发正常。

▲ 5mm 障碍物探测功能可靠。

▲ 阻止关门力：不大于 150N。

▲ 解锁后人工开启力：不大于 150N。

▲ 从轨道侧手动打开滑动门，手动解锁力：不大于 67N。

②固定门安装

所有固定门工厂组装完成，整体运到现场安装，安装顺序：

复核立柱结构内框安装尺寸→固定门安装落位及调整→拧紧固定门定位销→自检及检验。

a. 固定门就位

固定门顶部与门楣梁固定，如图 19.5.12 所示。

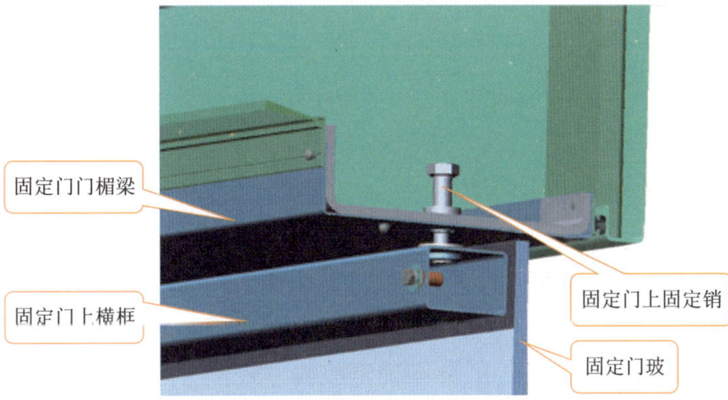

图 19.5.12　固定门顶部与门楣梁连接示意图

固定门底部与踏步板固定，如图 19.5.13 所示。

固定门安装后需保证周边缝隙均匀一致，大小满足设计要求，门体前后位置正确。

b. 塞密封胶条

按设计要求完成密封胶条安装。

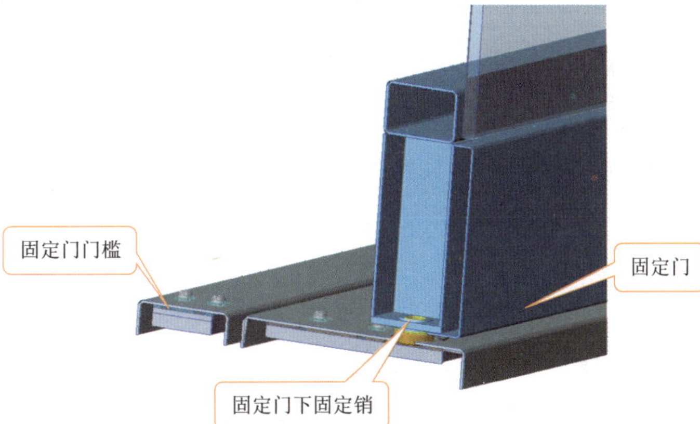

图 19.5.13　固定门底部与踏步板连接示意图

③应急门、端门安装

安装顺序：复核立柱结构内框安装尺寸→应急门、端门门体安装落位及调整→插上转轴及固定→应急门、端门推杆锁锁头、锁座行程调整→限位撑、闭门器安装→确认门锁锁闭良好、电气行程开关触发良好→测试开锁力符合要求。

a. 所有应急门、端门在工厂组装完成。

b. 采用上下转轴固定方案。

c. 一般采用推杆锁结构锁定。

d. 安装完成后，达到功能要求：锁紧可靠，闭门器工作状态正常。

e. 端门和应急门手动解锁力：不大于 67N。

f. 应急门、端门启闭顺畅，缝宽均匀，与地面无磕碰。

g. 应急门、端门信号杆感应灵敏可靠，接近开关信号传输可靠、无误，蜂鸣器、指示灯、功能正常。

④面板锁的安装

活动面板及所属附件均在工厂已安装完成，在整体运至现场后通过铰链与顶箱连接，安装时要求各面板之间缝隙宽度一致，满足设计要求。

活动面板安装的同时应进行面板锁的安装，保证活动面板锁紧固可靠，且开启灵活。

2）半高屏蔽门安装

（1）安装流程

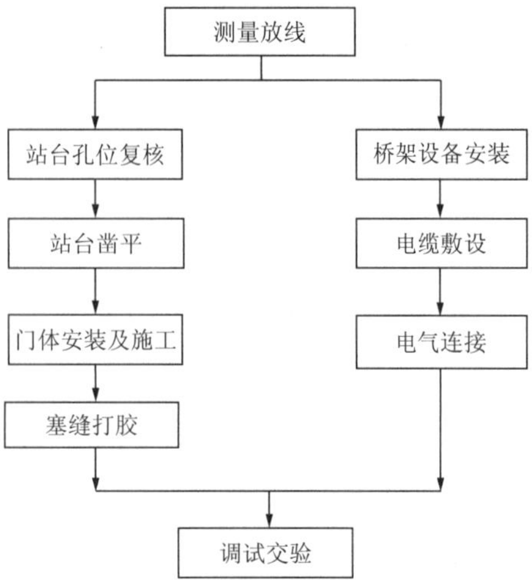

图 19.5.14　半高屏蔽门安装流程图

半高屏蔽门安装施工一般包括 9 个工序，如图 19.5.14 所示。

（2）测量放线

屏蔽门集成商应根据现场实际情况和以往的施工经验，在保证屏蔽门安装精度要求的前提下，根据经济、合理、有效的原则确定放线方式。

（3）站台孔位复核

①土建集成商进行站台板孔位预留，浇筑混凝土前屏蔽门施工单位应派技术人员到现场进行技术交底。

②浇筑完成后，屏蔽门施工单位应对土建集成商的站台板孔位进行复核，若偏差超出允许范围，需要进行整改。

（4）站台凿平

①为了准确快速定位和便于现场施工，屏蔽门施工单位应在站台边沿对纵向控制线 L1 到站台边缘间的区域进行凿平，用于安装固定驱动门及端头门的下部垫板，平整度以高程控制线为准，在实施前需制定凿平方案和站台切割设备的选型，原则上不能破坏或降低站台板的安全强度，并报发包方和监理工程师审核。

②经建设单位和监理工程师复核同意后，进行二级配电箱接驳电源，对其凿平站台区域切割凿平施工，但是不能破坏由其他专业单位承建的石材（或其他装饰材料）装饰面，如遇特殊情况，需双方积极沟通，协商同意后按统一的方案施工。

凿平后进行清理，同时进行局部修整平。

（5）门体安装及施工

①安装流程

半高屏蔽门门体安装流程如图 19.5.15 所示。

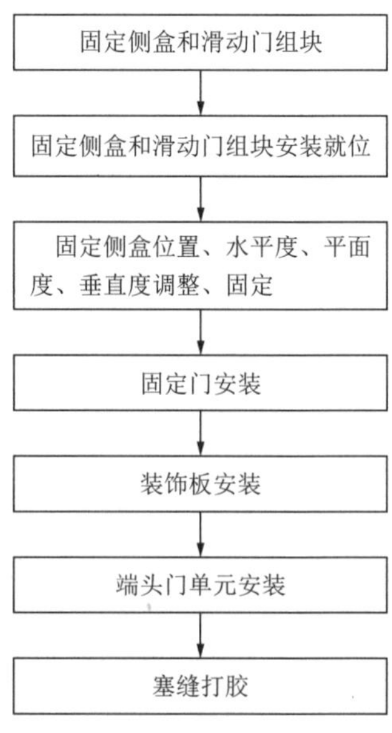

图 19.5.15　半高屏蔽门门体安装流程图

②固定驱动门（固定侧盒）和滑动门组块安装

为保证滑动门的安装质量和减少现场安装工作量，固定驱动门与滑动门应在工厂组装完成后发往现场，并且每组都通电进行调试，确保各方面正常运行，如图 19.5.16 所示。

a. 搬运：所有的半高屏蔽门门体在工厂组装完成后，再运输到工地站台现场。为减少现场安装工作量和保证滑动门安装质量，固定驱动门和滑动门一般在工厂组成一个组合体，由于固定驱动门和滑动门组合体重量、体积都较大，直接搬运比较困难，特别是成品防护难以保证，因此，安装时需用专用运输工具（如水平液压叉车）将其从站台存放处运到安装位置，装卸时应小心防护，避免碰撞、划伤，停放时需用硬方木或其他辅助性材料垫放，并放置平稳，防止倾斜、碰倒。

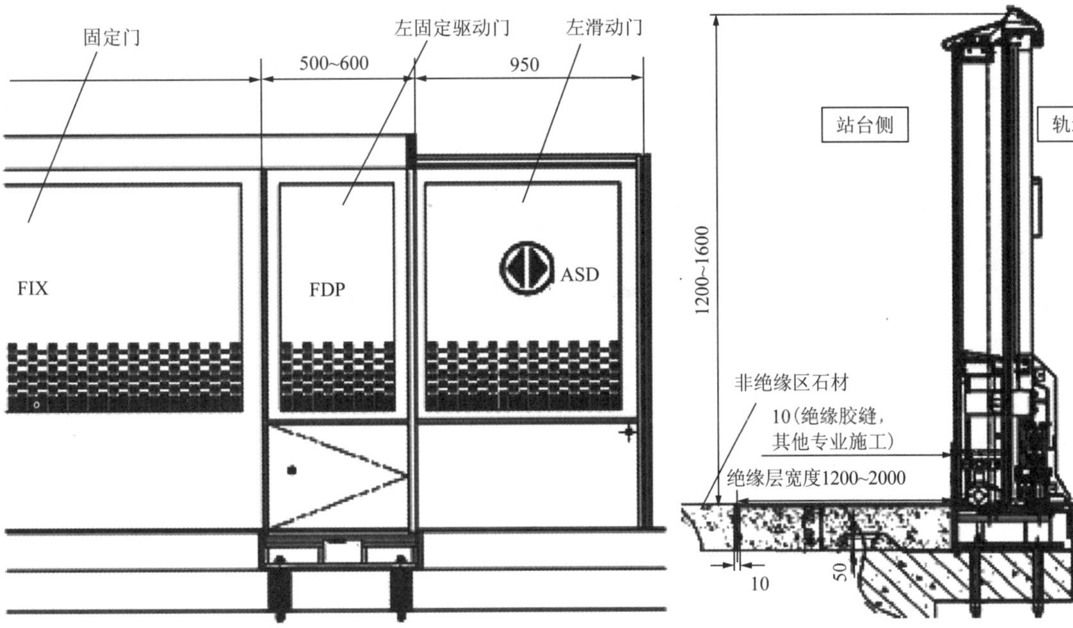

图 19.5.16　左滑动门与左固定驱动门组合图(尺寸单位:mm)

b. 就位:按安装螺栓孔的位置将固定驱动门和滑动门组块搬移到位,使固定驱动门底座上的安装螺栓孔与站台钻孔位置对齐。在此整个施工过程中,需时刻注意现场物品保护,施工用的器具和安装主体不能碰撞或损坏石材或其他装饰面,保护现场的施工环境和秩序。

c. 校准、调整:校准是固定驱动门安装的关键步骤,严格执行、认真对待。将螺杆、螺母安装后(不固定拧紧)应立即进行反复校准,正确到位后才能进行后续工作。每一单元体半高屏蔽门校准的内容主要包括以下几方面:

安装位置:包括对固定驱动门的平行轨道方向 (*X* 方向)、垂直轨道方向 (*Y* 方向)、安装高度方向 (*Z* 方向) 三个方向进行校核。以纵向控制基准线 L2 和高程控制基准线 Z1 为基准,反复进行校整。纵向门体基准位置是将站台中心里程中心线紧临的两个侧盒单元放置在同一水平面内,其余侧盒单元向两侧延伸分布, *Y* 方向两相邻固定驱动门之间的偏差应控制在容许范围,不能影响两滑动门的开关运动功能(初步可手动推拉两滑动门进行校核)。

垂直度:对每相邻两固定驱动门在 *Z* 方向高度差进行校准、调整,固定驱动门底板上平面偏差容许范围不超过 1mm,且满足合同和图纸设计要求。

水平度:对每个固定驱动门的垂直度进行校准、调整,使滑动门开关自如、灵活。对相邻固定驱动门的安装高度进行调整,使相邻固定驱动门底座均在同一水平线上。左、右滑动门单元的水平度平行轨道面误差不超过 ±1mm。

平面度:对各相邻固定驱动门的平面度进行调整,使一侧固定驱动门沿轨道方向均在同一平面上,平面度误差小于 1.5mm。

通过以上多次调校后,须对屏蔽门进行单体结构调试(不通电的情况下),用手拉动滑动门应活动自如,无晃动、无碰刮,不发出明显或刺耳的声音,合格后才能进行下一个单元屏蔽门的安装和调试。

③固定门的安装

在安装固定门前检测固定门各尺寸是否符合图纸尺寸要求,检测两相邻固定驱动门之间各尺寸是否符合图纸尺寸要求。固定门一般通过螺栓或过渡连接件固定在固定驱动门上。固定门就位后,调整其高度使其与图纸要求尺寸一致,待靠站台侧面与固定驱动门的门体平面度误差小于 1.5mm 即可拧紧螺栓,半高屏蔽门固定门布局如图 19.5.17 所示。

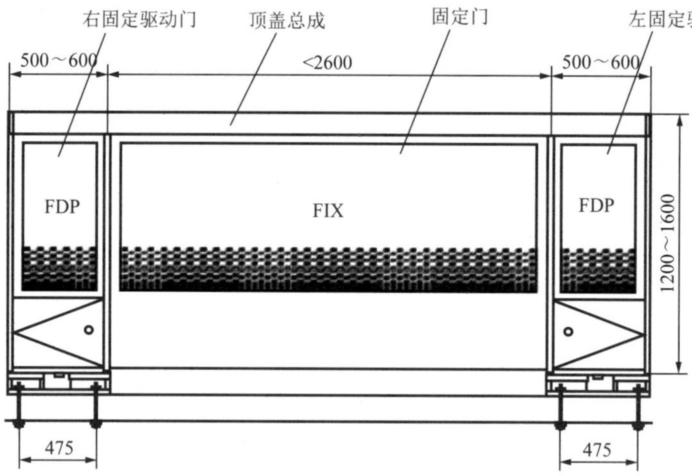

图 19.5.17　半高屏蔽门固定门布局示意图(尺寸单位:mm)

(6)塞缝打胶

在固定驱动门、固定门、端门、踢脚板等都安装完毕后,需在固定驱动门、固定门等与之间的缝隙填塞泡沫条,并打耐候胶密封。打胶前应在缝隙的两侧贴上纸带,以免打胶时污染屏蔽门。注胶应饱满、连贯,并用灰刀将密封胶抹平,最后将纸带撕去。

(7)电缆桥架、电气设备安装

测量放线完成后即可进行电缆桥架及设备间线管、电气设备的安装。

①需要准备的材料:桥架支座、膨胀螺栓、线槽(桥架)、螺栓、线管、线管卡子、锌管、弯头、电源(UPS)、PSC(含接口部件及控制终端)、站台端头控制盒(PSL)、状态监视终端等。

②需要准备的工具:墨线、记号笔、冲击钻、冲击钻头、扳手、铁锤、弯管机、管虎钳、套丝切管机、水平尺等。

③桥架的安装:

a. 钻孔:根据上步工作,用冲击钻在标识点上钻孔。

b. 支座安装:钻孔完成后,即可进行桥架支座的安装,用膨胀螺栓打入安装孔中的电缆线槽(桥架),电源电缆线槽及控制与通信的电缆线槽并排布置。

c. 桥架的安装:支座安装完成后,将桥架安装在支座上,并用螺栓拧紧固定。安装时应尽量使桥架水平整齐,注意不可越入列车运行包络线。

④设备间线管的安装:根据电气施工图标注的位置、走向等要求施工,包括设备间线槽、线管的安装。

⑤电气设备安装:电气设备安装一般包括电源的安装、PSC、站台端头控制盒(PSL)、状态监视终端等。

(8)电缆的敷设

①需要准备的材料:根据工程所需的电缆规格及数量准备电缆,以及附件(如扎带、端子等)。

②需要准备的工具:引线器、铁线、人字梯等。

③电缆敷设:按电气施工图将电源电缆、控制电缆、通信电缆由电缆桥架敷设至每个单元上。

④注意事项:

a. 控制电缆与通信电缆放置在一个电缆槽内,电源电缆放置在另外一个电缆槽内。

b. 所有电缆需敷设顺直、整齐,不可拧在一起。

c. 电缆的长度应满足电气连接。

d. 水平敷设在桥架上的电缆不需用扎带绑扎。

（9）电气连接

半高屏蔽门电气连接系统主要包括以下设备之间的连接，如图 19.5.18 所示。

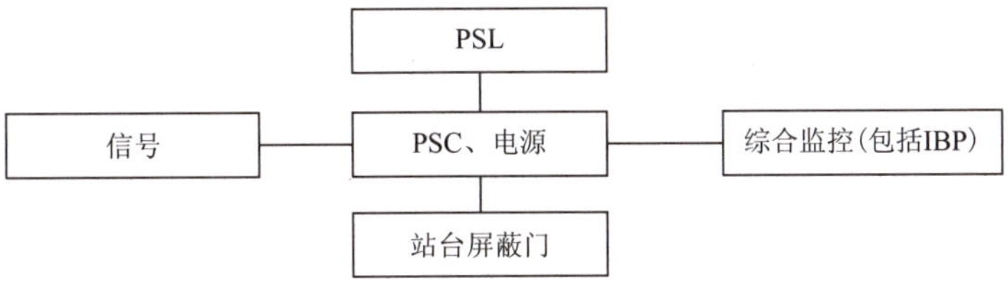

图 19.5.18　半高屏蔽门系统电气连接示意图

① PSC 与门机组之间的电气连接

电缆槽由设备室敷设到每个单元，为了防止干扰，电缆槽应分槽设置，控制电缆与通信电缆放置在一个电缆槽内，电源电缆放置在另外一个电缆槽内。

② PSC 与状态监视终端的通信

状态监视终端与 PSC 之间通过以太网进行通信，网线的敷设一般采用镀锌管的方式。

PSC 与 PSL 之间的连接电缆与 PSC 与门机组连接电缆共用控制类的电缆槽。

③ PSC 与电源之间的电气连接

屏蔽门施工单位应根据施工图的要求进行电缆的敷设。

④电源与门机组之间的电源电缆

电源与门机组之间的电源电缆与 PSC 与门机组之间的连接电缆共用电源类的电缆槽。

⑤门体之间的电气连接

屏蔽门施工单位应根据施工图的要求进行电气连接。

19.5.3　屏蔽门系统的验收

屏蔽门的检验及验收分为两个阶段：第一阶段为样机检验、鉴定：第二阶段为现场验收。

验收的第一阶段主要是对屏蔽门系统设计的合理性、主要配套设备的综合性能以及加工制造工艺性能、安装工艺性能、产品外观性能以及材料选择的合理性等进行确认。验收的第二阶段主要是对设计与加工和安装的符合性、施工质量、屏蔽门系统的综合性能是否满足合同要求进行确认。

第一阶段验收为样机的测试，测试项目应至少包括结构性能测试、功能测试、电磁兼容测试及 100 万次寿命试验。

（1）结构性能测试：模拟设计荷载条件下屏蔽门结构立柱、门机的变形位移量；对于闭式屏蔽门，还应测试顶箱、门体的密封性。

（2）噪声测试：在站台侧，距屏蔽门样机 1m、离地面 1.5m 处，安装噪声水平测试仪，顶箱盖板关闭，通过噪声水平测试仪测量屏蔽门开门、关门运行时的噪声，其噪声值应≤ 70dB（A）。

（3）动能曲线测试：检测滑动门在关门期间的最大动能（不超过 10J/ 扇门）和关门至最后 100mm 时的动能（不超过 1J/ 扇门）。

（4）速度曲线测试：通过监控系统中曲线生成功能，获取滑动门开 / 关门速度曲线图。

（5）关门力测试：通过测试在滑动门关闭行程超过三分之一的位置时，阻止滑动门关闭所需的力，检测滑动门的关门阻止力是否满足低于 150N 的要求。

（6）通信试验：打开 MMS 工作界面，设置接口通信协议参数，并观察通信正常标志，确认通信是否符合设计要求。

（7）手动开门力测试：通过测试将滑动门解锁并推开到设计净开度所需的力，检测滑动门的开门力是否满足低于 150N 的要求。

（8）障碍物检测：在滑动门中放置一个规定尺寸的障碍物。门关闭过程中如探测到障碍物，门将停止，释放关门力，达到规定的静止时间（一般为 3s，可调节）后再关。连续 3 次循环后，如障碍物依然存在，滑动门将处于自由状态，门状态指示灯闪烁；将障碍物移开，给一个关门信号，滑动门立即低速关闭且锁紧，门状态指示灯灭则测试合格。

（9）采用模拟信号输入、输出命令检测门系统的自动操作：采用模拟信号输入、输出命令检测门系统的自动操作，检测屏蔽门系统与信号系统的接口功能。

（10）自动重开门试验：在滑动门关门过程中探测到障碍物并连续进行三次遇障循环后，在滑动门处于自由状态时，由模拟信号装置通过 PSC 向屏蔽门的 DCU 发开门命令，ASD 重新打开。

（11）开 / 关门启动及正常运营区段时电机的输入电流测试：用示波器的电流探头接在电机的输入端，测得电机在开 / 关门时的电流波形，根据电流波形计算出屏蔽门在开 / 关门启动及正常运营区段时电机的输入电流。

（12）接地及绝缘测试：用 500V 兆欧表检测整侧屏蔽门与大地之间的绝缘电阻，绝缘值≥ 0.5MΩ。

（13）电磁兼容试验：检测屏蔽门系统接受干扰和抗干扰的能力。

（14）100 万次寿命试验：样机将进行 100 万次运行寿命试验，试验后样机将进行拆卸检查各部件的变化情况、磨损程度，并做记录。如出现零部件损坏、磨损严重、系统故障，屏蔽门集成商应提出整改措施，并经建设单位决定是否需再次进行寿命试验。

第二阶段屏蔽门现场验收包括到货检验、安装验收、系统调试及检验、预验收及最终验收。屏蔽门在预验收完成后将移交建设单位投入运行，由此屏蔽门进入质保期。在质保期到期后，将对屏蔽门进行最终验收，至此完成屏蔽门验收的全过程。

（1）到货检验：设备、材料到货后通知监理现场验收，向监理提交发货清单、开箱检验记录、材质证明、产品合格证、厂家资质等。

（2）安装验收：按照屏蔽门安装工序依据检验批完成工序验收。

（3）系统调试：系统调试包括滑动门单体调试（LCB）、站台级 PSL、紧急模式 IBP，MMS 软件、安全回路、互锁解除功能调试。

（4）5000 次（144h）测试：各站系统调试完成后即可进行 5000 次测试，测试过程中如果有门体出现故障，则测试需重新开始。5000 次测试启动和结束需监理现场见证并拍照留存，最终监理在 5000 次测试报告中签字确认。

（5）综合联调：一般由建设单位或总包方牵头，屏蔽门施工单位配合信号、综合监控专业完成综合联调，并出具统一的测试报告。

（6）预验收：完成合同约定的施工内容，并完成相关的内业资料整理工作，完成分项、分部验收后可向建设单位申请进行子单位或单位工程的预验收。

19.6 屏蔽门系统工程新技术和发展方向

19.6.1 屏蔽门的重要作用

屏蔽门可有效减少空气对流造成的站台冷热气的流失，降低列车运行产生的噪声及活塞风对车站的影响，保障列车和乘客上下车及进出站时的绝对安全，提供舒适的候车环境，提高地铁运营社会效益。屏蔽门在地铁运营中具有不可替代的重要作用。

(1)保障乘客的安全:屏蔽门将轨道与站台候车区隔离,有效地改善了站台上的安全,防止乘客掉落轨道。

(2)增加基础设施的有效使用率:安装屏蔽门后,可节省站台边缘设置的 1m 警戒线空间,使站台有效使用面积增加。

(3)保障运营的安全:屏蔽门将轨道与站台候车区隔离,可避免未经许可的人进入隧道。

(4)减少能量消耗:使用全高封闭式屏蔽门,可减少站台空调流失,避免电能浪费。

(5)改善站台环境:使用屏蔽门可减少由隧道进入站台的灰尘,减少来自地铁列车的噪声,减少列车的活塞效应所引发的气流。

(6)有效管理乘客:当列车停靠在正确的位置上,乘客才进入列车或站台。

(7)实现与相关系统的联动控制:在火灾或其他故障模式下,可以配合相关系统进行联动控制。

(8)实现资源的最大利用化:可以利用屏蔽门设置广告显示屏,达到资源的最大利用化,同时对车站整体空间布置进行优化。

(9)提高运营的可靠性:站台设置了屏蔽门系统,有效地避免了一些安全事故的发生,从而保证列车不会因人为因素而延误,从而大大提高了整个地铁运营系统的可靠性。

19.6.2 屏蔽门新技术和发展方向

1)屏蔽门系统的标准化、系列化

产品的标准化、系列化是现代工业生产中必须从设计开始就注意贯彻的主要原则之一。产品的标准化、系列化可确保产品获得高质量,并通过改进操作与维修的连贯性和备用零件在规格、尺寸与质量上的一致性,而使产品在用户使用的整个过程中,维持其原有的质量。

屏蔽门系统的标准化、系列化包括屏蔽门设计的系列化、通用化,产品加工工艺标准化,附件标准化。

(1)系列化是指对同一种屏蔽门类型进行系列化设计,从而形成不同的系列产品。通用化是指在不同屏蔽门类型产品间相同的部位进行通用化设计,另外,也包括各种附、配件的通用化设计,如胶条、绝缘件、五金配件等在不同屏蔽门类型产品间的通用性。

(2)产品加工工艺标准化是指所有屏蔽门产品,应尽可能地进行工艺标准化设计,产品加工工艺标准化能极大地提高设计效率,减少设计失误,是实现工业化生产的重要环节,更重要的是可有效提升对客户需求的反应能力。

(3)附件标准化的附件主要包括连接件、五金件、绝缘件等的标准化设计,通过附件标准化设计,实现各屏蔽门类型间的附件互通、互换和互用,可有效降低生产、使用成本,提高生产、安装和维护效率。

2)屏蔽门系统的单元式、模块化

目前大部分屏蔽门集成服务单位采用的是构件式屏蔽门系统,即将连接件、支承件、踏步板、门机梁、立柱、顶箱面板、各种门体等在工厂完成生产后,运到工地现场再逐件安装。这种结构类型,一方面与装修专业等相关专业的工序不好协调,影响工作效率;另一方面,工地现场安装工作量大,工作质量及工作效率受环境及安装工人技能等影响大,工作效率及产品质量都难于保证。

如果在进行屏蔽门系统设计时尽可能地将屏蔽门结构形式进行单元化设计,将所有加工都放在工厂完成,实行工业化生产,在工厂完成单元板块组装后,运送到工地直接就位连接,这样将大大减少现场安装工作量,极大地提高生产、加工和安装的效率和质量,同时单元式屏蔽门系统可以有效提高屏蔽门的维修效率，节约维修时间。

3）屏蔽门系统的可靠性、可用性、可维修性和安全性（RAMS）

RAMS 是可靠性（Reliability）、可用性（Availability）、可维修性（Maintainability）和安全性（Safety）这四个英文字母首字母的缩写。

可靠性：产品在规定的条件和规定的时间内，完成规定功能的能力。

可用性：产品在任意随机时刻需要和开始执行任务时，处于可工作或可使用状态的程度。

可维修性：产品在规定条件下和规定时间内，按规定的程序和方法进行维修时，保持或恢复到规定状态的能力。

安全性：产品所具有的不导致人员伤亡、系统损坏、重大财产损失、不危害员工健康与环境的能力。

RAMS 管理于 20 世纪 70 年代大力推广，首先应用于民航、核电、军工等领域，在国外轨道交通领域应用已十分广泛，RAMS 管理贯穿产品整个生命周期，是评定轨道交通应用系统综合性能的重要特征。

（1）屏蔽门系统的可靠性、可用性

通过合理的系统构成和严格的设备性能指标，来保障屏蔽门系统的可靠性和可用性，主要包括通过系统设备的平均无故障时间（MTBF）、平均无故障周期（MCBF）、平均维修时间（MTTR）、电源和环境要求、冗余设计等具体指标和措施来提高系统可靠性和可用性。

（2）屏蔽门系统的可维修性

可靠性设计的任务是设计出故障率低，在规定时间内不易丧失其功能的产品。可维修性设计的任务是尽可能快的修复产品发生的故障，甚至在未出故障之前就已经采取措施来消除故障，从而提高产品的可靠性。可维修性设计是可靠性设计中重要的组成部分，为了在正常、不利的紧急情况下，能够迅速、安全、方便和经济地对产品进行维修，就应该在产品的设计阶段对可维修性设计予以特别考虑。屏蔽门可维修性设计应重点考虑以下因素。

①结构布局要考虑人机工程因素，所有零部件应具有良好的可见性和可拆装性，对于发生故障的零部件维修人员能够容易找到，并易于拆卸和更换。

②尽可能优先采用可分离式的部件，例如采用模块化设计部件。一旦这类部件发生故障后，可以快速、无差错的更换、连接，减少拆装器件、接线的工作量，缩短维修时间。

③不同功能的电气接头、插头、插座应尽量采用特别的颜色和形状，以防止由于维修人员疏忽大意而接错或插错，造成人为故障。

④采用模块化设计，并选用生产厂商能够确保供应、质量稳定、可靠的产品。

（3）屏蔽门系统的安全性

轨道交通站台屏蔽门在运营中起到了很好的安全保护作用，使轨道交通站台屏蔽门系统在地铁工程中得到广泛的推广应用。然而，屏蔽门设备系统的稳定运行，直接影响屏蔽门设备的使用寿命及地铁运营的服务质量与行车安全。所以，必须在设计阶段就要特别考虑屏蔽门系统的安全性。

①对屏蔽门系统可能出现的危害，危害的严重性进行全面评价，并形成危险评估报告。

②设置有效的安全措施。

a. 安全回路。屏蔽门系统应能够监控所有滑动门、应急门及端门状态。当任意一档滑动门、应急门或端门处于未锁紧状态时，关闭且锁紧信号都会断开，通过信号系统将此信息传递给总控室，使站台的列车停止或阻止列车离开。

b. 系统等电位。乘客在上车 / 下车时可能同时碰到屏蔽门的结构和车身。如果屏蔽门和车身的电位不一致，乘客就会受到伤害。因此，屏蔽门结构与铁轨通过等电位电缆相连接，使得屏蔽门与列车等电位，在屏蔽门底部站台侧地面下铺设绝缘带，当乘客接触屏蔽门结构时可阻断屏蔽门及乘客和大地之间形成的电流回路。同时为了避免轨道电路的电流向车站大地泄漏，在屏蔽门结构与车站建筑之间将安装绝缘材料，其绝缘电阻值大于 0.5MΩ，以保证乘客安全。

c. 电磁兼容性（EMC）设计。屏蔽门系统在电气设计过程中充分考虑系统的电磁兼容性。

d. 屏蔽门系统防夹及防止乘客滞留在屏蔽门与列车之间所采取的安全措施。为了确保列车运行安全，设计时必须保证列车与屏蔽门之间预留合理的空隙，这就存在有人或物件被夹在列车与屏蔽门之间导致事故发生的隐患。为解决这一问题，可以在滑动门侧安装屏蔽门防站人安全挡板、屏蔽门防夹挡板及在屏蔽门和列车门之间安装激光探测装置，避免有乘客或大件物品有意、无意被夹在屏蔽门与列车车体之间造成危险。

e. 应急门、滑动门设置手动解锁装置。在轨道侧，应急门、滑动门设置手动解锁装置，当列车没有停靠在正确位置，或屏蔽门无法自动打开时，乘客可通过应急门，或操作手动解锁开关由轨道侧打开滑动门进入站台。

f. 在站台上安装自动伸缩踏板以减小列车和站台之间的间隙。将自动伸缩踏板安装在站台上滑动门的位置，且自动伸缩踏板与屏蔽门开关同步控制，列车进站停稳后，当屏蔽门打开时，自动伸缩踏板伸出，列车发车前，当屏蔽门关闭时，自动伸缩踏板收回。自动伸缩踏板由伸缩机构、驱动电机和控制部分等组成，伸缩机构由伺服电机驱动实现伸缩动作；控制器接收来自总控器的信号，使踏板伸缩和滑动门的开启实现同步控制。其伸缩量根据需要可调节，使自动伸缩踏板与列车车厢之间的间隙减少到不超过 50mm，避免踏空事故发生。

第20章 自动扶梯与电梯系统工程

20.1 自动扶梯与电梯系统工程概述

20.1.1 自动扶梯系统工程概述

为了方便乘客进出车站及乘坐地铁，同时也为确保车站的疏散能力，每个地铁车站在出入口、站台至站厅，各线换乘之间都设置了自动扶梯。

地铁使用的自动扶梯均为重荷载公共交通型扶梯。在任何 3h 的时间段内，持续重载时间不小于 1h，其荷载应达到 100% 的制动荷载。其余 2h 应不小于 60%。

自动扶梯分为站内扶梯：在车站站台至站厅之间工作、站内线路之间换乘工作；出入口扶梯：在车站站厅至地面出入口处工作，要求为全室外型扶梯，能防日晒、防暴雨、防雷电等室外条件。所有出入口扶梯控制柜需放置在上平台桁架内。

自动扶梯倾斜角度为 30°，运行方向为上下可逆，水平梯级上端四级，下端四级，可满足每天连续运行 20h，全年工作 365d。所有扶梯是按照一级负荷供电。

自动扶梯外观如图 20.1.1 所示。

20.1.2 电梯系统工程概述

为了保证地铁乘车的无障碍通道，方便残障人士乘车，地铁车站在客流量较大的出入口、站厅与站台均设置了电梯。且为了车站通透美观，站内电梯大部分采用透明电梯。

电梯外观如图 20.1.2 所示。

图 20.1.1　自动扶梯外观图

图 20.1.2　电梯外观图

20.2 自动扶梯与电梯系统工程特点及亮点

20.2.1 自动扶梯系统工程特点及亮点

地铁自动扶梯工程属于交钥匙工程，即由厂家负责供货、安装、调试、验收及维修保养。

自动扶梯也属于特种设备，即每台扶梯必须通过国家认可的专门机构验收合格，并颁发使用标志后，才能投入使用。

自动扶梯工程有以下亮点：

（1）技术亮点

深圳地铁第一个全面采用全变频调速技术。全变频调速是指在扶梯运行过程中，电机始终由变频器控制供电。通过调节变频器实现调整扶梯运行速度。可实现除额定运行速度 0.65m/s 外，还能当扶梯空载时在变频器控制下低于扶梯额定速度运行的节能速度 0.13m /s 等其他速度，从而达到了节能的良好效果。

（2）商务亮点

为了保证设备安全使用，自动扶梯的维修保养建议由原厂进行。为避免定义原厂维修保养后，漫天要价的风险，在投标时就要求投标人对质保期后三年的维修保养价格进行了报价，从而保证了价格的竞争性，控制了价格。

20.2.2 电梯系统工程特点及亮点

电梯工程分类较多，有无机房混凝土井道电梯、无机房透明电梯、有机房客梯、有机房货梯、消防电梯、餐梯等。

地铁电梯工程属于交钥匙工程，即由厂家负责供货、安装、调试、验收及维修保养。

另外电梯也属于特种设备，即必须通过国家认可的专门机构验收合格，并颁发使用标志后，才能投入使用。

电梯工程有以下亮点：

（1）技术亮点

深圳地铁站内电梯大部分采用了钢结构井道的透明玻璃电梯。电梯整体通透，使得车站整体感觉宽敞、通透。

车站电梯均采用无机房电梯，不需要机房，降低了对建筑的要求。

（2）商务亮点

为了保证设备安全使用，电梯的维修保养建议同原厂进行。为避免定义原厂维修保养后，漫天要价的风险，在投标时就要求投标人对质保期后三年的维修保养价格进行了报价，从而保证了价格的竞争性，控制了价格。

20.3 自动扶梯系统构成及功能介绍

自动扶梯系统由机械构件、驱动系统、联动系统、润滑系统、安全系统、监控系统等构成。

自动扶梯主机结构示意图如图 20.3.1 所示。

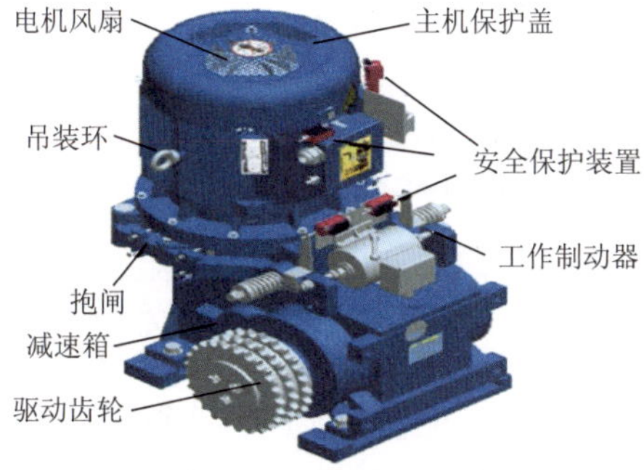

图 20.3.1 自动扶梯主机结构示意图

20.3.1 对设备部件使用寿命的要求

(1) 正常运行条件下,如下部件的工作寿命为40年:

①桁架(包括防锈处理);

②桁架上焊接的导轨支承、驱动主机机座等。

(2) 正常运行条件下,如下部件的工作寿命为20年:

①导轨(包括支撑架)、驱动主机、主驱动轴(包括轴上的链轮);

②梯级链涨紧装置(如果有)、扶手带导向轮、梯级、电缆;

③扶手带驱动装置(不包括摩擦件)。

(3) 在正常运行条件下,如下部件的工作寿命为15年:

梯级链(不包括梯级链滚轮)(室外10年)。

(4) 在正常运行条件下,如下部件的工作寿命为10年:

控制主板(室外梯8年)、变频器(室外梯8年)。

(5) 在正常条件下,如下部件的工作寿命为8年:

①扶手带(室外梯6年);

②梯级链滚轮和梯级滚轮(室外梯5年);

③主驱动链(室外梯6年);

④扶手带驱动链(室外梯6年)。

20.3.2 整机性能要求

(1)在额定频率和额定电压下,梯级空载运行速度和额定运行速度之间的允许最大偏差为±5%。

(2)扶手带运行速度相对于梯级的速度允许偏差为0～+2%。

(3)空载运行时,梯级及盖板上方1m处噪声值不大于65dB(A);水平和垂直振动加速度都不大于0.58m/s。

(4)空载和制动载荷(120kg/级)向下运行时,制动距离在0.3～1.3m之间。

(5)平均无故障时间(MTBF)要求:设备平均无故障时间(MTBF)应≤3次/年。(故障:定义为任一导致在特定运行条件下运行的装置失效的事件,由于乘客的不正当使用而造成的故障不考虑在内)。

(6)扶梯空载以额定速度运行时,电机实测输出功率不应大于理论计算空载功率的120%。

20.3.3 主驱动装置

主驱动装置包括电机、减速机、工作制动器、联轴器、机座等。主驱动装置可在55℃的环境温度下连续工作,噪声低于65dB(A),运行平稳,传动效率高(应大于93%),维修工作量小。

20.3.4 驱动电机

采用三相交流异步电机,应能在规定环境条件下(在55℃的环境温度)下可24h连续工作,自带风扇冷却。电机不应采用在线式直接启动方式,最大启动电流应不超过满载工作电流的3.5倍,误差为+15%。电机性能应符合以下要求:最大启动电流应不超过额定工作电流的3.5倍,滑差率不大于5%,额定功率因素不应小于0.8。

20.3.5 减速机

应采用结构紧凑、设计合理、高效的齿轮传动型减速机，不宜采用全蜗轮蜗杆型减速机。

技术参数：齿轮模数的大小应与电机功率相匹配，齿轮材质优良、热处理方法合理。减速机效率应不低于93%以上。

规格：减速机的规格应与电机功率相匹配，允许的传动扭矩不应小于电机的输出扭矩。

减速机结构简图如图20.3.2所示。

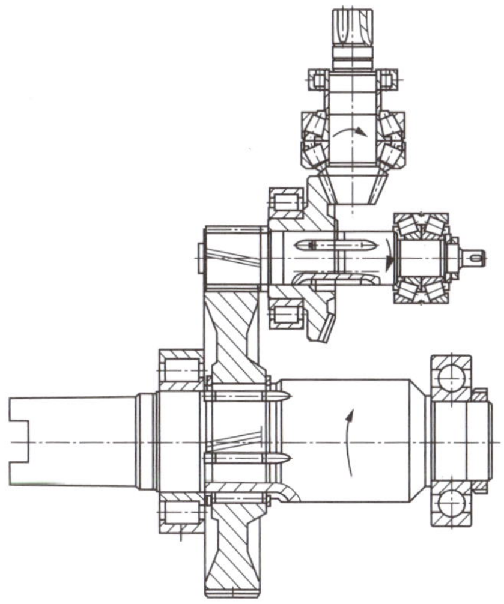

图20.3.2 减速机结构简图

20.3.6 工作制动器

（1）驱动装置应配置可靠的机电式工作制动器。驱动装置制动器应为压缩弹簧型，螺线管持续通电释放，制动器不得采用自激励释放装置。

（2）制动电路应能用机械操作装置逐步减少制动螺线管持续电流，在制动电路断开后，制动器应立即施加制动。

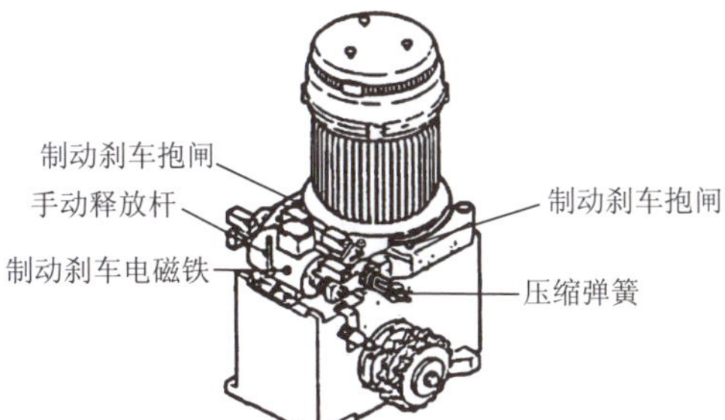

图20.3.3 主机工作制动器示意图

（3）制动能力应能以接近匀减速停止以额定荷载、额定速度运行的扶梯，在电制动工况下，制动距离不超过1.3m。对以额定速度运行的空载自动扶梯，在电制动工况下，制动距离不少于0.3m。任何情况下，在制动过程中应匀减速，不给乘客造成危险的惯性冲击感觉。自动扶梯向下运行时，制动器制动过程中沿运行方向上的减速度不应超过1m/s²。

（4）扶梯静态制动能力应使得当有人在其上走动时，不会发生任何滑动或颤抖。

（5）应配置制动器松闸检测装置，制动器未完全打开时，扶梯不能动作。

主机工作制动器示意图如图20.3.3所示。

20.3.7 驱动链

若采用链条传动，其驱动链至少为双排，安全系数应不小于8（即在最大工作荷载为2000N/梯级的情况下，其驱动链的断裂荷载与牵引力之比）。皮带传动方式的安全系数也不小于8。

对室外梯应充分考虑露天工作的条件，链条应有罩，能阻止雨水和泥沙直接侵入链条。同时还应考虑采用销轴直径较大的链条，以提高销轴的耐磨性。

驱动系统简图如图20.3.4所示。

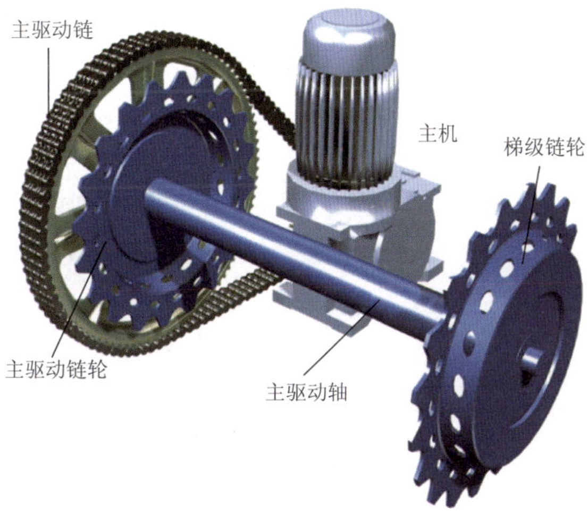

图20.3.4 驱动系统简图

20.3.8 梯级链

梯级链应由优质钢链板、淬硬的销轴、衬套和滚轮组成，两条梯级链长度应相互匹配。梯级链应符合下列要求：

(1)梯级链的最小断裂荷载应为140kN，梯级链安全系数应大于8（即在最大工作荷载为2000N/梯级的情况下，其梯级链的断裂荷载与牵引力之比），梯级链销轴比压应不大于25N/mm^2。

(2)梯级链销轴的最小直径应为20cm；链条的链片应用优质钢制造，并应经适当热处理，使晶粒细化，获得可靠的强度。

(3)销轴、轴套和滚子应用优质合金钢制造（如铬钼钢），并经合理热处理，以获得足够高的表面硬度和耐磨性，以保证链条的使用寿命。衬套应有足够的润滑，保证活动面之间尽可能少的磨损。

(4)装配好的梯级链，应涂以防锈保护蜡（可溶于润滑油中），以防止梯级链在安装后和使用之前这段时间内产生锈蚀。

(5)出入口扶梯应全程提供不锈钢链罩（盖），以防止雨水直接滴落到梯级链上，并阻止灰尘和泥沙侵入链条内部。

(6)为使梯级尽量不承受因梯级链不同步而产生的扭力，宜采用等直径梯级长轴(通轴)。

梯级链滚轮外置示意图如图20.3.5所示。

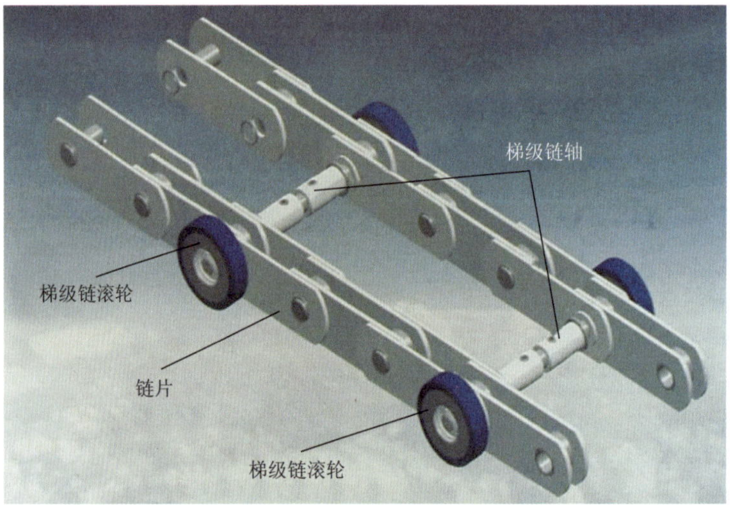

图20.3.5　梯级链滚轮外置示意图

(7)梯级链涨紧装置应利用压缩弹簧自动的、连续的保持适当张力。应有指示盘和指针，用以显示因链条磨损而产生的位移距离。张紧架安装位置如图20.3.6所示。

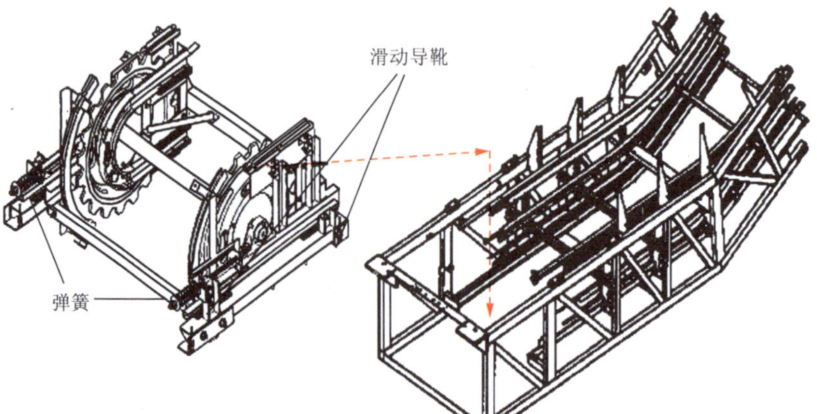

图20.3.6　张紧架安装位置示意图

20.3.9 桁架

当桁架负载为 5000N/m^2 时，桁架支座间最大挠度不大于桁架支撑水平距离的 1/1500。桁架段（包括焊在上面的机器底座和桁架底板及导轨支承件等）应整体热镀锌。

20.3.10 扶手带系统

扶手带系统包括扶手带驱动装置、扶手带、扶手带导轨等部分。

（1）扶手带驱动装置应采用端部驱动或直线驱动方式（对于主机端部驱动扶梯扶手带驱动也应采用端部驱动，不应采用多级链条传动）。扶手带的驱动方向应与梯级相同，速度应能与梯级保持一致。驱动链链条应有足够强度，其安全系数≥ 8。

（2）扶手带：采用 V 型扶手带（直线驱动型扶梯除外），其表面为硬度适中的黑色合成橡胶，中间内衬应为硫化橡胶和防水合成纤维结构，中间用钢丝加强。扶手带的任何部位破断力不小于 25kN。阻燃性能为自熄型。每条扶手带只能有一个硫化接头。出入口扶梯扶手带应能抗阳光直晒以防止提前老化龟裂，应有有效的去静电装置。

V 型扶手带结构示意图如图 20.3.7 所示。

图 20.3.7　V 型扶手带结构示意图

20.3.11 润滑系统

（1）全部链条均采用由定时器控制的中央自动油泵润滑系统进行润滑。

（2）在润滑器的附近应设置指示面板，以显示各项供油的情况。

（3）应采用双路供油系统，能对梯级链与驱动链、扶手带驱动链作不同时间、不同油量的供油。润滑时间应是无级可调，调整方法应简单方便，对润滑时间间隔的选择应有数字和刻度显示。

（4）油箱的容积至少应为 10L，应足够供 2 周以上运行使用。

（5）润滑系统应配置低润滑油位探测器，在储油位降到预定位置时，影响到扶梯安全运行之前，探测器能发出报警信号，并有故障代码显示提醒维修人员检查或注油，且扶梯不能再启动。

润滑系统结构如图 20.3.8 所示。

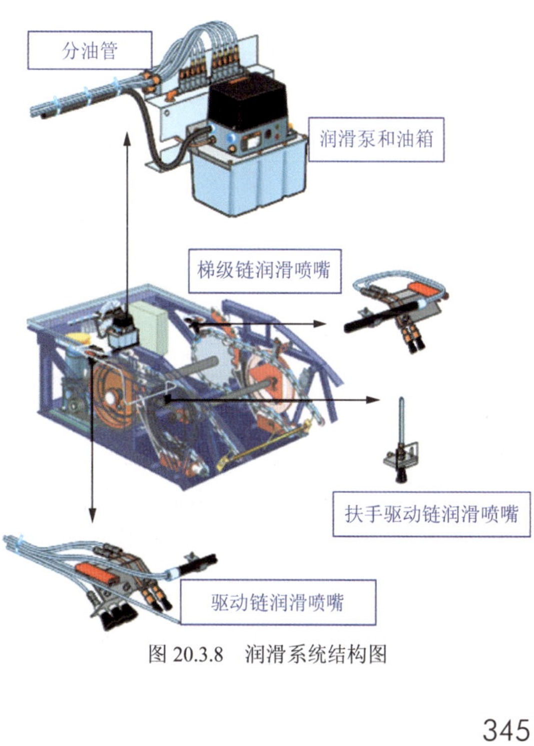

图 20.3.8　润滑系统结构图

20.3.12 安全装置

安全装置见表 20.3.1。

安全装置一览表　　　　表 20.3.1

序号	安全装置	功　能
1	工作制动器	其驱动系统应提供机电式制动器，用于正常刹车和在故障时使扶梯均匀减速制停，使其保持停止状态。工作制动器应在下列情况下动作： ①电源失电。 ②电路失电。 ③安全装置动作。 ④制动器的制动距离应符合国标要求(但宜在 1~1.3m 的范围内取值)。 驱动装置应配置可靠的自动防故障工作制动器。驱动装置制动器应为压缩弹簧型，DC 螺线管持续通电释放。制动器不得采用自激励释放装置。 制动电路应能用机械操作装置逐步减少制动螺线管持续电流。在制动电路断开后，制动器应立即施加制动
2	附加制动器	①所有扶梯均应安装附加制动器，能使具有制动荷载的扶梯有效地减速停止下来，并使其保持静止状态。制动器单独工作时，应能减速停止一台以额定速度运行的满荷载扶梯并保持梯级静止，而不需要任何人工特别的锁止防护装置。 ②制动器应为机械式的。 ③当梯速超过额定速度 1.4 倍之前或梯级改变其规定的运行方向时，附加制动器应与工作制动器同时动作。 ④允许当电源发生故障或安全电路失电时与工作制动器同时动作，其制停距离应满足国标要求。 ⑤当扶梯驱动链破断时，附加制动器单独动作时，应能保证乘客安全。 ⑥应有制动器松闸监察装置，当制动器未打开时，扶梯不能起动。 ⑦应易于调节、维修和更换零件。 ⑧除第 3、4 条规定要求与工作制动器同时动作外，附加制动器的启动时间应滞后于工作制动器一段时间，其滞后时间是可调的，可调范围 0 ～ 5s
3	超速保护装置	①当扶梯速度超过额定速度的 15% 时，工作制动器动作。 ②当扶梯速度超过额定速度的 20% 时，保护装置切断电流，同时附加制动器动作。 ③必须通过直接对梯级链驱动主轴的旋转速度进行测量，或者直接对梯级运行速度进行测量的方式确定扶梯的实际运行速度。不得仅以驱动电机转速或减速箱输出轴转速等进行换算确定扶梯运行速度
4	欠速保护装置	当扶梯在有载情况下，速度降低至额定速度的 80% 时，工作制动器和附加制动器动作，防止逆转
5	防逆转装置	需从主轴、梯级、扶手带上采集信息，信息串接进辅助制动器触发回路。在扶梯逆转前，工作制动器和附加制动器动作，使扶梯停止
6	梯级链保护装置	①当梯级链过度伸长达 2% 时，保护装置动作使扶梯停止。 ②当梯级链破断时，保护装置动作使扶梯停止
7	扶手带断带保护装置	每条扶手带都应安装一个扶手带断带保护装置，用以探测扶手带不正常张紧、松弛或断裂时，停止扶梯
8	扶手带速度检测装置	①当扶手带与扶梯速度差超过 +2% 时并持续 10s 时，向 BAS 系统发出报警信号；当这一速度差达到 -5%~+5% 时并持续 5s 以上时，安全开关可使扶梯停止运行。该安全开关应具有延时停车功能，延时时间在一定范围内可调，以防止此装置的滥用，防止乘客有意地拉扶手带，而引起扶梯的停止。 ②同时增设两个可选的速度挡，这三个速度监控挡在使用中可方便地选择。 ③该检测装置控制电路应具有可调整延迟停机时间的特性，延迟时间范围为 0~3min，具体延迟时间设定应得到建设单位的批准。目的是为了防止任何对扶梯的恶意行为(如乘客强拉扶手带)造成扶梯无故停机。 ④当扶手带速度偏离梯级、踏板或胶带实际速度大于 -15% 且持续时间大于 15s 时，该装置应使自动扶梯或自动人行道停止运行
9	扶手带入口保护装置	这个保护装置应为阻挡橡胶、尼龙刷或其他形式，用以阻止任何试图接触和进入扶手带入口的物体

续上表

序号	安全装置	功　　能
10	梳齿板安全开关	在每个梳齿板两边应设置两个安全开关，在任何物体夹在梯级与梳齿啮合处时停止扶梯。梳齿板安全开关在梳齿受到垂直和水平两个方向上的力时动作。梳齿板安全开关动作的上举力应不小于500N，水平压力应不小于1500N
11	围裙板防接触保护	在裙板适当位置安装毛刷，以防止乘客无意接触裙板而被夹塞
12	围裙板安全开关	按一定的直线间隔距离（≤10m），安装于裙板后面，其数量不少于两对。当有不适当的压力或物体进入梯级与围裙板之间时，使扶梯停止运行
13	梯级防塌陷保护	两个梯级防塌陷保护装置应安装在扶梯的两端，该保护装置应能探测到梯级任一部分超过10mm的断裂或塌陷，或者由于与梳齿的齿合在断裂或塌陷处不能齿合时，能使扶梯停止运行
14	驱动链断链保护	当驱动链过度伸长达2%或断链时，附加制动器动作，使扶梯停止运行。 应在扶梯下端为每个扶手带驱动链设置一个扶手带驱动链安全开关，探测扶手带驱动链故障
15	梯级运行安全装置	当两个梯级间隙插入异物，梯级滚轮运行轨迹异常时，使扶梯停止运行。 梯级缺失安全装置：在上下端部梳齿板后面应安装两个梯级缺失安全装置，用以探测扶梯在运行过程中梯级的缺失。 防梯级上冲安全装置：在扶梯上下端部应安装防梯级上冲安全装置，当一个梯级在从倾斜段到水平段之间的过渡段翘起或错位时应停止扶梯运行
16	错断相保护装置	当供电电源错、断相时，使扶梯在运行时停止运行，启动时不能启动
17	电机过载安全保护装置	①电机每一相都应装有防止过载或短路的安全装置，一旦此安全装置动作，则切断电机供电。 ②如果是靠电机线圈温升来检测过载，此装置应在故障被排除和电机线圈温度充分降低的情况下，自动复位，但不能自动重新启动扶梯
18	电路接地及漏电故障保护装置	当扶梯产生接地故障时，扶梯停止运行。 扶梯应配置一个漏电保护装置或剩余电流保护装置，扶梯任何金属件一旦有接地漏电危险发生，应立即停止扶梯运行并切断电源。
19	急停开关	上、下扶手带端口各设一个，当自动扶梯提升高度大于12m时，需在扶梯倾斜部分栏杆中间位置装设一个
20	防静电装置	应符合《自动扶梯和自动人行道的制造与安装安全规范》（GB 16899—2011）的要求
21	辅助制动器	若采用带式制动器时需设
22	工作制动器开关	能够防止扶梯在工作制动器未完全打开时被起动，即使起动也应立即停止
23	上、下地板安全装置	在扶梯上、下地板下设有一安全开关，除维修模式外，地板打开时，扶梯停止运行
24	制动器安全装置	该装置可监视制动器（工作制动）闸瓦的厚度，一旦测到任何不正常或不均匀的磨损，工作制动器里磨损指示器应在LFIP（控制柜内的本地状态、故障显示板）上闪烁，以警告车站工作人员
25	水位安全开关	当出入口扶梯下机坑的积水超过警戒线后，扶梯不能起动或停止运行，并向BAS系统发出警报
26	逆向报警	当乘客逆向接近行驶的扶梯时，系统进行声光报警
27	复位开关	应符合《自动扶梯和自动人行道的制造与安装安全规范》（GB 16899—2011）的要求

20.3.13 监控系统

扶梯纳入车站设备监控系统（ISCS）监控范围内，扶梯应将运行 / 非运行、报警、故障等实时信息传输至车站控制室和控制中心进行监视，控制中心和车站控制室也可将控制信息实时转输至每台扶梯，实现扶梯的远程监控。OCC控制中心将扶梯的运行、报警、故障信息实时转输至扶梯管理系统的计算机，通过扶梯管理系统实现管理自动化。

20.4 电梯系统构成及技术要求

电梯系统由机械构件、门机系统、传动系统、安全系统、控制系统等构成。

20.4.1 设备部件使用寿命要求

大修周期按 10 年考虑。主要部件寿命要求：曳引装置，20 年；控制柜及门机主板，10 年；钢丝绳（带），5 年。

20.4.2 整机性能要求

（1）电梯驱动方式采用交流无齿永磁曳引机驱动，无机房电梯曳引机安装在井道顶部。

（2）采用全集选控制功能，微机控制，主机及门机均采用变频调速控制。

（3）平层准确度为 ±5mm，速度偏差 -8% ～ +5%（在 50% 额定载质量下运行时）。

（4）运行中轿厢内噪声不大于 50dB（A），最大允许值为 55dB（A）；开、关门过程噪声不大于 55dB（A），货梯最大允许值为 65dB（A），客梯最大允许值为 60dB（A）；机房噪声不大于 75dB（A）。

（5）要求运行平稳，启动、制动及加、减速度变化均匀，舒适感好。

20.4.3 整机运行功能

整机具有自动平层、预定时间自动开关门、层站召唤、顺向截停、轿厢内层站登记、全集选控制功能、自动返回基站功能、满载直驶功能、轿厢内无效反向指令自动取消功能。

20.4.4 门机

（1）开门时间及门机性能：开门速度不大于 0.3m/s。关门时间不大于 3.6s。开门时间不大于 4s。

（2）开门保持时间：调整范围为 2 ～ 25s，初始设置时间为 10s。

（3）按钮开门功能：按下轿厢操纵箱上的开门按钮应能使正在关闭状态的门转为开门状态，按住开门按钮能使电梯在一定时间（此时间可调）内保持开门状态。按下操纵箱上的关门按钮，能使门提前关闭。

（4）外呼再开门功能：按下层门呼梯箱同方向按钮，能使正在关闭的电梯门再次打开。

（5）强迫关门保护功能：当门保持打开时间超过预定的最长时间时，电梯应能够进行声音报警，以提醒乘客电梯将有关门行动，此时，开门按钮、门保护装置都自动失效，不能继续阻止关门，电梯门将被慢速强制关闭。

（6）关门受阻保护功能：当正在关的电梯门受到外力阻止，使门保持打开时间超过预定的最长时间时，门往复运行 3 ～ 8 次（可调），如仍然不能克服阻力，应能够自动熄灭方向指示灯，门复位保持打开状态，电梯应能够进行声音报警，电梯将在该层站保持开门，中止运行。层站指示面板上亮起“停止服务”，直到故障排除为止。

（7）开门受阻保护功能：处在打开状态的轿厢门或厅门受到外力阻止，门应能够自动转为反向运行，或者门往复运行 3 ～ 8 次（可调），如还不能克服外力，则开门按钮应不能阻止关门，轿厢门和厅门应能慢速强制关闭，电梯运行至相邻楼层开门。

（8）开门故障自救功能：电梯到站平层后，在规定时间内不能正常开门时，应能够自动熄灭方向指示灯，清除轿厢内停梯及层门呼梯的全部记录，运行至下一个层站，开门放人，以防止电梯因开门故障困人，如门还不能打开，则电梯停止运行，向车控室报警。

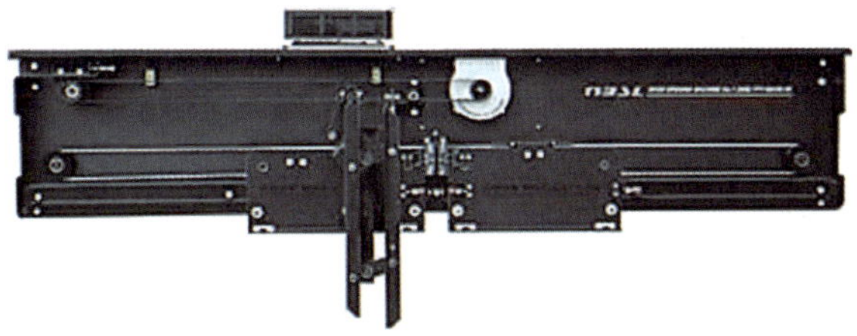

图 20.4.1　门机系统外观图

门机系统外观如图 20.4.1 所示，门机的机械结构示意图如图 20.4.2 所示。

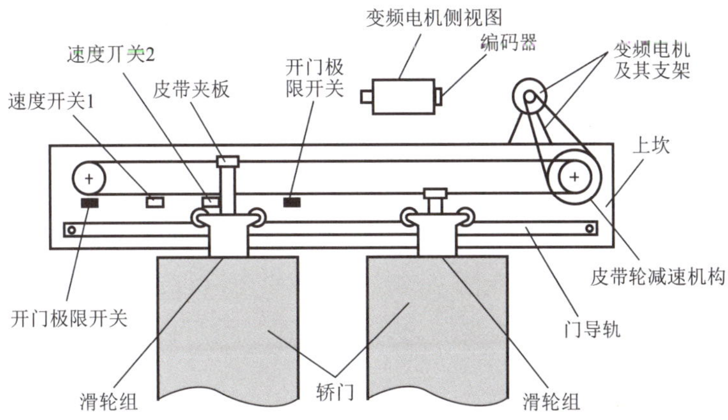

图 20.4.2　门机的机械结构示意图

20.4.5 安全保护功能

（1）超速保护功能：应有限速器－安全钳系统联动超速保护装置，限速器、安全钳动作电气保护装置及限速器断裂或松弛保护装置。

（2）安全钳：电梯轿厢架上应安装渐进式安全钳，在限速器动作后，能通过夹紧导轨使额定荷载的轿厢平稳停止。在安全钳动作之前或同时，安全钳上的安全开关应断开电机电路。安全开关应设置在电梯轿厢底部，手动复位。

安全钳示意图如图 20.4.3 所示。

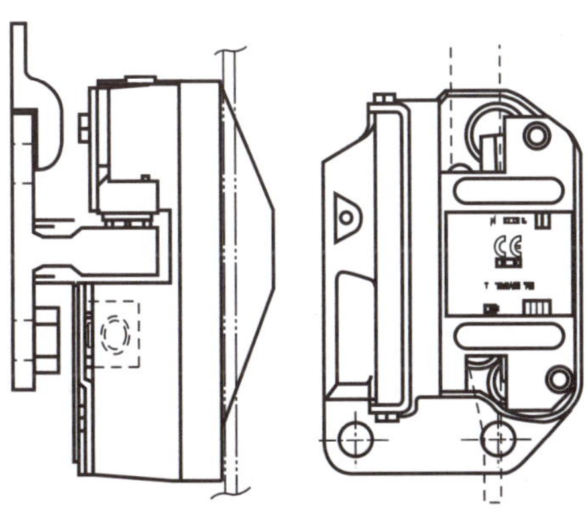

图 20.4.3　安全钳示意图

（3）电梯撞底保护装置：电梯井道底部应安装轿厢和对重缓冲器，安装在轿厢底部的缓冲器冲击钢板应有足够面积和合理的结构，以确保缓冲器的冲击荷载能够均匀地分配。应确保当轿厢落在完全压缩的缓冲器上时，轿厢或轿厢绳索与线槽或底坑内其他固定装置之间仍有足够的间隙。宜采用耗能式缓冲器或储能式缓冲器。如果为油压缓冲器，不需任何工具，在底坑中应能方便视检液压油液面高度。

（4）错、断相保护装置：当供电电源错、断相时，应能够保证电梯不能启动或不能运行。

（5）超载保护功能：当荷载达到额定荷载的 110% 时，电梯应能够发出声光报警信号，电梯不能关门运行，直至荷载减至合适为止。此装置应安装在电梯轿厢中，轻微偏心荷载（但是不超过额定荷载）不会引起此装置动作。同样，此装置也不会轻易受到乘客在轿厢内跳动的干扰。当超载装置出现故障或缺陷时，电梯将不能运行，并将故障信号发给综合监控系统。

（6）五方对讲功能：能够实现轿厢内、检修盘或机房、车控室、底坑、轿厢顶五方之间的内部通信即对讲功能。出入口电梯除五方对讲功能外，呼梯盒面板应与车控室之间实现对讲功能。

（7）视频监视：实现车控室对电梯轿厢进行监视的功能。

（8）安全停靠功能：当电梯发生故障停止在非停靠位置时，应能够自动进行故障诊断，以慢速运动到最近层站，开门放人。

（9）电梯门保护装置：正常运行时，不应单独打开层门，如果层门处于打开状态，电梯将不能够启动或继续运行。每个层门装设强迫关门装置，当轿厢在开锁区域以外时，该装置可以确保层门自动关闭。设备应设有验证层门锁紧电气安全装置、紧急开锁与层门自动关闭装置。应提供先进的二维红外线光幕门保护装置，该装置可有效实现免接触式门保护功能。红外线在电梯门口形成一个覆盖整个门高度的安全光幕，对进入探测区的任何物体进行探测，以防止有人进门口时被夹，从而保证乘客的安全。同时，电梯门还应具有在遇到关门阻力时能自动回弹的功能。门机系统具有电子转矩测量功能，防止关门所需要的力不大于 150N。轿厢门与其刚性连接的机械零件的动能不应大于 10J。轿厢门应采用门制动装置，当轿厢处于非开门区时，能够有效防止轿厢门开度不大于 45mm。

（10）状态监视功能：电梯应向环境与设备监控系统发出电梯的运行、关闭、乘客报警（电梯内报警按钮）、故障信息（故障代码）等监视信号。信号状态变更需在 500ms 内传送到与 BAS 系统接口。

20.4.6 残疾人员附加要求

（1）针对残疾人，车站的电梯轿厢内除设普通操纵箱外，还应在左侧壁（面向门内）设一符合行动不便乘客使用的副操纵箱。

（2）主、副操纵箱上设有警铃按钮和与车控室内的对讲机以及其他各种按钮。车站电梯轿厢内设置语音报站装置。

（3）轿厢内按钮、厅门召唤应有盲文。轿厢壁应有行动不便乘客专用扶栏。

（4）根据轮椅残疾人使用需求，额定载质量≤ 1000kg 的客梯，要求在轿厢后侧轿顶上安装凸透镜，以方便轮椅残疾人通过凸透镜观察到进出轿门的情况，方便其出入。

（5）在车站出入口电梯地面层站的呼梯盒面板上应设置与车控室的对讲机，其高度应满足坐轮椅人士的使用需要。

20.4.7 针对透明玻璃电梯的要求

（1）在站内设置的透明电梯，除控制柜和操纵箱及检修盒外，电梯轿厢的壁板和电梯门、层站门均采用 5+5mm 厚的夹层安全玻璃制成。为使轿厢整体更为美观，将正、副操纵箱设置于轿厢两侧面，用以挡住两边的钢绳或钢带。轿厢玻璃和轿门不透明的部分达到 1.1m 的高度。井道两侧进行视觉处理（喷黑），以遮挡井道内部。

（2）层站门、门套和轿厢内金属壁部分均采用镜面不锈钢，镜面不锈钢板厚度应不小于 1.5mm。

（3）在距离轿厢地板面 0.9m 高度处设置一道不锈钢圆形扶手。

（4）为使玻璃电梯轿厢外露部分，如对重、轿顶及轿底所有部件不影响电梯的整体美观，井道钢结构件的喷漆颜色和轿厢结构件协调一致。

（5）钢井架设计基准 50 年，设计使用年限 50 年，结构安全等级为二级，建筑抗震设防类别为二级，结构的重要性系数 1.0。

(6)钢井架的表面应经热镀锌处理，锌层最小厚度不应小于 50μm，保证表面平整，防腐蚀能力应不低于 20 年，其外部涂银粉漆，焊接位置应做防锈处理。

20.4.8 控制系统

无机房电梯的控制柜安装在电梯井道内，有机房电梯的控制柜安装在机房中。电梯变频器安装在控制柜内的，电阻箱不得安装在控制柜内。控制柜应采用微机控制系统，有故障显示装置。

无机房电梯站内车站电梯检修控制盒安装在站厅层，出入口及车辆段无机房电梯检修控制盒安装在顶层，实现电梯系统主要的控制及检修功能。所有电缆采用下进下出方式。

控制系统具有故障自诊断程序，可以明确指示故障部位，包括安全回路、门回路及层站信号、供电错断相、超越上极限、悬吊机构失效、电梯上行 / 下行超速、门锁故障、楼层信号故障等。

控制系统应具有故障自动存储、待机定期自检、运行次数显示功能。故障记录能在断开主电源后仍能保持 1000 条以上。

在电梯控制柜内应提供电梯状态 / 故障指示板（LFIP）来监视电梯的运行状况。状态 / 故障指示板（LFIP）可以是以 VDU 或 LCD 模拟板的形式显示。提供数据下载的接口，可通过通信接口传至 BAS 系统，以供查询。状态 / 故障指示板（LFIP）应集成到控制柜上，或者单独安装在控制柜面板或侧板上。控制系统的通信线路电压要求采用 12V 及以上电压，以提高电梯可靠性。

变频器寿命不得小于 10 年。变频器应具有过压、欠压、过流、短路、失速、缺相、过热等多种保护功能。

20.5 自动扶梯及电梯系统施工工艺及技术要点

20.5.1 设计联络

1）第一次设计联络会

自动扶梯及电梯属于设备招标较早的批次，因为不同品牌的扶梯及电梯设备尺寸和预埋件要求各不相同，只有确定设备品牌后，才能根据具体的设备尺寸和预埋要求施工土建井道。

扶梯及电梯合同签订后需尽快召开第一次设计联络会，让扶梯及电梯厂家与设计单位对接，将设备尺寸和预埋件要求提资给设计单位，之后设计单位根据扶梯及电梯厂家的尺寸出扶梯及电梯的设备通用图，并将扶梯及电梯尺寸提供给土建设计，以便土建专业按扶梯及电梯设备尺寸和预埋要求施工土建井道。

第一次设计联络会主要内容概括如下：

(1)扶梯及电梯厂家介绍产品的技术来源。介绍整机结构和主要部件技术特点。

(2)扶梯及电梯厂家与设计单位沟通设备尺寸和预埋件要求。提供相应图纸。为设计单位出设备通用图资料。

(3)讨论扶梯及电梯厂家提供的具体技术方案。

(4)设计单位根据现场进度，确定某一车站某一扶梯及电梯作为样机，并提供此台样梯的提升高度及具体图纸。扶梯及电梯厂家安排样机生产计划。

2）第二次设计联络会

第二次设计联络会是在样机验收结束后开展。结合合同、样机验收情况等，双方明确技术规格和各项参数等，并对整个合同执行计划进行讨论。

第二次设计联络会主要内容概括如下：

（1）双方最后对技术条款、各项参数、方案等进行明确。

（2）讨论整个合同进度计划、供货计划、安装计划、调试开通计划等，初步确定各个阶段的时间表。

（3）扶梯及电梯厂家介绍培训内容。

3）第三次设计联络暨接口界面联络会

扶梯及电梯与很多专业存在接口，如果接口界面没有划分清楚，将会在施工过程中造成很大麻烦，影响工期。所以，针对接口问题应专题组织一次接口界面联络会，以扫清扶梯及电梯专业与土建、装修、供电等其他专业的接口问题。

第三次设计联络暨接口界面联络会，主要内容包概括如下：

（1）与其他有接口专业进行相关技术交底，与其他接口专业讨论各自接口内容及接口界面位置。

（2）与其他有接口专业讨论各项工程的施工工序，确定各自先后工序。

（3）与监控专业确定有关接口标准和协议。

20.5.2 样机

样机试制是扶梯及电梯专业很重要的一个把控质量的环节。通过样机的试制、验收，能够及时发现技术上的各种问题，及早发现、及早解决，避免大批量生产时出现技术问题。

1）样机制造

扶梯及电梯厂家根据设计联络会上设计单位确定的具体样机参数专门制作完成样机。样机制造需按照双方确定的时间完成，避免影响工期。

2）样机验收前准备工作

样机验收前，扶梯及电梯厂家需搭建好样机测试平台，提交详细的样机检验大纲、计划、试验操作方法，包括使用仪器、记录表格等。

提供试验的样机需装配完整。在试验前，样机将至少连续运行 24h。样机试验前，对有要求的重要部件，扶梯及电梯厂家应送第三方进行检测，并提交检测报告。

3）样机验收

样机验收双方相关人员均应到场。扶梯及电梯厂家需安排专人进行试验操作和记录。双方遵照合同，按验收大纲等逐项进行检查。

全部试验项目合格，样机整机试验才算通过。对于在样机验收中发现的不足，应及时提出并做好记录。

样机验收结束后出具《样机试验检验报告》，扶梯及电梯厂家需根据报告中列写的不足之处，进行必要修改、完善。

样机验收通过后，扶梯及电梯厂家才能进行大批量投产。

4）投产

由于扶梯及电梯招标较早，合同中的设备参数在实际执行中会有所改变。所以，扶梯及电梯的设备投产清单，必须经过设计单位最终核定后正式提供。

为了确保投产清单稳定，设计单位可以根据现场的进度逐批提供投产清单。因为车站内比出入口较早稳定，故可以先提供站内的扶梯及电梯投产清单。待出入口稳定后再行提供出入口清单。

扶梯及电梯设备生产周期较长，特别是部分重要部件可能需进口，所以投产清单的下发，必须考虑满足设备的生产周期及长物料采购时间。

特别对于长物料，一定要尽早让扶梯及电梯厂家提前采购，避免影响整机生产周期。

对于设备生产周期在合同中应予以明确，并设置具体的考核、处罚条款，以确保工期。

20.5.3 到货、安装、调试及验收

1）施工方案

进梯前，扶梯及电梯厂家需针对每个车站站内及出入口两种情况制订详尽的施工组织方案。方案中需详尽写明进场途径、运输方案、吊装方式、人员组织、紧急情况处理预案等内容。此施工方案需经监理及建设单位方的认真审核批准后，备案落实执行。

对于某些梯子受现场情况制约，需采用特殊进场或吊装方案的，需针对具体情况制定特殊的施工组织方案，上报监理及建设单位审批。

另外，还需对每个车站及梯子提报安装、调试计划。用横道图的形式列明每个环节所用时间。监理及建设单位对照此计划，随时进行检查。

2）到货前准备

到货前扶梯及电梯厂家应对每个井道与土建专业一起进行复测。发现提升高度、跨距、中间支撑、预埋吊钩、预埋钢板等尺寸存在问题的，立即通知土建专业进行相应整改并确定整改完成时间。同时对梯子进场通道进行勘察，对与堵塞进场通道的情况，通过监理及建设单位及时协调清除。

3）到货及就位

根据现场情况，监理提前一周左右确定梯子到货时间，下发到货通知单，通知扶梯 / 电梯厂家及地盘。扶梯及电梯厂家根据到货通知单的时间，按时组织设备到货。并按提报批准的施工组织方案进行吊装就位。

吊装就位在整个施工过程中，属于危险性最大的环节。所以对于吊车的选择和吊车及起吊人员资质、吊装受力分析、预埋吊钩的承受力等都需要特别审查，以保万无一失。此环节监理需旁站。

4）安装

扶梯及电梯就位后，需组织人员立即投入安装的施工环节。由于梯子的部件众多又零碎，所以只有尽快安装完毕，才能保证不丢失部件。

在安装前需设备监理与安装监理共同组织每台梯子的高程确认，高程确认后才能开始定位装梯。

为确保安装进度，此环节监理及建设单位需经常现场清点安装人员人数，一旦发现存在人员不足不到位的情况，需立即督促到位。

安装过程可能存在和安装装修专业有交叉作业的情况。监理需及时协调施工工序，大家合理安排，尽可能减少对双方的影响。

5）调试

（1）单机调试

按照提报的调试计划，完成设备安装之后应对设备进行单机调试，对安全装置、控制装置、开关、重要零部件和装配间隙等做适当的调整和试运行。每台设备调试均应认真填写《调试记录卡》。

在单机调试工作前，控制柜需安装完毕，线缆需布置妥当。另外，供电专业需按图纸提供正式电源，若正式电源不能到位，可先向地盘申请临电进行调试。

为确保调试进度，此环节监理及建设单位需经常现场清点安装人员人数，一旦发现存在人员不足、不到位的情况，需立即督促到位。

（2）设备联调

设备联调之前，与其他有接口关系的集成商如供电系统、设备监控系统（BAS）等专业一起，制订详细的联调方案及计划和内容，明确各自的责任和工作范围。

根据所制订的联调方案，与相关专业一起有计划、有步骤地进行设备联调，并填写《联调记录卡》。

设备联调容易出现的问题就是双方人员配合不到位。为避免联调中相关人员不能按规定时间、地点到位，需监理通知联调各方配合具体计划，若某方不能按时到场的，采取一定经济处罚措施，使调试工作得以顺利进行。

还要形成联调会议及通报机制，定期对联调进度及存在问题进行及时通报。并通过联调会议的形式，对于在联调过程中出现的问题，相关方协商共同解决。

6）验收

（1）政府验收

扶梯及电梯专业由于属于特种设备，所以在投入使用前，必须经过政府部门组织的专项验收，并取得使用标志后，才能投入使用。

因为地铁梯子数量众多，为保证开通时梯子能正常投入运营，需至少提前三个月，根据现场每台梯子的进度，制订政府验收计划。及时向各特检所提出验收申请。

根据经验教训，在政府针对扶梯及电梯的专项验收中，容易被打为复检的主要有以下问题：

①自动扶梯问题（图 20.5.1）

a. 扶梯上下口扶手带外侧边缘与阻碍物之间间距、扶梯外包板与阻碍物之间距离超过扶梯标准安全距离要求。扶梯周边栏杆应满足以下要求：

▲ 扶梯外包板与周边栏杆间距小于 100mm。

▲ 栏杆高度与扶手带表面高度大于 100mm。

▲ 栏杆与扶手带边缘间距 80~120mm。

b. 扶梯梯级到上方吊顶装修面，必须达到 2300mm 的距离。这条在验收中非常严格。最好在图纸设计时按 2500mm 来设计，以避免因施工误差造成不足。

c. 扶扶梯周边与侧墙和地面装修的缝隙需全部收缝妥当，不能有太大间隙。

d. 扶梯底坑需无渗漏水。

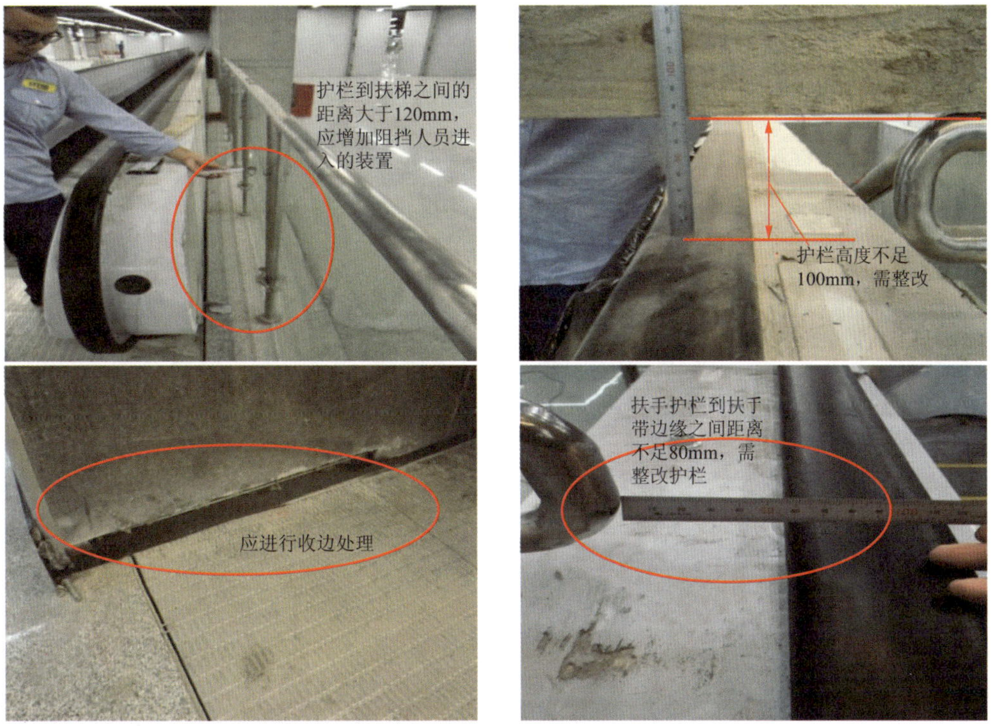

图 20.5.1　自动扶梯政府验收中的问题图示

②电梯问题(图 20.5.2)

a. 站内观光电梯周边地面石材垫层与电梯井道收口需平整。

b. 电梯周边与地面装修的缝隙需全部收缝妥当，不能有太大间隙。

c. 电梯底坑井道需无渗漏水。

d. 出入口电梯井道百叶窗需安装到位。

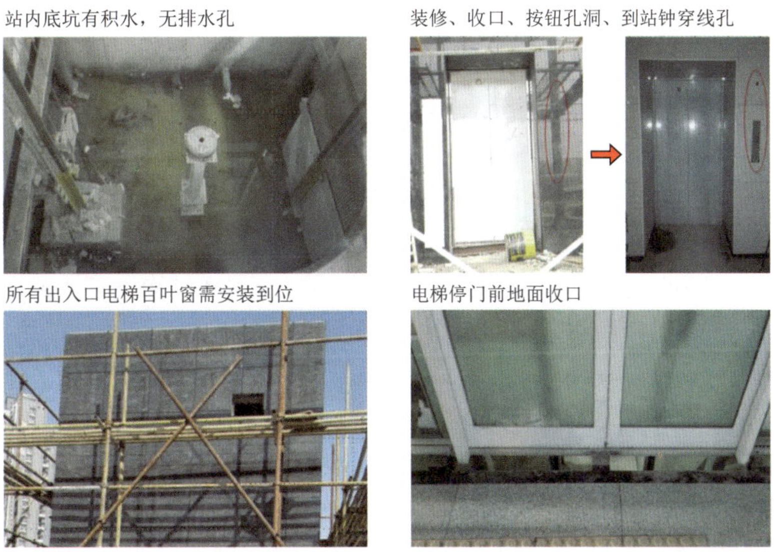

图 20.5.2　电梯政府验收中的问题图示

(2)其他验收

①初步验收

扶梯及电梯在通过政府专项验收，取得《电梯使用标志》后，可进行初步验收。初步验收由监理主持和组织。初步验收内容主要包括，合同设备样机检验、工厂检验、出厂检验情况，合同设备实体情况，设备调试情况，合同设备试运转情况等。

扶梯及电梯厂家将初步验收中提出的需整改问题全部解决后，监理将颁发《初步验收合格证》。

②竣工验收

初步验收合格且工程竣工文件已齐备，并通过了设备联调（主要指通信调试）后可进行竣工验收。竣工验收由建设单位主持和组织。

扶梯及电梯厂家将在完成竣工验收中提出的需整改问题全部解决后，建设单位将签署《竣工验收证书》。

③最终验收

最终验收在质量保证期结束时由建设单位主持，确认设备能否最终被接受。

最终验收包括的主要内容有整机性能检查和零部件实际质量检查。

所有检查通过后，且问题整改完毕，建设单位将签署《最终验收证书》。

20.5.4 工程常见问题及防范措施

地铁工程电梯和自动扶梯设备数量巨大，而且分布范围广，给设备的生产、安装和调试都带来了极大的困难。为此，需采取措施来进行管理和协调，确保在地铁开通试运营时电、扶梯系统能基本投入运作。

1）工程常见问题

（1）设计方面问题

①出入口规划设计不稳定，造成大量出入口扶梯需要进行变更，影响扶梯的生产、安装和调试。

②设计接口未明确，造成合同变更及影响特种设备验收。

③图纸中没有明确提供给扶梯动力电缆的型号及连接位置。

④电梯井道未设计成封闭空间，与其他空间相通或有电缆通过，造成电梯无法通过验收。

⑤未考虑透明电梯玻璃井道与装修之间的接口位置，造成玻璃井道与装修天花、搪瓷钢板之间冲突。

⑥电梯提升高度超过 11m 未设置中间安全门，无法通过验收。

⑦设计预留量较少，造成部分车站扶梯扶手带与侧墙间距离小于 80mm，无法通过验收。

（2）土建施工影响问题

①土建施工单位赶进度，对土建预留预埋工作不够重视，扶梯吊钩没有按照设计要求设置，存在吊钩数量不够、吊钩位置和材料不符合设计要求。

②扶梯预埋钢板没有按照设计要求设置，存在扶梯上下平层预埋钢板漏做、中间支撑预埋钢板漏做等情况。

③电梯预留孔洞没有按照设计要求预留，存在预留孔位置错误、漏做的情况。

④施工误差造成扶梯井道跨距过长或过短，影响扶梯就位。

⑤施工误差造成电梯井道不平整，轿厢无法安装。

⑥车站内扶梯尚未进场，但吊装口已封堵，内隔墙和构造柱已砌筑，致使扶梯无法运至安装位置。

⑦电梯井道存在渗漏水情况，造成电梯井道积水，引起电梯部件的损坏。

⑧未及时向电、扶梯安装单位移交井道高程和中心线，造成电、扶梯安装就位后需要重新调整。

（3）装修施工影响问题

①装修单位未及时向电、扶梯安装单位移交装修高程，造成电梯地坎和扶梯踏步面与装修地面之

间存在高差，存在安全隐患。

②未及时完成扶梯的装修收口，影响扶梯验收。

③装修单位未按图施工，造成部分车站装修天花底面距离扶梯踏步面垂直净空高度小于2.3m，影响扶梯验收。

④部分站内扶梯尚未进场，但扶梯三角机房已开始砌筑，影响扶梯安装就位。

⑤扶梯三角机房门、锁安装进度滞后，影响扶梯调试和验收。

⑥未及时安装出入口电梯雨棚，造成电梯部件受损。

⑦部分车站搪瓷钢板将电梯外呼按钮和检修屏遮挡，影响电梯使用。

⑧装修单位进行天花吊顶和风管安装时割掉扶梯吊钩并侵入扶梯井道范围，影响扶梯就位。

⑨装修单位在扶梯上方进行焊接施工时未进行安全防护，对扶梯造成损坏。

(4)设备厂家自身问题

①电、扶梯厂家设备排产滞后，造成设备到货滞后，对车站的装修及出入口上盖施工造成影响。

②安装和调试人员力量不足，设备安装和调试进度缓慢，对车站装修收口、政府验收工作造成影响。

③由于前期安装和调试工期滞后，导致特种设备验收和取证工作滞后。

④成品保护不利，造成设备损坏及被盗情况发生。

2)防范措施

(1)严格施工图设计管理

督促设计单位认真细化设计要求，抓紧施工图设计，组织审图单位、监理及设备厂家对施工图送审稿进行严格审查，并及时反馈意见，便于设计单位修改完善。

(2)细化招标及合同签订流程

招标及合同签订质量的好坏对后续的合同执行影响很大。现在的设备招标由于工期和考核的要求，时间都很紧迫，准备不够充分，招标文件编制也不够完善，容易出现一些遗漏或者排他性的条款，造成有些厂家不能或者不想投标，反而拖慢了招标的进度。建议在招标阶段对投标人的履约能力进行评估，保证中标人有足够的履行合同的能力。

(3)做好设备排产计划

由于电、扶梯设备厂家生产任务重，生产周期长，需要提前对设备生产进度进行预计，排出细致的生产计划，反复督促设备厂家抓紧生产，并多次到工厂实地进行生产过程检查。

(4)组织好安装、调试前准备工作

为了保证设备能够按时完成安装和调试，组织设备监理、设备厂家一道，对设备的到货、进场安装和调试制订详细的策划和施工组织设计，对每一车站的设备预留和预埋现场进行核实和检查，并督促现场监理和施工单位对存在问题进行整改。

(5)定期组织工程例会

组织设计单位、监理单位、设备厂家及运营单位等定期召开工程例会，了解工程进展情况，及时解决存在问题。

(6)协调相关接口关系

由于电、扶梯系统与土建、装修单位及其他设备系统之间存在大量的接口，特别是与土建装修单位之间协调难度很大。需积极协调土建装修单位配合电、扶梯设备的安装和调试，加快整改问题的落实。

(7)协助特种设备验收工作

特种设备验收虽然由设备厂家负责，但为了加快验收进度，满足开通式运营条件，通过函件及上门拜访的方式，与特种设备验收的主管单位保持良好的沟通和联系，帮助设备厂家顺利通过验收。

20.6 自动扶梯系统工程新技术和发展方向

自动扶梯作为车站设备中用电量最大的设备之一，它的节能技术对于整个车站节能有着至关重要的作用。所以自动扶梯的节能环保是未来研究方向。在地铁扶梯上尝试直流端能源反馈就是一个新的环保节能课题。

（1）受力分析：自动扶梯的力学结构，存在四个力，分别是乘客的重力 G，梯级运行阻力 f_1，扶手带运行阻力 f_2，以及电动机的拉力 T。在自动扶梯上行时，乘客重力与电动机的拉力方向相反，电动机处于电动状态。但在自动扶梯下行时，乘客的重力与电动机的拉力方向相同，存在以下等式：$T=f_1+f_2-G$。当 G 变得越来越大，超过 f_1+f_2 时，T 的方向由与 G 相同变成与 G 相反，此时，电动机的转矩变成与电动机转动方向相反，自动扶梯就处于发电的状态了。

（2）以往处理发电状态下发出的电量，一般是两种方法：

①变频器加制动单元是在母线电压上并联制动电阻，将能量直接消耗在制动电阻上。这种方法不节能且会产生热量，对设备不利。

②扶梯变频器加回馈单元是在母线上并联回馈单元，将电机工作在发电状态时变频器直流母线上的直流再生电能转化成交流电能并回馈到电网，这种方法谐波电流大，对电网质量影响严重。

（3）直流端能源反馈是自动扶梯在向下运行时，电动机进入再生发电状态，载客量越多产生的再生能量也越大，此时可以将两台自动扶梯（与上行扶梯）的变频器连接成直流母线式，充分利用下行自动扶梯产生的再生能量供给上行扶梯使用，没有能量浪费。简单地说，即对于并列一组上、下行扶梯，采用将两个变频器直流端连接，直接将下行扶梯产生的能源反馈至上行扶梯，以获得更好的节能效果。

（4）并列布置的上、下行扶梯采取变频器负载共享方法处理扶梯电机的再生能源，即扶梯的变频器整流输出采用共用直流母线方式，使电动状态的上行扶梯电动机通过变频器共用的直流母线，消耗掉处于发电状态的下行扶梯电机生成的再生能量新措施，这样既达到节能的目的且设备成本较低，产生了良好的经济效益。

（5）科研需要研究的具体内容：

①扶梯变频器整流输出共用直流母线的可行性研究。

②扶梯变频器整流输出共用直流母线设计方案研究。

③扶梯变频器整流输出共用直流母线节能测试方案研究。

④扶梯变频器整流输出共用直流母线节能效果分析研究。

⑤扶梯变频器整流输出共用直流母线在地铁车站使用分析研究。

第5篇

地铁站后工程项目管理

第21章 设计管理

设计管理，就是为达到设计目标，通过计划、组织、协调、控制和评估等一系列管理手段，优化设计资源配置，使设计价值最大化。所以，设计管理是地铁站后工程项目管理的一个重要组成部分。

21.1 设计管理概述

21.1.1 基本原则

1)系统管理的原则

从竖向看，设计分为工程勘察设计、总体设计、初步设计和施工图设计等不同阶段；从横向看，站后工程项目中包含装修、风、水、电等诸多专业，以及轨道、接触网和系统设备等相关专业。在按照相关程序对不同的设计阶段进行管理的同时，还要协调各专业之间的接口关系，从总体上和系统上进行设计管理。

2)守法合规的原则

在设计管理中，必须督促设计单位遵守国家和地方的法律法规，贯彻国家的经济建设方针和政策，符合国家和行业的技术标准、规程和规范。

3)技术经济平衡的原则

在设计管理中，必须督促设计单位重视技术进步，选用成熟的技术，在先进适用的同时，还必须坚持经济合理，最大限度达到技术经济的平衡。

4)安全可靠、质量第一的原则

在设计管理中，必须督促设计单位坚持"以人为本"的理念，充分保证建筑产品和施工过程的安全性。高度重视设计质量和建筑产品的质量，确保建筑产品在寿命周期内安全可靠。

5)资源节约、环境友好的原则

在设计管理中，必须督促设计单位合理利用资源，节约能源，重视生态环境保护和水土保持。贯彻落实建筑产品的绿色、低碳和与环境友好、与使用者和谐，以及科学发展和可持续发展的理念。

21.1.2 管理架构

地铁站后工程设计管理采用建设单位、设计咨询（监理）、前期研究单位或总包总体单位、工点系统设计单位的分级管理体制；建设单位根据项目建设管理模式，以线路为项目单位，采用项目管理方式；建设单位内部根据不同研究设计阶段，设置一个牵头主管部门，其他相关部门协助开展项目设计管理工作。

21.1.3 总体性技术管理要求

1）研究落实重大技术方案

设计总体单位应组织对站后工程方案设计或重大技术方案进行多方案比较研究，并提出推荐方案，包括主要设备配备、常规设备、系统设备、行车组织、运营模式等。对于重点、难点问题还需成立专门攻关小组，研究解决重点疑难问题，向建设单位提交可实施的最优化方案。

2）工程投资控制

（1）严格控制工程规模及标准，制订限额设计管理办法，实行限额设计；审查平衡各专业、各系统的投资限额。

（2）初步设计概算不得突破国家批准的工程可行性研究投资估算的110%，还应对超出投资估算部分予以详细分析说明。

（3）施工图预算（或主要工程数量）必须严格控制在批准的初步设计概算以内。

3）审查勘察设计文件

（1）审查分包单位（勘察分包单位、工点设计单位、系统设计单位、常规设备设计单位、系统设备设计单位和前期工程设计单位，以及分包合同内的其他单位）完成的各专业勘察设计文件。

（2）落实经建设单位审查批准的技术标准、技术要求，并督促检查分包单位严格执行。

（3）落实专家、政府、建设单位审查意见，并修改完善相应的设计文件。

（4）审查各设计分包单位提交的设计修改文件，包括修改、完善、补充的设计方案和设计变更等。

（5）审查设计施工总承包单位提交的技术方案、设计方案、施工方案。

4）设计文件的修改管理

勘察设计总体单位应制订项目内部设计文件修改管理细则，并严格按照设计文件修改管理细则执行，审核总包和分包单位的设计方案变更和施工图设计变更修改文件，建立设计变更台账，实时对设计变更进行更新统计、跟踪管理及费用清理，并上报建设单位设计管理部门。

5）专题研究

勘察设计总体单位应开展项目所要求的专题研究并提交研究报告，为设计提供支持性意见，如车站周边综合规划专题研究、重要换乘节点及换乘方案专题研究、节能专题研究、安全风险评估专题研究、物业开发专题研究等。

6）新技术运用

（1）通过新技术、新设备的应用，提高系统运行可靠性，达到运输的最佳效应，并满足不同时段的运输需要，实现城市轨道交通人性化、高效率、低成本投入，实现效率优先的目的，做到安全、节能、环保、美观。

（2）注重工程前期工作，在设计阶段采用先进的设计理念，优化建筑设计，改善线路与周边建筑和环境之间的关系。

（3）在施工阶段，采用先进、合理的施工方法，降低施工安全风险，减少施工期间对城市环境的影响和对市民出行的干扰。

（4）在设备采购阶段，积极稳妥地采用技术含量高、安全节能、环保的成熟设备，保证各机电系统的安全性和可靠性，降低运营成本。

（5）在机电安装阶段，注重解决各机电系统内和系统间接口技术问题，保证单机设备、单个系统的先进性，以及整个系统整合后，整条线路的技术先进性的统一。

7）价值工程

设计是工程建设的基础，设计方案上任何环节的不合理或缺陷所留下的隐患，都会造成工程项目投资的不良经济后果。应用价值工程理论，对工程项目进行科学分析，对设计方案进行优化选择，不仅从技术上，还要从技术与经济相结合的角度进行充分论证，在满足工程结构及使用功能要求的前提下，依据经济指标和综合效益选择设计方案。

设计人员要用价值工程的原理来进行设计方案分析，要以提高价值为目标，以功能分析为核心，以经济效益为出发点，从而真正达到优化设计效果。

在设计过程中，应用价值工程分析功能与成本的关系，以提高设计项目的价值系数。在设计中要勇于创新，探索新工艺、新技术的可能性，有效地提高设计技术的价值。

利用价值工程对设计方案进行经济比较，对不合理的设计提出意见，运用价值工程原理，对方案实行科学决策，对工程设计进行优化，使设计质量体现在经济效益和社会效益中。

21.2 设计文件的编制

21.2.1 设计文件编制一般规定

1）技术指导文件编制

技术指导文件包括《技术要求》《文件组成与内容》《文件编制统一规定》以及通用图、参考图等。

（1）《技术要求》

《技术要求》是统一轨道交通工程设计标准的主要技术文件，由设计总体单位在总体设计阶段编制完成。《技术要求》分初步设计和施工图设计两个阶段分别编写。

随着设计的逐步深入，以及设计过程中对相关技术问题的重新探讨，可能对相关技术条款进行修改。对《技术要求》的技术条款，特别是重要条款进行修改时，必须经过适当的工作程序，重大技术问题必须经过建设单位技术委员会或专家审查方可修改。

（2）《文件组成与内容》

《文件组成与内容》是规范和统一全线各工点、各系统设计文件内容、设计深度的技术文件。《文件组成与内容》分初步设计和施工图设计两个阶段分别编写。

初步设计阶段的《文件组成与内容》主要包括设计说明书、设计图纸、概算等三部分。设计说明书单独成册，主要包括工程概述、对咨询和总体审查意见执行情况、设计依据、设计原则、设计方案、与其他专业和系统的接口关系等内容，还包括工程数量表、主要设备数量表、图纸目录等设计说明书附件；设计图纸单独成册，主要包括原理图、系统图、平面图、主要剖面图等内容；概算单独成册，按照相关定额规定和总体单位所发的概算要求及格式编制。

施工图设计阶段的《文件组成与内容》主要包括设计图纸（含设计及施工说明）、预算等两部分。设计图纸单独成册，主要包括系统图、详细的平面图、详细的剖面图、大样图、安装图等内容；预算单独成册，按照相关定额规定及格式编制。

当《技术要求》的主要设计原则进行了修改，引起各工点、各系统的设计范围重大变化时，《文件组成与内容》应对上述变化进行修改。

(3)《文件编制统一规定》

《文件编制统一规定》是规范全线各专业设计说明编制格式及封面样式、图纸图幅大小、图纸会签栏格式、图纸图号编制代码、图纸会签等内容的技术文件。《文件编制统一规定》分初步设计和施工图设计两个阶段分别编写。

初步设计阶段的《文件编制统一规定》包括对设计说明书和图纸两部分进行规范，施工图阶段时只对图纸部分进行规范(因为施工图设计说明不单独成册)。

(4)通用图、参考图的编制

通用图、参考图由设计总体单位组织编制，设计总体单位将对有关专业进行标准化、模块化设计的部分进行分析和划分，提出通用图、参考图编制要求，由相关设计单位或相关专业编制通用图或参考图。

通用图、参考图的编制范围除了以上所列通用图、参考图的内容以外，凡牵涉多个设计单位或多个专业的相关图纸可参照以上办法执行，以便于设计的统一性。总包总体单位将提出编制要求，由相关设计单位或相关专业编制。

2)技术指导文件执行

(1)技术指导文件编制完成后，经设计总体单位审查和设计咨询（监理）单位、建设单位审查通过后，发至各设计单位参照实施，同时报建设单位备案。

(2)设计单位应严格按照设计总体单位下发的各类技术指导文件进行设计，并将技术指导性文件落实到工点或系统的施工图设计中，不得将设计总体单位下发的设计参考图直接作为施工图发放。

(3)设计单位应结合各工点、系统的实际情况应用各类设计参考图。如果未满足上述要求，将视实际情况扣减工点、系统设计费。

(4)设计总体单位将通用图、参考图以 A3 图(附电子文件)的形式发送到各有关设计单位。

(5)凡采用通用图、参考图的施工图，应在图纸说明中注明："本图 ××× 部分系采用 ×× 线设计总体单位下发的 ××× 进行设计"。

(6)若设计单位结合本工点、系统具体情况变更通用图、参考图局部设计，应在施工图中说明。

3)设计质量控制

(1)工作内容

设计质量控制的主要工作内容包括质量管理体系、质量方针、质量目标、技术管理关系、技术指令与技术信息的传递与反馈、设计图纸会签、审查意见的落实，以及对施工单位委托的设计单位管理。

(2)质量管理体系。

(3)设计总包单位应按《质量管理体系—要求》(GB/T 19001—2008)建立质量管理体系，制订质量方针、质量目标，在设计的全过程中贯彻执行，开展设计工作。

(4)凡参加地铁站后工程设计的单位，均应按《质量管理体系—要求》(GB/T 19001—2008)建立本单位的质量管理体系，制订质量方针和质量目标。

4)设计图纸会签

(1)设计分包单位完成的设计图纸应经设计总体单位会签后，方可交付使用。

(2)设计分包单位应按本单位质量管理体系完成设计并签署后，将设计文件提交设计总体会签和审定。

(3)设计分包单位的图签执行本单位质量管理体系，在图签的上方统一设置“系统审定”栏和“总体审定”栏，在图纸的左侧图框外统一设置会签栏。

(4)“系统审定”栏，由系统的负责人审定；“总体审定”栏，由总体(副总体)审定；设计图纸的会签栏，由相关专业负责人会签。

(5)会签栏签署完毕，再签署“系统审定”栏和“总体审定”栏。

(6)设计总体在设计图纸会签和审定中发现问题，应指出相关内容，由总体(副总体)签署意见，要求项目组修改；项目组修改完毕后再进行会签和审定。

5)审查意见落实

(1)设计总体和各项目组完成的设计文件，均应接受各级审查，主要包括设计咨询(监理)审查、建设单位审查和各级政府部门审查。

(2)以建设单位和设计咨询(监理)单位批准(或转发)的书面审查意见为准，被审查单位(部门)应妥善保存。

(3)被审查单位(部门)应对审查意见认真研究，逐条落实，并书面答复审查部门，并抄送设计总体。

(4)若设计总体的答复意见涉及各工点和各系统设计变更，设计总体应将答复意见抄送各项目组。

(5)若项目组的答复意见涉及系统和其他工点的设计变更，项目组的答复意见应经过设计总体会签后方可提交给审查单位。

(6)对于审查单位可实施的审查意见，被审查单位(部门)应予以采纳。

(7)对于因边界条件影响而无法实施但对工程的安全性和使用功能等不构成影响的审查意见，被审查单位(部门)应向审查部门做出合理的解释。

(8)对于认为不可采纳的意见(如违反规范，或对工程的安全性和使用功能等构成影响)，被审查单位(部门)应提出充分的意见、陈述理由，向审查单位做好解释工作，并将意见抄送建设单位设计管理部门。

(9)对于设计过程中遇到的重大技术问题，或者出现与总体设计原则、技术要求有重大偏差的情况，项目组应及时向设计总体书面报告，并同时向咨询单位、建设单位反映，以便及时决策。

6)阶段性冻结设计

地铁站后工程应严格按照基本建设程序，分阶段开展设计和审查工作，总体设计、初步设计、施工图设计，各设计阶段都有具体的设计目的和需要解决的问题，本阶段设计应解决而未解决的，不允许进入下一个设计阶段。审查人员应熟悉了解各阶段应解决的问题和审查要点，在各阶段设计文件的审查过程中，应特别注意针对本阶段设计文件提出针对性的意见，避免提出非本阶段需要解决的问题，对上一个设计阶段已经确定的问题提出意见要非常慎重，避免设计方案产生颠覆性变化和设计反复、设计变更，既影响设计进度又造成不必要的经济损失，应严格阶段性审查并阶段性冻结设计。

（1）总体设计阶段应按总体设计要求，提出并确定新建线路建设标准、在稳定外部边界条件下确定总体设计方案，并广泛征求建设单位各部门意见，召开专家评审会议，咨询专家对总体设计的意见。总体设计阶段结束时，应冻结工程建设标准、稳定外部边界条件，在后续阶段不得随意更改。

（2）初步设计阶段应按照初步设计要求，在通过评审的总体设计基础上，进一步深化、细化、优化设计，提出控制工程投资的主要工程数量、主要设备数量、主要材料数量和概算编制原则、指标，较为准确地落实工程投资额，并通过建设单位内部讨论和专家评审、政府审查。在初步设计阶段结束时，应稳定并冻结线路敷设方式和空间位置、车站设计方案、设备系统功能与制式等设计，在后续阶段不得随意更改。

（3）在施工图设计阶段应按照批准的初步设计文件和概算深化设计，编制详细的施工文件，包括图纸、说明，确定工程结构详细尺寸、大样图、工程数量。施工图设计必须特别强调是对批准的初步设计文件深化设计，不得借口深化设计随意对初步设计进行修改，如确需修改已批准的初步设计，必须严格按照设计方案变更相关程序申请审批，得到批准后方可修改初步设计文件。

（4）在工程实施阶段，对于以初步设计文件和概算为基础的设计施工总承包合同模式，建设单位代表和施工监理应对施工单位深化设计的施工图进行严格审查和控制，禁止利用施工图设计机会擅自修改批准的或招标的初步设计文件；对于以施工图为基础的施工总承包合同，应严格控制施工单位利用水文地质、施工设备、施工技术和施工场地条件发生变化为变更依据变更施工图，如确需变更的，必须严格按照建设单位工程变更管理办法相关程序申请、审批，批准后方可组织实施，严禁“先施工、后变更”。

21.2.2 初步设计

1）初步设计要求

初步设计是项目从宏观控制研究阶段转入具体实施设计阶段的过程，是工程从前期准备转入实施阶段的重要标志，是工程实施阶段的前期技术决策阶段，是方案设计的技术深化。

勘察设计单位应以《总体设计》文件为基本依据，通过工点设计和优化设计，进一步落实边界条件、确定设计方案、优化设备系统设计、完成初步设计并提交《初步设计》文件和概算。

（1）通过对设备系统优化设计，确定各系统的功能、制式、系统构成、系统设备、材料配备，并初步完成设备和管线布置。

（2）通过系统接口设计的相互配合与整合，使整个地铁系统达到安全可靠、功能完整、技术先进适用、标准适度、经济合理，各系统间相互协调、匹配、均衡的目标。

（3）根据物业开发城市设计的成果，在车辆段 / 停车场和有物业开发条件的重点车站设计中确定预留、预埋和接口设计方案。

（4）初步完成主要工程数量、主要设备、材料数量的计算，编制初步设计概算，落实工程投资额度，全面做好工程筹划工作。

2）初步设计文件组成

初步设计阶段的《文件组成与内容》主要包括设计说明书、设计图纸、概算等三部分。设计说明书单独成册，主要包括工程概述、对咨询和总体审查意见执行情况、设计依据、设计原则、设计方案、与其他专业和系统的接口关系等的内容，还包括工程数量表、主要设备数量表、图纸目录等设计说明书附件；设计图纸单独成册，主要包括原理图、系统图、平面图、主要剖面图等内容；概算单独成册，按照相关定额规定和设计总包总体单位所发的概算要求及格式编制。

3）初步设计概算要求

根据地铁站后工程概算编制办法、编制原则、定额和取费标准，编制工程概算；严格控制工程规模及标准，实行限额设计。

（1）初步设计概算的编制，应按照初步设计概算编制办法中的相关规定，合理选用定额、取费标准及价格信息。

（2）初步设计概算文件章节项目齐全，不重复、不多项、不漏项，按照初步设计图纸的工程数量要求准确套用定额。

（3）初步设计概算应按照工程可行性研究批复的投资估算进行限额设计，严格控制工程数量和技术标准，合理确定各分项工程经济指标。初步设计概算不得超过工程可行性研究工程匡算的110%。

4）初步设计概算编制

（1）工程概预算编制要求：总包总体单位根据建设单位的要求和各条线的工程特点，制订概预算编制要求，该要求需包括概预算编制范围、编制依据、单元及章节的划分、所需采用的定额、工料机单价及设备价、取费标准及费用种类的划分、资金筹措方案等。总包总体单位完成《工程概预算编制要求》的编写后，经内部审查，报建设单位审批，经建设单位审批后，发至设计单位按统一编制要求执行。

（2）设计单位概算的编制：掌握编制工程概算的基础资料，包括设计资料、概算资料、工程筹划等资料。正确地掌握概算定额及其有关规定，熟悉概算定额的全部内容和项目划分，定额子目的工程内容、施工方法、材料规格、质量要求、计量单位、工程量计算方法，项目之间的相互关系，以及调整换算定额的规定条件和方法。熟悉设计图纸和设计说明书，根据概算定额要求准确计算工程量，防止遗漏和重复计算。严格按照《工程概预算编制要求》文件组成与内容进行编表、套定额、工料机分析及价差调整、取费，对于机电安装概预算还应包括设备价和主材价的准确询价。编制完工点概算后，必须在规定的时间内提交相关文件（包括电子文件）给总包总体单位审核、汇总。

（3）汇总、审查：总包总体单位应认真审核各工点概算，符合要求后由总包总体单位进行概算的汇总，计算第一部分工程费，第二部分其他费用由总包总体单位编制，构成总概算。呈报咨询单位审查，根据咨询单位审查意见进行修改后，上报建设单位审查，最后报专家审查，总包总体单位负责审查汇报和解释工作。

（4）整理、归档：总包总体单位负责落实专家审查意见，组织各工点设计单位进行修编概算的编制，重新汇总出版修编概算。每一本修编概算中各设计单位还应增加修编总概算与总概算对照表、修编综合概算与综合概算对照表及原因分析。对于属客观原因造成超概算，应详细分析原因并形成书面报告说明；属设计原因造成超概算，除需做出书面报告说明外，如造成不利后果的应按照合同有关奖惩规定执行。修编概算经建设单位确认后，送交建设单位归档；并由建设单位上报市发改委批准概算。

21.2.3 施工图设计

1）施工图设计要求

施工图设计的开展标志着工程建设进入实质性实施阶段。施工图设计的工作特点是设计周期长，内容翔实具体，任务繁重。根据这些特点，应确定施工图设计工作的指导思想，确保设计质量，确保设计进度，确保投资限额，确保设计安全。

（1）编制《施工图设计技术要求》《施工图设计文件组成与内容》《施工图设计文件编制统一规定》《施工图技术接口文件》等总体指导性文件，负责在施工图设计阶段监督贯彻执行。

（2）编制施工图设计详细工作计划，经建设单位审查批准后负责组织落实，并对施工图设计的进度、设计文件的深度和质量负总责；全面负责工程施工图设计的协调、管理工作。

（3）完成通用图、标准图及参考图编制工作，组织标准化设计，在全线设计中推动标准化工作。

（4）完成为实施项目工程所必需的全部施工文件，包括图纸、说明、图片、模型和样品等。

（5）根据物业开发预留、预埋和接口设计方案，在设计图中予以深化和明确。

（6）施工图设计应当考虑施工安全操作和工程周边环境防护的需要，对涉及施工安全的重点部位和环节在设计文件中注明。

（7）施工图设计文件应当包括工程及其周边环境的监测技术要求、监测控制标准等内容。

2）施工图设计文件组成

施工图设计文件应包括设计图纸（含设计及施工说明）和预算两部分。设计图纸单独成册，主要包括系统图、详细的平面图、详细的剖面图、大样图、安装图等内容。

21.3 设计文件的实施与后续设计服务

21.3.1 设计文件的实施

设计文件的实施一般有下列几种形式。

（1）施工承包模式：施工单位按照建设单位提交的施工图设计文件组织施工，施工监理按照施工图设计文件进行监理，如机电设备安装、装修工程、导向标识等。

（2）施工图设计与施工总承包模式：施工单位按照建设单位提交的初步设计文件或招标图纸，自行或委托有资质的勘察设计单位开展补充勘察和施工图深化设计，经总体单位、设计咨询（监理）单位审查，建设单位审批通过后，按深化设计施工图组织施工，施工监理按深化设计施工图设计文件进行监理。

（3）二次施工图设计与施工模式：施工单位按照建设单位提交的施工图，自行或委托有资质的设计单位对节点大样等内容进行施工图二次深化设计，经建设单位审查批准后按二次深化设计施工图组织施工，施工监理按二次深化设计施工图进行监理，如设备基础预埋、孔洞预留等。

21.3.2 施工招标图纸编制

施工招标图纸是指用于工程施工招标的设计文件，包括图纸、设计说明、技术要求、专用技术规范和补充设计文件，勘察设计单位应按建设单位施工招标要求，编制招标文件，并提交工程量清单与成本估算。

1)A 类招标图

根据初步设计文件编制，按施工招标要求完成并提交施工招标的图纸。

2)B 类招标图

根据施工图设计文件编制，按施工招标要求完成并提交施工招标的图纸。

21.3.3 图纸会审

图纸会审是设计文件实施前的最后一道审图流程，工程管理部门应组织督促施工、监理等相关部门，对勘察设计单位提交的勘察设计施工文件进行认真、详细、全面的审查，重点审查差、错、漏、碰，书面提出图纸会审问题，交由勘察设计单位逐一核查并书面答复。

21.3.4 设计交底

设计交底是工程由设计转向现场施工的必要程序，工程管理部门应组织勘察设计单位在建设项目开工前，按审核后的施工图，向安全质量管理部门、施工单位、监理单位提交设计交底的书面文件，并说明设计意图与设计理念，提出建设、监理和施工注意事项，做好勘察设计交底工作。

21.3.5 现场设计服务

(1)建设项目开工后，勘察设计单位应设立现场设计代表机构，选派主持或参与该项目施工图设计的主要技术人员常驻现场，参加工程例会、技术会议和监理会议及其他需要设计现场服务人员参加的会议，提供现场设计服务，完善和优化勘察设计，及时解决施工中出现的勘察设计问题，按变更设计管理规定修改设计文件。

(2)勘察设计单位有权督促施工单位按审核后的施工图文件施工，对发现不按施工图文件施工的，必要时应及时通知建设单位和监理单位。

(3)勘察设计单位应及时对建设单位、监理单位、施工单位提出的勘察设计文件中存在的问题进行研究，提出处理意见和实施方案。

(4)对于必须以设计变更(补充)通知单的方式进行处理的，应发出设计变更通知单，并及时编目归档，不允许采用工作联系单或其他方式处理。

21.3.6 设计巡检

勘察设计单位应实行定期现场设计巡检制度，检查设计配合人员到位情况、设计图纸供应情况、设计意图贯彻落实情况、设计标准执行情况、工作联系执行等事项，协调解决施工现场设计配合遇到的问题，对进度、质量、安全、限额设计等方面的执行情况和存在问题进行检查，将情况予以通报，并作为设计考核的依据。

21.3.7 设备技术规格书

设备技术规格书是建设单位对拟采购设备的详细技术要求，是设备采购招标文件的重要组成部分，是设备供货商投标报价的关键依据。设备技术规格书一般由建设单位设备主管部门组织编制，各个设备专业的负责人是编制技术规格书的责任人。

设备技术规格书应至少包括概况、技术要求、供货要求、进度计划、技术文件、项目管理要求、检验测试与验收、培训等内容。

设备技术规格书应按照规定程序编制、审查、完善、审定，技术规格书完成审定后，建设单位设备主管部门应将技术规格书的最终稿及电子文件交建设单位总工办技术档案室存档。

21.3.8 设计联络

设计联络是甲供设备和材料采购合同签订后，设备产品设计阶段的重要工作。设计联络的目的是通过合同签订双方的联络，确认与其他相关系统设备及土建的接口，并检查合同设备的设计方案、产品功能及性能指标、有关技术标准的要求等，是否满足合同文件技术规格书和有关技术标准的要求。为保证产品质量，合同设备的产品技术设计应在通过设计联络会审议后方可投入生产和制造。

21.3.9 设计联络会

设计联络会一般由总监理工程师主持，由建设单位、供货商或集成商、监理、设计总体单位及系统设计单位参加，必要时亦可邀请有关专家参加，总监理工程师签发会议纪要。若设计联络会需要解决的问题较多，则可按合同规定分开几次会议，但每次会议应安排不同的议题内容。若设备和材料的技术提供是由境外工厂（单位）承担或国外采购，则应按合同规定可组织在境外工厂（单位）召开联络会。

设计联络会的议题应主要围绕进一步了解合同中建设单位的需求，明确合同设备和材料与其他专业的接口，对地铁工程专用设备和材料的产品技术设计进行审议认可为目的展开工作。

设计联络会代表通过对设备和材料的设计方案、产品技术条件、出厂验收标准等技术文件的审查，应对合同设备功能、性能指标、技术参数等，是否满足合同文件技术规格书的要求进行审议，并将审议意见写入会议纪要。

如果产品设计尚需进行修改和进一步完善后才能满足合同要求，则供货商或集成商应按设计联络会的审查意见对产品技术设计进行修改。

21.3.10 配合工程竣工与验收

（1）勘察设计单位需在工程竣工后，按建筑工程文件归档管理办法的有关要求，以及建设单位对地铁建设档案管理的具体要求，提供最终版施工图电子文件，以及有关反映全线整体性方面的图纸。

（2）满足政府对建设档案管理的规定，提交相关资料和文件，并协助、配合建设单位通过相关部门的验收。

（3）配合建设单位对竣工资料的整理、归类、电子文档汇总等工作。

（4）编制竣工验收报告中有关设计方面的所有内容，完成国家竣工验收报告中勘察设计相关内容的编写，并协助建设单位完成最终竣工报告。

（5）配合审计工作。

（6）完成完整的地铁建设规划控制区图纸和电子文件（包括车站和出入口、通道和风亭等附属结构的规划控制区范围、区间的规划控制区范围），以便相关部门对地铁构筑物进行有效的安全管理及维护。

21.3.11 调线调坡设计

铺轨之前应对已完工区间隧道、车站轨行区进行测量与验收，根据测量资料进行调线调坡设计，以满足限界要求，同时也减少对主体结构的修补处理。每次调线调坡设计范围不得少于一站一区间。经调线调坡设计仍存在结构超限的，应当报告工程管理部门专题讨论通过调整设备安装进行处理；对于调整设备安装仍然超限侵界的，应专题报告建设单位技术委员会论证处理方案。

21.3.12 设计回访、设计总结及后评价

(1)勘察设计单位应在项目建设过程中，针对勘察设计管理和勘察设计质量进行回访，及时解决因勘察设计原因出现的问题。

(2)勘察设计单位在工程完工移交运营后，应对工程进行全过程的勘察设计总结。勘察设计单位应在工程竣工后一年内向建设单位提交项目勘察设计总结报告。

(3)勘察设计单位应在建设项目正式交付运营后，积极配合相关部门开展项目后评价工作，客观公正地评价所勘察设计项目的优缺点，为后续新建类似项目提供设计资料及依据。

21.4 设计文件的修改

21.4.1 一般规定

1)勘察设计文件的修改权限

包括勘察设计人员在内的任何人，对已经审查批准的初步设计文件进行修改和对正式施工图设计文件或招标图纸进行修改，都必须根据建设单位工程变更管理办法的有关规定提出申请，批准同意后设计单位方可修改设计。

勘察设计文件一般由原勘察设计单位修改。经原勘察设计单位书面同意，建设单位可以委托其他具有相应资质的勘察设计单位修改设计文件。修改勘察设计文件的单位对修改的勘察设计文件承担相应责任，原勘察设计单位仍对设计文件的总体性负责。

2)设计文件的修改分类

设计文件的修改分为设计方案变更和施工图设计变更两类。

(1)设计方案变更：正式施工图设计文件发出之前，对已经审查批准的初步设计文件进行修改；或在编制招标图时，对已经审查批准的初步设计文件进行修改的被视为设计方案变更。

(2)施工图设计变更：经审核合格的正式施工图设计文件发出之后，对正式施工图设计文件进行修改；或对已经招标的图纸、中标设计方案进行修改，均被视为施工图设计变更。

3)设计文件的修改原因

(1)行政许可原因：系指因政府有关部门要求，而引起的设计文件修改。

（2）勘察及现场条件原因：系指招标或施工过程中提供的资料与实际不符，或用地拆迁困难无法满足建设需要，或现场环境条件发生变化，而引起的设计文件修改。

（3）设计原因：系指因设计文件缺陷、错误、遗漏、碰撞等需要修改、补充完善或优化，而引起的设计文件修改。

（4）技术标准变化原因：系指国家或行业技术标准、规范变化而引起的设计文件修改。

（5）功能变化及需求原因：系指使用功能变化或建设单位要求变化而引起的设计文件修改。

（6）施工原因：因施工单位机具设备、技术或工程经验、工艺、工期引起的设计文件修改。

（7）其他原因：系指不属于上述原因而引起的设计文件修改。

4）设计变更分类

设计方案变更和施工图设计变更一般可分为Ⅰ类变更、Ⅱ类变更、Ⅲ类变更、Ⅳ类变更等四类。

（1）符合下列条件者为Ⅰ类变更：变更建设规模、主要技术标准、重大方案的，变更初步设计主要批复意见的，变更影响到全线某一系统或重要车运营标准、运营安全的，变更工程设计原则的，设备安装装修工程单项变更费用增减超过一定金额以上的。

（2）符合下列条件者为Ⅱ类变更：变更已批准的主要技术方案，包括装修标准等；改变已批准车站、区间或单体建筑等以上等级的施工组织设计，影响工程质量、安全储备、施工安全及施工工期的；改变一般车站的使用功能的；设备安装装修工程单项变更费用增减在一定金额范围内的。

（3）符合下列条件者为Ⅲ类变更：改变工程某部分的高程、基线、位置或尺寸，改变材料的性质、种类、规格、型号、数量，变更各类管线、桥架的走向、位置引起合同造价增减的，设备安装装修工程单项变更费用增减在一定金额范围内的。

（4）符合下列条件者为Ⅳ类变更：改变某部分工程的施工顺序、工艺、工法或时间安排；改变某部分的局部尺寸；纠正或修改设计文件的差错漏碰的；增减门窗、门锁等五金件数量、规格、型号，插槽、插孔数量、规格型号等的变更并且引起合同造价增减的；土建工程单项变更费用增减在20万元以下，设备安装装修工程单项变更费用增减在一定金额以下的。

注：单项变更指单个车站、区间、车辆段、停车场工程中单独一次变更，或由同一原因引起的同一施工标段同一工程项目的重复性变更。

21.4.2 设计方案变更

1）设计方案变更的提出和申请

（1）设计单位提出申请的设计方案变更，必须由设计单位填写《设计方案变更申请 / 审批表》，并由申请单位本项目负责人签字盖章，向建设单位设计管理部门正式申请。

（2）建设单位提出的设计方案变更，必须由提出部门填写《设计方案变更申请 / 审批表》，并由部门负责人签字盖章，向建设单位设计管理部门正式申请。

变更申请应包括以下主要内容：变更的原因和依据，变更的内容及范围，变更引起的工程量及工程投资的增减，变更对功能、工期、接口的影响，必要的附图及计算资料等，其他支持性材料。

2）设计方案变更的落实

设计方案变更审批成立后，由建设单位设计管理部门向设计总体单位发出《设计方案变更指令》，设计单位将设计方案变更落实到施工图设计文件中或招标图纸文件中。

21.5 初步设计及施工图设计文件审查

21.5.1 初步设计文件审查

1）初步设计文件审查要求

初步设计是开展施工图设计之前的重要准备阶段，初步设计文件的审查保证了设计的连续性、设计方案的稳定性、工程投资的经济性等，确保工程投资、进度、质量的三控制目标的实现。

根据国内现行的有关法规和规范、标准，结合工程实例与规范，审查总体设计评审及咨询审查意见的情况；审查初步设计阶段总体的设计管理文件及设计指导性文件（包含采用的设计标准规范、技术管理细则及技术审查制度等）；审查初步设计各章节；提出初步设计预审报告和进一步优化设计的意见，并督促落实；对设备系统的施工、采购标段划分提出合理化建议；对各专业技术接口的标准、功能、技术条件、系统性、一致性进行审查，并督促落实。

初步设计审查目标是通过协调、审查、优化等手段优化设计方案，控制工程规模，审核工程数量与工程概算，审查工点，确保工程设计方案的深度、质量和可实施性，确保其通过专家审查和政府评审，为工程实施创造条件。

2）初步设计文件审查要点

（1）审查设计单位执行总体设计评审意见和咨询审查意见的情况。

（2）根据国内现行的有关法规和规范、标准，结合国际先进的工程实例与规范，审查初步设计各章节。

（3）审查初步设计文件深度、文件组成、完整性是否满足相关规定和工程建设的要求。

（4）对每项工程设计边界条件做深入研究，并探讨其对工程设计方案、建设工期、工程投资可能产生的影响及相应对策。

（5）提出初步设计进一步优化设计的意见，并督促落实，对有需要进行招标的设计文件和图纸进行审查，使之能满足招标的要求。

（6）审查系统、专业、工点之间及外部接口的协调性。

（7）对设备系统的施工采购标段划分提出合理化建议。

（8）审查初步设计阶段总体的设计管理文件及设计指导性文件。

（9）审查工程可实施性，包括施工场地布置等。

（10）审查初步设计概算编制原则、采用定额、概算单元划分和列项的合理性及概算指标。

（11）审查设计单位提供的《用户需求书》《技术规格书》中有关技术标准、技术要求是否存在以不合理的条件限制或者排斥潜在供货商。

21.5.2 施工图设计文件审查

1）施工图审查要求

（1）施工图审查总体要求

①施工图设计是根据审批通过的初步设计，在确定的工程规模和技术标准的基础上进行详细设

计，必须满足设备材料采购、非标准设备制作、安装及施工的需要，是工程实施的直接依据。

②施工图设计审查是确保设计质量及施工可行性的重要环节和必不可少的程序。

③审查工作需依照相关法规、规范及政府有关部门批准文件进行，以确保施工图符合国家规定并满足政府主管部门审批的要求。

（2）施工图审查质量要求

①审查由设计单位提交的施工图设计文件及图纸，以确保施工图符合国家规定并满足政府主管部门审批的要求。

②确保政府部门、专家、建设单位初步设计评审意见以及审查单位施工图审查意见的落实。

③建立或审核施工图阶段设计监督管理体系和质量管理体系（包括组织机构、人员等），确保本项目的设计达到目标要求。

④在施工图设计过程中，应会同设计总承包单位、咨询与市规划、消防、建设等部门沟通和联系。

（3）施工图审查依据

施工图审查工作需依照以下法规、规范及政府有关部门批准文件进行。

①《房屋建筑和市政基础设施工程施工图设计文件审查管理办法》（住建部令第 13 号）。

②《关于颁发施工图设计文件审查要点的通知》（建质〔2003〕2 号）。

③施工图设计单位在施工图设计文件中列出的设计采用的相关规范、标准与规程。

④政府相关主管部门的批准及审查文件。

⑤其他相关规定。

2）施工图审查范围

（1）施工图审查文件范围

①施工图总体技术管理文件。

②施工图指导性技术文件。

③工程范围内各专业施工图设计文件。

④工程范围内上述施工图的变更设计文件。

（2）施工图审查重点

主要在以下方面对施工图设计文件进行审查（但不限于）：

①设计文件是否符合国家或地区（行业）的设计规范（标准）及强制性条文规定。

②施工图是否达到国家和项目规定的深度要求。

③施工图设计是否符合公众利益，是否环保、安全和方便使用等。

④施工图是否按照批准的初步设计文件和有关项目审批文件要求进行设计，初步设计专家评审意见是否得到落实。

⑤设计单位所使用的设计和计算软件是否符合要求。

⑥节能设计和节能报告是否符合有关规定，施工图设计是否贯彻落实节能相关要求和措施。

⑦设计单位和注册执业人员以及相关人员是否按规定在施工图上加盖相应的图章和签字。

⑧抽查设计单位（总包）提供的 CAD 图纸的电子文件，检查图层、图号、电子文件编号等是否符合《CAD 与制图标准》及相关规定。

⑨严格控制设计标准，使之与初步设计相符；按限额设计控制投资，在标准的概算额度内，审查施工图设计是否控制在概算范围内。

⑩各类设备用户需求书、规格书的审查。

⑪各类通用图、标准图的审查。

⑫各类接口稳定情况审查。

⑬文件会审、会签情况的审查。

⑭其他法律、法规、规章规定的必须审查的内容。

(3)施工图审查主要内容

需依据上述审查要求和审查范围,对以下主要内容进行审查(但不限于):

①轨道及限界

轨道及限界设计规范、标准的强制性条文、设计文件总要求、轨道结构(含钢轨、道岔、扣件、轨枕与道床)、限界、计算书等内容。

②动力照明

地铁动力照明设计规范、标准的强制性条文、设计文件总要求、系统功能、节能、计算书等内容。

③暖通空调

地铁暖通空调设计规范、标准的强制性条文、设计文件总要求、系统功能、节能、环保、计算书等内容。

④给排水及消防

给排水及消防设计规范、标准的强制性条文、设计文件总要求、系统功能、防火措施、环保、计算书等内容。

⑤供电系统

供电系统设计规范、标准的强制性条文、设计文件总要求、系统功能、节能、计算书等内容。

⑥通信系统

通信系统设计规范、标准的强制性条文、设计文件总要求、系统功能、计算书等内容。

⑦信号系统

信号系统设计规范、标准的强制性条文、设计文件总要求、系统功能、计算书等内容。

⑧电梯、自动扶梯

电梯、自动扶梯设计规范、标准的强制性条文、设计文件总要求、功能、计算书等内容。

⑨自动售检票系统

自动售检票系统设计规范、标准的强制性条文、设计文件总要求、功能要求等内容。

⑩防灾与报警系统(FAS)

防灾与报警系统设计规范、标准的强制性条文、设计文件总要求、安全救援、乘客疏散、功能要求等内容。

⑪环境与设备监控系统(BAS)

环境与设备监控系统设计规范、标准的强制性条文、设计文件总要求、BAS系统网络组建和规模、功能要求等内容。

⑫运营控制中心(OCC)

运营控制中心设计规范、标准的强制性条文、设计文件总要求、安全、可靠和高效的运行功能要求等内容。

⑬车辆段、停车场与综合基地

车辆段、停车场与综合基地设计规范、标准的强制性条文、设计文件总要求、车辆段线路平面图、线路横纵断面图、出入段线、车辆段道路及排水、车辆段厂房及各单体建筑、功能分区、环保及消防、车辆段设备及工艺、计算书等内容。

(4)主要专业施工图审查要点

①轨道

钢轨选型与运量等匹配、合理,曲线地段和超高设置合理,轨条布置及钢轨伸缩调节器安装合理,无缝线路稳定性计算检查。扣件结构合理、稳定可靠，便于加工维修和更换；轨枕结构形式适用，轨枕铺设数经济合理，保证轨道稳定；道床结构形式适用、经济合理，考虑道床基础的稳定性；不同道床形式的过渡段适用；道岔型号、构造及其扣件和道床适应地铁特点和满足使用需要；采用分级减振轨道结构，其技术、经济适宜，减噪减振效果满足环评要求；线路标志、信号标志、轨道附属设备，护轨、车挡等构造形式经济适用。

②限界

审查车辆限界、设备限界、建筑限界、触网限界符合批准的初步设计文件及审查意见，满足车辆特性、线路条件、设备安装、施工方法及运营条件，审查车站、区间主要断面尺寸满足限界要求，审查曲线地段、锚段关节的加宽满足要求。

③车站建筑

车站布局及出入口、风亭、冷却塔布置合理，有利于吸引客流，满足规划要求；车站客流组织及各类用房面积、布置合理紧凑；车站站台、楼扶梯、出入口满足正常使用及事故疏散要求；出入口、风亭满足人防要求；满足建筑防火要求；各种管线交会点的净空满足要求，满足站厅、站台公共区净高要求；建筑装修满足装修设计原则并体现车站使用功能要求；限界、结构、设备专业的主要技术接口要求满足。

④动力照明

各项配电系统选择合理，设备材料、仪表的选用安全可靠，施工安装、管理维修安全方便，能源消耗及经济指标合理，配电线路敷设布置恰当、方便、合理，满足消防、抗震、用电安全要求，符合环保节能要求，符合照度要求。

⑤通风和空调

通风空调系统冷量、水量、风量、风压、用电量相互匹配，每座车站环控用电量适中；通风空调机房（包括区间隧道通风机房、空调通风机房和冷冻机房）布置满足功能要求，系统齐全，占用面积合理，风路系统、水路系统没有漏、缺、碰；主要设备预留孔、尺寸、位置和预埋件没有漏或有误；设备选型合理、可靠、经济，满足国产化要求；重点检查通风空调系统与建筑、结构、供电、车辆、FAS/BAS、限界、消防专业之间接口；通风亭、冷却塔位置满足规划要求，消声措施合理，有效满足《城市区域环境噪声标准》；列车运行正常工况、阻塞工况和火灾工况风机、风阀运作模式合理，与已建线的接口协调落实。

⑥给排水及消防

给水系统的水源、水量、水压和水质满足生产、生活和消防需要；给水管网设计符合有关规定；排水泵站的设置满足规范要求；排水泵房的水泵台数、排水能力及控制方式符合有关规定；排水泵站集水池的有效容积满足要求；排水泵房的平面布置满足工艺要求；排水系统的构成完整，流向、坡度合理；消火栓等其他消防设施的布置、间距符合规定；下沉式冷却塔坑底排水符合要求。

⑦供电系统

供电方案符合城市电网的条件，变电所布置合理；系统方案满足接线简单、调度灵活、安全可靠的要求，采用的技术、工艺和设备安全可靠；主变、牵降变的电源及容量满足要求；供电负荷等级确定与划分正确合理；主变、牵降变及控制中心等设备布置合理并满足有关规范要求；接触轨运行条件、轨材选择、电分段和电连接等满足线路条件及运营要求；杂散电流防护满足有关规定；供电设备、材料选用满足国产化要求，并符合防火或耐火、节能、谐波治理的规定；与土建及其他设备专业的主要接口满足要求。

⑧通信系统

通信系统的构成完整，满足行车组织和安全运行的需要；设备布置、各种电缆走向合理；设备、材料选用符合国产化要求，符合环保、节能要求；与土建及相关设备系统的主要接口满足要求。

⑨信号系统

信号系统的构成完整，满足行车组织和安全运行的需要；设备布置、各种电缆走向合理；设备、材料选用符合国产化要求，符合环保、节能要求；与土建及相关设备系统的主要接口满足要求。

⑩电梯、自动扶梯

设备选型合理；设备符合相关的规范、标准，无障碍设计符合规范；土建结构的尺寸、预埋件、预留孔与设备的要求匹配；与各专业的接口协调，管线与各专业协调；机房的位置与要求满足使用要求；贯彻初步设计审查意见的要求。

⑪自动售检票系统

系统的网络结构清晰，各级职能明确，与换乘线的清算接口有预留；系统终端设备数量满足近、远期需要，管线敷设考虑到远期预留；考虑到进出站检票机的状态有利于客流紧急疏散，无障碍设计符合规范。

⑫防灾与报警系统（FAS）

监控点表、控制逻辑关系齐全；接口关系、接口界面、接口技术符合规定；符合环保、节能要求；设备国产化，经济指标合理；施工安装、管理维修方便；系统网络、设备选型技术先进、性能可靠，控制系统符合各种运行模式要求；灾害报警准确及时，乘客疏散、安全救援措施齐全合理。

⑬环境与设备监控系统（BAS）

符合国家建设方针政策；系统规模和组网与工程相适应；系统配置合理；节能设计合理和适用；设计依据、监控内容、监控设备数量与设计图纸吻合；接口设计到位；对公共环境调控及时可靠，设备选型先进可靠，控制系统满足各种运行模式要求；运营管理安全可靠，节约能源的综合效益显著。

⑭运营控制中心（OCC）

满足运营的功能要求；满足对列车、系统设备的监控要求；与各系统的接口关系、界面清晰、明确；建筑功能布局合理，符合防火规定；符合节能、环保要求。

⑮乘客资讯系统（PIS）

系统规模合理适用，安全可靠；系统配置合理；与各系统接口关系、界面清晰、明确；节能综合效益明显。

⑯综合监控系统（ISCS）

系统组件规模合理适用、安全可靠；系统配置合理，满足监控功能需要；与各系统接口清晰明确。

⑰办公自动化（OA）

系统规模、组成合理适用、安全可靠，与各系统接口清晰明确。

⑱车辆段（停车场）

车辆段线路的平面布置合理，满足各专业对线路的要求；车辆段线路平面布置与道路、库房、生产房屋及辅助生产房屋的总图关系协调；车辆段内主要建筑物基础设计合理；车辆段线路纵断面符合规范及技术标准的有关规定；横断面与总平面的关系、断面之间一致；横断面满足不同工艺设备要求，特别是库内外结合部分；车辆段内的总排水设施合理，与综合管线一致；生产及辅助生产房屋满足使用及工艺要求；车辆维修设备的选用符合有关规定，满足规范要求；与通信、信号、电力等专业的技术接口满足要求。

21.6 设计管理改革创新

1）加强内外交流，提高设计管理水平

加强建设单位设计管理人员、设计师内部交流，同时创造条件，走出去交流，拓展视野，共同进步。

要求建设单位设计管理人员具备系统的城市轨道设计和施工的知识与经验，不但要了解技术，还要清楚建管程序。可以采用定期技术培训与建设管理经验交流相结合的方式，不断提高设计管理人员的业务能力。

2）优化设计流程，凸显人性化设计

进一步改善设计管理流程，让建设单位代表和运营相关人员有更多机会参与设计方案的审查，让设计更贴近工程现场实际，更贴近于运营需求。

3）重视细节，加强设计接口的管理

地铁站后工程设计涉及的专业很多，其中各专业之间的接口是工作的重中之重。应督促设计单位内部各专业之间的交流，必要时，由建设单位组织设计单位共同协商解决各专业的接口问题，充分借鉴过往工程的经验，优化设计方案。

4）增加考核管理，促进出图进度

为更好地做好站后工程设计管理工作，加快出图进度，建设单位应将施工图出图进度及施工图出图质量列入考核中，以便更进一步加强对设计单位的考核力度，及时地为建设单位提供设计图纸资料，确保工程进度。

5）分工明确、责任到人

针对地铁站后工程的设计管理，将设计管理任务分层次进行任务分解，设定分任务清单，工作分工到人并设定时限，该种方式有助于提高解决问题的时效性且具有可追溯性。

6）把握设计为运营服务的理念

处理好运营需求与设计依据的协调问题，充分尊重运营单位的意见和建议，加快相关项目的设计修改速度，确保不因设计修改影响现场施工。

7）充分发挥设计专业组作用

充分利用专业组（建筑组、结构组、信号组、供电组等）的平台，集中建设单位专业技术人员资源，充分发挥技术骨干的积极性，统一研究解决各专业重要的设计方案和技术问题。

8）培养设计管理专业人才

推动土建技术人员与设备技术人员的沟通、交流和融合，力争在建设单位内培养站后工程专业的设计管理人才。

第22章 招标及合同管理

22.1 招标管理概述

招标管理是为了规范建设工程项目设备和材料供应商以及土建和机电安装施工、设计、监理、咨询等单位的选择行为，节约项目建设投资，保证工程建设质量，在招标投标过程中体现出公平、公开、公正的原则，使项目建设管理合法、合规。

22.1.1 基本原则

（1）公开原则

公开原则主要是要求招标活动的信息要公开。采用公开招标方式，应当发布招标公告，依法必须进行招标项目的招标公告，必须通过国家指定的报刊、信息网络或者其他公共媒体发布。无论是资格预审公告、招标公告，还是招标邀请书，都应当载明能大体满足潜在投标人决定是否参加投标竞争所需要的信息。另外，开标的程序、评标的标准和程序、中标的结果等应当公开。

（2）公平原则

公平原则，要求招标人严格按照规定的条件和程序办事，同等地对待每一个投标竞争者，不得对不同的投标竞争者采取不同的标准，招标人不得以任何方式限制或者排斥本地区、本系统以外的法人或者其他组织参加投标。

（3）公正原则

在招标投标过程中，招标人应对所有的投标竞争者平等对待，不能有特殊。特别是在评标时，评标标准应当明确、程序应当严格，对所有在投标截止日期以后送达的投标书都应拒收，与投标人有利害关系的人员都不得作为评标委员会的成员，招标投标双方在招标投标过程中的地位平等，任何一方不得向另一方提出不合理的要求，不得将自己的意志强加给对方。

（4）诚实信用原则

诚实信用原则是市场经济的前提，也是订立合同的基本原则之一，违反诚实信用原则的行为是无效的，且应对由此造成的损失和损害承担责任。招标投标是以订立合同为最终目的，诚实信用是订立合同的前提和保证。

22.1.2 项目分类

工程建设项目分为两类：

Ⅰ类项目：估价在法规规定必须招标的限额以上的项目。

Ⅱ类项目：估价在法规规定必须招标的限额以下的项目。

22.1.3 组织机构和职责

1）建设单位招标主管部门职责

（1）对Ⅰ类项目，负责采购过程中相关文件的编制、提案和备案（非招标项目的提案及备案除外）。

（2）对Ⅱ类项目，负责采购过程中相关文件的审核。

（3）组织Ⅰ类项目采购流程的执行，配合Ⅱ类项目采购流程的执行。

（4）牵头组织投标文件的商务部分澄清、审核，负责Ⅰ类项目澄清和合同谈判报告的提案。

（5）招标主管部门对采购活动进行归口管理，并负责与政府招标主管部门对接。

（6）对Ⅰ、Ⅱ类项目，负责商务部分或价格组成的制定及审核。

2）建设单位项目主管部门职责

（1）对Ⅰ类项目，负责采购过程中相关文件的审核；负责招标文件中技术相关内容的编制，负责非招标项目的提案、报批及备案。

（2）对Ⅱ类项目，负责采购过程中相关文件的编制及提案和备案。

（3）对所主管项目，配合Ⅰ类项目采购流程的执行，组织Ⅱ类项目采购流程的执行。

（4）牵头组织投标文件的技术部分澄清、审核，负责Ⅱ类项目澄清和合同谈判报告的提案。

（5）配合相关投诉的处理工作（如有需要）。

3）建设单位法律部门职责

参与项目的资格审查、定标监督等工作。

4）建设单位监察审计部门职责

（1）对招标采购活动进行监督、检查。

（2）对招标采购的重要环节进行现场监督。

（3）负责招标采购过程中的投诉处理。

22.2 招标流程

22.2.1 招标采购计划编制

建设单位招标主管部门根据项目主管部门提供的工程筹划及工期安排计划编制、修订年度招标计划，经建设单位负责人批准后执行。招标主管部门负责季度招标采购计划的编制及提案，按审批权限进行批准。

22.2.2 招标策划的内容

根据招标计划，由建设单位项目主管部门提出策划内容［项目概况、采购范围、采购方式及相关依据、资格标准（资质、业绩等）、潜在投标人名单、项目估算］，招标主管部门负责Ⅰ类项目招标采购策划的编制及提案，项目主管部门负责Ⅱ类项目采购策划的编制及提案。

策划内容应包括项目概况、采购范围、采购方式及相关依据、资格标准（资质、业绩等）、潜在投标人名单、项目估算、合约主要条款、计费标准（如涉及）、控制价（如涉及）、评（定）标办法、招标进度等主要内容。

标段策划内容必须详细、准确，资料必须齐全，标段名称规范统一；应邀请相关部门（计划、设计、招标、合同等管理部门）派专人配合完成。

22.2.3 工程采购（招标）策划方案、采购（招标）文件的审批

各相关部门审查标段策划的相关内容，并签署意见；合同造价管理部门审查标段策划所确定的合同管理和投资控制的可行性；招标主管部门审查标段策划中所需招标时间安排的可行性。

Ⅰ类项目1000万元以上（不含）的工程采购（招标）策划方案、采购（招标）文件由建设单位招标委员会批准；Ⅰ类项目1000万元以下（含）、Ⅱ类项目50万元以上（不含）、Ⅱ类项目10万元以上（不含）50万元以下（含）的工程采购（招标）策划方案、采购（招标）文件由建设单位分管领导批准。

Ⅱ类项目10万元以下（含）的工程采购（招标）策划方案、采购（招标）文件由建设单位项目主管部门负责人批准。

22.2.4 招标采购文件的编制与分工

建设单位招标主管部门负责Ⅰ类项目的招标文件（含补遗答疑文件）的编制组织及提案工作，项目主管部门负责Ⅱ类项目的招标采购文件（含补遗答疑文件）的编制组织及提案工作。

（1）准备招标图纸：项目主管部门根据批准的标段策划，安排设计出图计划，在每一标段招标公告前将招标用图纸准备好，并告知相关部门。招标图纸应齐全，装订整齐耐用，签字盖章、齐全合法。

（2）编制投标须知和建设单位要求：建设单位项目主管部门根据标段策划和每一标段的类型和具体情况来编制该标段的建设单位要求。应分为通用和专用两部分，包括工程概况、工期要求、质量技术指标要求、实施规范标准、验收试验标准、工程管理规范、设备（材料）技术标准、建设单位供应设备（材料）、施工资源配备要求、风险防范要求、现场管理设施和服务要求、监理范围等。根据标段策划和合同文件组成部分，编制每一标段的投标须知、投标邀请等。

建设单位要求的通用部分应在各同类（专业）标段中统一，各标段要求的专用部分应有针对性，具体、明确、可执行、便于检验，避免歧义或界定不清引起不应有的变更、索赔或争执，应征求使用部门的意见和建议。

（3）编制合同商务部分：建设单位合同管理部门根据标段策划和每一标段的类别和具体情况编制合同商务部分，有合同条件、工程量清单和报价要求、投标函（包括投标书附录）、中标通知书、合同协议书等。合同条件分为通用和专用两部分，涵盖合同当事各方权利和义务、适用的法律法规、监理权限、合同价格方式、计量、支付与结算、变更费用确定、争端解决、担保格式文件等方面内容。组织编制评标办法和标准、投标格式文件。

招标项目合同应使用建设单位格式化标准合同；如政府部门有强制性规定，可按政府标准合同执

行，但必须通过补充条款充分表达公司的意图、明确双方的责任，以维护公司利益、体现合同的公平和公正；应编制投标限价或标底。

合同条件应根据标段项目类别选择，通用条件部分应在各同类（专业）标段中统一，各标段专用条件部分应有针对性，具体、明确、可执行，避免歧义或界定不清引起不应有的合同变更、争执。合同条件等商务部分应经过建设单位法律顾问审查。编制出投标报价限价或标底，并由造价工程师签字盖章后加盖公司章。如采用抽签形式确定中标人的招标，则需结合招标项目的实际情况及市场行情进行编制标底，编制的标底须通过政府审计。

（4）汇总整合招标文件：汇总其他部门编写的内容，按照招标文件范本整合形成招标文件。招标文件的章节划分、文字段落格式应同招标文件范本一致，投标格式文件应采用范本内容，没有与本标段毫无关系的文字。

22.2.5 招标文件的审查及发放

建设单位各相关部门审查招标文件的相关内容，并签署意见；审查招标文件意见应明确、具体。建设单位分管领导对招标文件审批，分管领导根据需要可先安排技术委员会审查招标文件有关内容，然后再作审批意见；招标委员会对招标文件开会审议，由招标委员会负责人签署审批意见。

建设单位招标主管部门按照审批意见修改完善后，印制招标文件，并送政府招标监管部门备案；同时主持召开招标会，发放招标文件及图纸给投标人。

若编制了投标报价限价或标底，应办理公示；发出的招标文件及图纸必须齐全、合法；投标报价限价或标底公示应合法。

22.2.6 征求潜在投标人意见及踏勘现场

设备材料的招标采购文件编制完成后，由招标采购文件编制责任部门负责组织，征求潜在投标人意见，并对征求的意见组织讨论，技术的排他性意见由项目主管部门负责处理。

建设单位项目主管部门通常安排投标人在发放招标文件后安排合适时间踏看现场，介绍现场概况并解答疑问，需书面答复的事项，准备编制补遗文件。对踏勘现场的时间安排应合理，介绍事项应事先准备书面材料，应简短全面，与招标文件相一致。设备材料采购及服务类项目招标不需要本环节。

22.2.7 澄清补遗文件编制及审批

（1）建设单位各部门编制补遗文件相应部分；如原招标文件未包含投标报价限价或标底，则合同主管部门还应编制投标报价限价或标底。通常还应根据补遗内容的需要，编制或修改投标报价限价或标底；如原招标文件已包含投标报价限价或标底，则合同主管部门还应根据补遗内容的需要，编制或修改投标报价限价或标底；编制的补遗文件应完善，不应出现自相矛盾的内容。如采用抽签形式确定中标人的招标，则需结合招标项目的实际情况及市场行情进行编制标底，编制的标底需通过政府审计。项目主管部门汇总各部门编制的补遗内容，整合完整的补遗文件。

（2）一般性澄清补遗，由建设单位项目主管部门负责人批准。对招标文件有重大原则改变的（如重大技术调整、施工方案的改变、重大漏项、评标办法的改变等）澄清、补遗，按各类招标文件审批层级执行。

(3)建设单位招标主管部门负责补遗文件印制，送招标监管部门备案；如有投标报价限价将投标限价公示，未包含在补遗文件中的应另单独以书面形式告知所有投标人。补遗文件应参照招标文件章节格式编制，投标限价或标底发放和公示应合法。

22.2.8 招标公告及报名

建设单位招标主管部门根据标段策划和每一标段的类型和具体情况进行招标公告。招标公告应合法，公告范围应最大化，公告应明确投标人的资质和项目经理资格要求，是否接受联合体，工期要求，评标方法。通常招标公告应在招标用图纸备齐后正式办理。

招标主管部门接受投标人报名，接收报名资料，做好登记记录。投标人的报名资料应登记，妥善保存；发现明显缺漏应告知投标人在规定的时间内补交。采用资格后审的不需要执行本环节流程。

22.2.9 资格审查组织

招标主管部门组织相关部门人员（在标段策划中列出的）对投标人报名资料进行审查，并编制资格审查记录表，编制资格审查报告和合格投标人一览表。严格按照招标公告要求的条件进行审查。采用资格后审的不需要执行本环节流程。

投标申请人资格审查会议由建设单位招标主管部门、项目主管部门和法律事务部门、招标代理（如有）参加，监察审计部门对审查过程全程监督。

Ⅰ类项目的结果报批提案由招标主管部门牵头负责，Ⅱ类项目的结果报批提案由项目主管部门负责。

22.2.10 资格审查结果审批

资格预审及投标报名的审查结论，由参与部门会签后上报，由建设单位分管领导批准后发布并公示。

资格后审的审查结论，由资格后审委员会及监督人员签字确认后，移交评标委员会处理。

22.2.11 评标委员会组建

评标委员会应在建设行政主管部门认可的专家库中抽取产生。若专家库不能满足地铁站后工程项目的专业需求，对Ⅰ类项目，由建设单位招标主管部门负责；对Ⅱ类项目，由建设单位项目主管部门负责，代表公司向行业行政主管部门申请提供临时专家库。

22.2.12 招标人评标代表候选名单

如需招标人作为评标代表参与评标的，由建设单位项目主管部门提出评标代表的候选人名单，经建设单位分管领导审核后，由公司负责人批准。

22.2.13 招标人评标代表的抽取原则

原则上招标人评标代表应在评标当天，以不少于 1:3 的比例，通过随机抽取或比选的方式产生；

对于投资巨大、技术难度大、专业程度高的特殊情况，可由建设单位负责人召集相关部门推荐。

22.2.14 招标人评标代表抽取

Ⅰ类项目的评标代表抽取工作由建设单位招标主管部门负责，Ⅱ类项目的评标代表抽取工作由建设单位项目主管部门负责。建设单位监察审计部门负责现场监督工作。

22.2.15 定标委员会及监督组组建

定标工作牵头组织部门对定标委员会及监督组组建进行提案，经建设单位负责人批准后执行。

22.2.16 定标预备会

定标会议当日，由建设单位招标委员会主任主持召开定标预备会，建设单位领导以及相关部门负责人参加会议，确定定标委员会召集人及定标监督组人选，确定其他定标委员会成员的产生办法、专业分布，以及批准临时专家库等。

22.2.17 定标委员会成员抽取

除定标委员会召集人外的其他成员，在定标当日，按照经批准的定标委员会组建方案，从建设单位专家库中，或经批准的临时专家库中通过随机抽取的方式产生，抽取比例不少于1:3。

抽取工作由定标工作牵头组织部门负责，监察审计部负责现场监督。

22.2.18 定标会议

建设单位项目主管部门、招标主管部门根据职责分工负责会务工作，包括准备定标所需的文件、资料，以及对外协调、联系，向定标委员会解释、说明等。

定标监督组对任何不符合定标程序、不符合法规的言行、活动，应当及时提出纠正意见。

22.2.19 采购（招标）结果审批

Ⅰ类项目的采购（招标）结果由建设单位招标主管部门提案，Ⅰ类项目1000万元以上（不含）的采购（招标）结果由建设单位负责人批准，Ⅰ类项目1000万元以下（含）的采购（招标）结果、Ⅱ类项目10万元以上的采购（招标）结果由建设单位分管领导批准。

Ⅱ类项目10万元以下（含）的采购（招标）结果由建设单位项目主管部门负责人批准。

22.2.20 投标文件澄清及合同谈判

采购（招标）结果获准后，澄清谈判小组负责投标文件的澄清及合同的谈判工作，并编制投标文件澄清及合同谈判报告，报告经澄清谈判小组成员签署后作为附件纳入合同文件。

若谈判过程出现重大异常情况的（如重大技术调整、施工方案的改变、工作范围或工期改变、合同条款改变等），由澄清谈判小组起草投标文件澄清及合同谈判报告并提案，按各类招标文件审批层级执行。

22.2.21 中标通知书

中标通知书由建设单位招标主管部门提案，根据中标通知书上中标金额，按相关规定权限批准。

22.2.22 投诉处理

采购中的投诉处理由建设单位监察审计部门负责，技术问题的投诉由建设单位项目主管部门负责处理并回复，商务问题的投诉由建设单位招标主管部门负责处理并回复。原则上，投诉处理应采用书面方式予以回复，并同时抄送政府建设行政主管部门备案。

22.3 招标管理创新

随着大规模建设管理任务的到来，科学先进、不断创新、贴近市场的招标管理，直接关系到新建线路按期、保质、经济的完成。适应市场环境，改进招标模式，是合理降低工程成本，提高招标效率，保证工程质量的关键。由于时间紧，任务重，如何在工期目标与招标时间及质量之间平衡的问题变得尤为突出，为了保证工期目标，同时也为了保证招标质量，采取措施，合理节省招标时间来保证工期的目标。

22.3.1 主要创新内容

（1）探索安装装修工程采用整条线或大标段模式招标的可行性，探索设备采购、监理等项目打包招标或预选招标的可行性。

（2）对同类型的项目进行打包招标、预选招标。涉及几条线的设备以一个标段捆绑招标的形式确定一名或 N 名中标候选人，缩短了投标人的备标时间，提高了招标效率，降低了招投标的社会成本，同时为多项目尽早开工建设奠定了基础。

（3）认真总结目前甲供设备、材料采购供应存在的问题，解放思想，研究制定适应大规模建设的设备、材料采购供应模式。

（4）为从源头确保"廉控"与公平公正定标，建立适应"评定分离"的定委专家库并不断扩容。

（5）推行对各参建单位的履约评价制度，将各单位履约评价的成果直接应用于新线项目的招标、定标工作。

（6）在设备招标时征求潜在投标人排他性意见，引入投标人监督，实现更加公正、公平的招投标环境。

22.3.2 评定分离招标方式创新

1）定标委员会的组建

定标委员会召集人可以由建设单位招标委员会主任召集班子成员通过比选或直接指定方式产生，也可以抽签产生。定标委员会的其他成员均应在建设单位专家库中按不小于 3 倍的比例抽签产生。若建设单位专家库不能满足项目需求，由项目主管部门提出，经批准后，可组建临时专家库或邀请外部专家，临时专家库人数不得少于拟抽取人数的3倍。定标委员会的成员中，来自同一部门的成员不得多于定标委员会的总数的1/3。定标委员会成员与投标人存在利害关系的，应主动回避。

2）定标监督组

定标监督组的组成应在定标预备会上确定。定标监督组可以从建设单位董事会、监事会、财务总监、监察审计部门、法律部门等监督部门中产生，也可以邀请外部专家或政府监督部门的领导参加。

3）定标委员会的人数

原则上，定标委员会成员从招标人、建设单位或者使用单位的领导班子成员、经营管理人员中产生，成员数量为7人以上单数。确有需要的，财政性资金投资工程的招标人可以从本系统上下级主管部门或者系统外相关部门工作人员中确定成员，非财政性国有资金投资工程的招标人可以从其母公司、子公司人员中确定成员。

招标人的法定代表人或者主要负责人可以从本单位直接指定部分定标委员会成员，但总数不得超过定标委员会成员总数的1/3。

4）定标方法

评定分离的招标项目，原则上采用价格竞争法、票决定标法、票决抽签程序及集体议事法四种定标方法或四种方法的组合。若因项目的实际情况确需要采用其他定标办法的，需报招标委员会批准。

（1）价格竞争法

低价优先，但不保证最低价中标的原则。

（2）票决定标法

由定标委员会成员采用记名投票的方式，对所有进入定标环节的投标人进行投票，投票数为本轮应推荐的投标人数。按招标文件中规定的定标方法进行逐轮投票，直至选取出1家或多家中标人。

（3）票决抽签程序

按照逐轮票决的程序，确定进入抽签程序的投标单位。进入抽签程序的投标单位数量至少为3名。若需产生多家中标单位，进入抽签程序的投标单位数量至少为需产生的中标单位数量加2。抽签由定标委员会授权定标工作人员进行，抽签顺序和中标号码的约定，原则上通过现场随机抽号确定。

（4）集体议事法

招标人组建定标委员会进行集体商议，定标委员会成员各自发表意见，由定标委员会组长最终确定中标人。所有参加会议的定标委员会成员的意见应当做书面记录，并由定标委员会成员签字确认。采用集体议事法定标的，定标委员会组长应当由招标人的法定代表人或者主要负责人担任。

22.4 合同管理概述

合同管理是指对工程项目合同的签订、履行、变更和解除进行监督检查，对合同履行过程中发生的争议或纠纷进行处理，以确保合同依法订立和全面履行。合同管理贯穿于地铁站后工程项目合同签订、履行、终结直至归档的全过程。

22.4.1 合同管理的基本原则

1）符合法律法规原则

订立合同的主体、内容、形式、程序等都要符合法律法规规定。合同当事人订立、履行合同，唯有遵守法律和行政法规，合同才受国家法律的保护，当事人预期的目的才有保障。

2）平等自愿原则

自愿是指合同当事人在法律、法规允许范围内，根据自己的意愿签订合同，即有权选择订立合同的对象，合同的条款内容，合同订立时间和依法变更和解除合同，任何单位和个人不得非法干预。贯彻平等自愿的原则，必须体现签约各方在法律地位上的完全平等。合同要在双方友好协商的基础上订立，签约双方都是平等的，任何一方都不得把自己的意志（例如单方提出的不平等条款）强加于另一方，更不得强迫对方同自己签订合同。

3）公平原则

公平原则是民法的基本原则之一。合同当事人应当遵循公平原则确定各方的权利和义务。根据公平原则，民事主体必须按照公平的观念设立、变更或者取消民事法律关系。在订立工程项目合同中贯彻公平原则，反映了商品交换等价有偿的客观规律和要求。贯彻该原则的最基本要求即是签约各方的合同权利、义务要对等而不能失去公平，要合理分担责任。

4）诚实信用原则

合同当事人行使权利、履行义务应当遵循诚实信用原则。诚实信用原则实质上是社会良好道德、伦理观念上升为国家意志的体现。在订立合同中贯彻诚实信用原则，要求当事人应当诚实，实事求是向对方介绍自己订立合同的条件、要求和履约能力，充分表达自己的真实意愿，不得有隐瞒、欺诈的成分，在拟定合同条款时，要充分考虑对方的合法权益和实际困难，以善意的方式设定合同权利和义务。

5）等价有偿原则

等价有偿原则是《中华人民共和国民法通则》的一项原则，也是订立合同的一项基本原则。主要包含两个方面的内容，一是签约双方的经济关系要合理，当事人的权利义务是对等的；二是合同条款中应充分体现等价有偿原则，即一方给付，另一方必须按价值相等原则作相应给付；不允许发生无偿占有、使用另一方财产现象；工期提前、质量全优者，要予以奖励；延误工期、质量低劣者，应予以处罚；提前竣工的收益由双方分享。

6）全面适当履行原则

要求按照合同约定的内容全面适当地履行，使得合同的各个要素都得到正确实现。按照约定履行自己的义务，既包括全面履行义务，也包括正确适当履行合同义务。合同有明确约定的，应当依约定履行。但是，合同约定不明确并不意味着合同无须全面履行或约定不明确部分可以不履行。

7）实际履行原则

实际履行原则是指除法律和合同另有规定或者客观上已不可能履行外，当事人要根据合同规定的标的完成义务，不能用其他标的来代替约定标的，一方违约时也不能以偿付违约金、赔偿金的方式代替履约，对方要求继续履行合同的，仍应继续履行。但在贯彻这一原则时，还必须从实际出发，过于强调实际履行，不仅在客观上不可能，还可能会给需方造成损失。在这种情况下，应当允许用支付违约金和赔偿损失的办法代替合同的履行。

22.4.2 合同管理的重要作用

1）合同是建设项目管理的核心

任何一个建设项目的实施，都是通过签订一系列的承包合同来实现的。合同一经签订，合同双方即明确了工程项目的投资、进度、质量标准等目标，规定了合同双方的责任、权利和义务。通过对合同条款的制订和履行，发包人和承包人可以在合同环境下调控建设项目的运行状态；通过对合同管理目标责任的分解，可以规范项目管理机构的内部职能，紧密围绕合同条款开展项目管理工作。

2）合同是承发包双方的最高行为准则

为保证建设项目的顺利实施，合同承发包双方必须按合同内容承担相应的法律责任，享有相应的法律权利，履行相应的法律义务，并用合同规范自己的行为。在合同履行的过程中，在合同范围内的任何工程行为，既受合同条款的约束，也受合同条款的保护。工程项目的参建各方作为合同主体，相互之间的关系实质上是合同关系。工程项目的建设过程，实质上为各合同主体承担合同责任、履行合同义务的过程，必须事事以合同为依据，处处按合同办事。

3）合同是处理建设项目实施过程中各种争执和纠纷的法律依据

建设项目具有建设周期长、合同金额大、参建单位众多和项目之间接口复杂等特点。在合同履行过程中，建设单位和施工单位之间、不同施工单位之间、施工单位和分包单位之间以及建设单位与材料设备供应商之间不可避免会产生各种争执和纠纷，而调解和处理这些争执和纠纷的主要尺度和依据是合同中的相关约定和承诺，如合同的索赔条款、不可抗力条款、工程变更条款和合同价款调整条款等。

22.4.3 管理体制

建设单位作为合同主体一方，其下各职能部门按照与合同业务关系的密切程度，划分为合同主管、主办、协办和法律审查四类。合同管理部门为建设单位各类经济合同的主管部门，负责制定合同管理制度、规范合同文本、监督检查合同履行、提供相关服务；需要签订合同的业务归属部门为合同主办部门，负责组织各经济合同的谈判及具体履行；合同涉及的业务关联部门为合同的协办部门，协助合同主办部门履行合同；法律事务部门为各类经济合同的法律审查部门，负责对合同或协议的合法性进行审查和提供法律意见。

22.4.4 各部门职责

1）主管职责

主管部门负责制定合同管理制度，组织编制各类合同条件和合同示范文本，参与合同策划、合同谈判及合同履行工作；监督、指导公司范围内的合同管理工作；参与合同纠纷的处理；负责建立和维护合同管理系统相关数据，逐步扩展公司合同管理信息化的业务范围和使用范围。

2）主办职责

主办部门牵头组织合同策划，编制合同范围、内容、实施计划（工期要求）、技术要求（标准）、验收条件等；牵头组织合同谈判和对草拟的合同文本审核；负责合同事项的具体履行。

3）协办职责

协办部门，在其职能范围之内协助合同主办部门处理合同设立、签订、合同履行、合同验收等事项。

4）法律审查职责

法律事务部门负责合同签订过程的全面法律审查，牵头组织合同纠纷处理，保证合同签订及合同争议处理的合法性；在合同纠纷通过诉讼或仲裁过程中，负责对外的法律事务办理，主张和维护建设单位的合同权益。

22.5 合同管理流程

22.5.1 合同签订

1）组建合同谈判小组

建设单位项目主管部门组建合同谈判小组，详细了解合同主要涉及事项和相关框架内容，还应了解评标和中标候选人情况，准备相关资料。重大合同谈判计划、方案应报建设单位分管领导或会议批准。

本项工作应在建设单位批准招标情况报告后立即开始；合同谈判小组应由合同主管部门、项目主管部门的领导和专业负责人及使用部门（必要时邀请）有关人员组成，参与谈判的人员必须在谈判前对合同所涉的内容做详细了解。

业主各相关部门参加组成合同谈判小组，谈判过程遇到问题时，要及时与部门负责人和分管领导沟通。所派人员应熟悉合同内容，且在谈判期间应固定，不宜撤换或临时由他人代替。

2）编制合同谈判计划方案

合同谈判小组编制合同谈判计划方案，拟订合同草稿、拟订谈判事项和策略。考虑评标报告和评标审核报告中有关谈判注意事项。重大合同谈判计划、方案应报分管领导或公司领导或会议批准。编制的合同谈判计划方案应切实可行，明确关键谈判事项、可能出现的障碍及应对策略。

3）合同谈判

合同谈判小组按照确定的合同谈判计划方案，与合同对方进行谈判，就合同相关事项双方进行协商并确定，双方谈判代表草签谈判文稿。

考虑评标报告和评标审核报告中有关谈判注意事项。合同谈判内容必须符合国家的法律法规和有关政策，以及建设单位合同管理制度的相关规定要求，坚持以维护建设单位合法权益和提高经济效益为宗旨，贯彻平等互利、协商一致的谈判原则。

4）编制合同谈判报告

合同谈判小组编写合同谈判报告；整理合同谈判达成的协议等文件，双方谈判代表在上面签字认可。合同谈判报告应简明如实反映合同谈判的过程、内容以及谈判达成的协议事项。

5）编制合同文本

建设单位项目主管部门根据双方洽谈的结果，拟订合同正式文稿；所有合同均须采用书面形式，常用合同（特别是招标项目）必须使用建设单位格式化标准合同；如政府部门有强制性规定，可按政府标准合同执行，但必须通过补充条款充分表达建设单位的意图、明确双方的责任，以维护建设单位利益，体现合同的公平和公正。在相关部门会签审查过程中，对达成一致修改意见的进行修改。项目主管部门对合同的合理性、合法性、完整性负责。

6）审查合同内容

建设单位项目主管部门对合同中的实施范围和内容、工期要求、质量、安全标准及要求、验收、试验的标准及要求，实施方案、资源配置、监理范围、实施风险防范、现场签证处理等相关内容进行审核把关；设计管理部门对合同中的设计标准、设计文件的深度和广度、设计的合理性等相关内容进行审查把关；财务管理部门对合同中付款的安全性、履约担保真实性等相关内容进行审查把关；合同管理部门对合同中的条款（如工程造价、计量支付、合同变更处理、结算条款、违约条款、争端的解决等）、履约担保格式和内容等相关内容进行审查；法律顾问对合同的合法性、违约赔偿条款可操作性、争端的解决法律风险、合同补救措施等相关内容进行审查把关。有关部门在本阶段发现合同中某些条款会严重影响到合同正常履行时，可提出审查修改意见，对不能达成一致修改意见的，可书面提出保留意见。

建设单位项目主管部门、财务管理部门、合同管理部门、法律顾问应对合同相关条款进行严格把关，根据各部门的业务特点对合同条款进行审定，并提出审查修改意见。各部门分别对各自审核部分内容的合同执行风险负责。

建设单位领导按层级对合同进行审批，如需要修改，则发回合同管理部门按照修改意见修改完善后再报批。

7）合同印刷及签署

印制合同文本，需印两份正本；采用普通胶装形式；应在每份正本内放置中标通知、投标函、报价函、投标书附录等资料的原件。

建设单位合同管理部门安排签署合同；董事长签署合同文件，或由被授权人签署合同文件，应复核签字、盖章的合法性；每册合同文本的封面和骑缝处也应盖章。

8）合同存档及分发

建设单位合同管理部门将已完善手续的合同及有关文件完整转交档案室存档，并发放给合同相关单位，根据需要办理备案手续（政府建设、审计等行政管理部门）。每个标段（项目）招、投标文件、澄清、补遗材料、会签、审批、修改意见、合同谈判报告及合同文本（1 正 2 副）均应及时存档。

22.5.2 合同交底

1）合同交底的意义

在以往的项目管理中，一般对合同的编制、澄清、谈判和签订都比较重视，但合同一旦签订，往往被锁在文件柜或项目负责人的抽屉内，大部分项目管理人员只知其相关工作职责，而对合同总体情况知之甚少，甚至完全不了解合同的具体内容，给日后的合同纠纷留下隐患。在施工现场，“按图施工”的固有观念深入人心，因此，往往比较重视“设计交底”和“图纸会审”工作，往往忽视对合同分析和合同交底工作，合同签订与合同执行脱节。项目参建人员，包括施工单位、监理和建设单位相关人员，如果对项目的合同体系、合同基本内容不甚了解，就很难保证项目合同的认真履行，合同对参建各方所承担的责任、义务也就难以在项目实施中得到落实。在项目管理中，应将“按图施工”的观念转变为“按合同施工”的意识，这样更符合市场经济的规律和要求，对项目管理具有更深层次、更广泛的意义。

（1）合同是甲乙双方正确履行义务、保护自身合法利益的依据。因此，相关人员必须首先熟悉合同的全部内容，并对合同条款有一个统一的理解和认识，以避免不了解或对合同理解不一致带来工作上的失误。由于相关人员知识结构和水平的差异，加之合同条款繁多，条款之间的联系复杂，合同语言专业化，应认真研读和吃透整个合同内容和合同关系，提高解决实际问题的有效性和正确性，确保合同的全面顺利履行。通过合同交底，可以让项目管理人员进一步了解自己的合同权利界限和合同义务范围、工作的程序和法律后果，摆正自己在合同中的位置，有效防止由于权利义务的界限不清引起的内部职责争议和外部合同责任争议的发生，提高合同管理的效率。

（2）合同交底有利于发现合同中存在的问题，并有益于合同风险的事前控制。通过合同交底，使相关人员了解合同意图、合同关系、合同基本内容、业务工作的合同约定和要求等内容，它包括合同分析、合同交底、交底的对象提出问题、再分析、再交底的过程。因此，合同交底有利于集思广益，思考并发现合同中的问题，如合同中可能隐藏着的各类风险、合同中的矛盾条款、用词含糊及界限不清条款等。同时，也有利于完善合同风险防范措施，提高合同风险防范意识。

（3）合同交底有利于提高项目部管理人员的合同意识，使合同管理的程序、制度及保证体系落到实处。合同管理工作包括建立合同管理组织、保证体系、管理工作程序、工作制度等内容，其中比较重要的是建立诸如合同文档管理、合同跟踪管理、合同变更管理、合同争议处理等工作制度，其执行过程是一个随项目实施情况变化的动态过程，也是项目管理人员有序参与实施的过程。每个人的工作都与合同能否按计划执行密切相关，因此项目管理人员都必须在工作中自觉地执行合同管理的程序和制度，并采取积极的措施防止和减少工作失误和偏差。为达到这一目标，在合同实施前进行详细的合同交底是必要的。

2）合同交底的内容

合同交底必须以合同分析为基础、以合同内容为核心，因此涉及合同的全部内容，特别是关系到合同能否顺利实施的核心条款。合同交底的目的是将合同目标和责任具体落实到各级人员的工程活动中，并指导管理及技术人员以合同作为行为准则。合同交底一般包括以下主要内容：

（1）工程概况及合同工作范围。

（2）合同关系及合同涉及各方之间的权利、义务与责任。

（3）合同工期控制总目标及阶段控制目标，目标控制的网络表示及关键线路说明。

（4）合同质量控制目标及合同规定执行的规范、标准和验收程序。

(5)合同对本工程的材料、设备采购、验收的规定。
(6)投资及成本控制目标,特别是合同价款的支付及调整的条件、方式和程序。
(7)合同双方争议问题的处理方式、程序和要求。
(8)合同双方的违约责任。
(9)索赔的机会和处理策略。
(10)合同风险的内容及防范措施。
(11)合同进展文档管理的要求。

22.5.3 分包合同管理

由于地铁站后工程涵盖领域广、涉及专业多,其专业工程分包在所难免;以目前的建筑施工企业的人力资源体制,一般只有技术和管理人员在编,而数量庞大的施工人员则通过各种形式进行劳务分包。正是缘于这种特点,工程中层层转包、违法分包挂靠和以包代管的现象比较普遍,由于工程利润的层层截留和盘剥,使得施工时偷工减料、挪用安全文明施工措施费和拖欠农民工工资的现象时有发生,直接对工程的安全、质量产生较大负面影响,且容易引发群体性事件,产生社会"维稳"压力。因此,在地铁站后工程合同管理中,必须加强分包合同的管理。

1)分包资质管理

为维护建设市场秩序和保证工程质量,《中华人民共和国建筑法》和《中华人民共和国合同法》同时规定,禁止(总)承包人将工程分包给不具备相应资质条件的单位。

(1)专业承包资质:专业承包序列企业资质设2～3个等级,60个资质类别,其中常用类别有建筑装饰装修、机电设备安装、电梯安装、消防设施、建筑防水、园林古建筑、爆破与拆除、电信工程、管道工程等。

(2)劳务分包资质:劳务分包序列企业资质设1～2个等级,13个资质类别,其中常用类别有木工作业、砌筑作业、抹灰作业、油漆作业、钢筋作业、混凝土作业、脚手架作业、焊接作业、水暖电安装作业等。

2)总、分包的连带责任

《中华人民共和国建筑法》规定,建筑工程总承包单位按照总承包合同的约定对建设单位负责,分包单位按照分包合同的约定对总承包合同负责。总承包单位和分包单位就分包工程对建设单位承担连带责任。

3)关于分包的法律禁止性规定

《建筑工程质量管理条例》明确规定,施工单位不得转包或违法分包工程。

(1)违法分包:总承包单位将建设工程分包给不具备相应资质的单位,包括不具备资质条件和超越自身资质等级承揽业务两类情况;建筑工程总承包合同中未有约定,又未经建设单位认可,承包单位将部分建设工程交由其他单位完成的;施工总承包单位将建设工程主体结构的施工分包给其他单位的;分包单位将其承包的建设工程再分包的。

(2)转包:转包是指承包单位承包建设工程后,不履行合同约定的责任和义务,将其承包的全部建设工程转给他人或者将其承包的全部工程肢解后以分包的名义分别转给他人承包的行为。

(3)挂靠:转让、出借资质证书或者以其他方式允许他人以本企业名义承揽工程的;项目管理机构的项目经理、技术负责人、项目核算负责人、质量管理人员、安全管理人员等不是本单位人员，与本单位无合法的人事或劳动合同、工资福利以及社会保险关系的；建设单位的工程款直接进入项目管理机构财务的。

4）分包合同的履行

（1）工程分包不能解除承包单位任何责任和义务，承包单位应在分包现场派驻相应的管理人员，保证本合同的履行。履行分包合同时，承包单位应就承包项目（包括分包项目）向发包单位负责。分包单位就分包项目向承包单位负责。分包单位与发包单位之间不存在直接的合同关系。

（2）分包单位应按照分包合同的规定，实施和完成分包工程，修补其中的工程质量缺陷，提供所需的全部工程监督、劳务、材料、工程设备和其他物品，提供履约担保和进度计划等。

（3）分包单位仅从承包人处接受并执行其指示。如果上述指示从总包合同来分析属于监理工程师失误所致，则分包单位有权要求承包单位补偿由此而导致的费用。

（4）分包单位应根据下列指示变更、增补或删减分包工程：监理工程师根据总包合同做出的指示，在由承包单位通知分包单位，承包单位的指示。

（5）分包工程价款由承包单位与分包单位结算。发包单位未经承包单位同意，不得以任何名义向分包单位支付各种工程款项。

（6）因分包单位的任何违约行为、安全事故或疏忽、过失导致工程损害或给分包单位造成损失，承包单位承担连带责任。

22.5.4 合同争议处理

项目施工合同中，常见的争议有以下方面：

（1）投资审核和工程款支付争议。

（2）工程价款支付主体争议。

（3）工期延误争议。

（4）工程质量及保修争议。

（5）安全损害赔偿争议。

（6）合同中止及终止争议。

项目施工合同争议可通过和解、调解、仲裁、诉讼或其他方式解决。

22.5.5 合同履行

合同生效后，建设单位合同主办部门应指定责任人负责合同履行，合约、财务等相关部门协助。

合同主办部门应代表建设单位按照合同约定履行合同义务，避免因未及时履行义务而造成费用、工期及其他索赔。

合同主办部门应按照合同约定及时催促合约对方严格履约，包括制订合同履行计划、落实人员、设备、资金等，使合同始终处于受控状态。合同履行过程中合同各方商定的执行细节、各类洽商及会议纪要等经合同各方确认后发至合同有关方，包括建设单位有关部门、监理单位等。

合同当事方提出的各类需要答复、审批的问题，合同主办部门应当及时答复；工程建设类合同，涉及合同价格、支付条件、工期及其他重要内容，合同主办部门应当组织合约、财务及其他相关部门等研究后答复、批准。以上答复、批准超出部门职能或授权范围的应先报请建设单位批准。

工程建设类合同出现工程变更、合同变更可能造成合同价格或工期变化时，合同主办部门应及时通知合同主管部门参加洽商、论证。不增减合同价格的应当将有关的变更、洽商等资料及时交合同主管部门备案。合同对方出现履约困难，难以兑现履约计划、合同承诺时，合同主办部门应及时发出预警通知，同时抄送合同主管部门和法律事务部门。当合同对方有违约情况发生时，合同主办部门应会同合同主管部门及时发出违约通知，必要时提出索赔或发出兑付履约保函的通知。

22.5.6 合同验收

合同履行完毕，合同主办部门应按照合同约定提请组织有关部门验收。验收不合格需要整改的，合同主办部门应发出整改通知，限期整改。验收出现异常情形的，由合同主办部门提出处理措施报建设单位批准，并按公司批准意见进行验收。

22.5.7 合同结算

合同验收完毕，建设单位合同主办部门应及时组织合同结算的编制申报工作。合同结算应当以合同及验收报告为基础，合同履行过程中的合同变更费用、合同奖励及罚款、违约及赔偿等应纳入合同结算。工程建设类合同的结算工作应由合同主办部门牵头，合同主管部门、财务部门共同参与结算审查复核工作。建设工程合同的结算按建设单位发布的有关工程预结算的规章制度执行。

22.5.8 合同审计

建设单位合同主管部门负责就政府投资建设工程合同竣工结算与审计部门对口协调，就企业投资建设工程合同的竣工结算与工程所在地工程造价管理机构对口协调，在合同内专设条款明确约定最终合同结算金额以审计、审查结果为准；其他类型的合同，由财务部门负责有关审计的开展和协调。

以政府投资为主要审计内容的，合同主管部门负责合同事前审计、中间审计、结算审计等的协调工作，相关部门配合；以建设单位经营、财务为主要审计内容的，由财务部门牵头，相关部门配合。审计需要进一步提供资料的，相关部门应在要求的时间内提供。

审计报告提出需要建设单位安排整改的，由合同主管或财务部门牵头，合同主办部门配合提出整改计划、措施或方案。整改措施及整改工作由整改事由的直接责任部门落实。

22.5.9 重要合同的履约评价

重要的、重大的合同履行完毕或终止之后，建设单位合同主管部门应组织合同主办部门及其他业务关联部门参与负责对合同对方履行全过程进行总结评价。

合同非正常终止的，应当进行全面的合同总结及履约评价。建设工程合同的履约评价结论由合同主管部门向政府建设行政主管部门备案。对于合同履约不好、影响建设进度、质量安全，不能兑现投标承诺的建设工程合同、经常发生合同纠纷的建设合同，合同主管部门可以组织合同主办部门等相关部门对合同对方进行阶段性的履约评价，并负责办理将履约评价情况向建设行政主管部门的备案工作。

22.6 合同管理创新

22.6.1 探索合同管理模式创新，加强信息化手段

建立更加完善的合同管理信息系统，包括招标采购信息、合约管理信息、履约评价信息、结算信息等，通过电子化、网络化等管理手段提高管理效率，降低管理成本。

22.6.2 强化投资控制，全面实行工程变更预控管理

采取各种方法全面强化投资控制管理，确保地铁建设成本在全过程建设中都能有效得到控制，保证地铁建设资金安全、可控。

全面推行工程变更预控管理，简化变更审批流程，严格实施立项、变更申报、批复的变更管理程序。

强化工程项目全过程审计，及时发现、纠正项目实施过程中出现的程序性偏差。

第23章 计划管理

23.1 计划管理概述

在管理学中，计划具有两重含义，其一是计划工作，是指根据对组织外部环境与内部条件的分析，提出在未来一定时期内要达到的组织目标以及实现目标的方案途径；其二是计划形式，是指用文字和指标等形式所表述的组织以及组织内不同部门和不同成员，在未来一定时期内关于行动方向、内容和方式安排的管理事件。计划管理就是计划的编制、执行、调整、考核的过程。

地铁建设的阶段性、复杂性和系统性决定了其建设全过程计划管理的重要性。这主要体现在两个方面：一是计划对整个建设过程的统筹和指导；二是通过对计划实施进行考核与评价，分析计划与实际进度的偏差，对偏差进行协调和管控，并在一定范围内对计划进行动态调整，使得计划与实际进度的偏差始终控制在可接受的范围之内，以确保线路重大里程碑节点和开通目标的实现。

23.1.1 基本原则

（1）系统原则

对应于地铁建设的复杂性，所有的工作内容都必须纳入计划体系，并且需要在计划中体现各项工作在时间与空间的逻辑关系，以实现不同工作之间的有效衔接和协同，并实现资源的优化配置，这使得地铁计划管理具有明显的系统性特征。

（2）闭环控制原则

计划的编制实质上是为各项工作设定一个目标值，受各种因素的影响，在预定的时间点完成的实际值通常与此刻目标值会存在一定的偏差，此偏差值将反馈给系统作为纠偏的依据，目的是控制偏差在允许的范围，保障系统按计划运行。

（3）主导原则

计划应该指导建设行为而不是反映建设行为，计划不是对建设行为的预测，反映在某一时刻能干到什么程度，而是要求在某一时刻干到什么程度。计划应主导建设行为而不是跟随建设行为。主导的实质内涵反映了计划对建设行为的控制特性。

（4）弹性原则

一般来说，地铁项目工期长且影响因素多，这就要求计划编制人员能根据统计经验，评估各种因素的影响程度和出现的可能性，并在目标设定时充分考虑实现目标的风险，从而在不影响重大节点和最终目标的前提下对目标的设定留有余地。

（5）均衡原则

由于地铁建设的阶段性特征，需要按照倒排工期的原则，以重大的里程碑目标来区隔各阶段的时间界限，每个阶段内可以增设工序转换或关键工程节点，加大目标节点的密度以降低重大里程碑目标被突破的风险，从而降低前阶段工期的延误对后阶段工期挤压的累积效应。

23.1.2 计划的分类

计划按阶段主要分为战略规划、工程筹划、工程招标策划、工程招标计划、工程实施性策划、工程设计计划、征地拆迁计划、前期工程计划、主体工程计划、站后工程计划及工程验收计划、工程结算计划等。

（1）战略规划

主要内容包括五年战略发展规划（包括滚动修编）及三年滚动经营计划，建设单位年度工作要点等长、中、短期战略规划文件，涵盖规划期内工程形象、工程投资、建设资金需求等指标，以及为实现规划目标采取的各项措施等。战略规划涵盖规划阶段的所有建设线路或项目。

（2）工程筹划

主要内容包括工程建设总工期和进度计划、主要施工方法和施工期间采取的措施、主要材料供应计划、设备系统联调及试运营计划、工程招标及采购等。工程筹划针对具体线路。

（3）工程招标策划

主要内容包括工程概况、招标内容、招标范围、甲供乙购清单、总工期及关键里程碑、标段划分、投资估算、商务条件、投标人资质条件等。招标策划一般针对一条线路按专业编制，比如前期工程、土建工程、安装装修工程、设备材料供货等。

（4）工程招标计划

主要指依据政府及建设单位工作计划、工程筹划等的相关要求，编制的年度及季度招标实施性计划。招标所确定的合同包括前期工程合同、土建工程合同、常规设备安装及装修工程合同、系统设备安装合同、设备材料采购合同及服务性合同等。

（5）工程实施性策划

指对项目开工至开通试运营的全面部署，内容包括但不限于工程重难点分析、次级施工单元划分、工程关键节点目标、各年度主要建设任务、征地拆迁计划、施工图设计计划、场段工程计划、土建洞通计划、轨道工程计划、甲供设备及材料招标到货计划、安装装修计划、设备系统调试计划及试运行计划等。

（6）工程设计计划

指依据招标计划、工程实施性策划以及配合现场施工进度，编制的年度或季度设计、评审及报建计划。

（7）征地拆迁计划

指依据工程总策划及前期工程、主体工程年度计划编制的各工点的征拆进度安排。由于征拆责任主体一般非建设单位，加上其工作难度大，故时间上的不确定性非常大。正常情况下，在征拆范围稳定的前提下应全面开展相关工作。

（8）前期工程、土建工程及站后工程计划

指依据工程实施性策划编制的各工点、各专业的施工计划，包括形象进度和投资两个部分内容。其中前期工程计划按季度编制，土建工程、站后工程计划按年度编制。

（9）工程验收计划

指为了满足工程工序转换及开通试运营需要各标段、各专业的验收安排，包括初步验收计划、竣工验收计划及政府专项验收计划。

（10）工程结算计划

指依据国家验收总体计划编制的合同结算资料提交、合同结算资料内审及合同结算资料送审等专项计划。

23.1.3 建设单位计划管理架构

(1)建设单位计划管理一般分为两个层次，即综合计划管理部门和建设计划管理部门。其中前者负责包括地铁建设在内的所有业务的计划管理，而后者则负责所有地铁线路建设的计划管理。如果建设管理部门再下设其他二级管理部门，那么计划管理将相应增加一个层次。

(2)综合计划管理部门主要负责宏观或者战略层面的规划或计划，主要对接政府层面，对于地铁建设而言，如五年规划地铁建设的时序，投资预算的安排，各线路的开通时间及运营、物业和资源开发等配套业务的规划等。公司年度工作计划大纲编制和考核是综合计划管理部门的主要职责之一。对于建设管理部门的年度计划而言，包含安全质量、投资、形象进度、验收、生态文明建设、设计管理、招标管理、征地拆迁、统计工作、风险内控、制度建设、综合管理、创新发展和管理提升等内容。在编制年度工作计划大纲时，综合计划管理部门与建设管理计划部门通过充分沟通达成共识。

(3)建设管理计划部门依据公司五年规划、年度工作计划大纲以及各线路的工程实施性总策划，编制相关线路的年度计划。计划以实体工程(不包括前期工程)为主线，以开通试运营为目标倒排，用重大里程碑节点将建设全过程分隔成几个阶段，确保每个阶段的合理工期；以实体工程的计划为依据，编制设计、招标、征地拆迁、前期工程、验收以及工程结算等工作计划。编制相关线路的年度计划时应与负责相关工作的部门协商一致。如果建设管理部门下设其他二级工程管理部门，各线路年度计划的编制则应该由分管该线路的工程管理部门负责，其他相关二级管理部门配合。

(4)国内各城市地铁建设单位因管理架构的不同，其计划管理体系存在一定的差异。但地铁建设计划管理体系具有共同的特点：建设单位一般设置专门计划管理机构，计划管理工作涵盖勘察设计、监理、施工单位以及供货 / 集成商等所有参建单位。

23.1.4 计划体系的定义

通常，我们将计划分为三个层级，计划的编制自上而下逐级展开，下一级计划受控于上一级计划。计划的主导性原则决定了计划的编制必须摆脱对现场进度预测的惯常思维。所以，计划实质上是地铁建设全过程中为达成最终目的（开通)，在不同的时间和空间应实现的重要或关键的目标值。下面就三级计划分述如下：

(1)一级计划

以地铁线路为对象，根据地铁各专业的标准化工期指标和工程特点，以工程关键节点、工序转换节点和重大里程碑为目标节点，其对应的时间节点则依据各专业主要工序的合理工期以及与目标节点之间的逻辑关系，按照开通时间倒排形成。一级计划由建设单位计划管理部门编制，报建设单位批准发布，并作为建设单位层面对线路工程进度进行评价与管控的依据。一级计划一般按年度(分解到季度)编制。

(2)二级计划

以单位工程为对象，主要体现站点、区间、场段及相关控制性工程层面的实施特性；其目标节点和时间节点原则上依据“一级计划”设置，考虑线路的特殊性时，二级计划可在一级计划的基础上增减部分目标节点或对部分时间节点进行微调。二级计划由建设计划管理部门编制，由综合计划管理部门审核报建设单位批准发布。作为建设管理部门对施工标段工程进度进行评价与管控的依据。二级计划一般按季度(分解到月度)编制。

(3)三级计划

以分部分项工程（工序）为对象，依据二级计划的进度要求，合理配置工、料、机等生产资源，体现进度指标日兑现率的特性。三级计划由施工单位编制，经现场监理审批，报现场建设单位代表备案，作为建设单位代表和监理对施工进度进行评价与管控的依据。三级计划是计划的控制特性作用于施工进度的最终体现。三级计划一般按月度（分解到周）编制。

上述计划体系较好地体现了计划的主导性原则。

23.2 一级计划纲要的编制

（1）按照一级计划的定义，综合考虑施工主体、管理主体以及标段划分等综合因素，把一级计划分为土建工程、轨道工程、常规设备安装及装修工程、系统设备安装工程、车辆段/停车场工程等五部分。虽然本书讨论的是地铁站后工程技术与管理问题，但考虑与站后工程的衔接，此处仍然将土建部分的一级计划一并列出。考虑到一级计划选取目标节点的纲领性和重要性特征，通常将其称为一级计划纲要。

（2）设地铁的建设工期为 n 个月，上述五个部分的一级计划纲要分别见表 23.2.1 ～表 23.2.5。

土 建 工 程　　表 23.2.1

序号	目 标 节 点	时 间 节 点
1	完成围护结构	第(n − 39)个月
2	完成车站主体结构	第(n − 27)个月
3	完成 110kV 主变电所主体结构移交	第(n − 23)个月
4	完成铺轨基地移交	第(n − 21)个月
5	区间双线贯通	第(n − 19)个月
6	各站点完成至少两个出入口和一组风亭主体结构	第(n − 17)个月
7	完成轨行区移交	第(n − 16)个月
8	完成车站主体移交	第(n − 16)个月
9	完成附属结构	第(n − 6)个月

轨 道 工 程　　表 23.2.2

序号	目 标 节 点	时间节点	序号	目 标 节 点	时间节点
1	双线短轨通	第(n − 11)个月	2	双线长轨通	第(n − 9)个月

常规设备安装及装修工程　　表 23.2.3

序号	目 标 节 点	时 间 节 点
1	完成供电设备房装修并移交	第(n − 13)个月
2	完成其他设备房装修并移交	第(n − 12)个月
3	400V 具备受电条件	第(n − 10)个月
4	400V 电通	第(n − 9)个月
5	完成车站综合管线制安	第(n − 9)个月
6	环控小系统具备开通条件	第(n − 8)个月
7	完成区间风亭、废水泵房施工	第(n − 6)个月
8	完成市政给水管网接驳工程	第(n − 6)个月
9	完成常规设备单机、单系统调试	第(n − 6)个月

续上表

序号	目 标 节 点	时 间 节 点
10	完成车站公共区装修工程	第(n－5)个月
11	完成站内导向标识安装	第(n－4)个月
12	完成出入口风亭及应急通道安装装修工程	第(n－4)个月
13	完成装修工程收口及站外小广场工程	第(n－3)个月
14	完成站外导向标识安装	第(n－3)个月
15	电(扶)梯取得合格证	第(n－2)个月

系统设备安装工程　表 23.2.4

序号	目 标 节 点	时 间 节 点
1	110kV 主变电所具备受电条件	第(n－13)个月
2	110kV 电通	第(n－12)个月
3	35kV 变配电工程具备受电条件	第(n－11)个月
4	35kV 电通	第(n－10)个月
5	首列车到段	第(n－9)个月
6	完成通信传输及专用无线系统安装调试	第(n－8)个月
7	完成全线屏蔽门安装	第(n－8)个月
8	完成限界检查、整改和冷滑试验	第(n－7)个月
9	正线具备热滑条件	第(n－6)个月
10	完成 AFC 系统安装	第(n－6)个月
11	完成系统设备单机、单系统调试	第(n－6)个月
12	完成信号系统与车辆调试	第(n－4)个月
13	完成系统总联调具备试运行条件	第(n－4)个月
14	具备三权移交条件	第(n－3)个月
15	信号系统取得安全认证	第(n－2)个月

车辆段 / 停车场工程　表 23.2.5

序号	目 标 节 点	时 间 节 点
1	完成地基处理或土石方工程	第(n－36)个月
2	完成桩基工程	第(n－28)个月
3	完成房建主体工程	第(n－16)个月
4	完成混合变电所主体工程移交	第(n－15)个月
5	完成段内轨道工程	第(n－11)个月
6	完成段内接触网工程	第(n－10)个月
7	混合变电所具备受电条件	第(n－10)个月
8	完成段内道路	第(n－9)个月
9	完成段内信号工程	第(n－9)个月
10	具备接车及列车静调条件	第(n－9)个月
11	具备试车条件	第(n－8)个月
12	完成设备单机、单系统调试	第(n－6)个月
13	完成装修工程和系统总联调	第(n－4)个月

（3）一级计划纲要基于各专业的标准化工期指标，按照工期倒排和各专业间的逻辑关系编制，是计划编制的主要依据之一，为地铁建设计划管理的纲领性文件。考虑具体线路的特征性和不同线路之间的差异，各线路的实施性工程总策划也是计划编制的重要依据，应据此对一级计划的目标节点做适当增加（如高架段等）或减少（如车辆段 / 停车场工程的"完成地基处理或土石方工程"计划节点）。

（4）一级计划纲要中并未包含征地拆迁（提供施工场地）、设计（提供施工图纸）、招标（提供材料设备）、验收（投入运行的必要条件）和前期工程（包括管线改迁及恢复、交通疏解和绿化迁移及恢复工程）等内容。毋庸置疑，上述工作必须纳入相关线路的年度计划且依据一级计划纲要编制。由于前期工程的不确定性，前期工程计划一般按季度编制，其计划的目标和时间节点设置是为主体工程提供施工场地以及统筹各前期工程之间的空间与时间的关系。

23.3 一级计划纲要与工期

23.3.1 施工总工期

一级计划的首个目标节点是围护结构工程，该节点应在第（n-39）个月完成，以围护结构 9 个月工期计，其开工时间应为第（n-48）个月，当 n=48 时，时间节点为第 0 个月，即地铁主体工程施工场地完成围闭，已具备开工条件。从而可以确定，从围护结构开工到开通试运营，施工工期为 48 个月。为此，施工总工期可定义为：在具备进场条件的前提下，通过科学组织，采取成熟技术和熟练管理手段、合理的资源投入和资金保障，一条线路的合理施工时间。

基于各专业标准化工期指标形成的一级计划纲要推算出来的施工总工期，是一条线路从土建（主体）工程开工到具备开通试运营所需要的合理时间。通过加大资源投入、延长工作时间（加班）、采用技术或管理手段提高施工效率适当压缩施工总工期，但效果是有限的，除影响线路的施工效益外，还将增大工程安全和质量的风险。由于前期工作时间关联线站位与既有地下管线、城市道路和建（构）筑物的位置关系，以及地铁建设以解决城市交通拥堵为目的的特点，大幅度压缩前期工作时间并不现实。所以，一级计划纲要的确定不仅对构建主导型地铁建设计划体系发挥了关键作用，同时为线路施工总工期和建设总工期的确定提供了清晰的思路和有效的途径。

23.3.2 建设总工期

我们假设前期工作时间为 m，那么：建设总工期（n）= 施工总工期 + 前期工作时间（m）

考虑到前期工作（包括征地拆迁、前期工程等，但未考虑规划立项、工程可行性研究和初步设计等工作内容）时间，从土建（主体）工程（可能包括站后工程或其中一部分工程）完成合同签订开始，一条地铁线路（新建线路）的建设总工期应大于 48 个月（n>48）。对于延长线（续建线路）这样的较短线路，因资源配置的聚集度高和管理幅度及强度的降低，其施工总工期和前期工作时间均可相应缩短，建设总工期可小于等于 48 个月（$n \leqslant 48$）。

前期工作主要包括征地拆迁和前期工程，故 m 的大小取决于线路线站位的社会环境和城市功能设施的密集度，所以具有很大的不确定性。根据目前国内地铁的建设实践经验，一般取 m=6 ～ 12，即安排 6 ～ 12 个月的时间基本完成前期工作（前期工作可以在施工总工期中考虑约 3 个月的重叠时间，所以前期工作一般为 9 ～ 15 个月），达成围护结构具备开工的条件。此时，地铁建设总工期 n=54 ～ 60 个月。考虑征地拆迁难度越来越大，m 值也会相应增大。所以，在一定范围内，m 取值越大，前期工作导致地铁建设总工期的不确定性就越小。但当 m 取值超出某个范围时，对线路的施工效益将会产生负面影响，应通过对前期工作计划有效的管控，把 m 的取值控制在合理的范围。

23.3.3 站后工程工期及重大节点

从一级计划纲要可知，站后工程开始于“完成轨行区移交 / 完成车站主体移交”，其时间节点均为第（n-16）个月，而结束于“完成系统总联调具备试运行条件”，其时间节点为第（n-4）个月。即一级计划纲要设定站后工程的工期为 12 个月，且设定的四个重大里程碑节点分别是：

（1）双线短轨通，第（n-11）个月；

（2）35kV 电通，第（n-10）个月；

（3）具备接车及列车静调条件，第（n-9）个月；

（4）具备三权移交条件，第（n-3）个月。

对于延长线这样较短线路的建设，由于建设总工期的缩短（$n \leqslant 48$），各阶段的工期可分别压缩，但由于延长线需要与已运营的线路进行联调联试，受到可工作时间的限制（每天的工作时间一般在凌晨数小时内），站后工程的工期仍宜维持在 12 个月左右。而设定的重大里程碑节点的时间则随着其他各阶段工期的调整而产生相应的变化。

一级计划纲要并未覆盖站后工程所有专业的计划节点，而是对位于关键线路的专业计划节点进行了重点关注，主要侧重于主要专业之间的衔接和逻辑关系。其中，某个计划节点产生的偏差将波及关联专业计划的完成，并可能对相关专业的工期产生连锁反应以及对开通目标产生影响。

23.4 计划体系的运用优势

（1）基于工期倒排和各专业（工序）间逻辑关系构建的计划体系，保证了工程建设各阶段工期的合理性，使得线路不同站点（标段）和专业工程的推进速度更加均衡，避免因工程前阶段工期的累积延误对后阶段工期造成较大挤压，导致后期因抢工而增大安全、质量和重大里程碑节点工期风险。

（2）在计划体系指引下，各站点（标段）和专业可采用技术和管理手段以及加大资源投入来缩小实际进度与计划目标的偏差，有效降低不同工程规模、地质条件、施工工法和工程边际条件等对工期的影响，从而从整体上降低施工成本，有效发挥投资效益，有利于安全、质量和文明施工管理效能的提升。

（3）在计划体系下，对线路、标段进行进度考核评价时，不考虑客观原因对工程进度的影响，考核评价结果只反映实际进度与计划目标的偏差，使得偏差数据更加真实，较大程度地提高了偏差作为不同层面进度控制决策依据的价值。

（4）计划体系统一了进度考核评价的尺度，使得同一线路内相同阶段（专业）的不同标段之间、不同线路的对应阶段（专业）的进度考核评价客观、公正，具有较大的可比性，有利于参建单位激励机制的形成和考核评价结果的运用。

（5）在计划体系下，由于线路的一级计划一次性发布，二、三级计划均可提前编制（后续可调整），使得参建单位可以从整个建设周期的角度优化施工资源的配置，控制站点（标段）、线路的进度，统一的计划目标有利于各参建单位之间的协同及配合。

23.5 计划的执行、调整和考核

23.5.1 计划的执行

（1）从广义来说，除计划顶层设计者外，建设单位及各参建单位既是计划的制订者，又是计划的执行者。如果把计划事项的各个相关单位或部门都视为计划管理链条上的一个节点，那么，位于计划管理链条顶端的节点才是真正的计划制订者，而位于计划管理链条上的其他节点均对上一个节点制订的计划进行分解、细化和发布（传递），并通过其管理或具体实施行为来执行计划。

（2）从狭义来说，计划管理链条上的末端节点才是真正的计划实施者，在地铁建设范围内，计划的实施者主要包括勘察设计、施工单位和材料设备供应商/集成商。如果把计划管理链条末端之前的节点称之为计划的管理环节，那么，计划管理链条的末端节点可以称之为计划的实施环节。计划管理就是通过加强各环节的协同和管控，把末端节点在落实计划时对工程目标的影响控制在一个可接受的范围。

（3）正常的计划执行是获得合同造价支持（包括符合合同约定的变更）的行为，当非合同约定的外部原因、不可预见因素影响计划的执行并危及线路的重大里程碑节点或开通目标时，计划的执行者需要采用技术或管理手段，或通过投入更多的资源为代价来消除这种影响，尽管计划实施单位会高度关注这种行为对企业经济效益的影响，但其对由此产生的社会效益同样不应忽视。

（4）在整个地铁建设过程中，计划的执行应该是匀速的、均衡的，因为这种状态对施工的安全质量和施工效益是有益的。计划执行中负的加速度只可能在未能获得足够资源支持或非正常的情况下发生，而正的加速度一般发生在进度滞后需要通过技术和管理手段或投入更多资源来实施计划纠偏行为的情况下。

（5）处于计划管理链条末端节点的计划执行，需要根据实体工程的进度需要编制资金、施工图纸需求计划，材料招标采购计划，劳动力、施工设施和装备、甲供设备进场、工程验收和结算计划等，并对上述计划实施管控，这是进度控制的主要特征和工作内容。

23.5.2 计划的调整

（1）由于一条线路的开通目标通常是刚性的，对整个建设周期而言，其计划的调整必须受重大里程碑计划节点的约束和限制。也就是说，除非受国家或地方政府重大政策改变的影响或发生重大的不可抗力事件，线路的重大里程碑计划节点原则上不予调整。

（2）在计划编制阶段，对于线路的一级计划纲要而言，应该依据线路的实施性工程总策划、线路的工程水文地质条件、沿线的社会环境条件和城市功能设施的密度以及线站位的结构形式、规模和施工工法等综合因素，在标准化工期指标体系的控制前提下进行调整。

（3）在计划执行阶段，按照计划的弹性原则，可以根据现场实际情况对除重大里程碑外的计划节点目标进行调整。但必须坚持两个原则，第一，一般节点目标不能改变，时间节点只能微调，且调整幅度不超过 1 个月；第二，计划调整的周期一般不小于 6 个月。

（4）在对某个专业的计划时间节点进行调整时，要充分考虑对本专业其他计划时间节点和关联专业计划时间节点的影响，这种影响仅限于本年度范围，且不能对本专业和关联专业的重大里程碑或开通目标产生实质性改变。否则，该专业的计划时间节点调整申请将不被批准。

（5）建设单位综合计划管理部门或建设计划管理部门负责对计划调整申请进行审核，重点对调整的必要性、合理性和对关联专业的进度计划和开通目标产生颠覆性影响等方面进行分析和评估，并负责对线路中关联专业的计划时间节点进行通盘考虑并做出相应调整。按程序报批、发布和实施。

23.5.3 计划的考核

（1）计划考核的作用主要体现在两个方面，一是检查计划的执行情况，获取实际进度与计划进度之间的偏差数据；二是在被考核单位之间产生激励机制。偏差数据作为进度控制系统的输入，即纠偏的依据。激励机制则成为进度控制的动力。

（2）计划的考核的对象必须全覆盖。包括建设、设计、监理、施工单位和材料设备供应商 / 集成商。考核的主要依据就是三级计划体系，包括按照该计划体系需要编制的勘察设计、征地拆迁、前期工程和材料设备供货计划。

（3）计划的考核分层次进行。建设单位依据一级计划纲要考核建设管理部门；建设管理部门各线路分管部门则依据二级计划考核施工、监理单位；依据勘察设计、征地拆迁、前期工程和材料设备供货计划考核勘察设计单位、前期工程施工单位和材料设备供货商；征地拆迁一般由地方政府考核辖区政府；建设管理部门在二级计划中提取部分主要指标，考核其二级管理部门；施工单位则依据三级计划对其作业队伍进行考核。

（4）计划考核的周期一般分为月度、季度和年度。月度考核一般为施工单位对三级计划执行情况的考核；季度考核一般为建设单位对建设管理部门一级计划执行情况的考核；建设管理部门对线路分管部门、各线路分管管理部门对参建单位二级计划执行情况的考核。年度考核结果一般是各考核部门根据季度或月度考核结果采用诸如算数平均、加权平均等方式计算得出。

（5）计划考核必须克服追求计划执行结果完美性的习惯思维。事实上，计划节点的设置反映的是阶段性应该达到的建设目标，不是对计划执行结果的预测，由于开工的起点、施工对象的地质条件、规模、工法各异，加上地下工程的不可预见性，计划进度和实际进度存在偏差是正常的。计划考核结果要排除计划执行过程的任何外部原因和不可预见等客观因素的影响。否则，考核结果无法真实反映计划进度与实际进度的偏差，使得考核结果作为进度控制的决策依据价值受到影响。

第24章 工程策划

24.1 工程策划概述

24.1.1 工程策划体系建立

地铁站后工程的策划编制，不仅仅是对工程在时间上的简单倒排，其应是结合工程实际特点，将项目的整体周期细分为不同阶段，并对每个阶段的资源投入与退出进行合理规划的系统性工作。

为实现这一目标，地铁站后工程的参建主体应构建完整的进度策划体系，以保证最终工期为目标，形成站后工程总体策划，对资源进行综合性分配。在必要时，针对某项具体工作进行专项策划，确保工程局部始终能够有效地服务于整体大局。

在工程策划体系建立健全后，应根据施工管理层级，或时间、空间的不同，进行具体的计划细分，确保策划体系的各项意图可量化并可在基层落实。其站后工程进度整体管控体系如图 24.1.1 所示。

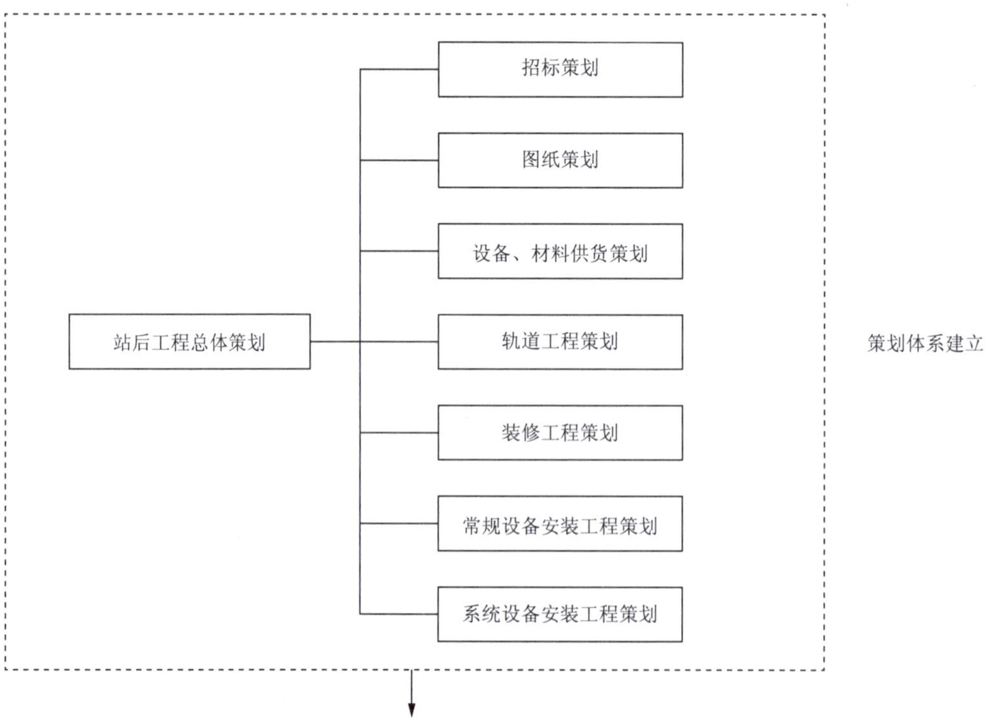

图 24.1.1

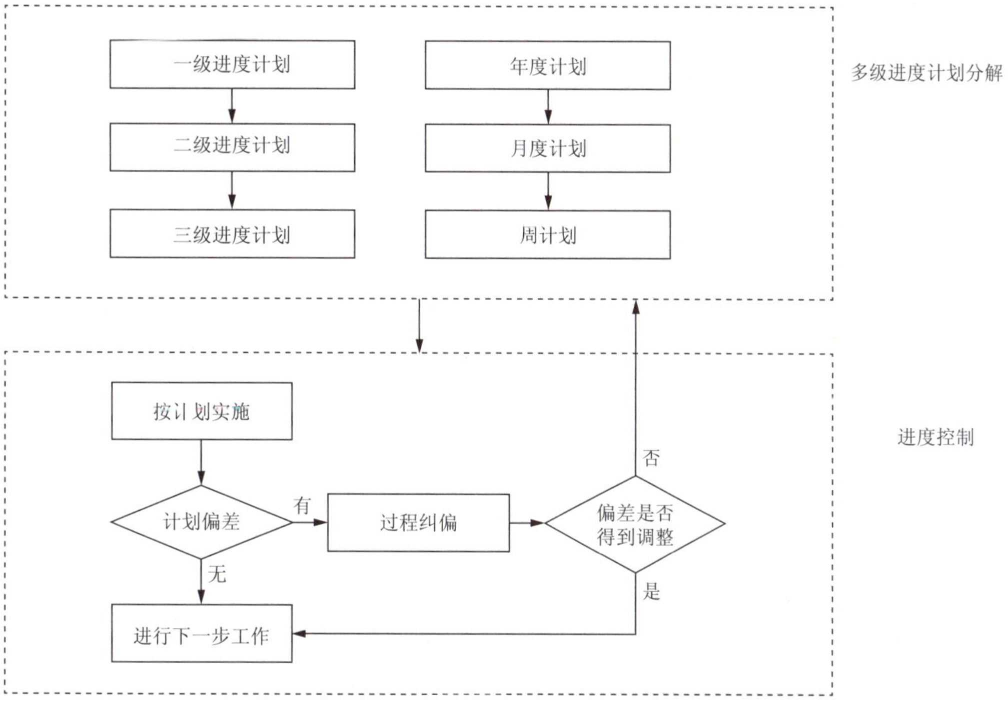

图 24.1.1　站后工程整体进度管控体系图

24.1.2　工程策划工作职责

1）建设单位工作职责

（1）建设单位是工程策划编制工作的总体牵头部门。

（2）建设单位是开通时间、各关键里程碑节点等关键控制性指标的提供者。

（3）建设单位是总体策划的主要编制者之一。

（4）建设单位是各类策划草案的审定者。

（5）建设单位负责监督参建各方按策划要求开展工作。

2）监理单位工作职责

（1）监理单位是工程策划编制工作的组织部门。

（2）监理单位根据建设单位意图，组织、协调参建各方对策划编制工作进行具体部署。

（3）监理单位协助建设单位编制总体策划。

（4）监理单位根据建设单位意图及总体策划，组织参建各方对招标、图纸、材料供货等专项策划进行联合编制。

（5）监理单位根据建设单位意图及总体策划，结合招标、图纸、材料供货等先期策划情况，组织各施工单位编制轨道、装修、设备安装等专项策划。

（6）监理单位协助建设单位监督各策划的执行情况。

3）施工单位工作职责

（1）施工单位是工程策划编制工作的参与部门。

（2）施工单位根据建设单位意图和监理指令，为总体策划的编制提供参考意见。

(3)施工单位根据建设单位意图、监理指令及总体策划，对招标、图纸、材料供货等专项策划提出需求，条件允许时参与起草。

(4)施工单位根据建设单位意图、监理指令及总体策划，结合招标、图纸、材料供货等先期策划情况，参与编制相关专项策划(轨道、装修、设备安装等)。

(5)当施工单位负责全线某一专业全部的施工任务时(专业唯一性标段)，其负责对应专业或专项策划的编制、起草工作。

(6)施工单位负责将策划予以实施，并根据策划对标段内各工区、作业面进行任务分解并落实。

24.2 工程策划编制

地铁站后工程策划体系的建立是基于工程核心进度目标，对工程各阶段周期和资源投入进行的超前预想，其应明确地铁工程的关键里程碑工期目标和要求，以地铁建设“洞通、轨通、电通、车辆上线、系统联调、开通运营”等重要工程节点为骨干，明确各阶段的工作计划和投入增强工程建设实施的合理性、合作性和预见性，并以此论证全线开通试运营时间节点的可实施性。该体系的建立应以编制站后工程总体策划为基础，并根据专业或站段特点编制针对性子策划，对于设计图进度管理、供货进度管理、联调联试等对工程整体进度影响大或顺序衔接要求高的事项还应编制专项策划。

24.2.1 总体策划

1)目的

(1)为线路级的工程进度管理奠定基础。

(2)划定进度管理红线。

(3)为各项专项策划的编制提供指引。

(4)为具体的计划分解提供依据。

2)主要内容

(1)明确工程总体工期目标和关键工期节点，见表24.2.1。

站后工程常见控制性节点表　　表24.2.1

序号	控制性节点	序号	控制性节点
1	完成土建工程，实现“洞通”	6	热滑试验条件
2	完成轨道铺设，实现“轨通”	7	单机单系统调试完成
3	安装装修工程达到进场条件	8	三权移交
4	全线送电，实现“电通”	9	专项验收完成
5	限界检查	10	具备试运营条件

(2)根据施工任务划分，对工程进行线路级总体部署。

(3)结合专业级工效指标，对各站区级、专业级的工程进度进行规划，对项目准备期、实施期、收尾期各阶段的工作进行原则性规划，见表24.2.2。

站后工程专业级工效表　　表 24.2.2

序号	专 业 名 称	总体工效
1	区间土建结构验收、场地移交	1 个月
2	车站土建结构验收、移交设备房砌筑	1 个月
3	车站设备房砌筑周期	3 ～ 4 个月
4	铺轨专业单一作业面短轨铺设进度	50 ～ 75m/ 日
5	车站常规设备安装施工周期	4 ～ 5 个月
6	供电系统安装施工周期	4 个月
7	接触网系统单一作业面铺设进度(折算工期)	50m/ 日
8	信号集中站施工周期	4 个月
9	通信及其他弱电系统施工周期	8 ～ 9 个月
10	公共区装修周期	4 月 / 站
11	联调联试周期	3 个月

(4)对图纸出图、场地移交、设备供货、人力机械等资源进退场节奏进行概括性规划。

(5)搭建工程进度管控体系,制订线路级进度管控预案。

3)注意事项

(1)地铁站后工程总体策划不仅需关注现场实施阶段,还需对设备招标、施工图出图、设计联络等站后专业前期准备阶段的各项工作予以规划,避免前期工作组织无序,影响后续实体工程建设阶段进度。

(2)站后工程总体策划在编制过程中,应密切跟踪站前专业工程进度,对疑难站区的工程进度紧迫性应有超前预想,提前对资源分配进行倾向性调整。

(3)由于地铁站后工程广泛存在交叉施工,在编制线路级总体策划时,不能仅单纯考查某单一专业工程时序逻辑上和时间上的合理性,还应充分考虑多专业穿插施工条件下对工程进度和工效所产生的影响。

(4)在策划中应对诸如铺轨作业面行进方向,设备区砌筑顺序等对后续多专业施工有明显影响的作业内容,尽可能予以细化、明确,避免出现因与现场实际偏差过大导致的策划无效。

24.2.2 图纸策划

1)目的

(1)为建设单位设计管理部门与设计单位的施工图进度控制提供依据。

(2)使其他建设主体单位了解施工图出图计划,并据此策划己方工作。

(3)作为评判施工图管理计划与设备选型计划及现场施工计划是否匹配的主要依据之一。

2)主要内容

(1)对诸如结构孔洞预留、管线密集区空间分配等关键性提资予以策划。

(2)对地铁站后工程涉及的各类图纸按专业或站区进行分类。

(3)根据总体策划的指导原则,按专业分别对送审图出图时间予以策划。

（4）根据送审图出图时间对正式图出图时间予以策划。

（5）对施工图设计进度管控措施及协调程序进行明确。

3）注意事项

（1）站后工程图纸策划不仅仅关注施工图出图时间，考虑到设计单位在提资阶段的工作开展质量和及时性，对站后工程的实体施工有着巨大影响，图纸策划应关注提资阶段的进度管控与联络机制的完善。

（2）设计联络阶段是站后工程参与各方就设计参数、产品接口进行确认、对接的必要过程，也是后续产品定型、设计图出图的必要前提，因此，需在图纸策划中予以专项描述。产品设计联络一般为3次：第一次设计联络是确认产品功能、技术参数、接口等，讨论确定技术方案、澄清接口问题；第二次设计联络是考察供货商和进一步确认产品质量、功能、技术参数并审核供货商的技术规格书；第三次设计联络是确认供货商技术文件进一步澄清接口，确认产品试验、出厂验收、供货等事宜。每次设计联络持续时间约为1周，两次设计联络间隔一般以1个月为宜。设计联络的召开时间应充分考虑到后续产品生产到货周期，原则上应越早越好，最晚一次设计联络的进度控制指标应不晚于实体施工进场前的6个月。

（3）在出图顺序上，涉及设备材料定型和全线通用性安装要求的图册应优先出图。

（4）对于按站区成册的图纸，应考虑分批次出图：将部分站前完工率高的区段作为站后施工样板车站，并选取其中部分区段为设计样板，优先出送审图，以便各方及时协助设计单位完善图纸。

4）站后各系统图纸需求计划示例

站后各系统图纸需求计划示例见表24.2.3。

站后各系统图纸需求计划示例表　　表24.2.3

序号	项目名称	施工图送审时间
一、环控系统		
1.1	各站综合管线布置图	开工前3～4个月
1.2	各站通风空调专业施工图	开工前3～4个月
1.3	环控系统设备通用图（设备选型、订货、供货计划等）	开工前3～4个月
二、动力照明系统		
2.1	各站综合管线布置图	开工前3～4个月
2.2	各站及区间动力照明专业施工图	开工前3～4个月
三、给排水		
3.1	各站综合管线布置图	开工前3～4个月
3.2	各站及区间给排水及消防施工图	开工前3～4个月
四、通信系统		
4.1	通信系统总包（含传输、公务电话、专用电话、广播、时钟系统）	开工前6～8个月
五、信号系统		
5.1	正线信号系统施工图	开工前6～8个月
5.2	车辆段联锁设备	开工前6～8个月
六、自动售检票（AFC）		
6.1	AFC售检票系统（含安装）	开工前6～8个月

续上表

序号	项 目 名 称	施工图送审时间
七、监 控 系 统		
7.1	综合监控系统	开工前 6 ～ 8 个月
7.2	乘客资讯系统（含安装）	开工前 6 ～ 8 个月
7.3	综合安防系统	开工前 6 ～ 8 个月
八、屏蔽门系统		
8.1	屏蔽门施工图	开工前 6 ～ 8 个月
九、供 电 系 统		
9.1	主变电所施工图	开工前 6 ～ 8 个月
9.2	供电设备基础、预留孔洞及预埋件布置通用图	开工前 6 ～ 8 个月
9.3	变电所一次图（按变电所成册）	开工前 6 ～ 8 个月
9.4	变电所二次图（按变电所成册）	开工前 6 ～ 8 个月
十、接 触 网		
10.1	接触网施工图	开工前 6 ～ 8 个月
十一、装 饰 装 修		
11.1	公共区装修图	开工前 4 ～ 5 个月
11.2	车站设备区装修	关键设备房移交前 1 个月
备注	施工图送审与正式图出图时间间隔为 1 ～ 2 个月	

24.2.3 设备、材料供货策划

1）目的

（1）通过编制甲供设备到货计划向建设单位的甲供设备订货、采购等工作提出需求。

（2）通过编制乙购设备到货计划对各施工单位的物资采购、到货及相关过程控制进行约束。

（3）为施工单位沿线仓储或现场部署等工作的开展提供参考。

（4）为设备监理方、施工方、供货方等相关单位明确关于物资供应的管理接口。

2）主要内容

（1）对甲供设备提出设备分批次的设备到货需求计划。

（2）对乙购设备的产品定型、订货、分批次设备到货做出计划。

（3）对各类设备、材料的驻厂监造、出厂检验进行安排。

（4）对设备中转、设备仓储及到货检验相关事项做出规划。

（5）建立包含设备供货进度、设备质量管控等措施的设备质量管理体系。

3）注意事项

（1）站后工程的设备、材料一般采用以直运工地现场为主、仓储中转为辅的原则进行计划安排，即多数设备材料的生产供应进度与安装施工进度大致匹配。配量大、紧缺设备器材采用仓库中转方式，确保现场施工需求。在现场和仓储中心根据设备、材料的种类及储存要求对其进行分类存放，如设置室内堆放区、精密仪器库、线材堆放区、型材堆放区、危险品库等。

（2）不同的产品其生产周期各不相同，在编制策划时要充分考虑产品的供货周期，如桥架、线缆、管材、型材以及各类国内生产组装的一般产品生产周期应控制在3个月，变压器、大型柜组等复杂设备则需考虑6个月的生产到货周期，所有进口设备考虑到远洋运输及报关清关时间，也应将生产供货进度指标控制在6个月。

（3）根据现场的实际情况，分专业、分批次制订详细的供货计划，一般分3批次，第一批次为典型站、样板站的设备材料，第二批次到货应满足现场施工高峰期的需求，第三批次为个别条件复杂站区的所需设备材料。

（4）部分大型设备如风机、变压器、冷水机组等，进场时需预留设备运输通道，在策划中要求相关土建、装修单位与安装主体责任单位协商，共同确定运输路径及封闭时间。

（5）在本策划中应考虑到车站周边环境复杂等因素导致设备无法直落车站的情况，因此，需编制采用轨道运输进行二次转运的预案，并在预案中重点对轨行区、轨行车辆的调度使用和二次转运的装卸区域进行明确。

4）站后各系统主要设备材料进场时间示例

站后各系统主要设备材料进场时间示例见表24.2.4～表24.2.6。

轨道工程设备材料进场时间示例表 表24.2.4

序号	设备材料名称	订货时间	开始进场时间
1	钢筋	进场前2个月	铺轨基地建设完成后进场
2	混凝土	进场前2个月	整体道床开始施工时进场
3	钢轨	进场前6个月	铺轨基地建设完成后进场
4	扣配件	进场前6个月	铺轨基地建设完成后进场
5	鱼尾板	进场前6个月	铺轨基地建设完成后进场
6	道岔	进场前6个月	铺轨基地建设完成后进场
7	轨枕	进场前6个月	铺轨基地建设完成后进场
8	减振原件	进场前6个月	铺轨基地建设完成后进场
9	装配式轨道板	进场前6个月	铺轨基地建设完成后进场
10	道砟	进场前6个月	碎石道床开始施工时进场
11	车挡	进场前6个月	主体工程施工完成后进行
12	涂油器	进场前6个月	主体工程施工完成后进行
13	橡胶道口板	进场前6个月	主体工程施工完成后进行
14	嵌丝橡胶条	进场前6个月	主体工程施工完成后进行
15	标识牌	进场前2个月	主体工程施工完成后进行

常规设备安装及装饰装修工程主要设备材料进场时间示例表 表24.2.5

序号	设备系统名称	订货时间	开始进场时间
1	环控设备（各类安装于风管系统上的风阀）	进场前2～3个月	在通风空调专业进场后1个月内
2	环控设备（风机、冷水机组、空调水泵、空调风柜）	进场前3～4个月	在通风空调专业进场后2个月内
3	环控设备（组合风阀、消声器）	进场前3～4个月	在通风空调专业进场后3个月内
4	环控设备（冷却塔）	进场前3～4个月	在通风空调专业进场后4个月内
5	动力照明配电系统（桥架、线管）	进场前3～4个月	在动力照明配电专业进场后1个月内

续上表

序号	设备系统名称	订货时间	开始进场时间
6	动力照明配电系统(电线、电缆)	进场前2～3个月	在动力照明配电专业进场后2个月内
7	动力照明配电系统(低压配电柜、环控电控柜、配电箱)	进场前3～4个月	在动力照明配电专业进场后3个月内
8	动力照明配电系统(应急照明装置EPS、各类灯具等)	进场前2～3个月	在动力照明配电专业进场后4个月内
9	给排水及消防系统(各类管道及管道阀门)	进场前2～3个月	在给排水专业进场后1个月内
10	给排水及消防系统(室内消火栓箱、消防水泵、潜污泵)	进场前2～3个月	在给排水专业进场后3个月内
11	给排水及消防系统(灭火器、消防器材箱、密闭提升装置)	进场前2～3个月	在给排水专业进场后4个月内
12	公共区装修材料	进场后7个月	绝对工期按10个月考虑

系统设备安装工程主要设备材料进场时间示例表 表24.2.6

序号	设备系统名称	订货时间	开始进场时间
1	通信传输、交换设备(含时钟、广播)	进场前6个月	在首个通信设备机房具备装修移交条件时进场
2	无线通信设备	进场前6个月	在首个通信设备机房具备装修移交条件时进场
3	警用通信设备	进场前6个月	在首个警用通信设备机房具备装修移交条件时进场
4	正线信号综合系统设备	进场前6个月	在首个信号机械室具备装修移交条件时进场
5	车辆段计算机联锁设备	进场前6个月	在车辆段信号机械室具备装修移交条件时进场
6	综合监控设备	进场前6个月	在首个车控室或综合监控设备室具备装修移交条件时进场
7	综合安防设备	进场前6个月	在首个车控室或综合监控设备室具备装修移交条件时进场
8	高压变压器及组合电器	进场前6个月	在主变电所具备装修移交条件时进场
9	110kV二次设备	进场前6个月	在主变电所具备装修移交条件时进场
10	动力变压器、整流变压器	进场前6个月	在首个变电所具备装修移交条件时进场
11	35kV开关柜(含二次设备)	进场前6个月	在首个变电所具备装修移交条件时进场
12	变电所用电源屏(含交直流屏)	进场前6个月	在首个变电所具备装修移交条件时进场
13	1500V直流开关柜	进场前6个月	在首个变电所具备装修移交条件时进场

24.2.4 轨道工程策划

1)目的

(1)在地铁站后工程中,轨道工程通作为重要的里程碑节点之一,起承上启下的作用,是站后工程施工的“龙头”;轨道工程进场时间和完成时间的快慢,将直接影响到后序工作的开展,更是确保全线开通的关键所在。

(2)在轨道工程施工前,通过策划可判断土建施工进度,能起到工期预警作用,同时根据策划可知施工期间人员、材料、设备需求计划及对铺轨基地、轨行区移交时间需求,根据施工作业面划分、施工能力等可提前判断对水电接口的需求。

(3)合理的施工策划,可起到工期预警,合理划分施工作业面,合理配置人、机、料的配置等作用,是确保节点工期目标实现的根本。

2)主要内容

轨道工程施工周期主要分为三个阶段,分别为前期准备阶段、实体施工阶段及收尾阶段。

(1)前期阶段主要包括管理人员进场、项目部成立、施工调查、图纸审查、施工技术文件编制、设计联络、材料招标及生产、人材机准备及进场、铺轨基地建设等内容。

(2)实体施工阶段主要包括铺轨施工、道岔施工、无缝线路施工、附属工程施工等内容。

(3)收尾阶段主要包括缺陷整改、验收、竣工文件编制、总结、移交等内容。

策划内容主要包括管理人员配置,图纸需求计划,施工人员、材料、机械设备配置及进场计划,施工方案的选择,下料口位置预留,工期风险点分析,施工进度计划,轨行区移交需求计划,铺轨基地建设方案,管理目标,工期目标,质量目标,安全目标,创优规划等内容。

3)注意事项

(1)由于土建施工工期存在较多不确定因素,轨行区移交时间较多时候会存在滞后,施工策划时应重点考虑此因素。

(2)存在道岔的车站需尽量预留道岔下料口,以备工期滞后较多情况下,道岔进行散铺或从下料口进行正线轨道的散铺施工。

(3)材料生产是施工进度保障的重要环节,需提前进行策划,以保证材料进场不影响现场的施工。

(4)铺轨基地是轨道工程施工的根据地,铺轨基底的生产能力及合理性是轨道工程施工的重点,基地建设时需做好规划,要有适当的生产能力,以确保抢工期间增加作业面的可能性。

(5)轨行区移交是铺轨施工的前提,而轨行区移交质量的好坏直接影响后期铺轨质量及进度,所以需做好轨行区移交质量把控,不满足要求坚决不能进行轨行区移交。

(6)随着人们生活水平及质量的提高,对环保的要求越来越高,减振道床的应用将会越来越多,项目前期做好减振道床的施工策划是轨道工程的重难点。

24.2.5 装修策划

1)目的

有序组织装修工程队伍进场,合理安排装修工程组织架构和主要资源配置,明确装修工程主要节点目标及出图、供货计划,统一站后工程接口、地盘、质量等主要管理思路,保证各专业工序衔接合理、组织有序;确保地铁工程按期完工。

2)主要内容

装修策划的主要内容包含总体工期目标、关键里程碑目标、主要控制节点、出图计划、供货计划、施工部署、施工顺序及原则等。

3)注意事项

根据总工期及节点工期合理编制总工期策划,根据现场实际情况编制供货计划。

24.2.6 常规设备安装策划

1)目的

通过常规设备安装工程工期策划的编制,对工程施工组织模式和工期进行超前考虑,明确常规设备安装工程的关键里程碑工期目标和要求，分解各具体工程项目的进度计划安排和各项资源投入，协调安排常规设备安装工程各类接口关系，增强工程建设实施的合理性、合作性和预见性，确保工程施工顺利进行。

2）主要内容

常规设备安装工程包括环控、给水排水及水消防、低压配电及照明系统等专业。按全生命周期可分为三个阶段，包括前期准备阶段（设备招标、设计联络等）、实体施工阶段及调试阶段（单机、单系统调试等）。根据不同的发包模式，其策划内容各有不同，在施工阶段应重点突出以下几点：

（1）工程概况及制约工期的重点、难点。

（2）工程总工期目标及主要里程碑节点工期目标。

（3）施工任务划分及施工组织机构策划。

（4）工程施工组织及主要施工方案策划。

（5）工程进度策划及保证措施。

（6）主要设备及物资供应策划。

3）注意事项

（1）常规设备安装工程进度主要受场地移交进度制约，在制订策划前需充分了解土建工程工期进展情况，确保策划具有指导意义。

（2）设备供应进度对常规设备安装工程影响较大，特别是由建设单位招标采购的甲供设备，采购周期较长，需提前进行专项策划，分批供应，确保按期供货。

（3）地铁工程站后施工阶段现场管理及文明施工质量很大程度上取决于地盘管理水平，因此在策划阶段，应提前对车站地盘管理单位、工作内容等进行明确，提前筹划。

（4）常规设备安装工程施工场地狭窄，工程接口多，起着“承前启后”的作用，协调管理复杂，在策划阶段应格外重视。

24.2.7 系统设备安装策划

1）目的

（1）对站后工程系统设备安装工程的实施方案及资源配置进行综合规划，对系统设备安装工程施工单位的进度分解与控制和配套投入进行指导与约束。

（2）为站后工程系统设备安装工程的供货单位和集成服务单位履行其供货与服务责任提供依据。

（3）向土建、轨道、装修等前道工序专业的实施单位提出进度、环境及接口要求。

（4）为后续的联合调试主体责任机构编制相关调试策划，制订调试计划提供参考。

2）主要内容

系统设备安装工程涵盖供电系统、接触网系统、通信系统、信号系统、综合监控系统等专业。按进度周期可分为三个阶段，包括前期准备阶段（设计联络、产品生产等）、实体施工阶段（基础结构安装、线路敷设、设备安装及配线等）及调试阶段（单机、单系统调试等）。策划内容包括组织机构建立、进度计划编排、重点技术方案、施工接口的协调、资源投入计划等。其中，专业化特点较为突出的内容有以下几个方面：

（1）施工生产的组织要点

系统设备安装工程作为地铁建设项目的收尾工程，有着时间紧张、工作量大等特点，但为确保现场生产有序，在不同区域不同阶段，各系统间的投入应有不同侧重点。其中区间以供电系统电通为界，在电通之前应以确保环网系统贯通为优先，主要人力机械资源应向其倾斜，电通之后则应以确保接触网网通为优先，其余专业穿插施工；车站部分以400V低压系统带电为界，400V带电前，应以变电所内施工及通信信号线缆径路施工为主，在400V带电后，应以确保通信信号功能尽早实现，尤其是传输骨干网功能尽早实现为优先，主要人力机械资源向此倾斜。

（2）组织机构的建立

系统设备安装工程的施工生产组织有两种常见组织形式，一为按系统设置专业作业队，各作业队分别负责沿线各站的本专业施工；一为按区域设置综合作业队，各作业队分别负责本区域内各专业的施工工作。

对于施工区域跨度大、覆盖站点多的项目，建议采用按系统设置专业作业队的施工生产组织模式，以求尽可能减少接口。对于线路较短、覆盖站点较少的项目，则可考虑按区域设置综合作业队的形式组织生产，以求将人员、设施工效最大化。

（3）专用仪器及机械投入

系统设备安装工程由于其专业的特殊性，在过程中需使用大量且多种专用仪器仪表，考虑到其作为线路收尾专业，其承受的工期积累压力往往较大，客观上需采用机械化联合作业的方式提升工效，因此，在编制专项策划时，需对专用仪器仪表和专业机械的投入进行事先规划，必要时应考虑余量，以满足现场施工的需要。

（4）设备材料仓储

针对系统设备安装工程点多、线长的实际特点，在设备仓储规划上，除通行做法外，应考虑以“沿线建立多个中转料库”的模式为优先，尽可能减少物资转运在途时长。

（5）专业性测试方案的编制

安装完成后的功能性测试是系统设备安装工程所辖各专业的必备环节，也是后续联调联试工作的基础与前提，供电系统送电前的系列检测，限界检测与冷热滑等都是针对性较强，且对实施方组织能力要求较高的试验项目。在进行系统设备安装专项策划编制时，需对上述内容制订针对性方案，并充分考虑上述测试试验在关键线路上的占用时长。

3）注意事项

（1）系统设备安装专业具有涉及面广、接口复杂、可选方案多等特点，不同系统、不同设备间的接口管理是一项既涉及物理硬件对接又涉及软件协议匹配的系统性工作。为保证接口关系准确，需确保各参建方有充分的时间进行设计联络、设计深化和系统优化等前期工作。因此，系统安装工程需自土建工程开工建设期间就对准备工作进行策划，以避免因设计深度不足、系统匹配性差等问题影响项目整体进度。

（2）由于系统设备普遍精密，对安装环境要求高，系统设备机房装修基本完成是系统设备安装工程核心机柜进场的重要前提。因此，在本策划中应重点描述变电所、车控室、信号机械室、通信设备室等关键机房具备设备进场条件的需求时间，原则上变电所（变压器室、开关柜室、高压控制室）等强电设备机房应先具备设备进场条件，其他弱电设备机房具备设备进场条件的时间一般可晚于强电设备机房30~45d。系统核心设备进场条件简表见表24.2.7。

系统核心设备进场条件简表

表 24.2.7

名　称	条　　件
供电设备房(变电所、变压器室、跟随所)	供电设备房结构无渗漏水。供电设备房天、地、墙装修施工完成（尤其应注意严格控制地面装修完成面与供电设备预埋底座高差，不得超限）
	如设置运输设备用可后砌墙，可在设备运输全部完成后，再进行墙面装修收口施工。供电设备房门窗安装完成，锁具齐备
	供电设备房应有临时照明，并具备临时动力电源接入条件
	供电设备房内风、水、电等常规设备安装工程施工完毕，相关孔洞封堵完成
	供电设备房及相应电缆夹层内清洁，无积水、污物及其他施工废弃物
	供电设备房检修人孔的爬梯、盖板安装完成
	区间变电所应与邻近车站变电所同期实现设备房移交
通号及其他设备房	通号及其他设备房结构无渗漏水
	通号及其他设备房天、地、墙装修施工完成、设备基础框架安装完成（尤其地板及龙骨强度应达到设备在房间内二次搬运的要求，但需注意静电地板施工顺序，其应在设备基础框架及地槽施工完成后再进行安装）
	装饰材料商的开孔由系统设备安装单位配合，装修施工单位实施
	通号及其他设备房门窗安装完成，锁具齐备
	通号及其他设备房应有临时照明，并具备临时动力电源接入条件
	通号及其他设备房内风、水、电等常规设备安装工程施工完毕，相关孔洞封堵完成。通号及其他设备房内接地箱安装到位，接地端子数量、性能指标符合设计要求，配电盘施工完毕
	通号及其他设备房内清洁，无积水、污物及其他施工废弃物

（3）限界检测、冷热滑试验是系统设备安装工程内重要的检测试验项目，其开展的前提是区间各类施工工作已经全部完成，否则将直接影响上述检测试验的有效性，在策划编制过程中，各参建单位需以此前提为红线，避免上述检测试验完成后区间施工还未收尾。限界检测及冷滑条件见表 24.2.8。

限界检测及冷滑条件

表 24.2.8

限界检测及冷滑条件
①全线轨道铺设完毕且达到稳定状态
②全线道岔由工务定闭直股，由车务加钩锁器，由电务加信号锁
③全线接触网系统设备安装调整完成
④全线接触网系统不得带电
⑤区间、站区内所有已敷设的管线线缆充分固定，且不侵限
⑥区间、站区内所有已安装的设备、箱盒充分固定，门锁锁牢且不侵限
⑦区间、站区内所有建构筑物，皆不得侵限
⑧区间、站区内所有未完成施工的半成品，必须采取固定措施，确保牢靠且不侵限
⑨所有区间、站区完成卫生打扫，确保无垃圾、无杂物
⑩所有 OTE 风道、风亭、竖井等必须清扫干净，避免坠物
⑪所有区间、站区需封闭，各站台端门及其他出入口必须配备保安，严禁无关人员进入轨行区
⑫在进行限界检查及冷滑前需向所有有关单位提前通知，并在各站、区明显位置张贴通告
⑬待限界检查、冷滑试验通过后，进行热滑试验

(4)设备区走廊、站台层楼梯两侧、设备房夹层是常见的系统管线密集区，在编制策划及实施方案时，系统设备安装工程施工方应与相关装修、常规设备安装单位充分沟通，利用 BIM 等技术明确管线、设备空间排布和交叉施工时序，并本着“小让大、软让硬、弱电让强电、有压让无压”的原则进行深度优化并组织生产。

24.2.8 综合联调策划

综合联调的主责方为设备集成商，由设备集成商编制综合联调的调试大纲，其内容详见第 29 章“调试管理”。

第25章 工程质量管理

25.1 站后工程质量管理体系

建立并完善质量管理体系是保证工程质量的重要手段。在地铁站后工程建设过程中，建设单位强调施工单位、设计单位和设备材料供应商等应加强对工程质量的“自控”，监理单位对工程全过程进行监督和检查，形成纵向到底、横向到边的质量管理网络，使管理网络层层到底、层层落实。

25.1.1 质量管理体系内容

按照《质量管理体系 要求》(GB/T 19001—2016)的相关要求开展质量管理体系策划，形成质量管理计划，质量管理计划的主要内容有：

(1)工程质量目标、质量指标和质量要求。

(2)工程质量管理组织与职责。

(3)工程质量保证与协调程序。

(4)工程质量执行的标准、规范和规程。

(5)实施工程质量目标和质量要求应采取的措施等。

25.1.2 质量管理体系的运行

工程质量管理应贯穿项目管理的全过程，坚持“计划、实施、检查、处理”(PDCA)循环工作方法，持续改进过程的质量控制。工程质量管理遵循下列程序：

(1)明确工程质量目标。

(2)编制工程质量计划。

(3)实施工程质量计划。

(4)监督检查工程质量计划的执行情况。

(5)收集、分析、反馈质量信息并制订预防和改进措施。

25.2 站后工程施工质量控制

25.2.1 施工质量控制系统

施工是形成工程项目实体的过程，也是决定最终产品质量的关键阶段，为保证项目工程质量，应建立保证工程质量过程控制系统，如图 25.2.1 所示。

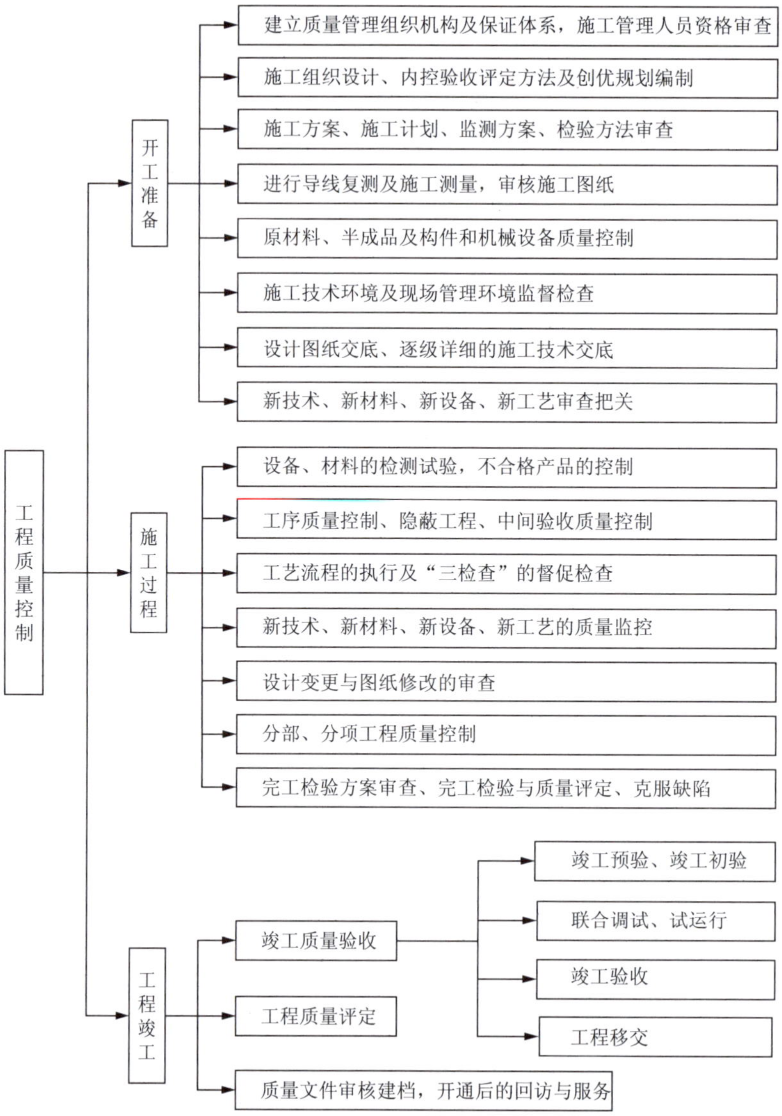

图 25.2.1　工程质量过程控制系统图

25.2.2　施工前期质量控制

（1）对勘察设计、监理、施工、设备材料供应商等单位的选择应公开招标，选择有良好资质和工程业绩的单位参与工程的建设。各参建单位应配备与工程规模、技术难度相适应的各级管理人员，建立完善的组织机构和管理体系，并落实各项质量保证措施和必备的设备、材料和工具。

（2）工程正式开工前，应对施工单位、监理单位等进行工程质量、档案资料等管理制度的交底，明确各项管理责任及要求，并检查和督促各参建单位在工程实施过程中始终予以贯彻和落实。

（3）工程开工前，对各参建单位的质量管理和保证体系的建立和落实情况进行检查，特别是各主要负责人（如总监理工程师、施工单位的项目经理）的到位情况。

（4）工程开工前，检查施工单位、监理工程师等对各项质量保证方案和措施的落实情况，特别是对关键工序、重要部位等，应明确必要的控制手段、方法和准则。监理工程师对施工技术方案的评审，应从质量、安全和环境等方面进行综合考虑。

(5)工程开工前，应落实各项交底制度，如监理规划、监理细则的交底，勘察设计交底、技术交底等。其中，勘察交底是确保工程质量和安全的关键因素之一，因此，必须引起各方面的高度重视。

(6)对原材料、半成品等应按照相关要求加强管理，严格执行准用证制度，并对进场材料执行“见证取样”制度和监理的平行检测制度。

(7)施工单位的资质等级必须与承担项目的工程规模和性质相适应。监测和试验、检验单位应经过严格的资质审查。

(8)施工单位所使用的计量、测量等设备，应按规范和规定进行检验，并具备有效的检验/鉴定证书。

25.2.3 施工阶段质量控制

(1)建设单位代表在工程进行过程中，应严格检查各参建单位质量保证体系的运行情况。特别是检查施工单位“自检”和监理工程师“过程监控”的情况。

(2)建立各项质量检验制度，包括定期检查、专项检查、季节性检查和巡回检查等。重点检查规范和技术标准的落实情况、工程的内业档案与工程的同步情况等。

(3)对工程实施过程中出现的质量事故，严格按照“四不放过”的原则进行处理。

(4)按照工程备案制的要求加强过程节点控制和竣工验收工作。

25.2.4 样板工程(工序)管理

为统一工程质量标准，克服工序质量通病，通过样板引路、以点带面、全面创优的管理手段，确保工程建设满足设计及使用要求。

1)样板工程(工序)划分和范围

站后样板工程(工序)分为样板工序、样板段(样板设备房)和单位样板工程，具体样本工程工序见表25.2.1。

样板工程工序表　　表25.2.1

序号	样板工序内容	基本条件
一、现场布置		
1	标识、防护、照明、围挡、场地布置等	
二、预留预埋		
1	屏蔽门预埋件的预埋	6个
三、常规设备安装工程		
1	大型设备基础制作	1～2个
2	风管制作及安装	30～40m
3	风管保温	30～40m
4	冷冻机房设备及管道安装	3台/20～30m
5	车站水消防给水、空调水管道安装	各30～40m
6	区间水消防管道安装	30～40m
7	电缆桥架安装	30～40m
8	电缆敷设	1组
9	配电箱(柜)内接线	2台

续上表

序号	样板工序内容	基本条件
10	重要设备安装	各1台
11	孔洞封堵及穿墙风管封堵	各2处
四、装修工程		
1	墙体砌筑工程	2个开间
2	墙体抹灰工程	$50m^2$
3	防火门窗工程	2樘
4	水泥混凝土地面	1间
5	防静电地板施工	1间
6	地板砖地面	1间
7	屏蔽门绝缘带施工	1个车站的1侧站台
8	吊顶工程	8m×8m
9	石材地面	8m×8m
10	公共区墙柱面装饰	1个柱
11	大型设备基础	1～2个
12	排水沟	10m
13	楼板孔洞的围堰	1～2个
14	卫生洁具安装	1套
15	防护栏杆制安	1个电梯口
五、系统安装工程		
1	区间支架安装	约50m
2	架空线槽安装	约50m
3	镀锌钢管安装	约50m
4	区间光电缆敷设	1组
5	光缆接续	3处
6	机柜底座安装	2个
7	机柜安装	2台
8	柔性接触网支柱安装及整正	5根
9	柔性接触网线条架设	1锚段
10	刚性接触网汇流排安装	1锚段
11	变压器安装	2台
12	开关柜安装	1组
13	环网电缆敷设	1组
14	通信配线架配线成端	1架
15	通信漏缆敷设	1根
16	转辙机安装	2台
17	信号机安装	2架
18	轨旁无线信号设备安装	1套
19	IBP盘安装	1台
20	火灾自动报警系统设备安装	1台
21	BAS模块箱安装	1台
22	气体灭火管网安装	50m
23	气瓶间设备安装	1间

续上表

序号	样板工序内容	基本条件
六、轨道工程		
1	整体道床	100m
2	长轨焊接	200m
3	区间排水	100m

2)样板工程(工序)实施

正式施工前,对整个工程范围内的每道工序进行梳理,合理的策划,明确样板工序实施的责任分工、确定样板工序的内容、掌握每道工序的施工要点及质量标准、制定样板工序的实施进度计划等工作,确保整个过程有序进行。

每道工序开始前,要编制工序作业指导书及作业要点卡,并以书面结合口头交底的形式将工序的施工工艺、方法及质量控制点传递落实到现场操作工人中,使工人熟知施工质量通病并注意规避。并在施工过程中,指派专职质量员随施工随检查并拍摄过程控制中的相关影像资料。

样板工序施工完成后,施工单位需进行自检,自检合格后,申报监理工程师进行验收,监理工程师验收合格方能申请建设单位样板验收管理小组进行验收,建设单位接到验收申请后,组织各部门及运营管理部门到现场对样板工序进行检查验收。

样板工序验收合格并签署样板确认书以后,施工单位再按照样板工序的标准进行推广实施,过程中建设单位参照样板工序的质量标准进行检查、抽查,督促将样板工序实施做到常态化。具体流程如图 25.2.2 所示。

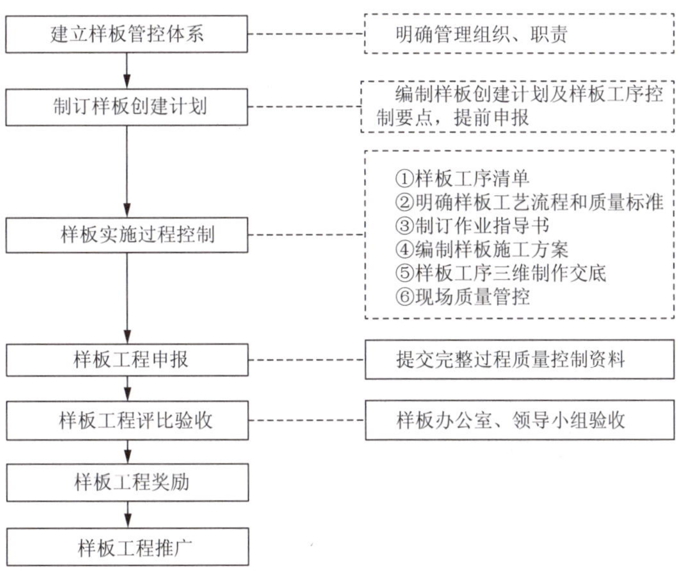

图 25.2.2 样板工程实施基本流程图

25.3 施工质量控制流程

以施工前条件验收、隐蔽工程验收、工序质量、分项工程质量、分部工程质量和单位工程质量等几方面为重点,对产品形成过程进行控制,以工作质量保工程质量。

25.3.1 施工前条件验收控制流程

施工前条件验收控制流程如图 25.3.1 所示。

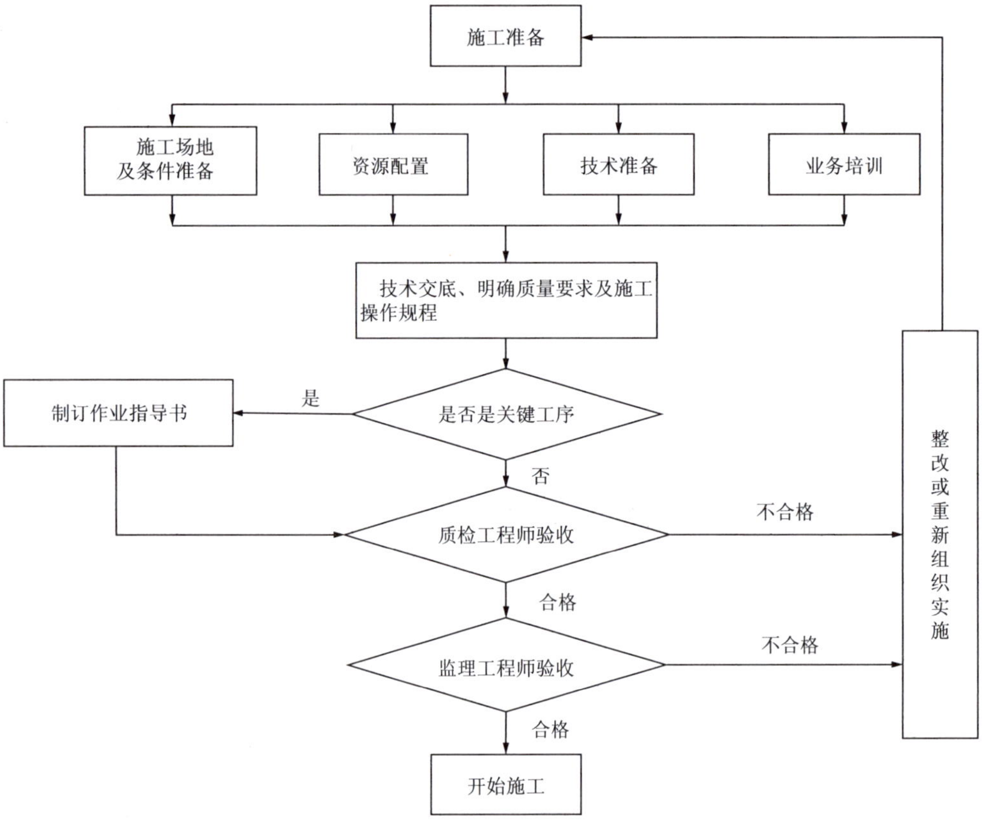

图 25.3.1　施工前条件验收控制流程图

25.3.2 隐蔽工程验收控制流程

隐蔽工程验收控制流程如图 25.3.2 所示。

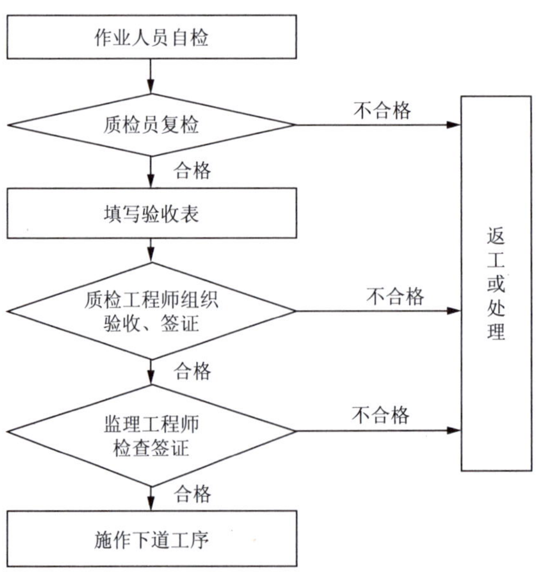

图 25.3.2　隐蔽工程验收控制流程图

25.3.3 工序质量控制流程

工序质量控制流程如图 25.3.3 所示。

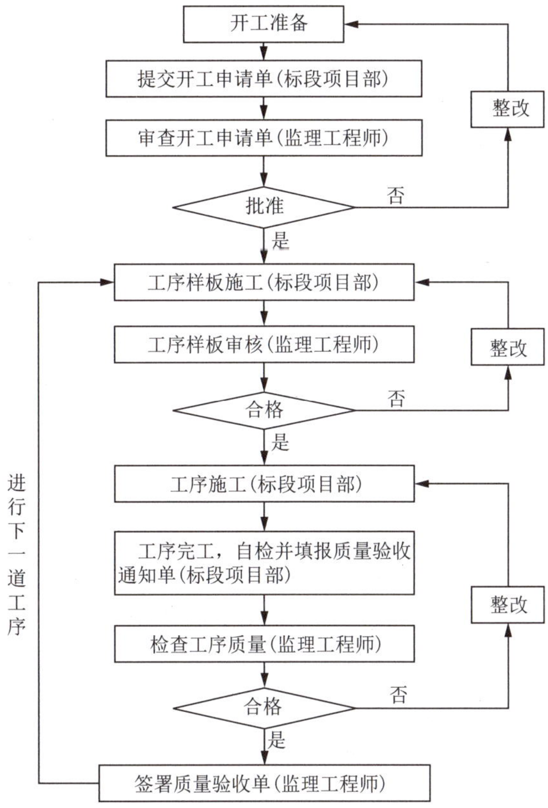

图 25.3.3　工序质量控制流程图

25.3.4 分项工程质量控制流程

分项工程质量控制流程如图 25.3.4 所示。

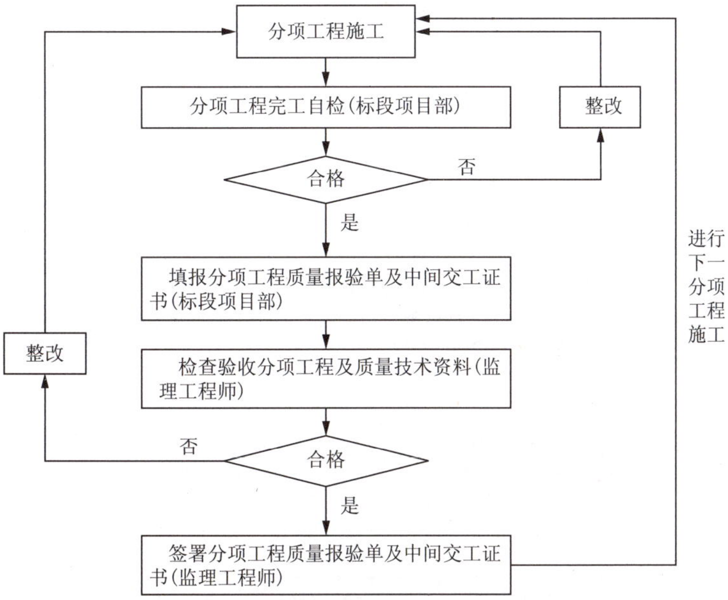

图 25.3.4　分项工程质量控制流程图

25.3.5 分部工程质量控制流程

分部工程质量控制流程如图 25.3.5 所示。

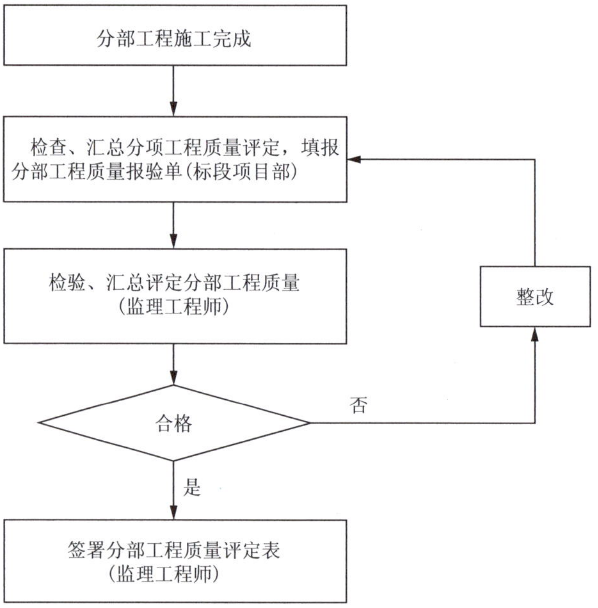

图 25.3.5　分部工程质量控制流程图

25.3.6 单位工程质量控制流程

单位工程质量控制流程如图 25.3.6 所示。

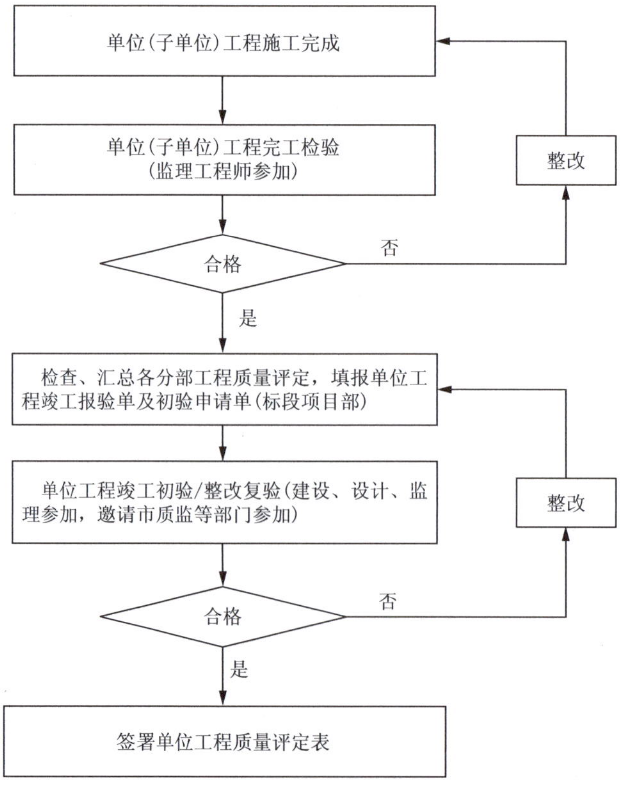

图 25.3.6　单位工程质量控制流程图

25.4 站后工程关键工序质量控制

25.4.1 轨道工程关键工序质量控制

轨道工程关键工序质量控制见表 25.4.1。

轨道工程关键工序质量控制表　　表 25.4.1

序号	专业名称	常见施工质量通病	防 控 措 施
1	轨道工程	道床裂纹	(1)施工过程中确保枕木周围钢筋的保护层厚度； (2)加强混凝土振捣，振捣棒要快插慢拔，避免过振、漏振，导致混凝土不密实引起较大的体积变化； (3)混凝土浇筑完成后，加强多次抹面收光，排除泌水、水分和气泡； (4)混凝土浇筑完成后，及时解除螺栓调节器及轨道扣件对工具轨的约束，避免比热容相对较小的混凝土在轨枕周围出现裂缝； (5)混凝土浇筑过程及抹面过程中，避免多人同时在轨道上作业，防止施工荷载对混凝土的破坏； (6)混凝土浇筑完成收光抹面后，及时覆盖土工布，达到强度要求后及时洒水养护
2	轨道工程	轨枕偏斜，导致轨距块离缝	(1)轨排拼装过程中严格控制轨枕间距，特别是曲线地段，曲线内股轨枕间距较外股有一定的缩短量，应作为重点盯控项目； (2)轨排拼装完成后检查调整轨枕位置，轨枕位置偏差应偏差小于 5mm； (3)运输过程中轨排下安放转向架，以确保轨排经过小曲线及道岔地段不发生变形； (4)轨排铺设后使用方尺再次检查调整轨枕，确保轨枕垂直于钢轨，如有不垂直必须进行方正枕木
3	轨道工程	道床表面粗糙	(1)道床施工过程中加强振捣； (2)加强抹面，做到道床表面光洁； (3)加强道床养护，养护期间一直保持混凝土表面湿润
4	轨道工程	排水沟积水	(1)调线调坡时重点考虑排水问题，确保道床最低点在泵房处，轨道施工单位在施工前认真审查图纸，如排水方向及泵房未处于线路最低点，及时向设计单位反映，将排水问题消灭在设计阶段； (2)水沟施工前对区间排水方向、水沟底部高程、施工工艺进行技术交底，施工过程中采用高程控制工装，严格控制水沟底部高程
5	轨道工程	焊缝灰斑	(1)在预热阶段调节好温度场； (2)烧化阶段确保参数匹配； (3)加强焊前除锈； (4)焊接完成后及时安排专业人员进行探伤检查，如有不合格及时进行处理
6	轨道工程	道岔尖轨不密贴	(1)尖轨在装车应放平，垫木按要求放竖，防止材料堆压，在运输过程中防止变形； (2)道岔支撑块铺设密切，放平不歪斜
7	轨道工程	道床隆起	(1)设计上加厚仰拱及仰拱填充层厚度； (2)仰拱增设锚杆； (3)初期支护背后注浆，有流水时不得进行二次初砌作业； (4)道床与底板间增设螺栓连接； (5)严格执行初验程序和轨行区移交质量标准

续上表

序号	专业名称	常见施工质量通病	防控措施
8	轨道工程	缓冲轨轨缝不符合设计要求	(1)施工前进行配轨并编号; (2)施工过程中严格控制轨缝大小; (3)无缝线路施工过程中注意控制长轨与缓冲轨的轨缝,多数缓冲轨轨缝不符合要求是在无缝线路施工过程中合拢时没有控制好轨缝造成的
9	轨道工程	浮置筒进入轨底	(1)为防止浇筑浮置板混凝土时外套筒移动和浮起,可以把外套筒的吊耳和浮置板道床的上部结构钢筋连接在一起; (2)浮置板施工前根据调线调坡及测量资料,可计算浮置筒是否与隧道壁冲突,如有冲突及时联系设计单位,将此问题在设计阶段解决
10	轨道工程	轨底坡误差大	(1)设计过程中可采用桁架式双块式轨枕,该轨枕可有效保证轨底坡; (2)施工过程中加强控制,支撑架承轨台处设置和轨底坡坡度相同的楔形垫块,施工过程中保证轨底板和该垫块密贴,即可保证轨底坡; (3)混凝土浇筑前采用轨底坡测量仪逐根轨枕处进行检查,如有不符合要求立即进行整改,未整改完成不能进行混凝土浇筑; (4)混凝土浇筑过程中振动棒不能碰触钢轨及轨枕,以防止造成轨底坡变化
11	轨道工程	道床水沟与底板剥离及翻浆冒泥	(1)施工过程中加强基底凿毛质量控制,基底凿毛建议采用小型设备; (2)道床施工前用高压水枪对基底进行冲洗; (3)设计时可考虑道床与底板间增设螺栓连接; (4)推广道床与水沟同步施工工艺,减少施工缝; (5)道床施工时加强混凝土振捣,以避免出现混凝土不密实的情况; (6)道床强度达到70%以后才允许轨道车上线
12	轨道工程	钢轨接头上拱	(1)钢轨焊接过程中加强质量控制; (2)焊接完成后及时进行检查,如有不合格及时进行处理
13	轨道工程	轨枕外露过多	(1)混凝土浇筑过程中采用高程控制工装来控制道床顶面高程; (2)混凝土浇筑过程中加强盯控,如有道床面过低的现象及时补充混凝土
14	轨道工程	开槽过轨宽度和深度不符合要求	(1)施工前认真审查图纸; (2)施工时采用特制模板来预留开槽过轨横沟; (3)施工完成后及时进行检查,如有不符合要求,及时进行处理
15	轨道工程	尖轨拱腰	(1)施工过程中加强尖轨断面线性控制,掌控平面位置及几何尺寸,精确测量; (2)施工中控制轨枕安装质量,保证支撑架高程并符合要求
16	轨道工程	滑床板空吊	(1)设计时可考虑采用长岔枕,可有效避免该质量缺陷; (2)施工过程中采用专用工装将滑床板吊起,以便于控制滑床板顶面高程; (3)混凝土浇筑过程中严禁过度振捣,造成滑床板上拱
17	轨道工程	浮置筒及观察孔高出道床面	(1)严格控制基底施工质量,基底如有高于设计高程的情况,必须进行打磨处理; (2)基底施工过程过程中按照负误差进行控制; (3)道床混凝土浇筑过程中严格控制道床面高程
18	轨道工程	轨底净空不足	道床施工过程中严格控制道床面高程
19	轨道工程	接头鱼尾螺栓孔偏移	(1)加强人员培训,提高钻眼施工人员的施工水平; (2)每次钻眼之前检查钻眼机有无变形,如有变形不能用来进行钻眼
20	轨道工程	转辙机坑积水	(1)设计过程中需严格执行基坑底部高于排水沟底部的设计原则; (2)道床施工前,必须确保基底无渗漏; (3)施工过程中严格按照排水图施工,需特别注意基底不能与水沟连通

25.4.2 常规设备安装及装饰装修工程关键工序质量控制

常规设备安装及装饰装修工程关键工序质量控制见表 25.4.2、表 25.4.3。

常规设备安装工程关键工序质量控制　　表 25.4.2

序号	专业名称	常见施工质量通病	防　控　措　施
1	通风空调	风管安装不平直	(1)支、吊架按设计或规范要求的间距应等距离排列，吊杆或支架的高程调整后应保持一致； (2)更换法兰使其对角线相等，保证风管表面平整度； (3)法兰互换性差，可对螺栓孔进行扩孔处理，一般可扩大 1 ～ 2mm，如误差过大，则另行钻孔。铆钉、螺栓间距应均等，间距不得超过 150mm
2	通风空调	穿越楼板的风管无防水和稳固措施	(1)孔洞要设置围堰并封堵严密； (2)穿越楼板处用支架固定
3	通风空调	柔性短管安装不当	(1)柔性短管的长度不宜过长，一般为 150 ～ 250mm； (2)柔性短管接合缝应牢固可靠； (3)安装的松紧适当，在安装过程中，不能将柔性短管作为找正的连接管或导管来使用
4	通风空调	钢板风管漆面卷皮、脱落	(1)钢板制作的风管在涂刷防锈前，必须对表面的油污、铁锈、氧化皮层进行清除； (2)涂漆应连续无针孔、无漏涂、露底等现象，油漆稠度适当； (3)在涂刷二道防锈漆底漆时，第一道防锈漆必须彻底干燥，否则会产生漆层脱落； (4)涂漆的环境温度不能过低，或相对湿度过高
5	通风空调	风管保温性能不良	(1)保温材料厚度应按设计施工，严格掌握材料厚度，铺设均匀，防止垂直面保温散材下坠； (2)保证风管制作外面平整，防止交叉施工中受到踩踏； (3)保温钉数量符合要求，保温钉穿过保温板保证保温板与风管接触紧密； (4)保证保温钉与风管黏结牢固可靠
6	通风空调	风管保温外形不美观	(1)保温钉黏结均匀，避免钉设在对缝上，黏钉应按梅花形黏结，距离保温材料边缘 50mm 左右为宜； (2)保温钉黏结不牢，会造成保温材料局部下沉，致使外形不美观； (3)用铅箔玻璃丝布作防潮和保护层时，必须用力均匀拉紧后再黏结胶带，将纵横缝炽接牢固，防止用力不匀，产生松紧不一而下垂，黏结胶带脱落现象
7	通风空调	法兰互换性差	(1)圆形法兰胎具直径偏差不得大于 0.5mm； (2)矩形法兰胎具四边的垂直度、四边收缩量应相等，对角线偏差不得大于 1mm； (3)法兰口缝焊接应先点焊，后满焊法兰螺栓孔分孔后，将样板按孔的位置依次旋转一周； (4)法兰螺栓孔分孔后，将样板按孔的位置依次旋转一周
8	通风空调	防火阀动作不灵活	(1)按气流方向，正确安装； (2)按设计要求对易熔片做熔断试验，在使用过程中应定期更换； (3)调整阀体轴孔同心度
9	通风空调	风管系统漏风	(1)风管咬口缝应涂密封胶，不得有横向拼接缝； (2)应采用密封性能好的胶垫作法兰垫； (3)净化系统风管制作应采取洁净保护措施，风管内零件均应镀锌处理； (4)调节阀轴孔加装密封圈及密封盖
10	给排水及水消防	管道支架固定方法不当，安装不牢	(1)固定支架必须按设计规定的位置安装，固定支架应在伸缩器预拉伸前固定； (2)滑动和导向支架不得妨碍管道热膨胀产生的移动，安装位置应从支承面中心向位移反向偏移，其偏移值为位移值的一半，保温层不得妨碍热位移； (3)管道试用后，发现支架安装不符合规定或松动，应修整加固或重新安装
11	给排水及水消防	预留孔洞位置不准确	(1)在审核图纸时，发现问题，及时准确地做出修改和补充； (2)专业人员按设计图纸标好孔洞的部位，在浇筑混凝土过程中应有专人监督，以免移位

续上表

序号	专业名称	常见施工质量通病	防 控 措 施
12	给排水及水消防	卫生间楼面渗水、漏水	(1)蓄水试验,观察有无漏水现象,如有,重新做好防水处理; (2)用找平层做好卫生间坡度,符合设计要求; (3)卫生间孔洞封堵严密不渗不漏,设备安装不损坏,做好成品保护
13	给排水及水消防	管道渗水、漏水	(1)排水管道、卫生器具与排水管道承插口的打口必须密实; (2)管道穿过楼板应设置金属或塑料套管,卫生间套管顶部应高出地板饰面50mm,套管与管道间的间隙应用沥青油膏填实,其表面应光滑; (3)在结构有沉降缝处设置金属软接
14	给排水及水消防	阀门安装不符合要求	(1)止回阀、减压阀等均有方向性,阀体箭头所示方向与介质流向一致; (2)在走道上和靠墙、靠设备安装的阀门,不得碰头、踢脚或妨碍搬运工作,安装时阀门手轮要朝上或侧向安装,手轮不得朝下; (3)立管上阀门安装高度,当设计未明确时,可安装成阀门中心与胸口齐平,距地面1.2m为宜
15	给排水及水消防	消火栓安装不符合规定,影响启闭使用	(1)室内消火栓应按国家标准图集施工,消火栓箱规格、尺寸必须满足消火栓安装要求,栓口应朝外(双栓口可朝下),不得倾斜安装; (2)安装乙型单栓消火栓时,需保证阀门中心距地面1.10m±0.02m,距箱侧面140mm,距箱后内表面100mm±5mm
16	给排水及水消防	水泵振动,影响正常运行	(1)安装吸水管时,应大于或等于5‰的坡度坡向水泵吸水侧,并用偏心渐缩管与之连接,紧固地脚螺栓或增设减振器; (2)调整泵和电机轴线,使其同心或更换轴承; (3)更换不平衡叶轮,增设支架(撑),固定出水管,或增设橡胶软接头
17	动力照明系统	电缆桥架、支架以及电线保护管的支吊架不符合要求	(1)所有非镀锌制品的支、吊架,必须先预制、打孔、防腐完毕后方可安装; (2)支、吊架安装前必须拉线,保证支、吊架的水平、垂直; (3)应用机械切割和钻孔,必须使用气割下料和开孔,气割后必须磨去所有氧化物,并做防腐保护
18	动力照明系统	管线穿越设备基础且预埋深度不够	避开设备基础位置敷设电管
19	动力照明系统	电管丝扣连接不符合要求	(1)按要求控制套丝长度,电管连接后,两侧的丝牙应外露2～3牙; (2)检查管口内侧无毛刺后再与束节连接,若毛刺未去尽,应用圆锉在其内侧再镗锉一遍,直至去尽毛刺; (3)丝接处两端用6mm铜线做接地跨接,丝接处外露丝牙及接地跨接的焊接部位,必须先刷防锈漆再刷面漆,以防锈蚀
20	动力照明系统	托盘、桥架安装工程质量通病	(1)按规范制作电缆桥架垂直弯和水平弯; (2)安装桥架、线槽托架应放线施工,确保横平竖直,固定安装牢固; (3)桥架应用多股编织铜线压接线耳做接地跨接,接触处应将油漆清除干净
21	动力照明系统	金属软管敷设不符合规范要求	禁止软管有接头,且不应退绞、松散;穿强电导线的金属软管均应采用包箍形式进行可靠的接地跨接,不得用软管作接地体,必须另敷设接地导线;外露、顺墙敷设的金属软管应用管卡进行固定,固定间距不大于1m,管卡与终端、弯头中点的距离宜为300mm,且不允许固定在设备上;软管长度不宜超过2m,不允许用金属软管取代电管敷设
22	动力照明系统	电缆敷设不符合规范要求	(1)电缆通道应经常整理清扫,保持畅通; (2)三相四线制系统必须使用四芯电缆,不得使用三芯电缆加一根单芯电缆或以导线、电缆金属护套作中性线; (3)电缆各支持点间的距离按规范设置; (4)电缆最小弯曲半径按表规范进行施工; (5)桥(梯)架上的电缆应排列整齐,不宜交叉,不应挤压,按要求将电缆加以固定; (6)敷设电缆应及时装设标志牌,标志牌的装设应符合要求

续上表

序号	专业名称	常见施工质量通病	防 控 措 施
23	动力照明系统	配电柜（盘）安装不符合规范要求	安装前检验柜（盘）的几何尺寸并进行适当调整，认真拼装，使垂直度偏差不超过1.5mm/m，柜（盘）面平整度成盘排面不超过5mm，柜（盘）面接缝不超过2mm
24	动力照明系统	灯具安装质量差，固定不牢固	（1）悬吊灯具的支吊物应与吊灯质量相配，质量超过3kg时，应预埋吊钩或螺栓；成排吊灯在安装好后应拉线调整吊灯高度； （2）成排灯具安装前应先拉线定位，避开吊顶龙骨，中心偏差不大于5mm； （3）灯具应固定在专设的框架上，开孔不能过大，固定灯罩的边框边缘应紧贴在顶棚上
25	动力照明系统	电气设备接地不符合要求	电气设备上的接地线，应用镀锌螺栓连接，并应加平垫片和弹簧垫；软铜线接地时应做接线耳连接。每个设备接地应以单独的接地线与接地干线相连接

装修工程关键工序质量控制表 表25.4.3

序号	专业名称	常见施工质量通病	防 控 措 施	备注
1	装修	砖砌体墙面300mm以上宽的洞口未设置过梁	风管预留洞、门洞、风阀预留洞等，超过300mm宽的洞口要求设置过梁	
2	装修	屏蔽门上方，装修吊杆、龙骨、埋件与屏蔽门埋件、立柱、横梁、门体存在接触，影响屏蔽门绝缘性	所有装修材料均应避免与屏蔽门接触，确保屏蔽门绝缘性	
3	装修	出入口防淹挡板插槽未施工	需按图纸设置防淹挡板插槽，图纸有误的应及时提出	
4	装修	出入口卷帘门外包板未开检修门	需在电机位置和两端轴承固定点设置检修门，方便运营维修	图纸应明确
5	装修	地面石材有空壳、松动和翘曲现象	应注意石材施工质量控制，不得有空壳、翘曲现象，松动石材应及时更换重铺	
6	装修	顶部铝扣板未均匀布置，灯具安装及开孔不协调，板间连接及固定粗糙	注意天花灯具，其他设备末端在铝板上的排布，加强施工排版工作和现场督导	
7	装修	过结构沉降缝处装修面板及龙骨未做断开技术处理	应根据设计规范要求做断桥处理或断缝处理	
8	装修	电扶梯、楼梯上方铝单板安装完成后与侧墙的缝隙过大	注意铝板加工下单前的现场测量和排版，缝隙应控制在设计和规范范围内	
9	装修	石材色差大、自身缺角、被污染等缺陷多，成品保护不到位	加强铺装前的预铺、排版编号，铺装完应及时覆盖保护	
10	装修	站台绝缘层石材铺贴不平整，胶缝不直，存在偏差	因绝缘带施工后露出地面的预留部分未切除，造成绝缘带石材铺装高度与临近石材不易顺接，应加强工人铺装过程控制	
11	装修	墙面干挂陶瓷砖的色泽不匀、接缝不平	陶瓷板一次性下单数量应满足施工要求，同一车站应同一批次生产，避免色泽不匀、接缝偏差	
12	装修	站厅自动扶梯与横梁、建筑体之间缝隙过大	注意楼梯侧面干挂墙面、扶梯安装中线等相互关系的放线和排版工作	

续上表

序号	专业名称	常见施工质量通病	防控措施	备注
13	装修	不锈钢栏杆及其端头等细部处理方式多样	栏杆端头收口应符合设计和规范要求	图纸应明确
14	装修	站厅、站台层公共区吊顶的吊杆倾斜过大	吊杆应吊挂垂直，有设备或管线阻挡时，应采用U型钢架进行过渡吊挂	
15	装修	设备区通道天花吊顶在施工过程中进场出现高程低于设计要求值	土建施工误差，管线较多，造成吊顶高程未达到设计要求值，需在综合管线布置时尽量提高预留吊顶的空间	
16	装修	静电地板安装后，面层高低不平，接缝不均匀	防静电地板支撑安装不牢固、有偏差，造成面板不平整，缝隙不均匀	
17	装修	设备房耐磨地面强度、硬度低，耐磨性能差，易出现裂纹、起砂	施工质量未达到验收规范要求，严控水泥砂浆配合比，初凝前应做水泥净浆压光	
18	装修	设备房挡鼠板与地面缝隙过大	挡鼠板两端U型槽安装不对称，挡鼠板安装倾斜需排查原因及纠正	

25.4.3 系统设备安装工程关键工序质量控制

1）接触网系统

接触网系统安装工程关键工序质量控制见表25.4.4。

接触网系统安装工程关键工序质量控制表 表25.4.4

序号	施工项目	常见施工质量通病	防控措施
1	基础	基础面缺棱掉角、蜂窝、麻面	（1）混凝土浇筑过程中应充分捣鼓均匀，保证棱角处混凝土填实； （2）浇筑后认真浇水养护； （3）混凝土达到一定的强度等级以后才能够拆模，拆模时不能用力过猛，注意保护棱角； （4）加强成品保护； （5）对于蜂窝、麻面问题首先对存在蜂窝、麻面的部位用钢刷将表面的浮浆清理干净，然后用同等级的水泥砂浆进行抹面，派专人洒水养护，养护时间不少于3d
		地脚螺栓外露长度长短不一、螺栓间距不达标，基础螺栓的尺寸、方向与设计标准不符	（1）把好材质关，设置专用的固定磨具，确保地脚螺栓的垂直度、位置、稳固度及外露长度； （2）小心操作，严禁捣固棒触碰到预埋件； （3）浇筑过程中不断复核螺栓外露长度及螺栓间距； （4）安装立柱前对地脚螺栓做有效防护，严禁外力损伤； （5）前期接口配合过程中加强与桥梁施工的配合检查，对每个接触网基础的施工进行严格的检查复核
		高程线及限界不达标	（1）按要求严格加工好模具； （2）按照等腰三角形原理支好模具并固定好； （3）在浇制过程中不断检查复核模具位置
2	地线（附加线架设）	附加线弛度不达标	（1）附加线固定时注意测量气温； （2）严格按附加线安装曲线施工； （3）架设时使用拉力仪控制附加线张力

续上表

序号	施工项目	常见施工质量通病	防控措施
3	支持装配	底座安装高度不达标	（1）在支柱整正完成以后，用水准仪、超高尺等仪器确定轨面高程线，并在支柱上做好红线标记； （2）高度测量尽量不使用皮尺，并派专人负责在下面拉尺子尾端； （3）预先做好底座安装高度施工表； （4）严把质量关，派专业技术人员跟踪复测安装数据，及时发现问题
		底座角钢安装不平	（1）工具配备齐全，特别是小水平尺，负责安装人员每组配备一个； （2）派专人负责在地面观测安装情况，出现问题及时反馈、现场直接解决； （3）承导架设以前派技术人员对全线、全区间的底座做全面复检，预防带负载以后返工情况的出现
		螺栓力矩不达标	（1）制定每一个接触网零配件螺栓力矩标准表，配发给每个工班并在施工前做好技术交底工作； （2）每个工班配发专用力矩扳手； （3）做一处标准的支柱装配，并现场指导怎么使用力矩扳手读数； （4）杜绝螺栓力矩过小或偏大的问题出现
4	汇流排安装	汇流排接头缝隙太大、错位	安装过程中配合人员听从指挥，将汇流排对接，接头缝隙太大或者错位，可用皮锤来校正
		汇流排接头处螺栓松动	用力矩扳手拧螺栓
		汇流排窜动	安装时，在第一个地位点处用中心锚结线夹加固汇流排
		定位线夹卡滞	用力矩扳手拧螺栓，调整定位线夹与汇流排垂直
5	埋入杆件及底座填充	刚性段定位钻孔尺寸不准确	打孔灌注前制作好模板，严格控制好孔位的尺寸，同时在模板上增加一段钢管垂直于模板，钻孔过程中先固定好模板后进行钻孔
		锚栓粘贴不牢	（1）钻孔后清理孔内灰尘、碎屑，擦干有水的孔洞； （2）不用失效、过期的化学药剂，每包药剂前后3枪不用，注入化学药剂量足够，化学药剂低温保存； （3）坚持按比例进行锚栓拉拔试验，并对剩余部分进行拉力试验
		化学锚栓外露不够	（1）选择正确的悬挂形式和锚栓型号、锚栓长度； （2）锚栓埋设前进行人员培训并制作施工记录表，施工中记录锚栓外露长度，确保后续安装需要
		化学锚栓歪斜	（1）打孔中正确姿势持电钻，保证钻头水平或者垂直； （2）锚栓埋设中严禁两次掰化学锚栓
		化学锚栓对受电弓绝缘距离不够	施工中对低净空处严抓测量，确保各处绝缘距离符合要求
6	接触线	脱槽	（1）汇流排安装必须确保汇流排接头对接平整，缝隙小于0.2mm，接触线以5km/h匀速架设，专人观看是否脱槽，有脱槽处缓慢停车，退线后，人工拉小车入槽，严禁急刹车； （2）有条件时采用两个放线小车架设接触线，前放线小车顺正接触面，后放线小车进行入槽，可有效降低脱槽情况
		刚柔过渡悬挂点距离柔性下锚线材的绝缘距离不适宜	在定测打孔的时候确认下锚位置，提前模拟下锚的走线路径，避免绝缘距离不够，如果实在存在困难可以将下锚位置往洞口迁移，从而避免安装绝缘距离不够
		高架段接触网补偿下锚支柱，预留空间不足	根据各相关专业需求，确定桥面系，主要确定声屏障与接触网支柱关系，接触网补偿下锚柱设计预留了一定的接触网下锚空间，必须保证接触网支柱与声屏障柱须满足限界及空间要求。在前期配合土建施工过程中多注意检查此处的空间预留
		地下刚性区段变电所处预留接触网上网隔离开关位置施工错误	在接触网上网隔离开关施工前，应与土建单位及供电专业确认安装位置，同时保证安装位置的空间及供电电缆的上网路径

2)35kV 牵引变配电系统

35kV 牵引变配电系统安装工程关键工序质量控制见表 25.4.5。

35kV 牵引变配电系统安装工程关键工序质量控制表 表 25.4.5

序号	施工项目	常见施工质量通病	防 控 措 施
1	基础预埋	预埋件上表面与地面不在同一个平面内	需监理单位协同施工单位共同规范水平高程线的确定，用统一的高程控制施工，可以采取以下措施： (1)保证仪器精度，规范操作流程，尽量减少误差； (2)保证高程线的唯一性和固定性，不同的工序参照同一高程线； (3)规范高程线的复核和验收过程； (4)对不依照统一高程进行施工的工序责令整改
		预埋件固定不牢固	(1)土建单位预埋钢板与设计图纸不符，位置不合理，在施工前认真调查现场发现后要求及时整改，如果使用膨胀螺栓固定，膨胀螺栓安装打孔深度必须合理，固定点选择要合理，膨胀螺栓要拧紧，以弹簧垫圈紧平为原则； (2)预埋件与固定件焊接需三面焊接，无虚焊假焊
		预埋件锈蚀	防锈措施不到位：先刷一层防锈漆，再刷两层富锌漆，焊接要敲掉焊渣，打磨平滑，特别注意做好防锈处理
2	电缆桥、支架安装	电缆桥、支架安装位置不合理	施工前考虑需要敷设电缆的大小，支架安装与预留孔洞之间的距离，考虑电缆的弯曲半径、电缆走向
		电缆支架、吊架固定不牢固	电缆支架安装底板与地面、墙面密切接触，底角螺栓需要 4 颗全部齐全，螺栓要使用力矩扳手拧紧
		电缆桥架锈蚀	用钢丝刷刷掉锈蚀，所有外露部分先刷一层防锈漆后刷两遍富锌漆
		与其他管道，特别是暖气、空调管净距过近，不符合要求	一般管道 0.4m（平行），0.3m（交叉）；保温热力管道 0.5m（平行），0.3m（交叉）；非保温热力管道 1.0m（平行），0.5m（交叉）。施工前需与相关专业就上述空间排布进行专项协商
3	设备安装	设备运输通道问题造成设备损坏	(1)在装修单位的设计图纸中以“后砌墙”的方式表明设备运输门洞的位置和尺寸，并与供电系统设计图纸进行核对； (2)加强施工中的联系，确定运输门洞位置尺寸及设备运输时间等问题
		设备底角螺栓无外露或外露过长	选用合适的螺栓，一般螺栓外露 2 ～ 3 个丝扣
		柜间连接螺栓不齐全、螺栓未紧固	仔细核对厂家安装图纸，确保柜间连接螺栓齐全，使用力矩扳手紧固柜间螺栓，施工完成后检查每颗螺栓是否都已拧紧，两柜之间的缝隙不能超过 2mm
		柜体安装平直度不符合要求	安装前对基础预埋件进行检查，合格后方可安装
		绝缘设备绝缘不够	(1)绝缘设备安装时，安装完成每一台柜都要测量绝缘情况，以免全部安装完成后绝缘不合格无法查找原因； (2)绝缘螺栓安装时，安装孔应清理干净； (3)设备保持干燥和清洁
		设备外观锈蚀、掉漆	安装时注意对设备外部进行保护，不能对设备直接进行敲击
		直流设备绝缘值达不到设计要求	规范设备用房移交手续，要求设备用房具备设备安装进场时的各项基本条件，各专业在设备房施工时严格遵守设备用房的相关管理办法
4	接地干线制作	扁钢敷设不符合要求	敷设前扁钢需调直，煨弯不得过死，直线段上不应有明显弯曲，并应立放
		搭接面长度不够	(1)镀锌扁钢搭接不小于其宽度的 2 倍； (2)镀锌圆钢焊接长度为不小于其直径的 6 倍
		焊接的边数不符合要求	需严格落实以下交底，并重点监督实施： (1)镀锌扁钢焊接不少于三面施焊(当扁钢宽度不同时，搭接长度以宽的为准)； (2)镀锌圆钢焊接应双面施焊(当直径不同时，搭接长度以直径大的为准)
		防锈处理前未清除焊渣	焊接完成后先清理表面焊渣，再做防锈处理
		接地引入点不符合要求	接地引入点应有两点接地，两点应分布在距离较远的地方
		接地干线穿墙未做防护	接地干线在穿墙敷设时应使用绝缘套管防护，并做好封堵

续上表

序号	施工项目	常见施工质量通病	防控措施
5	电缆敷设	电缆敷设杂乱	(1)电缆敷设前合理设计好电缆走向，绘制电缆敷设简易图，标明电缆敷设在哪层支架及每层敷设的根数； (2)电缆敷设完毕对电缆进行整理，尽量减少电缆的交叉。敷设时，同一路径电缆尽量一批敷设完，按先长后短、先下后上、先内后外顺序敷设，敷设一根及时整理绑扎固定一根，排列应整齐
		电缆破损	(1)电缆运输过程中防止电缆受到碰撞、挤压； (2)电缆敷设过程中严格控制牵引力、测压力和弯曲半径； (3)在可能因为施工作业等原因造成电缆损伤的区域，对电缆采取防止踩踏或物体打击的保护措施； (4)电缆与支架棱角接触处、土建结构棱角接触处都是容易造成电缆破损的地点，应采取防护措施保护电缆； (5)在电缆穿管或孔洞时要提前检查，清理硬物、打磨掉管口毛刺以免划伤电缆
		电缆标识不清	在电缆敷设时做好电缆标识，做到每根电缆都有起点和终点标识
		二次电缆不美观	在二次电缆进柜排列时应逐一绑扎，打把或并排绑扎，或者在设备内部增装线槽。根据电缆的走向增加支架或非标
		桥架内一、二次电缆混放	桥架内电缆敷设应将一、二次电缆分开线槽敷设
		电缆弯曲半径不够	在电缆敷设时应考虑电缆的弯曲半径，根据现场情况调整，确保电缆弯曲半径符合要求
6	电缆接续	一次电缆头开剥过长或过短	电缆开剥时要确定电缆线鼻子压接处深度，测量好后再开始开剥
		电缆线鼻子压接不牢固	在电缆压接时选用合适的压接头，需压接3～4道，确保压接都到位
		高压电缆头安装不规范	电缆安装应与母排垂直，高压电缆头安装时应涂导电膏
		二次电缆线芯损伤	在二次电缆开剥时要选用合适的剥线钳，应注意开剥角度和力度
		二次线号不齐全	在二次电缆接线前应穿好线号管，以免以后查线无法查找
		电缆标牌固定不牢固	使用绑扎带固定或者铝芯软线缆固定
		二次电缆无接地	二次电缆在开剥后钢铠需要焊接接地线，保证一端接地
		二次电缆预留无包扎	盘柜内预留的二次电缆芯线使用绝缘胶带包扎，确保预留芯线无外露显现
		设备接地不规范	高压交流设备接地应将每台设备接地电缆单独引至接地母排，不能几个串联接入
7	电缆支架安装	电缆桥、支架安装位置不合理	施工前考虑需要敷设电缆的大小、支架安装与预留孔洞之间的距离，考虑电缆的弯曲半径
		电缆支架、吊架固定不牢固	电缆支架安装底板与地面、墙面密切接触，底角螺栓安装齐全，螺栓要使用力矩扳手拧紧
		电缆支架锈蚀	运输和安装过程中防止破坏支架镀锌层，禁止硬物直接敲击支架
		电缆支架安装位置不合理	环网电缆支架进站安装应考虑环网电缆的走向及电缆预留的位置
8	电缆敷设	环网电缆敷设凌乱	电缆按要求进行绑扎固定，过顶或过轨处敷设预先考虑好电缆的方向
		电缆穿管、预留孔洞不符合规范	电缆穿管不得穿过铁管、钢管等导磁性管道，在穿过预留孔洞时要注意加垫保护措施
		伸缩缝、中间接头无预留	电缆敷设在经隧道伸缩缝和中间接头处时应做预留，应预留弯或降层敷设
		电缆进站无预留	技术员到实地进行现场勘查，以节约电缆为原则，采取最佳、最短路径敷设电缆，根据测量计算出电缆长度，考虑电缆的预留长度进行裁剪
		电缆弯曲半径不符合要求	在电缆穿管、穿预留孔洞时应根据电缆大小保证电缆的最小弯曲半径
		电缆标识不明确	环网电缆敷设应在电缆中间头、拐弯处、穿管、预留孔洞处挂设电缆牌及电缆相序标识
		电缆破损或污染	(1)电缆敷设时清理有可能破损电缆的杂物； (2)电缆转弯处采取一定的防护措施，如增加滑轮等； (3)在电缆穿管或孔洞时要提前检查，清理硬物、打磨掉管口毛刺以免划伤电缆； (4)电缆敷设完毕后，对易造成污染的地段进行防护

续上表

序号	施工项目	常见施工质量通病	防 控 措 施
9	高压电缆头制作	电缆头制作不符合要求	高压电缆头制作时要注意周围环境，不宜在灰尘较大的环境中进行，认真核对电缆头制作资料、作业指导书，按照作业指导书一步一步进行；必须由持证且经验丰富的人员制作，对灰尘较大的环境不是不宜，而是严禁，严格按照环境要求进行电缆头制作
		中间电缆头位置不合理	(1)三根单芯电缆电缆头应前后分开在2m左右，不能做在一起，电缆头制作完成后应在电缆头位置加设绝缘板按规范要求托住电缆头； (2)三芯电缆中间头应考虑终端头相序问题
10	其他问题	孔洞、端子没有进行预留或预留不符设计要求	在安装过程中的前期阶段做好勘察工作，检查预留项目是否与设计图纸相符，要求预留孔洞数量、尺寸、相对位置满足设计要求，端子预留完整，满足电缆弯曲半径等要求

3)通信系统

通信系统安装工程关键工序质量控制见表25.4.6。

通信系统安装工程关键工序质量控制表 表25.4.6

序号	施工项目	常见施工质量通病	防 控 措 施
1	支架、吊架安装	支架、吊架安装位置不正确	(1)支吊架安装与预留孔洞之间的距离，要考虑电缆的弯曲半径； (2)支吊架在拐弯、分支处应调整或减少支吊架的间距，考虑其受力
		支架、吊架固定不牢固	(1)支架安装要与墙面密切接触，螺栓要拧紧； (2)吊架安装时吊架的周边要与墙面紧密接触，所使用的内胀螺栓安装方法满足厂家技术资料要求
		支架、吊架在没有高程、间距要求的情况下，没有安装在同一高程上，且间距不均匀	(1)在安装时应进行准确测量、划线、定位、打孔； (2)支架、吊架间距应符合设计要求，水平敷设时宜为0.8～1.5m，垂直敷设时宜为1.0m
2	线槽安装	高架站弱点电缆桥架高程与装修高程冲突	土建初设时要根据其他专业设计提资要求，进行合理计算，测量站厅净空是否满足后续安装工程设计要求，同时在进行综合管线设计时，要根据土建提供的数据进行合理规划布局，明确各单位工程安装高程和安装位置
		线槽终端未封堵	每条线槽在尾端如果没有其他线槽连接时，应采用和线槽同一材质的物料进行闭合，并进行毛刺处理
		建筑物伸缩缝处、沉降缝处、直线距离超过30m的线槽未做伸缩处理	(1)将线槽在需进行伸缩处理的地方断开； (2)线槽伸缩处理的两侧增加支吊架，线槽连接板只固定一端； (3)保护地线和槽内线缆应预留有适当余量； (4)用接地线进行电气连通，线槽外有油漆需进行处理，保证良好的电气接触
		内胀螺栓未安装牢固或全丝螺杆未拧到位	(1)使用与螺栓相匹配的钻头，钻孔后清理孔内灰尘、碎屑； (2)安装螺栓时使用专用工具； (3)全丝螺杆应全部拧入内胀螺栓中，宜在螺栓处安装一配套螺母
		金属线槽连接不牢固	螺栓要与线槽匹配(螺栓螺母在线槽外侧)
		线槽在特殊位置进行上、下爬坡或拐弯时加工不准确，切口未处理	(1)在加工之前应进行施工现场测量，计算尺寸准确，安排合理，并符合设计要求； (2)在切口处要进行抛光、防腐处理，不应有卷边，表面应光洁、无毛刺； (3)槽道开口的大小应与线缆相适应，切口处应抛光，内、外壁及盖板表面应光洁、无毛刺，尺寸准确
		供电电缆与信号电缆敷设在同一个线槽内	(1)若要求同一径路敷设，应安装两条线槽； (2)若要求敷设在同一线槽内，应采用带金属隔板的金属线槽
		线槽拐弯不合理	(1)垂直排列的线槽在拐弯时，其弯曲弧度应保持一致； (2)线槽拐直角弯时，其弯头的弯曲半径不应小于槽内最粗电缆外径的10倍，若线槽本身大小不能满足线缆弯曲半径时，可采用两个45°的弯代替直角弯

续上表

序号	施工项目	常见施工质量通病	防控措施
3	保护管安装	通信管线径路与其他专业发生冲突，造成通信管线重新安装的问题	（1）设计出图前各相关专业设计根据土建施工图纸相互进行提资，并与其他相关专业共同确定风、暖、水、电、管线的高程及位置； （2）在后续施工过程中各单位协调好施工顺序、安装时间，如管线按先上后下、先里后外的顺序施工，在特殊地段根据现场实际情况，采用以管代槽、管槽并用的施工方式，避免各专业相互干扰及重复施工的现象发生； （3）实际的施工中，应针对工程的特点、难点，提前做好工程难点分析，制订难点解决方案，并在施工中应积极推广“四新”技术的应用
		保护管弯曲半径不够，有凹、扁、裂现象	（1）选用保护管的大小时要与敷设电缆的大小符合； （2）保护管煨弯时采用专用工具； （3）在进行 90° 拐弯时，要增加过线盒
		钢管进入线盒未采用专用接头并锁紧	（1）钢管进入线盒时一孔一管相对应； （2）管与盒（箱）连接采用爪型螺纹接头管进行连接并拧紧
		明敷保护管未按规定设置管卡	（1）保护管在垂直方向时，间距在每隔 1.5m 处设置管卡； （2）保护管在水平方向时，间距在每隔 2m 处设置管卡； （3）在终端、弯头中点处的 150 ～ 500mm 范围内应设置管卡； （4）在距离盒、箱、柜等边缘处的 150 ～ 500mm 范围内应设置管卡
		直线管段过长时未设过线盒或接线盒	（1）增设接线盒或过线盒的位置应符合设计或相关标准； （2）接线盒或过线盒开口朝向应方便施工
		预埋保护管时材料选用不正确	（1）预埋保护管时尽量用整根材料； （2）如需要增加接头时，保护管接头要尽量放置在直线位置，接头要牢固并且做防水处理
4	通信管道安装	通信管道安装施工完成后未进行管道试通测试	通过拉棒进行管道试通测试： （1）水泥管块管道：2 孔及以下时全部管孔，2 孔以上每块管块任意抽试 2 孔； （2）钢材、塑料等单孔组群的通信管道，2 孔及以下时全部管孔，3~6 孔抽试 2 孔，6 孔以上每增加 5 孔多抽试 1 孔
		管道不畅通	（1）在进行预埋管道时尽量选用整根，若有接头应在直线处进行接头，接头要牢固可靠； （2）在进行填埋时，在每个管口都要进行简易的封堵，避免将沙土填进管道内； （3）在进行填埋时，刚开始要用沙土进行填埋，不可用大块石头进行填埋以免压扁管道
5	缆线布放	电缆破损	在电缆穿管或孔洞时要提前检查，清理硬物、打磨掉管口毛刺以免划伤电缆
		电缆敷设杂乱	（1）电缆敷设前应合理设计好电缆走向，简单绘制一份电缆敷设简易图，标明电缆敷设在哪层支架及每层敷设的根数； （2）电缆敷设完毕对电缆进行整理，尽量减少电缆的交叉，敷设时，同一径路电缆尽量一批敷设完，按先长后短、先下后上的顺序进行敷设，敷设一根及时整理绑扎固定一根，排列应整齐
		多芯电缆弯曲半径不够	多芯电缆的弯曲半径不应小于其外径的 6 倍
		过伸缩缝、过线盒时未做处理	在过伸缩缝、过线盒处应做相应的预留处理
		缆线接头方法不正确	缆线的接头应在接线盒内焊接或用端子连接
		线缆端头未做明确的标识	在电缆敷设时做好电缆标识，做到每根电缆都有起点和终点标识，在标识上要注明电缆的规格型号、起点和终点位置以及用途，并且在电缆端头标识不少于两处
		线缆预留长度不够	在线缆敷设完成后应有余量以便检查、接续。按照设备间宜为 3 ～ 5m，电缆间宜为 0.5 ～ 2m，在工作区宜为 3 ～ 6m 进行预留；防雷接地线除外
		在垂直线槽中敷设线缆后未做处理	（1）在垂直线槽内敷设电缆完成后要进行线缆绑扎、固定； （2）在同一个线槽中线缆要进行分类绑扎

续上表

序号	施工项目	常见施工质量通病	防　控　措　施
5	缆线布放	轨行区域漏泄电缆敷设与其他专业冲突	站台轨行区域设备安装，在设计出图之前要通过各专业设计相互提资，相互沟通，相互协商，合理规划各设备安装位置
		光电缆敷设、接续或固定安装时的弯曲半径不够	（1）光缆敷设、接续或固定安装时的弯曲半径不应小于光缆外径的15倍； （2）电缆敷设和接续时，铝护套电缆的弯曲半径不应小于电缆外径的15倍
		挂牌位置、标识注明以及标牌选材不准确	（1）在电缆终端头、电缆接头、拐弯处、夹层内、隧道及竖井的两端、人井内等地方； （2）注明光电缆型号、规格以及起始点，并用专人书写，字体美观、整齐、一致、不褪色或机打； （3）标牌规格统一，并能防腐
6	电缆接续及引入终端	电缆接续时出现混线	根据线缆的色谱进行接续
		接线子压接不牢固	（1）选择与电缆缆芯匹配的接线子； （2）接续长度为50mm，并扭绞3～4花； （3）在压紧时，钳口动作要保持平行
		电缆在引入终端设备时未将电缆固定、接地以及预留长度不够	（1）电缆引入终端设备后要进行固定，防止电缆从终端设备中被拔脱或扭转； （2）如果是铠装电缆，要将铠装连接在等电位系统上； （3）在设备底座下面要预留足够的长度，以备二次接线或检修
7	光缆接续及引入终端	纤芯束管扭绞	在固定光缆之前，必须注意纤芯束管所处位置，加强件穿过固定螺栓时，加强件的下面必须是填充束管，不能是纤芯束管，纤芯束管必须处于加强件进入光纤收容盘的同侧，不能在加强件上扭绞
		纤芯束管的开剥长度不合适	（1）纤芯束管长度满足要求，开剥到过了两个固定卡口为宜； （2）固定时卡子不能卡得过紧
		光纤开剥不规范	（1）在剥出光纤涂覆层时，剥线钳要与光纤轴线垂直，确保剥线钳不刮伤光纤； （2）光纤开剥的长度不宜过长，在切割过程中要考虑加强芯的长度，以免熔接后无法将所有纤芯都放在加强芯内
		切割光纤端面不合格	在切割光纤时，要严格按照规程操作，使用端面切割刀，要做到切割长度准、动作快、用力巧，确保光纤是被崩断的，而不是压断的；在取光纤时，要确保光纤不碰到任何物体，避免端面碰伤，这样做出来的端面才是平滑的、合格的
		盘纤弯曲半径不够以及扭曲方向不正确	（1）在盘纤过程中，盘纤弯曲半径不能太小，一般不能小于4mm，弯曲半径太小，容易造成折射损耗过大和色散增大，时间长了，也可能出现断纤现象； （2）在盘纤时，注意光纤的扭曲方向，一般是倒“8”字形，注意不要扭断光纤，盘完后将光纤全部放入收容盘的挡板下面，避免封装时损伤光纤
		在光缆接续时出现混纤、断纤	光缆接续时要严格按照光缆色谱进行熔接，在光纤接续完成后要通过OTDR进行测试或通过光源光功率计进行测试
8	漏泄同轴电缆接续及引入终端	漏泄同轴电缆弯曲半径不够	漏泄同轴电缆不应急剧弯曲，弯曲半径应符合设计规范要求
		漏缆断面不平整表面不干净	在锯漏缆时保持抛弃一段在下方，并保证切面平整，将表面清理干净，将内导体和外导体的表面平整去刺。 先用锉刀或斜口铅将内导体铜管做好倒角，然后用毛刺或牙刷将导体铜管内的铜屑清理干净，最后再用毛刷将切面处的铜屑清除干净
		外护套开剥过长或过短	用角尺量出大约19mm（±1mm）的外护套，然后环切并将外护套剥离，剥外护套时不能伤到外导体，如果发现已伤及外导体，务必重新锯断并将外导体表面打磨平整。特别注意将突出的指示开槽位置的筋切除
		接头安装不牢固	在安装接头前将外护套打毛约16cm，然后将热缩管套在漏缆上，把漏缆插入接头里，清洁外护套表面，再用热风枪或喷枪把接头预热，预热后把热缩管套在接头上，先使热缩管的一端固定在接头的起始端，再缓慢向漏缆侧加热，以保证中间不能有气泡，最终使整个热缩管牢固固定在接头和漏缆上，均匀加热热缩管，以热缩管受热后流油为止

续上表

序号	施工项目	常见施工质量通病	防控措施
9	设备安装	设备底角螺栓无外漏或外漏过长	选用合适的螺栓，一般螺栓外露2～3丝扣
		设备底座安装不够平直	在设备底座安装之前要通过水平尺进行测量地面是否平整，在底座安装过程中根据测量结果进行调整，尽量做到横平竖直
		机架安装的垂直倾斜度过大	机柜安装垂直倾斜度偏差应小于机架高度的2‰。可通过调整设备底座或调整底座与设备之间连接处的位置(例如增加铁片等)
10	设备配线	线缆走向未按照机柜内设置的理线架布线，导致机柜内线缆排布凌乱	在设备配线之前首先要对机柜内设备的排列以及设置进行了解，在配线过程中尽量按照机柜内设置的理线架布线
		线缆始端和终端未明显的标识，导致线缆在接续时混接	在设备配线开始就要对所需线缆进行始端、终端进行明显的、相同的标识；如果是设备与设备之间的配线，则在线缆中间部位应增加最少两处的标识
		线缆绑扎不正确，扎带剪切不规范	(1)在设备配线过程中线缆经过90°转弯时，应在90°拐弯的两端进行绑扎，不宜在拐点处绑扎，对于光纤或2M线绑扎时不宜过紧，以免断纤或断线； (2)扎带剪切的切口不能有棱角或斜角，防止切口划伤人
		线号和配线表不齐全	配线完成后应对应配线架做好配线表，配线架上的标号要与线号一一对应，同时配线表也要与标号一一对应
11	其他问题	多专业交叉作业造成对通信专业施工的影响	积极主动与相关单位协调配合，并请建设单位代表及监理工程师参加，召开协调会，制订各专业系统的工作时间段，避免相互干扰，积极主动地与相关单位取得联系，确认现场工程接口。发生任务重叠或管属空白，及时向监理单位报告并申请协调，及时掌握各施工单位的工程进度和施工计划，根据现场各专业进度随时调整一方的计划
		成本保护意识不强造成支吊架、线缆以及设备的损坏、遗失	(1)设备、材料在现场运输过程中严格按照相关文件包装要求进行装卸； (2)对于现场保管，要根据现场实际情况采取遮、盖、垫等措施进行保护； (3)已安装完成的成品，各施工单位要加强现场施工人员文明施工教育，现场要采取一些成品保护的措施； (4)对于现场成品盗窃现象，在未开工前，各车站区间都有相关责任单位管理现场，加强现场安保工作，同时要对现场施工人员进行法律意识宣讲等工作

4)信号系统

信号系统安装工程关键工序质量控制见表25.4.7。

信号系统安装工程关键工序质量控制表 表25.4.7

序号	施工项目	常见施工质量通病	防控措施
1	光电缆敷设	电缆无法识别，标识不清	(1)光电缆敷设前对所有施工人员进行技术交底并培训，对敷设过程中容易出现的问题［如光电缆的标识，外护层(套)破损、变形和扭伤及接头处的密封等］进行强调； (2)敷设前核对电缆径路，在竖井、支架等处做好合理安排，有条件的可进行标识，以作为光电缆敷设依据； (3)合理安排光电缆敷设顺序，避免区间电缆交叉，做到放一段，清一段； (4)在电缆终端头、电缆接头、转角处、夹层内、隧道的两端均进行电缆挂牌标识，且整齐、牢固； (5)光电缆敷设时在两端必须做好耐磨牢固的标签，敷设完毕后技术员(工班长)对光电缆敷设至何机房、标签清晰牢固度进行确认，发现有破损的立即进行更换
2	管线预埋	电缆引入路径不通	(1)提前与土建专业核对图纸，明确责任范围； (2)在前期预留预埋过程中派专人分区负责调查，遇到问题及时汇报及时沟通； (3)在预埋管线的管口部分进行临时封堵，避免土建及装修施工过程中造成管道堵塞

续上表

序号	施工项目	常见施工质量通病	防　控　措　施
3	支架、线槽安装	支架、线槽安装不在一条线，接地效果不好	(1)支架、线槽进场后对其型号、规格、质量进行检查，符合标准的方能进行施工安装； (2)施工前对施工人员进行技术交底，对支架的安装位置、安装高度及安装间距等进行强调； (3)区间支架安装前画线定测，统一安装高度再进行打孔安装； (4)支架之间要按规范要求采用20mm×4mm镀锌扁钢连接，并在站端与综合接地体连接，连接处要进行防腐处理
4	光电缆接续	光、电缆接续后电气性能测试不过关；备用芯线未连接	(1)电缆接续材料进场后对其型号、规格、质量进行检查，符合要求的方能采用； (2)接续前对施工人员进行技术交底，要强调综合扭绞信号电缆接续应A端与B端相接，相同的芯组内颜色相同的芯线应相接； (3)屏蔽连接线及电缆芯线焊接时，要注意不得使用腐蚀性焊剂，焊接应牢固； (4)相同芯线数的电缆接续时，备用芯线应连通
5	信号机安装	信号机安装后侵限，灯光角度不达标	(1)信号机进场后对其型号、规格、质量进行检查，符合要求的方能施工安装； (2)施工前对施工人员进行技术交底，安装前要根据限界图进行现场限界测量，确定安装位置，安装完成后立即复查限界； (3)信号机各部组件要齐全，无破损、无裂纹现象； (4)要注意各部连接件连接是否正确，紧固件是否平衡、紧固； (5)信号机机构显示方向与轨道线路平行，机构安装平面与轨面平行； (6)要检查各开口销安装是否正确，劈开角度是否为60°～90°
6	转辙装置安装	转辙机安装完成后转换不正常，无法锁闭	(1)转辙机进场后对其型号、规格、质量进行检查，符合要求的方能施工安装； (2)施工前对施工人员进行技术交底，要重点检查锁闭框、尖轨连接铁、锁钩和锁闭杆等部件的安装是否正确，连接是否牢固； (3)要注意检查可动部分在转换过程中是否动作平稳、灵活，并无磨卡现象； (4)要注意检查外锁闭两侧的锁闭量是否符合相关技术要求； (5)要注意检查锁闭框下部两侧的限位螺钉是否有效插入锁闭杆两侧导向槽内，并不得松脱
7	计轴安装	磁头安装距轨平面高度不够及接收端与发送端装反	(1)计轴装置进场后对其型号、规格、质量进行检查，符合标准的方能施工安装； (2)施工前对施工人员进行技术交底，要重点对计轴装置的安装位置、安装方法等进行强调，要注意说明接收端与发送端的区别； (3)要注意磁头应安装在同一根钢轨上，磁头安装必须用绝缘材料与钢轨隔离； (4)要注意磁头在钢轨上的安装孔中心距轨底高度、孔径、孔与孔的间距应符合相关技术要求，两相邻磁头的安装间距应符合设计及产品要求； (5)要注意电子盒安装位置应根据磁头电缆的布置方式确定，宜靠近信号设备机房； (6)要注意磁头安装是否平稳、牢固，螺栓是否紧固、无松动
8	室内机柜安装	机柜、机柜底座安装不横平竖直	(1)机柜进场后对其型号、规格、质量进行检查，符合标准的方能施工安装； (2)施工前对施工人员进行技术交底，对机柜的平面布置、安装位置、机面朝向、机柜间距等进行强调； (3)要注意机柜底座与地面固定是否牢固、平稳； (4)要注意机柜安装是否横平竖直、端正稳固，要注意同排各种机柜正面是否处于同一平面、底部是否处于同一直线
9	轨旁无线设备安装	天线支柱不垂直，侵入限界	(1)天线支柱、支架进场后，严格检验其规格、质量，符合标准的方能施工安装； (2)无线设备安装前要注意复核现场土建条件，根据实际情况调整支架及支柱的生产规格； (3)施工前对施工人员进行技术交底，安装前要根据限界图进行现场限界测量，安装完成后立即复查限界； (4)安装过程中随时使用吊坠进行调校； (5)固定后要进行复测垂直度，以符合标准

5）综合监控及其他弱电系统（综合安防、防灾报警、气体灭火等）

综合监控及其他弱电系统安装工程关键工序质量控制见表 25.4.8。

综合监控及其他弱电系统安装工程关键工序质量控制表 表 25.4.8

序号	施工项目	常见施工质量通病	防控措施
1	线缆成端与线缆标识	压接端子头不实	（1）制作接头应用专用的压接工具施工； （2）每接好一芯线，应用手轻轻拉下，以确定是否牢靠
		线缆标示混乱	（1）在放缆前，线缆两头对应做好防磨损标识； （2）敷设完毕后立即做好正式的标识标签，并校验
2	BAS 控制柜安装	设备安装尺寸与底座尺寸不符	（1）要求厂家提供准确无误的设备尺寸； （2）加工底座严格按照厂家提供的尺寸制作
3	BAS 控制箱安装	安装位置狭窄	（1）参照施工图纸确定初步的安装点； （2）在安装前，进行与动照图纸核对及协商，以确定最佳的安装位置
4	传感器安装	有风口及遮挡物	（1）参照施工图纸确定初步的安装点； （2）避免安装在风口处以及有遮挡物处，并且工程师进行现场测试，以确定最佳的监控安装点
5	FAS 主机安装	安装位置不合适及布线不合理	（1）要求厂家提供准确无误的设备尺寸，参照施工图纸确定初步的安装点； （2）在安装前，进行与装修专业核对及协商，以确定最佳的安装位置； （3）对引入的电缆或导线，检测合格后按不同电压等级、用途、电流类别分别绑扎整齐，避免交叉，固定牢固； （4）进入控制箱的线缆保护管入箱时，箱外侧应套锁母，内侧应装护口，做好封堵
6	入侵探测设备安装	同一直线段内设备安装位置高度不一致	（1）安装前参照施工图纸确定安装位置； （2）安装时使用水平仪进行定位
		控制箱柜内光缆终端盒未按要求进行固定	（1）光缆进入箱柜前提前确认好终端盒安装位置及终端盒进线位置； （2）成端完成后做好预留，将终端盒背板用螺栓固定在对应的安装位置
		气瓶安装空间不足	前期设计时应提前预想房间设备安装位置，合理布局。由于气瓶属于高压产品，施工过程中考虑成品保护及安全生产需要，气瓶进场较晚，常规单位施工前应提前与系统设备安装单位进行有效沟通，避免因沟通不畅而导致返工
7	灭火剂存储装置的安装	存储容器的支、框架组装不牢靠	（1）按照设计图纸要求，进行设备支架组装，组装时注意按照图纸顺序编号进行安装，安装后应再矫正； （2）各部件的组装应使用配套附件螺栓、螺母、垫圈、U 型卡等，注意不要组装错位，外露螺栓长度以其直径的 1/2 为宜； （3）储藏容器支架组装完，经复核符合设计图纸要求后，用鼓胀螺栓固定在储藏容器室的地面上，并做防腐处理
		存储容器固定不牢	（1）将灭火剂瓶组逐个搬上瓶组架底板，调整到位； （2）采用随瓶组架包装在一起的抱卡对瓶组进行固定，固定前，应使瓶组的出口统一向后，瓶组正面的标志牌应整齐划一
		集流管连接不紧密	（1）集流管连接分为螺纹连接和法兰连接两种。当采用螺纹连接时，连接处应缠绕聚四氟乙烯胶带，并涂高压密封胶；当采用法兰连接时，在法兰之间应安放随机提供的金属垫片。 （2）在集流管组装过程中，或组装结束后，应在集流管的所有灭火剂瓶组接口安装上液体单向阀。安装前，应去除接口螺纹上的保护套管。安装时，螺纹上不需要加其他密封材料，但应加装随机提供的端面“O”型密封圈，并确认单向阀的安装方向
		集流管固定不牢靠	集流管组装结束后，将集流管组件安放到瓶组架的集流管托架上，并采用“U”型抱卡初步固定，待集流管与防护区管网对接完成后固定牢靠

续上表

序号	施工项目	常见施工质量通病	防 控 措 施
8	选择阀及信号反馈装置的安装	选择阀安装位置不合适	（1）选择阀操作手柄应安装在操作面一侧，便于操作； （2）选择阀的流向指示箭头应指向介质流动方向
		选择阀对接不紧密	（1）选择阀与集流管采用螺纹连接，连接处应缠绕聚四氟乙烯胶带，并涂高压密封胶。 （2）通径相同的选择阀与出管组件对接，通径规格≤DN80的出管组件与选择阀之间为螺纹连接，连接处均应缠绕聚四氟乙烯胶带，并涂高压密封胶；通径规格≥DN100的出管组件采用法兰连接，法兰连接处应安放随机提供的金属垫片
		选择阀上标志牌固定不牢	选择阀上设置表明防护区域或保护对象名称或编号的永久性标志牌，使用绑扎带固定
9	喷嘴、泄喷嘴、泄压口的安装	喷嘴、泄压口安装不符合要求	（1）管网中每个喷嘴的型号都是经过精确的设计计算确定的，在安装过程中，严格按照图纸，逐个核对其规格型号和接头形式，切不可错装； （2）喷嘴螺纹处应缠绕聚四氟乙烯胶带并采用扳手紧固，安装在吊顶下的带装饰罩的喷嘴，其装饰罩应紧贴吊顶； （3）泄压口严格按照施工图纸安装在预留的孔洞上，并采用膨胀螺栓加以固定； （4）泄压口安装不可内外装反
10	就地控制器安装	安装位置不合适、电缆排布不合理	（1）按照设计图纸要求，确定就地控制箱的安装位置； （2）对引入的电缆或导线，检测合格后按不同电压等级、用途、电流类别分别绑扎整齐，避免交叉，固定牢固
11	门禁设备安装	磁力锁体与铁片吸合不到位	（1）开孔前先用专用模型确定好开孔位置； （2）安装好锁体之后，用配套的垫片调整铁片与锁体的距离
		磁力锁安装不牢固	前期各相关专业设计之间应提资准确，监理及相关单位应保证提资落实到位，尤其是门框及门扇磁力锁安装位置处务必加厚处理
12	监控设备	摄像机安装角度高，监控范围不合理	通过监理的配合主动与设计、运营沟通，组织相关单位进行现场勘测和定位，确定安装位置及安装方式，并与其他相关专业共同确定安装高程及位置，协调好施工顺序、安装时间，避免各专业相互干扰及重复施工的现象发生。设备安装完成，配合集成商进行调试，确保摄像范围及清晰度达到最佳
13	其他问题	各专业之间接口不统一，给施工带来困难	通过监理的配合主动与各专业承包单位沟通，与其他系统责任单位进行研究与现场勘测，当发现设计图与系统要求有出入时，应立即反馈到设计单位进行变更处理；派人到现场跟踪施工，出现问题及时与对方协调，避免因沟通不畅而导致返工、二次施工等问题
		被控设备位置标识不明确，导致现场管线无法安装或重复施工	（1）常规单位施工时按图纸施工，施工完成并张贴设备标识； （2）系统设备施工前及时与常规单位核对图纸，确定好设备位置后再进行管线、设备安装； （3）常规单位进行设备安装时应充分考虑设备检修及接线所需空间，按规范预留好设备检修空间； （4）采用BIM技术解决地铁站后工程各专业安装位置冲突、空间不足、安全距离不够等问题

25.5 站后工程验收管理

地铁工程验收分为单位工程验收、项目工程验收和竣工验收三个阶段。同时，还应配合政府有关部门负责组织的专项验收。根据总体工期要求，为确保工程顺利验收，按期开通试运营，工程各项验收需提前策划，详细部署，制订详尽的验收方案。

25.5.1 验收总体流程

从土建工程完成开始，在开通试运营前，按以下程序组织相关验收：

施工单位自检→单位工程预验→单位工程验收→设备系统联合调试→项目工程验收→专项验收→试运行→竣工验收→试运营。

25.5.2 各阶段验收定义及工作内容

1）单位工程验收

单位工程验收是指单位工程完工并依次完成施工单位单位工程自检、单位工程预验合格并整改遗留问题完毕后，由建设单位组织，依据有关法律、法规、工程建设强制标准、设计文件、施工合同，审查施工、监理、设计单位的工程档案资料，检查工程质量和合同执行情况，确定工程是否到达规定的验收标准和合同要求的验收内容。

单位工程验收其所含分部工程的质量均应验收合格，有关安全和功能的检测、测试和必要的认证资料应完整，主要功能项目的检验检测结果应符合相关专业质量验收规范的规定，设备、系统安装工程需通过各专业要求的检测、测试或认证。

单位工程验收按验收范围主要分为土建主体部分验收、轨道工程验收、土建附属工程验收、安装装修及系统设备安装工程验收。

单位工程验收内容主要包括：

（1）建设、勘察、设计、施工、监理等单位分别汇报工程合同履约情况和在工程建设各个环节执行法律、法规和工程建设强制性标准的情况。

（2）验收小组实地查验工程质量，审阅建设、勘察、设计、监理、施工单位的工程档案资料，并形成验收意见。查验及审阅至少应包括以下内容：

①检查合同和设计相关内容的执行情况。

②检查单位工程实体质量（涉及运营安全及使用功能的部位应进行抽样检测），检查工程档案资料。

③检查施工单位自检报告及施工技术资料（包括主要产品的质量保证资料及合格报告）。

④检查监理单位独立抽检资料、监理工作总结报告及质量评价资料。

（3）工程质量监督机构出具验收监督意见。

2）项目工程验收

项目工程验收是项目所含单位工程均已完成设计及合同约定的内容并通过了单位工程验收及对试运行有影响的专项验收，设备系统完成联合调试并符合运营整体功能要求后，确认建设项目工程是否达到设计文件及标准要求，是否满足地铁工程试运行要求的验收。完成项目工程验收合格之后，方可投入不载客试运行。

项目工程验收的内容和程序：

（1）建设单位代表向验收组汇报工程合同履约情况和在工程建设各个环节执行法律、法规和工程建设强制性标准的情况。

（2）各验收小组实地查验工程质量，复查单位工程验收遗留问题的整改情况；审阅建设、勘察、设计、监理、施工单位的工程档案和各项功能性检测、监测资料。

（3）验收组对工程勘察、设计、施工、监理、设备安装质量等方面进行评价，审查对试运行有影响的相关专项验收情况；审查系统设备联合调试情况，签署项目工程验收意见。

（4）工程质量监督机构出具验收监督意见。

3）竣工验收

竣工验收是指项目工程验收合格、技术档案和施工管理资料整理完整、试运行发现的问题已整改完毕、通过全部专项验收之后，试运营之前，结合试运行效果，确认建设项目是否达到设计目标及标准要求的验收。

竣工验收的内容和程序：

（1）建设、勘察、设计、监理、施工等单位代表简要汇报工程概况、合同履约情况和在工程建设各个环节执行法律、法规和工程建设强制性标准的情况。

（2）建设单位汇报试运行情况。

（3）相关部门代表进行专项验收工作总结。

（4）验收委员会审阅工程档案资料、试运行总结报告及检查项目工程验收遗留问题和试运行中发现问题的整改情况。

（5）验收委员会咨询相关单位，讨论并形成验收意见。

（6）验收委员会签署工程竣工验收报告，并对遗留问题做出处理决定。

（7）工程质量监督机构出具验收监督意见。

4）政府专项验收

专项验收是指为地铁工程质量和运行安全，依据相关法律法规和政府有关地铁工程验收管理要求，由政府有关部门负责实施的验收。

专项验收主要包括消防、人防工程、环境保护、工程质量（含节能）、卫生防疫、工程档案、安全专项验收（含防雷）和试运营基本条件评估等。对试运行有影响的专项验收应在试运行前完成，全部专项验收应在试运营前完成。

政府专项验收项目及职能部门对应见表 25.5.1。

政府专项验收项目及职能部门对应表 表 25.5.1

序号	专项验收项目名称	对口政府职能部门
1	消防	市公安消防局
2	人防工程	市应急办（民防办）
3	环境保护	市人居环境委
4	工程质量	市住房和建设局
5	卫生防疫	市卫生和计划生育委
6	工程档案	市档案局
7	水土保持	省水利厅
8	防雷	市气象局
9	节能验收	市住房和建设局
10	试运营安全评估	市交通运输委
11	试运营条件评估	市交通运输委

各专项验收主要内容见表 25.5.2。

各专项验收主要内容　　表 25.5.2

序号	专项验收	工　作　内　容
1	工程档案	(1)施工过程中形成并收集归档的文件或材料，主要有施工管理文件、原材料 / 构配件质量合格证或质保资料、施工技术文件、竣工图和工程影像、声像资料等； (2)技术档案和施工管理资料齐全、完整，并进行了分类整理； (3)各参与单位分别签署了建设工程档案自查合格文件
2	防雷	(1)防雷装置竣工验收申请书； (2)设计核准书； (3)防雷相关图纸(总平面图)； (4)防雷设计说明、电气设计说明、屋面防雷平面图、接地系统图、电气系统图； (5)SPD 合格证及测试报告； (6)气象局出具防雷装置审查意见
3	水土保持	(1)水土保持专项验收相关设计资料； (2)具备开展水土保持技术评估进场所需的条件； (3)跟踪建设单位水土保持技术评估委托合同签订
4	人防工程	(1)车站区间人防门统计台账及验收计划； (2)配合提交人防工程验收图纸专册； (3)跟踪车站、区间人防设施的安装、自检、整改； (4)配合市应急办(民防办)进行复查
5	卫生防疫	(1)配合设计单位提供卫生防疫专项验收相关设计资料； ①轨道交通各站点的地址、面积(各层，分别标明站厅、站台、办公区、辅助用房等功能区的面积)等 ②提供以下的图纸：线路设计说明（概况说明)(土建单位)、各站点平面布置图（土建单位)、各站点空调图(包括说明、管道图等)(站后单位)、各站点给排水图(站后单位)、各站点照明设施图(站后单位)、空气净化消毒装置相关资料(包括厂家、安装台数、型号、安装位置等说明、厂家卫生许可证、装置检测报告等)(站后单位) ③空调的基本情况(站后单位)。 (2)具备开展卫生学评价工作进场所需的条件； (3)跟踪卫生学评价委托合同签订； (4)跟踪卫生学评价单位对车站进行现场检测及出具报告； (5)市卫生和计划生育委组织审查评价报告及现场验收及出具卫生防疫同意开通意见
6	节能验收	(1)跟踪节能检测委托合同签订； (2)具备开展节能验收工作进场所需的条件； (3)完成各车站节能检测并督促检测单位出具检测报告； (4)跟踪市建设科技促进中心组织节能专项验收工作，并出具投入试运营意见
7	环境保护	(1)工程拆迁工作汇总资料； (2)工程永久占地、临时用地的汇总资料(各地块面积、用地许可证号)； (3)施工期间环境监理报告、施工期监测报告、施工期环保措施落实情况与照片； (4)工程挖、填、弃土石方的实际数据，弃方的渣土排放许可证； (5)环评中工程环保投资明细落实表； (6)工程噪声防治、减振措施汇总资料； (7)核实提供的施工设计图是否是最终版； (8)危险废物处置协议； (9)污水接收处置协议； (10)日常运营与工程相关的投诉； (11)施工场地所在位置施工前和施工后的用地类型，并提供施工前的场地照片
		(1)环评报告阶段所使用的整体线路 CAD 图； (2)车站（包括高架站和地下站)的建筑平面示意图（A3 幅面)，要求能看清每个风亭、冷却塔、化粪池等的具体位置和类型； (3)车站部分设施统计表，包含： 风亭：组数，风亭的大概位置，每组风亭的种类配备（几个排风亭、几个新风亭、几个活塞风亭)，每个风亭是否和风道一一对应； 冷却塔：冷机数量，正常工况几开几备； 化粪池：容积、废水(污水)收集池、容积

续上表

序号	专项验收	工　作　内　容
8	工程质量	(1)轨道工程、土建附属工程、安装装修工程及系统工程初步验收资料; (2)各标段竣工验收; (3)跟踪协调市住房和建设局出具工程质量同意开通意见
9	消防	(1)选定全线消防验收样板站; (2)准备消防设计资料; (3)样板车站建筑防火、人员疏散、给水、供电与应急照明设施、车站防排烟、气体灭火、防灾报警、消防联动控制等消防设施的自检; (4)配合市消防局完成样板站的消防预验收工作; (5)消防缺陷整治; (6)剩余车站消防验收; (7)跟踪协调市消防局下发消防验收合格或同意开通意见书
10	试运营安全评估	(1)配合试运营安全评价单位现场检查; (2)试运营安全评价单位出具投入试运营安全评价报告; (3)配合市交通运输委审查安全评价报告及做好现场验收; (4)跟踪市交通运输委出具试运营安全同意开通意见
11	试运营条件评估	(1)跟踪试运营条件评估委托合同签订; (2)配合编写工程建设综合报告并完成初稿; (3)配合完成工程影像专题片脚本; (4)配合拍摄工程情况介绍电视专题片并完成初稿; (5)配合设计单位编制包含各站平面图、新技术一览表、设计变更汇总表等内容在内的设计文件材料汇编册; (6)配合召开试运营条件评估专家评审会,协调市交通运输委根据专家评审意见,出具同意开通试运营的意见

第26章 安全文明施工管理

安全生产事关社会稳定和每个职工的生命及国家财产的大事，关系到现代化建设和改革、开放、发展的大事；《中华人民共和国安全生产法》等有关国家、地方的法律、法规对建设工程安全生产管理均提出了明确的要求，建设工程安全生产管理必须坚持“安全第一、预防为主、综合治理”的方针，建立健全安全生产的各项管理制度，并切实加强安全生产管理。

26.1 站后工程安全管理体系

按照《中华人民共和国安全生产法》等法律、法规及职业安全健康管理体系标准要求，建立并执行完整的安全生产管理保证体系，成立安全生产管理领导小组，建立以项目经理为第一责任人的安全生产管理体系，实施以施工单位为主体，监理单位加强监控，建设单位加强管理的安全生产管理网络，使管理网络做到层层把关，层层落实。安全管理关系如图 26.1.1 所示。

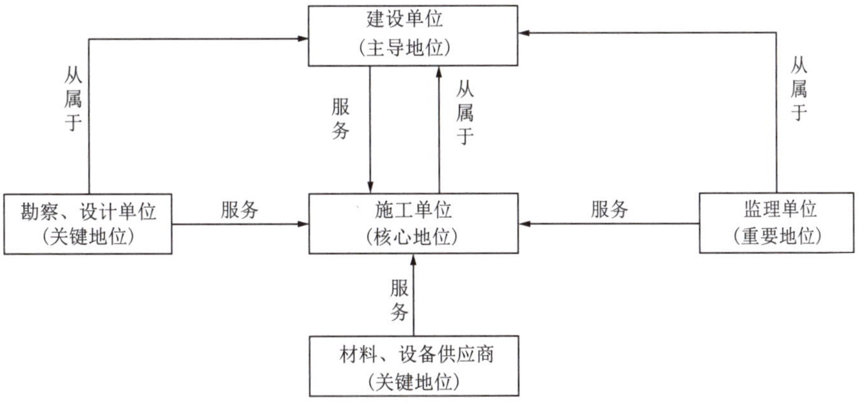

图 26.1.1　安全管理关系图

26.2 站后工程安全生产管理要求

安全生产管理是项目管理的重要组成部分，是保证工程顺利进行，防止伤亡事故发生而采取的各种对策和措施，它既管人又要管施工现场的物和环境，安全生产管理必须认真贯彻“安全第一、预防为主、综合治理”的方针，为此，必须加强事前控制和事中控制，其关键就是要从“源头”开始管理。

26.2.1 对招投标阶段强化并明确安全生产管理的各项要求

（1）招标阶段明确安全生产管理的各项要求，其主要内容包括安全生产管理人员资质及其配置、安全生产管理业绩，安全生产的技术保障措施及其费用投入等，并加强对投标单位这方面要求的审查，凡在近几年发生重大安全事故的不能参加投标。

（2）签订施工合同时签订“施工安全协议书”，按照“谁施工，谁负责”的要求，进一步强化安全生产责任制，落实施工现场项目经理是安全生产的第一责任人，把现场安全生产责任制作为重中之重来抓，从而从责任上保障安全生产得到有效管理。

26.2.2 施工阶段的安全生产管理要求

1）工程实施前的安全生产管理

（1）对参与工程建设的施工单位和监理单位安保体系，特别是安全管理人员资质及配置情况进行审查，由建设单位对监理单位现场配置的安全监理工程师资质及数量进行审查，确保每一个工程项目至少要有一位安全监理工程师；同时要求监理单位对施工单位安全生产管理保证体系和安全管理人员及配置情况进行审查，建设单位审核；确保施工现场施工单位安全保证体系有效建立并运行，特别是安全管理人员配置必须按《建筑施工企业安全生产管理机构设置及专职安全生产管理人员配置办法》（建质〔2008〕91 号）要求配置到位，以确保建设工程安全。

（2）施工单位建立并实施安全生产保证体系，并有效运行；施工安全保证体系由施工安全的组织保证体系、制度保证体系、教育保证体系、技术保证体系、投入保证体系、检查保证体系、信息保证体系和应急救援保证体系组成，它们分别为施工安全的组织要求（即安全施工的组织管理系统及其机构设置和人员配置）、制度要求（即确保安全生产法律、法规、强制性标准、标准文件、工程施工设计和安全技术措施贯彻执行与圆满实施的管理制度）、教育要求（各级、各类安全教育、培训、考核）、技术要求（即安全可靠性、限控和保险要求以及保护和应急排查处置措施）、投入要求（即实现安全作业条件和安全施工措施所需的资源投入）、检查要求（各类监管、监控和日常安全检查）、信息供应要求（即安全法律、法规、标准信息，安全事故信息，安全技术与管理工作信息等）和应急救援要求（应急救援资源配备和组织、实施）提供所需的保证。

（3）建设单位根据职业安全健康管理体系要求，并针对工程项目实施的不同阶段或各个阶段实施项目的不同特点，进行危害辨识及评价以确定重大风险，针对重大风险制订各项管理措施和方案，通过目标指标、运行控制和管理方案的实施确保建设工程安全。

（4）工程实施前对施工单位和监理单位进行安全生产管理工作交底，以明确安全生产管理及职业安全健康管理方面的要求及各项管理制度，并要求落实到每一个人。

（5）审查监理单位的安全监理细则及施工单位的安全技术措施或方案，并组织论证和评审；特别对事关工程安全、人身安全、财产安全的重点项目必须从措施上、方案上予以确保。

（6）督促并检查监理单位对施工单位进场设备的审查工作落实情况，包括安全设施、防护设施的审核情况，并对事关工程安全、人身安全及财产安全的特种设备、安全、防护设施的安全状况进行检查，确保施工现场的设备、设施始终处于安全、有效的状态。

（7）检查监理单位的安全监理实施细则交底及施工单位安全交底落实情况，并针对不同情况采取相应措施，以确保每个岗位、每个工种、每位职工上岗前对安全生产的各项制度及要求“心知肚明”，防范于未然。

(8)工程实施前要检查落实施工单位对全体职工特别是外包工的安全生产教育和培训，加强宣传教育，使每一位职工了解和掌握安全生产有关法律和法规，特别是《安全生产操作规程》，通过教育和培训提高每一位职工的素质，从而使他们自觉的严格遵守有关法律、法规、规章要求，以真正确保安全生产。

2)工程实施中的安全生产管理

(1)检查各项安全生产管理制度的落实情况，特别是安全教育制度、培训制度、交底制度、进场设备施工单位检查、监理单位审核制度以及现场安全检查制度的实施情况。

(2)建立安全检查制度，检查可以是定期检查、专项检查，也可以是季节性检查和巡回检查；通过建立安全检查制度，以形成施工单位“自查”、监理单位“监查”、建设单位管理的机制。通过检查，及时发现问题，对发现问题按“三定”(定人、定时、定措施)要求并“闭口”处理。

(3)建立对各类安全防护设施验收制度，如对进场设备的验收，防护设施搭设的验收，大型设备安装验收，各类支架、排架脚手架、模板工程的验收等。

(4)要求监理和施工单位对各类安全装置的拆卸进行动态管理。

(5)对确定的重大风险及施工现场重大危险源或危险物品加强检查管理。

(6)检查各项安全技术措施的实施和监控是否到位。

(7)若工程一旦发生安全事故，按可能发生事故所制订的应急预案或方案进行紧急处置；并参与安全事故调查，按“四不放过”原则对事故进行处理。

26.2.3 安全生产管理的其他措施

(1)实施安全生产抵押金制度。

(2)例会制度，如建设单位每月召开的安全例会，各施工标段每星期召开的安全例会。

(3)安全检查制度，如定期检查、专项检查、季节性检查和巡回检查，各施工标段每星期一次安全检查，施工、监理单位日常自查和监控检查。

(4)奖惩制度，工程中根据不同时段进行评比和奖惩，对于安全抵押金专款专用，奖惩分明。

(5)委托监理单位对安全生产进行监理，并要求监理单位必须配备专职安全监理人员，对关键部位实施旁站式安全监理。

(6)上报建设单位的月报/季报制度。

26.3 轨行区施工安全管理

26.3.1 轨行区安全防护

(1)建立轨行区全封闭管理所需要的物理隔离系统，包括车站轨行区防翻越护栏及门禁、联络通道隔断门和通往其他地铁线路的通道封闭门。

(2)站台板周边均要进行安全防护，安全防护栏杆高度1.2m。轨行区实行封闭管理，进出轨行区必须走规定出入口，出入口专人看护，上锁，如图26.3.1所示。

图26.3.1 轨行区安全防护

26.3.2 轨行区施工作业安全管理

(1)作业人员应经过班前安全教育。

(2)轨行区作业,必须严格遵守作业票规定的内容,在规定区域、规定时间内进行。

(3)作业人员应佩戴具有夜光效果的防护服、安全帽以及其他劳保用品。

(4)轨行区作业必须设置防护,具体要求如下:

①防护地点应设在作业区段两端各100m处(如遇曲线,防护地点设置在作业区段两端各150m处)。含联络线的作业区间也应在联络线处设防护点,其他影响临线行车时,对临线也应进行防护。

②每个防护点应设红闪灯,至少在每个作业区间两端的防护点应各设一名防护员。

③防护工作要坚持"谁防护、谁撤除"的原则,防护一旦设置,其他人员不得擅自挪移、更改。在撤离作业人员和施工机具施工垃圾后,由防护员撤除防护信号。

④防护员必须经过专业训练,专职防护,坚守岗位;对携带的红闪灯、对讲机、口哨等专用防护物品和工具进行检查,确保防护用品作用良好。

⑤作业区间两端防护员及作业负责人应各持一台对讲机进行联络。

⑥作业人员不得超出防护区域进行作业,否则将认定防护员的防护违规防护。

⑦防护员手持防护号志防护,当列车接近时,防护员不能随意在线路中走动,应站在列车前进方向右侧(地铁是右侧行车制,面对来车方向左侧)显示防护信号。

(5)从业人员作业时,应做好本单位及其他单位的成品的保护。不得在未凝固的道床上行走及作业,不得破坏、污染道床,不得踩踏轨行区成品进行高处作业。

(6)在车站和区间严禁吸烟,严禁大小便;施工垃圾应及时清理出施工现场,或装袋在线路两侧堆码整齐、定期清理,不得有渣土或油污。无施工废弃物,工器具和材料等侵限及遗留,做到人走料净场地清。

(7)轨道线路形成后轨行区应无超限物品,轨道上禁止人员停留。

(8)作业用临时电缆须从钢轨下侧通过,电缆不得侵限。注意保护既有的临电设施和电缆。

(9)开行工程列车属于封锁区段,原则上不允许进行其他作业。

(10)确需在封锁区段交叉进行行车和其他作业时,应满足以下条件:

①作业计划应经调度室审核后报管理小组审批通过。

②作业空间满足行车限界及人员安全避让条件。

③作业单位应增设专门安全管理人员,负责与行车司机、区间防护员的联系,及时组织所有人员撤到安全地带并移开一切影响行车的超限物品。

④在车辆临近其他作业区域时鸣笛,警示施工人员及时撤到安全地带并移开一切影响行车的超限物品,并停车确认安全后才能低速(不得超过5km/h)通过。

26.3.3 行车与运输安全管理

(1)轨行区轨道通车运行的尺寸限制条件(铺轨前,宽为轨道中心两边各2.2m,高于现有毛地面4.4m且不能小于轨道面3.8m;铺轨后,宽为轨道中心两边各1.7m,高于轨面高程3.8m),由铺轨单位按相关标准进行自验、监理单位检查确认合格后方可具备通车条件,轨道单位应定期检查检修,保持在允许限度之内。

(2)工程车辆、动力运输设备,进入轨行区前应经具有检测资质的机构检测合格;运行期间按规定进行维护保养。

(3)非机动运输设备应设置制动装置,宜使用松手导向制动型设备。

(4)轨行区工程列车通过车站时的速度应满足轨行区运输相关要求。

(5)轨行区道岔使用后保持直股开通状态并加钩锁器固定,除扳道员根据调度员命令操作外,其他人不得搬动。

(6)工程行车时刻以北京时间为标准,从零时起计算,实行 24h 制。轨道车运行分左行线及右行线,具体由各线确定,左线车次编为双数,右线车次编为单数。作业票由值班员 0 ~ 24h 按序编定,按日循环。

(7)工程列车占用区间凭作业票进入,作业票内容由值班员填写,核对无误后,交调车员、司机执行。作业票使用完毕,交值班员保管。

(8)在区间内停留的车辆,不论线路是否有坡度,均应连挂在一起,并拧紧车辆手制动,在车辆组两端放置铁鞋,防止车辆溜逸。

(9)工程列车准备期间,调车员按规定检查车辆连挂,司机进行制动试验,调车员查看机具(轨排等)及随车乘坐人员,确认安全后方可执行开车指令。

(10)工程列车开行前,值班员应与调车员、司机、施工负责人(防护员)试验对讲机,确认状态良好,确认线路处于开通状态。推进运行时,由调车员指挥,牵引运行时,前方进路由司机确认,当减速运行至进站道岔前,确认道岔位置、进路空闲后方可继续运行。

(11)工程列车按规定速度运行,瞭望、确认信号,注意轨行区人员动态或障碍,发现危及人身和行车安全的情况,应果断停车或减速,查明情况后运行。

(12)工程列车因故障或其他原因未能按作业票限定时间返回时,无值班员命令不得动车,应在两端各 200m 处设置防护;作业负责人设法与值班员取得联系,报告故障情况,申请救援。排除故障后,必须重新申请,按新下达的路票命令执行。

(13)工程列车运行至换装站前 50m 处停车牌前一度停车,以 5km/h 速度运行至换装站,调车人员监视列车运行。

(14)轨排换装站随轨排施工向前移动,换装站前(迎车方向)20m 处股道中心设红色停车牌。调车员根据信号显示,指挥列车减速、停车。

(15)使用轨道平板车跨装 25m 轨排,装载不得超过 3 层,轨排应对齐,重心必须落在车辆的纵向中心线上,不得偏载或超出限界。

(16)轨排车挂运中,司机严格遵守规定速度,平稳操作、避免紧急制动和小闸制动。

(17)在调车作业中,对已采取防溜措施的车辆,连挂前应先检查防溜措施,挂妥后再撤除;摘车时,应在车辆停稳后做好防溜后摘钩。

(18)车辆运行跨越两个轨行区管理单位管段的行车为跨区段行车。进行跨区段行车时,车辆单位应在开行车辆前一天取得调度室同意,调度室及时向相关轨行区管理单位布置。开行当日,发车区段轨行区管理单位根据现场具体情况向接车区段轨行区管理单位请点,接车区段轨行区管理单位确认具备条件后开具作业票,以传真方式向发车区段轨行区管理单位下发。只有取得作业票后,发车区段轨行区管理单位方能批准放行车辆进入其他区段。车辆进入其他区段后,应及时向发车区段轨行区管理单位销点,认真做好登记,以备核查。

26.4 送电后施工安全管理

26.4.1 电通后安全注意事项

(1)务必做好施工前班组安全技术交底,使作业组成员达到六清楚:①作业地点清楚;②作业内容清楚；③作业起止时间清楚；④安全措施清楚；⑤停电范围清楚；⑥岗位责任清楚。

（2）进入带电区间作业时，必须严格执行电调审批制度，并在获得电调现场值守人员登记、许可，安全措施到位后方可进入作业，避免造成触电事故。

（3）严禁超时停电、送电。

（4）对已经停电的设备进行验电，确保设备不带电（验电器不仅能够有效检验设备带电情况，而且还可以部分实现释放余电功能）。

（5）设备装设接地线或将设备开关倒闸至维护接地。

（6）在工作票中填写的已经断开的所有断路器和隔离开关上，均要悬挂“禁止合闸”的标示牌。

（7）在室外设备上作业时，在作业地点附近，带电设备与停电设备之间要有明显的区别标志。

（8）在室内设备上作业时，与作业地点相邻的分间栅栏上悬挂“止步、高压危险！”的标示牌。

（9）在禁止作业人员通过的过道或必要的处所要装设防护栅，并悬挂“止步，高压危险！”的标示牌。

（10）在部分停电作业时，当作业人员可能触及带电部分时，要装设防护栅，在防护格栅悬挂“止步，高压危险！”的标示牌。装设防护格栅时要考虑到万一发生火灾，爆炸等事故时，作业人员能迅速撤出危险区。

（11）在作业结束之前，任何人不得撤除标示牌和防护栅。

（12）禁止任何人在高压分间或防护栅内单独停电和作业。

（13）施工过程中注意成品保护，严禁在设备上搭设梯子、堆放工具材料、踩踏设备、破坏设备。

（14）若在设备上层以及邻近区域施工，需采取一定的措施，防止施工材料、工具、施工垃圾掉落或磕碰、损坏设备。

（15）夹层内施工时的附加临时照明应采用符合要求的安全电压。

（16）发现高压接地故障时，在切断电源前，任何人与接地点的距离，室内不得小于 4m，室外不得小于 8m。

（17）当进行电气设备的带电作业和远离带电部分的作业时，工作负责人主要负责监护作业组成员的作业安全，不参加具体作业。当进行电气设备的停电作业时，工作负责人除监护作业组成员的作业安全外，在下列情况下可以参加作业：当全部停电时；部分设备停电，距带电部分较远，或有可靠的防护设施，作业组成员不致触及带电部分时。

（18）作业中需暂时中断工作离开作业地点（如吃饭、午休等），工作负责人应负责将人员撤至安全地带；材料、零件和机具要放置牢靠，并与带电部分之间保持规定的安全距离，将高压分间的钥匙和工作票交给电调现场操作人员。当再次继续工作时，工作负责人要征得电调现场操作人员的同意，取回钥匙和工作票，重新检查安全措施符合工作票要求后方可开工。在作业中断期间，未征得工作负责人同意，作业组成员不得擅自进入作业地点。

26.4.2 变电所带电区作业安全注意事项

（1）变电所内的灭火器、备品备件、专用工具等，不得作为施工用具（除非紧急情况下）。

（2）变电所带电设备 1m 范围内严禁侵入；不得已需要侵入带电区域时，必须申请停电，执行“停电→验电→挂接地封线”的停电程序，严禁未执行停电程序靠近带电设备。

（3）施工人员必须按照工作票上规定的作业时间、作业范围进行施工，严禁私自分、合变电所设备上的任何一处开关，严禁私自串岗，严禁私自拆除现场设置的安全警示标志。

（4）带电设备上方进行安装检修作业时（如变压器、高压柜、直流开关柜、低压柜、控制柜等），必须申请停电作业，执行“停电→验电→挂接地封线”程序，严禁踩踏电气设备。

（5）安装检修作业完成，必须经过安全监护人员检查确认出清后方可离开（接地线需经过电力调度室人员确认同意后方可拆除）。

（6）靠近变电所带电设备动火作业时，必须配备二氧化碳或四氯化碳灭火器。

（7）开工前和收工后通知电力调度室作业时间、内容以及作业区域出清情况。

（8）派一名合格管理人员负责工作票实施期间带电区域的安全监护事宜。

（9）进入带电区域施工人员必须穿戴好安全帽、工作服、反光衣、劳保鞋等劳动防护用品，除了指定的施工范围，不得进入其他带电区域施工。带电区与施工区需要保证充足的施工照明。

（10）带电区域的施工垃圾、生活垃圾等及时清运出去，保持带电区域施工环境卫生。

（11）规范施工操作，作业过程中出现的任何带电设备损坏或故障，都必须立即向电力调度室报告。

（12）施工现场临时用电须严格执行《施工现场临时用电安全技术规范（附条文说明）》（JGJ 46—2005）相关要求，不得直接接入变配电正式带电设备，以防损坏正式用电设备或造成供电系统无故跳闸断电。

（13）带电区域施工严禁吸烟和酗酒（酒后 8h 之内不得从事带电区作业），未经许可严禁使用和携带汽油、柴油等易燃、易爆物品或有毒物品。

（14）动火作业按照相关规定开具动火证，动火人员持证上岗；每个动火点应至少设一组手提式灭火器。

26.4.3 变电所电缆夹层带电区作业安全注意事项

（1）进入电缆夹层施工同样执行工作票制度。

（2）进入夹层前，先打开施工区域的检修孔盖板数分钟，充分通风换气；如果施工区域有两个检修孔时应都打开，保持夹层空气流通；做好检修孔边沿的安全警示标志（可在洞口拉上警戒带）。

（3）夹层内作业，避免靠近高压电缆 1m 范围之内；不得已靠近高压缆 1m 范围内时，必须对高压电缆采取防护措施（如采用植筋板隔离高压电缆），避免直接触碰或伤及高压电缆。

（4）夹层内靠近高压电缆动火作业时，必须配备二氧化碳或四氯化碳灭火器。

26.4.4 接触网带电后安全注意事项

（1）雷电时（在作业地点可见闪电或可闻雷声），禁止在与接触网相关的上部作业及以上作业，遇有大风、大雨等恶劣天气时，隧道外线路一般不进行接触网的上部作业。特殊情况需进行作业时，必须有可靠的安全措施。

（2）通过行车调度，办理停电作业封闭线路的手续，对可能通过受电弓导通电流的分段部位采取封闭措施，防止各方面来电的可能。

（3）在区间运输时，不能简单估算设备距接触线距离，应实测绑固后的实际距离，并应充分考虑装卸时可能发生的相对距离变化情况。

（4）刚性接触线轨面高程 4.05m，柔性接触线轨面高程 4.60m。

（5）接触线通常在断电时，也会携带较大安值的余电（尤其场段这一问题非常突出），必须在确定验电、接地到位后，才可进行接触网上部作业及临近接触网施工作业。

（6）接地时必须先将接地线与地连接，再进行挂网动作。

（7）在遇有接触网断线事故时，必须采取防护措施，使任何人在装设接地线以前不得进入距断线

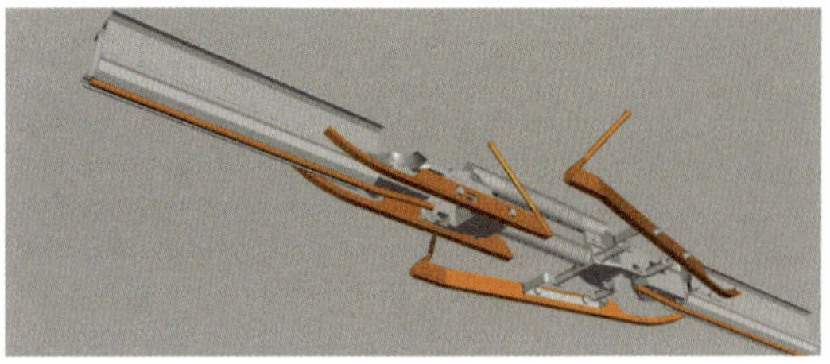

图 26.4.1 分段绝缘器轴承图

落下地点 10m 范围以内。

（8）严禁操作上网隔离开关（尤其是严禁带负荷分合闸）。

（9）需严格按照电调指令进行区间接触网上部作业及临近接触网施工作业，尤其需注意停电边界的显著标志，分段绝缘器的位置，如图 26.4.1 所示。

26.4.5 关键防护数值

（1）当进行停电作业时，设备带电部分距作业人员小于表 26.4.1 的规定者均需停电。

停电作业安全距离表　　表 26.4.1

电压等级	无防护栅（mm）	有防护栅（mm）
110kV	1500	1000
35kV	1000	600
10kV 及以下	700	350
DC1500V	700	—

（2）间接带电作业时，作业人员（包括所持的非绝缘工具）与带电部分之间的距离均不得小于表 26.4.2 的规定。

间接带电作业安全距离表　　表 26.4.2

电压等级	安全距离（mm）	电压等级	安全距离（mm）
110kV	1000	10kV	400
35kV	600	DC1500V	1000

（3）带电作业的绝缘工具材质的电气强度不得小于 3kV/cm，其有效绝缘长度不得小于表 26.4.3 的规定。

带电作业安全距离表　　表 26.4.3

电压等级（kV）	安全距离（mm）	电压等级（kV）	安全距离（mm）
110	1300	10	700
35	900		

26.4.6 应急预案简述

（1）一旦发生故障，立即向电调办公室报告。

（2）报告故障地点、故障设备、故障现象等便于快速处理。

（3）根据事故现象、影响范围采取必要措施，确保不发生衍生损害。

（4）抢修措施正确有效，防止事故扩大化。

（5）处理原则：先保证人员安全，再修复故障设备。

（6）设备恢复，进行彻底试验，校检实际状态、现场控制与上级控制表示实际状态一致。

26.5 站后工程文明施工管理

施工现场文明施工需满足《建筑施工安全检查标准》(JGJ 59—2011)的相关规定。

26.5.1 场地封闭管理

(1)现场出入口设置规整的大门,车辆及人员进出时及时关闭,实行封闭施工。同时健全门卫制度,进入施工现场实行登记,禁止非施工人员进入施工现场。做好施工现场安全保卫工作,采取必要的防盗措施,在现场周边设立围护设施。非施工及安装人员不得擅自进入工程现场。

(2)大门旁设置醒目、整洁的施工标牌,在适当位置设“七牌二图”。

(3)现场施工人员一律佩戴工作胸卡和安全帽,遵守各项规章制度。

26.5.2 场地规划布置

(1)施工现场总平面功能分区设计的基本内容和要求:

①当有条件将各功能区分开设置时,应确保达到规定或需要的安全距离。

②对无条件达到安全距离要求的功能分区安排设计,应在有把握确保安全的前提下,采用适合的安全隔离或安全保护措施。

③对在施工现场中既不能确保安全距离,也无把握以隔离和保护措施确保安全功能设置要求的,必须从现场中排除出去,在工地之外另觅场地设置或采用对外协作等方式解决。

④解决好场地内架空线路、施工设施、周围环境限制等涉及影响功能分区安全的有关设计考虑事项。

⑤解决好各施工阶段对功能分区调整要求的安全保证问题。

(2)在施工现场设置的施工临时设施,包括各种施工用房、仓库、工棚、常设式(固定、附着、轨道)施工机具设备、加工设施、存放设施、道路、水电线路、池槽容器、装卸平台、消防器材设施以及围挡、防护、警示、宣传设施等,如图 26.5.1 所示。

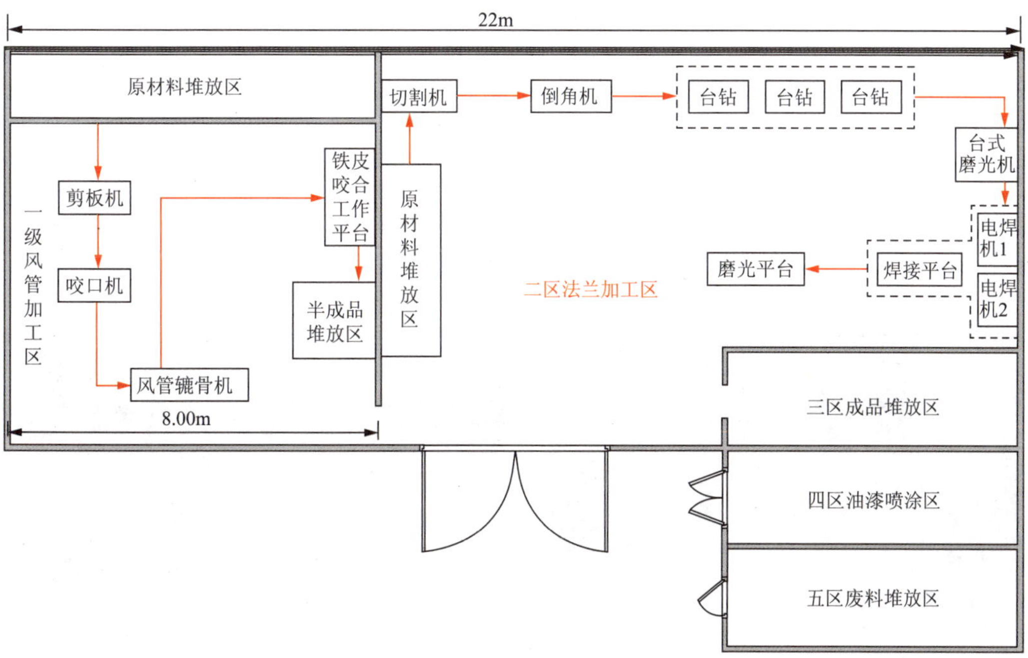

图 26.5.1　加工场地布置参考图

26.5.3 材料堆放管理

（1）设置专门的区域作为临时材料堆放点。

（2）设置材料标识牌，标明名称、规格型号和数量。

（3）各类管材、风管成品、半成品、风管法兰等材料要分类堆放，下部垫方木。

（4）各种材料堆放要做到一头齐，一条线，堆积成方，如图 26.5.2 所示。

图 26.5.2　现场材料堆放图

26.5.4 临边洞口防护

临边洞口防护满足《建筑施工高处作业安全技术规范》（JGJ 80—2016）的要求，见表 26.5.1。

临边洞口防护措施表　　表 26.5.1

序号	洞　口　类　型	防　护　措　施
1	楼板、屋面和平台等面上短边尺寸小于 25cm 但大于 2.5cm 的孔口	必须用坚实的盖板盖严，并有固定其位置的措施
2	楼板面等处边长为 25 ～ 50cm 的洞口、安装预制构件时的洞口以及缺件临时形成的洞口	可用木板作盖板，盖住洞口，盖板须能保持四周搁置均衡，并有固定其位置的措施
3	边长为 50 ～ 150cm 的洞口	必须设置以扣件扣接钢管而形成的网格，并在其上满铺木板。也可以采用贯穿于混凝土板内的钢筋构成防护网，钢筋网格间距不得大于 20cm
4	边长在 150cm 以上的洞口	四周设防护栏杆，洞口下张设安全平网
5	垃圾井道和烟道	应随楼层的砌筑或安装而消除洞口，或参照预留洞口做防护
6	位于车辆行驶道旁的洞口，深沟与管道坑、槽	加设盖板应能承受不小于当地额定卡车后轮有效承载力 2 倍的荷载
7	墙面等处的竖向洞口	凡落地的洞口应加装开关式、工具式或固定式的防护门，门栅网格的间距不应大于 15cm，也可以采用防护栏杆，下设挡脚板
8	下边沿至楼板或底面低于 80cm 的窗台等竖向洞口	侧面落差大于 2m 时，应加设 1.2m 高的临时护栏
9	对邻近的人或物有坠落危险性的其他竖向的孔、洞口	均应予以盖严或加以防护，并有固定其位置的措施

临边洞口防护如图 26.5.3 所示。

图 26.5.3　临边洞口防护图

26.5.5 规范临时用电管理

(1)严格按《施工现场临时用电安全技术规范(附条文说明)》(JGJ 46—2005)规定执行。

(2)现场照明均采用 36V 安全电压照明,设置应急照明灯具。

(3)临电箱内配线规范、回路清晰,箱体做好保护接地措施。

(4)各类线、缆不得有拖地。

(5)重要带电设备设防护栏,张贴警示标识。

(6)配电箱、电线、电缆安装整齐美观。

(7)车站设专职电工,进行日常巡检维护。

安全用电防护如图 26.5.4 所示。

图 26.5.4 安全用电防护

26.5.6 移动操作平台

(1)高处作业人员必须正确佩戴劳动防护用品,系挂安全带,安全带“高挂低用”。高处作业应配置登高用具或搭设支架。

(2)操作平台应由专业技术人员按现行的相应规范进行设计,计算书及图纸应编入施工组织设计。操作平台的面积不应超过 $10m^2$,高度不应超过 5m,应进行稳定验算,并采用措施减少立柱的长细比。

(3)装设轮子的移动式操作平台,轮子与平台的接合处应牢固可靠,立柱底端离地面不得超过 80mm。

(4)操作平台可用 ϕ(48~51)mm×3.5mm 钢管以扣件连接,亦可采用门架式或承插式钢管脚手架部件,按产品使用要求进行组装。平台的次梁,间距不应大于 40cm;台面应满铺 3cm 厚的木板。

(5)操作平台四周必须按临边作业要求设置防护栏杆,并应布置登高扶梯。

(6)移动式平台移动过程中,人员必须离开平台,严禁人员在平台上进行移动。

(7)高处作业的小型工具应装入工具盒或包,易滑落散装材料使用专业固定措施固定牢靠,随用随取,上下传递材料多人配合,不得上下抛掷工具、材料等。

(8)现场使用固定式直爬梯、移动梯、折梯等执行《建筑施工高处作业安全技术规范》(JGJ 80—2016)要求。同时,梯子不得垫高使用,上下梯子时,必须面向梯子,且不得手持器物。

移动操作平台防护如图 26.5.5 所示。

图 26.5.5 移动操作平台防护

26.5.7 标志标牌

（1）标志分类

①禁止标志：禁止人们不安全行为的图形标志。

②警告标志：提醒人们对周围环境引起注意，以避免可能发生危险的图形标志。

③指令标志：强制人们必须做出某种动作或采用防范措施的图形标志。

④提示标志：向人们提供某种信息（如标明安全设施或场所等）的图形标志。

（2）标志设置位置

标志的设置位置应合理醒目，应能引起观察者注意、迅速判读，有必要的反应时间或操作距离。设置的安全文明标志，应使大多数观察者的观察角接近 90°。标志不应设在门、窗、架等可移动的物体上。标志前不得放置妨碍认读的障碍物。当采用悬挂方式安装时，在防护栏上的悬挂高度宜为 800mm；当采用粘贴方式时，应粘贴在表面平整的硬质底板或墙面上，粘贴高度宜为 1600mm；当采用竖立方式安装时，支撑件要牢固可靠，标志距离地面高度宜为 800mm。高度均指标志牌下缘距地面的垂直距离。当不能满足上述要求时，可视现场情况确定。

（3）安全标语

施工场地内外必须制作一定数量的固定标语，要求有企业特色，整齐美观，营造良好的安全生产氛围。

安全标语作为企业安全文化的重要组成部分，不仅对企业员工起到警示作用，更重要的是以一种人性的文化形式提供全员安全意识。

安全标语是安全宣传的重要内容，它可以起到警示、鼓动和激励的作用。

第27章 地盘管理

为确保地铁站后工程能安全高效推进，规范地铁站后工程建造管理，明确各方地盘管理职责，规范管理行为，提升现场综合管理水平，实际工程中，分别从车站、轨行区两方面进行管理，其具体管理办法如下。

27.1 车站地盘管理

地铁工程施工场地狭窄，在同一区域施工单位多，工序交叉多，安全文明施工管理难度大。在现场实际管理过程中，建设单位往往会根据工程进度委托某一方作为地盘管理单位进行地盘管理。在常规设备安装阶段，车站施工区域从土建移交给车站设备安装专业后，一般会把地盘管理职能移交给常规设备安装施工单位，以确保现场施工有条不紊的开展。

27.1.1 车站地盘管理目的

车站地盘管理主要是规范工程的现场管理，明确参建各方地盘管理职责，规范参建各方管理行为，提升现场综合管理水平，确保站后工程能安全、有序、高效推进。

27.1.2 车站地盘管理的内容

车站地盘管理的内容为场地移交后车站施工现场范围内的现场安全生产、文明施工、材料、设备进出、成品保护、防火、防盗及人员准入等方面的规范化管理，以及现场各专业间作业工序安排、临时水电管理、公共资源配置、接口界面协调等管理工作。

27.1.3 车站地盘管理的范围

一般为车站区及进站出入口范围，即以车站公共区及设备区为属地，以车站设备安装及装修施工单位为地盘管理单位；管理阶段以部分施工单位从土建施工单位接管场地开始至移交给运营管理单位止。其中，系统设备管理用房以系统设备施工单位为房间管理单位。车站系统管理设备用房指车站车控室、高压配电 / 控制室、信号设备室、通信设备室、监控设备室、弱电电源室、气瓶间、屏蔽门控制室等。管理阶段以施工单位从常规设备及装修施工单位接管场地开始至移交运营管理单位止。

27.1.4 车站地盘管理机构及职责

站后工程阶段施工现场管理以“地盘管理”为原则，在地盘管理领导小组的领导下，在地盘管理实施小组的具体协调下，由车站地盘管理单位落实施工现场管理职责。地盘管理实施小组由建设单位代表、监理单位代表、施工单位项目负责人等组成。

1）地盘管理的机构设置

地盘管理采用两级管理模式，分别成立地盘管理协调小组及标段地盘管理实施小组。

地盘管理协调小组人员组成：建设单位站后工程主管领导、总监理工程师、施工总承包单位主管领导、施工标段项目负责人等组成，负责全线地盘管理的统筹协调并对责任落实情况进行监督。

地盘管理实施小组人员组成：建设单位代表、站后工程标段监理、系统监理、本标段项目地盘管理负责人、其他施工单位现场负责人（根据施工进展追加），负责地盘管理现场具体实施。

2）地盘管理单位的职责和义务

（1）负责地盘管理范围内的临水、临电管理，所有因地盘管理产生的水电费用、水电设施维护管理费用均由地盘管理单位负责。

（2）地盘管理单位在地盘管理领导小组的统一调度和管理下，应制订合理的进场通道管理方案，并负责车站施工现场人员进出通道和材料、设备运输通道的管理。地下车站通道管理方案的基本原则为车站永久人行通道、临时通道作为现场施工人员、小型材料及设备出入通道，大型设备及材料采用车站出入口、预留吊装口或车站风亭口垂直运输为主，轨道运输为辅。

（3）在满足施工总体进度要求的基础上，在其他施工单位的配合下，地盘管理单位负责编制现场局部交叉作业的施工顺序和计划安排，同时负责车站施工现场内各施工单位交叉作业的协调管理，包括场地分配、工序安排、成品、半成品保护，安全防火等工作。

（4）负责对地盘范围内所有出入口及风井等可以进入地铁的通道、站台层，以及所有可以进入轨行区的通道进行统一的管理，所有进入施工现场的人员必须按单位统一工作服装及佩戴明显标识，且各单位能明显与其他单位区分。负责现场施工内的安全、文明施工巡视和保安防盗工作。对巡查中发现的安全隐患，要及时提醒并制止，严重的要及时向地盘管理实施小组反映。在车站永久人行通道、临时通道和车站风亭、隧道入口设立保安日夜值守，并建立进出本标段施工现场所有人员、材料、设备的请点、登记、准入、准出制度。

（5）负责地盘内安全生产、文明施工主要设施、设备的配置，包括24h临时照明、临边、洞口的安全防护措施、现场防盗、防火设施的配置及日常维护工作，建材、设备堆放区域的划分，垃圾的清运管理雨水、污水、渗漏水的排放以及车站、区间定期清扫和冲洗，安全文明标识牌的设置等工作。

3）其他施工单位的职责和义务

（1）在地盘管理实施小组的统一管理下，在场地分配，工序安排，成品、半成品保护，安全防火等方面要接受地盘管理单位的监督和管理。

（2）按照当地行政机构安全文明工地和建设单位安全文明施工管理要求，建立本单位安全生产、文明施工管理制度，落实各项安全文明措施。遵守本办法规定的文明施工、安全保卫和成品保护要求，将本单位制定的施工现场管理制度、措施和人员名单报地盘管理单位备案。

（3）在地盘管理实施小组的统筹安排下，遵守地盘安全文明、水电、卫生及成品、半成品保护等相关管理规定。

（4）根据地盘管理实施小组的总体安排，根据自身工作要求，提交各自施工计划，并配合地盘管理单位编制车站/区间现场施工进度计划和各工序衔接安排，细化自身专业工序计划，在实施过程中，做好与各专业的配合协调。

27.1.5 地盘管理具体措施

1）抵押金制度

进入车站施工的各施工单位必须与地盘管理单位签订“安全文明施工协议书”，在签订“安全文明施工协议书”的同时，为确保各方严格遵守协议要求，一般要求各方缴纳一定数量的安全文明施工及水电费（地盘管理）抵押金。

2）作业计划及现场交接管理

（1）作业计划管理

①各专业施工单位进场前向地盘管理单位提供一份网络施工计划，以便地盘管理单位统筹考虑整个安装、装修的网络计划，确保各专业施工的顺利进行。并根据工程施工实际情况，在保证工期总目标不变的情况下，每季度对网络计划进行适当的调整。

②施工单位进入轨行区（包括车站范围内的轨行区）作业时，必须遵循轨行区颁发的相关管理办法。

（2）场地交接管理

各施工单位在主要工序交接（如公共区域土建到安装装修工序的交接，设备用房常规设备机电安装到系统设备安装的交接）时，对场地（含附带半成品、成品）实体和管理职责实行交接制度，从而进一步明确工序交叉施工中的各方职责。

3）施工进出场管理

（1）施工单位进场管理

各施工单位进场、退场前必须保证生产、办公、生活区域场地干净和现有地面的完整。进场、退场前必须会同地盘管理单位查看现场情况，进行场地移交，办理相关场地移交手续。施工单位进场规定如下：

①施工单位必须遵守“进场、退场有序”的原则，实行进场准入制度。

②非地盘管理施工单位正式进场前，必须办理“进场施工许可单”，未办理“进场施工许可单”的，地盘管理单位不准其进场施工。

③非地盘管理施工单位在办理“进场施工许可单”前，应完成以下工作：作业人员入场教育，地盘管理单位已对其进行了进场交底，已经与地盘管理单位签订了施工配合协议，已经与地盘管理单位签订了临水、临电使用协议，监理单位对进场条件进行了审查确认。

（2）设备（或材料）进场管理

①对需要占用站厅/站台公共区场地的安装施工单位的设备（或材料）进场时，需得到地盘管理单位的许可；对不占用公共区场地的设备（或材料）进场，由各施工单位自行组织，有序进入站内设备用房。

②车站及区间施工现场原则上不允许加工材料，如确实需要设加工场地，需得到地盘管理单位的认可。

③各施工单位应提前对进入车站的设备运输道路进行筹划，按程序提前通知二次结构施工单位在施工时给予考虑或预留。

④设备（或材料）进场后，各施工单位应按地盘管理单位指定场区存放，设明显标识，并安排人员看守。

(3)施工单位退场管理

各施工单位退场时负责其所辖区域的临时建筑物的拆除，负责其所辖区域建筑垃圾、余料的清理和外运，做到场地平整、清洁，办理完场地移交手续后方可退场。

4)施工临时水电管理

(1)车站站后工程临时水电统一由地盘管理单位负责，其他施工单位进场后，均从地盘管理单位接水接电并接受管理。地盘管理单位在临时水电方案（施组）设计及安装时应考虑其他施工单位的负荷，并预留接口。其他专业施工单位自行负责安装电表、水表及电表、水表以后的管线。结算水、电费时，根据自来水公司和供电局收费单上（或上一级收费单位的收费单）的所有费用总和（包括基本水、电费、损耗、表度电费等），按照所有用户表度数进行分摊。各分表用量之和与供水、供电部门计量的差额、基本电费、无功损耗等，按分表用户的用量比例分摊。

(2)地盘管理单位应配置满足要求的专职人员管理临时水电，其他施工单位进场时，应按照本办法与地盘管理单位签订进场施工协议书。

(3)进场施工单位必须按规定时间向地盘管理单位足额交纳临时水电使用费（按计量单位计费），其他专业各施工单位超过一周未交纳时，地盘管理单位上报地盘管理领导小组处理，并从押金中双倍扣除当月水电费用。地盘管理单位水电收取费用标准应符合建设单位的相关规定。

5)奖罚制度

(1)对地盘管理办法执行情况纳入建设单位综合评比管理制度中进行检查考核。

(2)由地盘管理单位制定《地盘管理细则》，报建设管理单位及监理单位批准备案，设置处罚条款，在地盘管理实施中严格执行。

6)大型设备运输管理

施工前应根据现场调查制定《大型设备运输方案》，就运输组织、方式、进站路线详细规划。地铁车站的运输通道一般有通过临时吊装口、风亭口等吊装运输方案及通过轨道运输方案等。

(1)设备到货

大型设备在到货运送至车站后，采用吊装车辆将设备卸在指定的场地，由驻地监理及施工单位物资部门、安质部门共同确认到货设备无误后，由施工单位保管，需堆放平整，绑扎牢固，并设专人看护，防止发生滑动、相互碰撞、滑落等，等待进一步吊装进站厅或站台层。

(2)运输路径规划

一般地铁车站设备安装工程的大型设备运输路径应事先规划，为设备吊装、运输做好准备。根据车站土建施工的实际情况选择运输路径，主要有以下几种。

①选择临时吊装口运输

如果土建风亭口土建施工未完成，则与土建施工单位协调，利用土建临时下料口运输，但该方案需要利用土建空闲施工空闲时间并协商同意。在吊装（如果土建单位龙门吊车还未拆卸，可与土建单位协商租用或借用龙门吊吊装）大型设备至站厅（站台）层，然后采用人工平移方式移动到设备安装位置。

②选择风亭口运输

如果地下车站的风亭口有一组土建施工完成并移交后，可以选择该风亭口竖井用吊车吊装大型设备到地下车站站厅层，然后采用人工平移方式移动到设备安装位置。

③选择轨行区运输

在受设备到货时间制约，车站风亭口或临时下料口都不具备吊装运输条件时，可以选择通过轨行区，采用轨道车运输至地下车站。此方案需要协调安排好大型设备的卸货地点（在可以吊装至轨行区的临近车站或区间吊装口）、轨道车租用、轨行区请点等工作。在运输至站台层后，采用吊装及人工平移方式移动到设备安装位置。

（3）设备通道预留

当大型设备不能在设备房砌筑前到货时，需要考虑设备运输通道路径。根据该车站的大型设备运输方案，在运输路径规划好以后，就可以确定大型设备经过设备房的位置，预先留好运输通道。此时通道路径上的墙体需要留置通道口，通道口的宽度、高度根据最大设备尺寸确定，一般比最大设备的外包尺寸大 200mm 以上。墙体留置的通道口上方应按规范要求设置过梁。

规划大型设备运输路径时可以用表 27.1.1 说明，在附图（车站建筑平面图）中标明运输的全过程路线图。

大型设备运输路径表 表 27.1.1

站名	设备名称	区域位置	运 输 路 径
车站	冷水机组	负一层 A 端 冷水机房	A 端 2 号风亭→负一层→负一层 A 端排热风室→负一层冷水机房（穿过一道墙）

7）地盘安全、文明、消防施工管理

（1）安全文明施工总体要求：严格执行现行安全文明施工标准及相关规定，做好现场安全文明施工总体策划和安全防护工作。

（2）现场管理组织：地盘管理单位全面组织开展创建安全文明工地活动，与进场施工的单位签订“安全文明施工协议书”，建立健全岗位责任制。严格按照行政机构文明安全施工要求和建设单位文明施工标准，并结合车站的实际情况，组织检查，每月向建设单位代表、地盘管理实施小组汇报现场安全文明施工状况。

（3）根据场地、工程特点，制订消防管理措施，按照“预防为主、防消结合”的方针，由地盘管理单位负责编制安装、装修阶段施工的消防安全应急预案，报建设单位安质部门及相关管理单位备案。

（4）现场管理具体要求：

①施工现场布局合理，材料、物品、机具堆放符合要求，并按指定区域布置，不随意改变。

②场地出入口美观大方，施工现场实行封闭式管理，所有施工人员凭出入证出入，出入证由各施工单位自行办理，人员名单及身份证复印件报地盘管理单位备案。

③施工单位进场前向地盘管理单位申报用水用电计划和其他诸如材料堆放、人员安排、现场施工接口等有关内容。

④各施工单位在施工前必须向施工人员进行安全文明施工教育，避免施工人员发生违规行为。

⑤各施工单位应执行国家及建设单位有关安全生产和劳动保护法规、章程、文件，建立安全生产责任制，持证上岗，保证施工用电安全，配备安全防护用具，设置合格消防器材。

⑥成品、半成品的管理，遵照执行项目的相关管理办法，建设单位相关部门、驻地监理均可依据本办法进行现场管理。

⑦施工废水必须集中排入废水池，或排放在地盘管理单位指定的地点；液态废弃物要灌装，严禁污染地面，每日做到工完场清。

⑧运输车辆必须冲洗后才能离场上路行驶。

⑨加强对进场施工人员的全面管理，所有施工人员要办理出入证。由地盘管理单位负责现场安全保卫工作，各施工单位必须服从并配合地盘管理单位统一管理。

⑩生活区域要配置足够的灭火器材，并指派专人负责管理，消防设施及工具不得以任何接口挪作他用。

⑪施工现场和员工住宿区严禁烧电炉、煤油炉，施工现场中需要动用气割、气焊、电焊及动用火种等作业时，应严密注意事故隐患，现场要有足够的消防设施。

⑫建立健全安全、保卫制度，落实防盗、防火工作。

⑬动火作业实行动火证审批制度，地盘管理单位需监督进场施工单位的动火作业，发现违规作业有权制止并上报地盘管理实施小组处理。

⑭各施工单位需设专人打扫各自生活、生产区的环境卫生，特别是轨行区、轨顶风道、站台排热风道电缆沟、基坑等处垃圾应及时清运。地盘管理单位需设专人负责环境卫生管理。

⑮各施工单位进场施工前，应制订相应的安全文明、消防施工管理措施。进场后，由地盘管理单位牵头、其他施工单位参加监督检查整个工地的安全文明、消防管理措施落实情况，至少每周应联合检查一次。

8）现场保卫管理

施工现场地面及车站、区间内的安全、保卫工作由地盘管理单位负责其合同范围内的保卫管理工作，但其他施工单位对各自施工区域内的安全、保卫工作负责。现场保卫规定如下：

（1）进入施工现场的单位和个人必须遵守地方行政及建设单位安全标准工地和文明施工标准以及地盘管理单位的各项规章、制度。

（2）进入施工现场的作业人员必须佩戴出入证，出入证由各施工单位自行办理。

（3）建立门卫登记制度，对需进入工地商洽业务的人员进行登记，严禁闲杂人员进入施工场地，不听劝阻者保卫人员有权将其逐出工地。

（4）进入施工现场的车辆必须进行车牌号登记，凡离开施工现场的货运车辆所载物资必须由地盘管理单位现场负责人的签条方可运离工地，否则门卫人员及工地保安人员有权扣留。

（5）施工现场内的安全保卫工作统一由现场地盘管理单位进行协调指挥。各施工单位车辆及材料、设备进入工地后必须及时安排保卫人员进行各自车辆及材料、设备的看护，对贵重物资实行专人看护。

（6）现场保卫人员应严格遵守有关规章制度，做好值班及交班记录。

27.2 轨行区地盘管理

地铁区间土建工程施工完毕，站后铺轨及安装工程逐步进入施工环节，由于地铁线路长，施工单位多，必须加强轨行区施工管理，合理安排土建、轨道、机电系统设备安装等施工作业，保证轨行区内各单位在时间、空间上的作业关系顺畅，确保施工安全。

27.2.1 名词定义

工程运输管理领导小组：由建设单位、轨道监理单位、轨道施工单位、系统监理单位、系统施工单位及相关部门组成。

标段调度长：由轨道施工单位和系统设备安装单位上报，经上级批复任命。

轨行区调度室：轨行区调度室是调度长的具体执行机构，负责日常调度工作。根据工程进展分别设置铺轨调度室及系统设备调度室。

27.2.2 轨行区管理基本流程

1）基本要求

（1）轨行区实行《工程运输通告》管理制度，各单位在轨行区进行运输、施工作业等应严格执行《工程运输通告》相关规定。

（2）《工程运输通告》由轨行区调度室，根据工程整体工程策划及各单位计划调度室计划进行编制，经标段调度长审核签发后执行。

2）工程运输通告管理流程

轨行区工程运输通告流程如图 27.2.1 所示。

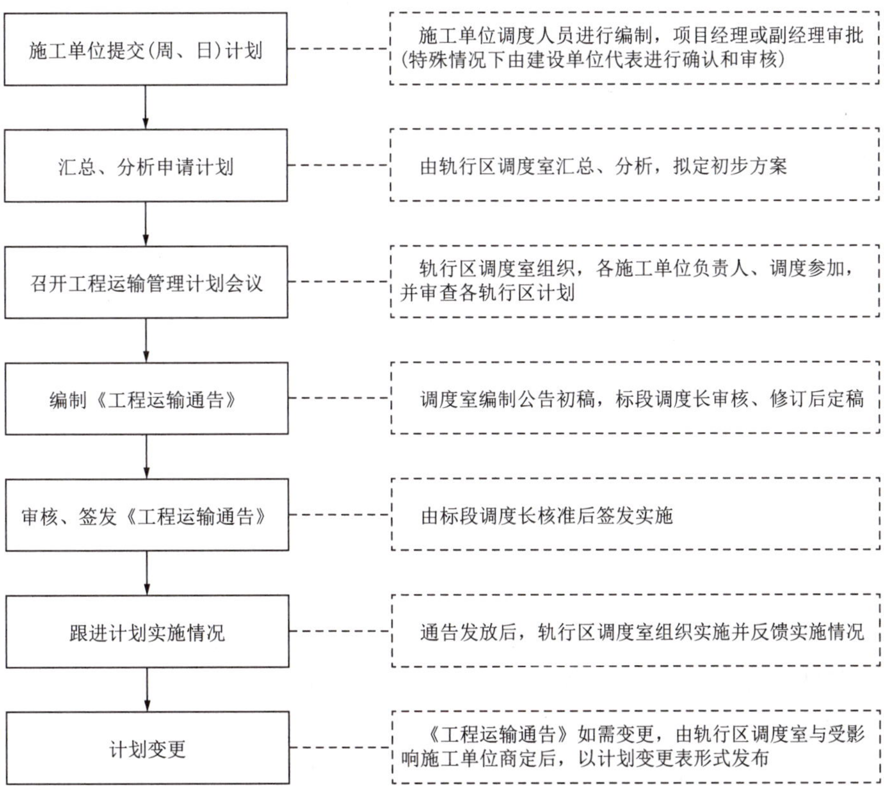

图 27.2.1 轨行区工程运输通告流程图

3）轨行区施工作业管理流程

轨行区施工作业工作流程如图 27.2.2 所示。

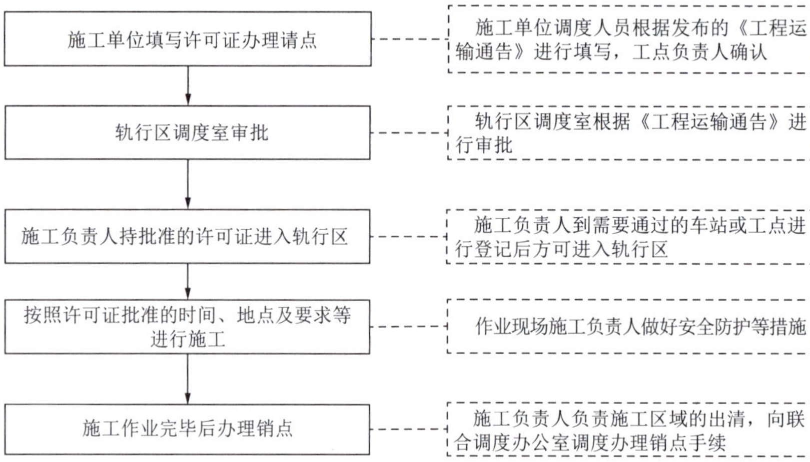

图 27.2.2　轨行区施工作业工作流程图

27.2.3　调度计划管理

轨行区管理实行周计划管理制度，计划按时间分为周(日)计划、临时补充计划。

1)调度计划管理要求

(1)每周工作计划应具有连续性和集中性，严禁采取跳跃式和分散式的施工组织方案占用轨行区。

(2)所有施工单位工程车使用计划均需按周提出，交轨行区调度室审批。

(3)所有施工单位对提报计划必须严肃对待，杜绝多占用轨行区资源行为，轨行区调度室将对周计划兑现率进行严肃考核。

2)调度计划的审批

(1)周计划的审批由轨行区调度室于每周定期召集各相关施工单位调度室有关人员开会，商议下一周或下两周的轨行区施工与运输计划，将审批结果公布于《工程运输通告》上，并下发各相关单位执行。

(2)临时计划安排应在满足周计划施工的前提下进行，其审批权限在轨行区调度室。

(3)轨行区周施工与运输协调会后的紧急请求需要改变整个施工运输计划，必须在要求的变更计划时间前至少24h，由施工单位调度室向轨行区调度室书面提出，除非经轨行区调度室批准，不得擅自变更计划，否则，因此造成的损失、后果由相应施工单位负全部责任。

3)调度计划的执行

(1)轨行区封锁线路或进入轨行区施工时，各单位应严格履行"请销点"制度。

(2)各施工和运输单位根据下发的《工程运输通告》，由各施工单位调度室进行细化，并将每项工作计划具体落实到施工队、班组，确保施工负责人对计划完全了解。

(3)需要进行轨行区运输的单位，按照要求到轨行区调度室登记，装载货物，检查列车准备情况。

4)调度计划的检查与控制

(1)《工程运输通告》以周计划形式发放给工程各参建单位，同时抄送工程运输管理领导小组。

(2)工程运输管理领导小组派员对各项施工项目的计划执行情况进行检查、监督。

(3)轨行区调度室应全面掌握施工进展情况，并对设备运输和线路使用实施调度工作。

5)调度计划信息的反馈

(1)施工负责人应及时向其调度室汇报计划完成情况、线路出清情况。

(2)参建单位调度室应及时向轨行区调度室汇报计划完成情况，线路出清情况并办理相关手续。

(3)轨行区调度室原则上只接受书面计划，对临时变更计划和距离轨行区调度室较远的施工单位可按规定程序接受电话申请，但需及时补充书面变更计划申请。

(4)施工负责人在施工过程中应随时保持与轨行区调度室的联系，以便轨行区调度室随时掌握施工进度等状况。

27.2.4 申请要点和销点制度

(1)轨行区封锁线路或进入轨行区施工要点时，各单位应严格执行轨行区调度室相关轨行区施工管理规定，相关单位项目负责人(或主管生产的副经理)应在现场组织指挥。

(2)各单位应严格履行“计划→报批→登记→销点”程序。作业前，各单位进入轨行区施工、运输或申请线路封锁时，必须向轨行区调度室进行要点，要点命令即“要令”，在作业结束后必须向轨行区调度室撤销线路封锁后应销点，销点命令即“销令”。

(3)要令、销令工作，由各施工单位调度室人员负责，并安排专人与轨行区调度室配合协调。

(4)在批准“要令”施工前，施工单位项目负责人(或主管生产副经理)要亲自检查准备工作情况，向轨行区调度室派调度联络员办理“要令”；接到施工命令后，办妥登记手续，确认封锁起止时间，设好安全防护员后方可下达施工命令，严禁点前进入轨行区施工。

(5)作业任务完成后，施工单位项目负责人要对施工现场进行全面检查，确定符合轨行车辆运行条件后，方可办理“销令”手续。

27.2.5 轨行区工程运输及施工管理

1)调度管理

(1)各工程车司机、施工负责人必须服从当值轨行区调度员的统一指挥。

(2)轨行区施工与运输的调度实行每日例会制度，即由轨行区调度室根据轨行区施工与运输周计划并结合临时、变更计划，编制日计划。

(3)各施工单位所运用的移动运输设备进入轨行区施工，必须以轨行区调度室签发的行车调度命令作为凭证。

(4)在工程建设期间，涉及既有运营线路设备设施的连接或影响既有线运营安全的施工作业，除遵守本轨行区调度管理外，还应执行建设单位相关规定。

2)人员管理

(1)建设单位工作人员经轨行区调度室批准后，凭单位工作证进入轨行区，由调度室安排进入轨行区。

（2）其他上级检查单位及来宾经轨行区调度室批准后，佩戴来宾证，由调度室安排进入轨行区。

（3）对于施工单位的项目经理、调度员与工点负责人的出入证编号与安全帽颜色应与一般施工人员的编号及安全帽有区别。

（4）所有参建施工单位均应遵守为其他施工单位提供方便的原则，任何单位和个人，应服从轨行区调度室的协调，无权拒绝经调度室批准的协调规定。

3）车辆管理

（1）行车限界

①施工期间，工程车行车限界为：

限高：3800mm（以内轨顶面为准），圆形及马蹄形隧道 3900mm。

限宽：半宽 1400mm（以轨道中心线为准），所运输的货物不得超出运载车辆的边沿。

限长：所运输的货物不得超出运载车辆或车组的两端边沿。

②装载货物时，应符合平板车的容许载重力和集重要求。装载货物的质量严禁超过平板车标记载质量，货物的质量应合理分布在车底板上，不得偏载，防止集重、超限。

③装载超长、超限和集重货物时，如货物重心的投影不能位于平板车纵中心线上时，同一转向架左右旁承游间之和为 2 ～ 10mm，但任何一侧旁承游间不得为零。

④对于超限、超长货物运输或作业必须制订详细计划，并经过轨行区调度室的审批后方能进行。

⑤在正线上施工各项临时设施，侵入建筑限界时，必须绘制施工时临时行车限界断面图，报轨行区调度室审批。

⑥施工时临时行车限界经批准后，施工单位应制作临时限界检查架，定期进行检查。严禁超限界列车进入施工区间。必要时由施工单位在施工地段的两端按批准的限界设置限界检查门。

⑦超限列车必须通过施工区间时，将由轨行区调度室事先通知施工单位拆除脚手架等障碍物，并派员会同施工单位检查确认符合要求后，才准放行超限界列车。

（2）速度限制

工程列车（轨道车）在线路上的最高限速由施工单位提出，由轨行区调度室作出规定，并在《工程运输通告》上公布。正常情况下：

①工程列车在正线推进运行的最高速度限制为 20km/h。

②单机挂车推送最高速度为 20km/h。

③工程列车或轨道车在正线上牵引运行的最高速度限制为 30km/h。

④大件货物运输列车的最高速度限制为 15km/h（因弯道或线路情况需要采取特殊速度的，根据计算结果确定，但需征得轨行区调度室的批准）。

⑤向存车线调车的速度限制为 15km/h。

⑥进入尽头线的速度限制为 5km/h。

⑦车辆对货位的速度限制为 5km/h。

⑧车辆连挂的速度限制为 3km/h。

（3）机车车辆检查

①凡有工程车的单位，在出车前和完工后应对机车车辆进行安全性能检查，并指定专人负责，认真做好日检、周检和月检。

②出车前进行机车车辆性能检查，与调车人员共同对货物装载加固情况进行检查、确认。

③随时检查机车总风缸、制动主管的压力，检查发动机的润滑油压力、冷却水的温度及其转速等情况。

④对于要进行大修的机车车辆应提前10d做好大修计划，并在轨行区调度室备案。大修计划将在工程运输计划会议上给予预留。

（4）车辆安全管理

①轨行区各单位应根据施工需要提前统计所用平板车数量和规格，统一委托轨行区管理单位采购或租赁轨行区单位平板车；轨行区管理单位提供的平板车需满足轨行区各项技术及安全要求。

②轨行区施工期间，各施工单位应将本标段拟进入轨行区车辆按“标段（××××）—车辆类别（如轨道车、轨道平板车、手推平板车等）—序号”进行编号，并提前建立车辆台账，上报轨行区调度室备案。

③各类轨行区车辆应采取可靠防溜措施，确认止轮牢固可靠。使用人力制动机或人力制动机紧固器防溜时，需拧紧制动机；使用铁鞋（止轮器）防溜时，鞋尖（止轮器）应紧贴车轮踏面，牢靠固定；使用防溜枕木防溜时，应在距停留车辆不大于5m处放置。

④进入施工作业区域前，机车（含其他动力，以下同）作业人员应进行自动制动机试验，确保作业区域作业时制动机作用良好。

⑤严禁任何车辆（轨道平车、自制平板车等）在工程线上无动力停留、无施工负责人或安全员监控管理。

⑥在坡度超过6‰的线路上禁止停机等待。

⑦机车、轨道平车及自制平板车在工程线作业时必须做到人不离车，并监视有关设备及仪器符合规定。

⑧各单位应加强对线上有关人员防溜知识的培训，使作业人员掌握必要防溜措施及安全规定知识等。各级人员现场检查工作时，必须检查停留机车、车辆防溜措施。

4）施工管理

（1）进入轨行区管理

①进入轨行区施工或运输的凭证为轨行区调度室签发的施工作业令或行车调度命令。

②工程车在既有线运行的凭证为地铁运营单位主管部门的行车调度命令。

③施工单位凭施工作业令向轨行区调度室请点，各工点轨行区值班人员检查施工队伍相关证件（工地出入证、施工作业令等），符合要求后由轨行区调度室值班人员安排进入区间。

④进入轨行区需做好施工防护，施工区域的起点、终点以外50m处各设置红色闪光灯作为停车防护信号，红闪灯应设置于线路两钢轨之间。工点负责人确认防护员已设好停车防护后，方可发出施工命令。

（2）轨行区作业

①在作业过程中应做好防护。在任何情况下，如施工地点的停车防护信号尚未撤除或待避工作尚未做好而列车临近时，防护员应及时向列车显示停车手信号，使列车停车，但不得使列车在该施工区域停车超过30min。

②在使用拖车、梯子和其他大型设备之前，或在已带电的设备附近工作时，施工单位必须获得轨行区调度室的同意。

③轨行区带电区域严禁使用金属梯子。

④所有在轨道附近工作的人员必须戴安全帽、穿荧光衣。在地面的轨道上工作时，施工单位安全防护员必须拿信号旗；在隧道内工作时，施工单位安全防护员必须拿信号灯站在来车方向的红闪灯设置处。

⑤未得到轨行区调度室允许，不得在轨行区搭设脚手架。不能在正线的轨道上（接触网已被使用

的情况下）使用脚手架和升降台，除非已确认切断牵引电流，接触网设备已挂好地线，脚手架必须在接通牵引电流之前拆除。

⑥发现施工地点有妨碍行车安全的异常情况时，需采取紧急措施消除故障，并立即显示停车信号和通知轨行区调度室暂不放行列车。

⑦铺轨作业：司机及车长均应加强瞭望，确保施工安全，并遵守有关的安全规定。

⑧大件运输作业：当工程车在装货或卸货时，不得移动工程车，直到在上面或附近工作的人员已由施工单位现场负责人警告停止工作，并转移到安全的位置时为止，施工单位现场负责人才能发出移动车辆指令，司机方能看车长手信号移动车辆。

⑨在接触网架设后的大件运输：必须确认接触网已经断电，且任何人员不得站立在接近接触网的工程车位置上。没有办理出清销点程序，接触网不得恢复供电。

⑩接触网施工作业：需要长时间停留在某一位置施工时，特别是在30‰斜坡上停留时，需采取必要的制动措施，以防止车辆溜逸。

⑪工程车行驶时，司机和车长必须加强瞭望，准确判断路况，发现异常情况立即停车。工程车在隧道内行驶、通过地铁车站、曲线以及瞭望不良时，可适当延长防护距离，并鸣笛示警，减速通过。

⑫在正线上施工，需要在封锁区间或限速运行条件下运行时，应按轨行区调度室的有关规定，办理封锁区间或限速运行的申请。各施工单位在封锁区间或限速区间两端设置标志，列车在整列驶离限速终点标志后可按正常速度运行。

（3）从轨行区撤离

①施工完毕后，施工负责人需通知轨行区值班人员共同检查施工完成、线路出清等情况，轨行区工点值班人员确认其施工行为无违反相关规定后通知轨行区调度室准许销点，然后施工单位向调度室办理销点手续。

②对于非连续24h工作的项目，施工单位每天必须向轨行区调度室办理销点手续。

③对于连续24h施工的项目，施工单位可以在该项目施工完毕后向轨行区调度室办理销点手续。

④当发出停工命令时，施工人员应及时撤除妨碍行车的一切障碍物，并迅速到安全地点待避。工点负责人确认安全或确认线路已达到放行列车的条件后，方可通知防护员撤除停车防护（红闪灯）。

⑤如列车需减速通过施工地点时，防护员在撤除红闪灯前告知车长 / 调车长。

（4）在车辆段内各股线路及出入段线作业

车辆段内各股线路及出入段线作业根据轨行区调度室的安排执行，但不得有妨碍整体轨行区的施工与运输计划的安排。

5）设备材料管理

（1）装卸的设备、材料、工具应稳固，不得偏载、超载和超过机车车辆限界。装载危险物品时，应有可靠的安全措施。

（2）区间装卸材料，必须按照批准的时间作业，并有充足的照明设备，每次卸车后，工点负责人应认真检查清道情况，确认符合行车安全的要求后，方可通知车长 / 调车长开车。

（3）靠近线路堆放设备材料、机具，应堆放稳固，不得侵入建筑限界。在站台堆放的设备材料，无人看守时，应稳固堆放于距离站台边缘2.0m以外的地方。其他情况，除获得轨行区调度室批准，施工单位施工用的设备和材料不得放置在距离站台边缘1.5m的范围内。

（4）严禁卸料后有下列情况时开车：未完成清道或材料机具堆放不稳固，各种机具材料侵入行车限界；有边门的平板车未关好车门；卸车人员未坐稳；车内剩余设备、材料偏载未整理好。

（5）列车到达前，货物所属施工单位的项目负责人应提前与车站施工单位商定卸车事宜，提供卸车场地、设备等。列车到达后与司机共同商定卸车地点、时间，由调车人员指挥列车对位。

(6)卸车过程中，既要做到卸料位置准确，又要确保安全。

(7)通信设备在使用前，应进行使用登记，使用完毕后应立即归还调度室进行销记，并保证设备的良好，对使用过程中造成设备损坏的，建设单位要追究使用者的责任，并给予相应的处罚(包括要求使用者单位给予赔偿)。

27.3 临时电力调度管理

地铁变电所及接触网送电后，沿线环网电缆和接触网将由“无电”转为“有电”状态。进入相关区域内进行施工作业，将可能造成人身和设备运行的安全问题。同时为确保施工作业及列车上线动调按计划实施，必须对全线设备进行统一管理。

27.3.1 临时电力调度管理范围

区间环网电缆、正线接触网，正线各变电所高压设备房及高压控制室设备，进入区间轨行区、变电所及电缆夹层等电管区的施工均需电调批准。

27.3.2 临时电力调度管理内容

1)作业计划的申请

各单位根据项目计划和实际进度，及时向电力调度提出作业申请，凡属下列情况，需提出书面申请：

(1)需进入变电所高压室、整流变压器室、控制室、电缆夹层的任一区域作业。

(2)在已带电的高压电缆 1m 范围内的作业。

(3)在运行的动力变压器周围 1m 范围内的作业。

(4)接触网完成送电后，进入轨行区需要停电的作业。

2)作业计划的审批

各单位填好作业申请后，经驻地监理审批，再交临时电力调度最终审批。审批文件一份留在电力调度办公室，另一份在作业前交变电所值班员留存。

3)作业计划的实施

作业前，作业负责人需持经批准的作业申请表，到变电所办理作业手续或停电作业手续，待值班人员完成倒闸操作并采取安全措施后，作业人员方可进入作业区域。

作业完成后必须及时到变电所办理销令手续，变电所值班人员需经核实作业临时接地线已经撤除，作业区无安全隐患后，再向电调汇报。

严禁超时、超范围作业，遇有特殊情况不能按计划完工时，要及时与变电所值班人员和轨行区调度办公室联系。

27.4 成品保护管理

由于站后工程施工单位众多，为了有效防止过程产品因保护失控而造成的质量缺陷，最大限度地消除和避免成品、半成品在施工过程中的污染和损坏，以达到降低成本，确保工程质量，从而最终向建设单位提供符合规范和验标要求的满意工程，履行对建设单位的合同承诺，必须对成品、半成品的保护加以重视。

施工单位应结合建设单位相关要求、工程实际及现场条件制订具体的"成品、半成品保护实施方案"，并报监理单位和建设单位审批，按照方案贯彻执行，要落实成品保护责任制，明确相关人员职责。进入车站施工的各施工单位必须以签订的"安全文明施工协议书"为前提，做到对成品的保护。

27.4.1 成品保护的主要内容

成品保护是指在施工过程中，对周围建筑物和构筑物或对已完成的分部工程、分项工程采取的保护措施。成品、半成品主要保护内容包括但不限于以下几方面：

（1）现场物资、材料仓储与存放的成品保护，如钢筋、水泥、砂、碎石、机柜、线缆等。

（2）半成品的保护，如模板、混凝土、钢筋骨架、设备支架、预埋件等。

（3）工程设备成品保护，如机柜、线缆、区间设备、电动工具、各种试验检测仪器及测量仪器等。

（4）施工过程中工序成品，如脚手架、临水、临电、临建工程、机电设备安装、四电设备安装、电气设备安装(线槽、线缆敷设)等。

（5）竣工后移交前合同范围内产品的成品保护。

27.4.2 成品保护管理要点

1）成品保护管理的总体要求

（1）成立成品保护领导小组。一般由项目经理、副经理、技术负责人、现场负责人、站长、劳务分包负责人、班组长等共同组成，明确各岗位职责。

（2）制订成品保护管理办法及措施。项目在施工前制订可实施的《成品保护管理办法》，对需要进行产品保护的部位列出清单，针对不同设备、成品等采用覆盖、遮挡、围护、捆绑等有效措施。

（3）合理安排施工工序。施工工序安排不合理，将造成成品的交叉污染，防不胜防。施工成品保护小组在制订施工方案时应对工程施工流程提出明确要求，组织施工前，编制详细的施工计划，审核工序的合理性，按经批准后的施工计划实施。上下道工序之间要办理交接手续，上道工序完工方可进行下道工序施工。

（4）成品保护检查考核。成品保护领导小组应制定完善的检查制度、交叉施工管理制度、交接制度、考核制度、奖罚责任制度等，定期进行检查考核，不断改正提高。

（5）成品保护教育。加强对施工现场作业人员成品保护工作的教育、学习力度，提高作业人员的成品保护意识，认识到做好成品保护工作是保证工程质量和切身利益的有效手段。

（6）专人成品管理。对完工成品及收尾工程设专人看管，推行"上锁制度"。实行跟踪维护，谁损坏谁负责任。

2）成品保护的总体措施

车站站后工程的成品保护措施要求能够对产品起到保护作用，可分别对成品和半成品采取盖、遮、围、堵、包、绑等具体措施。

盖：即对成品进行覆盖。如地面工程采取铺板材、软布、锯末等覆盖保护；对地漏、排水管落水口等安装就位后加以覆盖，以防止异物落入而被堵塞。

遮：即采取搭棚等措施对成品进行遮护。

围：即在成品四周采取围护措施，防止碰撞或限制人流、车辆等进入。

堵：即将风管、水管、线管等管道成品进行封堵，防止杂物、泥土等堵塞孔道。

包：即对成品进行有关包裹工作，防止损伤或污染。如采用泡沫板、条布、包装箱等对成品、设备进行包裹，对镶面大理石可用立板包裹捆扎保护，铝合金门窗可用布包扎保护，将室外计轴、应答器设备用彩条苫布进行包裹防护。

绑：即在物体运输过程中采取有关绑扎、支架固定等措施防止物资在运输、吊装过程中的损坏。

3）成品保护的分阶段管理

地铁站后工程的成品保护应按施工区域、专业、工序来划分，并落实到相关单位、人员、岗位及人员。

施工时，一个阶段内相关区域由相关专业负责做好成品保护的主体责任。在管线及设备安装阶段，成品保护工作主要由常规设备安装施工单位负责成品保护工作，其他专业配合，按相应措施组织好成品保护工作；在进入车站装修阶段，主要由装修施工单位负责成品保护工作，其他专业配合，按相应措施组织好成品保护工作。在工程收尾阶段，施工单位应分层、分区设置专职成品保护监督员，其他专业施工队伍作业完成后，要经成品保护监督员检查确认没有损坏后方准离开作业区域。

27.4.3　地铁站后工程成品保护专项措施

1）临水、临电保护措施

电箱、消火栓等进入施工现场安装完毕后，应设防护棚，避免被碰撞坏，同时应注意消火栓和电箱上的油漆不被损坏。

2）标识管理措施

对安装完成的主要项目（易污染损坏项目），如风管、水管、桥架及机电设备等通过各种标识管理提醒施工人员注意成品保护。

3）施工机具管理措施

对使用的人字梯、移动脚手脚等工具的下脚要用麻布或胶皮包好，以防止滑倒和碰坏已完成的地面等。对风管加工操作台、加工区域等应用地毯等柔性护垫防护，防止摩擦刮伤。

4）施工工序管理措施

在设备区走道施工时，应按从上到下分专业安排施工顺序，一般按照先上部风管、再中部桥架、后下部水管的顺序安装。风管安装时，上部保温层要先安装完成，侧面及底部保温可视空间情况合理安排施工顺序。桥架穿电缆及后期管线安装时最易损坏保温层，特别是各专业非同一施工单位管理时，通风空调专业要与其他专业及时现场协调并派人监督管理。

在设备房施工时，机电灯具、面板的安装应与墙面、天花的施工穿插进行，其顺序为：天花龙骨吊装施工开始但未完成前，进行灯具、空调风口、烟感、喷洒头等的安装，墙面在涂刷最后一遍涂料前，灯具、开关插座的面板等进行安装。灯具、面板安装时要戴清洁的白手套，以保持墙面、天花板的清洁，并用塑料薄膜和胶带包裹好，机电面层安装完成后，向装修进行交接，再进行最后的收尾施工。

5）设备运输及保管保护措施

设备进场后及时组织安装，尽可能压缩库存和二次搬运等中间环节。在搬运过程中，对于易损材料、设备，轻拿轻放，搬运到操作面后再拆除外包装，严禁为便于搬运提前拆除外包装。大型设备吊装时合理选择吊点，绳索在设备、配件上的绑扎处加软垫。设备搬运及施焊时，要有具体防护措施，不得将已做好的墙面和地面损坏。

6）设备保管防护措施

当机电设备需要存放时，整机成品不得露天堆放，电动阀门、电器材料、配件等运进现场未安装之前应开箱检查，分别堆放整齐，采取防碰撞、防水、防尘、遮挡等保护措施保管及二次搬运，吊装及安装期间防止机件损坏及丢失。对主要设备材料要设专人看管。

主要设备如三箱、冷水机组、高低压开关柜、水泵、风机盘管及空调设备等均采用塑料薄膜、彩条布及外固包装箱板等措施包裹防护，以防灰尘等外因影响，留出设备接口处，供管道连接。重要的三箱、控制盘、配电柜等带电设备，通电后设明显的“禁止触摸”标志，防止无关人员随意触动，引起误操作，造成设备损坏。

7）主要设备房保护措施

对于主要设备机房内（如环控机房、冷冻机房、高压、低压配电室及通信、信号专业设备房等）的重要设备要在形成封闭条件后再安装，并设专人负责管理。安装完毕后，如有其他施工单位进入施工，要办理登记并要有保护措施后方可施工，施工完毕后要进行及时检查，如发现有损坏应立即向上级报告，与责任方协调解决。

8）成品保护综合管理措施

施工单位应统筹考虑各系统施工组织，一方面，不得颠倒工序，防止后道工序损坏或污染前道工序；另一方面，要注重系统间相关工序的衔接配合，避免各系统间工序损坏或污染。

施工单位把成品保护措施列入总体施工组织设计中并组织执行，确认为重点保护的成品、半成品按作业指导书执行，同时建立过程、人员、设备三过程成品保护检查记录并根据建设单位相关要求、结合各系统具体情况，对应各项成品制作相应的标识。

分部、分项工程的成品保护措施应列入技术交底内容，必要时编制施工作业指导书，同时要解决有关成品保护工作所需的人员、材料等问题，必须设专人进行防护，使成品保护工作落到实处，以确保工程在竣工交付前的完好状态。

施工单位负责成品保护工作的检查员，要每日不定时对本工程的成品保护工作进行检查，并督促专职安全员落实整改，并做记录。

设备起吊或拖运施工过程中，若需在墩柱、设备基础上面固定时，要做好四角的保护措施。

在构筑物内施工时，地坪上应加上软木、橡胶垫或其他软质材料的隔离层；结构物上用塑料布保护。

设备运输经过沟道时应垫上横跨沟道的枕木或其他相应措施。

在利用卷扬机进行吊装作业时，尽量不要用已施工完的梁、墩柱作为承力点，如工程确实需要，经严密的受力计算，在确保安全并对承力点做包垫措施的前提下进行。

严禁在已施工完的结构物面上及附属工程任意打洞，确因工程需要必须开洞的，经相关单位同意（如所属地盘管理单位），并征得建设单位、监理单位批准，且施工完成后有相应的恢复措施。

安装的各种设备或基础支柱等如果靠近交通线路，要有防撞措施。

电缆敷设后不能及时掩埋的要采取防压、防火、防盗等措施，严禁蹬踏已施工完的电缆桥架和已施工完的附属设施。

机械设备在结构物附近作业时要设置专人负责指挥，严禁划伤结构物表面。

根据产品特点，可分别对成品和半成品采取护、包、盖、封等具体保护措施。

进行油漆作业时有对成品的防污措施。

工程通过初、竣工验收，交付前要安排专人对验收后的成品进行必要的保护。

第28章 接口及协调管理

28.1 接口管理目的

接口是指各系统和各专业之间，不同合同施工单位之间，各系统内部及各系统之间，各专业内部及各专业之间的相互关联和影响，及其在时间和空间上的交互关系。地铁工程内部各专业和系统间都存在各种复杂接口。在工程实施阶段，要理清各专业、系统的接口关系，了解各自的接口内容，分清各自的接口界面，避免出现接口遗漏现象。

28.2 接口的分类

地铁工程接口按系统、阶段、性质、范围和时空等有多种分类方法。本书按照以下几类来划分：

Ⅰ类接口：工程现场管理类，包括场地交接、工序交接、工作条件交接、设备房间的管理等接口；

Ⅱ类接口：设计、技术、软件、实体、电气等接口；

Ⅲ类接口：材料、设备供货计划等接口。

地铁站后工程接口汇总见表28.2.1。

地铁站后工程接口汇总表 表28.2.1

序号	接口编号	接口名称	接口主体系统	接口关联系统	接口描述（内容及要求）	接口界面
Ⅰ类接口（包括场地交接、工序交接、工作条件交接、设备房间的管理等接口）						
1	Ⅰ-01	场地交接	常规及装修	土建	为常规及装修提供施工场地	车站／区间
2	Ⅰ-02	场地交接	常规及装修	轨道／供电	为常规及装修提供施工场地	区间
3	Ⅰ-03	场地交接	系统设备	常规及装修	为系统设备安装提供施工场地	车站
4	Ⅰ-04	场地交接	系统设备	轨道	为系统设备安装提供施工场地	区间
5	Ⅰ-05	场地交接	其他系统	常规及装修	为其他系统安装提供施工场地	车站
6	Ⅰ-11	设备房交接	系统设备	常规及装修	为系统设备安装提供符合要求××设备房	车站设备房

续上表

序号	接口编号	接口名称	接口主体系统	接口关联系统	接口描述(内容及要求)	接 口 界 面
7	I-12	设备房交接	其他系统	常规及装修	为其他系统安装提供符合要求 ×× 设备房	车站设备房
8	I-21	工序交接—综合支吊架	其他系统	常规	为其他系统安装提供综合支吊架	车站设备区走廊 / 站台两侧
9	I-22	工序交接—电缆支架	常规及装修	供电系统	为常规系统安装提供区间 / 站台板下电缆支架	区间 / 站台板下
10	I-23	工序交接—屏蔽门收口顺序	屏蔽门系统	装修	屏蔽门 / 安全门专业收口及施工顺序	站台板两侧
11	I-24	工序交接—高程	常规及装修	土建	提供车站站台、站厅层高程(1m 线)、里程线	车站 / 区间
12	I-24	工序交接—高程	装修	轨道 / 测量单位	提供轨道完成以后的高程	车站轨行区
12	I-25	工序交接—接地	常规	土建	为土建提供完整的车站站台板下综合接地系统	车站站台层
13	I-26	工序交接—预埋	装修	自动售检票	通知自动售检票系统单位做好预留预埋	车站站厅层
14	I-27	工序交接—封堵	装修	其他系统	通知、检查其他系统做好预留预埋套管内封堵	车站设备区
15	I-28	工序交接—封堵	装修	广告灯箱	通知广告灯箱做好位置预留	车站设备区
II 类接口(包括设计、技术、软件、实体、电气等接口)						
1	II-001	设计接口—综合支吊架	常规	系统设备	通知系统设备单位做好综合支吊架设计优化,并按时提供使用需求	车站设备区走廊、站台两侧
2	II-002	设计接口—墙、柱板开孔	装修	其他系统	通知其他系统在墙、柱板上确定开孔位置	车站公共区墙板
II-1 通信系统						
3	II-011	通信电源及接地	通信系统	常规安装	低压配电提供设备电源和接地母排	通信设备机械室
4	II-012	通信开孔预留	通信系统	装修	为车站装修提供设备房及车站相应位置开孔及管线预埋	通信设备机械室、站台、站厅、天花吊顶、垂直电梯
5	II-013	通信数据接口	通信系统	综合监控	数据接口,为综合监控提供传输通道	
II-2 信号系统						
6	II-021	信号电源及接地	信号系统	常规安装	为低压配电提供设备电源和接地母排	信号机械室
7	II-022	发车指示器安装	信号系统	装修	安装发车指示器	站台层端部
8	II-023	信号区间预埋	信号系统	轨道	轨道施工预留并配合轨旁设备安装	道床及轨旁

续上表

序号	接口编号	接口名称	接口主体系统	接口关联系统	接口描述(内容及要求)	接口界面
9	II-024	车载设备配合	车辆供货商	信号系统	信号提供车载设备到车辆厂家，车辆安装、信号配合	—
10	II-025	屏蔽门功能配合	信号系统	屏蔽门供货商	数据接口，实现信号与屏蔽门的配合功能	信号机械室 PSC 端子
11	II-026	乘客资讯显示	信号系统	乘客资讯系统供货商	数据接口，发送列车到发信息至乘客资讯系统，乘客资讯终端进行显示	控制中心信号设备室
12	II-027	通信提供信号系统通道	信号系统	通信系统	数据接口，通信为信号系统提供通信通道	通信机械室专用配线箱外侧端子
13	II-028	数据交互与获取	信号系统	综合监控	数据接口，实现综合监控与信号的交互；信号获取牵引供电信息，综合监控获取列车运行信息等	控制中心综合监控配线架外侧
II-3 综合监控						
14	II-031	环控监控设备接线	综合监控	常规—环控	传感器、执行器、相应接线的安装	环控设备控制箱
15	II-032	给排水监控设备接线	综合监控	常规—给排水	数据接口，采集给排水相关信息	各类水泵、水阀执行器、智能表计通信接口
16	II-033	动照监控设备接线	综合监控	常规—动照	数据接口，实现 BAS 站级监控功能	与 MCC 在环控电控室通信控制器
17	II-034	提供电源	综合监控	常规—动照	低压配电提供电源	与低压配电在环控电控室、冷水机房、照明配电室
18	II-035	给排水设备控制箱接线	综合监控	常规—给排水	硬线	各类防火阀、消防泵控制箱接线端子
19	II-036	低压配电系统监控	综合监控	常规—动照	数据接口，监控低压配电系统	低压柜智能接口模块、变压器温控器通信端子
II-4 综合安防						
20	II-041	提供电源	系统设备	常规—动照	为动力照明系统提供工作电源及接地母排	综合安防设备安装地点
21	II-042	装修开孔预留	系统设备	装修	为车站装修提供设备房及摄像机吊杆处开孔	设备房及站厅站台、重要通道、天花吊顶及重要设备房墙壁
22	II-043	门禁预留	系统设备	装修 /ISOS	为车站装修提供门禁预埋线管、门禁就地控制器安装位置预留	重要设备与管理用房门旁
23	II-044	安防系统监控	综合监控	安防系统	数据接口，监视综合安防系统设备状态、联动门禁紧急释放	综合监控交换机接口及车控室 IBP 盘端子排外侧
24	II-045	安防数据通道	综合监控	安防系统	数据接口，为综合安防提供通信通道	中央通信设备室配线架外线端子
25	II-046	图像传输监控	综合监控	乘客资讯系统	数据接口，为列车安防提供图像传输通道	车站、车辆段、停车场骨干交换机输入输出接口

续上表

序号	接口编号	接口名称	接口主体系统	接口关联系统	接口描述(内容及要求)	接口界面
II-5 FAS 系统(火灾自动报警、气体灭火系统、感温光纤)						
26	II-051	FAS 安装条件	FAS 系统	装修	提供气瓶、气体灭火管道、火灾报警控制器、温感、烟感(及其总线)、感温光纤等设备的安装条件	气瓶间、管道、气体灭火分区、车站公共区、设备房、车控室、区间隧道
27	II-052	环控火灾模式运行	FAS 系统	常规—环控	实现环控火灾模式运行	风阀、风机与 FAS 系统联动接线
28	II-053	火灾联动消防泵	FAS 系统	常规—给排水	火灾联动启动消防泵	消防泵控制箱接线端子
II-6 供电系统变配电工程						
29	II-061	设备基础	供电系统	装修	提供设备房、基础及预埋件	设备安装地点
30	II-062	低压配电馈电	供电系统	常规—动照	供电系统向低压配电馈电	降压所、跟随所动力变高压侧端子,低压动照提供接地钢排,强电系统接地点提供所用电电源
31	II-063	供电系统监控	供电系统	电力 SCADA	监控供电系统	供电设备通信接口
32	II-064	环网馈电	供电系统	主变电站工程与 35kV 环网	向 35kV 环网馈电	35kV GIS 开关柜出线端子
33	II-065	市网送电	供电局	供电系统	市网送电	变电站 110kV GIS 出线端子
II-7 自动售检票系统(厂家安装)						
34	II-071	实体接口	AFC 厂家	常规—动照	低压动照系统提供室内照明、设备电源、接地母排	AFC 机房
35	II-072	AFC 监控	综合监控	AFC 厂家	综合监控实现监控 AFC 设备状态、弱电综合 UPS 为 AFC 机房设备提供不间断电源、IBP 盘实现对闸机紧急释放	弱电机械室、车控室
36	II-073	AFC 通信通道	AFC 厂家	通信系统	通信系统为 AFC 提供通信通道	通信机械室配线架外侧
II-8 乘客资讯系统(厂家安装)						
37	II-081	装修 PIS 预留	PIS 厂家	常规—装修	为常规安装装修预留安装位置	PIS 设备安装地点
38	II-082	PIS 电源	PIS 厂家	常规—动照	为低压配电提供设备电源	PIS 设备安装地点
39	II-083	PIS 火灾监控	PIS 厂家	FAS 系统	数据接口, FAS 向 PIS 提供火灾信息接口	车站及中心光纤配线架外侧
40	II-084	PIS 状态监控	PIS 厂家	综合监控	监控 PIS 设备状态信息,为 PIS 机房设备提供 UPS 电源接口	综合监控交换机接口处、UPS 配电盘
41	II-085	PIS 通信	PIS 厂家	通信系统	提供通信通道	OCC、车站、车辆段、停车场通信设备室配线架外侧

续上表

序号	接口编号	接口名称	接口主体系统	接口关联系统	接口描述(内容及要求)	接口界面
II-9 屏蔽门(厂家安装)						
42	II-091	屏蔽门吊顶配合	装修	屏蔽门厂家	天花吊顶工作配合屏蔽门施工	站台天花吊顶
43	II-092	屏蔽门门槛收口	装修	屏蔽门厂家	车站装修承包商负责屏蔽门门槛与站台之间的收口	屏蔽门与地面
44	II-093	屏蔽门控制室安装	装修	屏蔽门厂家	车站装修提供符合设备安装条件屏蔽门控制室	屏蔽门控制室
45	II-094	屏蔽门绝缘层	装修	屏蔽门厂家	屏蔽门绝缘层施工	站台
46	II-095	屏蔽门调试电源	屏蔽门厂家	常规—动照	为低压配电提供调试临时电源、设备工作电源、电源插座等	站台相应位置、屏蔽门控制室
47	II-096	车载 ATP 控制	信号系统	屏蔽门厂家	数据接口,实现车载 ATP 控制开门	信号机械室 PSC 端子
48	II-097	屏蔽门管线预埋	屏蔽门厂家	装修	提供屏蔽门控制室与 IBP 盘硬线连接及相关管线预埋	IBP 盘
II-10 接触网工程						
49	II-101	隔离开关电缆连接	接触网	供电	隔离开关与牵引网的电连接、回流箱、均流箱到钢轨的电缆连接	电动上网隔离开关
50	II-102	刚性悬挂接口	接触网	土建 / 环控	地下区段刚性悬挂于区间隧道顶部、车站线路上方隧道顶部或风管底部	隧道、车站
II-11 电梯自动扶梯(厂家安装)						
51	II-111	电 / 扶梯安装尺寸	电 / 扶梯厂家	土建 / 装修	提供水平高程、装修层厚度、靠扶梯垂直墙装修厚度	站厅、站台、出入口
52	II-112	电 / 扶梯电源	电 / 扶梯厂家	常规—动照	提供工作电源及保护接点	扶梯设备房配电箱、接地排
53	II-113	电 / 扶梯接地	电 / 扶梯厂家	常规—动照	①提供电源切换箱、电力电缆至电梯控制柜;②接地	①电梯井道顶层;②接地终端到电梯设备强弱电接地终端
54	II-114	电 / 扶梯监控	综合监控	电 / 扶梯厂家	对电梯、扶梯的监控	电梯控制柜端子排、扶梯监控接线端子
55	II-115	三角机房换气	常规—环控	电 / 扶梯厂家	换气	扶梯三角机房
56	II-116	扶梯下部排水	常规—给排水	电 / 扶梯厂家	排水	扶梯下部机坑
II-12 人防工程						
57	II-121	人防电源	人防	常规—动照	为低压动照提供电源接线箱	配电箱馈出回路
58	II-122	人防监控	BAS 系统	人防	为人防工程专业提供接线端子，BAS 专业负责接线	人防二次线端子处
59	II-122	人防装修收口	装修	人防	与人防系统协调装修收口	人防门安装处
II-13 环控(多联空调设备由厂家安装)						
60	II-123	环控设备电源	常规—环控	常规—动照	提供电源	低压动照配电箱馈出回路

续上表

序号	接口编号	接口名称	接口主体系统	接口关联系统	接口描述(内容及要求)	接口界面
61	II-124	冷水机组监控	冷水机组与BAS	常规—环控	BAS对冷水机组进行监控	冷水机组机载配电柜
62	II-125	水泵监控	常规—动照	常规—环控	由低压配电实现对水泵的变频监控	水泵接线端子盒
63	II-126	环控柜监控	BAS系统	常规—环控	与BAS无直接接口,间接接口在变频控制柜和冷水机组机载配电柜	变频控制柜和冷水机组机载配电柜
64	II-127	冷却塔电源	常规—环控	常规—动照	提供电源接线箱	冷却塔风机接线端子盒
65	II-128	反冲洗装置电源	常规—环控	常规—动照	提供电源	反冲洗过滤器控制箱接线端子处
66	II-129	反冲洗装置监控	BAS系统	常规—环控	实现BAS对其监控功能	反冲洗过滤器控制箱接线端子处
67	II-130	空调机组配电监控	常规—动照	常规—环控	空调机组与低压配电,由低压专业实现对其监控功能	空调箱接线端子盒
68	II-131	空调机组BAS监控	BAS系统	常规—环控	空调机组与BAS,无直接物理接口,间接接口在MCC柜通信接口模块	MCC柜通信接口模块
69	II-132	风机盘管电源	常规—环控	常规—动照	风机盘管,提供电源并实现对其的监控功能	低压配电箱、柜
70	II-133	风机配电监控	常规—动照	常规—环控	TVF风机、U/O风机、射流风机、回/排风机等,由低压配电实现对其监控功能及各类传感器信号的转换	低压配电箱、柜
71	II-134	防火阀电源	常规—动照	常规—环控	补水箱进水管与水阀的连接,保护区防火阀电源线、控制线的连接和电压等级、负荷容量、控制模式的配合	空调系统补水箱入水口,设自动灭火系统保护的设备房(简称防护区)内防火阀接线端子处
II-14 给排水						
72	II-141	给排水设备电源	常规—动照	常规—给排水	低压配电系统负责提供满足给排水及消防系统的电源控制设备、电源输送设备和安全接地系统	给排水设备电控柜的总开关进线端和端子排、水阀电动执行器的接线端子以及设备金属外壳接地点
73	II-142	水泵监控	BAS	常规—给排水	监视水泵的状态反馈信息和故障信号	在给排水设备控制箱的端子排上
II-15 轨道工程						
74	II-151	轨道专业施工面	轨道施工承包商	土建	提供轨道专业施工面	全线、车辆段、停车场
75	II-152	杂散电流防护	系统设备安装承包商	轨道施工承包	杂散电流防护:轨道、土建承包商预留参比电极安装位置,负责整体道床收集网结构钢筋连接并引出带孔端子,车站排流端子、车辆段停车场预留单向车通道	道床

续上表

序号	接口编号	接口名称	接口主体系统	接口关联系统	接口描述（内容及要求）	接口界面
76	II-153	过轨预埋	轨道	常规、系统	过轨预埋	道床
II-16 车辆						
77	II-161	车辆限界	车辆供货商	土建承包商	满足车辆限界	区间隧道
78	II-162	行车限界	试车单位	常规、系统	满足行车限界	区间隧道
79	II-163	列车供电	车辆	供电系统	给列车供电	接地网
II-17 列车清洗机						
80	II-171	洗车机基础	洗车机供货商	土建承包商	设备房和安装基础	洗车机安装地点
81	II-172	洗车机保护接地	洗车机供货商	土建承包商	提供保护接地	
82	II-173	洗车机电源	洗车机供货商	安装—动照	提供洗车机工作电源	车辆段
83	II-174	洗车机水源、排水	洗车机供货商	安装—给排水	提供洗车用清水和排污水	车辆段
II-18 固定式架车机						
84	II-181	架车机预埋、预埋	架车机供货商	土建承包商	设备基础沉井及预埋电缆线管	架车机安装地点
85	II-182	架车机保护接地	架车机供货商	接触网	提供保护接地	接地网
II-19 数控不落轮镟床						
86	II-191	镟床基础	镟床供货商	土建承包商	设备基础	镟床安装地点
87	II-192	镟床保护接地	镟床供货商	接触网	提供保护接地	接触网
88	II-193	镟床电源	镟床供货商	安装—动照	提供工作电源	电控柜安装下方
II-20 静调电源柜						
89	II-201	AC220V 电源柜	设备安装单位	安装—动照	提供 AC220V 电源	设计位置
90	II-202	DC1500 电源柜	设备安装单位	牵引供电	提供 DC1500V 电源	设计位置
III类接口						
1	III-01	甲供设备、材料	施工标段	建设单位	甲供设备到货申请	甲供设备、材料
2	III-02	甲控乙供材料	施工标段	施工单位	甲控乙供材料到货申请	甲控乙供材料
3	III-03	甲控乙供材料	施工标段	建设单位、监理单位	建设单位批准后方能采购	甲控乙供材料
4	III-04	甲供设备、材料	施工标段	建设单位、监理单位、施工单位	甲供设备开箱及保管	甲供设备落地点
5	III-11	施工图管理	施工总包单位	设计单位	按计划出图保证施工现场生产需要	—

28.3 接口管理

接口管理见表 28.3.1。

接口管理表　　表 28.3.1

序号	接口分类	接口关系	建设单位	设备安装单位	设计单位	地盘监理单位	甲供设备供货商（包括常规和系统、装修材料）	设备监理（包括常规和系统）	系统设备施工单位
1	A类	场地接口	负责	实施检查场地移交情况		监督检查场地移交是否满足要求			
2		工序接口	审核	负责检查工序完成情况		监督检查工序是否满足要求			
3		工作条件接口	审核	负责检查工作条件具体情况		监督检查工作条件否满足要求			
4		设备房管理接口	审核	负责检查管理接口具体情况		监督检查管理接口否满足要求			
5	B类	系统专业与其他专业的接口	审核	配合	负责制订与其他专业的接口位置、功能要求	管理	配合	管理	实施
6		常规设备与其他系统专业的接口	审核	实施	负责制订与其他专业的接口位置、功能要求	管理	配合	管理	配合
7	C类	设计图纸进度	负责		实施	管理		管理	
8		甲供设备到货	审批	配合		审核	实施	负责	
9		甲控乙购材料	审批	实施		审核			

第29章 调试管理

地铁设备是一个多系统、多目标的复杂大系统，各系统设备间相互联系、相互作用，同时也相互干扰、相互制约。依据各系统之间的相关性，可将站后工程调试划分为单机单系统调试、车站综合联调及综合运营演练、行车区域综合调试（限界检测及冷热滑试验、行车系统联调）等。通过以上调试及演练，实现地铁各系统设备最佳匹配，保证地铁安全运行。

29.1 单机单系统调试

29.1.1 单机单系统调试目的

地铁车站设备基本安装完毕，站内可提供持续稳定的电力，即可进行车站设备的调试工作。单机单系统调试主要检查设备本身质量及设备安装质量，调整设备运转状态，对调试过程中发现的问题及时处理，以达到设计使用功能。

29.1.2 单机单系统调试组织分工

单机单系统调试牵涉单位较多，除常规设备和系统设备施工单位外，还包括建设、设计、监理、供货单位及集成服务单位等。为确保调试顺利进行，在进行调试工作前应编制单机单系统调试方案，并报各方审核通过后方可组织实施。调试方案中重要一项应明确各方职责分工。单机单系统调试组织及分工见表29.1.1。

单机单系统调试组织及分工表　　表29.1.1

序号	专业	建设单位	常规设备施工单位	系统设备施工单位	设计单位	地盘监理单位	设备监理单位	供货/集成服务单位
1	环控	指导	负责	配合	配合	督促	督促	配合
2	给排水	指导	负责	配合	配合	督促	督促	配合
3	动力照明	指导	负责	配合	配合	督促	督促	配合
4	供电	指导	配合	负责	配合	—	督促	配合
5	通信	指导	—	配合	配合	—	督促	负责
6	信号	指导	—	配合	配合	—	督促	负责
7	综合监控	指导	配合	配合	配合	—	督促	负责
8	火灾自动报警	指导	配合	配合	配合	—	督促	负责

续上表

序号	专业	建设单位	常规设备施工单位	系统设备施工单位	设计单位	地盘监理单位	设备监理单位	供货 / 集成服务单位
9	气体灭火	指导	—	负责	配合	—	督促	负责
10	综合安防	指导	—	配合	配合	—	督促	负责
11	AFC	指导	配合	配合	配合	—	督促	负责
12	屏蔽门	指导	配合	配合	配合	—	督促	负责
13	电梯 / 扶梯	指导	配合	配合	配合	—	督促	负责

29.1.3 单机单系统调试内容

单机单系统调试应首先进行设备的单机调试，一般根据专业设备的不同类别划分调试项目，单机调试完成后方可根据系统不同功能逐系统进行调试，具体分类见表 29.1.2。

单机单系统调试内容表 表 29.1.2

序号	系　　统	单机调试项目	单系统调试项目
1	通风空调系统	各类管道风机	小系统送排风、防排烟各回路调试；大系统送排风、防排烟各回路调试
2		各类管道风阀	
3		各类空调机组	
4		TVF、U/O 风机	隧道通风送排风、防排烟系统各回路调试
5		组合风阀	
6		空调水泵	空调水系统调试
7		冷水机组	
8		冷却塔	
9		各类电动阀	
10		水冲洗装置	
11	给排水及水消防系统	电动蝶阀	水消防系统调试
12		消防水泵	
13		潜污泵	排水系统调试
14		密闭提升装置	排水系统调试
15		—	给水系统调试
16	动力照明系统	低压开关柜	低压配电系统调试
17		环控电控柜（MCC）	
18		各类配电箱	低压、照明回路调试
19		事故照明装置（EPS）	照明回路调试
20		灯具、开关、插座	
21	供电系统	35kV 开关柜单体试验	35kV 系统保护装置试验
22		变压器单体试验	
23		变压器温控仪传动试验	
24		直流开关柜单体试验	
25		整流器单体试验	
26		直流联跳功能试验	直流系统所间调试
27		直流保护装置试验	
28		电力电缆耐压试验	耐压试验

续上表

序号	系　　统	单机调试项目	单系统调试项目
29	通信系统	传输系统调试	专用通信系统调试
30		电源系统调试	
31		无线系统调试	
32		专用电话系统调试	
33		公务电话系统调试	
34		广播系统调试	
35		时钟系统调试	
36		设备通电调试	乘客资讯系统调试
37		传输系统调试	警用系统调试
38		无线系统调试	
39		电话系统调试	
40		电源系统调试	
41	信号系统	转辙机调试	联锁子系统调试
42		信号机调试	DCS 子系统调试
43		AP 天线调试	ATS 子系统调试
44		轨道电路调试	ATP 子系统调试
45		计轴调试	ATO 子系统调试
46	综合监控系统测试	机柜通电试验	综合监控子系统调试
47		网络连通	
48		控制箱柜通电试验	BAS 子系统调试
49		网络连通	
50	火灾自动报警系统	火灾自动报警系统回路收点	火灾自动报警子系统调试
51		气体灭火控制部分回路收点	
52		消防电话主机通电试验	消防电话子系统测试
53		感温光纤主通电试验	感温光纤子系统测试
54		电气火灾主机通电试验	电气火灾子系统测试
55		空气采样主机通电试验	空气采样子系统测试
56	气体灭火系统	强度试验及严密性试验	气体灭火系统试验
57	综合安防系统	网络系统调试	安防集成系统调试
58		摄像机调试	视频监控系统调试
59		门禁设备调试	门禁系统调试
60		求助电话调试	紧急告警及求助电话系统调试
61		红外对射调试	入侵报警系统调试
62	AFC 专业	车票检测	车票检测
63		闸机调试	终端设备检测
64		售票机测试	
65		充值验票机测试	
66		车站及中央局域网检测	车站及中央局域网检测
67		票务清分系统计算机局域网检测	票务清分系统检测
68	屏蔽门专业	屏蔽门通电调试	屏蔽门调试
69	电梯 / 扶梯专业	电梯 / 扶梯通电调试	电梯 / 扶梯调试
70		电梯 / 扶梯载重运行调试	
71		电扶梯防逆转调试	

29.1.4 单机单系统调试具体措施

(1)电力是用电设备调试的前提和基础,单机单系统调试的前提为全线35kV电通且能够向400V提供稳定的电力供应,只有400V电通才能向各用电设备供电,确保调试顺利进行。

(2)调试过程中遵循先400V低压柜,后MCC柜及三箱通电,再向各系统单体设备供电,具备条件设备房同步照明,最后单系统调试的总原则安排调试计划。

(3)为保证单机单系统调试工作顺利开展,可对调试阶段的计划执行情况进行考核,并设置奖罚标准。

(4)调试过程中需根据现场实际情况认真填写调试记录,特别是过程中发现的问题应认真记录,以便后续安排整改。

(5)加强调试阶段的安全管理工作,特别是督促落实设备通电以后的安全管理措施及成品保护措施。

29.2 车站综合联调

29.2.1 联调概述

1)联调的目标

(1)实现地铁设备系统的综合集成

地铁设备是一个多系统、多目标的复杂大系统,各系统设备间相互联系、相互作用,同时也相互干扰、相互制约。每个目标都同时达到最优状态的多目标函数几乎是不存在的。各系统设备受专业、经验和其他因素的影响,最终往往局限于各系统目标的满足,需在联调中对各系统接口关系的动态联调,经由整体设备系统到各系统的多次反馈与调整,对单项目标进行有条件的变换和调整,而在整个系统上谋求最优,使各个系统间相互匹配、相互协调和相互保护,方可认定各设备系统功能结构的完整性与合理性,才能实现地铁设备系统的综合集成。

(2)实现设备系统之间的最佳整体匹配

①实现移动设备与固定设备的最佳整体匹配。

地铁设备系统,从动态观点上来看,它们是移动设备与固定设备之间的有机结合,联调就是在系统目标协调下寻求移动设备与固定设备之间的最佳整体匹配。

②实现系统之间的接口功能及其界面兼容性的最佳匹配。

任何庞大而复杂的系统都需要在设计、制定技术规范、制造、安装(或施工)及测试的各个阶段,特别注意各系统之间的界面。因为各系统不是单独运行,所以,各系统与其他系统之间的界面必须检查和验证,以证实具备所需的功能及其兼容性。

③旅客乘坐地铁列车的安全性、舒适性及平稳性是通过地铁线路与列车的最佳匹配来实现的。

如果列车运行中有比较大的垂向、横向作用力,将会明显地影响轨道及路基的稳定性与通过曲线的安全性,严重时将导致轨道变形、线路不平顺性加剧直至出现严重磨损与破坏。现实中,没有不产生动荷载作用的列车,也没有不产生变形的线路,系统联调的任务就是寻求两者之间的匹配,达到线路的高平顺性及曲线半径的合理配置，减少列车的振动和轮轨间的动力作用，使行车的安全和平稳舒适性都得到保证，轨道和车辆部件的寿命和维修周期也随之延长。

④实现弓网的最佳匹配。

通过联调实现弓网的最佳匹配，尽可能地降低离线率，延长维修周期。

(3)通过安全分析提高系统安全性

地铁作为输送旅客的大运量运载工具，不允许发生危及行车安全的事故，因此对系统的可靠性、安全性有很高的要求。但从客观上说，无论按什么方案实施的系统，在实际运行时都必然会出现故障，因此，首先要通过联调判别可能出现的故障类别及波及范围，其次则是确定系统出现故障时能否导向安全，以及系统经维修后恢复规定功能的能力，也就是说，要确定系统是否具有高可靠性、可维修性和安全性。

(4)为运营提供成熟的技术系统

调试、测试和系统验证贯穿工程建设全过程，系统联调是其中的一个重要部分。诸如信号系统和列车的运行特性是否满足列车控制和运行间隔的要求，以及地面一车上信息传输，移动通信及差错控制，联锁、计轴设备列车位置检测性能，列车运行间隔与列车加速、制动特性，微电子化信号设备的安全冗余，以及电磁兼容等，必须进行严格的考核和调整，形成成熟、可靠的技术系统。它是为运营提供成熟可靠技术系统的重要保证。

系统联调的最后过程是系统试运行，包括可维修性的试运行测试，采取所要求的日常和紧急维修措施的试运行，以及系统可用性和稳定性的试运行。通过上述系统试运行，以验证系统的技术成熟性与技术可靠性。

(5)培训运营队伍，提供解决商务争议的技术依据

运营部门的管理和技术人员也参与联调，通过与各专业技术人员合作进行联调测试、试验和设备调整，了解各系统的性能、各系统之间的技术接口、系统达到使用功能的工作过程、系统易于出现的故障和解决故障的途径，并由此得到宝贵的实践培训。

通过联调可验证各设备系统或设备是否达到设备承包合同约定的各项性能指标，检验在大系统工作条件下，各系统是否满足与相应承包合同规定的要求。

2)联调的主要任务

(1)对系统设备进行技术修正和完善，实现最佳整体匹配和整体性能。

(2)对各设备系统的预期功能及技术要求，进行验证和确认。

①地铁设备系统依据设备各系统之间的关联程度与接口复杂程度，可将地铁设备系统划分为车辆运行相关系统和运营相关系统两部分。

②车辆运行相关系统（行车系统）包括车辆、信号、通信、屏蔽门、供电、接触网、轨道、车辆段设备等系统。

③运营相关系统(车站系统)包括自动售检票系统、车站设备监控系统、环控系统、防灾报警系统、电扶梯、给排水等系统。

④系统联调的任务之一是验证和确认各系统设备是否达到合同技术规格要求，是否能形成一个和谐的整体设备系统，是否满足地铁运营的需要。

(3)对各设备系统的可靠性、可用性、可维护性及安全性进行验证和确认。

(4)通过联调验证和确认地铁系统的运输能力、服务质量和社会经济效益。

①验证和确认地铁系统的运输能力（包括系统最大输送能力及列车最高运行速度、最短运行时间、最小运行时间间隔等）。

②验证和确认系统的服务质量。

③验证和确认系统的社会经济效益，以使投入产出目标合理，社会和经济效益明显。

（5）实现某些子系统的特殊调试试验要求。

有一些试验必须在地铁大系统联调时才具备调试试验条件的，例如：

①在有列车运行的条件下，测定区间隧道及活塞风的风速。

②在列车投入运行后，供电系统高压开关的操作过电压、列车受电弓拉弧和牵引主变频器工作时产生高压谐波，都可能对设备监控系统（BAS）产生电磁干扰而影响正常工作。因此，必须在此条件下测试系统的抗干扰能力。

3）联调的主要内容

系统综合联调分为车站级联调和中央级联调，通过综合联调测试，确认综合监控系统中央级功能、车站级功能是否满足设计要求，其逻辑关系如图 29.2.1 所示。

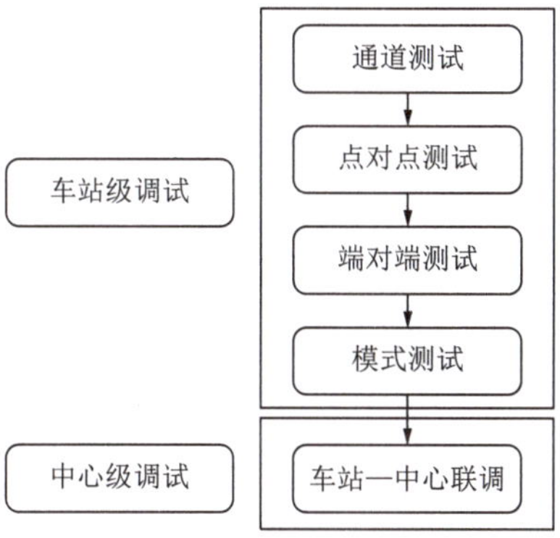

图 29.2.1　逻辑关系图

调试内容主要分为通信测试和功能测试。

（1）通信测试

ISCS 与互联系统的通信测试是测试通信链路的状态及通信信号传输的正确性，确认通信链路满足通信接口和通信协议的需要，以实现对设备的控制和状态的监视，满足监控的要求。

（2）功能测试

功能测试是用来测试 ISCS 实现的功能，检测功能的完整性和正确性，以满足正常使用的要求。

综合联调除综合监控与其集成子系统 FAS/BAS/SCADA 调试外，综合监控系统还与以下互联系统调试：安防系统、乘客资讯系统（PIS）、广播系统（PA）、自动售检票系统（AFC）、信号系统（SIG）、时钟系统（CLK）、屏蔽门系统（PSD）、通信网管（综合报警）、不间断电源（UPS）、 VRV、电气火灾预警等系统。

29.2.2 联调机构

系统调试的计划管理是一个灵活性、机动性十分强的动态管理机制，要在此种状况下保持系统调试“高效”的原则，调试进程中的沟通协调机制是至关重要的。

在调试的过程中拟定从以下两个方面来加强沟通协调：

一方面，明确责任分工，落实责任到人。在现场调试组中，设立调试组组长，负责调试组中的各专业之间的沟通协调工作，并负责调试计划的下发和过程控制。各专业施工单位要配置专人在现场调试组中负责沟通协调和配合，并重点负责系统设备厂家配合人员的沟通协调工作。结合工程现场的实际情况，系统调试计划的临时调整不可避免，因此，现场调试组中的各专业负责人要认真做好配合人员的沟通协调工作，要与调试组长的指挥动态保持一致，保障现场调试的“高效”。

另一方面，在现场调试中，遇到重大问题，经各方商讨，可暂停此项调试，待当日调试结束后，以书面形式上报建设、监理和设计单位。如单体设备问题影响现场调试的，则应由该设备厂家现场解决。如需多加配合解决的问题，由设计单位出具建议，各方确认后，确定现场整改方案，不影响调试进程。

为了便于管理与沟通，系统调试室与各系统设备总包商对现场调试组采取“矩阵式”的管理机制，如图 29.2.2 所示。

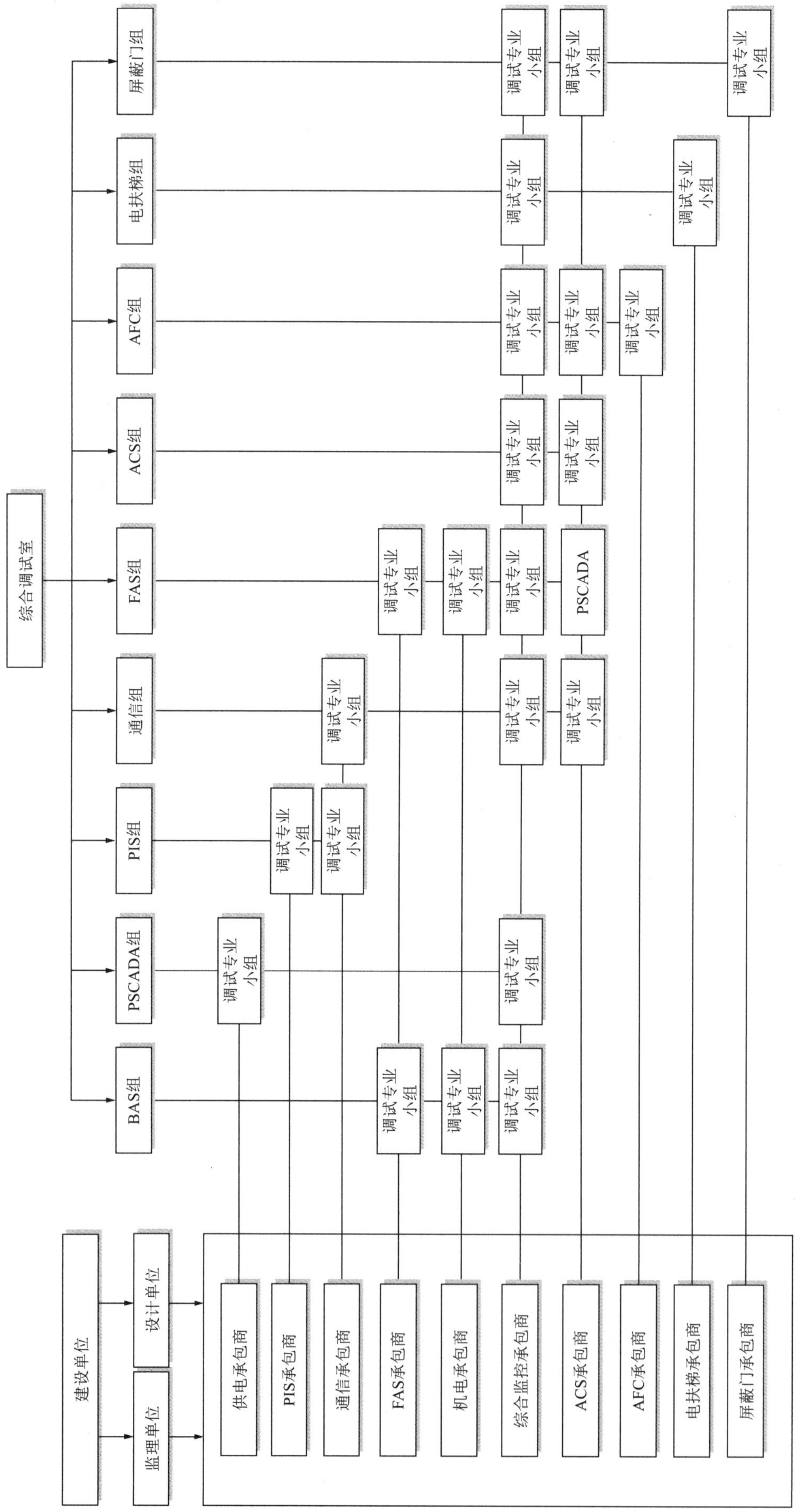

图 29.2.2 "矩阵式"管理机制

同时，在调试过程中不可避免地会出现现场调试功能与设计功能不符的现象，此时就要求设计单位要给予及时的沟通与确认，如有设计调整的要以尽快把书面资料反馈到各相关单位，保障现场调试的顺利进行。

29.2.3 联调方案

车站系统调试主要包括低压照明系统、FAS、BAS、乘客资讯系统、空调通风系统、给排水系统、消防（水消防、气体消防、防排烟）系统、电扶梯系统、AFC、标志系统、车站广播及车站 CCTV 子系统等设备。设备系统联调是在各设备系统已完成单系统的调试，而达到合同技术规格书的要求之后才进行测试。当设备系统联调完成之后，就会进行运营演练，进一步验证系统与系统连接后的整体功能，满足运营需要。

1）总体思路

（1）建立联系体制，摸清并收集各系统专业单体调试完成情况及前期调试资料。

（2）提前做好样板站，确定各专业接口功能，明确各点表及模式，减少后续接口调试问题。

（3）以与消防验收有关的系统及设备着手开始车站设备调试，完成综合监控服务器及工作站的搭建后，开始 ISCS 与 BAS/FAS 通信接口调试工作，形成车控室对车站环控设备的站级监控。

（4）以与消防验收时需联动的正常工况及火灾模式为切入点，开始 BAS 与机电设备风机风阀及环控柜的调试工作，从而进行整体车站的各项模式验证。

（5）以消防验收时需联动的设备着手，开始 FAS 与其他设备系统的联动调试工作，并完善 FAS 在火灾模式时需联动的风机风阀设备调试，再进行车站的整体冷、热烟火灾联动验证。

（6）以实现电力系统中心级并控、程控功能，进行 ISCS 与 PSCADA 的调试工作。

（7）为满足线路开通运营需求，进行车站各系统的联调联试工作，确保各系统功能，尤其是监控、联动功能全部实现。主要进行 BAS 与电系统、水系统设备调试工作，进行 ISCS 与 PA/PIS/ACS/AFC/PSD 专业调试工作。

（8）以保障试运营为基础条件，重点完善乘客 ISCS 与电扶梯、动车运行条件保障 ISCS 与区间水泵、中心级区间模式验证的调试工作。

整体调试流程如图 29.2.3 所示。

2）联调程序及信息传递

联调组设置联调调试小组及联调整改小组，联调调试小组主要进行第一轮调试，出现问题由联调整改小组进行下一轮问题整改、追踪及调试。主要工作流程如下：

（1）由联调负责人及监理检查人员测试所需仪器工机具到位情况；各相关系统联调人员检查各系统的控制中心级设备及车站级设备情况，确认是否达到联调条件；如联调负责人认为准备不足或有其他因素影响测试，联调负责人应停止测试，并向上级领导汇报详情；以上条件满足后，联调负责人发布联调开始命令，测试开始。

（2）联调调试小组调试结果正确，认真做好记录并提交联调报告；调试结果不正确，记录调试中存在的问题，确认问题整改工区，进行下一项调试。

（3）对于存在的问题由联调组下发整改通知单，联调整改小组按规定时间组织人员对整改情况进行复查和调试。

（4）对于联调中的问题现场无法解决的，及时上报联调组和建设单位，由建设单位和联调组组织相关单位及人员讨论并确定解决方案。

（5）方案确定后由相关单位及工区进行整改，整改完成后联调整改小组再次组织联调。

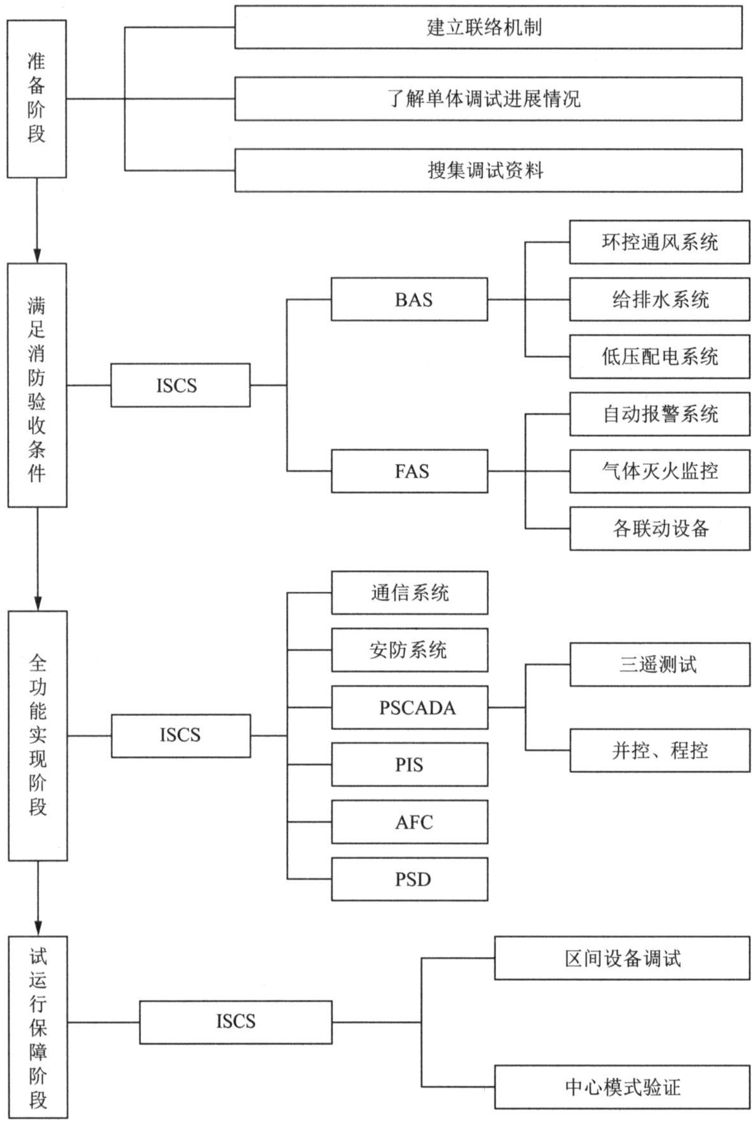

图 29.2.3　整体调试流程图

3）前提条件

（1）各设备系统调试完成，各子系统完成整合，全系统功能满足规格要求，测试报告经审查批核。

（2）系统间接口测试完成。

（3）稳定供电。

4）车站设备联调测试项目

车站设备联调测试项目可分为两类：车站级功能测试、系统与系统之间功能测试。

车站级功能测试项目是要验证车站控制室内的系统符合功能要求，对车站管辖地方的设备能进行监控。

系统与系统之间的功能测试项目主要是两个系统之间的功能测试，验证两系统连接后应有的功能。这些测试包括物理接口的功能测试。

（1）车站级功能测试项目

① BAS 与 FAS、气体灭火系统功能测试

验证车站火灾模式下 BAS、FAS、气体灭火系统间的功能联动关系，涉及 BAS、FAS 监控范围的相关系统设备功能联动。

②车站紧急状态功能测试细则

验证车站在紧急状态下，车站各相关系统间的功能联动关系。

（2）系统与系统之间功能测试项目

① BAS 与低压照明系统间功能测试

验证 BAS 与低压照明系统间的监控功能（BAS 为主系统）。

② BAS 与电、扶梯系统间功能测试

验证 BAS 与电、扶梯系统间的监控功能（BAS 为主系统）。

③ BAS 与给排水系统间功能测试

验证 BAS 与给排水系统间的监控功能（BAS 为主系统）。

④ BAS 与环控系统间功能测试

验证 BAS 与环控系统间的监控功能（BAS 为主系统）。

⑤ FAS 与电、扶梯系统间功能测试

验证 FAS 与电、扶梯系统间的监控功能（FAS 为主系统）。

⑥ FAS 与环控系统间功能测试

验证 FAS 与环控系统间的监控功能（FAS 为主系统）。

⑦ FAS 与给排水、消防系统间功能测试

验证 FAS 与给排水、消防系统间的监控功能（FAS 为主系统）。

⑧ FAS 与气体灭火系统功能测试

验证 FAS 与气体灭火系统间的监控功能（FAS 为主系统）。

⑨ FAS 与防火卷帘间功能测试

验证 FAS 与防火卷帘间的监控功能（FAS 为主系统）。

⑩ BAS、FAS 与气体灭火系统功能测试

验证的 BAS、FAS 与气体灭火系统的联动监控功能（BAS 与 FAS 为协作系统）。

5）车站系统联调测试项目相关关系

车站设备系统与系统之间功能测试关系举例见表 29.2.1，其中“○”代表主导系统，“●”代表配合系统。

车站设备系统与系统之间功能测试关系表 表 29.2.1

设备系统联调项目	车辆	车辆段设备	供电系统	接触网	SCADA	信号系统	通信车站广播CCTV	低压照明系统	BAS	FAS	空调通风系统	给排水及消防	气体灭火系统	电、扶梯系统	自动售检票系统	旅客导向系统	防火卷帘
车站级功能测试项目																	
BAS 与 FAS、气体灭火系统功能测试									○	●	●		●				
车站紧急状态功能测试							●	●	○	○	●	●	●	●	●	●	

续上表

设备系统联调项目	车辆	车辆段设备	供电系统	接触网	SCADA	信号系统	通信车站广播CCTV	低压照明系统	BAS	FAS	空调通风系统	给排水及消防	气体灭火系统	电、扶梯系统	自动售检票系统	旅客导向系统	防火卷帘
系统与系统之间功能测试																	
BAS与低压照明系统								●	○								
BAS与电扶梯系统									○					●			
BAS与给排水及消防系统									○			●					
BAS与空调通风系统									○		●						
FAS与电扶梯系统										○				●			
FAS与空调通风系统										○	●						
FAS与给排水及消防系统										○		●					
FAS与气体灭火系统										○			●				
FAS与防火卷帘										○							●

29.3 行车区域综合调试

29.3.1 限界检测及冷热滑

1)限界检测

(1)检测目的

①检测正线车站、区间的各类建筑、结构等是否满足限界要求，是否满足冷、热滑试验的需要。

②检测各专业安装的轨旁设备、设施是否侵入设备限界。

(2)检测的前提条件

①轨行区内施工工作已全部完成或已做好安全措施。

各专业轨旁设备、设施已安装完成并已进行了初步的自我限界检查。

电缆敷设完毕并绑扎固定。

轨行区内公里标、百米标及曲线半径等标识标牌安装完毕。

轨行区内所有已安装设备处于锁闭状态。

②轨行区内各类临时设施及垃圾应全部清除。

③轨行区内人机确保出清。

轨行区调度室已发布调度命令，封锁待测试区段，严禁任何施工单位进入测试区段施工作业；所有安保人员到位，按要求进行警戒、执勤。

各种机具全部撤出轨行区。

（3）检测项目

①车站、区间等建筑及结构是否满足设计限界要求。

②各系统轨旁设备、设施是否满足设计限界要求。

③重点部位：各车站站台、区间曲线段等。

2）冷滑

（1）试验目的

①预验正线车站、区间的土建结构是否满足正线热滑试验的需要。

②检验各专业安装的轨旁设备是否侵入设备限界。

③检查接触网安装是否满足设计要求。

④检验车辆与接触网系统、车辆和轨道系统之间的配合是否具备列车开行条件。

（2）冷滑前的准备

①所有正线车站及区间的轨旁杂物清理完毕、隧道清洗完毕，所有轨旁设备及外部缆线均不侵限，接触网符合冷滑试验的条件。

②停止所有正线车站及区间的线路轨行区施工，清场完毕。正线安保人员到位，按要求进行警戒、执勤。

③牵引轨道车准备良好，限界包络线制作完毕，试验车组受电弓安装符合试验需求，具备与牵引轨道车连挂条件。

④临时通信系统完成。

（3）试验内容

冷滑试验分三阶段进行，速度分别为 5km/h、20km/h、<50km/h。冷滑试验内容见表 29.3.1。

冷滑试验内容　　表 29.3.1

序号	指标名称	检验方法	合格判距	备注
第一部分：关键指标				
1	接触线高度	测量	误差不大于 ±5mm（刚性） 误差不大于 ±30mm（柔性）	变坡时不大于 1‰
2	接触线拉出值	受电弓冷滑测量	误差不大于 ±20mm	
3	绝缘距离	测量	不小于 150mm	
第二部分：一般指标				
4	结构高度	测量	误差不大于 ±100mm	（仅限柔性）
5	关节和线岔过渡	受电弓冷滑	平滑过渡	
6	导线接触面	受电弓冷滑	有无硬点、硬弯，是否与受电弓平行	

3）热滑

（1）试验目的

①列车能否按照设计允许速度运行条件正常运行。

②检验线路、接触网在动荷载作用下几何尺寸、结构牢固、可靠性能否满足设计标准。

③检验供电系统能否满足列车运行需求。

④检验各专业是否满足行车综合调试条件。

(2)热滑前的准备

①对冷滑中发现的问题由各专业整改完毕且验收合格，具备热滑试验的条件。

②试验列车整备完毕，具备自力运行条件。

③完成牵引供电系统全回路直流电阻及横向泄漏电阻的测试、相邻牵引所间及越区时直流联跳保护及闭锁测试、供电线路短路试验。

④接触网具备正式送电条件，电压测试正常；SCADA 系统具备实施遥控、遥测、遥信的基本条件。

⑤通信条件具备列车带电运行时的实施通信条件。

(3)试验程序

热滑试验采用地铁运营列车进行，在受电弓下方安装摄像机及录像设备，监视全线受电弓的运行状态，特别是锚段关节、分段、线岔的运行状态。热滑试验一般分三次，第一次为 20km/h，第二次为 60km/h，第三次为列车正常运行速度。对产生火花的位置做好记录，热滑后进行检查处理。试验后填报相应的热滑试验报告。

①试验前，召开试验预备会，确认参加试验单位和人员全部到位，确认试验项目、明确分工、发放无线通信手持台。

②试验单位向试验指挥报告准备情况，试验组组长向试验指挥报告试验准备情况。

③试验指挥根据报告情况，确认准备就绪，下达开始试验的指令。

④临时控制中心广播试验准备开始，请非试验人员退场，严格检查车场封闭情况，确保现场没有阻碍行车的任何物体和人员。

⑤各试验组各就各位。

⑥试验车发车前，车上试验组现场指挥应与信号楼控制室或地面试验组组长呼叫联系，核查试验项目。

⑦地面试验组组长确认试验进路已办理妥当并信号开放后，通知临时控制中心调度员，由调度员通知车上组，车上试验组组长向司机发出发车指令。

⑧司机严格按照车上试验组组长指令，并与尾车司机联系，确认试验项目和到达位置及运行交路后，凭允许信号显示运行。特殊进路听从车上试验组组长指挥，人工确认进路。

⑨在列车行进过程中，司机应确认道岔位置正确。

(4)试验内容

热滑试验内容见表 29.3.2

热滑试验内容 表 29.3.2

序号	指标名称	检验方法	合格判距	备注
第一部分：关键指标				
1	受电弓物理工作状态	机车受电弓工作状态下观测	无打弓、穿弓现象	
2	机车取流情况	机车电压表测试	波动范围：1500 ～ 1800V	
3	触网回路是否连通顺畅			
4	其他专业系统是否运行正常			
第二部分：一般指标				
5	受电弓工作取流电气工作状态	机车受电弓工作状态下观测	无火花现象	

29.3.2 行车系统联调

1)联调目的

(1)验证牵引及制动系统性能是否满足合同要求。

（2）验证车辆全线运行是否满足设计要求。

（3）验证广播系统是否与地面基站的协调一致，以及是否满足设计要求。

（4）检测车辆专业为通信无线车载台提供的直流电源是否满足接口文件要求，确保通信无线车载台设备的直流供电安全、可靠。

（5）检测车载台在列车运行环境中的通信通话质量、越区切换功能指标实现。

（6）检测车辆与相关专业联通性、接口协议指标的正确性。

2）前提条件

（1）冷热滑试验完成。

（2）信号系统联锁调试完毕。

（3）屏蔽门调试完成。

（4）通信系统调试完成。

（5）地面电阻全部调试完毕。

（6）与车辆调试有关的系统调试完成。

3）调试内容

列车运行相关系统总联调主要是车辆与轨道系统联调和车辆、信号、通信、屏蔽门设备系统之间进行联调，在系统设备正常工作状态下进行必要的重复试验及故障恢复试验。

在列车不同运行速度以及不同运营工况（按正常运营时刻表、降级和紧急状况）的协调配合下，有针对性地进行动态调整，以达到预期的目的。

列车运行相关系统总联调主要内容有：

（1）地铁线路与列车的匹配以及弓网的匹配调试。

（2）进行列车牵引性能、制动性能、供电性能、控制系统、诊断系统、空调通风性能、弓网性能、运行阻力、噪声环保、电磁干扰以及安全可靠性评估等试验。

（3）进一步调试和检验轨道结构与车辆自身系统的整体性能和整体水平。应侧重车辆与轨道之间的整体性能匹配，改善轮轨动力学性能。

（4）车辆与通信的联调，主要包括乘客资讯系统和无线通信。乘客资讯系统由列车有线广播系统和乘客信息显示系统组成。联调的主要内容为司机对乘客的广播功能、控制中心对乘客的广播功能、司机室对司机室内部通信功能、报站功能、列车综合图文显示系统和车站地图闪光系统、电子目的地显示系统、无线通信系统等。

（5）车辆与屏蔽门联调，主要是列车到站后，由列车自动驾驶（ATO）系统发出控制指令，实现屏蔽门的开 / 关门，完成乘客的乘降，保证安全。在非正常情况和紧急情况下能够疏散乘客等。

（6）列车的运行时分考核试验。

（7）验证各系统之间是否存在干扰现象。

（8）验证各系统是否达到系统设计的各项功能和性能指标。

（9）通过反复调试和试验，验证系统是否已达到地铁列车正常运营的各项要求，是否达到列车载客运行的安全性、舒适性和平稳性的基本要求。在诸多因素中，应首先考核上述项目的可靠性和稳定性。

4）车辆与轨道系统联调主要检测项目

车辆与轨道系统联调，主要检测内容包括轨道系统状态测试、车辆性能测试。

（1）轨道状态测试

①对全线轨道进行测量。

②检查全线轨道基础弹性均匀性。

③运用轨检车进行全线检测，抽查直线、曲线区段线路，检查道岔状态及尖轨静止状态密贴情况。

④轨检车全线测量轨道（含道岔）几何状态，逐组检查道岔几何状态及安全尺寸，尖轨转换前后静态与基本轨的密贴程度。

⑤逐组测量道岔转换阻力，通过测力传感元件逐组测量（手操及电操）道岔尖轨的转换阻力。

⑥选择 2 个曲线、1 组道岔进行动力测试，要求车辆以规定速度通过各测试点，进行 20 次（道岔含直、侧向）测试。

⑦对减振轨道区段不同车速下进行 30 次往复运行试验，测试轨道动力传递特性，检测减振轨道减振特性及轮轨系统震动、噪声。

⑧采用脉冲激励片对减振区段与非减振区段进行振动传递测试，对比其减振效果。

⑨查明钢轨焊接接头及轨缝处短波不平顺对轨道振动及旅行舒适性的影响。

⑩检验曲线区段的旅行舒适性，试验分析道岔区段轨道与运行条件的适应性及转换、锁闭、表示的可靠性，确认道岔与信号的连接，实测车辆以规定速度通过曲线、道岔直侧股轨道的动态性能，轮轨系统动力学参数匹配。

（2）列车性能测试

①列车诊断系统试验。

②列车空调通风停止列车故障时车内通风性能试验。

③列车噪声、振动试验。

④列车电子干扰试验。

⑤列车弓网性能试验。

⑥列车 / 轨道系统相互作用性能试验。

⑦列车运行阻力试验。

⑧列车脱轨安全性试验：列车脱轨系数试验、列车轮重减载率试验、列车横向力试验、列车挤轨量试验。

⑨列车舒适性（平稳性）试验。

⑩列车抗倾覆性能试验，轮轨噪声 / 系统动力学性能测试。

5）车辆与信号、通信、屏蔽门系统联调主要检测项目

车辆与信号、通信、屏蔽门等设备系统联调，主要检测以下内容：

（1）系统功能测试。

（2）系统故障安全测试。

（3）现场设备测试，包括点式设备的发送器、接收器单元的测试，计算机联锁设备的测试，以及其他 ATP、ATO 现场支持设备的测试，ATS 远程终端的测试。

（4）车载设备测试，包括车载的 ATC 设备、ATC 控制显示单元及 ATP、ATO 单元设备的测试，车 / 地、地 / 车间信息传输的测试。

（5）控制中心设备测试。

（6）进行隧道中无线电波传播与场强分布的测试与调整，用计算机绘制场强分布图，计算覆盖区内的时间地点概率、最小输入电平，看其是否与设计要求相符。

（7）试验各种呼叫通话功能，检查话音质量（话音信噪比）是否合格。

(8)对为列车广播系统提供的宽带音频通道进行传输衰耗和杂音测试,将有线广播系统、无线系统和列车广播系统连接,进行中心调度员和车站值班员对列车广播的试验。

(9)将 ATS 系统与列车广播系统的广播起动控制线连接,进行固定音源的列车自动报站广播试验。

(10)时钟系统向 ATS、SCADA、BAS、FAS、AFC 和 OA 系统提供标准时间信息的低速数据通道连通,进行标准时间信息传播的试验。

(11)将 ATS 系统向列车无线通信系统提供车次号的通道连通,进行传送车次号、车组号、司机代码、列车进出车辆段信息、列车在线路上的位置信息试验,并在无线通信系统的数据库中与车载台的 ID 码相对应。

(12)屏蔽门 / 信号系统静态调试:以信号的开 / 关门指令,检测活动门的开 / 关动作、活动门动作性能。

(13)进行重复试验与故障试验。

(14)通过列车运行对屏蔽门技术性能测试与试验。

(15)检测信号系统、车站设备监控系统与屏蔽门状态信号的正确性。

(16)与信号、车站设备监控子系统进行联调,重点解决开 / 关门信号与活动门信号传输。

(17)列车运行时与信号、车站设备监控和屏蔽门子系统进行联调,重点解决开 / 关门信号与活动门信号传输。

(18)试运行期间检查屏蔽门系统运行情况、可靠性和故障情况。

(19)车辆 / 信号 / 屏蔽门系统联动测试如下:

①以列车信号或司机信号为指令,检查活动门的动作性能。

②模拟停车位不正确、通信中断等工况,以站台端头控制盒的指令,检查活动门的动作性能。

③检查活动门状态信息传递至信号、设备监控系统的正确性及显示情况。

6)注意事项

(1)在满足行车试验需要并达到试验目的的前提下,能少行车则少行车、能低速不高速、能范围小不范围大,把风险减到最小。

(2)授权临管期间,应将整个线路管理区域纳入集中、统一管理范畴,做到控制权、调度权、管理权三权强势管理。

(3)根据各个需要行车调试专业提出的测试大纲、计划和必要条件,综合分配时间和空间资源,为行车调试提供安全、可靠、高效的试验环境。

(4)统筹、合理安排行车调试和车辆过轨及样板段剩余土建、装修和设备安装调试工程。

(5)当安全与计划冲突,不可协调时,工作效率服从安全管理。

29.4 运营演练

29.4.1 运营演练的作用

综合运营演练在系统联调中占据非常重要的地位,这是因为:

(1)综合运营演练可以有效地检验系统联调成果。

(2)综合运营演练是全员参与的。

(3)综合运营演练是最好的运营培训方式。

(4)通过综合运营演练,可以有效地提高一线人员应急反应和处理能力。

(5)可以对正式运营难以实现的故障模式甚至破坏性试验,进行假想故障试验演练。

(6)通过综合运营演练可以有效地验证和完善运营文本。

29.4.2 运营演练项目

运营演练项目可以分为三大类:一是系统验证测试项目;二是综合运营演练项目;三是单项实作训练项目。

(1)系统验证测试项目

系统验证测试项目主要包括:

①通信动态测试。

②信号车辆联合测试。

③信号故障测试。

④列车安全距离测试。

⑤供电系统负荷测试。

⑥供电系统故障测试。

⑦供电系统直流短路试验。

⑧控制中心 SCADA 系统故障测试。

⑨ FAS 系统联调测试。

⑩ BAS 系统联调测试。

(2)综合运营演练项目

综合运营演练项目主要包括:

①列车时刻表演练(三列车)。

②车站站台火灾演练。

③列车区间火灾疏散救灾演练。

④车站发现可疑物应急处理演练。

⑤大客流人潮控制演练。

⑥列车相撞、脱轨救援处理演练。

⑦列车压人处理演练。

⑧列车区间故障、阻塞救援综合演练。

⑨牵引供电故障演练。

⑩ BAS 与 FAS 系统联动试验;消防报警试验、气体灭火试验。

(3)单项实作训练项目

单项实作训练项目根据运营需要进行。

29.4.3 模拟载客

模拟载客主要完成遗留的调试内容,进行综合运营演练、空载运行、观光运行和试运行,最终检验各系统设备在地铁正常运营和事故应急情况下是否协调工作,各系统设备的技术参数能否满足运营的实际需要，并对运营维护人员进行现场实地培训，确保地铁顺利开通运营。

系统联调模拟载客主要工作任务有：

（1）完善相关规章制度。

（2）制订及列出未完成的联调工作文件及完善计划。

（3）联调技术参数的提交。

（4）完善运营前的全系统可靠性、安全性和功能性评估论证报告。

（5）完成试验条件成熟时的补充试验工作。

（6）联调、全系统模拟运行补充试验。

（7）区间观光试运行。

（8）全线载客商业试运行。

第6篇

地铁站后工程新技术应用

第30章 建筑信息模型（BIM）技术应用

30.1 建筑信息模型(BIM)概述

互联网和信息化技术正在我国飞速发展，作为工程行业的信息化代表，BIM（Building Information Model，建筑信息模型）正在得到越来越广泛的关注和应用。BIM技术已不仅是行业前沿性的技术，更是行业的大趋势。尽管BIM技术已在我国发展十余年，但说起BIM技术，在很多人的眼里它仍是独立三维建模，是一个可以显示施工过程的动画，是一个人在虚拟的建筑模型中行走的东西，但BIM技术的精髓并不只有这些。正因为这种对BIM技术定义的理解缺乏，限制了BIM的使用人员、使用深度及使用高度。那么BIM技术到底是什么呢？

综合来讲，BIM是对建筑工程全生命期物理特征和功能特性信息的数字化承载和可视化表达，能够应用于工程项目规划、勘察、设计、施工、运营维护等各阶段（图30.1.1），实现建筑全生命期各参与方，在同一多维建筑信息模型基础上的数据共享，实现可视化决策、可视化交互、协同化设计、施工过程模拟，将极大地促进建设领域生产方式和管理方式的变革；建设期产生的巨量数据通过BIM模型的数据库实现数字化交付，为运营期所继承和利用，大幅度提升运维智慧化管理水平，提高运营系统安全保障能力。BIM重申了行业信息密集性的重要性，并强调了技术、人员和流程之间的联系。

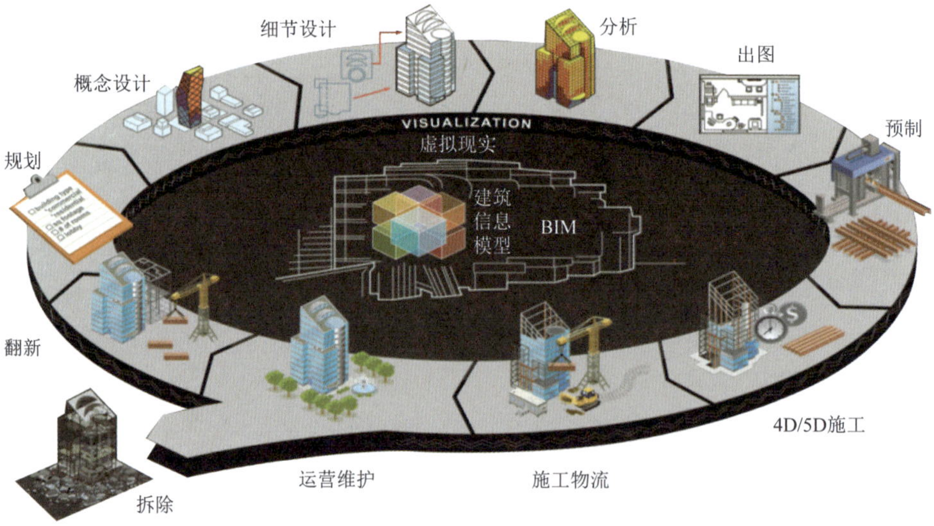

图30.1.1 BIM价值链示意图

30.1.1 BIM技术定义

BIM理念最早在20世纪70年代，由美国佐治亚理工大学建筑与计算机学院的查克伊士曼博士提出，他认为建筑信息模型可以将整个建筑生命周期内的所有信息，如几何信息、功能要求、构件性能、施工进度、项目管理等信息综合到单一的模型中。本质上讲，查克伊士曼博士从计算机科学的角度提出 BIM 的概念，目的是提高建筑工程中数据的复用性、共享性和协同性。

然而，BIM 经过几十年的发展逐渐涵盖更多的内容，但还未出现统一的定义。没有公认定义可能是 BIM 始终在不断变化，新领域和新的前沿因素不断地慢慢扩充"BIM"的定义。国内外的 BIM 相关研究与现有 BIM 标准针对不同用途和目的，提出的 BIM 定义具有不同的侧重点。地铁工程 BIM 应用第一步也应理清 BIM 概念，建立适用于地铁工程的 BIM 定义。

表 30.1.1 是国内外影响力较广的文献、标准、报告及组织对 BIM 的定义内容。

国内外 BIM 定义汇总　　表 30.1.1

名　称	性　质	BIM 定义内容
BIM Handbook	美国，应用指南	BIM 是一个关于工具、过程和技术的概念，BIM 借助计算机技术，描述建筑工程项目的表现、计划、建造以及其运维
美国国家建筑信息模型标准 NBIMS	美国，国家标准	BIM 是数字化表达过程，用于创建设施的物理与功能特性，强调 BIM 技术在建筑工程项目全生命周期中起到的信息共享、协同工作和辅助决策作用
AEC（UK）BIM Standard	英国，国家标准	该标准对 BIM 的定义主要是关于设计和施工过程中起到的协调作用，也提出了数据的丰富性和可计算性
国际标准组织设施信息委员会	国际研究组织	BIM 是在开放的工业标准下，对设施的物理和功能特性及其相关的项目生命周期信息的可计算或运算的形式表现，与建筑信息模型相关的所有信息组织在一个连续的应用程序中，并允许进行获取、修改等操作
美国 McGraw-Hill Construction 建筑"BIM 的商业价值"报告	研究报告	BIM 是创建并且利用数字化模型对项目进行设计、施工和运营维护的过程
Autodesk 公司	软件公司	BIM 是一套基于智能模型的流程，主要用于规划、设计、建设和管理建筑物与基础设施，BIM 创建的不仅是数字二维或三维模型，BIM 模型使用智能对象、几何图形和数据
中华人民共和国住房和城乡建设部《关于推进建筑信息模型应用的指导意见》	我国国家政策文件	BIM 是在计算机辅助设计（CAD）等技术基础上发展起来的多维模型信息集成技术，是对建筑工程物理特征和功能特性信息的数字化承载和可视化表达
清华大学 BIM 课题组主编《中国建筑信息模型标准框架研究》	课题研究	建筑信息模型技术创建并利用数字模型对项目进行设计、建造和运营管理，将各种建筑信息组织成一个整体，贯穿于建筑全生命周期过程
北京市地方标准《民用建筑信息模型设计标准》	我国地方标准	对 BIM 的定义是：创建并利用数字化模型对建设工程项目的设计、建造和运营全过程进行管理和优化的过程、方法和技术。 对 BIM 模型的定义是：基于建筑信息模型所产生的数字化建筑模型。BIM 模型的信息由几何信息和非几何信息两部分组成
《上海市 BIM 技术应用指南》（2015 版）	我国地方应用指引	基于三维建筑模型的信息集成和管理技术。该技术是应用单位使用 BIM 建模软件构建三维建筑模型，模型包含建筑所有构件、设备等几何和非几何信息以及之间关系信息，模型信息随建设阶段，不断深化和增加
《深圳市建筑工务署 BIM 实施管理标准》	我国地方标准	BIM 建筑信息模型是指创建并利用数字化模型对建设工程项目的设计、建造和运维全过程进行管理和优化的过程、方法和技术

现有的 BIM 定义对象主要为建筑行业，目前，建筑行业的 BIM 应用已经日趋成熟。"BIM"一词最早刚被推广时，被普遍认为只针对建筑工程，因为"Building"一词的字面意思就是建筑，但随着技术的发展，BIM 更被认为是工程行业信息化与新兴技术的集成，B 代表的也不仅仅是建筑工程，BIM

中 Building 的适用范围，随之扩展到大坝、水电站等构筑物，以及道路、桥梁、隧道等基础设施。

地铁工程中的地铁车站和车辆段等工程与建筑工程具有相似性，可借鉴建筑工程的应用经验，但在以线路为主导的地铁区间，覆盖范围广，在自身模型创建的同时，还需综合考虑大量项目周边环境，对地理信息依赖较强，与建筑工程 BIM 应用的差别较大。相对于单点的建筑工程，地铁工程系统性、全局性较强，规模大，对信息安全性要求更高，后期运营阶段 BIM 信息应用更具价值。因此，在定义地铁工程 BIM 应用时必须考虑工程模型本身、周边环境及地下管线模型创建、协同工作、资源共享、信息安全与完整等要素。

地铁工程的 BIM 定义为在地铁工程的全生命周期内，创建地铁工程及其周边环境的数字化、信息化模型，并在此基础上开展协同设计、精益建造、智慧运维等工作。

30.1.2 BIM 技术特点

根据各版本定义，通过对相关文献的总结，BIM 是带有信息的多维参数模型，可用于项目工程的多个方面，强调在各专业之间的协同，通过工程全生命周期的 BIM 应用，帮助建设方统筹工程目标，实现项目价值。

从三维参数化 BIM 模型的应用角度讲，BIM 具有可视化、协调性、模拟性、优化性和可出图性等五大特点。

1）可视化

可视化就是虚拟仿真，让我们在工程开始前，就已经可以通过三维的立体图形，看到工程竣工后得到的工程实物，这也就是一种“所见即所得”的概念。相较于以线条为主的二维 CAD 图纸，BIM 技术倡导面向对象的设计方式，设计成果更加直观。这不同于传统的效果图，BIM 模型使用参数化智能对象，所有视图都来自同一模型，对任意视图的更改都可实时反馈到其他视图，且在项目全过程均具备可视化特点，可视化效果不仅可代替效果图用于展示，更可以用于项目沟通与决策。

2）协调性

工程项目一般参与方众多、专业广泛，协调问题是项目的重要内容。通过 BIM 技术的使用，在统一平台下进行设计，在设计过程中实现多专业协调，在施工前解决专业间设计冲突，通过可视化的三维模型与统一的信息数据库，提升多方沟通与资料传递的质量与效率，进而有效减少工程返工与资源的浪费。

3）模拟性

随着数据格式的发展，可利用 BIM 模型及模型所带信息直接进行必要的分析与模拟，使得分析工作更加便捷，项目的分析模拟工作更加全面。在设计阶段，利用 BIM 模型与信息可进行节能分析、紧急疏散模拟、日照模拟、热能传导模拟等分析与模拟。在施工阶段，将 BIM 模型与进度计划结合，进行 4D 施工进度模拟，确定合理的施工方案指导施工过程。同时还可以增加成本信息，进行 5D 成本模拟，实现成本控制。后期运营阶段，可以模拟日常紧急情况的处理方式，例如地震人员逃生模拟、消防人员疏散模拟等。

4）优化性

相较于传统的二维图纸表达方式，三维模型更符合实体结构的表现需求，只有通过 BIM 技术的应用才能实现精细化设计与施工。三维 BIM 模型能够减少设计过程中由于图纸变更、设计遗漏、施工空间不足等原因出现的错漏碰缺等问题，方便进行设计深化并优化设计方案。借助三维 BIM 模型，对复杂节点进行施工模拟，可提高施工方案的可行性，同时用于可视化施工交底，提高施工质量。

5）可出图性

现阶段工程表现形式仍是以二维图纸为主，由于 BIM 模型可真实体现设计成果，相对于独立的二维图纸绘制方法，通过 BIM 模型获取的二维图纸具有关联性，一旦设计方案发生变更，所有视图都可以一并更改，减少变更工作量。同时，由三维模型得出的二维图纸更接近工程实际，减少了人为因素造成的图纸错误。

30.2 建筑信息模型（BIM）在地铁车站工程中的应用价值

地铁工程的 BIM 技术应用起步较晚，虽然在国内部分城市地铁工程建设项目中已经开始使用，但应用深度、广度远不及建筑类项目，实现的价值较单一，总体处于起步阶段。由于地铁工程复杂程度较一般民用建筑工程高，且运营、维护和管理是地铁工程整个生命周期最重要的部分，BIM 技术在地铁工程中具有十分重要的应用价值，现阶段的发展势头迅猛。

30.2.1 BIM 技术在地铁工程的应用现状

（1）国内地铁项目 BIM 技术应用基本情况

随着 BIM 技术应用浪潮在我国越来越热，国家早在“十二五”国家政务信息化工程建设规划中，就明确建议建筑企业加快 BIM 技术在工程项目中的应用。

虽然西方发达国家的 BIM 技术相对比较成熟与完善，但其地铁建设正处于沉寂期，因此 BIM 技术应用主要体现在改建、运营与资产维护方面，例如伦敦地铁维多利亚站的翻新中利用了 BIM 技术进行设计协同和管理工作，而对于地铁建设方面的应用相对较少。

根据住房和城乡建设部专题项目研究报告——《BIM 技术在城市轨道交通工程设计、施工应用研究》（中期报告）的调研结果，截至 2016 年，全国已有 22 座城市的地铁工程在不同程度上开展了 BIM 技术应用，占到在建地铁城市数量的一半以上。但在国内，BIM 技术在地铁领域的应用仍处于起步阶段，应用层次较单一，水平较低，以设计阶段的应用为主，在施工阶段的应用主要在个别施工项目上展开，而且应用的层次也不够深入。

根据住房和城乡建设部相关课题的调研结果，现阶段 BIM 技术在地铁工程中应用最多的 6 个应用点是管线检查（88.9%）、现状建模（66.7%）、三维可视化展示（66.7%）、图纸检查（51.9%）、施工进度跟踪（44.4%）和深化设计（44.4%）。虽然这些应用在一定程度上改善了设计手段，但并未体现 BIM 技术的真正价值，单纯的模型应用难以从根本上突破二维绘图的本质，BIM 技术最大的应用价值在于项目全周期，各参与方都参与，提供并获取所需信息，实现信息积累，数据多层次应用与管理高效协同，真正为地铁工程建设带来全局性的改变。

（2）国内地铁 BIM 技术标准应用与研究现状

BIM 技术的实施，尤其是在全局性开展离不开统一的标准，标准缺失与标准不统一是限制地铁工程 BIM 技术应用的重要因素。总体来讲，BIM 技术标准可分为行为标准与数据标准两大类。行为标准可用于规范各方 BIM 技术应用流程、协同工作与成果交付，是 BIM 技术实施的保障。数据标准主要用于软件平台间数据的交换和应用，是 BIM 技术落地的基础。

地铁工程 BIM 技术应用目前整体处于起步阶段，标准的制定也刚起步，国内现有的地铁工程 BIM 技术相关标准见表 30.2.1，涵盖已经颁布及正在编制的行业、地方及企业标准。

国内地铁工程 BIM 技术标准编制现状　　表 30.2.1

<table>
<tr><th>序号</th><th>标准名称</th><th>编制主体</th><th>标准类型</th><th>编制情况</th><th>备　注</th></tr>
<tr><td>1</td><td>《铁路工程信息模型分类和编码标准》</td><td>中国铁路 BIM 联盟</td><td>行业标准</td><td>颁布</td><td>为实现铁路工程全生命周期的交换、共享，推动铁路 BIM 技术的发展</td></tr>
<tr><td>2</td><td>《城市轨道交通建筑信息模型交付标准》</td><td rowspan="7">上海申通地铁集团有限公司</td><td rowspan="7">企业标准</td><td>颁布</td><td>为 BIM 模型交付制定统一标准</td></tr>
<tr><td>3</td><td>《城市轨道交通建筑信息模型应用技术标准》</td><td>颁布</td><td>规范 BIM 应用过程</td></tr>
<tr><td>4</td><td>《城市轨道交通工程建筑信息模型建模指导意见》</td><td>颁布</td><td>用以建设过程中对建筑信息模型的技术管理</td></tr>
<tr><td>5</td><td>《城市轨道交通建筑信息模型族创建标准》</td><td>颁布</td><td>为创建族统一标准</td></tr>
<tr><td>6</td><td>《城市轨道交通设施设备分类与编码标准》</td><td>颁布</td><td>以建设成果进行单层次分类</td></tr>
<tr><td>7</td><td>《城市轨道交通地下管线信息模型数据规则》</td><td>颁布</td><td rowspan="2">规范模型的数据规则</td></tr>
<tr><td>8</td><td>《城市轨道交通岩土工程勘察信息模型数据规则》</td><td>颁布</td></tr>
<tr><td>9</td><td>《基于 BIM 的设备管理编码规范》</td><td rowspan="2">广州地铁集团有限公司</td><td rowspan="2">地方标准</td><td>在编</td><td rowspan="2">为 BIM 建模和设备编码工作制定统一标准</td></tr>
<tr><td>10</td><td>《城市轨道交通 BIM 建模与交付标准》</td><td>在编</td></tr>
<tr><td>11</td><td>《城市轨道交通信息模型交付标准》</td><td rowspan="2">上海市住房和城乡建设管理委员会</td><td rowspan="2">地方标准</td><td>颁布</td><td rowspan="2">为 BIM 建模工作制定统一标准奠定基础</td></tr>
<tr><td>12</td><td>《城市轨道交通信息模型技术标准》</td><td>颁布</td></tr>
<tr><td>13</td><td>《城市轨道交通工程 BIM 设计交付标准》</td><td>住房和城乡建设部质量安全监管司</td><td>研究性标准</td><td>通过验收</td><td>为 BIM 建模工作制定统一标准奠定基础</td></tr>
<tr><td>14</td><td>《轨道交通工程竣工 BIM 模型交付标准研究》</td><td>住房和城乡建设部</td><td>标准研究性课题</td><td>通过验收</td><td>为竣工交付标准制定奠定基础</td></tr>
</table>

由国内地铁工程 BIM 技术标准编制现状分析可知，当前正在研究制定的标准，行为标准方面主要以交付标准为主，行业标准与地方标准都在开展研究，而面向数据标准的制定工作较少，且集中于企业标准层次，影响力小，这将限制 BIM 技术在地铁工程的数据共享与协同方面的应用，影响地铁工程 BIM 技术应用价值的实现。

30.2.2 BIM 技术在地铁工程中的应用价值与趋势

我国地铁工程正处于“大跃进”时代。2015 年，全国城市轨道建设总里程达到 3000km，2020 年将达到 6000km。地铁工程建设周期长、投资大、影响范围广、运营周期长。同时，地铁的建设是一个庞大复杂的系统工程，参建方众多，多方协作难度大，技术水平要求高，管理工作复杂程度高，数字化、信息化等新技术的应用刻不容缓。

（1）BIM 技术在地铁工程中应用的必要性

地铁工程往往具有规模大、线路长、专业多、环境复杂、建设周期长、工期紧、运营管理要求高等特点。仅设计阶段就涉及二十多个专业，不仅包括一般民用建筑工程中的建筑、结构、通风与空调、电气、给排水、消防等专业，还涉及通信、信号、电扶梯、安全门、门禁以及环境与设备监控等系统，使得地铁车站设计十分复杂，综合性强，协调难度大，多达二十多种常规、专业设备系统更是令专业间协调问题、管线交叉和碰撞问题、接口管理问题等变成地铁建设的重难点之一。

从设计角度来说，地铁车站传统的设计工作主要是基于 CAD 平台，利用平、立、剖等视图的方式展现设计方案，图纸数量多，信息量大且离散，不同视图独立绘制，设计变更时修改工作繁重，且二维图纸对三维实体的展现能力有限，对复杂项目或复杂节点难以表达，局限设计意图的传递。BIM 模型中各立面视图都是基于同一模型，对任意视图下的模型进行修改，其他视图就会相应修改，减少了设计师的工作量，提高了工作效率。三维设计对于空间的表达能力强，避免了二维图纸中不易发现的空间关系错误。

地铁车站内的通风空调、消防、机电等系统设备复杂，管线的碰撞问题较多，现有的管线综合方法是将不同专业的图纸打印成硫酸图，再叠合对比，这种方式效率低且效果差，很多碰撞问题到施工阶段才能发现，造成返工。利用三维 BIM 模型直接进行管线综合和碰撞检查，再反馈给各专业进行协调更改，不仅大大提高了管线综合工作的效率，也保证了设计质量，减少错漏的发生。

由于二维 CAD 设计图纸不能直接支持分析计算，现有的模拟分析方式都是在分析软件中单独建立模型，手工输入相关数据再进行分析，分析模型不能与二维图纸联动，同样存在设计方案调整，分析模型重复创建的缺陷。分析结果无法直接反馈给设计方案，设计与性能化分析计算之间严重脱节。利用 BIM 技术，在三维 BIM 模型的基础上直接进行分析，减少重复建模的工作量，同时可将分析结果反馈给模型，方便实时调用。

现有的工程量统计是依据二维 CAD 设计图纸进行的，设计人员根据图纸直接测算或者在造价软件中重新建模后再进行统计，工程量统计工作效率低，人工成本高，容易出现差错，且设计方案调整时，工程量往往需要重新计算，统计滞后。利用 BIM 技术可根据模型成果直接得出真实的工程量，且结果可随模型的更改而变化，减少变更工作量。

从施工及施工管理角度来说，由于地铁工程设计工作量大，工期紧张，各专业设计出图比较仓促，多专业协调设计，非常容易造成错漏，进行综合管线排布时，各管线设备安装的细部位置不合理等问题频发。施工单位多，各专业施工队伍需在总包的统一协调管理下进行施工，总包需对各冲突位置进行统一布局，协调管线安装位置和施工顺序，从而保证施工进度和质量。使用 BIM 技术可以有效地检查管线的碰撞与错漏，为设计和施工服务，对施工人员进行合理安排，减少窝工和返工，提高工程的整体观感和质量。

对于地铁工程，由于参建单位多，流程复杂，设计与施工管理工作极为复杂，需要各参建单位内部专业间相互配合，更需要建设单位、设计总包单位、施工总包单位统筹管理。传统的管理模式混杂；设计方案多由二维图纸体现，沟通难度大；缺乏统一平台，资料获取方式落后，文件版本难以统一，造成信息滞后；工程监管技术手段落后，基本依赖于人为巡视，可控性差，进而影响工程进度与管控效率，造成大量质量安全隐患。BIM 技术具有的可视化特点，降低了对工程人员专业知识的要求，提高了技术方案的沟通效率；BIM 技术倡导统一信息源，在共同的数据基础上，各方协作，及时更新最新的工程方案，可减少返工与浪费；通过信息化技术的应用，实现实时搜集并绑定现场资料，便于建设方统筹管理。

（2）BIM 技术在地铁工程中的应用价值

直观来讲，BIM 技术就是建立工程对象的三维信息化模型，将工程相关信息通过模型有机联系，使之成为可供设计、施工、管理方应用的信息化资料库，并可在项目的各个阶段对信息进行收集、储存、交换、管理和更新，为项目各参建方提供及时、准确的信息与资源，以支持各参建方的工作，最终实现项目设计、施工、运营、维护效率和质量的提高。

利用 BIM 技术可视化、可协同、可模拟、可优化、可出图的特点，可对地铁工程进行全过程方案优化，改善地铁工程的沟通效果，为科学决策提供依据，便于加强质量控制，实现生产与管理效率的提升。

目前，BIM 技术在地铁工程中的应用还处于起步阶段，但在全球建筑行业中的应用已经日趋成熟，设计、施工与运维阶段均已开展应用，根据相关研究机构对项目 BIM 技术应用效果的分析，明确了 BIM 技术对建筑工程项目带来的价值。

2000 年，英国的一项研究指出，建筑行业因设计不当、返工等存在着 30% 的浪费。2004 年，美国国家标准技术研究所（NIST）发表报告，指出建筑行业因软件数据交换问题每年损失 158 亿美元。

2008 年，美国斯坦福大学综合设施工程中心（Center for Integrated Facility Engineering，CIFE）对美国 32 个建筑类项目 BIM 技术应用效果进行统计，发现 BIM 技术的应用可消除 40% 的预算外变更，造价估算时间可缩短 80%，合同造价可降低 10%，项目工期缩短 7% 以上。美国 McGraw-Hill Construction 公司的调研结果，美国建筑行业 BIM 技术的使用比例由 2007 年的 28% 快速增长到 2009 年的 49%，直至 2012 年这个比值已升至 71%，近 2/3 的施工单位开始推行 BIM 技术，70% 的建筑工程师和 67% 的电气工程师已经开始使用 BIM 技术。预计到 2020 年，美国工程建设行业 BIM 技术应用可使工程成本每年节约 2000 亿美元。美国和英国的相应研究都认为，BIM 技术在项目全生命内的真正实施可以降低项目 30% ～ 35% 的建设成本。

虽然 BIM 技术在地铁项目中的应用程度还不足以总结出明确的经济效益，但对于投资巨大、影响范围广、参与方众多、运营要求高的地铁项目，BIM 技术的应用产生的效益与价值应在建筑工程之上。

地铁工程的建设方，在项目前期，可利用 BIM 技术进行方案预演、场地分析、项目功能预测和成本估算；在项目过程中，可利用 BIM 技术实现全局性管理；在项目完工后，利用三维 BIM 模型和积累的信息数据库，可进行资产与空间管理、灾害模拟等工作。

地铁工程的设计单位利用 BIM 技术进行协同设计，获取三维设计成果，便于进行准确的设计分析，减少设计成果的错漏碰缺，提高设计质量。

地铁工程的施工单位，在 BIM 模型与信息的基础上对施工方案进行预施工，施工进度模拟，三维可视化交底等应用，改善施工方案，减少返工。

综合 BIM 技术的特点与地铁工程的现状，以及 BIM 技术在现有地铁项目的应用情况，BIM 技术在地铁工程中的应用价值主要体现在：

（1）提升工程设计与施工质量。优化设计方案，减少错漏碰缺，减少变更工作，提高设计质量；提升设计效率，便于控制设计流程和设计周期；增强设计阶段与施工阶段之间联系，使设计成果能更好地服务于现场施工；优化施工方案，确保施工进度。

（2）提升管理手段与效益。利用数字化信息化技术，将全面真实的工程信息数据反馈给管理方，可提高项目设计管理水平、施工管理水平及运维管理水平。

（3）提升经济效益。利用 BIM 模型与信息，精细化算量，有效控制成本，通过设计方案优化，减少返工，缩减工期，在建设期产生巨大的经济效益。

30.3 建筑信息模型（BIM）技术在地铁工程建设管理中的应用

建设单位往往是新技术应用的最大受益者，通过 BIM 技术的应用，借助先进的工程三维数字化、虚拟现实及数字化移交技术，全面提升项目的数字化、信息化管理能力，为地铁工程建设过程中的决策、运行管理提供先进的信息技术支撑。

建设单位对 BIM 的应用应是全过程的，前期主要用于项目决策，建设过程中应用于对项目进行高效管理，建设完成后利用完整有效的信息资源开展长期的运维管理工作。

30.3.1 可视化方式辅助决策

通过 BIM 技术，采用三维可视化方式，如图 30.3.1 所示，及时、直观并全面地了解设计方案，地铁沿线区域经济、人文、商业规划情况，掌握沿线建设的交通导改、市政管线改迁、环境风险分布情况，方便建设方对方案进行讨论与决策，有助于地铁工程的前期规划与布局。可视化的应用可以改变传统招投标中投标方案不明确的现状，提升招投标工作的质量与效率。通过 BIM 技术可辅助项目的汇报工作，通过可视化的方法（方案模拟、无人机航拍等）直观展示项目基本情况，如前期情况、进度情况、隐蔽工程情况、周边景观等内容，清楚了解项目整体情况和细部情况，避免因为项目情况不明所发生的决策失误与处理拖延。

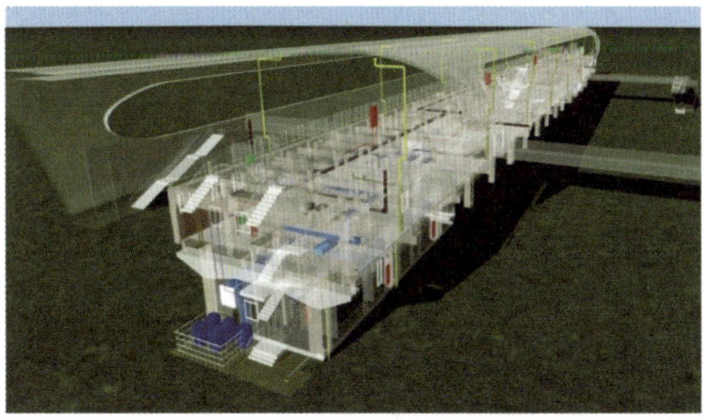

图 30.3.1 地铁车站全专业三维模型

30.3.2 高效管理建设过程

BIM 技术应用的目标是对项目进行更精细化的实时管理。通过 BIM 信息化平台的搭建与使用，实现快捷的信息传递和信息共享。在设计阶段，便于建设单位控制设计进度，审核设计成果，更新设计方案，管理设计变更，全面控制设计效率与质量；在施工过程中实时把控施工进度、掌握施工现场情况。基于 BIM 的数据集成，便于各参建方对项目信息进行快速检索、调用、分析与传递，同时也方便建设单位对此过程进行管理与协调，满足工程建设不同阶段对进度、质量、安全管控和投资控制的需求，实现地铁工程建设管理的数字化、信息化和智能化。

30.3.3 提升运维管理水平

地铁工程在项目完工后，面临几十年甚至上百年的运营期，此阶段的应用是 BIM 技术推行的终极目标，也是建设单位获得最大利益价值所在。

传统的设计与施工方式，在工程完工后积累大量资料，但这些资料在运维阶段很难充分利用，一方面是由于二维图纸专业要求高，另一方面信息分散没有形成相互联系，甚至存在众多纸质资料，后期查询难度大，造成信息浪费。地铁工程中应用 BIM 技术进行数字化交付，对海量的资产数据从源头开始约束，实现地铁工程建设阶段的资产标准化、精细化管理，在工程完工后获得结构化的工程资料信息，采用信息化技术强化管理，为地铁工程的运营维护和管理提供数据基础。

2012 年，美国宾夕法尼亚大学的研究课题《建设单位 BIM 规划指南 1.02 版》提出了运维阶段的八项关键 BIM 应用。

（1）数据调试，即协调 BIM 模型的信息与设施管理系统的信息。

（2）性能监测，运用 BIM 辅助监测、安保。

（3）系统控制，运用 BIM 管理设备系统。

（4）空间跟踪，运用 BIM 管理空间的使用情况。

(5)资产管理,运用 BIM 辅助设施资产管理。

(6)维护管理,运用 BIM 维护设备,使其保持正常运行。

(7)状态记录,运用 BIM 技术记录设施状态。

(8)场景预测,运用 BIM 模拟人流、疏散等情况。

BIM 技术在地铁工程运维阶段的应用起步较晚,目前国内尚未有完整的成功案例,但在一些城市已经开始在项目完工后进行单点式运维应用,并取得一定成果。

1)利用 BIM 技术进行地铁车站设备设施的管理

在 BIM 模型中录入车站设施信息,建立地铁工程空间设备编码标准体系,录入设备维护保养与更换计划信息,加载设备维修养护说明书等资料。在地铁车站设备设施的日常维护管理过程中,可实现设备信息快速检索以及在 BIM 模型中定位等功能,以及维修更换记录存档(图 30.3.2)、更换周期提醒等功能,可大大提高车站设备设施的维护与管理效率。

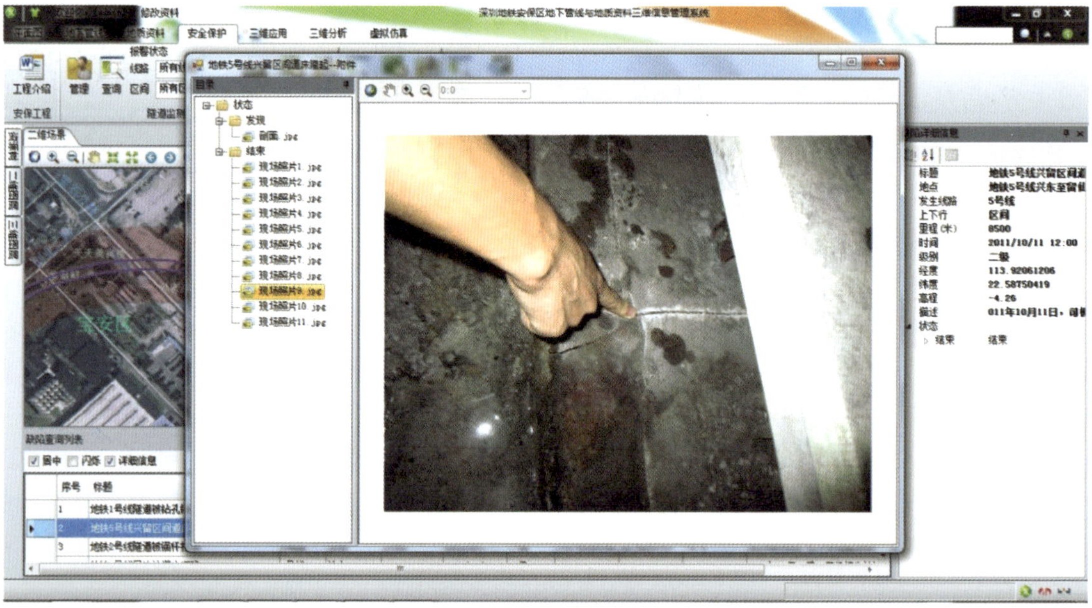

图 30.3.2 维修记录存档

2)利用 BIM 技术进行地铁车站安全事故应急管理

利用 BIM 技术进行地铁车站安全事故模拟,分析车站结构、空间布局以及导向标识对人员疏散过程的影响,检验安全事故应急预案的可操作性。根据模拟结果,合理设置站厅导向标识设计,调整安全事故应急预案,优化大客流现场人员配置,避免踩踏事故的发生,降低安全事故造成的人财损失。

3)利用 BIM 技术进行地铁车站空间与商业管理

在 BIM 模型中对空间属性进行定义,录入空间使用信息,加入车站广告位置信息,建立管理系统,可用于对车站大量商业资源的高效管理。对商业资源的租赁业务进行统一管理、合同管理与到期提醒,提高商业资源的利用率,减少人工量,提升管理效率。利用 BIM 技术的可视化特点,模拟商业广告的投放效果,提升广告业务的租赁价值,如图 30.3.3 所示。

图 30.3.3 商业广告的投放效果模拟

建设单位是最大收益方，唯有建设单位全面推行 BIM 技术，才能发挥最大效益。BIM 技术在地铁工程的落地过程中，需由建设单位进行全局把控，在地铁工程的全生命周期持续推进，明确 BIM 技术应用需求，同时组织、协调、监督各参建单位的 BIM 技术应用情况，并对项目的应用成果进行审核和归档，便于后期持续应用。

30.4 建筑信息模型(BIM)技术在地铁工程规划设计中的应用

地铁工程涉及专业繁多，设计工作综合性高、难度大。在地铁车站设计中应用 BIM 技术，充分利用 BIM 技术的协同能力、表现能力与分析能力，将传统二维分散的设计成果转变为全专业综合的三维数字化信息模型，表达更加完整的设计意图，实现各专业信息整合和协同设计，并利用该模型进行必要模拟和分析，自动统计工程量和材料清单，优化地铁车站的设计和使用性能。

地铁车站工程复杂程度高，设计决策制定周期一般较长，BIM 技术的应用为决策提供全面可靠的数据基础，加快决策过程，缩短决策周期。

直接利用 BIM 模型展示设计成果，相较于二维图纸，与建设单位的沟通更加直观高效，有助于建设单位更好地理解设计方案，同时省去大量制作效果图、动画的工作，节省设计成本。

BIM 技术在地铁车站设计中的应用提高了协同化水平，各专业成员有效共享与利用信息，提高配合程度，减少不确定因素，提高设计质量和效率，缩短设计周期，降低时间成本，提高效益。

通过对地铁车站 BIM 模型的管线综合、碰撞检查等分析应用，自动协调更改错漏碰缺，尽可能修正设计缺陷，避免后期施工过程中的返工，减少法律纠纷及索赔，提升设计单位的利润空间与专业形象。

利用 BIM 模型进行工程量统计，节省建模工作，减少人工成本投入。在算量统计结果的基础上快速计价，高效地预测与控制成本，增加设计方案的经济效益。

30.4.1 场地仿真

规划阶段的工作难点主要在于待建建筑征地范围的确定，施工用地范围的确定。确定这些内容，需要考虑施工对周边已有建筑的影响，对生产、居民生活的影响，以及施工用地范围内的环境影响，如地下管线的迁改、道路交通组织疏解和高压线影响范围等。

这些内容必须要经过各种图纸资料的参考、实地勘测和考察，以及与其他参建方的交涉后方可确定方案。目前还没有比较便捷的方法将这些信息整合在一起，帮助建设单位和设计单位高效直观地研究这些因素信息，做出方案决策。而 BIM 技术中的场地仿真模拟在这一阶段的应用，就能很好地解决这个问题。

场地仿真建模是依据设计单位提供的场地图纸、实景点云扫描模型，再利用软件进行建模配合，如图 30.4.1 所示，真实反映待建项目现阶段，施工阶段，竣工后的场地、道路、绿化、河道等不同阶段的场地状态，及时发现问题，对线路规划、设计方案、施工筹划等进行调整修改。

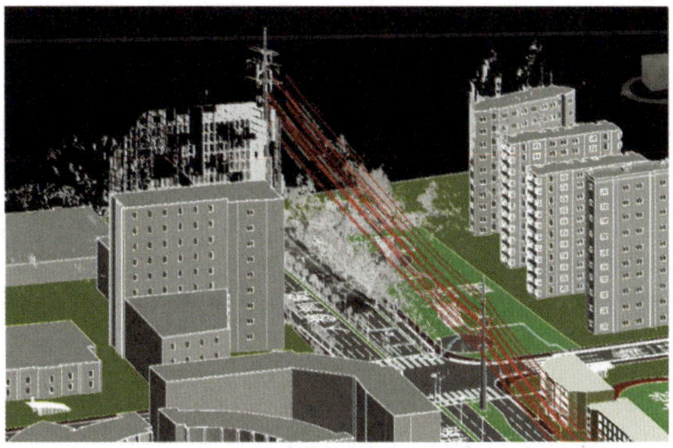

图 30.4.1 场地仿真——点云扫描

30.4.2 方案比选

利用 BIM 技术，根据历史指标对成本费用进行实时模拟和核算，协助设计人员自查自纠、主动控制。在 BIM 模型的基础上，对项目的关键部位（外观、建设内容占总体造价比例较高的部分等）进行多方案比选，如图 30.4.2 和图 30.4.3 所示，确保方案造型美观、满足规范要求且成本合理。

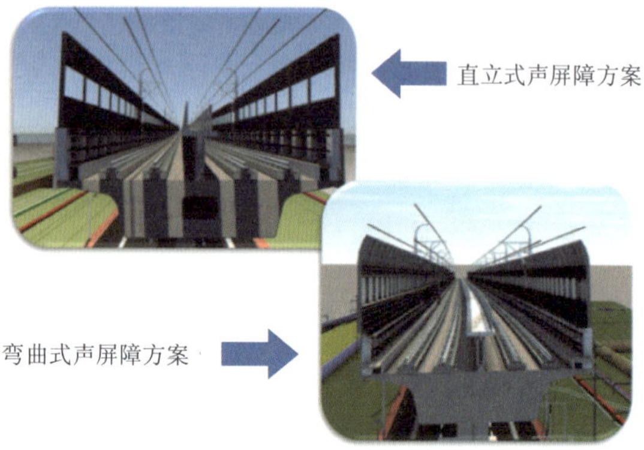

图 30.4.2　声屏障方案对比

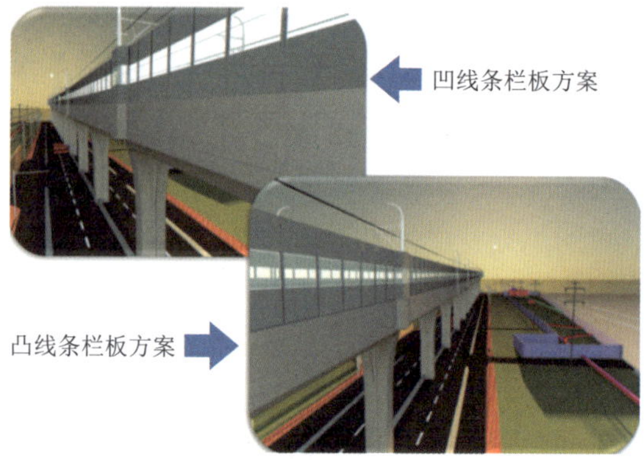

图 30.4.3　装饰造型方案对比

30.4.3 三维参数化设计

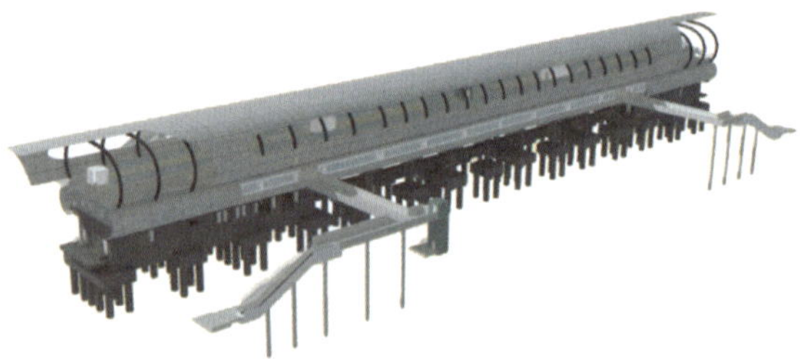

图 30.4.4　地铁车站整体三维模型

地铁车站形式复杂，通过三维设计，将专业、抽象的二维图纸变得直观化，整个设计过程可视化，所见即所得，如图 30.4.4 所示。三维设计可以突破设计师的思维壁垒，得出更加优良可行的设计方案。同时，通过三维模型，增强设计方案的表现能力，为项目各参建方的沟通、讨论、决策提供一个高效的平台。

30.4.4 多专业协同设计

地铁车站设计涵括专业众多，综合性强，专业间协同工作显得尤为重要。传统的设计方式多为分散设计、成果集中，协同工作滞后，专业间协作效率低。BIM 技术的应用可以取代现有落后的图纸参照协同方式，为多专业的协同设计提供技术支持。通过中心模型的创建，各专业设计人员的设计信息及时更新，传递效率和质量大幅提升，减少专业冲突，从而获得综合、优化的设计方案。

30.4.5 交通疏解与管线改迁

在地铁工程 BIM 模型的基础上，建立准确的周边环境模型，如市政管网模型、道路与建筑模型等，分阶段模拟管线迁改和道路疏解，分析方案可行性，对方案进行优化，同时可用于辅助交通疏解与管线改迁过程中多方协调与沟通工作，如图 30.4.5 所示。

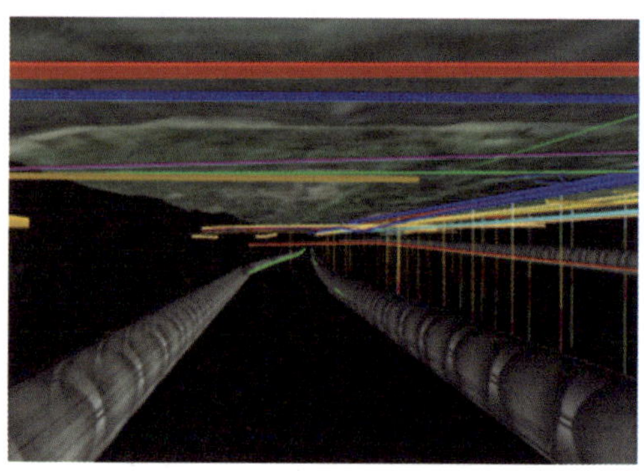

图 30.4.5　地铁周边地下管线模型

30.4.6 管线综合与碰撞检查

地铁车站管线众多，布置复杂，管线间的碰撞问题众多，影响工程效率。通过 BIM 技术的应用，各专业模型整合，在虚拟的三维模型中可直观地发现碰撞冲突，及时改正，如图 30.4.6 与图 30.4.7 所示。通过三维管线综合，实现空间的充分利用，提升净空高度。通过软件的碰撞检查功能，自动检查管线间碰撞及间距不合理布置，提高设计方案的可行性，减少后期施工变更。

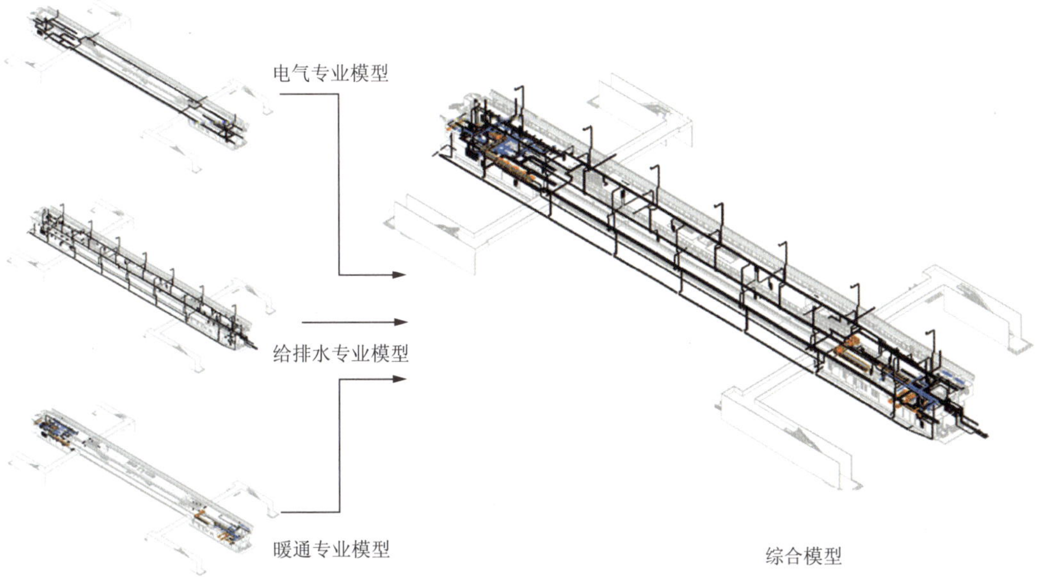

图 30.4.6 各专业模型整合

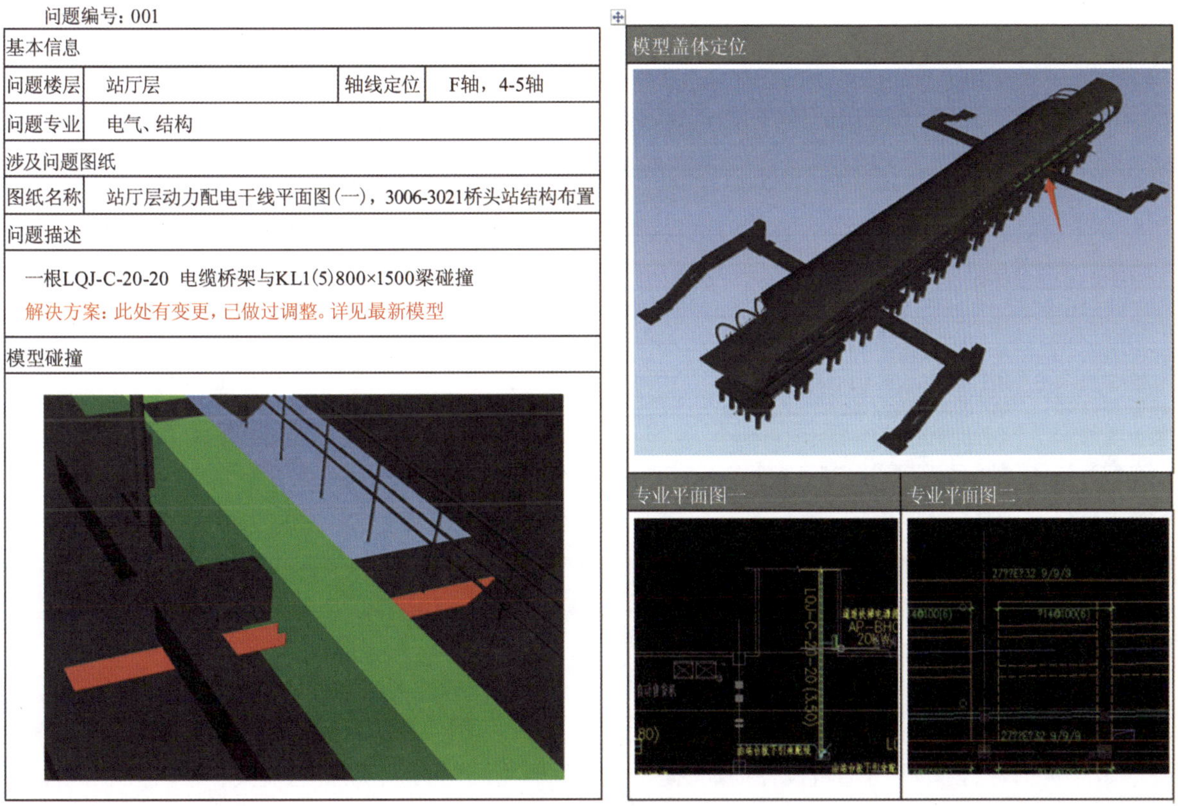

图 30.4.7 管线碰撞检查

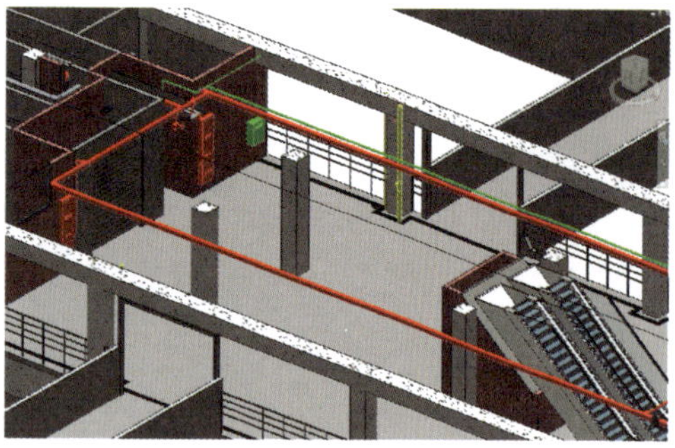

图 30.4.8　地铁车站竖向净空优化

30.4.7　设计检查

利用 BIM 模型对地铁车站设计方案进行净空分析，如图 30.4.8 所示。利用模型参数化特点自动识别低于限制高程的构件，并记录反馈。利用 BIM 模型检查机电管道需开孔洞位置、大小，设备基础的预留预埋设置，以及设备设施安装维护空间设置，优化设计方案，提高设计精细化水平。

30.4.8　模拟仿真

通过模拟仿真，对地铁车站导向标识设计方案进行展示与优化。在 BIM 模型中增加导向标识，清晰展示地铁站厅导向标识系统的设计效果，优化标识的布置、版面信息、比例尺度及环境照明等设计要点。通过软件虚拟漫游功能，模拟人流路线，修正个别位置车站装饰或柱子对导向标识的遮挡，保证了标识清晰持续，减少了客流动线的冲突，完善设计方案，如图 30.4.9 所示。

图 30.4.9　地铁车站虚拟漫游

30.4.9　工程量统计

BIM 模型带有真实完整的构件几何信息和物理信息，可快速进行精准的工程量统计工作，如图 30.4.10 所示，提高统计效率，减少人工偏差。设计方案出现变更时，工程量统计结果也能随着模型的改变而及时更新，提高统计的时效性，为造价和成本控制工作提供极大便利。

<楼板明细表>

A	B	C	D	E
族与类型	标高	周长（毫米）	体积（立方米）	面积（平方米）
楼板：常规 - 3	地下室结构标高（3.780）	114599	163.08	543.59
楼板：常规 - 3	地下室结构标高（3.780）	89600	111.13	370.44
楼板：常规 - 3	地下室结构标高（3.780）	217402	48.24	160.80
楼板：常规 - 2	站厅层结构标高(12.230)	123200	120.36	601.81
楼板：常规 - 2	站厅层结构标高(12.230)	95400	62.71	313.57
楼板：常规 - 2	站厅层结构标高(12.230)	166620	203.73	1018.63
楼板：常规 - 2	站厅层结构标高(12.230)	193400	171.38	856.90
楼板：常规 - 3	站厅层结构标高(12.230)	21580	8.01	26.69
楼板：常规 - 3	站厅层结构标高(12.230)	21680	8.06	26.88
楼板：常规 - 3	站厅层结构标高(12.230)	12620	2.98	9.93
楼板：常规 - 1	轨道层结构标高(16.650)	580123	430.89	2872.61
总计：11		1636224	1330.57	6801.85

图 30.4.10　地铁车站楼板工程量统计

BIM 技术在优化地铁车站设计方案，提升设计效率，降低人工成本与提高沟通效果等方面发挥重要作用与价值，为设计单位缩短设计周期、提升设计利润空间，为整个项目的决策、成本控制与精益管理奠定基础。

30.5 建筑信息模型(BIM)技术在地铁安装工程中的应用

地铁车站安装工程工程量巨大、影响因素多、工程组织协调工作繁重、技术难度高，BIM 技术在工程施工中的应用有利于安装工程施工单位优化施工方案，控制施工进度，控制工程成本，提高管理水平，有利于工程开展精细化施工。

目前，机电安装施工单位利用 BIM 技术可进行的应用有：开展深化设计，利用 BIM 模型根据施工安装需求进行细化、完善，指导建筑物构件的生产以及现场施工安装；利用模型进行三维技术交底，为施工作业提供技术支持，直观展示施工工序；进行建筑、结构、设备等各专业以及管线在施工阶段综合的碰撞检测、分析和模拟，消除冲突，减少返工；精确高效计算工程量，进而辅助工程预算的编制，并在施工过程中，对工程动态成本进行实时、精确的分析和计算，提高对项目成本和工程造价的管理能力。

机电安装施工单位利用 BIM 技术与数字监控、移动通信、物联网技术等先进手段结合，还可对施工进度、人力、材料、设备、质量、安全、场地布置等信息进行动态管理，提高施工管理效率与质量；可实现施工现场集成通信与动态监管、施工时变结构及支撑体系安全分析、大型施工机械操作精度检测、复杂结构施工定位与精度分析等，进一步提高施工精度、效率和安全保障水平。

30.5.1 机电管线综合与可视化设计

根据二维 CAD 图纸，分别创建项目建筑结构、机电及装饰模型，如图 30.5.1 所示。

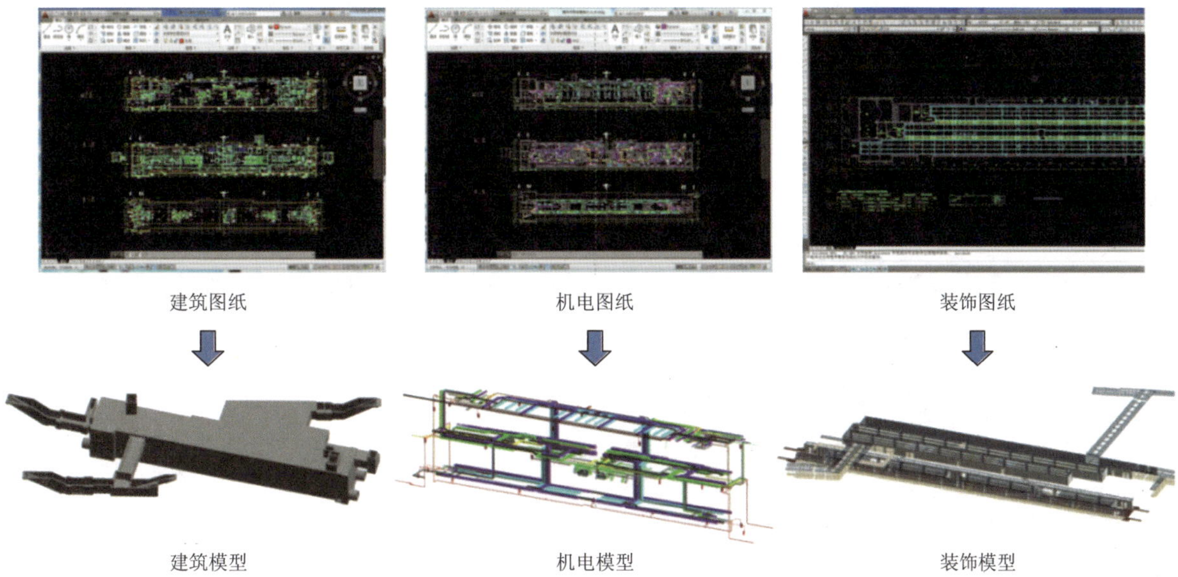

图 30.5.1　车站专业模型建立

将各专业模型进行汇总，合成项目综合模型，按管线综合布线原则对模型进行综合排布，在满足专业功能前提下合理排布各管线路由，得到合理的三维模型，生成不同关键位置三维、轴侧、平面视图，如图 30.5.2 所示。

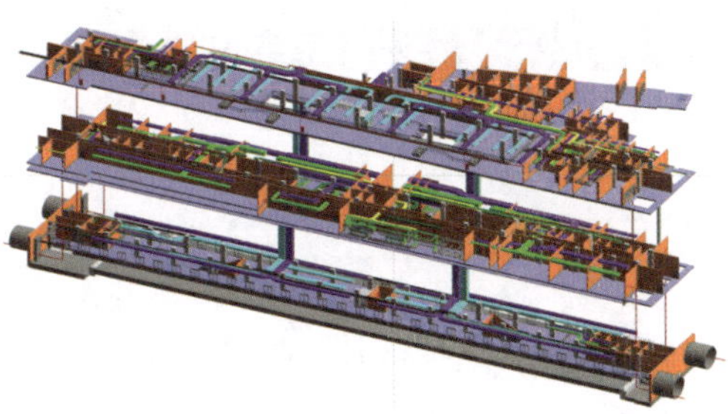

图 30.5.2　某地铁车站建筑、机电 BIM 综合模型

利用 Revit MEP 软件作为综合管线排布的工具，有效解决绘制精细管线排布模型，达到“所见即所得”效果。

将各专业图纸中的图元，根据实际施工情况，全部进行建模，模型中的尺寸、颜色等全部根据实际情况进行设定，相当于各类建筑构件、设备、管线在计算机中进行预装配，直观展示建筑的宏观视觉效果以及各细部节点，如图 30.5.3 与图 30.5.4 所示。配合使用 Navisworks 软件进行漫游及碰撞检测，将综合管线将出现的各类缺、错、漏、碰问题，全部提前发现，进行处理和预防，从而保证施工质量，减少返工。

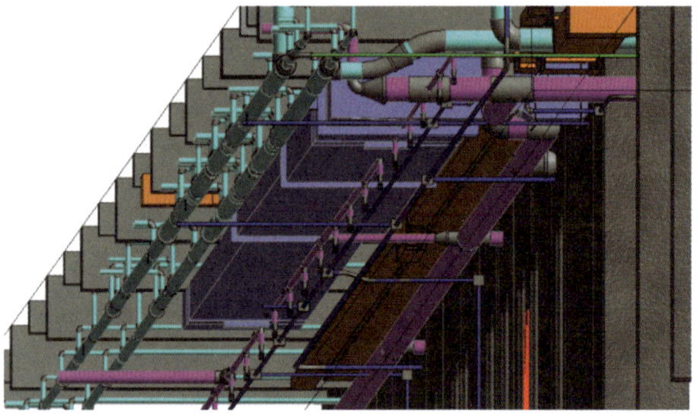

图 30.5.3　综合管线效果图——维修综合楼走道

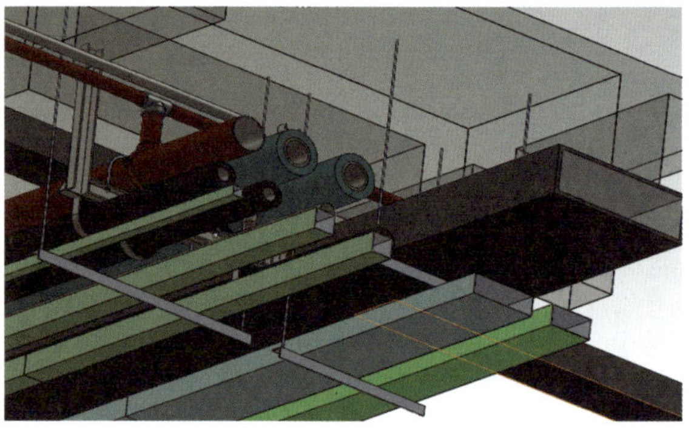

图 30.5.4　综合管线效果图(含管线支架)

30.5.2　设备房深化设计

设备房深化设计，通常是设计单位、总包单位、施工单位三不管的状态，设备房安装时，由施工单位安排施工人员现场设计，边设计边施工。由于没有成型的设计来指导施工，设备房在安装前，各方只有一个雏形，设备房安装完毕后的效果与要求相差甚远，带来大量的返工，管道返弯过多，导致系统阻力的增加，系统功能将打折扣，而且还将出现材料及工期延误等诸多问题。

车辆段的设备房在结构施工前，即开始 Revit 与 Navisworks 软件建模及检测，如图 30.5.5 所示。通过 BIM 建模将设备房的系统原理、平面图设计、设备外观信息、房间装饰等信息全部综合；通过三维模型直观反映及模拟设备安装，对设计和施工预先进行校核，有效避免错误和返工。在结构施工前对套管、预埋件进行精确定位，避免了后期结构板面开凿电卡；在结构施工时提前预留设备安装路线，避免了墙体拆除工作；施工前材料、配件精确计算，避免了材料浪费；通过出具细部节点详图，将各零件装配都能直观体现，极大降低了对工人施工经验的依赖，最重要的是通过碰撞检测后对管路的优化，避免了大量的返工，大幅缩短了设备房安装工期，保证了施工质量。

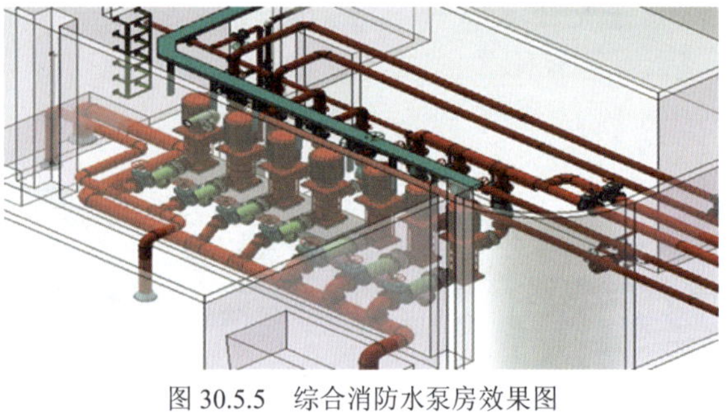

图 30.5.5　综合消防水泵房效果图

30.5.3　碰撞检查与方案优化

模型经过初步管线综合后，利用 Revit 或 Navisworks 软件进行碰撞检查，生成碰撞报告。发现初步排布中遗漏的碰撞点进行优化，如图 30.5.6 和图 30.5.7 所示。

以某地铁站为例，经碰撞检测共发现 582 个碰撞点，其中站厅层管线碰撞共有 259 个问题，设备层管线碰撞共有 246 个问题，站台层管线碰撞共有 77 个问题。碰撞点调整如图 30.5.8 和图 30.5.9 所示。

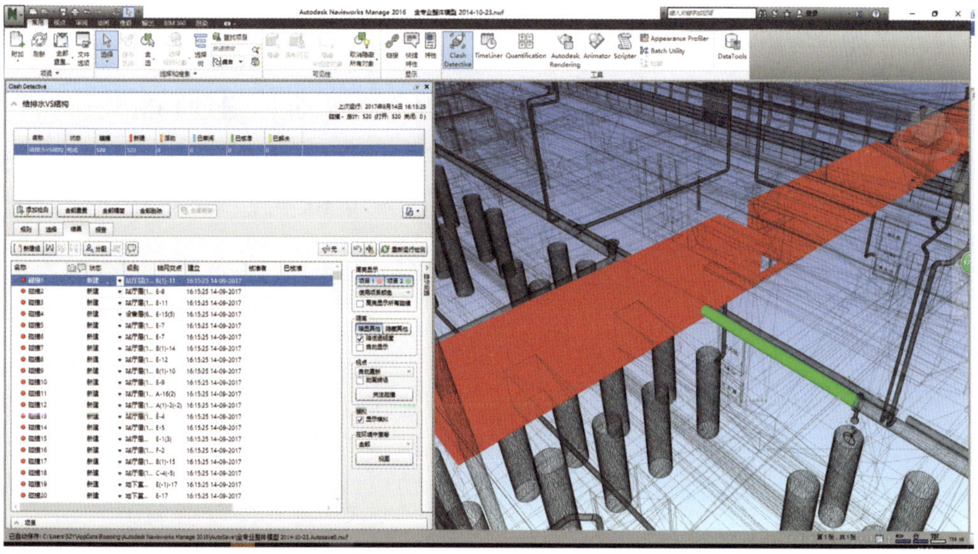

图 30.5.6　车站碰撞测试示意图

给排水VS结构	公差	碰撞	新建	活动的	已审阅	已核准	已解决	类型	状态
	0.000m	520	520	0	0	0	0	硬碰撞	确定

图像	碰撞名称	状态	距离	网格位置	说明	找到日期	碰撞点	项目 1 项目 ID	项目 1 图层	项目 1 项目 名称	项目 1 项目 类型	项目 2 项目 ID	项目 2 图层	项目 2 项目 名称	项目 2 项目 类型
	碰撞1	新建	-0.161		硬碰撞	2017/9/14 08:15.25	x:84.950、 y:0.949、 z:9.729	*元素 ID*: 293948	轨道层结构标高(16.650)	混凝土 - 现场浇注混凝土	实体	*元素 ID*: 389834	站厅层(12.380)	钢，碳钢	实体
	碰撞2	新建	-0.157		硬碰撞	2017/9/14 08:15.25	x:47.450、 y:10.283、 z:9.713	*元素 ID*: 293912	轨道层结构标高(16.650)	混凝土 - 现场浇注混凝土	实体	*元素 ID*: 295752	站厅层(12.380)	钢，碳钢	实体
	碰撞3	新建	-0.157		硬碰撞	2017/9/14 08:15.25	x:83.950、 y:10.216、 z:9.733	*元素 ID*: 293948	轨道层结构标高(16.650)	混凝土 - 现场浇注混凝土	实体	*元素 ID*: 401110	站厅层(12.380)	钢，碳钢	实体
	碰撞4	新建	-0.154		硬碰撞	2017/9/14 08:15.25	x:131.994、 y:10.379、 z:5.950	*元素 ID*: 279349	站厅层结构标高(12.230)	默认楼板	实体	*元素 ID*: 313195	站厅层(12.380)	钢，碳钢	实体
	碰撞5	新建	-0.152		硬碰撞	2017/9/14 08:15.25	x:34.600、 y:10.288、 z:9.708	*元素 ID*: 293712	轨道层结构标高(16.650)	混凝土 - 现场浇注混凝土	实体	*元素 ID*: 447136	站厅层(12.380)	钢，碳钢	实体
	碰撞6	新建	-0.152		硬碰撞	2017/9/14 08:15.25	x:34.600、 y:10.288、 z:9.708	*元素 ID*: 293825	轨道层结构标高(16.650)	混凝土 - 现场浇注混凝土	实体	*元素 ID*: 447136	站厅层(12.380)	钢，碳钢	实体
	碰撞7	新建	-0.150		硬碰撞	2017/9/14 08:15.25	x:111.450、 y:0.906、 z:9.694	*元素 ID*: 294405	轨道层结构标高(16.650)	混凝土 - 现场浇注混凝土	实体	*元素 ID*: 459918	站厅层(12.380)	钢，碳钢	实体

图 30.5.7　车站碰撞报告示意图

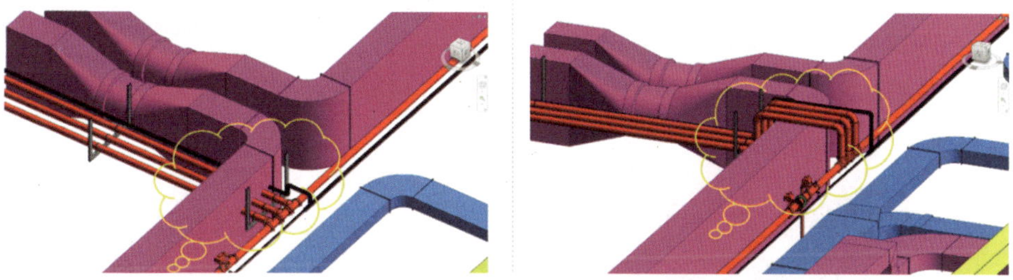

a）调整前　　b）调整后

图 30.5.8　车站风管与消防、给水管碰撞

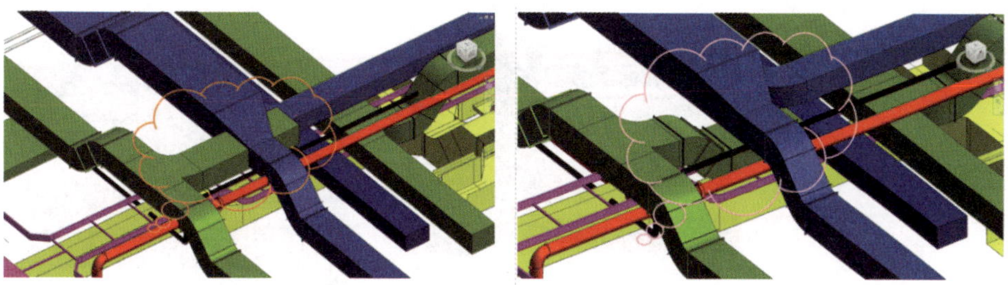

a）调整前　　b）调整后

图 30.5.9　车站风管与风管碰撞

30.5.4 综合支吊架设计

在经过管线布置及碰撞检查后得到的机电综合施工模型基础上，通过 BIM 设计软件完成综合支架的形式设计、平面设计等，用 Midas Gen 软件计算分析支吊架的变形、弯矩、轴力及应力的分布情况。把原本各专业管线单独设置的支吊架综合成一个大的支吊架，如图 30.5.10 所示。

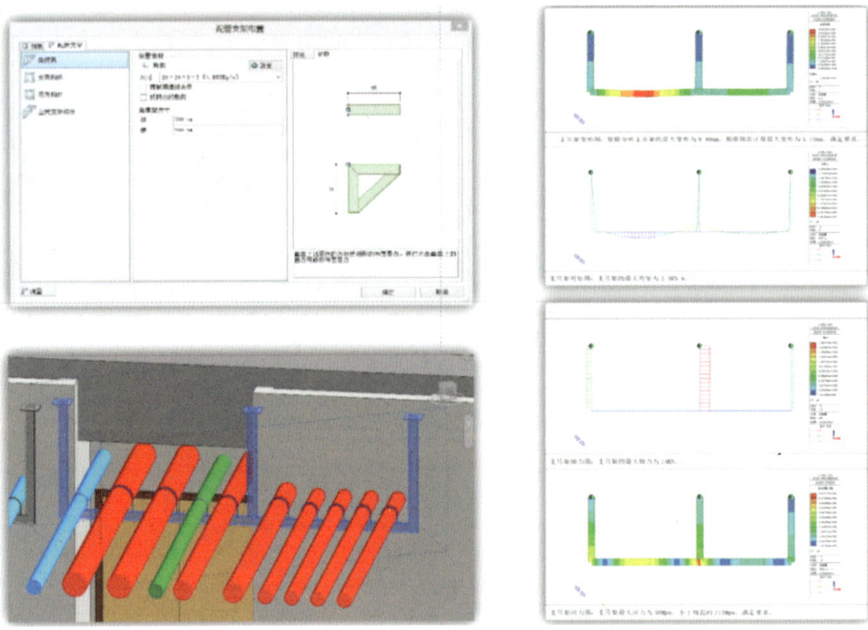

图 30.5.10　综合支吊架设计与施工

30.5.5 3D 激光定位技术

采用 Autodesk 公司 BIM360 云平台、BIM360 Layout 软件，智能型全站仪 LN-100，苹果 iPad 平板电脑组成基于云平台的 BIM 激动测量定位系统。使用此系统进行施工放样、测量验收，如图 30.5.11 所示。

图 30.5.11　激光定位技术实施流程图

采用 Autodesk Point Layout 用于 Autodesk AutoCAD、Autodesk Navisworks 或 Autodcsk Revit 的插件对施工模型进行定位点处理，然后将包含现场定位点的模型上传 BIM360 Glue 云端，iPad 上的 BIM 360 Layout 软件通过网络与 BIM360 Glue 云端同步，将包含定位点的模型下载到 iPad 上，如图 30.5.12 所示。

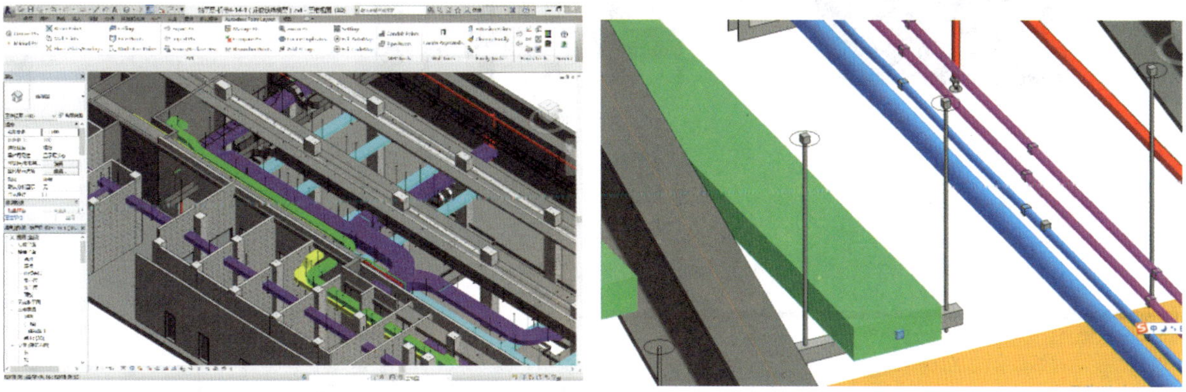

图 30.5.12　激光定位技术定位点选择及处理

将智能型全站仪 LN-100 和 iPad 带到施工现场，iPad 与 Topcon LN-100 3D 激光定位仪的 WiFi 直接连接，棱镜的现实位置将会显示在 iPad 端 BIM360 Layout 应用程序中 3D 模型的虚拟位置，棱镜在现实中移动，3D 模型中的虚拟棱镜也会移动，实现施工真实现场空间坐标与 3D 模型空间坐标的整合，如图 30.5.13 所示。

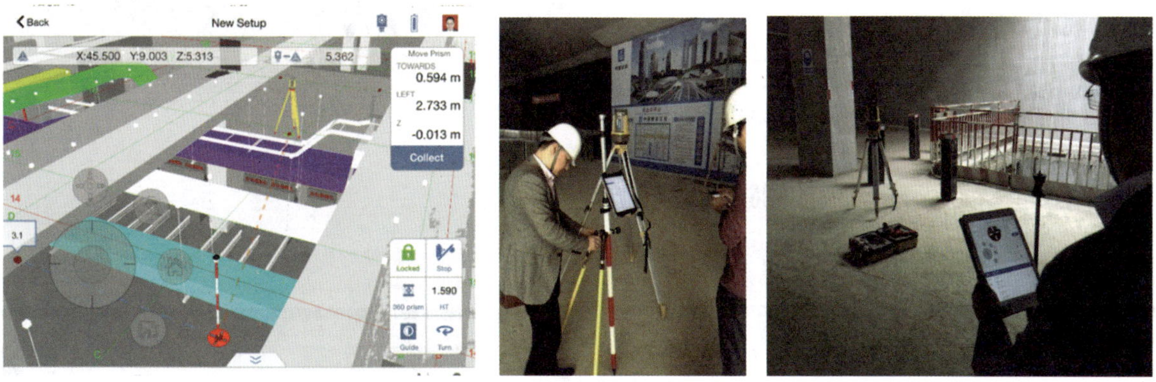

图 30.5.13　激光定位技术现场实操

30.5.6　基于云平台的现场管理

采用 Autodesk 公司 BIM360 云平台、BIM360 Field 软件，苹果 iPad 平板电脑组成基于云平台的 BIM 现场管控系统。使用此系统能够进行现场质量、安全、文档等管理工作。

通过该系统，可以将建设单位、监理单位、施工单位、供货单位、集成服务单位等使用该平台的用户联系到一起，随时随地沟通。

1）云端现场资料库系统

将施工规范、图集、图纸等工程资料上传到 360 云平台，管理人员利用手中 IPad 即可同步相关资料，可在施工现场随时查看，方便快捷，如图 30.5.14 所示。

图 30.5.14　云端现场资料库系统

2）质量、安全控制

利用 iPad 通过照片或文档记录现场的问题，如图 30.5.15 所示。

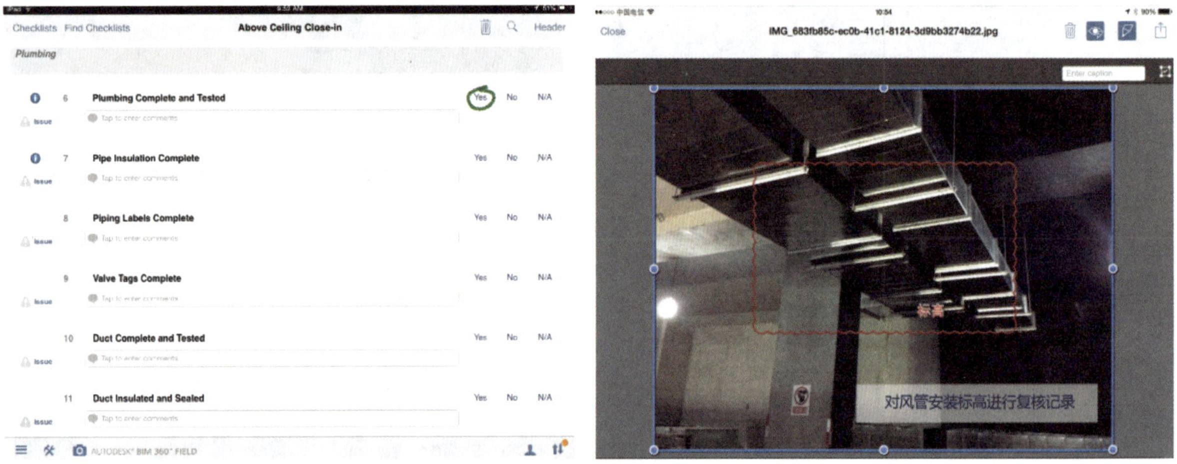

图 30.5.15　利用 iPad 通过照片或文档记录现场的问题

3）工地巡视及对图纸添加问题标记

对图纸添加问题标记界面如图 30.5.16 所示。

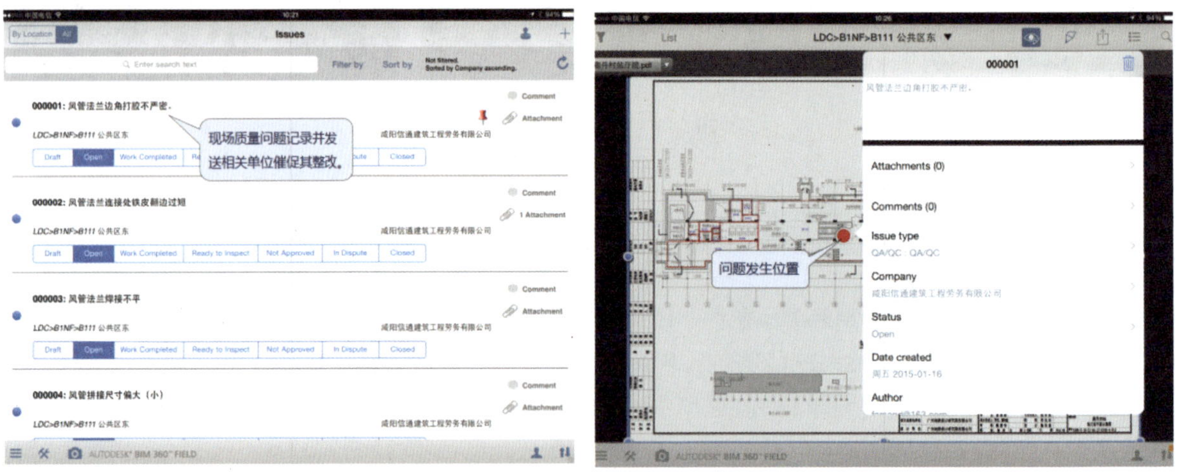

图 30.5.16　对图纸添加问题标记界面

4）工作追踪及批注

工作追踪及批注界面如图 30.5.17 所示。

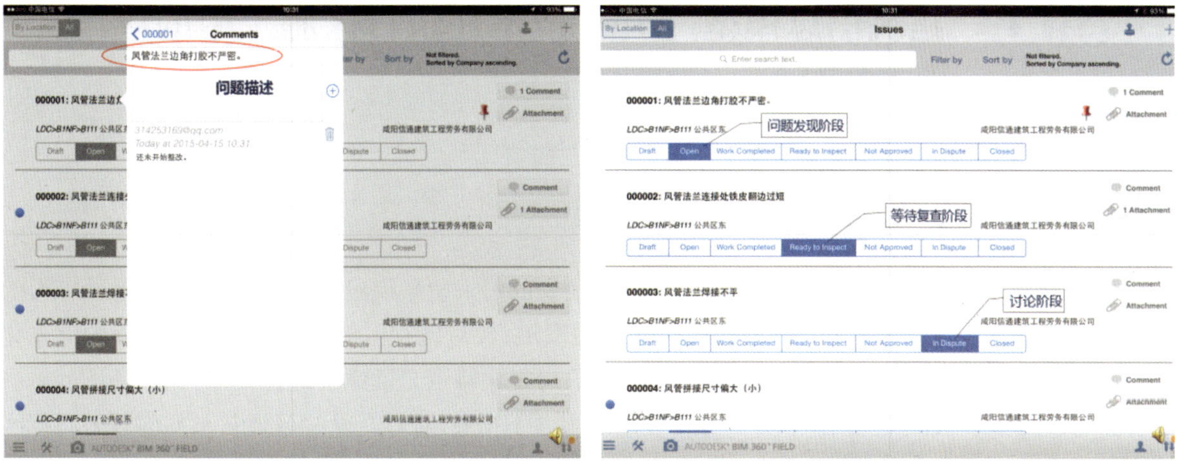

图 30.5.17　工作追踪及批注界面

30.5.7　价值分析

1）设计协调方面

通过碰撞检查能够发现传统 CAD 模式下不易发现的碰撞问题，通过各方协商，在模型阶段将隐藏问题解决，在模型阶段布局合理的情况下实现零碰撞，避免因碰撞问题造成的返工。

通过机电管线综合及可视化设计，项目参建各方在施工前能够更加清晰地了解项目的具体情况，进而更加合理地进行项目的施工安排、施工工法、工序安排。通过有效避免不必要的系统碰撞，合理规划各系统路由及空间排布，减少施工过程中的不必要返工。

借助 BIM 技术的特性对各专业的管线支吊架进行综合设计，可以节约材料、节省安装空间且管线安装美观。

2）现场协调管理方面

（1）利用 3D 激光定位技术，与传统的放样方法相比，第一，提升了测量精度，BIM 技术与智能型全站仪结合进行放样，使所有点的精度能够控制在 3mm 以内。一般建筑施工要求精度在 1~2cm 之间，而实际精度已达到毫米级，大大高于施工预期，实现了令人满意的高精度。基于 BIM 模型驱动的智能机器人的引入，将 BIM 数据直接带入施工现场，不仅为施工环节的精确实施提供了保障，同时也为精细化施工管理带来了新的思路。第二，提高了测量工作的效率。基于 BIM 的智能型全站仪测量放样，相对传统放样方法，人员投入减少一半。但新的测量方法，对于管理及施工人员的素质要求较高。

（2）基于云平台的 BIM 现场管理系统，扩展了 BIM 软件的应用领域，同时提高了现场管理的效率，实现了现场实时访问 BIM 模型机相关资料，提高了现场信息的共享能力，解决了大量资料携带不方便的问题。利用 iPad 移动端口，现场采集图片等信息与图纸进行关联，现场问题能够及时分配给相关方进行处理，同时能够随时跟踪现场处理状态，提升了现场处理问题的效率。

综合来讲，由于建设周期长，为了经济效益而加快出图进度，导致设计时各专业间的合作没有保障，各类缺、错、漏、碰的问题就更加明显，加上行业内技术的革新，设备、材料、安装技术日趋多样化，现场施工与最初的图纸设计偏离度逐步加大。采用 BIM 技术，可以减少设计方案的错漏问题，通过激光定位技术，降低施工偏差，保证了施工质量与效率。

30.6 建筑信息模型(BIM)技术在轨行区施工中的应用

30.6.1 轨行区 BIM 技术应用现状

在我国城市建设脚步逐渐加快的背景之下，对地铁的需求也呈现出十分迫切的局面，地铁工程的规模以及数量也在不断的攀升。随着时代进步科技发展，针对轨行区施工安全、生产、管理的信息化手段也迫切需要换代升级，BIM 技术利用其信息化、可视化特点无疑成了最佳载体。

然而，当前地铁轨行区施工过程中 BIM 技术应用并不彻底，且存在轨行区通信不便问题。轨行区 BIM 技术应用不彻底主要体现在，由于常规的碰撞问题不突出，使用方向不明确，BIM 技术应用只是为了三维动态展示而进行；建模数据量大，但具体的 BIM 技术应用仅仅在个别专业或个别区段进行。

随着轨行区信息化需求的提升，有必要更好地利用 BIM 技术引入通信技术作为催化剂，实现轨行区施工信息化的管理应用，解决地铁工程管理里程跨度大、通信难、行车调度难、安全监控视频缺失、安全生产预警预控难、全过程管理易缺位等突出问题；实现安全生产管理的虚实交换、信息化、数字化、精细化、精准化、轻量化，疏通管理路径，让管理不堵车，不延时。充分保证地铁轨行区施工顺利进行，建立保护国家人民生命财产的重要手段。

30.6.2 传统轨行区管理特点

(1)行车组织难度大，施工作业效率低，并且极易造成臆测行车、盲目施工等安全危险事件。

(2)计划管理手工化，调度命令通过手写施工作业票签发，施工请销点需要在固定地点，施工过程中无法实时监督作业的进展情况。

(3)安全巡视点状化，巡视通常指定 2 名以上人员组成巡查小组通过步行或车巡的方式进行，安全巡视劳动强度大且有较大的人为随机性。

(4)劳动密集不利疏散，人员车辆不能准确定位，建设高峰期多专业交叉施工，人员非常密集，在紧急情况不能有效疏散。

虽然目前从管理上都制定了详细、完善的规章制度与管理措施来保障地铁轨行区的安全施工，但由于轨行区通信不便等原因，现行的规章制度还是完全依靠人来保障执行，需要投入大量的人力资源，效率不高，安全方面也缺乏技术性保障。现代化的轨行区施工信息化管理平台建设迫在眉睫。

30.6.3 BIM 融合通信技术轨行管理特点

BIM 融合通信技术轨行管理是一个网络化、程序化、可视化的轨行区施工信息化管理模式，是一个从以人控人防为主的老模式提升到以技控技防为主的新模式的过程，实现了轨行区施工管理质的飞跃。首先，在轨行区施工现场实现无线通信，结合移动电话及视频监控设备实现轨行区施工现场实时信息的平台互动，使得轨行区管理指令上传下达更加及时、顺利。其次，轨行区施工信息化管理与地铁工程信息模型管理系统的服务器通过 VPN 网络连接，实现信息和 BIM 数据交互，管理和监控了轨行区的施工计划定制、施工计划审批和施工实际执行。平台通过互联网将信息上传至移动端，管理者可通过授权的手机、移动计算机等进行轨行区状态的实时查看。新的管理创新集中体现在 BIM 和通信技术的突破性应用，解决了传统地铁轨行区施工过程中 BIM 技术应用不彻底和轨行区通信不便的问题。

实施过程中首先建立精细化模型，然后根据不同实际业务需求进行模型的拆分及整合，依据地铁轨行区的特点，专门进行了线性优化的模型加载处理，并且为了保障BIM模型对现场实时信息的响应速度，专门进行了高整合度和动态渲染优化的模型加载处理，解决了一套固定的BIM模型无法适应线状施工的整体展示、局部展示以及动态展示的需求，并且实现了虚实交互对照联动。

1）安全方面

人员、轨道车安全更有保障，通过高精度定位功能、行车安全管理功能、无人安全巡视功能，结合调度信息，实现了轨行区施工请销点“上下班”，不严格按照请点内容跨区域、跨时间施工和不进行请点就违规进入轨行区施工的人员及轨道车将在第一时间被发现，通过“技控”解决传统“人控”存在的问题。

实现了轨行区的零距离通信和近距离报警，轨道车根据行车信息、高精度定位信息、车载终端对于施工人员、轨道车进行距离报警及车速控制，并且为已请点施工作业人员提供轨道车行近报警提醒，通过“技防”解决传统“人防”存在的问题。

2）效率方面

实现了轨行区作业面“饱满”施工，在安全更有保障的前提下，每个区间可以有多辆轨道车行驶，结合行车数控制图功能可以更充分合理地安排轨行区的交叉作业，过程中能够根据现场实际施工进度情况，实时调整作业时间和区域，大大提高了轨行区的施工效率。

实现了根据定位信息的轨道车行车视频、BIM模型的交互联动，在轨行区施工“质”和“量”两方面都有了突破。“质”体现在通过虚实结合功能，检查了施工作业班组是否按照BIM模型的内容进行施工；“量”体现在通过虚实结合功能，检查了现场施工工程量是否按照系统派工工程量进行。对于整改问题和进度问题发现更及时，大大提高了轨行区的施工效率。

30.6.4 基于BIM融合通信技术在轨行区施工信息化管理的技术核心

通过自行建立通信基础网络，攻克跨网段通信技术难题。基于局域网和广域网无缝对接通信网络基础平台的建立，构建系统分布式和本地式两种并行的整体架构。搭建5.8G无线网桥骨干传输局域网，采用自动调频技术突破性地弱化了轨行区弯道信号衰减、电磁干扰以及干扰信号积累问题，实现2.4GAP+AC无线覆盖，地面与联通3G信号对接，实现系统Internet分布式使用，利用联通vpdn加密通道传输共建地下通信快速车道，同时结合轨行区施工管理现状、特点、BIM技术、通信技术进行融合，把BIM技术信息化延展，实现地面与地下零距离沟通技术、远程行车数控制图、远程行车安全管理预警报警技术警、远程虚实交换技术、远程无线电子调动技术、远程无人安全巡视技术、远程高精度人员定位技术、远程信息化进度管理及移动办公等功能，解决了隧道内外无法实时语音通信、远程互动、安全轻量化、施工安排碰撞、调度机动、信息化等难题。

30.6.5 BIM融合通信技术轨行管理应用价值

BIM融合通信技术轨行管理的成功应用，是BIM技术在地铁工程中应用的一次创新性尝试，以BIM技术与现场施工的实时对接为设计原则，以解决地铁建设阶段轨行区管理的难点为设计目的，通过地铁BIM信息化平台的基础功能实现，既改进了BIM信息模型在轨行区管理实时性方面的不足，又增强了通过融合通信技术进行轨行区管理的信息化水平。

地铁工程信息模型管理系统中增加了轨行区车辆运行范围和行车限速等信息，可自动评估每日派工是否存在与工程运输行车冲突的风险，提高施工计划和派工的合理性；轨行区管理系统获取到BIM信息模型的每日派工信息，可提前将轨行区内的施工区间标注在调度系统和车载系统中，调度和司机实时掌握轨行区内的交叉施工信息，提高了轨行区管理的安全性；利用BIM信息模型对累积的现场数据进行分析处理，可阶段性评估施工计划和现场施工的双向合理性，优化施工计划和施工现场管理。

BIM融合通信技术轨行管理的成功应用，可提高施工效率，提高施工安全性，提升施工的管理水平，提升施工的信息化、自动化和智能化水平，提高施工的应急响应能力和速度；能够促进地铁工程施工管理向科学化、信息化、自动化迈进的步伐，使得轨行区管理更加科学、有序，施工组织更加安全、高效，而且对加快城市地铁建设，完善地铁工程基础交通设施BIM技术应用发挥较好的信息化示范作用。此外，在现有技术应用基础上，还有大量的扩展空间，比如开发扩展联调联试阶段的功能、结合人脸识别技术实现精确定位的功能等。

30.6.6 BIM融合通信技术轨行管理实施性方案介绍

BIM融合通信技术轨行管理解决了BIM与现场对接的困难，同时增强了现场轨行区管理和工程运输调度的高层次管理能力。

1）轨行区全线BIM模型漫游

本功能通过导入BIM模型数据，建立全线三维动态渲染地图，可通过工程师或车辆两种模式进行轨行区三维漫游，如图30.6.1和图30.6.2所示。

图30.6.1 工程师漫游模式

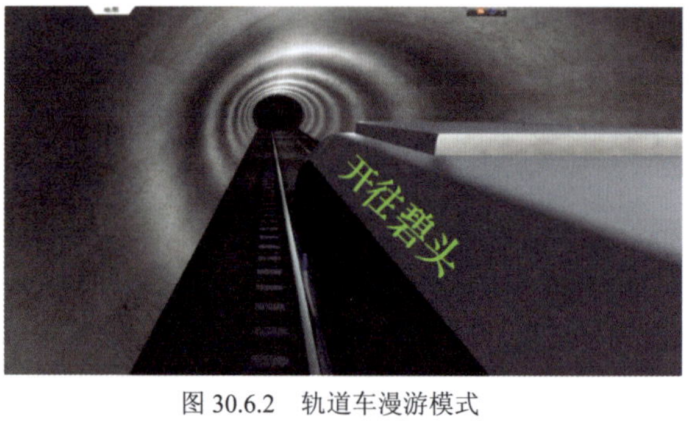

图30.6.2 轨道车漫游模式

2）轨行区全线BIM与施工现场信息对接

（1）车速限速

项目部调度人员针对不同路段的路面质量和施工情况，对每个路段设置不同的列车运行最高速度。当工程车辆运行至该区段时，如果超过设置的最高速度，则工程车辆与调度室系统同时自动报警，并且存储报警信息记录，如图30.6.3所示。

（2）施工防护

项目部调度人员通过施工计划，针对轨行区影响行车的交叉施工，在其位置进行施工防护区域的设置和标注，施工区域信息在二维地图和BIM模型中同时展示，如图30.6.4所示，当施工列车运行至施工区域附近时，系统自动向调度中心和车辆司机报警，提示司机注意行车安全。

（3）轨行区移动视频监控与BIM信息虚实对应

施工单位可在施工下料口及铺轨作业面和其他安全隐患较多的地区安装固定或者移动式摄像头，通过网络可实时查看现场数据，如图30.6.5所示。

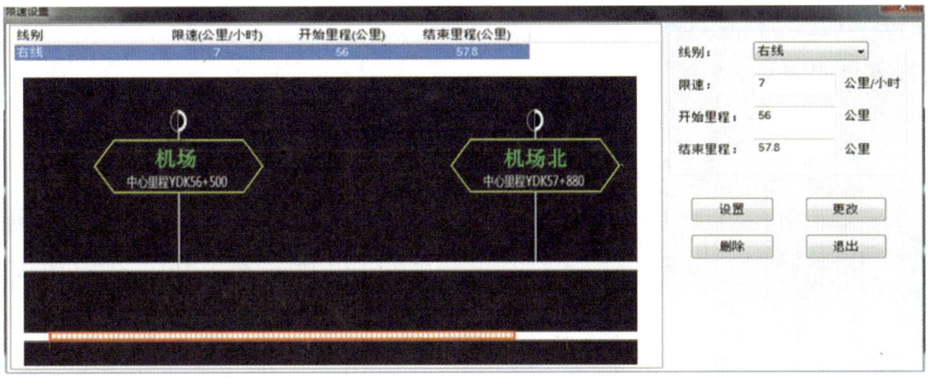

编号	机车名称	报警时间	报警类型	速度	位置	线别
1	078	2015-11-19 20:00	超速报警	13 km/h	K24+690	右线
2	0131	2015-08-21 22:35	超速报警	27 km/h	K24+590	右线
3	078	2015-11-18 05:57	超速报警	11 km/h	K24+439	右线
4	078	2015-11-18 05:51	超速报警	17 km/h	K26+275	左线
5	078	2015-11-18 05:49	超速报警	22 km/h	K26+875	左线

图 30.6.3　限速位置 BIM 标注

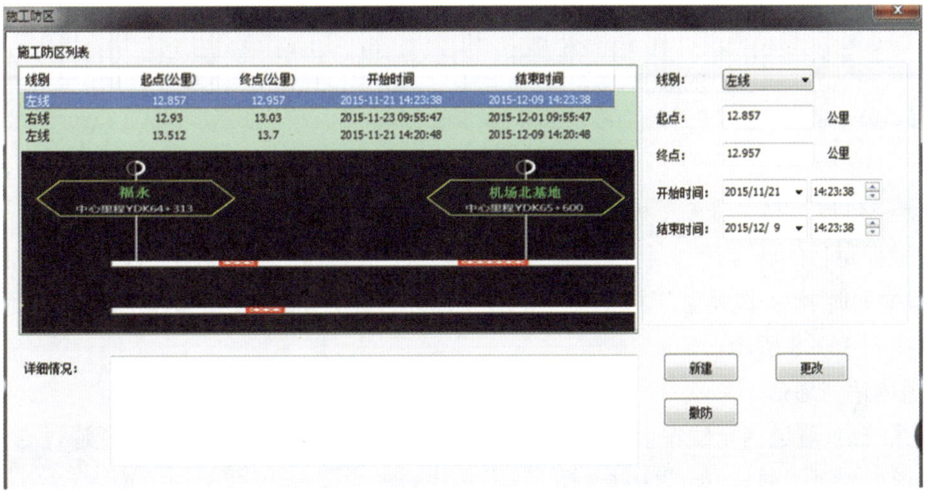

图 30.6.4　施工防护区域的设置和标注

图 30.6.5　轨行区移动视频监控

（4）列车运行图电子绘制及列车运行轨迹自动绘制

绘制示例如图 30.6.6 所示。

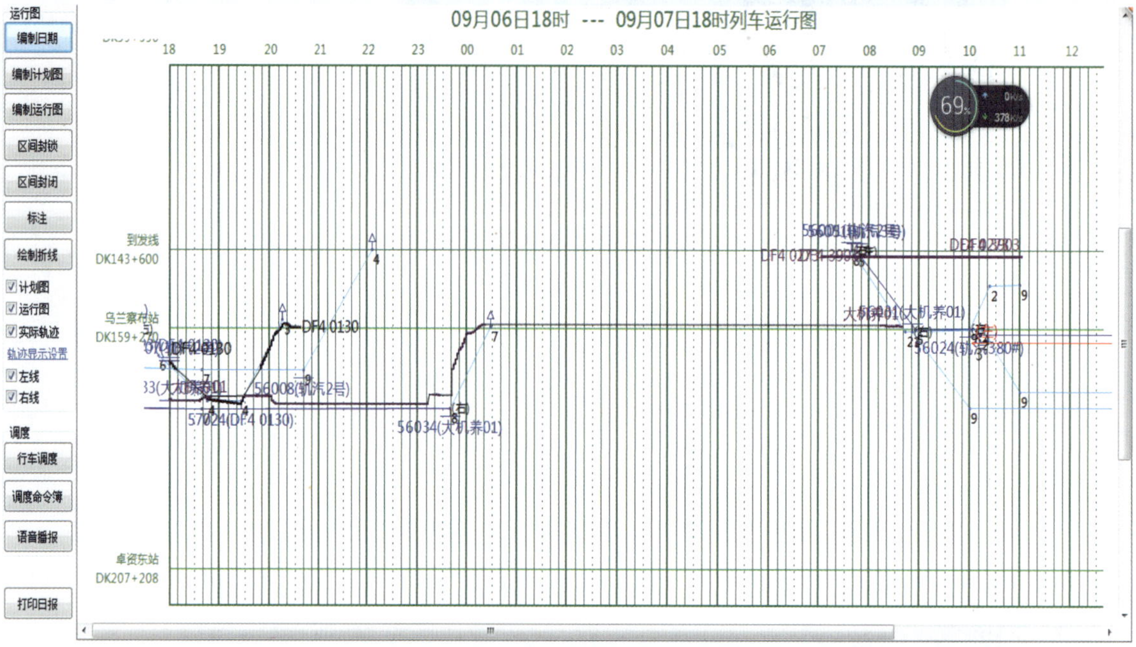

图 30.6.6　列车运行图电子绘制示例

（5）BIM 三维展示与二维施工模拟图对应

本系统根据每日的施工计划，将施工计划中每项施工信息标注在其施工的位置，在二维地图和三维 BIM 模型中同时展示，既增强了施工信息的直观展示效果，同时增强了轨行区车辆运行的安全性，如图 30.6.7 和图 30.6.8 所示。

（6）隧道内语音通信

安装本系统后，隧道内全线覆盖无线网络，施工管理人员可在隧道内任意位置通过专用电话或对讲机进行隧道内外语音通信，如图 30.6.9 所示。

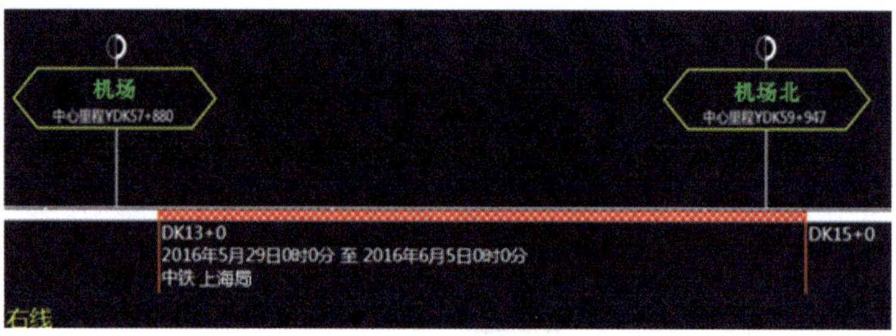

图 30.6.7　施工信息对照施工位置

图 30.6.8　可视化模拟

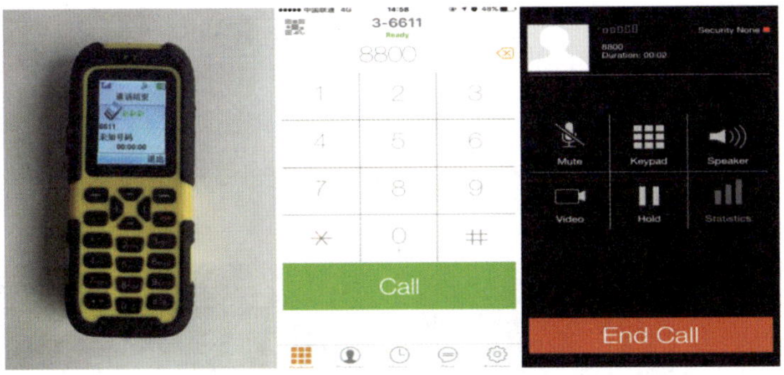

图 30.6.9　隧道内语音通信系统

（7）调度命令下达

调度人员可通过调度软件下达调度命令，调度命令无线传输到工程运输车辆上，司机接收到调度命令后在机车显示屏幕上点击确认，调度软件接到司机确认信息，使得调度命令实现闭环传输和下达，如图 30.6.10 和图 30.6.11 所示。

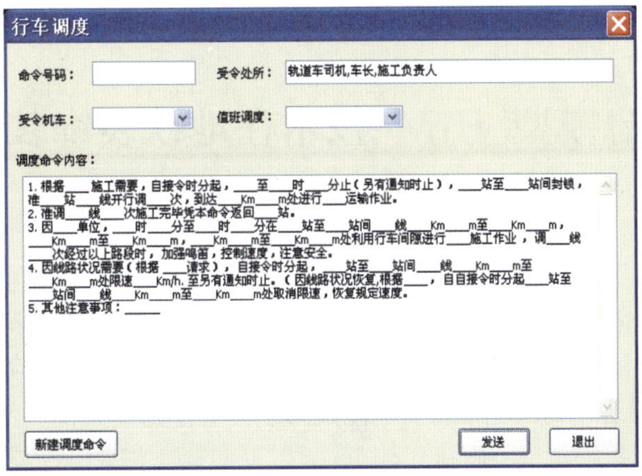

图 30.6.10　行车调度命令下达

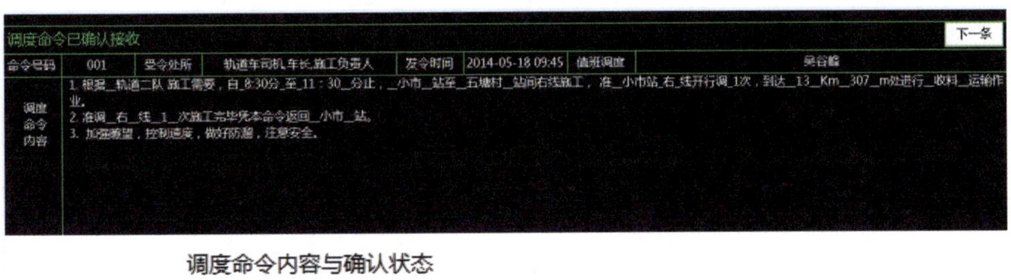

图 30.6.11　行车调度命令内容与确认状态

（8）轨道车推进运输视频领航

隧道内轨道车推进运行时，司机无车辆前方视角，行车安全隐患大，本系统在列车前方增加摄像头，司机可通过车载屏幕查看前方 100 ～ 200m 范围内的线路状况，可避免前方意外导致的行车安全隐患，如图 30.6.12 所示。

图 30.6.12　轨道车推进运输视频截图

（9）列车临近报警

当隧道中任意两辆轨道车辆之间的距离接近 800m、500m 和 100m 时，系统将通过语音提示司机，防止隧道内由于通信不畅造成列车碰撞事故。

（10）调度中心建设

项目部级调度中心采用 55 寸电视 2 ～ 3 台，多路视频输出计算机 1 台，可分屏显示视频监控、BIM 模型展示、二维轨行区实时地图监控及其他管理信息，如图 30.6.13 所示。

系统可接入建设单位系统及其监控大屏幕，所有数据可通过网络转接至建设单位监控系统，如图 30.6.14 所示。

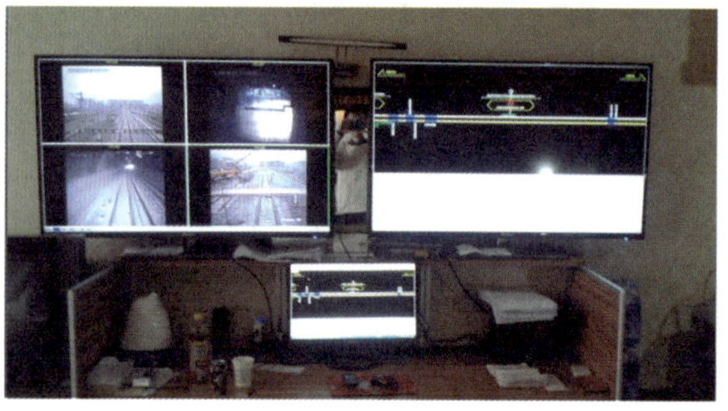

图 30.6.13　调度中心实时地图监控

图 30.6.14　建设单位监控系统

30.7　建筑信息模型（BIM）技术在地铁装饰装修设计中的应用

室内装修设计过程处于建筑生命周期的后期阶段，也属于整个 BIM 设计的一部分。针对 BIM 技术能集合设计（造型）、材料（施工）、结构和水电等信息，最大化模拟现实状态的特点和优势，运用 BIM 技术软件进行室内装修参数化设计（三维建模）虚拟现实展示、碰撞检测和材料统计等一体化设计，大大提高了室内装修设计的效率，降低了错漏风险。

30.7.1　BIM 技术在装饰装修设计中的作用

（1）可视化，把控设计的效果和质量

基于 BIM 模型，设计师可以直观地得到一些重要信息和灵感（如空间感、体量感、尺度感等），不断推敲各空间关系，有效把控设计的效果和质量。

（2）协同设计，保障装饰装修天花高程

在 BIM 模型里面截取任意位置、任何形式的平、立、剖面和三维视图，清晰地分析各专业之间的碰撞问题，优化管网提升装饰装修天花高程。

（3）精确设计，快速出图

区别于传统二维 CAD 技术，BIM 技术以模型为中心进行精确的设计，从三维模型快速出二维图纸，能够保障设计模型信息和图纸及工程量信息一致。

（4）工艺模拟，促进设计落地

通过 BIM 技术提前对施工安装进行模拟，保证方案设计意图有效落地，辅助施工图设计和指导材料生产。

30.7.2　BIM 技术在装饰装修设计阶段的应用

地铁车站装修方案模拟仿真。对 BIM 模型进行深化，增加装饰装修构件，通过修改模型属性参数，添加装饰材质信息，再使用模型渲染展示软件，真实展示装修方案效果。与传统装修效果图相比，利用 BIM 模型展示的车站装修方案更加真实全面，方便建设单位与设计单位对装修方案的讨论与修改，降低了优化的效率与成本。

（1）方案设计阶段

BIM 以模型为载体且模型与现实比例是 1:1 的，在建立出 BIM 模型后不断推敲，反复验证设计（如上下层楼梯洞口的关系，闸机与楼梯口的距离等，特别是异型曲面的表达）。获取任意位置内部透视图，通过获取的透视图可以对地铁内部空间效果进行分析，如图 30.7.1 所示。

图 30.7.1　方案设计阶段装修效果展示

（2）初步设计阶段

对地铁车站进行高程分析，利用三维可视化手段，清晰地分析各专业之间的碰撞问题，优化管网布置，优化装饰装修天花板高程，如图 30.7.2 与图 30.7.3 所示。模型中保留了大量有用数据，通过对数据的提取，可以得到准确的工程量清单，为后期施工招投标提供准确的数据依据。

（3）施工图设计阶段

通过 BIM 技术保证方案设计意图有效落地，辅助施工图设计装饰装修与机电设备（风管、水管、桥架、风口等）、灯光与设备之间的碰撞解决各类问题和指导材料生产。

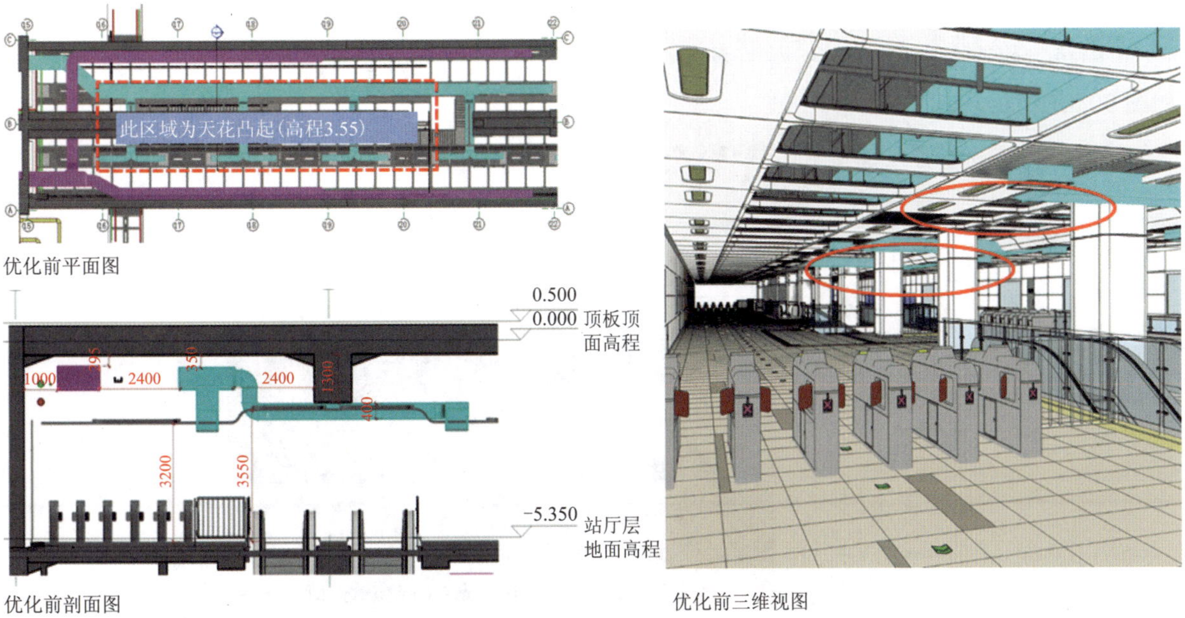

图 30.7.2　装修方案优化前效果（尺寸单位：mm）

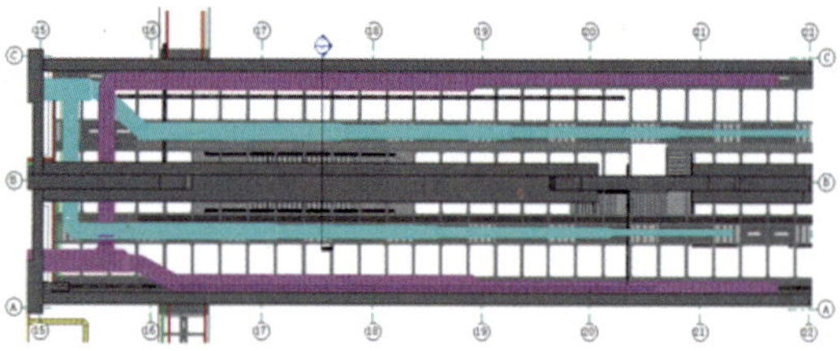

优化后平面图

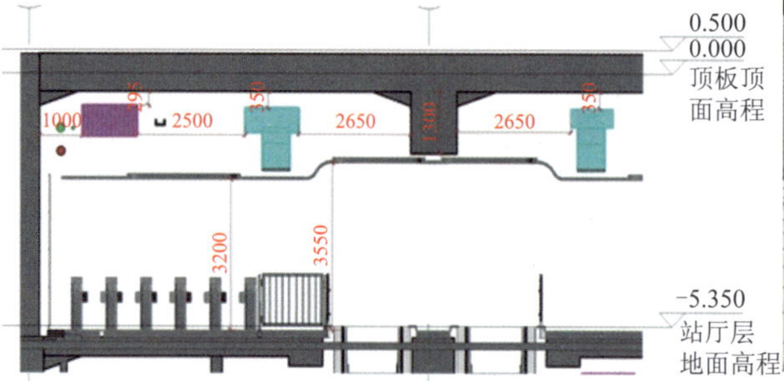

优化后剖面图

优化后三维视图

图 30.7.3　装修方案优化后效果（尺寸单位：mm）

30.8　建筑信息模型（BIM）技术在地铁运维管理中的应用

BIM 技术倡导工程全生命周期的应用，着重于信息的采集与利用，在地铁工程的运维阶段，结构化、数字化的信息为运维工作带来极大便利。现阶段，BIM 技术用于地铁车站的运维工作主要内容包括设施设备维护与管理、物业管理以及相关的公共服务等。

30.8.1　设施维护与管理

利用 BIM 模型进行三维浏览查看，直接掌握地铁车站的分布状况，包括土建、机电设备等内容。

将设计、施工等信息录入到设备数据中，并与模型里的设备一一对接。

（1）可以快速查询到该设备，并查看该设备的设备数据，同时快速地在 BIM 模型中定位该设备，如图 30.8.1 所示。

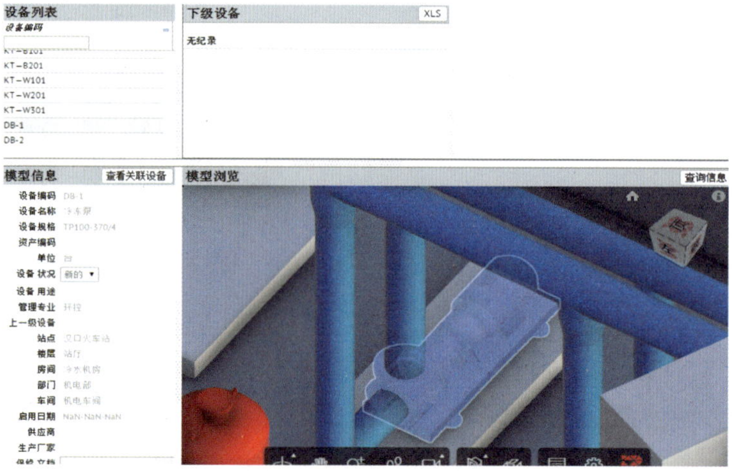

图 30.8.1　BIM 与设施管理

(2)在浏览 BIM 模型时，选取设备模型可以调取查看相应的设备数据，包括基本数据和在设计、施工过程中新增的数据。

(3)在 BIM 模型中快速浏览故障设备的相关上下级设备，并查询设备详细信息，查到相应的位置。

(4)与监控摄像头集成，在 BIM 模型上查看监控摄像头捕捉画面，方便定位监测，以便突发事件辅助决策。

(5)与硬件系统集成，可查看相关的设备运行信息、设备状况、工作时间等内容。能够远程管理监测设备的运行运转。

(6)查询设备供应商详细信息，查看供应商所供应的设备与设备详细信息。

(7)将保修文档和维保文件等内容与模型相关联，快速查询保修厂家详细信息、保修文档及保修相关服务。

(8)查看备件信息(含位置与价格)、自动备件库存统计、出入库情况统计与使用历史统计。

(9)通过表单统计各工作组 / 个人的工作量，已经评估工作情况。

(10)报表管理，提供各类客运报表的填报、审核和导出等。

30.8.2 空间管理

在 BIM 模型中赋予不同空间属性信息，集成灾害疏散信息，实现：

(1)房间分布平面图：浏览房间分布平面图，并在平面图内选择房间，调取房间，数据与房间内的 360° 全景图如图 30.8.2 所示。

图 30.8.2 360° 全景图

(2)区域分布平面图：浏览各楼层区域分布平面图(含防火分区，功能分区等)，方便了解各楼层分区情况。

(3)疏散路线平面图：浏览各楼层疏散路线平面图，如图 30.8.3 所示。

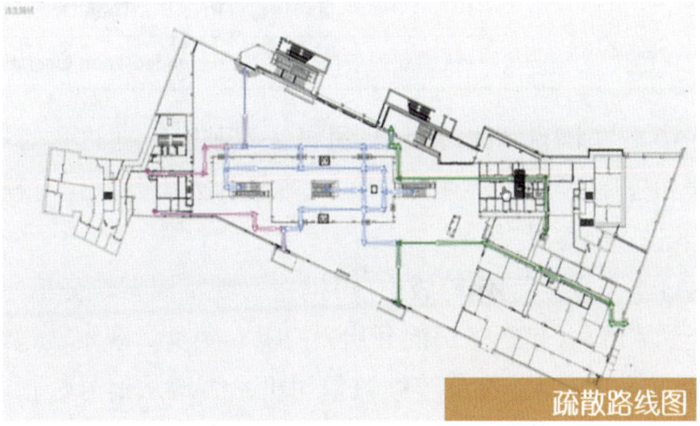

图 30.8.3 疏散路线平面图

第31章 全自动运行系统技术应用

31.1 全自动运行系统概述

近几年来，我国城市轨道交通发展速度明显加快，北京、上海、广州、深圳等特大型城市，武汉、郑州、南京等省会城市的轨道交通正在加速新的线路建设，运营通车线路、里程数量逐年增加，并逐步形成城市轨道交通网络，运营管理正在从线路向线网转变，对城市轨道交通的安全性、可靠性、运行效率的需求不断提高。

随着现代通信、自动控制、计算机技术全面发展，以提高城市轨道交通安全、效率和可靠性为目的的全自动运行模式越来越受到重视，越来越多城市的轨道交通已经或计划实现全自动运行。

31.1.1 全自动运行定义

全自动运行（Fully Automatic Operation，FAO）是指城市轨道交通线路的运行管理与控制系统（Urban Guided Transport Management and Command/Control Systems，UGTMS）采用最高级别自动化等级，列车运行的全过程不需要运营人员进行干预，实现自主运行的自动运行模式。

依据国际电工委员会（International Electortechnical Commission, IEC）IEC 62290 标准，城市轨道交通管理与控制系统的自动化等级(Grade of Automation，GOA)划分为五个等级，见表 31.1.1。

城市轨道交通运行管理与控制系统自动化等级划分表　　表 31.1.1

自动化等级	列车运行方式
GOA0	人工驾驶列车运行(On-Sight Train Operation，TOS)
GOA1	非自动列车运行(Non-Automated Train Operation，NTO)
GOA2	半自动列车运行(Semi-Automated Train Operation，STO)
GOA3	有人值守列车自动运行(Driverless Train Operation，DTO)
GOA4	无人值守列车自动运行(Unattended Train Operation，UTO)

自动化等级 0（GOA0）：在该自动化等级中，司机在驾驶室根据轨旁信号机指示驾驶列车，并负有全部责任，不需要管理和控制系统监督列车运行，此等级为人工驾驶运行模式。城市轨道交通运行管理与控制系统相关标准也不包含此等级。

自动化等级 1（GOA1）：在该自动化等级中，司机在驾驶室根据轨旁信号机或者机车信号机指示驾驶列车，负责列车安全到 / 离站（包括车门的开启 / 关闭），并负责观察轨道情况，在遇到危险情况时使列车停车。系统可在特定位置、半连续或连续监督司机是否遵从信号灯指示以及速度限制，此等级为非自动列车运行模式。在 ATP 防护下的人工驾驶运行模式即为该自动化等级。

自动化等级 2（GOA2）：在该自动化等级中，司机在驾驶室观察列车、轨道情况并在遇到危险情况时使列车停车。列车的加速、减速系统自动实现，列车的运行速度也有系统监视。司机负责列车车门的关闭和列车安全离站（车门开和关也由系统自动完成），此等级为半自动运行模式。目前，我国城市轨道交通运营基本采用该模式，即 ATO 运行模式。

自动化等级 3（GOA3）：在该自动化等级中，列车在驾驶室不设置司机，但在车上设置有运营人员；列车车门的关闭和安全离站可由运营人员或系统自动完成。由于驾驶室没有司机观察轨道并在危险情况下停车，相对于 GOA2 等级需要另外的措施。此等级为列车无司机有人值守自动运行模式。

自动化等级 4（GOA4）：在该自动化等级中，列车上不设置司机、运营人员，列车到站后的车门关闭和安全离站均由系统自动完成，由于车上没有运营人员，相比 GOA3 需要采取另外的措施。此等级为无人干预下全自动运行模式。

自动化等级的定义实际上规定了运营人员和系统之间对列车运行基本功能的责任。当人对以列车为主体的运行不再承担责任，而由管理和控制系统承担时，就实现了城市轨道交通全自动运行（FAO）即所谓的“无人驾驶”。

在 IEC 62290 标准的自动化等级划分中，自动化等级 4（GOA4）明确了是无人值守列车自动运行（UTO），真正实现了全自动运行（FAO）。国内通常将自动化等级 3（GOA3）——有人值守列车自动运行（DTO）和自动化等级 4（GOA4）——无人值守列车自动运行（UTO）的线路都归为全自动运行（FAO），实际上自动化等级 3（GOA3）中虽然不设置司机，但列车车门的关闭和安全离站仍需运营人员操作完成，当然，后期也可升级由管理和控制系统完成。

31.1.2 FAO 模式与 ATO 模式的差异

全自动运行实质上是通过更加先进的管理、控制系统实现城市轨道交通最高级别自动化等级，从而消除了在运行过程中人的干预。

城市轨道交通管理和控制系统（UGTMS）的主要职责是监视和控制列车运行，确保列车运行的安全、乘客和工作人员的安全、线路运行效率、运行的可靠性和系统运行安全，其核心是要保证城市轨道交通运行的安全和效率。自动化等级的划分也是这样体现的，在运行安全、效率方面通过系统进、人退的互动来划分出不同的自动化等级，也划分出了运营人员和系统之间对列车运行基本功能的责任，而最高级别（GOA4，UTO）就是我们所追求的全自动运行。

表 31.1.2（IEC 62990）列出了在不同自动化等级时，列车运行基本功能与系统、人的关系表。

列车运行基本功能与自动化等级功能间系统、人的关系表　　表 31.1.2

列车运行基本功能		TOS	NTO	STO	DTO	UTO
		GOA0	GOA1	GOA2	GOA3	GOA4
列车运行安全	安全进路	x（道岔系统控制）	s	s	s	s
	列车间隔控制	x	s	s	s	s
	速度监督	x	x（系统部分监视）	s	s	s
列车驾驶	控制加速和制动	x	x	s	s	s
轨道监测	障碍物监测	x	x	x	s	s
	避免与轨道上的人员碰撞	x	x	x	s	s

续上表

列车运行基本功能		TOS	NTO	STO	DTO	UTO
		GOA0	GOA1	GOA2	GOA3	GOA4
乘客乘降监控	乘客门控制	x	x	x	x	s
	乘客跌落车厢间或轨道上	x	x	x	x	s
	列车安全启动条件	x	x	x	x	s
列车管理	列车进入 / 退出运营	x	x	x	x	s
	列车状态监视	x	x	x		s
危险检测与处理	列车诊断、烟火、脱轨、紧急情况处理(电话、疏散监督)	x	x	x	x	s/occ x

注：表中“x”表示的是人的职责(也可由 UGTMS 系统承担)，表中“s”表示的是 UGTMS 系统的职责。

由表 31.1.2 可以看出，列车运行（信号）、车辆、运行环境监视、乘客上下车、安全及故障检测因不同自动化等级，人和设备的参与程度也不同。目前，国内城市轨道交通运行线路普遍采用的 ATO 运行模式，是与自动化等级 2（GOA2，STO）相对应，即：

系统（ATO）——列车启动、区间运行、到站停车、开门。

人工（司机）——监视乘客上下车、关门、发车信号、监视区间、车辆状态监视、退出 / 进入运营、紧急处置。

当要实现自动化等级 4（GOA4，UTO）的全自动运行时，司机所承担的全部职责将全部由设备系统或控制中心人员承担。从司机承担的职责看，需要解决如下问题。

(1)乘客上下车监视——自动检测、监视。

(2)关车门、发车——信号。

(3)区间轨道监视——车辆检测、监视。

(4)列车运行状态监视——车辆数据采集、监视。

(5)进入、退出运营自动化——自动化停车场。

(6)安全防护、紧急事件处置——防护区、检测设施。

对 ATO 模式向 FAO 模式的转换，需要对车辆、信号、通信、站台门、综合监控系统等设备系统及车站、车辆基地、控制中心设施进行相应的改进和升级。

31.2 全自动运行系统发展历程

无人驾驶的全自动运行客运交通线路，从研究试验到实际应用，经历了一个漫长、艰难的过程。早在 20 世纪 60 年代末 70 年代初，无人驾驶的全自动运行线路首先是在自动旅客捷运系统（Automatic People Mover，APM）中实现，运用在机场等特定场合，有的仅数百米长。世界上首条公共客运交通的全自动运行线路，于 1971 年在美国佛罗里达州的坦姆帕机场投入运营。无人驾驶的全自动运行系统虽然取得一定的成功，但当时很多人认为要在城市内的大容量客运系统实现无人驾驶的全自动运行有一定的困难，尤其是在隧道内运行的地铁系统。主要原因是自动化系统的故障可能会造成运行的中断，对故障和事故处理的时效性，以及对无人值守车辆的乘客督导等。

尽管开始阶段遇到许多困难，但是技术的飞速进展，使自动化系统的可靠性大大提高，因而，许多问题在实践中也逐步得到克服。至20世纪80年代，全自动化运行的城市轨道交通系统取得很大的进展，具有代表性的是日本的新交通系统、法国里尔的VAL轻轨系统和加拿大温哥华的空中列车（Sky Train）系统（图31.2.1），虽然这些线路均属于中低运量的轻轨系统，但都承担起一定客运规模的城市重要轨道交通线路，在城市客运交通中有很大的影响。

图 31.2.1　加拿大温哥华 Sky Train

20世纪90年代末以来，采用全自动运行的城市轨道交通在全球轨道交通领域日渐升温，温哥华、巴黎、新加坡、洛桑、迪拜、纽伦堡、哥本哈根等城市都已建成全自动运行的轨道交通线路。其特点为逐步进入成熟应用阶段，从低密度低客流线路应用逐级发展到大客流高密度线路。目前，建成大容量的全自动运行地铁系统有新加坡地铁东北线、巴黎地铁1号线、香港迪斯尼线、纽伦堡U3线、哥本哈根Orestad线等，所有线路目前运行情况良好。其典型代表是新加坡地铁东北线、巴黎地铁1号线，如图31.2.2和图31.2.3所示。

图 31.2.2　新加坡地铁东北线

图 31.2.3　巴黎地铁 1 号线

随着国内城市轨道交通的快速发展，对全自动运行的需求也越来越迫切，目前国内北京、上海及香港均已开通了全自动运行的线路。

北京地铁机场线（图31.2.4）是国内最早尝试采用全自动运行的线路，也是按照UTO标准建设的一条线路，线路全长28.1km，共设4座车站和1座车辆段，于2008年7月19日全线开通运营。虽然进行了大量的调试和空载、载客运行试验，但目前仍是采用ATO运行模式。

正在建设的北京轨道交通燕房线（图31.2.5）线路也是采用自动化水平较高的线路，线路全长约20.5km，其中主线长14.4km，支线长6.1km，沿线共设12座车站，均为高架线路，全线设停车场、车辆段1处。列车设计时速100km/h。线路开通初期，车辆设置司机室，采用司机监督下的DTO运行模式。目前系统正在调试阶段，计划2017年底开通试运行。

图 31.2.4　北京地铁机场线

图 31.2.5　北京轨道交通燕房线

上海轨道交通 10 号线(图 31.2.6)是上海市首条采用全自动运行(FAO) UTO 标准建设的城市轨道交通线路。10 号线是上海市轨道交通网络中的重要骨干线路,全线设地下车站 31 座,停车场 1 座,列车采用 A 型车 6 辆编组。一期工程全部线路于 2010 年 11 月 28 日开通。10 号线目前还没有完全按照 UTO 开行,比如一些开关门还需要司机人工操作,实现了 DTO 运行模式。

香港地铁于 2016 年底开通运营的南港岛线(图 31.2.7),是国内首条一次开通自动化等级最高的(UTO)的线路,现仍处于试运营阶段。南港岛线线路长约 7.1km,设有 5 个车站、1 个车辆段。列车采用 3 辆 A 型车全动车编组,信号系统为 CBTC。目前全线配车 10 列,高峰小时上线运行 7 列,运行对数 18 对 /h,运行间隔为 3′20″,信号系统最小设计行车运营对数 29 对 /h,运行间隔为 124s。

图 31.2.6　上海轨道交通 10 号线

图 31.2.7　香港地铁南港岛线

国际公共交通联合会(UITP)于 2013 年开展了一次调查研究,对全世界所有全自动运行的轨道交通系统进行了一次全面的调查和分析,对其发展趋势做出预测。调查报告指出,2013 年全世界有 32 座城市建成全自动运行的轨道交通系统,截至 2016 年 7 月,全世界共有 36 座城市拥有 53 条全自动运行系统线路,总长度达到 789km。从 2008 年开始,全自动运行系统线路的增长呈现加速发展的态势。预计到 2025 年,全世界全自动运行系统线路总里程将达到 2200km,如图 31.2.8 所示。

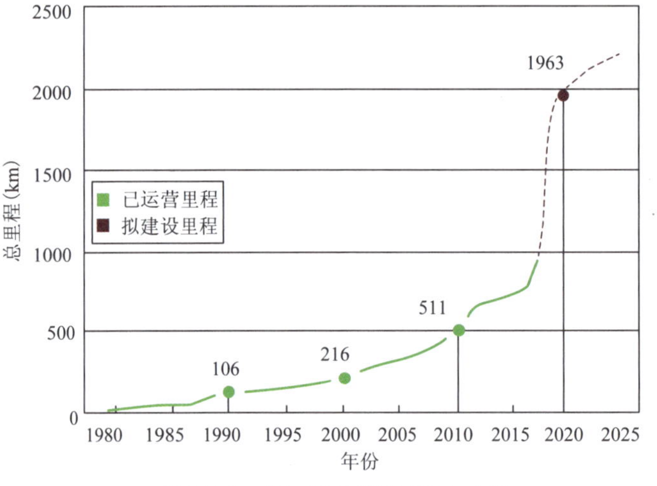

图 31.2.8　全自动运行线路增长示意图

31.3 全自动运行系统优势

采用全自动运行是城市轨道交通领域实现行车高效、运行安全、装备技术先进的标志。可使运营线路具备列车无司乘、自动投入 / 退出运营、按预定的行车计划自动运行;改变了传统有人驾驶行车方式的限制，行车组织灵活高效；大幅度提高了轨道交通设备系统的技术和可靠性水平；消除了人为操作的安全风险，从根本上提高运营的安全水平；实现了运营单位适度减员。

31.3.1 行车高效灵活，提高运营效率

全自动运行系统改变了传统有人驾驶行车方式的限制，行车组织灵活高效。在全自动运行模式下，能够实现长时间不间断运行，可以根据运营需求灵活地调整发车间隔，不受司机的限制。根据客流适时地制订行车计划，通过在车站的存车线，灵活地加、减车。

全自动运行系统可实现按客流自动调整运营策略、列车开行密度的功能，能灵活地适应高峰大客流和低峰客流的运营需要，提高列车满载率。采用全自动运行后，增减车更加灵活，受司乘人员限制较小，能够根据客流特点灵活组织运营。同时能减少司机的人工干预时间，提升运营效率。据统计，采用全自动运行系统以来，上海轨道交通 10 号线平均旅行速度提高 9.35%，平均技术速度提高 11.22%，平均出入库时间减少 130s，平均折返时间减少 60s，站台乘降作业时间减少 25s。

31.3.2 安全性和可靠性提高

安全性、可靠性是自动化运行系统的核心。人工操作易受主观和外界因素的干扰，因此，在安全性方面存在不确定性和不稳定性，这也是导致轨道交通故障或事故的原因之一。据不完全统计，传统的城市轨道交通线中有 50% ～ 60% 的意外事件肇因是由于人工操作的疏忽。2016 年半年深圳地铁共发生事故 39 起，除 1 起施工事故以外，由于设备系统引起的故障 38 起，平均每周 1 起。

采用全自动运行系统后能减少人为操作带来的不安全性，能有效降低调度人员错办进路、司乘人员超速、闯红灯、挤岔、冲车挡等事故，提升运营安全性。上海轨道交通 10 号线为国内首条大客流全自动运行线路，日均客流 74 万，高峰客流 91 万。2014 年 8 月开通有人监督下的全自动运行以来，平均准点率和时刻表兑现率达到 99.9%，可靠度明显提高。

31.3.3 经济运行、节能减排

全自动运行可提高列车旅行速度，实现经济运行。上海轨道交通 10 号线相比 ATO 运行模式，平均旅行速度提高 9.35%，平均技术速度提高 11.22%，相同运行间隔减少 2 列上线列车，不仅减少列车配车数和检修规模，而且减少整个运营期内列车运行电能消耗。

全自动运行可在单车节能驾驶的基础上进一步实现各列车的协同节能运行。列车能严格按照时刻表计划运行，可编制节能运行时刻表，充分利用再生制动能量；利用行车密度大、可实现供电区内各列车牵引和制动工况的匹配运行，降低系统整体能耗。同时可对车辆、机电设备进行实时监测，实现有针对性计划维修，降低维修成本。

31.3.4 降低运营人员劳动强度、实现减员增效

目前，北、上、广、深这样大城市的轨道交通人员，特别是司机的劳动强度已接近极限状态，全自动运行模式下将使司机从重复作业中解放出来，减轻工作人员压力和劳动强度，使操作人员大幅度减少；司机可改为承担列车巡视人员的职能，在为乘客服务的同时监视列车运行状态。

列车运行管理和控制系统具有高科技含量，需要有高的管理水平与之相适应。因此，要求管理人

员有较高的素质，不仅要有较高的科技文化水平，更要有极高的服务意识和责任感，也能沉着、机灵应对突发事件，使运营服务水准有明显的提高。

31.3.5 实现列车高密度运行，适应大客流运营需求

城市轨道交通最小运营间隔在现有技术条件下一般较难达到 2min 以下，要解决特大城市地铁客流，特别是早、晚高峰时期客流需求，必须充分研究，采用新技术、新的管理模式，提高列车运营密度。全自动运行模式通过消除司乘人员反应时间和操作时间，减少折返时间、站台等候时间、车辆基地运行时间，能有效缩短列车运行间隔时间和提高运能。全自动运行模式下的运行控制系统与列车控制系统实现无缝衔接，实现了列车精确定位、高速运行、实时跟踪和自动折返，缩短了反应时间，可有效地缩短列车运行间隔，提高行车密度和旅行速度，能更好地适应大客流运营的需要。

31.4 全自动运行模式功能

采用全自动运行（FAO）模式与目前采用的 ATO 模式功能需求的变化，主要体现在车辆、信号、通信、综合监控、站台门等系统，同时也要求与车辆基地的组织管理相适应。

31.4.1 车辆

车辆作为轨道交通司机驾驶、载客、运行主体，从目前我国各城市普遍采用的 ATO 运行模式提升到全自动运行（FAO）模式，需要增加、增强较多部分功能，尤其是原司机承担的大部分职责均需要车辆增加系统设备来承担，主要体现为：

1）增加功能

（1）车辆休眠、唤醒、自检

取消司机人工操作后，列车需要按预设程序或触发指令实现列车的休眠、唤醒和自检。

①当列车停止运行需要进入休眠时，列车控制与管理系统（Train Control and Management System，TCMS）应能接收来自信号系统的指令，控制列车各子系统设备关闭，最后关闭 TCMS，进入休眠状态。

②当列车准备运行被唤醒模块唤醒时，列车 TCMS 唤醒模块被激活，在 TCMS 起动完毕后，起动列车其他子系统设备。

③当列车设备起动完毕后，按照预定自检程序进行自检，包括车载信号系统状态、列车所有车门开关、关闭锁紧状态，列车主要设备工作状态、列车静态紧急制动功能等。如果自检失败，列车保持预备状态，如果自检成功，列车进入准备发出状态。

车辆唤醒、自检、休眠应能在停车场库线、正线停车线、车站线实现，系统唤醒模块必须通过蓄电池应急电源一直保持供电状态。

（2）列车状态、故障报警信息上传

原由司机在驾驶室内所监视的车辆运行数据、状态数据等重要信息，如牵引、制动、辅助电源、TCMS、车门、广播、视频摄像、空调通风、火灾报警等各系统的状态、故障、报警等，需要以代码或模拟

量信息形式，通过车地通信系统向控制中心或指定部门实时上传。TCMS 接收到来自控制中心或指定部门的控制指令，并按该指令进行处理。

（3）障碍物和列车脱轨检测

增加障碍物检测及脱轨检测系统。当列车运行过程中与轨道上的障碍物相撞或列车脱轨时，障碍物检测及脱轨检测装置触探到后，将触发列车紧急制动，并将信息上传控制中心，防止更严重的事故发生，如图 31.4.1 所示。

（4）增加低压系统恢复供电功能

当列车低压系统出现系统电路短路，造成电路断路器断开时，各子系统能排查、处理简单故障，并通过闭合装置闭合断开的断路器尝试恢复电路供电，恢复系统运行。

（5）增加车辆摄像头

取消司机后部分观察职责由摄像头实现，在出现问题时将通过摄像头提供给控制中心调度人员实时画面进行研判。对于车门及乘客上下车的情况，除保留原有客室内摄像头外，在车辆两侧新增后视摄像头，便于观察车门与屏蔽门之间的情况；对于车辆前、后方情况，增加车头、车尾摄像头，同时增加画面储存和上传功能。

（6）增加带防护罩司机室操作台

列车两端设置带防护罩的司机驾驶台（图 31.4.2），操作界面应包含所有的基本功能，功能完备性与常规地铁车辆基本无区别。需人工介入时，操作台可完成列车正常驾驶。防护罩应与安全报警进行联动。

图 31.4.1　障碍物及脱轨监测装置

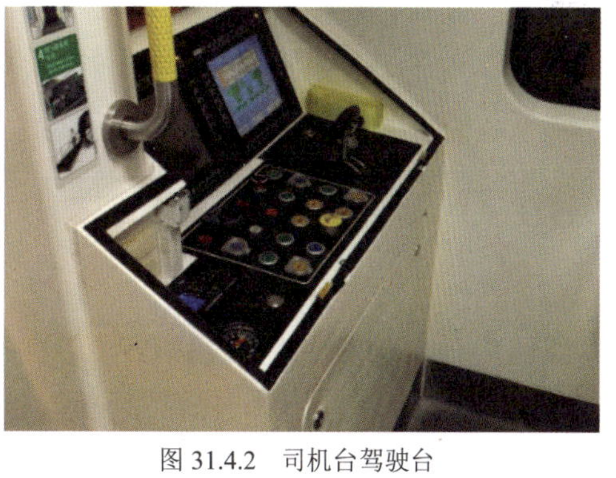

图 31.4.2　司机台驾驶台

2）增强功能

（1）关键系统具有热备份能力，各子系统需要冗余

TCMS、视频监视系统等关键系统主机增强热备份功能，保证出现故障时主备无缝切换。各子系统具有冗余性，当部分设备出现故障时不会影响系统其他设备，依然可以保证当前列车正常运营。

（2）增强火灾报警功能

车内、车下火灾报警系统探测器覆盖范围更全面，报警信息具体到列车号、车辆号及报警部位。将报警的列车号、车辆号及相关位置传送至控制中心。为了降低火灾报警误报率，火灾报警系统应具有误报自学习功能。

（3）增强车门系统功能

车门系统的门使能信号检测、开关门动作、车门关闭检测等关键电路冗余设计，并增强障碍物探测功能。当车门开、关故障或信号无法驱动车门时，需具备车站人员可上车对车门进行操作。当单个车门故障且无法自恢复时，站台人员确认车门未处于紧急解锁状态，可隔离该车门，保证列车正常运行。

车门可通过信号系统响应站台门的对位隔离要求，需实现列车单个车门对位隔离，并在该门处有明显的隔离状态显示用于告知乘客。

（4）增强电磁兼容性

增强车辆电气布线、接线的电磁兼容性，保证高低压电路、交流、直流、信号的布线、接线间距，屏蔽层不间断并可靠接地。保证列车音视频、信号通信的传输质量。高低压线路之间及交流电力线和视频线路之间的距离合理安排。

（5）头车车钩联挂后具有指令传输功能

为保证列车救援时，救援列车与故障列车能够快速联挂并可传输制动缓解、广播对讲等指令，需增强为具有指令传输功能全自动车钩。

（6）增强列车空转滑行控制与信号系统联动

系统具有优异的空转 / 滑行控制功能，即反应快速、有效、可靠的空转 / 滑行控制，充分利用轮轨黏着条件。车辆将控制状态发送至信号系统，保证与信号系统联动控制。

（7）增强广播系统自动报站、声音采集、故障检测记录的功能

广播系统可根据信号系统提供的站名、预报站、报到站进行报站，实现全自动广播。广播系统可采集客室广播声音，保证列车出库运营前远程确认列车广播声音正常播放。广播系统具有故障检测和故障记录功能。

31.4.2 信号系统

信号系统在从 ATO 到 FAO 的升级工程中，系统大的构成并没有太大的变化，作为城市轨道交通管理与控制系统的中枢和桥梁，信号系统为满足全自动运行的需求，需要新增及增强部分功能。

1）ATS 子系统增加、增强功能

（1）线路监控

具有线路中的自动控制区域、非自动控制区域显示功能；具有人员防护开关的状态、洗车机状态、停车列检库和洗车库库门状态的显示功能。具备针对线路区域设置允许 / 禁止全自动驾驶授权的功能。

（2）列车监控

具备对列车休眠、唤醒、段内运行、正线服务、停止正线服务、待命、清扫、清客等状态的管理和控制功能。

具备新增车门状态、驾驶模式和工况（FAM、CAM、休眠、唤醒、退出正线服务、洗车、清扫、清客、段 / 场内运行、待命）、报警状态（紧急制动、乘客呼叫、车辆火灾、车辆报警、冲突检查、TETRA、紧急手柄等）的显示功能。

具备针对单列车和全线列车的允许全自动驾驶授权功能。当 FAM 列车因故障停在区间时，中心调度员可以设置允许列车为蠕动模式。

全自动驾驶运行时，ATS 应根据时刻表，向列车下发换端指令。同时，具备调度员人工下发换端指令的功能。

具备对车辆的远程控制功能，包括远程紧急制动 / 缓解、远程车门控制、列车空调 / 电热参数设置、火灾确认、车辆故障复位和远程旁路、列车照明控制、远程清客确认等。

（3）车辆段 / 停车场监控

中心可实现对车辆段 / 停车场整个站场情况的监控，车辆段 / 停车场可由中心或车辆段 / 停车场

自动或人工控制，并可实现控制权的转换。在中控及站控模式下，ATS根据计划，具备段/场内自动触发进路功能。

（4）联动控制功能

全自动驾驶下，ATS实现联动控制功能，具体包括上电、唤醒、列车火灾、紧急呼叫、紧急手柄拉下、车门状态丢失、休眠、清客、车辆运行工况等。

（5）维护监测功能

采集列车牵引、制动、辅助电源、空压机、蓄电池、车门、广播、视频摄像、空调等各系统的状态、故障及报警信息，提供列车状态显示和故障报警。

2）ATP/ATO系统增加、增强功能

ATP及ATO子系统是ATC系统的重要组成部分，对于全自动驾驶运行起至关重要的作用。主要增加的功能如下：

（1）列车休眠与唤醒

ATP/ATO设备需具备控制列车休眠和唤醒的功能。车载信号设备收到中心的休眠指令，完成自身休眠准备工作和车辆休眠交互后，车载信号设备向车辆发送该休眠指令实现休眠。车载信号收到唤醒命令后，向车辆发出唤醒指令，车辆可实现对全列车的上电，并对车载信号设备及车辆设备执行必要的自检、测试。测试成功后，车载设备处于激活可用状态，具备进入全自动驾驶运行模式的条件。

（2）自动洗车

洗车作业由ATO系统控制全自动完成。列车在全自动驾驶模式下，接收到CI发来的洗车请求确认信息后，ATO向车辆发送洗车模式及牵引命令。车辆收到该模式命令后，控制列车恒速3~5km/h运行。ATP提供超速防护，到达指定位置后停车，发出制动指令。根据需要，洗车过程中信号系统可对洗车库库门状态进行防护。

（3）自动驾驶和精确停车

车辆在正线、段/场自动控制区域内运行有ATP防护，可以在ATO控制下以全自动驾驶模式自动运行。在考虑与安全有关的各种限制和规定条件下，自动控制列车的加速、巡航、制动等工况，实施列车运行的自动调整功能，自动控制列车正线运行。列车在车站自动停车、出发及自动折返。

正线和车辆段/停车场特定地点（洗车库、用于休眠/唤醒的存车线）应具备定点停车功能。

（4）开、关门控制

在信号系统自动控制列车关门时，车门因故未关闭情况下，ATO可执行中心人工远程关门命令或就地关门按钮的关门命令，再次发出关门命令。需要清客确认的车站未清客完成期间，车载信号设备保持车门打开。在站台值班员人工进行清客确认后，按压站台关门按钮，或收到远程清客确认指令后ATO才能关闭车门和站台门。

（5）紧急制动

当车载ATP触发紧急制动后，列车停稳前紧急制动不得缓解。系统可根据紧急制动原因采取紧急制动的缓解方式，包括自动缓解、远程人工确认缓解、人工缓解。当列车产生紧急制动及紧急制动缓解后，车载ATP均向控制中心发送报警信息。

（6）对位调整

全自动运行模式下，如列车在进站停车过程中未到或超出了停车精度，ATO将自动启动对位调整功能。

（7）对位隔离

ATO系统具备车门/站台门故障隔离的功能。当个别车站站台门/车门故障隔离时，车载设备

接收站台门故障信息，ATO 将此信息转发至车辆 / 站台门。列车进站停稳后，ATO 自动打开车门及站台门，故障的车门 / 站台门及对应的车门 / 站台门不打开。

（8）建立防护区

人员防护开关建立封锁区时，ATP 控制列车不移动或停车。

（9）车辆鸣笛

信号通过车辆 TCMS 控制列车在库内动车、入库时进行鸣笛。

（10）车辆紧急状态处置

信号设备对于列车运行过程中的不同紧急情况（车上紧急制动手柄、车门状态丢失、车上发生火灾、车辆制动力丢失等）采取的处置措施，需要根据运营需求具体设置：

①控制列车紧急制动。

②控制列车至相邻安全位置停车。

③控制列车常用制动停车。

④切除牵引、不实施制动。

（11）新增驾驶模式

新增列车驾驶模式为全自动驾驶模式（FAM 模式）和蠕动模式（CAM 模式）。正线、车辆段 / 停车场的自动控制区域内列车可采用 FAM、CAM、AM、CM、RM、EUM 驾驶模式，车辆段 / 停车场非自动控制区域内列车只具备 RM 模式或 EUM 模式。

（12）新增折返模式

系统新增全自动驾驶折返模式。处于 FAM 模式下运行的列车，当列车在折返站规定的停车时间结束及乘客下车完毕，车门和站台门自动关闭后，列车根据移动授权及运行指令，从到达站台自动运行进入和折出折返线，最后进入发车站台自动打开车门和站台门。

（13）远程功能

车载信号设备具备收到来自中心的立即停车命令后采取紧急制动停车功能。信号或车辆触发的紧急制动条件恢复后，车载信号设备收到中心的远程紧急制动缓解指令，缓解该紧急制动。

车载信号设备具备根据中心的远程人工换端指令，完成车载设备换端功能。

车载信号设备具备根据中心的远程开关门指令，进行开关门作业。

车载和轨旁 ATP 设备具备响应中心针对线路区域和列车设置的允许 / 禁止 FAM 运行授权的功能。

车载信号设备响应中心发送远程复位和远程旁路指令，车载信号设备将该指令转发给车辆。停站未完成清客期间，车载信号设备保持车门和站台门打开，在收到远程清客确认指令后，车载信号关闭车门和站台门。

车载信号设备具备响应中心远程设置的车辆相关指令，转发车辆进行控制。

（14）维修监测功能

车载信号设备接收车辆发送的车辆故障信息、状态信息、位置信息和里程信息，将车辆信息及车载信号设备自身的状态、故障信息发送给 ATS，并将列车状态、诊断信息汇总到控制中心，强化远程监测功能。

3）CI 计算机联锁子系统增加、增强功能

（1）作业封锁区防护

联锁与正线及车辆段 / 停车场内设置的人员防护开关（SPKS）接口，当 SPKS 插入特殊的钥匙并旋转一定的角度后，应封锁相应轨道区域。作业区域封锁后，经过作业区域列车及调车进路立即

关闭，联锁不允许办理经由作业封锁区的所有列车及调车进路，同时将区域封锁的信息发送至 ATP 设备。

(2)站台关门按钮状态

联锁采集站台关门按钮按下信息并转发给信号车载设备。

(3)控显功能

CI 应能够向相关系统提供人员防护开关的状态、洗车机状态、停车列检库和洗车库库门状态。

(4)维修监测功能

联锁增加人员防护开关、洗车机、停车列检库及洗车库库门的状态监测。

4)维护监测子系统新增、增强功能

维护监测子系统具备对车辆状态维护和管理功能。

5)降级及后备信号系统方案

在 ATO 运行模式下，CBTC 信号系统的降级及后备系统方案主要有联锁级或点式 ATP 级降级及后备信号系统两种基本模式。采用 UTO 的运行方式，信号系统的降级及后备信号系统配置需求仅为保证无车载设备的列车上线运行。为提高信号系统整体的可靠性和可维护性，联锁级后备系统的轨旁设备配置均应尽可能简单化，即仅设置出站信号机，如出站信号机外方有道岔，出站信号机兼作道岔防护信号机，区间内如无特殊情况均不设置信号机。因此，采用 UTO 的运营方式，降级及后备运行信号系统推荐配置联锁级的后备信号。

31.4.3 通信系统

根据全自动运行运营组织、信息传输的需要，通信系统较常规模式需增加、增强以下功能。

1)增加功能

(1)乘客紧急呼叫

客室内设置紧急呼叫按钮，当乘客触发客室内的紧急呼叫按钮后，可与中心调度台通话；必要时实现图像、语音同步传输。

(2)列车前后方视频监视

为实现控制中心调度员及时了解列车运行线路上的情况，需要在列车前后方分别增加列车外部的摄像机。摄像机监视图像可实时上传至控制中心调度员的 CCTV 监控终端。

(3)沿线视频监视

采用全自动运行后，在车辆段、停车场无人区需增设视频监视设备，实现视频监控全覆盖。在列车区间疏散情况下，需要为中心调度员了解现场提供技术手段，可在沿线增加视频监视设备。

(4)区间广播功能

在区间疏散时，由于现场没有乘务人员，需要控制中心调度员通过现场广播设备远程指挥乘客疏散，全线需增设区间广播设备。

2)增强功能

(1)车内视频监视联动

为配合乘客紧急呼叫功能，需要增强车厢内监控设施，与车厢紧急呼叫装置匹配使用，实现紧急

呼叫时,现场视频同步上传至控制中心调度员处,音视频同步,提高应急处置及反恐能力。

(2)车地无线通信系统

采用全自动运行后,考虑到增加紧急呼叫音视频同传、列车前后方视频监视功能、增加列车内部摄像机,在清客、乘客紧急呼叫和紧急疏散的情况下,需要将大量视频信息上传至控制中心。TD-LTE系统受频率资源限制,无法实现将全车高清图像同时上传的功能。因此,需要采用 802.11ac 或 5G 技术作为 TD-LTE 技术的补充,用于将列车全部视频监控信息实时上传至控制中心。

(3)通信设备的安全、稳定性

关系到全自动运行的通信系统主要包括传输系统、无线通信系统、广播系统、PIS 系统、车地无线通信系统。各城市均在积极采用车地无线综合承载后,传输系统需采用 A、B 双网冗余组网方案,从而实现涉及列车运行控制的系统,即中心控制设备、有线传输通道、无线传输通道、车载设备的全冗余配置。

31.4.4 综合监控系统

在 ATO 运行模式状态下,综合监控系统一般只考虑正线、车站相关系统的监控,车辆、车辆基地相对独立,相关的运营信息一般不考虑进行系统的监控。采用 FAO 运行模式后,列车、正线、车站和车辆基地实现了一体化的运行,综合监控系统需要收集列车、车辆基地实时状态和报警信息,为调度人员提供列车实时状态信息和列车报警信息,增加对车辆、车辆基地相关运营信息的监控。

1)车辆

(1)对车辆运行信息和故障信息进行监视。监视与行车安全直接相关的车辆运行状态信息和车辆故障信息,由车载 TCMS 将车辆运行和故障数据进行汇总,经信号车载设备和车地无线通信传送给 ATS。

(2)增加 OCC 对车辆内广播的控制。OCC 代替司机对车厢内进行语音广播,由 ISCS 负责对车载广播进行控制操作,通过与 PIS 和无线数字集群的接口实现。

(3)对车辆及车载设备进行远程参数设置控制。OCC 车辆调度需要能对车辆设备进行远程控制,由 ISCS 将控制命令经信号车载设备和车地无线通信传送给列车 TCMS。

(4)增强车载 CCTV 和车载 PIS 进行监控。中心级 ISCS 需具备对车载 CCTV 和车载 PIS 的监控功能。通过增强 ISCS 与 PIS 的接口功能,实现 OCC 调度员对车载 CCTV 的调看操作和对车载 PIS 的信息发布操作。

2)车辆基地

(1)增加对车辆基地视频监控设备联动控制功能。在车辆基地自动区进行车辆出库、调车作业、自动洗车等操作过程中,车辆基地调度中心应能通过 CCTV 监视车辆的动作过程,需要 ISCS 根据 ATS 提供的车辆运行位置,对车辆基地 CCTV 进行随车切换联动。

(2)增加对车辆基地广播设备联动控制功能。在车辆基地自动进行车辆出库、调车作业、自动洗车等操作过程中,在列车动作前,可根据需要对现场进行广播提示,由 ISCS 根据 ATS 提供的车辆动作信息,对车辆基地 PA 进行自动播报联动。

(3)增强与车辆基地自动区系统接口功能。车辆基地自动区域设置有防止人员进入的围栏,在出入口设置门禁管理人员出入。根据功能需求,可通过 ISCS 将门禁系统与信号系统进行信息互联,接收无人区人员出入管理信息。

31.4.5 站台门

在 ATO 运行模式状态下，站台门仅与信号之间存在联系，而与车辆车门之间没有直接的联系。当车门故障无法开启而站台门处于开启状态时，存在乘客被挤入车门与站台门之间间隙的可能，站台门关闭时存在乘客被夹在间隙的风险。同理，站台门无法开启时，由于站台门故障信息无法传递至车门，在列车开门而站台门不开启情况下同样存在乘客被夹风险。因此，需要考虑站台门与车门故障时实现对位隔离和增强安全检测。

1）故障对位隔离

实现站台门与车门故障对位锁定功能，即当列车车门故障隔离后，本列车停站时对应的站台门应能保持锁闭不参与停站的开、关门作业。相应地，当车站站台门故障或被人工锁闭隔离后，停该侧站台的所有列车相对应的车门也保持锁闭，不参与停站的开、关门作业。主要实现的功能是：

（1）站台门通过通信接口将站台门故障信息发送到信号专业，信号专业实时将车站站台门故障信息（站台编号、故障门编号及开门侧信息）发送给车载信号，车载信号在列车驶离故障站台门的前一站后实时持续发送给车辆。

（2）车辆将故障的站台门位置信息发送给车辆主门控器，由相应位置的门控器隔离故障站台门对应的车门，使列车停站时对应的车门不打开。车辆通过车载广播系统触发相对应的隔离车门上方的动态地图，LCD 显示器上显示此门不打开的信息，同时车门隔离的红色指示灯点亮。

（3）单个站台门增加故障显示功能（包括对应车门的隔离信息显示），提示乘客绕行，同时站台广播通知上车乘客绕行。

（4）在车辆驶出故障站台门的车站后，车载信号撤销发送给车辆的车站站台门故障信息。

2）增强安全检测

在 ATO 运行模式下，由司机控制列车关门并观察站台门与车辆之间的缝隙是否清空。在 FAO 运行模式下，由于没有司机，需要采取措施尽量避免乘客或物品夹入站台门与车辆轮廓线之间的间隙造成危险，以达到安全运营的目的。增强防夹人的措施可考虑：

（1）在滑动门门体轨道侧增加刚性防护横杆。站台门滑动门门体轨道侧增设刚性防护横杆，采用不锈钢材料，沿着滑动门门体宽度方向通长设置，消除滑动门门框与玻璃之间的物理间隙，横杆表面与滑动门门框表面平齐。

（2）站台门与车门间隙内增加探测装置。在不侵入车辆限界的原则下，在车辆与站台门间隙内增加电气类探测设备，如红外、激光探测装置。探测装置可与信号进行联锁，可实现有报警时扣车功能，避免发生重大人身伤害。但探测装置应具有极高的可靠性，避免误报对运营造成影响。

31.4.6 车辆段、停车场

FAO 模式将车辆段、停车场的运用设施纳入了全自动运行模式，为保证运行安全，车辆段、停车场需要对段、场内的设施按自动运行区和非自动运行区进行划分，停车列检库、洗车库、出入段线库为自动运行区，大 / 架修检修库、定 / 临修库、周月检库、不落轮镟库、试车线、工程车库、调车机车库等为非自动运行区，如图 31.4.3 所示。

车辆段 / 停车场内的自动运行区与非自动运行区需要物理分隔，自动运行区需要进行区域封闭，所有的出入口需要设置门禁进行管理，需要经过授权后方可进入。车辆段 / 停车场内设置需要设有专为自动运行区与非自动运行区转换的线。

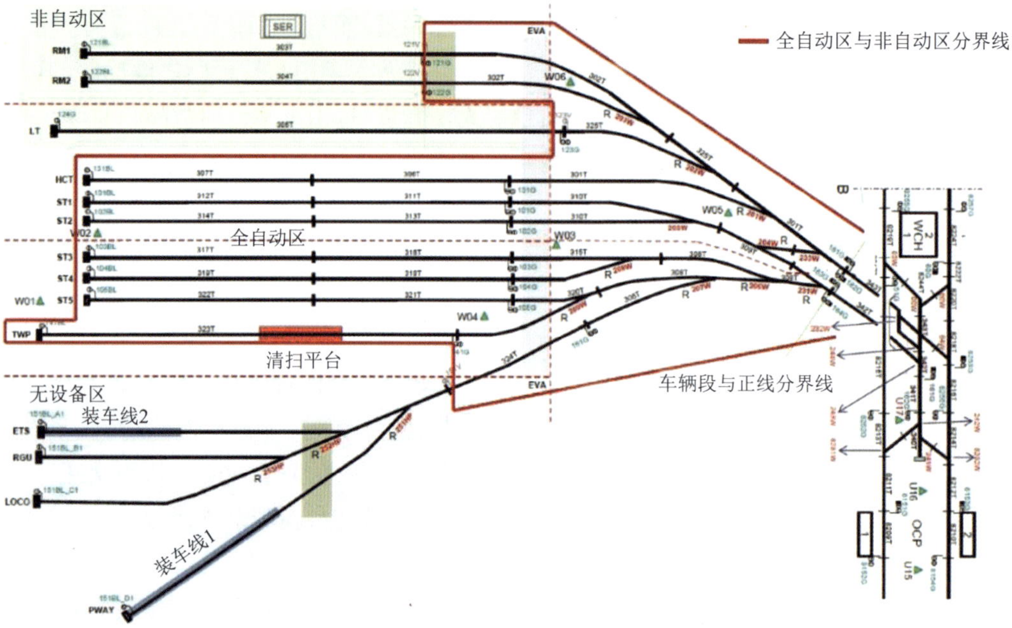

图 31.4.3　车辆段自动运行区与非自动运行区

31.5 全自动运行对运营管理影响

31.5.1 线路控制中心

全自动运行模式将城市轨道交通中人在运营中的中心、列车的两级监控，改变为控制中心一级监控，调度人员替代司机完成相关行车控制、乘客服务以及车辆设备状态的监控，控制中心所承担的职责变得极为重要。根据香港、上海已运营的经验，控制中心需增加相应的调度岗位。

在 ATO 模式下，控制中心一般设置行车调度、电力调度、环控调度，有些城市还设置维修调度，主要负责运营期间的行车组织和运营结束后的施工组织。当采用 FAO 模式时，在保持控制中心原四种岗位不变的基础上，需要考虑增加客运调度和车辆调度，用于实现控制中心对车辆和乘客的相关监视、控制及调度功能。实际设置情况还需要根据各城市的管理体制具体确定。

31.5.2 行车调度指挥

ATO 模式下，列车运行采用控制中心、车站 / 车辆段两级控制，控制中心、车站、司机三级管理模式。全自动运行与有人驾驶的本质区别在于没有列车司机，控制中心由调度人员替代司机完成相关任务，因此，FAO 模式与 ATO 模式在控制模式上没有区别，均是两级控制，只是在管理和控制实现的手段和使用人员存在一定的调整，在管理模式方面，UTO 模式调整为二级管理，缺少司机级管理。

31.5.3 驾驶模式

ATO 模式下，列车在正线上有 ATO 驾驶模式、ATP 防护模式、非限制模式、限速人工驾驶模式四种驾驶模式。列车在折返线上有人工驾驶折返模式、ATO 自动驾驶折返模式两种驾驶模式

FAO 模式下，列车在正线上的驾驶模式相对于 ATO 驾驶模式增加了全自动驾驶模式（FAM）和蠕动驾驶模式（CAM）两种模式。列车在折返线上的驾驶模式增加了全自动驾驶折返模式和 ATO 无人自动折返模式。

31.5.4 对乘务制度的影响

ATO 模式下，乘务制度一般采用轮乘制，每列车在前端司机室配 1 名司机，在正常情况下负责监视列车运行情况，在故障情况下负责驾驶列车运行、开关车门等。列车到达折返站时司机进行换班。

FAO 模式下，系统不需要配置司机，其职责转变为在车厢内为旅客提供服务、控制中心与乘客交流、监督站台列及车上的乘客。

31.5.5 车站管理模式

ATO 模式下，车站一般设置有值班站长、行车值班员、设备值班员、票管员、售票员、监票员、站台安全员和站厅巡视员。站厅巡视员的任务是解答乘客咨询，协助有困难的乘客购票、检票等。各个岗位各司其职，工作任务及内容互不交叉。

在 FAO 模式下，需要构建车站多职能队伍，各运营职能与岗位可以相互交叉。车站站务人员除了进行日常的站务管理工作外，部分人员还需要了解车站设备一般故障处理、紧急情况下的设备操作及列车的人工驾驶等，提高对站务人员的职能要求。

31.5.6 紧急情况下运行组织

1）车辆故障

（1）丧失部分动力，但可以自行移动情况

ATO 模式下，控制中心行调命令故障司机驾驶列车移动至前方车站，清客后，再运行至车辆段或停车线。

FAO 模式下，车辆出现故障时，ATP 系统会立即施加紧急制动，保证列车安全。同时向 TIAS 调度员工作站报警，经调度人员确认后人工启动 CAM（蠕动模式），列车会以 25km/h 速度行驶，ATP 在此过程中实施防护。当列车以蠕动模式行至车站自动停车后，车载 ATP 会施加紧急制动以防止列车移动，等待人工处理。

（2）完全丧失动力，无法自行移动情况

ATO 模式下，控制中心行调立即下令车站行车值班员和司机疏散乘客并处理故障车辆，命令后续列车在后方车站清客，然后以限速人工驾驶模式运行到故障列车尾部，将故障列车推送至前方车站，清客后，再将其送回车辆段或停车线处理。

FAO 模式下，当列车因严重故障无法行驶时，需人工驾驶救援列车救援故障列车，后车（救援车）在站台清客后，救援车需至少配备 2 名司机，转为人工驾驶模式，将车辆运行至被救援车前 30m 处停

车，司机上被救援车，将被救援车转为人工驾驶模式，被救援车司机引导救援车进行联挂作业，被救援车司机负责瞭望，救援车向前推进返回正线库线或停车场。

2）火灾

ATO 模式下，列车在运行中发生火灾，由司机立即向中央控制中心报警，听候防灾调度员的指挥，同时应坚持把列车开到前方车站，以利疏散乘客和救灾；若造成列车停在区间不能前进，司机应按防灾调度员的命令，按照防火灾程序指挥疏散乘客和扑救火灾。

FAO 模式下，车辆在区间内发生火灾，中心控制列车继续运行至下一站站台，打开车门疏散乘客；如遇特殊情况，区间停车，调度员通过 CCTV 监控列车情况，并通过广播对乘客进行引导疏散。

31.6 应用展望

在 2004 年 11 月底，国际公共交通联合会（UITP）在德国的纽伦堡召开第二次都市轨道交通会议。会议主题为地铁系统的自动化和如何将传统的地铁线路改造为全自动运行。会议之所以在纽伦堡召开，是因为该市正在建设一条新的全自动运行的地铁线路，与此同时，将一条与新线部分共轨运行的老线一起进行改造，其积累的经验有一定的示范作用。UITP 主席迈耶先生指出：“全自动运行可以使现有一些地铁系统的运能提高 50%，其最大潜力可以使客运能力达到单向 7.5 万人 /h”。会议取得的共识是，无人驾驶的全自动运行系统是未来城市轨道交通的发展方向。

十余年过去了，当前国内城市轨道交通快速发展，运能逐步被挖掘、需求进一步凸显时，采用全自动运行模式可以实现安全、效率的双重提高，这将具有极大的吸引力，而通信、控制技术日新月异的发展也给予了城市轨道交通采用全自动运行模式很好的支撑，全自动运行技术将会在国内得到全面应用。

第32章 预埋槽技术应用

32.1 预埋槽概述

城市建设日新月异，在新型城镇化大战略下，构筑智能化的城市综合交通网络势在必行。作为主要城市载体的公共交通面对的挑战不言而喻，当务之急是大力发展高运载力的地铁工程。细看“十三五”规划，近3000km新建里程将并入现有网络，势必进一步提升城市载体功能。随着建筑工业化的突飞猛进，地铁建设也迈入了全新的预制时代。环顾国内外地铁工程建设形势，预制地铁管片的应用成为新常态，也把工程质量和施工效率提到了新的高度。

32.1.1 术语和定义

（1）预埋槽（Cast in Channel）

预埋在地铁预制管片的用于固定接触网支架、环网支架等设备的专用型钢。

（2）锚杆（Anchor）

使槽道与管片有效锚固，并传递外力给管片混凝土的一种锚栓。

（3）T型螺栓（T-bolt）

隧道内接触网支架底板、环网支架等设备与槽道的连接螺栓。

（4）大气腐蚀（Atmospheric Corrosion）

暴露在 -55 ～ 60℃之间的大气中而产生的腐蚀。

（5）首次维修寿命（First Maintenance Life）

从初始涂覆时刻算起，到原始涂层的保护性能下降，到必须对其进行维修才能维持地基体保护作用的时刻为止的间隔时间。

32.1.2 预留槽背景介绍

预埋槽的首次应用可以追溯至1931年，其用于工业车间悬挂设备。经过近百年的演化，预埋槽早已被国内外建筑师、工程师熟知，其应用也极为广泛，包括商业结构、民用建筑、预制产业、基础设施中诸如铁路、桥隧、核电等。从产品角度定义，预埋槽是由钢槽和锚钉构成的混凝土预埋件（图32.1.1），钢槽内部空腔设有密实的填充物防止砂浆进入。后期安装时，剔除钢槽内填充物、将配套的T型螺栓旋入钢槽内予以固定设备即可。不同于传统预埋件，预埋槽为标准件，对结构、防水无损伤，其可调性优势显著，T型螺栓可在钢槽内自由调节。也正是

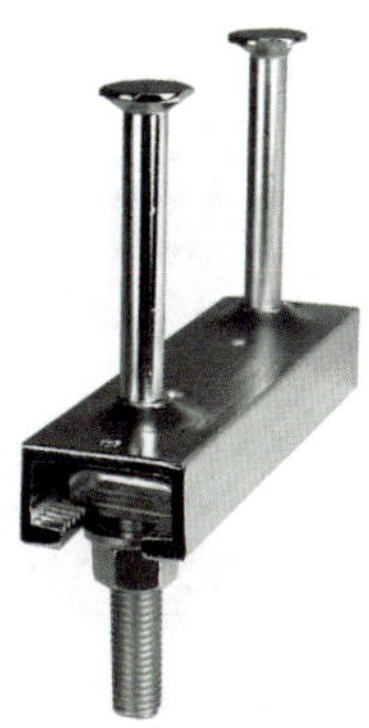

图32.1.1 预埋槽

其可调性，使预埋槽拥有了出类拔萃的安装优势——省时、省力，经济效益格外突出。鉴于地铁隧道内专业交叉作业频繁、工期紧、轨行区机电安装复杂的特点，为预埋槽在地铁的大力推广创造了极为有利的先天条件。“一次投资、终身受益”，通环布置的预埋槽成为全新的媒介，将隧道内所有专业有机结合、连为一体，更为后期地铁营运维修、升级改造提供了无限空间。

32.2 预埋槽构造及施工工艺

预埋槽由 C 型槽与背部锚杆构成。C 型槽内有防止混凝土进入的填充物，背部锚杆一般有机械铆接与焊接两种工艺形式。其中机械铆接制造工艺稳定可靠、力学性能好；而采用焊接工艺的锚杆与槽体接触面积大、激活的承载面扩大进而其抗疲劳性能优异，但是由于焊接对 C 型槽背部最小厚度有一定要求，所以对于壁厚较薄的 C 型槽背不推荐采用焊接。国内外地铁常用的热轧带齿预埋槽分别为 29/20 型号和 38/23 型号，而 29/20 型号的槽背部只有 2.5mm 厚，因此锚杆不应采用焊接工艺，以免焊接锚杆时焊穿 C 型槽背，给后期使用带来安全隐患。其次，38/23 型号预埋槽的 C 型槽背部厚度达到 3.5mm，这种厚度可充分保证焊接性能，从而采用焊接工艺是可行的。

在现代化的流水线上，最先映入眼帘的是模板车，其作为主要施工单元忙碌地穿梭在生产车间。预埋槽作为预埋件先行在模板车上定位，确认无误后予以固定，固定技术也已很成熟。下面主要介绍锥台固定和拉铆固定两种固定方式。

32.2.1 锥台固定

模板车上应提前定位确认，核实无误后将内螺纹锥台予以固定。先将预埋槽嵌入锥台，槽背侧预留长孔（图 32.2.1），再将塑料螺栓拧入锥台。由于塑料螺栓的规格、强度经过特殊设计，脱模时在锥台内产生滑移而不会发生断裂，保证了脱模效果。不难发现，锥台定位的精确度将直接决定预埋槽与管片的位置关系，故锥台定位时必须放线、复核及确认。锥台底部可以加工成平的也可以加工成带螺杆的，平的可以直接焊接在模板上，带螺杆的模板则需事先套丝，完后将其旋紧即可。

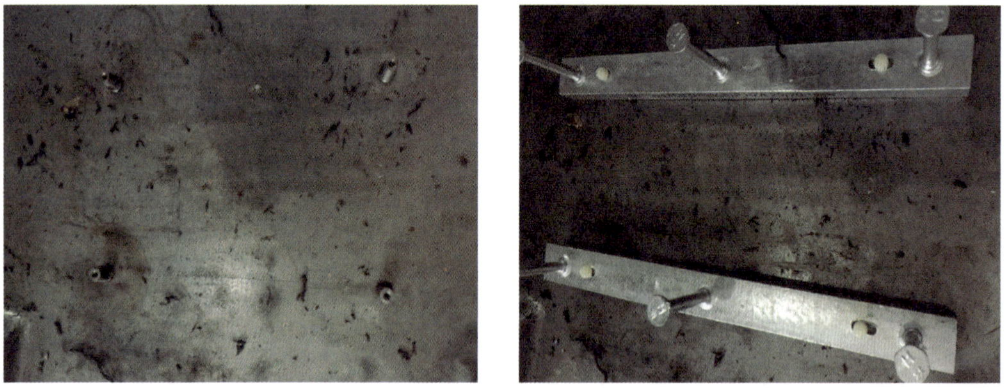

图 32.2.1　锥台固定方式

32.2.2 拉铆固定

类似于锥台固定方式，当采用拉铆固定时，模板车上也需提前将固定块（含安装孔）安装在模板上（图 32.2.2 和图 32.2.3）。首先，将预埋槽贴紧固定块，对准安装孔后插入抽芯铆钉，确认无误后用拉铆枪予以固定。其次，后续工序可按部就班一一进行。由于抽芯铆钉采用不锈钢材质，机械性能优异，可保证预埋槽在振捣过程中不被扰动。

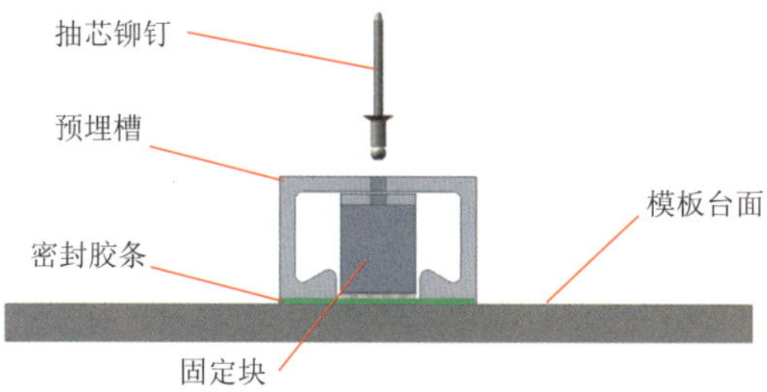

图 32.2.2　拉铆固定方式 1

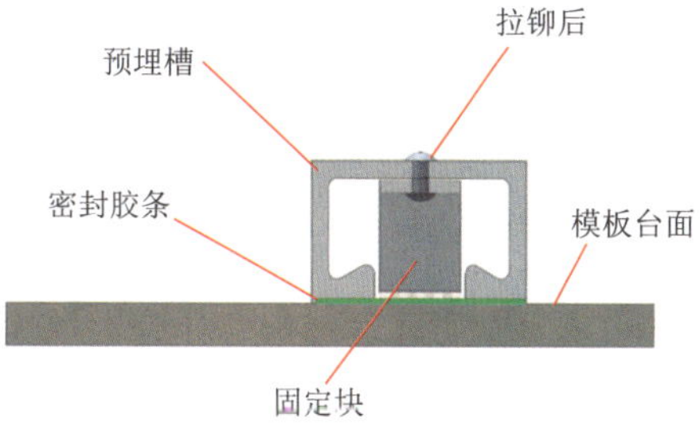

图 32.2.3　拉铆固定方式 2

32.2.3　其他工序

待预埋槽固定完毕后（图 32.2.4），标准化的钢筋笼吊装入位，确保混凝土保护层及相关构造要求符合图纸要求。此时，需要技术人员复核钢筋笼与预埋槽的位置关系，确保安装准确无误。安装完毕，模板车端盖予以关闭等待混凝土浇筑。通常来讲，现代化的模板车配有高频振捣功能，让振捣作业更具工业化，免去了传统振捣方式的嘈杂与无序。之后便开始进行混凝土养护作业。预埋槽与混凝土表面齐平、严丝合缝，给后期隧道内设备及管线的安装提供了最大的便利，如图 32.2.5 所示。至此，预制管片随即转移至存储区，一组组管片在场内整齐堆放，如图 32.2.6 所示。随着工程进度的需要再有序运至现场。最后，管片经盾构拼装机有序组装，螺栓经预留孔按一定扭矩进行环间、块间连接，形成环环相接的地铁隧道，如图 32.2.7 所示。

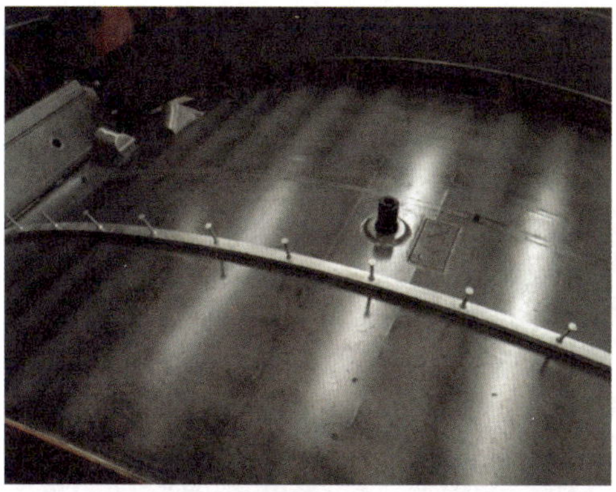
图 32.2.4　预埋槽在模板车上的固定

图 32.2.5　脱模后的效果

图 32.2.6　管片有序堆放

图 32.2.7　地铁隧道雏形初现

32.2.4 安装施工管理要点

首先，应做好施工前的准备工作，包括选取合理的固定方式，检验预埋槽规格型号、外观尺寸、填充物饱和度及合格证。其次，施工预埋时应确保预埋槽安装正确，如位置关系、与模板贴合度及防迷流措施。当局部采用人工振捣时，应在预埋槽两侧充分振捣，且振捣棒不得扰动预埋件。最后，管片养护时，注意养护水的更换频率，控制养护水的 pH 值。应优先选用自来水养护管片，避免使用钠基养护剂。当 pH 值过高时，氢氧根离子与镀锌表面发生化学反应产生白锈，如白锈未及时清除，将影响防护膜 $ZnCO_3$ 的形成，进而使耐腐蚀效果大打折扣。

32.3 预埋槽性能优势

首先，预埋槽的静态承载力性能优异，且力学性能在三方向均一致，即受拉、横向受剪和纵向受剪。参考现行隧道截面布置状况，三个方向的承载力至关重要，如图 32.3.1 所示。

同时也赋予了预埋槽更安全、更全面的产品附加值，如钢材的材料安全系数不低于 1.8，远高于传统预埋件。其次，预埋槽的动态承载力与地铁安全运营息息相关。作为与隧道同寿命的预埋件，在其设计年限内列车将驶过上百万次，其疲劳性能的优与劣将最直观地凸显产品的安全性。鉴于预埋槽在地铁规范层面上的空白，相关检测依据暂可参照《电气化铁路接触网隧道内预埋槽道》（TB/T 3329—2013）。此外，同样重要的是预埋槽在火灾荷载下的耐火性能，众所周知，火灾历来是悬在建筑结构的“达摩克利斯之剑”。所谓“水火无情”，当火灾发生时，其对建筑结构的破坏不言而喻，地铁隧道内固定设备的预埋槽亦如此，所以，预埋槽的耐火性能是不可忽视的要素之一，这里不妨赘述下升温曲线的相关知识。当火灾发生时，温度随着时间的推移而变化，也就是说高温不是一蹴而就的，即其需要遵循一定的升温曲线，该曲线与火灾的类型及其周边环境息息相关。当预埋槽在隧道内使用时，采用隧道火灾 RABT-ZTV 升温曲线可更为准确、也更为有效地模拟火灾在隧道内的升温过程，且应当是在悬挂配重的工况下（模拟自重荷载），如图 32.3.2 所示。

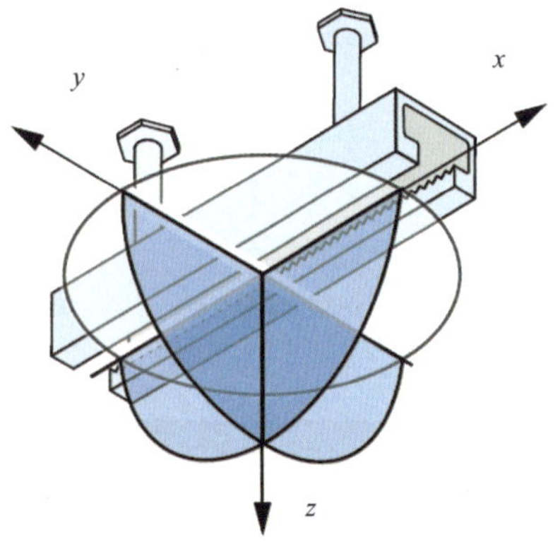

图 32.3.1 三向受力示意图

图 32.3.2 采用 RABT-ZTV 升温曲线的耐火试验

32.4 成本及效率

脱离了经济性原则，再先进革新的技术也只能是浮云。目前，国内各地地铁隧道普遍存在施工成本高、运营维修难度大的现象，使得地铁决策者越来越重视项目的全寿命成本。以往重土建、重设备、轻设备安装的传统观念越来越被外界所诟病，随着劳动力成本逐年增加，全寿命成本分析更能切实反映经济性。其次，施工效率也是至为关键的考核指标，特别是大型基建项目，通车时间的早与晚不仅关系到政治考核也关系到经济考核，即项目投资回报期。这里不妨对常见的三种设备安装施工工艺做一下对比分析（表 32.4.1），在一定程度上更能直观地反映前期项目设计对整个项目成本及质量的影响。如深圳地铁 9 号线，采用预埋槽的管片初期成本每延米增加 600 ～ 800 元，但从全寿命周期成本来考虑更节省成本，如纳入修补、维护、升级改造等导致的额外费用。在经济杠杆的调节作用下，也正是对全寿命周期成本的重视，深圳再一次走在了改革开放的最前沿，深圳地铁 6、9 号线均做了预留预埋件的专项设计并纳入了招标文件。

不同施工工艺对比　　表 32.4.1

工艺	标准化	安全性	耐火性	施工效率	施工环境	使用寿命	初期成本	总成本	总结
预埋槽	标准	高	高	高	好	长	高	低	好
尼龙套管	标准	中	低	中	好	中	低	中	中
后置锚栓	非标	低	低	低	差	短	中	高	差

32.5 现场机电设备安装施工管理

32.5.1 新形式的绿色施工

除了技术先进外，施工环境的优与劣也无时无刻不考验着现场工人。试想下情景一，嘈杂无序的施工现场，一排排钻机在工人手下漫无天日地工作，撇去钻孔对结构、防水造成的安全隐患不说，单就作业面环境而言不可谓不触目惊心（图 32.5.1）。其次，因为工期紧，保进度的同时很难面面俱到，隧道内的卫生状况可见一斑。再试想下另外一番景象，工人仅拿一把扭矩扳手（扭矩值见表 32.5.1），谈话间即可完成所有作业。可见日渐注重环保的今天，绿色建筑、绿色施工已成为可持续发展的重要体现。预埋槽安装现场如图 32.5.2 所示。

T 型螺栓紧固力矩（HZS 型螺栓设计值 F_{Rd} 和 M_{Rd}）　　表 32.5.1

螺栓型号	强度等级 8.8			不锈钢 A4-70		
HZS	力 F_{Rd}（kN）	弯矩 / 单支螺栓 M_{Rd}（N•m）	扭矩 T_{inst}（N•m）	力 F_{Rd}（kN）	弯矩 / 单支螺栓 M_{Rd}（N•m）	扭矩 T_{inst}（N•m）
29/20-M 12	27.2	61.2	80	—	—	—
38/23-M 12	27.2	61.2	80	—	—	—
38/23-M 16	50.5	155.4	120	33.0	116.6	120
53/34-M 16	50.5	155.4	200	33.0	116.6	200
53/34-M 20	79.0	303.0	350	51.5	227.2	350
64/44-M 20	79.0	303.0	350	51.5	227.2	350
64/44-M 24	113.7	524.0	450	54.3	218.7	450

图 32.5.1　钻孔现场

图 32.5.2　埋槽安装现场

31.5.2　现场机电安装施工管理要点

首先，应做好施工前的准备工作，包括审查监理细则，审查施工单位管理及安装人员资质、施工组织设计（将质量保证措施作为重点审核对象），组织图纸会审，检查施工设备及进场材料等。其次，机电安装时应确保固定底座用的 T 型螺栓定位、安装正确，确保 T 型螺栓的紧固力矩及防松措施执行到位，同时确保安装完成后的荷载间距不小于预埋槽背部锚杆间距，以保证预埋槽可承受其最大工作荷载。做好对穿线、接触网及设备安装作业相关项目的检查。施工结束后，检查预埋槽及配套安装 T 型螺栓的防腐层，查看有没有损伤。若发现损伤，最为经济便捷的修复方法是使用含锌量大于 92% 的冷喷锌进行喷涂，且不少于三遍，保证修复区域锌层厚度不低于 100μm，以达到既定的设计防腐年限(因每个固定点安装时都会磨损一些防腐层厚度，建议每个固定点安装完成后都使用冷喷锌喷涂以增强防腐效果)，同时检查施工单位的隐蔽资料、测试记录，组织预验收及竣工验收，以及竣工资料归档等后续工作。

32.5.3　后期运营定期监测防腐层维护维修管理要点

目前，国内地铁预埋槽的材质基本上为碳钢，而碳钢的防腐技术有一定的时效性，其与金属覆盖层的附着力、厚度、均匀度等指标息息相关。这些指标的防腐关系如同木桶效应，指标最低的项目决定了最终防腐效果，而并非市面上以铜盐加速醋酸盐雾试验或中性盐雾试验通过的小时数作为判定防腐性能优异与否的依据。两者之间的辩证关系绝不是将试验时间翻倍其防腐效果亦可翻倍这么简单。依据《电气化铁路接触网隧道内预埋槽道》（TB/T 3329—2013），预埋槽应满足 150h 铜盐加速醋酸盐雾试验（CASS）或满足 1200h 中性盐雾试验（NSS）不出现红锈。其要求防腐层为三级热浸镀锌——镀锌层厚度不低于 80μm，即可满足相应隧道设计使用年限。即便将镀锌表面额外处理后通过 300h 铜盐加速醋酸盐雾试验（CASS）不出现红锈，也无法保证其防腐性能成倍增加，进而声称其超越了隧道结构本身 100 年的设计使用年限。考虑隧道内环境的复杂性，更为科学严谨的做法是以残余镀锌层厚度作为首次维护的依据。建议工务设备管理单位对隧道内设备进行日常定期维护的同时，将预埋槽与 T 型螺栓作为检验批纳入监测维护日程，对镀锌表面进行全方位检测与评估，并记入评估日志。

依据《锌覆盖层钢铁结构防腐的指南和建议 第 1 部分：设计与防腐蚀的基本原则》（GB/T 19355.1—2016），在大气腐蚀的环境下，防腐层会随着时间在不同级别大气环境中每年都有一定的损耗量，最好在还残存 20 ~ 30μm 厚的金属覆盖层时即着手进行首次维修，首次维修寿命因防腐层的工艺不同而有差异，“建议金属覆盖层首次维修时间为 20 年甚至更长，而同样的金属覆盖层如果加了漆膜，基于漆膜外观原因，建议 10 年即着手首次维修。尚应注意的是，恶化的漆膜区域会存留湿气，从而加速金属腐蚀，尤其在那些雨水淋不到的表面（隧道里的预埋槽外露表面即是这种雨水淋不到的表面）。”

经济便捷且修后质量可靠的最佳维修方法是，采用硬毛刷将预埋槽表面清理干净，使用含锌量大于 92% 的冷喷锌进行三遍以上的喷涂，保证修复区域的锌层厚度不低于 100μm，以达到既定的设计防腐年限。

预埋槽防腐层便捷的维修方案如下：

（1）使用冷喷锌喷涂锈蚀区域。

（2）喷涂前，应剔除锈蚀区混凝土。

（3）用钢刷刷去红锈。

（4）参考《电气化铁路接触网钢支柱　第 1 部分：格构式支柱》（GB/T 25020.1—2010）第 5.4.3 条，需进行 2 道喷锌或冷镀锌涂料处理且采用的冷喷锌锌含量不得小于 92%。

（5）参考 DIN EN ISO 1461，修补后锌层厚度不得低于 100μm。

32.6 应用展望

在绿色可持续发展战略下，以及前瞻性与经济性兼顾的建设理念下，预埋槽作为一种技术革新、经济便捷、安全可靠的施工工艺，在地铁管片中广泛应用具有无可比拟的优势。纵观国内外城市，预埋槽在地铁领域已开始大面积推广使用，其导向作用势必在不远的将来引领地铁工程进入全新、全面的预埋槽时代。

第33章 预埋螺栓套管技术研究

33.1 预埋螺栓套管概述

为满足正常运营需求，地铁隧道洞内需安装大量机电设备，如泄漏同轴电缆、通信电缆、信号电缆、信号机、消防水管、排水管、电缆、疏散平台、照明设备等。在传统的地铁建设过程中，由于各机电设备安装的位置各不相同，故一般采用在隧道结构内壁钻孔、安装膨胀螺栓或化学锚栓的方式固定机电设备支架，如图 33.1.1 所示。

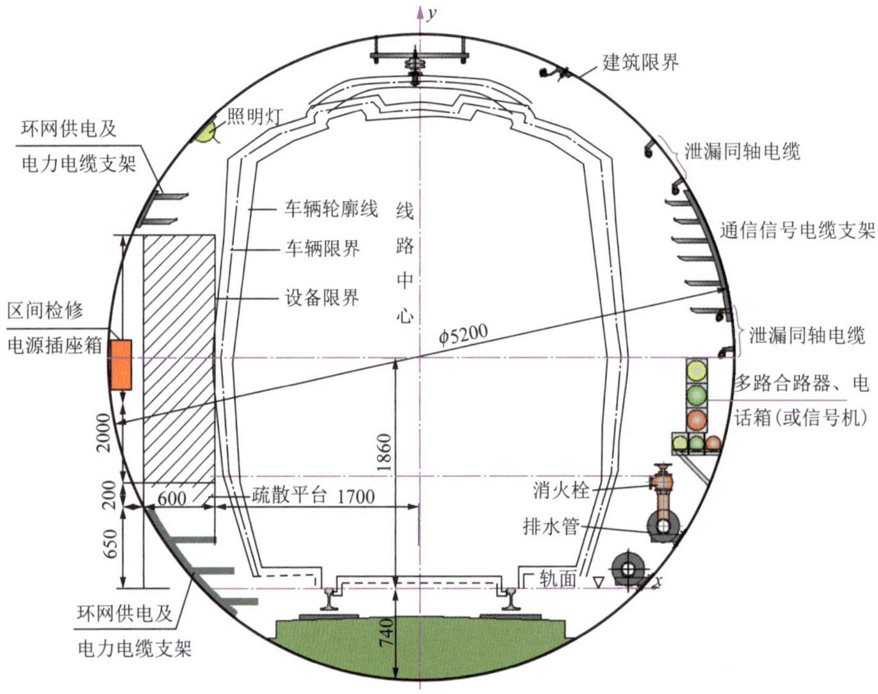

图 33.1.1　区间盾构隧道内设备安装情况示意图(尺寸单位:mm)

随着我国地铁建设与运营经验的日渐丰富，人们渐渐发现传统安装方案存在诸多缺陷，如安装工效慢、费用高、破坏结构影响其使用寿命等。为解决这些问题，人们针对可预制的地铁盾构隧道管片开发了预埋滑槽技术。

使用预埋滑槽确实能够使地铁盾构内的机电设备安装速度成倍提升，但由于滑槽的使用涉及专利等问题，其一次投入成本较高，即使考虑地铁全生命周期的建设、运营费用，滑槽方案费用仍略高于传统安装方案。

受地铁轨枕预埋件、盾构管片吊装孔预埋件以及电力顶管隧道预埋件的启发，我们针对滑槽方案投入成本过高的问题进优化，提出在盾构管片内环向均匀预埋螺栓套方案，以实现盾构隧道内快速、无损、可更换的机电设备安装要求。

结合文献调查、实际工程测算、试验室及现场试验的验证，我们发现预埋螺栓套方案不仅能够实现上述机电设备安装要求，其费用在三种安装方案中也是最低的，见表 33.1.1。

地铁盾构隧道机电设备安装方案比较 表 33.1.1

项　目	预埋滑槽方案	预埋螺栓套方案	传统安装方案
对预埋件定位要求	较低	略高	无要求
对管片拼装精度要求	较低	略高	无要求
传力可靠性	较好	较好	一般
安装效率	高	高	低
隧道内观	较好	较好	一般
隧道限界	无影响	无影响	无影响
后期更换及新增设备	容易	容易	困难
对结构损伤	零损伤	零损伤	有损伤
投资	1800 元 /m	720 元 /m	1500 元 /m

随着对预埋螺栓套方案的深入研究，我们发现预埋螺栓套方案不仅能应用于盾构隧道的预制管片上，还能应用于矿山法隧道二次衬砌、明挖法车站及隧道主体结构上，其应用潜力巨大，值得进一步开展深入的应用研究。

33.2 预埋螺栓套管实施方案研究

33.2.1 前言

螺栓套管预埋件适用于隧道内弧面挂件和轨枕道钉，可分为塑料螺栓套（尼龙螺栓套管）和钢制螺栓套，需在浇筑混凝土构件时提前预埋，设备和管线安装时将配套螺栓拧进预埋螺栓套孔即可。在特定的需要提供电气综合接地而又无条件提供其他接地措施的使用场合，可使用钢制螺栓套，但成本会增加。

预埋螺栓套管方案是将尼龙高分子材料制成的套管浇筑在混凝土构件中，通过螺栓连接构件与混凝土结构。可根据盾构隧道设备、管线的布置情况，并考虑管片预制的标准化，采用合适的预埋螺栓套管方案。

预埋螺栓套管方案在盾构隧道中的应用存在以下需解决的问题。

（1）目前国内盾构管片多采用标准环，管片存在楔形量，标准环混凝土管片安装时一般采用错缝连接，为配合线路曲线和盾构管片纵向无通缝的要求，需不停地对管片进行旋转，从而导致管片在施工过程中环向位置不确定，定位工艺要求高。

（2）螺栓套管安装精度要求较高，需要精细化施工，在进行预埋时需要保持精度，而且混凝土进行浇筑时需要用振动器进行振捣，有效固定螺栓套管，不出现螺栓套管歪斜状况是需要解决的关键问题。

（3）预埋螺栓套管时，套管底部容易被杂物或混凝土堵死而影响使用。

（4）预埋螺栓套管为单个固定点，而与之连接的支架至少需要两个固定点，螺栓套管与支架进行安装时配合要求高。

为了解决盾构管片预埋螺栓套管旋转带来的位置变化问题，研究管片限界及设备布置图，可知实际需要布置螺栓的位置相对较少，且管片环向连接螺栓的连线和线路走向一致，故预埋螺栓套管位置和管片纵向连接螺栓位置成为解决问题的关键。若要保证相邻套管在纵向成平行直线，方便设备安装，需在每环管片上都预埋套管，且套管间的圆心角应为模数。

为解决预埋螺栓套管安装精确定位及有效固定问题，可以在管片钢模板中相应位置开孔攻牙，设计一种固定塞构件，一侧旋进钢模板当中，一侧与螺栓套管固定连接。为避免套管底部被混凝土堵住，可在固定塞与螺栓套管间加设塑料板，固定塞与螺栓套管拧紧后，塑料板能够密封螺栓套管。

此外，螺栓套管虽单排固定，但可通过采用转换支架的方法，解决螺栓套管与安装支架的匹配问题，基本可以满足盾构管片设备、管线安装要求。

33.2.2 预埋螺栓套管布置

盾构管片采用左中右转弯环错缝方式拼装，正常段管片宽度为 1.5m。盾构管片由 3 块标准块和 2 块相邻块及 1 块封顶块组成，同一环管片大小不一致且有楔形量。虽然盾构管片环在施工过程中需不断旋转，但管片环间连接螺栓的连线和线路走向一致，故预埋式螺栓套管位置和管片纵向连接螺栓位置成为解决问题的关键。预埋套管若要保证相邻套管在纵向成平行直线、方便设备安装，则需在每环管片上都预埋套管，且套管间的圆心角应为模数。

盾构管片纵向连接螺栓为 10 个，即螺栓间角度为 36°，若螺栓套管环向间距为 36° 的约数（即 3°，6°，9°，12°，18°），则无论管片如何旋转，都能保证环向螺栓套管位置不变。经对比研究分析，12° 和 18° 与区间疏散平台和强电电缆较难匹配；3° 富余量过大；6° 和 9° 与支架锚固点之间匹配度较好，但采用 9° 布置时部分螺栓套与管片纵缝较为接近。因此，盾构管片的预埋螺栓套管采用 6° 布置，如图 33.2.1 所示。

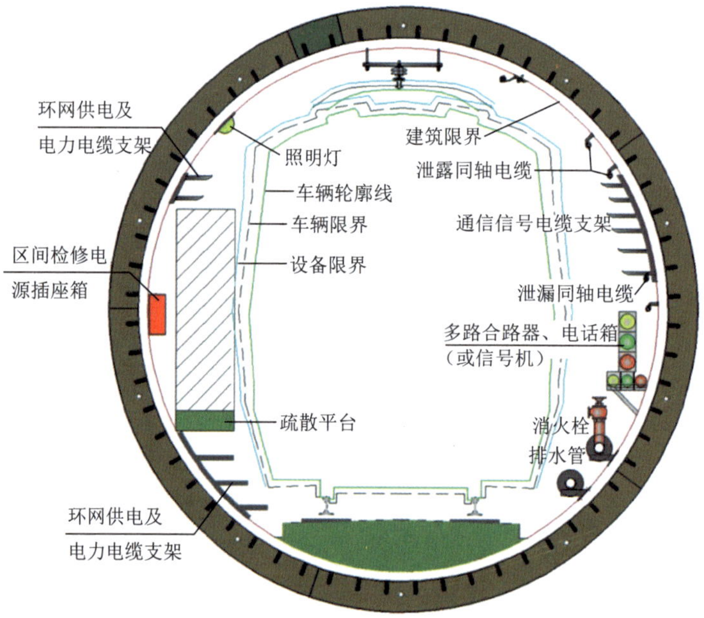

图 33.2.1　预埋螺栓套管全环布置方案

33.2.3 预埋螺栓套管性能技术要求

1）预埋螺栓套管检验标准

盾构隧道预埋螺栓套管引用的检验标准如下：

(1)《纤维增强塑料密度和相对密度试验方法》(GB/T 1463—2005)。

(2)《纤维增强塑料吸水性的测定》(GB/T 1034—2008)。

(3)《纤维增强塑料拉伸性能试验方法》(GB/T 1447—2005)。

(4)《纤维增强塑料压缩性能试验方法》(GB/T 1448—2005)。

(5)《纤维增强塑料弯曲性能试验方法》(GB/T 1449—2005)。

(6)《纤维增强塑料简支梁式冲击韧性试验方法》(GB/T 1451—2005)。

(7)《塑料　硬度测定　第 2 部分:洛氏硬度》(GB/T 3398.2—2008)。

(8)《固体绝缘材料体积电阻率和表面电阻率试验方法》(GB/T 1410—2006)。

(9)《紧固件机械性能　螺栓、螺钉和螺柱》(GB/T 3098.1—2010)。

(10)《计数抽样检验程序　第 1 部分:按接收质量限(AQL)检索的逐批检验抽样计划》(GB/T 2828.1—2012)。

2)预埋螺栓套管技术要求

预埋螺栓套管相关技术要求如下:

(1)螺栓套管沿管片径向拉压承载力不小于 25kN,在设计拉力作用下,变形不超过 1.0mm,套管不得滑扣或破裂。

(2)螺栓套管连接螺栓位置沿切向承载力不小于 10kN,切向荷载作用下变形不超过 1.0mm,套管不得滑扣或破裂。

(3)螺栓套管采用玻璃纤维增强 PA66 尼龙套管,玻璃纤维含量 30%,生产工艺应符合 ISO 9001 质量体系认证,其螺栓套管及其连接螺杆需满足以下要求:

①连接螺栓采用 4.8 级普通螺栓。

②玻璃纤维增强 PA66 尼龙物理性能指标及试验方法满足表 33.2.1 要求。

玻璃纤维增强 PA66 尼龙物理性能指标及试验方法　　表 33.2.1

项目名称	单位	性能指标	试验方法
相对密度	g/cm^3	1.3 ~ 1.45	GB/T 1463—2005
洛氏硬度	HRR	≥ 95	GB/T 3398.2—2008
拉伸强度	MPa	≥ 150	GB/T 1447—2005
弯曲强度	MPa	≥ 220	GB/T 1449—2005
冲击韧性(无缺口)	kJ/m^2	≥ 80	GB/T 1451—2005
体积电阻率(干)	Ω•cm	≥ 1014	GB/T 1410—2006
相对伸长率	%	< 4.4	GB/T 1447—2005

(4)螺栓套管高温老化和湿热老化无变形无变色,垂直燃烧级别符合 V-1 级要求。

(5)螺栓拧紧扭矩根据不同螺栓套管规格见表 33.2.2。

不同螺栓套管螺栓拧紧扭矩　　表 33.2.2

螺栓套管规格	扭矩(N•m)	螺栓套管规格	扭矩(N•m)
M16	≤ 59	M24	≤ 200
M20	≤ 115		

(6)螺栓套管外观不得存在任何注塑缺陷，套管表面应色泽一致，无飞边毛刺。其轴心线对顶部端面垂直度 0.5 mm。

(7)螺栓套管的内部不得有气泡或空隙。

(8)螺栓套管内螺纹应光洁规整，螺纹不允许有妨碍螺纹量规自由旋入的毛刺、错牙和丝扣不完整，螺纹量规通端应顺利旋入全部螺纹，螺纹量规止端的旋入量不允许大于 3 扣。

(9)螺栓套管应进行吸水调制。经吸水调制后的套管，其排水率不得小于 0.5%。

(10)螺栓套管经 100 ℃水煮 2 h 后，绝缘电阻不得小于 108 Ω。

(11)螺栓套管的硬度不得小于 HRR95。

(12)螺栓套管及其连接螺栓在实际应用状况下承载受力的抗火要求，其性能应满足 60min 耐火试验承载力不失效。

(13)套管表面应有清晰的型式标记和厂标。

3)预埋螺栓套管检测及试验方法

(1)螺栓套管外观用目测检查，型式尺寸用卡尺检查。

(2)螺栓套管垂直度用角度样板规检查。

(3)螺栓套管内螺纹应用专用螺纹量规进行检查。

(4)将螺栓套管沿中心线任一截面锯开，在该截面应无肉眼可见的内部空隙。

(5)螺栓套管绝缘电阻试验：

经 100 ℃水煮 2h 后的套管灌以 4%的食盐水，并使食盐水水面比套管顶面低 5mm，以免试验时食盐水外溢。然后把套管放入装有 4%食盐水的玻璃罐内，并使罐内的食盐水水面与套管内食盐水水面齐平。用高阻测定仪测定套管内、外食盐水之间的电阻。

(6)螺栓套管排水率试验：

经吸水处理后的套管静置时间不少于 12h，然后称出初始质量，记为 m_1。

套管在 120 ℃ ±3 ℃的加热炉中连续放置 2h，取出后称出质量，记为 m_2。

$$排水率(\%)=\frac{m_1-m_2}{m_1}\times 100\%$$

加热后的全部工作应在 3min 内完成。

(7)螺栓套管的硬度试验：

将套管上部光滑部分锯开、磨平，平放在检测平台上；按照 GB/T 3398.2—2008 的规定，在套管光滑表面测试五点硬度后取算术平均值。

(8)螺栓套管拉拔及剪切试验：

在设计荷载作用下，螺栓套管变形满足技术要求。

4)预埋螺栓套管验收方法

(1)套管应成批检验，每一检验批不得大于 3200 件，由制造厂质量检查部门负责出厂检验，每批出厂的产品应符合本标准的要求，并附有产品检验合格证。用户认为有必要时，可对制造厂提交的产品进行复检。

(2)出厂检验和复检的抽样方法采用 GB/T 2828.1—2012，以不合格数表示批的质量。每批出厂的产品均应进行检查。

(3)从合格批中随机抽取三个套管做抗拔试验，只有三个套管全部通过试验，方为合格；如果有一个套管不满足上述预埋套管技术要求中第 1、2 条的要求，则再随机抽取三个套管进行试验，如果再有一个套管不满足上述预埋套管技术要求中第 1、2 条的要求，则该批套管判为不合格。

33.2.4 预埋螺栓套管的构造

地铁工程中采用的预埋螺栓套管规格为 M20，如图 33.2.2、图 33.2.3 所示。

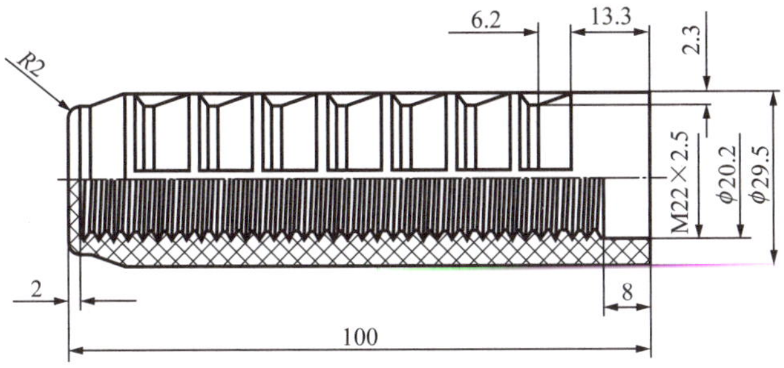

图 33.2.2　M20 螺栓套管预埋件构造图(尺寸单位:mm)

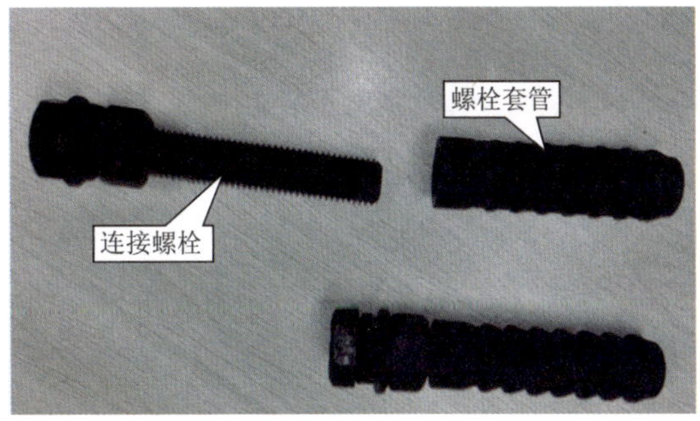

图 33.2.3　螺栓套管及其配套连接螺栓

33.3 预埋螺栓套管施工要求

33.3.1 模具准备

在需要预埋螺栓套管的模具相应位置上加工好安装固定塞的螺孔，该孔的位置公差为四向不大于 0.5 mm，垂直度公差不大于 2°，螺纹大径公差不大于 0.3mm。

33.3.2 安装

把塑料固定塞旋入螺栓套管后，再把螺栓套管安装在模具预留的螺纹孔内，检查安装情况，如发生歪斜或者不到底的，则重新安装直至垂直和拧到底。

33.3.3 检查

螺栓套管预埋前应详细检查，若发现表面有裂纹、形状变异等情况，应及时更换。

33.3.4 浇筑

浇筑过程需防止振动棒触碰螺栓套管，以避免螺栓套管发生移位或漏浆。

33.3.5 脱模

管片脱模过程中固定塞沿撕裂线一分为二：一部分留在螺栓套管内，用以防止管片安装运输过程中沙土进入螺栓套管内；另一部分则留在管模当中，由工人清理管模时以内六角扳手取出并弃置。

33.3.6 隧道内安装挂件

安装前工人使用内六角扳手把塑料塞子部分旋出并弃置，检查螺栓套管是否正确安装，内螺纹是否被污染。检查无误后，安装件就位，使安装孔对准螺栓套管螺纹进行螺栓安装固定。螺栓拧紧扭矩≤115N·m。

螺栓套管预埋件施工工序如图 33.3.1 所示。

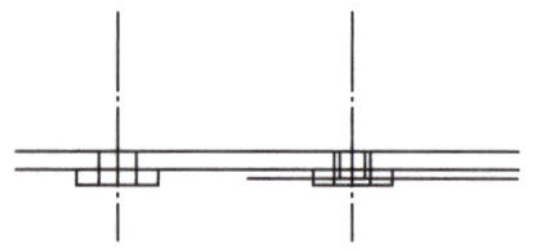

第一步：模具内弧面相应部位下加设补强板后开孔，扩孔攻M22螺纹

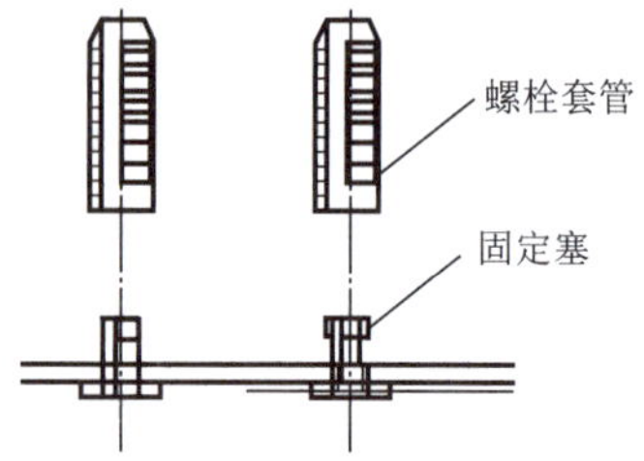

第二步：在M22螺纹孔内安装固定塞，然后在固定塞上安装螺栓套管

第三步：检查无误后浇筑混凝土，须防止扰动螺栓套管

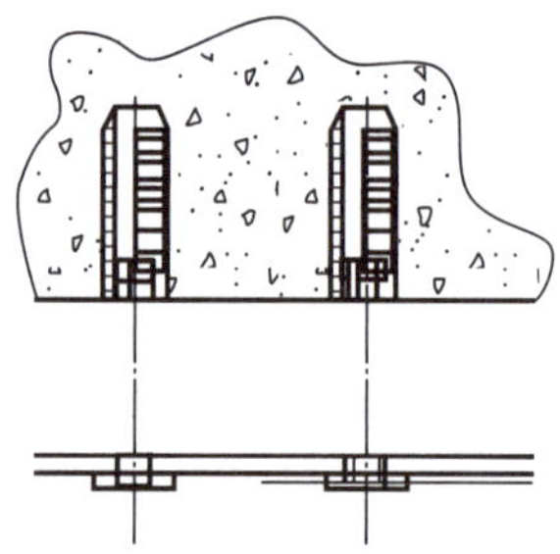

第四步：脱模时直接吊起管片，固定塞上该位置的撕裂线断裂，螺栓套管随管片出模，固定塞成为螺栓套管的塞盖，该塞盖在安装轨道螺栓前拆卸

图 33.3.1 螺栓套管预埋件施工工序图

33.4 预埋螺栓套管更换及维修

目前对于预埋螺栓套管的更换，国内外尚无统一方法。结合其他工程已成功应用的预埋套管更换技术，归纳总结出盾构隧道预埋螺栓套管更换维护技术方法如下。

方法一：采用锚固剂重锚。在被破坏的螺栓套管处凿孔，将失效套管打碎取出，清理孔后，用锚固剂作为胶凝材料，将新螺栓套管与管片结构凝固为一体。该方法在施作时需注意以下问题：一是凿孔时需控制对原管片结构造成局部破坏的范围；二是新套管在固定时需有效准确地对其定位。

方法二：在失效的螺栓套管上，选择薄弱处，对称凿两道一定尺度的槽，将套管分两片并将其分别凿离孔壁取出（此时尽量不要破坏原孔壁上的水泥螺纹），清理干净（特别是孔底部要清理彻底）后将新螺栓套管拧入孔中即可。此种方法的特点是克服了第一种方法不能确定中心点的缺点，对于原管片结构破坏得到有效控制；缺点是新套管与管片结构的结合不是很牢固，在使用时可能产生松动。

方法三：在第二种方法基础上，在拧入新套管前，用环氧树脂经稀释并加入快干剂后，混合一定比例的水泥，刷在孔壁和新套管外表面，并在凿槽处多刷几遍，然后拧入新套管，待凝固后即可使用。此种方法可消除前两种方法的缺点，恢复原有技术状态。

图 33.4.1 为轨枕预埋塑料螺栓套管更换维修工艺流程图，盾构隧道管片预埋螺栓套管的更换可参考该施工工艺。

综合以上分析，盾构隧道管片预埋螺栓套管的更换及维护技术步骤如下：

①将需更换螺栓套管相应的设备临时固定，螺栓松开取出，露出螺栓套管。

②用套管定位装置定位螺栓套管，并标记在管片上。

③根据螺栓套管类型选择水钻打圆孔，取出需更换螺栓套管。

④吸出打孔内残留水，并烘干。

⑤将配置的环氧树脂混合材料倒入孔内。

⑥旋入螺栓套管，并根据管片标记重新定位。

⑦拆除定位装置。

⑧现场进行非破坏性拉拔、剪切试验，拧入螺栓，恢复设备安装。

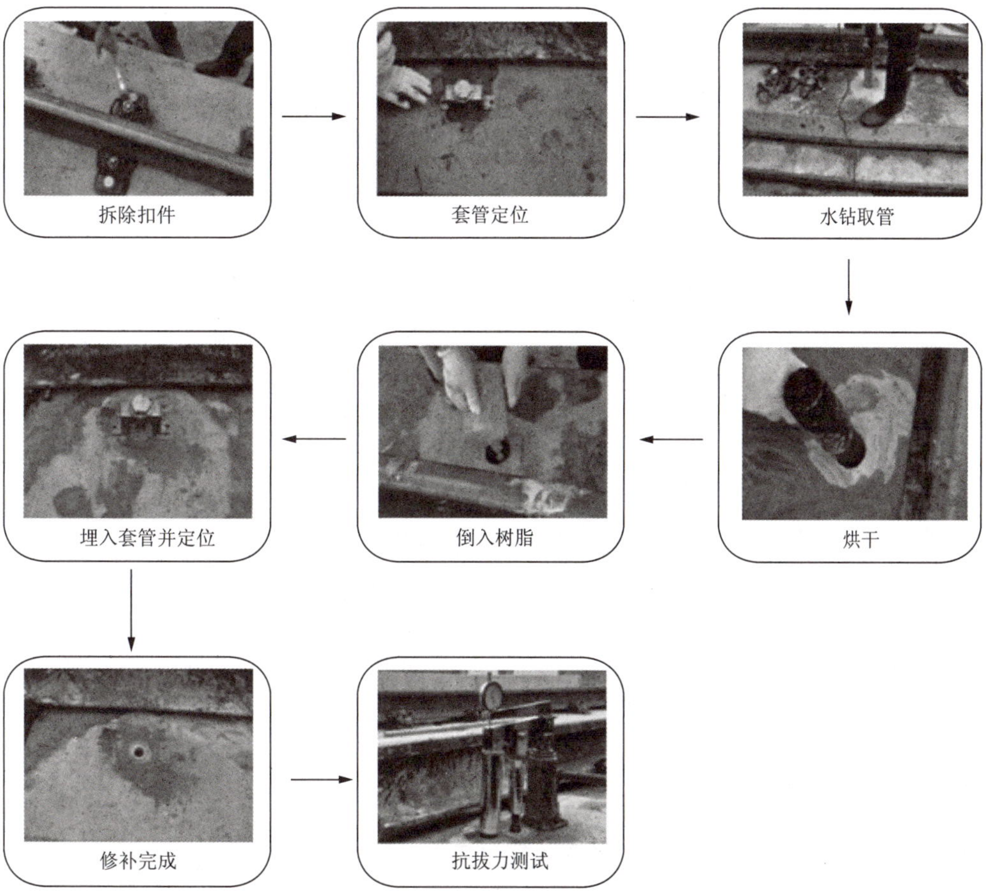

图 33.4.1　轨枕预埋塑料螺栓套管更换维修工艺流程图

33.5 预埋螺栓套管构件试验研究

33.5.1 试验概述

为了研究螺栓套管自身的受拉性能、疲劳性能、耐火性能、耐久性能，及其对盾构管片的影响，本研究项目一共进行了 6 项试验。

（1）预埋螺栓套管试件轴心拉拔性能试验。

（2）预埋螺栓套管试件拉剪复合性能试验。

（3）预埋螺栓套管试件疲劳性能试验。

（4）预埋螺栓套管试件耐火性能试验。

（5）预埋螺栓套管耐久性能研究。

（6）预埋螺栓套管开孔对盾构管片结构影响的有限元分析。

33.5.2 轴心拉拔性能研究

盾构隧道管片内的预埋螺栓套管及其连接螺栓的连接方式、受力方式复杂。采用预埋螺栓套管的方式，荷载先通过连接螺栓传到螺栓套管，然后传到混凝土，其破坏形式就有多样性，包括连接螺栓、螺栓套管、混凝土材料本身和连接螺栓与螺栓套管、螺栓套管与混凝土之间的接触发生破坏。

1）试验目的

（1）研究螺栓套管构件在轴心拉力作用下的破坏形式。

（2）研究螺栓套管受拉承载力的变化规律。

（3）获取螺栓套管的极限承载力和位移曲线以指导设计。

2）试件制作及试验方案

拉拔试验试件采用 C50 混凝土浇筑，预埋一个螺栓套管，螺栓套管规格为 M20，长度为 100 mm，螺栓套管表面与试件表面平齐。

本试验采用空心液压千斤顶进行加载，分别使用压力传感器和百分表位移计测量拉力和位移的大小。预埋螺栓套管按照下述要求进行抗拉性能试验。

（1）试验加载。采用慢速维持荷载法，分级荷载为最大荷载量的 1/10，第一级荷载可取分级荷载的 2 倍，以后的每级取为分级荷载，达到 0.7 倍的最大加载量后减少按 0.5 倍的分级荷载加载，每级荷载达到相对稳定后加下一级荷载。

（2）位移观测。每级加载稳定后，读取拉杆的位移量，再施加下一级荷载。

3）试验结果

本试验对预埋螺栓套管试件的试验结果进行整理，得出预埋螺栓套管试件拉拔试验的拉力—位移（F-u）曲线，并对其破坏形式和破坏形态进行论述。

试件的破坏形态如图 33.5.1 所示。

图 35.5.1 中 b）试件基座混凝土呈锥体状破坏，锥体底部平均半径 135mm，底部角度约 22°，螺栓套管在离混凝土表面 55mm 处被拉断，螺栓套管螺纹部分完好。

c）试件的破坏形态与 b）试件相似，试件基座混凝土破坏锥体底部平均半径为 160mm，底部角度约 26°，螺栓套管在离混凝土表面 78mm 处被拉断，螺栓套管螺纹部分完好。

a）试件与 b）、c）试件略有不同，螺栓套破坏后形成的试件基座混凝土破坏锥体较为破碎，形状不规则，遗留在混凝土内部的螺栓套管螺纹发生破坏。

三个试件的拉力—位移曲线如图 33.5.2 所示。

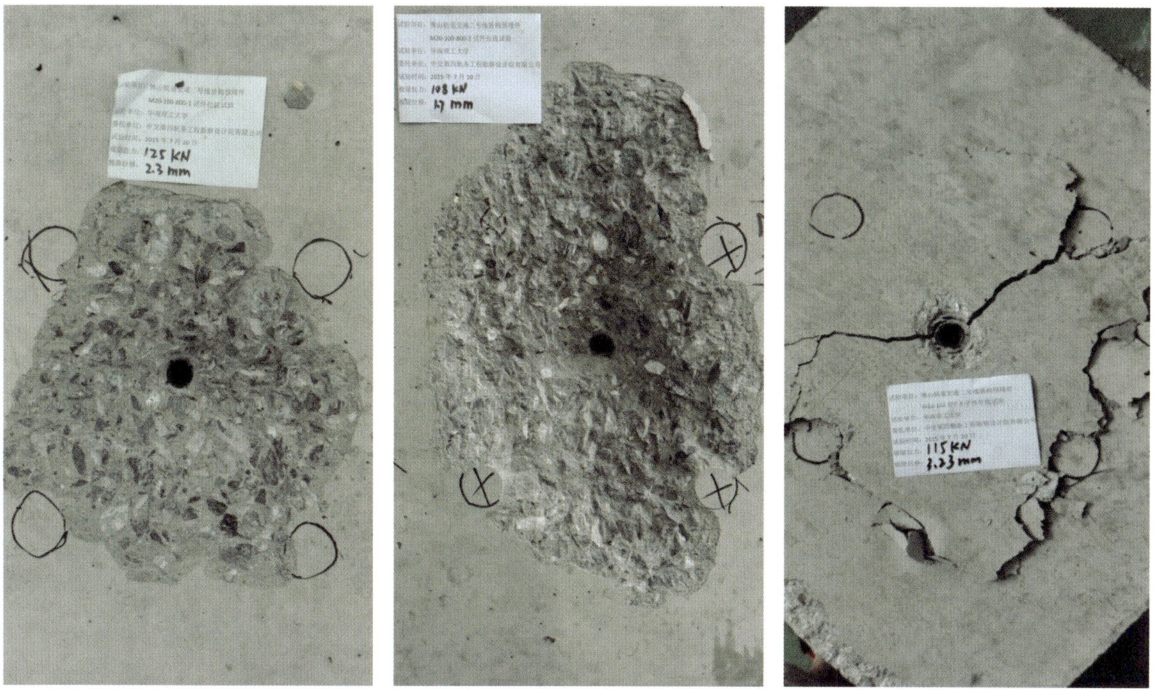

a) M20-100-800-1　　b) M20-100-800-2　　c) M20-100-800-3

图 33.5.1　埋深 100mm 的 M20 螺栓套管破坏形态

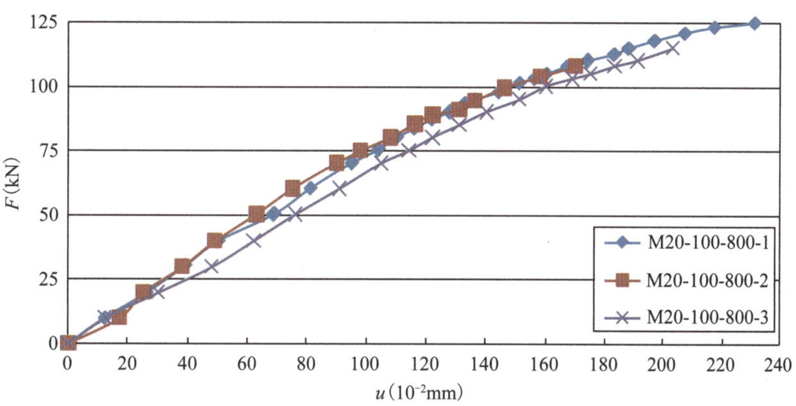

图 33.5.2　拉力—位移曲线

M20 螺栓套管拉拔试验结果见表 33.5.1。

M20 螺栓套管拉拔试验结果汇总　　表 33.5.1

试件编号	极限抗拉承载力(kN)	极限位移(mm)	25kN 拉力作用下的轴向位移(mm)
M20-100-800-1	125	1.29	0.32
M20-100-800-2	108	0.85	0.31
M20-100-800-3	115	0.91	0.39
平均值	116	1.02	0.34

注：图中的极限位移包含了装置的初始位移，表中位移为减去装置初始位移的值，装置初始位移值为第一荷载步 5kN 时对应的位移值。

由表 33.5.1 可知，M20 螺栓套管的平均极限抗拉承载力为 116kN，远大于 25kN 的设计承载力要求；在 25kN 作用下其位移均小于 1mm。

33.5.3 拉剪复合性能试验研究

预埋螺栓套管在盾构隧道管片的实际使用过程中，会承受沿着不同方向的荷载，这是螺栓套管最普遍的受力形式。因此，本节设计了螺栓套管拉剪复合受力试验，研究螺栓套管与竖直方向存在夹角的情况下螺栓套管的受力性能。

1）试验目的

（1）研究螺栓套管不同受力角度对其破坏形式的影响。

（2）研究不同受力角度螺栓套管承载力的变化规律。

2）试件制作及试验方案

抗剪复合性能试验试件采用 C50 混凝土浇筑，预埋一个螺栓套管，螺栓套管规格为 M20，长度为 100mm。螺栓套管表面与试件分别呈 10°、15°、20°。

试验方案同轴心拉拔试验。

3）试验结果

（1）倾角 10° 的 M20 螺栓套管的试验结果

本试验试件的破坏形态如图 33.5.3 所示。

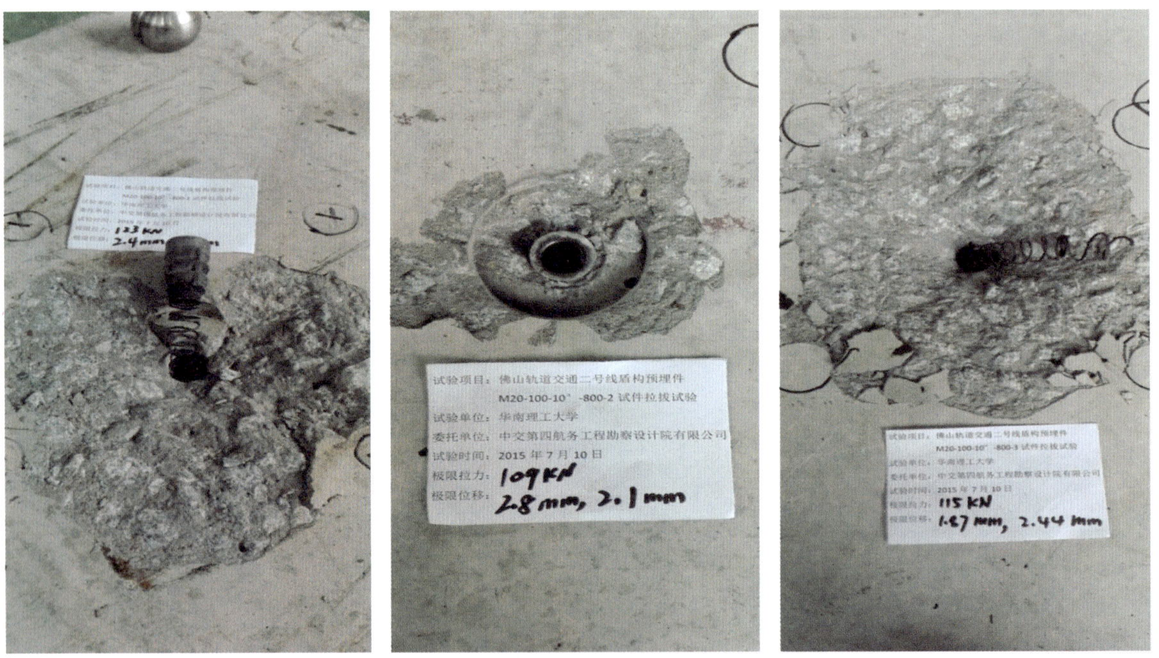

a）M20-10°-800-1　　b）M20-10°-800-2　　c）M20-10°-800-3

图 33.5.3　倾角 10° 的 M20 螺栓套管破坏形态

① a）试件受压区混凝土首先出现裂缝，并发生压碎现象，螺栓套管螺纹发生破坏，螺栓套管在离混凝土表面 43mm 处被拉断。

② b）试件发生了螺栓套管与混凝土之间的接触破坏，螺栓套管被拔出来一段距离。

③ c）试件发生混凝土锥体破坏，锥体面的平均半径为 120mm，螺栓套管在离混凝土表面 55mm 处被拉断。

倾角 10° 的 M20 螺栓套管的拉力—位移曲线如图 33.5.4 所示，剪力—位移曲线如图 33.5.5 所示。

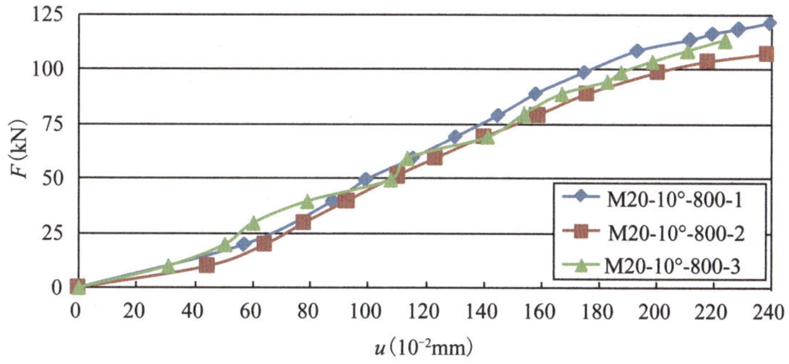

图 33.5.4　倾角 10° 的 M20 螺栓套管的拉力—位移曲线

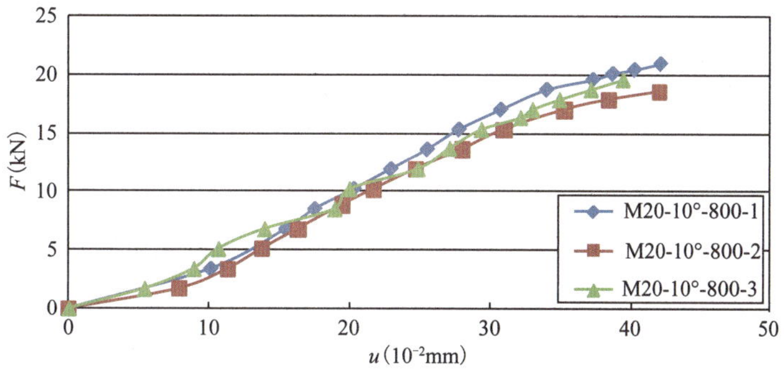

图 33.5.5　倾角 10° 的 M20 螺栓套管的剪力 - 位移曲线

（2）倾角 15° 的 M20 螺栓套管试验结果

本试验试件的破坏形态如图 33.5.6 所示。

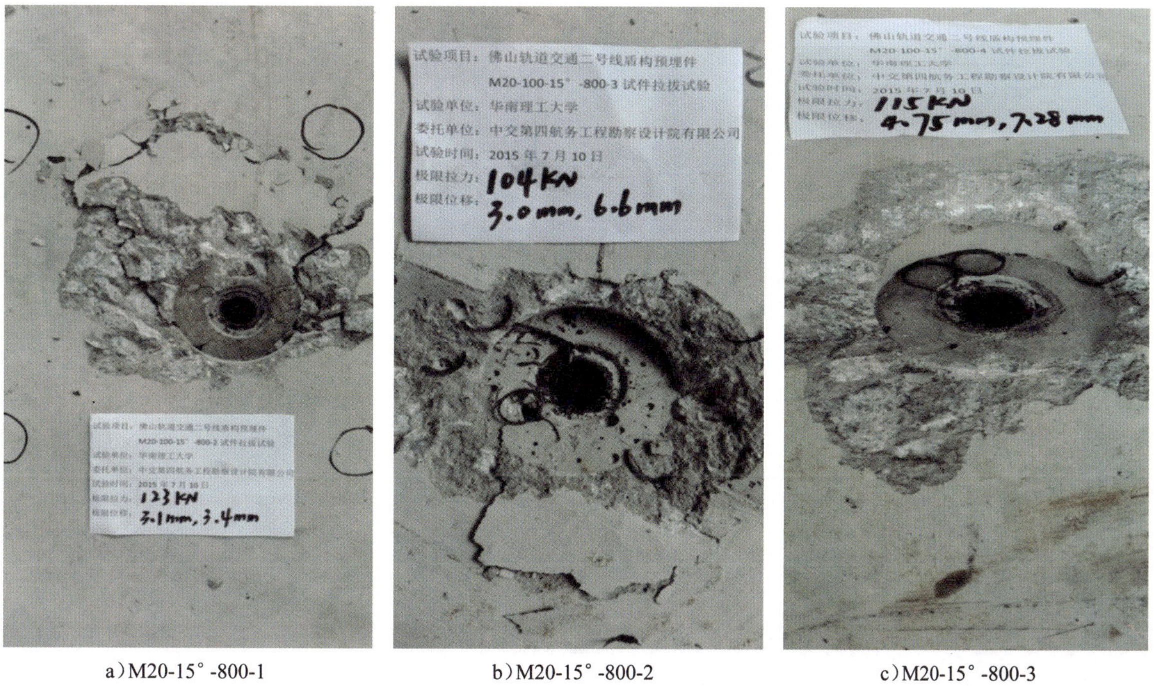

a）M20-15° -800-1　　b）M20-15° -800-2　　c）M20-15° -800-3

图 33.5.6　倾角 15° 的 M20 螺栓套管的拉力—位移曲线

① a）试件受压区混凝土发生压碎现象，螺栓套管螺纹发生破坏，螺栓套管在离混凝土表面 38mm 处被拉断。

② b）试件受压区混凝土发生轻微的压碎现象，螺栓套管螺纹发生严重破坏。

③ c）试件的螺栓套管螺纹发生破坏。

倾角 15° 的 M20 螺栓套管的拉力—位移曲线如图 33.5.7 所示，剪力—位移曲线如图 33.5.8 所示。

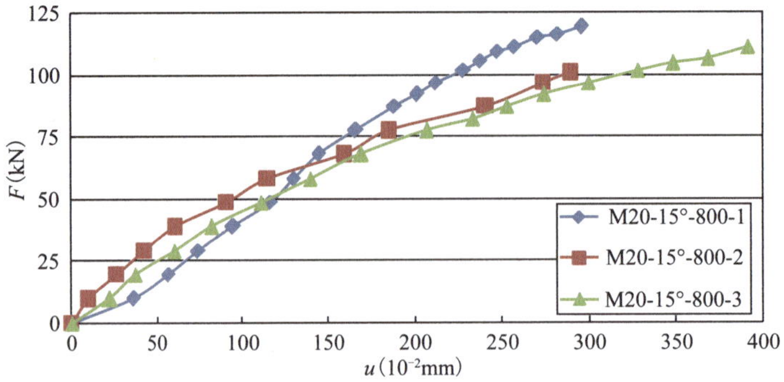

图 33.5.7 倾角 15° 的 M20 螺栓套管的拉力—位移曲线

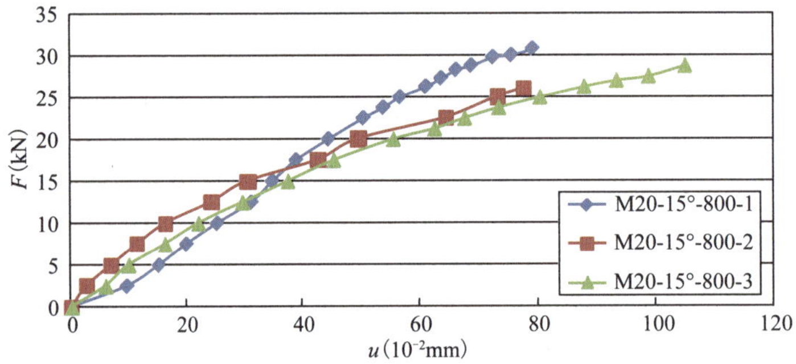

图 33.5.8 倾角 15° 的 M20 螺栓套管的剪力—位移曲线

（3）倾角 20° 的 M20 螺栓套管的试验结果

本试验试件的破坏形态如图 33.5.9 所示。

a）M20-20° -800-1　　b）M20-20° -800-2　　c）M20-20° -800-3

图 33.5.9 倾角 20° 的 M20 螺栓套管的破坏形态

① a）、b）试件螺栓套管螺纹发生破坏。

② c）试件受压区混凝土破坏，螺栓套管螺纹发生破坏，螺栓套管在离混凝土表面 30mm 处被拉断。

倾角 20° 的 M20 螺栓套管的拉力—位移曲线如图 33.5.10 所示，剪力—位移曲线如图 33.5.11 所示。

三种不同倾角的 M20 螺栓套管拉剪复合受力试验结果见表 33.5.2。

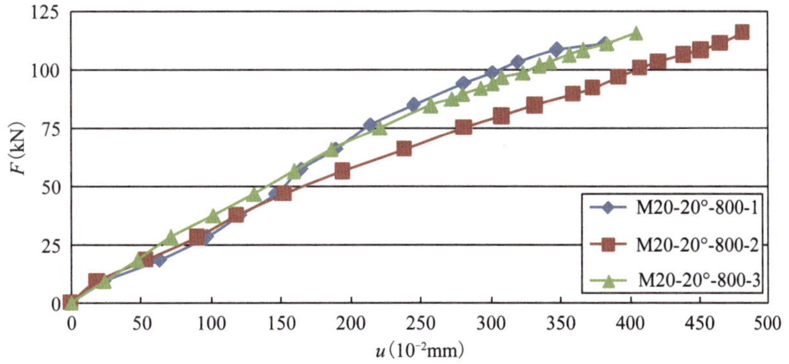

图 33.5.10　倾角 20° 的 M20 螺栓套管的拉力—位移曲线

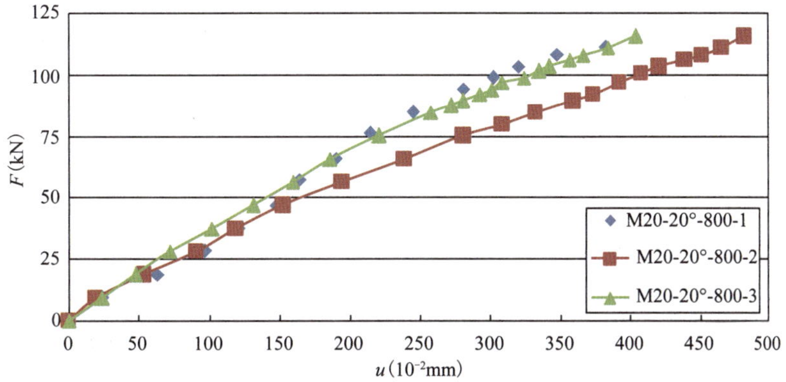

图 33.5.11　倾角 20° 的 M20 螺栓套管的剪力—位移曲线

M20 螺栓套管拉剪复合受力试验结果汇总　　　　表 33.5.2

试件编号	极限承载力（kN）	极限拉力(kN)	极限剪力（kN）	极限轴向位移（mm）	极限剪切位移（mm）	10kN 剪力作用下的剪切位移（mm）	25kN 拉力作用下的轴向位移（mm）
10° -1	123	121	21	2.39	0.42	0.20	0.71
10° -2	109	107	19	2.38	0.42	0.22	0.71
10° -3	115	113	20	2.24	0.39	0.20	0.55
平均值	116	114	20	2.34	0.41	0.21	0.66
15° -1	123	119	31	2.96	0.79	0.25	0.65
15° -2	104	100	26	2.9	0.78	0.16	0.34
15° -3	115	111	29	3.91	1.05	0.22	0.48
平均值	114	110	28	3.26	0.87	0.21	0.49
20° -1	118	111	38	3.82	1.39	0.35	0.8
20° -2	123	116	40	4.82	1.6	0.33	0.72
20° -3	123	116	40	4.04	1.47	0.26	0.68
平均值	121	114	39	4.23	1.49	0.31	0.73

注：图中的极限位移包含了装置的初始位移，表中位移为减去装置初始位移后的值，装置初始位移值为第一荷载步 5kN 时对应的位移值。

由表 33.5.2 可知，倾角为 10°、15°、20° 的 M20 螺栓套管在拉剪复合受力状态下的平均极限拉力值分别为 114kN 、110kN、114kN，平均极限剪力值分别为 20kN 、28kN、39kN，满足设计承载力要求。在 25kN 设计拉力作用下其平均轴向位移均小于 1mm，在 10kN 设计剪力作用下其平均剪切位移均小于 1mm。

33.5.4 疲劳性能试验研究

地铁在运行过程中，会通过接触网对预埋螺栓结构施加一个向上的顶推力。如果地铁每 3min 一趟，一天运行 17h，那么疲劳问题也将会是影响螺栓套管力学性能的一个因素。

1）试验目的

研究疲劳荷载对螺栓套管受力性能的影响。

2）试件制作及试验方案

试件的尺寸为 300mm×300mm×300mm，预埋了一个 M20 螺栓套管，埋置深度为 100mm。

利用疲劳荷载试验机进行。试验机的最大荷载为 100kn，工作频率为 0.1~10Hz。

本疲劳试验采用力控制，采用最大荷载和最小荷载为固定值的等幅正弦波加载。试验方案设计的上限荷载为 8kN，下限荷载为 0.3kN，荷载振幅为 7.7kN，频率为 3Hz，疲劳次数为 50 万次。

3）试验结果

整个疲劳试验过程中，试件 1、2 表面均没有裂缝出现，如图 33.5.12 所示，试件完好。

a）试件 1　　b）试件 2

图 33.5.12　试件承受疲劳荷载作用后的细部情况

33.5.5 耐久性能试验研究

在地铁生命周期中，应该减少维修和更换的次数和频率，以保证地铁正常顺畅的运行，这要求预埋件具有较好的使用寿命。影响预埋件使用寿命的主要因素是预埋螺栓套管的耐久性能。因此，研究预埋螺栓套管的耐久性能对于地铁运营具有非常重要的意义。

预埋螺栓套管采用玻纤增强尼龙 PA66 材料，其中玻纤含量为 30%。

尼龙又称聚酰胺，是五大工程塑料之一。聚酰胺具有优异的耐磨、强韧、质坚、耐寒、耐热、无毒、耐腐蚀、易成型、易染色、自润滑等优点。聚酰胺在光、热、氧、水、酸碱以及杂质等条件下，会发生老化降解，从而对其力学性能有一定影响。如聚酰胺可在热处理过程中发生氧化分解；在紫外线下引发聚合物的光降解；具有较强的极性，吸水性；在高温下可发生水解、氨解和酸解，从而劣化了材料的性能，导致材料的使用寿命缩短。

地铁区间隧道环境对于尼龙材料 PA66 来说是非常有利的，主要包括以下五个方面：

（1）地铁隧道内部光线暗淡，无自然光，且螺栓套管预埋在盾构管片混凝土内，被光直接照射的可能性更小，因此不存在紫外光催化加速作用，故地铁隧道中的螺栓套管光氧老化效应较弱，使用寿命不受光影响。

（2）尼龙材料耐弱酸弱碱性能好，分子稳定性较好，酰胺键不容易被进攻。螺栓套管预埋在混凝土内部，混凝土呈弱碱性， pH 值在 12 左右，对于这种强度的碱性环境，玻纤增强尼龙 PA66 材料具有很好的抗性，且在地铁隧道使用过程中，外界不会突然出现强酸性或强碱性环境。因此，酸碱在地铁使用过程中对预埋螺栓套管影响程度很小。

（3）地铁隧道区间湿度在 45%~70% 范围内波动，预埋螺栓套管吸水后会产生膨胀变形，由于采用的是 30% 玻璃纤维增强尼龙 66 复合材料，大大减小了其蠕变变形，因此，不会存在预埋螺栓套管滑出的情况。尽管隧道湿度范围内，尼龙 PA66 强度略有下降，但仍然可以满足预埋螺栓套管的正常使用要求，而且随着时间的延长，其力学性能会有所回升，因此，预埋螺栓套管在湿度条件下满足要求。

（4）地铁隧道内部最高温度为 31℃左右，根据相关热氧老化性能的文献，对于预埋螺栓套管来说，在 31℃温度条件下其使用寿命至少能够达到 40 年。

（5）尼龙 PA66 材料老化与氧气的存在有很大关系，设备安装后预埋螺栓套管基本上处于密封状态，与外界的光、氧、水、酸碱性环境基本隔绝。因此，预埋螺栓套管的老化将十分缓慢，使用寿命基本不受影响。

1）试验目的

地铁在运行使用过程中，预埋在其中的螺栓套管一般情况下是不会接触到酸碱等不利情况。但是考虑到酸碱对尼龙材料力学性能的不利影响，以及酸碱的极端情况出现的概率性问题，对尼龙材料的耐酸碱腐蚀性能进行了试验研究。

2）试件制作及试验方案

在两个容积为 2L 的塑料桶中分别装了适量的 10% 氢氧化钠溶液和 10% 盐酸溶液，然后将 3 根试件分别放进溶液中，如图 33.5.13 所示。浸泡 7d 之后取出来进行抗拉强度测试，与未经酸碱溶液的试件进行对比分析。

图 33.5.13　分别浸泡 10% 氢氧化钠溶液和 10% 盐酸溶液的试件

3）试验结果

试验结果（表 33.5.3）表明，尼龙 PA66 材料经 10% 氢氧化钠溶液、10% 盐酸溶液浸泡之后的抗拉强度为未经腐蚀的抗拉强度（134MPa）的 78%、69%。M20、埋深 100mm 螺栓套管承载力为 116kN，因此，其经 10% 氢氧化钠溶液、10% 盐酸溶液浸泡之后的承载力分别减少到 90kN、80kN，均大于最大设计承载力 25kN。

尼龙 PA66 材料经酸碱腐蚀后的抗拉强度（单位：MPa）　　表 33.5.3

溶　液	试件 1	试件 2	试件 3	平均值	经腐蚀试件平均值 /134
10% 氢氧化钠溶液	103	106	102	104	0.78
10% 盐酸溶液	94	91	93	93	0.69

33.5.6　耐火性能试验研究

螺栓套管采用玻纤增强尼龙 PA66 材料制作而成，为验证螺栓套管在火灾环境下是否能够满足承载力要求进行了本试验研究。

1）试验目的

（1）研究预埋螺栓套管构件升温过程中在偶然荷载组合作用下（1.0× 疏散平台自重 +0.5× 行人荷载，螺栓套管最大荷载 3.6 kN）能够承受的时间。

（2）研究预埋螺栓套管构件升温过程中在疏散平台自重作用下（1.5kN）能够承受的时间。

（3）研究在不施加任何荷载的情况下，预埋螺栓套管构件经过 90min 的升温作用再冷却之后的残余承载力。

2）试件制作及试验方案

（1）试件制作

本试验试件尺寸均为 800mm×400mm×300mm（长 × 宽 × 高）。混凝土强度等级为 C50，试件配筋如图 33.5.14 所示。

检验高温作用时耐火性能的试验试件 6 个，在每个试件的 800mm×400mm 面中部预埋了一个埋深为 100mm 的 M20 螺栓套管。为模拟不同工况下预埋螺栓套管的受力特征，需要给螺栓套管施加一个 3.6kN 和 1.5kN 的荷载，因此，制作了两种不同的配重悬挂在螺栓套管上。经计算，受力 3.6kN 工况下混凝土配重的尺寸为 400mm×500mm×750mm，受力 1.5kN 工况下混凝土配重的尺寸为 400mm×400mm×400mm。为方便吊挂，在每个混凝土配重上均预埋了一个吊钩。所有外露的钢材均参照广州地铁四号线疏散平台设计要求，涂刷 2mm 厚超薄型防火涂料。为获取混凝土内部不同深度处的温度随时间变化情况，在每个螺栓套管附近 20mm 处埋置两个直径为 3mm 的 WRNK-101K 型铠装式镍铬—镍硅热电偶。热电偶到受火面的距离分别为 30mm、60mm，具体如图 33.5.15 所示。

检验高温作用后承载力，试验试件在 800mm×400mm 面上预埋了 3 个型号为 M20、埋深 100mm 的螺栓套管。

（2）试验方案

本试验在耐火试验室利用水平燃烧炉进行。水平燃烧炉的尺寸为 4m×3m×1.5m（长 × 宽 × 高），耐火试验试件的长度为 800mm，沿水平燃烧炉长度方向放置 5 个试件，一共可以放两排。

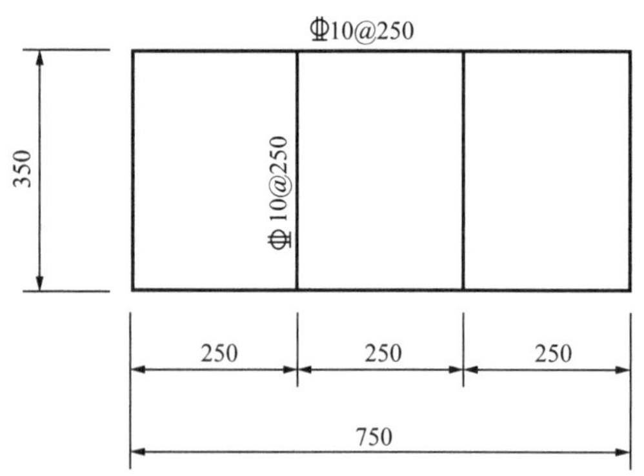

图 33.5.14　耐火试验试件配筋尺寸（尺寸单位：mm）

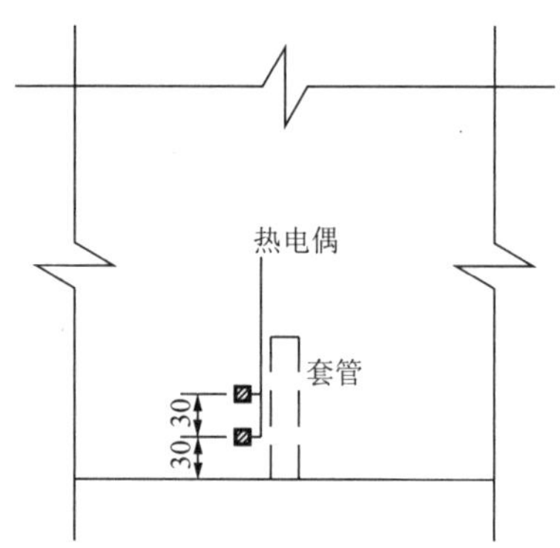

图 33.5.15　预埋螺栓套管耐火性能试验试件中热电偶的布置图（尺寸单位：mm）

为模拟管片在火灾作用下的真实情况，试件只有一个底面为受火面，其余四个与受火面相邻的侧面包上一层石棉，一方面可以防止火苗对侧面的影响，另一方面可以使得相邻试件之间接触更加紧密，以免火苗往外窜。

为了获得预埋螺栓套管下所吊挂配重的掉落时间，在配重的吊钩上系一条钼丝，然后把钼丝绑在外面。当配重发生坠落时，钼丝将会被拉扯下去，以此来记录配重的坠落时间。

耐火试验示意图如图 33.5.16 所示，实物图如图 33.5.17 所示，细部图如图 33.5.18 所示。对于检验高温作用后承载力的试验试件还需进行轴心拉拔试验，试验方案同前。

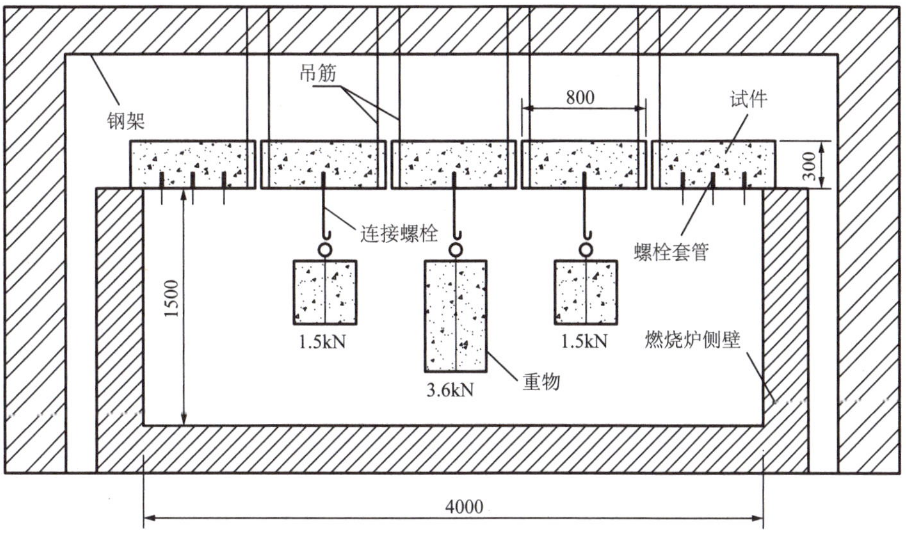

图 33.5.16 耐火试验示意图(尺寸单位:mm)

注:1. 连接螺栓外露端及吊筋底部涂 2mm 厚的超薄型防火涂料;

2. 试件侧面、配重表面、配重的吊钩及吊筋底部外包一层防火石棉

图 33.5.17 耐火试验试件吊装图

图 33.5.18 耐火试验试件吊装细部图

本试验采用了国际标准化委员会标准 ISO-834(1980)规定的建筑火灾标准升温曲线,如图 33.5.19 所示。

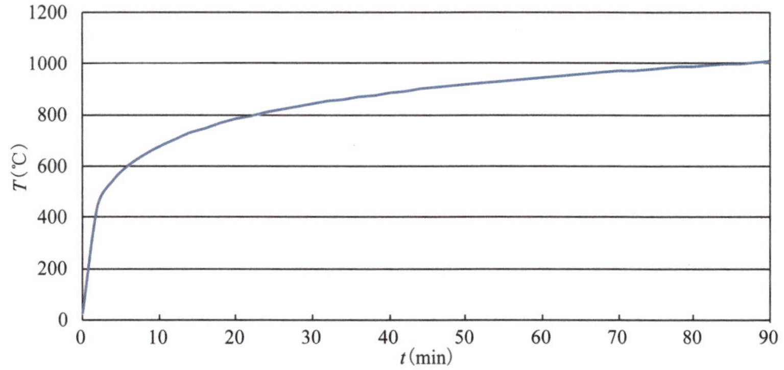

图 33.5.19 ISO-834 标准升温曲线

ISO-834 标准升温曲线关系如下:

$$T=T_0+345\lg(8t+1)$$

式中:t——试件升温燃烧时间(min);

T——t 时刻试验炉内空气平均温度(℃);

T_0——加火前试验炉内空气平均温度(℃),取 35℃。

3)试验结果

混凝土试件冷却之后，表面局部出现了细长的微裂缝，没有掉皮缺角现象，试件受火表面呈灰色，如图 33.5.20 所示。使用风镐将混凝土试件受火面破碎时，表层部分的混凝土较容易破碎，破碎后混凝土如图 33.5.21 所示。到 30mm 左右厚度之后混凝土强度有很大提升，破碎后的混凝土如图 33.5.22 所示。

图 33.5.20　混凝土试件受火后的表面特征

吊挂配重的试件试验结果见表 33.5.4，其中还有两个试件在升温过程中一直没有坠落。发生配重坠落现象的试件，均为螺栓套管丧失力学性能而导致连接螺栓发生滑落，试件其他部分均完好。连接螺栓滑落之后，由于螺栓套管直接接触升温场，导致螺栓套管完全发生碳化现象，具体如图 33.5.23、图 33.5.24 所示。

图 33.5.21　20mm 深度处的混凝土

图 33.5.22　30mm 深度处的混凝土

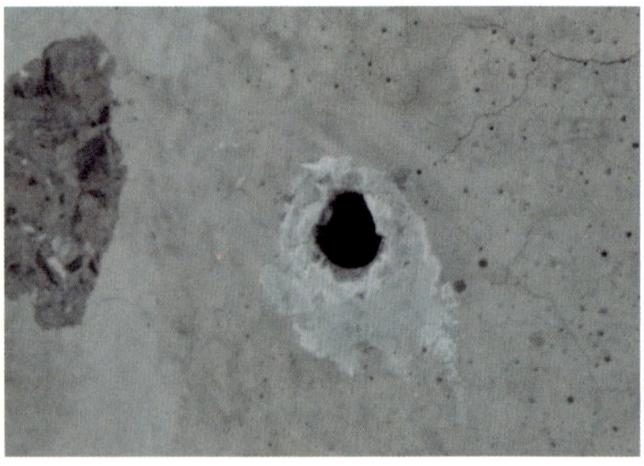

图 33.5.23　配重坠落后螺栓套管的情况

图 33.5.24　试验后燃烧炉内的情况

试件高温作用时耐火试验结果　　表 33.5.4

升温坠落时间（min）	坠落配重的重力（kN）	燃烧炉温度（℃）	距离受火面 30mm 处的混凝土温度（℃）	距离受火面 60mm 处的混凝土温度（℃）
43	3.6	854	240	130
72	3.6	988	363	200
80	1.5	1000	398	263
88	1.5	1011	422	233
90	1.5（未掉落）	1021	460	264

注：为取得稳定数值加温 10min 后再开始计算时间。

由表 33.5.4 可得，在偶然荷载组合（3.6kN）作用下，乘客逃生的时间 > 30min。根据《地铁设计防火规范》（报批稿）：一般民用建筑发生火灾时，人员基本都能在 30min 内疏散完毕。考虑地下区间疏散难度大、条件差，试验结果具有一定的安全系数。

由表 33.5.4 可得，在疏散平台自重（1.5kN）作用下，1.5kN 的配重升温 60min 后不掉落。根据《地铁设计防火规范》（报批稿）第 6.2.4-7 条：疏散平台的耐火极限不应低于 1.00h。本试验结果表明，预埋螺栓套管性能满足 60min 高温作用下，疏散平台与管片的牢固连接。

预埋 3 个 M20 螺栓套管的试件经过升温再冷却之后的形状如图 33.5.25 所示。在图中，螺栓套管受热融化之后都有往下流的现象，而且往外流的螺栓套管直接接触高温而被碳化。

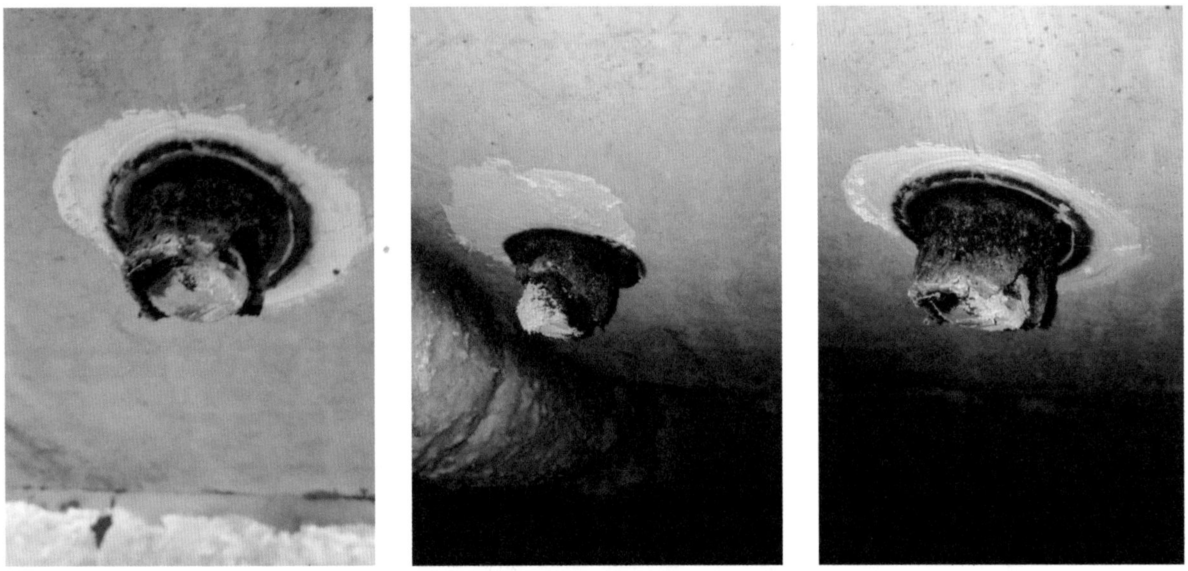

a）M20-100-800-1　　b）M20-100-800-2　　c）M20-100-800-3

图 33.5.25　不挂配重的螺栓套管受热冷却后的形状

对以上的 3 个螺栓套管进行了拉拔试验，试验结果如图 33.5.26 所示。3 个螺栓套管的破坏形态完全一样，均为螺栓套管的内螺纹发生破坏。它们的拉力—位移曲线如图 33.5.27 所示，试验结果汇总见表 33.5.5。

a）M20-100-800-1　　b）M20-100-800-2　　c）M20-100-800-3

图 33.5.26　不挂配重的螺栓套管拉拔试验的破坏形态

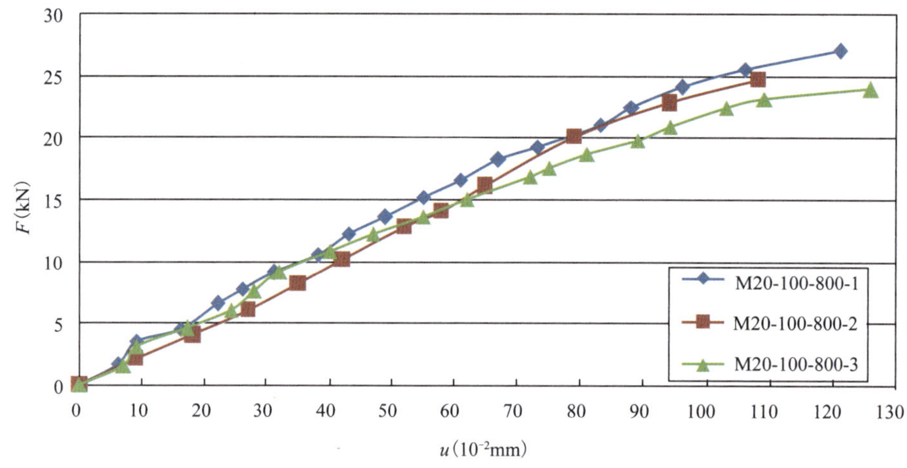

图 33.5.27　不挂配重的螺栓套管拉拔试验的拉力—位移曲线

试件高温作用后拉拔试验结果汇总　　表 33.5.5

试件编号	极限抗拉承载力(kN)	极限位移(mm)
M20-100-800-1	27.0	1.21
M20-100-800-2	24.7	1.08
M20-100-800-3	23.9	1.26
平均值	25.2	1.18

试件受高温作用之后再进行轴心拉拔试验，得到试件的平均极限抗拉承载力为 25.2kN，对应的位移为 1.18mm。相对于埋深 100mm 的 M20 螺栓套管的平均极限承载力为 116kN，对应的位移为 1.02mm 的试验结果，试件受高温作用影响后的极限承载力下降了 78%。

33.5.7　预埋螺栓套管开孔对盾构管片结构影响有限元分析

根据盾构隧道管片预埋螺栓套管的布置形式，采用大型通用有限元软件 ANSYS 进行三维有限元分析，分析在两种不同工况下管片结构受力特点。第一种工况是建立常规管片模型及预埋螺栓套管的管片模型，在同等荷载及边界条件下的对比分析；第二种工况是注浆孔与螺栓套管共存的情况下预埋螺栓套管片受力分析。

1）预埋螺栓套管对管片在水土荷载作用下工作性能的影响

为保证预埋螺栓套管能够适配盾构管片沿轴向的旋转，为此，预埋螺栓套管需沿管片内壁每 6°布置一枚。从结构受力概念进行分析，由于管片为环向受力结构，即使预埋螺栓套管密度极高，达到将管片划分为两块的地步，管片环向受力体系仍然健在且不受影响。为进一步明确预埋螺栓套管开孔对管片受力的影响，故建立有限元数值模型对常规管片与预埋螺栓套管管片进行比较分析，在同等荷载及边界条件下分别进行计算，研究预埋螺栓套管对管片结构影响。

计算模型如图 33.5.28 所示，计算选择了标准块作为研究对象，仿照管片抗弯试验加载方式对管片边缘提供铰支座，并对管片背后施加两个大小为 200kN 的集中荷载。计算结果如图 33.5.29、图 33.5.30 所示。对管片总位移及竖向位移进行研究，可以发现其位移常规管片分别为 2.3109mm、2.0109mm，预埋螺栓套管管片分别为 2.3176mm、2.0166mm，两者差异微小，故可以认为螺栓套管对管片结构的工作性能几乎不构成影响。

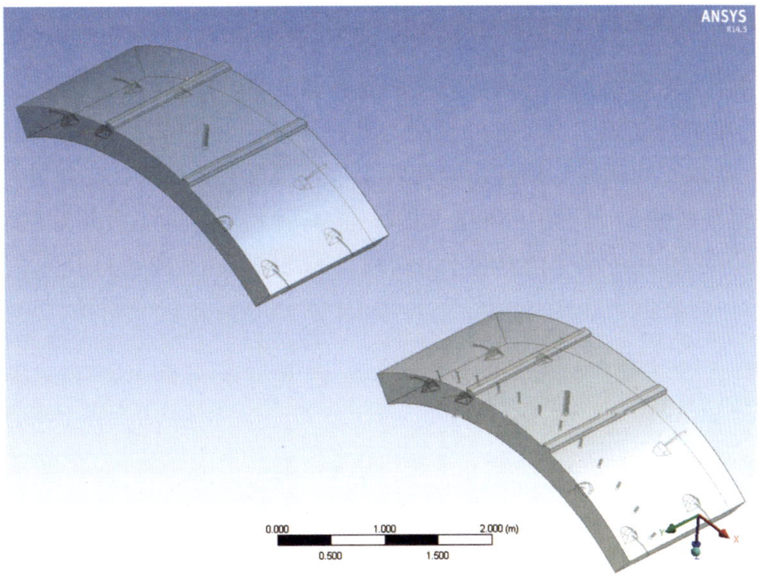

图 33.5.28　管片有限元模型

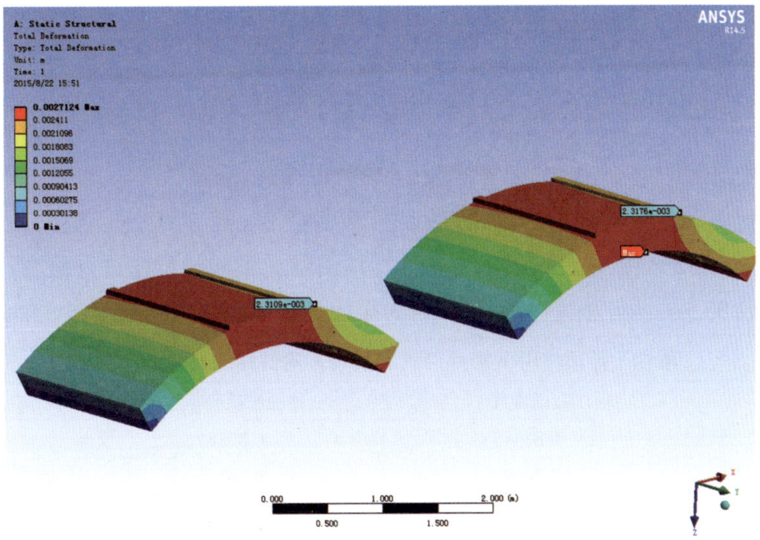

图 33.5.29　管片位移云图(总位移)

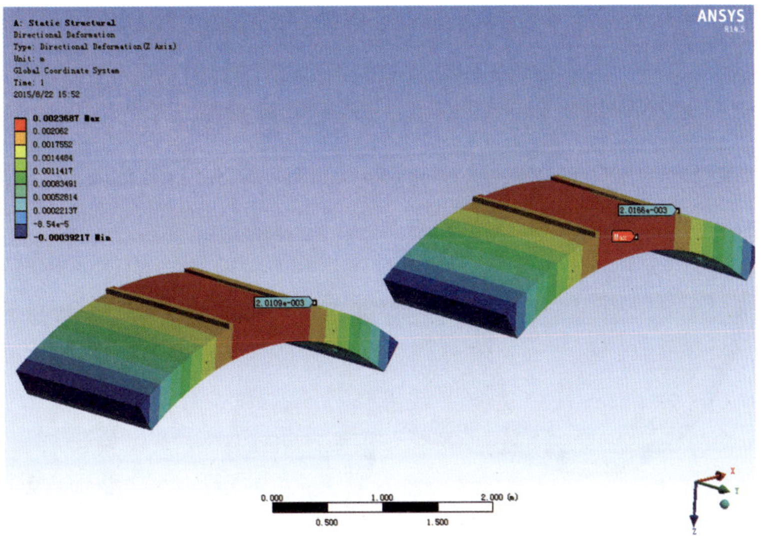

图 33.5.30　管片位移云图(竖向位移)

2)预埋螺栓套管对管片在千斤顶荷载作用下工作性能的影响

盾构机推进过程中,当遇到区间隧道急转弯或姿态调整时,可能需要通过千斤顶对管片施加一个极大的顶推力,而盾构管片在该工况下的结构受力状态不利。为进一步明确预埋螺栓套管开孔对管片受力的影响,建立常规管片模型与预埋螺栓套管管片模型进行分析对比。管片一侧施加 22.85MPa 的均布荷载以模拟每个盾构千斤顶约 13000kN 的顶推力,管片环向施加系数为 80MPa/m 的弹性约束来模拟岩土对其的约束,管片还承受自身的重力荷载,计算模型如图 33.5.31 所示。

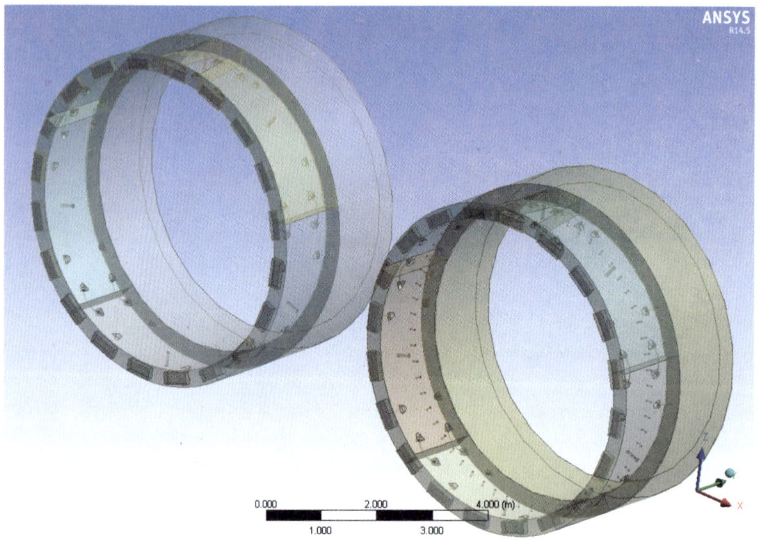

图 33.5.31　管片有限元模型

计算结果如图 33.5.32 ~图 33.5.38 所示。对千斤顶沿隧道轴向的位移进行研究,常规管片与预埋螺栓套管管片位移见表 33.5.6,两者相差微小,可以认为螺栓套管对管片结构的工作性能几乎不构成影响。

盾构千斤顶作用下管片沿隧道轴线方向位移的比较(单位:mm)　　表 33.5.6

位置	常规管片	预埋螺栓套管片	相差
封顶块	0.8141	0.8788	0.0647
邻接块 1	0.7478	0.7615	0.0137
邻接块 2	0.7656	0.7678	0.0022
标准块 1	0.8523	0.8688	0.0165
标准块 2	1.0864	1.0863	-0.0001
标准块 3	0.8509	0.8502	-0.0007

图 33.5.32　全环管片沿隧道轴向位移

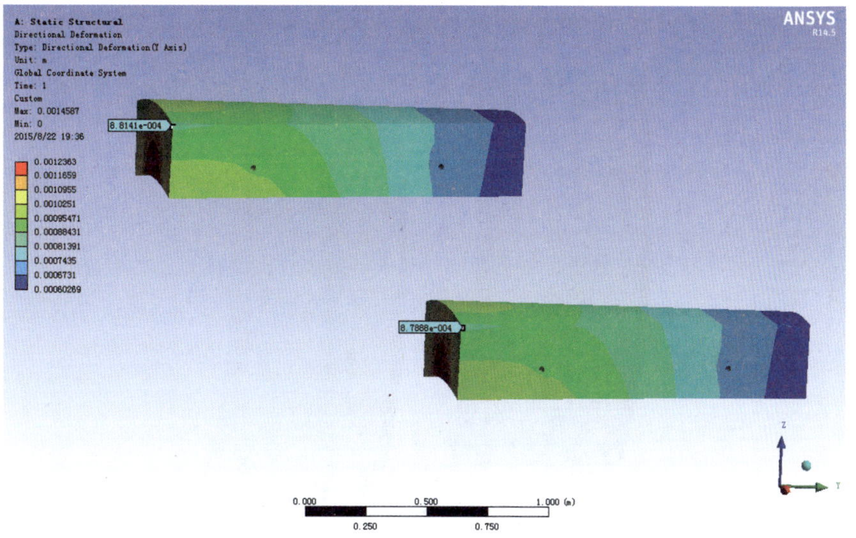

图 33.5.33　封顶块沿隧道轴向位移

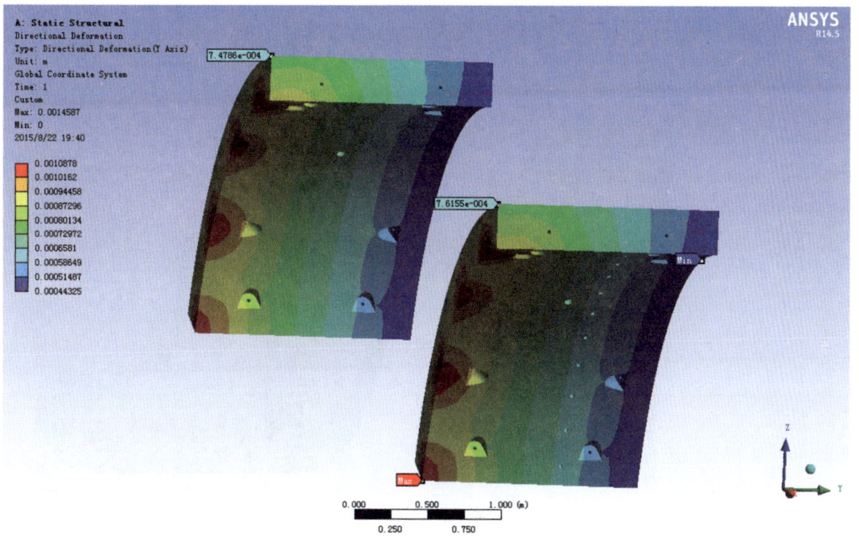

图 33.5.34　邻接块 1 沿隧道轴向位移

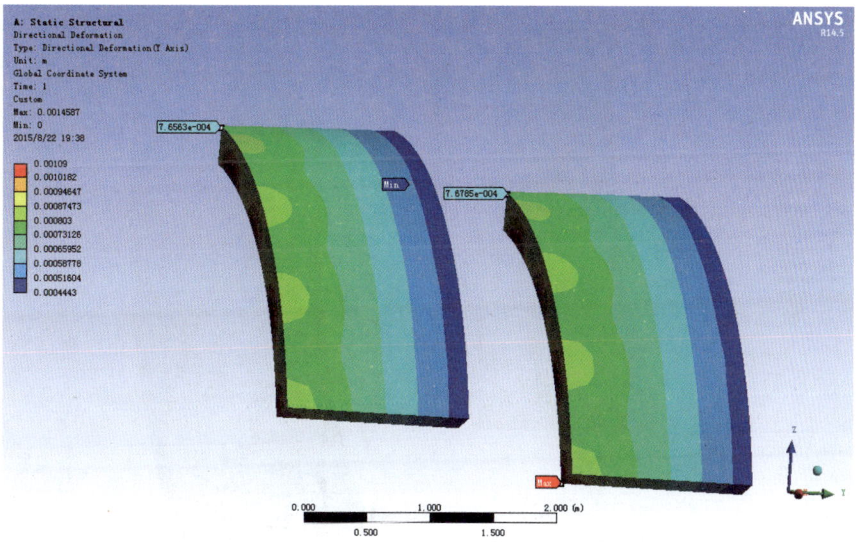

图 33.5.35　邻接块 2 沿隧道轴向位移

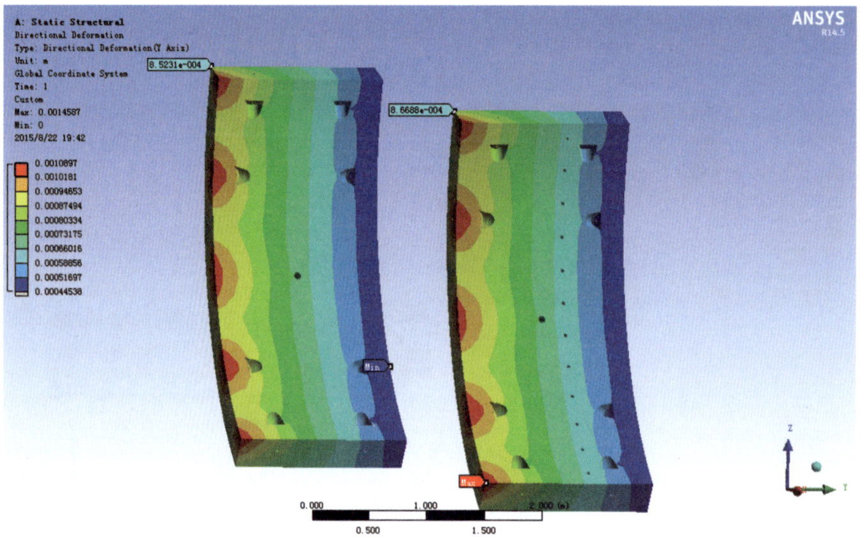

图 33.5.36　标准块 1 沿隧道轴向位移

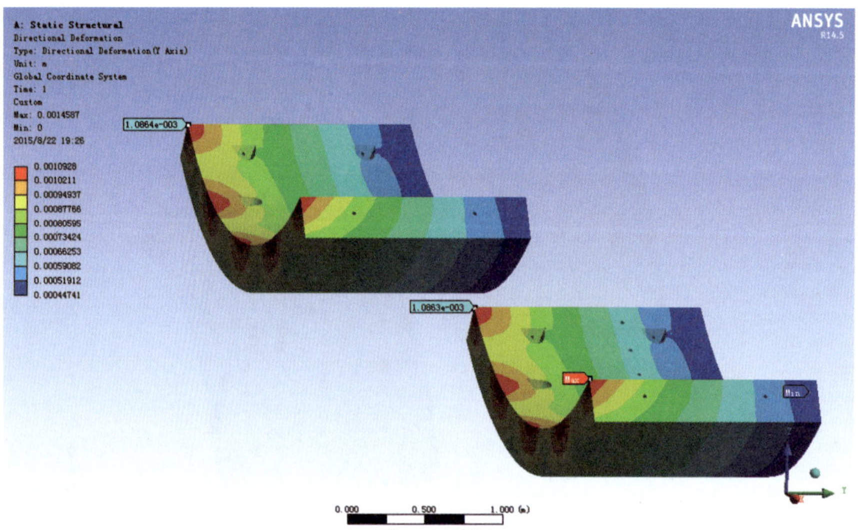

图 33.5.37　标准块 2 沿隧道轴向位移

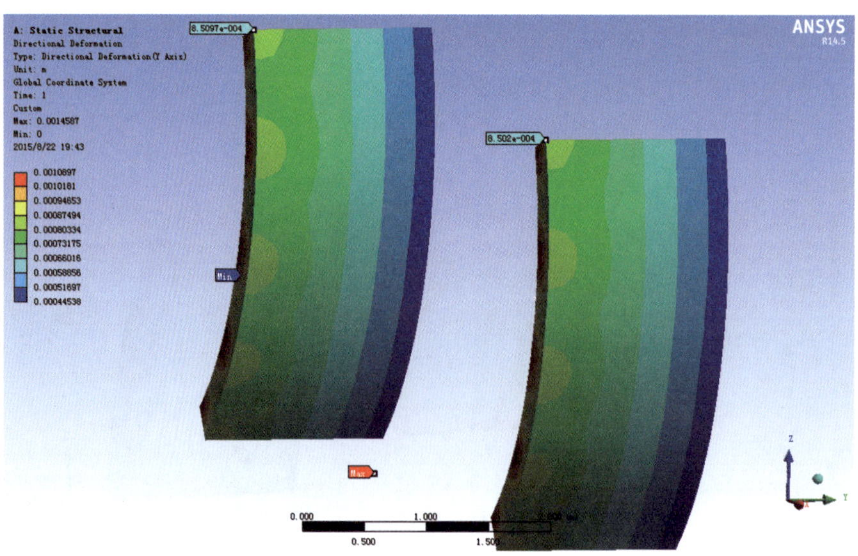

图 33.5.38　标准块 3 沿隧道轴向位移

33.5.8 现场拉拔试验研究

为研究实体管片中预埋螺栓套管的力学性能，本节设计了螺栓套管现场拉拔非破坏性试验和破坏性试验。

1）试验目的

（1）验证实体管片中 M20、100mm 的螺栓套管在设计荷载 25kN 作用下，变形不超过 1.0mm，套管不得滑扣或破裂。

（2）测试实体管片中 M20、100mm 的螺栓套管破坏性试验的极限值及其破坏形式。

图 33.5.39　4 环管片拼装

2）试件制作及试验方案

在现场按照 1:1 进行 4 环管片拼装（图 33.5.39），环内径为 5400mm，厚度为 300mm，每环包含封顶块 1 块（图 33.5.40）、邻接块 2 块、标准块 3 块。在每环管片内壁按 6° 布置一枚螺栓套管，共设 60 枚螺栓套管，螺栓套管规格为 M20，埋入深度为 100mm，布置如图 33.5.41 所示。

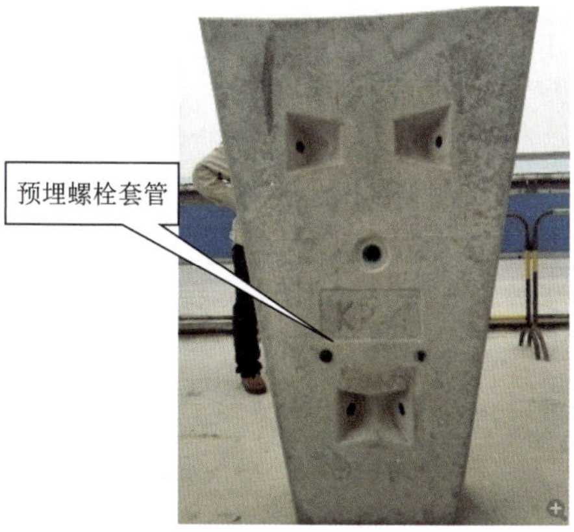

图 33.5.40　预埋螺栓套管管片封顶块

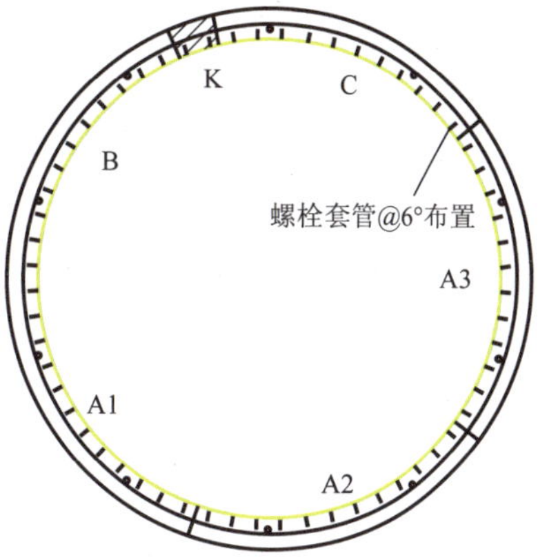

图 33.5.41　管片螺栓套管布置图

本试验的试件数量见表 33.5.7。

现场拉拔性能试验试件数量表　　表 33.5.7

螺栓套管型号	螺栓套管锚固深度（mm）	试验类型	数量
M20	100	非破坏性	4
M20	100	破坏性	2

本试验采用空心液压千斤顶进行加载，分别使用压力传感器和百分表位移计测量拉力和位移的大小。拉拔试验装置如图 33.5.42 所示。

预埋螺栓套管按照下述要求进行拉拔试验。

（1）非破坏性试验加载。采用慢速维持荷载法，加载最大荷载为 25kN，分级荷载为每级 3kN，每级荷载达到相对稳定后加下一级荷载。

（2）破坏性试验加载。采用慢速维持荷载法，分级荷载为最大荷载量的 1/10，第一级荷载取分级

图 33.5.42　现场拉拔试验装置图

荷载的 2 倍，以后的每级取为分级荷载，达到 0.7 倍的最大加载量后减少为按 0.5 倍的分级荷载加载，每级荷载达到相对稳定后加下一级荷载。

（3）位移观测。每级加载稳定后，读取拉杆的位移量，再施加下一级荷载。

3）试验结果

M20 螺栓套管现场非破坏性拉拔试验共 4 个试件，当荷载加载到设计拉力 25kN 时，变形最大为 0.66mm，套管没有发生滑扣或破裂，可以顺利拧出螺栓（图 33.5.43），周围混凝土完好。

M20 螺栓套管非破坏性拉拔试验拉力—位移曲线如图 33.5.44 所示。

图 33.5.43　M20 螺栓套管拧出

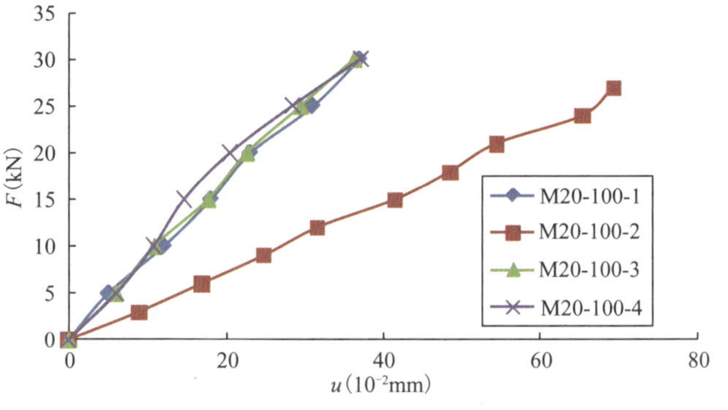

图 33.5.44　M20 螺栓套管非破坏性拉拔试验拉力—位移曲线

从图 33.5.44 中可以看出，对于试件 M20-100-1、M20-100-3、M20-100-4，当试验拉力加载到 25kN 时，变形最大为 0.33mm，试件 M20-100-2 在试验拉力加载到 25kN 时，变形为 0.66mm。

M20 螺栓套管非破坏性拉拔试验结果见表 33.5.8。

M20 螺栓套管非破坏性拉拔试验结果　　表 33.5.8

序号	试验类型	试验荷载(kN)	试 验 结 果
1	拉拔非破坏性	25	变形 0.33mm，小于 1mm
2	拉拔非破坏性	25	变形 0.66mm，小于 1mm
3	拉拔非破坏性	25	变形 0.33mm，小于 1mm
4	拉拔非破坏性	25	变形 0.33mm，小于 1mm

M20 螺栓套管现场破坏性拉拔试验共 2 个试件，其破坏形式如图 33.5.45、图 33.5.46 所示。

图 33.5.45　M20-100-5 套管内螺纹剪切破坏

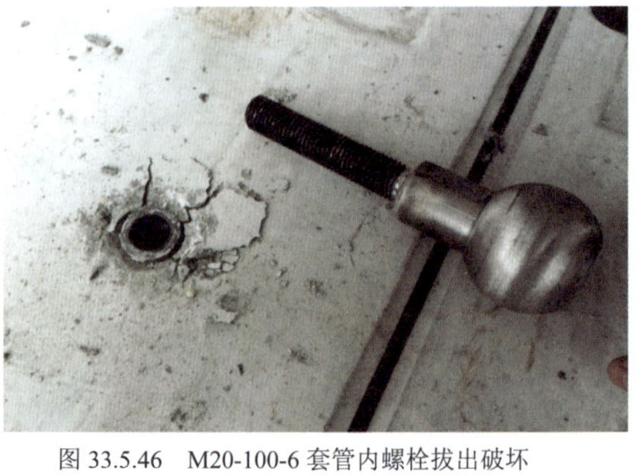

图 33.5.46　M20-100-6 套管内螺栓拔出破坏

图 33.5.45 试件中套管螺纹发生剪切破坏，套管与混凝土接触面未发生破坏，周围混凝土完好；图 3.5.46 试件中套管内螺栓被拔出，套管周边混凝土发生破坏，混凝土破坏形状为锥体破坏。

M20 螺栓套管破坏性拉拔试验拉力—位移曲线如图 33.5.47 所示。

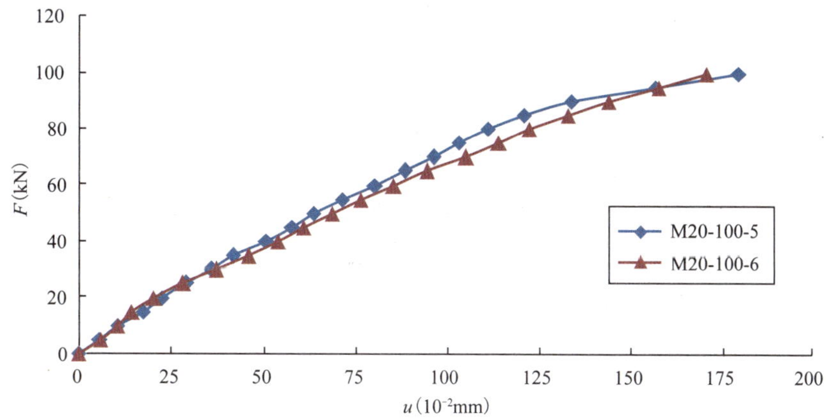

图 33.5.47　M20 螺栓套管破坏性拉拔试验拉力—位移曲线

M20 螺栓套管破坏性拉拔试验结果见表 33.5.9。

M20 螺栓套管破坏性拉拔试验结果汇总　　表 33.5.9

试件编号	极限抗拉承载力(kN)	极限位移(mm)	25kN 拉力作用下的轴向位移(mm)
M20-100-5	100	1.70	0.29
M20-100-6	104	1.79	0.28
平均值	102	1.75	0.29

由表 33.5.9 可知，在现场破坏性拉拔试验中，100mm 埋深的 M20 螺栓套管的平均极限抗拉承载力为 102kN，远大于 25kN 的设计承载力要求；在 25kN 作用下其位移均小于 1mm。

33.5.9　堆载试验研究

在水平 4 环拼装管片实体模型中进行支架安装，同时在拼装后的样板环上通过悬挂或堆积重物的方式，模拟最大受力工况。

1）试验目的

（1）为契合管片内螺栓套管的布置方式，设计相应的活动支架，以便后期安装隧道内的疏散平台、电缆槽架、消防水管和接触网等。

（2）在疏散平台及支架上悬挂或堆积重物，模拟最大受力工况下螺栓套管的实际工作性能。

2）试件制作及试验方案

本试验位置为疏散平台及支架固定位置。试验荷载：疏散平台为 5kN/m^2，支架单点 3kN/ 个。

疏散平台堆载试验如图 33.5.48 所示，支架单点悬吊荷载试验如图 33.5.49 所示。

3）试验结果

现场堆载试验表明，采用预埋螺栓套管安装的疏散平台及支架，疏散平台可以承受最大工况下的荷载 500kg/m^2，支架单点可以承受荷载 300kg。

图 33.5.48　疏散平台堆载试验图

图 33.5.49　支架悬挂荷载图

33.6 应用展望

经过调研，本章开展了关于预埋螺栓套管适用性、力学性能、耐火性能、疲劳性能及耐久性能等试验研究，并对其材料生产和施工方面提出相关要求及建议，具体如下。

33.6.1 套管力学性能

通过开展对不同型号（M16、M20 及 M24）及不同埋深情况下预埋螺栓套管的轴向拉拔和复合拉剪试验，掌握了螺栓套管不同型号和埋置深度对其破坏形式的影响，结果显示各种构件在试验所选取埋深下，其能提供的承载力远远大于盾构隧道内各种机电设备最不利工况下所需要提供的承载力。

33.6.2 套管疲劳性能

通过利用疲劳荷载试验机对预埋螺栓套管进行往复加载试验，结果显示试件承受疲劳荷载作用之后，试件没有发生破坏，预埋螺栓套管疲劳性能承载力满足接触网设计要求。

33.6.3 套管耐火性能

通过开展在偶然荷载组合作用和疏散平台自重作用两种工况下，预埋螺栓套管构件的耐火性能试验研究，以及在不施加任何荷载的情况下，预埋螺栓套管构件经过 90min 的升温作用再冷却之后的拉拔试验研究，发现在负载作用下构件最终掉落时间距离试验开始时间均超过 30min，满足相关规范规定的人员疏散时间要求；预埋螺栓套管及其配套连接螺栓性能满足 60min 耐火试验下单点承载拉力 1.5kN，而经受高温作用后的试件平均拉拔承载力达到 25kN。预埋螺栓套管在材料劣化之后，再升温 30min 的剩余承载力为 46.3kN，远大于预埋螺栓套管构件升温过程中在偶然荷载组合作用下设计承载力 3.6kN。

33.6.4 套管耐久性能

通过收集及分析目前国内外开展的尼龙 PA66 及玻纤增强 PA66 材料相关研究及试验资料，综合考虑现有地铁隧道内部环境特点，可明确诸如热、光、湿度、酸碱等对预埋套管的影响均在可控范围之内，并可推断预埋螺栓套管的使用年限可达到 40 年，优于现阶段常采用的植筋后锚固技术。

尼龙 PA66 材料经氢氧化钠溶液、盐酸溶液浸泡之后的承载力均大于最大设计承载力。

33.6.5 套管开洞对管片的影响

通过利用 ANSYS 三维有限元软件对常规管片及预埋螺栓孔管片的力学性能进行对比分析，结果显示预埋螺栓套管开孔对管片结构位移及应力场分布的影响极为有限，可忽略不计。

33.6.6 套管开洞对模具的影响

通过多次与模具加工及生产厂家沟通及研究，采用在安装孔下方进行补强钢板的焊接加强，把补强钢板焊接在模具内弧面钢板下方后，再开孔攻牙的方法，可确保为满足预埋件安装要求，在模具上开洞但不影响模具的整体强度，也不影响振动的问题得到有效解决。

33.6.7 套管管片现场试验研究

对 M20 预埋螺栓套管进行现场拉拔试验，试验结果表明螺栓套管提供的承载力远远大于盾构隧道内各种机电设备最不利工况下所需要提供的承载力，且在设计拉力的作用下变形满足要求。现场堆载试验表明，采用预埋螺栓套管安装的疏散平台及支架，可以承受最大工况下的荷载。

以上结论显示，预埋螺栓套管各项性能均满足现阶段盾构区间隧道机电设备安装承载力要求，相关研究成果可为盾构区间隧道内预埋螺栓套管的工程设计、生产、检验及后期内部设备安装提供依据和指导，保障所承担工程的顺利、安全、快速完成，满足“安全可靠、功能合理、经济适用、用户满意”的要求，并为类似条件下盾构区间隧道结构体系的设计施工提供借鉴，以期取得较好的经济效益和社会效益。

第34章 抗震支吊架技术应用

34.1 抗震支吊架概述

抗震支吊架的主要功能是抵御地震发生时机电管线在地震作用下的水平位移。它与重力支吊架的根本区别在于支架的受力方向不同及受地震影响的不确定因素很多。因此,抗震支吊架作为一个全新的技术体系结合结构抗震、给排水、电气、暖通多个专业,给建筑抗震安全提出了更高的要求。

34.1.1 抗震支吊架的发展契机

2008 年 5 月 12 日,四川省汶川县发生里氏 8.0 级地震,地震造成 6.9 万人遇难, 37.5 万人受伤, 1.8 万人失踪,直接经济损失 8452 亿元,住房和城乡建设部紧急修编《建筑抗震设计规范》。同年,深圳市置华机电设备有限公司率先研发机电抗震及抗震支吊架的相关技术, 2009 年 11 月,由中国建筑设计院有限公司和深圳市置华机电设备有限公司承担住房和城乡建设部关于《建筑机电工程抗震设计规范》的起草工作。

34.1.2 抗震支吊架设计规范编制基础

基于《建筑抗震设计规范》(GB 50011—2010)(2016 年版)设计的建筑结构,具有可靠的抗震安全保护,但是对于非结构构件的机电系统却没有任何抗震保护措施。《建筑抗震设计规范》(GB 50011—2010)(2016 年版)第 3.7.1 强条要求:非结构构件,包括建筑非结构构件和建筑附属机电设备,自身及其与结构主体的连接,应进行抗震设计。但是基于规范并未提供或者说根本没有可供执行的技术标准,因此导致了机电抗震的强条无法得到实施。

34.1.3 《建筑机电工程抗震设计规范》编制历程

2009~2014 年,在住房部和城乡建设部的相关指引及中国建筑设计院有限公司和深圳市置华机电设备有限公司的带领下,规范的编制工作稳步推进。

2010 年 10 月,规范编制组成立,形成初稿;

2011 年 04 月,规范第二次编制组会议对初稿进行修改;

2011 年 11 月,完成规范征求意见稿并征求意见;

2012 年 05 月,形成规范送审稿;

2012 年 11 月,住房和城乡建设部召开专家审查会,通过并形成规范报批稿;

2014 年 10 月 09 日，规范正式发布；

2015 年 08 月 01 日，规范正式开始实施。

34.1.4 抗震支吊架在地铁工程中应用的必要性

自《建筑机电工程抗震设计规范》（GB 50981—2014）实施以来，关于抗震支吊架在地铁以及其他地下工程（如地下管廊）中应用的必要性一直存在争议。其争议的焦点主要有两方面，一是地下工程受地震影响没有地面建筑大，二是地铁工程以及地下管廊工程不同于一般建筑。基于以上两点问题，需要我们认真梳理规范才能得到正确的结论。

关于第一点，地下工程的地震影响相对地面工程确实要小，但是地下工程尤其是地铁项目人员密集、环境相对密闭，一旦发生故障引发次生灾害，其后果比地面工程更为严重，所以机电抗震作为以安全为核心的民生技术，对于地铁项目尤为重要。关于第二点，地下建筑与一般建筑确实存在差异，但就规范的适用范围来讲，建筑结构采用《建筑抗震设计规范》（GB 50011）进行抗震设计，而同时此规范对机电系统的抗震也有明确要求。

通过以上两点论述，抗震支吊架在地铁工程中的应用是必需的。目前，地铁机电系统采用抗震支吊架设计的共识正在逐渐形成。如何在地铁站后工程中采用抗震支吊架，以满足《建筑机电工程抗震设计规范》（GB 50981—2014）中强条的要求，是地铁站后工程为适应这一技术发展所面临的新课题。本章将通过技术比较、灾害分析、技术分析、产品分析以及案例来介绍机电抗震技术的应用。

34.2 管道抗震支吊架与承重支吊架的区别

34.2.1 支吊架简述

现代建筑机电系统中，机电管道的数量十分巨大、规格型号非常复杂、使用功能也各有不同。机电系统在日常工作时，管道在重力满负荷运转时是否有足够的强度将管道固定在结构上是整个机电系统能否正常运转的关键；当突发地震时，机电系统管道在设防烈度的地震作用下能否保证不跌落，以及有些生命线系统（如消防喷淋和防排烟系统）能否保证正常运转，也是关乎保障人们生命财产的重要因素。如何把这些管道系统合理、安全地布置在建筑物中，支吊架将起到至关重要的作用。这其中就包括承重支吊架和抗震支吊架等。现针对这两种不同的支吊架就其概念与作用、工作原理及安装形式方面进行阐述，使大家能够直观地了解这两种支吊架的区别和联系。

34.2.2 承重支吊架功能

承重支吊架是以重力荷载为主要荷载的管道固定支撑系统，是管道及设备在重力满负荷运转时将管道敷设在建筑物上的一种固定措施。

承重支吊架的形式有很多，主要有单条管道的承重支吊架、门型多管的承重支吊架、电气系统的承重支吊架、风管系统的承重支吊架、各种管道组合的承重支吊架及各种设备的承重支吊架等。

目前，国内在设计时主要参照的是标准图集有《室内管道支架及吊架》（03S402）、《风管支吊架》（03K132）、《电缆桥架安装》（04D701）等。

34.2.3 抗震支吊架功能

抗震支吊架是以地震力为主要荷载的抗震支撑系统，针对的是遭遇到设防烈度的地震时，能将管道及设备产生的振动作用传到结构体上的一种抗震支撑措施。

抗震支吊架的形式和承重支吊架一样也有很多种，主要有单管抗震支吊架、门型多管抗震支吊架、电气系统管道抗震支吊架、风管抗震支吊架、综合管道抗震支吊架和及设备抗震支吊架等。

目前，国内机电抗震设计主要是参照《建筑抗震设计规范》（GB 50011—2011）（2016 年版）第 3.7.1 条："非结构构件，包括建筑非结构构件和建筑附属机电设备，自身及其与结构主体的连接，应进行抗震设计。"和第 13 章及《建筑机电工程抗震设计规范》（GB 50981—2014）等规范内容。机电抗震加固的基本原理是：通过对机电管线及设备的地震作用进行计算，并对管线及设备与建筑构体的连接进行抗震加固并对其进行抗震验算，使机电管线及设备与建筑结构体建立可靠连接，将机电管线及设备承受的地震作用全部传递到结构体上，使其遭遇到设防烈度的地震影响后能迅速恢复运转，进而达到减少和尽量避免次生灾害、尽快恢复建筑物使用功能的目的。其主要的设计步骤是：对管道及设备进行布点→逐一力学计算及选型→逐点验算直至各点均满足抗震设防要求。

34.2.4 两种支吊架的区别

1）两种支吊架安装形式比较

图 34.2.1 ～图 34.2.4 为两种支吊架安装形式比较图。

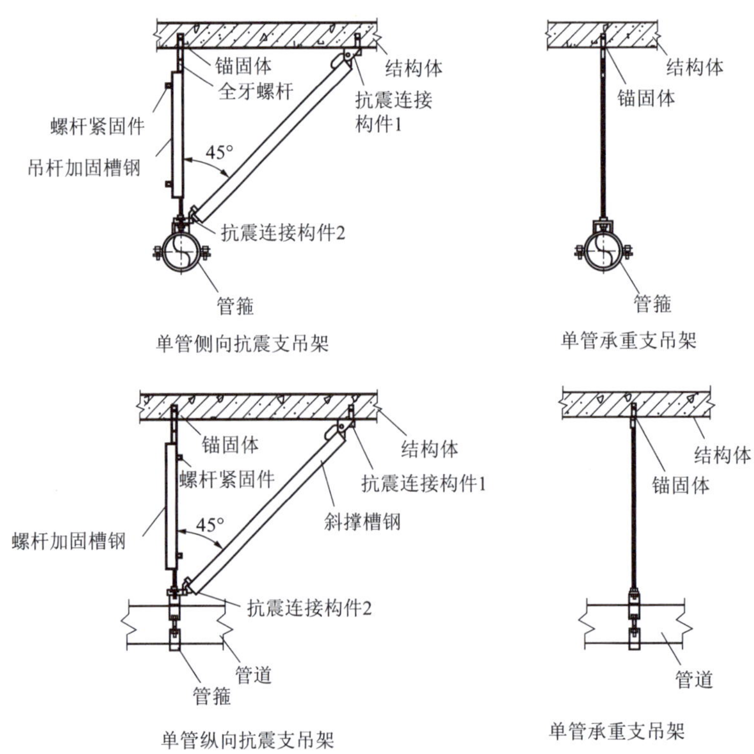

图 34.2.1　单管安装比较图

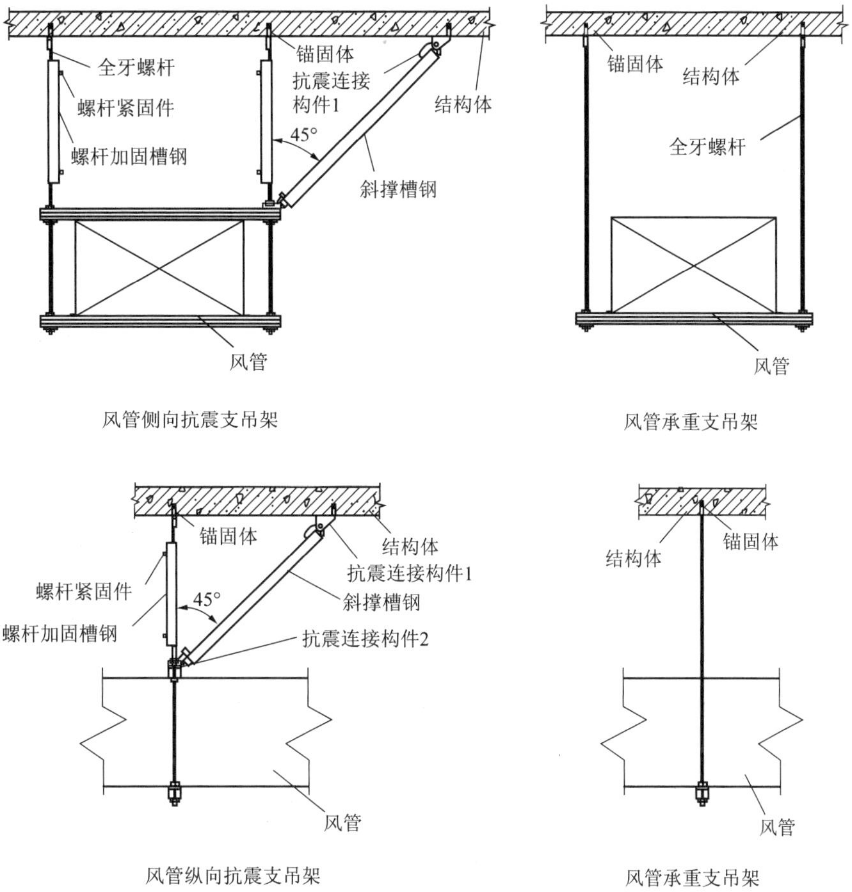

风管侧向抗震支吊架　风管承重支吊架

风管纵向抗震支吊架　风管承重支吊架

图 34.2.2　风管安装比较图

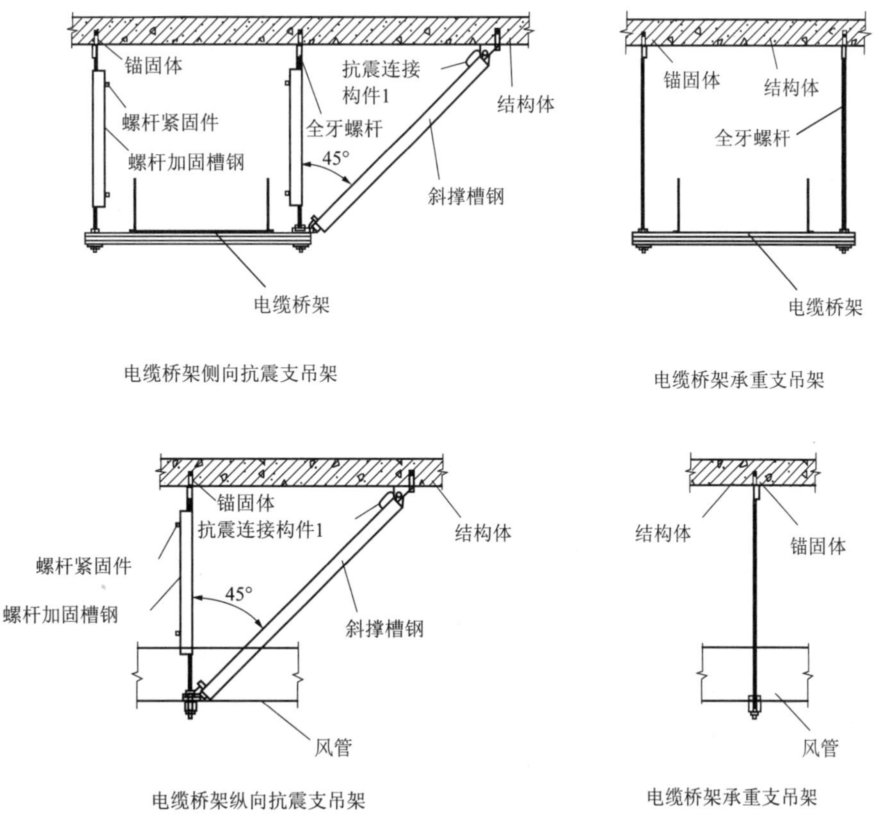

电缆桥架侧向抗震支吊架　电缆桥架承重支吊架

电缆桥架纵向抗震支吊架　电缆桥架承重支吊架

图 34.2.3　电缆桥架安装比较图

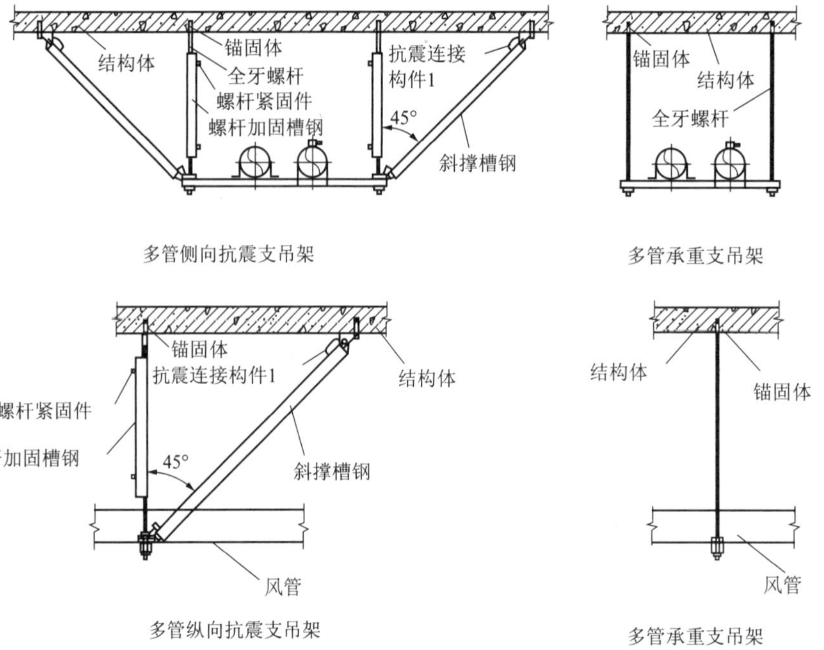

图 34.2.4　多管安装比较图

2）两种支吊架设置范围不同

（1）几乎所有规格的管道都要设置承重支吊架(埋地及埋墙除外)。

（2）抗震支吊架设置范围：

①冷热水、消防、空调水等管道系统抗震支撑设计范围［《建筑机电抗震设计规范》(GB 50981—2014)第 1.04 条、第 3.16 条、第 4.12 条］：

a.DN32mm 及以上管径的锅炉房、空调机房、水泵房管路；

b.DN65mm 及以上管径的所有管路；

c.15kg/m 及以上的所有管道门型吊架(需考虑悬挂管线的满负荷重量)。

②空调、通风、防排烟管路系统抗震支撑设计范围［《建筑机电抗震设计规范》(GB 50981—2014)第 1.04 条、第 3.16 条、第 5.14 条］：

a. 所有防排烟系统管道；

b. 直径大于或等于 0.70m 的风管；

c. 截面积大于或等于 0.38m² 的矩形风管。

③电力系统管道及电缆桥架系统抗震设计范围［《建筑机电抗震设计规范》(GB 50981—2014)第 1.04 条、第 3.16 条、第 7.12 条］：

a.DN65mm 及以上管径的电线套管；

b.15kg/m 及以上的电线套管、电缆桥架、母线槽。

3）两种支吊架抗震性能分析比较

承重支吊架主要计算管道的重力荷载，在水平方向的力主要以防晃及防机械振动为主。抗震支吊架则以地震时管道所受的地震作用为主要荷载。依据《建筑机电工程抗震设计规范》(GB 50981—2014) 第 1.0.3 条：抗震设防烈度 6 度及 6 度以上地区的机电工程必须进行抗震设计。对于地震作用，一般地区（地震设防烈度≤ 8 度）只考虑水平地震作用。根据《建筑抗震设计规范》(GB 50011—2010)（2016 年版）第 5.1.1 条：“8、9 度时的大跨度和长悬臂结构及 9 度时的高层建筑，应计算竖向地震作用。”而《室内管道支架及吊架》（03S402）第 4.3.1 条的表述是：“水平荷载：按垂直荷载的 0.3 倍计算。地震荷载：按地震设防烈度≤ 8 度计算地震作用，不考虑风荷载。”两者在表述上存在一些差异，在实际的应用中存在一些误区，我们通过以下几个例子进行分析比较：

首先，假设在设防烈度为 7 度的某乙类建筑的消防系统管道进行抗震计算，水平地震作用计算结果为 $F=0.64G$。即水平地震作用数值相当于管道满负荷重力数值的 0.64 倍，远超出该图集“水平荷载：按垂直荷载的 0.3 倍计算”。所以图集中水平荷载是垂直荷载的 0.3 倍是考虑到水平方向晃动及其他安全因素，而起不到充分的抗震作用。更不应将图集第 4.3.1 条解释为：地震设防烈度≤ 8 度的情况下可参照图集而无须抗震设计。而是应该理解为该图集所计算的参数是在地震设防烈度≤ 8 度的情况下适用的（不考虑竖向地震作用），而在 8、9 度时的大跨度和长悬臂结构及 9 度时的高层建筑，还应根据《建筑抗震设计规范》（GB 50011—2010）（2016 年版）要求把竖向地震作用计算考虑在内。

通过上述图示我们可以看出，承重支吊架在水平方向上没有任何加固措施，能否完全满足抗震要求，通过以下试验结论进行分析比较。

台湾成功大学的喷淋管道地震台模拟地震试验：对加装了抗震支吊架与普通承重支吊架的喷淋管道进行综合的地震台测试，结果显示（图 34.2.5 和图 34.2.6）：在加装了抗震支吊架的喷淋主管的侧向及纵向位移量都能控制在 50mm 以内。未加装抗震支吊架的承重支吊架的侧向位移量最大峰值达到 450mm 以上，纵向位移量也达到 250mm，都远超管道安全允许位移量 100mm。通过试验数据验证，

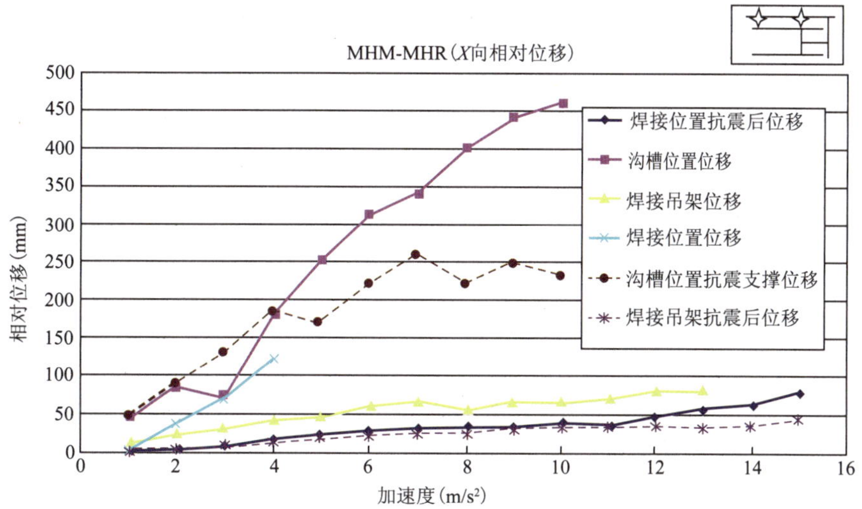

图 34.2.5 普通支吊架

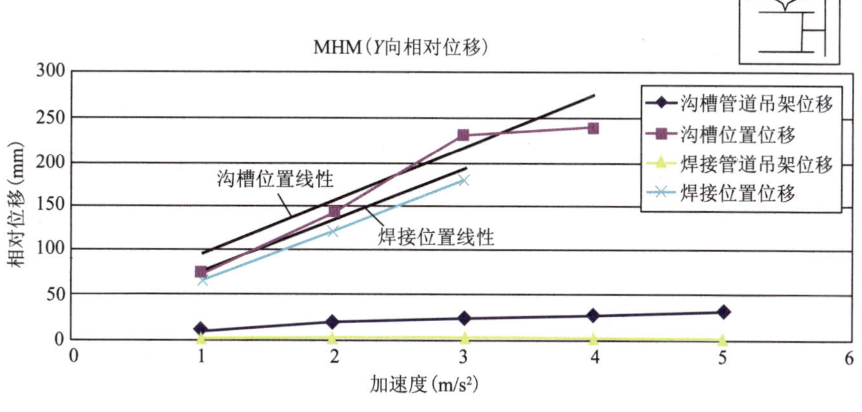

图 34.2.6 抗震支吊架

在没有进行抗震加固（即设置抗震支吊架）的情况下承重支吊架是无法完全满足抗震要求的；在加装了抗震支吊架的管路各点位移可降低到50mm以下，是未安装抗震支吊架系统位移量的$\frac{1}{5}\sim\frac{1}{9}$，可有效降低管路的破坏概率，提高管路的抗震性能。

34.2.5 技术小结

通过对上述承重及抗震支吊架的比较分析可知，承重支吊架与抗震支吊架是分属不同系统的，其各自所承担的任务也不相同，因此，在设计时应按照各自相关规范及图集分别进行设置，相互不可替代。

34.3 建筑机电工程抗震的必要性

34.3.1 建筑机电工程抗震研究的动机与目的

随着社会的发展，人类的居住环境也发生了改变。近些年来，我国城市建设得到极大发展。我们的建筑物也正在走向大规模化、高楼化及用途复杂化。与此同时，建筑物发生火灾的危险性大为增加，消防灭火工作更加困难，一旦发生火灾，往往会给人们的生命和财产造成巨大的威胁和损失。

建筑物在地震时常常由于燃气、电气管道破裂等诸多原因而酿成严重火灾；如果消防设备在地震中受到损坏，还可能造成漏水或淹水等严重的二次灾害。同时，在大地震过后，以当地救灾部门有限的资源，要应付种种突发状况，难免会显得分身乏术。若建筑物此时能发挥自救的能力，将必定能减轻救灾单位的工作负荷，并大大降低建筑物自身的受害程度。我国是多地震国家，特别是近年来我国地震灾害频发，尤其是汶川、玉树的高震级地震给人们的生命和财产造成了巨大损失。因此，建筑物是否具有抗震性，能否抵御地震灾害对于防震减灾工作尤为重要。这其中如何提升建筑物消防系统的抗震能力，使其不在地震中遭到严重破坏，对于地震时避免人员伤亡、降低经济损失、防止次生灾害及地震后恢复建筑使用功能方面都具有十分重要意义。

我们国家也越来越重视关于包括消防系统在内的建筑机电工程抗震方面的工作，新的国家规范《建筑机电工程抗震设计规范》（GB 50981—2014）也已颁布实施。由于我国在建筑机电工程抗震方面的统计资料相对比较少，下面通过一些国外相关震损经验的案例，来说明提高机电系统抗震性能的必要性。

34.3.2 机电系统震损经验

抗震支吊架系统已有几十年的应用历史，也经历过许多地震的考验。从这些地震经验当中，人们更加清楚其被破坏的特性，同时也越来越积极地设法提升其抗震能力。以下分别就美国及中国台湾地区具有代表性的消防系统抗震经验，进行研究分析。

1）美国的震损经验

（1）案例一：圣佛南多地震

此地震发生于1971年2月9日早上6点1分，震源位于洛杉矶北部，深度13km，震级6.6级。共造成58人死亡，2543人受伤。

自动喷淋设备的受损状况：太平洋防火局针对受灾地域内的 68 栋建筑物进行了调查，当中有 56%（38 栋）建筑物的自动喷淋设备受损，另外有 41%（28 栋）的建筑物受到了水害。在这 68 栋建筑物的主体结构中，共有 65%（44 栋）建筑物遭到不同程度的损害。因该地震而造成的自动喷淋设备损坏，以管道与喷淋头为主，主要原因有：管道的支吊架管夹安装方法不当；管道支吊架构件的螺栓松脱；管道连接处受损（特别是从供水主管至分流主管的分支部分）；通过墙壁贯通部或建筑物伸缩缝结合部的管道受损；因与建筑结构撞击，造成自动喷淋头受损等。

（2）案例二：加州 LOMA PRIETA（旧金山）地震

在 1989 年 11 月 17 日，美国西岸的旧金山湾区发生了一场 7.1 级的地震，该地震共造成了 100 亿美元的重大损失。该地震的震源深度为 11.5 英里❶的断层，该断层在地表处延伸了 3.7 英里。地震后地面被抬升了 14 英寸❷且往北移动了 7 英寸。在松软的土层上普遍发生的土壤液化及放大效应，让该地震所造成的损害更加严重。

但值得关注的是，此次地震关于自动喷淋系统的损坏情况，较前一案例有明显减少，在建筑及结构物的 70 处损害资料中，仅有极少数是关于喷淋系统的，由此说明了《自动喷淋系统安装标准》(NFPA-13)中的新型抗震方法确实能有效提高喷淋系统的抗震能力。

旧金山地震调查报告，促使 NFPA-13 的抗震小组委员会提议在 1991 年修订版本的基础上再增列一些额外要求，包括在震区内的轻质混凝土墙上的抗震吊架及普通吊架上禁止使用火药击钉，以及用来代替横向抗震吊架的 U 型吊钩需为全包型，且要满足抗震吊架的抗震要求等。

（3）案例三：加州北岭地震

1994 年 1 月 17 日早上 4 点 31 分，在洛杉矶北岭发生了 6.6 级的地震，接下来的几天内，又陆续发生了数起规模在 4 ～ 5 级的余震，由记录可知这些余震的地表加速度超当时建筑法规 4 倍之多。由于震中发生在人口稠密区，所以这场地震也提供给人们一个观察消防喷淋系统抗震能力的机会。

在以往的地震经验中，观察结果普遍认为喷淋系统的抗震能力是不会高于建筑物的抗震能力的。然而在这次造成数以千计房屋损坏的地震中，人们惊讶地发现，喷淋系统的损坏层面不再那么广大。当然，若一栋建筑物发生重大的结构损坏，其内部的喷淋系统是难以维持其机能的。如某博物馆大楼的顶层部分被剪裂时，其内部的喷淋系统也一并被扯下，但在这个建筑的底层部分，喷淋系统却基本完好如初。

北岭地震让人们第一次了解住宅喷淋系统在地震中的行为特征。有一些依据 NFPA-13 而装置的住宅铜质管路，尽管此住宅仿大理石材质的外墙出现几条小裂纹，但其喷淋系统却毫无损伤。又如在加州大学北岭分校，尽管有些建筑物基础被抬升，造成石膏板及屋瓦的破裂，但其低矮公寓符合 NFPA-13 的薄壁钢管却没有遭遇到任何损害。不过其他没有采取抗震措施的管道，表现就不那么理想了，如一栋建于 1992 年的建筑物就有四间盥洗间及若干条铜质 HVAC（暖通空调）管损坏。

本次地震中人们总结出一条重要的经验：有依照最新 NFPA-13 的要求而设置抗震措施的喷淋系统，在地震中的表现要比按照旧规范施作的要好，纵向主管抗震吊架就是一个非常明显的例子。

2）中国台湾地区的震损经验

台湾南投县某停车场，在台湾“9•21”地震之前便已完工，但因种种原因而未正式启用。“9•21”地震后，该停车场受到局部的结构损害，但其内的消防管道则受到严重破坏。由于修复工程一直没法顺利进行，因此，正好提供一个极佳的管道地震破坏研究案例。

（1）建筑物结构破坏

停车场结构破坏并不算严重，每一楼层平面上计有 47 根柱子，而仅有在四楼处有一根明显可见

❶ 1 英里≈ 1609.344m。

❷ 1 英寸≈ 0.0254m。

到内部钢筋的破坏。其余的梁柱破坏，则以龟裂的情形较多。墙面部分也有受剪力所造成的破坏龟裂，可以灌注环氧树脂方式加固。

(2)管道系统破坏

通过调查发现本停车场管道系统的破坏情况，有随着楼层数增高而加剧的趋势。破坏多集中在八楼、九楼及十楼等三个楼层，且以吊杆变形乃至拔出的破坏数目最多。

在调查中发现，管道系统的损害在沟槽接头处以及管道与阀门连接处有一些破坏。而立管部分，经试水后证实没有损坏，在地震以后仍能发挥正常的功能。

(3)台湾地震经验总结

①管道支吊架吊杆的主要破坏形式

膨胀螺栓及预埋方式吊杆的破坏不尽相同，膨胀螺栓主要为拔出的破坏，而预埋主要为剪断的破坏。因此，若能增加膨胀螺栓与楼板之间的摩擦力，即可减少其被拔出的概率，在施工上也较预埋吊杆更方便。

由调查结果发现：远离建筑物钢心(楼梯间)的区域，其处吊杆较易产生破坏。原因应是愈远离建筑物钢心，地震力所造成的扭矩愈大。

②管道的主要破坏形式

管道的破坏除了因悬吊杆件断裂或拔出，导致管道功能损坏外，管道连接的断裂也是导致破坏的主要原因之一，其主要断裂形式有两种：

a. 管道与阀门连接处的破坏。这种破坏主要因为在地震作用下，悬吊管无法抵抗惯性加速度而产生较大振动，但手动启动却固定于墙上，以致造成螺纹连接处到手动启动阀 L 型处剪断。

b. 泡沫放射区域单元局部断裂。这种破坏主要为受水平、垂直地震作用摇动拉扯，导致悬吊杆件断裂或拔出，致使配管无重力支撑而在螺纹处断裂。

34.3.3 地震损坏分析

评估一套复杂设备系统的抗震能力，通常逻辑树的观念可以提供一个可靠且简易的方法。此法的主要观点为：整体系统抗震能力的强弱，取决于其组成子项目中抗震能力最薄弱的一项。通过以上实例进行分析，造成管道系统破坏的可能因素可以整理成如图 34.3.1 所示树状图。

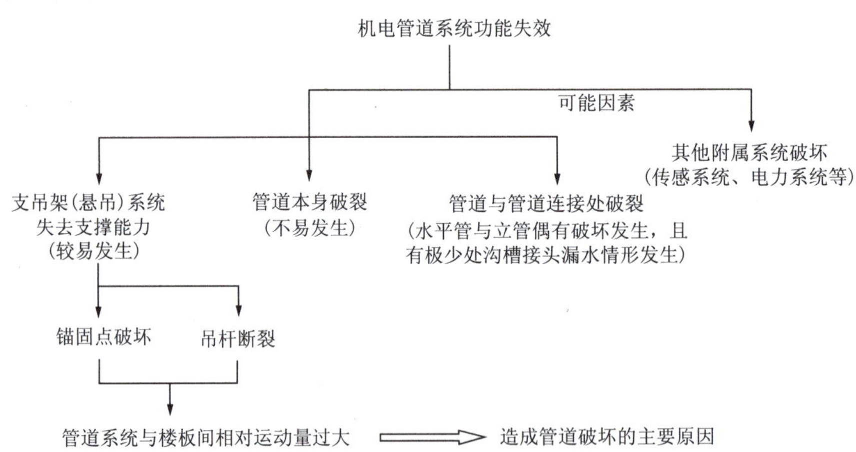

图 34.3.1　管道系统破坏的可能因素

根据以上国内外震损资料，并依据逻辑树的观念可以得知：建筑机电工程是否具有抗震性能，管道系统是一个很重要的因素。由图 34.3.1 可以判断，管道系统中最脆弱的部分就是管道支吊架(悬吊)系统，最容易遭到地震破坏。因此，对管道的支吊系统采用合理适当的抗震支撑措施，使建筑机电设备及管道的支架具有足够的刚度和强度，其与建筑结构建立可靠的连接和锚固，可将地震时管道产生的地震作用传导到结构体上，在减少和尽可能防止次生灾害发生的同时，还可以使机电系统在遭遇设防烈度地震影响后能比较迅速的恢复运转。

34.3.4 技术小结

我国建筑机电工程抗震研究起步较晚，自2008年汶川地震后，国家开始越来越重视加强建筑物的整体抗震性能，同时机电系统特别是消防喷淋等管道系统，对于防止由地震引发次生灾害的作用也被越来越多的人所认知。2009年，国内相关建筑设计研究院联合多家设计单位及专业公司，借鉴国外先进的技术，并结合我国国情，依据国内外相关规范及标准，深入研究，起草并编写了我国的《建筑机电工程抗震设计规范》（GB 50981—2014），规范已于2015年8月1日正式颁布实施。该规范的颁布实施将为我国建筑机电工程抗震领域提供最权威的理论指导和设计依据。与此同时，2009年我国首个建筑机电工程抗震项目——广州国际体育演艺中心项目完成深化设计并已施工安装完成。此后，广州萝岗图书档案大楼、珠海歌剧院、武汉儿童医院，以及新疆喀什科技创新中心、喀什图书馆、深喀教育园区等一批公共建筑机电工程抗震支撑系统成功实施，为我国一些在建或即将建设的国内重点项目提供相关的现实依据和技术参考。

34.4 抗震支吊架的腐蚀与防腐

金属与周围介质接触时，由于化学作用或电化学作用而引起的金属破坏叫做金属腐蚀。金属的腐蚀现象十分普遍，例如钢铁制件在潮湿空气中的生锈，钢铁在加热过程中产生的氧化皮膜，地下金属管道遭受腐蚀而穿孔，化工机械在强腐蚀介质中的腐蚀，铝制品在潮湿空气中使用后表面所产生的白色粉末等。金属遭受腐蚀后，在外形、色泽以及机械性能等方面将发生变化，甚至不能使用。而金属正是很多机械设备构件的主要构成材料，因此，针对金属制品易被腐蚀的特点，要采取专门的防腐措施，适当有效地防止金属的腐蚀，而由金属构成的抗震支吊架也不例外。

近年来，随着人们保护自然资源、能源和环境意识的不断提高，工程材料的腐蚀给国民经济和社会生活造成的严重危害已越来越为人们所重视。金属腐蚀不仅造成巨大的经济损失还对人类安全构成威胁。国内外曾发生过许多灾难性腐蚀事故，如飞机因某一零部件破裂而坠毁；桥梁因钢梁产生裂缝而塌陷；油管因穿孔或裂缝而漏油，引起着火爆炸；化工厂中储酸槽穿孔泄漏，造成重大环境污染，危及工作人员和附近居民的生命安全。

抗震支吊架作为建筑的一部分，只有在做好防腐的情况下才能更好地发挥其在机电抗震中的作用，延长其寿命，才能更好地保护人类的生命和财产安全，有效避免一些事故的发生。而防腐材料不同的抗震支吊架性能亦有不同，所以，在选择材料时要优先考虑建筑的综合情况，再选择较为合适的材料来进行设计安装。

34.4.1 金属的腐蚀

1）金属腐蚀原理

金属与氧气、氯气、二氧化碳、硫化氢等干燥气体或汽油、润滑油等非电解质接触发生化学作用所产生的腐蚀，叫做化学腐蚀。在化学腐蚀的反应过程中没有电流产生。这类腐蚀过程是一种氧化还原的纯化学反应，带有价电子的金属原子直接与反应物（如氧）的分子相互作用。

金属与液态介质，如水溶液、潮湿的气体或电解质溶液接触时，就会产生原电池作用（即电化学作用）。由电化学作用引起的腐蚀叫做电化学腐蚀。在反应过程中伴有电流产生。一般来说，电化学腐蚀比化学腐蚀强烈得多，金属的电化学腐蚀是普遍的腐蚀现象，它所造成的危害和损失也是极为严重的。金属的锈蚀是最常见的腐蚀形态。

2）金属腐蚀的危害

（1）腐蚀造成重大的直接和间接经济损失。

（2）腐蚀消耗大量的资源和能源。

（3）腐蚀还危及人身安全，造成环境污染。

（4）腐蚀妨碍新技术、新工艺的发展。

34.4.2 抗震支吊架的防腐

抗震支吊架在地震时对建筑管道提供抗震支撑作用，而地震的发生是随机的，所以抗震支吊架所起到的作用在时间上是不确定的，为了防止腐蚀而降低其抗震能力，延长其使用寿命，就必须做好防腐的措施。而常用的腐蚀防护方法有涂料、电镀、缓蚀剂和电化学保护。下面对不同的防腐措施的防腐原理、工艺流程及特点进行分析比较。

1）电镀锌

（1）防腐原理

行业内又称冷镀锌，就是利用电解，在制件表面形成均匀、致密、结合良好的金属或合金沉积层的过程。与其他金属相比，锌是相对便宜而又易镀覆的一种金属，属低值防蚀电镀层，被广泛用于保护钢铁件，特别是防止大气腐蚀。

（2）工艺流程

以镀锌铁合金为例，其工艺流程如下：

化学除油→热水洗→水洗→电解除油→热水洗→水洗→强腐蚀→水洗→电镀锌铁合金→水洗→水洗→出光→钝化→水洗→干燥。

（3）特点

①锌镀层较厚，结晶细致、均匀且无空隙，抗腐蚀性良好。

②电镀所得锌层较纯，在酸、碱等雾气中腐蚀较慢，能有效保护钢基体。

③锌镀层经铬酸钝化形成白色、彩色、军绿色等，美观大方，具有一定的装饰性。

④由于锌镀层具有良好的延展性，因此，可进行冷冲、轧制、折弯等各种成型而不损坏镀层。

2）热镀锌

热镀锌也称热浸镀锌，是钢铁构件浸入熔融锌液中获得金属覆盖层的一种方法。随高压输电、交通、通信事业的迅速发展，对钢铁件的防护要求越来越高，热镀锌需求量也在不断增加。

（1）防腐原理

通常电镀锌层厚度 5 ～ 15μm，而热镀锌层一般在 35μm 以上，甚至高达 200μm。热镀锌覆盖能力好，镀层致密，无有机物夹杂。众所周知，锌的抗大气腐蚀机理有机械保护及电化学保护，在大气腐蚀条件下锌层表面有 ZnO、$Zn(OH)_2$ 及碱式碳酸锌保护膜，一定程度上减缓锌的腐蚀，这层保护膜（也称白锈）受到破坏又会形成新的膜层。当锌层破坏严重，危及铁基体时，锌对基体产生电化学保护，锌的标准电位 -0.76V，铁的标准电位 -0.44V，锌与铁形成微电池时锌作为阳极被溶解，铁作为阴极受到保护。显然热镀锌对基体金属铁的抗大气腐蚀能力优于电镀锌。

（2）工艺流程

除锈（酸洗盐洗 18%）→清洗→助镀剂（氯化铵、氯化锌、水 <50º）→烘干→浸锌（锌稀土合金、合金铝 455º）→冷却、钝化（硫酸、铬酸）→后道处理。

（3）特点

①热镀锌的优点

a. 处理费用低：热浸镀锌防锈的费用要比其他漆料涂层的费用低。

b. 持久耐用：在郊区环境下，标准的热镀锌防锈厚度可保持 50 年以上而不必修补；在市区或近海区域，标准的热镀锌防锈层则可保持 20 年而不必修补。

c. 可靠性好：镀锌层与钢材间是冶金结合，成为钢表面的一部分，因此，镀层的持久性较为可靠。

d. 镀层的韧性强：镀锌层形成一种特别的冶金结构，这种结构能承受运送及使用时受到的机械损伤。

e. 全面性保护：镀件的每一部分都能镀上锌，即使在凹陷处、尖角及隐藏处都能受到全面保护。

f. 省时省力：镀锌过程要比其他的涂层施工法更快捷，并且可节约安装后在工地上涂刷所需的时间。

g. 初期成本低：一般情况下，热浸锌的成本比施加其他保护涂层要低，原因很简单，其他保护涂层如打砂油漆是劳力密集的工序，反之热浸锌的工序为高机械化、紧密控制的厂内施工。

h. 检验简单方便：热浸锌层可以目视及用简单的非破坏性涂层厚度表作测试。

i. 可靠性：热浸锌的规格一般按照《钢铁制品热浸电镀层规范和试验方法》（EN ISO 1461）执行，规定其最低的锌层厚度，所以其防锈年期及表现是可靠及可预计的。

②热镀锌的缺点

a. 镀后螺纹拧合困难。热浸镀锌后余锌粘留在螺纹中不容易去除干净，而且锌层厚薄不均匀，影响螺纹件的配合。

b. 热浸镀锌操作温度高，会降低高强度紧固件的机械强度。8.8 级螺栓经热浸镀锌后部分螺纹的强度低于标准要求，9.8 级以上的螺栓经热浸镀锌后的强度基本上无法达到要求。

c. 工作环境差，污染严重。紧固件热浸镀锌过程是在高温下进行的，溶剂烘干和待镀工件浸锌入池时会析出强烈刺激性的氯化氢气体；锌池长时间处于高温下，锌池表面产生锌蒸气，整个工作环境的气氛恶劣。当前，许多私营企业仍采用燃煤的反射加热炉进行热浸镀锌生产，向大气中排放大量含有 SO_2、CO_2、CO 和粉尘的烟雾，造成严重的大气污染。

3）粉末渗锌

（1）防腐原理

粉末渗锌技术是将渗锌剂与钢铁制件置于渗锌炉中，加热到 400 ℃左右，活性锌原子则由表及里地向钢铁制件渗透。与此同时，铁原子由内向外扩散，这就在钢铁制件的表层形成锌铁金属间化合物，即镀锌层。

（2）工艺流程

前处理：除油→水洗→除锈→水洗→烘干。

粉渗锌：装炉→粉渗锌→冷却→分离→水洗。

后处理：抛光→水洗→钝化→水洗→烘干→成品。

(3)特点

粉末渗锌产品的性能良好，概括起来有以下特点。

①耐腐蚀性强。

②耐磨、抗擦伤性能好。渗锌层表面硬度能达到 Hv250 ～ 400，而热、电镀锌制件表面为纯锌，镀层硬度仅为 Hv70 左右，因此，渗锌比热、电镀锌耐磨且抗擦伤性能好得多。

③生产基本无污染。在一般情况下，渗锌生产的前处理只采用抛丸机除锈清油，且用布袋除尘，环保能达到国家三级标准。生产中以油燃料作为主要能源，采用循环燃烧无烟排放技术，粉末渗锌技术为锌固体渗，没有锌蒸气产生，工件与助剂又在密闭的器具中进行渗透和分离，对周围环境没有污染。

④锌消耗量比较低。据了解，热镀锌的锌消耗量吨产品为 100kg 左右，而粉末渗锌仅为 30kg 左右，只占热镀锌的 30%。另外，也没有锌锅腐蚀这一热镀锌的老大难问题。

⑤涂漆后能实现复合防护。渗锌产品的渗锌层均匀且与油漆的结合力为一级，其复合防护层的耐腐蚀性均优于热、电镀锌和渗锌层。

⑥经渗锌处理的钢材制件不影响材料的机械性能。渗锌处理的温度比热镀锌低 100 ～ 280℃，此温度下吸入钢基体的氢原子已扩散逸出。因此，在应用中没有氢脆的危害，也能避免弹簧等一些高强度件因处理温度高造成机械性能下降的弊端。

4)达克罗

达克罗是 DACROMET 译音和缩写，简称达克罗、达克锈、迪克龙。国内命名为锌铬涂层，是一种以锌粉、铝粉、铬酸和去离子水为主要成分的新型防腐涂料。

(1)防腐原理

达克罗膜层对于钢铁基体的保护作用可归纳为以下几点。

①壁垒效应：由于片状锌、铝层状重叠，阻碍了水、氧等腐蚀介质到达基体的进程，能起一种隔离的屏蔽作用。

②钝化作用：在达克罗的处理过程中，铬酸与锌、铝粉和基体金属发生化学反应，生成致密的钝化膜，这种钝化膜具有很好的耐腐蚀性能。

③阴极保护作用：锌铝铬涂层最主要的保护作用与镀锌层一样，是对基体进行阴极保护。

(2)工艺流程

有机溶剂除油→机械抛丸→喷涂→烘烤→二次喷涂→烘烤→干燥。

(3)特点

达克罗是一种新型的表面处理技术，其优势有以下几点。

①超强的耐蚀性能：达克罗膜层的厚度仅为 4 ～ 8μm，但其防锈效果却是传统电镀锌、热镀锌或涂料涂覆法的 7 ～ 10 倍以上。

②无氢脆性：达克罗的处理工艺决定了达克罗没有氢脆现象。

③高耐热性：达克罗可以耐高温腐蚀，耐热温度可达 300℃以上。

④结合力及再涂性能好：达克罗涂层与金属基体有良好的结合力，而且与其他附加涂层有强烈的黏着性，处理后的零件易于喷涂着色，与有机涂层的结合力甚至超过了磷化膜。

⑤良好的渗透性：由于静电屏蔽效应，工件的深孔、狭缝，管件的内壁等部位难以电镀上锌，因此，工件的上述部位无法采用电镀的方法进行保护。达克罗则可以进入工件的这些部位形成达克罗涂层。

达克罗虽然有许多优点，但它也有不足之处，主要体现为：

①达克罗中含有对环境和人体有害的铬离子，尤其是六价铬离子具有致癌作用。

②达克罗的烧结温度较高、时间较长，能耗大。

③达克罗的表面硬度不高、耐磨性不好，而且达克罗涂层的制品不适合与铜、镁、镍和不锈钢的零部件接触与连接，因为它们会产生接触性腐蚀，影响制品表面质量及防腐性能。

④达克罗涂层的表面颜色单一，只有银白色和银灰色，不适合汽车发展个性化的需要。不过，可以通过后处理或复合涂层获得不同的颜色，以提高载重汽车零部件的装饰性和匹配性。

⑤达克罗涂层的导电性能不是太好，因此不宜用于导电连接的零件，如电器的接地螺栓等。

34.4.3 技术小结

综上所述，抗震支吊架作为金属材料，对其防腐性能和材料的强度刚度都有一定的要求。一般的民用建筑采用电镀锌或热镀锌就可以达到较好的防腐效果，而且电镀锌的锌镀层具有良好的延展性，因此可进行冷冲、轧制、折弯等各种成型而不损坏镀层；对于防腐性能要求高一点的建筑则可以考虑采用镀锌层较厚的热镀锌或防腐性能更好的粉末渗锌，但一些螺栓类的热镀锌在经过高温后强度会降低；对于一些临海建筑物，由于空气中的盐雾、水分、海水中电解质浓度等作用，有很强的腐蚀作用，则可以考虑用粉末渗锌或达克罗，但达克罗其表面硬度不高，耐磨性能不好，在运送和现场安装的碰撞以及与管道的摩擦中很容易造成表面涂层的脱落而失去防腐效果，造价相对也比较高，所以，对防腐要求高的项目采用粉末渗锌会更佳。

34.5 抗震支吊架的实施与验收

机电抗震设防的意义不同于建筑结构的设防，根据国外研究报告显示：地震中造成人员伤亡及财产损失的并非由结构损害造成，而主要是由次生灾害引发，这类次生灾害包括火灾、水灾、物体坠落造成的人员伤亡等。

城市地铁站后工程中的机电系统的抗震设防设计与施工，将机电抗震与建筑结构抗震做到完全匹配，使得建筑机电系统在遭遇建筑设防烈度影响后不受损坏。应用机电抗震技术不但解决了机电系统在地震作用下损害造成的财产损失，同时对于减少人员伤亡意义重大。该新技术的使用还有效控制了三次灾害的发生，使得建筑在灾后发挥功能，使整个城市的防震能力大大提升，降低了城市地震危险系数。

目前机电抗震技术在国内属于非常先进的技术，尤其在公共建筑系统中属于首次应用。技术难点主要在于设计方案与施工现场发生差异时，需根据现场情况进行调整并重新计算力学性能，此点与国内类似工程施工有着根本不同，与国外技术相比，我国的建筑机电安装复杂性比国外高，按照欧美的施工工艺难以在实际安装中实现与机电抗震设计的完全符合。

34.5.1 机电抗震特性

根据《建筑抗震设计规范》（GB 50011—2010）（2016 年版）的要求，地铁站后工程结合工程实际情况可对机电管道做到有效的抗震设防。

在地铁站后工程项目中，机电抗震应做到针对每一个安装节点都进行力学计算、构件的承载力计算，最终使得每个节点都满足规范的技术要求。

机电抗震在国内属于一项技术创新，虽然我国《建筑抗震设计规范》（GB 50011—2010）（2016

年版）第 3.7.1 强条要求：非结构构件，包括建筑非结构构件和建筑附属机电设备，自身及其与结构主体的连接，应进行抗震设计。但是，在实际项目中，至今很少有工程可以做到，究其原因是设计规范的不够完善。此规范中虽有强条要求，却没有实际操作的技术细节，而设计部门也没有给出有效的技术支持，因此，此项规范的执行就需要施工方结合工程实际状况，配合专业厂家进行二次深化设计后施工。

机电抗震在地铁站后工程项目中的应用根据《建筑抗震设计规范》（GB 50011—2010）（2016 年版）的要求，所有设防烈度为 6 度及以上地区的所有项目的机电系统都必须采取抗震措施，因此，机电抗震的应用前景广泛，通过地铁站后工程项目的应用，可以给未来全国建筑施工行业带来一项新的设计、施工技术与工艺。

机电抗震结合结构抗震做到了有效保护机电系统在遭遇地震影响后不会被损毁，减轻地震破坏，防止次生灾害，减少经济损失，其经济效益显著。建筑因地震造成的机电损毁可导致大量人员伤亡，尤其是人员密集区域的建筑，而新设计、施工与工艺的应用除了经济效益显著外，也切实能保护人民生命安全，因此，其社会效益更大于经济效益。

34.5.2 机电抗震技术要求

1）产品要求

（1）针对机电管道采用抗震支吊架对其进行保护，承受任意水平方向的地震作用。

（2）抗震支吊架具有足够的刚度与强度，与结构有可靠的连接与锚固，各部件能承受管道产生的地震作用并将其传递给结构。

（3）组成抗震支吊架的所有构件均为成品构件，连接紧固便于安装。

（4）抗震支吊架根据安装方向分为侧向支撑（X 向）和纵向支撑（Y 向）。

2）适用范围

所有抗震设防等级为 6 度及以上地区的建筑机电系统，主要包括建筑给水管道、消防管道、防排烟管道、空调水管、空调风管和电缆桥架系统。

3）工艺原理

建筑机电工程抗震的连接部件和构件（抗震支吊架）措施是根据建筑设防烈度、建筑使用功能、建筑高度、结构类型、变形特征，设备所处位置和运转要求及现行《建筑抗震设计规范》（GB 50011—2010）（2016 年版）的相关规定，经综合分析后确定的。

建筑机电抗震的设计是以建筑结构设计为基准，对其与结构连接的部件采取抗震加固，对于重力大于 1.8kN 的设备进行抗震设计。

通过地震作用标准值的计算及地震效应值的计算，确定机电设备产生的地震作用效应值。对抗震构件进行力学计算，各成品部件的承载力不同，取其最小荷载作为组件的最大设计值，验算组件承载力大于或等于地震作用效应值（$S \leqslant R$）。

34.5.3 施工工艺流程及操作要点

1）施工工艺流程

初步节点布置→地震作用计算→地震效应值计算→构件承载力计算→调整间距满足（$S \leqslant R$）→

安装角度调整→重新验算构件承载力→最终满足($S \leqslant R$)→安装节点。

2)操作要点

抗震支吊架间距应满足表 34.5.1 的要求(表中间距为最大间距,任何情况下不得超过此表范围)。

抗震支吊架间距要求　　表 34.5.1

管道类别		抗震加固最大间距(m)	
		侧向	纵向
给水、排水及消防管道	新建工程刚性连接金属管道	12	24
	新建工程柔性连接金属管道,非金属管道及复合管道	6	12
燃气、热力管道	新建燃油、燃气、医用气体、真空管、压缩空气管及其他有害气体管道	6	12
通风及排烟管道	新建工程普通刚性材质风管	9	18
	新建工程普通非金属材质风管	4.5	9
电线套管及线缆桥架	新建工程刚性材质电线套管、电缆桥架	12	24
	新建工程非金属材质电线套管、电缆桥架	6	12

3)节点布置原则

(1)每段水平直管道应在两端设置侧向抗震支吊架,如图 34.5.1 所示。

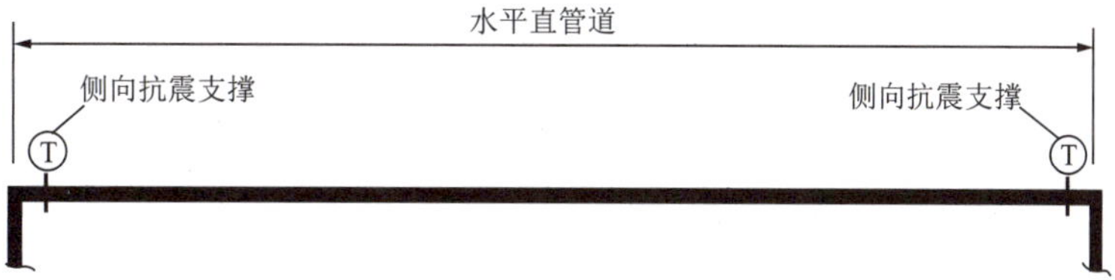

图 34.5.1　节点布置 1

(2)当两个侧向抗震支吊架间距超过最大设计间距时,应在中间增设侧向抗震支吊架。例如,刚性连接金属管道长为 24m,侧向抗震支吊架最大间距 12m,首先于两端加设侧向支撑,再依次按 12m 设置侧向支撑,如图 34.5.2 所示。

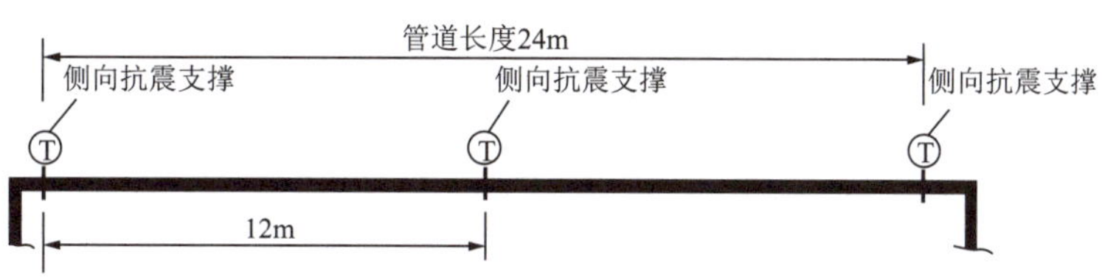

图 34.5.2　节点布置 2

(3)每段水平直管道应至少设置一个纵向抗震支吊架,当两个纵向抗震支吊架距离超过最大设计间距时,应按规范要求间距依次增设纵向抗震支吊架,如图 34.5.3 所示。

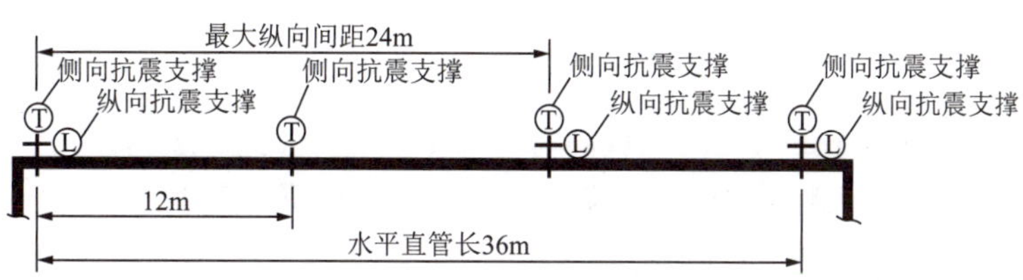

图 34.5.3　节点布置 3

(4)刚性连接的水平管道,两个相邻的加固点间允许纵向偏移,水管及电线套管不得超过最大侧向支吊架间距的 1/16,风管、电缆梯架、电缆托盘和电缆槽盒不得超过其宽度的 2 倍,如图 34.5.4 所示。

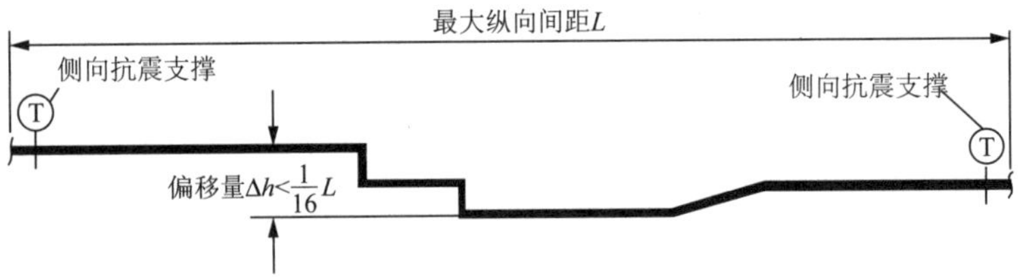

图 34.5.4 节点布置 4

(5)水平管线在转弯处 0.6m 范围内设置侧向抗震支吊架。若斜撑直接作用于管线，其可作为另一侧管线的纵向抗震支吊架。在设计中应充分利用双作用原理，在不涉及热应力位移的前提下，全部采用弯头节点双作用抗震节点，以减少节点数量，如图 34.5.5 所示。

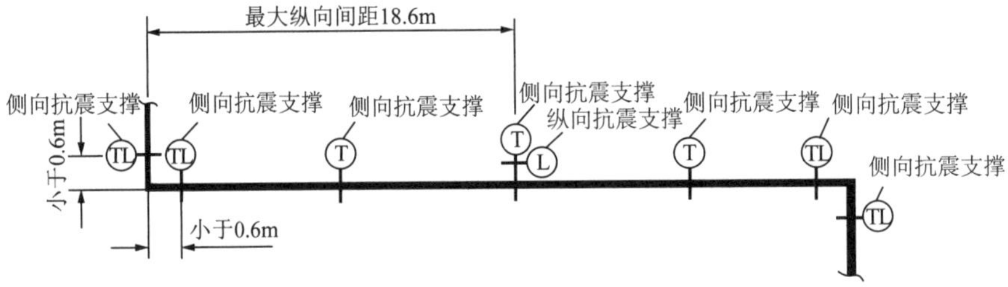

图 34.5.5 节点布置 5

(6)当水平管线通过垂直管线与地面设备连接时，管线与设备之间应采用柔性连接，水平管线距垂直管线 600mm 范围内设置侧向支撑，垂直管线底部距地面超过 0.15m 应设置抗震支吊架，如图 34.5.6 所示。

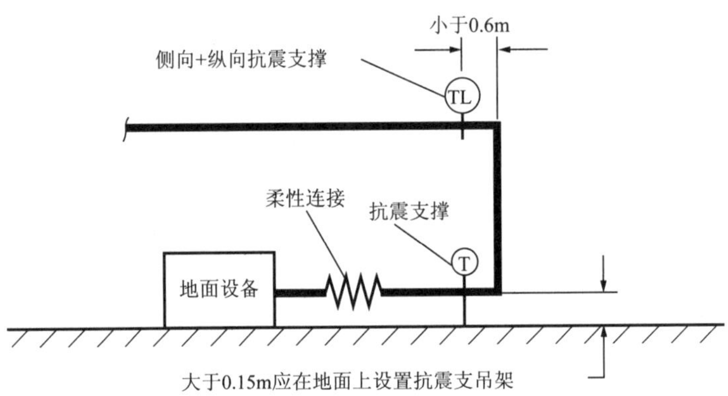

图 34.5.6 节点布置 6

4)地震作用计算

水平地震作用计算采用等效侧力法公式为：

$$F=\gamma \cdot \eta \cdot \zeta_1 \cdot \zeta_2 \cdot \alpha_{max} \cdot G$$

式中：F——沿最不利方向施加于机电工程设施重心处的水平地震作用标准值；

γ——非结构构件功能系数，取决于建筑抗震设防类别和使用要求；

η——非结构构件类别系数(表 34.5.2)；

ζ_1——状态系数，对支承点低于质心的任何设备和柔性体系宜取 2.0，其余情况可取 1.0，地面托架采用 1.0 系数，所有吊架采用 2.0 系数；

ζ_2——位置系数，建筑的顶点宜取 2.0，底部宜取 1.0，沿高度线性分布，在地铁建设项目中，地下及地面一层工程系数采用 1，二层以上取线性分布；

α_{max}——地震影响系数最大值(表 34.5.3)；

G——非结构构件的重力，应包括运行时容器和管道中的介质及储物柜中物品的重力。

非结构构件类别系数 η 表 34.5.2

设备部件所属系统	功能级别，建筑物设防类别			类别系数 η
	甲类	乙类	丙类	
应急电器系统 烟火监测和灭火系统 保安监视系统 燃气和其他气体系统	一级	一级	一级	2.0
排烟、排风口 电器主管和主缆 电机、变压器、控制中心	一级	二级	三级	2.0
设备房所有设备及管线 水平悬吊管线和立管	一级	二级	三级	2.0
电梯的支撑结构系统	一级	二级	二级	1.5
悬挂式灯具	一级	二级	三级	1.5
其他灯具	一级	二级	三级	0.7
弹性支撑管网	一级	二级		2.0
刚性支撑官网、地面托架	二级	三级		0.7
柜式设备支架	一级	二级	三级	1.5
水箱、冷却塔支座	一级	二级	三级	1.5
锅炉、压力容器支座	二级	二级	二级	1.0

地震影响系数最大值 α_{max} 表 34.5.3

地震影响	6 度	7 度	8 度	9 度
多遇地震	0.04	0.08（0.12）	0.16（0.24）	0.32

5）地震作用效应值计算

建筑机电工程设施的地震作用效应(包括自身重力产生的效应和支座相对位移产生的效应)和其他荷载效应的基本组合，应按下式计算：

$$S=\gamma_G S_{GE}+\gamma_{Eh} S_{Ehk}$$

式中：S——机电工程设施或构件内力组合的设计值，包括组合的弯矩、轴向力和剪力设计值；

γ_G——重力荷载分项系数，一般情况应采用 1.2；

γ_{Eh}——水平地震作用分项系数，应按表 34.5.4 采用；

S_{GE}——重力荷载代表值的效应；

S_{Ehk}——水平地震作用标准值的效应。

水平地震作用分项系数 表 34.5.4

地 震 作 用	γ_{Eh}	γ_{Ev}
仅计算水平地震作用	1.3	0.0
仅计算竖向地震作用	0.0	1.3
同时计算水平与竖向地震作用(水平地震为主)	1.3	0.5
同时计算水平与竖向地震作用(竖向地震为主)	0.5	1.3

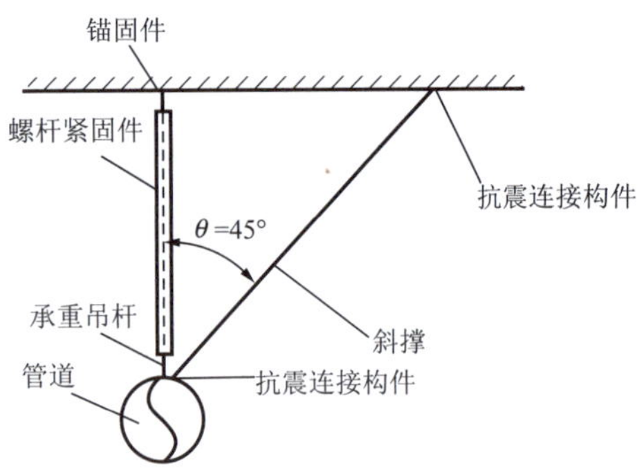

图 34.5.7　侧向抗震支吊架示意图

6) 构件承载力计算

侧向抗震支吊架如图 34.5.7 所示。

构件承载力计算内容如下。

(1)撑杆件的长细比计算(要求≤ 200);

(2)抗震连接构件性能验算;

(3)锚栓抗拉 / 抗剪计算;

(4)承重吊杆长细比计算(要求≤ 100);

(5)管卡承载力。

7) 调整间距

上述构件性能计算时根据标准的 45° 计算,取其部件最小值为组件的最大设计值,与之前的地震作用效应值比较,若组件设计值大于或等于地震作用效应值($S \leqslant R$),则满足抗震要求,否则应调整节点间距减小地震作用效应值。

8) 安装角度的调整

根据安装现场的实际工况,若不能满足 45° 安装时,应根据实际安装角度计算构件承载力,确定组件最大设计值。

9) 节点安装

当上述计算确定($S \leqslant R$)后,即可进行安装,在安装过程中应严格按照节点详图进行,各部件连接牢固,预应力螺栓必须拧断。

10) 抗震支吊架与承重支吊架的组合与优化

目前,抗震支吊架的专业厂家基本由两类组成,一种是专业的抗震支吊架厂家,另一种是原成品支吊架厂家转型的企业。因此,在选择厂家时需要考虑不同系统的结合与优化问题。

(1)抗震支吊架的组成中含有重力荷载因素时,应将此重力部分作为一个承重支架使用。

(2)抗震支吊架在设计中考虑的水平推力最少为 $0.5G$,在常规重力吊架中(不含热力管线的热应力)当涉及防晃支架且推力小于 $0.5G$ 时,有抗震支架的系统可不设防晃支架及固定支架。

(3)在设计成品支架的系统中增加抗震支架,应直接利用成品支架节点,当部件设计不能满足抗震要求时,做加固处理即可。

(4)传统的焊接支吊架增加抗震支架时,应根据抗震计算的要求采用角钢或槽钢的型号,不得任意更改。

34.5.4　机电抗震的质量控制

1) 机电设备抗震一般规定

(1)生活用水箱、消防用水箱、水泵、水加热设备应与结构主体牢固连接,管道与设备的连接应采取抗震措施,满足地震位移需求。

(2)水泵等有隔振基础的,应在隔振基础四周设置地震限位装置,限位装置应经过地震作用计算确定。

（3）对于消防水泵等重要生命线设备应进行设备的耐震性能检测，确保设备在地震作用下正常运转。

（4）地震时应确保正常人流疏散所需的应急照明及相关设备的供电。

（5）地震时应确保火灾报警及联动控制系统的正常供电。

（6）配电箱、柜等设备落地安装时，除了根部应考虑抗震外，还可以将几个设备采用构件连接成一个整体，提高整体抗震能力。

（7）安装于顶部的设备应考虑设备与吊顶之间的相对位移，采用抗震措施。

2）机电管线抗震一般规定

（1）管线（水管、电缆桥架、母线槽、风管等）的抗震措施采取与结构主体可靠连接的抗震支吊架。

（2）抗震支吊架在地震中应对机电管线给予可靠保护，承受任意方向的水平地震作用。

（3）组成抗震支吊架的部件应为成品部件，由工厂加工并做好相应的防腐处理工艺，不能在施工现场焊接及二次防腐处理。

（4）抗震支吊架应根据其承受的荷载进行验算。

（5）抗震支吊架的力学性能应需要专业的抗震试验室进行力学检测。

（6）管道的水平地震作用标准值采用等效侧力法计算。

（7）抗震支吊架的设置应满足《建筑机电工程抗震设计规范》（GB 50981—2014）的要求。

（8）抗震支吊架的适用范围：

①建筑机电工程设施抗震设计应以建筑结构设计为基准，对其与建筑结构的连接构件和部件应采取相应措施进行设防。对重力不超过 1.8kN 的设备或吊杆计算长度不超过 300mm 的吊杆悬挂管道，可不进行设防。

②下列附属机电设备的支架应符合抗震要求：

a. 内径大于 DN65 的水管及重力大于 250N 的阀门；

b. 内径大于 25mm 的煤气管道及蒸汽管道；

c. 矩形截面积大于 $0.38m^2$ 的矩形风管，直径大于 0.7m 的圆形风管；

d. 防排烟、事故通风管道及设备（强条，任何情况下都必须采用抗震支吊架）；

e. 内径大于 60mm 的电气配管，大于 150N/m 桥架系统。

3）机电设备抗震质量主控项目

（1）在抗震设防烈度为 6 度及 6 度以上地区，以下范围的机电设备应进行抗震设计：

①重力超过 1.8kN 的机电设备（包含管径大于 DN65 的满水管）；

②截面大于 $0.38m^2$ 的风管（防排烟及事故通风管道不受规格限制）。

（2）抗震支吊架的构件、组件以及产品不同组合形式的力学性能应根据检测结果与设备地震作用进行验算。

（3）消防水泵、水箱等地面设备有隔震层的，设备与结构主体采用抗震限位角配件进行限位。设备直接与结构主体连接的，抗震性能应满足地震作用要求。

（4）消防管道、防排烟及事故通风管道及其设备本身应满足地震作用要求。

（5）管道穿越隔震层应设置抗震柔性接头，柔性接头应满足三向六自由度位移，位移值不得小于 100mm。

（6）抗震支吊架应按照深化设计后的节点详图进行安装，位置、形式、角度的调整需要重新验算。

（7）抗震支吊架的组成形式不得限制管线热应力位移，抗震管箍应安装在管道保温层外部。

（8）抗震支吊架应具有材料生产厂的材料质量证明书，同时应对材料进行验收，必要时应进行复验。成品支吊架材质不低于 Q235B，施工现场除型钢、螺杆外，不得在现场进行切割或焊接，产品防腐电镀锌或热镀锌。

抗震支吊架（计算、验算）验收见表 34.5.5。

抗震支吊架（计算、验算）验收表　　表 34.5.5

<table>
<tr><td colspan="2">工程名称</td><td></td><td>设计图号</td><td></td></tr>
<tr><td colspan="2">施工单位</td><td></td><td>监理单位</td><td></td></tr>
<tr><td colspan="2">节点编号</td><td>抗震支吊架型号</td><td>地震力荷载 R（N）</td><td>支架承载力 S（N）</td></tr>
<tr><td colspan="2"></td><td></td><td></td><td></td></tr>
<tr><td colspan="5">验收结果：以上各抗震节点安装满足设计要求，符合《建筑机电工程抗震设计规范》（GB 50981—2014）计算与验算 S 要求</td></tr>
<tr><td rowspan="2">参加单位及人员签字</td><td>建设单位</td><td>监理单位</td><td>设计单位</td><td>施工单位</td></tr>
<tr><td></td><td></td><td></td><td></td></tr>
</table>

34.5.5 机电抗震安装实例

机电抗震安装实例如图 34.5.8～图 34.5.14 所示。

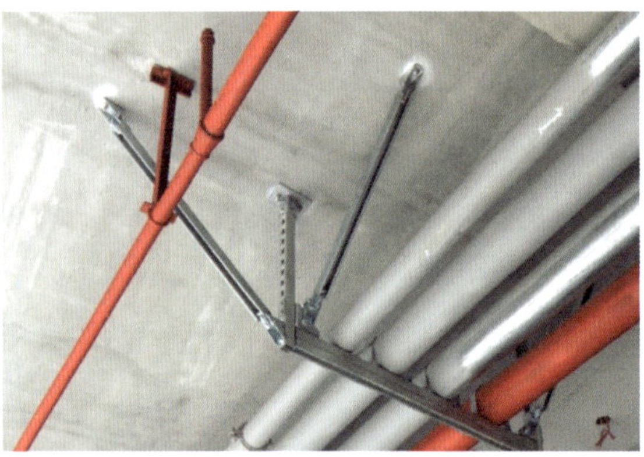

图 34.5.8　给水、消防综合抗震支撑

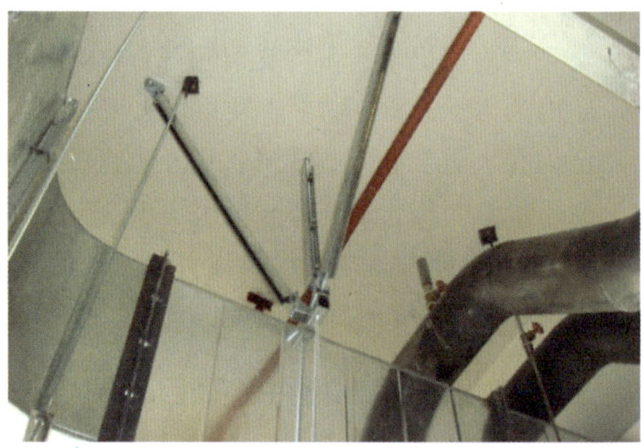

图 34.5.9　防排烟抗震支撑

图 34.5.10　空调水管综合抗震支撑

图 34.5.11　电缆桥架综合抗震支撑

图 34.5.12　电缆桥架抗震支撑

图 34.5.13　多管综合抗震支撑

图 34.5.14　特殊节点综合抗震支撑

参考文献

[1] 何关培 . BIM 总论 [M]. 北京：中国建筑工业出版社，2011.

[2] 王慧琛，李炎锋，赵雪锋，张晋 . BIM 技术在地下建筑建造中的应用研究——以地铁车站为例 [J]. 中国科技信息 , 2013, 15:72-73.

[3] 金淮，叶嘉，杨秀仁，等 . BIM 技术在城市轨道交通工程设计、施工应用研究（中期报告）[R]. 北京市轨道交通设计研究院有限公司，2016.

[4] 王润生，王泉，徐静 . BIM 技术在钢结构工业建筑改造中的应用 [J]. 青岛理工大学学报，2014, 35（5）: 33-36.

[5] 贺灵童 . BIM 在全球的应用现状 [J]. 工程质量，2013, 31（3）: 18-25.

[6] 中国建筑设计研究院 . GB 50981—2014 建筑机电工程抗震设计规范 [S]. 北京：中国建筑工业出版社，2015.

[7] 方大集团股份有限公司 . CJ/T 236—2006 城市轨道交通站台屏蔽门 [S]. 北京：中国标准出版社，2007.

[8] 广州市地下铁道公司 . 工程投资与计划管理——城市轨道交通工程建设精细化管理丛书 [M]. 北京：中国劳动社会保障出版社，2012.

[9] 王涛，王康 . 工程项目计划管理——规划、计划及计量技术解析及应用 [M]. 北京：科学出版社，2015.

[10] 北京城建集团有限责任公司 . GB 50299—1999 地下铁道工程施工及验收规范（2003 年版）[S]. 北京：中国计划出版社，2004.

编写人员名单

编写内容		编写人员
前言		胡鹰
第1篇　轨道工程	第1章　轨道工程简介	徐世达、张仓海、王仪、王雄
	第2章　轨道工程施工工艺及质量控制要点	徐世达、张仓海、王仪、张晓东、檀叶霖
	第3章　轨道工程新技术和发展方向	张仓海、吴伟先、王仪、张晓东、檀叶霖
第2篇　常规设备工程	第4章　环控工程	唐广军、黄东平、向中华
	第5章　给排水工程	贾晓辉、黄东平、向中华、刘利锋
	第6章　动力照明配电工程	黄东平、向中华、徐驰
第3篇　装饰装修工程	第7章　装饰装修工程	陈文韬、陈迅、齐胜利、徐驰、陈伟智、徐刚、陈智坚、周学彬
	第8章　导向标识系统	李刚、刘玉山
	第9章　广告系统	李群威、刘慧
第4篇　系统设备工程	第10章　信号系统工程	陈涌、王小力、杨阳、王玉祥
	第11章　通信系统工程	徐垂荣、刘健
	第12章　供电系统工程	秦卫东、邓特、王延年、刘利锋
	第13章　接触网系统工程	杨林生、张金红
	第14章　综合监控系统工程	张阳、徐佳兴、唐广军
	第15章　综合安防系统工程	石磊、吴绍进
	第16章　防灾报警系统工程	李德刚、胡嘉
	第17章　气体灭火系统工程	崔少雷、唐润洲
	第18章　自动售检票系统工程	李龙、王岚、李茂柏、范滨、车谦、崔冰涛、王凯元
	第19章　屏蔽门系统工程	刘升华、刘秀多
	第20章　自动扶梯与电梯系统工程	施蕾、蔡翔
第5篇　地铁站后工程项目管理	第21章　设计管理	胡鹰、蔡翔
	第22章　招标及合同管理	胡鹰、蔡翔
	第23章　计划管理	胡鹰、蔡翔
	第24章　工程策划	徐世达、周凯、刘学勤
	第25章　工程质量管理	刘恒、黄鑫琢、李旭、徐世达
	第26章　安全文明施工管理	黄鑫琢、徐世达、刘继红、杨志刚
	第27章　地盘管理	刘学勤、徐世达、黄东平、李健
	第28章　接口及协调管理	徐世达、刘恒、唐广军
	第29章　调试管理	唐广军、刘利锋、邓特
第6篇　地铁站后工程新技术应用	第30章　建筑信息模型(BIM)技术应用	黄治华、曾建雄、周琳、侯铁、何莹、张仓海、王雄、林敏、周梦、张积慧
	第31章　全自动运行系统技术应用	宋毅、张静、孙晓
	第32章　预埋槽技术应用	李亚鹏、彭程勇
	第33章　预埋螺栓套管技术研究	叶雅图
	第34章　抗震支吊架技术应用	李学好、李平生

特别鸣谢

对给予本书在编写过程中提供大力支持和帮助的以下参编单位表示感谢！

中国中铁建设投资集团有限公司
中国中铁二局集团有限公司
中国中铁四局集团有限公司
中国中铁五局集团有限公司
中国中铁上海工程局集团有限公司
中国中铁电气化局集团有限公司
深圳市杰恩创意设计股份有限公司
深圳海外装饰工程有限公司
深圳市中世纵横标识有限公司
高新现代智能系统股份有限公司
深圳市方大自动化系统有限公司
中国建筑一局（集团）有限公司
深圳市市政设计研究院有限公司
毕埃慕（上海）建筑数据技术股份有限公司
北京城建设计发展集团股份有限公司
HALFEN（北京）建筑配件销售有限公司
中国交通建设股份有限公司
深圳市置华机电设备有限公司